0732

Winningen
- „ein feine wolgezogene gemain" -

Winningen

- *„ein feine wolgezogene gemain"* -

Beiträge zur Ortsgeschichte
von den Ursprüngen bis in die Gegenwart

Herausgegeben
im Auftrag der Gemeinde Winningen
von

Frank Hoffbauer und Walter Rummel

Winningen 2007
Siglinde-Krumme-Verlag

Die Entstehung dieses Werkes wurde maßgeblich unterstützt durch:

Ekkehard-Krumme-Stiftung für historische Forschungen

Evangelische Kirchengemeinde Winningen

Einen Druckkostenzuschuss gewährten auch:

Die Herausgeber waren bemüht, Genehmigungen der Inhaber der Rechte aller verwendeten Abbildungen einzuholen. Sollte dies im Einzelfall versäumt worden sein, wird gebeten, begründete Ansprüche bei der Gemeinde Winningen geltend zu machen.

Bibliografische Informationen der Deutschen Bibliothek
Frank Hoffbauer und Walter Rummel (Hg.): Winningen – „ein feine wolgezogene gemain" –
Beiträge zur Ortsgeschichte von den Ursprüngen bis in die Gegenwart.
- 1. Auflage Winningen/Mosel: S. Krumme, 2007.
Die Deutsche Bibliothek verzeichnet diese Publikation in der Deutschen Nationalbibliografie; detaillierte bibliografische Daten sind im Internet über http://dnb.ddb.de abrufbar.

Dieses Werk ist urheberrechtlich geschützt.
Kein Teil des Werkes darf ohne schriftliche Genehmigung des Verlages oder der Herausgeber in irgendeiner Form (Druck, Fotokopie oder einem anderen Verfahren) reproduziert werden oder unter Verwendung elektronischer Systeme verarbeitet, vervielfältigt oder verbreitet werden.

© 2007 Gemeinde Winningen, August-Horch-Straße 3, 56333 Winningen
Alle Rechte vorbehalten
Siglinde Krumme Verlag, Marktstraße 22, 56333 Winningen
Satz und Layout: Michael Hollmann
Gesamtherstellung: Druckerei Karl Neisius GmbH, Winningen

Printed in Germany
ISBN 3-925 991-11-5

Inhaltsverzeichnis

Hans-Joachim Schu-Knapp
Geleitwort des Ortsbürgermeisters 7
Frank Hoffbauer und Walter Rummel
Einleitung der Herausgeber 9

Teil I:

Epochen der Winninger Geschichte

Lutz Grunwald
Winningen in vor- und frühgeschichtlicher Zeit 17
Michael Hollmann
Winningen im Mittelalter 53
Marli Beck und Ellen Junglas
Winningen in französischer und preußischer Zeit 79
Joachim Hennig
Die Zeit des Nationalsozialismus 115
Ferd Knaudt
Winningen in den Jahren von 1945 bis heute 197

Teil II:

Die Entwicklung zentraler Bereiche im Leben von Zivil- und Kirchengemeinde

Kirche und Religion
Anja Ostrowitzki
„Ein feine wolgezogene gemain [...] mitten under den papisten gelegen [...]."
Die Einführung der Reformation in Winningen und der Wandel der Frömmigkeitskultur 211
Andreas Metzing
Die Evangelische Kirchengemeinde Winningen vom 19. bis zum 21. Jahrhundert 231
Hedwig Herdes
Die kleine Gemeinschaft der Winninger Katholiken 253

Gesellschaft
Rainer Garbe
Historische Wurzeln und Entwicklung der Winninger Einwohnerschaft 271
Andrea Grosche-Bulla
Zur Bevölkerungsentwicklung Winningens (17.-21. Jahrhundert) 289

Rainer Garbe
Ortsbild und Infrastruktur – Ortsentwicklung, Ortsbefestigung, öffentliche Gebäude 301
Peter Többicke
Menschen im Krieg. Materialien und Reflexionen zur Geschichte
Winningens (1618 - 1945) 325

Wirtschaftliche Entwicklung
Rainer Garbe
Klöster und Adel als Grundbesitzer – Historische Weinhöfe und ihre Pächter 355
Rainer Garbe
Streitbare Gemeinde(n). Auseinandersetzungen mit den Nachbargemeinden
um Weinbergs- und Waldbesitz 387
Gerhard Löwenstein
Die Entwicklung und Bedeutung des Weinbaus für die Gemeinde Winningen 409

Kultur
Rainer Garbe
Schulen in Winningen 451
Siglinde Krumme
Die bildungsgeschichtlichen Auswirkungen der Reformation in Winningen 471
Peter Lammert
Städtebauliche Entwicklung und architektonische Merkmale 493
Udo Liessem
Die Lassaulx-Schule in Winningen und ihre Wirkung auf das
Baugeschehen in der Gemeinde... 539

Rudolf Steffens
Moselländischer Weinbauwortschatz am Beispiel Winningens 547
Peter Kirchberg
August Horch – das Leben eines deutschen Automobilpioniers 571

Epilog

Frank Hoffbauer
Winningen? Winningen! – eine Schlussbetrachtung 581

Anhang
Chronologischer Überblick zur Geschichte Winningens 585
Abkürzungsverzeichnis 593
Autoren und Herausgeber 595
Erläuterungen zur Einbandgestaltung 597

Geleitwort

„Ein feine wolgezogene gemain" – diese Bewertung unserer Gemeinde aus dem Munde der Visitatoren des Jahres 1575 wird sicherlich heute noch ebenso gern gehört wie vor über 400 Jahren. Und einer solchen Gemeinde gebührt gewiss eine von fachkundigen Autoren und Herausgebern erarbeitete Ortsgeschichte, wie sie das vorliegende Werk darstellt.

Die Winninger waren und sind – die Gründe auch dafür liegen in der Geschichte – in besonderer Weise stolz auf ihre Gemeinde und deren geschichtliche Entwicklung. Und so gibt es auch verschiedene Publikationen, die sich mit der Historie des Dorfes befassen. Genannt seien hier beispielhaft die Schrift von Adolf Müller zum 350-jährigen Reformationsjubiläum im Jahr 1907 (publiziert 1909) und die in den Jahren 1923/25 erschienenen beiden Bände „Winningen. Ein deutsches Heimatbuch" von Hans Bellinghausen, die über Jahrzehnte das Standardwerk zur Winninger Geschichte waren. Die 1965 von der Gemeinde herausgegebene Schrift „Winningen im Wandel der Zeiten" referierte im Wesentlichen die Ergebnisse des Bellinghausen und brachte keine Aufarbeitung der seitherigen Geschichte, wobei insbesondere die Zeit des Nationalsozialismus völlig ausgeklammert wurde. Beiträge zu historischen Einzelaspekten lieferten seit 1985 mit den Winninger Heften die Eheleute Ekkehard und Siglinde Krumme sowie weitere Autoren mit diversen Publikationen, so Rainer Garbe und Gerhard Löwenstein. Das von Garbe erstellte Quelleninventar erleichtert seit seiner Drucklegung 2003 die Erforschung der Ortsgeschichte.

Was jedoch nach wie vor fehlte, war eine den heutigen Forschungsstand aufnehmende, umfassende Ortsgeschichte von den Anfängen bis in die Gegenwart. Angeregt von Frank Hoffbauer, wurde diese aus Anlass der 450. Wiederkehr der Einführung der Reformation in Winningen von fachkundigen, engagierten Autoren und Herausgebern erarbeitet, denen ich von ganzem Herzen für ihren Einsatz und ihre Mitwirkung danke. Es fanden sich Wissenschaftler und interessierte Laien, Winninger und Ortsfremde zusammen und erarbeiteten ein Werk, das Winningens Geschichte auf nahezu 600 Seiten darstellt und viele neue Aspekte der Entwicklung unserer Gemeinde berücksichtigt. Man mag bedauern, dass eine umfassende Aufarbeitung der Zeit des Nationalsozialismus bis heute gefehlt hat; umso wichtiger ist es, dass diese nun in einem auch vom Umfang her außerordentlichen Beitrag geschehen ist. Winningen stellt sich mit diesem Werk seiner gesamten Vergangenheit – den Teilen, die stolz machen, aber auch jenen, die zu Scham Anlass geben.

Neben allen Autorinnen und Autoren gilt mein besonderer Dank Michael Hollmann, der den Satz des Werkes übernommen hat sowie den Herausgebern Frank Hoffbauer und insbesondere Walter Rummel, ohne dessen Unterstützung dieses Buch nicht hätte erscheinen können.

Mein Dank gilt auch der Ekkehard-Krumme-Stiftung für historische Forschungen, der Evangelischen Gemeinde Winningen, der Lotto Rheinland-Pfalz GmbH, der Raiffeisenbank Winningen sowie der Sparkasse Koblenz, die das Projekt finanziell unterstützt und dadurch überhaupt erst ermöglicht haben.

Ich bin gewiss, dass dieses Werk für die kommenden Jahre und Jahrzehnte das Standardwerk zur Geschichte unserer Gemeinde bleiben wird und wünsche mir, dass viele Menschen, junge und ältere, Winninger und Auswärtige, das Buch immer wieder zur Hand nehmen, um sich über die historische Entwicklung Winningens zu informieren und aus der Auseinandersetzung mit der Vergangenheit Impulse für Gegenwart und Zukunft zu schöpfen. Wenn dadurch weitere Forschungen angestoßen würden, wäre das mehr als ein wünschenswerter Nebeneffekt des nun präsentierten Werkes.

Hans-Joachim Schu-Knapp
Ortsbürgermeister

Einleitung

Von Frank Hoffbauer und Walter Rummel

Ortsgeschichte in allgemeingeschichtlicher Perspektive

„Ein feine wolgezogene gemain" – dieses Lob, das der Gemeinde Winningen bei der geistlichen Inspektion (Visitation) im Jahre 1575 zuteil wurde, klingt zu charmant, um es bei der Suche nach einem angemessenen Titel für eine neue Gemeindegeschichte außer acht zu lassen, zumal wenn der Anlass für deren Herausgabe die 450. Wiederkehr des Tages ist, an dem die Reformation in Winningen eingeführt wurde – am 16. Juli 1557.[1] Der Charme dieses Lobes kann aber nicht darüber hinwegtäuschen, dass die Realität des gemeindlichen Zusammenlebens in Winningen keineswegs konfliktfrei war, ebenso wenig wie dies damals in anderen Gemeinden der Fall war, seien sie protestantisch oder katholisch gewesen. Es mag sogar sein, dass das Zusammenleben der Winninger noch konfliktreicher war als anderswo, weil die Gemeinde sich bereits aufgrund ihrer Zugehörigkeit zur Hinteren Grafschaft Sponheim in einer territorialen Insellage befand und nun, mit Einführung der Reformation im Jahre 1557, noch dazu in religiöser Hinsicht in gänzliche Isolation von ihrer katholisch gebliebenen Umgebung geriet. „[…] mitten under den papisten gelegen […]" – so lautete denn auch der zweite Teil der Bemerkung, welche die Visitatoren 1575 zur Einschätzung der Situation der Gemeinde zu Protokoll gaben. Und so lässt sich bereits ahnen, dass die oben angeführte Einschätzung nicht nur ein Lob bedeutete, sondern auch Ausdruck eines besonderen Anspruchs war, eines Anspruchs, der Lob verhieß, aber auch sicherlich eine Bürde darstellte.

Eine Bürde deswegen, weil die protestantische Landesherrschaft Winningens gerade von diesem Ort viel erwartete. Seine territoriale Lage machte den „Flecken" Winningen zu einem Außenposten des Luthertums in einer geschlossen katholischen Umgebung. Für diese wiederum – und insbesondere für ihren Landesherrn und Oberhirten, den Kurfürsten und Erzbischof von Trier – musste das lutherische Winningen eine permanente Provokation bei dem Bemühen um Bewahrung des religiösen Besitzstandes des Erzbistums Trier sein. So hat es denn im Dreißigjährigen Krieg nicht an Versuchen gefehlt, das ‚abtrünnige' Winningen wieder zum Katholizismus und damit auch zum Erzbistum Trier zurückzuführen. Das Scheitern dieser Versuche beruhte auf verschiedenen Umständen – Skrupeln der katholischen Seite, wechselndem Kriegsglück der Parteien und nicht zuletzt auf den geschickten politisch-diplomatischen Bemühungen des protestantischen Landesherrn, des Pfalzgrafen Georg Wilhelm von Birkenfeld (1616-1669), und seiner Beauftragten.[2] Trotzdem mussten die Winninger in diesem Krieg wie

---

1   Zu Herkunft und Kontext des Zitats vgl. den Beitrag von Anja Ostrowitzki.
2   Vgl. Heinrich Rodewald, Pfalzgraf Georg Wilhelm von Birkenfeld und seine Kämpfe um das Luthertum in der Hinteren Grafschaft Sponheim, 1925, sowie Walter Rummel, Hexenprozesse als Karrieremöglichkeit. Ein Beispiel aus der Epoche des konfessionellen Konfliktes am Mittelrhein 1629-1631, in: Kurtrierisches Jahrbuch 25 (1985), S. 181-190.

in allen anderen, die sich bis zum Ende des „Alten Reiches" auch hier bemerkbar machten, allein schon aufgrund ihrer territorialen Isolation besonders viel erdulden.[3]

Zweifellos genoss der „Flecken" Winningen aufgrund seiner exponierten Lage ab Einführung der Reformation die besondere Aufmerksamkeit der Landesherrschaft. Und zweifellos haben die Winninger davon profitiert, dass in diesem Zusammenhang gerade das Schulwesen bei ihnen besonders gefördert worden ist, und sicherlich haben sie am allgemeinen Bildungsvorsprung der protestantischen Bevölkerungsteile gegenüber den Katholiken im 18. Jahrhundert teilgenommen, ja diese Differenz vielleicht sogar noch stärker ausgeprägt als anderswo.[4] Aber die besondere Aufmerksamkeit und Förderung, der Anspruch, sich als „ein feine wolgezogene gemain" unter den „papisten" zu behaupten, hatten im konfessionellen Zeitalter ihre Kehrseite: sie verstärkten die Isolation gegenüber der Umgebung, sie erschwerten möglicherweise auch den Wegzug, sie verschärften in jedem Fall innere Konflikte, weil zu allen ohnehin bestehenden materiellen Konfliktlagen noch hinzukam, dass man sich gegenseitig vor dem örtlichen Sittengericht, der „Zensur", religiös-sittlicher Verfehlung beschuldigen konnte, ja musste. So überrascht es nicht, dass die hier in den Jahren 1631-1659 vorfallende Hexenverfolgung – an und für sich keine Winninger Besonderheit, sondern damals (16./17. Jahrhundert) in ganz Mitteleuropa in katholischen wie protestantischen Gebieten weit verbreitet – durch erbitterte Feindschaften zwischen innerdörflichen Fraktionen und Familien geprägt waren. Und es überrascht auch nicht, dass gerade in der Winninger Hexenverfolgung in hohem Maße sittlich-religiöse Beschuldigungen vorgebracht wurden, in denen die intensiven religiöse Disziplinierungsbemühungen der vorausgegangenen Jahrzehnte noch durchschimmern.[5]

Was auf diese Art und Weise bis zum Ende des Alten Reiches die Ambivalenz anspruchsvoller protestantischer Erziehung ausmachte, wurde noch zu Beginn der napoleonischen Herrschaft von dem „Maire" (Bürgermeister) Carl August Reinhard[6] auf den Punkt gebracht. Reinhard, der die Winninger als badischer Amtsverwalter noch im ausgehenden „Alten Reich" kennen gelernt hatte, lobte einerseits ihre „Sitten" als „gut und christlich" und ihre „Offenherzigkeit, Stille, Sittsamkeit, Arbeitsamkeit, Genügsamkeit [und] Sparsamkeit", allesamt Tugenden des erst beginnenden bürgerlichen Zeitalters. Auch betonte er: „ihre Religion lieben sie über alles." Andererseits hatte Reinhardt auch die Kehrseite des ‚vorbildlichen' Winningers wahrgenommen: „Sein Betragen unterscheidet sich damit auch von seinen Nachbarn. An Sonn- und Feyertagen geht derselbe sehr wenig in die Wirtshäuser, er sitzt lieber zu Hause an der Bibel oder an denen Zeitungen, daher kommt es, dass derselbe sehr spruchreif und kannengießerisch ist, überhaupt

---

3   Vgl. dazu den Beitrag von Peter Többicke.
4   Vgl. dazu die Beiträge von Rainer Garbe zum Schulwesen und von Siglinde Krumme zur Bildungsgeschichte Winningens.
5   Vgl. Walter Rummel, Bauern, Herren und Hexen. Studien zur Sozialgeschichte sponheimischer und kurtrierischer Hexenprozesse, 1991; ders., „Die Ausrottung des abscheulichen Hexerey Lasters". Zur Bedeutung populärer Religiosität in einer dörflichen Hexenverfolgung des 17. Jahrhunderts, in: Wolfgang Schieder (Hg.), Volksreligiösität in der modernen Sozialgeschichte (=Geschichte und Gesellschaft, Sonderheft 11), 1986, S. 51-72. Vgl. auch den Beitrag von Anja Ostrowitzki.
6   Im März 1791 hatte Reinhardt in Winningen sein Amt als Amtmann angetreten.

hat der Winninger etwas Docterisches und Überstudiertes an sich und spricht wie ein Buch und ist deswegen, weil er sich vernünftiger dünkt als seine Nachbarn, nicht so gut zu belehren."[7]

Die Prägungen, die aus lang währender territorial-konfessioneller Isolation und einem ausgeprägt protestantisch-bürgerlichem Selbstbewusstsein herrührten, wurden auch außerhalb der Gemeinde wahrgenommen. Als der preußische Oberförster des Kreises Koblenz, Keck, 1823 für den Landrat ein Gutachten zur einer Beschwerde der Gemeinde Winningen gegen die Gemeinde Dieblich wegen der Waldnutzung – eine neue Runde in einem uralten Streit – erstellen sollte, attestierte er den Winningern einen wenig schmeichelhaften Charakter: „Unverkennbar ist es, dass nicht Liebe zum Wald, als vielmehr Neid [...] diese Beschwerde herbeigeführt hat, welche um so weniger befremdet, da es der Gemeinde Winningen zur [...] Natur geworden, sich über alle nur vorkommenden Gegenstände [...] zu beschweren".[8]

Im politischen Spektrum des Kaiserreiches kam die protestantisch-bürgerliche Prägung Winningens in einer starken Orientierung an der nationalliberalen Partei zum Ausdruck.[9] Unter den Lasten der Weimarer Republik rückte diese Ausrichtung zunächst in das rechtskonservative Lager – die Parteien der Weimarer Koalition hatten hier auf Dauer keine Chance –, um dann fulminante Wahlsiege von Hitlers NSDAP zu ermöglichen. Dies war allenfalls im Ausmaß spezifisch für Winningen, nicht aber im Prinzip: überall im Deutschen Reich fand die NSDAP in ländlichen Gebieten mit protestantischer Bevölkerung große Resonanz, während die katholische Bevölkerung im Großen und Ganzen der katholischen Partei des Zentrums die Treue hielt, was nichts über ihre demokratische Einstellung aussagt, wohl aber über den noch immer bestehenden Zusammenhang von Amtskirche und Politik. Dieser Zusammenhang war im Protestantismus, möglicherweise begünstigt durch die Gewöhnung an ein Landes- bzw. Staatskirchentum, verloren gegangen, und die ausgeprägten bildungsbürgerlichen Qualitäten des Kulturprotestantismus waren für die Nazis ebenfalls kein Hindernis gewesen, möglicherweise sogar eher ein weiteres Einfallstor. Obwohl Winningen in der Region eine Hochburg der NSDAP war, regte sich jedoch auch hier der Widerstand der Bekennenden Kirche, welche die Verirrungen der sog. Deutschen Christen nicht mittragen wollte.[10]

Das Trauerspiel der NS-Zeit wurde in der hiesigen Nachkriegszeit erkennbar nicht verarbeitet.[11] Umso erstaunlicher ist, dass die nachrückenden Generationen sich davon politisch wie ideologisch nicht nur vollständig verabschiedeten,[12] sondern das protestantische Fundament ihrer Tradition nun nachdrücklich in Aktivitäten einbrachten, welche auf innerkirchliches Engagement,

---

7 Vgl. Ekkehard Krumme (Bearb.), Physische und moralische Bemerkungen über die Einwohner der Mairie Winningen. Ein Bericht von Carl August Reinhardt, in: Winninger Hefte 1 (1985), S. 19-25, hier: S. 25, sowie den Beitrag von Siglinde Krumme.
8 Vgl. den Beitrag von Rainer Garbe, Streitbare Gemeinde(n).
9 Vgl. den Beitrag von Marli Beck und Ellen Junglas.
10 Vgl. hierzu den ausführlichen Beitrag von Joachim Hennig.
11 Ebd.
12 Eine ganz wichtige Rolle spielt hierbei die erste kritische Aufarbeitung der NS-Zeit durch Gerhard Löwenstein in einem 1998 erschienenen Beitrag (Die evangelische Kirchengemeinde Winningen während der Zeit des Nationalsozialismus, in: Moselkiesel, hg. von der Volkshochschule Untermosel, Bd. 1.: Regionalgeschichte 1918-1948, 1998, S. 119-160).

Hilfe für die sog. Dritte Welt und auf Unterstützung der Friedensbewegung gerichtet waren bzw. sind.[13]

Ein anderes, noch viel weiter zurückreichendes Erbe haben die Winninger in der Nachkriegszeit hinter sich gelassen, auch darin nicht anders als andere Gemeinden in Deutschland, die ähnliche Verhältnisse erlebt hatten: Es ist die scharfe Trennung von Protestanten und Katholiken, die – gemeinsam mit den klassischen Nachbarschaftsstreitfällen ‚Wald' und ‚Weide' – über Jahrhunderte das Verhältnis zu den katholischen Gemeinden der Umgebung mal mehr, mal weniger belastet hatte. Zwei Beispiele nur: Als 1848 die Revolution ausbrach, verbarrikadierten sich die Winninger mit Schusswaffen in der Erwartung, dass nun die katholische Bevölkerung der Nachbarorte in ihrer Feindschaft gegen alles Preußische und Evangelische über sie herfallen würde – was natürlich nicht geschah. Und 1857, als die Winninger ihr Reformationsjubiläum feierten, betete man auf der anderen Moselseite im katholischen Lay in der Kirche für ihre Seelen, damit diese nicht im Fegefeuer gequält würden.[14]

Ein drittes Erbstück, dessen Verlust die Winninger mit praktisch allen ländlichen Gemeinden in der Nachkriegszeit gemein haben, ist wenigstens kurz zu erwähnen: der Abschied von der alten ländlichen Welt, die geprägt war durch ein hohes Maß an Identität von Wohnort und Arbeitsort, von entsprechender Geselligkeit und sozialer Kommunikation, Brauchtum und Tradition, aber auch von den dazugehörigen Konflikten. Es war keine heile Welt, die sich nach 1945 erst langsam, dann immer schneller verabschiedete, aber eine andere als die, in der wir jetzt leben.

Forschungslage und Quellen

Wenn die besondere, erst protestantische, dann bildungsbürgerliche Prägung der Winninger in dieser Weise sowohl für Licht als auch für Schatten im Laufe der Geschichte der Gemeinde sorgte, so gehört dazu noch eine weitere Seite, die für alle geschichtlich Interessierten von Bedeutung sein dürfte. So ist erstaunlich, wie viele detaillierte autobiographische und ähnliche Aufzeichnungen Einwohner Winningens aus dem 19. Jahrhundert hinterlassen haben. Es ist das Verdienst des leider schon verstorbenen Ekkehard Krumme, mittels der von ihm 1985 begonnenen Publikation eines eigenen Periodikums zur Winninger Geschichte, den „Winninger Heften", darauf aufmerksam gemacht und einen Teil dieser „Manuale" bereits ediert zu haben.

Ekkehard Krummes „Winninger Hefte" bildeten den ersten Versuch, eine trotz guter Quellenlage doch insgesamt recht dürftige Forschungslage auf eine neue Grundlage zu stellen und weitere Forschungen anzuregen. Tatsächlich lagen bis dato im Grunde genommen nur zwei Werke vor, welche die Ortsgeschichte aus den Quellen behandelten: ein kirchengeschichtlicher Überblick von 1909 aus der Feder des damaligen Pfarrers Adolf Müller und eine klassische Ortsgeschichte von Hans Bellinghausen aus den 20er Jahren. Spätere Publikationen – 1957 von

---

13 Vgl. den Beitrag von Andreas Metzing.
14 Vgl. den Beitrag von Marli Beck und Ellen Junglas sowie Ekkehard Krumme (Bearb.), Eine Winninger Chronik, aufgezeichnet von Karl Sünner, in: Winninger Hefte 1 (1985), S. 27-65, hier: S. 52.

Fritz Mybes zum 400jährigen Reformationsjubiläum und 1965 von Richard Holzapfel zur 1100-Jahrfeier – haben den von Müller und Bellinghausen erreichten Erkenntnisstand nicht wirklich erweitert.[15] Vor diesem Hintergrund fasste der Fremdenverkehrsverein Winningen e. V. Anfang der 1980er Jahre den Beschluss, ein Inventar der über Winningen vorliegenden Quellen erstellen zu lassen, um die Nachweise zu Akten und Urkunden verschiedener Archivbestände sowohl des Landeshauptarchivs Koblenz als auch der Evangelischen Kirchengemeinde und der Gemeinde Winningen wenigstens in einem Nachschlagwerk zu vereinigen. Das von Rainer Garbe erstellte umfangreiche Inventar wurde 2003 von der Gemeinde Winningen gedruckt; es enthält eine ausführliche Bibliographie des bis dahin erschienenen Schrifttums, zu dem auch die Arbeiten gehören, die Garbe als Nebenprodukte seiner Beschäftigung mit den Quellen verfasste.[16]

Eine neue Ortsgeschichte

Wie es nun schon fast Tradition ist, hat die Gemeinde Winningen 2004 den Entschluss gefasst, das 450jährige Jubiläum der Einführung der Reformation mit einer neuen Ortsgeschichte zu schmücken. Entsprechend der allgemeinen Tendenz zur Spezialisierung in der historischen Forschung war klar, dass ein solches Werk nicht mehr, wie dies noch Müller und Bellinghausen seinerzeit getan hatten, von einem Einzelnen geschrieben werden konnte, wenn man denn Beiträge zu den verschiedenen Aspekten der Entwicklung auf dem heute üblichen wissenschaftlichen Niveau präsentieren wollte. Ebenso war klar, dass auch nur der Versuch einer Auswertung sämtlicher vorhandener Quellen angesichts der Fülle des Materials wie auch der Vielzahl möglicher Gesichtspunkte gleichfalls zum Scheitern verurteilt sein würde. Unter Berücksichtigung dieser Rahmenbedingungen haben die Herausgeber einen Mittelweg gesucht: von einer Gruppe kompetenter und interessierter Autorinnen und Autoren, Wissenschaftler wie Laien, Einheimischer wie Nicht-Winninger, Protestanten wie Katholiken, sollte auf der Grundlage des neuesten Forschungsstandes eine neue Ortsgeschichte erstellt werden. Im Ergebnis soll diese sowohl die großen Epochen der kulturgeschichtlichen wie herrschaftlichen bzw. politischen Entwicklung von den vorgeschichtlichen Anfängen an bis zur Gegenwart (Teil I) abdecken als auch zentrale Bereiche im Leben von Zivil- wie Kirchengemeinde in ihrer historischen Entwicklung (Teil II) vorstellen.

Die hier vorgelegte Sammlung neuer Beiträge zur Ortsgeschichte von Winningen vereint Beiträge aus den verschiedensten Epochen und Themenbereichen der Geschichte. So wird der Band eröffnet durch eine ausführliche archäologische Darstellung der Geschichte der Besiedlung von Ort und regionalem Umfeld von den frühesten Funden bis zum frühen Mittelalter (Lutz Grunwald), gefolgt von einer breiten Analyse der Quellen, die über die mittelalterlichen

---

15 Adolf Müller, Geschichte der evangelischen Gemeinde Winningen an der Mosel, in: Monatshefte für rheinische Kirchengeschichte 3 (1909), S. 225-286, Hans Bellinghausen, Winningen. Ein deutsches Heimatbuch. Teil 1 und 2, 1923 und 1925; Fritz Mybes (Hg.), 400 Jahre Evangelische Kirchengemeinde Winningen, 1957; Richard Holzapfel (Bearb.), Winningen/Mosel. Winningen im Wandel der Zeiten, 1965.
16 Rainer Garbe (Bearb.), Inventar der Quellen zur Geschichte der Gemeinde Winningen/Mosel, 2003. Vgl. dazu auch die in diesem Band enthaltenen Beiträge von Rainer Garbe.

Herrschaftsverhältnisse Aufschluss geben (Michael Hollmann). Im Anschluss daran wird der Weg in die Moderne, über den bislang nur wenig zusammenhängende Erkenntnisse vorlagen, erstmals umfassend skizziert (Marli Beck und Ellen Junglas). Erstmals werden die Anfänge der protestantischen Erziehung thematisiert (Anja Ostrowitzki) sowie in vergleichender Hinsicht die kriegerischen Ereignisse dargestellt, welche die Winninger wie die umliegenden Dörfer vom Dreißigjährigen Krieg bis zum Zusammenbruch im Jahre 1945 zu erdulden hatten (Peter Többicke). Auch mit der weiteren Entwicklung speziell der Kirchengemeinde durch das 19. und 20. Jahrhundert bis zur Gegenwart wurde Neuland betreten (Andreas Metzing). Die bauliche Entwicklung in der Gemeinde ab der frühen Neuzeit wird in mehreren Beiträgen behandelt (Rainer Garbe, Peter Lammert, Udo Liessem), desgleichen Aspekte der Bildungs- und Technikgeschichte (Siglinde Krumme, Peter Kirchberg). Eine sprachgeschichtliche Analyse der für Winningen konservierten Winzerterminologie (Rudolf Steffens) macht deutlich, welche Erkenntnisse auch aus diesen Quellen gezogen werden können. Dass es schon vor Ende des konfessionellen Zeitalters in Deutschland im Jahre 1945 in Winningen selbst ein, wenn auch nicht immer einfaches, konfessionelles Miteinander gab, zeigt ein Beitrag zur kleinen katholischen Gemeinde (Hedwig Herdes), die im 19. Jahrhundert entstanden war.

Innerhalb des thematisch gegliederten Teils II ragen zwei Themenbereiche entweder durch die Anzahl der ihnen gewidmeten Beiträge oder vom Umfang besonders hervor: es sind dies die Themen „Einwohnerschaft" (Rainer Garbe, Andrea Grosche-Bulla) sowie „Wirtschaft" bzw. „Güter" (Rainer Garbe) und „Weinbau" (Gerhard Löwenstein). Diese Akzentuierung soll zum einen den Blick auf die weit zurückreichenden Wurzeln noch heute in Winningen lebender Familien lenken. Zum anderen trägt sie der Tatsache Rechnung, dass der Weinbau überhaupt die Grundlage für die Existenz des Ortes, mithin auch für seine Geschichte war und noch ist, wie auch die Schlussbetrachtung von Frank Hoffbauer zeigt.

Nicht nur vom Umfang her nimmt in Teil I der Beitrag von Joachim Hennig zur NS-Zeit in Winningen einen besonderen Platz ein, wird hier doch die von Gerhard Löwenstein 1998 begonnene kritische Aufarbeitung dieser unseligen Epoche unter Berücksichtigung einer Vielzahl weiterer Quellen fortgeführt. Unter letzteren erwiesen sich vor allem Entnazifizierungsakten als besonders wichtig, wenngleich archivrechtliche bzw. datenschutzrechtliche Bestimmungen einer vollständigen Auswertung noch immer Grenzen setzen. Maßgeblich für die Einbeziehung von Entnazifizierungsakten war zunächst die Tatsache, dass die Entnazifizierungsbescheide zu Angehörigen des öffentlichen Dienstes bereits in den Jahren 1946-1949 in amtlichen Mitteilungen der damaligen Verwaltung bzw. der Landesregierung unter namentlicher Angabe der Betroffenen, ihres Geburtsdatums und ihrer Einstufung veröffentlicht worden sind. Für in den Akten des Landeshauptarchivs Koblenz erwähnte andere Personen wurden die vom gegenwärtigen rheinland-pfälzischen Landesarchivgesetz 1990 bestimmten Personenschutzfristen beachtet, welche eine Anonymisierung für einen Zeitraum von bis zu 30 Jahren nach dem Tode der Betreffenden bzw. 110 Jahren nach der Geburt vorsehen; für die aus Beständen des Bundesarchivs benutzten Unterlagen gelten kürzere Sperrfristen, weshalb ihrer Benutzung im vorliegenden Fall keine datenschutzrechtlichen Hindernisse im Wege standen. Von den geltenden Sperrfristen ausgenommen sind, analog zu den durch amtliche Veröffentlichungen schon früher publik gemachten persönlichen Angaben, solche Personen, über deren Verstrickungen in der NS-Zeit bereits an anderer Stelle berichtet worden ist. Dies ist für einige der Beteiligten detailliert in einem Artikel geschehen, der 1965 in der „Frankfurter Rundschau" erschien und auf bestürzende Weise die Verdrängung der 1933-1945 in Winningen vorgefallenen Ereignisse dokumentierte.

Es soll hier auch nicht unerwähnt bleiben, was die vorgelegte neue Ortsgeschichte nicht leistet, sei es, weil dafür kein Bearbeiter zur Verfügung stand, sei es, weil der Themenbereich zu groß war, sei es, weil schlicht und ergreifend auch 600 Seiten zu wenig sind, um alles, was von Interesse sein könnte, gebührend zu behandeln. So wird der Bereich der Frühen Neuzeit (1500-1800) zwar in verschiedenen Beiträgen gestreift (Michael Hollmann, Anja Ostrowitzki, Rainer Garbe, Siglinde Krumme), doch eine systematische Darstellung der politischen Gemeindegeschichte in diesem ereignisreichen und quellenmäßig dicht dokumentierten Zeitabschnitt muss einer eigenen Veröffentlichung vorbehalten bleiben. Wie viel Spannendes hier noch auf eine ‚Ausgrabung' wartet, zeigt z.B. der Hinweis von Rainer Garbe auf „Unruhen", welche im späten 18. Jahrhundert der eingewanderte Weinhändler Schmitzhaus ausgelöst hat und zu deren Beilegung eine landesherrliche Kommission Kosten in Höhe von immerhin 1.600 Gulden verursachte.[17]

Bleibt den Herausgebern am Ende noch die angenehme Pflicht, allen Autorinnen und Autoren für ihre Mitarbeit zu danken, ferner insbesondere Dr. Michael Hollmann für sein Engagement bei der Herstellung von Satz und Layout sowie Marli Beck, Birgit Brahm, Andrea Grosche-Bulla, Claudia Hoffbauer und Marion Voigt für ihre Mithilfe beim Korrekturlesen. Es ist sicherlich im Sinne aller Beteiligten, wenn wir den Wunsch aussprechen, dass das hier vorliegende Buch von vielen gerne und oft in die Hand genommen werden möge, um durch einen Blick in die Geschichte zu erkennen, wie ein Stück unserer Gegenwart aus ihr geworden ist.

---

17 Vgl. den Beitrag von Rainer Garbe zu den historischen Wurzeln der Einwohnerschaft Winningens.

Winningen in vor- und frühgeschichtlicher Zeit

Von Lutz Grunwald

Durchwandert man die Gemarkung des kleinen Örtchens Winningen, so wird der Eindruck von der malerischen Landschaft des Moselkerbtales mit seinen von Weinbergen bestandenen Hängen geprägt. Man bekommt das Gefühl, dass die Mosel schon immer mit ihren sanften Wogen die Talniederung durchfloss und die hier lebenden Menschen stets die Nähe des Flusses als Verkehrsweg und als Nahrungsquelle suchten. Seit der frühesten Zeit der Anwesenheit des Menschen in der Moselmündungsregion wurde der Raum um Winningen bis heute fast kontinuierlich als Aufenthaltsort genutzt. Die vorgeschichtlichen Funde aus dieser 666 ha messenden Gemarkung setzten in der Zeit der frühesten Menschheitsgeschichte in Rheinland-Pfalz ein. Die anzusprechenden Steingeräte datieren in den Abschnitt der Altsteinzeit (Abb. 1; Altpaläolithikum) und beweisen, dass schon der homo erectus („aufgerichteter Mensch") hier vor Ort anwesend war.

Schon damals war die Gewässernähe wichtig, jedoch sah die Landschaft in diesen Zeiten noch gänzlich anders aus. Die Mosel hatte etwa vor 900.000 Jahren begonnen sich in das entstehende Rheinische Grundgebirge einzuschneiden und das heute existierende Kerbtal zu prägen.[1] Die bekannten Fundstellen der Objekte aus der Zeit vor mehr als 700.000 Jahren liegen in mehreren Konzentrationen um den Flugplatz von Winningen und in dem Bereich zwischen der Landeplatzrollbahn und der Gemarkungsgrenze zu Bisholder etwa 130 m oberhalb des jetzigen Flusslaufes auf der jüngeren Hauptterrasse (Abb. 2).

Auf dieser plateauartig ausgeprägten Fläche nordwestlich der damals kaum eingeschnittenen Mosel entdeckte man die Geräte der Frühmenschen in den Flussschottern des Moselurstromes, die bei der Erweiterung des Flugplatzgeländes angeschnitten worden waren. Hierdurch besteht an der zeitlichen Zuweisung der Fundstücke kein Zweifel. Hauptsächlich fanden sich seit 1980/81 einseitig zugerichtete grobe Hackwerkzeuge und Abschläge aus Quarzit bzw. Quarz.[2] Diese Gerätformen mit ihren intentionell zugeschlagenen scharfen Arbeitskanten wurden zu Spalt- und Schneidearbeiten verwendet und gehören zum typischen Bestand früher altsteinzeitlicher Fundgruppen.[3] Unter den geborgenen Objekten sind zwei große typologisch altertümliche Faustkeile besonders eindrucksvoll, die aus großen, ovalen Flussgeröllen hergestellt wurden. Der in Abbildung 3 gezeigte Faustkeil wurde im Jahr 2002 bei einer Geländebegehung

---

1 Die Entstehung des heutigen Moselkerbtales war etwa vor 10.000 Jahren abgeschlossen: Rainer Graafen, Der Naturraum, in: Jürgen Kunow; Hans-Helmut Wegner (Hg.), Urgeschichte im Rheinland, 2006, S. 37. Vgl. auch: Axel v. Berg, Geröllgeräte der frühen Altsteinzeit von der Hauptterrasse der Mosel bei Müden, Kreis Cochem-Zell, in: Archäologie in Rheinland-Pfalz 2004 (2005), S. 16-20.
2 Axel v. Berg; Hans-Helmut Wegner, Ausgrabungen, Funde und Befunde im Bezirk Koblenz, in: Hans-Helmut Wegner (Hg.), Berichte zur Archäologie an Mittelrhein und Mosel 3 (=Trierer Zeitschrift Beiheft 14), 1992, S. 388 Abb. 4, 15-18; Axel v. Berg; Lutz Fiedler, Altpaläolithische Funde von Winningen und Koblenz-Bisholder an der unteren Mosel, in: Archäologisches Korrespondenzblatt 13 (1983), S. 291-298.
3 Axel v. Berg; Hans-Helmut Wegner, Jäger – Bauern – Keltenfürsten. 50 Jahre Archäologie an Mittelrhein und Mosel, in: Archäologie an Mittelrhein und Mosel 13 (2001), S. 78-80 Abb. 44.

Jahre (vor Christus)	Epoche	Archäologische Gruppen	Menschliche und technische Entwicklung
1 Mio. 500 000 300 000	Altpaläolithikum	Praeacheuleen Altacheuleen Mittelacheuleen	Geröllkulturen, Homo erectus Faustkeile
200 000	Mittelpaläolithikum	Jungacheuleen Micoquien Mousterien	Neanderthaler Levalloistechnik
40 000	Jungpaläolithikum Spätpaläolithikum	Aurignacien Gravettien Magdalenien	Älteste Kunst Klingenkulturen Homo sapiens sapiens
9000/8000	Mesolithikum		Jäger- und Sammlerkulturen
5500/5000	Altneolithikum	Bandkeramische Kultur	Keramikherstellung, Ackerbau, Viehzucht, Hausbau
4000/3500	Mittelneolithikum	Rössener Kultur	
3000/2700	Jungneolithikum	Michelsberger Kultur	Erdwerke
2400/2200	Spät-/Endneolithikum	Schnurkeramische Kultur Glockenbecher Kultur	Kupferverarbeitung
2000/1800	Frühbronzezeit Bz/A	Adlerberg Kultur	Bronzeverarbeitung
1600/1500	Hügelgräberbronzezeit Bz/B Bz/C	Mittelrheinische Hügelgräbergruppen	Bronzehandwerk
1200	Späte Bronzezeit Bz/D Ha/A Ha/B	Urnenfeldergruppen	Eisenverarbeitung
800/750	Ältere Eisenzeit (Hallstattzeit) Ha/C Ha/D	Laufelder Gruppe Ältere Hunsrück-Eifel-Kultur	Adelsgräber Differenziertes Handwerk
500/450	Jüngere Eisenzeit (Latènezeit) Früh Lt/A Lt/B Mittel Lt/C Spät Lt/D	Jüngere Hunsrück-Eifel-Kultur Kultur der Treverer	Arbeitsteilige Wirtschaftsform Keltische Stadtkulturen
25/15 (v. Chr.)	Römische Zeit	Kaiserzeit Spätantike	Germania superior; Limes Kaiserstadt Trier Germaneneinfälle
460/480 n. Chr.) 720/750	Frühmittelalter	Merowingerzeit Karolingerzeit	Fränkische Epoche Reihengräberzeit
ab 1050	Hochmittelalter		Burgen
ab Mitte 13 Jh.	Spätmittelalter		Stadtentwicklung
um 1500– um 1800	Frühe Neuzeit		Kurtrierische Zeit

Abb. 1: Chronologietabelle der Vor- und Frühgeschichte an Mittelrhein und Mosel.

hung entdeckt. Er ist 15 cm lang und besitzt an den Rändern mit wenigen Schlägen herauspräparierte Arbeitskanten.[4] Die flache Seite zeigt noch die Spaltstruktur des ursprünglichen Abschlages, aus dem das Gerät dann präpariert wurde. Solche Stücke entstanden in der Frühzeit der Entwicklung dieser Geräte und sind der Faustkeilkultur des Acheuléen (Abb. 1) zuzuweisen.[5] Die im Umfeld des Winninger Flugplatzes entdeckten Artefakte gehören zu den ältesten Steinwerkzeugen an Mittelrhein und Mosel überhaupt. Sie belegen eindrucksvoll, dass hier im Uferrandbereich der Mosel einer der frühesten Rastplätze des homo erectus im nördlichen Rheinland-Pfalz bestanden hat. Vermutlich lag er auf einem trockenen Ufervorsprung oder einer zugänglichen Sandbank. Da die Hauptfundstelle heute durch die Rollbahnerweiterung des Flugplatzes weitgehend überbaut ist, scheinen weitere Erkenntnisse zu den Lebensverhältnissen der frühen Menschen an dieser Stelle nur schwer erreichbar zu sein.[6]

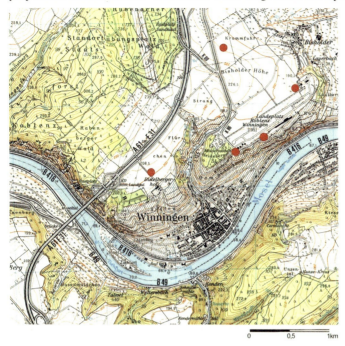

Abb. 2: Fundstellen der Altsteinzeit in der Gemarkung von Winningen.

Bis in den Herbst 2005 wurden in der Gemarkung von Winningen systematische Geländebegehungen durchgeführt, die das bereits bestehende Bild über die archäologischen Fundstellen noch verdichteten. Durch diese von der in Koblenz ansässigen Archäologischen Denkmalpflege ausgehenden Aktivitäten und durch die Fundmeldungen interessierter Bürger können wir von 52 Fundstellen unterschiedlichster zeitlicher Stellung und siedlungsgeschichtlicher Bedeutung ausgehen. Daher ist heute klar ersichtlich, dass die im Umfeld des Winninger Flugplatzes entdeckten Funde nicht die einzigen altpaläolithischen Objekte aus dieser Gemar-

---

4 Vgl. Axel v. Berg, Ein altpaläolithischer Faustkeil aus den Hauptterrassenschottern der Mosel bei Winningen, Kreis Mayen-Koblenz, in: Archäologie in Rheinland-Pfalz 2002 (2003), S. 10-13.
5 Gerhard Bosinski, Paläolithikum und Mesolithikum im Rheinland, in: Jürgen Kunow; Hans-Helmut Wegner (Hg.), Urgeschichte im Rheinland, 2006, S. 102.
6 Zuletzt: Axel v. Berg, Winningen, Kreis Mayen-Koblenz. Altpaläolithische Fundplätze, in: Jürgen Kunow; Hans-Helmut Wegner (Hg.), Urgeschichte im Rheinland, 2006, S. 525. Vgl. zudem: Axel v. Berg; Lutz Fiedler, Faustkeilfunde des älteren Acheuléen von Winningen, Kr. Mayen-Koblenz, in: Hans-Helmut Wegner (Hg.), Berichte zur Archäologie an Mittelrhein und Mosel 1 (=Trierer Zeitschrift Beiheft 9), 1987, S. 73-84.

kung sind. Bis in die Zeit vor etwa 200.000 Jahren wurden die Ränder der Eifelhochfläche bei Winningen, nach Neufunden von der Bisholder Höhe und den Feldern beim Distelberger Hof zu urteilen, aufgesucht (Abb. 2). Eindeutige Hinweise aus dem Mittelpaläolithikum, die für die Anwesenheit des Neandertalers sprechen würden, sind allerdings für Winningen noch unbekannt. 1997 konnte aber nur 9 km nordwestlich von Winningen in der Gemarkung von Ochtendung die Schädelkalotte eines vor etwa 160.000 Jahren verstorbenen Neandertalers entdeckt werden.[7] Die Vermutung liegt daher nahe, dass auch die robusten und den Widrigkeiten der Eiszeit trotzenden Neandertaler durch die Winninger Region gezogen sind.

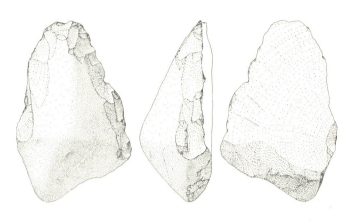

Abb. 3: Im Jahr 2002 in der Nähe des Flugplatzes von Winningen gefundener Faustkeil. M. 1:2.

Während in der Frühphase der Menschheitsgeschichte die Jagd und das Sammeln von Früchten im Mittelpunkt der Nahrungsversorgung nomadisierender Menschengruppen standen, bewirkte die so genannte „Neolithische Revolution"[8] eine grundlegende Veränderung der Lebensverhältnisse. Die sich nun durchsetzende produzierende Wirtschaftsweise mit Ackerbau und Viehhaltung sowie Sesshaftigkeit bewirkten in dieser frühen Phase der Jungsteinzeit (griechisch: Neolithikum) eine fundamentale Veränderung des menschlichen Miteinanders.[9] Durch die Rodung von Wald und die Schaffung von Anbauflächen wurden nun die Grundlagen für die Kultivierung von Wildpflanzen und die Haltung bzw. nachfolgend die Zucht von Tieren geschaffen.[10] Dieser gravierende Umbruch – der sowohl die Lebensweise des Menschen als auch dessen Umwelt neu formte – begann während des 9. Jahrtausends v. Chr. im Nahen Osten und dort genauer im so genannten „Fruchtbaren Halbmond", einer klimatisch begünstigten Region im Norden der arabischen Halbinsel zwischen Euphrat und Totem Meer. Vermutlich wurde mit dieser Entwicklung dem nacheiszeitlichen Klimawandel Rechnung getragen. Durch das Sammeln und Ernten von Wildgetreide entwickelte man im Nahen Osten den gezielten Anbau von

---

7 Zuletzt: Axel v. Berg, Schädelkalotte eines frühen Neandertalers aus Ochtendung, Kreis Mayen-Koblenz (Deutschland), in: Gabriele Uelsberg (Hg.), Roots/Wurzeln der Menschheit. Ausstellungskatalog Bonn, 2006, S. 316.
8 Jens Lüning, Grundlagen sesshaften Lebens, in: Ursula v. Freeden; Siegmar v. Schnurbein (Hg.), Spuren der Jahrtausende. Archäologie und Geschichte in Deutschland, 2002, S. 110.
9 Die Entwicklung während der Jungsteinzeit anschaulich zusammenfassend: Lüning, Grundlagen (wie Anm. 8), S. 110-139.
10 v. Berg; Wegner, Jäger (wie Anm. 3), S. 99-101.

Kulturpflanzen.¹¹ Während des 9. Jahrtausends kam die Domestikation von Schaf und Ziege, nachfolgend die Haltung von Rindern und Schweinen sowie ab etwa 7.000 v. Chr. die Keramikherstellung hinzu. Die produzierende Wirtschaftsweise breitete sich in den folgenden Jahrtausenden mit einer sehr großen Dynamik aus und erreichte die Ungarische Tiefebene etwa gegen 6.200 v. Chr. Bereits vorher war die europäische Mittelmeerküste von dieser bis nach Frankreich, Spanien und Nordafrika reichenden Entwicklung erfasst worden. Das Mittelrheingebiet dürfte den neuesten Erkenntnissen zufolge wohl spätestens zwischen 5.300 und 5.100 v. Chr. vom Rhein-Main-Gebiet ausgehend von diesen neuen Verhältnissen durchdrungen worden sein.¹² Bei der Untersuchung von pflanzlichen Großresten in den Pollendiagrammen der Eifel wurde festgestellt, dass an Kulturpflanzen nun Emmer, Einkorn, Trespe, Linsen, Erbsen, Lein und Borstenmohn angebaut und für die Ernährung genutzt wurden.¹³

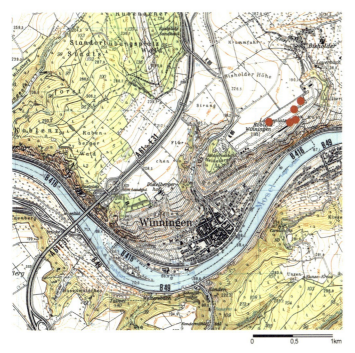

Abb. 4: Fundstellen der Jungsteinzeit in der Gemarkung von Winningen.

Bisher sind die bekannten neolithischen Fundstellen aus der Gemarkung von Winningen noch nicht zahlreich (Abb. 4). Die genau zu lokalisierenden Orte konzentrieren sich erneut um den Winninger Flugplatz. Das sich andeutende Bild verwundert nicht, waren doch die Eifelabdachungen und Hangkanten oberhalb der Mosel während des Neolithikums an der Untermosel häufig aufgesuchte Siedlungsplätze. Vermutlich ist aber in der Konzentration der Fundstellen im Bereich des Flugplatzes ein künstlich entstandenes, forschungsbedingtes Bild zu sehen und das Fehlen entsprechender Fundpunkte z. B. im Umfeld des Distelberger Hofes eine in der Zukunft zu schließende Forschungslücke.

---

11 Die Entwicklung der Landwirtschaft zusammenfassend: Andreas Zimmermann, Der Beginn der Landwirtschaft in Mitteleuropa. Evolution oder Revolution?, in: Menschen – Zeiten – Räume. Archäologie in Deutschland. Ausstellungsbegleitband Berlin, 2002, S. 133-138.
12 Andreas Zimmermann; Jutta Meurers-Balke; Arie J. Kalis, Das Neolithikum, in: Jürgen Kunow; Hans-Helmut Wegner (Hg.), Urgeschichte im Rheinland, 2006, S. 162.
13 Jutta Meurers-Balke; Arie J. Kalis, Landwirtschaft und Landnutzung in der Bronze- und Eisenzeit, in: Jürgen Kunow; Hans-Helmut Wegner (Hg.), Urgeschichte im Rheinland, 2006, S. 267-275, dort bes. S. 267 Abb. 1.

Dass diese sich abzeichnende Forschungslücke zu schließen sein sollte, legen schon die aus der Gemarkung von Winningen bekannten neolithischen Objekte ohne genau feststellbaren Fundplatz nahe. Ein besonders interessantes, heute verschollenes Objekt lässt sich aufgrund einer alten Karteikarte aus dem Archiv der Archäologischen Denkmalpflege Koblenz ansprechen. Es handelt sich um ein 12,3 cm langes Beil aus dunkelgrünem Tonschiefer mit 3,8 cm breiter Schneide und spitzem Nacken. Die gewölbten Seiten des Objektes sind geschliffen, was auf dem bereits im März 1939 entstandenen Foto (Abb. 5) gut zu erkennen ist. Das Beil wurde nach der Formgebung im Mittelneolithikum während des 4. Jahrtausends v. Chr. von Angehörigen der Rössener Kultur (Abb. 1) hergestellt.[14] Dieses Arbeitsgerät war einst quer geschäftet und diente besonders zur Bearbeitung von Holz, einem während der Jungsteinzeit vor allem für den Hausbau sehr wichtigen Rohstoff. Das Steinbeil gelangte vor dem 2. Weltkrieg in das Staatliche Museum für Vor- und Frühgeschichte in Berlin[15] und ist leider seit den Kriegswirren verschollen. Man kann aber vermuten, dass dieses Fundstück von einer bisher unbekannten Siedlungsstelle der Rössener Kultur in der Gemarkung von Winningen stammt. Diese sollte nach dem heutigen Wissensstand oberhalb von Winningen im Bereich der Eifelabdachung am Rand des Moselkerbtales gelegen haben.

Abb. 5: Spitznackiges Beil aus der Gemarkung von Winningen. M. 1:1.

Zwischen dem 24. und dem 20. Jahrhundert v. Chr. wurde das Rheinland von den Gruppen der nach ihrer Gefäßform so genannten, nahezu europaweit verbreiteten Glockenbecherkultur und der nach einer Verzierungstechnik der Gefäße bezeichneten Schnurkeramik geprägt. Durch weitreichende Handelsbeziehungen kamen nun die Volksgruppen an Mittelrhein und Mosel erstmals mit der Nutzung des zu dieser Zeit bereits in den alpinen und in mitteldeutschen Lagerstätten hergestellten Kupfers in Kontakt.[16] Ausgangspunkt für die Metallurgie und die Kupferherstellung war erneut der Nahe Osten. Hier sind die ersten Gegenstände aus Kupfer bereits im 6./5. Jahrtausend v. Chr. nachzuweisen. Über Kleinasien erreichte die Kupferherstellung etwa um 4.500 v. Chr. die Türkei und Griechenland, von wo dann Zentraleuropa erschlossen wurde. Nach einer ersten Phase des reinen Importes von Metallgegenständen kann für die Gebiete an Mittelrhein und Mosel spätestens ab 2.000 vor Chr. mit einer eigenständigen Produktionstätigkeit gerechnet werden, die in der Herstellung von Bronze lag. Dieses Material wurde für die an die Steinzeit anschließende Epoche der Menschheitsgeschichte, die „Bronzezeit", namengebend.

---

14 Zur Rössener Kultur im Moselmündungsgebiet zusammenfassen: v. Berg; Wegner, Jäger (wie Anm. 3), S. 103.
15 Dortige Inventarnummer Ii 1060.
16 Zusammenfassend: Irenäus Matuschik; Johannes Müller; Helmut Schlichterle, Technik, Innovation und Wirtschaft. Die späte Jungsteinzeit, in: Menschen – Zeiten – Räume. Archäologie in Deutschland. Ausstellungsbegleitband Berlin, 2002, S. 156-161.

Nach einer sehr langen Zeit der Benutzung von Werkzeugen aus Stein und organischen Materialien hielt etwa um 2.000 v. Chr. die Bronze auch in den Landstrichen an Mittelrhein und Mosel Einzug.[17] Man hatte damals das optimale Mischungsverhältnis von 70–90 % Kupfer und 10–30 % Zinn zur Herstellung der Bronze herausgefunden. Mit Hilfe dieser Metalllegierung konnten in ein- und mehrteiligen Gussformen aus Stein, Kupfer, gebranntem Lehm oder Formsand Gegenstände verschiedenster Art hergestellt werden. Aufgrund dieser Entwicklung war ein erneuter Wandel der Lebensgewohnheiten des Menschen unausweichlich. Mit dem Beginn der Bronzezeit kam es aber auch im Ackerbau zu Veränderungen. Einkorn wurde nun wohl nicht mehr angebaut. Neu kultiviert man die allgemein als Wintergetreide angebaute vierzeilige Spelzgerste und die Hirse, die als frostempfindliche Art erst ab Mitte Mai als Sommerfrucht eingesät wurde.[18] Bis zum Ende der Frühbronzezeit um etwa 1.500 v. Chr. kam es in der zunächst noch von Ackerbau und Viehzucht massiv geprägten Wirtschaftsweise zunehmend zu technischen und mit dem Handel begründeten Veränderungen. Eine Arbeitsteilung mit organisierten und spezialisierten Handwerkern bildete sich im Laufe dieser Zeit immer mehr heraus.

Funde der frühen Bronzezeit sind im Moselmündungsgebiet rar. Diese Region lag offensichtlich nicht im direkten Einflussbereich der frühbronzezeitlichen Kulturzentren. Man muss wohl von einer dünnen Besiedlung der Mittelrheinregion in dieser Zeit ausgehen. Für die anschließende mittlere Bronzezeit ist das sich abzeichnende Bild etwas besser.[19] Bis in den Beginn der mittelrheinischen Hügelgräberbronzezeit waren die Landstriche an der unteren Mosel noch stark in spätneolithischen Traditionen verhaftet. Erst nach einem längeren Prozess wurden auch im Moselmündungsgebiet die Fortschritte und Veränderungen der neuen Zeit übernommen.[20] Um so erfreulicher ist, dass einer der seltenen Bronzefunde dieser Zeitspanne in der Gemarkung von Winningen entdeckt wurde. 1962 konnte bei Niedrigwasser am südwestlichen Uferrand der Moselinsel Ziehfurt (Abb. 7) eine bronzene Dolchklinge entdeckt werden.[21] Es handelt sich um die leicht gebogene, lanzettförmige und 16,9 cm lange Klinge eines Griffplattendolches (Abb. 6). Der an der leicht gebogenen Platte der Klinge einst angebrachte Griff ist nicht mehr erhalten. Drei zu erkennende Nietlöcher zeigen aber, dass hier einst eine Handhabe vorhanden war. Die Fundstelle ist von Bedeutung, da die Insel Ziehfurt „im unteren Moseltal die einzige günstige Überquerungsstelle bietet"[22]. Vermutlich ist dieses Objekt also mit dem Passieren der Mosel zu verbinden. Sollte hier durch die absichtliche Deponierung des Griffplattendolches und daher durch ein Opfer an die Götter eine sichere Überquerung erfleht werden? Oder trat ein zufälliger Verlust bei den Mühen des Flussüberganges ein? Letztlich wird diese Frage nicht mehr zu klären sein. Sicher ist aber, das die Klinge nach ihrer Formgebung in die Stufe C der Hügelgrä-

---

17 Zusammenfassend: Hans-Eckart Joachim, Von den Anfängen der Metallverarbeitung bis zur mittleren Bronzezeit, in: Jürgen Kunow; Hans-Helmut Wegner (Hg.), Urgeschichte im Rheinland, 2006, S. 205-210.
18 Meurers-Balke; Kalis, Landwirtschaft (wie Anm. 13), S. 269 f.
19 Hans-Eckart Joachim, Die vorrömischen Metallzeiten, in: Hans-Helmut Wegner (Hg.), Berichte zur Archäologie an Mittelrhein und Mosel 1 (=Trierer Zeitschrift Beiheft 9), 1987, S. 37; v. Berg; Wegner, Jäger (wie Anm. 3), S. 116; Joachim, Metallverarbeitung (wie Anm. 17), S. 205-210.
20 v. Berg; Wegner, Jäger (wie Anm. 3), S. 113.
21 A. v. Berg, Ein bronzezeitlicher Griffplattendolch aus der Mosel bei Winningen, Kreis Mayen-Koblenz, in: Hans-Helmut Wegner (Hg.), Berichte zur Archäologie an Mittelrhein und Mosel 1 (=Trierer Zeitschrift Beiheft 9), 1987, S. 103-106.
22 v. Berg, Griffplattendolch (wie Anm. 21), S. 104.

berbronzezeit datiert und daher während des 14./13. Jahrhunderts v. Chr. hergestellt worden sein dürfte.²³

Während in der frühen und mittleren Bronzezeit die Toten unverbrannt unter Grabhügeln be-

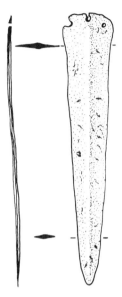

Abb. 6: Klinge eines bronzezeitlichen Griffplattendolches. M. 1:2.

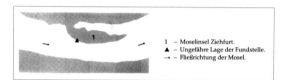

Abb. 7: Fundstelle der Dolchklinge auf der Insel Ziehfurt.

stattet wurden, ging man in der anschließenden Urnenfelderkultur (um 1200 bis 800 v. Chr.) dazu über, die Verstorbenen einzuäschern und den Leichenbrand mit Gefäßen in Flachgräbern beizusetzen.²⁴ Die sich neu herausbildende Kulturgruppe kann von den Karpaten bis in das Pariser Becken als übergreifendes wirtschaftlich, gesellschaftlich und religiös einheitliches Kultursystem angesprochen werden.²⁵ Nach dem heutigen Wissensstand entwickelte sich die Urnenfelderkultur auch im Rheinland kontinuierlich aus der mittelbronzezeitlichen Hügelgräberzeit. Sie entstand um 1200 v. Chr. als eine eigene Kulturprägung, die auf Wandlung im Gesellschaftssystem und veränderten Jenseitsvorstellungen beruhte. Aus den Regionen von Mittelrhein und Mosel lassen sich für diese Phase der Menschheitsgeschichte erneut viele Fundplätze ausmachen. Dieses spricht für einen Bevölkerungszuwachs und eine Aufsiedlung der Landschaft. Ausschlaggebend für diesen Prozess war der Wechsel zu einem wärmeren und daher für Ackerbau und Viehzucht günstigeren Klima an der Wende vom 2. zum 1. Jahrtausend v. Chr. Als Hauptgetreide der Urnenfelderkultur des Rheinlandes sind Emmer und Gerste angebaut worden. Dazu kamen Dinkel, Nacktweizen und Hirse.²⁶

---

23 v. Berg, Griffplattendolch (wie Anm. 21), S. 106.
24 Die Urnenfelderkultur anschaulich zusammenfassend: Axel v. Berg, Krieger, Bauern, Bronzegießer – die Urnenfelderzeit im Rheinland, in: Jürgen Kunow; Hans-Helmut Wegner (Hg.), Urgeschichte im Rheinland, 2006, S. 211-222.
25 v. Berg; Wegner, Jäger (wie Anm. 3), S. 119 f.
26 Meurers-Balke; Kalis, Landwirtschaft (wie Anm. 13), S 271.

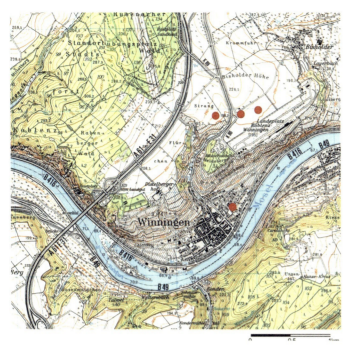

Abb. 8: Fundstellen der Urnenfelder Kultur in der Gemarkung von Winningen.

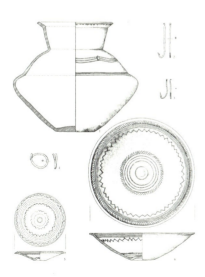

Abb. 9: Inventar aus dem 1953 dokumentierten urnenfelderzeitlichen Grab 4. M. 1:3.

Der Trend der regionalen Aufsiedlung mit einzelnen Gehöften ist auch in der Gemarkung von Winningen nachvollziehbar, wo bisher vier Fundstellen der Urnenfelderkultur zugeordnet werden können. Sie liegen sowohl in der Nähe der Hangkante der Eifelhauptterrasse als auch in der Talniederung (Abb. 8). Ein Fundplatz ist besonders interessant, zeigte sich hier doch das charakteristische Bild der damaligen Bestattungen einer Hofgemeinschaft mit umfangreichen Geschirrsätzen und Bronzegegenständen. Im Jahr 1953 wurden 60 m nordöstlich des Friedhofes von Winningen bei Ausschachtungsarbeiten für einen Neubau fünf urnenfelderzeitliche Brandgräber angeschnitten.[27] Die Bestattungen streuten über eine Fläche von 30 m² und waren bis zu 1,3 m in den Flutlehm der Niederterrasse eingetieft. Der Leichenbrand der Verstorbenen war in größeren Zylinderhals- bzw. Trichterhalsgefäßen aufbewahrt. So auch in Grab 4 (Abb. 9). In dem 26,4 cm hohen Trichterhalsgefäß mit doppelkonischem Gefäßkörper (Abb. 9,1) fand sich der Leichenbrand. Hier wurden auch die beiden Angelhaken (Abb. 9,2–3) – deutliche Hinweise auf den damaligen Fischfang in der Mosel – und der einen Durchmesser von 5,4 cm besitzende Bronzearmring (Abb. 9,4) entdeckt. Die beiden mit Ritzlinien verzierten konischen Schrägrandschalen (Abb. 9,5–6) lagen in der großen Aschenurne mit

---

27 Zuletzt: Axel v. Berg, Winningen, Kreis Mayen-Koblenz. Urnenfelderzeitliche Brandgräber, in: Jürgen Kunow; Hans-Helmut Wegner (Hrsg.), Urgeschichte im Rheinland, 2006, S. 525 f.

der Öffnung nach unten und dienten als Abdeckung des Leichenbrandes im Gefäß.[28] Das Grabensemble datiert in den jüngeren Abschnitt der Urnenfelderkultur (Übergang von Ha/A zu Ha/B; vgl. Abb. 1). Folgt man der typologischen Identifizierung der geborgenen Objekte, so wurde die Bestattung etwa um 900 v. Chr. angelegt.

Ab 800 v. Chr. erreichte dann eine weitere technische Innovation das Rheinland, die das menschliche Leben erneut tiefgreifend verändern sollte.[29] In Vorderasien war es gelungen, mit Kohlenstoff angereicherte Eisenerze bei Temperaturen um 1.200 °C zu schmelzen und durch Ausschmieden zu verarbeiten. Leistungsfähige Eisengeräte und robuste, der Bronze in der Härte weit überlegene Eisenwaffen waren in Kleinasien schon um 1.500 v. Chr. bekannt. Über Griechenland und Italien gelangte die Kunst der Eisenverhüttung dann nach Zentraleuropa. Ab 700 v. Chr. hatte sich der neue Werkstoff im Rhein-Mosel-Gebiet endgültig durchgesetzt. In Hunsrück und Eifel ist in dieser Phase eine verstärkte Aufsiedlung festzustellen. Dieses wurde sicherlich durch das in diesem Raum obertägig erschließbare Verwitterungseisenerz, das nun für die eigenständige, nicht auf den Import angewiesene Produktion genutzt werden konnte, begünstigt. In der Gemarkung von Winningen sind Eisenerzvorkommen im Bereich der benachbarten Fluren „Auf dem Bingstel" und „Eisenberg"[30] direkt östlich des Bundesautobahnrastplatzes Moseltal bekannt. Hier wurde in Pingen, also in trichterartigen Schürflöchern, obertägig anstehendes Erz gewonnen.[31] Eine genaue Datierung dieser wieder verfüllten Abbaustellen ist bis heute aber nicht erfolgt.

Mit dem Beginn der frühen Eisenzeit um 800/750 v. Chr. trat im Rheinland auch die größte Vegetationsveränderung seit dem Einsetzen der „Neolithischen Revolution" ein. Der Wald wurde massiv zurückgedrängt und als wesentliche Neuerung vom Menschen Grünland großflächig angelegt.[32] Die Viehwirtschaft wurde nun von einer überwiegenden Laubheufütterung zu Viehweiden umgestellt. Dieser Prozess dürfte auch mit einer den Ackerbau beeinträchtigenden Klimaverschlechterung zu feuchteren und kühleren Verhältnissen zusammenhängen. Trotzdem war die Anzahl der kultivierten und angebauten Nutzpflanzen sehr reichhaltig. Die festzustellende Hinwendung zur verstärkten Viehweide konnte man nun auch daher besser durchführen, da mit dem neuen Rohstoff Eisen geeignete Schnittgeräte für das notwendige Mähen der Grünflächen in größerer Anzahl zu produzieren waren. Während die Schmuckstücke weiterhin vor allem aus Bronze hergestellt wurden, fertigte man nun Geräte und Waffen fast ausschließlich aus Eisen. Der Wechsel zu einer verstärkten Viehhaltung scheint also mehrere Gründe gehabt zu haben. Jedenfalls wurden vorher kaum genutzte Landstriche mit armen Böden und die überschwemmungsgefährdeten Bach- bzw. Flusstäler zu Grünland umgestaltet

---

28 Hans-Helmut Wegner, Archäologische Ausgrabungen, Funde und Befunde in der Region Mittelrhein, Koblenz, in: Hans-Helmut Wegner (Hg.), Berichte zur Archäologie an Mittelrhein und Mosel 9 (=Trierer Zeitschrift Beiheft 28), 2004, S. 306-309.
29 Vgl. v. Berg; Wegner, Jäger (wie Anm. 3), S. 125.
30 Zur Lage der Fluren „Eisenberg" und „Auf dem Bingstel" vgl. Abb. 14 und: Ekkehard Krumme (Bearb.), Der „Post-Kraemer". Das „Manual" des Friedrich Ludwig Kraemer aus Winningen a. d. Mosel, in: Winninger Hefte 4 (1991), S. 106 (Flurkarte).
31 Adam Günther, Stadt- und Landkreis Koblenz in vor- und frühgeschichtlicher Zeit. Unpubliziertes maschinenschriftliches Manuskript (Archiv der Archäologischen Denkmalpflege Koblenz), S. 92.
32 Meurers-Balke; Kalis, Landwirtschaft (wie Anm. 13), S. 272.

und für die Viehweide nutzbar gemacht. Vermutlich nahm man nun auch die Moseltalniederung bei Winningen verstärkt als Weidefläche in Anspruch.

An Mittelrhein und Mosel vollzog sich der Wechsel von der Bronze- zur vorrömischen Eisenzeit kontinuierlich und ohne nennenswerte Bevölkerungsverschiebungen. Aus der spätbronzezeitlichen Bevölkerung der Urnenfelderkultur bildete sich mit der so genannten Laufelder Gruppe im 8. Jahrhundert v. Chr. die erste, zwar noch stark in bronzezeitlicher Tradition stehende, aber trotzdem typische früheisenzeitliche Kulturausprägung im nördlichen Mittelrheingebiet heraus.[33] Auch in der Gemarkung von Winningen konnte in der Nähe des Distelberger Hofes eine Siedlung dieser Gruppe nachgewiesen werden.[34] Aus der Laufelder Gruppe ging dann die für die ältere vorrömische Eisenzeit des mittelrheinischen Schiefergebirges charakteristische Hunsrück-Eifel-Kultur hervor. Sie besaß ein sehr differenziertes Sozialsystem mit einer Oberschicht, einem spezialisierten und untergliederten Siedlungs- bzw. Wirtschaftssystem sowie befestigten Höhensiedlungen. Die Hunsrück-Eifel-Kultur wird in eine ältere Phase (600–ca. 475 v. Chr.) und eine jüngere Phase (ca. 475–350 v. Chr.) untergliedert. Nach den Pollendiagrammen aus der Eifel setzte im 4. Jahrhundert v. Chr. ganz langsam eine Vegetationsveränderung ein, die auf eine Verbuschung ehemaliger Wirtschaftsflächen hinweist.[35] In der Zeit um 350 v. Chr. ist nach dem heutigen Wissensstand von einer beginnenden Verringerung der Siedlungsstellen im Mittelrheingebiet auszugehen. Zwischen 250 und 150 v. Chr. tritt dann in dieser Region ein drastischer Besiedlungsrückgang ein. Diese Entwicklung hatte wohl klimatische Gründe. Die für das 4. und 3. Jahrhundert v. Chr. anzunehmende Verschlechterung der Lebensverhältnisse bei einer gleichzeitig hohen Einwohnerzahl könnte zu den historisch überlieferten Vorgängen der keltischen Wanderungen nach Italien, Griechenland und in die Türkei geführt haben.[36] Besonders bekannt sind die von den Griechen so genannten Gallater. Diese keltische Gruppe überquerte 278/277 v. Chr. den Bosporus und siedelte sich in Kleinasien an. Noch im 4. Jahrhundert n. Chr. bemerkt der Kirchenvater Hieronymus in Briefen, dass die Nachfahren der Gallater außer Griechisch noch eine Sprache besäßen, die jener in der Umgebung von Trier ähnlich sei.[37] Der für das Mittelrhein- und Moselgebiet im 3. Jahrhundert v. Chr. festzustellende Bevölkerungsrückgang könnte daher durchaus mit der angesprochenen Keltenabwanderung im Zusammenhang stehen. Ab 150/130 v. Chr. schließt bis zur Mitte des 1. Jahrhunderts v. Chr. die kulturelle Blütezeit der keltischen Treverer mit ihren städteartigen Siedlungen, den oppida, und den wieder flächig nachzuweisenden, nun dorf- bzw. weilerartigen Niederlassungen an.[38] Die guten Lebensverhältnisse nahmen dann bis zur Machtübernahme durch die Römer im Moselmündungsgebiet (25/15 v. Chr.) deutlich ab.

---

33 Zusammenfassend: Hans-Helmut Wegner, Die Eisenzeit im Rheinischen Gebirge und am Mittelrhein, in: Jürgen Kunow; Hans-Helmut Wegner (Hg.), Urgeschichte im Rheinland, 2006, S. 255-260.
34 Hans-Eckart Joachim, Die Hunsrück-Eifel-Kultur am Mittelrhein (=Beihefte der Bonner Jahrbücher 29), 1968, S. 179 Winningen Nr. 2; S. 217 Winningen Nr. 2 Karte 7 Nr. 109.
35 Meurers-Balke; Kalis, Landwirtschaft (wie Anm. 13), S. 274.
36 Wegner, Eisenzeit (wie Anm. 33), S. 261 f.
37 Rosemarie Cordie (Hg.), Römer treffen Kelten. Kulturbegegnung in Belginum, 2005, S. 20.
38 Zu den Datierungen der einzelnen Phasen und dem Ablauf der Kulturstufen vgl. Hans-Eckart Joachim, Die Eisenzeit im nördlichen Rheinland – in der Grenzzone von Kulturgruppen, in: Jürgen Kunow; Hans-Helmut Wegner (Hg.), Urgeschichte im Rheinland, 2006, S. 241-244.

Während des 2. und 1. Jahrhunderts v. Chr. setzte sich als technische Neuerung die Keramikproduktion mit der rotierenden Töpferscheibe endgültig durch. Zudem wurde im 1. Jahrhundert v. Chr. ein ausgeprägtes Münzwesen in Treverergebiet eingeführt, dass einen weitläufigen Handel erleichterte. Nach den Pollenprofilen zu urteilen erreichte der Ackerbau in dieser Zeit sein Maximum der vorrömischen Eisenzeit.[39] Die besonders ab etwa 100 v. Chr. angelegten zentralen, befestigten und bevölkerungsreichen Wirtschaftsstandorte der oppida waren wirtschaftliche, politische und religiöse Mittelpunkte. Für den nördlichen Teil des Treverergebietes ist das 21 km von Winningen entfernt gelegene keltische oppidum auf dem Martberg bei Pommern und Karden an der Mosel als zentraler Ort zu nennen.[40]

Nach den Ergebnissen neuer archäologischer Untersuchungen war die Landschaft im mittelrheinischen Bergland und beiderseits der Mosel in den meisten Phasen der vorrömischen Eisenzeit dicht besiedelt. Sieben Fundstellen sind heute in der Gemarkung von Winningen für die Zeit von 700–25/15 v. Chr. anzusprechen, wobei sowohl die Talniederung als auch die Eifelrandlage von den damaligen Ansiedlungen erfasst wurden (Abb. 10). Besonders interessant ist ein Grabfund, der von dem Winninger Arzt und Altertumsforscher Richard Arnoldi auf dem Heide(n)berg oberhalb von Winningen beobachtet wurde. In den frühen 20-er Jahren des 20. Jahrhunderts kam es auf dem Heideberg zu Umgestaltungen im Bereich des so genannten Hexen-

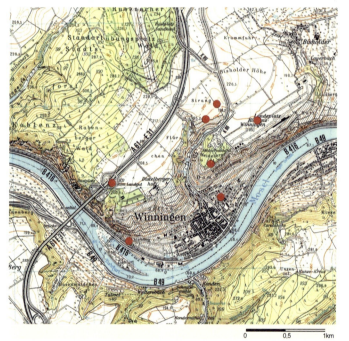

Abb. 10: Fundstellen der vorrömischen Eisenzeit in der Gemarkung von Winningen.

hügels. Bei dieser künstlichen Erdaufschüttung handelt es sich um einen heute noch etwa 2 m hohen und einen Durchmesser von etwa 13 m besitzenden Grabtumulus. Auf diesem – in der Bevölkerung früher als heidnischer Ort angesehenen – Hügel wurden zwischen 1631 und 1656 mindestens 19 Menschen[41] im Zuge der Hexenverfolgung geköpft und dann verbrannt.

---

39 Meurers-Balke; Kalis, Landwirtschaft (wie Anm. 13), S. 274 f.
40 Hans-Helmut Wegner, Der Martberg bei Pommern an der Mosel (=Archäologie an Mittelrhein und Mosel 12), 1997; Martin Thoma, Der galloömische Tempelbezirk auf dem Martberg bei Pommern an der Mosel, Kreis Cochem-Zell (=Archäologie an Mittelrhein und Mosel 18), 2006.
41 Der 1940 verstorbene Koblenzer Stadtbaurat und Direktor des Schlossmuseums Adam Günther geht in einem unpublizierten, um 1939 verfassten Aufsatzmanuskript von 25 hingerichteten Menschen aus (Günther, Koblenz (wie Anm. 31), S. 91), was durch neuere Forschungen allerdings widerlegt wird. Demnach kön-

Für diese Getöteten stellte nach der Vollendung der Neugestaltung 1925 der Winninger Verkehrs- und Verschönerungsverein einen Gedenkstein auf.[42] Während der Neugestaltung gelang es Arnoldi 1921 bei Aufforstungen ein Körpergrab[43] zu erkennen und Objekte aus dieser Bestattung zu bergen. Zudem sollen sich in dem Bereich des Hexenhügels nach den vorhandenen Unterlagen noch eine Bronzenadel der Hallstattzeit[44] und eine bronzene Lanzenspitze vermutlich aus der Bronzezeit gefunden haben.[45] Der Verbleib dieser beiden letztgenannten Gegenstände ist unbekannt.[46] Nach den Unterlagen der Archäologischen Denkmalpflege in Koblenz und des Mittelrhein-Museums Koblenz wurden in dem von Arnoldi entdeckten Grab im Hexenhügel vier große, teilweise fragmentierte Bronzeringe zusammen (Abb. 11) mit einem ankerförmigen Eisenschlüssel und einem in der Funktion heute undefinierbaren Bronzeblech gefunden. Die Stücke gelangten nach dem am 23. April 1922 eingetretenen Tod von Richard Arnoldi aus der Privatsammlung des Arztes in den Bestand des Schlossmuseums Koblenz.[47] Die Bronzeringe gehörten dort zu den in der Ausstellung zu bewundernden Objekten.[48] Die beiden vollständig erhaltenen Schmuckstücke wurden schon kurz nach ihrer Entdeckung als so bedeutend angesehen, dass Walter Kersten und Eduard

Abb. 11: Geknöpfelte Bronzeringe aus dem Hexenhügel bei Winningen.
O. M.

---

nen Prozesse gegen 24 Personen nachgewiesen werden, von denen 19 hingerichtet wurden, während eine in der Haft aufgrund der ihr zugefügten Misshandlungen starb, eine weitere kurz nach ihrer Freilassung. Vgl. Walter Rummel, Bauern, Herren und Hexen. Studien zur Sozialgeschichte sponheimischer und kurtrierischer Hexenverfolgungen, 1991; Ekkehard Krumme, Zur strafrechtlichen Verfolgung des Hexereiwesens in Winningen zwischen 1630 und 1659, in: Sieglinde Krumme (Hg.), Ein niederrheinischer Mosellaner (=Winninger Hefte 8), 2004, S. 162-177.

42 Richard Holzapfel (Bearb.), Winningen im Wandel der Zeiten, 1965, S. 63 mit Abb.
43 Joachim, Hunsrück-Eifel-Kultur (wie Anm. 34), S. 179 Winningen Nr. 4, S. 263 Winningen 4 Karte 19 Nr. 111.
44 Vgl. Holzapfel, Winningen (wie Anm. 42), S. 17.
45 Nach Unterlagen in der Ortsakte Winningen der Archäologischen Denkmalpflege Koblenz. Vgl. Hans Erich Kubach; Fritz Michel; Hermann Schnitzler, Die Kunstdenkmäler des Landkreises Koblenz (=Die Kunstdenkmäler der Rheinprovinz 16), 1944, S. 391.
46 Vielleicht gelangten sie in das Schlossmuseum Koblenz. Vgl. Hans Bellinghausen, Winningen. Ein deutsches Heimatbuch. Teil 1, 1923, S. 20.
47 Heute sind diese Objekte im Mittelrheinmuseum Koblenz vorzufinden (Inv. Nr. 5276a-f). Für die freundliche Hilfe und das sehr kooperative Verhalten sei Herrn Ehmann, Mittelrhein-Museum Koblenz, herzlich gedankt.
48 Adam Günther, Führer durch das Städtische Schlossmuseum zu Koblenz. 3. Aufl., 1926, 14 Vitrine 12.

Neuffer sie bereits 1937 in ihrem Übersichtsband zur rheinischen Vorgeschichte veröffentlichten.[49]

Bei den Ringen handelt es sich nach ihrer Herstellungstechnik um außergewöhnliche Stücke. Die Durchmesser von 11,2 cm aufweisenden Zierelemente zählen zu den „geknöpfelten Beinringen".[50] Diese sind stets offen. Die zur Frauentracht gehörenden Stücke aus Winningen besaßen jeweils elf taubeneigroße, auf den Innenseiten abgeflachte Knoten. Die Stabilität der Schmuckgegenstände wird durch einen Kernstab aus Eisendraht gewährleistet. Auf diesen setzte man die Knoten zunächst aus Ton auf, ehe das Ganze im Bronzeguss überfangen wurde. Die Abnutzungsfacettierungen der Winninger Ringe sprechen dafür, dass sie jeweils paarig an jedem Bein getragen wurden. Die Herstellung erfolgte zwischen der Zeit um 300 und 250 v. Chr. (Lt/B2, vgl. Abb. 1).[51] Ob es sich bei dem von Arnoldi beobachteten Grab um die Zentralbestattung des Hexenhügels gehandelt hat, ist unklar. Da Bestattungen der vorrömischen Eisenzeit im Moselmündungsgebiet auch oft in älteren bronzezeitlichen Grabhügeln als Nachbestattungen eingetieft wurden, könnte ein entsprechender Fall auch hier vorliegen. Die angesprochene, heute leider verschollene Bronzelanzenspitze könnte dafür sprechen, dass an dieser Stelle bereits während der Hügelgräberbronzezeit ein Grabmonument errichtet wurde. Letztendlich könnte nur eine wissenschaftliche Ausgrabung zur Klärung dieser Frage führen. Da nach dem rheinland-pfälzischen Denkmalschutz- und Pflegegesetz Kulturdenkmäler – wie z. B. Grabhügel – aber bewahrt und geschützt werden sollen[52], ist mit einer solchen Untersuchung nicht zu rechnen.

Das Siedlungsgebiet der keltischen Treverer erstreckte sich über den Hunsrück, die Eifel und die südlichen Ardennen. Erstmals werden sie in den Kriegsmemoiren „De bello Gallico" des Gaius Julius Caesar (100–44 v. Chr.) genannt, der ab 58 v. Chr. Gallien für Rom unterwarf. Besonders die berühmten, 55 und 53 v. Chr. von den römischen Truppen im Neuwieder Becken durchgeführten Brückenschläge über den Rhein führen deutlich vor Augen, dass nun auch das Moselmündungsgebiet dem römischen Einfluss unterlag.[53] Mit einer im Jahr 50 v. Chr. im Trevereregbiet abgehaltenen Truppenparade beendete Caesar diesen Krieg. Das Moselmündungsgebiet gehörte nun theoretisch zum römischen Machgefüge. Zu einer Sicherung des römischen Anspruchs kam es aber erst während der Regentschaft des Kaisers Augustus (27 v. Chr. bis 14 n. Chr.) um 25/15 v. Chr.[54] Nun setzte ein Prozess der Romanisierung ein, der sowohl die Wirtschaftsweise und das Sozialgefüge als auch die Lebensweise und die Jenseitsvorstellungen betraf. Dieser Vorgang verlief nicht ohne Probleme. So ist bekannt, dass die erste römische

---

49 Walter Kersten; Eduard Neuffer, Bilder zur Rheinischen Vorgeschichte, 1937, Abb. 41.
50 Ronald Heynowski, Eisenzeitlicher Trachtschmuck der Mittelgebirgszone zwischen Rhein und Thüringer Becken (=Archäologische Schriften des Instituts für Vor- und Frühgeschichte der Johannes Gutenberg-Universität Mainz 1), 1992, S. 77 f.
51 Heynowski, Trachtschmuck (wie Anm. 50), S. 169 und S. 247 Tabelle 14, Teil 2.
52 § 1, Absatz 1 des am 23.3.1978 verabschiedeten rheinland-pfälzischen Landesgesetzes zum Schutz und zur Pflege der Kulturdenkmäler (Denkmalschutz und Pflegegesetz) bestimmt, dass es Aufgabe des Denkmalschutzes und der Denkmalpflege ist, die Kulturdenkmäler zu erhalten und zu pflegen, insbesondere deren Zustand zu überwachen, Gefahren von ihnen abzuwenden und sie zu bergen.
53 Die Entwicklung zusammenfassend: v. Berg; Wegner, Jäger (wie Anm. 3), S. 159-163.
54 Zur römischen Phase in Rheinland-Pfalz grundlegend: Helmut Bernhard, Die römische Geschichte in Rheinland-Pfalz, in: Heinz Cüppers (Hg.), Die Römer in Rheinland-Pfalz, 1990, S. 39-168, dort bes. S. 44-46.

Steuererhebung in Gallien zu massiven Unruhen führte, die im Jahr 12 v. Chr. mit Waffengewalt niedergeworfen werden mussten.

Die römische Machtübernahme bedeutete zunächst einen Zusammenbruch der keltischen Lebensweise, was sich besonders deutlich in der Aufgabe der oppida zeigt. Man kann aber nicht davon ausgehen, dass nun große Mengen von römischen Neusiedlern in das Moselmündungsgebiet einrückten und die ansässige keltische Bevölkerung vertrieben. Sicherlich wird es hier wie in anderen Teilen des Römischen Reiches auch zur Ansiedlung von Veteranen des Militärs gekommen sein. Deren Anzahl dürfte aber wohl eher gering gewesen sein. Es waren vor allem die keltischen Treverer, die in ihrer angestammten Heimat verblieben, sich den neuen Verhältnissen anpassten und mit der Zeit als provinzialrömische Bevölkerung die neuen Gepflogenheiten übernahmen. Besonders deutlich ist dieses im letzten Drittel des 1. Jahrhunderts n. Chr. festzustellen, als sich die Bevölkerung von der traditionellen Holzbauweise der Vorgeschichte abkehrte und begann, nach römischer Art Steinbauten mit ziegelgedeckten Dächern zu errichten. Diese Entwicklung ist auch in der Gemarkung von Winningen, aus der 20 Fundstellen der römischen Kaiserzeit bekannt sind (Abb. 12), gut nachzuvollziehen.

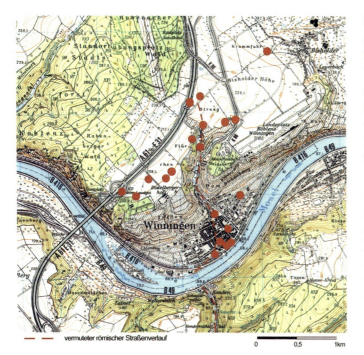

Abb. 12: Fundstellen der römischen Kaiserzeit in der Gemarkung von Winningen.

Es muss davon ausgegangen werden, dass römische Befunde und Funde in Winningen spätestens seit der frühen Neuzeit (Abb. 1) immer wieder angetroffen wurden. So berichtete der Koblenzer Professor Johann August Klein im Jahr 1831, dass sich in Winningen „häufig römische Ziegelsteine mit Legionsstempeln, Urnen, Münzen; letzterer aber keine früher als unter Galba, Vitell(ius) und Trajan geprägte"[55], fanden. Zudem wies Klein auf eine bereits „1650 ausgegrabene, späterhin auf höhere Weisung weggebrachte Lapidarinschrift auf den Centurio einer zehnten Cohorte"[56] hin. Leider sind diese Objekte heute verschollen. Bei der letztgenannten Steininschrift dürfte es sich um die Ausschmückung und Weiheinschrift eines römischen

---

55 Johann August Klein, Das Moselthal zwischen Koblenz und Zell mit Städten, Ortschaften, Ritterburgen, 1831, S. 57.
56 Klein, Moselthal (wie Anm. 55).

Grabsteins gehandelt haben. Klein ging in seiner Studie auf den Distelberger Hof und sein Umland gesondert ein. Hierbei kamen aber keinerlei römische Funde oder Befunde zur Sprache. Das oberhalb von Winningen gelegene und heute in der Einbindungsschleife des Autobahnrastplatzes Moseltal der Bundesautobahn A 61 eingebundene, im Bereich des in den Mauerzügen erhaltenen Hauptgebäudes zu besichtigende römische Landgut (lateinisch „villa rustica") in der Flur „Auf dem Bingstel" (Abb. 13), dessen Mauern im 18./19. Jahrhundert sicherlich großteils noch aufrecht standen, war Klein offensichtlich unbekannt.[57] Die von ihm angesprochenen römischen Objekte dürften aus dem direkten Ortsbereich von Winningen stammen. Nimmt man die zitierten Ausführungen wörtlich, so konnte man bereits 1831 für den heutigen Ortskern von Winningen von einer überbauten römischen Niederlassung mit zugehörigem Gräberfeld ausgehen. Nach den angesprochenen Münzen, die im so genannten „Vierkaiserjahr" mit den Regenten Galba, Otho, Vitellius und Vespasian im Jahr 68/69 n. Chr. einsetzen, könnte diese römische Niederlassung bereits in der zweiten Hälfte des 1. Jahrhunderts n. Chr. bestanden haben. Die von Klein vorgestellten Angaben zur römischen Geschichte Winningens waren der ansässigen Bevölkerung sicherlich bekannt. Nach dem in Kleins Publikation zu findenden Unterschriften-Verzeichnis haben bereits zur Drucklegung des Werkes drei Winninger Einwohner – der Bürgermeister Peter Weckbecker, der Einnehmer Nürnberger und der Kreisarzt Dr. Karl Wilhelm Arnoldi[58] – diese Beschreibung der Landschaft zwischen Koblenz und Zell erworben. Daher war das hier genannte Wissen um die eigene Geschichte der Winninger Bildungsbürgerschaft damals präsent. Der Kreisarzt Arnoldi (1809–1876) vermittelte seinem Sohn Richard das Interesse an der Geschichte der Heimat. Richard wurde ebenfalls Arzt, praktizierte auch in Winningen und erforschte von hier aus die Hinterlassenschaften der Vergangenheit. In den 80er Jahren des 19. Jahrhunderts eignete er sich bei mehreren Ausgrabungen in Kobern-Gondorf, der Mosel aufwärts gelegenen Nachbargemeinde von Winningen, ein großes Fachwissen besonders zu den römischen Altertümern an. Seine diesbezüglichen

Abb. 13: Das Hauptgebäude der villa rustica in der Flur „Auf dem Bingstel" ist heute in den Autobahnparkplatz Moseltal der Bundesautobahn A 61 eingebunden. Im Bildhintergrund liegt im Moseltal Winningen.

---

57 Klein, Moselthal (wie Anm. 55).
58 Nach Klein besaß Winningen 1831 die einzige Apotheke der Moselgemeinden zwischen Koblenz und Cochem: Klein, Moselthal (wie Anm. 55), S. 55.

Publikationen weisen ihn für die damalige Zeit als Kenner des im Moselmündungsgebiet auftretenden Fundgutes aus.[59]

Es verwundert daher nicht, dass Arnoldi im Mai des Jahres 1901 sofort die Bedeutung der Keramikscherben erkannte, die ihm ein beim Gemeindewegebau beschäftigter Mann seiner Sanitätskolonne vorlegte. Es handelte sich um römische Gefäßfragmente, die in der so genannten „Raubritterburg", also in den 1901 noch oberirdisch über 1 m hoch aufrecht stehenden Mauern der villa rustica in der Flur „Auf dem Bingstel", gefunden wurden. Man hatte damals eigentlich beabsichtigt, die Steine dieser mit Wald bewachsenen Trümmerstätte – in der man einen bequemen Steinbruch mit vorzüglicher Grauwacke sah – zu zerkleinern und den Steinschlag für die Ausbesserung der Gemeindewege zu nutzen.[60] Diese Vorgehensweise war im Moselmündungsgebiet eine sehr geläufige Handelnsart. Viele der im 18./19. Jahrhundert flächig im Moselmündungsgebiet noch obertägig gut erhaltenen römischen Ruinen wurden damals auf diese Weise zerstört. Nach einer Ortsbesichtigung strebte Arnoldi eine wissenschaftliche Ausgrabung der Befunde in der Flur „Auf dem Bingstel" an und kontaktierte das für die Erforschung der Vergangenheit des damals zur Preußischen Rheinprovinz gehörenden Koblenzer Raumes zuständige Provinzialmuseum in Bonn. Die Ausgrabungen begannen aber erst im Jahr 1905. Nach dem Ende der Grabungskampagne stellte Arnoldi am 26. Mai 1905 bei Hans Lehner, dem Direktor des Provinzialmuseums in Bonn, einen Antrag auf 1000 Reichsmark, um die freigelegten Mauern mit einem Wellblechdach zu überspannen und so den ausgegrabenen Befund für die beabsichtigte Planaufnahme des Mauerwerkes vor den Wettereinwirkungen zu konservieren.[61] Dieses ist aber anscheinend aufgrund der veranschlagten Kosten nicht erfolgt. Vermutlich wurden die Mauerfundamente über den Winter 1905/06 wieder mit Erde bedeckt. Denn am 22. November 1906 teilte Arnoldi Direktor Lehner brieflich folgendes mit: „Sehr geehrter Herr Direktor! Da ich zur Aufdeckung der Villa sofort (auf meine Kosten) schreite und meine Arbeiter heute Nachmittag beginnen – ist die gewünschte Freilegung der Mauern behufs ordnungsgemäßer Aufnahme voraussichtlich nächsten Samstagabend beendigt, – sodaß ich Anfangs der nächsten Woche dem Besuche des Herrn K. Koenen entgegensehen darf? [...] Dann können die Mauern behufs Konservierung wieder eingedeckt werden, bis sie endgültig mit Zement gesetzt werden können."[62] Arnoldi ging also sehr verantwortungsvoll mit den ausgegrabenen Befunden um. Er ließ von einem Fachmann, dem ausgebildeten Archäologen und Mitarbeiter des Provinzialmuseums Bonn K. Koenen, einen genauen Plan der Befunde aufnehmen und beabsichtigte die Mauern mit Zement zu stabilisieren, um den römischen Bau als Denkmal sichtbar zu gestalten. Richard Arnoldi zeigte hier modernes denkmalpflegerisches Denken. Leider wurde sein Plan nie umgesetzt. Es erfolgte lediglich die erneute Bedeckung der Mauerzüge mit Erde.

---

59 Richard Arnoldi, Katalog der römisch-germanischen Alterthümer des Dr. Rich. Arnoldi; 1887; ders., Die Funde von Cobern-Gondorf a. d. Mosel, in: Bonner Jahrbücher 87 (1889), S. 17-26.
60 Vgl. Lutz Grunwald, Die Gemarkung von Winningen in römischer Zeit: Ein Siedlungsschwerpunkt an der Untermosel?, in: Heimatbuch Landkreis Mayen-Koblenz 1998, S. 178-176.
61 Nach Unterlagen der Ortsakte Winningen der Archäologischen Denkmalpflege Koblenz.
62 Nach Unterlagen der Ortsakte Winningen der Archäologischen Denkmalpflege Koblenz.

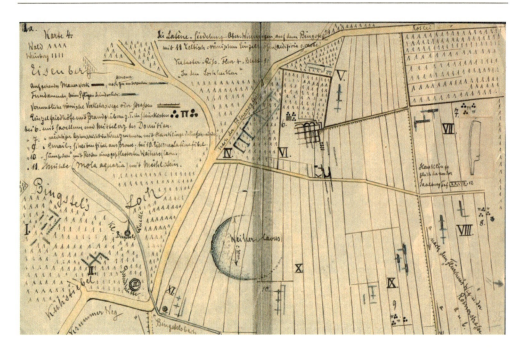

Abb. 14: Handskizze zu den Fundstellen im Umfeld der villa rustica in der Flur „Auf dem Bingstel" von Richard Arnoldi.

Die Ergebnisse seiner Ausgrabung legte Richard Arnoldi bereits 1907 mit dem von Konstantin Koenen aufgenommenen Plan vor. Seine Angaben zeichnen sich sowohl in der Beschreibung der Befunde als auch in der Ansprache des Fundgutes durch eine große Genauigkeit aus, die seine Ausführungen auch für die heutige Wissenschaft zu einer wichtigen Quelle machen.[63] Nach seinen Überlegungen wurde dieser Platz von der vorrömischen Eisenzeit kontinuierlich bis in die römische Kaiserzeit besiedelt.[64] Dieser Ansatz ist auch einer von Richard Arnoldi handschriftlich erstellten Karte zu entnehmen, die sich heute in den Archiven der Archäologischen Denkmalpflege Koblenz befindet (Abb. 14). Vermutlich wollte Arnoldi den Plan seinem seit 1906 beabsichtigten Aufsatz mit dem Titel „Winningen zur Römerzeit"[65] als Karte 4 beifügen. Der Plan trägt den Titel: „Die Latène-Siedlung Ober-Winningen ‚auf dem Bingstel' mit 11 keltisch-römischen Einzelgehöften". Arnoldi vermerkte hier alle ihm bekannten Fundstellen im Umfeld des ausgegrabenen Hauptgebäudes der villa rustica. In die Karte flossen neben den erhaltenen Baubefunden auch unterirdische, beim Pflügen störende Mauerzüge, Straßen, Gräberfelder und Einzelfunde ein. So ist z. B. unter der Nummer 10 die Fundstelle einer eisernen Latènefibel vermerkt. Arnoldi ging daher ohne Frage von einer Siedlungskontinuität von der vorrömischen Eisenzeit bis in die römische Kaiserzeit aus. Leider ist es zu der von diesem regen Forscher geplanten Publikation zur Römerzeit in Winningen nie gekommen.

---

63 Richard Arnoldi, Die römische Ansiedlung Ober-Winningen „auf dem Bingstel", in: Bonner Jahrbücher 116 (1907), S. 363-380.
64 Arnoldi, Ober-Winningen (wie Anm. 63), S. 380.
65 Richard Arnoldi sprach diesen geplanten Aufsatz in seinem Anschreiben an Dr. Hans Lehner vom 26. Mai 1905 an (nach Unterlagen der Ortsakte Winningen der Archäologischen Denkmalpflege Koblenz).

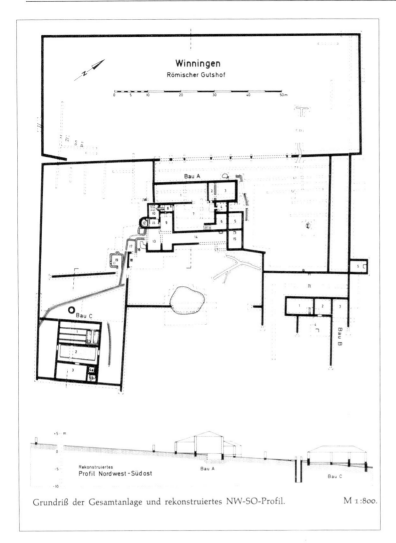

Abb. 15: Grundriss der 1971/72 freigelegten Befunde der villa rustica in der Flur „Auf dem Bingstel".
Mit schwarzer Farbe sind die um 200 n. Chr. bestehenden Mauerzüge hervorgehoben.

Die von Arnoldi geäußerte Interpretation der Siedlungskontinuität lassen auch neuere Untersuchungen als durchaus möglich erscheinen. Beim Bau der heutigen Bundesautobahn A 61 lag die villa rustica „Auf dem Bingstel" im Verlauf der geplanten Fahrtrasse und musste von der Archäologischen Denkmalpflege Koblenz ausgegraben werden. Die wissenschaftlichen Untersuchungen erfolgten unter großem Zeitdruck 1971/72.[66] Hierbei wurde ein Landgut mittlerer Größe freigelegt. Es durchlief nach dem Grabungsbefund mehrere Ausbauphasen und besaß in der Zeit um 200 n. Chr. eine Ausdehnung von etwa 100 x 100 m (Abb. 15). Neben dem 30 x 20 m messenden Hauptgebäude mit Badetrakt wurden zwei Nebengebäude, Wasserkanäle, Einfassungsmauern und hinter dem Hauptgebäude ein Gartengelände festgestellt. Auch bei die-

---

66 Hans Eiden, Römischer Gutshof an der Autobahnbrücke bei Winningen an der Mosel, in: Hans Eiden, Ausgrabungen an Mittelrhein und Mosel 1963-1976. Tafelband (=Trierer Zeitschrift Beiheft 6), 1982, S. 112-136.

sen neueren Untersuchungen ergaben sich Baubefunde aus dem 1. Jahrhundert v. Chr.[67] Die römischen Bauten lösten an dieser Stelle offensichtlich einen vorgeschichtlichen Siedlungsplatz ab.[68] Dieses verwundert nicht, lassen sich doch ähnliche Befunde im gesamten Moselmündungsgebiet feststellen. Auch in der Gemarkung von Winningen scheinen noch andere Siedlungsstellen einen ähnlichen Ablauf aufzuzeigen. Heute sind von der Eifelhauptterrasse elf weitere Plätze zu lokalisieren, die eine dichte Besiedlung des Randes des Moselkerbtales für die römische Epoche aufzeigen (Abb. 12). Für eine römische villa rustica in der Flur „Im Strang" nordwestlich der Landesstraße L 125 kann eine kontinuierliche Entstehung aus der späten vorrömischen Eisenzeit angenommen werden.[69] Entsprechendes ist daher auch für das Landgut „Auf dem Bingstel" durchaus möglich.

Offensichtlich verblieb also die keltische Bevölkerung im Moselmündungsgebiet zumindest teilweise an ihren angestammten Wohnstätten, passte sich den neuen Gegebenheiten an und baute dann in der zweiten Hälfte des 1. Jahrhunderts n. Chr. ihre Gehöfte in der römischen Steinbautechnik aus. Die große Anzahl römischer Fundstellen in der Gemarkung von Winningen und die besonders auf der Eifelabdachung festzustellende dichte Aufsiedlung mit Landgütern brauchen nicht zu verwundern. In der Osteifel und an der unteren Mosel lassen sich oft alle 500 bis 600 m villae rusticae nachweisen. Man muss sich die Landschaft in dieser Region für lange Phasen der römischen Kaiserzeit als fast gänzlich entwaldet und von großen Ackerbau- und Weideflächen geprägt vorstellen. Den Einzelgehöften der villae rusticae kam eine Doppelfunktion als Wohn- und Wirtschaftseinheit zu. Jede villa besaß einen fundus, einen landwirtschaftlich zu nutzenden Grundbesitz.[70] Die mit Mauern eingefassten Anwesen bestanden – wie es z. B. die Ausgrabungen „Auf dem Bingstel" deutlich zeigten (Abb. 15) – aus unterschiedlich strukturierten Bauwerken, die entweder den Wohnzwecken (Abb. 15 Bau A) oder den wirtschaftlichen Anforderungen (Abb. 15 Bauten B und C) entsprachen. Zu denken wäre hier etwa an Ställe für verschiedene Tierarten, Scheunen und Speicher sowie Schuppen für die landwirtschaftlichen Gerätschaften sowie Plätze zur Weiterverarbeitung von Produkten. Die villae rusticae dürfen nicht als Betriebe für die Selbstversorgung der Einwohner angesehen werden. Sie produzierten vielmehr für einen auf der Geldwirtschaft basierenden Markt, wobei der Warenaustausch besonders mit den nahe gelegenen Großsiedlungen, vici und Militärlagern stattgefunden haben dürfte. Diese urbanen Zentren und kleinen Landstädte – im direkten Umfeld von Winningen ist hier besonders an Koblenz, Andernach, Mayen oder Kobern zu denken – hingen in ihrer Nahrungsmittelversorgung vom Umland ab. Außerdem mussten die römischen Militäreinheiten versorgt werden. M. Polfer hat erst jüngst ein sehr plastisches Beispiel zur Veranschaulichung dieser Verhältnisse vorgestellt. Jedem römischen Soldaten stand eine Tagesration Getreide von einer „bilibra" (etwa 650 g) zu. Dieses ergibt allein für die Truppen der römischen Provinz Obergermanien einen jährlichen Bedarf von mindestens

---

67 Hans-Helmut Wegner, Winningen, in: Heinz Cüppers (Hg.), Die Römer in Rheinland-Pfalz, 1990, S. 169 f.
68 Hans-Helmut Wegner, Winningen, römische Villa, in: Hans-Helmut Wegner (Hg.), Koblenz und der Kreis Mayen-Koblenz (=Führer zu archäologischen Denkmälern in Deutschland 12), 1986, S. 217.
69 Lutz Grunwald, Tiefenmeißel contra Römermauern – die Rettung der römischen villa rustica „Im Strang" bei Winningen, Kreis Mayen-Koblenz, in: Archäologie in Rheinland-Pfalz 2004 (2005), S. 44-48, dort bes. S. 47.
70 Michel Polfer, Leben in der «villa rustica». Römische Villen in Nordgallien gewähren Einblick in die Agrarwirtschaft, in: Antike Welt 36 (2005), Heft 4, S. 9-14, dort S. 9.

10.000 t Brotgetreide. Hierzu kamen Futtergetreide für Pferde, Maultiere und Rinder sowie Fleischrationen, Gemüse, Obst, Wein usw.[71] Da nahezu ein Drittel der gesamten Heeresmacht des römischen Weltreiches zwischen dem Niederrhein und Mainz stationiert war,[72] musste die Produktion der Landgüter besonders in dieser Region auf Überschuss ausgerichtet sein. Es wurden daher besonders ertragreiche Kulturpflanzen angebaut. Die Römer nutzten hierbei besonders mehrzeilige Spelzgerste, Dinkel und Saatweizen. Emmer und Rispen- sowie Kolbenhirse waren von untergeordneter Rolle. Zudem war der Obstbau der Römer weit entwickelt und lieferte ein breites Spektrum an Früchten. Im Vergleich zur vorrömischen Eisenzeit kam es auch zu einer starken Ausweitung der genutzten und angebauten Gartenpflanzen.[73] Zudem wurden im Vergleich zur vorrömischen Eisenzeit größere Rinder aus dem Mittelmeerraum eingeführt.[74] Aufgrund des sommerwarmen Klimas im Einzugsbereich des Neuwieder Beckens und den anstehenden sehr fruchtbaren vulkanischen Bimstuffen und Lössen werden sich das Moselmündungsgebiet und die Osteifel als Teile eines klimatischen Vorzugsgebietes zu einer Kornkammer des Römischen Reiches entwickelt haben. Die sich ergebende wirtschaftliche Blüte in dieser Region wurde durch den Bau des obergermanischen Limes in den 80er Jahren des 1. Jahrhunderts n. Chr. sicherlich gefördert. In das System des geldorientierten Warenaustausches waren sicherlich auch die Landgüter von Winningen eingebunden. Doch gehörte zu dem römischen Gefüge in der Gemarkung Winningen auch das Moseltal mit einem bedeutenden Flussübergang des Fernverkehrs. Vielleicht bestand daher im Bereich von Winningen auch eine Wegestation mit Übernachtungsmöglichkeiten für die Reisenden. Zur besseren Beurteilung der im Ortsbereich entdeckten Fundstellen muss erneut von der Forschungsgeschichte ausgegangen werden.

Nach dem 1. Weltkrieg strebte die Leitung des Provinzialmuseums in Bonn die Erstellung einer archäologischen Karte der preußischen Rheinprovinz an. Um auch das nicht in der Literatur niedergeschriebene, sondern nur im Gedächtnis der Bevölkerung überlieferte Wissen in dieses Vorhaben möglichst vollständig einfließen zu lassen, wurde nach dem 14. November 1924 ein umfangreicher Fragebogen zu archäologischen Objekten gedruckt.[75] Dieser „Fragebogen für die archäologische Karte der Regierungsbezirke Coblenz, Köln, Aachen und Düsseldorf" verschickte man im Dezember 1924 an alle Gemeindevorsteher, Pfarrer, Hauptlehrer, Förster und sonstige Interessenten der Orte. Leider sind den beiden für Winningen vorliegenden Fragebögen die Namen der sie ausfüllenden Bürger nicht zu entnehmen. Die Eintragungen belegen aber, dass beim Bau des Hauses Schulstraße 22 in 1,5 m Tiefe Schichten einer mit Steinplatten gepflasterten römischen Straße entdeckt wurden. Nach den festgestellten Teilstrecken begann die Straße an der Mosel gegenüber dem Kondertal und führte durch die Flur „Kammert"[76] in

---

71 Polfer, Leben (wie Anm. 70), S. 14.
72 v. Berg; Wegner, Jäger (wie Anm. 3), S. 162.
73 Hans-Peter Stika, Cultura. Acker-, Garten- und Obstbau, in: Imperium Romanum. Roms Provinzen an Neckar, Rhein und Donau. Ausstellungskatalog Stuttgart, 2005, S. 290-293.
74 Vgl. Elisabeth Stephan, Haus- und Wildtiere. Haltung und Zucht in den römischen Provinzen nördlich der Alpen, in: Imperium Romanum. Roms Provinzen an Neckar, Rhein und Donau. Ausstellungskatalog Stuttgart, 2005, S. 294-300, dort bes. S. 296.
75 Angaben nach der Abschrift eines Briefes des in Koblenz amtierenden Regierungspräsidenten der preußischen Rheinprovinz vom 14. November 1924 im Archiv der Archäologischen Denkmalpflege Koblenz.
76 Zur Lage der Flur vgl. Krumme, „Post-Kraemer" (wie Anm. 30), S. 107 Flurkarte.

1,5 bis 2 m Tiefe unter der heutigen Oberfläche hangaufwärts über Schul- und Wilhelmstraße zur Bachstraße und dann über das Hasborntal auf die Eifelhochfläche. Beim Hausbau sollen nach diesen Quellen in der Schulstraße zudem römische Münzen gefunden worden sein, die der Arzt Arnoldi dann wahrscheinlich dem Schlossmuseum Koblenz übergeben hat. Die Angaben ähneln jenen 1831 von Klein veröffentlichten Aussagen. In einer Abhandlung zu den Winninger Flurnamen in der Koblenzer Zeitung führte Richard Arnoldi aus, dass Brand- und Skelettgräber an der Ostseite dieser im Volksmund so genannten Heerstraße lagen.[77] Nach Hans Bellinghausen fanden sich frührömische Gräber längs dieses Weges in der Wilhelm- und Schulstraße. In den Brandbestattungen wurden demnach Münzen der römischen Kaiser Nero (54–68 n. Chr.) und Vespasian (69–79 n. Chr.) gefunden.[78] Zieht man die vorhandenen Quellen zusammen, so lag hier eine für den überregionalen Verkehr wichtige Durchgangsstraße. Sie führte von der Hunsrückhöhe über das Kondertal zu einem Moselübergang und von dort zur Eifelhochfläche.[79] An der Ostseite dieser Römerstraße lag im Bereich von Schul- und Wilhelmstraße ein vermutlich im 1. Jahrhundert n. Chr. einsetzendes Gräberfeld mit römischen Brand- und wohl auch Körpergräbern. Wie weit sich dieser Bestattungsplatz in Richtung der romanischen Kirche von Winningen erstreckte, ist unbekannt. Bereits 1913 wies aber Richard Arnoldi in einem Artikel in der Koblenzer Zeitung darauf hin, wo die zugehörige römische Siedlungsstelle gelegen haben könnte: Bei Baumaßnahmen wurden in der unteren Fährstraße römische Gebäudereste, Dachziegel und Keramik gefunden. Sicherlich war diese Niederlassung mit der angesprochenen überregionalen Durchgangsstraße durch eine Abzweigung verbunden. Es ist daher möglich, dass auch entlang dieses Weges römische Gräber lagen und sich der römische Bestattungsplatz entlang dieser Nebenstraße in Richtung der Kirche erstreckt hat. Zudem wurden im Osthang des Hasborntals, der oberen Wolwergasse (heute obere Bachstraße) und bei Kellerausschachtungen in der Fronstraße römische Wasserleitungen angetroffen (Abb. 12). Wenn diese Beobachtungen so korrekt sind, so wurde die ehemalige, heute von den Häusern überbaute römische Niederlassung im Bereich des Ortskernes von Winningen von der Eifel aus mit Frischwasser versorgt.[80]

In den zur Verfügung stehenden Quellen wird der Name Arnoldi immer wieder als Sachverständiger genannt. Seine wissenschaftliche Tätigkeit war in der Forschung anerkannt.[81] So gab der Museumsdirektor Adam Günther in seinem „Führer durch das Städtische Schlossmuseum zu Koblenz" im Jahr 1926 neben eigenen Beiträgen und zwei Abhandlungen des aus Ober-

---

77 Vgl. Kubach; Michel; Schnitzler, Kunstdenkmäler (wie Anm. 45), S. 391 f.
78 Bellinghausen, Winningen (wie Anm. 46), S. 25.
79 Die über das Kondertal zum Moselufer führende römische Straße führte nach neuesten Untersuchungen ihrerseits vier aus den verschiedensten Richtungen von der Hunsrückhöhe kommende Straßen zusammen. Der Moselübergang bei Winningen muss daher von größerer Bedeutung gewesen sein: Vgl. Markus Meinen, Die mittelalterliche Besiedlung im Rhein-Mosel-Dreieck. Interdisziplinäre Studien zur Gestalt, Funktion und Bedeutung untergegangener Wehranlagen. Ungedruckte Magisterarbeit der Universität Koblenz-Landau 2006, Abb. 1.
80 Vgl. auch: Adolf Müller, Geschichte der evangelischen Gemeinde Winningen an der Mosel, in: Monatshefte für rheinische Kirchengeschichte 3 (1909), S. 225-286, dort: S. 225.
81 So bezieht sich z.B. Josef Hagen bei seinen Ausführungen zu den Römerstraßen in der Rheinprovinz auf Arnoldi: Josef Hagen, Römerstraßen der Rheinprovinz, in: 12. Erläuterungen zum Geschichtlichen Atlas der Rheinlande (=Publikationen der Gesellschaft für Rheinische Geschichte 18), 2. grundlegend überarbeitete Aufl. 1931, S. 306 f.

lahnstein stammenden Historikers und Archäologen Robert Bodewig zum römischen Koblenz und dem Koblenzer Stadtwald auch den Aufsatz von Richard Arnoldi zu der römischen villa rustica „Auf dem Bingstel" als für das Moselmündungsgebiet wichtige und einführende Literatur an.[82] Im Schrank 33 des ehemaligen Schlossmuseums Koblenz waren Fundstücke aus Arnoldis Ausgrabung ausgestellt. Günther gab 1926 an, dass sich unter diesen Fundstücken auch Winzerwerkzeuge befanden.[83] Nach dem Tod des verdienten Winninger Gelehrten Arnoldi war es Adam Günther, der die Forschungsgeschichte zu Winningen prägte.

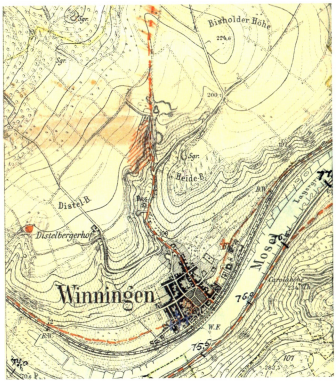

Abb. 16: Fundstellenplan der Gemarkung von Winningen von Adam Günther aus dem Jahr 1937.

Der Stadtbaurat und Museumsdirektor Adam Günther (1862–1940) stammte aus dem Koblenzer Stadtteil Lützel. Günther war in den 30er Jahren des 20. Jahrhunderts ebenfalls als Pfleger für Bodenfunde im Stadt- und Landkreis Koblenz tätig. Ab 1936 bereitete er eine Veröffentlichung mit dem Titel „Stadt- und Landkreis Koblenz in vor- und frühgeschichtlicher Zeit" vor. Es ist ein glücklicher Umstand, dass sowohl die von Günther am 13. Januar 1937 für Winningen erstellte Fundstellenkartierung (Abb. 16) als auch ein maschinenschriftliches Manuskript der geplanten Abhandlung nach Günthers im Jahr 1940 eingetretenem Tod die Wirren des 2. Weltkrieges überstanden haben. Beide aus wissenschaftlicher Sicht äußerst wertvollen Quellen befinden sich heute im Besitz des Amtes für Archäologische Denkmalpflege in Koblenz. Daher kann für Winningen auf teilweise unausgewertetes Material zurückgegriffen werden. Nach der Zusammenstellung der Erkenntnisse durch Günther lagen „römische Gebäudereste, Dachziegel und ein Mahlstein bei Haus Nr. 17 der Fährgasse" und weitere römische Gebäudereste an der Ecke Fähr- und Kirchstraße. Zudem sollen nach diesen Ausführungen ein römischer Eisenanker in der Flur „Auf den Bennen" gegenüber dem Kondertal von Fischern freigelegt worden sein und sich römische Gebäudereste mit Estrichstücken und einem Friedhof schlecht erhaltener Skelette gegenüber dem am 15. Mai 1879

---

82 Günther, Führer (wie Anm. 48), S. 6.
83 Günther, Führer (wie Anm. 48), S. 20.

eingeweihten Bahnhof von Winningen befinden.[84] Während der Hinweis auf den Anker doch relativ vage und in der Datierung unsicher verbleibt, sind die Angaben zu der mutmaßlich nordöstlich des Ortes gelegenen römischen Ansiedlung doch genauer. Auf der von Adam Günther 1937 erstellten Karte (Abb. 16) ist die Lage der Gebäudereste und des Gräberfeldes mit einem roten Kreuz westlich des Winninger Bahnhofes vermerkt. Aus diesem Bereich liegen der Archäologischen Denkmalpflege Koblenz allerdings bis heute keine weiteren Hinweise auf eine relevante Fundstelle als jene Angaben von Adam Günther vor. Daher ist diese Fundeintragung mit Zurückhaltung zu bewerten. Auch die mit roten Strichlinien in der Karte von Günther angedeuteten ehemaligen römischen Straßenverläufe dürften so großteils nicht existiert haben. In römischer Zeit hat es nach dem heutigen Wissensstand bei Winningen keine parallel zum Moselufer verlaufenden befestigten Straßen gegeben. Sicherlich werden für den Schiffsverkehr aber Treidelpfade bestanden haben. Auch der Verlauf jener auf die Eifelhochfläche führenden römischen Wegeführung dürfte im Bereich des Ortskernes von Winningen anders gewesen sein. Richtig sind aber die Einträge zu den römischen Siedlungsstellen „Auf dem Bingstel" westlich des Distelberger Hofes, am Westrand des Hasborntals und westlich der Fährstraße im Umfelde des heutigen Kindergartens von Winningen. Nach diesem letztgenannten Vermerk muss bei jedem wie auch immer gearteten Erdeingriff zwischen Kirch- und Marktstraße sowie Friedrich- und Fährstraße mit anzutreffenden römischen Baubefunden gerechnet werden.

Mit dem Verlauf des 3. Jahrhunderts n. Chr. setzten unruhige Zeiten mit kriegerischen Auseinandersetzungen ein. Auch das rechtsrheinische Moselmündungsgebiet war in der Mitte dieses Jahrhunderts hiervon betroffen. So belegen im Lagerbereich des Limeskastells von Neuwied-Niederbieber aufgefundene Münzen, dass diese Anlage bald nach 259 n. Chr. in Folge eines Angriffs zerstört wurde.[85] Es ist allerdings unklar, von wem die damaligen Zerstörungen ausgingen. Sowohl für die am Niederrhein siedelnden Franken als auch für die süddeutschen Germanengruppen lag das Moselmündungsgebiet abseits ihrer eigentlichen Expansionsrichtungen. Die neuere Forschung tendiert dazu, dass die Zerstörung von Niederbieber etwas mit einer reichsinternen Revolte zu tun haben könnte.[86] Außerdem geht man heute davon aus, dass spätestens seit den frühen 50er Jahren des 3. Jahrhunderts n. Chr. die ersten Limeskastelle von den Römern planmäßig verlassen wurden[87] und die endgültige Aufgabe aller Abschnitte dieser insgesamt etwa 550 km langen Grenzanlage vor 268 n. Chr. erfolgt sein dürfte.[88] Demnach war der Fall des Limes ein längerer, vielleicht mehr als zehn Jahre andauernder

---

84 Günther, Koblenz (wie Anm. 31), S. 92.
85 Cliff A. Jost, Neue Ausgrabungen im römischen Kastell Niederbieber, Stadt Neuwied, in: Archäologie in Rheinland-Pfalz 2002, 2003, S. 103-106, dort S. 106.
86 Martin Gechter, Die Wirtschaftsbeziehungen zwischen dem Römischen Reich und dem Bergischen Land, in: Thomas Grünewald (Hg.), Germania inferior. Besiedlung, Gesellschaft und Wirtschaft an der Grenze der römisch-germanischen Welt. Reallexikon der Germanischen Altertumskunde Ergänzungsband 28, 2001, S. 517-546, dort S. 539; Ursula Heimberg, Germaneneinfälle des 3. Jahrhunderts in Niedergermanien, in: Geraubt und im Rhein versenkt. Der Barbarenschatz. Ausstellungskatalog Speyer, 2006, S. 44-51, dort S. 48.
87 Claudia Theune, Strukturveränderungen in der Alamannia vom 3. bis zum 7. Jahrhundert aufgrund der archäologischen Quellen, in: Archäologisches Nachrichtenblatt 7 (2002), 1, S. 31-38, dort S. 31.
88 Renate Ludwig, Unruhige Zeiten am Rande des Römischen Reiches, in: Archäologische Nachrichten aus Baden Heft 71 (2005), S. 7-10, dort S. 9.

Vorgang.[89] Der Grund für diese Entwicklung lag in erster Linie in einer reichsweiten politischen Krise. Zudem bewirkten einsetzende wirtschaftliche Schwierigkeiten,[90] eine Klimaverschlechterung, der Aufstand des pannonischen Statthalters Ingenuus und die Bedrohung der Ostgrenze des römischen Imperiums durch die Perser[91] eine Zuspitzung der Situation. Die äußere Bedrohung durch germanische Stämme war daher nur einer von mehreren Faktoren dieses Prozesses, der zu einer massiven Existenzfrage des gesamten Römischen Reiches führte. Als Reaktion auf die bedrohliche Lage kam es zur Machtergreifung des in Köln ansässigen niedergermanischen Statthalters Postumus im Jahr 260 n. Chr. Bei dieser Rebellion gegen Rom wurde das so genannte Gallische Sonderreich unter der Herrschaft von Postumus (260–268 n. Chr.) errichtet und dieses – vielleicht unter Zerstörung des Kastells von Niederbieber – vom sonstigen Imperium Romanum abgespalten. Das neue Machtgefüge erstreckte sich von Britannien über Gallien und die beiden germanischen Rheinprovinzen bis nach Raetien (Voralpen- und Alpenraum) und Spanien. Das Moselmündungsgebiet lag im zentralen Einflussgebiet dieses Imperium Galliarum. Wohl schon unter dem Gegenkaiser Postumus gelang es, die Grenzsituation am Rhein wieder zu festigen und militärisch gegen die Germanen zu sichern. Der in Rom residierende Kaiser Aurelian (270–275 n. Chr.) gliederte aber dann im Jahr 274 n. Chr. das Imperium Galliarum wieder in das römische Gesamtreich ein.[92]

Auch die in der Gemarkung von Winningen in dieser Zeit siedelnde römische Bevölkerung wird von den damaligen Unruhen erfasst worden sein. Zu einem Siedlungsabbruch kam es hierdurch aber nicht. Noch in der Spätantike ist für Winningen eine dichte Besiedlung anzunehmen, die selbst durch die Kämpfe mit den Alamannen in der Mitte des 4. Jahrhunderts n. Chr. nicht unterbrochen wurde. Als Folge der zwischen 352 und 355 n. Chr. eingetretenen Kämpfe wurde entlang des Rheins ein Festungsbauprogramm bewirkt, dass unter Kaiser Valentinian I. (364–375 n. Chr.) 369/370 beendet wurde. Das Moselmündungsgebiet war nach neuen Erkenntnissen seit dieser Zeit entlang des Rheins sehr stark befestigt. Bis zum Anfang des letzten Drittels des 5. Jahrhunderts n. Chr. scheinen die Verhältnisse in dieser Region ruhig geblieben zu sein.[93]

---

89 Vgl. Gerhard Fingerlin, Von den Römern zu den Alamannen. Neue Herren im Land, in: Imperium Romanum. Roms Provinzen an Neckar, Rhein und Donau. Ausstellungskatalog Stuttgart, 2005, S. 452-462, dort S. 456.
90 Der intensive, auf eine Überschussproduktion ausgerichtete römische Ackerbau und die aufgrund des hohen Brennstoffbedarfs vorhandene großflächige Entwaldung der römischen Provinzen führten zwischen dem 1. und 3. Jahrhundert n. Chr. im Rheingebiet zu einer starken Bodenerosion und verheerenden Überschwemmungen. Vgl. Hans Smettan, Südwestdeutschland in der Antike. Die Rekonstruktion der Umwelt, in: Imperium Romanum. Roms Provinzen an Neckar, Rhein und Donau. Ausstellungskatalog Stuttgart, 2005, S. 39-43; Hans-Peter Kuhnen, Landschafts- und Umweltgeschichte am Oberrhein zwischen Römern und Alamannen, in: Imperium Romanum. Römer, Christen, Alamannen – Die Spätantike am Oberrhein. Ausstellungskatalog Karlsruhe, 2005, S. 52-62.
91 Zuletzt zusammenfassend: Helmut Bernhard, Germaneneinfälle im 3. Jahrhundert in Obergermanien, in: Geraubt und im Rhein versenkt. Der Barbarenschatz. Ausstellungskatalog Speyer, 2006, S. 18-23, dort bes. S. 20.
92 Zusammenfassend: Hans Ulrich Nuber, Das Römische Reich (260-476 n. Chr.), in: Imperium Romanum. Römer, Christen, Alamannen – Die Spätantike am Oberrhein. Ausstellungskatalog Karlsruhe, 2005, S. 12-25, dort S. 16 f. mit Abb.
93 Hierzu: Lutz Grunwald, Postumus – Valentinian I. – Avitus und dann? Anmerkungen zur Geschichte des Moselmündungsgebietes vom 3. bis in das 5. Jahrhundert n. Chr., in: Berichte zur Archäologie an Mittelrhein und Mosel 11 (im Druck).

Der Raum zwischen unterer Mosel, Mayen, Andernach und Koblenz war während der Spätantike ein für die römische Wirtschaft sehr wichtiger Standort. Die Herstellung von Reib- und Mühlsteinen aus der porösen, wenig Abrieb besitzenden, aber sich trotzdem durch den Einsatz nachschärfenden Basaltlava des bei Mayen gelegenen Bellerberg-Lavastroms war schon seit der Jungsteinzeit um 5000 v. Chr. ein wichtiges Abbau- und Handelsprodukt.[94] Die Nutzung der Bodenressourcen bewirkte in der Osteifel das Entstehen von Wirtschaftszweigen, die das Leben im Moselmündungsgebiet nachhaltig prägten. Der für das Umfeld des römischen Mayen[95] nachzuweisende Abbau von Basalt und Tuff zählt zu den gut erforschten Phänomenen.[96] Von Andernach ausgehend wurden diese Exportgüter über den Rhein teilweise bis nach England, Niedersachsen, einige Nord- und Ostseeküstenregionen sowie den Bodenseeraum und Süddeutschland verhandelt.[97] Ausgehend von qualitativ hochwertigen Tonen etablierte sich in Mayen zudem wohl einige Jahre nach 300 n. Chr. ein im Verlauf des 4. Jahrhunderts n. Chr. ebenfalls bis nach England und an den Bodensee Handel treibender Industriezweig mit einem Exportschlager von marktbeherrschender Stellung, einem mit vulkanischen Gesteinsbrocken durchsetzten und daher besonders Hitze resistenten sowie extrem hartem Tongeschirr.[98] Als einziger Industriestandort in Deutschland wurde in Mayen diese Keramikproduktion ausgehend von der römischen Kaiserzeit über das Früh- und Hochmittelalter[99] bis in die Neuzeit ohne Unterbrechung fortgeführt. In diese die linksrheinische Moselmündungsregion erfassende römische Industrielandschaft waren auch die bei Winningen gelegenen Landgüter und Siedlungen eingebunden. Nach neuesten Untersuchungen konnten sie zumindest in einem Fall einen außergewöhnlichen Beitrag zum Versorgungssystem leisten. Angesprochen ist hier der Weinbau.

Mit der Anlage erster größerer Rebflächen am Mosellauf kann vermutlich ab dem Übergang von 2. zum 3. Jahrhundert n. Chr. gerechnet werden.[100] Für die römische villa rustica „Auf dem Bingstel" ist nach den neuen Ergebnissen von M. Kiessel im Bau C (Abb. 17) zumindest für

---

94 Vera Holtmeyer-Wild, Vorgeschichtliche Reibsteine aus der Umgebung von Mayen (=Vulkanpark-Forschungen 3), 2000; Eduard Harms; Fritz Mangartz, Vom Magma zum Mühlstein. Eine Zeitreise durch die Lavaströme des Bellerberg-Vulkans (=Vulkanpark-Forschungen 5), 2002; Peter Ippach; Fritz Mangartz; Holger Schaaff, Krater und Schlacken (=Vulkanpark-Forschungen 6), 2002.

95 Einführend: Hans-Helmut Wegner, Archäologie, Vulkane und Kulturlandschaft. Studien zur Entwicklung einer Landschaft in der Osteifel (=Archäologie an Mittelrhein und Mosel 11), 1995; Axel v. Berg; Hans-Helmut Wegner, Antike Steinbrüche in der Eifel (=Archäologie an Mittelrhein und Mosel 10), 1995.

96 Alle Aspekte zusammenfassend: Steinbruch und Bergwerk. Denkmäler römischer Technikgeschichte zwischen Eifel und Rhein (=Vulkanpark-Forschungen 2), 2000. Weiterhin: Angelika Hunold, Altes und Neues aus dem römischen Mayen. Eine neue Karte zur Topographie des vicus, in: Acta Praehistorica et Archaeologica 34, 2002, S. 69-82; Lutz Grunwald, Mayen und das Moselmündungsgebiet zwischen Spätantike und dem frühen Mittelalter, in: Mayener Beiträge 10 (2001), S. 3-32; Angelika Hunold; Peter Ippach; Holger Schaaff, Kirchen, Stollen, Steinbrüche. Eine Wanderung durch das Tal des Krufter Baches (=Vulkanpark-Forschungen 4), 2002.

97 Zu den Handelsverbindungen der römischen Mayener Mühlsteinproduktion jüngst: Jahrbuch Römisch-Germanisches Zentralmuseum Mainz 51, 2004 (2005), S. 701-703 mit Abb. 5 f.

98 Helmut Bernhard, Spätrömische Keramik ab der Mitte des 3. Jahrhunderts; in: Imperium Romanum. Römer, Christen, Alamannen – Die Spätantike am Oberrhein. Ausstellungskatalog Karlsruhe, 2005, S. 166.

99 Hermann Ament, Zur nachantiken Siedlungsgeschichte römischer vici im Rheinland, in: Wolfgang Dotzauer, Walter Kleiber, Michael Matheus und Karl-Heinz Spieß (Hg.), Landesgeschichte und Reichsgeschichte (=Geschichtliche Landeskunde 42), 1995, S. 28; Angelika Hunold, Mayen, in: Reallexikon der Germanischen Altertumskunde 19, 2001, S. 471.

100 Karl-Josef Gilles, Bacchus und Sucellus. 2000 Jahre römische Weinkultur an Mosel und Rhein, 1999, S. 112.

die zweite Hälfte des 4. Jahrhunderts n. Chr. definitiv von einer Kelteranlage auszugehen.[101] In diesem Wirtschaftsgebäude befanden sich gleichzeitig im Raum 3 eine Doppelbeckenanlage (Abb. 16 Nr. 4a–b) und in Raum 1 ein Ofen mit T-förmigem Heizkanal, der vermutlich dem Trocknen von Getreide, Lebensmitteln, Pflanzen oder Textilien diente. Ein nördlich des Gebäudes gelegener Brunnen dürfte ebenfalls zu diesem Komplex gehört haben. Das bei der Ausgrabung 1972 besser erhaltene Becken 4a maß 1,80 x 2 m, war wie das Nachbarbecken aus wasserdichtem Estrich ausgeführt, lag mit seiner Sohle 0,6 m oberhalb des römischen Laufniveaus und ruhte auf einer 1,3 m tiefen Steinstickung, die offensichtlich für das Auffangen von hohem Druck ausgelegt war. In diesen Becken sind die für den Traubenpressvorgang nötigen Maische- und Pressbecken zu erkennen. Ein fest gemauertes Mostbecken fehlt in Winningen zwar, M. Kiessel führte aber schlüssig aus, dass in römischer Zeit der entstandene Most auch mit großen Gefäßen aufgefangen wurde.

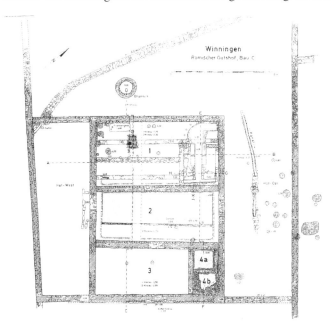

Abb. 17: Grundriss des Nebengebäudes C der villa rustica in der Flur „Auf dem Bingstel".

Trotz der bis in das 5. Jahrhundert n. Chr. andauernden relativen Ruhe im Moselmündungsgebiet waren die aus anderen Reichsteilen bekannten und damals sicherlich auch jene bei und in Winningen lebenden Römer erreichenden Mitteilungen über erfolgte Germaneneinfälle bedrohlich. Es verwundert daher nicht, dass man für den Ernstfall eines Überfalls eine Fluchtmöglichkeit besaß. Diese durfte nicht im Bereich der dicht besiedelten und bei einem Angriff wohl zuerst verwüsteten Eifelhöhe liegen. Nach dem heutigen Wissensstand befand sich dieses Versteck in dem über den Moselübergang leicht zu erreichenden und doch eher verborgen gelegenen Kondertal.[102] Nach den bisherigen Erkenntnissen von Maria Pückler wurde hier eine

---

101 Freundliche Mitteilung M. Kiessel. Herr Kiessel hat sich im Rahmen einer 2006 abgeschlossenen Dissertation der Universität Trier mit der villa rustica „Auf dem Bingstel" bei Winningen befasst. Titel: Die römische villa rustica „Auf dem Bingstel", Gemeinde Winningen, Kreis Mayen-Koblenz. Untersuchungen zu Befunden, Fundmaterial und Besiedlungskontinuität. Vgl. demnächst: M. Kiessel, Bier oder Wein? Zu einer Beckenkonstruktion im Nebengebäude C der villa rustica von Winningen, Kreis Mayen-Koblenz, in: Berichte zur Archäologie an Mittelrhein und Mosel 11 (im Druck).

102 Maria Pückler, Eine vor- und frühgeschichtliche Befestigungsanlage im Stadtwald von Koblenz, in: Abenteuer Archäologie. Zeitschrift für fachübergreifende und angewandte Archäologie 5 (2003), S. 6-9; Karl-

115 m über den Talgrund steil aufragende Bergkuppe vielleicht schon ab dem Ende des 3., sicher aber vom 4. bis in das 5. Jahrhunderts n. Chr. als Aufenthaltsort genutzt. Die Befunde deuten auf einen Ausbau der Anlage mit ziegelgedeckten Steinbauten. „Bruchstücke von Mühlsteinen und Schlackenreste von Erzverhüttung sprechen dafür, dass auf dem Berg Handwerk ausgeübt wurde."[103] Ob hier eine längerfristige Besiedlung mit einer fest stationierten römischen Militäreinheit vorlag, oder ob die Anlage nur sporadisch aufgesucht wurde, muss durch zukünftige Untersuchungen geklärt werden.

Ab der Mitte des 5. Jahrhunderts n. Chr. brach die von den Römern ausgeübte Aufsiedlung der Landschaft mit agrarischen Betrieben, den villae rusticae, zusammen. Wann dieses genau geschah, ist noch nicht endgültig geklärt. Erst jüngst konnte M. Kiessel bei der Auswertung der Funde und Befunde der römischen villa rustica „Auf dem Bingstel" im Bereich des Nebengebäudes C eine spätrömische Nutzungsphase der zweiten Hälfte des 5. Jahrhunderts nachweisen.[104] Es wäre daher möglich, dass die Weinproduktion hier bis in das 5. Jahrhundert n. Chr. angedauert hat. Bereits 1997 wies A. v. Berg darauf hin, dass ein beim etwa 7 km von Winningen entfernt gelegenen Sürzerhof angetroffenes spätantikes Gräberfeld bis in die zweite Hälfte des 5. Jahrhunderts n. Chr. belegt wurde.[105] Die Körpergräber dieses in direkter Nähe zu einer römischen villa rustica gelegenen Bestattungsplatzes sind generell wie die Bestattungen des Frühmittelalters von Westen nach Osten orientiert. Außerdem wurde in ihnen die Münzbeigabe häufig geübt.[106] Auch im 15 km entfernt gelegenen Polch ist im Zusammenhang mit einer villa rustica eine ebenfalls der 2. Hälfte des 5. Jahrhunderts n. Chr. zuzuweisende provinzialrömische Bevölkerungsgruppe nachzuweisen.[107] Aus dem Moselmündungsgebiet liegen weitere entsprechend zu bewertende Hinweise vor[108]. Es lässt sich daher „nun auch nach der Mitte des 5. Jahrhunderts noch ländliche provinzialrömische Bevölkerung in Gutshöfen archäologisch nachweisen".[109] Der endgültige Zusammenbruch des römischen, auf Landgütern gründenden Wirtschaftssystems dürfte nach diesen neuen Erkenntnissen im Gebiet von Mittelrhein und Mosel erst im Verlauf der zweiten Hälfte des 5. Jahrhunderts n. Chr. erfolgt sein.

Die für die 2. Hälfte des 5. Jahrhunderts n. Chr. zu konstatierende Entwicklung der friedlichen germanischen Machtübernahme und des Zusammenbruchs des provinzialrömischen Wirt-

---

Josef Gilles, Neuere Forschungen zu spätrömischen Höhensiedlungen in Eifel und Hunsrück, in: Clive Bridger; Karl-Josef-Gilles (Hg.), Spätrömische Befestigungsanlagen in den Rhein- und Donauprovinzen (=BAR International Series 704), 1998, S. 71-75, dort S. 74 Nr. 47.
103 Pückler, Befestigungsanlage (wie Anm. 102), S. 8.
104 Freundliche Mitteilung M. Kiessel.
105 Axel v. Berg, Spätantike Gräber bei den Sürzer-Höfen in der Gemarkung Kobern-Gondorf, Kreis Mayen-Koblenz, in: Hans-Helmut Wegner (Hg.), Berichte zur Archäologie an Mittelrhein und Mosel 5 (=Trierer Zeitschrift Beiheft 23), 1997, S. 277-308, dort S. 277 f. u. S. 308.
106 v. Berg, Sürzer-Höfen (wie Anm. 105), S. 277-279 mit Abb. 1.
107 Lutz Grunwald, Tote in Ruinen. Anmerkungen zu den frühmittelalterlichen Bestattungen des Moselmündungsgebietes in römischen Gebäuderesten, in: Acta Praehistorica et Archaeologica 34 (2002), S. 98 f.
108 Lutz Grunwald, Grabfunde des Neuwieder Beckens von der Völkerwanderungszeit bis zum frühen Mittelalter. Der Raum von Bendorf und Engers, in: Internationale Archäologie 44 (1998), S. 158-160 mit Abb. 16.
109 So formulierte Helmut Bernhard diese Tatsache in Bezug auf die Bestattungen bei dem Sürzerhof nahe Kobern und eine Nekropole bei einer villa rustica bei Wachenheim in Rheinhessen: Helmut Bernhard, Niedergang und Neubeginn. Das Ende der römischen Herrschaft, in: Menschen – Zeiten – Räume. Archäologie in Deutschland. Ausstellungsbegleitband Berlin, 2002, S. 306-315, dort S. 314.

schaftssystems sorgte in den Landstrichen zwischen Andernach und Karden für eine grundlegend andere Lebenssituation der von den römischen Provinzialen abstammenden Romanen. Trotzdem verblieben große Teile dieser Bevölkerungsgruppe in ihrer angestammten Heimat. Nach M. Knaut lassen sich die Romanen durch die Weiternutzung römischer Institutionen, die Beibehaltung traditioneller Bestattungssitten und besonders den Gebrauch der lateinischen Sprache zuverlässig belegen.[110] Ein Indiz für die an Mittelrhein und Mosel verbliebene romanische Bevölkerungsgruppe ist sicher der kontinuierlich nachzuweisende christliche Glaube. Seit dem späten 2. Jahrhundert n. Chr. sind hier die ersten Christen zu vermuten. Im Jahr 391 wurde dann durch den Codex Theodosianus die Ausübung alter Kulte verboten und das Christentum römische Staatsreligion. Trotzdem zeigen besonders die Untersuchungen des Merkur- und Rosmerthatempels im Koblenzer Stadtwald sowie des Lenus-Marsheiligtums auf dem Martberg bei Pommern, dass es um die Wende vom 4. zum 5. Jahrhundert n. Chr. auch in der Region von Mittelrhein und Mosel zu einer letzten Blüte der heidnischen Kulte kam. Im 5. Jahrhundert n. Chr. trat dann ein Rückgang der heidnischen Kultplätze aufgrund wirtschaftlicher Ursachen und christlicher Einwirkungen ein.[111] Nach den erst jüngst erfolgten Untersuchungen von E. J. Nikitsch dürfte sich erst während des 5. Jahrhunderts n. Chr. eine christliche Gemeinde in Boppard etabliert haben.[112] Für Andernach scheint sich eine entsprechende zeitliche Entwicklung anzudeuten.[113] Man muss an Mittelrhein und Mosel von einer stattlichen romanischen Restbevölkerung ausgehen, die trotz des vermutlich zwischen 460 und 480 n. Chr. erfolgten Machtwechsels zu den Germanen in ihrer angestammten Heimat verblieb. A. Rettner geht in einer

---

110 Matthias Knaut, Romanen in Deutschland, in: Matthias Knaut; Dieter Quast, Die Völkerwanderung. Europa zwischen Antike und Mittelalter (=Archäologie in Deutschland Sonderheft 2005), 2005, S. 66.

111 Bernd Päffgen; Sebastian Ristow, Christentum, Kirchenbau und Sakralkunst im östlichen Frankenreich (Austrasien), in: Alfried Wieczorek; Patrick Périn; Karin v. Welck; Wilfried Menghin (Hrsg.), Die Franken – Wegbereiter Europas. 5. bis 8. Jahrhundert n. Chr. Ausstellungskatalog Berlin. 2. durchgesehene und ergänzte Aufl., 1997, S. 407; Hans-Helmut Wegner, Römische Tempelanlage im Stadtwald, in: Hans-Helmut Wegner (Hg.), Koblenz und der Kreis Mayen-Koblenz (=Führer zu archäologischen Denkmälern in Deutschland 12), 1986, S. 171-173; Peter-Andrew Schwarz, Christus contra Mithras, in: Damals. Das Magazin für Geschichte und Kultur 37 (2005), Heft 10, S. 28-31, dort S. 29; Rainer Warland, Spätantikes Christentum und der Prozess der Christianisierung am Oberrhein, in: Imperium Romanum. Römer, Christen, Alamannen – Die Spätantike am Oberrhein. Ausstellungskatalog Karlsruhe, 2005, S. 42-51, dort S. 49; Jochen Haas, Überlegungen zu der frühchristlichen Grabinschrift des SARMANNA aus Gondorf, Kreis Mayen-Koblenz, in: Bernd Päffgen; Ernst Pohl; Michael Schmauder (Hg.), Cum grano salis. Beiträge zur europäischen Vor- und Frühgeschichte. Festschrift für Volker Bierbrauer zum 65. Geburtstag, 2005, S. 73-96, dort S. 87 und S. 93. Aus der Zeit um 400 sind im Moselmündungsgebiet zudem römische Heiligtümer aus Karden, Polch und dem Vorfeld des Kastells Confluentes zu nennen. Vgl. Grunwald, Grabfunde (wie Anm. 108), S. 152 mit Anm. 20-24. Zu der Auseinandersetzung zwischen den heidnischen Religionen und dem Christentum zusammenfassend: Peter-Andrew Schwarz, Spätantike Religion in der ehemaligen obergermanischen Provinz, in: Imperium Romanum. Römer, Christen, Alamannen – Die Spätantike am Oberrhein. Ausstellungskatalaog Karlsruhe, 2005, S. 251-255. Zu der Tempelanlage im Koblenzer Stadtwald und der Entwicklung in der 1. Hälfte des 5. Jahrhunderts vgl. auch. Walter Spickermann, Germania Superior. Religionsgeschichte des römischen Germanien I (=Religion der Römischen Provinzen 2), 2003, S. 118 f., S. 503 und S. 520.

112 Eberhard J. Nikitsch, Neue, nicht nur epigraphische Überlegungen zu den frühchristlichen Inschriften aus Boppard, in: Sebastian Ristow (Hg.), Neue Forschungen zu den Anfängen des Christentums im Rheinland, in: Jahrbuch für Antike und Christentum (Ergänzungsband Kleine Reihe 2), 2004, S. 209-223, dort S. 221-223.

113 Nach Monika Brückner stammt kein frühchristlicher Grabstein aus Andernach aus spätrömischer Zeit. Vgl. Monika Brückner, Die spätrömischen Grabfunde aus Andernach (=Archäologische Schriften des Instituts für Vor- u. Frühgeschichte der Johannes Gutenberg-Universität Mainz 7), 1999, S. 141.

Schätzung davon aus, dass die Romanen im Reich der Franken mit einem Anteil von ca. 60 % die Mehrheit der Bevölkerung darstellten.¹¹⁴ Ähnliche Verhältnisse sind für die Region von Mittelrhein und Mosel zunächst durchaus vorstellbar. Vermutlich wanderten Teile der romanischen Landbevölkerung im späten 5. Jahrhundert n. Chr. in die größeren, kontinuierlich bestehenden Niederlassungen, wie Andernach, Mayen, Koblenz, Boppard oder Kobern, ab. Die verlassenen villae rusticae dürften dann dem langsamen Verfall ausgesetzt gewesen sein, da die hinzuziehenden Germanen ihre traditionelle Lebensweise in Holzbauten sehr oft beibehielten. Die im ländlichen Raum verbliebenen Romanen passten sich den neuen Verhältnissen vermutlich schneller an als jene in den städtischen Siedlungen und gingen im 6. Jahrhundert n. Chr. dann wohl in der zugewanderten fränkischen Bevölkerung zunehmend auf. Während der zweiten Hälfte des 6. Jahrhunderts n. Chr. wird man für die Region an Mittelrhein und Mosel daher von einer stark zunehmenden Mischbevölkerung ausgehen dürfen. Es waren also vermutlich „romanisierte" Franken und „frankisierte" Romanen, die sich ab der Wende vom 6. zum 7. Jahrhundert n. Chr. in Winningen niederließen.

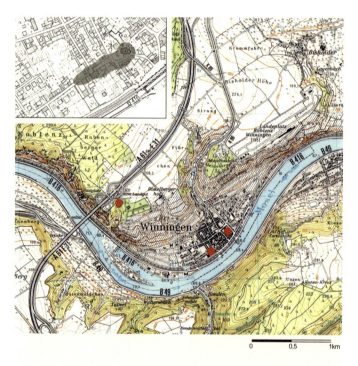

Aus der Gemarkung von Winningen sind drei Fundstellen für das Frühmittelalter nachgewiesen (Abb. 18). Hierbei handelt es sich um zwei Einzelbestattungen und ein ausgedehntes Gräberfeld, dass sich zwischen der heutigen romanischen Kirche von Winningen und dem Weingut Schwebel entlang der Schulstraße auf einer Länge von etwa 200 m erstreckte. Die angesprochenen, einzeln angetroffenen Bestattungen wurden in Bau C der römischen villa rustica „Auf dem Bingstel" und in der Türmchenstraße im Ortskern von Winningen beobachtet. Das letztgenannte Grab entdeckte man 1927 bei Ausschachtungsarbeiten nahe der alten

Abb. 18: Frühmittelalterliche Fundstellen in der Gemarkung von Winningen. Oben links ist die Ausdehnung des im Nordosten an der Kirche von Winningen beginnenden fränkischen Gräberfeldes mit grauer Farbe hervorgehoben.

---

114 Arno Rettner, Eine vergessene Minderheit, in: Matthias Knaut; Dieter Quast (Hg.), Die Völkerwanderung. Europa zwischen Antike und Mittelalter (=Archäologie in Deutschland Sonderheft 2005), 2005, S. 67.

Ringmauer des Ortes.[115] Hier fand sich neben Schädelresten und weiteren Skelettteilen auch eine eiserne Lanzenspitze. Die Waffe gelangte in das ehemalige Schlossmuseum von Koblenz[116] und ist seit dem 2. Weltkrieg verschollen. Nach den heute noch vorhandenen diesbezüglichen Unterlagen des Rheinischen Landesmuseums in Bonn datiert die Waffe aber sicher in die fränkische Zeit, was für die Bestattung einen entsprechenden Zeitansatz begründet. Das Grab lag auf einem leichten Südwesthang oberhalb des – aufgrund der Geländeformation wohl schon im Frühmittelalter – etwa im Verlauf der Bachstraße fließenden Baches. Das eigentliche fränkische Gräberfeld von Winningen beginnt erst 200 m weiter südwestlich bei der Winninger Kirche auf einem kleinen Geländesporn und zieht dann nach Südwesten. Die frühmittelalterlichen Siedlungen waren sehr oft auf ein fließendes Gewässer ausgerichtet, in dessen Nähe die Gehöfte mit den angrenzenden Ackerbau- und Weideflächen angelegt wurden. Für das Frühmittelalter ist beim Anbau von einem gleichmäßig gemischten Getreidespektrum aus Gerste, Hafer, Dinkel, aber auch Nacktweizen, Einkorn und Roggen auszugehen.[117] Als Hauptnutztier dieser Zeit gilt das Rind. Da die fränkischen Gräberfelder sehr häufig in direkter Nähe[118] zu den Siedlungen lagen, dürfte das frühmittelalterliche Winningen – denn aus dieser Niederlassung entwickelte sich der heutige Ort ohne Unterbrechung – an dem unteren, moselnahen Verlauf des etwa entlang der Bachstraße fließenden Baches bestanden haben, wobei vermutlich besonders das hochwasser- und sumpffreie Gebiet zwischen unterer Bach- und unterer Fährstraße beiderseits der Osterstraße bebaut gewesen sein dürfte. Demnach lag die frühmittelalterliche Ansiedlung zumindest in direkter Nachbarschaft zu den römischen Befunden im Umfeld des heutigen Kindergartens von Winningen. Vielleicht gab es hier sogar eine gewisse Überschneidung. Diese Fragestellung kann aber nur durch zukünftige Beobachtungen geklärt werden. Die Bestattung aus der Türmchenstraße weist jedenfalls auf einen zweiten, von dem Gräberfeld an der Schulstraße gesondert zu sehenden Bestattungsplatz hin. Dieses braucht nicht zu verwundern, da entsprechende Befundsituationen mit mehreren frühmittelalterlichen Bestattungsplätzen in den Ortschaften der Untermosel eher die Regel denn die Ausnahme sind.

Das fränkische Gräberfeld zwischen der Kirche und dem ehemaligen Weingut Schwebel (Ausdehnung Abb. 18 oben links) muss bei Baumaßnahmen seit dem Mittelalter immer wieder angeschnitten worden sein. Die schriftlichen Quellen hierzu beginnen aber erst im späten 19. Jahrhundert, als Richard Arnoldi die Fundstellen registrierte.[119] So wurden in dieser Zeit sowohl beim Bau des zweiten Pfarrhauses in der Junkergasse als auch beim Verlegen der Wasserleitung in der Amtsstraße fränkische Gräber angetroffen. Weitere Bestattungen kamen 1897 beim Bau der großen Kelleranlage des Weingutes Schwebel an der Schulstraße ans Tageslicht.[120] Nach Adam Günther waren die damals dort entdeckten Funde bedeutend und zahlreich. Leider kam von diesen Objekten nur eine einzige Lanzenspitze in das Schlossmuseum Koblenz.[121] Alle anderen Fundstücke gingen verloren. Im März 1925 wurden dann „bei

---

115 Ulrich Back, Frühmittelalterliche Grabfunde beiderseits der unteren Mosel (=BAR International Series 532), 1989, S. 191.
116 Schlossmuseum Koblenz, Inv. Nr. 4998.
117 Stika, Cultura (wie Anm. 73), S. 291.
118 Meistens sind die Bestattungsplätze 100 bis 300 m von den Siedlungen entfernt.
119 Zusammenfassend: Back, Grabfunde (wie Anm. 115), S. 191-194.
120 Kubach; Michel; Schnitzler, Kunstdenkmäler (wie Anm. 45), S. 392.
121 Günther, Koblenz (wie Anm. 31), S. 93.

Ausschachtungsarbeiten in der Scheune unmittelbar der Kirche benachbart, etwa 60 cm unter der Straßenhöhe"[122] drei mit Bruchsteinen umstellte Gräber mit Keramik-, Schmuck- und Waffenbeigaben entdeckt.[123] Die Bestattungen lagen auf dem Grundstück Kirchstraße 1, wo bereits früher Gräber angetroffen worden waren. Leider wurden die Grablegen gestört angetroffen, sodass sich keine Beigabeninventare mehr erschließen ließen. Die noch vorhandenen Objekte wurden von Adam Günther geborgen und nach Koblenz gebracht. Eine 16,4 cm hohe Flasche aus geglättetem, grau-schwarzem Ton und einzeiliger, spiralig umlaufender Rollrädchenverzierung aus den 1925 angeschnittenen Bestattungen ist heute noch erhalten (Abb. 19).[124] 1963 wurde beim Einbau einer Heizung in die Kirche an der nördlichen Seitenwand des Bauwerkes ein gemauertes und mit einer großen Schieferplatte abgedecktes, beigabenloses Grab gefunden. Eine spätromanische Mauer der um 1200 erbauten heutigen Kirche überschnitt die Bestattung. Sie muss daher älter sein. Das Grab dürfte vermutlich zu dem frühmittelalterlichen Gräberfeld gehört haben. Die Beigabenlosigkeit der Bestattung verhindert aber eine genauere Datierung. 1964 entdeckte man dann südlich der Kirche an der Ecke Friedrich- und Kirchstraße unmittelbar unter dem Straßenpflaster ein fränkisches Männergrab. Der Winninger Heimatpfleger Löwenstein nahm damals aus diesem Grab eine Lanzenspitze und einen Sax (ein einschneidiges Hiebschwert), nachdem Anwohner bereits diese Stücke aus der Grabgrube an sich genommen hatten, in Verwahrung und übergab die Funde der Archäologischen Denkmalpflege in Koblenz.[125]

Abb. 19: Geglättete und mit einem einzahnigen Rollrädchenabdruck verzierte Tonflasche aus dem frühmittelalterlichen Gräberfeld von Winningen. O. M.

Einige Funde aus dem Winninger Gräberfeld präsentierte Adam Günther vor dem 2. Weltkrieg in der Ausstellung des Schlossmuseums in Koblenz. Neben zwei Tonflaschen und Eisenwaffen waren hier auch Knochen in Schrank 33 zu sehen. A. Günther wies bei ihnen besonders auf einen festzustellenden geheilten Knochenbruch hin.[126] Offensichtlich hat es in fränkischer Zeit also eine Versorgung der Verletzten und daher ein soziales Verantwortungsgefühl gegeben. Andere Objekte aus Winningen kamen in den Kunsthandel und wurden in Privatbesitz oder in die unterschiedlichsten Museumsbestände veräußert. So ist z. B. bekannt, dass ein klin-

---

122 Nach Unterlagen in der Ortsakte Winningen der Archäologischen Denkmalpflege Koblenz.
123 Adam Günther meldete die Gräber in einem Brief von 17. März 1925 dem Provinzialmuseum in Bonn und berichtete über sie am 21. April 1925 in den Koblenzer Tagesblättern.
124 Mittelrhein-Museum Koblenz, Inv. Nr. 4859.
125 Nach Unterlagen in der Ortsakte Winningen der Archäologischen Denkmalpflege Koblenz.
126 Günther, Schlossmuseum (wie Anm. 48), S. 20.

gend hart gebrannter Kleeblattkrug aus dunkelrotem rauem Ton in das Museum von Duisburg gelangte.[127] Die Verkaufs- und Tauschaktionen bewirkten aber, dass die Herkunft bestimmter Objekte nicht immer genau nachzuweisen ist. So auch im Fall von Winningen. Im Jahr 1918 ersteigerte ein in Gießen ansässiges Museum aus der Sammlung Marx in Mainz Scherben von wohl drei fränkischen Gläsern, die dann 1939 in das Rheinische Landesmuseum in Bonn gelangten.[128] Durch die verschiedenen Aufbewahrungsorte ist es heute nicht mehr sicher, ob diese Fragmente wirklich aus Winningen stammen. Eine größere Anzahl von Fundstücken gelangte nach dem Tod des Winninger Arztes Arnoldi aus dessen Privatsammlung in das Schlossmuseum Koblenz. Selbst in diesen Fällen ist es nach der vorhandenen Quellenlage nicht immer zu ergründen, ob die so beschriebenen Objekte wirklich aus Winningen stammten. Trotz dieser etwas schwierigen Quellenlage geben die sicher zuweisbaren Gegenstände Auskunft über die in Winningen siedelnden Menschen. Demnach wurde der Ort etwa um 600 n. Chr. gegründet. Die hier wohnhafte Bevölkerung war vermutlich nicht reich, sondern gelangte mit durchschnittlichen bis ärmlichen Beigaben in die Bestattungen. Die wirtschaftlichen Anfänge scheinen für die Winninger Bevölkerung eher hart gewesen zu sein.

Sicherlich nutzte man daher auch die in der Nachbarschaft liegenden römischen Siedlungsstellen und durchsuchte die Ruinen nach verwertbaren Gegenständen aus Metall und Ton. Weiterhin scheinen diese Trümmerstätten für die Franken aber auch eine gewisse Bedeutung in der Jenseitsvorstellung besessen zu haben. Betrachtet man die Abbildungen 12, 16 und 18 genauer, so ergeben sich erstaunliche neue Erkenntnisse. Einige Bestattungen der Nekropole dürften im Bereich des zweiten Pfarrhauses zumindest randlich an die römischen Ruinen im Umfeld des Kindergartens herangereicht haben. Vielleicht lagen Gräber sogar in den dortigen römischen Baubefunden. Auch im Bereich des Weingutes Schwebel dürften die fränkischen Gräber im Raum Schulstraße/Wilhelmstraße bis an die im Frühmittelalter wohl noch genutzte römische Durchgangsstraße auf die Eifelhöhe herangereicht haben. Sicherlich haben die Bestattungen aber das Areal des hier nachgewiesenen römischen Gräberfeldes erreicht. Die frühmittelalterliche Nekropole von Winningen war daher an zwei Seiten mit römischen Befunden verbunden. Noch deutlicher konnte ein solcher Zusammenhang zwischen römischen Bauwerken und fränkischen Bestattungen 1972 bei der Untersuchung der römischen villa rustica in der Flur „Auf dem Bingstel" nachgewiesen werden.[129]

An der nördlichen Abschlussmauer des Nebengebäudes C wurde hier im Innenraum 1 eine fränkische Bestattung angetroffen (Abb. 17).[130] Das Grab war mit Schieferplatten abgedeckt und wurde leider nach der Freilegung von Raubgräbern durchwühlt (Abb. 20). Lediglich ein eiserner Schildbuckel mit eingedrückter, ehemals hoch aufgewölbter Haube und niedrigem, nach unten einziehendem Kragen (Umzeichnung Abb. 20 unten rechts) blieb erhalten.[131] Er wurde wohl als wertlos erachtet und daher von den Plünderern am Ort belassen. Aufgrund der

---

127 Nach den Unterlagen im Archiv der Archäologischen Denkmalpflege in Koblenz war das Gefäß 14,9 cm hoch und besaß eine schlanke Form.
128 Rheinisches Landesmuseum Bonn, Inv. Nr. 39,59.
129 Zu solchen Ruinenbestattungen: Grunwald, Tote (wie Anm. 107), S. 95-111. Zu dem angesprochenen Grab dort S. 99 f.
130 Back, Grabfunde (wie Anm. 115), S. 190 f.
131 Der Schildbuckel war noch 6,9 cm hoch und besaß einen größten Durchmesser von 16,2 cm.

Form des Schildbuckels kann die Bestattung in die Zeit um 700 n. Chr. datiert werden. Ulrich Back sprach sich 1989 für eine frühmittelalterliche Siedlung in der Nähe dieser Ruinenbestattung aus.[132] Für eine solche Niederlassung gibt es aber keinerlei archäologischen Belege. Aufgrund der exponierten Wetterlage und der schlechten Wasserversorgung dürfte hier im Bereich der Eifelabdachung kein fränkischer Weiler bestanden haben. Die Familie des Verstorbenen lebte vermutlich im Moseltal in Winningen. Wie die Waffenbeigabe in dieser Bestattung zeigt, war der hier beigesetzte Tote noch kein glaubenskonformer Christ.

Abb. 20: Das im Nebengebäude C der villa rustica in der Flur „Auf dem Bingstel" gefundene und nachträglich durchwühlte fränkische Grab im Dokumentationszustand. Der eiserne Schildbuckel (Umzeichnung unten rechts, o. M.) wurde von den Raubgräbern als einzige Beigabe zurückgelassen.

Gemäß der heidnischen Gedankenwelt wurden ihm noch um 700 n. Chr. Waffen für das Jenseits mit in die Bestattung gelegt. Dieses braucht nicht zu verwundern, sind doch an Mittelrhein und Mosel Grabbeigaben bis in die Mitte des 8. Jahrhunderts n. Chr. flächig nachzuweisen. Erst ab der zweiten Hälfte des 8. Jahrhunderts n. Chr. wird diese heidnische Kulthandlung langsam aufgegeben um dann ab 800 n. Chr. nicht mehr praktiziert zu werden.[133] Erst für 800 n. Chr. ist daher im Moselmündungsgebiet auch das endgültige Durchsetzen des Christentums anzunehmen. Vermutlich war während des 7. Jahrhunderts n. Chr. eine Vermischung christlicher und heidnischer Sichtweisen sehr verbreitet. Man sicherte sich damals sozusagen sowohl in christlicher als auch in heidnischer Richtung ab und huldigte beiden Glaubensansichten. Dass es in Winningen zu dieser Zeit aber schon gläubige Christen gegeben haben könnte, scheint das ehemalige Patrozinium der Kirche zu belegen. Ursprünglich war sie dem heiligen Martin geweiht.[134] Der Martinskult erreichte im fränkischen Raum während der 2. Hälfte des 6. und der 1. Hälfte des 7. Jahrhunderts seine größte Verbreitung.[135] Nach dem Verlauf der Christianisierung an Mittelrhein und Mosel ist mit einer Kirchengründung in Winningen aber frühestens während des 7. Jahrhunderts n. Chr. zu rechnen.

Nach den Ausführungen von Ulrich Back war Winningen in der fränkischen Zeit wohl Königsgut. Vielleicht wurde diese Besitzung schon im 7. Jahrhundert n. Chr. teilweise an das Erzbis-

---

132 Back, Grabfunde (wie Anm. 115), S. 97.
133 Die Entwicklung zusammenfassend: Lutz Grunwald, Das karolingische Gräberfeld an der Oberstraße in Hatzenport, Kreis Mayen-Koblenz – Ein Beitrag zur Christianisierung im Moselmündungsgebiet, in: Archäologie in Rheinland-Pfalz 2004 (2005), S. 89-91.
134 Holzapfel, Winningen (wie Anm. 42), S. 146.
135 Barbara Theune-Großkopf, Die Kirchen St. Martin von Mondeville und St. Martin von Caen. Anmerkungen zu frühen Kirchenbauten in der unteren Normandie, in: Archäologisches Korrespondenzblatt 21 (1991), S. 103-120, dort bes. S. 117.

tum Köln verschenkt.[136] Die wirtschaftliche Grundlage dieser Niederlassung lag sicherlich im Bereich von Ackerbau und Viehzucht. Vielleicht kommt hier aber eine weitere Facette hinzu: Die zu Winningen in Sichtweite liegende, nach den bekannten Grabfunden ebenfalls um 600 n. Chr. gegründete Ortschaft Lay[137] (Leia) wird in einer am 26. Oktober 803 ausgestellten Schenkungsurkunde an das Kloster Fulda erstmals genannt.[138] Nach der Nennung der übereigneten Besitzungen kann angenommen werden, dass damals in der Gemarkung von Lay Wein angebaut wurde.[139] Ob dieses auch schon für das Frühmittelalter gilt, ist nicht zu belegen, aber durchaus möglich. Erst jüngst wies K.-J. Gilles erneut darauf hin, dass Venantius Fortunatus in seinem um das Jahr 588 n. Chr. entstandenen Gedicht „De navigio suo"[140] ein realistisches Bild überliefert hat, als er „zwischen Trier und Kobern Hügel mit grünendem Weinlaub oder zahlreiche durch Marken begrenzte Weinberge beschrieb."[141] Wenn man aber bedenkt, dass die fränkischen Niederlassungen von Winningen und Koblenz-Lay nach den bisher bekannten Funden erst um die Wende vom 6. zum 7. Jahrhundert entstanden sind, so konnte der antike Autor hier noch keine Weinberge feststellen. Der Raum Winningen/Lay war um 588 n. Chr. wohl noch unbesiedelt. Die im Frühmittelalter aber an der Untermosel verbreiteten Rebenkulturen lassen durchaus auch für Winningen und Koblenz-Lay den Weinanbau während des 7. und 8. Jahrhunderts als wahrscheinlich erscheinen. In einer Bestätigungsurkunde Kaiser Ludwig II. vom 20. Oktober 865 wird Winningen dann erstmals schriftlich genannt.[142] Der Weinanbau bildete in der Folgezeit einen sehr wichtigen Bestandteil des Lebens der in dieser Ortschaft ansässigen Einwohner. Es wird in der Zukunft zu klären sein, ob in der Gemarkung von Winningen schon im 7. und 8. Jahrhundert n. Chr. Rebenkulturen bestanden haben.[143]

Abbildungsnachweise

Abb. 1: Archäologische Denkmalpflege Koblenz und Verfasser. – Abb. 2, 4, 8, 10, 12 und 18: M. Meinen, Archäologische Denkmalpflege Koblenz und Verfasser. – Abb. 3, 5, 13, 14 und 16: Archäologische Denkmalpflege Koblenz. – Abb. 6 und 7 nach: Axel v. Berg, Ein bronzezeitlicher Griffplattendolch aus der Mosel bei Winningen, Kreis Mayen-Koblenz, in: Hans-Helmut Wegner (Hg.), Berichte zur Archäologie an Mittelrhein und Mosel 1 (=Trierer Zeitschrift Beiheft 9), 1987, S. 104 f. Abb. 1–2. – Abb. 9 nach: Hans-Helmut Wegner, Archäologische Ausgrabungen, Funde und Befunde in der Region Mittelrhein, Koblenz,

---

136 Back, Grabfunde (wie Anm. 115), S. 91.
137 Lutz Grunwald, Das fränkische Gräberfeld von Koblenz-Lay, in: Berichte zur Archäologie an Mittelrhein und Mosel 12 (im Druck).
138 Richard Theissen, Leia – Legia – Lay. Schreibweise des Ortsnamens durch die Jahrhunderte, in: Hedwig Herdes; Rolf Morbach; Richard Theissen (Red.), Aus der Geschichte des Ortes Lay an der Mosel. Ortsgeschichtliche Beiträge aus Anlass der 1200-Jahrfeier im Jahr 2003, 2003, S. 28.
139 Hedwig Herdes, 803. Die Urkunde, in der Lay zum ersten Mal erwähnt wird, in: Hedwig Herdes; Rolf Morbach; Richard Theissen (Red.), Aus der Geschichte des Ortes Lay an der Mosel. Ortgeschichtliche Beiträge aus Anlass der 1200 Jahrfeier im Jahr 2003, 2003, S. 30-34, dort bes. S. 31; Gilles, Bacchus (wie Anm. 100), S. 225.
140 Gilles, Bacchus (wie Anm. 100), S. 160.
141 Karl-Josef Gilles, Die erste Blüte des Moselweins. In der Spätantike boomt die Arbeit in den Kelteranlagen der Region, in: Antike Welt 36 (2005), Heft 4, S. 29-35, dort S. 35.
142 Holzapfel, Winningen (wie Anm. 42), S. 31.
143 Vgl. dazu die Beiträge von Michael Hollmann und Gerhard Löwenstein in diesem Band.

in: Hans-Helmut Wegner (Hg.), Berichte zur Archäologie an Mittelrhein und Mosel 9 (=Trierer Zeitschrift Beiheft 28), 2004, S. 308 Abb. 38. – Abb. 11 und 19: M. Neumann, Archäologische Denkmalpflege Koblenz. – Abb. 15 nach: Hans Eiden, Römischer Gutshof an der Autobahnbrücke bei Winningen an der Mosel, in: Hans Eiden, Ausgrabungen an Mittelrhein und Mosel 1963–1976. Tafelband. (=Trierer Zeitschrift Beiheft 6), 1982, S. 116 Taf. 89. – Abb. 17 nach: Hans Eiden, Römischer Gutshof an der Autobahnbrücke bei Winningen an der Mosel, in: Hans Eiden (Hg.), Ausgrabungen an Mittelrhein und Mosel 1963–1976. Tafelband. (=Trierer Zeitschrift Beiheft 6), 1982, S. 129 Taf. 99. – Abb. 20: Befundfoto: Archäologische Denkmalpflege Koblenz. Schildbuckel: nach: Ulrich Back, Frühmittelalterliche Grabfunde beiderseits der unteren Mosel. (=BAR International Series 532), 1989, Taf. 43,1.

Winningen im Mittelalter

Von Michael Hollmann

Das zentrale Leitthema der Winninger Geschichte während des gesamten Mittelalters war der Wein. Die überwiegende Zahl der in den frühen Quellen bis ins 16. Jahrhundert hinein nachgewiesenen Geschehnisse hat in irgendeiner Form mit dem in Winningen angebauten Wein zu tun, ganz gleich, ob es sich um königliche Schenkungen aus der Zeit der fränkischen Könige handelte, um Käufe und Verkäufe oder um die Verleihung von Lehen. Erst mit der Einführung der Reformation kam die Konfession als zweites Thema von ähnlich dominanter und prägender Bedeutung hinzu.

Von Anfang an lag die Bedeutung Winningens für seine Ortsherren – man darf sagen ausschließlich – in seiner wirtschaftlichen Produktion. Zu keiner Zeit gewann Winningen Wichtigkeit als befestigter Militär- oder Herrschaftsstützpunkt oder gar als herrschaftlicher Aufenthalts- und Residenzort, ein Umstand, welcher der kontinuierlichen und von kriegerischen Auseinandersetzungen weniger beeinträchtigten Entwicklung des Ortes eher förderlich gewesen sein dürfte. Wein besaß entscheidende Vorzüge im Vergleich zu den meisten anderen agrarischen Produkten, die das gesamte Mittelalter hindurch vor allem für den Eigenbedarf bzw. für die lokalen Märkte erzeugt wurden. Weder Getreide noch die meisten Obstsorten waren lange genug haltbar, um über längere Strecken hinweg transportiert und dann auf überregionalen Märkten gehandelt zu werden. Dies war bei Wein anders, da sich die Trauben bereits vor Ort zu ihrem Endprodukt weiterverarbeiten ließen und der Wein sich in Fässern auf Wagen oder Schiffen auch über weite Strecken leicht transportieren ließ; der Alkohol konservierte den Traubensaft und verhinderte während des Transports das Verderben.[1] Darüber hinaus war Wein nicht nur als Getränk von Interesse und wirtschaftlicher Bedeutung, er galt weithin mit unterschiedlichen Beimischungen als Heilmittel und war nicht zuletzt im Rahmen des christlichen Gottesdienstes unersetzlich.

Der Bedeutung des Weins für Winningen tut es keinen Abbruch, wenn der Ortsname mit einiger Sicherheit nicht, wie Bellinghausen dies vermutete,[2] im lateinischen Wort vinum seine Wurzel hat. Der römische Ortsname Winningens ist leider nicht überliefert. Jungandreas hat die frühen Bezeichnungen Winningens bis zum Jahr 1512 zusammengetragen, das im Jahre 871 erstmals als „uuindinge"[3] in den Quellen erscheint.[4] Der Name variierte in der Folgezeit nur

---

1 Vgl. Alois Gerlich, Geschichtliche Landeskunde des Mittelalters. Genese und Probleme, 1986, S. 366-369, Michael Matheus, Wein, -bau, -handel, in: Lexikon des Mittelalters, Bd. 8, Sp. 2116-2123. Zur Geschichte des Weinbaus im Rheinland vgl. Barbara Weiter-Matysiak, Weinbau im Mittelalter (=Geschichtlicher Atlas der Rheinlande, Beiheft 7, 2), 1985.
2 Vgl. Hans Bellinghausen, Winningen. Ein deutsches Heimatbuch, Teil 1, 1923, S. 31.
3 Das anlautende W wurde bis in das späte Mittelalter hinein in den Quellen oft als Doppel-U geschrieben.
4 Vgl. Wolfgang Jungandreas, Historisches Lexikon der Siedlungs- und Flurnamen des Moselandes. 2 Bde (=Schriftenreihe zur trierischen Landesgeschichte und Volkskunde, Bd. 8), 1962-1963, hier: Bd. 2, S. 1130.

geringfügig (z.B. 888: „Windiga", 1026: „Windingis", 1042: „Wendengias", 1044 „Windingun"); die Variante „Winninge" verzeichnet Jungandreas erstmals für das Jahr 989. Wie bereits das auf Ernst Förstemann zurückgehende Altdeutsche Namenbuch führt Jungandreas den Ortsnamen auf einen germanischen Personennamen zurück.[5] Da jedoch Siedlungsnamen aus einer Verbindung der Endung „-ingen" mit einem Personennamen normalerweise alemannischen oder bairischen Ursprungs sind, im Untermoselraum aber von einer alemannischen Siedlungstätigkeit mit nachhaltiger Wirkung für die Ortsnamen der Region keine Rede sein kann,[6] ist diese Deutung unsicher. Andererseits deutet auch Engels nur einen Teil der sehr zahlreichen ing-Ortsnamen im Bereich der oberen Mosel, der Sauer und der Saar als spätere Umbildungen ursprünglich keltischer Ortsnamen mit der Endung „iacum" und hält die übrigen durchaus für Belege eines fränkischen Landnahmevorgangs.[7] Eine abschließende und schlüssige Erklärung des Ortsnamens Winningen steht also noch aus.

Nach dem Ende der römischen Herrschaft am Rhein und der Ausbildung des fränkischen Reiches unter den Königen der Merowingerdynastie gehörte Winningen wahrscheinlich zum königlichen Fiskus Koblenz.[8] Dafür spricht eine Eintragung im Liber annalium der Erzbischöfe von Trier aus dem Anfang des 13. Jahrhunderts. Danach waren die Winninger noch um 1220 verpflichtet, jährlich zu St. Martin (11. November) ein halbes Pfund in Geld zu zahlen. Desweiteren mussten sie an drei Gerichtsterminen des „exactors" (gemeint ist wahrscheinlich der erzbischöfliche Schultheiß in Koblenz), teilnehmen und diesen dabei verköstigen. Und schließlich hatten sie dreimal im Jahr Pflugdienste, zweimal Ernte- oder Mähdienste und dreimal Holzfuhrdienste zu leisten.[9] Eine solche Verpflichtung lässt sich nur erklären, wenn Winningen zu einem früheren Zeitpunkt ein fester Bestandteil des Wirtschafts- und Rechtssystems des Koblenzer Fiskus gewesen ist. Und es ist für das Mittelalter typisch, dass solche

---

Eine frühere Nennung Winningens aus dem Jahre 726 („in alio loco [...] vocato Winlindechim") hält Jungandreas für eine irrtümliche Verballhornung.

5   Vgl. Ernst Förstemann, Altdeutsches Namenbuch. Zweiter Band: Orts- und sonstige geographische Namen. 2. Hälfte (L-Z). Dritte, völlig neu bearbeitete und erweiterte Aufl., bearb. von Hermann Jellinghaus, 1916, Sp. 1367 f.

6   Der Koblenzer Raum gehörte vom 3. bis 5. Jahrhundert wie der gesamte Mittelrhein nur vorübergehend zum Interessengebiet der Alemannen, die Ende des 5. Jahrhunderts durch die Franken aus diesem Raum verdrängt wurden. Vgl. Eugen Ewig, Frühes Mittelalter (=Rheinische Geschichte in drei Bänden, Bd. 1 Altertum und Mittelalter, Teilbd. 2), 1980, S. 15-17.

7   Vgl. Heinz Engels, Die Ortsnamen an Mosel, Sauer und Saar und ihre Bedeutung für eine Besiedlungsgeschichte (=Schriftenreihe zur trierischen Landesgeschichte und Volkskunde, Bd. 7), 1961, S. 80-111 und S. 152 f.

8   Zu den königlichen fisci im frühen Mittelalter vgl. Ewig, Frühes Mittelalter (wie Anm. 6), S. 46 f., S. 131-133. Zu den Fiskalgütern an Rhein und Mosel vgl. Ferdinand Pauly, Siedlung und Pfarrorganisation im alten Erzbistum Trier. Bd. 10: Zusammenfassung und Ergebnisse (=Veröffentlichungen der Landesarchivverwaltung Rheinland-Pfalz, Bd. 25), 1976, S. 336-394. Zum Fiskus Koblenz vgl. Dietmar Flach, Herrscheraufenthalte bis zum hohen Mittelalter, in: Geschichte der Stadt Koblenz. Bd. 1: Von den Anfängen bis zum Ende der kurfürstlichen Zeit, 1992, S. 87-120, sowie Pauly, Siedlung, S. 345-347.

9   „Winningenses debent semper in festiuitate s. Martini dimidium talentum ad curtem. et exactoris tria sedere placita. et ei debent obsonia tria. et tribus temporibus arare. et duas messiones metere et tres ligni ductus." Liber annalium iurium archiepiscpi et ecclesie Treuirensis. Druck bei Heinrich Beyer; Leopold Eltester; Adam Goerz (Bearb.), Urkundenbuch zur Geschichte der jetzt die Preußischen Regierungsbezirke Coblenz und Trier bildenden mittelrheinischen Territorien [MRUB]. 3 Bde, 1860-1874, Bd. 2, S. 391-428, das Zitat auf S. 415.

Verbindlichkeiten auch den Wechsel von Besitz und Herrschaft überdauerten, um noch Jahrhunderte später, wenn ihr Ursprung längst in Vergessenheit geraten war, als Tradition von Alters her beachtet und erfüllt zu werden.

Wie alle römischen Kastellorte am Rhein waren Koblenz und sein Umland in der unmittelbaren Verfügungsgewalt der römischen Provinzialverwaltung verblieben und unter den Franken dann in fränkisches Staatsland umgewidmet worden. Der Reichsfiskus Koblenz war Glied einer dichten Kette solcher fisci am Rhein zwischen Bingen und Bonn und gewissermaßen Endpunkt einer ebensolchen, der Mosel folgenden Kette von Fiskalbezirken.[10] Sie sicherten die königliche Herrschaft über Rhein und Mosel als lebenswichtige Verkehrsadern und bildeten gleichzeitig die wirtschaftliche Grundlage des fränkischen Königtums. Unter den merowingischen und karolingischen Herrschern kam dem Königshof Koblenz eine gewisse Bedeutung als Aufenthaltsort der Könige und bevorzugtem Ort für politische Zusammenkünfte zu.[11]

Winningen lag am Rand des Koblenzer Fiskus und dürfte ursprünglich vor allem zu dessen Versorgung mit Wein beigetragen haben. Wein bzw. Weinbaugebiete waren während des frühen Mittelalters und auch später noch aus den bereits erörterten Gründen überaus begehrt, zumal im Gefolge der fortschreitenden Christianisierung des fränkischen Reiches und der damit verbundenen Ausdifferenzierung der kirchlichen Pfarrorganisation der Bedarf an Wein erheblich anstieg. Damit waren Weinorte und Weinberge ein durchaus geeignetes Objekt, um die reichsnahen Bistümer und Klöster für die Aufwendungen und Lasten zu entschädigen, die diese im Dienst des Reiches hatten, nämlich die Beherbergung der Könige, die Betrauung von Bischöfen und Äbten mit wichtigen Regierungsaufgaben und nicht zuletzt die Bereitstellung von Truppenkontigenten für Feldzüge.

Bis zum Jahre 1018, als Kaiser Heinrich II. den Reichsfiskus Koblenz an Erzbischof Poppo von Trier verschenkte,[12] scheint der Reichsbesitz in Winningen auf diese Weise nahezu vollständig in andere Hände übergegangen zu sein, da Winningen 1018 nicht an das Erzstift Trier gelangte, sondern bis zum Ende des Alten Reiches eine Enklave im Trierer Herrschaftsbereich geblieben ist.

Es hat den Anschein, als habe schon König Dagobert I (ca. 608–638/639) damit begonnen, königlichen Besitz in Winningen an kirchliche Institutionen zu verschenken. Den königlichen Fronhof in Winningen, gewissermaßen das Filetstück des Ortes, übertrug Dagobert I. auf Bischof Kunibert von Köln (ca. 590–663), einen seiner wichtigsten Berater und Stützen bei der Sicherung der merowingischen Herrschaft in Austrasien, dem östlichen Teil des Frankenreichs; gemeinsam mit dem fränkischen Herzog Adalgiesel fungierte Kunibert von 633 an als Regent des austrasischen Unterkönigs Sigibert III., des damals dreijährigen Sohns König

---

10 Nördlich schlossen sich an den Fiskus Koblenz die Fiskalbezirke Engers und Andernach an. Nach Süden besaßen die fränkischen Könige den Fiskus Boppard. Moselaufwärts war Kobern das nächste Zentrum von Königsgut.
11 Vgl. dazu Flach, Herrscheraufenthalte (wie Anm. 8), S. 88-98.
12 Vgl. ebd., S. 118-120.

Dagoberts I.[13] Derselbe Kunibert, der seit dem 9. Jahrhundert als Heiliger verehrt wird, erhielt von Dagobert I. auch den königlichen Besitz in Rhens zum Geschenk.[14] Beide Schenkungen und noch weitere geschahen unbeschadet der Tatsache, dass das Gebiet am Zusammenfluss von Rhein und Mosel schon seit längerem unangefochten zum Diözesansprengel des Trierer Bischofs gehörte.[15]

Zu diesem Zeitpunkt scheint es in Winningen, wie das Gräberfeld aus merowingischer Zeit nahelegt, zwar eine Kirche, aber noch keine Pfarrkirche gegeben zu haben. Als Teil des Koblenzer Fiskus dürfte Winningen vielmehr zum Pfarrbezirk der königlichen Eigenkirche in Koblenz gehört haben.[16] Dies würde zumindest erklären, warum die spätere Pfarrkirche nicht, wie dies im Vergleichsfall Rhens geschehen ist, zugleich mit dem Fronhof in Kölner Besitz überging. Die Pfarrei Winningen dürfte erst im Laufe des weiteren Ausbaus der Pfarrorganisation begründet worden sein. Der genaue Zeitpunkt lässt sich nicht bestimmen; die Einrichtung der Pfarrei scheint aber vor dem Jahr 900 erfolgt zu sein, da – einer späteren Überlieferung zufolge – König Zwentibold von Lothringen (ca. 871–900, König seit 895) die Pfarrei und einen Hof zu Winningen dem von Karl dem Großen gegründeten Aachener Marienstift zum Geschenk gemacht haben soll. Urkundlich erwähnt wurden Kirche und Hof jedoch erst 1174 und 1212,[17] 1226 bestätigte Kaiser Friedrich II. (1194–1250) das Aachener Stift in seinem Besitz, der dabei ausdrücklich als Schenkung Zwentibolds bezeichnet wird.[18]

Unklar ist auch das Patrozinium der Winninger Pfarrei. Kubach, Michel und Schnitzler nehmen die Abbildung des heiligen Paulus im – freilich spätmittelalterlichen – Siegel der Winninger Schöffen[19] als Indiz für ein Paulus-Patrozinium. Die beiden erhaltenen Versionen des Schöffensiegels zeigen den Völkerapostel einmal stehend mit Nimbus und zum andern unter einem Baldachin sitzend. Auf beiden Siegeln ist ihm als typisches Attribut ein Schwert beigegeben; der sitzende Paulus liest darüber hinaus in einer Bibel. Pauly dagegen deutet die lange Tradition der Winninger Martinikirmes und die 1856 erfolgte Weihe der neuen und zur Pfarrei

---

13 Vgl. Ulrich Nonn, Dagobert I, in: Lexikon des Mittelalters, Bd. 3, Sp. 429 f.; Ewig, Frühes Mittelalter (wie Anm. 6), S. 26-28.
14 Zwar fehlt auch für diese Schenkung der urkundliche Beweis, in diesem Fall gibt jedoch das Dionysius-Patrozinium (St. Denis) einen deutlichen Hinweis auf Kunibert als Urheber der Rhenser Pfarrgründung. Vgl. Helmut Prößler, Rhens 874-1974, 1974, S. 10.
15 Vgl. dazu Ewig, Frühes Mittelalter (wie Anm. 6), S. 55.
16 Vgl. Ferdinand Pauly, Siedlung und Pfarrorganisation im alten Erzbistum Trier. Bd. 2: Die Landkapitel Piesport, Boppard und Ochtendung (=Veröffentlichungen des Bistumsarchivs Trier, Bd. 6), 1961, S. 293-295.
17 Siehe den Druck bei Beyer u.a., Urkundenbuch (wie Anm. 9), Bd. 2, Nr. 280. Siehe auch Adam Goerz (Bearb.), Mittelrheinische Regesten oder chronologische Zusammenstellung des Quellen-Materials für die Geschichte der Territorien der beiden Regierungsbezirke Koblenz und Trier in kurzen Auszügen. 4 Bde, 1876-1886, Ndr. Aalen 1974, Bd 2, Nr. 356.
18 Vgl. die Bestätigung durch Friedrich II. im Juli 1226 in Goerz, Mittelrheinische Regesten (wie Anm. 17), Bd. 2, Nr. 1765. Siehe den Druck bei Theodor Josef Lacomblet (Hg.), Urkundenbuch für die Geschichte des Niederrheins oder des Erzstifts Cöln, der Fürstentümer Jülich und Berg, Geldern Meurs, Cleve und Mark, und der Reichsstifte Elten, Essen und Werden, 4 Bde, 1840-1858, Bd. 2, Nr. 72.
19 Siehe die Abbildungen 1 und 2. Landeshauptarchiv Koblenz (im folgenden: LHA Ko), Best. 1 A, Nr. 5478 (Sitzender Paulus, 1347 Nov. 7) und Best. 112, Nr. 415 (Sitzender Paulus, 1429 Febr. 26). Vgl. dazu Wilhelm Ewald, Rheinische Siegel, Bd. 3: Die Siegel der rheinischen Städte und Gerichte, 1931, S. 212 und Tafel 98, der den abgebildeten Heiligen ebenfalls mit einiger Wahrscheinlichkeit als den Apostel Paulus identifiziert.

Güls gehörenden katholischen Kapelle auf den Namen des heiligen Martin als Hinweise darauf, dass die Kirche dem fränkischen Nationalheiligen Martin von Tours geweiht war.[20] Eine Entscheidung in dieser Frage fällt nicht leicht, sie müsste in jedem Fall aber erklären, auf welchem Weg der heilige Paulus in das Bild des Winninger Schöffensiegels gelangen konnte, wenn nicht über das ursprüngliche Pfarrpatrozinium.

Abb. 1 und 2: Die Siegel des Winninger Schöffengerichts im Mittelalter (LHA Koblenz Best. 112, Nr 415 III und Best. 1 A, Nr. 5478).

Das Erzstift Köln – die Erhöhung des Bistums zum Erzbistum war 858/860 erfolgt – und das Aachener Marien- und Krönungsstift[21] blieben nicht die einzigen geistlichen Grundbesitzer in Winningen. Die erste urkundliche Nennung Winningens geschah 871 im Zusammenhang mit der Bestätigung einer Schenkung des Adeligen Otbert an das Kloster Prüm durch König Ludwig den Deutschen.[22] Otbert, der umfangreiche königliche Lehen in den linksrheinischen Gauen

---

20 Vgl. Die Kunstdenkmäler des Landkreises Koblenz. Bearb. von Hans Erich Kubach, Fritz Michel und Hermann Schnitzler (=Die Kunstdenkmäler der Rheinprovinz, Bd. 16 III), 1944, S. 395; Pauly, Siedlung (wie Anm. 16), S. 293. Die Tradition der Martinikirmes könnte natürlich auch auf den Patron der Kölner Abtei St. Martin zurückgeführt werden, die von 988 bis 1562 Besitzerin des Winninger Fronhofs war.

21 Die in Quellen und Literatur häufiger verwendete Bezeichnung „Krönungsstift" bezieht sich auf die von Kaiser Otto I. 936 begründete Tradition, den gewählten römischen König über dem Grab Karls des Großen zu krönen. Die Goldene Bulle Kaiser Karls IV. aus dem Jahre 1356 schrieb diese Tradition als geltendes Reichsrecht fest.

22 Siehe Monumenta Germaniae Historica (im folgenden: MGH) DD Ludwig der Deutsche, Nr. 141 und Regesta Imperii I 1, Nr. 1490. Siehe auch Beyer, Urkundenbuch (wie Anm. 9), Bd. 1, Nr. 104. Goerz datierte die Urkunde dort irrtümlich auf den 20. Okt. 865, die Bearbeiter der MGH korrigieren das Jahresdatum auf 871. Vgl. dazu Matthias Willwersch, Die Grundherrschaft des Klosters Prüm, 1989, S. 45.

vom Niederrhein bis zur Mosel besaß,[23] hatte der mächtigen Eifelabtei, einer der wichtigsten Stützen des fränkischen Königtums, zwei Kapellen geschenkt und beide zum Unterhalt mit umfänglichen Besitzungen ausgestattet. Darunter befand sich auch ein Hof in Lehmen, zu dem Weingärten in Lehmen, Kobern und Winningen gehörten.

Die in der Epoche der Karolinger nicht weniger reiche und mächtige Trierer Abtei St. Maximin erhielt 888 von König Arnolf auf Bitten des Grafen Megingaud die „villa" Rübenach mit allem Zubehör („ad prefatam villam pertinente") zum Geschenk.[24] Arnolf „von Kärnten" (ca. 850–899, König seit 887, Kaiser seit 899) war im Jahr zuvor zum ostfränkischen König gewählt worden und im Laufe des folgenden Jahres intensiv darum bemüht, seine Herrschaft und vor allem die Oberherrschaft über das Mittelreich Lothringen zu sichern.[25] Dabei war ihm Megingaud, Graf im Nahe- und im Maienfeldgau, Haupt einer mächtigen Adelssippe und nicht zuletzt Laienabt[26] von St. Maximin, die wichtigste Stütze. Die Schenkung dürfte also Belohnung und Entschädigung für die Parteinahme Megingauds zugunsten Arnolfs gewesen sein. Ob das Winninger Weingut des Klosters 888 tatsächlich Zubehör der villa Rübenach war, lässt sich nicht mit letzter Bestimmtheit sagen, da die entsprechende Passage erst in einer kurz vor 1080 angefertigten „Zweitausfertigung" einer echten Urkunde König Arnolfs erscheint, die im Schriftbild das Original nachahmt und auch mit einem echten Siegel König Arnolfs versehen ist.[27] Dieses Falsifikat entstand im Rahmen der zweiten der berühmten Fälschungsaktionen des Klosters St. Maximin, die Kölzer auf die Jahre 1056/65–1075/80 datiert, zusammen mit anderen vermeintlichen Besitz- und Rechtebestätigungen Ottos I. aus dem Jahre 962, Konrads II. aus dem Jahre 1026 und Heinrichs III. aus dem Jahre 1044.[28] Der Zweck einer solchen Fälschung bestand in der Regel nicht darin, sich unrechtmäßig Besitz anzueignen, sondern diente der Sicherung bestehender und vielleicht gefährdeter Rechtstitel

---

23 Vgl. Ewig, Frühes Mittelalter (wie Anm. 6), S. 163. Nach Ewig war Otbert ein Vasall des mächtigen Maiengaugrafen Matfried II.
24 Siehe MGH DD Arnolf, Nr 10 und in Beyer, Urkundenbuch (wie Anm. 9), Bd. 1, Nr. 125 und Regesta Imperii Bd I 1, Nr. 1775.
25 Vgl. dazu Ewig, Frühes Mittelalter (wie Anm. 6), S. 188-190.
26 Das Laienabbatiat war ein im 9. und 10. Jahrhundert verbreitetes Phänomen. In der Spätphase des Karolingerreiches gelang es mächtigen Adeligen, die Abtswürde der in ihrem Herrschaftsbereich liegenden Reichsklöster zu erlangen, ohne selbst in die Klöster einzutreten oder monastische Verpflichtungen einzugehen. Auf diese Weise sie über Güter, Einnahmen und Dienstleute der Klöster verfügen. Vgl. dazu Franz-J. Felten, Laienabt, in: Lexikon des Mittelalters, Bd. 5, Sp. 1617 f.
27 Die an die Formel „ad prefatam villam pertinente" angehängte Passage „id est uennam in marcha Uuindiga sitam cum silua quam Cond riuulus alluit ad instaurandam eandem uennam" stellt die einzige textliche Zufügung der Fälschung aus dem 12. Jahrhundert dar.
28 Siehe MGH DD Arnolf, Nr. 179 und Regesta Imperii I 1, Nr. 1175. Die Herausgeber der MGH übersetzen „uenna" – u. U. irrtümlich – mit „Fischreuse"; es könnte sich aber auch um eine Verschreibung zu „vinea" (Weinberg) handeln. Siehe auch den unkritischen Druck bei Beyer, Urkundenbuch (wie Anm. 9), Bd. 1, Nr. 125 mit falschem Datum. Zu den Maximiner Fälschungsaktionen vgl. Theo Kölzer, Studien zu den Urkundenfälschungen des Klosters St. Maximin vor Trier (10.-12. Jahrhundert) (=Vorträge und Forschungen, Sonderband 36), 1989, zur Datierung der vermeintlichen Arnolf-Urkunde, die Kölzer abweichend von der Datierung der MGH nicht auf ca. 1116, sondern ca. 30 Jahre früher ansetzt, vgl. ebd. S. 99. Siehe die anderen angesprochenen Maximiner Fälschungen in MGH DD Otto I., Nr. 442, MGH DD Konrad II, Nr 48 und MGH DD Heinrich III, Nr. 391, Beyer, Urkundenbuch (wie Anm. 9), Bd. 1, Nr 209 und 321 sowie Bd. 2, Nr. 301 und Regesta Imperii II 1,1, Nr. 312, III 1,1, Nr. 49.

durch „Unterfütterung" mit einem durch die neue Urkunde nun auch schriftlich vorweisbaren Rechtstitel.

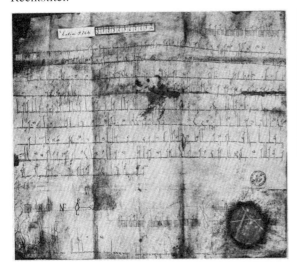

Abb. 3 und 4: Die gefälschte Urkunde König Arnulfs (Vorderseite und Dorsualvermerk). (Bibliothèque Nationale, Paris, lat. 9264 Nr. 9).

Das Bemerkenswerte besteht in dem vorliegenden Fall allerdings darin, dass St. Maximin zum Zeitpunkt der Fälschung tatsächlich nicht mehr im Besitz seines früheren Winninger Hofs stand. Dieser war ihm freilich nicht auf unrechtmäßige Weise abhanden gekommen, sondern das Kloster selbst hatte ihn im Rahmen eines Gütertauschs der Abtei Stablo-Malmedy überlassen. Im Jahre 1036 tauschte Abt Johann von St. Maximin 20 Hufen in Corswarem in der heutigen belgischen Provinz Limburg mit Abt Poppo von Stablo-Malmedy gegen dessen Hofgut in Asselborn im nördlichen Luxemburg.[29] Um den ungleichen Wert der Tauschobjekte auszugleichen, fügte Abt Johann u.a. fünf Weinbergparzellen in Winningen („quinque partes uinee super Mosam") hinzu.[30] Stablo-Malmedy blieb jedoch nicht lange im Besitz des Hofes; schon nach wenigen Jahren gab es ihn an das damals noch junge Domstift Bamberg weiter.[31] Im späten Mittelalter erscheint der Hof als Bamberger Lehen der Herren von Rheineck.

Das letzte Kloster, das Reichsgut in Winningen von den Kaisern und Königen zum Geschenk erhielt, war das Kloster Kaufungen. Am 20. Mai 1019 schenkte Kaiser Heinrich II. (973–1024) dem erst zwei Jahre zuvor von seiner Frau Kunigunde gegründeten oberhessischen Kloster seinen gesamten Besitz in Lay, Waldesch, Winningen, Bisholder und Trimbs.[32] Da-

---

29 Siehe MGH DD Konrad II., Nr. 228a, Beyer, MRUB, Bd. 1, Nr. 306 und Regesta Imperii III 1,1, Nr. 237.
30 Vgl. dazu Erich Wisplinghoff, Untersuchungen zur frühen Geschichte der Abtei S. Maximin bei Trier von den Anfängen bis etwa 1150 (= Quellen und Abhandlungen zur mittelrheinischen Kirchengeschichte, Bd. 12), 1970, S. 75, 125.
31 Siehe MGH DD Konrad II., Nr. 228 und Camille Wampach: Urkunden- und Quellenbuch zur Geschichte der altluxemburgischen Territorien bis zur burgundischen Zeit. 7 Bde, 1935-1949, Bd. 1, Nr. 248.
32 „quedam loca in comitatu Perhtoldi comitis et in pagis Trichira et Meinifelt dictis sita, his nominibus appellata: Legia, Asch, Windinga, Bizele, Trimizze, cum mancipiis urtiusque sexus aecclesiis aedificiis

mit waren die Kaiser und Könige als Grundbesitzer in Winningen endgültig ausgeschieden. Die zu diesem Zeitpunkt bereits beabsichtigte Übertragung der Winninger Besitztitel auf das Kloster Kaufungen mag auch den Grund dafür darstellen, dass Winningen nicht zusammen mit dem Reichsfiskus Koblenz 1018 an das Erzstift Trier überging.

Andere Grundbesitzer in Winningen werden in den Quellen bis zu diesem Zeitpunkt nicht genannt; es kann aber kein Zweifel daran bestehen, dass es neben den auf früheres Reichsgut zurückgehenden Grundherrschaften auch weitere Grundbesitzer – Kirchen, Kleriker und Laien – gab und diese Besitzungen immer wieder Gegenstand von Käufen, Tauschgeschäften und Lehnsvergaben waren. Auf diese Weise gelangten im Weiteren etwa das Kloster Maria Laach, die Kollegiatstifte St. Florin und St. Kastor in Koblenz, das Kollegiatstift St. Kastor in Karden oder die Koblenzer Niederlassung des Deutschen Ordens in den Besitz von Weingütern in Koblenz.[33] Auch der lokale Adel ist im Besitz von Winninger Weingärten nachgewiesen. Die niederadeligen Herren von Winningen sind seit 1242 unter diesem Namen bezeugt.[34] Sie besaßen einen Ganerbenanteil an der Burg Waldeck bei Simmern im Hunsrück, so dass der Schluss nahe liegt, dass sie von ihrer Herkunft her ein an der Mosel niedergelassener Zweig des Reichsministerialengeschlechts der Herren von Waldeck waren, die auch Lehen der Erzbischöfe von Köln und Trier und der Pfalzgrafen bei Rhein besaßen.[35]

In den frühen Belegen werden die einzelnen Besitzungen zumeist nicht näher beschrieben; wenn überhaupt ist von Weingärten (vineae) oder Höfen (mansus) die Rede. Grundsätzlich dürften sie sich aber alle in das System der Grundherrschaft als der üblichen landwirtschaftlichen Organisationsform eingefügt haben. Die Grundherrschaft bzw. die Villikationsverfassung beruhte auf dem Prinzip, dass ein Teil des einem Grundbesitzer gehörenden Landes, das Salland (terra salica oder indomonicata) in Eigenwirtschaft von einem Fronhof (Herrenhof) aus betrieben wurde, dem weitere Höfe oder Anbauflächen zugeordnet waren. Die auf diesen Höfen (mansus, hoba – Hufe) ansässigen Bauern mussten dem Fronhof neben Naturalabgaben auch persönliche Dienste (Frondienste, Herrendienste) auf dem Salland leisten und konnten ursprünglich sowohl frei als auch leibeigen sein. Im Laufe der Zeit glichen sich die ständischen Unterschiede jedoch an, und die Frondienste wurden im Zeichen der aufkommenden Geldwirtschaft durch Zinsleistungen abgelöst, so dass die Grundherrschaft sich – zumindest im westdeutschen Raum – immer stärker einer Art Pachtsystem annäherte, nur dass die abhängigen Bauern persönlich nicht frei waren, das „Pachtverhältnis" von sich aus zu lösen.[36]

---

vineis molendinis areis pratis pascuis terris cultis et incultis et cum omnibus pertinentiis, que nos iure et legaliter in supra dictis locis habuere dinoscimur" MGH DD Heinrich II. S. 524 Nr. 409.
33 Einen Überblick über den geistlichen Grundbesitz in Winningen ergibt das Inventar von Rainer Garbe, Inventar der Quellen zur Geschichte der Gemeinde Winningen/Mosel, 2003, S. 135-217.
34 Siehe Wilhelm Günther (Hg.), Codex diplomaticus Rheno-Mosellanus. Urkundensammlung zur Geschichte der Rhein- und Mossellande, der Nahe- und Ahrgegend, und des Hundsrückens, des Meinfeldes und der Eifel. 5 Bde, 1822-1826, Bd. 2, Nr. 103.
35 Vgl. dazu die Zusammenstellung der Quellenbelege bei Garbe, Inventar (wie Anm. 33), S. 218-230.
36 Zur Grundherrschaft vgl. Werner Rösener, Bauern im Mittelalter, 1985, S. 18-30, ferner ders., u.a., Grundherrschaft, in: Lexikon des Mittelalters, Bd. IV, Sp. 1739-1747, sowie Rolf Sprandel, Verfassung und Gesellschaft im Mittelalter, 1978, S. 43-56.

Der größte Hof dürfte wohl der Fronhof gewesen sein, den König Dagobert, wie oben erwähnt, im 7. Jahrhundert dem Kölner Bischof Kunibert geschenkt hatte. Leider sind für das Mittelalter keine Quellen überliefert, aus denen sich der Umfang des gesamten Hofverbands oder

Abb. 5 und 6: Die Abtei Groß St. Martin im Kölner Stadtbild des Mittelalters. Links: Holzschnitt aus der Kosmographie Sebastian Münsters, 1548, rechts: Vogelschauansicht Köln von Arnold Mercator, 1570/71, Detail.

dessen Rechtsverhältnisse erschließen ließen.[37] Im Jahr 1563 betrug die Zahl der Hübner, die den Trierer Erzbischöfen als neuen Besitzern des Fronhofs den Eid zu leisten hatten, mehr als 60.[38] Für den St. Georgenhof, den die Herren von Rheineck als Lehen des Bamberger Domstifts besaßen, nennt das „Braune Rheinecker Buch", „eine Sammlung von Lehens- und Allodverzeichnissen, Weistümern, Urbaren, Protokollen, Verträgen, Urkunden und Notizen der Herrschaft Rheineck",[39] für das 14. und 15. Jahrhundert die beachtliche Zahl von 31 Weingärten und 45 weiteren Grundstücken, die zu dem Hof gehörten. Die Güter des Koblenzer Stifts St. Florin in Winningen umfassten 1564 Haus, Hof, Kelterhaus, Scheune, Garten und etliche Weingärten; die Zahl der Weingärten wurde 1679 mit 14 und im 18. Jahrhundert mit 27 angegeben.[40]

Zur Bewirtschaftung dieser Höfe war selbstverständlich eine größere Zahl von Personen notwendig, die als Personenverband im Rahmen der betreffenden Grundherrschaft eng aufeinander bezogen waren. Normalerweise hatten solche Höfe ihr eigenes genossenschaftliches Schöffengericht, das im Namen und Auftrag des Grundherrn unter dem Vorsitz eines Schultheißen die niedere Gerichtsbarkeit ausübte. Im Falle des Rheinecker St. Georgenhofs war das

---

37 Die Schlichtungsurkunde aus dem Jahre 1140 steht vereinzelt da, in der das Kloster St. Martin und die „familiares" des Hofs sich über die Höhe und den Transport der jährlichen Weinlieferungen vergleichen und in der zugleich festgehalten wurde, dass von den bis dahin alljährlich abgehaltenen drei Gerichtstagen künftig nur noch einer stattfinden sollte. Vgl. Beyer, Urkundenbuch (wie Anm. 9), Bd. 2, Nr. 40.
38 Siehe LHA Ko Best. 1 C, Nr. 698, S. 169-223.
39 Vgl. Wilhelm Kossin, Die Herrschaft Rheineck. Wirtschaftliche Grundlagen einer Adelsfamilie im 15. Jahrhundert (=Rheinisches Archiv, Bd. 134), 1995, S. 66, das Zitat auf S. 66. Das Braune Rheinecker Buch befindet sich im Landeshauptarchiv Koblenz (LHA Ko Best. 43, Nr. 201).
40 Vgl. zum Winninger Besitz des Koblenzer Florinstifts Anton Diederich, Das Stift St. Florin zu Koblenz (=Studien zur Germania Sacra, Bd. 6) 1967, S. 160 f., S. 194-196 und S. 390 f.

Schöffengericht dieses Hofes sogar der Oberhof, d.h. die Revisionsinstanz für das Hofgericht des Rheinecker Hofes in Urmitz.[41]

Zumindest im frühen und hohen Mittelalter standen die verschiedenen Höfe eines Ortes weitgehend separiert nebeneinander.[42] Zwar gab es in jedem Dorf gemeinschaftlich genutzte Weideflächen oder Gewässer, im Wesentlichen aber blieben Dörfer mit mehreren Grundherren lange Zeit locker strukturierte Nachbarschaften. Mit der zunehmenden Auflösung der klassischen Villikationsverfassung und dem Übergang zu einer auf Abgaben beruhenden Pacht-Grundherrschaft lockerten sich auch die grundherrschaftlichen Hofverbände. Nunmehr trat das Dorf als solches stärker in den Vordergrund, indem die einzelnen Höfe durch immer intensiver übergreifende Strukturen und Beziehungen miteinander verbunden wurden. Sichtbares Zeichen war zum einen das verstärkte Aufkommen von freien Handwerkern wie Bäckern oder Schmieden, die – modern gesprochen – den Ausgangspunkt für die Entwicklung eines den einzelnen Hof übergreifenden Dienstleistungssektors darstellten. Zum anderen zeigte sich die „Verdorfung" vor allem in der Ausbildung eines Kollegiums, das das Dorf nach außen repräsentierte und nach innen für die Wahrung des Rechtsfriedens verantwortlich war. Die Entstehung eines für das gesamte Dorf zuständigen Schöffenkollegiums setzt die Entstehung einer das gesamte Dorf und seine Einwohner umspannenden Dorfgenossenschaft voraus. Das heißt allerdings nicht, dass alle Bewohner eines Dorfes gleichberechtigt waren oder dass der gemeinschaftliche Gerichtsverband nicht in einzelnen Fällen durchbrochen sein konnte. Außerdem behielten insbesondere größere Höfe noch sehr lange ein aus Hofschöffen zusammengesetztes eigenes Niedergericht.

Die „Verdorfung" ging in den meisten Fällen einher mit der gleichzeitigen Ausbildung einer die einzelnen Grundherrschaften überwölbenden Dorfherrschaft. Ansatzpunkte für diesen Prozess konnten sich aus den verschiedensten Voraussetzungen ergeben. In Winningen hätten die Erzbischöfe von Köln als die größten Grundherren durchaus die Möglichkeit besessen, Ortsherren zu werden. In Rhens sind sie diesen Weg gegangen, haben nach und nach ihre Konkurrenten – insbesondere die Grafen von Saffenberg als Vögte – ausgeschaltet und Rhens zu einem festen Stützpunkt und zum Sitz eines Amtes ausgebaut, von dem aus ein dauerhafter landesherrschaftlicher Bezirk am Mittelrhein verwaltet werden konnte.[43] In Winningen jedoch ging das Erzstift einen anderen Weg. Im Jahre 989 schenkte Erzbischof Everger (Erzbischof 985–999) den Kölner Fronhof der Stadtkölner Benediktinerabtei St. Martin (Groß St. Martin).[44] St. Martin war einige Jahre zuvor von Erzbischof Bruno (Erzbischof 953-965), dem Bruder Kaiser Ottos I., als Kanonikerstift gegründet worden, Everger hatte das Stift aber in ein Benediktinerkloster umgewandelt und den Mönchen der Abtei Brauweiler zur Besiedlung

---

41 Vgl. Kossin, Herrschaft Rheineck (wie Anm. 39), S. 66.
42 Zur Geschichte des Dorfes im Mittelalter vgl. Hans-Werner Goetz, Leben im Mittelalter, 1986, S. 115-164, Rösener, Bauern (wie Anm. 36), und ders. u.a., Dorf, in: Lexikon des Mittelalters, Bd. 3, Sp. 1266-1279.
43 Vgl. Prößler, Rhens (wie Anm. 14), S. 13.
44 Vgl.: Die Regesten der Erzbischöfe von Köln (=Publikationen der Gesellschaft für Rheinische Geschichtskunde, Bd. 21), Bd. 1-12, 1973-2001, hier: Bd. 1, S. 167, Nr. 548. Vgl. dazu Peter Opladen, Groß St. Martin. Geschichte einer stadtkölnischen Abtei, 1954 (=Studien zur Kölner Kirchengeschichte, Bd. 2), S. 144, S. 165-167.

übertragen.⁴⁵ Der Winninger Fronhof gehörte damit gewissermaßen zur Grundausstattung der jungen Abtei. Gleichzeitig verzichtete das Erzstift Köln damit aber – anders als in Rhens – auf die Chance, in Winningen langfristig die Dorf- und Landesherrschaft zu gewinnen. Die Entscheidung mag ihren Grund gehabt haben in der zu starken Position der hochadeligen Vögte in Winningen.

Geistlichen Grundherren war es seit dem frühen Mittelalter untersagt, ihre Rechte als Gerichtsherren und insbesondere als Herren über Leben und Tod selbstständig auszuüben. Der kanonische Grundsatz „Ecclesia non sitit sanguinem" – „Die Kirche dürstet nicht nach Blut" – zwang sie, einen advocatus, einen Vogt, zu bestellen, der in der Regel dem regionalen Freiadel entstammte und im Auftrag der geistlichen Grundherren das Hochgericht ausübte. Zwar hatte ursprünglich ein freies Recht der Vogtwahl bestanden, die Vögte verstanden es aber zumeist sehr schnell, ihr vormaliges Amt in ein erbliches Gerichtsherrenrecht umzuwandeln und über ihre gerichtsherrliche Funktion hinaus in die weltlichen und geistlichen Belange ihrer früheren Auftraggeber einzugreifen. Vogteien konnten fortan in der Form von Lehen an Untervögte vergeben werden, vor allem aber konnte die Vogtei wirksam als Grundlage für die Erringung einer Dorf- oder gar Landesherrschaft genutzt werden. Nur wenigen Kirchen, insbesondere aber den Hochstiften und Reichsklöstern, gelang es, ihre Vögte aus dieser starken Stellung wieder zu verdrängen.⁴⁶ So kauften z. B. die Kölner Erzbischöfe den Grafen von Saffenberg die Vogtei über Rhens 1174 kurzerhand ab, und die Trierer Erzbischöfe konnten die Pfalzgrafen bei Rhein 1197 gänzlich als Hochstiftsvögte ausschalten.

Über die Vogteiverhältnisse in Winningen schweigen die Quellen bis ins 13. Jahrhundert, und einen tieferen Einblick in die Struktur der Winninger Dorfherrschaft gewinnt man erst durch das Weistum aus dem Jahre 1424. Die frühesten Hinweise erhalten wir für das frühe 13. Jahrhundert, als die Frage der Dorfherrschaft im Wesentlichen bereits entschieden war. Seitdem erschienen die Grafen von Sayn als Dorfherren von Winningen und ihr Herrschaftsrecht als Lehen der Pfalzgrafen bei Rhein.⁴⁷ Am 1. November 1232 wird die Vogtei in Winningen als „advocatia" oder „ius palacie", „Vogtei oder Pfalzgrafenrecht", bezeichnet.⁴⁸ Wie und wann die Pfalzgrafen die Vogtei über alle Winninger Höfe erlangen konnten, bleibt ungewiss. Eine Sonderrolle, von der noch zu berichten sein wird, spielte in dieser Hinsicht allein der Fronhof des Klosters St. Martin. Die Wortwahl der Quellen lässt derweil wenig Zweifel daran, dass

---

45 Vgl. Hans Joachim Kracht, Groß St. Martin, in: Die Benediktinerklöster in Nordrhein-Westfalen, bearb. von Rhaban Haacke (=Germania Benedictina, Bd. 8), 1980, S. 376-389, hier: S. 376.

46 Zur Vogtei vgl. die immer noch lesenswerte Untersuchung von Hermann Aubin, Die Entstehung der Landeshoheit nach niederrheinischen Quellen. Studien über Grafschaft, Immunität und Vogtei (=Historische Studien, Heft 143), 1920, Ndr. 1965, und Hans-Joachim Schmidt, Vogt, Vogtei, in: Lexikon des Mittelalters, Bd. 8, Sp. 1811-1814.

47 Zu den älteren Grafen von Sayn vgl. Joachim J. Halbekann, Besitzungen und Rechte der Grafen von Sayn bis 1246/47 und ihre Erben (=Geschichtlicher Atlas der Rheinlande. Beiheft V/5), 1996, und Joachim J. Halbekann, Die älteren Grafen von Sayn. Personen-, Verfassungs- und Besitzgeschichte eines rheinischen Grafengeschlechts 1139-1246/47 (=Veröffentlichungen der Historischen Kommission für Nassau, Bd. 61), 1997, dort auf S. 454 und 457 die Belege für die Grafen von Sayn als Inhaber der Vogtei.

48 Siehe Beyer, Urkundenbuch (wie Anm. 9), Bd. 3, Nr. 461. Heinrich Graf von Sayn befreite am 1. November 1232 die Güter der Abtei Maria Laach „ab omni exactione et iure, quo tenetur mihi ratione advocatie vel iure palacie".

die Sayner Grafen in Winningen tatsächlich eine oberhalb der verschiedenen Grundherrschaften angesiedelte Position innehatten und somit als Herren des gesamten Dorfes galten. In den Auseinandersetzungen des späten Mittelalters um die Landesherrschaft sollten die Grafen von Sayn bzw. ihre Erben mit der Vogtei zwar einen wichtigen Positionsvorteil genießen, in den Erzbischöfen von Trier jedoch trotzdem noch für längere Zeit ernsthafte Konkurrenten haben.

Die Herkunft der Grafen von Sayn ist weitgehend ungeklärt. 1139 werden die Brüder Eberhard I. (vor 1139–1176) und Heinrich I. (vor 1139–1159) erstmals und unabhängig voneinander als Grafen von Sayn urkundlich genannt. In kurzer Zeit erlebte die stark auf das Erzstift Köln hin orientierte Familie einen bemerkenswerten Aufstieg, der sich in günstigen Eheschließungen, reichen Erbschaften und dem Zugang zu einträglichen kirchlichen Pfründen und Ämtern niederschlug. Die Geschichte der älteren Grafen von Sayn – der Name wurde später von einem Zweig der Grafen von Sponheim fortgeführt – ist allerdings nur kurz. Heinrich III. (geb. 1202) verstarb um die Jahreswende 1246/47 kinderlos. Obwohl Heinrich III. kurz vor seinem Tod durch verschiedene testamentarische Verfügungen versucht hatte, seiner Frau Mechthild ein Höchstmaß an Verfügung über sein umfängliches Erbe zu bewahren,[49] konnte diese nicht verhindern, dass das Kölner Erzstift schon zu ihren Lebzeiten bedeutende Teile des Sayner Erbes als heimgefallene Lehen einzog. Auch die eigentlichen Erben Heinrichs III., die Söhne seiner Schwester Adelheid aus ihren beiden Ehen mit Gottfried III. von Sponheim und Eberhard von Eberstein, wurden schon zu Lebzeiten Mechthilds mit vormals Sayner Lehen belehnt. Nach längerem Streit teilten die beiden Brüder Gottfried (um 1230/35–1282) und Heinrich (um 1235/49–1289) ihr Erbe derart, dass Heinrich die Grafschaft Sponheim-Starkenburg und Gottfried, der in der Urkunde bereits den Herkunftsnamen von Sayn führte, die Grafschaft Sayn erben sollte mit Ausnahme der Eigengüter ihrer verstorbenen Mutter beiderseits des Rheins sowie der Dörfer Winningen und Obermendig und der Vogtei von Trimbs.[50]

Damit war Winningen an den moselländischen Zweig eines alten Grafengeschlechts gefallen, der seinen Stammsitz auf der Starkenburg bei Traben-Trarbach hatte und dessen Besitz als die „Hintere Grafschaft" bezeichnet wurde.[51] 1276 wurde Graf Heinrich I. erstmals im Zusammenhang mit Winningen urkundlich erwähnt.[52] Unter seiner Regentschaft blühte die Starkenburger Teilgrafschaft auf.[53] Obwohl die Sponheim-Starkenburger Winningen von den Pfalzgrafen bei Rhein zu Lehen trugen, waren ihre Beziehungen zum Erzstift Trier enger als zur Pfalzgrafschaft, die wiederum die Sponheim-Kreuznacher Linie zu ihren besonderen Verbün-

---

49 Zur Geschichte des Sayner Erbes vgl. Thomas Bohn, Gräfin Mechthild von Sayn (1200/03-1285). Eine Studie zur rheinischen Geschichte und Kultur (=Rheinisches Archiv, Bd. 140), 2002, S. 196-306.
50 Siehe Johannes Mötsch (Bearb.), Regesten des Archivs der Grafen von Sponheim 1065-1437. 5 Bde, 1987-1991, Nr. 62 (1265 Jan. 22).
51 Zu den Grafen von Sponheim und der Entwicklung ihres Besitzes vgl. Johannes Mötsch, Die Grafschaft Sponheim (=Geschichtlicher Atlas der Rheinlande. Beiheft V/4), 1992.
52 Siehe Mötsch, Regesten (wie Anm. 50), Nr. 84 (1276 Juli 25).
53 Vgl. dazu Johannes Mötsch, Trier und Sponheim, in: Franz-Josef Heyen (Hg.), Balduin von Luxemburg. Erzbischof von Trier, Kurfürst des Reiches 1285-1354. Festschrift aus Anlass des 700. Geburtstages (=Quellen und Abhandlungen zur mittelrheinischen Kirchengeschichte 53), 1985, S. 357-389, zu Heinrich S. 361-363.

deten zählte.⁵⁴ Heinrichs Söhne, der regierende Graf Johann und sein Bruder Heinrich, Domherr zu Köln, nahmen mit Erzbischof Balduin von Luxemburg 1310–1313 am Italienzug von dessen Bruder, Kaiser Heinrich VII., teil; beide werden in der von Balduin in Auftrag gegebenen Bilderhandschrift dargestellt.⁵⁵ Johann III. wurde sogar von Erzbischof Balduin zum obersten Amtmann im Trierer Oberstift für die Ämter Saarburg, Grimburg, St. Wendel, Oberstein, Zum Loche, Schmidtburg, Benkastel, Zell und Balduinstein ernannt.⁵⁶

Abb. 7 und 8: Die Grafen von Sponheim (rot-silber geschachtes Wappen) als Teilnehmer der Italienfahrt Heinrichs VII. („Kaiser Heinrichs Romfahrt"; LHA Ko Best. 1 C, Nr. 1, fol. 14 und 19).

Das heißt jedoch nicht, dass das Erzstift und Sponheim-Starkenburg im Moselraum nicht um den Ausbau ihrer jeweiligen Positionen bemüht und dabei auch Konkurrenten waren. Im Mittelpunkt stand dabei das sogenannte „Kröver Reich", ein Reichsgutkomplex von erheblicher wirtschaftlicher und strategischer Bedeutung, den die Grafen von Sponheim-Starkenburg als Reichspfandschaft besaßen und auch dauerhaft zu behalten gedachten, an dem aber auch das Erzstift Trier stark interessiert war. Die Auseinandersetzung zwischen Erzbischof Balduin

---

54 Die Pfalzgrafen bei Rhein, seit 1214 aus dem Hause Wittelsbach, hatten im 13. Jahrhundert ihre Wanderung nach Süden beendet, nachdem sie unter dem Druck der Erzbischöfe von Köln und Trier ihre ursprünglichen Stammlande um Aachen verlassen mussten und in mehreren Schritten ihren neuen Sitz endgültig im Bereich der heutigen Pfalz und des nördlichen Badens gefunden hatten. Zur Geschichte der Pfalzgrafschaft vgl. Meinrad Schaab, Geschichte der Kurpfalz, 2. Bde, 1988-1992.
55 Vgl. Franz-Josef Heyen, Kaiser Heinrichs Romfahrt. Die Bilderchronik von Kaiser Heinrich VII. und Kurfürst Balduin von Luxemburg (1308-1313), 1965. Graf Johann (um 1265/70-1324) ist auf den Tafeln 14b, 18a, 19a und 19b abgebildet, Graf Heinrich (um 1270-1344) auf Tafel 9a.
56 Vgl. dazu Wolf-Rüdiger Berns, Burgenpolitik und Herrschaft des Erzbischofs Balduin von Trier (1307-1354) (=Vorträge und Forschungen, Sonderbd. 27), 1980, S. 79 f.

von Trier und der Gräfin Loretta von Sponheim, in deren Verlauf Balduin 1328 mehrere Wochen von seiner Widersacherin gefangen gehalten wurde, ist berühmt geworden.[57]

An der Untermosel durchbrachen mehrere kleinere Herrschaften einen ansonsten geschlossenen Trierer Territorialkomplex. Die Herrschaft Kobern befand sich im Besitz einer Nebenlinie der Herren von Isenburg, Güls unterstand der Abtei Siegburg als Grund- und Gerichtsherrin, die Vogtei Bisholder war ein luxemburgisches Lehen der Herren von Eltz, und Winningen schließlich unterlag der Herrschaft der Grafen von Sponheim-Starkenburg. Kobern, das bereits 1195 ein Lehen des Trierer Erzstifts geworden war, konnte Balduin 1347 bzw. 1351 von den Töchtern des letzten Herrn von Isenburg-Kobern durch Kauf erwerben. Und auch mit Blick auf Winningen unternahm Balduin erhebliche Anstrengungen, um dort die Trierer Präsenz entscheidend zu verstärken und mit den Sponheimer Grafen um die Landesherrschaft konkurrieren zu können. Ein von Erzbischof Balduin neben den gängigen Methoden des Kaufs und der Pfandschaft[58] häufig eingesetztes territorialpolitisches Mittel bestand darin, Adeligen auf einer der Burgen des Erzstifts ein Burglehen zu verleihen, ihnen dafür aber nicht sofort ein Stück Land oder eine auf eine liquide Geldquelle des Erzstifts bezogene Geldrente zuzuweisen, sondern ihnen einen höheren Geldbetrag zu überlassen. Für dieses Geld sollten die adeligen Burgmänner ein Stück Land oder eine Rente in einem durch den Erzbischof zuvor benannten Ort erwerben und anschließend dem Erzstift als Lehen auftragen.[59] Gleichzeitig behielt Balduin sich vor, das Burglehen jederzeit auf ein anderes Stück Land umzuwidmen. Auf diese Weise wurde Balduin von Trier als Lehnsherr Obereigentümer einiger Stücke Land und diverser Weinrenten auch in Winningen. 1341 beispielsweise trugen Rudolph von Waldeck und seine Frau Sophie Balduin ihre Weinberge in Winningen als Lehnsgüter für ihr Burglehen auf Thurandt auf.[60] 1346 taten Hertwin von Winningen und seine Frau Clara es ihnen gleich, ebenfalls für ein Burglehen auf Thurandt.[61]

Johann III. von Sponheim hielt aber durchaus dagegen und war seinerseits bemüht, seine Basis in Winningen über die Vogtei hinaus zu verbreiten. 1343 kaufte er von den Brüdern Heinrich und Friedrich von Schöneck deren in Winningen ansässige Leibeigenen, „neuweler" genannt, mit allen Rechten für einen in der Urkunde nicht genannten Preis.[62]

Dass Winningen auch noch in der Endphase von Balduins Episkopat in den Auseinandersetzungen zwischen Sponheim und Kurtrier tatsächlich eine Rolle spielte, geht aus einer Urkunde vom 7. Januar 1353 hervor. Erneut hatte ein Streit zwischen Erzbischof Balduin und Graf

---

57 Vgl. dazu Mötsch, Trier (wie Anm. 53), zur Auseinandersetzung zwischen Balduin und Loretta, S. 372-376.
58 1339 verpfändete z. B. Graf Ruprecht von Virneburg Güter in Valwig, Winningen und Güls an Erzbischof Balduin, und 1347 verkaufte Eberhard von Bassenheim dem Erzstift Weingülten in Winningen. Vgl. die Belege bei Johannes Mötsch (Bearb.), Die Balduineen. Aufbau, Entstehung und Inhalt der Urkundensammlung des Erzbischofs Balduin von Trier, 1980, Nr. 1419 (1339 Aug. 8) und Nr. 1979 (1347 Juli 11).
59 Zu den Burglehen vgl. Karl-Friedrich Krieger, Burglehen, in: Lexikon des Mittelalters, Bd. 2, Sp. 1055 f. Zur Burgenpolitik Erzbischof Balduins vgl. Berns, Burgenpolitik (wie Anm. 56).
60 Siehe Mötsch, Balduineen (wie Anm. 58), Nr. 1523 (1341 April 23). Vgl. dazu Berns, Burgenpolitik (wie Anm. 56), S. 71.
61 Siehe Mötsch, Balduineen (wie Anm. 58), Nr. 1835 (1346 Febr. 22). Weitere Beispiele ebd., Nr. 509 (1318 Aug. 29) und Nr. 654 (1323 Okt. 6).
62 Siehe Mötsch, Regesten (wie Anm. 50), Nr. 803 (1343 Jan. 26).

Johann III. geregelt werden müssen. Johanns Brüder Heinrich, Propst des Stifts Münstermaifeld, und Gottfried, Domherr und Chorbischof zu Trier, hatten einen Ausgleich vermittelt, der insofern Winningen betraf, als der Graf auf alle Klagen gegenüber dem Erzbischof verzichtete, die unter anderem daraus rührten, dass Balduin das Dorf Winningen kaufen ‚sollte'.[63] Was genau mit dieser etwas dunklen Formulierung gemeint war, lässt sich heute leider nicht mehr rekonstruieren.

Balduins Bemühungen, Winningen durch den verstärkten Erwerb grundherrschaftlicher Rechte oder über eine Pfandschaft in seine Hand zu bringen, wurden nicht mit Erfolg belohnt. Auch der Grundbesitz der Kollegiatstifte in Koblenz und Kobern, deren Besitz als eine Art Mediatherrschaft des Erzstifts angesehen werden kann, konnte die Trierer Position nicht entscheidend verbessern. Als Kurtrier 1562 schließlich den Fronhof des Kölner Klosters Groß St. Martin übernahm und damit eine wirklich solide Basis in Winningen erwarb, war es zu spät, die territoriale Zugehörigkeit Winningens noch einmal grundlegend in Frage zu stellen. Alle diesbezüglichen Anstrengungen und Prozesse der Trierer Erzbischöfe sollten letztlich ohne Erfolg bleiben.

Im Gefüge des Sponheim-Starkenburger Territoriums stellte Winningen bis zuletzt einen Außenposten dar. Für die Einrichtung eines eigenständigen Amtes war der Besitz an der Untermosel zu klein, Winningen wurde deshalb administrativ dem Sponheimer Amt Kastellaun[64] zugeordnet. Vor Ort repräsentierte ein zumeist adeliger Vogt den Landesherrn, der im Namen der Grafen Abgaben und Bußgelder vereinnahmte und Ausgaben tätigte[65] und der auch dem Ortsgericht vorstand.[66]

Trotz der Insellage Winningens war die Stellung der Grafen von Sponheim aber so gefestigt, dass selbst umfänglichere Verpfändungen von Gütern und Einkünften in Winningen keine ernstliche Gefährdung ihrer Besitzrechte zur Folge hatte. 1363 musste Graf Johann IV. (vor 1338–1413/14), dem Winningen ein Jahr zuvor und – als besonderer Gunstbeweis – bereits zu Lebzeiten seines Vaters von Pfalzgraf Ruprecht I. als Mannlehen übertragen worden war,[67] sogar den halben Ort für 700 Gulden an seinen Onkel, den Trierer Domherren und Chorbischof Gottfried von Sponheim, verpfänden.[68] Nachdem er das Pfand wohl nach kurzer Zeit wieder ausgelöst hatte, verpfändete derselbe Graf Johann IV. 1366 dem Johann Mohr von Kesselstatt, dem Marshall des Trierer Erzbischofs, und seiner Frau eine Weingülte aus Winningen

---

63 Siehe Mötsch, Regesten (wie Anm. 50), Nr. 1008 (1353 Jan. 7).
64 Zum sponheimischen Territorium, insbesondere zur „Hinteren Grafschaft" vgl. Mötsch, Sponheim (wie Anm. 51), S. 11-41 und S. 47-52, sowie Monika Escher, Frank G. Hirschmann, Die urbanen Zentren des hohen und späten Mittelalters. Vergleichende Untersuchungen zu Städten und Städtelandschaften im Westen des Reiches und Ostfrankreich, 3 Bde (=Trierer Historische Forschungen, Bd. 50), 2005, Bd. 1, S. 482-484, und Bd. 2, S. 297 f.
65 Vgl. die Rechnung des Vogtes Johann Rulant vom 9. März 1436 bei Mötsch, Regesten (wie Anm. 50), Nr. 4794, 34.
66 Vgl. dazu weiter unten die Ausführungen zum Weistum von 1424.
67 Vgl. Mötsch, Sponheim (wie Anm. 51), S. 16. Pfalzgraf Ruprecht I. war der Onkel Johanns IV.
68 Am 30. Sept. 1363 billigte Pfalzgraf Ruprecht I. die Verpfändung. Siehe Adolf Koch, Jakob Wille (Bearb.), Regesten der Pfalzgrafen am Rhein. Bd. 1: 1214-1400, 1894, Nr. 3469.

für den namhaften Betrag von 500 kleinen Gulden.[69] Später muss er Johann Mohr erneut um Geld angegangen sein, so dass dieser schließlich den ganzen Ort Winningen mit allem Zubehör für den Gesamtbetrag von 2000 schweren Gulden als Pfand innehatte.

Am 30. Dez. 1387 quittierte Margarete von Kesselstatt, die Witwe Johann Mohrs, den Erhalt von 2000 schweren Gulden und entband die Geschworenen, den Vogt, die Schöffen und die gesamte Gemeinde Winningen von den ihr geleisteten Eiden.[70] Johann IV. hatte Winningen eingelöst, aber nur um es gleich wieder für erneut 2000 schwere Gulden an einen anderen Geldgeber zu verpfänden. Schon am 7. Dez. 1387 hatte Graf Johann IV. dem Ritter Philipp von Ulmen und seiner Frau Mechtild einen Pfandbrief ausgestellt, dem zufolge eine Notlage ihn veranlasst hatte, Philipp das Dorf Winningen mit allem Zubehör für 2000 schwere Mainzer Gulden zu „verkaufen".[71] Dass es sich wieder nicht wirklich um einen Verkauf, sondern vielmehr um eine Verpfändung handelte, geht aus den einzelnen Vertragsklauseln hervor. Danach sollten der Graf und seine Nachkommen das Dorf jederzeit für die besagten 2000 Gulden „zurückkaufen" können, und für den Fall, dass Johann dem Käufer oder seinen Erben einen Betrag von 200 schweren Gulden auszahlen könnte, sollten in diesem Jahr alle Einkünfte aus Winningen an den Grafen fallen. Das auf Winningen beruhende Lehnsverhältnis der Sponheimer Grafen zu den Pfalzgrafen bei Rhein, die ihr Einverständnis zu der Verpfändung erklärt hatten, sollte von dem Geschäft unberührt bleiben.

Die erwähnte Notlage darf sicherlich so gedeutet werden, dass es dringend erforderlich war, Winningen von Margarete von Kesselstatt zurückzulösen. Der Gedanke liegt nahe, dass die Witwe erwogen haben könnte, den verpfändeten Ort Winningen ihrerseits an einen anderen Pfandnehmer weiterzugeben. Hieraus hätte für Johann IV. von Sponheim – etwa wenn das Pfand in die Hand des Trierer Erzbischofs gelangt wäre, dem die von Kesselstatt eng verbunden waren – ernstlich der Verlust Winningens drohen können. Desweiteren darf angenommen werden, dass die Konditionen, unter denen Johann IV. über die Winninger Einkünfte verfügen können sollte, auch schon für das vorangegangene Pfandverhältnis gegolten haben. Es verwundert daher nicht, dass Johann IV. auch weiterhin über seine Einkünfte in Winningen verfügen und z.B. fällige Lehnszahlungen durch seinen Amtmann Peter von Miehlen auszahlen lassen konnte.[72]

Die Pfandschaft hatte in jedem Fall keine Auswirkungen auf die Lehnserneuerung nach dem Tod Pfalzgraf Ruprechts II. im Januar 1398. Den Vorschriften des Lehnsrechts folgend mussten alle pfalzgräflichen Lehnsmänner binnen Jahr und Tag nach dem Tod des Lehnsherrn ihre

---

69 Siehe Mötsch, Regesten (wie Anm. 50), Nr. 1361 (1366 Sept. 26).
70 Ebd., Nr. 2268 (1387 Dez. 30). Am 2. Dez. 1387 hatte Pfalzgraf Ruprecht I. die erneute Verpfändung gebilligt. Siehe Koch, Regesten (wie Anm. 68), Nr. 4736 und den Druck dieser Urkunde bei Günther, Codex (wie Anm. 34), Bd. 3, Nr. 613.
71 Siehe Mötsch, Regesten (wie Anm. 50), Nr. 2264 (1387 Dez. 7). Die Urkunde selbst liegt nicht mehr vor, sie wurde aber vollständig in den Text der Reversurkunde inseriert, die Philipp von Ulmen und seine Frau Mechtild am gleichen Tag ausstellten (Nr. 2265). Siehe den Druck bei Günther, Codex (wie Anm. 34), Bd. 3,2, Nr. 613.
72 Der Knappe Siegfried von Hadamar quittierte Peter von Miehlen am 13. Nov. 1368 den Erhalt von 5 Fudern Wein; vgl. Mötsch, Regesten (wie Anm. 50), Nr. 1438.

Lehen aus der Hand des Erben, Pfalzgraf Ruprechts III., erneut empfangen. Johann IV. von Sponheim ließ sich seine Lehen am 29. April 1398 in Heidelberg bestätigen.[73] Das Lehnsbuch, das Pfalzgraf Ruprecht III., der spätere König Ruprecht (1352–1410, König von 1400–1410) nach Abschluss aller Lehnserneuerungen anlegen ließ, führt Johann IV. als dritten der insgesamt 438 pfalzgräflichen Vasallen nach Wilhelm von Jülich, Herzog von Geldern und Jülich, und Graf Adolf von Kleve und Mark, auf.[74] Seine Lehen sind die Dörfer Enkirch, Winningen und Obermendig mit allem Zubehör sowie der Wildbann auf dem Idarwald: „Item Johan, grave zu Spanheim, hat enpfangen zu rechtem Manlehin. Item sin dorff Enckerich myt syner zugehorunge yn der marck gelegen. Item daz dorff Wynnyngen myt syner zugehorunge in der marck gelegen. Item daz dorff Obermendich myt dem, daz ym da zugehoret. Item solichen wiltfang, als er off dem Yder hat." Der Vorgang wiederholte sich am 14. April 1411, als Johann IV. nach dem Tod König Ruprechts in seinen Lehen bestätigt wurde,[75] und am 14. März 1415, als Graf Johann V. von Sponheim (um 1359–1437) von Pfalzgraf Ludwig in die pfalzgräflichen Lehen seines verstorbenen Vates eingesetzt wurde.

Dass es Johann IV. zumindest zeitweilig gelang, dem oben erwähnten Philipp von Ulmen die jährlich quasi als Zinsen fälligen 200 Gulden zu zahlen, belegt eine entsprechende Quittung Philipps von Ulmen vom 13. September 1408.[76] Die Aussicht, über die reichen Winninger Einkünfte, die im Normalfall 200 Gulden im Jahr deutlich überstiegen haben dürften, frei verfügen zu können, war ein deutlicher Anreiz, die besagte Bedingung des Pfandvertrags möglichst zu erfüllen.

Bis zum Ende der Sponheimer Herrschaft über Winningen scheint die „Hypothek" nicht wieder eingelöst worden zu sein. Am 5. Mai 1432 versprach zwar der zum Trierer Erzbischof gewählte Ulrich von Manderscheid, die Pfandschaft, die sich derzeit in den Händen eines Johann von Hadamar befand, im Rahmen einer allgemeinen Schlichtung zwischen dem Erzstift und den Grafen von Sponheim-Starkenburg für diese auszulösen,[77] ob es dazu kam, lässt sich jedoch aus den Quellen nicht ersehen. Noch am 15. Juli 1463 war Winningen für den Betrag von 2000 Gulden verpfändet, Pfandnehmer war nun jedoch das Kloster Groß St. Martin.[78] Wohlweislich haben aber sowohl die Grafen von Sponheim als auch ihre Erben mit Bedacht solche Gläubiger gewählt, die nicht ernstlich in der Lage waren, Winningen seinen eigentlichen Eigentümern dauerhaft zu entfremden.

---

73 Siehe Koch, Regesten (wie Anm. 68), Nr. 5894. Vgl. auch die Lehnsurkunde vom 15. Aug. 1399 in Mötsch, Regesten (wie Anm. 50), Nr. 2960.
74 Vgl. Karl-Heinz Spieß (Hg.), Das älteste Lehnsbuch der Pfalzgrafen bei Rhein vom Jahr 1401. Edition und Erläuterungen (=Veröffentlichungen der Kommission für geschichtliche Landeskunde in Baden-Württemberg, Reihe A Quellen, Bd. 15), 1981. Zu Johann von Sponheim vgl. S. 15 (dort das Zitat) und S. 95 f. Zu den im Lehnsbuch und in den Lehnsurkunden nicht genannten pfalzgräflichen Lehen der Grafen von Sponheim-Starkenburg vgl. auch Mötsch, Sponheim (wie Anm. 51), S. 35-38.
75 Siehe Mötsch, Regesten (wie Anm. 50), Nr. 3445 (1411 April 14).
76 Ebd., Nr. 3315 (1408 Sept. 13).
77 Ebd., Nr. 4510 (1432 Mai 5).
78 Siehe Günther, Codex (wie Anm. 34), Bd. 4, Nr. 297.

Die Verpfändungsurkunde von 1387 gibt einen Begriff vom Umfang der Sponheimer Rechte in Winningen, wie sie Graf Johann und seine Eltern bis dahin in Winningen besessen hatten. Das „Zubehör" des Dorfes Winningen umfasste danach die Schöffen, Leute, Rechte, hohe und niedere Gerichtsbarkeit, Weingülten, Weinbede, Wildbann, Wälder, Gewässer, Weide, Zinsen, Renten, Backhäuser und nicht weiter spezifizierte, aber wohl der Vollständigkeit halber aufgeführte andere Gefälle und anderes Zubehör. Der Katalog ist ein nahezu vollständiges Verzeichnis landesherrlicher Rechte und wird durch das Winninger Weistum aus dem Jahre 1424 bestätigt. Dieses Weistum ist eine der wichtigsten Quellen für die Geschichte Winningens im Mittelalter, gibt es doch erstmals einen tieferen Einblick in die innere Verfasstheit der Gemeinde.

Als Weistümer bezeichnet man solche zumeist ländlichen Rechtsquellen, in denen eine nach festen Regeln durchgeführte Befragung von Vertretern einer Ortsgemeinde durch einen Vertreter der Herrschaft über die gegenseitigen Rechte und Pflichten von Herren und Hintersassen schriftlich festgehalten wurde. Von zentraler Bedeutung war dabei die präzise Beachtung der „Förmlichkeit des Fragens, des Weisens und des Versammelns".[79] Die Notariatsurkunde,[80] die über die Weisung anfertigt wurde, macht das deutlich: Am 29. Juni 1424 fand auf dem St. Martinshof in Winningen eine turnusmäßige Gerichtssitzung („ein recht voitdingk") statt, die der als Vertreter des Grafen Johann von Sponheim anwesende Amtmann von Kastellaun, Jacob von Lachen, zur Erfragung eines Weistums nutzte. Nachdem er den örtlichen Vogt und die Winninger Schöffen an ihren Eid gegenüber den Grafen von Sponheim gemahnt hatte, fragte er sie, „zu wisen was rechtes vnd herlichkeyt" die Grafen von Sponheim „inn dem obg[e]n[ann]t[en] dorff Win[n]yngen" hätten. Danach haben sich Vogt und Schöffen zur Beratung zurückgezogen und anschließend Punkt für Punkt die Rechte der Grafen „gewisen". Wasser und Weide gehörten danach den Grafen. Für die Nutzung von Wasser und Weide hatte die Gemeinde eine jährliche Abgabe zu entrichten, die sich am jeweiligen Ertrag der Weinernte orientierte („eyne gnedige wine bede nach gewasse des iars"). Für jede Missetat und jedes Verbrechen („freuel") musste der Täter dem Grafen 30 Pfennige Buße zahlen. Im Falle eines Totschlags war der Graf ebenso berechtigt, dem Täter Leib und Gut zu nehmen, wie im Falle von körperlichen Gewalttaten, allerdings unter der Voraussetzung, dass die Schöffen die Gewalttat als solche bestätigt haben. Die damit gewiesene Hochgerichtsbarkeit der Grafen von Sponheim galt nicht für den Fronhof des Kölner Martinsklosters, das Gewalttaten und Verbrechen („gewalt vnd freuel"), die auf seinem Hof vorgefallen seien, eigenständig richten konnte.

Desweiteren besaßen die Sponheimer Grafen in Winningen ein Bannbackhaus, in dem alle Bewohner des Ortes ihr Brot zu backen hatten, wozu allerdings der Bäcker die notwendigen

---

79 Vgl. die Definition von Karl-Heinz Spieß in Christel Krämer; Karl-Heinz Spieß (Bearb.), Ländliche Rechtsquellen aus dem kurtrierischen Amt Cochem. 1986, S. 4*f.: „Weisung ist die gemeinschaftsbezogene, weisende Feststellung von wechselsweise wirkenden Rechten und Pflichten der Herrschaft und der Genossenschaft in gerichtsverfassungsmäßiger, d.h. in einer durch die Förmlichkeit des Fragens, des Weisens und des Versammelns bestimmten Weise, gültig für einen bestimmten räumlich abgegrenzten Bezirk." Zu Weistümern vgl. Bernd Schild, Weistum, in: Lexikon des Mittelalters, Bd. 8, Sp. 2141-2143.
80 Siehe LHA Ko Best. 33, Nr. 8816. Die Darstellung folgt im Wesentlichen dem Text des Notariatsinstruments.

Gerätschaften bereitzustellen hatte. Dass für das Backen eine Abgabe erhoben wurde, darf mit einiger Gewissheit angenommen werden, auch wenn das Weistum darüber keine Aussage macht. Anlässlich eines persönlichen Besuchs des Grafen in Winningen sollte auf Kosten der Gemeinde das beste Kalb des Dorfes für die Bewirtung des Grafen geschlachtet werden, während seine Begleiter in jedem Bürgerhaus Winningens Kost und Logis beanspruchen können sollten. Von der Gastungspflicht befreit waren allein die Häuser der Adeligen und der Winninger Schöffen. Letztere waren dafür verpflichtet, auf Anforderung des Grafen oder seines Vogtes zu den Gerichtsverhandlungen zu erscheinen. Schließlich wiesen die Schöffen den Grafen auch das Friedensgebot und das Geleit, also den Schutz reisender Personen, in Winningen zu.

Das Weistum von 1424 bildete im weiteren die rechtliche Grundlage des Verhältnisses zwischen Landesherrn und Gemeinde. Als am 13. Aug. 1562 der Oberamtmann von Trarbach, Friedrich von Schönburg, in Winningen die landesherrlichen Rechte feststellen ließ, wurde kurzerhand das Weistum von 1424 im Rahmen einer neuen Notariatsurkunde wörtlich abgeschrieben.[81]

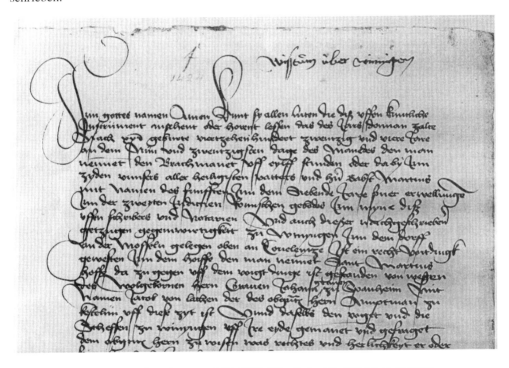

Abb. 9: Das Winninger Schöffenweistum von 1424 (HASt Köln, Bestand Groß St. Martin U 120A).

Präzisiert wird das Bild der herrschaftlichen Verfassung Winningens durch das Weistum des Fronhofs des Klosters St. Martin, das nur wenige Wochen nach dem den Ort insgesamt be-

---

81 Siehe LHA Ko Best. 33, Nr. 8816. Dieses Weistum erfolgte im Zusammenhang der Auseinandersetzungen um den Verkauf des Fronhofs an das Erzstift Trier. Sie dazu weiter unten.

treffenden Weistum im August 1424 erstellt wurde.[82] Am 11. Aug. 1424 bat der persönlich anwesende Abt von St. Martin, Dietrich von Landskron, die Schöffen des Fronhofs um die Feststellung der Rechte („reicht vryheit ind herlicheit") des Klosters in Winningen. Nach Ausweis der über die Weisung ausgefertigten Notariatsurkunde benötigten die Hofschöffen zwei Tage, um die Rechte und Freiheiten der Abtei in elf Artikeln zu formulieren und schriftlich festzuhalten. Das Weistum beschreibt nicht nur die innere Verfassung des Winninger Fronhofs, sondern auch die Beziehungen zwischen dem Kloster St. Martin und den Grafen von Sponheim. Diese waren vielfältig miteinander verschränkt. Einerseits betonte das Weistum die rechtliche Immunität des Fronhofs und das ausschließliche Recht des Abtes auf Gebot und Verbot auf dem Hof; andererseits wurden die Hofschöffen des Martinshofes in ihrem Treueeid auch auf die Grafen von Sponheim verpflichtet; der Vorrang des Abtes, dem das Recht zustand, die Hofschöffen „mit Raide der scheffene" zu ernennen,[83] kam nur dadurch zum Ausdruck, dass er sowohl in der Reihenfolge der Eidleistung als auch in der Eidesformel an erster Stelle stehen sollte. Einen Stock, d.h. ein Gefängnis, sollte es in Winningen nur auf dem Fronhof geben, und ortsansässige wie ortsfremde Missetäter sollten dort auf ihre Gerichtsverhandlung warten. Der Hofgeding (Hofgerichtstag), auf dem das geschehen sollte, sollte immer unmittelbar vor dem Vogtgeding abgehalten werden, der ohnehin der Tradition nach auf dem Fronhof abgehalten wurde. Das scheinbare Paradoxon zwischen der gerichtlichen Immunität des Fronhofs vom (Vogtei-)Gericht der Sponheimer Grafen einerseits und der zentralen Funktion des Fronhofs im Rahmen der gräflichen Hochgerichtspflege andererseits löst sich in der Person der Grafen auf. Diese waren dem Hofweistum zufolge nämlich die Vögte des Klosters St. Martin und sollten Gericht, Wasser und Weide von St. Martin schirmen und schützen. Ungeachtet der unterschiedlichen Rechtstitel waren die Grafen von Sponheim auf diese komplizierte Weise doch die Inhaber des Hochgerichts über ganz Winningen. Die Feststellung, dass den Grafen dauerhaft („weyselig") eine jährliche Bede als regelmäßige Geldabgabe zustand, betonte nochmals deren landesherrliche Stellung in Winningen.[84] Die niedergerichtlichen Rechte des Abtes blieben davon freilich unberührt, der bzw. dessen Schultheiß nach Bedarf das Hofgericht des Martinshofs einberufen konnte, um über grundherrliche Materien Recht zu sprechen.

Über die in den Weistümern genannten Institutionen der Gemeinde Winningen, die bereits verschiedentlich erwähnt wurden, ist unterdessen wenig bekannt. Monika Escher-Apsner hat die

---

82 Siehe Historisches Archiv der Stadt Köln (im folgenden: HASt Köln), Best. Groß St. Martin, U 120 A. Weitere Fassungen des Weistums sind aus den Jahren 1446, 1499 und 1507 überliefert (HASt Köln, Best. Groß St. Martin, U 127 C, U 153 A und U 156 A. Siehe den Druck der Fassung von 1507 bei Jacob Grimm (Hrsg): Weisthümer, 7 Bde. Göttingen 1840-1878, Neudruck, Darmstadt 1957, Bd. 2, S. 503 f. Interessant ist der Vergleich mit der Groß St. Martin gehörenden Grundherrschaft in Flittard und Stammheim. Hier besaß das Kloster ebenfalls einen großen Fronhof, während die Landesherrschaft auch in der Hand der Vögte, in diesem Fall der Herzöge von Jülich-Berg, lag. Interessante Einblicke, die in vieler Hinsicht auch auf Winningen übertragen werden können, bietet Maria Rößner-Richarz, Grundherrschaft im rechtsrheinischen Köln in der frühen Neuzeit. Ein Hofverband im Spiegel seines Hofgerichts, dargestellt am Beispiel der Gerichte in Flittard und Stammheim, in: Rechtsrheinisches Köln 27 (2001), S. 1-248.
83 Der Abt besaß außerdem das Recht, den Schultheis und den Gerichtsdiener, den „vroenboyden", zu bestellen.
84 Zur Bede als landesherrliche Steuer vgl. Leopold Genicot u.a., Bede, in: Lexikon des Mittelalters, Bd. 1, Sp. 1779-1781.

frühesten Belege für eine genossenschaftlich verfasste Gemeinde zusammengestellt.[85] Danach erscheinen die „habitatores ville Winningin" erstmals im Jahre 1221 in den Quellen, während ein Schultheiß und Schöffen, die nicht auf nur einen Hof bezogen waren, erst 1295 genannt werden; das Siegel der Winninger Schöffen ist erstmals für das Jahr 1334 belegt.[86]

Ein Schöffengericht bestand für gewöhnlich aus sieben oder zwölf Schöffen, die unter dem Vorsitz eines Schultheißen zu Gericht saßen und Recht sprachen.[87] Für Winningen lässt sich die Größe des Schöffenkollegiums leider ebenso wenig bestimmen wie der Modus, nach dem freie Schöffenstellen nachbesetzt wurden. In Frage kommen grundsätzlich die Methode der Kooptation, nach der die Schöffen selbst, die ihr Amt lebenslänglich inne hatten, einen neues Mitglied ihres Kollegiums auswählten, und die Schöffenberufung durch den Gerichtsherrn. In Analogie zu dem auf dem Fronhof üblichen Verfahren darf vielleicht von einem Mischverfahren ausgegangen werden, in dem die Grafen von Sponheim als Gerichtsherren einen neuen Schöffen „mit rhade" der übrigen Schöffen auswählten und beriefen. Der Schultheiß als Repräsentant der Grafen im Gericht wurde – das darf als sicher angesehen werden – von seinem Herrn ohne Beteiligung der Gemeinde oder der Schöffen bestellt.

Das Winninger Schöffengericht sorgte nicht nur für die Rechtsprechung in Winningen. Vor dem Gericht bzw. in Anwesenheit einzelner Schöffen als Personen, deren Zeugnis Gewicht beigemessen wurde, wurden normalerweise auch alle Rechtsgeschäfte zwischen den Einwohnern Winningens, insbesondere aber Käufe und Verkäufe, getätigt. Beispielsweise verkauften der in Winningen ansässige Peter, Sohn Gerlachs gen. von Oberwesel, und seine Frau Elisabeth 1334 dem Kloster Mariaroth eine jährlich zu zahlende Rente in Höhe von 3 Mark und ließen den Verkauf neben anderen auch durch die beiden Winninger Schöffen Hermann Zender und Gunthard Glöckner bezeugen.[88]

In der Dorfgesellschaft genossen die Schöffen einen gewissen Vorrang. Dieser schlug sich etwa in der mit dem Amt verbundenen Ehre nieder, da in den Quellen bei der namentlichen Nennung von Schöffen auch dann immer besonders auf deren Amt hingewiesen wurde, wenn diese Nennung der Sache nach gar nichts mit der Ausübung des Schöffenamtes zu tun hatte. Daneben erwuchsen den Schöffen aus ihrem Amt auch materielle Vorteile; so waren etwa – wie bereits erwähnt – die Schöffenhäuser von der Gastungspflicht bei Aufenthalten der Grafen von Sponheim in Winningen befreit. Damit bildeten die Schöffen und ihre Familien neben und zusammen mit den in Winningen ansässigen adeligen Familien die Oberschicht des Dorfes.

Noch weniger als über das Schöffengericht sagen die Quellen über das Geschworenenkollegium. 1387 nannte Margarete Mohr von Kesselstatt die Geschworenen an erster Stelle, als sie die Gemeinde nach der Lösung der Winninger Pfandschaft durch Johann IV. von allen ihr ge-

---

85 Monika Escher-Apsner, Stadt und Stift. Studien zur Geschichte Münstermaifelds im hohen und späten Mittelalter (=Trierer Historische Forschungen, Bd. 53), 2004, S. 298.
86 Das Datum nennt Escher-Apsner, ebd., S. 298, mit dem Zitat „scheffen gemeynlichen zu Wynningen mit uy gemeyn scheffen Ingesiegel", allerdings ohne Quellennachweis.
87 Vgl. dazu Rösener, Bauern (wie Anm. 36), S. 174, Krämer, Rechtsquellen (wie Anm. 79), S.40*-43*.
88 Siehe Mötsch, Regesten (wie Anm. 50), Nr. 601 (1334 März 1). Weitere Beispiele ebd. Nr. 1404 (1367 Nov. 19), Nr. 3188a (1405 April 3) oder Nr. 4215 (1425 März 12).

leisteten Eiden entband.[89] Im Gegensatz zu den auf den Landesherrn als Gerichtsherrn verpflichteten Schöffen scheinen die Geschworenen ein von der Gemeinde eingesetztes Kollegium gewesen zu sein, das unter dem Vorsitz des ebenfalls von der Gemeinde eingesetzten Heimbürgen (Bürgermeister)[90] eine Art Flurgericht darstellte. 1425 erschienen sie aber auch als offizielle Gemeindevertretung. Heimbürge und Geschworene legitimierten die beiden offiziellen Delegierten, die mit der Bitte zum gräflichen Amtmann nach Kastellaun entsandt wurden, die rückständige Weinbede des Jahres 1424 noch 1425 straflos zu akzeptieren; Vogt und Schöffen werden in diesem Zusammenhang lediglich um die Besiegelung des Legitimationsschreibens gebeten.[91]

Als Gemeinde traten die Winninger während des späten Mittelalters besonders in Auseinandersetzungen mit den Nachbargemeinden um die Nutzungsrechte an den umliegenden Wäldern auf. Im Jahre 1384 errichteten die Winninger rund um ihr Dorf einen hölzernen Palisadenzaun zum Schutz gegen marodierende bewaffnete Gruppen und schlugen das Holz für die Palisade im auf der anderen Moselseite liegenden Gemeindewald. Da sie dabei ganz offensichtlich auch im Layer Gemeindewald Bäume gefällt haben, entstand daraus ein Rechtsstreit, der 1402 damit endete, dass die Winninger der Gemeinde Lay 10 Gulden Buße zahlen mussten.[92]

Die herrschaftlichen Verhältnisse in Winningen wurden 1437 durch den Wechsel der Herrschaft nicht beeinträchtigt. Als absehbar wurde, dass die Ehe von Graf Johann V. von Sponheim-Starkenburg (um 1359–1437) und seiner Frau Walpurgis von Leiningen kinderlos bleiben würde, verfügten diese im Jahre 1425 über ihre Erbfolge. Das war ein für den gesamten Raum zwischen Rhein und Mosel überaus bedeutsamer Vorgang, da nach dem Aussterben der Sponheim-Kreuznacher Linie im Jahre 1417 der größte Teil der Vorderen Grafschaft und die Hintere Grafschaft in einer Hand zusammengekommen waren und im westdeutschen Raum einen Territorialkomplex von erheblichem politischen Gewicht darstellte.[93] Im sogenannten Beinheimer Entscheid setzte Johann V. am 19. März 1425 die Söhne seiner Tanten väterlicherseits, den Markgrafen Bernhard von Baden und den Grafen Friedrich von Veldenz, gemeinschaftlich zu Erben der gesamten Grafschaft ein, die auch späterhin als Kondominium verwaltet und nicht geteilt werden sollte.[94] Da Markgraf Bernhard bereits 1431 verstarb, fiel die Grafschaft Sponheim nach dem Tod Johanns V. am 24. Oktober 1437 an Markgraf Jakob von Baden und Graf Friedrich von Veldenz, die am 5. September 1442 von Kurfürst und Pfalz-

---

89 Siehe Mötsch, Regesten (wie Anm. 50), Nr. 2268.
90 Vgl. Karl Kroeschell, Heimbürge, in: Lexikon des Mittelalters, Bd. IV, S. 2034.
91 Vgl. Mötsch, Regesten (wie Anm. 50), Nr. 4228.
92 Siehe Mötsch, Regesten (wie Anm. 50), Nr. 3107 (1402 April 24). Über die Nutzung des Winninger Gemeindewaldes kam es wohl häufiger zu Streitigkeiten mit Lay. Siehe dazu Mötsch, Regesten (wie Anm. 50), Nr. 3009 (1400 Mai 6).
93 Vgl. dazu Mötsch, Sponheim (wie Anm. 51), S. 10 f.
94 Siehe Mötsch, Regesten (wie Anm. 50), Nr. 4219. Vgl. dazu ders., Sponheim (wie Anm. 51), S. 8, 41 f. Zur Geschichte der Pfalzgrafen vgl. Meinrad Schaab, Geschichte der Kurpfalz. 2 Bde, 1988-1992, und ders., Kurpfalz, in: Meinrad Schaab und Hansmartin Schwarzmaier (Hg.), Handbuch der baden-württembergischen Geschichte. Bd. 2: Die Territorien im Alten Reich. 1995, S. 247-333. Zur Geschichte der Markgrafen von Baden vgl. Hansmartin Schwarzmaier, Baden, in: ebd., S. 164-246.

graf Ludwig IV. mit den kurpfälzischen Lehen der Grafschaft Sponheim belehnt wurden.⁹⁵ Friedrich von Veldenz starb bereits 1444 ohne männlichen Erben und vermachte seinen Besitz und damit auch seinen Anteil an der Grafschaft Sponheim seinem Enkel Friedrich I. von Pfalz-Simmern. Seit 1444 befand sich Winningen also im gemeinschaftlichen Besitz zweier reichsfürstlicher Häuser, der Markgrafen von Baden und der Pfalzgrafen aus der Simmerner Linie, die sich 1410 von der Kurlinie der pfälzischen Wittelsbacher abgespalten hatte. Da das Sponheimer Erbe somit ungeteilt blieb, behielt das Territorium der Grafschaft in den folgenden Jahrhunderten seinen Namen. Die Quellen sprechen deshalb auch weiterhin von den Grafen von Sponheim und einer sponheimischen Regierung.

Abb. 10: Wappenschild der Pfalzgrafen von Simmern im Lehnsbuch der Pfalzgrafen bei Rhein 1401 (GLA Karlsruhe 67 Nr. 1057, fol. 44).

Auch für die neuen Gemeinsherren blieb Winningen ein nördlicher Außenposten, der vor allem seiner wirtschaftlichen Ergiebigkeit wegen von Bedeutung war. Zunächst war Winningen aber weiterhin von Verpfändungen betroffen. Markgraf Karl I. musste nach seiner schweren Niederlage in der Schlacht bei Seckenheim am 30. Juni 1462 seinem siegreichen Widersacher Pfalzgraf Friedrich I. 100.000 Gulden Lösegeld zahlen, um aus der Gefangenschaft freigelassen zu werden, in die er in Seckenheim schwer verwundet geraten war.⁹⁶ Zur Begleichung seiner Schulden musste er nicht nur den badischen Anteil an der Vordergrafschaft Sponheim abtreten, sondern auch weitere Besitzungen verpfänden; darunter befand sich auch Winningen. Am 6. Juli 1463 gestattete Kurfürst Friedrich I. als Lehnsherr Markgraf Karl, das kurpfälzische Lehen Winningen für 2000 Gulden zu verpfänden.⁹⁷ Karl verpflichtete sich seinerseits, seinen Lehnspflichten nachzukommen und das Pfand binnen zehn Jahren auszulösen.⁹⁸ Daraufhin verpfändeten Karl I. und seine Frau Katharina Winningen am 15. Juli 1463 zunächst an das Kölner Kloster St. Martin.⁹⁹ 1466 erlaubte Kurfürst Friedrich dem Markgrafen, Winningen zusammen mit Enkirch, Obermendig und dem Wildfang auf dem Idar an den Grafen Philipp von Katzenelnbogen und Diez zu verpfänden,¹⁰⁰ in der

---

95 Siehe LHA Ko Best. 33, Nr. 16314. Vgl. Regesten der Markgrafen von Baden und Hachberg 1050-1515. 4 Bde, 1900-1915, Bd. 1: 1431-1453, bearb. von Heinrich Witte, 1907, Nr. 6204 und die ungedruckten Sponheimer Regesten für die Zeit nach 1438 im LHA Ko.
96 Vgl. dazu Schwarzmaier, Baden (wie Anm. 94), S. 202 f., und Schaab, Geschichte (wie Anm. 94), S. 179-181 und ders., Kurpfalz (wie Anm. 94), S. 278.
97 Siehe Regesten der Markgrafen von Baden (wie Anm. 95), Bd. 4, Nr. 9098.
98 Ebd., Nr. 9099.
99 Ebd., Nr. 9101. Zuvor hatte Kurfürst Friedrich I. am 20. April 1463 Karl I. von Baden und Pfalzgraf Friedrich die Sponheimer Lehen verliehen. Vgl. Regesten der Markgrafen von Baden, Bd. 4, Nr. 9050.
100 Ebd., Nr. 9396 und Karl E. Demandt (Bearb.), Regesten der Grafen von Katzenelnbogen 1060-1486. 3 Bde, 1953-1957 (= Veröffentlichungen der Historischen Kommission für Nassau, Bd. 11), Nr. 5398.

Aufstellung der badischen Pfänder Graf Philipps wird Winningen aber nicht genannt.[101] Die weitere Geschichte der Pfandschaft bleibt unklar.

Die badisch-pfälzische Landesherrschaft wurde von den Pfandschaften am Ende nicht beeinträchtigt und bildete denn 1557 auch die rechtliche Grundlage für die Einführung der Reformation in Winningen. Der Augsburger Religionsfrieden des Jahres 1555 hatte das ius reformandi, den Religionsbann der Landesherren nach dem Grundsatz „cuius regio, eius religio" bestätigt.[102] Markgraf Karl II. von Baden war bald nach dem Augsburger Frieden zum lutherischen Bekenntnis übergetreten, und Pfalzgraf Friedrich III. hatte sich 1557 vom Calvinismus ab- und dem Luthertum zugewandt.[103] Dass nun beide Kondominialherren der gleichen Konfession zugehörten, bedeutete für ihre Untertanen, darunter auch die sponheimischen Untertanen in Winningen, dass sie den alten Glauben abzulegen und den neuen anzunehmen hatten oder auswandern mussten.[104]

Abb. 11: Wappenschild der Markgrafen von Baden im Lehnsbuch der Pfalzgrafen bei Rhein 1401 (GLA Karlsruhe 67 Nr. 1057, fol. 47).

Für das Aachener Liebfrauenstift bedeutete die Einführung der Reformation in Winningen den faktischen Verlust seines Pfarrpatronats. Die Bestellung des Geistlichen oblag fortan den Kondominialherren als Landesherrn. Die Aachener Zehntrechte blieben davon aber unberührt; ohnehin hatte der Zehnt in den vorauf gegangenen Jahrhunderten allgemein seinen Charakter als geistliche Abgabe verloren.

Während die Verpfändungen Winningens – der Pfandrevers des Klosters Groß St. Martin vom 15. Juli 1463 spricht immerhin von der Vogtei Winningen mit allen Herrschaftsrechten[105] – für die Kondominialherren ganz offensichtlich kein grundsätzliches Problem darstellten, sahen sie ihre landesherrliche Position in Winningen durch den Verkauf des Fronhofs durch das Kloster St. Martin an das Erzstift Trier im Jahre 1562 doch erheblich gefährdet. Nachdem der sponheimische Oberamtmann von Trarbach, Friedrich von Schönberg, von den Verkaufsabsichten

---

101 Siehe Demandt, Regesten (wie Anm. 100), Nr. 5414 (1466 Sept. 30).
102 Zum Augsburger Religionsfrieden liegt eine umfangreiche Literatur vor. Vgl. zusammenfassend Axel Gotthard, Der Augsburger Religionsfrieden (=Reformationsgeschichtliche Studien und Texte, Bd. 148), 2004, zum Religionsbann S. 212-220.
103 Vgl. Schwarzmaier, Baden (wie Anm. 94), S. 219 f., und Schaab, Kurpfalz (wie Anm. 94), S. 293.
104 Zur Einführung der Reformation in Winningen vgl. den Beitrag von Anja Ostrowitzki in diesem Band.
105 Wörtlich ist die Rede von der „Vaugtiegerechtickeyt Herrlichkeit vnd Gewonheit andem Dorff zu Wynnyngen mit allen vnd yeglichen Beeten Rechten Rennten Nutzen Gefellen Diensten Frondiensten Bussen Bruchen Wiltpennen Fischerien Mulen Mulerevhten Vngelten vnd allen andern zu vnd Ingehorungen". Siehe den Druck bei Günther, Codex (wie Anm. 34), Nr. 297.

der Kölner Abtei erfahren hatte, wandte er sich in einem Schreiben vom 21. Aug. 1561 an den Abt von St. Martin, um ihn an ein bestehendes Vorkaufsrecht der Grafen von Sponheim an dem Winninger Fronhof zu erinnern.[106] Dem folgte ein reger Schriftwechsel zwischen den verschiedenen Vertretern der Gemeinsherren einerseits und dem Kloster St. Martin andererseits. Die Kölner Abtei bestritt, jemals mündlich oder schriftlich eine solche Verpflichtung eingegangen zu sein,[107] und verkaufte ihren Hof am 17. April 1562 dem Trierer Erzbischof.[108]

Das veranlasste die Schöffen und Hübner des Fronhofs wiederum zu einer schriftlichen Eingabe vom 19. April 1562 an den Oberamtmann von Trarbach, Friedrich von Schönberg, mit der Bitte um Anweisung, wie sie sich gegenüber dem neuen Herrn des Fronhofs verhalten sollten, insbesondere da wenige Wochen später, am 30. Juni 1562, das Hofgeding des Fronhofs anstehe, bei dem zu erscheinen sie verpflichtet seien.[109] Sie waren sich der kritischen Situation wohl bewusst, in der sie sich nun zwischen drei Reichsfürsten befanden, die dazu noch in unterschiedlichen konfessionellen Lagern standen.

Der Streit konnte jedoch nach kurzer Zeit beigelegt werden. Nach schriftlichen Verhandlungen zwischen den Räten beider Parteien trafen am Tag des Hofgedings, am 30. Juni 1562, Delegationen der sponheimischen und der erzbischöflichen Regierungen in Winningen zusammen, um die gegenseitigen Argumente in Anwesenheit der Winninger Schöffen auszutauschen. Eine Einigung kam schließlich zustande, nachdem die Schöffen einen in der Winninger Kirche verwahrten Rotulus herbeigeschafft hatten, um die geltenden Rechte und Gewohnheiten zu erläutern. Nachdem zunächst die sponheimischen Vertreter nochmals klargestellt hatten, dass sie den Eid der Hofschöffen gegenüber dem Erzbischof nur dann akzeptieren könnten, „so fern ihren gnedigen fursten und hern an irer gerechtigkeit dadurch nichts abgesprochen werde", waren die Trierer Räte ebenfalls zum Einlenken bereit: „Es soll nichts geschehen, dan was von altersauf geschehen, wolgedachten fürsten und herrn den grafen zu Sponheim on abbruch und nachteill".[110] Die Formel „als einem Grundherren" sollte künftig aus dem Treueeid der Schöffen und Hübner gestrichen werden.

Obwohl die Erzbischöfe damit in Winningen eindeutig auf den Status von Grundbesitzern beschränkt worden waren, versuchten sie in den folgenden Jahrhunderten wiederholt, die Sponheimer Landesherrschaft in Winningen zumindest für ihren Hof zu durchbrechen; Erfolg war ihnen dabei aber nicht beschieden, Winningen blieb Teil der Grafschaft Sponheim und damit evangelisch.

---

106 Siehe das Schreiben in LHA Ko Best. 1 C, Nr. 698. Weitere Unterlagen zum Folgenden in LHA Ko Best. 33, Nr. 6857, Best. 1 C, Nr. 698, 699, 2641 und 2642. Kurzregesten bei Garbe, Inventar (wie Anm. 33), S. 143-148.
107 Siehe das Schreiben der Abtei vom 23. Aug. 1561 in LHA Ko Best. 33, Nr. 6857.
108 Siehe den Druck der Urkunde bei Günther, Codex (wie Anm. 34), Bd. 5, Nr. 161.
109 Siehe LHA Ko Best. 33, Nr. 6857. Das Faszikel enthält sponheimische Unterlagen zu dem Streit um den Verkauf des Fronhofs. Die trierische Gegenüberlieferung ist enthalten in LHA Ko Best. 1 C, Nr. 698, Nr. 2641 und Nr. 2642.
110 Siehe LHA Ko Best. 1 C, Nr 698, enthält S. 169-223 eine ausführliche Darstellung der Vorgänge. Dort ist das Zitat entnommen.

Unter der Herrschaft der Kondominialherren Pfalz-Simmern bzw. Pfalz-Zweibrücken und Baden gewann die Gemeinde Winningen weiter an kommunaler Geschlossenheit. Als besonders eindrucksvolle Belege dafür mögen die Errichtung einer Steinmauer im Jahre 1571 und der gemeinschaftliche Freikauf der Winninger Bürger im Jahre 1579 gewertet werden. Da der Gemeindewald ganz offensichtlich nicht genug Holz erbrachte, um die hölzerne Umfriedung des Dorfes dauerhaft in Stand halten zu können, entschlossen die Winninger sich, die Erlaubnis zur Errichtung einer Steinmauer zu erbitten, die ihnen am 21.August 1571 auch erteilt wurde.[111] Der Hintergrund dieser kostspieligen Maßnahme dürfte in den zahlreichen größeren und kleineren kriegerischen Auseinandersetzungen im Zeichen der konfessionellen Spaltung zu suchen sein, insbesondere da Winningen seit 1557 eine protestantische Enklave in einem weithin geschlossenen katholischen Gebiet darstellte.

Den Schlusspunkt kommunaler Verselbstständigung stellte 1579 die Ablösung der Leibeigenschaft durch Zahlung einer außerordentlichen Steuer dar.[112] Pfalzgraf Johann und Markgraf Philipp von Baden entließen die Winninger Bürger am 29. Sept. 1579 ohne Ausnahme gegen Zahlung einer zwölfjährigen Sondersteuer aus der Leibeigenschaft, verbunden mit der Erlaubnis, sich frei an jedem anderen Ort der Grafschaft Sponheim niederlassen zu können. Der Wegzug in das Territorium eines anderen Landesherrn sollte jedoch mit der Zahlung des „zehenden Pfennig" verbunden sein, d.h. ein Auswanderer hatte vor seinem Wegzug eine 10-prozentige Steuer auf seinen gesamten Besitz zu entrichten. Im Gegenzug war es den Winningern nicht erlaubt, den Zuzug von Neubürgern zu akzeptieren, wenn diese sich nicht zuvor ihrerseits von allen leibherrlichen Bindungen befreit haben würden.[113] Das gleiche Privileg wurde am gleichen Tag auch den Bewohnern der Stadt Kastellaun und des Dorfes Enkirch zuteil.[114]

Sicherlich stellte die Leibeigenschaft im 16. Jahrhundert keine so drückende persönliche Beschränkung mehr dar wie in den früheren Jahrhunderten, und der Freibrief von 1579 bedeutete nicht den Wegfall aller Rechte der Landesherren an ihren Winninger Untertanen. Dennoch offenbart der Vorgang das besondere, auf der Wirtschaftskraft der Gemeinde beruhende Selbstbewusstsein der Winninger, das durch den Mauerbau, vor allem aber durch die konfessionelle Sonderstellung an der Untermosel nochmals erheblich bestärkt worden sein mag.

---

111 Vgl. Bellinghausen, Winningen (wie Anm. 2), S. 42.
112 Siehe unten den Beitrag von Rainer Garbe zu der Entwicklung der Einwohnerschaft Winningens.
113 Siehe den Druck bei Bellinghausen, Winningen (wie Anm. 2), S. 44-45.
114 Siehe die ungedruckten Sponheimer Regesten im LHA Ko Best. 33.

Winningen in französischer und preußischer Zeit

Von Marli Beck und Ellen Junglas

1. Neue Herrschaften

Der Sturm auf die Bastille im Juli 1789 und die damit beginnende französische Revolution erschütterten das monarchische Europa in seinen Grundfesten. Auf die Verhaftung und Hinrichtung des französischen Königs (1792) reagierten Österreich und Preußen mit einem halbherzigen Vorstoß ihrer Truppen in Richtung Paris. Die auch durch Goethes Anwesenheit bekannt gewordene Kanonade von Valmy (20. September 1792) leitete nicht nur den Rückzug dieses Unternehmens ein, sondern zugleich das Vorrücken der französischen Revolutionstruppen in Richtung Deutsches Reich. Aus der Verteidigung trat die Revolution zum Angriff auf das alte System an. Im Herbst 1794 gelangte die französische Armee an den Rhein. Am 23. Oktober 1794 nahmen französische Truppen auch die Gemeinde Winningen ein.[1] Die in Jahrhunderten gewachsenen Herrschafts- und Verwaltungsverhältnisse des Alten Reiches mit allen ihren weltlichen und kirchlichen Institutionen wurden von der Landkarte gefegt. Was bedeutete dies konkret für die Gemeinde Winningen?

Nach einer Übergangszeit, in der Frankreich sich zunächst auf die Sicherung seiner militärischen Herrschaft konzentrierte, erfolgte durch die Einführung der Territorialreform am 23. Januar 1798 die faktische Angliederung des besetzten Gebietes an Frankreich.[2] Nach französischem Vorbild wurden die besetzten linksrheinischen Gebiete in vier Departements eingeteilt, die sich ihrerseits in Kantone gliederten. Die Gemeinde Winningen wurde dem Kanton Rübenach im Rhein-Mosel-Departement zugeteilt. Die Kantone setzten sich aus mehreren Gemeinden zusammen, die die unterste Verwaltungsebene repräsentierten. Ihre Verwaltung wurde durch Munizipalagenten („agents municipals") und Beigeordnete („adjoints"; dt.: „Adjunkten") ausgeführt.[3]

In Winningen wurde in der Nachfolge des ehemaligen Bürgermeisters Christian Knaudt im August 1798 Peter Sünner zum Agenten und Christian Mölich zum Adjunkten ernannt. Beide waren Sympathisanten der französischen Regierung. Aus einem Bericht der Kantonsverwaltung Rübenach an die Zentralverwaltung Koblenz für Ende Oktober 1798 wurde die öffentliche Stimmung für den Kanton Rübenach zwar als grundsätzlich gut beschrieben, für die Gemeinde Winningen treffe dies aber nicht zu, denn der frühere Bürgermeister Georg Christian Knebel boykottiere mit allen Mitteln die Maßnahmen der französischen Zivilverwaltung und ihrer deutschen Repräsentanten. Knebels vorrangiges Ziel sei es, die Interessen der Winninger und der alten Herrschaftsträger zu vertreten und den Status quo wieder herzustellen. Der Berichterstatter Bordé beschreibt Knebel als boshaften („méchant") Menschen, der mit allen Mitteln versuche, die Maßnahmen der französischen Funktionsträger zu untergraben, indem er

---

1 LHA Ko Best. 716, Nr. 97, S. 19.
2 Völkerrechtlich erst mit dem Vertrag von Lunéville im Jahre 1801.
3 Max Bär, Die Behördenverfassung der Rheinprovinz seit 1815, 1919, S. 44.

seine alte Position als vormaliger Bürgermeister („Bourgemaitre") ausspiele. So vereitele er beispielsweise die Aushändigung von Anweisungen der neuen Gemeindeführung (Sünner und Mölich) an Winninger Bürger oder boykottiere die Austeilung von Einquartierungsscheinen für französische Artilleristen.

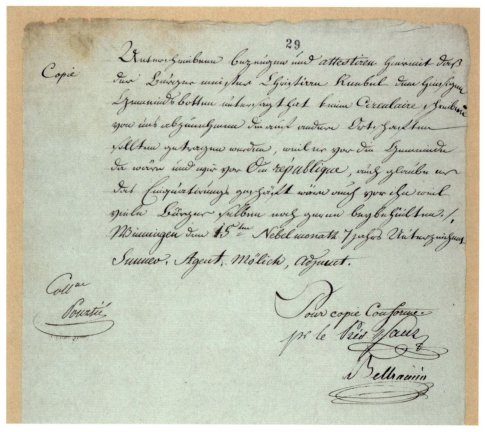

Abb. 1: Zeugenaussage des Agenten Sünner und des Adjunkten Mölich gegen den ehemaligen Winninger Bürgermeister Christian Knebel (LHA Ko Best. 241 ff., Nr. 2062, S. 29).

Im November 1798 reichten sowohl Sünner und Mölich als auch der örtliche französische Truppenbefehlshaber Kapitän Coulommier bei der Kantonsverwaltung eine Beschwerde gegen Knebel ein, die kurze Zeit später in einer von der Koblenzer Zentralverwaltung beschlossenen öffentlichen Anklage gipfelte. Da Knebel sich zahlreicher Anhänger in Winningen erfreute, sollte ein strenges, aber gerechtes Exempel statuiert werden, denn weder seine Gehorsamsverweigerung gegenüber den örtlichen Autoritäten noch seine Bestrebungen zur Wiederherstellung der alten Ordnung konnten seitens der französischen Machthaber geduldet werden. Über den Ausgang der Sache schweigen die Akten.[4] Nach diesen Turbulenzen setzte die Zentralverwaltung am 17. November 1799 den ehemaligen badisch-sponheimischen und bereits sachkundigen

---

4   LHA Ko Best. 241, Nr. 2062, S. 23-33; Best. 241, Nr. 2032, S. 55; Heinrich Engelbert, „...Abgesehen von Winningen", in: Heimatkalender 1960 für den Landkreis Koblenz, S. 60-62.

Amtmann Karl August Reinhardt als Agenten in Winningen ein, der zudem kurze Zeit Präsident des Kantons Rübenach war.[5]

Das „kollegiale" System der Gemeindeverwaltung wurde am 17. Februar 1800 durch das sog. Präfektursystem abgelöst. Der dreistufige Verwaltungsaufbau des Präfektursystems besaß an der Spitze jedes Departements einen Präfekten, der als oberste staatliche Verwaltungskompetenz und direkter Beauftragter Napoleons fungierte. Auf der mittleren Verwaltungsebene wurden die sog. Arrondissements, die mehrere Gemeindebezirke zusammenschlossen und mit den späteren Kreisen zu vergleichen sind, durch Unterpräfekten verwaltet. Die Gemeinden selbst sollten von einem Bürgermeister („maire") geleitet werden, der von dem Präfekten eingesetzt wurde. Die Gemeinden waren direkt staatlicher Aufsicht unterstellt und büßten damit ihre bisherige kommunale Selbstverwaltung weitgehend ein. Nach kurzer Zeit zeichnete sich ab, dass viele Gemeinden aufgrund ihrer geringen Größe weder die hohen Verwaltungskosten bestreiten konnten noch qualifiziertes Fachpersonal besaßen, das den Anforderungen, die ein „maire" erfüllen musste, gewachsen war. So ging man dazu über, mehrere Gemeinden zu einer Verwaltungseinheit, der „mairie", einer Vorform der heutigen Verbandsgemeinde, zusammenzufassen.[6] Als Folge dieser Entwicklung wurde Winningen am 22. September 1800 zum Sitz einer Mairie erklärt, der auch die Gemeinden Bisholder, Güls, Kobern, Lay und Wolken angehörten. Als erster „Maire" der „Mairie" Winningen wurde Karl August Reinhardt am 12. Oktober 1800 offiziell vereidigt.[7]

Diese von Franzosen auf dem linken Rheinufer eingeführten Verwaltungsstrukturen sollten zunächst erhalten bleiben, als das Königreich Preußen mit Besitzergreifungspatent vom 5. April 1815 entsprechend den auf dem Wiener Kongress gefassten Beschlüssen die ehemaligen französischen Gebiete an Mittel- und Niederrhein übernahm. Auch weiterhin bildeten mehrere Einzelgemeinden eine Gesamtgemeinde, die fortan jedoch die Bezeichnung „Bürgermeisterei" trug. Die Gemeinde Winningen blieb Sitz der gleichnamigen Bürgermeisterei im Kreis und Regierungsbezirk Koblenz. Erneut wurde Karl August Reinhardt als Bürgermeister bestätigt und vereidigt (7. Mai 1815).[8]

Am 19. Mai 1817 erließ die königlich preußische Regierung Koblenz eine Anweisung über Organisation und Geschäftsbetrieb der Bürgermeistereien, die an den Grundsätzen der französischen Gemeindeverfassung festhielt. Gemäß dieser Anweisung wurde der Bürgermeister auf Vorschlag des Landrats für eine Amtszeit von fünf Jahren ernannt. Den Einzelgemeinden standen Schöffen vor, die von den wahlberechtigten Gemeindemitgliedern auf drei Jahre gewählt wurden, doch musste diese Wahl durch den Landrat auf Vorschlag des Bürgermeisters bestätigt werden.[9] Bis zur Einführung des Dreiklassenwahlrechts im Jahre 1845 galten alle männlichen und volljährigen Steuerpflichtigen einer Gemeinde als wahlberechtigt.[10] Die Haupt-

---

5 LHA Ko Best. 716, Nr. 97, S. 19.
6 Bär, Behördenverfassung (wie Anm. 3), S. 44 ff.
7 LHA Ko Best. 655,47, Nr. 203.
8 LHA Ko Best. 655,47, Nr. 95.
9 Bär, Behördenverfassung (wie Anm. 3), S. 275-276.
10 Heinz Boberach, Wahlrechtsfragen im Vormärz. Die Wahlrechtsanschauung im Rheinland 1815-1849 und die Entstehung des Dreiklassenwahlrechts, 1959, S. 48.

aufgabe der Schöffen bestand darin, die Verfügungen der Bürgermeister auszuführen, die ortspolizeiliche Aufsicht entsprechend den staatlichen Anweisungen zu führen und über Vorgänge, die die Gefährdung der öffentlichen Sicherheit und Ordnung betreffen, Bericht zu erstatten.[11]

Da die Gebiete rechts und links des Rheins aufgrund ihrer Vorgeschichte unterschiedliche Gemeindeverfassungen aufwiesen, begannen bereits kurze Zeit nach Übernahme der preußischen Herrschaft in Berlin Beratungen über den Erlass einer für die gesamte neue „Rheinprovinz" einheitlichen Gemeindeordnung. Doch erst nach jahrzehntelangen Verhandlungen zwischen den Berliner Ministerien, den Regionalbehörden und dem rheinischen Provinziallandtag in Düsseldorf konnte schließlich am 23. Juli 1845 die „Gemeindeordnung für die Rheinprovinz" erlassen werden.[12] Jede Ortschaft mit eigenem Haushalt bildete nun eine eigene Gemeinde, die von einem Gemeinderat und einem Gemeindevorsteher vertreten wurde. Der Gemeinderat bestand aus den Gemeindeverordneten, die auf sechs Jahre gewählt wurden, sowie aus den meistbegüterten Grundeigentümern. Der Gemeindevorsteher wurde auf Vorschlag des Bürgermeisters vom Landrat auf sechs Jahre ernannt. Als erster Gemeindevorsteher der Gemeinde Winningen nach Einführung der Gemeindeordnung von 1845 wurde am am 2. September 1846 Johann Anton Knaudt vereidigt.[13]

Die wichtigste Änderung der Gemeindeordnung betraf das Wahlrecht der Gemeindemitglieder, das fortan an die Erbringung eines Mindeststeuersatzes an Grund- oder Klassensteuer geknüpft wurde und nicht mehr wie bisher alle volljährigen männlichen Steuerpflichtigen einschloss. Das Wahlrecht wurde nun ausschließlich dem Kreis der sog. Meistbeerbten zuerkannt. Als Voraussetzung für die Aufnahme in diesen Kreis beantragte der Schöffenrat der Bürgermeisterei Winningen für sämtliche Gemeinden seines Bezirks mit Ausnahme von Bisholder die Fixierung des Grundsteuerminimums auf zwei Taler.[14] Da das Gewerbesteueraufkommen bei der Ermittlung der Meistbeerbten unberücksichtigt blieb, wurden somit vor allem kleinere Gewerbetreibende vom Wahlrecht ausgeschlossen.[15]

Für die Gemeinderatswahl durch die Meistbeerbten wurde durch die Gemeindeordnung zudem das Dreiklassenwahlrecht festgeschrieben. Die Wahlberechtigten wurden je nach Steuerbeitrag in Klassen aufgeteilt. Jede Klasse wählte in direkter Wahl ein Drittel der Gemeindeverordneten. Obwohl die erste Klasse der am höchsten Besteuerten nur einen Bruchteil der Gesamtbevölkerung repräsentierte, waren sie im Rat im Vergleich zur bevölkerungsreichsten dritten Klasse somit überproportional vertreten. Das Dreiklassenwahlrecht blieb in Preußen bis zur Revolution 1918 in Kraft.

---

11 Bär, Behördenverfassung (wie Anm. 3), S. 276.
12 Rüdiger Schütz, Preussen und die Rheinlande. Studien zur preussischen Integrationspolitik im Vormärz, 1979, S. 149.
13 LHA Ko Best. 655,47, Nr. 297.
14 LHA Ko Best. 403, Nr. 6046, S. 17-18.
15 Schütz, Preussen (wie Anm. 12), S. 151.

Da die neue Gemeindeordnung an der Einrichtung der Bürgermeisterei festhielt, blieb die weitgehend unselbständige Rolle der Einzelgemeinden innerhalb dieses größeren Gemeindeverbandes erhalten.[16] Die Abschaffung der staatlichen Bevormundung der Gemeinden war dann auch eine der Hauptforderungen, die während der Revolution von 1848/49 in den ländlichen Gebieten der Rheinprovinz erhoben wurden.[17] In der Folge wurde die Gemeindeordnung von 1845 am 11. März 1850 durch die „revidierte Gemeindeordnung für den Preußischen Staat"[18] ersetzt, welche den Gemeinden mehr Selbstverwaltung einräumte, insbesondere durch die Wahl ihrer Vorsteher bzw. Vorstände. Nach dieser Verfassung standen an der Spitze einer jeden Gemeinde nicht mehr staatliche Beamte, sondern gewählte kommunale Funktionsträger. Jedoch sollte diese freiheitliche Gemeindeordnung infolge der mit Ende der Revolution in Berlin einsetzenden konservativen „Reaktion" nur wenige Jahre Bestand haben. Bereits am 15. Mai 1856 setzte das „Gemeindeverfassungsgesetz für die Landgemeinden"[19] die Gemeindeordnung von 1845 mit einigen Änderungen und Ergänzungen wieder in Kraft und mit ihr die weitgehende Bevormundung der Gemeinden durch den Staat. Erst das „Gesetz über die Regelung verschiedener Punkte des Gemeindeverfassungsrechtes" vom 27. Dezember 1927 brachte eine grundlegende Umgestaltung der Gemeindeverfassung im liberalen und demokratischen Sinne, die allerdings durch die Nationalsozialisten abgeschafft wurde. Als eine entscheidende Änderung des Gesetzes von 1927 sei hier nur erwähnt, dass die Bürgermeister danach nicht mehr, wie bisher, ernannt, sondern von der Amtsvertretung gewählt wurden. Die Bezeichnung „Bürgermeisterei" wurde fortan durch die Bezeichnung „Amt" ersetzt.[20]

2. Kommunale Selbstverwaltung: Der Streit um den Gemeindewald

Dass der Übergang der Herrschaft von der alten Grafschaft Sponheim an die Franzosen im Jahre 1794 umfangreiche Veränderungen für ihren Alltag mit sich bringen würde, bekamen die Winninger schon sehr bald in Form von Einschränkungen im Bereich der gemeindlichen Nutzung des Waldes zu spüren.

In der Wein- und Ackerbau treibenden Gemeinde Winningen wurde der Waldbesitz traditionell für eine Vielzahl von Zwecken benutzt: Er lieferte Bau- und Brandholz, Eichenholz für die Anfertigung von Fassgut, Keltern und Weinbergspfählen sowie Streulaub für Futter, Stall-

---

16 Bär, Behördenverfassung (wie Anm. 3), S. 278-279.
17 Walter Rummel, Gegen Bürokratie, Steuerlast und Bevormundung durch den Staat. Anliegen und Aktionen der ländlichen Gebiete der Rheinprovinz während der Revolution 1848/49, in: Stephan Lennartz und Georg Mölich (Hg.), Revolution im Rheinland. Veränderungen der politischen Kultur 1848/49, 1998, S. 109-162.
18 Gesetz-Sammlung für die Königlichen Preußischen Staaten, 1850, Nr. 18, S. 213-251. Die die bisherigen staatlichen Vorbehalte teilweise erheblich einschränkenden Bestimmungen sind in Verbindung mit der am gleichen Tag erlassenen „Kreis-, Bezirks- und Provinzial-Ordnung für den preußischen Staat" und dem ebenfalls am 11.3.1850 erlassenen „Gesetz über die Polizei-Verwaltung" zu sehen (ebd., S. 251-265 und S. 265-268).
19 Gesetz-Sammlung für die Königlichen Preußischen Staaten, 1856, S. 235 ff.
20 Preußische Gesetzsammlung, 1927, Nr. 43, S. 211-214.

zwecke und Düngung.[21] Doch auch wenn die französische Revolution die Gemeinden teilweise zu Eigentümern der bislang herrschaftlichen Wälder gemacht hatte, so stand ihre Nutzung unter striktem Genehmigungsvorbehalt des Staates. So musste der Maire Reinhardt in den Jahren 1804 und 1805 sowohl beim Präfekten als auch beim Forstkonservator um Genehmigung zur Abgabe von Bauholz nachsuchen, das wegen dringender Reparaturen an Weinkeltern im Vorfeld der bevorstehenden Ernten erforderlich war.[22] Zur Deckung ihres dringend erforderlichen Bedarfes an Brennholz erbaten die Einwohner der Gemeinde Winningen im Oktober 1805 beim Maire die Genehmigung zur Entnahme von Baumstümpfen unter forstlicher Aufsicht. Reinhardt wiederum befürwortete den Antrag beim Präfekten, weil die Nutzung zu Feuerungszwecken keine forstwirtschaftlichen Nachteile mit sich bringe und die Winninger sich auch dazu bereit erklärten, für jeden „entnommenen Stumpf" zwei bis drei junge Bäume anzupflanzen.[23]

Da die traditionelle Landwirtschaft mangels Dünger viel Anbaufläche benötigte und daher nur wenig ackerfähiges Land für Weidezwecke abgeben konnte, stellte die Waldweide eine äußerst wichtige Grundlage für die Viehzucht dar. Dagegen beharrte die staatliche Forstverwaltung auf dem Verbot oder zumindest einer strikten Einschränkung der Waldweide, da aus staatlicher Sicht das Wachstum der Bäume und der Verkauf dieses Holzes Vorrang hatten vor den gemeindlichen Bedürfnissen. Diese wurden von der Verwaltung hier wie auch anderswo nur noch als „Nebennutzung" eingestuft. Für das Jahr 1804 belegen Unterlagen der französischen „Wälderverwaltung", die mit der Neuordnung der Forstverwaltung unter Napoleon 1801 begründet worden war, dass Vieh der Gemeinde ausschließlich im Winninger „Vetterwald" weiden durfte.[24] Mehrere Ansuchen von Maire Reinhardt in den Jahren 1805 und 1806 beim Präfekten um Genehmigung der Schafweide im Gemeindewald wurden abgelehnt, obwohl man nachdrücklich argumentiert hatte, dass der Wald – da es sich um Hochwald handele – unter dieser Nebennutzung nicht in Mitleidenschaft gezogen werde. Auch die Tatsache, dass Reinhardt sich auf althergebrachte Rechte berief („wie es die alte Regierung auch gemacht hat"), führte nicht zum gewünschten Erfolg.[25] In den folgenden Jahren (1810-1811) setzte die französische Verwaltung massive Einschränkungen der Nebennutzungen durch, um mittels Abschaffung der Weidgänge in den Gemeindewaldungen die Einführung der Stallfütterung zu erzwingen.

Da auch der preußische Staat nicht weniger an einer profitablen marktorientierten Forstpolitik interessiert war, änderte sich an diesen Grundsätzen der Forstverwaltung nichts, als den Gemeinden der Rheinprovinz durch königliche Verordnung vom 24. Dezember 1816 ihre vom französischen Staat zuletzt aus Kriegsgründen enteigneten Wälder zurückgegeben wurden: Die Bewirtschaftung der Wälder stand weiterhin unter strikter Aufsicht der Regierung. Zahlreiche

---

21 Ekkehard Krumme, Die Winninger „Local-Verhältnisse" 1867. Dargestellt im Zusammenhang mit dem Streit um die Nutzung des Gemeindewaldes, in: Winninger Hefte 1 (1985), S. 7-18.
22 LHA Ko Best. 655,47, Nr. 1, lfd. Nr. 141-142 und lfd. Nr. 278.
23 LHA Ko Best. 655,47, Nr. 125, lfd. Nr. 18. Ob und inwieweit dem Antrag stattgegeben worden ist, geht aus der Aktenüberlieferung nicht hervor.
24 LHA Ko Best. 302,1, Nr. 127/26.
25 LHA Ko Best. 256, Nr. 5973; Best. 655,47, Nr. 125, lfd. Nr. 106.

Beschwerden auch aus der Gemeinde Winningen über die Einschränkungen der Nebennutzungen belegen dies.

Insbesondere in Zeiten großen Futtermangels, die vor allem durch schlechte Strohernten bedingt waren, musste die Gemeinde zum Ausgleich auf Futter- und Streulaub aus dem Gemeindewald zurückgreifen. 1847 schränkte der Winninger Gemeinderat die Nutzung dahin gehend ein, dass die Entnahme von Streulaub nur noch mit Erlaubnisschein, jedoch nicht häufiger als einmal im Monat erfolgen dürfe.[26] Inwieweit bei dieser Maßnahme einer Anordnung „von oben" Rechnung getragen wurde oder dies lediglich als Reaktion auf eine zu große Nachfrage angesehen werden muss, bleibt unklar.

Eine zentrale Bedeutung für die Gemeinde Winningen hatte das sog. Rasenschälen, die Entnahme von Waldboden zur Abdeckung und Düngung von Neuanpflanzungen im Weinberg. Da die Schädlingsbekämpfung im 19. Jahrhundert noch weitgehend unbekannt war, hatte die Anpflanzung neuer Reben noch eine weitaus größere Bedeutung für den Weinbau als dies heute der Fall ist. Während Bürgermeister Reinhardt – sei es aus Unkenntnis oder aus taktischen Gründen – der französischen Präfekturverwaltung noch im Oktober 1808 auf Nachfrage berichtet hatte, dass eine Düngung der Erde mit Rasen in der Bürgermeisterei Winningen nicht anwendbar sei und hier auch niemals existiert (!) habe,[27] setzte er sich am 4. August 1810 beim Präfekten bzw. bei der Forstverwaltung („Forstkonservation") vehement für das Rasenschälen im Distrikt „Ob der Beulenhecke" ein mit dem Argument, dass es seit „uralten Zeiten" Brauch in Winningen sei, dass die Winzer zur Anpflanzung der jungen Weinreben Rasen aus dem Gemeindewald entnehmen würden. Doch entsprechend den erwähnten staatlichen Nutzungsvorstellungen wurde der Antrag im Januar 1811 einmütig von Forstkonservation und Präfekturverwaltung abgelehnt.[28]

Die Angewiesenheit auf das Rasenschälen war damit mitnichten erledigt: So mussten die Winninger Winzer in den Jahren 1862-1863 einen ausgedehnten Schimmelbefall ihrer Weinreben erleben, welcher große Teile der Weinbergsanlage vernichtete und zur Neuanpflanzung die Entnahme von Waldboden dringend erforderlich machte. Aus diesem Grund setzte die Gemeinde sich hartnäckig mit den zuständigen Verwaltungszweigen auseinander und belehrte sowohl die Bezirksregierung als auch das Ministerium über einschlägige agrarwissenschaftliche Techniken des Steillagenweinbaus an der Mosel und die hieraus zwingend resultierende Notwendigkeit des Rasenschälens. Nachdem der Antrag der Gemeinde auf Erweiterung der zugeteilten Waldfläche zur Rasennutzung von der Regierung mit Datum vom 2. Oktober 1864 zunächst abgelehnt bzw. die Rasen- und Streulaubnutzung im Gemeindewald verweigert worden war, reichte der Winninger Gemeindevorstand am 22. November 1864 Beschwerde wegen Beeinträchtigung ihrer Bürgernutzungen im Gemeindewald beim Oberpräsidenten der Rheinprovinz

---

26 LHA Ko Best. 655,47, Nr. 297.
27 LHA Ko Best. 655,47, Nr. 126; Best. 256, Nr. 6157.
28 LHA Ko Best. 256, Nr. 11381; Best. 302,1, Nr. 557; Best. 655,47, Nr. 126.

ein.²⁹ Doch auch dieser lehnte die Ausdehnung des Rasenstechens wegen forstwirtschaftlicher Bedenken und aus Gründen der Einschränkung von Teilholznutzungen am 17. Februar 1865 ab. Ein wiederholtes sog. Recursgesuch der Gemeinde Winningen vom 16. April 1866 an die Regierung Koblenz mit der Erklärung sämtlicher Gemeindebürger, dass ohne Rasennutzung der Weinbau der Gemeinde vor dem Untergang stehe, blieb trotz Einleitung eines behördlichen Überprüfungsverfahrens mit Ortsbesichtigung ohne Erfolg.³⁰ Das praktische Fachwissen der Winninger Winzer konnte sich gegen das Theoriewissen der Verwaltung nicht durchsetzen. Als letztes Mittel zur Durchsetzung ihrer Interessen wandten sich die Winninger in einer Petition am 23. März 1867 an das preußische Ministerium der landwirtschaftlichen Angelegenheiten in Berlin. Zur Erläuterung der Eingabe erstattete die Gemeinde einen ausführlichen Bericht über ihre „Local-Verhältnisse" und insbesondere über die Erfordernisse des Weinbaus und die erforderliche Nutzung des Gemeindewaldes. An der Ausarbeitung der Petition hatte neben dem Gemeindevorstand auch der evangelische Pfarrer Johann Jakob Theveney mitgewirkt, der „sich durch den besagten schreienden Notstand empfindlich mitbedroht" sah, zumal auch er auf Einkommen aus dem Pfarrweingut angewiesen war. Neben dem materiellen Schaden für sich und für die Gemeinde wog für Theveney allerdings die Gefahr des mit einem Verbot drohenden Sittenverfalls noch schwerer. So befürchtete er vor allem, dass das Ansehen und der gute Ruf der Winninger Gemeinde dadurch bedroht sein könnten, dass – sollte es bei dem Verbot bleiben – die Winzer der Versuchung ausgesetzt sein könnten, „den Rasen trotz des Verbots doch aus dem Wald zu holen". Die Ertappung eines Diebes aus den eigenen Reihen würde jedoch ein schlechtes Bild auf die sonst so vorbildliche Gemeinde werfen.³¹

Trotz aller kämpferischen Bemühungen blieb es bei dem erlassenen Verbot.³² Den Ausschlag dürfte unter anderem die Tatsache gegeben haben, dass andere Weinbau treibende Gemeinden bei der Neuanlage von Weinbergen weder Rasen noch Kunstdünger verwendeten, sondern die Grundstücke zunächst „liegen" ließen und sie dann mit Klee bestellten, der später untergepflügt wurde.³³

Die Winninger lösten ihr Problem zumindest teilweise in der Art, dass auf Antrag bestimmte Walddistrikte zum Rasenstechen freigegeben und zum Nutzen der Gemeindekasse versteigert wurden. Noch bis zum Ende des 19. Jahrhunderts wurde Waldrasen bei der Neuanlage von Weinbergen in Winningen verwendet, doch scheint es nach 1890 gebräuchlich geworden zu sein, den Rasen an Wegerändern und Schneisen zu stechen.³⁴

---

29 Beschwerde des Gemeindevorstandes basiert auf der Grundlage von § 17 der Gemeindeordnung (für die Rheinprovinz vom 23. Juli 1845). Demnach sollten die Nutzungen der teilnahmeberechtigten Gemeindemitglieder, die ihnen bis zu diesem Zeitpunkt in rechtmäßigem Besitz waren, belassen bleiben.
30 Krumme, „Local-Verhältnisse" (wie Anm. 21), S. 9. Ablehnender Bescheid der Koblenzer Regierung vom 29. Mai 1866.
31 Ebd., S. 18, Fußnote Nr. 17.
32 Ebd., S. 7-18; Walter Rummel, „Der erzwungene Fortschritt. Zum Verhältnis von Bürokratie und ländlicher Bevölkerung der Rheinprovinz 1815-1914" (unveröff. Manuskr.).
33 LHA Ko Best. 441, Nr. 2236.
34 LHA Ko Best. 655,47, Nr. 297.

Mit der strikten Beschränkung der Waldnutzung auf Holzwachstum für den Markt wollte der Staat den Wald als gemeindliche Einnahmequelle nutzbar machen. Damit sollten die Gemeinden befähigt werden, die ihnen in wachsendem Ausmaß vom Staat auferlegten Aufgaben zu finanzieren. Zur Deckung unmittelbarer Bedürfnisse, insbesondere für Brandholz, blieb daher nur wenig übrig. Die Tatsache, dass der sog. Forstfrevel im 19. Jahrhundert zum häufigsten Eigentumsdelikt wurde, dürfte in diesem Zusammenhang eher die Notsituation der Gemeindebürger als eine kriminelle Neigung widerspiegeln.[35] Auch in Winningen mussten zwangsläufig staatliche Maßnahmen gegen Waldfrevel ergriffen werden. Zur Überwachung des in Waldesch gelegenen Gemeindewaldes schlug der „Maire" Reinhardt dem Forstkonservator 1805 vor, er möge doch ein oder zwei Forsthüter ernennen.[36]

3. Dörfliche Kultur und staatliche Gewalt

Auch in anderen Lebensbereichen machte sich in den Landgemeinden des 19. Jahrhunderts der Einfluss des modernen Verwaltungsstaates bemerkbar. Ländliche Traditionen und Gewohnheiten gerieten zunehmend in Gegensatz zu den Gestaltungsvorstellungen des Staates bzw. seiner Bürokratie. Dazu gehörte auch die uns heute geradezu südländisch anmutende Geselligkeit, die noch zu später Stunde, insbesondere in der warmen Jahreszeit, auf den Straßen und öffentlichen Plätzen gepflegt, von der staatlichen Verwaltung jedoch als bloße Ruhestörung angesehen wurde. So klagte der Winninger Bürgermeister Weckbecker 1834 darüber, dass diese nächtlichen Ruhestörungen beinahe täglich in einer ausufernden Weise stattfänden und nun durch Androhung von Geld- und Freiheitsstrafen unterdrückt werden sollten.[37] Der Ortsschöffe wurde angewiesen, vor versammelter Gemeinde ein entsprechendes Verbot auszusprechen. Die Überwachung sollte durch den örtlichen Feldhüter geschehen, der die erforderlichen Nachtpatrouillen durchführen, „lärmende Straßenversammlungen" bei Einbruch der Nacht auflösen und die Nachtschwärmer nach Hause treiben sollte. Sofern sich Widerstand regen würde, war er gehalten, dem Bürgermeister die Unruhestifter zwecks „Verfolgung vor den Gerichten" zu melden, um den „fortdauernden Unfug zu unterdrücken".[38] Bereits am 21. April 1823 hatte Weckbecker eine entsprechende Polizeiverordnung zur Sanktionierung und Ahndung nächtlicher Ruhestörungen und Schlägereien an drei aufeinander folgenden Sonntagen öffentlich in der Bürgermeisterei Winningen bekannt gegeben. Neben dem Feldhüter, der den Nachtwächter bei seinen polizeilichen Wachdiensten begleiten sollte, konnten bei Notwendigkeit seitens des Ortsvorstandes zusätzlich drei oder mehrere Bürger unter Aufsicht eines sog. Rottmeisters zur Verstärkung der nächtlichen Aufsichts- und Wachfunktionen herangezogen werden.[39]

---

35 Annette Winter-Tarvainen, Weinbaukrise und preußischer Staat. Preußische Zoll- und Steuerpolitik in ihren Auswirkungen auf die soziale Situation der Moselwinzer im 19. Jahrhundert, 1992, S. 103.
36 LHA Ko Best. 655,47, Nr. 1, lfd. Nr. 283.
37 Die Strafen reichen von 4-5 Taler bis zu einer „Einkerkerung" von bis zu fünf Tagen.
38 LHA Ko Best. 655,47, Nr. 199 (Polizeiverordnung vom 15. Februar 1834).
39 Ebd. (Polizeiverordnung vom 21. April 1823).

Mit einer weiteren Bekanntmachung vom 1. August 1835 machte Weckbecker einen erneuten Anlauf, „nächtliche Schwärmereien" einzudämmen, indem er zum einen die Polizeistunde für den Wirtshausbesuch festsetzte und auf deren strenge Einhaltung seitens der Wirte und seiner Gäste pochte, und zum anderen alle Tanzveranstaltungen von seiner Genehmigung abhängig machte.[40] Allerdings fruchteten seine Bemühungen noch immer wenig, denn bereits 1841 sah sich der Koblenzer Landrat durch vermehrte Beschwerden veranlasst, wiederholt auf die Vermeidung anhaltender nächtlicher Ruhestörungen - diesmal mittels Einhaltung des Schießverbotes bei Festveranstaltungen auf den Straßen - hin zu wirken, indem er die Ortsvorsteher anwies, dem Bürgermeister bei Zuwiderhandeln Anzeige zu erstatten.[41]

Auch in späteren Jahren schien der Bürgermeister bzw. dessen Erfüllungsgehilfe die Einhaltung der Polizeistunde nicht fest im Griff zu haben. So klagte 1869 eine verzweifelte Winninger Ehefrau in einer anonymen Eingabe dem Oberpräsidenten ihr Dilemma, das im „Saufen und Kartenspielen" ihres Mannes begründet liege: „Ich bin eine Frau beinahe an der 60, so auch mein Mann, und in den Sonn- und Feiertag, sogar der Tag, wo wir zum hl. Abendmahl gingen, ist nicht zu schade bis zwei drei Uhr nachts auf der Wirthsbank an dem Kartenspiel zu sitzen, so auch viele Wochentage. Ist denn gar keine Polezei und Ordnung mehr in Anspruch zu nehmen [...]? Was sehen junge Purschen für ein Beispiel an einem so alten Mann? Sogar Buben welche erst zwar Jahre aus der Schule sind, die verleidet er schon zum Kartenspiel bis an den Morgen. Wie nöthig wäre es die Polezei mehr einzuhalten, um nicht immer mehr Verderben einzuschleichen [...]".[42]

Dem Kampf um Unterdrückung der nächtlichen Geselligkeit und Feierlaune fiel auch das traditionelle Singen in der Neujahrsnacht zum Opfer, ja selbst das Läuten der Glocken am Jahresende geriet vorübergehend unter Beschuss. Beide Aspekte beleuchtet ein Vorfall, der sich in der Neujahrsnacht 1854/55 in Winningen abgespielt hat. Zu diesem Vorfall finden sich zwei Versionen, nämlich einerseits der Bericht des Landrates an die Koblenzer Regierung[43] und andererseits eine ausführliche Beschreibung aus der Feder des Winninger Winzers Karl Sünner.[44]

Der Bericht des Landrats führt knapp aus, dass die auf seinen Befehl zur Unterstützung der dortigen Ortspolizei und zur Verhütung des Schießens in Straßen und Höfen nach Winningen delegierten drei zusätzlichen Gendarmen in der Neujahrsnacht „insultiert und mit Steinen bewor-

---

40 Ebd. (Polizeiverordnung vom 1. August 1835).
41 Ebd. (Erlass des Landrats vom 16. September 1841). Bereits 1823 hatte die Koblenzer Regierung das Schießen „mit Büchsen, Flinten, Pistolen und anderen Gerätschaften, Petarden, Marrons" sowie das Erzeugen von Pulverexplosionen und den Gebrauch von Feuerwerkskörpern untersagt (Amtsblatt der Regierung Koblenz, 1823, S. 53 f, ebd. 1834, S. 220, ebd. 1836, S. 336).
42 LHA Ko Best. 403, Nr. 5341 (Klage einer Winninger Ehefrau über das Saufen und Kartenspielen ihres Mannes vom 28. Februar 1869). Ob der hier geschilderte Verfall der Sitten ein Einzelfall in Winningen ist, lässt sich anhand der Aktenüberlieferung ebenso wenig nachweisen wie ein Antwortschreiben des Oberpräsidenten an die hilflose Winningerin.
43 LHA Ko Best. 441, Nr. 17274. Der Bericht des Landrats an die Regierung Koblenz wurde versehentlich auf den 1. Januar 1854 statt auf den 1. Januar 1855 datiert (vgl. Bearbeitungsvermerk der Regierung vom 5. Januar 1855).
44 Krumme, „Local-Verhältnisse" (wie Anm. 21), S. 49 f.

fen" worden seien und beim Rückzug durch Steinwürfe gezwungen waren, zwei bereits verhaftete Unruhestifter wieder frei zu lassen.

Karl Sünner schildert hingegen in seinen Eintragungen, dass ein seit mehreren Jahren in Winningen bestehender Singverein in der Neujahrsnacht singend durch den Ort zog, bis die Feiernden auf drei Gendarmen stießen, die – obgleich „schwer betrunken" (!) – den Mitgliedern des Singvereins weitere Ruhestörungen untersagten. Daraufhin kam es zu Handgreiflichkeiten auf beiden Seiten, Verhaftungen und einem Auflauf der Ortsbewohner, der damit endete, dass sowohl Dorfjugend als auch Mitsänger sich mit Steinen, Knüppeln und Pfählen für die Freigabe der beiden verhafteten Burschen mit „Erfolg" einsetzten. Die Gendarmen mussten sie frei geben, womit ein erster Sieg über die Staatsmacht erreicht war. Auch Bürgermeister Liedel sollte nicht ungeschoren davon kommen, war er es doch gewesen, der die polizeiliche Verstärkung in Koblenz angefordert und damit die traditionelle Neujahrsfeier empfindlich gestört hatte. Aus diesem Grund wurde spontan beschlossen, dem Bürgermeister eine „Katzenmusik" zu bereiten, zu der sich angeblich mehr als 200 Menschen vor Liedels Haus versammelten. Unter Katzenmusik, auch Charivari genannt, wird ein lärmender Spektakel bezeichnet, der zu jenen traditionellen Rügegebräuchen zählte, mit dem insbesondere die Dorfjugend Verstöße gegen den innerdörflichen Sittenkodex anprangerte oder ein Verhalten rügte, das sich in feindlicher Absicht gegen sie selbst richtete.[45] Mit dieser Protestaktion waren die Vorfälle aber noch nicht abgeschlossen, denn bereits am 3. und 4. Januar kam der Untersuchungsrichter zu gerichtlichen Ermittlungen in Begleitung von vier (!) „Schanndarmen" nach Winningen. Es wurden zahlreiche Zeugen verhört und fünf junge Leute für schuldig erklärt; „sie wurden", wie Sünner schreibt, „des Abends von den 4 Schanndarmen fortgeführt, welche ihr Gewehr mit Kugeln geladen hatten. Der größte Theil [der Einwohner] im Flecken folgte nach und es wäre beinah Sturm geläutet worden". Sünner geht in seiner Beschreibung auch auf die Härte der Strafe ein und lässt zudem deutlich die Solidarität der Gemeinde mit den Angeklagten erkennen: „Diese Arrestanten mußten in Untersuchung sitzen bis zum 20. März; da wurden sie für unschuldig erklärt bis auf 2; die sollten 2 Monat sitzen. Dagegen hat aber der Staat appeliert und sie mußten sitzen bis anfangs November. Für die vielen Kosten wurde hier im Flecken Collekt gehoben".[46]

4. Polizei und Eigentumsdelikte

Ein ständiger Stein des Anstoßes in den Gemeinden war der sog. Feldfrevel bzw. der Obstdiebstahl, der auf Winninger Bann angeblich häufiger als in anderen Gemeinden nachzuweisen ist.[47] So wurden die gesetzlichen Bestimmungen durch Bürgermeister Weckbecker, da ihm „in dieser Hinsicht schon häufige Klagen zugekommen sind [...], zu jedermanns Warnung" durch Bekanntmachung wiederholt eingeschärft. Demnach war der Feldbann, auch der eigene (!), mit

---

45 Martin Scharfe, Zum Rügegebrauch, in: Hessische Blätter für Volkskunde 61 (1970), S. 45-68; vgl. auch Rummel, Fortschritt (wie Anm. 32).
46 Krumme, „Local-Verhältnisse" (wie Anm. 21), S. 50.
47 LHA Ko Best. 655,47, Nr. 199 (Bekanntmachung über Feldfrevel und Obstdiebstahl vom 2. Juli 1825).

dem Schall der Abendglocke geschlossen; Zuwiderhandlungen wurden nach erfolgter Anzeige durch den Feldhüter gerichtlich verfolgt.

Erwähnenswert ist in diesem Zusammenhang auch der Fall eines Traubendiebstahles und die Verfolgung der jugendlichen Täter. Nach einem Zeitungsbericht des Jahres 1842 musste am 13. Oktober ein Moseldampfboot wegen eingebrochener Dunkelheit auf Winninger Seite anlegen, und zwar „ober der Ziehfurt" vor „denen mit Früchten beladenen Weinbergen", „zu deren Sicherheit sofort 2 Feldhüter [...] beordert wurden". Diese Vorsichtsmaßnahme scheint berechtigt gewesen zu sein, denn bei deren Ankunft waren neun Schiffsjungen bereits dabei, sich an den Trauben zu bereichern. Die Ermahnungen der Ordnungshüter fruchteten nichts, stattdessen bedrohten die Schiffsjungen sie mit „großen Messern". Infolge der Aufforderung der Feldhüter, ihre Identität und die des Schiffseigentümers preiszugeben, kam es zu Wortgefechten und tätlichen Angriffen mit „Schiffshacken und Stangen". Die so bedrohten Feldhüter erstatteten umgehend Anzeige, worauf der Schöffe sowie sechs (!) Feldhüter sich zum Tatort begaben, das Schiff jedoch schon weiter im Fluss lag und man daher nichts weiter ausrichten konnte, als die von den Dieben in den Weinbergen zurückgelassenen Körbe mit „191 Stück Trauben" als Beweismittel zu beschlagnahmen. Der Tatbestand „nebst den Körben" wurde ordnungsgemäß dem Königlichen Oberprokurator angezeigt bzw. zugeschickt (!).[48]

5. Gemeindliche Politik

Von besonderem Interesse ist hier die Affäre, die sich um die Mitte des 19. Jahrhunderts um den Amtsträger und Schöffen Philipp Christian Fröhlich abspielte. Auslöser der hartnäckigen Auseinandersetzungen war die am 28. Dezember 1844 stattgefundene Schöffenwahl. Der alte Schöffe und Wirt Philipp Christian Fröhlich wurde dabei gegen den begründeten Willen und die gewählte Mehrheit der Winninger Bürger von Bürgermeister Weckbecker in seinem Amt für drei weitere Jahre bestätigt. Dagegen reichten am 11. Januar 1845 134 (!) Winninger Bürger Beschwerde beim Landrat ein. Sie schildern darin nicht nur die Stimmung vor Ort, sondern gewähren auch interessante Einsichten in die gemeindlichen Wahlvorgänge.[49] So legten sie dar, dass zwar bei der letzten Schöffenwahl von 224 erforderlichen Stimmen nur 148 eingegangen seien, das Verhältnis der eingegangenen Stimmen aber dennoch „den Wunsch der Bürger der größeren und besseren Mehrzahl" anzeige. Demnach entfielen auf Adolph Wagner 45 Stimmen, auf Friedrich Kraemer 50 Stimmen, auf den Schöffen Fröhlich hingegen nur 15 Stimmen, die er – so die Eingabe – von den Veteranen, die sich „freien Trunks erfreuen", und von seinen nächsten Verwandten erhalten haben soll. Die Beschwerdeführer erklärten die Stimmung in der Winninger Bürgerschaft und die damit verbundene geringe Wahlbeteiligung einerseits mit einem mangelnden Interesse für das Gemeindewohl und andererseits mit wirtschaftlichen Abhängigkeiten und den daraus resultierenden Interessenkonflikten: „[...] wie traurig ist es, daß ein großer Theil der ärmeren Bürger schon nicht stimmen, weil sie fürchten, sich den Schöffen, oder dessen nächsten Verwandten, die bedeutende Kiefer[50] sind, zu verfeinden, also im Verkauf

---

48 LHA Ko Best. 655,47, Nr. 121, lfd. Nr. 13.
49 LHA Ko Best. 403, Nr. 532, S. 285-288.
50 Veraltete Bezeichnung für Küfer.

des Weins beeinträchtigt zu werden. Das ist aber ein Nachtheil der unterschriebenen Stimmzettel nach hiesiger Vorschrift, die übrigens nirgend anders besteht, soweit wir wissen. Ja ein Theil der Bürger sagt geradezu, was brauchen wir zu stimmen, die Herrn machen doch was sie wollen".

Von diesem Wahlverfahren abgesehen, richteten sich die Vorwürfe der Beschwerdegegner in erster Linie gegen die anmaßende und selbstherrliche Amtsführung des Schöffen Fröhlich, die schon des öfteren aufgefallen war, wie die Unterschlagung kleinerer Summen oder die Inanspruchnahme von Gemeindeeigentum für eigene Zwecke belegen.[51]

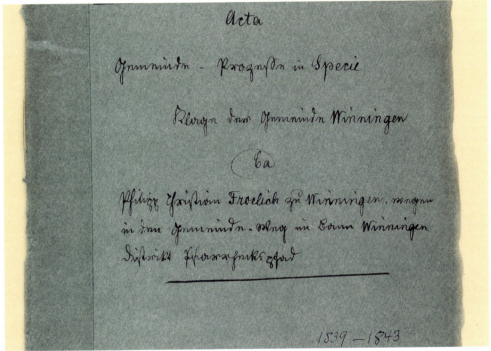

Abb.2: Akte über die Klage der Gemeinde Winningen gegen Philipp Christian Froelich wegen Grenzstreitigkeiten im Distrikt Pfarrheckspfad, 1839-1843 (LHA Ko Best. 655,47, Nr. 167).

Insbesondere aber, so die Beschwerde, habe sich Missmut darüber verbreitet, dass die Gemeindebürger nicht mehr in gewohnter Weise an Verwaltungsentscheidungen beteiligt werden. So entscheide Fröhlich eigenmächtig über die Verwendung der Schröterkasse ohne Rücksprache mit der Gemeinde, was bislang die Regel war. Auch setze er sich über die Vorschriften zur Einschränkung der Nebennutzungen eigenmächtig hinweg, denn er genehmige das Lohschälen im Gemeindewald. Dies wiederum provoziere große Unzufriedenheit bei den Winzern, die sich ihr Pfählholz von außerhalb unter hohem Zeitaufwand organisieren müssten. Ein weiterer Kritikpunkt war die Tatsache, dass der Schöffe Fröhlich gleichzeitig Wirt war, was offenkundig zu Interessenkonflikten führte. Seine Gegner hielten diese Konstellation für moralisch „sehr

---

51 Vgl. LHA Ko Best. 655,47, Nr. 167 (Prozess der Gemeinde Winningen gegen Fröhlich wegen Baues einer Weinbergsmauer auf Gemeindeeigentum und unbefugter Versetzung eines Wegegrenzsteines).

schädlich", weil man dadurch zum Trinken und Geldausgeben animiert würde: „Es kann doch nicht wohl Jemand ein Geschäft bey einem Schöffen abmachen, ohne einen Schoppen zu trinken [...], namentlich die Schützen und Feldhüter von 1843 mußten ihre verdienten 2 Thaler für Hüten während der Lesezeit da vertrinken, um zu ihrer Sache zu kommen". Die Beschwerdeführer forderten den Landrat auf, „diese Sache" zu untersuchen und ließen am Ende durchblicken, dass ihrer Ansicht nach der Landrat durch Fröhlichs eigene Darstellung falsch unterrichtet worden sei: „Und können versichert sein, daß Euer Hochgeboren nach unserem Urtheil hintergangen [worden] sind".

Bereits wenige Tage später informierten „gehorsamste Bürger" aus Winningen auch die Koblenzer Regierung über die heikle Situation vor Ort. Unmissverständlich gaben sie zu verstehen, dass Fröhlich als Schöffe nicht mehr tragbar sei, da ihm keine Achtung mehr entgegen gebracht werde und damit auch kein Gehorsam mehr geleistet werden könne. Aus der letzten Gemeindeversammlung habe er sich infolge der ihm gemachten Vorhaltungen geflüchtet. Aus diesem Grund forderten die Winninger in ihrem Schreiben eine erneute Wahl, „da der Herr Bürgermeister [Weckbecker], welcher aus der stattgehabten Wahl [vom 28. Dezember 1844] die Stimmung hinlänglich erkennen konnte, sich bey dem Vorschlage eines Schöffens nicht im geringsten danach gerichtet, er also schuld ist, daß sich die Angelegenheit auf diese Weise entwickelt hat".[52]

Ob der Landrat bzw. die Regierung auf die Ansuchen reagierten, geht aus der Aktenüberlieferung nicht hervor. Allerdings war der innergemeindliche Machtkampf für die Winninger noch nicht beendet, denn am 2. Februar 1845 richteten sie eine erneute Bitte zur Neuwahl des Schöffen nunmehr an den Oberpräsidenten der Rheinprovinz, um „das Gemeindewohl in bessere Hände zu bringen und die Aufregung in der Gemeinde zu beschwichtigen". Zusätzlich geschürt wurde die Welle der Empörung bei den Winningern nochmals durch die Äußerung des Schöffen Fröhlich, er bleibe Schöffe, auch wenn die ganze Gemeinde sich gegen ihn stelle.[53]

Die Situation eskalierte am 14. Februar 1845, als es vor dem Haus des Schöffen Fröhlich zu einem Tumult bzw. einer Darbietung nach Art der Katzenmusik kam.[54] Der Bürgermeister berichtete am 15. Februar auf Anzeige des Fröhlich an den Landrat, dass abends gegen fünf Uhr 17 ältere und jüngere Männer von Winningen von einer Hochzeit ausgehend, in „militärischer Ordnung zu 2 Mann hoch" vor dem Haus des Schöffen mit „Singen und Spottliedern" aufmarschiert seien. Der Schöffe Fröhlich wagte nicht, sich zu zeigen oder die Ruhestörer auseinander zu treiben. Der Spektakel dauerte bis morgens um sechs Uhr, wobei die „Tumultierenden" auch in das Haus des Schöffen eingedrungen waren und die Haustür auf- und zugeschlagen hatten. An der Spitze des Tumultes stand laut Aussage des Fröhlich der Kirchen- und „Schrodtkassenrechner" Friedrich Kraemer (der eigentliche Gewinner der Schöffenwahl!), dessen Schwager Carl Christian Hoffbauer und die Gebrüder Horch.

---

52 LHA Ko Best. 403, Nr. 532, S. 289-290.
53 Ebd., S. 281-283.
54 LHA Ko Best. 441, Nr. 17275, Bl. 56-58.

In diesem Zusammenhang berichtete der Bürgermeister auch über einen Tumult, der sich bereits am Tag zuvor, am 13. Februar 1845, zugetragen hatte. Von derselben „Gesellschaft" sei nämlich ein Umzug ausgegangen, „wovon einer einen katholischen Geistlichen vorstellen wollend, eine Spottlitaney vorgetragen, worauf die anderen geantwortet [haben]: ‚Nichts für uns, den Schöffen wollen wir nicht'". In Anbetracht der schwelenden politischen Auseinandersetzung wird man hierin weniger einen Angriff auf die katholische Kirche als eine weitere Äußerung von Unmut über den Schöffen Fröhlich und wohl auch über den mit ihm sympathisierenden katholischen Bürgermeister Weckbecker sehen müssen. Letzterer wollte laut den Beschwerdeführern angeblich von dem Aufruhr im Februar nichts gewusst haben und soll auch den „Unfug nicht gesteuert", also nicht verhindert haben. Auch der Landrat hielt dem angefeindeten Fröhlich die Treue, indem er die Ausschreitungen vor dem Haus des Schöffen eher als Nebeneffekt zweier Hochzeiten interpretierte, die von „früheren Gemeindevorstehern und deren Anhang" zum Anlass genommen worden seien, einen „würdigen Mann" zu kränken.

Der Kampf der Winnninger gegen den ungeliebten Schöffen hatte spätestens nach Einführung der Gemeindeordnung zum Erfolg geführt, als am 10. Juli 1846 Johann Adam Knaudt zum neuen Gemeindevorsteher gewählt wurde.[55]

6. Die Gemeinde im Einfluss der staatlichen Wirtschafts- und Finanzpolitik

Neben den Einschränkungen gemeindlicher Autonomie einerseits, zunehmender Bürokratisierung und staatlich verordneten Kontrollfunktionen andererseits wurde die Bevölkerung im Lauf des 19. Jahrhunderts auch von sozialen Umbrüchen erschüttert. Nachdem die entbehrungsreichen Jahre der französischen und alliierten Besatzung, in der die Bevölkerung überall auf dem linken Rheinufer unter Einquartierungen, Kontributionen und Requisitionen gelitten hatte, vorüber waren, sollten bereits die Jahre 1816/17 weitere materielle und soziale Einbußen nach sich ziehen. Ausgelöst durch schlechte Witterungsverhältnisse kam es durch den Ausfall von Ernten und den damit verbundenen Preisanstiegen vor allem bei Grundnahrungsmitteln in großen Teilen Westeuropas zu einer Hungersnot.[56] Auch in der Bürgermeisterei Winningen litten die Einwohner unter schlechten Ernten und den damit verbundenen Folgen. Bürgermeister Karl August Reinhardt schilderte in seinem monatlichen Verwaltungsbericht an den Landrat in Koblenz eindrucksvoll die Situation für April 1816: „Die Witterung waren diesen ganzen Monath durch meisten naß und kalt und dem Weinstock sehr schädlich, und die Aussicht zu einem guthen Herbst verschwindet immer mehr, diese schlechte Witterung ist auch der Kirschen Ernde wie dem andern Obst sehr nachtheilig, viel Korn und andres Grün ist im Feld verfault, die Winterfrucht stehet schlecht, und die naßkalte Witterung verzögert die Ernde, der Sommerfruch[t] ist auch bessere Witterung noethig, das Brod wird immer theurer

---

55 LHA Ko Best. 655,47, Nr. 297.
56 Alexander Stollenwerk, Der Regierungsbezirk Koblenz während der großen Hungersnot im Jahre 1816/1817, in: Jahrbuch für Geschichte und Kunst des Mittelrheins und seiner Nachbargebiete 1973, S. 109-110.

und der arme Wingertsmann und Tagloehner weis nicht, wo er das Geld zum Brod hernehmen solle".[57]

Die Schulchronik von Winningen berichtet, dass im Jahre 1817 durch Missernten im Sommer die Preise für Lebensmittel stark stiegen. „Ein Malter Mehl kostete am 24. März 23 Thaler; der höchste Preis eines Brodes war 40 Sou. Es wurde viel Korn, wahrscheinlich von der Ostsee hergebracht. Die Teuerung dauerte bis zu Ende 1818".[58]

Diese kritische Situation der Einwohner an der Mosel entspannte sich kurzzeitig durch die Verabschiedung des preußischen Zollgesetzes vom 26. Mai 1818. Hierdurch wurde für ganz Preußen ein einheitliches Zollgebiet ohne Binnenzölle geschaffen. Da Preußen seinen Weinbedarf vorwiegend aus dem eigenen Land deckte, profitierten auch die Winzer an der Mosel von dieser Regelung. Als sich jedoch im Jahr 1828 Preußen mit Hessen-Darmstadt zu einem Zollverein zusammenschloss und 1834 noch der Deutsche Zollverein begründet wurde, zeigte sich, dass der Moselwein dem freien Wettbewerb mit anderen Weinanbaugebieten nicht gewachsen war. Als Konsequenz gelangten immer häufiger preiswertere Weine aus nichtpreußischen Anbaugebieten wie Hessen oder der Pfalz nach Preußen.[59] Die Winzer an der Mosel litten unter enormen Absatzschwierigkeiten, und das daraus resultierende Überangebot an Moselwein ließ dessen Preise von Jahr zu Jahr sinken.

Der Bürgermeister von Winningen erwähnte bereits in seinem Bericht vom 25. November 1828 an den Landrat, dass „der Absatz an dießjährigem Wein ganz unbedeutend ist und dass der Winzer Wein, aber kein Brod im Hause hat und ganz verschuldet ist".[60] Ein halbes Jahr später, am 25. Mai 1829, betonte er, dass „sich der geldarme Winzer glücklich schätzt, wenn er irgendwo einmal eine Ohm [...] absetzen kann, um nur etwas Geld zu seinem nothdürftigen Lebensunterhalt und besonders zur Zahlung der Steuern in die Hände zu bekommen".[61] Am 24. Dezember 1838 verlieh der Bürgermeister schließlich seiner Hoffnung Ausdruck, „daß es den Bemühungen der höchsten Staatsbehörden gelingen möge, durch Eröffnung von Absatzwegen für den Wein dem früher so aufblühenden Wohlstand der Moselbewohner wieder aufzuhelfen".[62]

Neben den beschriebenen Absatzschwierigkeiten und dem Preisanstieg bei Nahrungsmitteln auf der einen Seite machte vor allem der hohe Steuerdruck den Winzern zu schaffen. Die Winzer zahlten im Vergleich zu den Landwirten unverhältnismäßig viel Grundsteuer. Die Diskrepanz wird in einem Bericht des Bürgermeisters von Winningen vom 22. Juni 1843 deutlich, in dem er mitteilt, dass der Reinertrag der Weinländereien per Morgen I. Klasse 24 Taler betrage, der Reinertrag der Ackerländereien hingegen etwa fünfmal geringer bei etwa 4 Taler 24 Silber-

---

57 LHA Ko Best. 655,47, Nr. 121.
58 LHA Ko Best. 716, Nr. 97, S. 46.
59 Karl Breuer, Ursachen und Verlauf der Revolution von 1848/49 im Moseltale und seinen Randgebieten, 1921, S. 4-5; Winter-Tarvainen, Weinbaukrise (wie Anm. 35), S. 55 ff.
60 LHA Ko Best. 655,47, Nr. 121.
61 Ebd.
62 Ebd.

groschen liege.⁶³ An der Jahreswende 1844/45 betonte der Bürgermeister, dass sich die Lage der Winzer nicht ändere, solange keine Gleichstellung bei der Besteuerung von Wein- und Getreideländereien erreicht werde und damit eine Herabsetzung der Klassensteuer erfolge. Denn der „Getreidebau ernährt jährlich seinen Besitzer [...], nicht aber so der Weinbau, welcher [...] 3mal höhere Grundsteuern zu entrichten hat und seinen Besitzer immer mehr herunterdrückt".⁶⁴

Da die Grundsteuerhöhe zugleich Bemessungsgrundlage für die Klassensteuer war,⁶⁵ bezahlten die Winzer automatisch auch höhere Klassensteuerbeiträge. Durch das Abgabengesetz vom 8. Februar 1819⁶⁶ war zudem neben anderen Steuern auch die Weinsteuer, die von dem Weinertrag und nicht vom Weinabsatz erhoben wurde, eingeführt worden. Über Jahrzehnte belastete diese „Moststeuer" die Winzer der Rheinprovinz ganz erheblich.⁶⁷ Bereits in seinem Bericht vom 22. Juli 1824 bat der Bürgermeister von Winningen den Landrat darum, „geneigtest höheren Orts dahin wirken, daß wegen Erhebung der Weinsteuer ein Ausstand bewilligt werden wolle" – eine Bitte, die wohl ungezählte Male von Bürgermeistern und auch von Landräten höheren Orts vorgetragen wurde, ohne viel zu bewirken.⁶⁸ Der durch die Steuerlast bedingte Geldmangel wurde in den 1840er Jahren noch dadurch verschärft, dass infolge von Missernten die Getreidepreise stark anstiegen. Gerade die auf Weinanbau spezialisierten Winzer waren – anders als Landwirte – gezwungen, Grundnahrungsmittel einzukaufen. Ihr geringer wirtschaftlicher Reinertrag reichte jedoch nicht aus, um den Bedarf an Lebensmitteln, deren Preise durch schlechte Wetterbedingungen kontinuierlich stiegen, zu decken. Hinzu kam, dass vor allem in den Jahren ab 1845 – wie in anderen Gebieten auch – in Winningen die Kartoffelfäulnis grassierte, die erneut in einer Hungersnot mündete. Der Winninger Einwohner Karl Sünner berichtete in seinem „Manual-Buch" in einem Eintrag von 1845, dass „als nun der September herbey kam und die Leut Kartoffeln gruben, fanden sie viele faule, einige hatten nur blos faule Flecken, faulten aber auch bald in den Kellern".⁶⁹ Nach seinen Angaben fiel die Kartoffelfäulnis im Jahr 1846 noch gravierender aus, denn auch die Kartoffeln, „die nicht faul waren, dauchten auch nicht viel, denn sie waren wasserich".⁷⁰

7. Die Revolution 1848/49 und die Folgen

Steuerdruck, bürokratische Gängelung und wirtschaftliche Krise machen verständlich, warum der Ausbruch der Revolution im Frühjahr 1848 besonders in der Moselgegend auf große Resonanz stieß. In Winningen hingegen blieben Protestaktionen aus, da sich die Gemeinde auf-

---

63 Ebd
64 Ebd.
65 Winter-Tarvainen, Weinbaukrise (wie Anm. 35), S. 49.
66 „Gesetz wegen Besteuerung des inländischen Branntweins, Braumalzes, Weinmostes und der Tabakblätter".
67 Emil Käding, Beiträge zur preußischen Finanzpolitik in den Rheinlanden während der Jahre 1815-1840 (=Studien zur Rheinischen Geschichte 8), 1913, S. 58.
68 LHA Ko Best. 655,47, Nr. 121. Die Weinsteuer wurde 1865 abgeschafft.
69 Ekkehard Krumme, Eine Winninger Chronik, in: Winninger Hefte 1 (1985), S. 27-65, hier: S. 39.
70 Ebd., S. 41.

grund ihrer konfessionellen Bindung an den König – er war ihr Kirchenherr – als besonders „königstreu" verstand. Besonders deutlich geht diese Einstellung aus privaten Aufzeichnungen hervor, die entstanden, als König Friedrich Wilhelm IV. im September 1842 die Rheinprovinz besuchte und am 19. September auf dem Weg von Koblenz nach Trier bei Wolken auch das Gebiet der Bürgermeisterei Winningen zum Radwechseln berührte: „Jung und Alt" standen an jenem Morgen schon bereit – „die Schuljugend mit ihren Lehrern an der Spitze; der Orts- und Bürgervorstand unter der Winninger Bürgerfahne, die zwei Geistlichen im Ornate an der Spitze" und andere –, um ihren König mit „einem dreimal wiederholten Hurra" zu empfangen. Drei in weiß gekleidete Jungfrauen und ein Winzer überreichten dem Königspaar Trauben, Bürgermeister Weckbecker bot ihm einen mit Wein gefüllten Pokal an, Pfarrer Schöler übergab mehrere Flaschen Wein. Nachdem man die königliche Gesellschaft mit einem weiteren lauten „Hurra" verabschiedet hatte, blieb die Winninger Abordnung ergriffen zurück: Man bildete einen Kreis, wie Pfarrer Schölers Sohn notierte, „und wir alle tranken aus dem Becher, aus dem soeben unser König getrunken [hatte] und von demselben Weine".[71]

Als Bürgermeister Weckbecker dem Landrat im September 1847 über die „große und innige Zuneigung und Verehrung der Moselbewohner [!] für Seine Majestät den König" versicherte, war dies eine Verallgemeinerung in beschönigender Absicht, denn die katholischen Gebiete an der Mosel waren aufgrund des konfessionellen Gegensatzes zur protestantischen Monarchie und aufgrund ihrer wirtschaftlichen Misere alles andere als von solchen Gefühlen erfüllt.[72] Dem entsprechend notierte der Winninger Schulchronist auch im Abschnitt über bemerkenswerte Ereignisse im Revolutionsjahr – nicht ohne Stolz –, dass „Winningen im Jahr 1848 eine der wenigen Orte war [!], welche sich durch Treue zum Könige auszeichneten".[73]

So ausgeprägt war dieses Bewusstsein, dass man in Winningen bei Ausbruch der Revolution im März 1848 allen Ernstes mit einem Angriff der ‚königfeindlichen' katholischen Umgebung rechnete. Der Winninger Winzer Karl Sünner notiert in seinem Tagebuch zu den Märzereignissen, dass „der Flecken Winningen" bei Ausbruch der Unruhen „sehr viel leiden" müsse. Eine verstärkte Propaganda gegen die evangelische Bevölkerung werde durch die Moselorte Dieblich und Kobern mit der Forderung betrieben, dass der Flecken gestürmt und „die Blauen", ein im Rheinland gebräuchlicher Begriff für die protestantische Bevölkerung, „vertilgt werden müssten". Aber es sei „doch keiner so kühn" gewesen, „die Winninger anzugreifen", vermerkte Sünner in seinen Aufzeichnungen schließlich.[74]

Weil die staatliche Ordnung damals ins Wanken geriet, wurde am 28. März 1848 auch in Winningen, wie in vielen anderen Orten und insbesondere in den Städten, eine Bürgerwehr eingerichtet. Treibende Kraft war dabei Hauptmann a.D. Heimert. Zur Begründung verwies er in einem Schreiben an Bürgermeister Liedel vom 27. März 1848 nicht nur auf die feindselige Einstellung der katholischen Nachbargemeinden, sondern auch auf mögliche Unruhestifter innerhalb der Gemeinde: „Wenn nun auch hiesigen Orts Aehnliches in nur kleinen Anfängen sich

---

71 Ekkehard Krumme, Winningen huldigt Friedrich Wilhelm IV, in: Winninger Hefte 5 (1995), S. 49-51.
72 LHA Ko Best. 655,47, Nr. 121.
73 LHA Ko Best. 716, Nr. 97, S. 51.
74 Krumme, Chronik (wie Anm. 69), S. 44.

kund gegeben, so ist bei den öffentlich und geheim versuchten Aufreizungen die Wiederkehr von Excessen um so mehr zu fürchten, als leider auch unter uns Subjekte niederer Gesinnung weilen. Aber auch von Außen her haben, durch religiöse Verschiedenheit erzeugt, leider sehr ernste Drohungen gegen hiesige Bewohner stattgefunden, die ebenso dringende Beherzigung verdienen. Um nun allen derartigen Wechselfällen vorzubeugen und den Bürgern eine sichere Gewähr zu geben, halte ich die Bildung eines Schutzvereins aus den besseren und wohlgedienten Bürgern für nothwendig [...]". Um jeglichen „Frevelmuth" zu unterdrücken, empfahl Heimert, Waffen bei der Regierung zu erbeten und die „deutsche Flagge" als Zeichen der Königstreue zu hissen.[75]

Dieser Empfehlung folgte der Gemeinderat von Winningen in seiner außerordentlichen Sitzung am 28. März 1848, in der die Beschlüsse hinsichtlich der Organisation der Bürgerwehr gefasst wurden.[76]

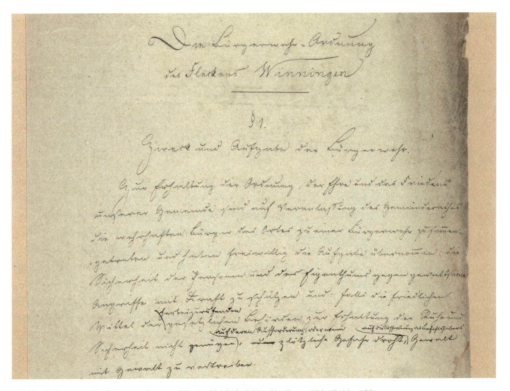

Abb. 3: Statuten der Bürgerwehr vom 16. April 1848 (LHA Ko Best. 655,47, Nr. 158).

Bereits am nächsten Tag kontaktierte Bürgermeister Liedel das Koblenzer General-Kommando, um die nötigen Waffen zu erhalten. Seine Begründung deutete an, dass neben dem konfessionellen Gegensatz auch ein sozialer Unterschied zwischen den Konfessionen existierte, welcher sich nun auf gefährliche Weise gegen die Winninger entladen könnte: „Unter den gegenwärtigen Zeitverhältnissen, bei welchen die unzufriedenen Besitzlosen sich zu einer täglich gefähr-

---

75 LHA Ko Best. 655,47, Nr. 158.
76 LHA Ko Best. 655,47, Nr. 297.

licher werdenden Macht gestalten, hat auch hier in dem 1626 Seelen zählenden Flecken Winningen die Vorsicht es erheischt, daß [...] eine Bürgerwehr organisiert wurde. Die Vorsicht gebot dies hier umso dringender, als die Einwohner des Fleckens in confessioneller Beziehung, als evangelische Christen, von den umliegenden Ortschaften sich gänzlich abgesondert fühlen und bei diesem Umstand sich leichter den Befürchtungen hingeben, welche die Möglichkeit eines Ausfalles und Plünderungs-Versuches von Seiten der so genannten Proletarier der Stadt Coblenz und der nahliegenden Ortschaften einflößt. Der Gemeinderath hat mich beauftragt, [...] um hochgeneigte Überlassung von 100 Gewehren aus dem Militair-Waffen-Depot zu bitten".[77]

Das zuständige Koblenzer General-Kommando veranlasste daraufhin die gewünschte Bewaffnung der Sicherheitswache zur Aufrechterhaltung von Ruhe und Ordnung und zur Verteidigung vor eventuellen Übergriffen katholischer Nachbardörfer. Am 7. April 1848 vermerkte Bürgermeister Liedel die Anlieferung von 100 Gewehren an die Gemeinde Winningen.[78]

Ob nun die Angst der Winninger vor einem Angriff aus dem katholischen Umland so tief gesessen hat oder ob sie gar an der Bürgerwehr – als ein Stück neuer kommunaler Eigenständigkeit – mittlerweile Geschmack gefunden hatten – die Gemeindevertretung jedenfalls lehnte, als der Landrat am 1. Juli 1849 die Waffen zurück forderte, dies zunächst einmal ab. Besonders der ehemalige Führer der Bürgerwehr Hauptmann a.D. Heimert sowie der Beigeordnete Krämer stachelten die Bürgerwehrmänner zum Boykott gegen die Auflösung der Bürgerwehr an. Für Heimert kam die Abgabe der Waffen einer Ehrverletzung gleich, wie sein Appell an die Bürgerwehrmänner zum Ausdruck brachte: „Wer noch Ehre im Leibe hat, gibt sein Gewehr nicht ab". Frustration über mangelnde Gefolgschaft hatte Heimert kurze Zeit zuvor veranlasst, seinen Posten als Führer der Bürgerwehr aufzugeben. Indem er an die Ehre eines jeden Einzelnen appellierte, hoffte er offenbar, die Bürgerwehrmannschaft erneut hinter sich zu versammeln.

„Mit Mißfallen" vernahm der Landrat in einem Schreiben vom 10. August 1849 „das Benehmen der Bürgerwehrmänner der Gemeinde Winningen". Es sei dies umso bedauerlicher, „als die Einwohner der Gemeinde Winningen sich bisher durch gutes Verhalten und durch Achtung des Gesetzes und der Obrigkeit ausgezeichnet haben". Unter Berufung auf das Gesetz über die Errichtung der Bürgerwehr vom 17. Oktober 1848[79] drohte er, dass, sofern die Abgabe der Waffen nicht binnen 48 Stunden erfolge, ein Militärkommando nach Winningen gesandt werde. Diese Mahnung wiederum schien die Winninger nun doch zu beeindruckt zu haben, denn am 14. August 1849 wurden die Waffen, insgesamt 100 Infanteriegewehre, 17 Krätzer[80] und 48 Feuersteine, an das Artilleriedepot in Koblenz abgeliefert. Allerdings behielt die Gemeinde acht Krätzer und 152 Feuersteine – vermutlich zur eigenen Sicherheit – zurück. Diese wurden ihr vom Landrat in Rechnung gestellt.[81]

---

77 LHA Ko Best. 655,47, Nr. 158.
78 Ebd.
79 Gesetz-Sammlung für die Königlichen Preußischen Staaten, 1848, Nr. 47, S. 289-310.
80 Werkzeug zur Reinigung des Gewehrrohres bzw. zur Entfernung der Patronenhülsen.
81 LHA Ko Best. 655,47, Nr. 158.

Der Versuch, durch die Revolution von 1848/49 einen demokratisch verfassten, einheitlichen deutschen Nationalstaat zu schaffen, ist bekanntlich misslungen. Als eine aber durchaus bedeutsame Auswirkung der Revolution kann man jedoch den Erlass einer neuen Gemeindeordnung im Jahre 1850 bezeichnen. Die Gemeindeordnung von 1845 war auf wenig Gegenliebe in den Gemeinden des Rheinlandes gestoßen, hatte sie doch die lang ersehnten Hoffnungen auf mehr kommunale Selbstverwaltung enttäuscht und stattdessen das Dreiklassenwahlrecht eingeführt. Sogar die „loyalen Einwohner Winningens" zeigten mitunter ihre Abneigung dagegen deutlich, was auch Bürgermeister Liedel in seinem Bericht an den Landrat vom 25. September 1849 vermerkte. An den Erneuerungswahlen für den Gemeinderat der Gemeinde Winningen im September 1849 beteiligten sich beispielsweise von den 89 Meistbeerbten der III. Klasse nur 7, von 52 der II. Klasse nur 9 und von 32 der I. Klasse nur 13.[82]

Die neue Gemeindeordnung von 1850 bot zwar den Gemeinden größere Selbstverwaltungsrechte, doch die darin enthaltene Möglichkeit, dass sich Gemeinden mit Nachbargemeinden zu Gesamtgemeinden zusammenschließen konnten, um Verwaltungskosten zu senken (§ 126), stieß in Winningen, wo man ja noch vor zwei Jahren einen Angriff des katholischen Umlandes erwartet hatte, auf wenig Begeisterung. Der Gemeinderat erklärte in seiner Sitzung vom 22. April 1850, „daß weder Bedürfniß noch Neigung zur Vereinigung der Gemeinde Winningen mit einer andern Gemeinde vorhanden sey".[83]

Auch kam es in der Sitzung des Gemeinderates Winningen vom 27. Juni 1850 – einer der ersten Sitzungen nach Erlass der neuen Gemeindeordnung – bereits wegen unterschiedlicher Auffassungen über deren Umsetzung zu Reibereien zwischen Bürgermeister Liedel und dem Gemeinderatsmitglied Dr. Arnoldi. Dieser forderte, dass die Anzahl der Gemeinderatsmitglieder von sechs auf zwölf erhöht wird, was – gemäß der neuen Gemeindeordnung – der Gemeinderat bei Bedarf beschließen konnte. Da er sich bereits mit seinem Anliegen an den Landrat gewandt hatte, dessen Bescheid „ihn jedoch nicht befriedige", forderte er nun, dass Bürgermeister Liedel den Gemeinderat über seinen Antrag abstimmen lässt. Dieser sah sich jedoch „weder befugt noch veranlaßt [...], gegenwärtig über diese Sache abstimmen zu lassen", was wiederum Arnoldi veranlasste, aus dem Gemeinderat auszuscheiden. Erst 1855 gelang es, nach mehrmaligen Anträgen des Gemeinderates, die Anzahl der Gemeinderatsmitglieder auf 12 zu erhöhen.[84]

Die Gemeindeordnung von 1850 wurde bereits 1856, ohne dass sie nachhaltige Veränderungen bewirken konnte bzw. überhaupt richtiggehend hier eingeführt wurde, durch das Gemeindeverfassungsgesetz ersetzt, welche faktisch die Gemeindeordnung von 1845 erneut in Kraft setzte.

8. Wahlen und Politik 1850-1918

Als im Oktober 1856 in Folge der Wiedereinführung der alten Gemeindeverfassung Gemeinderatswahlen stattfanden, war die Wahlbeteiligung so gering, dass sogar Wähler herbeigerufen

---

82 LHA Ko Best. 655,47, Nr. 121.
83 LHA Ko Best. 655,47, Nr. 297.
84 Ebd.

werden mussten, damit die Wahlen überhaupt als gültig angesehen werden konnten. Bürgermeister Liedel sah darin nicht nur einen Beweis, „wie wenig sich das Publicum für die Wahlen interessiert", sondern auch die Gefahr, „wie leicht es geschehen könnte, daß gerade die Ungeeignetsten, die größten Krakehler, gültig gewählt werden, solange nicht die Bestimmung abgeändert wird, wonach zur Gültigkeit einer Wahl nur so viele Wähler erforderlich [sind], als Gemeindeverordnete zu wählen sind".[85] Es scheint daher eher verwunderlich, folgert Liedel, „daß [...] in Folge dieser Bestimmung [...] die Gemeinderäthe [nicht] aus lauter Schund bestehen".[86]

In den Folgejahren blieb die Wahlbeteiligung bei den Gemeinderatswahlen auf sehr niedrigem Niveau, was auch mit der Tatsache in Zusammenhang steht, dass die Wahlen immer an Werktagen – also an Arbeitstagen – stattfanden.[87] Der öffentliche Abstimmungsmodus mochte ebenfalls abschreckend gewirkt haben: Die Wähler wurden ihrer Steuerleistung nach von oben nach unten zur Stimmabgabe aufgerufen. Nach Meinung des Bürgermeisters Liedel war die Wahlbeteiligung vor 1850 vor allem deswegen weitaus höher, weil noch „mittelst verdeckter Stimmzettel" gewählt wurde.[88] Für die Gemeinde Winningen traf dies allerdings nicht zu, denn hier waren die Wähler auch schon vor Erlass der Gemeindeordnung von 1845 gehalten, ihre Stimmzettel eigenhändig zu unterschrieben, was insbesondere für minderbemittelte Bürger zwangsläufig zu Interessenkonflikten und damit zur Einschränkung ihrer Wahlfreiheit führen musste.[89]

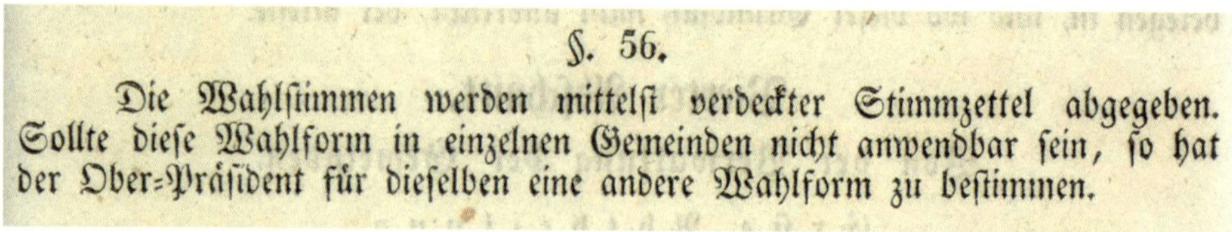

> §. 56.
> Die Wahlstimmen werden mittelst verdeckter Stimmzettel abgegeben. Sollte diese Wahlform in einzelnen Gemeinden nicht anwendbar sein, so hat der Ober-Präsident für dieselben eine andere Wahlform zu bestimmen.

Abb. 4: § 56 Gemeindeordnung für die Rheinprovinz vom 23. Juli 1845 (LHA Ko, V 186, 1845, S. 537).

Wie die Gemeindevertreter, so gingen auch die Mitglieder des Preußischen Abgeordnetenhauses aus einem indirekten und ungleichen Wahlverfahren hervor, indem sie in einer Wahlmännerversammlung gewählt wurden, deren Zusammensetzung das Resultat der vorhergegangenen Urwahlen verkörperte. Bei den Urwahlen zum Abgeordnetenhaus am 27. September 1855 wählten in Winningen in der ersten Abteilung nur 27 Höchstbesteuerte, die ein Drittel des Steueraufkommens, nämlich 830 Reichstaler 21 Silbergroschen zahlten, deswegen aber nur 7,4 % der Wahlberechtigten verkörperten. In der zweiten Klasse waren 85 Bürger vertreten,

---

85 LHA Ko Best. 655,47, Nr. 121 (Verwaltungsbericht für Oktober/November 1856); Gesetz-Sammlung für die Königlichen Preußischen Staaten, 1945, § 53 der Gemeindeordnung für die Rheinprovinz vom 23. Juli 1845, S. 536.
86 LHA Ko Best. 655,47, Nr. 121 (Verwaltungsbericht für Februar/März 1860).
87 Paul Schmidt, Die Wahlen im Regierungsbezirk Koblenz 1849 bis 1867/69 (=Rheinisches Archiv 79), 1971, S. 390.
88 LHA Ko Best. 655,47, Nr. 122 (Verwaltungsbericht für IV. Quartal 1880); Gesetz-Sammlung für die Königlichen Preußischen Staaten 1945, § 56 der Gemeindeordnung für die Rheinprovinz vom 23. Juli 1845, S. 537.
89 LHA Ko Best. 403, Nr. 532, S. 285-288; vgl. Beschwerde Winninger Bürger 1845.

die 23,4 % der Wahlberechtigten ausmachten, während in der dritten Klasse die übrigen 252 Urwähler mit 69,2 % (!) zusammengefasst wurden.[90]

Die ungleichen Chancen der Wähler dürften auch hier für die geringe Wahlbeteiligung verantwortlich gewesen sein. So lag der Landkreis Koblenz 1852 mit einer Wahlbeteiligung von 14,3 % zwar noch etwas höher als der Durchschnitt im Regierungsbezirk, doch in der Bürgermeisterei Winningen lag die Wahlbeteiligung nur bei 5,8 %, und in der Gemeinde Winningen schritten gar nur 3 % zur Urne.[91] Auch in den Folgejahren 1855 und 1858 lag die Wahlbeteiligung nur bei etwa 5 %, also deutlich unter dem Durchschnitt von Regierungsbezirk und Landkreis.[92]

Die für den Wahlbezirk Winningen gewählten sechs Wahlmänner traten am 8. Oktober 1855 auf Wahlkreisebene zusammen, um zwei Abgeordnete zu wählen. Wie die Winninger Wahlmänner sich entschieden haben, geht aus den Wahlakten nicht hervor, an Weisungen der Urwähler waren sie aber nicht gebunden. Als Wahlsieger auf Kreisebene gingen die Kandidaten der katholischen Fraktion und der Liberalen hervor.[93]

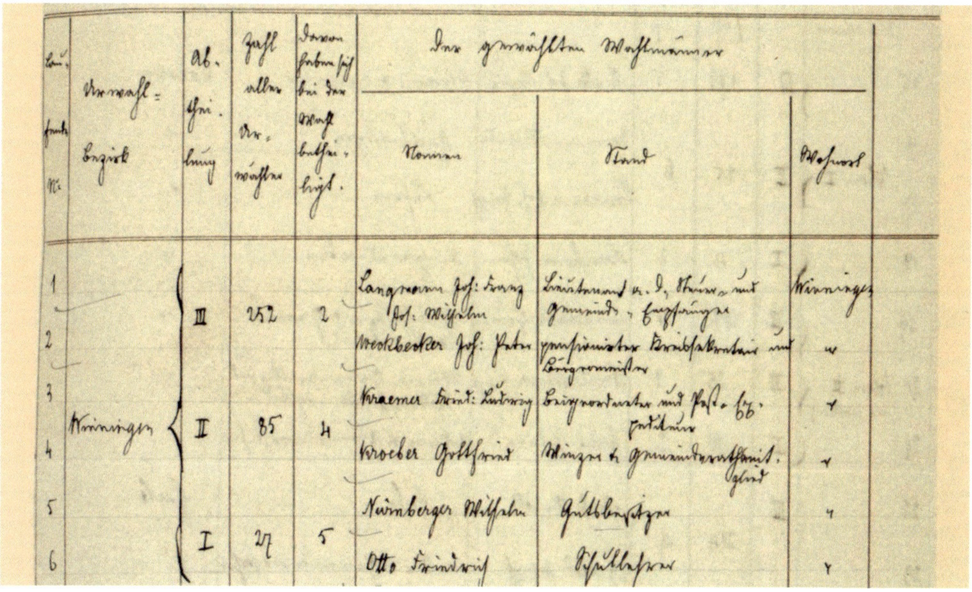

Abb. 5: Resultat der Urwahlen für das Haus der Abgeordneten vom 27. September 1855 für die Gemeinde Winningen (LHA Ko Best. 441, Nr. 8300, S. 395).

Eine Dauerlast für die Gemeinden der Bürgermeisterei Winningen stellte nach wie vor der hohe Steuerdruck dar, der – verstärkt durch die Einquartierungslasten – 1860 dermaßen unerträglich geworden war, dass die Bürgermeistereiversammlung sich mit einer Petition an das

---

90 LHA Ko Best. 441, Nr. 5463.
91 LHA Ko Best. 441, Nr. 8300, S. 395.
92 LHA Ko Best. 655,47, Nr. 122 (Verwaltungsbericht für Oktober/November 1861); Best. 441, Nr. 8300, S. 395.
93 Schmidt, Wahlen (wie Anm. 87), S. 187-188 (Landgerichtsrat von Thimus für die Katholiken und Medizinalrat Dr. Wegeler für die Liberalen).

Preußische Abgeordnetenhaus wandte mit der Bitte um eine aus ihrer Sicht gerechtere Lastenverteilung. Denn – so argumentierte Liedel – die Rheinprovinz sei bei deren Besitznahme als „Schutzmauer" für die Sicherheit Deutschlands bezeichnet worden, daher erscheine es den Bewohnern der Rheinprovinz nur gerecht, dass alle Provinzen des Staates diesen Schutzwall verteidigen und entsprechende finanzielle Opfer bringen. Das Gesuch fand jedoch höheren Orts kein Gehör. Begründet wurde die Ablehnung damit, dass beim Innenministerium aus anderen Provinzen keine ähnlichen Anträge eingegangen seien und daher wohl auch kein Regelungsbedürfnis vorhanden sei.[94]

Die zunehmende Unzufriedenheit in der Bevölkerung wurde darüber hinaus durch die Erhebung außerordentlicher Zuschläge auf die Klassen- und Einkommensteuer abermals verstärkt.[95] Bürgermeister Liedel befürchtete infolgedessen einen wachsenden Einfluss des 1859 aus Zusammenschluss von Liberalen und Demokraten entstandenen Nationalvereins, dessen Bereitschaft zur Erhöhung der öffentlichen Ausgaben, besonders diejenigen für das Militär, ausgesprochen gering war: „In Bezug auf die bevorstehenden Landtagswahlen glaube ich bemerken zu können, das die loyalen Unterthanen in unangenehmer peinlicher Lage sich fühlen werden. Zählt auch der sog. Nationalverein bis jetzt keine activen Mitglieder in unseren Landgemeinden, so wird es doch nicht fehlen, daß er auch hier zur rechten Zeit seinen Einfluß auf die Wahlen geltend machen wird [...]. Wenn dem schlichten Landmann die politische Tendenz und die geistigen Güter [des Nationalvereins] ziemlich fremd bleiben, so reduziert sich sein Interesse [...] auf seinen Geldbeutel und da wird der Nationalverein ein wirksames Agitationsmittel finden, die Wahl auf Männer zu lenken, welche zur Erhöhung des Staatsbudgets keine Willfährigkeit zeigen [...]".[96]

Die am 19. November 1861 stattgefundenen Urwahlen fanden in der Gemeinde Winningen eine vergleichsweise hohe Wahlbeteiligung (9,8 %), die Bürgermeister Liedel mit dem zeitlichen Zusammentreffen von Wahl und Kirmes erklärte. Alternativ deutete er als Ursache für die rege Wahlbeteiligung auch eine mögliche Protesthaltung der Winninger an, nämlich dass sie „deshalb zahlreicher zur Wahl getrieben wurden, weil das vorige Mal einer ihrer Wahlmänner für die Candidaten des katholischen Wahl-Comités gestimmt hatte".[97] Die anschließenden Abgeordnetenwahlen am 6. Dezember 1861 schienen seine Befürchtungen in puncto liberalem Einfluss zu bestätigen, denn auf Landkreisebene wählten die Wahlmänner gleich zwei liberale Vertreter, die im Abgeordnetenhaus der regierungsfeindlichen Fortschrittspartei beitraten: Philipp Jakob Caspers und Jakob Raffauf, beide Kaufleute aus Koblenz.[98] Das katholische Zentrum hingegen verlor im Regierungsbezirk Koblenz insgesamt drei von vier Abgeordnetensitzen an die 1861 gegründete liberale Fortschrittspartei, die sich in ihrem „Kölner Programm" zwar entschieden zu Königs- und Verfassungstreue bekannte, aber gerade letzteres aus dem

---

94　LHA Ko Best. 655,47, Nr. 121 (Verwaltungsberichte für Februar/März 1860 und April/Mai 1860).
95　Ebd. (Verwaltungsbericht für Dezember 1860/Januar 1861).
96　LHA Ko Best. 655,47, Nr. 122 (Verwaltungsbericht für Juni/Juli 1861).
97　Ebd. (Verwaltungsbericht für Oktober/November 1861).
98　Schmidt, Wahlen (wie Anm. 87), S. 237 ff.

Grunde, weil sie über das Parlament die Regierung zur Verminderung der Steuerlasten zwingen wollten.[99]

1862 zwang die oppositionelle Einstellung einer Mehrheit der Abgeordneten zur Frage der Militärdienstpflicht und der Erhöhung des Militärbudgets den König zur Auflösung des Abgeordnetenhauses bzw. zu Neuwahlen im April/Mai 1862. Wenngleich diese Maßnahme „auf dem Lande keine wirkliche Erregung der Gemüther hervorgerufen"[100] hatte, wurde die Frage der Heeresreform wegen ihrer finanziellen Auswirkungen auf die Steuerzahler hier dennoch mit Nachdruck diskutiert. So warnte Bürgermeister Liedel, in seinem katholisch-konservativen Herzen sicherlich auch kein Freund des protestantischen Militärstaates, seinen Vorgesetzten vor einer Verbindung von konservativem Landvolk und den bürgerlichen Liberalen der Fortschrittspartei: „Das Landvolk ist conservativ und [...] beschränkt sich auf den Wunsch, in Ruhe und Frieden zu leben und möglichst wenig zu bezahlen [...], so schließt das nicht aus, daß sie entschieden gegen das hohe Militairbudget sind [...]. Sie sind darin noch entschiedener und zäher als die sog. Parthei des Fortschrittes...".[101] Auch hindere der „friedliche loyale Charakter der Moselaner...[sie] nicht, daß sie fortwährend in dem Conflicte zwischen [...] Staatsregierung und [...] Abgeordnetenhause auf der Seite der Letzteren stehen [...]".[102] Alles in allem spreche sich die Mehrheit der Bevölkerung für eine Kürzung des Militärbudgets sowie der dreijährigen Militärdienstzeit aus.[103] Allerdings musste Liedel einräumen, dass er keine exakte Kenntnis davon habe, „wie in den Wirtsstuben darüber discutiert wird, da er dieselben nicht besuche".[104]

Sowohl die Urwahlen am 28. April 1862 in der Bürgermeisterei Winningen als auch die Abgeordnetenwahlen am 6. Mai 1862 auf Landkreisebene fielen der von Weckbecker beschriebenen Stimmung entsprechend mehrheitlich „regierungsfeindlich" aus. Trotz einiger Konzessionen von Seiten der Regierung – wie beispielsweise der Wegfall des 25%igen Klassensteuerzuschlages und eine Spezialisierung des Staatshaushaltes, was nach Ansicht der Mehrheit der Wähler in der Bürgermeisterei Winningen als Verdienst der Fortschrittspartei gewertet werden musste[105] – war eine Verschärfung des Regierungskonfliktes nicht mehr abzuwenden. Da kein Kompromiss in Sicht war und der Monarch bereits mit dem Gedanken an Abdankung spielte, wurde bekanntlich Otto von Bismarck mit dem Amt des Ministerpräsidenten betraut, was im liberalen Lager helle Empörung auslöste. Bismarck löste den Machtkampf zwischen Parlament und Krone in antiparlamentarischer Manier: Nach Ablehnung des Militärhaushalts durch die Liberalen regierte er unter Bruch der Verfassung ohne Budget, führte die Heeresreform durch und lenkte durch seine Außenpolitik vom Konflikt ab.

---

99 Ebd., S. 224 f. Im Interesse einer nachhaltigen Kriegsführung forderte die Fortschrittspartei für den Militäretat in Friedenszeiten größte Sparsamkeit, in Kriegszeiten hingegen neben der Aufrechterhaltung der Landwehr die Einführung einer körperlichen Ausbildung der Jugend sowie eine Erhöhung der Aushebung der waffenfähigen Mannschaft bei zweijähriger Dienstzeit.
100 LHA Ko Best. 655,47, Nr. 122 (Verwaltungsbericht für Februar/März 1862).
101 Ebd. (Verwaltungsbericht für Februar/März 1862).
102 Ebd. (Verwaltungsbericht für Februar/März 1863).
103 Ebd. (Verwaltungsberichte für Juni/Juli 1862 und Februar/März 1865).
104 Ebd. (Verwaltungsbericht für Juni/Juli 1863).
105 Ebd. (Verwaltungsbericht für April/Mai 1862).

Die Verhärtung der Fronten führte schließlich zu einer erneuten Auflösung des Abgeordnetenhauses durch Bismarck, was im Oktober 1863 Neuwahlen nach sich zog. Im Wahlkreis Koblenz-St. Goar brachte der Ausgang dieser Wahlen Erfolge für die oppositionellen Linksliberalen, die wiederum mehrheitlich auch seitens der Winninger Wahlmänner gewählt worden waren.[106] Die beiden im Wahlkreis Koblenz-St. Goar gewählten Abgeordneten Philipp Jakob Caspers und Jakob Raffauf gehörten in der Kammer der Abgeordneten der Fortschrittspartei an.[107] Insgesamt erreichten die Liberalen bei den Abgeordnetenwahlen im Oktober 1863 zwei Drittel der Stimmen.

Das allgemein schwindende Interesse an den Auseinandersetzungen zwischen Volksvertretung und Krone zeigte sich auch in der Bürgermeisterei Winningen. So war zwar Bürgermeister Liedel der Meinung, dass der Kampf der Armee im sog. Deutsch-Dänischen Krieg eine gelungene Vereinigung der „Söhne aus den verschiedenen Provinzen" als Kinder eines Landes in „Leiden und Ruhm" herbeigeführt habe[108] und die öffentliche Stimmung durch den Sieg „günstig" beeinflusst worden sei – den „ortsangehörigen Kriegern" seien auch „Ehrengaben" gesandt worden –, aber ein günstiges Resultat bei den anstehenden Wahlen erwartete er deswegen nicht.[109]

Unabhängig von den eher gegen die Regierung gehenden politischen Trends waren die örtlichen Autoritäten und Honoratioren bemüht, sich als staatstreu in Szene zu setzen, etwa dadurch, dass der Geburtstag des Königs in althergebrachter Weise mit Böllerschüssen gefeiert wurde.[110] Wie sehr man gerade in Winningen Wert darauf legte, Treue zum König zu demonstrieren, manifestiert sich in einer „Adresse",[111] die anlässlich des 50jährigen Jubiläums der Vereinigung des Rheinlandes mit Preußen von Vertretern der Bürgermeisterei an den König gerichtet wurde, um die „Anhänglichkeit, Treue und Liebe der Einwohner" zum Königshaus zu bekunden. Bürger der Winninger Oberschicht, sog. Notabeln, versammelten sich aus diesem Anlass zu einem patriotischen Festmahl.[112]

Die Wahlen des Jahres 1866 standen im Schatten des zwischen Preußen und Österreich drohenden Krieges. Während die Urwähler der Bürgermeisterei Winningen 1863 noch sämtlich liberal für die Abgeordneten Caspers/Raffauf und die Fortschrittspartei gestimmt hatten, konnte das konservative Lager 1866 immerhin ein Drittel der Wahlmänner in den zwei Winninger Wahlbezirken für sich gewinnen.[113] Als der Krieg ausbrach, waren die Sympathien der Bevölkerung zunächst nach ihrer konfessionellen Orientierung verteilt: Während die katholische Bevölkerung einen Sieg Österreichs wünschte, stand die evangelische Bevölkerung der

---

106 LHA Ko Best. 441, Nr. 4170, Nr. 4196.
107 Schmidt, Wahlen (wie Anm. 87), S. 290.
108 LHA Ko Best. 655,47, Nr. 122 (Verwaltungsbericht für Oktober/November 1864).
109 Ebd. (Verwaltungsberichte für April/Mai und Juni/Juli 1864).
110 Ebd. (Verwaltungsbericht für Februar/März 1865).
111 Ehrenschreiben, Huldigung.
112 LHA Ko Best. 655,47, Nr. 122 (Verwaltungsbericht für April/Mai 1865).
113 LHA Ko Best. 441, Nr. 4196. Laut Wahlmännerlisten des Kreises Koblenz wählten die Winninger Wahlmänner zum ersten Abgeordneten Caspers gegen v. Olfers mit 4:2 Stimmen und zum zweiten Abgeordneten Raffauf gegen Marée mit 4:2 Stimmen.

Rheinprovinz natürlich auf der Seite ihres Landesbischofs, des Königs von Preußen. Wie sehr sich damals auch das Verhältnis der Konfessionen im Alltag zuspitzte, geht aus einem Brief der Winninger Bürgerin Henriette Richter an ihren in der preußischen Armee stehenden Mann Wilhelm hervor. Schon unter dem Eindruck der österreichischen Niederlage schrieb sie: „Es hat nun den Katholiken ihr Kollektihren und Geldsammeln für Oestreich nicht viel verholfen [...]. Du kannst Dir nicht denken, wie die Katholiken so falsch waren. Sie drückten sich [so] aus: ‚Die Winninger Ketzer bekommen alle die Hälse abgeschnitten.' Sie hatten vor, wenn Oestreich gewonnen hätte, uns zu rauben und zu plündern; sie riefen sogar – uns damit meinen zu ärgern: ‚Es lebe Franz Joseph von Oestreich!'"[114] Was auch immer hierbei real war oder eben nur, wie seinerzeit bei Ausbruch der Revolution 1848, auf Einbildung beruhte – fanatische Gemüter gab es bei beiden Konfessionen. So schrieb der nachdenkliche und philosophisch veranlagte Adolph Richter dem noch im Felde stehenden Bruder Wilhelm angesichts der Aussicht auf dessen baldige Rückkehr: „Wenn Du aber glücklich hier bist, sei nicht so offenherzig gegen die Neugierigen, denn Du weißt nicht, was wir in Winningen für dumme fanatische Menschen haben. Ich habe sie die verflossene Zeit kennengelernt [...]. Wenn Du hier nicht sagen kannst, Du hättest Schuß für Schuß und Stich für Stich einen Oesterreicher erlegt, so warst Du kein tüchtiger [Soldat], denn der Haß gegen Oesterreich und die anderen Preussen[feinde] ist sehr groß."

Entsprechend dem für Preußen erfolgreichen Kriegsausgang sollte die Rückkehr der Winninger Kriegsteilnehmer am 21. Oktober 1866 mit einem Festessen im Hotel Hoffbauer gebührend gefeiert werden. Zur Bewirtung bewilligte der Gemeinderat für jeden Kriegsteilnehmer ein Viertel Wein und ein Gedeck (Couvert). Außerdem sollte die Musik aus der Gemeindekasse bezahlt werden.[115]

Vergegenwärtigt man sich, wie sehr die konfessionellen Gegensätze zwischen Protestanten und Katholiken die politischen Loyalitäten festlegten, so blieb für Winningen auch im 19. Jahrhundert noch die jahrhundertealte Isolation erhalten. Ab 1870 war der Wahlkreis Koblenz-St. Goar trotz aller Bestrebungen von Seiten der Regierung bzw. ihrer Vertreter ununterbrochen in der Hand der katholischen Zentrumspartei.[116] Dagegen war die „politische Vertretung" mittels Wahlmänner auf der Ebene des Urwahlbezirks Winningen hartnäckig liberal, d. h. dem Zentrum und der katholischen Kirche entgegengesetzt. Bei den Ersatzwahlen im Jahr 1869 wurden laut Wahlmännerlisten in Winningen noch drei Stimmen für den nationalliberalen Gutsbesitzer Trapp und drei Stimmen für den linksliberalen Bergrat a.D. Engels abgegeben; bis zum 1. Weltkrieg gab es dann in Winningen abteilungsübergreifend (!) eine eindeutige Stimmenmehrheit für die etwas konservativeren Nationalliberalen, welche ab der Reichsgrün-

---

114 Dies und das folgende bei Ekkehard Krumme, Feldpostbriefe als Dokumente evangelischer Glaubenshaltung im Kriegsjahr 1866, in: Siglinde Krumme (Hg.), Ein niederrheinischer Moselaner. Biographische Aufzeichnungen – Festschrift für Ekkehard Krumme (=Winninger Hefte 8), 2004, S. 180-191, hier: S. 189-190.
115 LHA Ko Best. 655,47, Nr. 297, S. 277.
116 Thomas Kühne, Handbuch der Wahlen zum preußischen Abgeordnetenhaus 1867-1918, 1994, S. 761.

dung vom 18. Januar 1871 die Regierung Bismarck unterstützten.[117] Dagegen stimmten die katholischen Gemeinden in der Bürgermeisterei Winningen auch weiterhin „ungespalten im Sinne des Centrums"[118] und stellten auf Wahlkreisebene bis 1918 die Abgeordneten.[119]

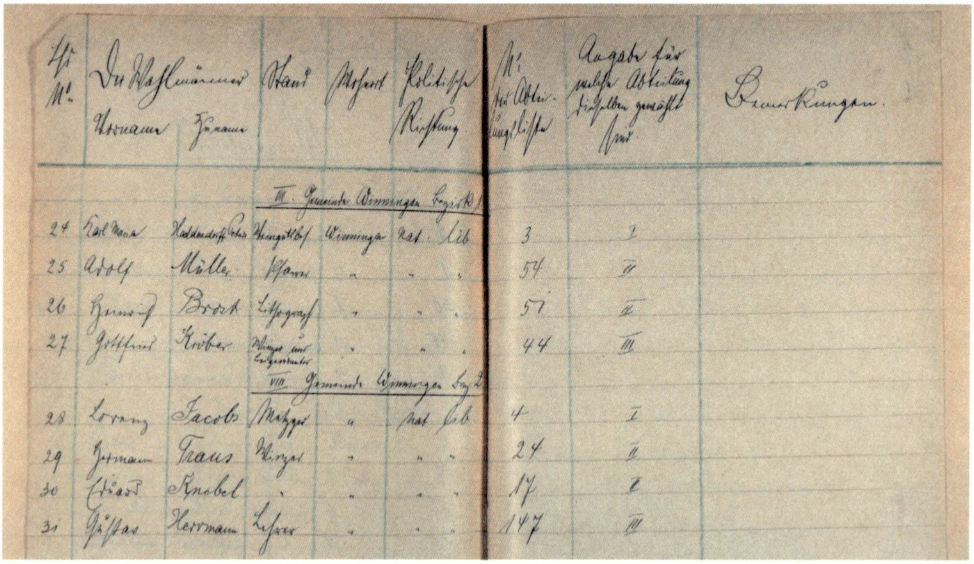

Abb. 6: Wahlmännerliste für die Wahlbezirke der Gemeinde Winningen 1 und Winningen 2 vom [3.] Juni 1908 (LHA Ko Best. 655,47 Nr. 510).

Die Jahre zwischen 1871 und 1878 waren in Preußen und insbesondere in der Rheinprovinz vom „Kulturkampf" geprägt, einer heftigen politischen Auseinandersetzung zwischen protestantischem Staat und nationalliberaler Regierungspartei mit der katholischen Kirche. Wenngleich Winningen als protestantische Gemeinde davon nicht unmittelbar betroffen war, so geriet doch die Amtsführung des katholischen Bürgermeisters Liedel nun in das Visier vorgesetzter Behörden. So hatte der Koblenzer Landrat Raitz von Frentz grundsätzliche Bedenken hinsichtlich der politischen Zuverlässigkeit des Bürgermeisters. In seiner Berichterstattung an die Regierung Koblenz führt er aus, wie wenig er mit der Mitwirkung des Bürgermeisters Liedel bei der Bekämpfung der katholischen Agitation rechne.[120] Liedels Verwaltungsberichte, so der Landrat, ließen deutlich erkennen, dass er auf Seite der Katholiken stehe und sich als deren Sprachrohr verstehe. So beschreibe der Bürgermeister die öffentliche Stimmung in seinem Bezirk, bedingt durch den „höchst betrübenden Zwiespalt zwischen Staat und Kirche", als „gedrückt" und „verstimmt", obwohl von Frentz davon überzeugt war, dass der „Referent" bei dieser „subjektiven", „verbissenen" und von „ultramontaner Anschauungsweise" (dies bezog sich auf die Rom-Orientierung der Katholiken) gefärbten Schilderung mitnichten den Eindruck

---

117 LHA Ko Best. 441, Nr. 4253, Nr. 4302, Nr. 4341, Nr. 4378, Nr. 4426, Nr. 4465, Nr. 4504, Nr. 4428; Best. 655,47, Nr. 510. Die Anzahl der Wahlmänner in Winningen schwankte in den Jahren 1870-1913 zwischen sechs und acht.
118 LHA Ko Best. 655,47, Nr. 122 (Verwaltungsbericht für IV. Quartal 1888).
119 LHA Ko Best. 441, Nr. 4465.
120 LHA Ko Best. 441, Nr. 16759, S. 115-126 (Bericht des Landrates Raitz von Frentz an den Regierungsvizepräsidenten Konopacki zur politischen Haltung des Bürgermeisters Liedel zu Winningen vom 7. September 1874).

des evangelischen Teils der Bevölkerung wiedergebe, da „dieser nichts weniger als verstimmt ist". Von Frentz ging sogar noch einen Schritt weiter und warf dem Bürgermeister als vermeintlichem Vertreter des konservativen Katholizismus vor, dass er die Interessen der überwiegend protestantischen Gemeinde Winningen[121] seit Beginn seiner Amtszeit nicht hinreichend vertreten habe. In diesem Zusammenhang gab der Landrat eine bemerkenswerte Charakterisierung auch der Winninger zum Besten: Liedel „hat es bei seiner schroffen confessionellen Richtung von vorn herein nicht verstanden, sich mit den Einwohnern seines Amtsbezirks auf irgend einen erträglich Fuß zu stellen [...], der ebenfalls schroffe confessionelle Charakter [der Einwohner von Winningen] liegt mithin in der Natur der Verhältnisse. Anstatt denselben mit einer vertrauenserweckenden Milde und Parität entgegenzukommen, beging der [...] Liedel die politische Unklugheit, sich sofort des in sehr geringer Zahl vertretenen katholischen Elementes in officieller und Aufsehen erregenden Weise anzunehmen. Er betrieb den Bau einer katholischen Kapelle in Winningen, führte denselben mit Kollekten-Geldern aus und bewerkstelligte die Umpfarrung der Winninger Katholiken von Cobern in die viel ärmere [...] Pfarrei Lay [...].[122] Die Stellung des Bürgermeisters zur Gemeinde-Einwohnerschaft von Winningen ist daher keine erfreuliche und einflussreiche. Die sechs anderen Gemeinden seines Verwaltungsbezirks sind den klerikalen Einflüssen vollständig zugänglich und mit diesen befindet sich Liedel [...] in vollständiger Übereinstimmung. Es ist das umso beklagenswerther, als Liedel an und für sich ein sehr tüchtiger brauchbarer und [...] zuverlässiger Beamter ist. Bei seiner Begabung, die über die Anforderungen, welche an den Verwalter einer Bürgermeisterei gestellt werden können, hinausgeht, würde [er bei der Regierung] als ein Muster hingestellt werden können, wenn nicht sein starrer Eigensinn einerseits, andererseits ein[e] aus Selbstüberschätzung hervorgehende Leichtfertigkeit bei der Behandlung ihm unwichtig erscheinender Dinge, seine amtliche Wirksamkeit beeinträchtigten [...]."

Der Bericht des Landrats an die Regierung endete mit dem Wunsch, „den Liedel [...] aus seiner jetzigen [...] Stellung entfernt zu sehen [...] mit möglichster Schonung seiner durch harte Schicksalsschläge getroffenen Person".[123] Doch trotz mehrerer seitens der Regierung gemachter Angebote und kontinuierlicher Bemühungen seitens des Landrates um Liedels Versetzung, lehnte dieser die Offerten aus finanziellen bzw. gesundheitlichen Gründen ab; er blieb bis 1891 (!) im Amt.

9. Erster Weltkrieg und Besatzungszeit

Der Ausbruch des Ersten Weltkrieges Anfang August 1914 riss die Gemeinde Winningen ebenso wie das übrige Deutsche Reich aus einer langen Friedenszeit; Kriegsverlauf und -ergebnis eröffneten in politischer, wirtschaftlicher und sozialer Hinsicht eine lange Leidens-

---

121 Ebd., S. 115 ff. Bürgermeisterei Winningen hat (1874) 7019 Einwohner, davon 5328 Katholiken und 628 Evangelische. Von 661 Einwohnern der Gemeinde Winningen gehören nur 50 der katholischen Konfession an. Die übrigen sechs Gemeinden sind fast gänzlich katholisch (nur 17 evangelische Bürger).
122 Vgl. dazu den Beitrag von Hedwig Herdes in diesem Band.
123 LHA Ko Best. 441, Nr. 16759, S. 115-126.

zeit.[124] Das Waffenstillstandsabkommen von Compiègne vom 11. November 1918 zwischen Deutschland und Frankreich sah vor, dass das linksrheinische Gebiet unter alliierte Militärverwaltung kam. Dabei wurde das Gebiet zwischen Trier und Koblenz von amerikanischen Truppen besetzt.[125]

Infolge des „unglücklichen Kriegsausgangs"[126] – so die Schulchronik – wurde auch in der Gemeinde Winningen ein Bataillon amerikanischer Soldaten einquartiert.[127] Am 16. und 21. Dezember 1918 rückten insgesamt 454 Mann der amerikanischen Pioniere, darunter 54 Offiziere, in Winningen ein, die in Bürger- und Massenunterkünften untergebracht wurden. „Auf Verlangen" wurden den Besatzungstruppen 15 Zentner Heu, 130 Zentner Briketts, 59 Zentner Kohlen und einen halben Raummeter Brennholz pro Tag zur Verfügung gestellt.[128] Das Schulgebäude in der Schulstraße wurde als Wachtlokal und Arrestraum benutzt, das Elektrizitätswerk wurde zum amerikanischen Proviantmagazin umfunktioniert.[129] „Im allgemeinen konnte die Bevölkerung gegen die Besatzung nicht klagen, wenn auch kleinliche und einengende Bestimmungen mancherlei Bestrafungen im Gefolge hatten" – so heißt es in der Schulchronik.[130]

Am 19. Januar 1919 fanden die ersten demokratischen Wahlen zur verfassungsgebenden Nationalversammlung statt, an der reichsweit erstmals auch Frauen teilnehmen durften. Winningen zeichnete sich nicht nur durch eine hohe Wahlbeteiligung mit knapp über 91 % aus, sondern auch durch einen leichten politischen Linksruck, wie der Schulchronist, noch ganz aus der Sicht des untergegangenen Kaiserreiches, sarkastisch kommentierte: „Winningen, das früher durchweg nationalliberal wählte, glaubte, durch Coblenzer Führung veranlasst, bei der Demokratischen Partei seine rechte Vertretung zu finden".[131] In der Gemeinde Winningen entfielen 78,3 % der Stimmen auf die Liste der liberalen Deutschen Demokratischen Partei (DDP) und der etwas konservativeren Deutschen Volkspartei (DVP), wobei die DDP in diesem Wahlbündnis im Landkreis Koblenz dominierte. Winningen hatte damit in dieser ersten Wahl überwiegend die Parteien der Weimarer Koalition gewählt, welche das Fundament der ersten deutschen Demokratie bilden sollten.

Auf der Ebene der Bürgermeisterei konnte die liberale Liste von DDP und DVP 22 % der Stimmen auf sich vereinen und war somit nur drittstärkste Kraft. Bemerkenswert ist jedoch, dass von den erzielten 22 % Stimmenanteilen der Liberalen auf Bürgermeistereiebene allein 20 % (!) von den Einwohnern Winningens und nur die restlichen 2 % von den übrigen Orten der Bürgermeisterei herrühren. Das Zentrum, das auf Bürgermeistereiebene mit 53,2 % stärkste

---

124 Vgl. dazu den Beitrag von Peter Többicke in diesem Band.
125 Anton Golecki, Koblenz in der amerikanischen und französischen Besatzungszeit 1918-1930, in: Tilman Koops; Martin Vogt (Hg.), Das Rheinland in zwei Nachkriegsjahren 1919-1930 und 1945-1949, 1995, S. 75-89.
126 LHA Ko Best. 716, Nr. 98, S. 150.
127 Ebd.
128 LHA Ko Best. 655,47, Nr. 1137.
129 LHA Ko Best. 716, Nr. 98, S. 150.
130 Ebd.
131 Ebd.

Kraft wurde, schnitt in der Gemeinde Winningen mit nur 3,9 % der Stimmen traditionell schlecht ab.[132]

Am 26. Januar 1919, sieben Tage nach der Wahl zur verfassungsgebenden Nationalversammlung von Weimar, fanden die Wahlen zur preußischen Landesversammlung, dem Vorläufer des Preußischen Landtags, statt. Es kam zu einer Bestätigung des Ergebnisses der Wahlen zur Nationalversammlung, da auch diesmal in der Gemeinde Winningen die „Demokraten" mit über 78 % der Stimmen die Wahl für sich entschieden.[133]

Am 10. Januar 1920 trat der Versailler Vertrag in Kraft und beendete damit formell den Ersten Weltkrieg. Er sah die Entmilitarisierung und 15-jährige Besetzung des Rheinlandes vor. Das Rheinland blieb zwar entgegen französischen Bestrebungen preußische Provinz, wurde aber für die Zeit der Besatzung durch die Hohe Interalliierte Rheinlandkommission verwaltet, in der die französische Besatzungsmacht eine dominierende Stellung einnahm.[134]

Die Folgen des Kriegsendes machten sich für die Bevölkerung in den folgenden Jahren insbesondere in Form von Lebensmittel- und Kohlenknappheit sowie hohen Preisanstiegen bemerkbar. In seinem Bericht an den Regierungspräsidenten vom 15. März 1920 betonte der Landrat des Kreises Koblenz, dass die „Fleisch-Fett-Kartoffel- und Zuckerversorgung [...] nach wie vor äußerst unzureichend" sei. Auch die unzureichende Kohlenversorgung „hat keine Besserung erfahren".[135] Des Weiteren führte er am 27. März 1920 aus, dass die „Ernährungs- und Verpflegungslage [...] bei der Lebensmittelknappheit und Teuerung als durchaus unzureichend zu bezeichnen"[136] sei. Von Herbst 1921 bis zum Frühjahr 1922 verzeichnete auch die Schulchronik von Winningen einen Preisanstieg bei Getreide und Kartoffeln um das zwei- bis dreifache.[137]

Schon Tage vor dem Ende des Ersten Weltkrieges waren im Mittelrheingebiet Sonderbestrebungen zur Schaffung einer selbständigen rheinischen Republik spürbar, um einer Annexion des Rheinlandes durch Frankreich zuvorzukommen. Wie diese rheinische Republik gestaltet werden sollte, darüber jedoch herrschten bei diesen Sonderbestrebungen sehr unterschiedliche Ansichten. Die Meinungen reichten von einem autonomen rheinischen Bundesstaat innerhalb des Deutschen Reiches bis zur Schaffung eines völlig vom Reich getrennten selbständigen Rheinstaates.

Die rheinischen Autonomiebestrebungen wurden von der amerikanischen Besatzungsmacht nicht unterstützt. Die Amerikaner machten deutlich, dass sie alle deutschen Behörden in der

---

132 Harald Greunke, Die Wahlen zur Nationalversammlung am 19. Januar 1919 im Landkreis Koblenz, 1996, S. 10 und S. 23 f.
133 LHA Ko Best. 716, Nr. 98, S. 151.
134 Erwin Bischof, Rheinischer Separatismus 1918-1924. Hans Adam Dortens Rheinstaatbestrebungen, 1969, S. 98 f.
135 LHA Ko Best. 441, Nr. 19857, Bl. 9v.
136 Ebd., Bl. 41.
137 LHA Ko Best. 716, Nr. 98, S. 168.

vorgefundenen Form belassen wollten. Durch diese Haltung wurden separatistische Agitationsversuche im Koblenzer Raum in den Jahren 1918-1922 erheblich erschwert.[138]

Als jedoch am 23. Januar 1923 die amerikanische Besatzung den Koblenzer Brückenkopf verließ und am 27. Januar 1923 die amerikanische Besatzungszone an die Franzosen abgegeben wurde,[139] sahen die Führer der Separatisten, Dorten, Matthes und Smets, die Zeit gekommen, um doch noch einen rheinischen Separatstaat auf dem linken Rheinufer zu errichten.[140] Dagegen formierte sich auf der Seite der reichstreuen Verwaltung, aber auch innerhalb der Bevölkerung Widerstand. Bürgerkrieg lag in der Luft.

Bereits zwei Tage nach der Übernahme der Besatzung durch die Franzosen, am 29. Januar 1923, erließ der Bürgermeister der Bürgermeisterei Winningen, Matthias Weirauch, eine Bekanntmachung, um die Bevölkerung zu Ruhe und Besonnenheit aufzurufen. Die „überaus ernste Lage" der Verhältnisse veranlasste ihn, insbesondere an die jungen Leute „das dringende Ersuchen zu richten, die Würde zu wahren, Unbesonnenheiten, Gewalttätigkeiten und Ruhestörungen, das Singen und Johlen auf den Straßen zu unterlassen, insbesondere nach Eintreten der Dunkelheit den Aufenthalt bzw. das Zusammenstehen auf den Straßen und Plätzen [...] unter allen Umständen zu vermeiden".[141] Wie gefährlich Weirauch die Lage einschätzte und wie bedächtig er zur Entschärfung beitragen wollte, geht daraus hervor, dass er in der Bekanntmachung auch davor warnte, „durch Aufschriften an den Häusern und auf den amtlichen Bekanntmachungstafeln ehrbare Bürger verächtlich zu machen, indem man sie als Anhänger der Sonderbündler Smets und Dorten bezichtigt".[142] Als die Separatisten dann im Herbst 1923 Ernst machten und die „Rheinische Republik" ausriefen, kam es am 23. Oktober 1923 auch zur Besetzung des Koblenzer Schlosses. Doch die unter dem Schutz der französischen Besatzungsmacht gebildete „Vorläufige Regierung der Rheinischen Republik" unter Josef Matthes fand weder bei der Verwaltung noch bei der Bevölkerung Unterstützung, so dass das Unternehmen schon bald beendet war. Von den Streifzügen bewaffneter separatistischer Gruppen scheint das ‚preußentreue' Winningen nicht betroffen worden zu sein, im Gegensatz zum benachbarten Lay, das in der Nacht des 7. November 1923 Opfer einer regelrechten, allerdings privat motivierten Strafaktion geworden war.[143]

Hintergrund des Separatisten-Putsches war die Zuspitzung der gesamten Lage im Westen des Reiches seit Anfang 1923. Aufgrund unerfüllter Reparationsleistungen hatten im Januar französische und belgische Truppen das Ruhrgebiet besetzt. Die Reichsregierung rief daraufhin zum passiven Widerstand auf; den Anordnungen der Besatzung sollte keine Folge geleistet werden. Frankreich wiederum reagierte darauf mit Ausweisungen aus dem besetzten Gebiet.

---

138 Günter Hummes, Der rheinische Separatismus im Koblenzer Raum zwischen 1918 und 1924 (maschr. Ms. im LHA Ko, um 1978), S. 32.
139 LHA Ko Best. 716, Nr. 98, S. 170; Golecki, Besatzungszeit (wie Anm. 125), S. 75-89.
140 Hummes, Separatismus (wie Anm. 138), S. 53.
141 LHA Ko Best. 655,47, Nr. 1138.
142 Ebd.
143 Vgl. Hedwig Herdes, Separatistenunruhen beenden den Aufenthalt der Familie Mostert in Lay, in: Dies.; Rolf Mohrbach; Richard Theissen (Red.), Aus der Geschichte des Ortes Lay an der Mosel. Ortsgeschichtliche Beiträge aus Anlass der 1200-Jahrfeier im Jahre 2003, 2003, S. 208-212.

Der Schulchronist von Winningen vermerkt, dass am 12. Februar 1923 die Franzosen die Eisenbahn besetzten und die Bahnverwaltung übernahmen. „Die deutschen Eisenbahner verließen nach Weisung ihrer Behörde die Dienststellen. Durch die Aufnahme des passiven Widerstandes war der Güterverkehr auf der Eisenbahn vollständig unterbunden [...]".[144] Neben den Bahnhofsanlagen besetzte die französische Besatzungsmacht auch Wohnungen, um die Regieangestellten, die französischen Eisenbahnangestellten, unterzubringen. In der Gemeinde Winningen war im August 1924 für diesen Zweck das Haus von Jakob Schilling in der Bahnhofstraße beschlagnahmt.[145]

Das Verhältnis zwischen deutschen und französischen Behörden war zu dieser Zeit besonders gespannt. Auch in der Bürgermeisterei Winningen kam es häufig zu Zwischenfällen. Am 15. Februar 1923 erging eine Bekanntmachung von Bürgermeister Weirauch an den Gemeindevorsteher von Winningen, der zufolge am Vorabend „auf den Eisenbahnzug Trier-Coblenz, der gegen 8.15 Uhr Winningen passierte, anscheinend zwischen Zehnthof und Denkmal etwa 100 m oberhalb des Viadukts aus einem Revolver geschossen" worden sei. Weirauch warnte „energisch vor einer Wiederholung einer solch' unsinnigen, zwecklosen Tat", da die Gefahr bestünde, dass dann „die ganze Gemeinde empfindliche Zwangsmaßnahmen zu erwarten" habe.[146] Der Winninger Polizeiassistent Stroebelt befragte zwar zahlreiche Anwohner, „die das Schießen hätten hören können".[147] Die Befragung führte jedoch zu keinem Ergebnis: „Keiner der vorgenannten Personen hat einen Schuß gehört und auch nichts von der ganzen Angelegenheit gesehen."[148] Ob die Einwohner Winningens aus Angst oder Gleichgültigkeit schwiegen oder die Tat vielleicht sogar ihre Billigung fand, lässt sich leider nicht feststellen.

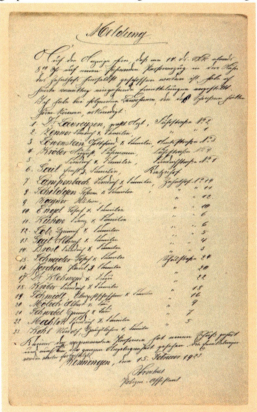

Abb. 7: Liste der befragten Anwohner zum Anschlag auf den Eisenbahnzug Trier-Koblenz vom 15. Februar 1923 (LHA Ko Best. 441, Nr. 28311).

---

144 LHA Ko Best. 716, Nr. 98, S. 170.
145 LHA Ko Best. 655,47, Nr. 1137.
146 LHA Ko Best. 441, Nr. 28311.
147 Ebd.
148 Ebd.

Am 2. März 1923 kam es zu einem weiteren Zwischenfall in der Gemeinde Winningen, als dort nachts gegen 23.20 Uhr auf den französischen Bahnhofskommandanten geschossen wurde. Die Reaktion der Besatzungsbehörden folgte prompt. Als Akt der „Buße" sollte die Gemeinde zu einer Zahlung von einer Million Mark an den Bahnhofskommandanten verpflichtet werden. Zwar war diese Summe aufgrund der damals galoppierenden Inflation nur auf dem Papier so hoch; dennoch wehrte sich der Gemeinderat gegen die Forderung: Es sei nicht bewiesen, dass die Schüsse von einem Einwohner der Gemeinde Winningen abgegeben worden seien; außerdem könne, selbst wenn es so wäre, nicht die ganze Bevölkerung für die Tat einzelner Personen zur Rechenschaft gezogen werden. Für die Ermittlung des Täters wurde seitens des Gemeinderates daher eine Belohnung von einer halben Million ausgesprochen.[149]

Durch den passiven Widerstand insbesondere der Reichsbahnangehörigen gegen die Anordnungen der Besatzungsmacht spitzte sich die Situation in den folgenden Monaten weiter zu. Als die Besatzungsmacht am 1. Juni 1923 einen Befehl zur Anfertigung einer Nachweisung der im Bürgermeistereibezirk Winningen wohnhaften Eisenbahner erließ, erklärte Bürgermeister Weirauch mit Schreiben vom 4. Juni 1923, dass er „gemäß einer besonderen Anweisung der deutschen Regierung"[150] dem aufgrund seines Beamteneides nicht nachkommen dürfe. Hinzu komme noch, dass ihm die Bevölkerung die Ausführung des Befehls „sehr verübeln würde", so dass von einer „ersprießlichen Amtstätigkeit" kaum noch die Rede sein könne.[151] Angesichts dieser auch andernorts vorhandenen Loyalität der deutschen Verwaltung war die französische Besatzungsmacht entschlossen, gegenüber den deutschen Beamten eine möglichst harte Haltung einzunehmen, wie sich in den Ausweisungen aus dem besetzten Gebiet zeigte.[152]

Auch Bürgermeister Weirauch wurde am 31. Juli 1923 mit seiner Familie ausgewiesen. Vorausgegangen war ein erneuter Anschlag auf einen Eisenbahnzug zwischen Güls und Winningen in der Nacht vom 25. auf den 26. April 1923. Der Gemeindevorsteher Johann Müller von Güls wurde schon kurze Zeit nach dem Anschlag gegen 22 Uhr abends in seiner Wohnung festgenommen. Bereits am nächsten Morgen gegen 8.20 Uhr begab sich Weirauch zum Bahnhofskommandanten von Winningen mit der Bitte, die Untersuchung des Anschlages entsprechend seiner Zuständigkeit dafür selbst vornehmen zu dürfen. Die Bitte des Bürgermeisters wurde jedoch abgelehnt, der Vorfall stattdessen zum Anlass genommen, Weirauch zusammen mit dem Gemeindevorsteher Johann Müller von Güls der Bahnhofskommandantur am Hauptbahnhof Koblenz vorzuführen, wo man deren „Ablieferung an die französische Gendarmeriestation auf dem Clemensplatz" verfügte. Nach einem anschließenden Verhör wurden Müller und Weirauch inhaftiert und erst am 13. Mai aus dem Gefängnis entlassen. Am 31. Juli 1923 schließlich wurde Weirauch mit „einem großen Trupp Ausgewiesener nach Diez befördert und dort ins unbesetzte Gebiet verwiesen".[153] Nach seiner Rückkehr nach Winningen blieb Bürger-

---

149 Ebd.
150 Ebd.
151 Ebd.
152 Bischof, Separatismus (wie Anm. 134), S. 130 ff.
153 LHA Ko Best. 441, Nr. 28311.

meister Matthias Weirauch noch bis 1933 im Amt. Nun waren es die Nationalsozialisten, welche ihn, den reichstreuen Beamten, aus dem Amt beförderten.[154]

---

[154] Vgl. dazu den Beitrag von Joachim Hennig in diesem Band.

Die Zeit des Nationalsozialismus

Von Joachim Hennig

I. Die Vorgeschichte der NS-Zeit
1. Wahlergebnisse und Wahlverhalten

Bei der Geschichte des Nationalsozialismus steht immer wieder die Frage im Vordergrund: „Wie konnte das geschehen?" – um dann die sich anschließende Frage zu stellen: „Was können wir dagegen tun, damit so etwas nicht wieder geschieht?" Darauf gibt es viele Antworten, aber immer wieder bleibt auch ein Rest Unverständnis und Entsetzen.

Da Hitler und die Nationalsozialisten „legal" an die Macht kamen – Adolf Hitler als Vorsitzender der Nationalsozialistischen Deutschen Arbeiterpartei (NSADAP) wurde vom Reichspräsidenten Paul von Hindenburg zum 21. Reichskanzler nach dem Ersten Weltkrieg ernannt –, ist ein Erklärungsmuster für die Machtübernahme der Ausgang der Wahlen und das Wahlverhalten der Bevölkerung insbesondere gegen Ende der Weimarer Republik.

Die historische Wahlforschung[1] gliedert das Parteienspektrum der Weimarer Republik in einen „linken", von den sozialistischen Parteien gebildeten Block, bestehend aus SPD, USPD und KPD, einen „katholischen" Block mit dem Zentrum und dessen Schwesterpartei Bayerische Volkspartei – BVP – und einen „bürgerlich-protestantischen" Block. Zu diesem bürgerlich-protestantischen Block gehörten alle nicht-katholischen und nicht-sozialistischen Parteien, vor allem also die verschiedenen liberalen, konservativen und völkischen, aber auch die regionalen und interessenorientierten Gruppierungen. Die wichtigsten Parteien dieses Blocks waren die linksliberale Deutsche Demokratische Partei (DDP), die nationalliberale Deutsche Volkspartei (DVP), die reaktionäre Deutsch-Nationale Volkspartei (DNVP), die Nationalsozialistische Partei (NSDAP) und die Kampffront Schwarz-Weiß-Rot.

Für diese Blöcke ist bei den Wahlen im ganzen Reichsgebiet eine erstaunliche Stabilität festzustellen, und zwar vom ausgehenden Kaiserreich über die Zeit der Weimarer Republik bis hin zu den letzten, „halbfreien" Wahlen (Karl Dietrich Bracher) im März 1933. Lediglich bei der Wahl zur Nationalversammlung von 1919 verlor der bürgerlich-protestantische Block zu Gunsten des linken Blocks an Bedeutung. Jedoch schon bei den Wahlen zum 1. Reichstag im Jahr 1920 änderte sich das wieder, und bald war die alte Gewichtsverteilung wieder hergestellt.

Das Wahlverhalten der Winninger bei diesen reichsweiten Wahlen hatte gewisse Ähnlichkeiten mit der Entwicklung im Reich.[2] Vorausgeschickt werden muss allerdings, dass das örtliche Wahl-

---
1 Vgl. etwa: Jürgen W. Falter, Wahlen und Wählerverhalten unter besonderer Berücksichtigung des Aufstiegs der NSDAP nach 1928, in: Karl Dietrich Bracher; Manfred Funke; Hans-Adolf Jacobsen (Hg.), Die Weimarer Republik 1918-1933 (=Schriftenreihe der Bundeszentrale für politische Bildung 251), 1987, S. 484-504.
2 Die im Folgenden angeführten Wahlergebnisse sind entnommen der Chronik der Evangelischen Schule zu Winningen (Mosel), Kreis Koblenz-Land, geführt vom 1. Januar 1900 bis 1933 (LHA Ko Best.716, Nr. 97).

ergebnis aus dem Jahr 1912 nicht exakt bekannt ist. Es heißt aber, die Nationalliberalen seien damals die stärkste Gruppierung gewesen.[3] Damit wird man auch weiterhin einen starken bürgerlich-protestantischen Block, zu dem die Nationalliberalen gehörten, erwarten können. Das katholische Zentrum und die im Kaiserreich als „vaterlandslose Gesellen" geltenden Sozialdemokraten dürften dagegen in dem bürgerlich-evangelisch geprägten Winningen keine große Bedeutung gehabt haben. Eine weitere Unschärfe besteht für die Wahlen 1924 bis 1928 bei der exakten Feststellung der Nichtwähler und damit der Abgrenzung zu dem bürgerlich-protestantischen Block. Das ergibt sich daraus, dass die Zahl der Wahlberechtigten nicht festgestellt werden konnte.

Mit diesen Einschränkungen kann man für Winningen eine ähnlich stabile Entwicklung wie für das Reich – und zwar für die gesamte Zeit von 1912 bis 1933 – feststellen. Sehr bemerkenswert ist aber die Gewichtung der Blöcke zueinander. Lässt man die unter besonderen Bedingungen stattfindenden Wahlen im Dezember 1924 (die so genannten Inflationswahlen), die in Winningen noch ungewöhnlicher ausfielen als reichsweit, außer Betracht, so fällt für Winningen die „Marginalisierung" des „linken" Blocks und des Zentrums auf. Beide Blöcke zusammen genommen verfügten nie über mehr als die Hälfte der Stimmen, die sie reichsweit erzielten. Ab 1928 betrug ihr Stimmenanteil in Winningen gar nur ein Viertel des Anteils reichsweit. Demgegenüber war der bürgerlich-protestantische Block ganz ungewöhnlich stark, was auch damit zusammenhing, dass die Zahl der Nichtwähler relativ gering war. Ab 1928 gaben etwa 80 und mehr Prozent aller wahlberechtigten Winninger ihre Stimme den Parteien des bürgerlich-protestantischen Parteienblocks.

Die nachfolgenden beiden Abbildungen zeigen die Wählerblöcke in der Zeit von 1912 bis 1933 und zwar einmal für das Reich (Abb. 1) und zum anderen bezogen auf Winningen (Abb. 2).

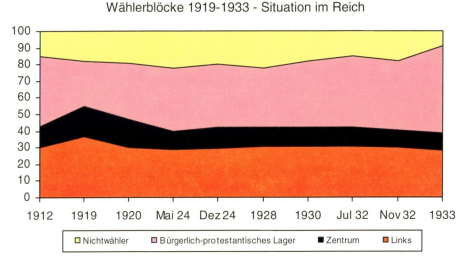

Abb. 1: Die Wählerblöcke 1912 – 1933 im Reich (in Prozent der jeweils Wahlberechtigten). (aus: Jürgen W. Falter, Wahlen, wie Anm. 1).

---

3 So der Eintrag zum 19. Januar 1919 in der Chronik (wie Anm. 2).

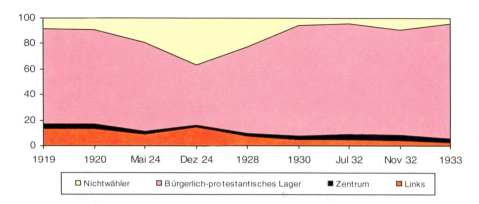

Abb. 2: Die Wählerblöcke 1919 – 1933 in Winningen (in Prozent der jeweils Wahlberechtigten).

Mit Blick auf die Machtübernahme der Nationalsozialisten am 30. Januar 1933 erscheint dieser Befund einer Blockbildung sowohl im ganzen Reich als auch in Winningen zunächst nicht sehr aussagekräftig. Das ändert sich aber, wenn man sich innerhalb der einzelnen Blöcke die jeweiligen Parteien und ihre Stärke absolut und zueinander anschaut.

Am Anfang der hier aufzuzeigenden bedeutsamen Verschiebung der Gewichte zwischen diesen Parteien steht die Feststellung in der Schulchronik von Winningen zur Wahl der Nationalversammlung am 19. Januar 1919. Darin heißt es: „Am 19. Januar 1919 fanden die Wahlen zur Nationalversammlung statt. Winningen, das früher durchweg nationalliberal wählte, glaubte, durch Koblenzer Führung veranlasst, bei der Demokratischen Partei seine rechte Vertretung zu finden."[4]

Diese Bemerkung ist in dreierlei Hinsicht interessant: Einmal beschreibt sie die recht gravierende Umorientierung innerhalb des so beschriebenen bürgerlich-protestantischen Blocks, nämlich die Verschiebung von Nationalliberalismus zum Linksliberalismus. Diese sollte man allerdings nicht überbewerten. Denn auch reichsweit brachten die Wahlen zur Nationalversammlung am 19. Januar 1919 einen Sieg für die demokratischen Parteien der Mitte und für die später gebildete Weimarer Koalition, zu der auch die DDP gehörte. Allerdings ist bemerkenswert, dass die stärkste Partei im Reich, die SPD, damals in Winningen nur 15 % (158 von 1041 abgegebenen Stimmen) erhielt. Zum zweiten fällt die Deutlichkeit auf, mit der dies geschah. So gaben bei der Wahl zur Nationalversammlung am 19. Januar 1919 813 Winninger der DDP ihre Stimme; die restlichen Parteien, auch die SPD, waren in Winningen mit zusammengenommen 228 Stimmen bedeutungslos. Und zum dritten ist bemerkenswert, dass dieser vorübergehende Linksruck in der Gemeinde als Ergebnis einer äußeren Beeinflussung interpretiert wurde.

---

4 Ebd.

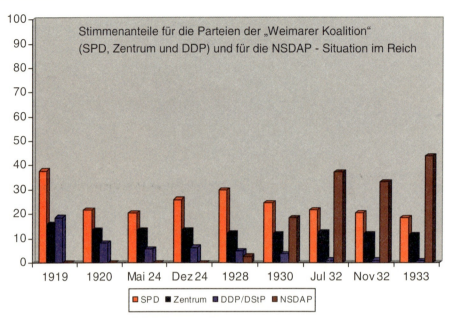

Abb. 3: Stimmenanteile für die Parteien der „Weimarer Koalition" (SPD, Zentrum und DDP) und der NSDAP 1919 – 1933 im Reich.

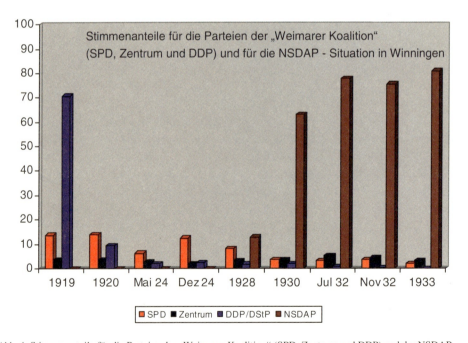

Abb. 4: Stimmenanteile für die Parteien der „Weimarer Koalition" (SPD, Zentrum und DDP) und der NSDAP 1919 – 1933: Situation in Winningen.

Schon bei der Wahl zum 1. Reichstag am 6. Juni 1920 war die alte Ordnung wieder hergestellt. 1041 Winninger gaben ihre Stimme ab, aber auf den klaren Sieger der letzten Wahl, die linksliberale DDP, entfielen nur 108 Stimmen. Stärkste Partei wurde die nationalliberale Deutsche Volkspartei mit 705 Stimmen! Das waren fast 68 % der abgegebenen Stimmen, also eine 2/3 Mehrheit. Es scheint, als habe ein Wechsel dieser 705 Wähler von der DDP zur DVP stattgefunden, blieben doch die Stimmen für alle anderen Parteien im Übrigen gleich. Dieses Ergebnis wurde bei der 2. Reichstagswahl am 4. März 1924 bestätigt. Hierbei erzielte die Deutsche Volkspartei mit 727 über 70 % der abgegeben Stimmen. Es ist ein eindeutiger Sieg für die Nationalliberalen. Die linksliberale DDP stürzte von 813 Stimmen im Jahr 1919 auf 28 Stimmen im Jahr 1924 ab.

Doch die traditionellen Bindungen hatten nicht mehr die frühere Stabilität, vielmehr wurden die Ergebnisse unberechenbarer – mit einem markanten Trend. In der unter besonderen Bedingungen abgehaltenen „Inflationswahl" am 7. Dezember 1924 erreichte die DVP ‚nur' 241 Stimmen, weniger als die reaktionäre DNVP, die auf 264 Stimmen kam (die DDP erreichte gerade einmal 30 Stimmen). Die Wahlen zum 4. Reichstag am 20. Mai 1928 brachten dann einen Absturz von DVP und von DNVP (die DDP spielte ohnehin keine Rolle mehr). Gleichsam aus dem Nichts gingen in Winningen die Christliche Bauernpartei mit 269 Stimmen und die Volksrechtspartei mit 174 Stimmen als Sieger hervor – beides waren reine Interessenparteien, die im Ort nicht organisatorisch verankert und zudem reichsweit bedeutungslos waren. Weiterhin bemerkenswert ist das erstmalige Abschneiden der NSDAP. Während diese reichsweit nur 2,6 % der Stimmen erhielt, kam sie in Winningen gleich auf mehr als 10 % (128 von 1265 abgegebenen Stimmen). Damit war die NSDAP drittstärkste Partei in Winningen. Stärker waren nur noch die beiden Interessenparteien. Die beträchtliche Abkehr von den etablierten Parteien ließ – bezogen auf das weitere Anwachsen der NSDAP – nichts Gutes erwarten.

Und so kann es dann auch bei der Wahl zum 5. Reichstag am 14. September 1930, der „Erdrutsch-Wahl". Während die NSDAP reichsweit 18,3 % der abgegebenen Stimmen erhielt, waren es in Winningen 67 % (824 von 1230 abgegebenen gültigen Stimmen). Doch selbst dieses Ergebnis ließ sich noch verbessern. Beim zweiten Wahlgang zur Reichspräsidentenwahl am 10. April 1932 etwa erreichten reichsweit der wieder gewählte Reichspräsident von Hindenburg 19,3 Millionen und sein Gegenkandidat Hitler 13,4 Millionen Stimmen. In Winningen aber erhielt von Hindenburg gerade einmal 198 Stimmen, während der im Reich unterlegene Hitler hier 1019 Wähler auf sich vereinigen konnte. Dagegen kam der KPD-Kandidat Ernst Thälmann (reichsweit 3,7 Millionen Stimmen) in Winningen auf ganze vier Stimmen.

Bei der Wahl zum 6. Reichstag, am 31. Juli 1932, wurde die NSDAP mit 37,4 % im Reich erstmals stärkste Partei. In Winningen baute sie ihre Vormachtstellung auf 78 % aus (1038 von 1332 Stimmen). Zählt man zu diesem Ergebnis noch die 157 Stimmen der rechtskonservativen DNVP (Hitlers späterer Koalitionspartner) hinzu, erreichten diese beiden Parteien 90 % in Winningen aller abgegebenen gültigen Stimmen. Alle anderen Parteien, SPD, Zentrum, KPD, Deutsche Staatspartei u.a., waren pulverisiert, sie erreichten hier zusammen gerade einmal 10 % der abgegebenen Stimmen.

Während die NSDAP bei den Wahlen zum 7. Reichstag am 6. November 1932 entsprechend dem reichsweiten Trend auch in Winningen Einbußen hinnehmen musste – sie erhielt ‚nur' noch 958 von 1258 abgegebenen Stimmen[5] –, brachten die letzten halbwegs freien Wahlen zum Reichstag am 5. März 1933 für die Rechtsparteien den Sieg. Doch trotz aller Propaganda und aller Behinderungen des politischen Gegners konnte die NSDAP reichsweit nicht wie erhofft die absolute Mehrheit der Stimmen erhalten, sondern ‚nur' 43,9 %. Die Mehrheit zur Regierungsbildung schaffte sie nur mit Hilfe ihres Koalitionspartners, der Kampffront Schwarz-Weiß-Rot mit der DNVP, die es auf 8 % brachte, so dass dies eine Mehrheit von 51,9 % ergab.

In Winningen erodierte das politische System jedoch vollends: 1084 Winninger (das waren 80,6 %) stimmten für die NSDAP, weitere 161 (12 %) für die Kampffront Schwarz-Weiß-Rot. Damit blieben für die Wähler aller anderen Parteien nur etwa sieben % übrig. Das waren von 1339 wahlberechtigten Einwohnern 28 Wähler der SPD, 7 der Kommunisten, 46 des Zentrums, 10 der DVP, 1 des Christlich-Sozialen Volksdienstes, 1 der Deutschen Staatspartei und 1 der Bauernpartei. Diese 94 Winninger Bürger und Bürgerinnen wollten nicht die von den Nazis proklamierte „Nationale Revolution". Unter diesem überschaubaren Kreis wird man einen Gutteil der mit der weiteren Entwicklung Unzufriedenen und der (politischen) Opfer des Nationalsozialismus in Winningen zu suchen haben.[6]

Die restlichen Stimmenanteile entfielen auf die übrigen Parteien.

Die Weimarer Republik, die erste Demokratie auf deutschem Boden, hatte somit in Winningen nur zu Beginn der Republik und nur für ein Jahr mit der aus SPD, DDP und Zentrum gebildeten sog. Weimarer Koalition eine Mehrheit. Danach kehrten sich immer mehr Winninger von den republikanischen Parteien ab. Ab 1928 standen keine 20 % der Winninger zur Weimarer Koalition. Demgegenüber konnte die NSDAP in einer schwankenden und immer stärker nach rechts tendierenden Wählerschaft in Winningen schon früh große Erfolge erzielen. Seit 1930 wählten zwei von drei Winningern die Nationalsozialisten. Die Zustimmung der Winninger betrug 1933 zu Hitler über 80 % und zu der von ihm propagierten „nationalen Revolution" 93 %.

---

[5] Vgl. dazu im einzelnen: Manfred Schunk, Ergebnisse der Reichstagswahlen vom 6.11.1932 und vom 5.3.1933 in einzelnen Orten der Verbandsgemeinde Untermosel, in: Moselkiesel, hg. von der Volkshochschule Untermosel, Bd. 1: Erinnerungen von Zeitzeugen und Berichte zur Regionalgeschichte 1918-1948, 1998, S. 42-48.

[6] Mit der Mitteilung der Wahlergebnisse vom März 1933 endet auf einem Halbblatt die Winninger Schulchronik der Jahre 1900 bis 1933 (wie Anm. 2). Der untere Teil des Blattes, der ersichtlich ebenfalls beschrieben war, ist abgeschnitten, die nächsten Seiten der Chronik sind herausgerissen. Interessant ist, dass inzwischen fehlende Teile der Chronik noch Anfang der 1980er Jahre vorhanden waren. Vgl. Jörg-W. Link, Reformpädagogik zwischen Weimar, Weltkrieg und Wirtschaftswunder. Pädagogische Ambivalenzen des Landschulreformers Wilhelm Kircher (1898-1968), 1999, S. 210, Anm. 5: „Die ‚Säuberung' der Chronik erfolgte vermutlich Anfang der 1980er Jahre, denn Werner Loch jun. konnte noch im Schuljahr 1980/81 in seiner Facharbeit im Fach Geschichte am Eichendorff-Gymnasium in Koblenz zum Thema ‚Die Schulen von Winningen und Kobern in der Zeit von 1933 bis 1945, unter besonderer Berücksichtigung nationalsozialistischer Schulpolitik' aus der Winninger Chronik zitieren […]. Der Verbleib der aus der Schulchronik herausgetrennten Seiten ließ sich auch durch intensivste Recherchen nicht mehr ermitteln […]".

Mit diesem verheerenden Ergebnis lag Winningen im damaligen Trend. Denn die Parteien der Weimarer Koalition waren vor allem schwach bzw. die NSDAP stark in ländlich strukturierten Gebieten, in denen der Arbeiter- und der katholische Bevölkerungsanteil gering waren.[7]

2. Die wirtschaftliche Situation

Die Wahlerfolge der Nationalsozialisten lassen sich aber nicht allein mit der konservativen Einstellung der Wähler und mit der Schwäche der Parteien der Weimarer Koalition im ländlichen Raum erklären.[8] Es kamen weitere Umstände hinzu.[9] Ein sehr bedeutsamer war die schwierige, gar katastrophale wirtschaftliche Situation in jener Zeit.

Dabei war für die Moselwinzer, und damit auch für die Winninger, die Lage zunächst günstig gewesen. Die durch die Finanzierung des Ersten Weltkrieges in Gang gekommene Inflation und die sie begleitende Vermögensverschiebung begünstigte Unternehmer und Landwirte.[10] Für Qualitätsweine von der Mittelmosel (ähnliches dürfte für die Untermosel gegolten haben) wurden für je 1.000 Liter im Durchschnitt im Juni 1914 800 – 850 Mark, im November 1916 1.350 Mark, im November des folgenden Jahres 3.000 – 4.000 Mark, im April 1918 4.500 – 6.000 Mark und im Oktober desselben Jahres 12.000 – 15.000 Mark gezahlt.[11] Auch unter Berücksichtigung der Inflationsrate waren das für die Winzer sehr gute Preise. Sie konnten ihre Vorkriegsschulden ganz oder teilweise tilgen sowie die Anbaufläche ausweiten.

Die Stabilisierung der Mark, die durch die Währungsreform im November 1923 gelang, brachte die Wendung zum Schlechten: Die ausländischen Weinaufkäufer, die nur den sehr günstigen Wechselkurs genutzt hatten, blieben aus; angesichts hoher Arbeitslosigkeit und Verarmung weiter Teile der Bevölkerung ging auch die Binnennachfrage zurück. Zudem drängte Importware, die mit erheblich niedrigeren Kosten produziert werden konnte als der deutsche Wein, auf den Markt. Das waren Weine aus dem Elsass, aus Lothringen und Luxemburg, die aufgrund des Friedensvertrages von Versailles zollfrei eingeführt werden mussten, sowie Weine aus Spanien, für die ein niedriger Zolltarif galt. Damit wurde ein Ausgleich dafür geschaffen, dass die deutsche Industrie ihre Produkte verstärkt nach Spanien exportieren konnte. Die Einfuhr von Wein und Most nach Deutschland stieg Mitte der 20er Jahre dementsprechend sprunghaft an.

Die Konsequenzen für die Winzer waren verheerend. Die Nachfrage schrumpfte, und das, obwohl erst kurz zuvor die Anbauflächen erweitert worden waren. Die Preise für Wein und Most fielen, die Verschuldung der Winzer stieg, dies auch durch den Anstieg der Bebauungskosten,

---

7 Vgl. Falter, Wahlen (wie Anm. 1), S. 495.
8 Ebd., S. 495.
9 Vgl. zur Ursachenforschung bereits: Frank Hoffbauer, Weinwerbung und politische Propaganda. Zur Entwicklung des Moselfestes zu Winningen in den Jahren 1933-1939, in: JbwestdtLG 23 (1997), S. 529-549, hier: S. 531 f.
10 Fritz Blaich, Der „Winzersturm von Bernkastel". Ursachen und Auswirkungen eines Steuerstreiks in der Weimarer Republik, in: ZAA 33 (1985), S. 2-26, hier: S. 5.
11 Blaich, „Winzersturm" (wie Anm. 10), S. 5

vor allem bei den Ausgaben für Düngemittel. Einen negativen Höhepunkt brachte das im Sommer 1925 in Kraft getretene Weinsteuergesetz, das eine weitgehende Besteuerung des Weins regelte.[12] Die wirtschaftliche Situation für die Winzer wurde immer prekärer, Konkurse überstürzten sich.[13] Wie tief bei den Moselwinzern die Entrüstung reichte, zeigen die Unruhen, die im Februar 1926 in Bernkastel ausbrachen. Winzer stürmten das dortige Finanzamt, jagten die Beamten aus den Diensträumen, ließen sie draußen durch die erregte Menschenmenge Spießruten laufen, warfen Akten und Büroinventar auf die Straße und zündeten dieses an. Wenn der „Winzersturm von Bernkastel" als solcher auch einmalig war, so war er doch Ausdruck einer allgemeinen Stimmung.[14] Diese Stimmung ließ die Reichsregierung vor den Forderungen der Winzerlobby kapitulieren. Die Weinsteuer wurde umgehend, mit Gesetz vom 31. März 1926 mit Wirkung vom 1. April 1926 aufgehoben.[15] Dies war allerdings nur ein vordergründiger Sieg für die Winzer. Die Abschaffung der Steuer verbesserte nicht wirklich die wirtschaftliche Lage des Weinbaus. Zwar schnellten die Weinpreise 1926/27 in die Höhe, jedoch lag dies wesentlich an der geringen Erntemenge

Abb. 5: Der Arbeitslose und der deutsche Wein.

---

12 Neufassung des Weinsteuergesetzes vom 26. Juli 1918 durch das Gesetz zur Änderung von Verbrauchssteuern vom 10. August 1925 (RGBl. I 1925, S. 831).

13 Vgl. Ekkehard Krumme (Bearb.), Winningen zwischen 1923 und 1948. Tagebuchaufzeichnungen von Heinrich Saas, in: Winninger Hefte 3 (1989), S. 19-180, hier: S. 33: „3.-4. Dezember 1925 – Im Weinhandel ruhig. Geldeingang mehr als langsam [...]. Wirtschaftlicher Niedergang infolge der Geldknappheit immer deutlicher. Konkurse überstürzen sich".

14 Auf das markante Zeichen des „Winzersturms" für die allgemeine Stimmung der Winzer an der Mosel hat hingewiesen: Hoffbauer, Weinwerbung (wie Anm. 9), S. 531. – Vgl. zur Stimmung auch das Telegramm des Preußischen Weinbauverbandes am 20. März 1926 an Reichskanzler Luther, in dem es u.a. hieß: „Größte Beunruhigung greift in Weinbaugebieten um sich infolge Äußerung Reichsfinanzministers im Steuerausschuss, dass Beseitigung der Weinsteuer nicht in Frage käme. Nächst den zu niedrigen Zöllen ist die Weinsteuer das ungerechteste und größte Hindernis für Weinabsatz, das durch keinerlei Kredite irgendwelche Abschwächung erfährt. Weinbaugebiete verlangen stürmisch restlose Aufhebung, andernfalls greift Verzweiflung um sich. Weinbauverbände lehnen dann jede weitere Verantwortung ab.", zit. nach: Blaich, „Winzersturm" (wie Anm. 10), S. 17.

15 Vgl. Art. VII „Weinsteuer § 26" des Gesetzes über Steuermilderungen zur Erleichterung der Wirtschaftslage vom 31. März 1926 (RGBl. I 1926 S. 185). Das nahm auch Heinrich Saas in seinen Tagebuchaufzeichnungen mit Genugtuung zur Kenntnis; vgl. den Eintrag vom 1. April 1926 (wie Anm. 13), S. 34.

des Jahres 1926.[16] Zudem drängten wieder verstärkt ausländische Weine auf den deutschen Markt, die nun gleichfalls von der Weinsteuer befreit waren. Gerade zwei Jahre später, im Mai 1928, klagten Moselwinzer erneut öffentlich über Absatzschwierigkeiten.[17]

In dieser Situation geriet die Winzerschaft, wie die deutsche Landwirtschaft insgesamt, in den Jahren ab 1928 in die weltweite Agrarkrise. Bezeichnend dafür waren eine Überproduktion und gleichzeitig eine Unterkonsumtion.[18] Arbeitslose schränken erfahrungsgemäß ihren Konsum ein. Aufgrund der Weltwirtschaftskrise gab es in Deutschland Millionen Arbeitslose, mit steigender Tendenz. Ende Dezember 1930 zählte man 4,4 Millionen Arbeitslose und Ende Dezember 1931 5,66 Millionen. Der Tiefpunkt der gesamten Krisenzeit wurde im Februar 1932 mit 6,13 Millionen Arbeitslosen erreicht.[19]

Arbeitslosigkeit, Kurzarbeit, Lohn- und Gehaltskürzungen ließen die Nachfrage nach Waren und Dienstleistungen für den privaten Bedarf stark und rasch schrumpfen. Während Grundnahrungsmittel wie Brot und Kartoffeln weiter verbraucht wurden, schränkte man sich bei höherwertigen Nahrungs- und Genussmitteln nachhaltig ein. Dass dabei Wein auf der Streichliste vieler Haushalte stand, versteht sich von selbst.

Das Ergebnis war ein Preisverfall für Agrarprodukte in einem Umfang, wie er bisher in Deutschland noch unbekannt war.[20] Bezeichnend ist die Tagebucheintragung des Winninger Bürgers Heinrich Saas vom 15./16. Mai 1931: „Weinversteigerung in Koblenz der Mittelmosel-, Saar- und Ruwer[weine]. Katastrophaler Erfolg, sehr spärlicher Besuch, besonders am zweiten Tage und sehr niedrige Preise. 550.- Mark Angebote, [aber] kein Gebot. Wohin geht das noch?"[21] Für den 19. Oktober 1931 notiert Saas: „Beginn der Lese. Menge befriedigt überall [...]", und für den 26./27. Oktober 1931: „Mostpreise hier um 300 Mark [pro Fuder], in Treis 200 Mark, Nittel 150 Mark."[22] Der Chronist wird dementsprechend immer pessimistischer. Zum Martini-Markt notiert er am 23./24. November 1931: „Geringer Besuch, wenig Verzehr. Alles zeitgemäß. Die Lage in allem immer trostloser."[23]

---

16 Vgl. die Tagebuchaufzeichnungen von Heinrich Saas (wie Anm. 13), S. 34, von Oktober 1926: „Lese: Es gab etwa 1/3 des Vorjahres. Weinpreise steigen erheblich. 800 bis 1.000 Mark pro Fuder" sowie vom 26. Oktober 1927 (ebd., S. 36): „Beginn der Lese. In drei bis vier Tagen waren die meisten Leute schon fertig mit der Lese. Es gab weniger als man vorher hoffte [...]. Mostpreis 1.500 Mark pro Fuder."
17 Blaich, „Winzersturm" (wie Anm. 10), S. 18.
18 Vgl. Klaus Sondermann, Wirtschaftsentwicklung und landwirtschaftliche Verbandspolitik, 1983, S. 98.
19 Fritz Blaich, Der schwarze Freitag. Inflation und Wirtschaftskrise, 1985, S. 59 f.
20 Zur Situation etwa an der Mittelmosel Anfang 1930 heißt es in einem Schreiben der Landeskriminalpolizeistelle (LKP-Stelle) Köln – Trarbach – vom 7. April 1930 an das Oberpräsidium der Rheinprovinz (LHA Ko Best. 441, Nr. 28235, Bl. 497 ff.): „Überall hört man Klagen wegen der geringen Nachfrage nach Wein. Weinverkauf ist Spekulation. Etwaige Verkäufer – besonders die Kommissionäre – kaufen nur bei solchen Winzern, die in besonders bedrängter Notlage sind, weil sie dadurch günstige Kaufabschlüsse erzielen, denn der um Geld verlegene Winzer gibt schließlich seinen Wein zu einem Spottpreise ab (700 Mark je Fuder bei einem Realwert von mindestens 1.100 Mark)".
21 Tagebuchaufzeichnungen von Heinrich Saas (wie Anm. 13), S. 46.
22 Ebd., S. 47.
23 Ebd., S. 48.

Im Zuge der Weltwirtschaftskrise kam es auch zu einer Kreditkrise.[24] Bankhäuser gerieten durch den Crash an der New Yorker Börse am „Schwarzen Freitag", dem 25. Oktober 1929, in eine Schieflage. Zudem zogen ausländische Kreditgeber in starkem Maße ihr Geld aus Deutschland ab, als die NSDAP bei den Septemberwahlen 1930 ihren Durchbruch erreichte. Dadurch verteuerten sich die Kredite, die gerade auch die Bauern Mitte der 20er Jahre für eine Expansion aufgenommen hatten. Die Schere zwischen (sinkenden) Verkaufspreisen einerseits und (steigenden) Ausgaben für Kreditzinsen und Düngemittel u.ä. andererseits öffnete sich immer weiter.[25] Der Winter 1931/32 war der „Katastrophenwinter". In allen Bereichen machte sich die Wirtschaftsrezession sehr stark bemerkbar. Hierzu hielt der damalige Ortsbürgermeister Rudolf Otto in der Gemeindechronik u.a. fest:[26] „Die Weinpreise gingen im Laufe des Jahres [19]31 immer mehr zurück, wenn für den Most 1930 [noch] 5[00] bis 600 M[ark] gezahlt wurden, so wurde im Laufe des Jahres [19]31 für den 30er [Wein nur noch] bezahlt 400 bis 500 M[ark] pro Fuder. Die Armut der Winzer geht ins Grenzenlose bei diesen Preisen, nicht die Hälfte der Gestehungskosten kommen hierbei heraus." Symptomatisch ist der Tagebucheintrag von Heinrich Saas an Neujahr 1932: „Auf allen Gemütern liegt es wie Blei, um die bange Frage was kommt. So kann es nicht weitergehen."[27]

3. Radikalisierung gegen Ende der Weimarer Republik

Zu dieser Zeit hatten sich die Moselwinzer schon längst radikalisiert, wie dies unter dem Eindruck der Agrarkrise ab 1928 in verschiedenen Regionen Deutschlands der Fall war.[28] Für die Untermosel und speziell Winningen lässt sich vermuten, dass alles im Spätsommer bis Herbst des Jahres 1929 angefangen hat. Hierfür spricht, dass der Oberpräsident der Rheinprovinz unter dem Datum des 9. November 1929 den Regierungspräsidenten von Koblenz angewiesen hatte, ihm über die Stimmung der Winzer an der Mosel zu berichten. Bedenkt man weiter, dass am 17. November 1929 Kommunalwahlen und auch Wahlen zum Provinziallandtag anstanden, so liegt nahe, dass der Wahlkampf Winzern und Landwirten Gelegenheit gab, ihren Unmut auszudrücken, während regierungsfeindliche Parteien die schlechte Stimmung wiederum für ihre Zwecke ausnutzten und damit weiter anheizten. So heißt es in dem auf die genannte Verfügung des Oberpräsidenten hin erstatteten Bericht des Regierungspräsidenten von Koblenz:[29] „Im Kreise Koblenz-Land fanden kurz vor den Kommunalwahlen in Winningen mehrere Versammlungen der Nationalsozialisten statt, die es verstanden, die Winzer in ihren Bann zu ziehen, indem sie ihnen eine bessere Zollpolitik, überhaupt eine Gesetzgebung versprachen, die den Winzern und Bauern eine gute Rentabilität ihrer Betriebe garantiere. Diese Ausführungen riefen großen Beifall hervor. Nachdem die verschiedenen Versammlungen der Nationalsozialisten stattgefunden haben, hat sich die Unzufriedenheit gerade unter den Winzern

---

24 Blaich, Freitag (wie Anm. 19), S.76 ff.
25 Ebd., S. 74.
26 Zit. nach: Hoffbauer, Weinwerbung (wie Anm. 9), S. 530, Anm. 4.
27 Tagebuchaufzeichnungen von Heinrich Saas (wie Anm. 13), S. 48.
28 So bildete die schleswig-holsteinische Landvolkbewegung sogar den Stoff für Hans Falladas bekannten Roman „Bauern, Bonzen und Bomben".
29 Bericht des Regierungspräsidenten in Koblenz vom 7. Dezember 1929 an den Oberpräsidenten der Rheinprovinz (LHA Ko Best. 403, Nr. 16748, Bl. 19 f.).

in Winningen erheblich gesteigert, weshalb angenommen werden muss, dass die besagte Partei die schwierige Wirtschaftslage der Winzer zur Aufhetzung ausnutzte. Die Stimmung unter den Winninger Winzern kam nun auch bei der Wahl dahin zum Ausdruck, indem von den 1007 abgegebenen Stimmen für den Provinziallandtag allein 415 Stimmen auf den Wahlvorschlag ‚Nationalsozialistische deutsche Arbeiterpartei (Hitler-Bewegung)' entfielen. Die Winzer sind missmutig und fordern sofortige Hilfe. Nach Ansicht des Bürgermeisters sind Ausschreitungen gestützt durch die nationalsozialistische Bewegung, immerhin zu befürchten, wenn nicht erreicht wird, den Winzern eine höhere Einnahme für die Erzeugnisse und bessere Weinabsatzmöglichkeiten zu verschaffen." Ein zur gleichen Zeit erschienener Artikel in der Koblenzer Volkszeitung vom 5. Dezember 1929 mit der Überschrift „Notschrei der Moselaner" wies in die gleiche Richtung.

Durch diese Stimmung aufgeschreckt richtete der Präsident des Landesfinanzamtes in Köln im März 1930 eine Anfrage an die Regierungspräsidenten in Koblenz und Trier. Offenbar in Erinnerung an den „Winzersturm von Bernkastel" im Februar 1926 erkundigte er sich nach der Stimmung unter der Moselbevölkerung, weil ihm von wohl unterrichteter Seite zugetragen worden war, sie habe sich in den letzten Wochen wesentlich verschlechtert.[30] Anlass zur Sorge bestand für ihn, weil der Nationalsozialismus unter den jungen Burschen an der Mosel und auf dem Hunsrück eine starke Anhängerschaft gefunden hätte und der Winzerverband und die politischen Parteien ihren Einfluss verloren hätten; auch gegen die kirchliche Autorität solle jene Jugend sich ab und zu in der Kirche unliebsam bemerkbar machen. In Sorge, dass es bei Massenversammlungen zu Ausschreitungen gegen die Reichssteuerbehörden als die nächstliegenden Angriffspunkte kommen könnte, bat er die beiden Regierungspräsidenten um ihre Einschätzung der Lage. Zudem regte der Präsident an, geeignete Vorbeugungsmaßnahmen zum Schutz der Dienstgebäude zu treffen sowie zu prüfen, ob nicht Kriminalbeamte mit der Beobachtung der Bewegung zu betrauen seien, da bei der Eigenart der beteiligten politischen Richtung andernfalls kaum Kenntnis von ihren Vorhaben zu erlangen sein werde.

Kaum hatte der Oberpräsident diese Schreiben an die Regierungspräsidenten weitergeleitet, nahm er sie zum Anlass für einen öffentlichen „Mahnruf" zur „kritischen Notlage der Winzer". Unter der Überschrift „Nicht die Nerven verlieren!" hieß es darin u.a.: „Die ungeheure Notlage und die großen Absatzschwierigkeiten im Weinbau haben mich veranlasst, die preußische Regierung zu bitten, nunmehr erneut bei der Reichsregierung zwecks beschleunigter Verabschiedung des Weingesetzes und Verstärkung des Zollschutzes für den deutschen Weinbau sowie endgültiger Beschlussfassung über die Anträge auf Niederschlagung der Winzerkredite vorstellig zu werden. Ich bitte, bei allen in den nächsten Tagen stattfindenden Versammlungen die Winzer hiervon in Kenntnis zu setzen und sie davor zu warnen, unverantwortlichen Hetzern Gehör zu schenken. Es ist mir von verschiedenen Seiten mitgeteilt worden, dass Aufwiegler in den Winzerorten umherziehen, die der Winzerschaft Versprechungen machen, die sie niemals erfüllen können. Ich würde es für unseren heimischen Weinbau lebhaft bedauern, wenn unsere Winzer die Nerven verlieren und sich in ihrer Not durch die Aufwiegler zu Handlungen hin-

---

30 Schreiben vom 29. März 1930 an den Regierungspräsidenten in Koblenz (LHA Ko Best. 441, Nr. 28235, Bl. 439 f.)

reißen ließen, von denen befürchtet werden muss, dass sie das wohlwollende Interesse weiter Volkskreise an den Sorgen und der Zukunft der Winzerschaft beeinträchtigen. Gleichzeitig weise ich auch noch einmal darauf hin, dass vorläufig jede Einziehung von Winzerkrediten und Zinsen ruht."[31]

Gleichzeitig beauftragte das Oberpräsidium einen Kölner Kriminalkommissar damit, das Moseltal zu bereisen, um dort die Stimmung der Winzer zu erkunden. Über diese Bereisung fertigte der Kriminalkommissar einen Bericht über Traben-Trarbach[32], Zell/Mosel[33] und über die Verhältnisse in Cochem[34] an. Diese Recherchen sowie weitere Lageberichte der Landräte ergaben folgende Einschätzung:[35] Die NSDAP war vor allem an der Mittelmosel und im Hochwald sehr aktiv und hatte regen Zulauf. In ihrer Agitation gingen die Nazis systematisch vor. Erst prüften sie die Stimmung der Bewohner und stellten sich bei ihren Werbeveranstaltungen dementsprechend ein.[36] Ihr Vorgehen war überall gleich, das wesentliche Propagandamittel war die Versammlung in den einzelnen Orten. Diese Versammlungen pflegten so eingeleitet zu werden, dass vormittags ein mit häufig uniformierten Nationalsozialisten besetzter Lastkraftwagen in den Ort einfiel und Flugblätter verteilte. Darin wurden die Einwohner aufgefordert, an der am selben Tag stattfindenden Versammlung teilzunehmen. In der Versammlung selbst ergingen sich die nationalsozialistischen Redner in Beschimpfungen der Regierung sowie der Behörden und Beamten. Zu einer Diskussion pflegte es meist nicht zu kommen. Die Versammlungen waren aber in aller Regel sehr gut besucht.[37]

In der Beurteilung der Erfolge der Nationalsozialisten waren die staatlichen Stellen unsicher. Einerseits glaubte man, dass sie in den Ortschaften zwischen Trier und Bernkastel noch keine nennenswerten Erfolge hätten erzielen können. Andererseits waren sie nach der gleichen Quelle in den protestantischen Gegenden sehr stark vertreten, und sie gewannen auch in katholischen Ortschaften an beachtenswertem Einfluss. Hochburg und Keimzelle der Nazis an der Mosel war das protestantische Enkirch. Sehr stark vertreten waren sie auch in Veldenz und Trarbach – ebenfalls protestantische Orte –, aber auch in den katholischen Orten Ürzig, Cochem und Zell.[38] Besorgniserregend klingen die Urteile über die Mentalität der Moselwinzer. So heißt es, die Protestanten hätten gegen die Agitation der NSDAP kein Gegengewicht, wäh-

---

31 Koblenzer Volkszeitung vom 5. April 1930.
32 Schreiben der LKP-Stelle Köln – Trarbach – vom 7. April 1930 an das Oberpräsidium (LHA Ko Best. 441, Nr. 28235, Bl. 497 ff.).
33 Schreiben der LKP-Stelle Köln – Zell/Mosel – vom 9. April 1930 an das Oberpräsidium (LHA Ko Best. 441, Nr. 28235, Bl. 509 ff.).
34 Schreiben der LKP-Stelle Köln – Köln – vom 12. April 1930 an das Oberpräsidium (LHA Ko Best. 441, Nr. 28235, Bl. 525 ff.).
35 Diese Polizeiberichte und weitere Stimmungsberichte sind auszugsweise abgedruckt in: Franz Josef Heyen (Bearb.), Nationalsozialismus im Alltag. Quellen zur Geschichte des Nationalsozialismus vornehmlich im Raum Mainz-Koblenz-Trier, Koblenz 1985, S. 21-29; vgl. dazu auch: Siglinde Krumme, Die Förderung des Moselweinabsatzes nach 1933. Dargestellt am Beispiel der Winzergemeinde Winningen, in: Moselkiesel, hg. von der Volkshochschule Untermosel, Band 1: Erinnerungen von Zeitzeugen und Berichte zur Regionalgeschichte 1918-1948, 1998, S. 75-93.
36 Schreiben der LKP-Stelle Köln – Trarbach – vom 7. April 1930 (LHA Ko Best. 441, Nr. 28235, Bl. 501).
37 Schreiben des Regierungspräsidenten in Trier vom 31. März 1930 an den Oberpräsidenten der Rheinprovinz (LHA Ko Best.. 441, Nr. 28235, Bl. 443 f.).
38 Schreiben der LKP-Stelle Köln – Trarbach – vom 7. April 1930 (LHA Ko Best. 441, Nr. 28235, Bl. 501 ff.).

rend in den katholischen und sozialdemokratischen Ortschaften Gegen-Agitationen stattfänden[39]. Auch sagte man den Winzern nach, sie seien leicht beeinflussbar und glaubten kritiklos an die Botschaft der Nationalsozialisten.[40] Durch diese Agitation – so der Regierungspräsident in Trier weiter – sei die in den Winzerorten bereits vorhandene verzweifelte Stimmung noch verschärft worden, so dass er sie als äußerst ernst, ja geradezu als aufrührerisch bezeichnete. Dementsprechend hatte er – der Erwägung des Präsidenten des Landesfinanzamtes folgend – inzwischen vorbeugende Maßnahmen zum Schutz der Finanzämter in Bernkastel und Wittlich veranlasst.

Nicht ganz so dramatisch beurteilte der Regierungspräsident in Koblenz die Lage für den in seinem Zuständigkeitsbereich gelegenen vorderen Teil des Hunsrücks und die Untermosel. Zwar konstatierte auch er, dass die Winzer mit ihrer gegenwärtigen trostlosen Lage äußerst unzufrieden seien, jedoch befürchtete er im Augenblick keinerlei Ausschreitungen und hielt besondere polizeiliche Maßnahmen vorläufig nicht für erforderlich.[41]

In Winningen jedoch war die Lage schon damals gefährlicher als an der übrigen Untermosel. Seit Mitte 1929 hielten die Nazis in gewissen Zeitabständen gut besuchte Versammlungen ab. In diesen wurde die Bevölkerung immer wieder darauf hingewiesen, dass die Reichsregierung angeblich nichts tue, um den Winzern und Bauern in ihrer Notlage zu helfen.[42] Diese Meinung fand große Zustimmung, auch beim Ortsbürgermeister von Winningen: „Die Herren von der Reichsregierung S.P.D, K.P.D. [die KPD war zu keiner Zeit Mitglied der Reichsregierung; J. H.] und Zentrum denken nur an sich, kein Verständnis für seine Mitbürger, wenn sie nur selbst sich die Taschen füllen können, dies geht ihnen über unser liebes Vaterland, aber bald ist es mit ihnen vorbei."[43] Der Koblenzer Landrat berichtete, dass die nationalsozialistische Bewegung bislang unter den Gemeinden des Amtsbezirks Winningen nur in der gleichnamigen Gemeinde Fuß fassen konnte. Hier bestehe eine Ortsgruppe, die von einem größeren Teil der Einwohner in der sicheren Erwartung unterstützt werde, dass die Nationalsozialisten sie baldigst einer besseren Zukunft entgegenführten. Indes hätten die Winninger Bürger bis jetzt Besonnenheit an den Tag gelegt, so dass im Augenblick noch keine Ausschreitungen zu befürchten seien.[44]

4. Die Jugend als Motor der „Bewegung"

Auffällig ist, dass sich besonders die Jugend für die Parolen der Nazis begeistern ließ. Nach Meinung vieler älterer Winzer, vor allem zwischen Trier und Ürzig, sei die Agitation der

---

39 Schreiben der LKP-Stelle Köln – Zell/Mosel – vom 9. April 1930 (LHA Ko Best. 441, Nr. 28235, Bl. 515).
40 Schreiben der LKP-Stelle Köln – Trarbach – vom 7. April 1930 (LHA Ko Best. 441, Nr. 28235, Bl. 501).
41 Schreiben vom 11. April 1933 an den Oberpräsidenten der Rheinprovinz (LHA Ko 441, Nr. 28235, Bl. 453 f.).
42 Bericht des Landrats des Kreises Koblenz vom 11. April 1930 an den Regierungspräsidenten in Koblenz (LHA Ko Best. 441, Nr. 28235, Bl. 465 ff.).
43 So die Eintragung Ottos in der Gemeindechronik unter dem Datum des 16. Januar 1932, zit. nach: Hoffbauer, Weinwerbung (wie Anm. 9), S. 530, Anm. 4.
44 Bericht des Landrats des Kreises Koblenz vom 11. April 1930 (LHA Ko Best. 441, Nr. 28235, Bl. 466 f).

NSDAP ein „Kinderspiel" gewesen, denn sie fänden bei jüngeren Leuten deutlichen Zulauf. Der nationalsozialistische Geist habe unverkennbar in vielen Köpfen die Überzeugung hervorgerufen, dass eine Rettung aus der Notlage nur durch die NSDAP erfolgen könne. Dies drücke sich auch bei der Mitgliedschaft in der NSDAP aus, die bei Jugendlichen sehr beachtlich sei. Ihnen gefiele die „militärische Aufmachung" der Veranstaltungen und sie ließen sich auch nicht davon abhalten, dass den Nazis jede politische Reife und rhetorische Begabung gefehlt habe.[45]

Am 1. Mai 1929 trat der erste Winninger Bürger offiziell der NSDAP bei. Bis Ende des Jahres, offiziell zum 1. Dezember 1929, folgten vier weitere. Von da ab gab es eine Ortsgruppe der NSDAP, die einzige im Amtsbezirk Winningen. Für den Juni 1930 wird die Gesamtzahl der Winninger Ortsgruppe einmal mit 24[46] und ein anderes Mal mit 52 Mitgliedern angegeben.[47] Erster Ortsgruppenleiter von Winningen war der 1882 hier geborene Fotograf und Winzer August Knebel. Er nahm drei Funktionen wahr: er war Ortsgruppenleiter, Propagandaleiter und Kulturwart. Seit dem 1. Februar 1931 war er auch Mitglied der für ihre Teilnahme an Saalschlachten berüchtigten „Sturmabteilung" (SA) der NSDAP, die er daraufhin auch in Winningen begründete.[48]

Nach der letztgenannten Quelle waren 90 % der hiesigen NSDAP-Mitglieder „junge Burschen bis zu 23 Jahren", größtenteils Winzersöhne, nur einige waren Handwerker und Arbeiter. Außerdem gehörten noch zehn Jugendliche der NSDAP, offensichtlich der Hitler-Jugend (HJ), an. Diese absoluten Zahlen erscheinen aus heutiger Sicht nicht ungewöhnlich hoch. Allerdings muss man berücksichtigen, dass die Nationalsozialisten – im Vergleich zu anderen Parteien – sehr hohe Mitgliedsbeiträge und außerdem von den beigetretenen Mitgliedern eine starke Hingabe und aktive Tätigkeit für die Partei verlangten.[49] So bedurfte es schon eines besonderen Interesses, um förmlich Mitglied zu werden. Der Sympathisantenkreis war sicherlich deutlich größer, gab es doch in Winningen 43 Abonnenten des damals noch alle 14 Tage erscheinenden Koblenzer Nationalblatts. Darin befand sich – so die Einschätzung des Landrats – genügend Material, um alle Mitglieder und Anhänger der NSDAP weiter aufzuhetzen und die übrigen politischen Parteien und den Staat verächtlich zu machen.[50] Zudem war der Organisationsgrad der NSDAP-Mitglieder bis hin zu ihren Unterorganisationen auffallend hoch. Beispielsweise war es in Winningen üblich, dass die jüngeren Mitglieder der NSDAP zugleich auch der SA beitraten.[51] So war es nicht verwunderlich, dass es in dem recht kleinen

---

45 Bericht der LKP-Stelle Köln – Trarbach – vom 7. April 1930 (LHA Ko Best. 441, Nr. 28235, Bl. 501 ff.).
46 So in der Nachweisung der Ortsgruppen der NSDAP im Regierungsbezirk Koblenz, Stand: Juni 1930 (LHA Ko Best. 441, Nr. 28236, Bl. 209).
47 Schreiben des Landrats des Kreises Koblenz vom 27. Juni 1930 an den Regierungspräsidenten in Koblenz (LHA Ko Best. 441, Nr. 28236, Bl. 39).
48 Vgl. dazu das Entnazifizierungsverfahren gegen August Knebel (LHA Ko Best. 856, Nr. 110168).
49 Bericht des Regierungspräsidenten Koblenz vom 14. Februar 1931 an den Oberpräsidenten (LHA Ko Best. 403, Nr. 16470, Bl. 391 ff.).
50 Schreiben des Landrats Koblenz vom 27. Juni 1930 an den dortigen Regierungspräsidenten (LHA Ko Best. 441, Nr. 28236, Bl. 40 v).
51 Vgl. die Angaben von Erich Pies in seinem Entnazifizierungsverfahren (LHA Ko Best. 856, Nr. 110426, Bl. 28 v).

Winningen schon früh einen Trupp SA-Leute (mit sechs Personen) sowie eine Gruppe von 10 Hitlerjungen gab.[52]

Die HJ-Gruppe, die von einem jungen Mann geführt wurde, der den Jungen auch in Trommler- und Pfeifermusik Unterricht gab,[53] war offenbar recht rührig. Denn schon zu Ostern 1930 richtete sie für die HJ des NS-Gaus Rheinland eine große Veranstaltung in Winningen aus.[54] Am 2. Ostertag trafen 180 Hitlerjungen mittags in Winningen ein und marschierten mit Trommler- und Pfeifermusik durch den Ort. Anschließend versammelte man sich im Weinhaus Rebstock zu einer Ansprache. Am Nachmittag traten sie zu Fuß über Güls nach Koblenz den Heimweg an. Eigentlich hatte man noch geplant, auf dem Gelände des Distelbergerhofs und Umgebung Kriegsspiele zu veranstalten. Davon hatte man aber Abstand genommen, so dass die Polizei nicht einschreiten musste und die Veranstaltung ruhig verlief.

Einen tiefen Einblick vom Auftreten der NSDAP in Winningen im Juni 1930 – also drei Monate vor der „Erdrutsch-Wahl", welche den Nazis in Winningen eine Zweidrittelmehrheit erbrachte – gibt ein Bericht des Landrats des Kreises Koblenz vom 27. Juni 1930. Darin heißt es u.a.: „Am 12. Juni 1930 zu Winningen in der Wirtschaft ‚Zur Hoffnung'. Diese Versammlung war, im Gegensatz zu früheren gut besuchten Versammlungen, von nur 20 Personen besucht. In sämtlichen bisher noch stattgefundenen Versammlungen der NSDAP ließen die Parteiredner in nicht zu missverstehender Weise erkennen, dass sie Gegner unserer heutigen Verfassung und insbesondere Gegner des Kommunismus und der sozialdemokratischen Partei sind. Es ist auch keine Seltenheit, dass sie die Zentrumspartei und deren Führer in höhnischer Form angreifen. Oberster Grundsatz aller Ausführung war jedoch bisher immer die Bekämpfung des Judentums und der internationalen Hochfinanz. Den Versammlungsteilnehmern wird immer wieder vorgehalten, dass Reich und Staat die Landwirte und Weinbauern in das heutige Elend gebracht habe und ihnen auch künftig wenig helfe und dadurch diese Berufsgruppen teilweise von der Substanz leben müssten, was schließlich den Ruin und die Vertreibung von der Scholle zugunsten der Hochfinanz und damit des Judentums, in deren Händen sich die großen Banken befänden, zur Folge haben müsse. Auch seien die Gehälter und Pensionen der höheren Beamten viel zu hoch. – Die Ortsgruppe Winningen ist öffentlich noch nicht auf den Plan getreten, sondern hält lediglich von Zeit zu Zeit öffentliche Versammlungen ab, zu der alle Bewohner, mit Ausnahme der Juden, durch öffentlichen Anschlag eingeladen werden."[55]

5. Die führenden Personen

Die Aufsicht führenden Behörden sahen diese Entwicklung voller Sorge, verließen sich aber doch eher darauf, dass die Bauernverbände, die sich 1929 teilweise zur „Grünen Front" zu-

---

52 Schreiben des Landrats Koblenz vom 27. Juni 1930 (LHA Ko Best. 441, Nr. 28236, Bl. 40 v).
53 Schreiben des Landrats Koblenz vom 27. Juni 1930 (LHA Ko Best. 441, Nr. 28236, Bl. 40 v).
54 Schreiben des Landrats Koblenz vom 15. Mai 1930 an den Regierungspräsidenten (LHA Ko Best. 441, Nr. 28236, Bl. 16 f.).
55 Schreiben des Landrats Koblenz vom 27. Juni 1930 (LHA Ko Best. 441, Nr. 28236, Bl. 40 r-v).

sammengeschlossen hatten,⁵⁶ als traditionelle Wortführer der Bauern die Oberhand behielten. Besondere Maßnahmen hielt der Landrat des Kreises Koblenz im April 1930 noch nicht für erforderlich, jedoch größte Aufmerksamkeit auf die Aktivitäten der NSDAP für geboten. Seiner Meinung nach hatten der M.S.R. [gemeint ist wohl: Mosel-Saar-Ruwe] -Winzerverband und der Rheinische Bauernverein noch vollen Einfluss auf die Winzer und Landwirte an der Untermosel. Es sei allerdings eine andere Frage, ob sich die Führer bei einer großen Massenversammlung im Interesse der öffentlichen Ruhe, Ordnung und Sicherheit durchsetzen könnten. Auch habe sich die Kirchenbehörde bei dem Bürgermeister von Winningen über Störungen in der Kirche weder beschwert noch eine Anzeige erstattet.⁵⁷ Für die Zukunft sahen es verschiedene kritische Beobachter als entscheidend an, wer die Stimmführerschaft erlangen werde. Der oben erwähnte Kölner Kriminalbeamte hatte anlässlich seiner Bereisung des Moseltals im April 1930 sogar Psychologen befragt; diese hatten ihm erklärt, dass die Eifler und Hunsrücker eher konservativ eingestellt und daher leichter mit religiös-sittlichen Gefühlen zu führen seien, während die Moselaner Nachläufer und leicht zum Radikalismus zu bestimmen seien.⁵⁸

Nach dem Vorbild von Hitler und Goebbels entwickelte sich in der hiesigen Region der Handelslehrer Gustav Simon zu einem solchen Agitator.⁵⁹ Der im Jahre 1900 im Saarland geborene Simon hatte seine Vorfahren im Hunsrück. Nach einem Studium an der Universität in Frankfurt/Main und einer Tätigkeit als Gewerbelehrer in Völklingen schied er 1928 aus dem Schuldienst aus und war seit dem hauptberuflich für die NSDAP tätig, der er schon als Student im Jahr 1925 beigetreten war. Im Herbst 1926 gründete er in Hermeskeil eine Ortsgruppe und machte dann ab 1929 eine Karriere in der Partei. In Koblenz übernahm er im selben Jahr die dort neu gegründete Ortsgruppe. Im November 1929 ließ er sich bei den Kommunalwahlen zum Stadtverordneten von Koblenz wählen und wurde Vorsitzender der NSDAP-Fraktion, der nach dem Zentrum zweitstärksten im Stadtparlament. Von seiner Herkunft her galt er als Grenzgänger, der ein besonderes Gespür für „völkische" Belange hatte. Seine Anhänger bewunderten ihn als „Massenredner von Format", der mit seiner „glänzenden Rhetorik" seine Zuhörer mitreißen konnte. Er war zugleich ein „Kämpfer" und „Draufgänger", der „Energie" und einen „entschlossenen Willen" besaß. Dank seiner „verbissenen Beharrlichkeit" und seines „eisernen, rastlosen Fleißes" wurde er zu einem „Vorkämpfer" und „Aktivisten" des Nationalsozialismus im späteren Gau Koblenz-Trier-Birkenfeld, dessen Gauleiter er 1931 dann auch wurde.⁶⁰ Sicherlich war es Simon maßgeblich geschuldet, dass die Nazis im Hochwald und an der Obermosel schon recht früh so stark wurden und Anlass für die Anfrage des Präsidenten des Landesfinanzamtes vom 29. März 1930 waren.

Winningen war für Simon ein besonderes Betätigungsfeld. Zwischen der Ortsgruppe Winningen und der Koblenzer Ortsgruppe der NSDAP gab es eine enge Beziehung. Wenn auch nicht

---

56 Vgl. Sondermann, Wirtschaftsentwicklung (wie Anm. 18), S. 107 ff.
57 Schreiben des Landrats Koblenz vom 11. April 1930 (LHA Ko Best. 441, Nr. 28235, Bl. 467 f.).
58 Schreiben eines Kölner Kriminalkommissars vom 12. April 1930 an das Oberpräsidium (LHA Ko Best. 441, Nr. 28235, Bl. 531 f.).
59 Vgl. zur Biografie Gustav Simons: Emile Krier, Gustav Simon (1900-1945), in: Franz-Josef Heyen (Hg.), Rheinische Lebensbilder 16 (1997), S. 255-285.
60 Ebd., S. 258 ff.

formell – Ortsgruppenleiter in jener Zeit war in Winningen der Winzer und Landwirt Hermann Bernhard Knaudt (1905-1961) –, so war Simon doch informeller Führer der Winninger Gruppe.[61] Fast alle acht Tage erschien er mit seiner Koblenzer Ortsgruppe – meistens in Parteiuniform – in der Wirtschaft „Zur Hoffnung". Zusammen mit der Winninger Gruppe debattierte man dann über weitere Aktivitäten.[62]

Mit Unterstützung von Gustav Simon entwickelte sich Hermann Bernhard Knaudt vorübergehend zu einem lokalen NS-Führer. Im für die Partei erfolgreichen Jahr 1930 trat er immer wieder in Winningen und in den umliegenden Orten als Versammlungsleiter auf:[63] am 17. August in Kobern im Garten vor der Wirtschaft Dany (mit 150 Teilnehmern), am 24. August in Dieblich im Saal Höfer (mit 250 bis 300 Teilnehmern), am 11. September in Winningen in der Gastwirtschaft „Zur Hoffnung" (etwa 300 Teilnehmer), am 13. September in Kobern vor der Gastwirtschaft Dany (etwa 250 Teilnehmer), im November in Dieblich (etwa 50 Teilnehmer) und am 21. November in Winningen in der Gastwirtschaft Krone (etwa 180 Teilnehmer). 1931 wurde der Kaufmann Eduard Kröber (geb. 1890, PG seit 1930) sein Nachfolger. Er war – wie er später im Entnazifizierungsverfahren von den Vertrauensmännern der demokratischen Parteien beschrieben wurde[64] – einer der Hauptnazis, wenn nicht sogar der Hauptnazi von Winningen, der die Belange der Nationalsozialisten voll und ganz wahrnahm und sich rücksichtslos durchsetzte.

Sehr wichtig für Winningen, vor allem auch als Leitfigur für die nationalsozialistische Jugend, war Robert Hautt (1906-1972).[65] Er war seit März bzw. April 1931 Mitglied der NSDAP und ab 1932 Mitglied der SA. In der SA machte er schnell Karriere, war SA-Sportwart, 1932 Sturmführer, 1933 Obersturmführer und 1934 Sturmbannführer bzw. Obersturmbannführer. In den hier interessierenden Anfangsjahren war er ein überzeugter und vermutlich daher auch fanatischer Nationalsozialist, der als Führer des Winninger Sturms mit der SA in die Nachbarorte zog und für die NSDAP Propaganda machte. Seine schnellen Beförderungen in der SA beruhten sicherlich maßgeblich auf seinen sportlichen Leistungen. Seit seinem 12. Lebensjahr war er im Sportverein, war erster Zwölfkampfsieger im Gau und erster Sieger im (modernen?) Fünfkampf im Stadion Koblenz-Oberwerth. Gerade durch diese sportlichen Erfolge wurde Hautt für die Winninger Jugend und für andere ein Idol, das auch für den Nationalsozialismus und die SA ein Aushängeschild war. Daneben gab es mindestens noch zwei, wenn nicht drei Scharführer des Winninger Sturms der SA. Einer von ihnen war Gustav Karl Krause (1911-1941), ein zweiter war Heinrich Pies (geb. 1884).

---

61 Schreiben des Landrats Koblenz vom 27. Juni 1930 (LHA Ko Best. 441, Nr. 28236, Bl. 40 v).
62 Schreiben des Landrats Koblenz vom 11. April 1930 (LHA Ko Best. 441, Nr. 28235, Bl. 467).
63 Vgl. dazu die Berichte des Landrats Koblenz vom 2. und vom 30. September 1930 sowie vom 1. Dezember 1930 an den Regierungspräsidenten Koblenz (LHA Ko Best. 403, Nr. 16740, Bl. 193v und Bl. 270, sowie Best. 441, Nr. 28247, Bl. 233).
64 Vgl. dazu die Entnazifizierungsakte Eduard Kröber (LHA Ko Best. 856, Nr. 110982, Bl. 10).
65 Vgl. die Entnazifizierungsakte Robert Hautt (LHA Ko Best. 856, Nr. 110415).

Während diese kleinen Funktionäre und Aktivisten der NSDAP bis auf Krause[66] allesamt aus alteingesessenen Winninger Familien stammten, stieß zu diesem Kreis bald ein „Zugezogener" – Dr. med. Walter Minor. Als er am 18. März 1928 mit seiner Familie offiziell in Winningen begrüßt wurde, hatte er bereits ein bewegtes Leben hinter sich.[67] 1889 im Hessischen als Sohn eines Pfarrers geboren, hatte er in Wiesbaden die Schule besucht und ab 1910 an der Universität in Marburg Medizin studiert. 1914, zu Beginn des Ersten Weltkrieges, war er – wie es damals hieß – „zu den Fahnen geeilt" und bis 1918 Soldat, zuletzt Oberarzt in einem Feldlazarett. Noch während des Ersten Weltkrieges hatte er sein Medizinstudium mit der Promotion zum Dr. med. abgeschlossen. Den dadurch vorgezeichneten Berufsweg hat er aber nicht eingeschlagen, sondern vielmehr, seinem Vater folgend, Theologie studiert. Alles Weitere ging dann sehr schnell: Bereits 1919 legte er die erste theologische Prüfung ab, ein Jahr später die zweite Prüfung, und nach seiner Ordination 1921 war er Pfarrer im Nassauischen. Schon in jener Zeit – seine erste Frau war bereits gestorben und er hatte wieder geheiratet – wurde Minor von einem Mitglied der Gemeinde als „Lump" bezeichnet und beschuldigt, einen Teil der von ihm für die Anstalt Bethel eingesammelten Eierkollekte für sich verwendet zu haben. Auf Minors Anzeige hin konnte der Betreffende eine Unterschlagung nicht nachweisen. Weniger dieses Verfahren als vielmehr der unstete Geist Minors war dann der Grund dafür, dass er um seine Entlassung als Gemeindpfarrer nachsuchte und 1926 zur Stadtmission nach Kiel ging. Dort war er bald Mittelpunkt einer kontroversen Diskussion über Aufgaben und Ziele dieser Mission. Die Situation spitzte sich für ihn derartig zu, dass er dort nicht weiter tragbar war. Man fand für Minor eine Nische als Arzt und Seelsorger im Heilseelsorgeheim in Neustadt im Harz. Aber auch dort hielt er es nicht lange aus. Schon Ende 1927 eröffnete er im Raum Wiesbaden eine eigene Praxis. Als „Pastor Dr. med. Walter Minor" – seither leitender Arzt und Seelsorger im Heilseelsorgeheim in Neustadt (Harz) – hatte er „nach jahrelanger Fortbildung in Psychologie und Psychotherapie (seine) ärztliche Tätigkeit wieder aufgenommen, zur Heilseelsorge, Seelenheilkunde, Heilerziehung, Eheberatung, Erziehungsberatung (erweitert und ergänzt um) unterstützende ärztliche Maßnahmen im Sinne des Naturheilverfahrens und der Homöopathie". Dieser Grenzgänger zwischen Medizin und Theologie, dieser unstete Geist, der polarisierte und konfrontierte und dem nachgesagt wurde, nicht zwischen „mein" und „dein" unterscheiden zu können, wurde dann am 18. März 1928 als Pfarrer von Winningen in sein Amt eingeführt.

All dies wäre hier nicht erwähnenswert, wenn Minor nicht den sich in Winningen breit machenden Nationalsozialismus wesentlich gefördert hätte. Er war – wie auch das Evangelische Konsistorium zu Düsseldorf später feststellte – begeisterter Nationalsozialist, Agitator und Gauredner der NSDAP. Zudem hatte er in Winningen eine „Anhängerschaft, die für ihn

---

66 Krause stammte wohl aus Berlin und hatte in Winningen eingeheiratet. (Freundliche Information von Herrn Frank Hoffbauer, Winningen).
67 Zu Minor siehe Gerhard Löwenstein, Die evangelische Kirchengemeinde Winningen während der Zeit des Nationalsozialismus, in: Moselkiesel, hg. von der Volkshochschule Untermosel, Bd. 1: Erinnerungen von Zeitzeugen und Berichte zur Regionalgeschichte 1918-1948, 1998, S. 119-160, hier: S. 121 ff. Vgl. zum folgenden auch den Beitrag von Andreas Metzing in diesem Band.

durchs Feuer" ging.[68] Als Minor Anfang 1930 – wieder einmal – Schwierigkeiten bekommen sollte, trat der ganz überwiegende Teil der Kirchengemeinde für ihn ein und bat „dringend, darauf hinzuwirken, dass der Gemeinde Winningen Herr Pfarrer Dr. Minor als Pfarrer und Seelsorger erhalten bleibt". Im Namen von 80 % der kirchentreuen Gemeindemitglieder hob der Kirchmeister Rudolf Bühler gegenüber dem Konsistorium Minors Verdienste hervor:[69] „Seit Herr Pfarrer Dr. Minor hier ist, hat sich der Kirchenbesuch bedeutend gebessert. Während früher an den beiden Sonntagsgottesdiensten zusammen durchschnittlich noch kaum 150 Personen die Kirche besuchten, beträgt heute die Zahl der regelmäßigen Kirchenbesucher das Doppelte. Eine weitere Besserung wird sicher dann eintreten, wenn die bedauerlichen Hetzereien [gegen Pfarrer Minor; J. H.] aufhören bzw. diesen ein Ende bereitet wird. Winningen war eine geistig tote Gemeinde, die in den letzten Jahren ihren Aufstieg begonnen hat. Da das Wort Gottes schärfer denn ein zwei schneidig Schwert ist, konnte auch hier die Auflehnung der finsteren Mächte nicht ausbleiben. Ein Pfarrer, der Winningen und die Verhältnisse hier sehr gut kennt, sagte vor einigen Wochen, dass es sich hier um den Kampf mit den Mächten der Finsternis handele und Herr Pfarrer Dr. Minor mit Gebet und Treue unterstützt werden müsse, damit nicht die Mächte der Finsternis den Sieg behielten. Was im Übrigen durch das Wirken von Herrn Pfarrer Dr. Minor hier schon erreicht worden ist, dürfte dem Konsistorium bekannt sein. Wir erwähnen nur die Bibelstunde, die von ca. 80 Personen wöchentlich besucht wird, den Kindergottesdienst und die christlichen Jugendvereine."

Pfarrer Dr. med. Minor trug die Atmosphäre der „nationalen Revolution", wie sie die NS-Bewegung unaufhörlich propagierte, frühzeitig und mit Erfolg in die Kirchengemeinde hinein. Aber er ging weiter: die Ideologie der „Deutschen Christen" sowie Gedanken, die später zur Tötung von geistig behinderten Menschen herangezogen wurden, waren bei ihm anzutreffen. So heißt es beispielsweise in dem von Minor im Auftrag der Evangelischen Arbeitsgemeinschaft herausgegebenen „Winninger Gemeindeboten" Nr. 61 vom 2. Februar 1930[70] in einer Rückschau auf die Predigt über die Textstelle Römer 12, Vers. 21: „Volk und Kirche gehören unlösbar zusammen. Wer Gott sagt, muss auch Volk sagen; und wer Volk sagt, muss auch Gott sagen. Denn ‚Volk' ist Gottes Schöpfungsordnung […]. Es gibt nur noch Sieger und Besiegte, Herren und Sklaven, drohende Befehle und ohnmächtige Unterordnung […] Staaten und Menschen sind nur noch Schachfiguren, die jene geistigen Mächte beim Austrag ihres blutigen oder unblutigen Spiels hin- und herschieben. Ob wir wollen oder nicht, als Haupt- oder Nebenfiguren stehen wir irgendwo auf diesem Schachbrett. In diesem mörderischen Kampf […] erscheint selbst der Weltkrieg nur als eine Begleiterscheinung, wenn wir daran denken, dass in dem Kampf zwischen dem Bösen und dem Guten in Deutschland jährlich über eine Million lebensberechtigter Kinder durch verbrecherische Eingriffe, bevor sie das Licht der Welt erblicken, gemordet werden! Dass in Deutschland durch Geschlechtskrankheiten und Alkoholmissbrauch es 75.000 Idioten, 100.000 Epileptiker, 20.000 Geisteskranke

---

68 Schreiben des Evangelischen Konsistoriums der Rheinprovinz vom 21. Februar 1933 an den Evangelischen Oberkirchenrat (AEKR Düsseldorf, PA 51 M 150, Ortsakten Winningen 5, Beiakten „Beschwerden gegen den Pfarrer Dr. Minor").

69 Schreiben vom 8. Februar 1930 (AEKR Düsseldorf, PA 51 M 150, Ortsakten Winningen 5, Beiakten „Beschwerden gegen den Pfarrer Dr. Minor").

70 Noch vorhanden in: AEKR Düsseldorf, PA 51 M 150, Ortsakten Winningen 5, Beiakten „Beschwerden gegen den Pfarrer Dr. Minor".

gibt! [...]. Auf zur Tat! ÜBERWINDE! Das stellt dich in den Kampf um das Ganze. Endsieg oder Endniederlage, darum geht es."

6. Die letzten beiden Jahre der Weimarer Republik

Die NSDAP hatte bei den Winningern und vielen anderen unzufriedenen Bauern und Winzern große Erfolge, obwohl sie kein besonderes Agrarprogramm und keine landwirtschaftlichen Sonderstrukturen in der Partei hatte. Sie hatte – abgesehen von der allgemeinen Hetze auf die erste deutsche Republik und Politiker der demokratischen Parteien („Novemberverbrecher") – großen Zulauf mit ihrem Schlagwort von der „Brechung der Zinsknechtschaft" der Banken und ihrem Antisemitismus, beides Punkte aus dem Parteiprogramm der NSDAP aus dem Jahr 1920, welche die verschuldeten Landwirte und Winzer besonders ansprachen.[71] Das erstaunliche Ergebnis war, dass die NSDAP, eine an sich urbane, auf die städtischen Mittelschichten zielende Partei, ihre ersten spektakulären Erfolge auf dem Land hatte.[72] Erst im Laufe des Jahres 1930, als die NSDAP schon eine 2/3-Mehrheit in Winningen hatte, bauten die Nazis eine landwirtschaftliche Unterorganisation, den „Agrarpolitischen Apparat", auf.[73]

Es dauerte noch einige Zeit, bis dies vor Ort ankam. Im Spätsommer/Herbst 1931 bemerkte der Regierungspräsident in Koblenz eine „neue Art der Propagandatätigkeit", nämlich spezielle „Bauernkundgebungen".[74] An einer Kundgebung im Kreis Koblenz-Land (der Ort ist nicht bekannt) beteiligten sich gar vier Ortsgruppen der NSDAP und die SA-Abteilung der Stadt Koblenz. Nach einem Aufmarsch mit Musik wurden unter freiem Himmel vor vielen Zuhörern zwei Reden gehalten. Die eine hatte das Thema: „Der Kampf um die deutsche Scholle" und die andere: „Bauernnot und Christentum".

Diese Propagandaveranstaltungen der NSDAP verliefen häufig nicht so harmonisch, wie die Themen der Reden es vermuten lassen. Oft hatten es die SA-Leute darauf angelegt, den politischen Gegner bloß zu stellen, zu beleidigen und auch niederzuknüppeln. Die SA fungierte schließlich als „Saalschutz" bei diesen Veranstaltungen, und Goebbels selbst hatte schon 1930 die Parole dafür ausgegeben: „Wir prügeln uns groß." Immer wieder kam es zu Schlägereien, meistens initiiert durch die SA. Höhepunkt dieser SA-Krawalle in der Koblenzer Region waren der „Schwarze Sonntag von Nastätten" am 6. März 1927[75] und die „Blutkirmes von Horch-

---

[71] Vgl. das Parteiprogramm der NSDAP vom 24. Februar 1920: „Punkt 4. Staatsbürger kann nur sein, wer Volksgenosse ist. Volksgenosse kann nur sein, wer deutschen Blutes ist, ohne Rücksichtnahme auf Konfession. Kein Jude kann daher Volksgenosse sein." – Punkt 5: „Wer nicht Staatsbürger ist, soll nur als Gast in Deutschland leben können und muss unter Fremdengesetzgebung stehen". – Punkt 11: „Abschaffung des arbeits- und mühelosen Einkommens, Brechung der Zinsknechtschaft." Zitiert nach: Walter Hofer (Hg.), Der Nationalsozialismus. Dokumente 1933-1945, 1957, S. 28 f.
[72] Vgl. Sondermann, Wirtschaftsentwicklung (wie Anm. 18), S. 114.
[73] Ebd., S. 113 f.
[74] Vgl. den Bericht des Regierungspräsidenten Koblenz vom 31. Oktober 1931 an den Oberpräsidenten (LHA Ko Best. 403, Nr. 16740, Bl. 761).
[75] Vgl. dazu: Joachim Hennig, Dr. Ernst Biesten (1884-1953). Demokrat in vier Epochen, 1996, S. 100 ff.

heim" am 21./22. Juni 1930.[76] Solche „Schlachten" der SA, die nach rechtsstaatlichen Prinzipien nichts anderes als schwerer Landfriedensbruch waren, sind von der Winninger SA zwar nicht bekannt. Sie waren jedoch der Hintergrund, vor dem sich die „Propagandafahrten" der Winninger SA in die umliegenden Dörfer abspielten. Beispielsweise wissen wir von dem oben erwähnten August Knebel,[77] Obersturmführer des Winninger SA-Sturms XI 28, dass er ebenso auf die benachbarten Dörfer gezogen ist und in vielfältiger Weise Propaganda gemacht hat, ebenso wie der stellvertretende Ortsgruppenleiter der NSDAP Otto Knaudt (geb. 1911),[78] Robert Hautt[79] und Wilhelm Knaudt (geb. 1895), stellvertretender Zellenleiter der Partei.[80]

Dass es aber auch in Winningen selbst zu Auseinandersetzungen kam, legt eine von einem der übelsten Nazi-Schläger von Koblenz bekannte Vorstrafe nahe. Ein gewisser Emil Faust,[81] der später, im Jahr 1933, als SS-Sturmführer erster Kommandant des Konzentrationslagers Neusustrum im Emsland wurde, wurde im April 1930 wegen Hausfriedensbruch verurteilt. Grundlage dafür war, dass Faust am 10. November 1929 widerrechtlich in die Winninger Turnhalle eingedrungen war. Wenn auch nichts Näheres bekannt ist, dürfte sich dahinter einer von zahlreichen Überfällen auf politische Gegner und ihre Versammlungen verbergen.[82]

Folgt man einer Eintragung des Ortsbürgermeisters Otto aus dem Jahr 1932 in der Gemeindechronik, so warteten die Winninger ungeduldig auf die Machtübernahme der Nazis: „Ein Umschwung von außerordentlicher Bedeutung steht bevor. Die Hitler-Partei wächst zusehends und findet hier in Winningen guten Widerhall. Der Drang nach Freiheit ist nicht mehr aufzuhalten. Hitler kämpft mit seinen Getreuen Tag und Nacht, aber noch halten die alten November-Verbrecher [gemeint sind die Demokraten der ersten Republik auf deutschen Boden; J. H.] ihre Pöstchen, wo sie sich hineingesetzt haben, fest. Der Kampf ist schwer und mancher Kämpfer muss sein Leben lassen […]. Der letzte große Kampf um die nationale Erhebung hat begonnen."[83]

II. Die ersten Jahre der NS-Zeit
1. Machtübernahme

Der amtliche Chronist der Gemeinde sollte Recht behalten. Schon bald konnte er voller Freude und Genugtuung in der Chronik vermerken: „Der 30. Januar 1933 bringt die Entschei-

---

76 Vgl. ebd., S. 126 ff.
77 Vgl. den Ermittlungsbericht betreffend August Knebel vom 9. April 1948 in dem gegen ihn geführten Entnazifizierungsverfahren (LHA Ko Best. 856, Nr. 110168).
78 Ermittlungsbericht vom 26. Mai 1948 im Entnazifizierungsverfahren Otto Knaudt (LHA Ko Best. 856, Nr. 110440).
79 Stellungnahme im Ermittlungsbericht vom 23. Juni 1948 im Entnazifizierungsverfahren Robert Hautt (LHA Ko Best. 856, Nr. 110415).
80 Vgl. die Feststellungen im Säuberungsspruch der Spruchkammer I vom 20. August 1948 im Entnazifizierungsverfahren Wilhelm Knaudt (LHA Ko Best. 856, Nr. 110500).
81 Vgl. zu ihm ausführlich: Hans-Peter Klausch, Tätergeschichten. Die SS-Kommandanten der frühen Konzentrationslager im Emsland, 2005, S. 233 ff.
82 Ebd., S. 235.
83 Zit. nach: Hoffbauer, Weinwerbung (wie Anm. 9), S. 530, Anm. 4.

dung, Hitler hat gesiegt, Hindenburg, unser Reichspräsident, ist nun genötigt, Hitler den Kanzlerposten zu übergeben, mit seinen 17 Millionen Wählern. Die Freude im ganzen Reich ist groß. Hitlers Wunsch und brennende Sehnsucht, nun endlich für sein geliebtes Vaterland [Hitler war gebürtiger Österreicher; J. H.] kämpfen zu können, ist erfüllt."[84] In Berlin kommt es nach der ersten Kabinettsitzung am Abend zu einem großen Fackelzug. Goebbels schrieb in sein Tagebuch: „Es herrscht ein unbeschreiblicher Jubel […]. Hunderttausende und Hunderttausende ziehen im ewigen Gleichschritt unten an den Fenstern vorbei. Das ist der Aufbruch der Nation! Deutschland ist erwacht." Ein anderer Augenzeuge dieser Szenen, der Maler Max Liebermann, kam zu einem gänzlichen anderen Urteil. Am Fenster seines Hauses am Pariser Platz (in unmittelbarer Nähe des Brandenburger Tores) sah der 86jährige den Aufmarsch der Nazis und stellte fest: „Ich kann gar nicht so viel essen wie ich kotzen möchte." In Winningen wie auch an anderen Orten verlief dieser Tag wohl nicht so aufgeregt. Doch bis zu den letzten halbwegs legalen Reichstagswahlen am 5. März 1933 steigerte sich die Begeisterung auch hier. Dem entsprechenden Tagebucheintrag von Heinrich Saas ist zu entnehmen, dass am Vortag, „dem Tag der erwachenden Nation", auch in Winningen und Umgebung auf den Bergen Feuer brannten, die SA, der Stahlhelm und vaterländische Vereine Umzüge veranstalteten und überall helle Begeisterung herrschte.[85]

Abb. 6: SA marschiert mit „klingendem Spiel" am Tag der Arbeit (1. Mai) 1935 durch Winningen (zu erkennen sind: Ernst Fries, Heinrich Kröber und Ernst Harmant). (Aus: Winninger Bildchronik, Bd. 2, S. 279).

Nachdem die Nationalsozialisten bei der Reichstagswahl am 5. März 1933 in Winningen mit 80,6 % der abgegebenen gültigen Stimmen (hinzu kamen 12 % der mit ihnen verbundenen Kampffront Schwarz-Weiß-Rot) einen überwältigenden Wahlsieg erringen konnten, wurden am 7. März bei einer Massenkundgebung der NSDAP die Hakenkreuzfahne und die schwarz-

---

84 Ebd.
85 Tagebucheintragung von Heinrich Saas vom 4. März 1933 (wie Anm. 13), S. 52.

weiß-rote Fahne auf dem Winninger Rathaus gehisst.[86] Wie in anderen Orten forderten die Nazis auch hier die Absetzung des Amtsbürgermeisters, des seit 1919 amtierenden Matthias Weirauch.[87] Die eine Woche später stattfindenden Kommunalwahlen brachten den Nazis auch auf Gemeindeebene einen großen Erfolg.[88] Die Liste der NSDAP (mit Eduard Kröber, Karl Ludwig Kröber, Ewald Kröber, Heinrich Pies u.a.) erhielt 703 Stimmen (= 7 Mandate), die Winzerliste (mit Ernst Knebel, Karl Otto, Julius Löwenstein, Gottlieb Traus) brachte es auf 280 Stimmen (= 3 Mandate) und die Bürgerliche Vereinigung (mit Heinrich Schwebel, Fritz Waltrich, Karl Pies, Heinrich Bastian) auf 214 Stimmen (= 2 Mandate). Bemerkenswert ist, dass die Nazis die einzigen waren, die als Partei mit einer eigenen Liste antraten, d. h., dass sich, mit Ausnahme der NSDAP, Winninger Bürger „nur" entsprechend ihrer sozialen Stellung in „Standes"-Listen zur Wahl stellten. Es war also mehr eine Persönlichkeits- als eine Parteienwahl – und gleichwohl erreichte die NSDAP einen überwältigenden Wahlsieg. Damit war die NSDAP – eine Partei ohne dörfliche Tradition – in Winningen durch alteingesessene Bürger, durch Autoritäten des Ortes, mit an die Macht gekommen.

Die Machtübernahme selbst ging im Ort unspektakulär vonstatten. Während man beispielsweise in Koblenz den Oberbürgermeister aus dem Amt drängte und dann bis auf weiteres beurlaubte und der Bürgermeister von Montabaur vorübergehend in „Schutzhaft" genommen und dann entlassen wurde, waren solche Umstände in Winningen überflüssig, zumal der amtierende Ortsvorsteher Otto ausweislich der von ihm erstellten Gemeindechronik seit 1923 die Machtübernahme der Nazis geradezu herbeigesehnt hatte. Gleichwohl sollten neue Amtsträger eine neue Zeit verkünden, und außerdem mussten „Alte Kämpfer" für ihren Einsatz in NSDAP und SA in der Zeit vor der „Machtergreifung" belohnt werden. Nachfolger Ottos wurde Ende März 1933 der schon als „Hauptnazi" von Winningen erwähnte Eduard Kröber.[89] Bei dieser Gelegenheit verlieh der Gemeinderat – wie es damals in vielen anderen deutschen Städten und Dörfern geschah – dem „Führer" und Reichskanzler Adolf Hitler die Ehrenbürgerrechte.[90]

Die Auswechselung des langjährigen Leiters der Amtsverwaltung Winningen, Matthias Weirauch, erfolgte ganz unspektakulär: Weirauch stellte am 19. Mai 1933 einen Urlaubsantrag, worauf der Koblenzer Regierungspräsident ihm ab dem 29. Mai 1933 ohne zeitliche Begrenzung Urlaub gewährte und ab diesem Tag Paul Haupt mit dessen Vertretung beauftragte. Haupt (geb. 1887), von Beruf technischer Stadtinspektor bei der Stadtverwaltung Koblenz, war ein „Alter Kämpfer", NSDAP-Mitglied seit 1. September 1929 und NSDAP-Kreisleiter des Kreises Koblenz-Land. Am 31. Mai 1933 wurde er als kommissarischer Amtsbürgermeister eingeführt. Nachdem die Bürgermeisterstelle für das Amt Winningen in eine besoldete Berufs-

---

86 Ebd., S. 53.
87 Vgl. das Schreiben des damaligen Büroleiters des Amtes Winningen vom 30. Juli 1947 (LHA Ko Best. 856, Nr. 160477).
88 Tagebucheintragung von Heinrich Saas vom 7. März 1933 (wie Anm. 13), S. 53.
89 Vgl. dazu den Säuberungsspruch der Spruchkammer I in Koblenz gegen Eduard Kröber vom 19. Oktober 1949 (LHA Ko Best. 856, Nr. 110982).
90 Diese Ehrenbürgerrechte wurden Hitler mit Beschluss des Gemeinderates vom 16. Dezember 2002 posthum aberkannt. (Freundliche Information von Herrn Frank Hoffbauer).

Abb. 7: Amtsbürgermeister und Kreisleiter Paul Haupt in Parteiuniform (1936). (LHA Ko Best. 856, Nr. 160477).

beamtenstelle umgewandelt worden war,[91] bestätigte man Haupt am 19. Mai 1934 endgültig in diesem Amt für die Dauer von 12 Jahren.[92] Nicht klar ist, inwieweit der Wechsel auch durch die Person Weirauchs veranlasst war. Heinrich Saas meint in seinen Erinnerungen,[93] Weirauch habe gehen müssen, weil er mit einer Jüdin, die zum christlichen Glauben übergetreten war, verheiratet gewesen sei. Allerdings wurde Weirauch während des Krieges erneut in die Amtsverwaltung eingestellt und sogar mit dem Treudienst-Ehrenzeichen (1. Stufe) ausgezeichnet (zu diesem Zeitpunkt war seine Frau schon verstorben). Entscheidend war sicherlich, neue Leute an die Spitze zu bringen und dem Alten Kämpfer und Kreisleiter Haupt einen angemessenen Posten zu verschaffen. Ganz zimperlich wird er ohnehin nicht gewesen sein, hatte er doch in katholischen Kreisen den Spitznamen „Oh Haupt voll Blut und Wunden".[94]

Es spricht für die Hektik der frühen Zeit, dass diese Neubesetzung der Gemeindespitzen nicht von längerer Dauer war. Bereits im folgenden Jahr, 1934, wurde der Ortsbürgermeister Eduard Kröber durch Heinrich Pies ersetzt. Auch Pies war ein „Alter Kämpfer", seit dem 1. September 1930 Mitglied der NSDAP, 1932 Truppführer der SA und Kreis-Abschnittsleiter (Kreisinspekteur). Er blieb Ortsbürgermeister bis zum Zusammenbruch der Naziherrschaft. Regelrecht Karriere machte Amtsbürgermeister Paul Haupt, indem er als Oberbürgermeister zur Stadt Neuwied wechselte. Sein Nachfolger wurde Heinrich Reitz.[95] Reitz war 1883 in Filsen geboren und von Beruf Bergmann. Als er diesen nicht mehr ausüben konnte, sympathisierte er mit der NSDAP und wurde 1929 in dem späteren Koblenzer Stadtteil Ehrenbreitstein Gemeindeverordneter (offiziell wurde er am 1. Februar 1930 Mitglied). Im April 1933 ernannten ihn die

---

91 Vgl. das Schreiben des Landrats Koblenz vom 4. August 1933 an den dortigen Regierungspräsidenten (LHA Ko Best. 463, Nr. 1014, Bl. 19).
92 Nachweise in der in der Verbandsgemeindeverwaltung Untermosel in Kobern-Gondorf vorhandenen Personalakte Haupts.
93 Vgl. dazu die Einführung von Ekkehard Krumme zu den Tagebuchaufzeichnungen von Heinrich Saas (wie Anm. 13), S. 13; siehe auch: Siglinde Krumme (Hg.), Ein niederrheinischer Moselaner. Biographische Aufzeichnungen – Festschrift für Ekkehard Krumme (=Winninger Hefte 8), 2004, S. 108.
94 So jedenfalls bezeichnete der katholische Pfarrer von Lay, Simon, den Kreisleiter und Amtsbürgermeister von Winningen. (Für die freundliche Information danke ich Frau Hedwig Herdes, Lay).
95 Die Personalakten von Heinrich Reitz befinden sich noch bei der Verbandsgemeindeverwaltung Untermosel in Kobern-Gondorf.

Nazis zum Bürgermeister der Gemeinde Ehrenbreitstein. Am 30. Oktober 1936 trat Reitz die Nachfolge Haupts als Amtsbürgermeister von Winningen an. Er blieb es dann bis Kriegsende, genau genommen bis zum 2. Juni 1945, als er von den Amerikanern entlassen wurde.

Inzwischen war am 30. Januar 1935 die neue „Deutsche Gemeindeordnung" erlassen worden.[96] Sie führte das Führerprinzip in der Kommunalverwaltung ein und bedeutete damit auch formell das Ende jeglicher kommunaler Selbstverwaltung. In jeder Gemeinde wurde ein „Beauftragter der NSDAP" bestellt. Er wirkte – wie es hieß – zur „Sicherung des Einklangs der Gemeindeverwaltung mit der Partei in allen kommunalen Angelegenheiten mit". Die Gemeinderäte hatten nur noch die Aufgabe, „die dauernde Fühlung der Verwaltung der Gemeinde mit allen Schichten der Bürgerschaft zu sichern", sie hatten also nur noch beratende Funktion. Entscheidungsträger waren der Bürgermeister und der Beauftragte der NSDAP. Bei Meinungsverschiedenheiten zwischen ihnen oblag – auch hinsichtlich Satzungen und Verordnungen – die Entscheidung letztlich beim Reichsstatthalter oder sogar beim Reichsminister des Innern.

2. Die „Gleichschaltung"

Mit dem Begriff „Gleichschaltung" bezeichnete das NS-Regime die Monopolisierung der Macht auf allen Ebenen. Krakenhaft breitete sich der Nationalsozialismus personell, organisatorisch und ideologisch in Staat und Gesellschaft aus. Mit skrupellosem Terror verfolgten die Nazis ihre politischen Gegner, vor allem die KPD, während durch das im März 1933 vom Reichstag beschlossene „Ermächtigungsgesetz" (die KPD konnte an der Abstimmung gar nicht teilnehmen, die SPD-Fraktion votierte als einzige mit „Nein") die Volksvertretung zu einem Ja-Sage-Instrument („teuerster Männergesangsverein der Welt") wurde. Es folgte die Auflösung der Gewerkschaften (2. Mai 1933), das Verbot aller Parteien, die Unterwerfung aller Verbände und Vereine und schließlich die Entmachtung der alten deutschen Länder durch die Bestellung von Reichsstatthaltern.

In Winningen machten sich diese Umwälzungen zunächst eher in harmlos scheinender Form bemerkbar, so durch die Umbenennung der Neustraße in Adolf-Hitler-Straße an „Führers Geburtstag", am 20. April 1933, an dem Winningen voller Hakenkreuzfahnen war.[97] Die weitere „Gleichschaltung" begann, teils unter Zwang, teils unter „vorauseilendem Gehorsam", teils freiwillig und teils freudig, mit der Wirteversammlung im Gasthaus Schwan „betr. Gleichschaltung" am 29. Mai 1933.[98]

Von den einzelnen Vereinen fehlen nähere Informationen. Für Winningen sehr wichtig war die Entwicklung in der evangelischen Kirchengemeinde. Denn sie hatte im Ort eine zentrale Stellung und war zudem Trägerin von Vereinen. Erstaunlicherweise nahm sie aber aus verschiedenen Gründen eine geradezu atypische Entwicklung. Sie hat die „Gleichschaltung" in

---

96 RGBl. I 1935, S. 49.
97 Vgl. die Tagebucheintragung von Heinrich Saas vom 20. April 1933 (wie Anm. 13), S. 54.
98 Vgl. die Tagebucheintragung von Heinrich Saas vom 29. Mai 1933 (wie Anm. 13), S. 55.

diesem Bereich zwar nicht verhindert, aber auch nicht die schnelle, vorbehaltlose und radikale Einvernahme der Gemeinde durch die Nazis zugelassen, wie zu erwarten gewesen wäre.

Ein Grund dafür lag – unfreiwillig – in der Person des Pfarrers Dr. Minor. Denn dieser Aktivist der NSDAP auf der Kanzel der Winninger Gemeinde konnte die „Machtergreifung" der nationalsozialistisch gesonnenen „Deutschen Christen" in Winningen nicht mehr selbst mit betreiben.[99] Als die Nazis am 30. Januar 1933 die Macht übernahmen, war Minor als Pfarrer von Winningen bereits nicht mehr tragbar – die jahrelangen Auseinandersetzungen mit Teilen der Gemeinde und des Presbyteriums hatten ihm stark zugesetzt und er lief Gefahr, sein letztes Ansehen zu verlieren. Bereits im Jahre 1930 hatte er wegen Beleidigung von Gemeindemitgliedern, mehrfachen Eigenmächtigkeiten bei der Bezahlung von Bauhandwerkerrechnungen, fehlerhaften Buchungen der sonntäglichen Kollekteneingänge, mindestens fahrlässigem Missbrauch von Unterschriften sowie wahrheitswidriger oder doch verschleiernder Ausreden zu seiner Rechtfertigung vom Evangelischen Konsistorium einen förmlichen Verweis erhalten. Seine Gegner, vor allem der Gemeindeverordnete Bernhard Kröber, ließen auch weiterhin nicht locker, so dass sich Minor schon im Sommer 1932 mit dem Gedanken trug, Winningen zu verlassen, obwohl – wie er meinte – eine Mehrheit der Winninger geschlossen hinter ihm stand.[100] Anfang Januar 1933 formierten sich seine Gegner neu und äußerten gegenüber dem Konsistorium den Verdacht, dass er Geldbeträge in erheblicher Höhe für sich verwandt habe. Sie drohten dem Konsistorium, wenn es nicht dafür sorge, dass Minor sein Pfarramt in Winningen verlasse, gegen diesen Strafanzeige wegen Urkundenfälschung und Unterschlagung zu stellen.[101] Nach eingehenden Besprechungen mit dem Konsistorium bat Minor am 13. Februar 1933 um Enthebung von seinen Amtsgeschäften ab dem 1. Juli 1933.[102] Zur Begründung führte er aus, er könne aus Gewissensgründen nicht länger im Amt bleiben. Er sei – so das Konsistorium – derartig mit dem Bekenntnis der Kirche „zerfallen", dass er zu den Pantheisten bzw. Atheisten zu rechnen sei und könne deshalb nicht länger Prediger oder Seelsorger einer evangelischen Gemeinde sein. Unter diesen Umständen wurde das Konsistorium in Bezug auf Minor auch deutlicher: Er sei bereits früher Atheist gewesen, eine durchaus uneinheitliche und undurchsichtige Persönlichkeit, starrköpfig und sehr auf den eigenen Vorteil bedacht. Da er seinen atheistischen Standpunkt bisher zu verbergen gewusst habe, gehe es ihm mit diesem

---

99 Die „Deutschen Christen" (DC) waren eine Richtung in der evangelischen Kirche, die sich völkischen Vorstellungen, den Nazis und deren „positivem Christentum" (Punkt 24 des Parteiprogramms der NSDAP) annäherte; sie wollten den „Arierparagraphen" in die Kirche übernehmen und das Christentum von der „jüdischen Lohnmoral des Alten Testaments" reinigen; siehe auch: Löwenstein, Kirchengemeinde (wie Anm. 67), S. 119 ff.
100 Vgl. das Schreiben des Konsistoriums vom 22. Mai 1930 an Pfarrer Minor sowie Schreiben Minors vom 27. Juli 1932 an das Konsistorium (AEKR Düsseldorf, PA 51 M 150, Ortsakten Winningen 5, Beiakten „Beschwerden gegen den Pfarrer Dr. Minor").
101 Vgl. die Aktennotizen des Konsistoriums vom 9. und 19. Januar 1933 (AEKR Düsseldorf, PA 51 M 150, Ortsakten Winningen 5, Beiakten „Beschwerden gegen den Pfarrer Dr. Minor").
102 Vgl. dazu und zum folgenden die Schreiben des Evangelischen Konsistoriums vom 21. und vom 25. Februar 1933 an den Evangelischen Oberkirchenrat (AEKR Düsseldorf, PA 51 M 150, Ortsakten Winningen 5, Beiakten „Beschwerden gegen den Pfarrer Dr. Minor").

Entschluss wohl darum, aus einer für ihn unhaltbaren Lage in der Gemeinde herauszukommen.[103]

Damit erfuhr das Gemeindeleben – aus der Sicht von Minors starker Anhängerschaft – einen herben Rückschlag: Denn er war trotz allem in der Gemeinde sehr beliebt und hatte gerade die Jugend sehr gefördert und sie in das Gemeindeleben zurückgeführt. Zudem war auch seine Frau kirchlich und politisch sehr aktiv. Sie betreute den neu gegründeten Jungmädchenkreis und war gleichzeitig auch Leiterin der Ortsgruppe der NS-Frauenschaft.[104]

Abb. 8: Pfarrer Dr. med. Minor (links vorn) und seine Ehefrau (rechts vorn) mit dem Jungmädchenkreis (Anfang der 1930er Jahre). (Aus: Löwenstein, Kirchengemeinde, wie Anm. 67, S. 123)

Es kam hinzu, dass die von den Nationalsozialisten kurzfristig angesetzten Kirchenwahlen in Winningen nicht den Sieg für die „Deutschen Christen" erbrachten. Möglicherweise noch unter dem Eindruck des Weggangs Minors und durch geschicktes Taktieren des Pfarrers Rentrop[105] wurden in Winningen nicht mehrere Listen für die Wahlen aufgestellt. Es gab nur einen einzigen Wahlvorschlag. Dadurch erübrigte sich eine Wahl, alle Vorgeschlagenen galten als gewählt. Am stärksten aber wirkte sich gegen eine schrankenlose Ausbreitung der Nationalsozialisten auch im kirchlichen Bereich die Berufung von Friedrich Schauss am 17. September 1933 zum Nachfolger von Minor als Pfarrer von Winningen. Zwar hatten sich Winninger in ihm für für einen konservativen und national gesinnten Pfarrer entschieden, aber seine fest gegründete Religiosität ließ Schauss schon bald zu einem bekenntnistreuen Pfarrer werden bzw. ihn als solchen hervortreten.[106]

---

103 Minor zog dann – was der Vollständigkeit halber erwähnt werden soll – zurück nach Wiesbaden. Dort übernahm er mit Hilfe der Nazis ehrenamtlich die Geschäftsführung des Kampfbundes für Deutsche Kultur, war Leiter der Volksbildungsschule und Vorsitzender des Volksbildungsvereins. Schon Wochen später bemühte er sich um eine Wiedereinstellung als Pfarrcr – vergeblich.
104 Vgl. Löwenstein, Kirchengemeinde (wie Anm. 67), S. 123 f.
105 Er betreute nach dem Weggang von Pfarrer Minor einige Monate die Kirchengemeinde.
106 Siehe dazu ausführlich unten S. 167.

Dennoch konnten diese Umstände nicht verhindern, dass die kirchliche Jugendarbeit auch in Winningen bald gleichgeschaltet wurde. Da die evangelischen Jugendverbände durch einen „Eingliederungsvertrag" vom 19. Dezember 1933 in die Hitler-Jugend überführt wurden, dürfte es danach auch in Winningen keinen derartigen Verband mehr gegeben haben. Der Umstand, dass die beiden Söhne des als Nachfolger Minors gewählten Pfarrer Friedrich Schauss 1934 Mitglieder der HJ waren,[107] spricht nicht nur dafür, dass der neue Pfarrer Zugeständnisse an die Stimmung im Ort machen wollte, sondern lässt auch annehmen, dass es außer der HJ keine Jugendorganisation in Winningen mehr gab.

Dass die „Gleichschaltung" entgegen unserem heutigen Verständnis damals durchaus positiv gesehen wurde, belegt etwa der Umstand, dass der Wein des Jahrgangs 1933 den Namen „Gleichschalter" erhielt.[108]

3. Die ersten Maßnahmen auf wirtschaftlichem Gebiet

Die Nationalsozialisten standen nach ihren vollmundigen und oftmaligen Versprechungen, unter ihrer Regierung die wirtschaftliche Lage der Not leidenden Bauern- und Winzerschaft wesentlich zu verbessern, unter großem Zugzwang. Dementsprechend verkündete das Regierungsprogramm vom 1. Februar 1933 zwei „große" Vierjahrespläne u.a. für die „Rettung des deutschen Bauern zur Erhaltung der Ernährungs- und damit der Lebensgrundlage der Nation". Und in der Tat gelangen den Nazis in diesem Bereich Anfangserfolge. Sie beruhten vor allem darauf, dass sie den Bauern und gerade den Winzern an der Mosel neue Märkte erschlossen und die Nachfrage nach ihren Produkten erhöhten. Dabei kam ihnen allerdings zustatten, dass zum Zeitpunkt ihrer Machtübernahme die deutsche Volkswirtschaft die Talsohle der Depression bereits überschritten hatte. So profitierte das NS-Regime von dem allmählichen konjunkturellen Aufschwung sowie von den bereits ins Werk gesetzten Maßnahmen der vorherigen Präsidialkabinette von Papens und von Schleichers. Zudem standen dem neuen Regime konjunkturpolitische Instrumente zur Verfügung, die in den letzten Jahren der Weimarer Republik erarbeitet und erprobt worden waren.[109] Von daher waren die Nationalsozialisten Nutznießer einer wirtschaftlichen Besserung und sie machten sich Maßnahmen und Methoden zu eigen, die sie selbst nicht erfunden oder entwickelt hatten, die sie aber mit viel Propaganda für sich in Anspruch nahmen. Allerdings haben sie diese Ansätze – wenn sie ihnen nützlich erschienen – mit unglaublicher Konsequenz eingesetzt und ausgebaut. Beispiele hierfür finden sich auch bei den Maßnahmen zur Verbesserung der wirtschaftlichen Situation der Winzer und Bauern an der Mosel.[110]

Eine erste solche Fördermaßnahme war die Etablierung des „Moselfestes" im Spätsommer 1933[111] in der Form, wie wir sie heute noch kennen. Das Fest als solches beruhte auf einer

---

107 Vgl. dazu: Volkshochschule Untermosel (Hg.), Winninger Bildchronik, Bd. 1, 1991, S. 231 (unteres Bild).
108 Koblenzer General-Anzeiger vom 13. Oktober 1933.
109 Vgl. Blaich, Freitag (wie Anm. 19), S. 115 f.
110 Vgl. dazu eingehend: Krumme, Förderung (wie Anm. 35), S. 78 ff.
111 Dazu ausführlich: Hoffbauer, Weinwerbung (wie Anm. 9).

alten Winninger Tradition. Dann, wenn abzusehen war, dass die Lese besonders gut ausgefallen war, wurde es für Ende November anberaumt. Es war ein Fest der Winninger Winzerjugend, die unter sich feierte, also ohne auswärtige Gäste. Es war ein Fest nach der Lese, ein echtes Weinlesefest, das man nach alten Statuten feierte. Höhepunkt war ein Festumzug mit Festwagen und Fußgruppen, der sog. Charakterzug, der das Arbeitsjahr des Winzers darstellte.[112] Zuletzt war dieses Fest, „Companie" genannt, im Jahr 1930 gefeiert worden.

Abb. 9: Eröffnung des 1. Moselfestes am 26. August 1933 (zu erkennen sind: Erna Pelzer, Willi Kröber, Dora Frölich, Ernst Knaudt, Trude Löwenstein; vor dem Brunnen: Bürgermeister Paul Haupt). (Aus: Winninger Bildchronik, Bd. 2, S. 115).

Die Idee, das traditionsreiche Winninger Fest zur Förderung des Fremdenverkehrs neu zu beleben, zu verstetigen und attraktiver zu gestalten, kam schon in der Generalversammlung des (damals noch selbständigen) Winninger Verkehrs- und Verschönerungs-Vereins Ende 1932/Anfang 1933 auf. Ein Mitglied machte den Vorschlag, im Spätsommer, etwa Anfang September, eine Art Winzerfest mittelalterlichen Charakters zu veranstalten.[113] NS-Amtsbürgermeister Haupt griff dann im Juli 1933 den Gedanken auf. Und schon sechs Wochen später, am 26., 27. und 28. August 1933 (der Termin musste wegen des Mitte September stattfindenden Reichsparteitages in Nürnberg vorverlegt werden) fand das erste Moselfest statt. Vom Koblenzer Nationalblatt als großes Propagandafest für den heimischen Weinbau und den Weinhandel angekündigt, das nicht nur für den Moselwein werben, sondern auch viele Gäste nach Winningen bringen sollte,[114] errichtete man am Moselufer ein tausend Personen fassendes Festzelt und arrangierte einen Festzug und Tanzveranstaltungen in fünf Winninger Lokalen.

---

112 Vgl. dazu insbesondere Ekkehard Krumme, Das Winzerfest in Winningen an der Mosel, in: Rheinische Heimatpflege, 1982; ders. (Hg.), Winninger Hefte 3 (1989); ders. (Hg.), Winninger Hefte 4 (1994) sowie die umfangreichen Angaben bei Hoffbauer, Weinwerbung (wie Anm. 9) bei Anm. 2.
113 Vgl. dazu Hoffbauer, Weinwerbung (wie Anm. 9), S. 533 bei Anm. 8.
114 Ausgabe vom 12. Juli 1933.

Ein Weinbrunnen wurde öffentlich aufgestellt, der am Sonntagmorgen von einem Bürger in mittelalterlicher Bürgermeistertracht offiziell eröffnet wurde.[115]

Höhepunkt des Festes war die Aufführung des von dem Heimatdichter Karl Seekatz verfassten und von Carl Wallenda, Sänger, Schauspieler und Regisseur am Theater der Stadt Koblenz, inszenierten Festspiels „Der Mosel Edelstein". Das Spiel verkörperte ein Stück Zeitgeschichte, die in die Zeit des Dreißigjährigen Krieges zurückversetzt wurde: Vom „Erbfeind" Frankreich bedroht, kommt eine energische deutsche Führernatur dem verzagten und kopflosen Gemeinderat zu Hilfe. Mit seinem mutigen und mannhaften Auftreten und dem Kostbarsten, was die Mosel bietet, d.h. „der Mosel Edelstein" (das ist der Wein) rettet er Winningen – indem er durch die Abgabe des Weins eine Plünderung des Ortes verhindern kann.[116] Nach der Aufführung auf der Freilichtbühne auf der Moselinsel Ziehfurt zogen die über 100 Mitwirkenden des Festspiels in einem Festzug in die Gemeinde, es war der „Einzug des ‚Königs Wein' in Alt-Winningen". Ein weiterer Höhepunkt dieses an (mittel-)altertümelnden Facetten und mehr oder minder unterschwellig nationalsozialistischer Propaganda reichen Festes war ein Feuerwerk, bei dem als „Überraschung" auf der bewaldeten Höhe ein aus elektrischen Glühbirnen gebildetes Riesenhakenkreuz aufleuchtete.[117]

Eine weitere Werbung für Winningen und den Winninger Wein war die im Jahr 1934 gegründete Winzertanzgruppe. Auch diese hatten nicht die Nazis erfunden. Sie ging vielmehr aus der 1923 im Winninger Turnverein entstandenen Volkstanzgruppe „Winzerreigen" hervor. Sie bestand zunächst aus 16 jungen Winzerinnen und Winzern, die als „Winzergruppe Winningen" auftraten, und wurde immer mehr in die Werbung für den Winninger Wein einbezogen, wobei sie sich bald zu einer „Allzweckwaffe" für rheinischen Frohsinn entwickelte. Immer wieder schickte die Landesbauernschaft Rheinland sie als „würdige Vertreterin des rheinischen Winzer- und Bauernstandes", beispielsweise zu der zentralen Feier des Erntedankfestes nach Bückeberg bei Hameln/Weser.[118] Abordnungen aus allen deutschen „Stämmen und Gauen" feierten dort das Erntedankfest und dankten dem „Führer" dafür, dass er ihnen wieder die Möglichkeit gegeben habe, altes deutsches Brauchtum neu erstehen zu lassen. Dabei störte die Nazis nicht, dass dieses Brauchtum – wie im Falle der 1923 gegründeten Winninger Volkstanzgruppe – in Wahrheit gar nicht so alt war wie sie vorgaben bzw. – wie im Falle des 1933 erstmals gefeierten Moselfestes – ursprünglich als „Companie" einen anderen Charakter hatte, als sie ihm nunmehr unterschoben. Es ist typisch, dass die Nationalsozialisten dies alles und damit auch die Winninger für sich in Anspruch nahmen. In der gleichgeschalteten Zeitung hieß es dann: „Wer den Winninger kennt, der weiß, dass er heute noch, wie vor Generationen, sein Brauchtum unverfälscht erhalten hat, das in dem Jahrhunderte alten Winninger Winzerfest seinen Ausdruck gefunden hat."[119]

---

115 Im einzelnen dazu: Frank Hoffbauer, Drei Schulaufsätze aus dem Jahr 1933 als Quellen zur Ortsgeschichte, in Moselfest-Programmheft Winningen, 2006.
116 Ebd.
117 Ebd.
118 Vgl. dazu den Bericht im Koblenzer General-Anzeiger vom 3. Oktober 1935, Seite 1/ 3. Bl.: „Die Winninger Winzertrachtengruppe auf froher Fahrt!"
119 Wie vorige Anm.

Abb. 10: Winzertanzgruppe 1934 (zu erkennen sind: Else Saas, Werner Jerchen, Dora Frölich, Helmut Kolker, Else Kröber, Walter Saas, Albertine Mölich, Robert Jerchen, Martha Gail, Hans Gail, Karola Mölich, Rudi Otto und Friedel Mölich). (Aus: Winninger Bildchronik, Bd. 1, S. 333).

Auch diese Einrichtung war an sich nicht neu. Schon 1926 hatte man im Reichstag erwogen, die Reichsregierung möge Wein in großen Mengen aufkaufen, um ihn dann an die Reichswehr, die Schutzpolizei, Krankenhäuser und andere Großabnehmer zu verteilen.[120] Die Nazis machten daraus sog. Weinpatenschaften. Die Aufforderung an Großstädte, solche Patenschaften einzugehen, erging wohl im Sommer 1935. Anlass dafür war, dass die sehr gute Ernte des 1934er Weins im Sommer 1935 noch vielfach in den Kellern lag. Daraufhin forderte der Gauleiter des Gaues Koblenz-Trier-Birkenfeld, Gustav Simon, die Großstädte auf, solche Patenschaften einzugehen.[121] Da aber nun Patenschaften für alle deutschen Anbaugebiete zustande kamen, dürfte die „verbindliche Anregung" hierzu letztlich nicht von Simon, sondern von Hitler bzw. seinem Umfeld ausgesprochen worden sein.[122] Diese Weinpatenschaften waren erfolgreich und sorgten dafür, dass der Wein der Patengemeinde in der Großstadt, die die Patenschaft übernommen hatte, einen deutlich besseren Absatz fand. Auch Winningen profitierte von dieser Aktion und hatte mehrere deutsche Großstädte als „Weinpaten". Dadurch konnten die Winninger Winzer den Absatz ihres Weins wesentlich steigern.[123]

---

120 Vgl. dazu: Blaich, „Winzersturm" (wie Anm. 10), S. 15.
121 Vgl. dazu die Begrüßungsansprache des Kieler Kreisleiters und Oberbürgermeister zur Patenschaft mit Winningen, in: Koblenzer General-Anzeiger vom 21. Oktober 1935, Seite 3/ 3. Bl.
122 So Siglinde Krumme, Förderung (wie Anm. 35), S. 82.
123 Vgl. ebd., S. 91; vgl. dazu auch: Koblenzer General-Anzeiger vom 3. Oktober 1935, Seite 1/ 3. Bl. „Patenschaft der Stadt Kiel für Winningen".

Abb. 11: Weinwerbung in der Patenstadt Oppeln/Schlesien im Jahr 1935 (zu erkennen: Ortsbürgermeister Heinrich Pies und Amtsbürgermeister Heinrich Reitz). (Aus: Winninger Bildchronik, Bd. 2, S. 284).

Eine dieser Patengemeinden von Winningen war Kiel, neuerdings „Landeshauptstadt der deutschen Nordmark". 1935 war Kiel nicht irgendeine Stadt, sondern eine herausragende „Kriegsmarinestadt". Der wirtschaftliche Aufschwung, den Hitler und seine Helfer in den ersten Jahren der Diktatur bewirkten, war wesentlich durch die Aufrüstung bedingt. Auch die Kriegsmarine wurde forciert ausgebaut, und das kam Kiel sehr zugute. Die dadurch entstandene Kaufkraft lenkten die Nazis nun u.a. in den Absatz von Winninger Wein. Die Kieler wurden durch die Patenschaft mit Winningen zum Weinkonsum angehalten. Sie sollten aber nicht einfach verstärkt Winninger Wein trinken, sondern – in typischer Diktion der Nazipropaganda – eine „völkische Schicksalsgemeinschaft mit dem Winzerstand an der Mosel" bilden.[124] Als Originalton aus jener Zeit soll hier die Begrüßungsansprache des Kieler Oberbürgermeisters für die Abordnung aus Winningen zur Patenschaft zitiert werden: „Als Kreisleiter der NSDAP und Oberbürgermeister heiße ich Sie alle als Vertreter der Moselstadt Winningen in unserer Kriegsmarinestadt Kiel herzlich willkommen. Auf die Bitte Ihres Gauleiters von August d. J. hat die Stadt Kiel als Landeshauptstadt der deutschen Nordmark aus dem Gefühl der völkischen Kameradschaft mit den Weinbauern der deutschen Westmark die Partnerschaft für das Amt Winningen an der Mosel übernommen. Unsere gesamte Bevölkerung hat sich damit verpflichtet, an der Erhaltung und Förderung des deutschen Winzerstandes stets helfend mitzuarbeiten. Diese Worte, die die Patenurkunde der Stadt Kiel enthält, darf ich Ihnen als Willkommensgruß sagen. Wir wissen, dass die wirtschaftliche Not des Winzers die ganze Nation verpflichtet und dass ihre politischen und wirtschaftlichen Sorgen Sorgen sind, die die ganze Nation angehen. Aus diesem Gefühl der inneren Verbundenheit und bedingungslosen Kame-

---

124 Koblenzer General-Anzeiger vom 18. Oktober 1935, Seite 1/ 3. Bl.

radschaft hat die Bevölkerung unserer Stadt es als ihre freudige Pflicht angesehen, die Not unserer Patenwinzergemeinde Winningen zu lindern. Wir wissen, dass Sie als Winzer fest an Ihrem Besitz hängen, wir wissen, dass es sich bei der Not des Winzers um die Not eines für die Nation lebenswichtigen Standes handelt. Der Ruf, der an die Bevölkerung unserer Stadt ergangen ist, hat lebhaften Widerhall gefunden und Sie werden sich überzeugen können, dass unsere Bevölkerung Ihnen helfen will."[125]

Man sollte diese Ansprache nicht einfach abtun als Marotte eines Kreisleiters aus der „Nordmark". Was er darin sagte, war offizielle Politik und genau abgestimmt in einem Staat, in dem alles – bis hin zur Presse – gleichgeschaltet war. Wenige Tage später druckte der Koblenzer Generalanzeiger ein Grundsatzreferat des Gauwirtschaftsberaters des Westmarkgaus Koblenz/Trier-Birkenfeld, Dr. Nikolaus Simmer.[126] Darin kritisierte Simmer die Wirtschaftpolitik am Ende der Weimarer Republik als „grundfalsch" und erklärte die „Winzerfrage" zu einer vornehmlich politischen Frage. Zur „Begründung" dieser These bemühte Simmer die „Blut-und-Boden-Ideologie" ebenso wie den Gedanken, mit dieser Wirtschaftspolitik das Grenzland zu sichern. So heißt es unter der Überschrift, „Die Winzerpolitik eine politische Frage" u.a.: „Politisch ist die Frage, ob der Winzerstand, der seit zwei Jahrtausenden deutschen Boden bebaut, fest an deutscher Erde hängt, immer bereit, sich zu verteidigen, in seinem Blute gesund und kräftig, als ein für die Nation wertvoller völkischer Bestandteil angesehen wird, oder nicht. Wenn ja, dann ist die Notlage des Winzerstandes eine Frage der Nation, für die sich demnach auch die ganze Nation einzusetzen hat. Politisch ist die Frage, ob eine Nation an ihren Grenzen eine gesunde Volkskraft mit allen Mitteln zu erhalten und zu pflegen bereit ist, oder nicht. Wenn ja, dann ist die wirtschaftliche Notlage des deutschen Winzerstandes eine politische Notlage. Der weitaus größte Teil des Winzerstandes liegt nahe an der Westgrenze. Gesunde Volkskraft und gesunde Wirtschaft sind einander bedingt. Wirtschaftliche Armut an der Grenze ist nicht der beste Boden, auf dem eine gesunde Volkskraft sich entwickeln kann. Wirtschaftliche Preisgabe des Winzerstandes würde also Vernachlässigung einer grenzpolitischen Notwendigkeit bedeuten, wie umgekehrt die wirtschaftliche Gesundung des Winzerstandes sichere Fundamente an der Grenze schafft für einen festen Wall deutscher Volkskraft."

Mit diesen nationalsozialistischen Parolen ging eine massive Werbung für den deutschen Wein einher. Auch das war keine Erfindung der Nazis. Schon zuzeiten der Weimarer Republik gab es einen eigenen „Reichsausschuss für Weinpropaganda", der in der Presse, im Film und durch Plakatwerbung die Parole „Trinkt deutschen Wein!" verbreitete.[127] Wiederum übernahmen die Nationalsozialisten die früheren Ansätze und Maßnahmen, machten aber in der ihnen eigenen Art nicht einfach Weinwerbung, sondern riefen ein „großes Hilfswerk für die deutsche Winzerschaft" ins Leben.[128] Kernstück der Maßnahmen war eine Weinwerbewoche, zu deren

---

125 Koblenzer General-Anzeiger vom 21. Oktober 1935, Seite 3/ 3. Bl.
126 Koblenzer General-Anzeiger vom 23. Oktober 1935, Seite 1/ 3. Bl.
127 Vgl. dazu Blaich, „Winzersturm" (wie Anm. 10), S. 18. – Vgl. dazu auch die Karikatur „Trinkt deutschen Wein", oben S. 122 (Abb. 5).
128 Koblenzer General-Anzeiger vom 31. Oktober 1935, Seite 1/ 3. Bl.

Abschluss ein großer Festumzug nicht nur in Koblenz,[129] sondern auch in Berlin[130] veranstaltet wurde. Ein Ziel dieser Maßnahmen war die Verringerung der Weinbestände des Jahrgangs 1934. Ein zweites – bemerkenswertes – Ziel war, das „Vertrauen der Winzerschaft in die deutsche Volksgemeinschaft" weiter zu festigen. Diese Ziele wurden – wie es hieß – dank der Bemühungen aller an der Durchführung der Werbewoche beteiligten Stellen, dank der schlagkräftigen Propaganda für den deutschen Wein in der Öffentlichkeit und dank der Begeisterungsfähigkeit des deutschen Volkes, das in seiner Gesamtheit dem Weingenuss wieder näher gebracht werden sollte, zu einem großen Teil erreicht.[131]

Abb. 12: Empfang von KdF-Urlaubern auf dem Winninger Bahnhof im Jahr 1937 (zu erkennen sind: Else Goß, Lotti Wintrich, geb. Frölich, Trude Wallenda, geb. Knaudt, Grete Faber, geb. Frölich, Ellen Janotta, geb. Wäschenbach, Margarete Klinkmann, Erika Kröber, Liesel Brockmann, geb. Ring, Paula Messerschmidt, geb. Todt, Irmgard Alt, geb. Dany, Anneliese Quirin, geb. Schneiders, Paul Hommen, Horst Robert Lange). (Aus: Winninger Bildchronik, Bd. 2, S. 292).

Die einzig wirklich originelle Maßnahme der Nazis zur Förderung der Weinwirtschaft war die Einbeziehung Winningens in die Angebote der „Nationalsozialistischen Gemeinschaft Kraft durch Freude" (KdF). Dabei handelte es sich um eine Gliederung der „Deutschen Arbeitsfront" (DAF), die nach der Zerschlagung der Gewerkschaften an deren Stelle gesetzt worden war. Die KdF entwickelte einen gigantischen Propagandaapparat zur Organisierung der Freizeit. Von Filmvorführungen im Betrieb bis zur Nordlandfahrt,[132] vom „bunten Abend" bis zum Theaterbesuch – die KdF organisierte praktisch jede Art von Freizeit- und Urlaubsgestaltung. Im Gesamtprogramm der Organisation spielte der Tourismus zwar nur eine untergeord-

---

129 Koblenzer General-Anzeiger vom 28. Oktober 1935, Seite 2/ 4. Bl.
130 Koblenzer General-Anzeiger vom 24. Oktober 1935, Seite 1/ 2. Bl. „Berlin grüßt die Winzer – Imposanter Festzug durch die Hauptstadt".
131 Koblenzer General-Anzeiger vom 31. Oktober 1935, Seite 1/ 3. Bl.
132 Der Kreisleiter und Amtsbürgermeister Haupt war einer der Auserwählten, die im August 1934 an der KdF-Nordlandfahrt teilnahmen, vgl. dessen Schreiben vom 30. Juli 1934 (LHA Ko Best. 463, Nr. 1014).

nete, propagandistisch aber sehr wirksame Rolle. Sehr beliebt waren die KdF-Fahrten innerhalb von Deutschland, waren die Preise durch den Massenbetrieb und durch staatliche Subventionen doch konkurrenzlos niedrig. Viele Ziele ihrer Wochenend- und Urlaubsreisen lagen in wirtschaftlichen Problemregionen. Für diese waren sie eine willkommene Konjunkturspritze. Davon profitierte Winningen schon früh und nachhaltig. Die ersten KdF-Urlauber in Winningen sind im Sommer 1934 nachweisbar, später kamen noch viele Hunderte.[133]

4. Leben im Nationalsozialismus

Der Nationalsozialismus drang schon in früher Zeit und in vielfältiger Weise in gesellschaftliche Gruppen und auch in das Leben jedes einzelnen ein. Das war kein Zufall, sondern NS-Gesellschaftspolitik. Nach den ersten Monaten der NS-Politik stellte Reichspropagandaminister Joseph Goebbels am 1. November 1933 zufrieden fest: „Die Revolution, die wir gemacht haben, ist eine totale. Sie hat alle Gebiete des öffentlichen Lebens erfasst und von Grund auf umgestaltet. Sie hat die Beziehungen der Menschen zu Staat und zu den Fragen des Daseins vollkommen geändert und neu gestaltet." In Deutschland gab es von nun an nach den Worten Robert Leys, des „Führers der Deutschen Arbeitsfront" (DAF), „keine Privatsache mehr".[134]

Auch in Winningen geschah kaum noch etwas ohne die Billigung der NSDAP, überall schaltete sie sich ein, gab die Richtung vor und drückte ihren Stempel auf. Sie nistete sich in allen Bereichen des dörflichen Lebens ein, war nahezu allgegenwärtig. Man wird davon ausgehen müssen, dass sich dies alles zumindest in den ersten Jahren in völliger Übereinstimmung mit dem ganz überwiegenden Teil der Bevölkerung befand. Man hatte die Nationalsozialisten vor allem wegen ihrer Verheißungen und Versprechungen gewählt und wollte jetzt dabei sein, wenn sich die Erfolge einstellten. Auch sonst wollte man nicht abseits stehen, wollte kein „Kritikaster, Nörgler und Miesmacher" sein,[135] sondern zu den „Siegern" gehören. Dabei bedienten die Nazis ein weit verbreitetes „Wir-Gefühl", den Wunsch nach Konformität, der schon bei den Wahlergebnissen in der Weimarer Republik auffiel. So kam Altes und Neues, Tradition und Modernismus, zusammen und es entstand, was heute schwer zu verstehen ist, damals aber die zentrale „Botschaft" der Nazis war: die „Volksgemeinschaft". Parolen wie „Gemeinnutz geht vor Eigennutz" – „Du bist nichts, Dein Volk ist alles!" waren damals tagtäglich zu lesen und zu hören. Wie dergleichen damals zelebriert wurde, verdeutlicht ein Zeitungsbericht über das Erntedankfest in Winningen 1934. Darin heißt es u.a.:[136] „Unter den Klängen des Deutschland- und des Horst-Wessel-Liedes stieg der Erntekranz an einem hohen Mast empor. Dann ergriff Kreisleiter, Bürgermeister Haupt, Winningen, das Wort zu einer Festansprache. Das heutige Erntedankfest, so führte er aus, soll für das gesamte deutsche Volk ein Tag des Dankes, der Freude, der Selbstbesinnung und der Versöhnung sein. Unter

---

133 Vgl. Krumme, Förderung (wie Anm. 35), S. 78.
134 Zit. nach: Frank Grube; Gerhard Richter, Alltag im Dritten Reich. So lebten die Deutschen 1933-1945, 1982, S. 34.
135 Im Frühjahr 1934 startete die NSDAP eine Kampagne gegen „Miesmacher", Nörgler und „Kritikaster", den so genannten Muckerer-Feldzug.
136 Koblenzer Volkszeitung vom 1. Oktober 1934 („Ehrentag unserer Bauern – In Stadt und Land Dankfeiern für den Segen der Erde").

diesem Vierklang wollen wir ihn begehen als ein Fest des Volkes, als einen Tag der ganzen Nation. Dank wollen wir zunächst Gott dem Allmächtigen sagen, dass er uns eine solche Ernte beschert hat. Dank aber auch dem Bauern, der dem kargen Boden im Schweiße seines Angesichts die Früchte abgerungen hat, Dank allen Arbeitern der Stirn und der Faust, die das schaffen, was unser Volk haben muss, Dank aber nicht zuletzt dem Führer, der uns den Glauben an Deutschland wiedergegeben hat, der notwendig ist, um überhaupt für das Volk zu schaffen und wirken zu können. Der Tag soll aber auch ein Tag der Freude sein, die alle Stände des Volkes vereinigen und zusammenschließen soll, die Freude über die Vollendung eines arbeitsreichen Jahres und über einen vollen und gesegneten Herbst. Auch die Selbstbesinnung muss uns an diesem Erntedankfest erfüllen. Allzu schnell vergessen wir der [sic!] Vergangenheit, die Deutschland im Kampf aller gegen alle sah, der das Volk an den Rand des Verderbens brachte. Wenn das Volk so zurückdenkt an die Gefahren, die ihm drohten, wird es mutvoll und mit Kraft am weiteren Aufbau mithelfen und auch der einzelne wird sich fragen, ob er seine Pflicht im letzten Jahr Volk und Vaterland gegenüber getan hat. Und aus dieser Selbstbesinnung wächst dann auch die Versöhnung. Der Führer will, dass wir Hass und Hader begraben und zu einer großen Volksgemeinschaft werden. Der Abend dieses Erntedanktages darf keine Feinde sehen, jeder reiche dem anderen die Hand zur Versöhnung." – Den Tausenden, die in den Konzentrationslagern schmachteten, musste dies als blanker Hohn erscheinen.

5. „Zurück zur Scholle"

Eine weitere wichtige Botschaft des NS-Regimes war die Parole „Zurück zur Scholle". Bezeichnend dafür sind die schon wiederholt erwähnten Erntedankfeiern sowie die oben angeführte „Blut-und-Boden-Lyrik" des Gauwirtschaftsführers Simmer. Eine von den Nazis glorifizierte, ferne Vergangenheit sollte die Perspektive für Gegenwart und Zukunft vermitteln. Ganz im Sinne einer biologischen Rassenlehre sollte das „Bauerntum" als „Blutquelle des deutschen Volkes" erhalten werden. Bäuerliches Brauchtum wurde zur „Blutauffrischung" und „Aufnordung" gepflegt, aber auch ökonomisch hofiert: Schon zum 1. Juni 1933 wurden den landwirtschaftlichen Betrieben ihre Schulden bis zu 50 % erlassen, und die restlichen Forderungen konnten mit einem recht geringen Verzugszins abgetragen werden. Weitere Maßnahmen folgten im September 1933. Zunächst, am 13. September 1933, erging das Gesetz über den Reichsnährstand. Ihm gehörten sämtliche Höfe und Betriebe an, die mit der Verarbeitung und dem Verkauf landwirtschaftlicher Produkte befasst waren; es brachte eine umfassende Markt- und Preisregelung. An der Spitze eines „Reichsnährstandes" stand der Reichsbauernführer Walter Darré.[137]

---

[137] Darré war schon früh mit rassistischen Publikationen hervorgetreten, etwa mit seinem 1927 in der Zeitschrift „Volk und Rasse" erschienenen Beitrag: „Das Schwein als Kriterium für nordische Menschen und Semiten". Er war auch der Erfinder des Schlagwortes von „Blut und Boden". Hierarchisch gliederte sich der Reichsnährstand in Landes-, Kreis- und Ortsbauernschaften.

Zwei Wochen später erließ die Reichsregierung das Reichserbhofgesetz vom 29. September 1933.[138] Entsprechend Hitlers propagandistischer Direktive „Das Deutschland der Zukunft wird ein Bauernreich sein, oder es wird nicht mehr sein",[139] hieß es im Vorwort zum Reichserbhofgesetz, die Reichsregierung wolle mit diesem Gesetz „unter Sicherung alter deutscher Erbsitte das Bauerntum als Blutquelle des deutschen Volkes erhalten. Danach sollen „die Bauernhöfe vor Überschuldung und Zersplitterung im Erbgang" dadurch geschützt werden, dass sie nur noch ungeteilt und nur innerhalb der „Sippe" vererbt werden könnten, zudem prinzipiell unverkäuflich, unpfändbar und unbelastbar waren.[140] Nach einem starren Anerbenrecht ging der Erbhof stets ungeteilt auf den Anerben über; dieser (grundsätzlich der älteste Sohn) musste „bauernfähig" sein; seine Qualifikation wurde von dem Kreisbauernführer und letztlich von den Anerbengerichten kontrolliert.[141] „Erbhof" war danach land- und forstwirtschaftlicher Besitz in der Größe von mindestens einer „Ackernahrung" und von höchstens 125 Hektar, wenn er einer „bauernfähigen Person" gehörte. Als „Ackernahrung" wurde diejenige Menge Landes bezeichnet, „welche notwendig ist, um eine Familie unabhängig vom Markt und der allgemeinen Wirtschaftslage zu ernähren und zu bekleiden sowie den Wirtschaftsablauf des Erbhofs zu erhalten".[142] Der Eigentümer des Erbhofs hieß Bauer. Bauer konnte nur sein, wer deutscher Staatsbürger, deutschen oder ‚stammesgleichen Blutes' und ehrbar war; Juden (in der Definition der Nürnberger Rassegesetze von 1935) und Ausländern war damit jede bäuerliche Betätigung verboten. Das Hauptmerkmal des „Bauern" – so lehrte Darré – war keineswegs die berufliche Arbeit am Boden, sondern die „Gesinnung". Deshalb konnten auch Offiziere, Fabrikanten, Großkaufleute, hohe Beamte, die nichts von der Landwirtschaft verstanden, „bauernfähig" sein und ihr Besitz zum „Erbhof" erklärt werden.[143] Entstehen sollte im Dorf eine „staatstragende Schicht", wie es Darré schon in seiner im Jahr 1930 erschienenen Schrift programmatisch verkündete – ein „Neuadel aus Blut und Boden".

6. Fest- und Feiertage

Die Gleichschaltung hatte bald auch die Fest- und Feiertage erfasst. Die christlichen Feiertage abzuschaffen konnte das Regime nicht wagen, aber in Konkurrenz zu ihnen führte man eine ganze Reihe besonderer nationalsozialistischer Feiertage mit teilweise ausgesprochen antichristlicher Tendenz ein. Die offiziellen „Feiern im nationalsozialistischen Jahreslauf" umfassten 14 Ereignisse, und zwar – in der Reihenfolge des Jahreslaufs:[144] „Tag der Machtergreifung" am 30. Januar, Parteigründungsfeier am 24. Februar, Heldengedenktag und „Ver-

---

138 RGBl. I S. 685; vgl. zum Reichserbhofgesetz eingehend: Jost Hausmann, Erbhofgerichtsbarkeit, in: Justiz im Dritten Reich. Justizverwaltung, Rechtsprechung und Strafvollzug auf dem Gebiet des heutigen Landes Rheinland-Pfalz, hg. vom Ministerium der Justiz Rheinland-Pfalz, Teil 2, 1995, S. 1069-1139.
139 Gerade die Ideologie des Bauerntums entlarvt einen der grundlegenden Widersprüche des NS-Regimes, denn die massiv auf Krieg ausgerichtete imperiale Politik setzte den uneingeschränkten Ausbau Deutschlands zum Industriestaat voraus.
140 So die Einleitung zum Reichserbhofgesetz.
141 Vgl.: Edwin Hoernle, Deutsche Bauern unterm Hakenkreuz, Paris 1939 (Reprint: 1983), S. 34.
142 § 2 Reichserbhofgesetz.
143 Vgl. dazu: Hoernle, Deutsche Bauern (wie Anm. 141), S. 33.
144 Vgl. Grube; Richter, Alltag (wie Anm. 134), S. 130.

pflichtung der Jugend" im März, „Führers Geburtstag" am 20. April, der „Nationale Feiertag des deutschen Volkes" (später: „Tag der Arbeit") am 1. Mai, Muttertag am 2. Sonntag im Mai, Sonnenwendfeier am 21./22. Juni, Nürnberger Parteitag im September, Erntedankfest Anfang Oktober, Gedenktag für die „Gefallenen der Bewegung" sowie Tag der Aufnahme der HJ in die NSDAP und Vereidigung des SS-Nachwuchses am 9. November, die Wintersonnenwende am 21./22. Dezember und schließlich das „Julfest", auch „Volksweihnachten" genannt. Diese und andere Feste und Feiern hielten die Bevölkerung in Trab, und zwar als Einzelperson wie auch als Mitglied eines Vereins, denn von deren Mitgliedern und Kapellen wurde erwartet, dass sie „marschieren, spielen und singen". Ständig war man für die Partei, ihre Untergliederungen und die Vereine im Einsatz. Diese totale Erfassung der Menschen auch in der Freizeit war erklärtes Ziel der Nazis, wie Robert Ley, der Führer der DAF, ausdrücklich feststellte:[145] „Wir dürfen nicht nur fragen, was tut der Mensch bei der Arbeit, sondern wir haben auch die Pflicht, uns um ihn zu kümmern, wenn der Feierabend kommt [...]. Wir müssen uns darüber klar sein, dass nicht Langeweile erholt, sondern Unterhaltung in verschiedenster Form. Diese Unterhaltung, diese Ausspannung zu organisieren, wird eine unserer wichtigsten Aufgaben sein." Für Spontaneität und Individualität, eigene Initiative und Gestaltung blieb da kein Raum. Ein festes Reglement normierte im Übrigen den Ablauf von Veranstaltungen und Festakten. Das Grundgerüst einer jeden Feier bildeten Marschmusik und Reden der NS-Prominenz.

Abb. 13: Erntedankfeier 1936: Landjahr-Mädchen ziehen vom Distelbergerhof zum Marktplatz, wo das Erntedankfest gefeiert wird. (Aus: Winninger Bildchronik, Bd. 1, S. 233).

---

145 Zit. Ebd., S. 121.

7. Jugend im Gleichschritt

Im Nationalsozialismus wurde die Bedeutung der jungen Generation stark aufgewertet, die NSDAP gab sich als Partei der „Jungen". Schon 1927 lautete die zündende Devise Gregor Strassers, des damaligen Reichsorganisationsleiters der NSDAP: „Macht Platz, ihr Alten!" Fortan sollte Jugend von Jugend geführt werden. In der „Hitler-Jugend" (HJ) sollte die deutsche Jugend von Kindheit an zu bedingungslosem „Glauben" an den „Führer" erzogen werden. Dass diese Jugend aber nicht mehr um ihrer selbst willen existierte, sondern zu einer Kampfmaschine werden sollte, hat Hitler selbst unverblümt zugegeben: „Wir Alten sind verbraucht [...]. Aber meine herrliche Jugend! Gibt es eine schönere auf der ganzen Welt? Sehen Sie sich diese jungen Männer und Knaben an! Welch Material. Daraus kann ich eine neue Welt formen. Meine Pädagogik ist hart. Das Schwache muss weggehämmert werden. In meinen Ordensburgen wird eine Jugend heranwachsen, vor der sich die Welt erschrecken wird. Eine gewalttätige, herrische, unerschrockene, grausame Jugend will ich. Jugend muss das alles sein. Schmerzen muss sie ertragen. Es darf nichts Schwaches und Zärtliches an ihr sein. Das freie, herrliche Raubtier muss erst wieder aus ihren Augen blitzen. Stark und schön will ich meine Jugend." Bei diesen Worten denkt man unwillkürlich an den späteren „Werwolf", an den „Volkssturm" und an die aus 20.000 Freiwilligen im Alter von 16 bis 18 Jahren gebildete SS-Panzerdivision „Hitlerjugend". Aber so weit war es noch nicht. Alles fing ganz harmlos an, mit den Uniformen und Aufmärschen, den Heimabenden, Fahrten und Jugendlagern, den Wettkämpfen und öffentlichen Auszeichnungen.

Eine der so Ausgezeichneten war die Winningerin Dora Frölich. Unter dem Motto „Freie Bahn dem Tüchtigen!" hatte sie als Lehrling in der Berufssparte Weinbau in der Gruppe „Nährstand" an dem Reichsberufswettkampf teilgenommen und war zunächst als Ortssiegerin, dann als Gausiegerin und schließlich als Reichssiegerin hervorgegangen.[146] Die Auszeichnung bestand in einem Empfang mit Händedruck des „Führers" am „Tag der Arbeit", dem 1. Mai 1935, in Berlin. Die Feier war eine Jugendkundgebung im Lustgarten. Dort – so erinnerte sich später Dora Frölich – war eine „riesige Menge HJ versammelt, ein großer Maibaum war aufgestellt und an langen bunten Bändern hing ein Maikranz von riesenhaftem Ausmaß. Bald nahm der Reichsjugendführer [...] das Wort zu einer kernigen Ansprache, stürmisch begrüßt von seiner Jugend. Nachdem Reichsminister Dr. Goebbels noch eine zackige Rede gehalten hatte, erschien der Führer, mit spontanen Heilrufen begrüßt. Er wollte an diesem Tage extra zu seiner Jugend sprechen." Nach weiteren Programmpunkten gab Hitler am Nachmittag einen Empfang im Reichspräsidentenpalais. Das war dann der Höhepunkt, von dem Dora Frölich weiter berichtete: „Die Delegierten und die Reichssieger stellten sich in drei Gliedern im großen Viereck im Saale auf und um 5 Uhr erschien unser Führer und Reichskanzler Adolf Hitler, begleitet von den Ministern Dr. Goebbels und Dr. Ley, Reichsjugendführer Baldur von Schirach, Adjutant Beücker und anderen führenden Persönlichkeiten. Der Führer drückte jedem

---

[146] Vgl. dazu eingehend: Siglinde Krumme, Ein Beitrag zum „Reichsberufswettkampf" im „Dritten Reich" – Dargestellt am Beispiel der Winzerin Dora Frölich aus Winningen, in: Moselkiesel, hg. von der Volkshochschule Untermosel, Bd. 1: Erinnerungen von Zeitzeugen und Berichte zur Regionalgeschichte 1918-1948, 1998, S. 94-106; vgl. auch: Koblenzer Generalanzeiger 1. Mai 1935, Seite 3 / 1. Bl. „Die beiden Reichssieger unseres Gaues" (Dora Frölich mit Bild).

einzelnen die Hand und sprach mit jedem von seiner Heimat und Arbeit. Als ihm die Reichssieger vorgestellt wurden, strahlte sein Gesicht ganz besonders [...]. Nach dieser eindrucksvollen Stunde verließ uns leider der Führer [...]. Für mich werden diese Wochen ein Markstein an meinem Lebensweg sein."

Wie damals überall in Deutschland, so marschierte auch in Winningen die HJ. Aus Anlass ihres fünfjährigen Bestehens veranstaltete sie am Samstag, dem 18., und Sonntag, dem 19. Mai 1935, im Ort eine Großkundgebung, einen Aufmarsch des Bannes 28, Unterbann Koblenz-Land, wie es hieß. Ein Zeitungsbericht schilderte – in der üblichen propagandistischen Verklärung – den Verlauf der Veranstaltung:[147] „Unser idyllischer Moselort stand am Samstag und Sonntag im Zeichen des großen Treffens der HJ des Unterbanns 2-28. Die Bevölkerung nahm an den Gesamtveranstaltungen regsten Anteil. Der Ort prangte im reichen Flaggenschmuck. Die Straßen boten ein buntes festlich-frohes Bild. Schon am Samstagnachmittag herrschte im Orte ein reges Leben und Treiben. Von allen Seiten rückten die Kolonnen der HJ an, Trommel- und Pfeifenklang erfüllte die Straßen. – Den Auftakt zu den Veranstaltungen, die am Samstag begannen, bildete ein Fackelzug, der sich mit Einbruch der Dunkelheit durch den Ort bewegte. Der lange Zug mit den Hunderten von leuchtenden Fackeln bot ein eindrucksvolles Bild. An den Fackelzug schloss sich eine große Kundgebung auf dem Weinhof an, die durch das Fahnenlied der HJ eröffnet wurde. In einer längeren Ansprache wandte sich der Gefolgschaftsführer Finohr an die in tief gestaffelten Reihen aufmarschierte Jugend. Der Redner gab einen Überblick über die Kampfzeit der Winninger HJ, sprach von ihrem Wollen und Streben, betonte die vorbildliche Kameradschaft, die in ihr gepflegt werde. Mit den Hitlerjungen beteiligte sich auch die Bevölkerung recht rege. Der vom Fackelglanz überstrahlte alte Platz, die Stimmung in dieser Abendstunde in dem lieblichen Ort im Moseltal, mit seinen winkligen Straßen und Gassen, durch die die Stimmen deutscher Geschichte raunen, gaben einen eindrucksvollen Rahmen zu dieser von zielstrebigem Wollen erfüllten Kundgebung [...]. Der Sonntagvormittag wurde mit dem Weckruf in der Morgenfrühe eingeleitet. Gottesdienste schlossen sich an. Nach Beendigung derselben marschierten die Hitlerjungen geschlossen zur Teilnahme an der Hauptkundgebung, die auf dem Turnplatz stattfand, ab. Der Platz war festlich geschmückt; auf der Ostseite war die Fahnen geschmückte Rednertribüne errichtet, zwei Acht-Meter-Fahnen begrüßten zu beiden Seiten derselben und rings um den Platz zog sich ein Kranz von Fahnenmasten, von denen die Hakenkreuzfahnen lustig wehten. Die Winninger Bevölkerung hatte sich wiederum in großer Zahl mit den Hitlerjungen eingefunden. Stabsleiter Reiner sprach kurze Eröffnungsworte. Dann überbrachte Kreisleiter Bürgermeister Haupt die Grüße der politischen Führung des Kreises Koblenz-Land und sprach, zugleich im Auftrag sämtlicher Bürgermeister des Kreises, der Winninger HJ die Glückwünsche zu ihrem Ehrentag aus. Er betonte ferner, dass er, wie auch alle Bürgermeister, auch in Zukunft das Werk der HJ weiter fördern helfen wollte, insbesondere werde in nächster Zeit der Bau von weiteren HJ-Heimen durchgeführt. – Nach dem Kreisleiter ergriff Landrat Pg. Struve das Wort zu einer groß angelegten Ansprache an die Versammelten. Er ging zunächst von geschichtlichen Darlegungen aus, beleuchtete dann die Zerrissenheit des deutschen Volkes vor der Machtergreifung und stellte die Bedeutung des großen Einigungswerkes des Führers heraus. Eingehend

---

147 Koblenzer General-Anzeiger vom 20. Mai 1935, Seite 3/ 3. Bl. „HJ-Treffen in Winningen".

würdigte er ferner die großen erzieherischen Aufgaben der HJ, die allein das Recht habe, die Jugend zu leiten und schloss mit einem ‚Sieg-Heil' auf den Führer, Volk und Vaterland. – Nach der Kundgebung fand ein Vorbeimarsch der HJ am Moselufer statt. Gebietsführer Karbach, der inzwischen erschienen war, nahm den Vorbeimarsch ab, außerdem wohnten Kreisleiter Haupt und Landrat Struve demselben bei. Unter den Klängen des Präsentiermarsches und unter dem Beifall der Bevölkerung zogen die vielen Hundert Hitlerjungen leuchtenden Auges an ihrem Gebietsführer vorbei. Inzwischen war durch den BDM und die NS-Frauenschaft von Winningen im Lager das Mittagessen zubereitet worden. In sechs Feldkesseln von je 150 Litern war ein kräftiges und sehr schmackhaftes Essen hergerichtet worden. Wie mundete den Jungen das gute Essen! – Nach dem Mittagessen wurden an die Hitlerjungen, die anlässlich des Geburtstages des Führers befördert worden sind, die neuen Ausweise übergeben. Gegen 4 Uhr begann der Abmarsch der Teilnehmer. Am Abend fand in der Turnhalle ein Kameradschaftsabend statt, der sehr gut besucht war. Damit schloss das große und in jeder Hinsicht wohl gelungene Winninger Treffen der HJ ab."

In diesen Aufmärschen und anderen Veranstaltungen zeigte sich eine fortschreitende Militarisierung der Jugend und auch des dörflichen Lebens. Die Entwicklung beschleunigte sich noch, nachdem im März 1935 mit dem Gesetz über den Aufbau der Wehrmacht die allgemeine Wehrpflicht eingeführt worden und ein Jahr später, am 7. März 1936, die deutsche Wehrmacht unter Bruch des Versailler und des Locarno-Vertrages in das entmilitarisierte Rheinland einmarschiert war.[148]

8. Die „Werner-Beumelburg-Schule"

Ganz wesentlichen Anteil an der Erziehung der Jugend gerade auch im Sinne des Nationalsozialismus kam der Volksschule zu. In Winningen war Hauptlehrer Kircher[149] einer der maßgeblichen Protagonisten dieser Aufgabe und gerade auch der „Wehrerziehung", d.h. der Militarisierung der Schule. Mit ihm treffen wir zugleich nach Pfarrer Minor erneut den Typus einer von außen kommenden, intellektuell herausragenden Figur, für die Winningen zur Wirkungsstätte äußerst ambitiöser Anstrengungen wurde. Dabei machte Kircher nach seinem späteren Weggang von Winningen – anders als Minor – noch eine steile Karriere.

Abb. 14: Die Winninger Volksschule in der NS-Zeit: Die Werner-Beumelburg-Schule. (Aus: Winninger Bildchronik, Bd. 1, S. 149).

---

148 Vgl. dazu den Propagandaartikel im Koblenzer Generalanzeiger vom 9. März 1936, Seite 1/ 2. Bl. („Wieder Wehrhoheit am Rhein. Die Proklamation des Führers im Reichstag"), sowie den weiteren Artikel: „Jubelnder Empfang in Koblenz".
149 Vgl. ganz eingehend zu Wilhelm Kircher: Link, Reformpädagogik (wie Anm. 6).

Der 1898 geborene Kircher nahm unmittelbar nach Abschluss des Studienseminars am Ersten Weltkrieg teil. An der Westfront erlebte er die „Materialschlachten" und überlebte eine Gasvergiftung. Seine traumatische Soldatenzeit schilderte er später in einem autobiografischen Roman. Nach seiner Gesundung war er Lehrer in Frankfurt. Seine erste feste Stelle erhielt er an der einklassigen Dorfschule in Isert in der Nähe von Altenkirchen im Westerwald. In seiner Schule dort entwickelte er das Schulprojekt „Das Haus in der Sonne". In der Schulpraxis und auch in deren theoretischer Aufarbeitung und Analyse gehörte er während der Weimarer Zeit zu den bekanntesten, engagiertesten und kreativsten Verfechtern einer reformpädagogisch orientierten Landschulreform und war gleichzeitig ein Pionier des Schulfunks. Mit seinen Schülern gestaltete er schon 1930 Schulfunksendungen in der Schule, die vom Westdeutschen Rundfunk live übertragen wurden.

Abb. 15: Hauptlehrer Wilhelm Kircher mit seiner Abschlussklasse 1939 (Jahrgang 1924-1925, zu erkennen sind: unten von links nach rechts: Karl Albert Frölich, Walter Saas, Paul Ernst Blum, Hans Arweiler; 2. Reihe von links nach rechts: Otto Zindler, Werner Kröber, Gotthard Kröber, Kurt Hillesheim, Robert Kröber; 3. Reihe von links nach rechts: Karl-Heinz Brost, Heinz Brost, Rudolf Harmant, Kurt Brühl; 4. Reihe von links nach rechts: Helga Kröber, Lina Kröber, Elfriede Otto, Wilma Löwenstein, Irmgard Mölich, Magdalene Knaudt, Erika Kröber, Hilde Gail, Evelore Helm, Gerda Halfen, Hildegard Ring und Helene Nies). (Aus: Winninger Bildchronik, Bd. 1, S. 153).

Dieser Reformpädagoge war im April 1933 in die NSDAP eingetreten und im Dezember 1933 zum Kreisfachschaftsleiter für Lehrer an Volksschulen ernannt worden. Ein Jahr später, im Dezember 1934, wurde er zum Hauptlehrer befördert und nach Winningen versetzt. In Winningen bemühte sich Kircher, seine reformpädagogische Arbeit, die er im „Haus in der Sonne" begonnen hatte, fortzusetzen. Allerdings transportierte er mit seiner Reformpädagogik eindeutig nationalsozialistische Inhalte und entwickelte sich zu einem der aktivsten und publikationsfreudigsten Funktionäre im Nationalsozialistischen Lehrerbund (NSLB).[150] Bezeichnend für Kirchers ideologische Position ist das nachfolgende Zitat, das aus seinem 1934 erschienenen Aufsatz „Aufbruch des Bauerntums" stammt: „Die biologische Aufgabe des Bauerntums ist die erbhochwertige Hege deutschen Blutes, geistig wollen wir weg von aller Fremdtümelei zu den seelischen Grundwerten unserer Rasse: Führertum, Gemeinschaft, Arbeit, Wehr. Reli-

---

150 Als Wilhelm Kircher 1968 starb, hatte er 591 Bücher und Aufsätze verfasst.

giös fordern wir ein ‚arteigenes' Christentum. Familie, Beruf (als Bauer), Jugend- und Männerbund und Kirche sind die Stätten dieser an den Grundwerten der Rasse orientierten Erziehung."[151]

Besonders wichtig für Kirchers pädagogisches Konzept waren Wanderungen und Großfahrten, die er im Sommer mit der Abschlussklasse durchführte. Gleich im ersten Winninger Jahr – 1935 – unternahm Kircher eine viertägige Mittelmoselfahrt mit dem Ziel, dass „ein Bild in der Seele (der Schüler entsteht, J.H.) von dem Schicksal dieses Grenzgaus, der durch Jahrhunderte im Kampf gegen Frankreich schwerste Opfer zahlen musste."[152] Höhepunkt der Wanderung war die Begegnung mit Werner Beumelburg in dessen Geburtsort Traben-Trarbach. Beumelburg, Sohn eines Pfarrers und Superintendenten, war damals ein wegen seiner historischen und Kriegsromane sehr bekannter Schriftsteller.[153] Den Schülern las er aus eigenen Arbeiten vor, u.a. aus einem Buch „Mont Royal", das die Geschichte der bei Traben-Trarbach gelegenen gleichnamigen Burg erzählt. So eingestimmt, besuchte man die inzwischen zur Burgruine gewordene Mont Royal. Einige Jungen, die zum Winninger Jungvolkfähnlein „Stoßtrupp Gneisenau" gehörten, waren von der Stimmung so beeindruckt, dass sie spontan ein Gedicht verfassten. Es begann mit den Zeilen:[154] „Wir sind der Stoßtrupp Gneisenau/ des Moselandes jüngste Soldaten/ das Banner schwarz, die Augen blau/ und treu die Kameraden". Das Lied endet mit der Strophe: „Marienburg und Mont Royal/ der Schönheit, des Trotzes Symbole./ Wer dich begehrt, oh mein Moselland/ den soll der Teufel holen".

Die Begegnung mit Beumelburg war offenbar sehr inspirierend. Denn sie veranlasste auch den 14-jährigen Robert Hoffbauer, Beumelsburgs Roman „Gruppe Bosemüller" in ein Theaterstück umzuschreiben. Dieses wurde als „Schülerdrama" am 1. April 1936 im Gasthaus „Krone" in Winningen aufgeführt und war ein großer Erfolg. Der Roman – wie das Stück – verherrlichte den Krieg und korrespondierte wohl auch mit Kirchers eigenen Erlebnissen während des Ersten Weltkrieges. Im Vordergrund stand der Mythos von der „Frontkameradschaft".

Mit dem Geld aus dieser Aufführung konnten die Schüler ihre Reisekasse auffüllen, so dass sie im gleichen Jahr auf „Großfahrt" nach Potsdam gehen konnten. Das Ziel war bewusst gewählt, denn die Stadt Potsdam gehörte zu den wichtigsten Winninger Wein-Patenstädten. Auf dem Weg dorthin besuchte die Klasse „Wallfahrtsorte" deutscher Geschichte und der NSDAP. In Potsdam wurde man nicht nur vom Oberbürgermeister begrüßt, sondern es kam auch wieder zu einer Begegnung mit Beumelburg.[155]

Bei so viel Kontakt und „geistiger Verwandtschaft" mit Beumelburg war es nur folgerichtig, wenn der Winninger Gemeinderat die örtliche Volksschule am 19. Februar 1937, dem 38. Ge-

---

151 Wilhelm Kircher: Aufbruch des Bauerntums, 1934; zit. nach: Link, Reformpädagogik (wie Anm. 6), S. 201 f.
152 Kircher, Musische Nationalerziehung, 1938; zit. nach: Link, Reformpädagogik (wie Anm. 6), S. 241.
153 Vgl. zu Werner Beumelburg (1899-1963) – sowie dessen älteren Bruder Walther – die biografischen Notizen bei: Richard Ochs, Walther und Werner Beumelburg. Leben zweier Brüder im Nationalsozialismus, in: Jahrbuch des Kreises Bernkastel-Wittlich 2000, S. 367-370.
154 Kircher: Musische Nationalerziehung, 1938, zit. nach Link, Reformpädagogik (wie Anm. 6), S. 242.
155 Vgl. Link, Reformpädagogik (Anm. 6), S. 244.

burtstag ihres „Dichterpaten", in „Werner-Beumelburg-Schule" umbenannte und den Dichter mit Beschluss vom 12. November 1939 zum Ehrenbürger ernannte.[156] In Dankbarkeit und in Verehrung für ihren „Dichterpaten" und sicherlich auch in Erinnerung an die Mittelmoselfahrt im Jahr 1937 führten die Schüler später dessen Roman „Mont Royal" in ebenfalls dramatisierter Form auf. Wie es damals hieß, zeigte das Stück das Moselvolk gegenüber der schlimmsten Tyrannei durch den Franzosenkönig Ludwig XIV. mit echtem Heldentum und seinem Glauben an das Reich. Das Stück war so richtig nach dem Geschmack der Zuschauer. Denn es kam offensichtlich so gut bei den zahlreichen erschienenen Eltern und Freunden der Schule an, dass „reicher Beifall die wackere Spielschar" belohnte.[157]

Eine weitere Fahrt im Sommer 1937 führte die Schüler und Schülerinnen in die Wein-Patenstadt Kiel. Auf dieser „Lehrfahrt" machte die Gruppe wieder Station an den „Weihestätten" deutscher Geschichte. Zudem legte sie einen Zwischenstopp in einem Landjahr-Lager ein, in dem auch ehemalige Winninger Schüler waren. Dort gab es ein herzliches Wiedersehen auch mit ihrem früheren Lehrer Kircher.[158]

Abb. 16: Hauptlehrer Wilhelm Kircher auf der „Großfahrt" nach Kiel im Jahr 1937 (beim Treffen mit ehemaligen Winninger Schülern) (Aus: Link, Reformpädagogik, wie Anm. 6, S. 219).

Die letzte „Großfahrt" ging 1938 nach Süddeutschland und in die Alpen. Der „tiefste Sinn" der Fahrt – so Kircher in seinem Antrag an die Schulbehörde – sei es, „die Jugend mit der Hauptstadt der Bewegung, mit dem befreiten Österreich in engste Berührung zu bringen."[159] In München, der „Hauptstadt der Bewegung", waren die Schüler Gäste von „Blutordensträgern",[160] die im Jahr zuvor in Winningen zu Besuch waren; zu Mittag aßen die Winninger im „Braunen Haus", also der Parteizentrale der NSDAP.

9. NS-Frauenschaft

Auch in Winningen gab es keine soziale Gruppe, die dem organisatorischen Zugriff der Nazis entging. Selbst die Frauen und Mütter, die bisher dem politischen Leben im Dorf eher fern ge-

---

156 Mit Beschluss des Gemeinderats vom 16. Dezember 2002 wurden Beumelburg viele Jahre später die Ehrenbürgerrechte posthum wieder entzogen. (Freundliche Information von Herrn Frank Hoffbauer).
157 Siehe dazu den Zeitungsartikel aus dem Jahr 1936 in der Winninger Bildchronik (wie Anm. 107), S. 149.
158 Vgl. Link, Reformpädagogik (wie Anm. 6), S. 219 ff.
159 Zit. nach Link, Reformpädagogik (wie Anm. 6), S. 248.
160 Die Teilnehmer vom Hitlerputsch am 9. November 1923 galten in der NS-Zeit als Helden. Für diese ca. 1.500 Parteimitglieder stiftete Hitler eine eigene Auszeichnung, den „Blutorden".

standen hatten, versuchte die NSDAP für ihre Zwecke zu mobilisieren und in der NS-Frauenschaft zu scharen.[161] Erleichtert hatte ihr das sicherlich die Pfarrersfrau Minor, denn sie hatte, wie schon erwähnt, frühzeitig eine nationalsozialistische Frauengruppe geleitet.

Aus einer noch im Privatbesitz befindlichen Akte der Winninger NS-Frauenschaft kann man ersehen, dass und wie Winninger Frauen für Alte und Gebrechliche sowie für kranke und schwangere Frauen und Wöchnerinnen einen Mittagstisch organisierten und andere Hilfen anboten. Das beruhte auf guter dörflicher Nachbarschaftshilfe, die in der NS-Zeit eher noch erweitert und organisatorisch verstetigt wurde. Dieses soziale, ehrenamtliche Engagement der Frauen nutzten die Nazis massiv aus. Denn Ideologie und Politik des Nationalsozialismus waren im Grundsatz frauenfeindlich. So standen nur maximal 10 % der Studienplätze damals für Studentinnen zur Verfügung. Ab April 1934 wurden alle Beamtinnen aus dem öffentlichen Dienst entlassen, die von ihren Familien unterhalten werden konnten. Frauen durften weder Richter noch Anwälte sein, aus dem Unterrichts- und Erziehungswesen wurden alle Frauen aus den leitenden Positionen verdrängt. Nur als Volksschullehrerinnen duldete man sie, weil Hitler weibliche Lehrkräfte im Elementarbereich für besonders geeignet hielt. Und der Chefideologe der NSDAP, Alfred Rosenberg, lieferte in seinem Werk „Mythus des 20. Jahrhunderts" die weltgeschichtliche „Rechtfertigung" für diese Unterdrückung der Frau: „Halten wir uns die Tatsachen vor Augen, dass in der ganzen Weltgeschichte Staat, soziale Architektonik, überhaupt jeder dauernde Zusammenschluss, die Folge männlichen Willens und männlicher Zeugungskraft gewesen sind, so ist klar, dass ein grundsätzlich zugestandener Einfluss der Frau den Beginn des offenkundigen Verfalls darstellen muss."[162] Die Frau sollte „Wächter der Familie, Mutter ihrer Kinder und gehorsame Helferin ihres Mannes" sein, mehr nicht.

Die Mütter galten nun als „Hüterinnen des Erbstroms"; Mutter und Kind wurden gepriesen als „Unterpfand für die Unsterblichkeit eines Volkes". Kinderreiche Mütter erhielten das „Ehrenkreuz der deutschen Mutter", und zwar in drei Klassen: in Bronze für vier und mehr Kinder, in Silber für mehr als sechs Kinder und in Gold für mehr als acht Kinder. Zahlreiche Maßnahmen sollten den Frauen die „Pflichten ihrer Mutterschaft" erleichtern. Dazu gehörte auch das von der NS-Volkswohlfahrt 1934 ins Leben gerufene „Hilfswerk Mutter und Kind", welches vor allem kinderreiche Familien unterstützen sollte. Auch in Winningen gab es wohl seit 1934 eine solche Stelle, die sich um Mutter und Kind kümmerte.[163] Die Hilfe war aber nicht karitativ. Zwar sollten die Frauen wirtschaftliche und gesundheitliche Notlagen bekämpfen, jedoch war dies nicht ihr Ziel schlechthin. Vielmehr ging es entsprechend der NS-Ideologie in erster Linie um die „Aufartung" des „Volkskörpers". Nationalsozialistische Wohlfahrts- und Gesundheitspolitik stellten gleichsam positive Formen „rassistischer" Ordnungspolitik dar.[164] So erhielten

---

161 Eine Parole lautete: „Die NS-Frauenschaft ist das scharf geschliffene Instrument der Partei zur Eroberung der Familie".
162 Zit. nach: Renate Wiggershaus, Frauen im Nationalsozialismus, in: Terror und Hoffnung in Deutschland 1933-1945. Leben im Faschismus, 1980, S. 357 ff.
163 Aus dem Jahr 1934 stammen die ersten Vorgänge in der oben (nach Anm. 161) bereits erwähnten Akte.
164 Vgl. Adelheid Gräfin zu Castell Rüdenhausen: „Nicht mit zu leiden, mitzukämpfen sind wir da!" Nationalsozialistische Volkswohlfahrt im Gau Westfalen-Nord, in: Detlev Peukert; Jürgen Reulecke (Hg.), Die Reihen fast geschlossen. Beiträge zur Geschichte des Alltags unterm Nationalsozialismus, 1981, S. 223 ff., hier: S. 223.

in dem so genannten „Geburtenkrieg" und der „Geburtenschlacht" zur Erhaltung des deutschen Volkes nur diejenigen Frauen, Mütter und Familien Unterstützung, die von den Nationalsozialisten für „würdig" befunden wurden. Kriterien waren dafür vor allem „arische Abstammung", „Rasseeinheit" und „Erbgesundheit". Hilfe des „Hilfswerks Mutter und Kind" erfolgten erst „nach Feststellung der Erbgesundheit der Hilfsbedürftigen durch die vom Hauptamt für Volksgesundheit anerkannten Ärzte".[165] „Asoziale" (Trinker, Homosexuelle, Dirnen, „Arbeitsscheue"), Erbkranke und Angehörige „minderwertiger Rassen" waren prinzipiell von sozialen Leistungen ausgeschlossen.

Letztlich war die Frauenpolitik dem Hauptziel der NS-Politik untergeordnet, nämlich der Führung eines imperialen Krieges, für den die Frauen die nötigen Söhne beisteuern sollten. Außerdem entlarvte spätestens der Krieg das romantisch-bäuerliche Frauen-Ideal der NS-Ideologie als Farce, denn ohne die Mitarbeit der Frau in der Industrie und ohne Übernahme vieler klassischer Männerrollen im Alltag war der totale Krieg nicht zu führen.

10. „Golden Thirties"

Vom Lebensgefühl her waren die ersten Jahre nach der Machtübernahme der NSDAP für viele Zeitgenossen und oft auch noch in einer späteren Rückschau die „Golden Thirties". Man war froh, den ‚Parteihader' der Weimarer Republik hinter sich zu haben; man fühlte sich als Teil einer großen Volksgemeinschaft. In Winningen brachten die „Wahlen" zum Reichstag am 29. März 1936 für die Einheitsliste der NSDAP – andere gab es längst nicht mehr – 1400 Ja-Stimmen und keine Nein-Stimme, also eine ‚völlige' Zustimmung zu Hitlers Politik, ein Ergebnis, wie es auch anderswo freiwillig und unfreiwillig zustandekam.[166] Die Öffentlichkeit war durch eine Vielzahl von NS-Organisationen völlig neu strukturiert. Das deutsche Volk beging einheitliche nationale „Feierstunden", bei denen den Reden der NS-Prominenz über die gemeindeeigene Radio- und Lautsprecheranlagen gelauscht wurde. Winningen stand da nicht abseits, im Gegenteil. Selbst in dem vergleichsweise kleinen Ort gab es ein „Braunes Haus" der NSDAP und zwei Kästen, worin das Nazi-Hetzblatt „Der Stürmer" aushing. Am 9. März 1942 wurde sogar eine noch heute bestehende, gemeindeeigene Lautsprecheranlage in Betrieb genommen, die allerdings noch einige Zeit mit technischen Schwierigkeiten zu kämpfen hatte.[167]

---

165 Vgl. Koblenzer General-Anzeiger vom 4. Dezember 1935 („Hilfsstellen ‚Mutter und Kind'").
166 Vgl. Koblenzer General-Anzeiger vom 30. März 1936, Seite 2/ 2. Bl. – Die Zeitung hat den Aufmacher: „Triumph der deutschen Einheit – Das deutsche Volk einmütig hinter dem Führer. Grandiose Geschlossenheit der deutschen Nation".
167 Vgl. die Tagebucheintragung von Heinrich Saas vom 3. März 1942 (wie Anm. 13), S. 104. Diese Ortsrundfunkanlage ist heute noch in Betrieb und wird für öffentliche und private Durchsagen genutzt, vgl. dazu: Rhein-Zeitung vom 5. Juli 2006 („Der Dorffunk weiß alles").

Ob im Autobahnbau oder im Sinken der Arbeitslosenzahl[168] – generell konnten die Deutschen, sofern sie sich nicht im Widerstand befanden – den äußerlichen Fortschritt allenthalben wahrnehmen, der sich unter der Signatur des Hakenkreuzes präsentierte. Dass dies alles schon Kriegsvorbereitungen waren, wurde freilich nicht gesagt, auch nicht, als Hitler auf dem „Reichsparteitag der Ehre" im September 1936 in Nürnberg einen „Vierjahresplan" verkündete, der nach internen Anweisungen des Führers für Göring, den „Beauftragten für den Vierjahresplan", dem Ziel diente, Armee und Wirtschaft binnen vier Jahren „kriegsfähig" zu machen. Im gleichen Jahr tat sich auch unmittelbar vor der Haustür der Winninger etwas, der Ausbau der linken Moseluferstraße in einer Breite von zehn Metern zwischen dem Ort und Koblenz. Am 19. Juni 1938 weihte der Generalinspektor für das Straßenwesen Dr. Fritz Todt die Straße zusammen mit Gauleiter Simon offiziell ein. Laut Zeitungsbericht hatte der Gauleiter die Straße als ein Geschenk an Winningen für die Treue „zur Bewegung" bezeichnet und u. a. ausgeführt:[169] „Die Partei anerkenne Winningen gegenüber eine besondere Pflicht der Dankbarkeit. Winningen gehöre zu den ersten Gemeinden an der Mosel, die sich zur Partei bekannt hätten, und zwar lange vor der Machtübernahme mit absoluter Mehrheit. Seit 1929 stehe die Ortsgruppe; seit dieser Zeit hätten sich die Männer und Frauen der Winzergemeinde Winningen für Adolf Hitler eingesetzt, seien der Idee treu geblieben und hätten für den Führer und für den Nationalsozialismus gestanden und gekämpft. Das werde ihnen die Bewegung und der nationalsozialistische Staat niemals vergessen. Darum habe es die Partei auch als ihre Pflicht angesehen, auf die berechtigten Wünsche der Gemeinde Winningen in ganz besonderer Weise einzugehen." Im Nationalsozialismus gab es aber nichts geschenkt. Deshalb gab Gauleiter Simon Winningen zugleich mit den nachfolgenden Worten den Auftrag, „Musterdorf zu werden": „So wird es in der Zukunft Pflicht der Gemeinde sein, diese Straße erst wirksam zu machen, indem sie dafür Sorge trägt, dass Winningen nun ein besonders schönes und vorbildliches Dorf wird. Es ist Sache des Amtsbürgermeisters, des Ortsgruppenleiters, der gesamten Partei und der gesamten Bevölkerung, Winningen in jeder Dorfstraße, in jedem Haus vorbildlich, schön und angenehm auszugestalten." Nicht unerwähnt bleiben soll, dass dem Generalinspektor Todt einige Zeit später das Ehrenbürgerrecht der Gemeinde Winningen verliehen wurde.[170]

Wie andernorts war man auch in Winningen mit der Politik des Regimes sehr zufrieden. Am 7. April 1938 stellte der Gemeinderat von Winningen sogar ganz offiziell in einem Aufruf zur Volksabstimmung am 10. April 1938 u.a. fest: „Die Auswirkungen der Politik des Führers auf wirtschaftlichem und innenpolitischen Gebiet sind auch in Winningen nicht ohne günstigen Einfluss geblieben. So ist heute ohne weiteres festzustellen, dass die wirtschaftlichen Verhältnisse der Winzer in Winningen durch die Weinpatenschaftsaktionen, durch die NS-Gemeinschaft ‚Kraft durch Freude', durch die gesunden Weinpreise sich erheblich gebessert haben […]. Auch die Lage der Winninger Arbeiterschaft hat sich seit der Machtübernahme durch

---

168 Es gab sogar schon die ersten Engpässe. Mit der 1. und 2. Dienstpflichtverordnung von 1938 bzw. 1939 konnten Arbeitnehmer zu vorrangigen Arbeiten zwangsverpflichtet werden. Aus dem „Recht auf Arbeit" wurde der „Zwang zur Arbeit".
169 Vgl. dazu und zum Folgenden: Koblenzer General-Anzeiger vom 20. Juni 1938 Seite 2/ 4. Bl. („Dr. Todt eröffnete die Uferstraße Koblenz-Winningen").
170 Das Todt am 12. November 1939 zuerkannte Ehrenbürgerrecht wurde ihm mit Beschluss des Gemeinderats vom 16. Dezember 2002 posthum wieder entzogen. (Diesen Hinweis verdanke ich Herrn Frank Hoffbauer).

Adolf Hitler um ein wesentliches gebessert. Arbeitslose gibt es nicht mehr in Winningen. Wer arbeiten will, dem bietet sich auch heute genügend Gelegenheit dazu [...]. Winningen als nationalsozialistische Hochburg erwartet daher von jedem Wahlberechtigten ein rückhaltloses Bekenntnis, ein 100 %iges Ja!"[171]

11. Die zwei Seiten

Von Anfang an trieben Hitler und seine zahlreichen Helfer ein Doppelspiel: Bei der Bevölkerung warben sie um Vertrauen, versprachen eine bessere Zukunft für Volk und Vaterland und wollten die Mehrheit der Deutschen durch Taten überzeugen. Das war die Schauseite. Die Kehrseite war vielfältig: Nicht nur, dass die ganze Politik – zunächst verdeckt – auf Krieg zielte; auch wurde neben und über der regulären Polizei rasch ein weit verzweigter Apparat von SA und SS von Mitgliedern der Geheimen Staatspolizei (Gestapo) aufgebaut, dessen oberstes Gebot die Ausschaltung des politischen Gegners wie überhaupt eines jeden war, der es wagte, sich der „Volksgemeinschaft" zu entziehen. Dieser Apparat ging mit äußerster Skrupellosigkeit zu Werke. Die gesetzlichen Voraussetzungen dafür hatte Hitler sofort nach seinem Amtsantritt und in den folgenden Wochen und Monaten geschaffen. Für die gesellschaftliche Ausgrenzung des Gegners sorgte die nationalsozialistische Propagandamaschinerie.[172]

Die ersten Terrormaßnahmen erreichten die Winninger nur als Zeitungsmeldungen. Sie betrafen die Kommunisten, denen man die Schuld am Reichstagsbrand vom 27. Februar 1933 gab.[173] Sie kamen in „Schutzhaft", wurden verprügelt und monatelang ihrer Freiheit in regulären oder ‚wilden' Konzentrationslagern beraubt. Anschließend verfolgten die Nazis und ihre Helfer die Sozialdemokraten, Gewerkschafter und andere politische Gegner, bis hin zu exponierten Politikern der ehemaligen katholischen Zentrumspartei. Alles dies konnte man in Winningen nicht direkt erfahren, denn im Unterschied zu den Orten der Umgebung gab es dort keine aktiven Kommunisten, Sozialdemokraten, Gewerkschafter oder Zentrumsleute.

Und dabei hat es wohl nicht an den Winningern gelegen, dass der Terror sie in Teilen nicht früher traf. Glaubt man den Angaben, die der seinerzeitige Kreisleiter und Amtsbürgermeister Paul Haupt und sein damaliger Büroleiter bei der Entnazifizierung nach dem Krieg machten, dann hatte ersterer in seiner Eigenschaft als Kreisleiter im Gefolge der Machtübernahme eine große Zahl von Denunziantenbriefen – es mögen 100 bis 200 gewesen sein – erhalten. Beamte, Angestellte oder Privatpersonen aus Winningen seien darin als führende Mitglieder der KPD, SPD, des Zentrum oder allgemein als Nazigegner beschuldigt worden sein. Haupt habe diese Denunziationen jedoch unbearbeitet gelassen; im Herbst 1934 oder Winter 1934/35 soll er seinem Büroleiter dann die Anweisung erteilt haben, sie im Ofen zu verbrennen.[174] Die Rich-

---

171 Zit. nach: Hoffbauer, Weinwerbung (wie Anm. 9), S. 531 bei Anm. 6.
172 So die prägnante Zusammenfassung bei: Grube; Richter, Alltag (wie Anm. 134), S. 35.
173 Vgl. dazu und zum Folgenden: Joachim Hennig, Widerstand gegen den Nationalsozialismus im Koblenzer Raum, in: JbwestdtLG 31 (2005), S. 381-423.
174 Vgl. die Erklärung des Büroleiters Peter Schmitz vom 12. Januar 1948 in dem Entnazifizierungsverfahren gegen Haupt (LHA Ko Best. 856, Nr. 160477).

tigkeit dieser Angaben kann man jedenfalls in Teilen anzweifeln, sie sollen hier aber nicht verschwiegen werden.

Nicht unerwähnt bleiben soll in diesem Zusammenhang, dass es das eine oder andere Mal auch Reibereien zwischen örtlichen Nazigrößen gab. Bekannt ist ein Vorfall aus dem Jahr 1934 oder 1935, der möglicherweise im Zusammenhang mit dem so genannten Röhm-Putsch[175] gestanden hat. So entsann sich ein Zeitzeuge nach dem Krieg,[176] dass es nach der Übertragung einer „Führerrede" zu einer Schlägerei in einem Lokal gekommen sei. Als im Anschluss daran die Nationalhymne erklang, forderten der damalige Ortsgruppenleiter Kieres und der Kreisleiter Haupt mehrere SA-Leute, darunter auch Robert Hautt, auf, sich von ihren Stühlen zu erheben. Als die SA-Leute das nicht taten, kam es erst zu einem Wortwechsel und dann zu einer wüsten Schlägerei. Am nächsten Tag wurde Hautt als einziger der Beteiligten festgenommen. Man warf ihm vor, einen Überfall auf den Kreisleiter geplant zu haben. Erst auf energisches Drängen der SA kam Hautt zwei bis drei Tage später wieder frei.

Trotz aller ideologischen Beschwörungen („Volksgemeinschaft" etc.) existierten auch unter dem Nationalsozialismus gesellschaftliche Differenzen und Einzelinteressen. In Winningen traten sie besonders deutlich bei der Durchführung des oben erwähnten Reichserbhofgesetzes zu Tage, dessen Umsetzung den Besitzern zwar Vorteile bringen konnte, ihnen zugleich aber auch eine erhebliche Einschränkung ihrer Verfügungsrechte zumutete. Aus den noch vorhandenen Unterlagen[177] ergibt sich, dass seinerzeit in Winningen mindestens acht Erbhöfe bestanden haben.[178] Wohl nur ein einziger[179] landwirtschaftlicher Betrieb, der damals mit Abstand größte Betrieb – das Freiherrlich von Heddesdorff'sche Weingut – hatte gegen die Eintragung in die Erbhöferolle keine Einwände gehabt. Mindestens fünf Betriebe wehrten sich hingegen gegen die Eintragung in die Erbhöferolle. Zwei dieser Betriebe ging es aber nicht ums Grundsätzliche, d.h. um die Feststellung ihres Betriebes als Erbhof. Ihr Anliegen beschränkte sich darauf, die bürgerlich-rechtliche Verfügungsgewalt über einzelne ihrer Parzellen zu behalten. Als dies dann gewährleistet war, verfolgten sie ihre Einwendungen nicht weiter. Drei Betriebe wandten sich aus grundsätzlichen Erwägungen gegen ihre Feststellung als Erbhof. In allen drei Verfahren machten die Eigentümer geltend, ihre Betriebe stellten keine „Ackernahrung" im Sinne des Gesetzes dar. Dabei verwiesen sie darauf, dass ihre Betriebe je-

---

175 Bezug: Die auf Befehl Hitlers von der SS am 30. Juni 1934 durchgeführte Mordaktion, der nach offiziellen Listen 83 Personen zum Opfer fielen. Der SA-Stabschef Ernst Röhm erhielt Gelegenheit zum Selbstmord, wurde aber, nachdem er dies verweigert hatte, von dem SS-Kommandanten des Konzentrationslagers Dachau Theodor Eicke erschossen.
176 Vgl. den Ermittlungsbericht in dem Entnazifizierungsverfahren gegen Robert Hautt vom 23. Juni 1948 (LHA Ko Best. 856, Nr. 110415).
177 Einschlägig sind hier die Akten des Anerbengerichts bei dem Amtsgericht Koblenz betreffend die zu Winningen gelegenen, in der Erbhöferolle von Winningen unter den laufenden Nummern verzeichneten Erbhöfe (LHA Ko Best. 602,23 Nrn. 15228-15234; Unterlagen über den als laufende Nummer 7 eingetragenen Erbhof fehlen dabei).
178 Insgesamt gab es damals in Winningen 62 landwirtschaftliche Betriebe, vgl. die Nachweisung der größeren landwirtschaftlichen und Weinbaubetriebe von Winningen, Stand: 3. Oktober 1933 (LHA Ko Best. 655,47, Nr. 250).
179 Ganz sicher kann das nicht beurteilt werden, weil die Akten eines Erbhofs nicht mehr vorhanden sind. Von einem weiteren Fall ist bekannt, dass sich der Kreisbauernführer gegen die Eintragung eines Betriebs in die Erbhöferolle wandte.

weils zu klein seien. Das gelte zum einen für den Grundbesitz als solchen; zudem sei er stark zersplittert und verteile sich auf vier Gemeinden (Winningen, Kobern, Güls und Dieblich). Zum anderen seien die Hofstelle und die Wirtschaftsgebäude zu klein, so dass Wirtschaftsgeräte nicht auf dem Hof, sondern bei Nachbarn untergestellt werden müssten; auch könnten Fremdkräfte wie Knechte und Mägde nicht auf dem Hof wohnen.

Das Anerbengericht ließ all diese Einwände nicht gelten. Zwar räumte es ein, dass ein Grundbesitz in einer Größe von nicht mehr als zehn Morgen Land im Allgemeinen nicht als „Ackernahrung" im Sinne des Reichserbhofgesetzes angesehen werden könne, jedoch kam es jeweils zu einem anderen Ergebnis, weil die Höfe in recht großem Umfang Weinbau betrieben. So reichten beispielsweise 14.000 bzw. 10.000 Weinstöcke aus, um auch bei diesem kleinen Grundbesitz auskömmliche Erträge anzunehmen.[180] War dies erst einmal festgestellt, fiel es dem Anerbengericht nicht schwer, die weiteren Argumente zu entkräften. Den Einwand des stark zersplitterten Besitzes ließ das Gericht mit dem Hinweis darauf nicht gelten, dass der Betrieb trotz dieses Streubesitzes bisher offensichtlich gewinnbringend habe arbeiten können. Dabei griff das Anerbengericht den bisweilen geäußerten Einwand auf, nur die Hälfte des Besitzes sei ererbt worden, die andere Hälfte habe man im Laufe der Jahre hinzu erworben, und verwandte dieses Argument gegen die Eigentümer: Dies zeige doch in aller Deutlichkeit, dass der Betrieb – selbst in den letzten wirtschaftlich schwierigen Jahren – mit Gewinn gearbeitet habe. Im Übrigen hieß es, an der Mosel sei es häufig so, dass der Grundbesitz nicht in der Nähe der Ortschaft liege und zudem stark zerstreut sei.

Diese Beweisführung war insoweit nicht zwingend, es sei denn, man ginge als selbstverständlich davon aus, es müssten unbedingt besonders viele Betriebe Erbhöfe werden. Denn wenn tatsächlich ein Streubesitz gegen die Annahme einer „Ackernahrung" spricht, dann kann man dieses Argument nicht damit entkräften, andere Betriebe hätten ebenfalls einen Streubesitz – schließlich können diese auch unrentabel sein oder ihrerseits ebenfalls keine Ackernahrung darstellen. Einen solchen Verstoß gegen die Logik wiederholte das Anerbengericht sogar noch einmal. Denn das weitere Argument der Betroffenen, die Wirtschaftsgebäude seien für einen Erbhof zu klein, wurde von Seiten des Gerichts damit ‚entkräftet', dass die Gebäude des in Rede stehenden Hofes nicht kleiner seien als die vergleichbarer Höfe im Ort. Und im Übrigen müsse berücksichtigt werden, dass die Bauern in den Moselorten, die sich wegen der Tallage nicht wesentlich ausdehnen könnten, ohnehin vergleichsweise kleine Höfe hätten. Schließlich verwies das Gericht noch darauf, dass die Geräte zur Bewirtschaftung des Hofes auch bei anderen Landwirten u.a. untergestellt werden könnten. Die Bedenken hinsichtlich der (fehlenden) Unterbringung der Knechte und Mägde auf dem Hof schließlich wischte das Gericht mit dem Argument vom Tisch, ein solcher auskömmlicher Betrieb müsse keine Knechte und Mägde beschäftigen. Im Übrigen könnten diese auch woanders im Dorf wohnen. Man sieht also: Kreisbauernführer und Anerbengericht waren bemüht, möglichst viele Landwirte zu Erbhofbauern zu machen – und zwar vergleichsweise oft auch gegen ihren Willen. In diesem Sträuben, Erbhofbauer zu werden, waren die Winzer von Winningen nicht allein. Das Reichserb-

---

180 Vgl. dazu die Verfahren, die die Eintragung der Betriebe als Nr. 2 und 3 in die Erbhöferolle betrafen (LHA Ko Best. 602,23, Nrn. 15229 und 15230).

hofgesetz wurde von den Winzern an der Mosel generell sehr kritisch gesehen. In einer zeitgenössischen Betrachtung heißt es dazu: „Dass das Gesetz gerade bei den Winzern noch kein volles Verständnis fand und häufig noch immer nicht findet, liegt zum Teil an den in der Einführungs- bzw. Übergangszeit damit verbundenen Härten, wodurch sich mancher Winzersohn und noch mehr Töchter benachteiligt fühlen."[181]

Wenn auch diese Gegenwehr letztlich nur wenig Erfolg gehabt haben dürfte, deutet der Unmut der Winzer doch darauf hin, dass auch in Winningen – ausgehend von einem sehr hohen Niveau – die Sympathie für die Nazis alsbald etwas nachließ. In diese Richtung geht auch ein allgemeiner, nicht speziell auf Winningen bezogener Lagebericht der Geheimen Staatspolizei von Februar 1936. Darin kommt die Gestapo zu dem Ergebnis, der Bauer sei „derjenige, der vom Nationalsozialismus am wenigsten erfasst ist". Er halte sich bei Sammlungen am meisten zurück, besuche am wenigsten Parteiversammlungen, und die Pressewerbung habe bei ihm den geringsten Erfolg.[182]

Die Menschen, die im Gegensatz zu den Konflikten um das Erbhofgesetz tatsächlich als Opfer des Nationalsozialismus in Winningen bezeichnet werden können, sind in einer verschwindenden Minderheit, es sind einige wenige Personen. Das erste NS-Opfer in Winningen war der Schreinermeister Gottfried Blum. Ihm, der nicht in der NSDAP war, wurde eine Unterhaltung im Weinhaus „Moselschlösschen" in Winningen zum Verhängnis. Als er am Abend des 4. August 1935, einem Sonntag, dort mit anderen Gästen zusammen saß, tat er – mit Blick auf Hitler – die Äußerung: „Man hat aus einem Lehrjungen einen Meister gemacht." Sowie: „Wenn ich vor zehn Jahren bankrott gemacht hätte, hätte auch ich – wie die anderen Bankrotteure in Winningen – heute einen schönen Posten." Und schließlich soll er noch gesagt haben: „Es wäre besser gewesen, man hätte die Juden im Land gelassen, dann hätte der Staat auch noch Geld." Zwei Tage später – inzwischen war der Vorfall der Ortspolizei zugetragen worden – waren diese „Stammtischsprüche" Anlass für eine Vorladung beim Amtsbürgermeister. Von dort aus ging es dann mit dem Auto zur Gestapo nach Koblenz. Die Gestapo verhörte ihn, Blum kam in „Schutzhaft". Alsbald wurde er dem Richter vorgeführt, der Haftbefehl gegen ihn erließ. Das vom Oberstaatsanwalt in Köln daraufhin eingeleitete Ermittlungsverfahren wurde nach einigen Wochen mit der Begründung eingestellt, der Reichsjustizminister habe die Strafverfolgung nicht angeordnet. Daraufhin wurde Blum von der Oberstaatsanwaltschaft verwarnt, aus der Haft in Koblenz entlassen und nach Hause geschickt.[183]

Man ist geneigt, diesen Vorfall mit einem „na ja, noch einmal gut gegangen" zur Kenntnis zu nehmen. Doch so einfach geht das nicht, denn zwei Umstände stören dabei. Einmal ist es das Verhalten der Winninger. Denn die Mitglieder der NSDAP und ein großer Teil der Bevölkerung waren, wie es hieß, sehr erregt – nicht über die Verhaftung Blums, sondern wegen seiner Stammtischreden, die ihn ins Gefängnis gebracht haben. Diese Erregung war so groß, dass

---

181 Hubert Honold, Arbeit und Leben der Winzer an der Mittelmosel, 1941, S. 29.
182 Zit. nach Wolfgang Benz, Geschichte des Dritten Reiches, 2000, S. 100.
183 Vgl. dazu den kleinen Vorgang in: LHA Ko Best. 463, Nr. 399, ferner Best. 441, Nr. 28239, Bl. 41; siehe auch die von Gottfried Blums Frau Luise vom 12. März 1947 in dem Entnazifizierungsverfahren gegen Robert Hautt gemachte Aussage (LHA Ko Best. 856, Nr. 110415).

einige Winninger sogar einen Demonstrationszug zum Haus von Gottfried Blum veranstalten wollten. Dazu kam es aber doch nicht, weil nicht alle Nazis mitmachen wollten und dann der ganze Zug abgesagt wurde.[184] Und zum anderen haben diese fünf bis sechs Wochen Gottfried Blum schwer zugesetzt. Die Angaben des späteren Bürgermeisters von Winningen von 1951 sprechen für sich:[185] „Blum wurde im Jahre 1935 aus politischen Gründen verhaftet. Er war Gegner des Naziregimes. Eine antifaschistische Partei gab es nach meinem Wissen damals in Winningen nicht. Blum kehrte als gebrochener Mann aus der Haft zurück. Auf persönliches Befragen, was ihm passiert sei, entgegnete er, dass er das nicht sagen könne und dürfe. Blum siechte langsam dahin, bis er 1940 starb."

Zur gleichen Zeit erzählte ein Winninger Uhrmacher im Ort, der Ortsgruppenleiter Eduard Kröber habe mit Blick auf die Arbeitslosen, Wohlfahrtsempfänger und Unterstützungsempfänger geäußert: „Je schlechter es den Kerlchen geht, desto besser geht es uns." Am 12. August 1935 kam er deswegen in Untersuchungshaft, wo er bis zum 8. Oktober blieb. Da er den Nachweis der Richtigkeit seiner Behauptung nicht hatte führen können, verurteilte ihn das Koblenzer Schöffengericht wegen übler Nachrede zu sieben Wochen Gefängnis; die Strafe wurde durch die Untersuchungshaft als verbüßt erklärt.[186]

Das Jahr 1935 hatte der Reichsjugendführer Baldur von Schirach zum „Jahr der Ertüchtigung" erkoren und eine große Werbekampagne für die Hitler-Jugend initiiert. Offenbar damit im Zusammenhang ließ der Landrat in Koblenz im August 1935 eine interne Erhebung bei den einzelnen Gemeinden durchführen, um zu klären, welche Eltern ihre Kinder (noch) nicht in die Hitler-Jugend (Jungvolk, BDM und Jungmädel) „eingegliedert" hätten.[187] Man zählte in der Gemeinde Winningen neun Familien. Fast die Hälfte von ihnen konnte das Fernbleiben mit dem Alter der Kinder (zu alt für die HJ) oder mit politisch unverdächtigen Begründungen („Geiz") erklären. Von den fünf Verbliebenen meinte man zwei als „hoffnungslos" einstufen zu müssen – die eine wurde als deutschnational und die andere als KPD-nah angesehen. Bei den drei danach Verbliebenen war die Erklärung ebenso übereinstimmend wie apodiktisch: „frühere politische Einstellung Zentrum, heutige politische Einstellung Zentrum; fanatischer Zentrumshass, geschürt und gestachelt durch die katholische Geistlichkeit in Güls."

Nicht alle wollten in die nationalsozialistisch definierte Volksgemeinschaft, nicht alle durften dies. So wurde vom Regime auch in Winningen das betrieben, was die Nazis „Ausmerze" nannten – die Ausgrenzung, ja teilweise Vernichtung von Menschen, die nicht dem Bild des „arischen" und „erbgesunden" Volksgenossen entsprachen. Die ideologisch begründete Rückführung jeglicher sozialer Auffälligkeit auf vermeintliche Fehler im Erbgut hatte in dem „Gesetz zur Verhütung erbkranken Nachwuchses" vom 14. Juli 1933 seinen Ausdruck gefunden.

---

184 Vgl. die Angaben in dem Entnazifizierungsverfahren gegen Ewald Fries (LHA Ko Best. 856, Nr. 110773).
185 Schreiben des Bürgermeisters Richard Weyh vom 4. April 1951 (LHA Ko Best. 655,47, Nr. 256); vgl. auch die Tagebuchaufzeichnungen von Heinrich Saas vom 11. September 1935 (wie Anm. 13), S. 75.
186 Vgl. den kleinen Vorgang in: LHA Ko Best. 463, Nr. 399, sowie in Best. 441, Nr. 28239, Bl. 67.
187 Vgl. die Nachweisung des Amtes Winningen für die Gemeinde Winningen vom 7. August 1935 (LHA Ko Best. 655,47, Nr. 254).

Besondere Erbgesundheitsgerichte konnten nun die Zwangssterilisation verhängen.[188] Ein Polizeibericht vom 3. März 1938 etwa schildert den „Fall" einer 29-jährigen Frau aus Winningen, die wegen eines Nervenleidens unfruchtbar gemacht wurde. Weil sie sich geweigert hatte, sich sterilisieren zu lassen, wurde sie von dem Ortspolizisten vor ihrem Haus festgenommen. Ihre Mutter kämpfte um sie, „skandalierte"– wie es in dem Polizeibericht hieß – bei der Verhaftung ihrer Tochter und machte anschließend „im hiesigen Flecken durch Schreien und Drohungen aller Art" auf die Zwangssterilisation ihrer Tochter „aufmerksam". Ausweislich des Berichts erfolgte der Eingriff selbst routinemäßig. Die Frau „sei am 2. März 1938 in das Evangelische Stift St. Martin eingeliefert worden und habe dort alles ruhig über sich ergehen lassen."[189]

Noch tragischer verlief die Zwangssterilisation eines 38jährigen Mannes wegen Trunksucht. Er galt als ein fleißiger, arbeitsamer Mann – solange er keinen Wein oder Alkohol, diese Differenzierung nahm der Polizeibericht vor, zu sich nahm. Das blieb aber nicht aus, und so war er seit 1935 im Blick des Außendienstes der Provinzial Heil- und Pflegeanstalt Andernach. Die eingeschaltete Fürsorgerin und der Amtsbürgermeister konnten immer wieder das Verfahren in die Länge ziehen. Eine Besserung war jedoch trotz Ermahnungen des örtlichen Polizisten nicht in Sicht. Im September 1937 berichtete er dem Amtsbürgermeister: „Eine Besserung dürfte kaum zu erwarten sein, solange H. hier im Flecken sesshaft ist. Von einer Kur dürfte auch Abstand zu nehmen sein, da H. ja doch anschließend seinem alten Leiden wieder verfällt." Anstatt die Angelegenheit nun auf sich beruhen zu lassen, da H. schließlich nicht allgemein gefährlich war, sondern „nur" seine Eltern drangsalierte, wenn er nicht seinen Willen bekam, forcierte das Erbgesundheitsgericht Koblenz 1937 das Verfahren. Wohl Anfang 1938 verfügte es die Zwangssterilisation unter Verweis auf die Trunksucht; am 28. März 1938 wurde H. sterilisiert. Von Komplikationen bei der Operation ist nichts bekannt. Eine ihrer Spätfolgen war aber sicherlich der Selbstmord des Betreffenden knapp anderthalb Jahre später. Nachdem er Tage vorher seinen Freitod angekündigt hatte, bereitete er – wie es hieß – „am 22. August 1939 gegen 19 Uhr 46 seinem Leben durch Anspringen gegen einen fahrenden Güterzug ein Ende." Eine solche Tat – zumal unter diesen Umständen – hat in Winningen damals sicherlich Furore gemacht. Indes dürften die Folgen schon bald in den Hintergrund getreten sein, denn zehn Tage später entfesselte „der Führer" mit dem Angriff auf Polen den Zweiten Weltkrieg und waren die Zeitungen dann zunächst mit Meldungen von Erfolgen im „Blitzkrieg" übervoll.

12. Die Verfolgung von Pfarrer Friedrich Schauss

Ein Kapitel für sich ist die Verfolgung des Pfarrers Friedrich Schauss.[190] Schauss war am 17. September 1933 Nachfolger von Dr. Walter Minor als Pfarrer von Winningen geworden. Mit

---

188 RGBl. I S. 529. Vgl. dazu auch: Angela Erbacher; Ulrike Höroldt, Erbgesundgerichtsgerichtsbarkeit, in: Justiz im Dritten Reich (wie Anm. 138), S. 1143-1394.
189 Vgl. den Vorgang im LHA Ko Best. 512, 1, Nr. 2036.
190 Vgl. zu ihm das Kurzporträt in: Simone Rauthe, Scharfe Gegner. Die Disziplinierung kirchlicher Mitarbeiter durch das Evangelische Konsistorium der Rheinprovinz und seine Finanzabteilung von 1933 bis 1945, 2003, S. 336-338.

ihm hatten sich die Winninger zwar für einen konservativen und national gesinnten Pfarrer entschieden, doch gleichzeitig erwies sich Schauss religiöse Einstellung als fest gegründet: der neue Pfarrer zeigte sich durchaus bekenntnistreu, was zwangsläufig zu einem Konflikt mit dem NS-Regime führen musste.[191]

Fast gleichzeitig mit dem Winninger Amtsantritt von Schauss begann mit der Gründung des „Pfarrernotbundes" im September 1933 der „evangelische Kirchenkampf" in Hitlers „Reich".

Abb. 17: Der Winninger Pfarrer Friedrich Schauss. (Aus: Löwenstein, Kirchengemeinde, wie Anm. 67, S. 130).

Als die Nationalsozialisten durch die Beeinflussung der Kirchenwahlen und die Bestellung eines Reichsbischofs immer größeren Einfluss in der evangelischen Kirche gewannen und den „Arierparagrafen" auch im Kirchenrecht einführen wollten, wurde die „Bekenntnisfrage" unausweichlich aufgeworfen. Etwa ein Drittel aller Pfarrer mit Martin Niemöller an der Spitze widersetzten sich dem weiteren Eindringen nationalsozialistischen Gedankenguts und seinen Verkündigern in der Evangelischen Kirche, den „Deutschen Christen" – dies war der Beginn der „Bekennenden Kirche". Das NS-Regime verstärkte daraufhin den Druck, in Winningen schon Anfang 1934. Ungeachtet dessen, dass Schauss' Söhne bei der HJ waren, kam es zum „Kampf um den Sonntag". Streitpunkt war, dass die Hitler-Jugend ihr „Antreten", ihre Aufmärsche, Schulungen und sonstigen Aktivitäten mit Vorliebe auf den Sonntagvormittag terminierte, um so ihre Mitglieder vom Gottesdienstbesuch abzuhalten. Des Weiteren stritt man über den Religionsunterricht in der Winninger Schule.[192] Einen Krach und viel Unverständnis gab es, weil die Winninger BDM-Führerin die Konfirmandinnen kurz nach deren Konfirmation nach Koblenz in einen karnevalistischen Film geführt hatte.[193] Immer wieder war Schauss bemüht, für die Kirche Raum zu schaffen und NS-Gedankengut fernzuhalten.

---

191 Vgl. zu dieser Charakteristik: Löwenstein, Kirchengemeinde (wie Anm. 67), S. 130. Allgemein zur Situation im Rheinland: Günther van Norden, Das Jahr 1933 in der rheinischen Provinzialkirche, in: Monatshefte für evangelische Kirchengeschichte 51 (2002), S. 135-154.
192 Vgl. Löwenstein, Kirchengemeinde (wie Anm. 67), S. 131.
193 Vgl. die Vernehmungen von Schauss vom 7. Februar 1936 sowie von Auguste Frölich und Karoline Knaudt vom 12. Februar 1936 und Friedrich Wäschenbach vom 14. Februar 1936 (LHA Ko Best. 463, Nr. 400).

Zur ersten größeren Kraftprobe zwischen Pfarrer Schauss und den örtlichen Nazis, vor allem dem Ortsgruppenleiter Eduard Kröber, kam es im August 1935.[194] Nachdem Schauss den in Koblenz wohnenden Pfarrer i.R. Wilhelm Peter Katz, der von seiner Herkunft her Jude war, als seine Urlaubsvertretung bestellt und dieser auch schon die ersten Amtshandlungen vorgenommen hatte, lief die NSDAP-Ortsgruppe Sturm dagegen. Angesichts der Drohung, „die SA werde die Kirche stürmen und den Pfarrer von der Kanzel holen", erklärte sich der in Winningen weilende Pfarrer Wilhelm Krumme bereit, den Gottesdienst anstelle von Pfarrer Katz zu halten. So kam es auch, nachdem das Presbyterium Pfarrer Krumme darum gebeten hatte. Das von dem Ortsgruppenleiter noch eingeschaltete Evangelische Konsistorium erklärte anschließend dieses Verfahren für korrekt. Gleichwohl hakte der Ortsgruppenleiter noch einmal beim Konsistorium nach, um die Verantwortlichkeit von Pfarrer Schauss für den „unbegreiflichen" Tatbestand, „dass heute noch nicht arische Personen eine Kanzel in einer evangelischen Kirche betreten dürfen", zu klären.

Schon wenige Monate später sah sich Pfarrer Schauss einer Anzeige durch Ortsgruppenleiter Kröber ausgesetzt, weil er sich angeblich „staatsfeindlich" geäußert habe. Schauss hatte an einem Elternabend in der Kinderbewahrschule kurz vor Weihnachten über das Thema „Das Ziel evangelischer Erziehung" referiert. Das war eine Gratwanderung für Schauss, denn nach seinem eigenen Bekunden hatte er durchaus „heiße" Themen angesprochen: Er hatte darauf hingewiesen, dass die Jugend durch die „Deutsche Glaubensbewegung" und durch antichristliche und antikirchliche Tendenzen, wie sie von dem ehemaligen Weltkriegsgeneral Erich Ludendorff, der sich selbst als Antichrist bezeichnet habe, vertreten würden, in besonderer Weise der Gefahr ausgesetzt seien, ihren Glauben zu verlieren. Auch war er auf einen Zeitungsartikel zu sprechen gekommen, in dem von einem Vater berichtet wurde, der seine Arbeitsstelle verloren habe, weil er sich geweigert hätte, seine Kinder in die HJ zu schicken. Trotzdem hatten die vernommenen Gemeindemitglieder wohl nichts „Staatsgefährdendes" gehört. Eine Zeugin meinte, Pfarrer Schauss habe „immer wieder an Gleichnissen nachweisen wollen, dass eine gute Erziehung ohne Religion undenkbar sei, also ohne christliche Religion kein guter Deutscher". Auch derjenige, der den Pfarrer beim Ortsgruppenleiter denunziert hatte, war sich seiner Sache nicht mehr so sicher. Er bezeichnete bei seiner Vernehmung die Äußerungen von Pfarrer Schauss als zweideutig, auf jeden Fall als unklar. Es sei aber – so der Denunziant weiter – „schwer zu behaupten, dass [Pfarrer Schauss] mit seinen Ausführungen die heutige Regierung verletzen wollte oder nicht".[195] Dennoch wurde gegen Schauss wegen „staatsfeindlicher Äußerungen ein Strafverfahren beim Sondergericht Köln eingeleitet. Auch wenn dieses am 31. Juli 1936 eingestellt wurde,[196] so zeigt der Vorfall, in welcher Gefahr der Pfarrer schwebte. Solche Verfahren sollten einschüchtern und deutlich machen, dass der Betreffende stets beobachtet und kontrolliert würde.

---

194 Der Vorgang ist eingehend dokumentiert bei: Löwenstein, Kirchengemeinde (wie Anm. 67), S. 133 ff.; vgl. auch: Krumme, Moselaner (wie Anm. 93), S. 110 ff.
195 Vgl. die Vernehmung vom 17. Februar 1936 (LHA Ko Best. 463, Nr. 400).
196 Vgl. dazu und zum Folgenden die Karteikarte der Gestapo Koblenz betr. Friedrich Schauss (LHA Ko Best. 727, Nr. 2).

Auf derselben Linie lag ein weiterer Vorfall von Mitte August 1937.[197] Nach dem Gottesdienst in Winningen erschienen in Schauss' Wohnung zwei Polizeibeamte der Gemeinde und beschlagnahmten die für die Evangelische Gefangenenseelsorge bestimmte Kollekte. Trotz des Hinweises des Pfarrers, dass die Kollekte nach der Ordnung der Kirche und nach ortsüblichem Brauch eingesammelt worden sei, nahmen die Beamten die 7,40 Mark an sich. Die Staatsanwaltschaft Köln ermittelte daraufhin gegen Schauss wegen Verstoßes gegen den „Kanzelparagrafen" § 130 a des Reichsstrafgesetzbuchs.[198] Auch dieses Verfahren wurde am 25. Mai 1938 eingestellt. Pfarrer Schauss muss jedoch fortwährend bespitzelt und auch denunziert worden sein. Denn noch während jenes Verfahrens wurde ein weiteres Ermittlungsverfahren wegen der Verteilung eines Flugblatts der „Bekennenden Kirche" eingeleitet. Der Oberstaatsanwalt in Köln stellte auch dieses Verfahren alsbald ein. Im März 1939 wollte der Koblenzer Regierungspräsident Schauss dann wirtschaftlich unter Druck setzen, indem ihm der staatliche Pfarrbesoldungszuschuss gesperrt werden sollte. Erstaunlicherweise befürwortete die Gestapo diese Sperrung nicht, so dass sie unterblieb. Aber noch während das Verfahren lief, kam es zu einem neuen Ermittlungsverfahren. Kurz nach Ostern 1939 soll Schauss einem seiner Konfirmanden, die er mit „Grüß Gott" begrüßt hatte und die ihn nicht ebenso begrüßt hatten (sondern „Heil Hitler" gesagt hatten), eine Ohrfeige gegeben haben. Im Oktober 1939 wurde dieses ebenso wie ein weiteres Ermittlungsverfahren gegen ihn aufgrund eines „Gnadenerlasses" eingestellt. Gegenstand des letztgenannten Verfahrens war die angebliche Äußerung von Pfarrer Schauss am 15. August 1939 gegenüber seinen Konfirmanden: „Deutschland kann seine Kolonien nicht wieder bekommen, weil wir die Juden so schlecht behandelt haben."

Bespitzelungen und Denunziationen begleiteten Pfarrer Schauss auch weiterhin, und es wurde immer schwieriger für ihn, einen möglichst geraden Weg zu gehen. Dabei konnte er sich längst nicht mehr auf seine Gemeindemitglieder verlassen – auf alle ohnehin wohl nie. Als er in einer Predigt einmal den Satz sagte: „Es gibt nur einen Führer, und der heißt Jesus Christus!", wurde er von Gemeindemitgliedern von der Kanzel heruntergeholt.[199] Im Frühjahr 1940 kam es dann zur Eskalation. Als bekannt wurde, dass die Kirchenglocken abgeliefert werden sollten, veranstaltete Pfarrer Schauss am 19. Mai 1940 eine „Glocken-Opferfeier" in der Kirche, was natürlich eine Kritik an der Wegnahme der Kirchenglocke zum Ausdruck brachte. Ein Gedächtnisgottesdienst für einen Gefallenen am 30. Juni 1940 führte dann zum Ende seiner Tätigkeit in Winningen. Die Gestapo nahm Pfarrer Schauss im August 1940 fest, weil er in dem Gottesdienst gesagt haben soll, wenn in Berichten der Kompanieführer über die letzten Stunden von Gefallenen gesagt werde, sie hätten einen sanften Tod gehabt, so sei dies meist

---

197 Vgl. das Schreiben von Pfarrer Schauss vom 16. August 1937 an den Superintendenten (AEKR Düsseldorf, Best. 51, Personalakte Friedrich Schauss).
198 Auch der „Kanzelparagraf" war – wie anderes mehr – keine Erfindung der Nazis, er wurde aber mit äußerster Konsequenz und Härte gegen die Geistlichen beider Konfessionen zur Durchsetzung ihres Machtanspruchs benutzt. Dieser § 130 a des Reichsstrafgesetzbuchs war schon in der ursprünglichen Fassung des Gesetzes von 1871 enthalten (als Reaktion auf den „Kulturkampf"). Nach dieser Bestimmung machten sich Geistliche des Kanzelmissbrauchs schuldig, wenn sie sich beruflich über staatliche Angelegenheiten „in einer den öffentlichen Frieden gefährdenden Weise" äußerten. Dieser äußerst dehnbare Straftatbestand ermöglichte Haft bis zu zwei Jahren. Damit versuchten Nazis im Kirchenkampf immer wieder und nachhaltig unbequeme oder gar widerständige Pfarrer mundtot zu machen.
199 Vgl. Löwenstein, Kirchengemeinde (wie Anm. 67), S. 144.

gelogen. Schauss wurde nun von der Gestapo ins Gefängnis nach Koblenz zur „Schutzhaft" gebracht; gleichzeitig sperrte man ihm seinen Pfarrbesoldungszuschuss. Nach etwa drei Monaten kam er zwar frei, doch auf Anordnung des Reichssicherheitshauptamtes wurden gegen ihn wegen seiner – wie es hieß – staatsabträglichen Tätigkeit ein Aufenthaltsverbot für die Provinzen Rheinland, Westfalen, Hessen-Nassau, für das Land Hessen, für den Regierungsbezirk Saarland und die Gebiete Elsass und Lothringen sowie ein Redeverbot für das gesamte Reichsgebiet verhängt. Schauss verließ umgehend Winningen und begab sich mit seiner Familie nach Bad Kissingen. Das Düsseldorfer Konsistorium sah darin auch noch eine „nicht geringe Entgleisung auf seelsorgerischem Gebiet" und sprach Schauss eine Missbilligung aus. Mit Wirkung vom 1. Juni 1941 versetzte das Konsistorium ihn in den Wartestand, bis Kriegsende erhielt er keine Anstellung mehr.[200]

13. Die Reichspogromnacht in Kobern am 10. November 1938

Bekanntlich nahm das NS-Regime das tödliche Attentat auf den Legationssekretär Ernst vom Rath in Paris zu einem Massenpogrom gegen die Juden im Reich zum Anlass, dem die Nazis aufgrund der dabei angerichteten Zerstörungen jüdischen Eigentums den zynischen Namen „(Reichs)Kristallnacht" gaben. Doch es wurden nicht ‚nur' rund 7.500 jüdische Geschäfte und zahlreiche Wohnungen zerstört und teilweise geplündert. Im ganzen Deutschen Reich wurden mindestens 91 jüdische Mitbürger ermordet und viele misshandelt, 191 Synagogen durch Brandstiftung zerstört und fast alle jüdischen Friedhöfe verwüstet. Nur weil es in Winningen keine ansässigen Juden gab, ging die von Reichspropagandaminister Goebbels organisierte und von SA- und Gestapo-Leuten ausgeführte Gewaltaktion am Ort vorbei.[201] Nicht so im benachbarten Kobern, wo relativ viele Juden lebten und eine Synagoge bestand. Und mit den dort stattfindenden Ereignissen hatten Winninger Einwohner durchaus im Rahmen der Reichspogromnacht zu tun.

Antisemitismus war bekanntlich einer der Grundpfeiler des Nationalsozialismus. Sehr beliebt waren damals „Judenwitze" und „Judenlieder". Zu Zeiten der Weimarer Republik hatten die Nazi-Kohorten gesungen: „Wetzt die langen Messer, dann geht's umso besser in den Judenwanst hinein. Blut, Blut, Blut muss fließen bombenhageldick, wir scheißen auf die Freiheit der Judenrepublik". Und der Refrain lautete: „Ja, wenn das Judenblut am Messer spritzt, ja dann geht's noch mal so gut!" Schon von der Stärke der NS-Bewegung in Winningen kann vermutet werden, dass der damals herrschende Antisemitismus auch hier vorherrschend war. Zum Vorschein kam er schon, als über die Anfeindungen gegen Pfarrer Katz als Urlaubsvertretung für den Pfarrer Schauss berichtet wurde. Als ein weiteres Beispiel wäre die Bauerntagung in Rübenach im Dezember 1934 zu erwähnen. Auf ihr wetterte der Kreisfachberater Knautt in seiner

---
200 Vgl. dazu den kleinen Vorgang in den Personalakten von Pfarrer Schauss (AEKR Düsseldorf, Best. 51, Personalakte Friedrich Schauss).
201 So heißt es etwa in einem Visitationsbericht aus dem Jahr 1785: „Es gibt keine Juden in Winningen", vgl.: Rainer Garbe (Bearb.), Inventar der Quellen zur Geschichte der Gemeinde Winningen/Mosel, 2003, S. 449. – Zurzeit des Nationalsozialismus gab es in Winningen wohl nur eine „Halbjüdin". Des Weiteren war die Ehefrau des früheren Amtsbürgermeisters Weirauch Jüdin. Die Weirauchs lebten aber in Kobern; im übrigen war Frau Weirauch 1935 gestorben (siehe oben S. 138).

Eigenschaft als „Marktbeauftragter" gegen diejenigen, die noch bei Juden kauften, mit den Worten: „Leider gibt es unter den Bauern auch heute noch immer solche, die aus der Reihe tanzen und sich lieber vom Juden über's Ohr hauen lassen, als sich die Vorteile der Marktordnung zu Nutze zu machen."[202] Was hier vermeintlich ordnungspolitisch formuliert wurde, hieß auf der Straße „Kauft nicht beim Juden" – es war der erste Schritt zur wirtschaftlichen Vernichtung der deutschen Juden und leitete eine Entwicklung ein, die – wie sich am Schicksal der Familie Grünewald aus Kobern zeigen lässt – bis in die Mordzentren im Osten führen sollte.[203]

Die Familie Samuel Grünewald lebte seit Jahrzehnten in Kobern. Grünewald war Kaufmann und jahrelang Vorsteher der jüdischen Gemeinde dort. Als er im November 1933 starb, hinterließ er seine schon betagte Frau Susanne, die Tochter Selma und den Sohn Julius. Ernährer der Familie war der Sohn und ältere Bruder Julius. Er war Viehhändler und hatte es immer schwerer mit seinem Geschäft, weil es überall hieß: „Kauft nicht beim Juden". Dabei verstand er sein Geschäft, machte gute Preise und war in Gelddingen nachgiebiger als die „arische" Konkurrenz. Trotzdem oder gerade deshalb geriet er Mitte der 1930er Jahre in das Fadenkreuz der Nazis und der Justiz. Als er seine beträchtlichen Forderungen bei einer verwitweten Bauersfrau eintrieb, wurde er wegen der Abgabe einer falschen eidesstattlichen Versicherung angeklagt und vom Gericht zu sechs Monaten Gefängnis verurteilt. Gierig griff das Hetzblatt „Der Stürmer" im September 1936 diesen „Fall" auf.[204] Bald darauf floh Julius Grünewald mit seiner Ehefrau und Tochter nach Frankreich, später von dort aus nach Südafrika. Mutter Susanne und Tochter Selma blieben in Kobern und lebten erst von Ersparnissen und dann auch von der öffentlichen Fürsorge. Einige Tage nach der „Reichspogromnacht" wurden Mutter und Tochter registriert, weil sie öffentliche Fürsorgeunterstützung erhielten. Mit Beginn des Jahres 1939 wurde ihnen die „Fürsorgeunterstützung" entzogen. Dies und weitere Maßnahmen führten dazu, dass sie Kobern verließen und nach Düsseldorf kamen. Die alte Mutter lebte nun im Gemeindehaus der dortigen Kultusgemeinde, dort war notdürftig ein Altersheim eingerichtet. Die Synagogengemeinde musste nun die alten Menschen jüdischen Glaubens selbst unterstützen. Die Tochter Selma lebte in einem „Judenhaus" und musste als „arbeitsfähig" wahrscheinlich „Pflichtarbeit für Juden" leisten. Wohl 1941 wurde die Tochter Selma von Düsseldorf aus ins Frauen-Konzentrationslager Ravensbrück verschleppt. Offenbar im Zuge der „Aktion 14 f 13"– einer speziellen „Euthanasie"-Aktion – wurde Selma als kranke und „arbeitsunfähige" Jüdin in Ravensbrück „selektiert" und dann in der „Heil- und Pflegeanstalt" Bern-

---

202 Koblenzer General-Anzeiger vom 12. Dezember 1934 Seite 1/ 4. Bl. Vgl. dazu auch: Falk Wiesemann, Juden auf dem Lande. Die wirtschaftliche Ausgrenzung der jüdischen Viehhändler in Bayern, in: Detlev Peukert; Jürgen Reulecke (Hg.), Die Reihen fast geschlossen. Beiträge zur Geschichte des Alltags unterm Nationalsozialismus, 1981, S. 381 ff.
203 Das Schicksal der Familie ist dokumentiert in der Dauerausstellung des Fördervereins Mahnmal für die Opfer des Nationalsozialismus in Koblenz e.V. durch die Personentafel von Selma Grünewald, abrufbar auch im Internet unter der Adresse: www.mahnmalkoblenz.de
204 „Der Stürmer" Nr. 36/36 von September 1936, S. 6: „Der Viehjude Grünewald – Er wuchert, betrügt und schwört wissentlich falsch". In dem Hetzartikel wird beispielgebend das „Koblenzer Nationalblatt" wie folgt zitiert: „Das ‚Nationalblatt' in Koblenz schreibt dazu: ‚Dieser Fall zeigt wieder einmal mit aller Deutlichkeit, dass die jüdischen Händler auch heute noch, und gerade auf dem Lande, versuchen, die Gesetze des nationalsozialistischen Staates zu umgehen.' Darum Bauern hütet euch, mit diesen Blutsaugern irgendwelche Geschäfte zu machen!"

burg vergast. Zwei Monate nach dem Mord an ihrer Tochter wurde die Mutter ins KZ Theresienstadt verschleppt. Dort traf sie am 26. Juli ein und kam am 28. Oktober 1942 um.

Selma Grünewald und ihre Mutter hatten also zuletzt in Kobern auch noch die „Reichspogromnacht" am Abend des 10. November 1938 miterleben müssen. Als Zeuginnen für dieses Verbrechen standen sie aber nicht zur Verfügung, wurden sie doch vier Jahre später allein deshalb, weil sie Jüdinnen waren, in Bernburg bzw. in Theresienstadt ermordet. Deshalb sind wir hinsichtlich der Geschehnisse an jenem 10. November 1938 auf die allgemeinen Informationen hierzu sowie auf die Erkenntnisse aus einem nach dem Krieg stattgefundenen Strafprozess gegen Winninger Bürger angewiesen.[205]

Das Verfahren ergab folgendes Bild: Am Nachmittag oder frühen Abend des 10. November 1938 machten sich mindestens drei Personengruppen von Winningen auf nach Kobern. Die eine Gruppe bestand aus Beschäftigten der Amtsverwaltung Winningen: aus den Verwaltungsbeamten B., G. und K. sowie dem Kaufmann W. und einem Begleiter namens Z. Sie fuhren, nachdem sie sich offenbar „Mut angetrunken hatten", auf ihren Fahrrädern nach Kobern. Einer von ihnen wusste von der „Aktion gegen Juden", insbesondere davon, dass die Synagoge in Kobern angesteckt werden sollte. Offenbar später machten sich der damalige Amtsbürgermeister Heinrich Reitz und der Ortsgruppenleiter Otto Knaudt mit dem Auto auf nach Kobern. Auch waren der Ortsbürgermeister Heinrich Pies und ein gewisser T. von Winningen nach Kobern aufgebrochen; schließlich war der Kreisfeuerwehrführer und Gastwirt Eduard Lange in der Reichspogromnacht in Kobern.

Man traf sich dort, wusste aber angeblich gar nicht so recht, was man in Kobern sollte. Der eine oder andere hatte gehört, dort solle es in einer Kirche brennen. Auch behaupteten die meisten später, gar nicht an dem Geschehen in Kobern interessiert gewesen sein. Vielmehr hätten sie sich – so ihre Darstellung – sehr schnell, ohne überhaupt etwas mitbekommen zu haben oder auch nur dafür zu interessieren, in das Hotel Fuchs begeben und dort kräftig Alkohol getrunken. Während also die „Stützen" der Winninger Verwaltung und führende NSDAP- und SA-Leute in der Reichspogromnacht „zufällig" von Winningen nach Kobern fuhren, irgend etwas von einem Brand in einer Kirche mitbekommen hatten und dann schon sehr bald in einer Gaststätte „reichlich" dem Alkohol zusprachen, wurde in der Koberner Synagoge zweimal hintereinander ein Brand gelegt.

Bei dem ersten Brandanschlag wurden Gegenstände in der Synagoge mit Benzin oder Petroleum, das die Brandstifter in Flaschen mitgebracht hatten, übergossen und angezündet. Kurz nach dem Entstehen des Brandes heulten die Sirenen und alarmierten die Koberner Feuerwehr. Ihr gelang es, den Brand, der noch in den Anfängen war, zu löschen. Sodann rückte die Feuerwehr wieder ab. Obwohl die Brandstiftung erkennbar war und sich zudem am Tatort

---

205 Vgl. dazu das Strafverfahren gegen B. u.a. der Staatsanwaltschaft Koblenz (LHA Ko Best. 584,1, Nrn. 3206-3208), insbesondere die Anklageschrift des Oberstaatsanwalts in Koblenz vom 3. September 1949 (ebd., Nr. 3207, Bl. 275-278), des Urteils des Schwurgerichts Koblenz vom 15./16. Juni 1950 (ebd., Nr. 3207, Bl. 383-389) sowie das Revisionsurteil des Oberlandesgerichts Koblenz vom 21. Dezember 1950 (ebd., Nr. 3207, Bl. 429-432).

eine Menschenansammlung befand, ließ die Feuerwehr keine Brandwache zurück. Etwas später wurde erneut Feueralarm gegeben. Inzwischen hatten die Brandstifter – was erkennbar war – die Bänke in der Synagoge zusammengestellt und Bücher aufeinander gestapelt, um dadurch den Brandeffekt zu erhöhen und von neuem die Synagoge in Brand gesteckt. Bei diesem weitaus stärkeren Brand wurde die Koberner Feuerwehr erneut alarmiert, zumal zu befürchten stand, dass die Flammen auf ein Nachbarhaus übergriffen. Als sie eintraf, fielen mehrere Schüsse. Bei den Vorarbeiten, beim Verlegen der Wasserschläuche, wurde sie von Leuten aus der Menschenmenge behindert, andere beschimpften sie. Auch diesen zweiten Brand bekämpfte die Feuerwehr, die Synagoge brannte aber trotzdem vollständig nieder. Anschließend gingen die Feuerwehrleute ins Hotel Fuchs. Sie waren sehr verärgert über ihren zweimaligen Einsatz und die Schießerei und beschimpften dort die Winninger als „Halunken" und „Brandstifter". Im Streit tat sich insbesondere der Winninger B. hervor, der einen anderen Gast als „Judenlümmel" beleidigte und die Schießerei verteidigte, zumal nur Platzpatronen verwendet worden seien. Angetrunken oder betrunken begaben sich die Winninger dann nach Hause.

Abb. 18: Die Feuerlöschpolizei von Winningen bei einem Aufmarsch im Jahr 1936 (zu erkennen sind: der Kreisfeuerwehrführer Eduard Lange, Karl Kröber und Erich Knebel). (Aus: Winninger Bildchronik, Bd. 2, S. 252).

III. Die Kriegsjahre
1. Kriegsbeginn

Am 1. September 1939 sollten diejenigen Recht behalten, die schon vor 1933 gewarnt hatten: „Wer Hitler wählt, wählt den Krieg". Jahrelang hatte Hitler zielstrebig an der Revision des Versailler Vertrages gearbeitet. Erinnert sei neben der Remilitarisierung nur an die Rückführung der Saar in das Deutsche Reich im Jahr 1935 („Die Saar kehrt heim"), den „Vierjahresplan" von 1936, den „Anschluss Österreichs" an das Reich (1938), die Einverleibung des Sudetenlandes und die Zerschlagung der „Resttschechei" (1938/39). Schon im Spätsommer 1938 hatten viele mit einem Krieg gerechnet. Deshalb war es nicht erstaunlich, dass Ende August 1939 eine fieberhafte Spannung herrschte. In Heinrich Saas' Tagebuch heißt es hierzu: „24.8.39: Polen [...] mobilisiert, England steht [...] hinter Polen, ebenso Frankreich. Die politische Lage ist sehr ernst./25.8.39: Abends und in der Nacht Gestellungsbefehle, hier 80 Mann für sofort [...]/ 26.8.39: Weitere Gestellungsbefehle im Ort zugestellt. Ab Morgenabend Eisenbahnzüge nur noch beschränkt für den Privatverkehr [...]/27.8.39: Die politische Lage spitzt sich zu, da Polen alles mobilisiert hat./29.8.39: Die Lage ist noch sehr gespannt. – Die Kriegsvorbereitungen in allen beteiligten Ländern gehen fort./30.8.39: Ab Mittag rollen unaufhörlich Transporte nach der [West-]Front [...]. Immer noch Spannung, immer noch Hoffnung auf eine friedliche Lösung./31.8.39: Seit gestern Abend werden Truppen hier ausgeladen, die dann weiter rücken./1.9.39: Ausbruch des Krieges mit Polen [...]. Erste Einquartierung in Winningen."[206]

Anders als beim I. Weltkrieg herrschte bei der Entfesselung des Zweiten Krieges allgemein eine bedrückte Stimmung. Schon länger hatte das Regime von den Bauern immer höhere Leistungen und Erträge verlangt. Bereits im März 1937 hatte Göring als Beauftragter für den Vierjahresplan zur „Mobilmachung der deutschen Landwirtschaft" und zur „Erzeugungsschlacht" aufgerufen. Reichsbauernführer Darré hatte einen „Leistungswettbewerb des deutschen Landvolks" gefordert. Das Ziel war eine möglichst hohe Selbstversorgung, um auf diese Weise den Agrarimport zugunsten der Rüstungswirtschaft einzuschränken und bis zum Krieg eine möglichst weitgehende Autarkie zu erreichen. Das gelang aber nicht. Trotz aller Anstrengungen setzte sich die „Landflucht" fort, so dass selbst nach Schätzungen des Regimes ca. 800.000 Erwerbstätige in der Landwirtschaft fehlten.[207] Dadurch nahm der Leistungsdruck gegenüber den verbliebenen Bauern und die Unzufriedenheit unter ihnen weiter zu.

Für den Krieg wurden weitere Arbeitskräfte und auch Pferde abgezogen. Der Treibstoff wurde rationiert, Lebensmittelkarten und Bezugsscheine reglementierten den Konsum. Schließlich kam es zu zahlreichen Einquartierungen, die die Bürger aufgrund des Wehrleistungsgesetzes zu erdulden hatten.[208] Mit den Siegesmeldungen aus Polen im Laufe des Monats September 1939 besserte sich die Stimmung zunächst. Der Krieg war schließlich weit weg. Lediglich am 21. April 1940 zeigten sich feindliche Flieger über Winningen. Sie wurden durch die deutsche Flakabwehr beschossen, anschließend lagen Sprengstücke in den Straßen und auf den Dächern.[209]

---

206 Vgl. die Tagebuchaufzeichnungen von Heinrich Saas vom 1. September 1939, a.a.O. (wie Anm. 13), S. 94.
207 Angaben des Reichsbauernführers Darré auf dem Reichsbauerntag Ende November 1938, zit. nach: Hoernle, Deutsche Bauern (wie Anm. 141), S. 31.
208 Heinrich Saas berichtet wiederholt von Einquartierungen in Winningen, vgl. etwa die Eintragungen vom 24. November 1939 und vom 7. März 1940 in seinen Tagebuchaufzeichnungen. (wie Anm. 13), S. 95 und 97. Vgl. zum folgenden auch den Beitrag von Peter Többicke in diesem Band.
209 Vgl. die Tagebuchaufzeichnungen von Heinrich Saas vom 22. April 1940 (wie Anm. 13), S. 98.

2. „Blitzkriege"

Nach der Niederwerfung Polens setzte die Wehrmacht die „Blitzkriege" und „Blitzsiege" fort. Am 10. Mai 1940 begann der „Westfeldzug" mit dem Angriff auf die neutralen Staaten der Niederlande, Belgien und Luxemburg sowie dann auch auf Frankreich. Nach der Kapitulation des „Erbfeinds" befand sich Deutschland in einem Freudentaumel. In Winningen war zehn Tage lang geflaggt, sieben Tage wurden die Glocken geläutet.[210] Es schien ein gutes Jahr zu werden, in das das deutsche Volk – so Heinrich Saas[211] – „mit starkem Glauben an den Sieg und Frieden" gegangen war.

Das war der Krieg, auf den der Hauptlehrer Kircher seine Schüler in der „Werner-Beumelburg-Schule" schon länger vorbereitet hatte. Daran schloss Kircher jetzt fast nahtlos an. Denn da „die gesunde nationalsozialistische Erziehung ihrem innersten Wesen nach wehrpolitisch" sei, brauche „die Schule [...] zu Kriegsbeginn sich nicht grundsätzlich umzustellen", weil schließlich „bei uns Wehrerziehung und allgemeine Erziehung eins sind".[212] Für Kircher war die „nationalsozialistische" Schule keine Gelehrten- und keine Bildungsschule, auch nicht Vorstufe des Berufes, sondern vielmehr „eine Waffengefährtin der politischen Volksführung, sie ist eine Weltanschauungsschule."[213]

Seine in Winningen und an den Winninger Schülern praktizierte Pädagogik charakterisierte Kircher, der zum 1. Januar 1941 zum hauptberuflichen Reichsfachschaftsleiter der Fachschaft IV: Lehrer an Volksschulen im Nationalsozialistischen Lehrerbund (NSLB) berufen wurde und dann mit seiner Familie von Winningen wegzog, bei einer Tagung des NSLB im Januar 1940 in Koblenz wie folgt:[214] „Das Erziehungskorps, zum allergrößten Teil selbst Frontkämpfer, ist sich seiner Aufgaben bewusst. Es weiß, dass wehrgeistige Erziehung keine Saisonangelegenheit ist, sondern eine ständige Aufgabe, die aufgrund der Gesamtweltanschauung des Nationalsozialismus geleistet werden muss. Es ist eine glatte Selbstverständlichkeit, dass der Unterricht die jeweiligen Tagesereignisse an den Fronten bespricht, dass die Schulgemeinschaft tätig und opfernd in die innere Front eingeschaltet wird und durch Briefe und Liebesgaben die Verbindung mit der äußeren Front aufrechterhält. Ganz Deutschland eine Festung! Ganz Deutschland ein Bauernhof! Ganz Deutschland ein Heiligtum! Ganz Deutschland ein Wall der Herzen und Hirne! Unter diese Leitworte wird der Unterricht gestellt. Sie formen ein wehrpolitisches Weltbild, sie unterstreichen immer wieder den rechtfertigenden Leitgedanken unseres Kampfes in tiefer unerschütterlicher Gläubigkeit an den deutschen Sieg. Planmäßige Leibesübung verstärkt das Bewusstsein der eigenen Kraft (‚Dem Vaterland gilt's, wenn wir zu spielen scheinen'), Dichtung und Feier brechen in den Tiefen der Seele jene Kräfte auf, die die Wehrmacht als Geist der Mannschaft voraussetzt. Geistesschulung, Leibeserziehung und Seelenführung sind die Gebiete wehrgeistiger Erziehung in der Schule.

---

210 Vgl. die Tagebuchaufzeichnungen von Heinrich Saas vom 25. Juni 1940 (wie Anm. 13), S. 98.
211 Vgl. die Tagebuchaufzeichnungen von Heinrich Saas vom 1. Januar 1941 (wie Anm. 13), S. 101.
212 Kircher, Erziehungsaufgaben der Landschule im Kriege, 1940; zit. nach Link, Reformpädagogik (wie Anm. 6), S. 252.
213 Kircher, Schule und Verpflichtungsjahr, 1943; zit. nach: Link, Reformpädagogik (wie Anm. 6), S. 263.
214 Vgl. dazu den Zeitungsartikel „Wehrgeistige Erziehung", abgedruckt in der Winninger Bildchronik (wie Anm. 107), S. 152.

Es wird vom Schulmeister gesagt, dass er die Schlacht bei Königgrätz gewonnen hat. Die Erzieher von 1939 werden entscheidend dazu beitragen, dass unser Volk zu einem einzigen starken seelischen Abwehrblock zusammengeschweißt wird. Die Arbeiter am Westwall verdienen sich ein Schutzwallehrenzeichen. Das nationalsozialistische Erziehungskorps baut mit am Wall der Herzen und Hirne, sein Ehrenzeichen ist eine geformte Jugend, die den Aufgaben unserer Zeit gewachsen ist."

Am 22. Juni 1941 marschierte die Wehrmacht in das Territorium der Sowjetunion ein, ungeachtet der Tatsache, dass Hitler knapp zwei Jahre zuvor, am 23. August 1939, mit Stalin einen Nichtangriffspakt abgeschlossen hatte. Wie Hitler es zuvor im kleinen Kreis angekündigt hatte, führte man nun einen „Vernichtungskrieg" mit barbarischer Härte. Ziel war es, die Rote Armee – fünf Millionen Soldaten – in spätestens vier Monaten zu vernichten und die industriellen Zentren und agrarischen Überschussgebiete im Süden des riesigen Landes zu erobern.

3. Die ersten „Heldentoten"

Obwohl der Krieg damit in noch weitere Ferne rückte, kam er andererseits doch näher: Winningen hatte die ersten Gefallenen zu beklagen. Wohl als einer der ersten fiel am 25. Juli 1941 Leutnant Günther Löwenstein im Osten.[215] Im Herbst 1941 blieb die Offensive der deutschen Wehrmacht vor Moskau stecken. Das „Unternehmen Barbarossa" war gescheitert, die deutschen Kräfte waren erschöpft, für einen Winterkrieg nicht ausgerüstet. Am 5. Dezember begann die sowjetische Gegenoffensive. Sechs Tage später erklärte Hitler den USA den Krieg. Inzwischen trafen in Winningen Nachrichten über weitere gefallene Soldaten ein. Geradezu symbolhaft sind die Eintragungen von Heinrich Saas zur Weinlese 1941: „23.10.41: Beginn der Lese. 31.10.41: Eintreffen der Nachricht, dass Sohn von Ernst Knebel, Friedrichstraße, gefallen ist (Sattler und Polsterer). 2.11.41: Schnee auf den Moselhöhen, im Tal Regen. 3.11.41: Starker Schneefall bei 0 Grad, alles weiß, Lese unmöglich. Die meisten Winzer sind fertig [...]. 15.11.41 Kalter Ostwind, in den Straßen Eis; es ist noch zu säen und Kartoffeln und Knollen sind noch draußen."[216]

Das Reich geriet nun zunehmend selbst in den Krieg. Zu Ostern 1942 kam es zu einem Fliegerangriff auf Koblenz, bei dem 11 Menschen starben. Knapp zwei Monate später bombardierten die Briten Köln, die Bilanz: große Gebäudeschäden und 305 Tote. Anfang Juni 1942 mussten die Winninger den Abtransport ihrer Kirchenglocken hinnehmen, drei gingen fort, die zweitgrößte, die Mittagsglocke, blieb im Ort. Mit der großen, 1507 gegossenen Glocke ging ein Stück Winninger Identität und Geschichte verloren. Viele Winninger Bürger und Kinder sahen dies mit Wehmut, Heinrich Saas hielt diesen „geschichtlichen Augenblick" im Bild fest.[217] Noch im selben Monat kam es zur Beschlagnahme großer Mengen Weins für die Wehrmacht.

---

215 Vgl. die Tagebuchaufzeichnungen von Heinrich Saas vom 1. August 1941 (wie Anm. 13), S. 102.
216 Vgl. die Tagebuchaufzeichnungen von Heinrich Saas (wie Anm. 13), S. 103.
217 Vgl. die Tagebuchaufzeichnungen von Heinrich Saas vom 4. Juni 1942 (wie Anm. 13), S. 106.

Der Wein blieb auch im Krieg mit Winningen verbunden – wenn auch auf sehr verschlungenen Pfaden. Während – zum Unmut der Bevölkerung – viele „alte Kämpfer" in der Heimat „unabkömmlich" waren und dafür noch „Kriegsverdienstkreuze" verliehen bekamen,[218] wurde der Kreisbauernführer und Kreisamtsleiter Ernst Ottomar Kröber 1940 zur Wehrmacht eingezogen und später Kriegsverwaltungsrat. Im August 1942 zur Wirtschaftsinspektion Kaukasus beordert, war er dort zuständig für die Pflege des Weinbaus sowie für die Verteilung der Weine und anderes mehr. In der ihm wohl eigenen Art ließ sich Kröber bei einem Heimatbesuch in Winningen als „Weinkönig vom Kaukasus" feiern. Anfang 1943 wurde er zur Wirtschaftsinspektion Süd versetzt und nahm in Italien die gleichen Aufgaben wahr wie im Kaukasus.[219]

Unterdessen erlitten immer mehr aus Winningen stammende Soldaten – wie es damals hieß – den „Heldentod".[220] Seit dem 22. November 1942 war die 6. Armee mit ca. 250.000 Mann im Raum Stalingrad eingeschlossen. Zwei Monate später, am 31. Januar 1943 kapitulierte sie. Diese entscheidende Niederlage der deutschen Wehrmacht war ein Schock für die Heimat. Heinrich Saas kommentierte dazu:[221] „Unser heldenhafter Widerstand in Stalingrad zusammengebrochen […]. Betroffen sind unsere rheinischen Regimenter […]. Unsagbare Trauer kommt jetzt über unsere Gegend." In den Gefallenen-Todesanzeigen pflegte dann zu stehen: „Wir durften unseren Sohn dem Vaterlande opfern!" oder: „Er durfte sterben für den Führer und das Vaterland!" Und am Ende der Anzeige war vielfach zu lesen: „In stolzer Trauer!"

4. Weitere Opfer des Nationalsozialismus

Die Trauer der Winninger, jedenfalls des Großteils von ihnen, galt offensichtlich immer den eigenen „Heldentoten". Still war es dagegen um die Opfer, die das NS-Regime im Innern verursachte, sei es, weil man diese im Sinne der Nazi-Ideologie für richtig hielt, sei es, weil man sich vor einer Bekundung von Anteilnahme fürchtete. So herrschte wohl nur im engsten Familienkreis Trauer, als Hermann Kröber am 7. Mai 1941 in der Tötungsanstalt Hadamar vergast wurde und die Familie in Winningen später davon erfuhr. Hermann Kröber war geisteskrank und seit 1907 in der „Provinzial Heil- und Pflegeanstalt" Andernach untergebracht gewesen. Die „Ausmerze" – wie die Nazis die Vernichtung von aus ihrer Sicht „lebensunwertem Leben" nannten – war inzwischen noch brutaler und „konsequenter" geworden. Hatte man zu Beginn des NS-Regimes Menschen mit mehr oder minder klaren Krankheitsbildern oder Behinderungen in einem „rechtsförmlichen" Verfahren vor den Erbgesundheitsgerichten zwangsweise sterilisiert, so schickte man sie jetzt ins Gas. Wer behindert, alt oder krank war oder als sozial unangepasst galt, wurde aufgrund eines ärztlichen Pseudogutachtens zum „unnützen Esser"

---

218 Kriegsverdienstkreuze in Winningen erhielten (im Jahr 1942): der Ortsbürgermeister von Winningen Heinrich Pies und der Amtsinspektor beim Amt Winningen Friedrich Bellersheim (LHA Ko Best. 463, Nr. 821).
219 Vgl. dazu die Entnazifizierungsakte Ernst Ottomar Kröber (LHA Ko Best. 856, Nr. 110848).
220 Vgl. die Tagebuchaufzeichnungen von Heinrich Saas vom 25. August und vom 7. September 1942 (wie Anm. 13), S. 107.
221 Vgl. die Tagebuchaufzeichnungen von Heinrich Saas vom 25. August und vom 3. Februar 1943 (wie Anm. 13), S. 109.

und zur „Ballastexistenz" gestempelt. Im Rahmen einer ersten Phase der „Euthanasie-Aktion"[222] wurden mehr als 70.000 Kranke, Behinderte und „Asoziale" bis 1941 systematisch in sechs Tötungsanstalten vergast. Um diese Morde besser zu organisieren bzw. gegenüber der Öffentlichkeit zu tarnen, schaltete man bei der „T-4-Aktion"[223] so genannte Zwischenanstalten ein. In diese wurden Kranke aus anderen Anstalten verlegt, um sie dann in die Tötungsanstalten zu verschleppen und zu ermorden. Damit diese „Zwischenanstalten" Kapazitäten für die Aufnahme von weiteren Kranken frei bekamen, mussten sie erst einmal von ihren „eigenen" Kranken (den sog. Ursprungskranken) geleert werden.

Die Provinzial Heil- und Pflegeanstalt Andernach war eine solche „Zwischenanstalt", und Hermann Kröber war ein solcher „Ursprungskranker". Dementsprechend wurde er am 7. Mai 1941 mit 86 anderen Kranken in einem speziellen Bus von Andernach nach Hadamar gefahren und dort am selben Tag vergast.[224] Zur Verschleierung des Mordes erhielten die Angehörigen einen „Trostbrief", in dem eine erfundene Krankheit als Todesursache angegeben wurde.[225]

Diese Morde blieben der Bevölkerung aus den verschiedensten Gründen nicht verborgen. Vor allem der Münsteraner Bischof Clemens August Graf von Galen prangerte den Krankenmord im Sommer 1941 in seinen Predigten an, die sehr schnell illegal große Verbreitung in ganz

---

222 „Euthanasie" ist ein Wort griechischen Ursprungs. Es bedeutet danach „guter Tod" oder „Gnadentod". Während der NS-Zeit wurde dieser Begriff verschleiernd gebraucht. Hinter „Euthanasie" verbarg sich in der Zeit ab 1939 nichts anderes als staatlich verordneter Mord an kranken, behinderten und sozial unangepassten Menschen.
223 Die Aktion wurde zur Tarnung benannt nach dem Sitz der Zentrale in der Tiergartenstraße 4 in Berlin.
224 Vgl. dazu die Auflistung des Transports vom 7. Mai 1941 in: Historischer Verein Andernach (Hg.), Der Andernacher Spiegelcontainer. Mahnmal für die Opfer der nationalsozialistischen Euthanasie in der ehemaligen Rheinprovinz, Andernach 1998, S. 95.
225 Ein solcher „Trostbrief" hatte etwa folgenden Wortlaut: „Sehr geehrte Frau […]! Am 13. März 1941 wurde auf Grund einer ministeriellen Verfügung gemäß Weisung des Reichsverteidigungskommissars Ihr Mann, Herr […], in unsere Anstalt verlegt. Diese Maßnahme steht im Zusammenhang mit den augenblicklichen militärischen Ereignissen. Zu unserem Bedauern müssen wir Ihnen nun mitteilen, dass der Patient plötzlich und unerwartet am 24. März 41 an einer akuten Hirnhautentzündung verstorben ist. Da Ihr Mann an einer schweren, geistigen unheilbaren Erkrankung litt, müssen wir seinen Tod als eine Erlösung auffassen. Da unsere Anstalt nur als Zwischenanstalt anzusehen ist und der Aufenthalt unter anderem der Feststellung dient, ob sich unter den Kranken Bazillenträger befinden, die ja – wie die Erfahrung lehrt – bei Geisteskranken immer wieder auftreten, ordnete die Gesundheitspolizei zur Verhütung übertragbarer Krankheiten die sofortige Einäscherung des Leichnams an. Einer besonderen Zustimmung Ihrerseits bedurfte es in diesem Falle nicht. Wenn Sie den Wunsch haben, die Urne mit den sterblichen Überresten auf Ihrem Heimatfriedhof oder sonst in einer Familiengrabstätte beisetzen zu lassen, so wollen Sie bitte eine Bescheinigung über den Erwerb bzw. den Besitz einer Begräbnisstelle innerhalb von 14 Tagen hierher reichen. Die Übersendung der Urne an den betreffenden Friedhof erfolgt dann kostenlos. Andernfalls würden wir die Urne anderweitig beisetzen lassen. Die Kleider des Patienten mussten aus den oben angeführten Gründen desinfiziert werden. Sie haben bei der Desinfektion stark gelitten. Sollten Sie uns Ihre Erbberechtigung nachweisen, so stehen die Kleider und der Nachlass – letzterer besteht aus einem Ehering – gerne zu Ihrer Verfügung, soweit nicht der bisherige Kostenträger Anspruch darauf erhebt. Sollten wir innerhalb von 14 Tagen nicht im Besitze einer Bescheinigung über Ihre Erbberechtigung sein, so übergeben wir die Kleider mit ihrem Einverständnis armen und bedürftigen Kranken der Anstalt. Wir bitten auch andere Angehörige von dem Tod des Patienten zu benachrichtigen, da wir keine weiteren Anschriften besitzen. Zwei Sterbeurkunden, die Sie für eine etwaige Vorlage bei Behörden sorgfältig aufbewahren wollen, fügen wir bei. Heil Hitler!" Zit. nach einem Schreiben der Landes-Heil- und Pflegeanstalt Hadamar vom 25. März 1945, in: „Verlegt nach Hadamar" – Die Geschichte einer NS-"Euthanasie"-Anstalt, hg. vom Landeswohlfahrtverband Hessen, 2. Aufl., 1994, S. 108.

Deutschland fanden. Daraufhin – oder weil das zuvor gesteckte Ziel von 70.000 Anstaltsmorden erreicht war – wurde die „T-4-Aktion" Ende August 1941 gestoppt.

Eine, die von diesen tausenden und abertausenden Morden an völlig ahnungs- und hilflosen Menschen wusste und die die Nachrichten darüber verbreitete, war Auguste Krumme, Tochter eines Bahnhofsvorstehers aus Winningen und Ehefrau des am Niederrhein tätigen Pfarrers Wilhelm Krumme.[226] Auch wenn sie nicht in Winningen geboren war, so blieb sie dem Ort doch Zeit ihres Lebens verbunden.

Als Auguste Krumme im August 1941 wieder einmal vom Niederrhein nach Winningen kam, geriet sie ins Fadenkreuz örtlicher Nazis und der Gestapo. Auslöser war die Anzeige des Ortsgruppenleiters Eduard Kröber gegen Auguste Krumme vom 22. August 1941, weil sie „in Unterhaltungen mit Winninger Leuten Äußerungen (gemacht habe), die geeignet seien, die Zuversicht der Bevölkerung aufs ernstlichste zu gefährden." Einige Stunden zuvor war Auguste Krumme von Koblenz mit dem Zug nach Winningen gefahren, um dort das Grab ihrer Eltern zu besuchen. Auf dem Koblenzer Bahnhof hatte sie beobachtet, wie in glühender Hitze Züge verschoben wurden, die – ihrer Einschätzung nach – mit französischen Juden übervoll waren. Die Wagen waren verplombt. Die Transportierten litten große Not, hatten nichts zu essen und zu trinken, so dass die Kinder in ihrer Verzweiflung die Fensterscheiben beleckten. Diese Wahrnehmungen teilte sie Freunden und Bekannten in Winningen mit. Dabei erzählte sie auch von den Morden im Rahmen der „T-4-Aktion". Das blieb aber nicht im vertrauten Kreis, sondern wurde dem Ortsgruppenleiter von einem Denunzianten zugetragen. Noch am selben Tag wurde sie in Winningen auf der Straße festgenommen, verhört und in das Gestapogefängnis in Koblenz verbracht. Weitere Verhöre und Erkundigungen über sie folgten. Dabei gab Frau Krumme auch zu, über die Anstaltsmorde an psychisch Kranken u.a. im Rahmen der „T-4-Aktion" gesprochen zu haben. Sie hatte aber Glück. Bereits am 25. August 1941 wurde sie aus der Haft entlassen. Die Vorsprache ihres Mannes, des Pfarrers Wilhelm Krumme, beim Leiter der Koblenzer Gestapo hatte bei diesem offenbar Eindruck gemacht. Konkreter Grund für die Entlassung war, dass sie in dem Gutachten des Anstaltsarztes Dr. Eiden für zurzeit nicht haftfähig erklärt wurde.

Die Ermittlungen gegen Auguste Krumme liefen zwar weiter, erbrachten aber nichts „Gerichtsverwertbares". In der „zusammenfassenden politischen Beurteilung" der für ihren Wohnsitz am Niederrhein zuständigen NSDAP-Ortsgruppe Rheydt-Süd heißt es: „Ich halte die Frau Krumme für sehr schwatzhaft. Auch die Einrichtungen der Partei werden von ihr dauernd kritisiert. Es ist bisher nicht gelungen, sie einer Äußerung zu überführen, die eine strafrechtliche Verfolgung hätte rechtfertigen können. Ihre Einstellung ist auch dadurch gekennzeichnet, dass sie heute noch in Begleitung einer Jüdin auf der Straße gesehen wird. Die politische Zuverlässigkeit wird verneint." Gleichwohl wurde das Ermittlungsverfahren gegen Auguste Krumme einen Monat später von der Staatsanwaltschaft eingestellt. Ganz offensichtlich war ihr der mit dem Fall beauftragte Beamte wohlgesonnen, spielte die Anschuldigung herunter

---

[226] Der Vorgang ist ausführlich dokumentiert in: Krumme, Ein niederrheinischer Moselaner (wie Anm. 93), S. 117 ff.

und kehrte Auguste Krummes Äußerungen ins Harmlose und Törichte, so dass nichts wirklich Staatsgefährdendes übrig blieb. Das Verfahren endete mit einer Verwarnung.

In ähnlicher Weise geriet eine andere Frau aus Winningen in die Mühlen der Gestapo, mit freilich tragischem Ausgang, Elisabeth Müller, die Tochter des früheren Winninger Pfarrers Adolph Müller und seiner Frau Caroline.[227] Die frühere Volksschullehrerin und „Weltenbummlerin" hatte sich nach einem sehr schweren Unfall bei einer Bergtour in Österreich (am Groß-Venediger) nach Winningen ins Privatleben zurückgezogen. Politisch war sie sehr wach und ausgesprochen regimekritisch eingestellt. Noch 1938 bezog sie englische Zeitungen und sprach über Artikel, die kritisch über Deutschland berichteten, mit Bekannten und Nachbarn. Das weckte den Argwohn der Gestapo und auch von Nazi-Anhängern aus dem Ort. So fiel auf, dass sie bei der „Volksabstimmung" und „Wahl" des Großdeutschen Reichstages am 10. April 1938 mit „nein" gestimmt hatte. Das war Verrat, hatte doch der Gemeinderat in seinem Aufruf zur Volksabstimmung und „Wahl" am 10. April 1938 beschlossen: „Winningen als nationalsozialistische Hochburg erwartet [...] von jedem Wahlberechtigten ein rückhaltloses Bekenntnis, ein 100%iges Ja!"[228] Daraufhin schrie eines Nachts ein SA-Mann vor ihrem Haus: „Hier wohnt das Nein-Schwein!" Das Kesseltreiben begann. Man verbot Elisabeth Müller, Nachhilfestunden zu erteilen und sammelte gegen sie eifrig Beweismaterial. Sie ließ sich aber nicht einschüchtern und gab auch weiterhin ihre Meinung zu den Dingen kund.

Abb. 19: Elisabeth Müller, das letzte Foto vor ihrer Verhaftung (in ihrer Wohnung in Winningen). (Privatbesitz).

Mitte August 1941 war sie durch ihren regen Briefverkehr wieder aufgefallen, insbesondere durch ihre lebhafte Auslandskorrespondenz. Dabei war auch eine Postkarte beanstandet worden, die nach Ansicht der Gestapo „erhebliche staatsabträgliche Äußerungen wiedergegeben" haben soll, wie z. B.: „In Köln waren ja Hungerrevolten. Es gab Erschießungen und Verhaftungen."[229] Als der Gestapo diese Äußerungen bekannt wurden, kam Elisabeth Müller in Koblenz in „Schutzhaft". Ein Verfahren gegen sie wegen Vorbereitung zum Hochverrat vor dem Volks-

---

227 Vgl. zu Elisabeth Müller: Löwenstein, Kirchengemeinde (wie Anm. 67), S. 157 ff.; Krumme, Ein niederrheinischer Moselaner (wie Anm. 93), S. 128 ff.; sowie die Personentafel für Elisabeth Müller in der Dauerausstellung des Fördervereins Mahnmal für die Opfer des Nationalsozialismus in Koblenz e.V., abrufbar auch im Internet unter: www.mahnmalkoblenz.de
228 Siehe bereits oben bei Anm. 171.
229 So der Eintrag vom 15. August 1941 auf der Gestapo-Karteikarte von Elisabeth Müller (LHA Ko Best. 727, Nr. 2).

gerichtshof wurde erwogen, doch wurde sie dann ‚nur' wegen Verbrechens gegen das „Heimtückegesetz" vor dem Sondergericht Koblenz angeklagt. Das Urteil vom 26. Mai 1942 lautete vergleichsweise milde auf acht Monate Gefängnis unter Anrechnung der erlittenen Untersuchungshaft, so dass Elisabeth Müller nur noch einen Monat Haft zu verbüssen gehabt hätte. Das Sondergericht hatte ihr den schweren Bergunfall und dessen Folgen zu Gute gehalten. Die Gestapo wollte sich jedoch damit nicht zufrieden geben und sorgte dafür, dass Elisabeth Müller nach Strafverbüßung nicht frei kam, sondern [am 25. Juni 1942?] zunächst ihr unmittelbar überstellt wurde. Sodann stellte die Koblenzer Gestapo beim Reichssicherheitshauptamt in Berlin einen Antrag auf Einweisung in ein Konzentrationslager. Aufgrund eines Erlasses des Reichssicherheitshauptamtes wurde Elisabeth Müller, im Alter von 67 Jahren, am 8. September 1942 ins Frauen-Konzentrationslager Ravensbrück verschleppt. Dort erhielt sie die Häftlingsnummer 13.581 und den „roten Winkel" einer „politischen" Gefangenen.

Der „Fall" Elisabeth Müllers hatte in Winningen die Gemüter wohl heftig bewegt – allerdings kein Mitleid erregt, im Gegenteil. Während die alte Frau im KZ unter den unwürdigsten und schwierigsten Bedingungen um ihr Überleben kämpfte, wurde in ihrem Heimatort am 1. Mai 1943 am Maibaum eine Strohpuppe, die sie darstellte, aufgehängt und verbrannt. Die Puppe trug das Schild: „So stirbt ein Volksverräter". Außerdem war an der gegenüberliegenden Hauswand ein Plakat mit einem gehässigen Text in der Art einer Todesanzeige angebracht worden.[230]

Dieser Vorfall markiert für Winningen sicherlich einen der moralischen Tiefstände dieser amoralischen Zeit. Das Geschehen lässt überdies Annahmen darüber zu, was man damals auch hier über Konzentrationslager wusste. Elisabeth Müller war, als man ihr in Winningen den Tod wünschte, noch am Leben. Am 6. Februar 1944 suchte man sie im Rahmen einer Aussonderung von „Arbeitstauglichen" sogar noch aus und verschleppte sie mit fast 1.000 weiteren Häftlingen ins KZ Lublin. Mit den Überlebenden deportierte man sie weiter ins KZ Auschwitz. Von dort erhielt ihre Familie am 17. September 1944 eine letzte Nachricht von ihr. Am 27. Januar 1945 wurde Elisabeth Müller mit einigen tausend Häftlingen im KZ Auschwitz von russischen Truppen befreit. Inzwischen waren ihre Kräfte so aufgezehrt, dass sie zwei Monate später, am 25. März 1945, dort im Alter von 70 Jahren an den Folgen der mehrjährigen Haft starb.

5. Zwangsarbeiter, Kriegsgefangene und andere

Der Krieg forderte immer mehr Menschen, sei es als Soldaten oder als Arbeiter. Zwar arbeiteten immer mehr Frauen in der Rüstungsindustrie und in der Landwirtschaft, doch reichte das bei weitem nicht aus. Eine gewisse Entspannung auf dem Arbeitsmarkt, vor allem in der Landwirtschaft, brachte der Einsatz von Kriegsgefangenen. Entsprechend der Kriegslage waren das zuerst Polen und Franzosen. Die ersten Kriegsgefangenen in Winningen waren entsprechend dem Kriegsverlauf Polen. Seit Frühjahr 1940 waren sie auch in Winningen im Arbeitsein-

---

230 Vgl. Löwenstein, Kirchengemeinde (wie Anm. 67), S. 159.

satz.[231] Untergebracht waren sie in einer ehemaligen Turnhalle auf dem heutigen Gelände der Raiffeisen-Waren-Genossenschaft. Wohl ein halbes Jahr später, im Dezember 1940, kamen dann noch französische Kriegsgefangene nach Winningen. Die Franzosen und die Polen waren in Winningen offenbar die dominanten Nationalitätengruppen. Sie waren es auch, die die vor dem Krieg mit großer Propaganda begonnene Moseluferstraße weiter bauen mussten.[232] Die französischen Kriegsgefangenen waren in einem Lager untergebracht, das sich in der heutigen Gaststätte „Turnerheim" befand.[233]

Im Unterschied zu den Franzosen wurden die Polen schon bald in den Status von „Zivilarbeitern" versetzt, deren Reihen stetig wuchsen. 1942 arbeiteten bereits über eine Million von ihnen in der Landwirtschaft des deutschen Reiches. Die wenigsten von ihnen waren freiwillig gekommen. Allerdings hatten deutsche Behörden in den besetzten polnischen Gebieten zunächst versucht, polnische Arbeitskräfte anzuwerben. Diese Aktionen waren aber weitgehend erfolglos geblieben – nur rund 80.000 Polen hatten sich gemeldet. Nach diesem Fehlschlag wurde rücksichtslos zwangsweise rekrutiert; im Endeffekt hatten alle den Status von Zwangsarbeitern.[234]

Obwohl das NS-Regime auch auf die osteuropäischen Zwangsarbeiter angewiesen war, erschienen die Polen und besonders die ab 1942 in Massen herbeigeschafften sowjetrussischen Zwangsarbeiter aus Sicht der Nazis als eine große Gefahr für die „Rasseeinheit" der Deutschen. Angesichts des riesigen „Bedrohungspotenzials" erließ der Staat grundlegende Regelungen bis hin zu Sanktionen für Fehlverhalten. Dies geschah bereits am 8. März 1940 mit dem Erlasswerk zur Regelung der Arbeits- und Lebensbedingungen der polnischen Zivilarbeiter. Diese „Polenerlasse" waren ein Meilenstein in der Geschichte der nationalsozialistischen Ausländerpolitik und Auftakt zu einem immer geschlossener werdenden, nach Nationalitäten differenzierenden Sonderrecht für ausländische Zwangsarbeiter. Mit den Erlassen – zehn an der Zahl – war das Leben der polnischen Arbeiter nahezu vollständig reglementiert. So waren die Polen nach Möglichkeit geschlossen unterzubringen, sie hatten auf der rechten Brustseite eines jeden Kleidungsstückes stets sichtbar das Kennzeichen „P" zu tragen, durften grundsätzlich keine öffentlichen Verkehrsmittel benutzen, und ihnen war jeder gesellige Verkehr mit der deutschen Bevölkerung, insbesondere der Besuch von Theatern, Kinos, Tanzvergnügen und Gaststätten, verboten.[235]

---

231 So bereits: Gerhard Löwenstein, Das Winninger Armenhaus, in: Moselkiesel, hg. von der Volkshochschule Untermosel, Bd. 3: Kunstschätze und Sehenswürdigkeiten, 2002, S. 277-287, hier: S. 287, bei Anm. 6.
232 Vgl. dazu: Helmut Reick, Kindheit und Jugend eines Winninger Jungen in den vierziger Jahren, in: Moselkiesel, hg. von der Volkshochschule Untermosel, Bd. 1: Erinnerungen von Zeitzeugen und Berichte zur Regionalgeschichte 1918-1948, 1998, S. 64 ff.
233 Ebd.
234 Vgl. dazu grundlegend: Ulrich Herbert, Fremdarbeiter. Politik und Praxis des „Ausländereinsatzes" in der Kriegswirtschaft des Dritten Reiches, 1999, sowie zur Situation im heutigen Rheinland-Pfalz: Walter Rummel, Der „Feind" im eigenen Land. Bürokratisch-polizeilicher Umgang mit Zwangsarbeitern in den Gebieten des nördlichen Rheinland-Pfalz, in: Hedwig Brüchert; Michael Matheus (Hg.), Zwangsarbeit in Rheinland-Pfalz während des Zweiten Weltkrieges, 2004, S. 113-136.
235 U.a. nachzulesen im Schreiben der Staatspolizeistelle Düsseldorf von Anfang 1942 (LHA Ko Best. 662,6, Nr. 511, Bl. 4 ff.).

Harte Strafen durch Heinrich Himmlers SS und Gestapo drohten jedem, der gegen diese Bestimmungen verstieß, indem er durch „ständig lässige Arbeit, Arbeitsniederlegung, Aufhetzung der Arbeiter, eigenmächtiges Verlassen der Arbeitsstätte, Sabotagehandlungen u.ä.m." auffiel. Für intime Kontakte von Polen mit Deutschen „oder sonstige unsittliche Handlungen" zwischen Polen und Deutschen konnte der Reichsführer SS und Chef der deutschen Polizei Himmler für die polnischen Arbeitskräfte sogar die Todesstrafe verhängen und für die deutschen Frauen die Einweisung in ein Konzentrationslager anordnen.[236]

Die Kenntnis von den Schicksalen des Millionenheeres ausländischer Zwangsarbeiter steht im umgekehrten Verhältnis zu ihrer Zahl. Wenn man überhaupt noch etwas über sie in Erfahrung bringen kann, dann sind es Bruchstücke. Sie beleuchten nur noch einen Ausschnitt von dem, was in den Nürnberger Kriegsgerichtsprozessen als „Sklavenarbeit" bezeichnet wurde, ein System, welches „die Deportation von mehr als fünf Millionen Menschen" – in Wirklichkeit waren es doppelt so viele – „zum Zwecke der Zwangsarbeit erforderte, wobei viele von ihnen schreckliche Grausamkeiten und Leiden erdulden mussten."[237]

Eines der vielen Opfer, dessen Weg auch nach Winningen führte, war Jan Bronka.[238] Er wurde am 3. Februar 1915 in Monice in Polen geboren; er war ledig und hatte den Status eines „polnischen Zivilarbeiters". Ob er zunächst als polnischer Soldat in deutsche Kriegsgefangenschaft geraten war und sein Status erst später in den eines „Zivilarbeiters" umgewandelt wurde oder unter Zwang gleich als „Zivilarbeiter" rekrutiert wurde, ist nicht sicher. Jedenfalls war er 1940/41 bei einem Landwirt in Kesselheim beschäftigt. Mit den für ihn geltenden rigiden Vorschriften hat er sich nicht abfinden können. Wiederholt hat er – wie es hieß – gegen die für Polen geltende „Polenverordnung" verstoßen und einmal auch „grundlos" die Arbeit verweigert. Als er einmal in eine tätliche Auseinandersetzung mit einem Landwirt geriet (er hatte ihm dabei in den Finger gebissen), wurde er am 2. April 1941 in „staatspolizeiliche Haft" genommen. Wegen seiner „Renitenz" beantragte die Gestapo Koblenz, wie in diesen Fällen üblich, beim Reichssicherheitshauptamt (RSHA) in Berlin die Verhängung von „Schutzhaft" und Bronkas Einweisung in ein Konzentrationslager. Diesem Antrag entsprach das RSHA, woraufhin Bronka am 25. Juni 1941 in das KZ Sachsenhausen bei Berlin überführt wurde. Dort blieb er fast vier Monate. Am 15. Oktober 1941 wurde er „nach eindringlicher Warnung" entlassen, anschließend als Arbeitskraft zu einem Landwirt und Winzer nach Winningen „neu vermittelt". Sein „Vorleben" wird in Winningen nicht verborgen geblieben sein, zumal er hier weiter auffiel. Denn Bronka ließ sich nicht mit den „Polenerlassen" der Nazis reglementieren und antreiben, auch auf der Arbeitsstelle in Winningen war er widerständig. Was im Einzelnen geschah, ist zwar nicht bekannt. Wir wissen aber, dass er wegen seines Verhaltens wiederum in „Schutzhaft" kam: Am 29. Januar 1943 wurde er ins Konzentrationslager Buchenwald verschleppt. Dies war das Ende seines Lebens. Laut Mitteilung der KZ-Verwaltung kam er am

---

236 Vgl. Christoph U. Schminck-Gustavus, Zwangsarbeitsrecht und Faschismus. Zur „Polenpolitik" im „Dritten Reich", in: Kritische Justiz 1980, Teil 1, S. 1-27, und ebd., Teil 2, S. 184 ff., hier: S. 194; Lothar Gruchmann, Justiz im Dritten Reich 1933-1940, 1990, S. 689 ff.
237 Urteil des Nürnberger Militärtribunals vom 1. Oktober 1946; zit. nach: Herbert, Fremdarbeiter (wie Anm. 228), S. 13.
238 Vgl. die Karteikarte der Gestapo Koblenz für Jan Bronka (LHA Ko Best. 727, Nr. 2).

24. März 1943 zu Tode: er sei „am 24. März 1943 um 7.20 Uhr bei Widerstand erschossen worden".

Die polnischen Zwangsarbeiter in Winningen waren ab August 1942 im Sälchen des Armenhauses (heute „Knaudthaus") untergebracht. Man nannte es „das Polenlager"; faktisch war es ein Gefangenenlager. Zwei der dortigen Kleinwohnungen waren ebenfalls beschlagnahmt und dienten als Unterkunft des Wachkommandos.[239] Wie viele Personen dort untergebracht waren, ist nicht bekannt. In diesem Zusammenhang soll aber erwähnt werden, dass das „Geografische Verzeichnis nationalsozialistischer Lager und Haftstätten des Internationalen Suchdienstes in Arolsen"[240] für Winningen ein „Zivilarbeiterlager" mit 100 Personen ausweist.

Von einem der bei Winninger Winzern arbeitenden polnischen Zwangsarbeitern kennen wir nicht den Namen und auch nicht das Vorleben, wir wissen aber von seiner Ermordung, hier im Ort.[241] Dieser Pole hatte mit einer Bäuerin, bei der er zum „Arbeitseinsatz" eingeteilt war, einen heftigen Wortwechsel gehabt und war anschließend demonstrativ vor Feierabend zurück ins Lager im Armenhaus gegangen. So etwas nannte man damals „Arbeitsverweigerung". Die Bäuerin meldete dies einem Winninger NS-Mann, der nicht nur Führer des NS-Kraftfahrer-Korps, sondern auch (verdeckter) Gestapomann war. Dieser stürmte zornig in das Armenhaus, wo er feststellte, dass die Toilette von innen verriegelt war: Der Pole hatte sich aus Angst dort versteckt und eingeschlossen. Der Gestapomann brüllte und trommelte mit den Fäusten an die Tür. Als der Pole sich nicht rührte, zog er seine Pistole und schoss. Er schoss wie wild: Sieben Kugeln durchschlugen die morsche Holztür und trafen den Polen tödlich. Natürlich machte dieser Vorfall die Runde und versetzte den ganzen Ort in Aufregung.[242]

Franzosen und Polen jedenfalls arbeiteten in verschiedenen Winzerbetrieben in Winningen. Teilweise wurden diese Arbeitskräfte auch zwischen mehreren Betrieben aufgeteilt. So berichtet Helmut Reick[243] davon, dass ihr Betrieb – nachdem der Vater zum Militär eingezogen worden war – jeden zweiten Tag einen gefangenen Franzosen als Hilfskraft zugeteilt erhielt. Seine Schwester und er mussten den Franzosen morgens aus dem Lager abholen. Dabei erhielten sie ein kleines Sperrholzschild mit dem Namen des Gefangenen ausgehändigt. Am

---

239 Vgl. Löwenstein, Armenhaus (wie Anm. 231), S. 284.
240 Vgl. Martin Weinmann (Hg.), Das nationalsozialistische Lagersystem (CCP), Frankfurt/Main 1990, S. 509 ff.
241 Der Vorfall wird geschildert in: Walter Schreckenbach, „'Uns geht die Sonne nicht unter'", in: Frankfurter Rundschau vom 18. September 1965. Wahrscheinlich handelt es sich um den polnischen Staatsbürger Stanislaus Piwek. Aus einer anderen Quelle ist bekannt, dass er am 1. November 1944 in Winningen erschossen und dann in Koblenz beerdigt wurde, vgl. dazu: Rummel, „Feind" (wie Anm. 234), S. 124.
242 Vgl. Löwenstein, Kirchengemeinde (wie Anm. 67), S. 153 f. – Auch für weitere polnische Zivilarbeiter und Kriegsgefangene entschied sich ihr Leben und Sterben in Winningen. So zum Beispiel für Mateus Ploszynski. Er war im Jahr 1900 in Dalikow in Polen geboren. Zuletzt hatte er mit seiner Ehefrau Marianna in Polen in Lowitsch/Kreis Lowitsch, in der Straße „Blotna 12" gewohnt. Mateus Ploszynski war Feldwebel in der polnischen Armee und geriet in deutsche Kriegsgefangenschaft. Arbeiten musste er in Weißenthurm. Im dortigen Gemeindehaus war er im Gefangenenlager untergebracht. Auch er wurde mit seiner Situation als polnischer Kriegsgefangener nicht fertig. Man fand ihn am Abend des 11. April 1944 im Wald von Winningen. Er hatte durch Erhängen seinem Leben ein Ende gesetzt (LHA Ko Best. 441, Nr. 44587).
243 Reick, Kindheit (wie Anm. 232), S. 65.

Abend hatten sie den Gefangenen ins Lager zurückzubringen, dabei mussten sie – zur Kontrolle – das Sperrholzschild ebenfalls abliefern.

Mit dem „Polenlager" hatte es noch eine besondere Bewandtnis, war es doch im Mai 1944 Anlass für eine zu dieser Zeit und zumal in Winningen gar nicht zu vermutende Protestaktion. Mindestens vier Frauen hatten sich abgesprochen, um vor das Haus eines Winninger „Parteigenossen" zu ziehen und dort mit einem Sprechchor gegen die Verlegung des „Polenlagers" zu protestieren. Was Hintergrund dieser Aktion war und ob sie Erfolg hatte, ist nicht bekannt. Wir wissen nur, dass den beteiligten Frauen durch den Landrat eine „staatspolizeiliche Verwarnung" erteilt wurde.[244]

In der Behandlung der Zwangsarbeiter gab es – entsprechend der nationalsozialistischen Rassenideologie – wesentliche Unterschiede. Während die Polen und erst recht die Sowjetrussen überaus hart – sei es mit Strafverfahren, Einweisung in Konzentrationslager oder mit Hinrichtung – bestraft wurden, behandelte man die Kriegsgefangenen aus den nord- und westeuropäischen Ländern insgesamt nicht so brutal und unwürdig. Dessen ungeachtet suchten die deutschen Behörden, allen voran die Gestapo, alle Kontakte mit der deutschen Bevölkerung, die über das zur Arbeit notwendige Maß hinausgingen, zu unterbinden. So war beispielsweise verboten, dass die Gefangenen und Zwangsarbeiter am Familientisch mitessen durften. Dies und anderes mehr war „verbotener Umgang mit Ausländern und Kriegsgefangenen". Gerade im Kontakt mit französischen Kriegsgefangenen, die sich steigender Beliebtheit bei der Bevölkerung erfreuten, wurde dieses Verbot im Laufe der Zeit nicht so streng eingehalten. So berichtet Helmut Reick etwa davon, dass seine Eltern das Verbot nach einiger Zeit ignorierten und „ihr" Franzose mit ihnen am Familientisch saß und aß.[245] Nicht nur bei den Reicks saßen Zwangsarbeiter und Kriegsgefangene und andere Ausländer mit am Tisch. Diese Kontakte im sozialen Alltag ließen sich nicht „von oben" verbieten. Der „verbotene Umgang" war durchaus üblich – in Winningen und anderswo.[246] Andererseits eignete sich dieses ‚Vergehen' gut dazu, Nachbarn oder missliebige Personen bei der Gestapo zu denunzieren. Schnell kam man jedenfalls in den Verdacht, „verbotenen Umgang" zu pflegen, bzw. geriet man dewegen in ein Strafverfahren. So widerfuhr es einer Winzerfamilie, die damals in der Adolf-Hitler-Straße wohnte.[247] Vater, Mutter und Tochter wurden vor dem Amtsgericht Koblenz wegen „verbotenen Umgangs mit Kriegsgefangenen" angeklagt, im Februar 1943 aber freigesprochen.

Der Vormarsch der Amerikaner beendete das NS-Regime auch in Winningen, ohne dass der Ort in die Kampfhandlungen mit einbezogen wurde.[248] Mitte März 1945 zog die amerikanische

---

[244] Diese Aktion wird angesprochen auf mehreren Karteikarten von Winninger Frauen in der Koblenzer Gestapo-Kartei (LHA Ko Best. 727, Nr. 2).
[245] Reick, Kindheit (wie Anm. 232), S. 65.
[246] Aus diesen zwangsweisen Kontakten haben sich zum Teil bis heute währende Freundschaften ergeben. Es wurden sogar Ehen gestiftet. So hat eine Winningerin einen polnischen und eine andere einen niederländischen ehemaligen Zwangsarbeiter geheiratet. (Freundliche Information von Herrn Frank Hoffbauer).
[247] Die entsprechenden Informationen befinden sich in der Kartei der Gestapo-Kartei Koblenz (LHA Ko Best. 727, Nr. 2). Aus archivgesetzlichen bzw. datenschutzrechtlichen Gründen dürfen die Namen hier nicht angegeben werden.
[248] Vgl. die näheren Einzelheiten in dem Beitrag von Peter Többicke in diesem Band.

Besatzung in Winningen ein, am 8. Mai 1945 kapitulierte das Deutsche Reich bedingungslos. Ende April 1945 hielt der Chronist Heinrich Saas als Resümee fest: „Ein inhaltsschwerer und ereignisreicher Monat geht zu Ende. Deutschland liegt zerschmettert am Boden, alles Durchhalten und Mühen, alle Opfer umsonst. Das haben wir dem Hitlerregime zu verdanken. Berichten und Bildern in der ‚Frankfurter Presse' [eine Zeitung der Militärregierung; J. H.] zufolge fanden die Amerikaner in den Konzentrationslagern erschütternde, kaum glaubliche Zustände über die Misshandlungen der Internierten. Davon haben wir nichts gewusst. Jetzt gehen diese Verbrecher ihrem gerechten Urteil entgegen."[249]

IV. „Vergangenheit, die nicht vergeht"
1. Entnazifizierung

Noch vor Kriegsende beschlossen die Alliierten auf der Konferenz von Jalta im Februar 1945 ein Programm zur Entnazifizierung Deutschlands. Darin hieß es u.a.: „Es ist unser unbeugsamer Wille, den deutschen Militarismus und Nazismus zu vernichten und die Garantie dafür zu schaffen, dass Deutschland nie wieder in der Lage sein wird, den Weltfrieden zu brechen; […] alle Kriegsverbrecher einer gerechten und schnellen Bestrafung zuzuführen; […] die Nazi-Partei, die nazistischen Gesetze, Organisationen und Einrichtungen vom Erdboden zu tilgen; alle nazistischen und militaristischen Einflüsse aus öffentlichen Einrichtungen, dem Kultur- und Wirtschaftsleben des deutschen Volkes zu entfernen."[250]

Eine wesentliche Maßnahme zur Entnazifizierung war die sog. politische Säuberung. Mit ihr sollten die Repräsentanten des Naziregimes ausgeschaltet und die Schlüsselstellungen mit politisch zuverlässigen Personen besetzt werden. Amerikaner und die ihnen als Besatzung nachrückenden Franzosen betrieben diese politische Säuberung in den Gebieten von Rheinland-Pfalz erst selbst, dann übertrugen sie diese Aufgabe deutschen Stellen, behielten sich aber die Aufsicht darüber vor. Die erste rheinland-pfälzische Regierung erließ dann als zentrales Regelwerk am 17. April 1947 die Landesverordnung zur politischen Säuberung im Lande Rheinland-Pfalz.[251] Zur „gerechten Beurteilung der Verantwortlichkeit und zur Bestimmung der Sühnemaßnahmen" sah die Landesverordnung die Einstufung der Betreffenden in fünf Gruppen vor, nämlich: „1. Hauptschuldige, 2. Belastete (aktive Mitglieder der nationalsozialistischen Vereinigungen, Militaristen und Nutznießer der nationalsozialistischen Herrschaft), 3. Minderbelastete (Bewährungsgruppe), 4. Mitläufer und 5. Nichtschuldige (Personen, die in eine der oben genannten Gruppen gehören, die aber in der Lage sind, ihre Unschuld zu beweisen)."

Immer wieder ist es interessant zu sehen, was aus diesen Vorgaben vor Ort geworden ist, so auch für Winningen. Die Frage richtet sich zunächst an die lokalen Amtsträger: Ortsgruppen-

---
249 Vgl. die Tagebuchaufzeichnungen von Heinrich Saas vom 30. April 1945 (wie Anm. 13), S. 130.
250 Zit. nach: Clemens Vollnhals (Hg.), Entnazifizierung, 1991, S. 7.
251 Verordnungsblatt der Landesregierung Rheinland-Pfalz, S. 121. Zum Gesamtkomplex: Rainer Möhler, Entnazifizierung in Rheinland-Pfalz und im Saarland unter französischer Besatzung von 1945 bis 1952, 1992.

leiter, Bürgermeister und Ortsbauernführer. Über den zuletzt Genannten konnte nichts ermittelt werden. Für die anderen ergibt sich folgendes Bild:

Als Hauptnazi von Winningen galt sehr vielen Eduard Kröber. Er war Mitglied der NSDAP seit dem 1. Juni 1930, also „Alter Kämpfer", sowie Ortsgruppenleiter von Winningen von 1931 bis 1937 und dann wieder von 1939 bis 1945. Kröber wurde zwar vom Untersuchungsausschuss im Mai 1949 in die Gruppe der Minderbelasteten (Gruppe 3) eingestuft, die Spruchkammer in Koblenz ordnete ihn aber mit Säuberungsbescheid vom 19. Oktober 1949 in die Gruppe 2 als Aktivist und Nutznießer ein. Sein Rechtsmittel hiergegen hatte keinen Erfolg.[252] Zwischen den beiden Amtszeiten Kröbers führte Otto Knaudt die Ortsgruppe Winningen. Knaudt war Mitglied der NSDAP seit dem 1. Februar 1930, also ebenfalls „Alter Kämpfer", sowie Mitglied der SA seit 1930 und seit 1937 SA-Sturmführer. Er wurde von der Spruchkammer im Jahre 1949 in die Gruppe 3 („Minderbelasteter") eingestuft.[253] Eine weitere Stütze des Nazisystems vor Ort war Heinrich Pies (geb. 1884). In den ganzen 12 Jahren der Naziherrschaft war er Ortsbürgermeister von Winningen. Seit Januar 1932 war er Mitglied der NSDAP („Alter Kämpfer"), von 1932 bis 1934 Mitglied der SA und Truppführer, von 1934 bis 1936 Kreisabschnittsleiter (Kreisinspekteur) und dann auch noch Träger des Kriegsverdienstkreuzes. Auch er wurde im Säuberungsverfahren in die Gruppe 3 („Minderbelastete") eingestuft.[254]

Der zweite NS-Aktivist, der im Säuberungsverfahren in die Gruppe 2 („Belastete") eingestuft wurde, war Paul Haupt.[255] Haupt war Mitglied der NSDAP seit dem 1. September 1929 („Alter Kämpfer"), seit 1930 war er Kreisleiter der NSDAP, seit 1933 Mitglied im Reichsluftschutzbund, seit 1. Mai 1934 Mitglied der Nationalsozialistischen Volkswohlfahrt (NSV), seit 1936 des Reichskolonialbundes und des deutschen Beamtenbundes sowie des Reichsbundes für Leibesübungen und seit 1937 Mitglied des NS-Fliegerkorps. Seit Mai 1933 war Haupt Bürgermeister des Amtes Winningen, ab 1936 Bürgermeister von Neuwied, im Jahre 1940 wäre er – nachdem ihn Gauleiter Simon „als absolut förderungswürdig" bezeichnet und seine Bewerbung „auf das Wärmste befürwortet" hatte[256] – fast Oberbürgermeister von Graudenz (im Gau Danzig) geworden, und im November 1944 wurde er sogar noch Richter beim Volksgerichtshof – allerdings ohne seinen „Dienst" dort angetreten zu haben.[257] Trotz dieses Werdegangs wäre Haupt fast noch als „Minderbelasteter" eingestuft worden, lautete doch der Säuberungsvorschlag auf diese Einstufung. Immerhin stufte ihn die Spruchkammer dann doch noch als „Belasteter" (Stufe 2) ein. Gegen diese Entscheidung legte er seinerzeit kein Rechtsmittel ein.

---

252 Protokoll des Untersuchungsausschusses vom 31. Mai 1949, in den Entnazifizierungsakten von Eduard Kröber (LHA Ko Best. 856, Nr. 110982, Bl. 58 ff.).
253 Vgl. dazu die Entnazifizierungsakte Otto Knaudt (LHA Ko Best. 856, Nr. 110440, Bl. 41 ff.).
254 Vgl. die Entnazifizierungsakte Heinrich Pies (LHA Ko Best. 856, Nr. 110113, Bl. 46 ff.).
255 Vgl. die Entnazifizierungsakte Paul Haupt (LHA Ko Best. 856, Nr. 160477).
256 Vgl. das Schreiben des Stellvertretenden Gauleiters Reckmann vom 10. Oktober 1939 an die Reichsleitung der NSDAP – Hauptakt für Kommunalpolitik (BArch, Best. PK (Parteikorrespondenz), Lesefilm E 23, Bild 12).
257 Vgl. den Säuberungsvorschlag des Untersuchungsausschusses im Protokoll vom 17. November 1949 (LHA Ko Best. 856, Nr. 160477, Bl. 86).

Allerdings bemühte er sich im Jahre 1953 noch um eine Wiederaufnahme seines Verfahrens zum Zwecke der Rehabilitation, dies wurde aber aus Rechtsgründen abgelehnt.[258]

Erfolgreicher als Haupt war dessen Nachfolger als Amtsbürgermeister von Winningen, Heinrich Reitz.[259] Reitz war seit November 1928 ununterbrochen und aktiv für die NSDAP tätig. Bereits 1929 wurde er als „erster Nationalsozialist" in den Gemeinderat von Ehrenbreitstein gewählt. Der NSDAP trat er formal erst am 1. Februar 1930 bei („Alter Kämpfer"). Er war Ortsgruppenleiter, Kreisamtsleiter (Amt für Kommunalpolitik) und Kreisredner. Seit Oktober 1936 war er Amtsbürgermeister von Winningen. Reitz gelang es im Laufe des Säuberungsverfahrens, sich als Widerstandskämpfer darzustellen. Dabei kam ihm zustatten, dass er im Jahre 1942 gegen den Ortsgruppenleiter von Kobern schwere Korruptionsvorwürfe erhoben, damit bei der Gauleitung der NSDAP kein Gehör gefunden und daraufhin unter Hinweis auf seine Verdienste als „Alter Kämpfer" seinen Austritt aus der NSDAP angekündigt hatte. Wenn dieser auch nicht vollzogen worden und Reitz auch Amtsbürgermeister geblieben war, brachte ihm das doch im Säuberungsverfahren den Ruf eines Nazigegners ein. Zudem konnte Reitz die letzten Kriegstage in Winningen so darstellen, als habe er mannhaft einen Kampf um Winningen verhindert, obwohl ihm sogar der Tod durch ein Kommando der SS gedroht habe. Die Spruchkammer Koblenz glaubte ihm das alles[260] und stufte ihn mit Säuberungsspruch vom 23. Mai 1949 in die Gruppe 5 der Nichtschuldigen ein.[261]

Nicht ganz so glanzvoll wie Reitz, aber doch glimpflich kam der bereits als „Weinkönig vom Kaukasus" erwähnte Kreisbauernführer Ernst Ottomar Kröber davon, auch er „Alter Kämpfer", Parteimitglied seit 1932, Mitglied der NSV und im Reichskolonialbund später einige Monate Blockleiter und anschließend Zellenleiter der NSDAP in Winningen.[262] Er konnte sein Entnazifizierungsverfahren so lange hinziehen, bis es von der Spruchkammer Koblenz am 16. Februar 1950 eingestellt wurde.[263]

Andere „Alte Kämpfer" wie der Führer des Winninger SA-Sturms und spätere Sturmbannführer Robert Hautt[264] wurden allenfalls als „Mitläufer" in die Gruppe 4 eingestuft. Dabei versteht es sich von selbst, dass kleine Nazis, wie der NS-Pressewart, 13 Blockleiter und ein Zellenleiter von Winningen die politische Säuberung „gut" überstanden. Vielen gelang es, von Unbescholtenen oder gar Gegnern des Nationalsozialismus Bescheinigungen über ihre (angebliche) Harmlosigkeit oder gar Widerständigkeit zu erhalten. Diese „Persilscheine" „wuschen" sie dann in den Säuberungsverfahren „rein". Ein Übriges taten Amnestiekampagnen, etwa für sozial Schwache und junge Leute („Jugendamnestie"), zu Weihnachten („Weihnachtsamnestie") u.ä.

---
258 Der Vorgang befindet sich in der Entnazifizierungsakte Paul Haupt (LHA Ko Best. 856, Nr. 110113).
259 Vgl. die Entnazifizierungsakten Heinrich Reitz (LHA Ko Best. 856, Nr. 111566).
260 „Der Betroffene [hat] den Nachweis erbracht, dass er sich den verbrecherischen Machenschaften des Nationalsozialismus gegenüber nicht nur passiv verhalten, sondern nach dem Maße seiner Kräfte aktiv Widerstand gegen die nationalsozialistische Gewaltherrschaft geleistet und sich dadurch erheblich gefährdet hat" – so der Originalton der Spruchkammer.
261 Ebd.
262 Vgl. die Entnazifizierungsakte Ernst Ottomar Kröber (LHA Ko Best. 856, Nr. 110848).
263 Ebd.
264 Vgl. die Entnazifizierungsakte Robert Hautt (LHA Ko Best. 856, Nr. 110415).

Die Entnazifizierung kam in Rheinland-Pfalz im Jahr 1950 ganz zum Erliegen. Die Alliierten, die diesen Prozess initiiert hatten, verloren in der Folge des Ost-West-Konfliktes das Interesse daran, die Deutschen in ihrer ganz überwiegenden Mehrheit wollten einen „Schlussstrich" ziehen. Im Übrigen machte sich im öffentlichen Dienst ein Personalmangel bemerkbar, den man auch mit belasteten Beamten beheben zu müssen glaubte. Das hatte nicht nur zur Folge, dass noch anhängige Verfahren – wie etwa das Säuberungsverfahren gegen Ernst Ottomar Kröber – eingestellt wurden, sondern auch begeisterte Nazis wieder Verwendung fanden. So wurden dem Winninger Hauptlehrer Wilhelm Kircher schon im Jahr 1947 aufgrund der Weihnachtsamnestie alle Auflagen erlassen; am 16. April 1950 wurde er wieder in den Schuldienst eingestellt.

2. Die strafrechtliche Ahndung der „Reichspogromnacht" in Kobern

Nach der auch hier gescheiterten Entnazifizierung[265] gab es noch eine weitere Chance zur Aufarbeitung wenigstens eines Teiles der NS-Vergangenheit von Winningen: die strafrechtliche Ahndung von in dieser Zeit vorgefallenen Verbrechen. KZ-Verbrechen, wie sie der Chronist Saas bei Kriegsende erschüttert zur Kenntnis hatte nehmen müssen, hatte es hier zwar nicht gegeben, wohl aber andere Verbrechen.[266]

Ein solches war zweifellos die Brandstiftung an der Koberner Synagoge am 10. November 1938. Der Zweite Weltkrieg war noch nicht zu Ende, da hatten die Amerikaner die Brandstiftung der Koberner Synagoge bereits zu untersuchen begonnen und mehrere Personen in Hausarrest genommen.[267] Doch erst am 3. September 1949 erhob die Staatsanwaltschaft Koblenz gegen neun Personen wegen Brandstiftung an der Synagoge Anklage.[268] Angeklagt wurden der Amtsbürgermeister Heinrich Reitz, zwei frühere Verwaltungsbeamte aus Winningen sowie der mit ihnen damals von Winningen nach Kobern gekommene Kaufmann W., ferner der Winninger Ortsgruppenleiter Otto Knaudt, der Winninger Ortsbürgermeister Heinrich Pies, ein Landwirt aus Winningen sowie ein Schuhmacher aus Kobern. Es steht zu vermuten, dass auch der damalige Kreisfeuerwehrführer Eduard Lange, der bekanntermaßen anlässlich der „Reichspogromnacht" in Kobern war,[269] zu den Angeklagten gehörte, denn in diesem Prozess hatten sich mehrere Winninger, denen man habhaft werden konnte, wegen der „Judenaktion" zu verantworten. Trotz der seit den Untersuchungen der Amerikaner vergangenen Jahre war das „Wesentliche Ergebnis der Ermittlungen" ausweislich der Anklageschrift mehr als dürftig.

Der vollständige Text lautet wie folgt:

---

265 Schon in der frühen Nachkriegszeit wurde die Entnazifizierungspraxis von vielen – sofern sie nicht selbst belastet waren – kritisiert. So wandte der damalige CDU-Politiker und spätere Präsident des Bundesverfassungsgerichts Gebhard Müller sich scharf gegen „die kaum mehr zu verantwortende Milde" der Spruchkammerurteile. Zit. nach: Vollnhals, Entnazifizierung (wie Anm. 250), S. 42.
266 Siehe oben S. 178.
267 Vgl. die Tagebuchaufzeichnungen von Heinrich Saas vom 18. April 1945 (wie Anm. 13), S. 129.
268 Siehe oben Anm. 205.
269 Vgl. dazu bereits oben S. 173 sowie Schreckenbach: „'Uns geht die Sonne nicht unter'" (wie Anm. 241).

„Nachdem die Reichsleitung der NSDAP nach der Ermordung des Botschaftsattachées vom Rath in Paris überall in Deutschland zu Judenpogromen aufrief, veranlasste der beschuldigte Reitz, der damals Amtsbürgermeister in Winningen war, die Durchführung der Judenaktion in Kobern, insbesondere die Brandstiftung der dortigen Synagoge. Dazu setzte er vor allem Angestellte seines Amtes ein. So fuhren die Beschuldigten B., G. und W. zusammen mit dem inzwischen gefallenen Amtssekretär Josef Knapp und dem flüchtigen und deshalb zur Fahndung ausgeschriebenen Z., nachdem sie sich Mut angetrunken hatten, auf Fahrrädern von Winningen nach Kobern, setzten sich dort mit den anderen Beschuldigten und weiter nicht mehr zu ermittelnden Nationalsozialisten in Verbindung und legten dort mit Benzin in der Synagoge einen Brand an, der zunächst von der Koberner Feuerwehr gelöscht, von den Beschuldigten aber kurz darauf erneut angelegt wurde, so dass die Synagoge schließlich vollständig nieder brannte. Die Beschuldigten bestreiten ihre Teilnahme an dieser Judenaktion, werden aber in der Hauptverhandlung durch die Zeugen überführt werden. Ich beantrage, Termin zur Hauptverhandlung vor der Strafkammer zu bestimmen."

Was konnte aus einer solchen sehr dürftigen Anklageschrift schon werden? Die Koberner Juden waren ermordet, und von noch lebenden Zeugen dieses Pogroms war nicht zu erwarten, dass sie die Täter belasten würden. Eine Wahrheitsfindung wäre unter diesen Umständen allenfalls dann noch möglich gewesen, wenn das Schwurgericht von sich aus mit Engagement und mit dem damals noch ganz aktuell vorhandenen historischen Wissen um diese von den Nazis so propagierte „Judenaktion" ermittelt hätte. Doch dies geschah nicht. Auf gerade einmal 4 ½ Seiten kam das Schwurgericht in Koblenz in seinem Urteil vom 16. Juli 1950 gegen die neun Angeklagten wegen Verbrechen gegen die Menschlichkeit und Brandstiftung zu Freisprüchen. Der einzige Koberner Angeklagte, ein Mitglied der dortigen Feuerwehr, wurde wegen erwiesener Unschuld freigesprochen. Die anderen acht Angeklagten – alles Winninger – wurden mangels Beweisen freigesprochen. Gegen dieses Urteil legte die Staatsanwaltschaft Koblenz zwar noch Revision ein, aber auch das geschah nur halbherzig. Auf gerade einmal zwei Seiten rügte sie die mangelnde Sachaufklärung des Schwurgerichts, doch hatte sie selbst zuvor auch nicht viel dazu beigetragen. Da fiel es dem Oberlandesgericht Koblenz nicht schwer, den Revisionsantrag auf knapp drei Seiten als unbegründet zu verwerfen.

So hatte sich die gesamte justizmäßige Bewältigung der „Reichspogromnacht" in Kobern mit allein acht Angeklagten aus Winningen auf etwa elf DIN A-4 Seiten vollzogen, völlig unangemessen im Umfang wie auch in der Sache. Es ist ganz offensichtlich, dass sich die Justiz einer leidigen Aufgabe kurz und bündig entledigen wollte. So war mit diesem für die Justiz beschämenden Ergebnis die Aufarbeitung der Vergangenheit ein weiteres Mal misslungen. Immerhin war durch das Verfahren klar geworden, dass die beiden Brände nicht von Koberner Bürgern gelegt worden waren. Vielmehr hatte die dortige Feuerwehr den ersten Brand sogar gelöscht und sich wenig später beim zweiten Brand ernsthaft bemüht, auch diesen zu unterbinden. Die Brandstifter waren keine Koberner – nein, es waren allem Anschein nach Winninger, die gerade für diese Aktion in vermutlich drei Gruppen nach Kobern gekommen waren.

Ein Schlaglicht darauf werfen während des Verfahrens gemachte Zeugenaussagen.[270] Danach wurde Reitz als maßgeblich beteiligt an der „Reichspogromnacht" in Kobern bezeichnet. Ein anderer Zeuge bezeichnete ihn als Organisator des Synagogenbrandes. Zwei weitere Zeugen bekundeten, Reitz habe der Freiwilligen Feuerwehr von Kobern das Löschen verboten. Ein weiterer Zeuge wollte Reitz sowohl beim ersten als auch beim zweiten Brand der Synagoge am Tatort gesehen haben. Im Übrigen muss man sich fragen, was der Amtsbürgermeister Reitz zusammen mit dem Ortsgruppenleiter Knaudt in dieser von den Nazis überall entfachten Pogromstimmung der „Reichskristallnacht" in Kobern anderes wollte, als auch dort gegenüber den Juden vor Ort ein Fanal zu setzen. Die Anwesenheit der Nazifunktionäre Reitz und Knaudt in Kobern kann vor dem Hintergrund der reichsweit gesteuerten Aktionen gegen die Juden schlechterdings nicht bloß darin bestanden haben, sich zusammen mit den anderen am selben Nachmittag bzw. Abend von Winningen nach Kobern aufgebrochenen Nazis, wie etwa den Beamten der Amtsbürgermeisterei und dem ebenfalls aus Winningen gekommenen Kreisfeuerwehrführer, im Hotel Fuchs zu betrinken.

Nicht unerwähnt bleiben soll, dass der Landeskommissar für politische Bereinigung die Einstufung von Reitz als Nichtschuldiger in der Gruppe 5 unter Hinweis auf diese Zeugenaussagen korrigiert haben wollte. Doch hatte er damit keinen Erfolg, war doch die Entnazifizierung in Rheinland-Pfalz inzwischen für beendet erklärt worden. Daraufhin wurde der gegen Reitz ergangene Säuberungsbeschluss nur noch aufgehoben und das Verfahren eingestellt.[271]

Zur Verantwortung gezogen wurde nur ein einziger aus Winningen für seine Handlungsweisen in der NS-Zeit, und zwar der Gestapomann, der den polnischen Zwangsarbeiter im Armenhaus mit seinen Pistolenkugeln geradezu durchsiebt hatte. Das geschah aber nicht durch die Justiz. Vielmehr richtete er sich nach Kriegsende in Winningen selbst.

3. Geistige Vergangenheitsbewältigung

Es gab noch eine dritte zeitnahe Chance zur adäquaten Aufarbeitung der NS-Vergangenheit. Sie bestand darin, dass sich Winningen seiner Geschichte stellte. Aber auch diese dritte, geistige Vergangenheitsbewältigung wurde vertan.

Die wohl erste Gelegenheit dazu gab es mit der nachträglich, im Jahr 1947 erstellten Chronik über die Zeit des Nationalsozialismus.[272] Ihr Informationsgehalt, insbesondere der über die Verhältnisse vor Ort, die handelnden Personen usw. ist sehr gering; sie verschleierte teilweise mehr als sie erhellte. So heißt es in ihr zum Beispiel zur Reichspogromnacht am 9./10. November 1938: „Oktober [sic!] 1938: Antijüdische Aktionen im ganzen Reich infolge der Ermordung des

---

270 Vgl. dazu auch das Schreiben des Öffentlichen Anklägers vom 8. Oktober 1949 an die Berufungsspruchkammer Koblenz in dem Säuberungsverfahren gegen Heinrich Reitz (LHA Ko Best. 856, Nr. 111566, Bl. 167).
271 Ebd.
272 Gemeindechronik 1863-1974 (Gemeindeverwaltung Winningen). Der Verfasser der im März 1947 begonnenen Aufzeichnungen kann nicht mit Sicherheit bestimmt werden, vermutlich handelt es sich um Heinrich Saas (frdl. Mitteilung von Herrn Frank Hoffbauer, Winningen).

deutschen Legationsrates vom Rath in der Botschaft zu Paris. Synagogen angezündet. Fenster zertrümmert. Vergeltungsmaßnahmen. Das Reich verlangt von den Juden eine Geldbuße von einer Milliarde Mark im Reich. Sodann Verbot: kein Jude darf ein Geschäft ausüben. Unsinnige Maßnahmen solcher Kollektivstrafen." Über den Pogrom im benachbarten Kobern am 10. November 1938 erfährt man nichts, auch nichts darüber, dass mehrere Winninger Bürger in dringendem Verdacht standen, die Koberner Synagoge zweimal angesteckt und damit niedergebrannt zu haben. Stattdessen erging sich der Chronist über den „Sinn" von „Kollektivstrafen", anstatt grundsätzlich in Frage zu stellen, dass die Juden eine Strafe verdient hätten. Danach waren auch 1947 die Juden gleichsam noch die Täter, denn Täter – und nicht Opfer – werden mit Strafmaßnahmen belegt.

Eine weitere Gelegenheit zur kollektiven Vergangenheitsbewältigung wurde 20 Jahre später vertan, als die Gemeinde Winningen anlässlich der 1100-Jahr-Feier das Heimatbuch „Winningen im Wandel der Zeiten" im Jahr 1965 herausgab.[273] In diesem 190-seitigen Werk wird nicht einmal der Versuch einer Aufarbeitung der NS-Zeit unternommen. Der vollständige Text über jene Zeit darin lautet: „Von der allgemeinen Wirtschaftskrise wurde Winningen weniger betroffen. Die sonst zu beobachtende Zunahme der Erwerbslosigkeit wirkte sich hier nur unwesentlich aus. Dann kam das Jahr 1933 und damit die Zeit des Nationalsozialistischen Reiches. Diese Zeit ist uns allen noch in unseliger Erinnerung. Sie führte schließlich zum zweiten Weltkrieg. Der zweite Weltkrieg endete mit der bedingungslosen Kapitulation am 8. Mai 1945. In Winningen waren am 14. März 1945 die Amerikaner eingerückt. Der zweite Weltkrieg forderte von Winningen 137 Opfer. Auch ihre Namen sind auf dem Ehrenmal und auf der Ehrentafel in der Kirche eingeprägt. Wir wollen dieser Opfer stets gedenken und uns vor ihnen in Ehrfurcht verneigen."[274]

Mit dieser Darstellung setzte die offizielle Ortsgeschichte von 1965 das Schweigen über die NS-Zeit, über die Verantwortlichen, über Verstrickung und Schuld in Winningen fort. Man gaukelte dem Leser „einen Wandel der Zeiten" vor, aber hatte sich die entsprechende Einstellung wirklich geändert? Zwar sprach man in der Chronik nicht mehr wie zur NS-Zeit von den „Heldentoten", aber man hob wiederum weihevoll und ausschließlich die 137 Winninger hervor, die für das Regime in den Krieg gezogen und dort umgekommen waren. Keine Worte hatte man für die Opfer, welche die menschenverachtende Einstellung des Nationalsozialismus hier vor Ort hinterlassen hatte: Menschen wie Gottfried Blum, der Winninger Uhrmacher, die Zwangssterilisierte X., der Alkoholkranke H., Pfarrer Friedrich Schauss, Hermann Kröber, Auguste Krumme, Elisabeth Müller sowie die polnischen Zwangsarbeiter Jan Bronka, Stanislaus Piwek und Mateus Ploszynski, – Menschen, die aus politischen und rassischen Gründen gequält wurden und von denen einige ihr Leben lassen mussten. An sie wollte man sich nicht erinnern, ihnen kein Andenken bewahren und schon gar kein Ehrenmal und keine Ehrentafel errichten. Die Diskriminierung, Verachtung und Ausgrenzung setzte sich damit auch 20 Jahre nach dem Ende der NS-Diktatur fort. Es war und ist dies – um das be-

---

273 Richard Holzapfel (Bearb.), Winningen im Wandel der Zeiten. Heimatgeschichtliche Betrachtungen, 1965.
274 Ebd., S. 94

kannte Wort des Publizisten Ralph Giordano zu gebrauchen – „die zweite Schuld", die Schuld des Verschweigens, des Verbiegens und des Verdrehens der Wahrheit: die Schuld der Lüge.

4. Karrieren in der Nachkriegszeit

Für diese „zweite Schuld" gab es auch Verantwortliche. Es waren fast alles „Alte Kämpfer", die im Winningen der Nachkriegszeit wieder bzw. noch immer den Ton angaben und aus dieser Stellung heraus an der Verdrängung von Schuld und Verantwortung erfolgreich arbeiten konnten.

Einer der Geschicktesten aus dieser Altherrenriege war der Gastwirt und ehemalige Kreisfeuerwehrführer Eduard Lange. Er war so clever, dass er nominell nicht einmal von Anfang an Mitglied der NSDAP war.[275] Zwar hatte er schon im Jahr 1930 einen Antrag auf Mitgliedschaft in der NSDAP gestellt, und es war für ihn auch schon eine Mitgliedsnummer vergeben und eine Mitgliedskarte ausgestellt worden, jedoch hatte die Winninger Ortsgruppe die Mitgliedschaft durch die Aushändigung der Mitgliedskarte nicht rechtsförmlich vollzogen. Das hatte seinen Grund darin, dass Lange der NSDAP-Ortsgruppe inzwischen durch seine Interesselosigkeit aufgefallen war. Erst 1937, nachdem er die Gastwirtschaft „Zur Hoffnung" in Winningen übernommen hatte, nahm Lange einen zweiten Anlauf. Diesmal hatte er offenbar das nötige Interesse, um dann zum 1. Mai 1937 Mitglied der NSDAP zu werden. Wie erinnerlich, war er alsbald Kreisfeuerwehrführer, und er gehörte zu denjenigen aus dem Ort, die am 10. November 1938 zur Reichspogromnacht in Kobern waren. In seiner Funktion als Kreisfeuerwehrmann kann er dabei kaum tätig geworden sein. Anderenfalls wäre es unerklärlich, wie in dem nach dem Krieg ergangenen Urteil des Schwurgerichts Koblenz festgestellt werden konnte, dass die Koberner Feuerwehr am Verlegen der Schläuche gehindert wurde und die Koberner Feuerwehrleute im Hotel Fuchs, wo sich Winninger aufhielten, von ‚Halunken' und ‚Brandstiftern' sprachen.[276]

Kaum war das „Tausendjährige Reich" zu Ende, war Lange schon wieder dabei und wurde erster 1. Vorsitzender des Verkehrs- und Verschönerungsvereins Winningen. Zur gleichen Zeit lief übrigens das Ermittlungsverfahren wegen der Beteiligung von Winningern an der „Reichspogromnacht" in Kobern.

Der Winninger Verkehrs- und Verschönerungsverein hatte offensichtlich keine Probleme mit „Alten Kämpfern" und NS-Aktivisten. So wurde der frühere Ortsgruppenleiter und SA-Sturmführer Otto Knaudt Mitte der 60er Jahre „in Anerkennung seiner Verdienste und Fähigkeiten" 1. Vorsitzender dieses für Winningen wichtigen Vereins. Seine Funktionen für Partei und Staat disqualifizierten ihn dafür ebenso wenig wie seine Anwesenheit bei der „Reichspogromnacht" in Kobern.

---

275 Kleiner Vorgang in: BArch, PK (Parteikorrespondenz), Lesefilm H 0022, Bl. 1146ff.
276 Vgl. das Urteil des Schwurgerichts Koblenz vom 15./16. Juni 1950 (wie Anm. 205), Nr. 3207, Bl. 383-389, Urteilabschrift S. 5 unten / S. 6 oben.

Es kann unter diesen Umständen nicht überraschen, dass sich ein anderer „Alter Kämpfer" in Winningen inzwischen auch wieder hochgearbeitet hatte – Robert Hautt, der frühere Führer des Winninger SA-Sturms und spätere Sturmbannführer. Bei der Entnazifizierung war er als bloßer „Mitläufer" eingestuft worden, da er – wie er behauptete und die „Persilscheine" ihm bestätigten – eigentlich nur durch den Sport in der NS-Zeit Karriere gemacht hatte. Nach dem Krieg war er Winzer und Weinhändler geblieben und darüber hinaus Vorsitzender der Flurbereinigungskommission und Mitglied der FDP-Fraktion im Winninger Gemeinderat geworden.[277]

Im Gemeinderat saß Hautt mit Hermann Brost (1911-1979) zusammen, Ortsbürgermeister von 1959-1974. Brost hatte während des „Tausendjährigen Reiches" schnell als hauptamtlicher Mitarbeiter der Gauleitung Moselland Karriere gemacht.[278] 1942 war er beim Gauschatzamt noch Sachbearbeiter. Zum 1. Juli 1942 wurde er zur Kreiskassenleitung versetzt und zum Kreishauptamtsleiter ernannt und schon am 9. November 1942 zum Hauptgemeinschaftsleiter befördert. Zu einer weiteren Beförderung in der Gauleitung kam es aber nicht, weil Brost am 1. April 1943 unter Fortzahlung seiner Dienstbezüge zur deutschen Wehrmacht eingezogen wurde. Aber auch diese Aufgabe bestand und überstand er. Schon Ende der 1950er Jahre wurde er „erster Bürger von Winningen".[279]

Das Problem dieser und anderer Nachkriegsbiographien ist nicht der gesellschaftliche Erfolg der Betreffenden, sondern dass dabei jede Rechtfertigung gegenüber der Vergangenheit auf der Strecke geblieben ist. Dies belegt die oben erwähnte, von der Ortsgemeinde, also vom damaligen Bürgermeister Brost und dem Gemeinderat, 1965 herausgegebene Ortsgeschichte, die in nur zwei Sätzen die gesamte NS-Zeit behandelte. Immerhin wurde dadurch ein Artikel in der „Frankfurter Rundschau" veranlasst, worin ein Kenner der örtlichen Verhältnisse die damaligen Honoratioren von Winningen zu Wort kommen ließ, Reminiszenzen aus der NS-Zeit des Ortes schilderte und nachdrücklich Versäumnisse der Aufarbeitung kritisierte.[280]

5. Und heute?

„Eine Erneuerung des politischen Denkens kann es in Winningen nur geben, wenn sich die Bevölkerung der direkten und indirekten Schuld an den Geschehnissen im Dritten Reich stellt". Mit diesen Worten wird der frühere Pfarrer von Winningen Klaus Siefer im Zusammenhang mit der Präsentation des Heimatbuchs aus dem Jahr 1965 zitiert.[281] Seine Worte sind noch heute aktuell, wenngleich die Forschungen von Gerhard Löwenstein und Frank Hoffbauer in den letzten Jahren zur Geschichte der NS-Zeit in Winningen und die Tatsache, dass vorliegender Beitrag für die neue Ortsgeschichte geschrieben werden konnte und sollte, ermutigende Anzeichen einer neuen Zeit sind. Auch wenn immer wieder gefordert wird, es

---

277 Vgl. Schreckenbach: „'Uns geht die Sonne nicht unter'" (wie Anm. 241).
278 Ein kleiner Vorgang befindet sich in: BArch Best. PK (Parteikorrespondenz), Lesefilm B 88, Bild 2783 ff.
279 Wie. Anm. 277.
280 Ebd.
281 Ebd.

müsse endlich ein „Schlussstrich" gezogen werden – einen solchen kann es nicht geben, weil dies bedeuten würde, das schreckliche Geschehen dem Vergessen zu überantworten. Geschichte heißt generell: kritische Erinnerung zu betreiben. Nur so kann aus Fehlern gelernt werden, nur so können Traumata geheilt und kann Versöhnung erreicht werden. In der Holocaust-Gedenkstätte Yad Vashem in Jerusalem mahnt ein Satz die Besucher mit folgenden, dazu passenden Worten: „Das Vergessenwollen verlängert das Exil und das Geheimnis der Erlösung heißt Erinnerung".

Winningen in den Jahren von 1945 bis heute

Von Ferd Knaudt[1]

Der 8. Mai 1945 markiert mit der Kapitulation Deutschlands die einschneidende Zäsur in allen Bereichen des politischen und gesellschaftlichen Lebens auch der Gemeinde Winningen. Bereits zuvor war das Leben zwar einerseits noch von Durchhalteparolen und Repressalien gegen Regimegegner geprägt, andererseits aber von dem Wunsch nach dem Ende des Krieges und aufkeimender Hoffnung für die Zeit danach.

In der Gemeindechronik[2] schreibt Heinrich Saas (1878-1965) 1947 rückblickend: „Der II. Weltkrieg liegt nun 2 Jahre hinter uns, das ‚tausendjährige Reich', wie es von einer übermütigen Propaganda gern genannt wurde, hat damit ein vorzeitiges Ende gefunden. Um und in uns Trümmer und enttäuschte Hoffnungen. Das ‚Deutschland erwache' des Hitler-Regimes wurde zu einem im umgekehrten Sinne wahrhaft bösen Erwachen aller Deutschen [...] so setzt sich [...] die Erkenntnis durch, dass die Politik der verantwortlichen Männer des deutschen Volkes eine falsche war, die ins Verderben führen musste [...]. Die Propaganda beherrschte und vergiftete das ganze Land und es war schwer, sich aus dem Netz der bewussten Irreführung herauszufinden [...]. Die Judenverfolgung bleibt ein Schandfleck in der deutschen Geschichte."

Eine weitergehende kritische Auseinandersetzung mit den Gründen, die zur nationalsozialistischen Machtergreifung mit all ihren Folgen geführt hatten, erfolgte zunächst nicht.[3] Vielmehr sehnten die Menschen sich zu einem Leben in Normalität zurück. Dass dies nicht einfach war, belegen Schilderungen von Zeitgenossen: Männer, Väter und Söhne waren im Krieg gefallen, die Überlebenden traumatisiert, Kinder erkannten ihre aus dem Krieg heimkehrenden Väter nicht, Mütter wurden zum Beispiel wegen ihrer Tätigkeit als BdM-Führerin verhaftet, Anhänger des NS-Regimes mussten sich Entnazifizierungsspruchkammern stellen, deren Urteile, soweit es sich um Beamte und Angehörige des öffentlichen Dienstes handelte, unter namentlicher Angabe von Person, Geburtsdatum, Ort und Urteil in den Amtsblättern veröffentlicht wurden. Viele empfanden die Entnazifizierungsverfahren als ungerecht.

---

1 Der Verfasser, geboren 1940, war ab dem 20. Februar 1959 Schriftführer des Winninger Ortsgemeinderates, vom 8. April 1974 bis zum 15. August 1994 Ortsbürgermeister und Vorsitzender des Gemeinderates, seither bis zum 10. Mai 2006 Ratsmitglied und ist seitdem 1. Ortsbeigeordneter. Darüber hinaus war er Mitglied der Amtsvertretung Winningen, des Verbandsgemeinderates Untermosel und des Kreistages des Landkreises Mayen-Koblenz. Insoweit fußt der gesamte Beitrag auf eigenem Erleben sowie den einschlägigen Protokollen der genannten Gremien.
2 Gemeinde-Chronik 1863-1974 (Ortsgemeinde Winningen).
3 Dies war für die Gemeinde Winningen bis zur Arbeit von Gerhard Löwenstein, Die Evangelische Kirchengemeinde Winningen während der Zeit des Nationalsozialismus, in: Moselkiesel, hg. von der Volkshochschule Untermosel, Band 1 (1997), S. 119-160 ein Desiderat. Mit dem Beitrag „Die Zeit des Nationalsozialismus" von Joachim Hennig in diesem Band wird die NS-Zeit nun erstmals umfassend aufgearbeitet.

Nachdem im März 1945 amerikanische Truppen eingerückt waren, wurde Richard Weyh von diesen als Ortsbürgermeister eingesetzt.[4] Die Amerikaner blieben bis zum 13. Juli 1945 und wurden dann von französischen Truppen abgelöst, da Winningen zur französischen Besatzungszone gehörte.[5] Als Nachfolger des verhafteten Amtsbürgermeisters Reitz wurde am 4. Juni 1945 der frühere Amtsbürgermeister von Weißenthurm, Robert Thomas, eingeführt.[6] Winningen blieb Sitz der Amtsverwaltung und war in den Kreis Koblenz-Land sowie den Regierungsbezirk Koblenz integriert.

Mit der Wahl der Verfassungsgebenden Landesversammlung am 30. Juni 1946, der Gründung des Landes Rheinland-Pfalz durch die Verfügung Nr. 57 am 30. August 1946, der Kommunalwahl vom 15. September 1946, der Bildung einer „Vorläufigen Landesregierung" unter Dr. Wilhelm Boden (CDU/CDP) am 29. November 1946 und schließlich der Annahme der Verfassung Rheinland-Pfalz am 18. Mai 1947 in einem Volksentscheid waren die demokratischen Strukturen geschaffen worden, auf deren Grundlage sich die weitere Entwicklung des Landes Rheinland-Pfalz und somit auch der Ortsgemeinden vollziehen konnte.[7]

In den ersten freien Kommunalwahlen am 15. September 1946 erreichten die CDU 5 Sitze, die Winzer- und Bauernliste (Freie Liste) 2 Sitze und die SPD 3 Sitze im Winninger Gemeinderat. Am 22. September 1946 trat der Gemeinderat zu seiner ersten Sitzung zusammen und wählte den bereits mit der Leitung der Verwaltungsgeschäfte betrauten Richard Weyh zum ersten demokratisch gewählten Bürgermeister Winningens nach dem 2. Weltkrieg.[8] Die erste Arbeitssitzung des Gemeinderates fand am 27. Oktober 1946 statt. Nach den überlieferten Grundsätzen der Allzuständigkeit[9] wurden zur Lösung der dringenden Probleme folgende Kommissionen gebildet: Wohnungsbaukommission,[10] Wohlfahrtskommission, Finanzkommission, Bau- und Wegekommission, Kommission für Friedhof, Schule, Stierhaltung, Ziehfurt, Kommission für Wasser, Fähre und Feuerwehr, Kommission für Wald, Forstwirtschaft und Wildschaden. Aufgaben aller Kommissionen waren gleichermaßen die Sicherstellung eines geordneten gemeind-

---

4 Vgl. Winningen zwischen 1923 und 1948. Tagebuchaufzeichnungen von Heinrich Saas. In: Winninger Hefte 3 (1989), S. 19-180, hier: S. 125.
5 Ebd., S. 134. Saas schreibt dazu: „Die […] Franzosen üben ein immer strengeres Regiment aus." Vgl. Gemeinde-Chronik (wie Anm. 1).
6 Ebd., S. 133 sowie Richard Holzapfel (Bearb.), Winningen im Wandel der Zeiten, 1965, S. 102.
7 Chronik des Landes Rheinland-Pfalz, hg. von der Landeszentrale für politische Bildung Rheinland-Pfalz, Teil 1, Politik, 2. Aufl. 2001. Zusammenfassend jetzt: Walter Rummel, Einleitung, in: Ders. (Bearb.), Die Protokolle des Ministerrats von Rheinland-Pfalz. Provisorische Regierung Boden und Erste Regierung Altmeier, 1.-109. Ministerratssitzung (2.12.1946-29.12.1948) (=Veröffentlichungen der Landesarchivverwaltung Rheinland-Pfalz, Sonderreihe Ministerratsprotokolle, Bd. 1; Veröffentlichungen der Kommission des Landtages für die Geschichte von Rheinland-Pfalz, Bd. 27), 2007, S. 10-48.
8 Nach Richard Weyh, (CDU) übten Richard Löwenstein, (Freie Wähler), Hermann Brost, (Freie Wähler), Karl-Ferdinand Knaudt, (CDU), Gerhard Knaudt (CDU) und Hans-Joachim Schu-Knapp, (FBL) das Amt des Ortsbürgermeisters aus. Siehe dazu und zur Zusammensetzung des Gemeinderates die Übersicht im Anhang.
9 Die Gemeinde kann alle Aufgaben wahrnehmen, die dem Wohl der Einwohner und Bürger dienen, sofern sie nicht durch Gesetz anderen Stellen übertragen sind.
10 Insbesondere die Aufnahme zahlreicher Flüchtlinge und Evakuierter stellte ein großes Problem dar. Die Einwohnerzahl war 1945/46 auf über 3.000 angewachsen, so dass oftmals mehrere einander fremde Familien unter sehr beengten Verhältnissen in einem Haus wohnten. Zur Lösung dieser Frage wurden „Am Schaubert" Behelfsheime gebaut.

lichen Lebens[11] und die Bewältigung der Kriegsfolgen. Weitergehende Zukunftsaufgaben konnten zunächst nicht in Angriff genommen werden. Ein Problem stellten Diebstähle von Holz und von Feldfrüchten dar, zu deren Schutz Feldhüter und Flurschützen berufen wurden. Ein Marktleitungsausschuss sollte über die gerechte Verteilung von Saatkartoffeln, Saatgetreide und Ölfruchtsaaten wachen. Durch Zukäufe von belgischen Kartoffeln konnte die drohende Hungersnot verhindert werden.

Die anstehenden Arbeiten konnten aus dem Haushalt der Gemeinde nicht alle bestritten werden, so dass Hand- und Spanndienste z.B. für den Ausbau des Distelberger Weges oder für Ausschachtungsarbeiten bei der Ortskanalisation eingeführt wurden. So genannte Wohlfahrtsempfänger, die zu körperlicher Arbeit in der Lage waren, wurden dazu verpflichtet. Die Evangelische Gemeinde leistete einen wichtigen Beitrag zur Sicherung des täglichen Lebens, indem sie zum Beispiel den Betrieb des Kindergartens und einer Krankenpflegestation sowie die Jugendarbeit übernahm.

Neben den politischen Strukturen trugen das gewachsene, in der NS-Zeit missbrauchte, enge Zusammengehörigkeitsgefühl der Winninger, das wieder auflebende Vereinsleben[12] und die berufsständischen Genossenschaften[13] zum Funktionieren des Alltagslebens bei. Dazu gehörte auch, dass in bescheidenem Rahmen wieder gefeiert wurde, um die Tristesse der Nachkriegszeit zumindest für einige Stunden zu vergessen. Zum Martinimarkt im November 1945 wurden von der Besatzungsmacht 2.800 Flaschen, 1946 gar schon 4.000 Flaschen Wein freigegeben. Und es feierten nicht nur die Winninger, sondern der Andrang auch auswärtiger Gäste war enorm. Das 1949 wieder gefeierte große Winninger Winzerfest, das Moselfest,[14] kann als Neubeginn des in den 1950er und 60er Jahren dem Höhepunkt zustrebenden Fremdenverkehrs angesehen werden.

Das politische Leben Winningens wurde nach 1945 und wird noch heute von engagierten, dem Gemeinwohl verpflichteten Mitbürgerinnen und Mitbürgern getragen, die in mitunter harten, aber in der Regel fairen Auseinandersetzungen um den richtigen Weg in die Zukunft ringen und entsprechende Entscheidungen treffen. Dies ist nicht immer einfach, aber die Rückschau auf die Entwicklung der Gemeinde in den zwischenzeitlich über 60 Jahren seit dem Ende des Zweiten Weltkrieges zeigt, dass überwiegend richtige Entscheidungen getroffen worden sind, die dazu geführt haben, dass Winningen heute eine aktive, lebendige Gemeinde ist, in der sich die Einwohner wohl fühlen und in der sie gerne leben und sich engagieren.

Bis in die Wahlperiode 1979-1984 waren neben CDU, SPD und FDP stets auch Vertreter Freier Wählergruppen, zeitweilig gar als stärkste Fraktion, im Gemeinderat vertreten. Auch

---

11 Dem dienten auch die Schulspeisung sowie die Einführung der Mütterberatung.
12 Da die Besatzungsmacht das eigenständige Wirken des 1924 gegründeten Musikvereins, der heutigen Winzerkapelle Winningen, untersagt hatte, wurde dieser als der Evangelischen Gemeinde angegliederter Posaunenchor weitergeführt.
13 Zu nennen sind hier die seinerzeitige Raiffeisen-Genossenschaft, der Spar- und Darlehenskassenverein, die Dreschgenossenschaften, der Imprägnierverein und die Pfropfrebengenossenschaft.
14 Siehe dazu Frank Hoffbauer, 1949-1999 – 50 Jahre Moselfest zu Winningen nach dem Krieg, in: Moselfest-Programmheft Winningen, 1999.

wurden Mitbürger in den Rat und, wie Hermann Brost, Otto Knaudt und Robert Hautt, in verantwortungsvolle Positionen gewählt, die bereits in der NS-Zeit aktiv waren. Dies war jedoch allein in deren Einsatz für Winningen begründet. Sie engagierten sich, nunmehr demokratisch legitimiert, für Winningen. Es muss aber festgehalten werden, dass auch in diesen Jahren eine kritische Reflexion über ihr Handeln während der NS-Zeit unterblieben ist.

Bei der Kommunalwahl 1989 trat erstmalig die Freie Bürgerliste (FBL) an und konnte fünf der neunzehn Mandate erringen. Die FBL hat sich aus Mitgliedern der Friedensbewegung und insbesondere der Gegner des Gewerbe- und Industriegebietes auf dem Winninger Berg entwickelt. Sie ist zwischenzeitlich eine feste Größe im Winninger politischen und gesellschaftlichen Leben und stellt seit 2004 den Ortsbürgermeister.

Im Folgenden sollen nun in alphabetischer Ordnung einzelne Aufgaben- und Themenbereiche der Arbeit seit 1945 beschrieben werden, ohne dass dabei eine chronologische Reihenfolge eingehalten wird. Es soll damit sichtbar gemacht werden, welche Entwicklung die Gemeinde in den vergangenen über 60 Jahren vollzogen hat.

Abfallwirtschaft

Noch nach 1945 oblag die Abfallentsorgung auf der von der Gemeinde vorgegebenen Abladestelle „Auf den Bennewiesen" den Einwohnern selbst, bevor diese durch ein Pferdefuhrwerk durchgeführt wurde. Am 1. April 1958 übertrug Winningen als eine der ersten Gemeinden die staubfreie Müllabfuhr der Fa. Wagner, Niederlahnstein. Heute wird die Abfallbeseitigung in Zuständigkeit des Landkreises Mayen-Koblenz durch die Fa. SITA Wagner durchgeführt.

Abwasserbeseitigung

Erste Kanalisationsarbeiten wurden unmittelbar nach dem 2. Weltkrieg durchgeführt. Am 27. Oktober 1959 schließlich wurde mit den Planungen zur Flächenentwässerung in der gesamten Ortslage begonnen und 1962 eine für die damalige Zeit sehr komfortable, biologisch arbeitende Kläranlage errichtet.[15] Die Abwasserbeseitigung fällt heute in die Zuständigkeit der Verbandsgemeinde Untermosel; die Abwässer werden durch eine Druckleitung der Zentralkläranlage in Kobern-Gondorf zugeführt.

Bauleitplanung

In diesem Bereich ist die Gemeinde nicht frei in ihren Entscheidungen, sondern an die übergeordnete Planung (z. B. Flächennutzungsplan, Regionaler Raumordnungsplan, Landesentwicklungsprogramm) gebunden.

---

15 Diese wurde zwischenzeitlich abgerissen; auf dem Gelände befindet sich eine Straßenverkehrsschule.

1965 wurde auf Ortsgemeindeebene ein erster Flächennutzungsplan verabschiedet, der in den Folgejahren immer wieder überarbeitet und im März 1974 der Aufsichtsbehörde zur Genehmigung vorgelegt wurde. Im Zuge der Kommunalreform ging die Flächennutzungsplanung jedoch am 1. Januar 1975 auf die Verbandsgemeinde über, die die bisherigen Planungen weitgehend übernommen hat. Im Regionalen Raumordnungsplan sind für Winningen die Funktionen Landwirtschaft, Erholung und Gewerbe ausgewiesen.

Zur planvollen, raumschonenden und identitätserhaltenden Fortentwicklung Winningens sind im Laufe der Jahrzehnte folgende Bebauungspläne erarbeitet und umgesetzt worden: „Kammert", „Auf dem Zweig", „Unterkünde", „Am Heideberg", „Verlängerte Neustraße", „Winningen-Ost", „Winningen-West" und „Uhlenweg". Für Einzelvorhaben wurden die Bebauungspläne „Hotel Moselblick-Erholungsgebiet" und „Altenpflegeheim" verabschiedet. Zur Ansiedlung von Industrie- und Gewerbebetrieben wurde ein Bebauungsplan „Industrie- und Gewerbegebiet Am Flugplatz" erstellt.

Zur Wahrung des gewachsenen Ortsbildes[16] wurde 1986 die Satzung über die Erhaltung und Gestaltung von Bau- und sonstigen Anlagen in der Ortsgemeinde Winningen erlassen, deren Festlegungen u. a. die Gestaltung der Dacheindeckung, die Fenster- und Türformate, den Außenanstrich und die Wahl der Baumaterialien betreffen.

Einen Dorfentwicklungsplan, in dem momentane Bestandsaufnahmen dargestellt, Konfliktsituationen analysiert und Ausblicke auf die künftige Gestaltung und Nutzung von Verkehrswegen, Plätzen, Gebäuden und wichtigen Elementen der Infrastruktur gegeben werden, hat der Gemeinderat 1984 aufgestellt und 1999 fortgeschrieben. Der Plan wird laufend an die sich ständig ändernden Gegebenheiten angepasst. Er enthält auch visionäre Zukunftsplanungen.

Bodenneuordnung[17]

Nach intensiven Vorarbeiten und vielen teils äußerst kontrovers geführten Diskussionen wurde am 21. Mai 1962 der Grundsatzbeschluss zur Einleitung eines Flurbereinigungsverfahrens gefasst. Im Januar 1964 wurde der Vorstand der Teilnehmergemeinschaft gewählt, am 22. November 1965 erfolgte der erste Spatenstich dieses für die Zukunft des Winninger Weinbaus so wichtigen Projektes. Es wurde 1969 ergänzt durch das Flurbereinigungsverfahren Winningen II, das ein Baulandumlegungsverfahren für das Baugebiet Winningen-Ost und für das Bauerwartungsland Winningen-West einschloss. Dieses Verfahren erstreckte sich auch auf Weinberge und Feldflur in der Gemarkung Koblenz-Güls, die gesamte Feld- und Teile der Waldflur Winningens und schließlich, zur Ablösung des napoleonischen Katasters, auf die Ortslage Winningen, die komplett neu vermessen wurde.

---

16 Das gesamte Ortsbild Winningen steht seit 1988 als schutzwürdiges Kulturgut unter dem Schutz der Haager Konvention.
17 Vgl. hierzu ausführlich den Beitrag von Gerhard Löwenstein zum Weinbau in diesem Band.

Bekanntmachungswesen

Neben den Verlautbarungen im „Mitteilungsblatt der Verbandsgemeinde Untermosel" existiert in Winningen als Veröffentlichungsorgan seit März 1942[18] der so genannte Ortsrundfunk. Winningen hat als eine von ganz wenigen Gemeinden diese Einrichtung auch nach dem 2. Weltkrieg erhalten, kontinuierlich ausgebaut und modernisiert, so dass die nach wie vor zweimal täglich erfolgenden Durchsagen öffentlicher und privater Nachrichten im gesamten Ortsgebiet gehört werden, geschätzt von den Einwohnern, bestaunt von Gästen.

Ehrenamt

Das gesamte öffentliche Leben könnte in der gewohnten Form nicht funktionieren, fänden sich nicht immer wieder Menschen dazu bereit, sich neben Familie und Beruf ehrenamtlich zu engagieren.[19] Das trifft beispielsweise für Brand- und Katastrophenschutz ebenso zu wie für den Sport, berufsständische Vereinigungen, kulturelle oder soziale Projekte sowie das gesamte Vereinswesen, das insbesondere auch einen wichtigen Beitrag zur Jugendarbeit leistet. Als einige große Maßnahmen der Vergangenheit, die nur durch ehrenamtliches Engagement verwirklicht werden konnten, seien hier beispielhaft genannt der Bau des Schwimmbades, der Alteneinrichtung „Haus am Rebenhang", des Dorfgemeinschaftshauses, die Renovierung und der Betrieb des Wein- und Heimatmuseums oder auch die Arbeit des Fremdenverkehrsvereins Winningen, der seit seiner Gründung 1912 Tourismus und Weinbau in Winningen unterstützt.

Energieversorgung[20]

Hatte man den Ort 1878 mit Petroleumlampen ausgestattet, wurde bereits 1902 ein kommunales Elektrizitätswerk eingerichtet. Heute ist die KEVAG Konzessionsvertragspartner der Gemeinde Winningen.

1984 wurde ein Konzessionsvertrag mit der Energieversorgung Mittelrhein (EVM) geschlossen, der die Versorgung Winningens mit Erdgas sicherstellt. Im Zuge der dafür notwendigen Baumaßnahmen konnte gleichzeitig flächendeckend ein Breitbandkabel verlegt werden.

Erholung – Freizeit

Begünstigt durch die Lage im landschaftlich reizvollen Moseltal mit den umgebenden Anhöhen des rheinischen Schiefergebirges hat die Gemeinde einen hohen Freizeit- und Erholungswert. Dem dienen verschiedene Einrichtungen wie die Campinginsel Ziehfurt, Jachthafen, Sportboot-

---

18 „Lautsprecheranlage im Ort zum ersten Mal in Betrieb." Vgl. Saas (wie Anm. 4), S. 104.
19 Seit 2006 wird für besonderes ehrenamtliches Engagement die Verdienstmedaille der Gemeinde Winningen verliehen. Erster Träger ist in Anerkennung seiner vielfachen Verdienste Paul Hommen.
20 Siehe dazu auch den Beitrag von Rainer Garbe zu Ortsbild und Infrastruktur in diesem Band.

schule und Schwimmbad, der Flugplatz, das Wein- und Heimatmuseum, ausgebaute Wanderwege, der Weinlehrpfad und der Historische Rundweg durch Winningen. Daneben halten private Anbieter ein vielfältiges Angebot für Einheimische und Gäste bereit.

Friedhof[21]

Der 1833 angelegte Friedhof lag seinerzeit außerhalb der Ortslage. Durch die Bebauung der Gebiete August-Horch-Straße, Am Heideberg und Winningen-Ost liegt er zwischenzeitlich inmitten der Wohnbebauung. Er wurde in den Jahren 1955 und 1990 erweitert; 1973 wurde eine neue Friedhofskapelle errichtet.

Forst – Jagd

Waldbesitz und Jagd spielen aufgrund der geringen Fläche in Winningen eine untergeordnete Rolle.[22] Bis 1970 besaß die Gemeinde neben ca. 65 ha Wald auf der Winninger Höhe den so genannten Vorder- und Hinterwald (110 ha) auf der gegenüberliegenden Moselseite. Dieser wurde damals zur Finanzierung des Schwimmbadbaus an das Land Rheinland-Pfalz verkauft.

Geldinstitute

Der 1985 gegründete Spar- und Darlehenskassenverein, später Raiffeisenbank Winningen eG, ist heute eine Zweigstelle der Volksbank Mülheim-Kärlich. Seit 1953 gibt es daneben eine Zweigstelle der Sparkasse Koblenz im Ort.[23]

Jugendarbeit

Jugendarbeit wird zusätzlich zu den Ortsvereinen in erster Linie von der evangelischen Kirchengemeinde betrieben, die das Kinder- und Jugendbüro (JUB) in den Räumen des Knaudthauses unterhält und einen Diplom-Sozialpädagogen beschäftigt. Sie erhält dafür einen Sachkostenzuschuss der Ortsgemeinde sowie finanzielle Unterstützung durch das Land Rheinland-Pfalz.

Der Jugendarbeit dienen auch die Gemeindebücherei im Rathaus Winningen, der Verkehrs-Übungsplatz auf dem Gelände der ehemaligen Kläranlage sowie drei Kinderspielplätze und ein Bolzplatz.

---

21 Vgl. dazu Gerhard Löwenstein, Die Geschichte des Winninger Friedhofs (=Veröffentlichungen des Heimat- und Museumsvereins Winningen e. V.), 2003. S. 19-28.
22 Siehe dazu den Beitrag von Rainer Garbe über „Streitbare Gemeinde(n)" in diesem Band.
23 Bei einem Raubüberfall auf die Sparkasse wurde am 14.2.1962 der Zweigstellenleiter Fritz Bauersfeld erschossen. Dieser Vorfall lieferte die Vorlage für eine Folge der Kriminalserie „Stahlnetz".

Kindertagesstätte

Der Kindergarten Winningen wurde seit seiner Gründung 1845 als „Kinderbewahrschule"[24] von der Evangelischen Gemeinde unterhalten, die im 20. Jahrhundert verschiedene Baumaßnahmen vornahm, um die Gebäude den Bedürfnissen der Zeit entsprechend zu optimieren. Die Kommunalgemeinde wurde dadurch von einer ihr obliegenden Pflichtaufgabe entlastet. Zum 1. Januar 1997 ging die Trägerschaft jedoch von der Kirchen- an die Ortsgemeinde über; zum Ende des Jahres 2009 kündigte die Kirchengemeinde den Vertrag zur Übergabe der Trägerschaft, so dass die Ortsgemeinde nun die Planung eines Neubaus in der Nachbarschaft von Grundschule, Sportplatz, August-Horch-Halle und Alteneinrichtung anstrebt.

Kommunale „Außenpolitik" – Paten- und Partnerschaften

Da kommunalpolitische Vorhaben oft in hohem Maße von der Zusammenarbeit mit übergeordneten Behörden abhängig sind, haben es sich die Winninger Kommunalpolitiker von Beginn an zur Aufgabe gemacht, gute Kontakte zur Nachbarstadt Koblenz, aber auch zu den jeweiligen Vertreten der Verbandsgemeinde, des Kreises, der früheren Bezirksregierung, heute Aufsichts- und Dienstleistungsdirektion (Trier) und Struktur- und Genehmigungsdirektion Nord (Koblenz) sowie der Landesregierung zu knüpfen.[25] Ortsbürgermeister Ferd Knaudt begründete 1974 mit der Ernennung des Koblenzer Oberbürgermeisters Willi Hörter zum Ehrenwinzer der Gemeinde Winningen die Weingilde Winningen, in die zwischenzeitlich 41 Persönlichkeiten aus allen Bereichen des öffentlichen Lebens aufgenommen wurden, die Winningen verbunden sind und die Gemeinde im Rahmen ihrer Möglichkeiten bei anstehenden Projekten unterstützten.[26]

Seit 1975 besteht eine lockere Partnerschaft zwischen Winningen und der Bierbrauerstadt Mendig, die während der vom Landkreis Mayen-Koblenz unter Landrat Dr. Georg Klinkhammer ausgerichteten Rhein-Mosel-Eifel-Tage entstand und bis heute fortdauert. So wird beispielsweise auf dem traditionsreichen Mendiger Gambrinus(bier)fest stets auch ein Stand mit Weinen aus Winningen betrieben.

1978 ist die Gemeinde Winningen aus langjähriger Verbundenheit mit den in Koblenz-Metternich stationierten Pionieren eine Patenschaft mit der 1./SPiBtl 850, später SPiBtl 320 eingegangen. Nach der Durchführung der Bundeswehrreform besteht diese Patenschaft heute mit der 1. Kompanie des Führungsunterstützungsbataillons 283 in Lahnstein.

Eine Partnerschaft mit der gleichnamigen Gemeinde Winningen in der Magdeburger Börde ist vor 1989 an den politischen Gegebenheiten gescheitert. Unmittelbar nach dem Fall der

---

24 Vgl. LHA Ko, Best. 655, 47, Nr. 247.
25 Ein erstes Beispiel dafür war die Einladung von Regierungspräsident Dr. Sommer, Landrat Jost und Amtsbürgermeister Monreal im Mai 1953 zu einer Weinprobe in das Winninger Weingut Richard Richter, in deren Rahmen kommunalpolitische Vorhaben besprochen wurden.
26 Mitglieder der Weingilde Winningen sind u. a. Ministerpräsident Kurt Beck und Ministerpräsident a. D. Prof. Dr. Bernhard Vogel. Vgl. dazu Frank Hoffbauer, Die Winninger Ehrenwinzer, in: Moselfest-Programmheft Winningen, 2005.

Mauer wurden jedoch Kontakte geknüpft, die 1990 zu gegenseitigen Besuchen von Delegationen der beiden Gemeinden gleichen Namens führten. Winningen/Mosel hat dann mit Unterstützung der rheinland-pfälzischen Landesregierung und des Winninger Dorfentwicklungsplaners Prof. Peter Lammert die Dorfentwicklungsplanung in Winningen/Börde initiiert, das als eine der ersten Gemeinden in Sachsen-Anhalt eine aussagefähige derartige Planung vorlegen und Schritt für Schritt umsetzen konnte.[27]

Als „Botschafter Winningens" wird die Winninger Winzer-, Trachten- und Tanzgruppe gerne bezeichnet. Seit Ihrer Gründung 1923 werben die Mitglieder dieser Gruppe im In- und Ausland für Winningen und seinen Wein. Die Winzertanzgruppe Winningen hat Deutschland bei den Eröffnungen der Olympiade 1936 in Berlin und der Fußball-Weltmeisterschaft 1974 in Frankfurt ebenso vertreten wie bei Veranstaltungen in vielen europäischen Ländern, aber auch in den USA, Mexiko und der Volksrepublik China. Höhepunkte des Vereinslebens stellen die in unregelmäßigen Abständen durchgeführten Internationalen Folklorefestivals dar, zu denen Hunderte von Trachtenträgern aus aller Welt nach Winningen kommen.

Kommunalreform

Seitdem die Franzosen die Bürgermeistereien (Mairie) eingeführt hatten, welche von den Preußen als Ämter (später: Bürgermeistereiämter) übernommen wurden, war Winningen Sitz der Amtsverwaltung. Dies änderte sich durch die Verbandsgemeindeordnung des Jahres 1968: Die bisherigen selbstständigen Gemeinden Güls und Lay wurden in die Stadt Koblenz eingemeindet. In Winningen entschied man sich gegen entsprechende Vorschläge[28] und wollte die Selbstständigkeit in jedem Fall erhalten wissen. Dies gelang auch, allerdings wurde der Verwaltungssitz der Verbandsgemeindeverwaltung nach Kobern-Gondorf verlegt. Auch wurde der Verbandsgemeinde die Zuständigkeit für verschiedene bisher bei den Ortsgemeinden liegenden Aufgaben übertragen.[29]

Kranken- und Sozialstation, Altenpflege

Auch diese Aufgabe wurde über Jahrzehnte von der Evangelischen Gemeinde übernommen, für die Diakonissen nicht nur im Kindergarten, sondern auch in der Kranken- und Altenpflege tätig waren. Nachdem die Ortsgemeinde diese Aufgabe 1972 übernommen hatte, kam es nach langen und problematischen Verhandlungen zum 1. Januar 1977 zur Übernahme der Krankenpflegestation Winningen in die vom Caritasverband getragene Sozialstation Untermosel.

---

27 Die Unterstützung dieses Projektes in Sachsen-Anhalt durch das Land Rheinland-Pfalz war insofern ein Sonderfall, als letzteres eigentlich eine Partnerschaft mit Thüringen eingegangen war.
28 Anregung der SPD im Gemeinderat am 28.4.1971 sowie der FDP am 15.12.1971.
29 So die Bereiche Grund- und Hauptschule, Brandschutz, Zentrale Sport-, Spiel- und Freizeitanlagen, Überörtliche Sozialeinrichtungen, Wasserversorgung, Abwasserbeseitigung, Gewässer III. Ordnung, Flächennutzungsplanung nach BauGB.

Ein großes Ziel war seit Mitte der 1980er Jahre die Schaffung wohnortnaher Heimplätze für ältere und pflegebedürftige Menschen. Angeregt von der Diakonisse Schwester Erna Schiffer nahm sich Gemeinderatsmitglied Paul Hommen der Problematik an und erreichte in schwierigen Verhandlungen die Übernahme der Trägerschaft für eine derartige Einrichtung mit 36 Vollzeitpflegeplätzen, 12 Kurzzeitpflegeplätzen und 12 Tagespflegeplätzen durch die Stiftung Bethesda St. Martin, eine Einrichtung des Diakonischen Werkes. Das von Hommen erarbeitete Finanzierungsmodell wurde von den Geldgebern angenommen. Es zahlten der Bund 3 Millionen DM, das Land Rheinland-Pfalz 900.000 DM, der Landkreis Mayen-Koblenz 1,4 Millionen DM, die Verbandsgemeinde Untermosel 705.000 DM. Winningen übernahm den Grunderwerb für 724.000 DM. Außerdem wurden als Eigenleistung der Mitglieder des eigens gegründeten Fördervereins 150.000 DM anerkannt. Das „Haus im Rebenhang" konnte am 7. Juli 1998 offiziell eingeweiht werden.

Öffentlicher Personennahverkehr – Verkehrsanbindung

Mit dem Bau der Mosel-Eisenbahn in der 2. Hälfte des 19. Jahrhunderts und dem Bau der heutigen B 416 in den 30er Jahren des 20. Jahrhunderts wurde die Erreichbarkeit Winningens erheblich verbessert. Während die straßenverkehrsmäßige Anbindung in den vergangenen Jahrzehnten weiteren Ausbau erfuhr, wurde der ehemalige Stückgut-, Expressgut- und Personenbahnhof zu einem Bahn-Haltepunkt für den Personenverkehr reduziert. Daneben steht eine Omnibuslinie des Verkehrsverbundes Rhein-Mosel zur Verfügung.

Nachdem der Flugplatz auf der Koblenzer Karthause neuer Wohnbebauung weichen musste, wurde nach intensiven und äußerst kontrovers geführten Diskussionen im Winninger Gemeinderat der Bau eines Flugplatzes auf dem Winninger Berg beschlossen, der 1971 offiziell in Betrieb genommen werden konnte.[30] Der von der Flugplatz Koblenz-Winningen GmbH betriebene Platz ist heute einer der am stärksten frequentierten Luftverkehrslandeplätze in Rheinland-Pfalz. Dem Flugplatz angegliedert sind die Polizeihubschrauberstaffel Rheinland-Pfalz sowie der Aero-Club Koblenz.

Dem Ausflugs- und Kabinenschiffverkehr dienen die Schiffsanlegestellen, die Anfang der 1980er Jahre errichtet worden sind.

---

30 Am 6. Dezember 1968 beriet der Gemeindrat in öffentlicher Sitzung den Tagesordnungspunkt „Beitritt der Gemeinde als Gesellschafter der Flugplatz Koblenz-Winningen GmbH sowie Zeichnung eines Finanzierungsanteils von 30.000 DM." Bürgermeister Brost konstatierte in ungewöhnlicher Schärfe: „Jedes Ratsmitglied hat einmal die Gelegenheit […] sich zu der Angelegenheit zu äußern." und ließ diese Vorgabe vom Rat bestätigen. Daraufhin erging der erste Ordnungsruf an ein JUSO-Mitglied im vollbesetzten Auditorium. Zwei JUSO-Mitglieder wurden nach dem jeweils dritten Ordnungsruf des Saales verwiesen. Sogar ein Gemeindeangestellter erhielt einen Ordnungsruf – fast tumultartige Szenen spielten sich ab. Nach langer Diskussion ist das Vorhaben mit 10 Ja-Stimmen bei 6 Nein-Stimmen gebilligt worden.

Sportstätten

Bis 1953 gab es einen Fußballplatz auf der Anhöhe oberhalb Winningens neben dem heutigen Flugplatzgelände. Außerdem betrieb der Winninger Turnverein am westlichen Ortsrand einen so genannten Turnplatz. Diese unbefriedigende Situation konnte durch den Ankauf weiterer Flächen in der Nachbarschaft des Turnplatzes verbessert und 1955 eine Universal-Sportanlage mit Fußballfeld, Hoch- und Weitsprunganlage, 400-m-Aschenbahn und Umkleidegebäude eröffnet und als „Jahnkampfbahn" in die Obhut des Turnvereins übergeben werden. Da aber auch dieser Platz im Laufe der Zeit den geänderten Anforderungen nicht mehr entsprach, wurde er im Rahmen des Bebauungsplanes Verlängerte Neustraße zu einer Platzanlage „Typ D" erweitert, die im April 1982 fertig gestellt war. Betrieb und Bewirtschaftung des Platzes sind vertraglich zwischen der Gemeinde und dem Winninger Turnverein geregelt.

1973 konnte die Gemeinde mit dem Freibad Winningen eine weitere Sportstätte in Betrieb nehmen. Dem Bau waren schwierige Verhandlungen vorausgegangen, die u. a. dem Grundstückserwerb, der verkehrsgerechten Anbindung an die B 416 und letztlich der Finanzierung galten. Durch eine enge Zusammenarbeit von Kommunal-, Landes- und Bundesbehörden konnte das Projekt verwirklicht und ein 50-m-Schwimmerbecken mit separatem Springerbecken, ein 25-m-Nichtschwimmerbecken sowie ein Planschbecken errichtet werden. Das Wasser für das Schwimmbad stammt aus dem seit dem Übergang der Wasserversorgung auf die „Rhein-Hunsrück Wasser" nicht mehr genutzten Trinkwassertiefbrunnen Zehnthof. Im Zuge der Kommunalreform ging die Trägerschaft des Schwimmbades 1975 von der Ortsgemeinde Winningen auf die Verbandsgemeinde Untermosel über. Zu den jährlichen Betriebskosten leistet Winningen einen so genannten Vorteilsausgleich in Höhe von 33 1/3 %.

Ein Tennisplatz mit zwei Spielfeldern und einem Clubgebäude wurde in den 1990er Jahren in der Nachbarschaft des Flugplatzes vom Winninger Turnverein errichtet.

Straßen- und Wegebau, Dorfplätze[31]

Die Dorfstraßen wurden ab dem Beginn des 20. Jahrhunderts mit Basaltlava gepflastert, seit den 1960er Jahren asphaltiert, wobei teilweise auf den Aufbau eines tragfähigen Untergrundes verzichtet wurde, was zu Problemen bei ständig zunehmendem Schwerlastverkehr führte. Der Weinhof erhielt bereits 1967 eine Betonpflasterung, verlegt auf eine tragende Betonschicht. Diesem Beispiel folgend, wurden ab den 1980er Jahren einzelne Ortsstraßen sukzessive ausgebaut und mit Betonsteinpflaster belegt, was sich insbesondere bei Aufgrabungen und schadlosem Verschließen der Straßendecke bewährt hat. Als Projekte für die kurz- bzw. mittelfristige Umsetzung stehen der Ausbau der August-Horch-Straße (L 125) sowie die Neugestaltung der Straße „Moselufer" an.

---

31 Dazu ausführlich Rainer Garbe im Beitrag „Ortsbild und Infrastruktur" sowie Peter Lammert im Beitrag „Städtebauliche Entwicklung und architektonische Merkmale" in diesem Band.

War der Weinhof 1877 durch Abriss zweier Häuser entstanden, wurde rund 100 Jahr später der Kirchplatz ebenfalls durch Abriss mehrerer Winzerhäuser geschaffen. Damit war die Kirche erstmals freigestellt.

Eine große Maßnahme im Rahmen des 2. Flurbereinigungsverfahrens war der Ausbau des Marktplatzes zu Beginn der 80er Jahre in seiner heutigen Form.

Tourismus – Fremdenverkehr

Der Name Winningens als Weinbau- und Tourismusgemeinde war durch Fördermaßnahmen des NS-Regimes vor dem 2. Weltkrieg in Deutschland weithin bekannt geworden, doch nach dem Untergang der Nazi-Diktatur lag der Tourismus naturgemäß am Boden. Der 1912 gegründete Verkehrs- und Verschönerungsverein nahm seine Arbeit unverzüglich wieder auf und bereits 1949 konnte das erste Moselfest nach dem Krieg gefeiert werden.[32] 1953 wurde Winningen als Fremdenverkehrsgemeinde anerkannt. Einige Betriebe konnten an den guten Ruf, den Winningen vor dem 2. Weltkrieg genoss, anknüpfen und boten in den 50er und 60er Jahren täglich Tanzveranstaltungen an. Gemeinderat und Ortspolizeibehörde genehmigten Dauertanzerlaubnisse und Polizeistundenverlängerung bis drei Uhr für drei Gaststätten mit Tanzsälen, in denen an allen Tagen der Woche Tanzkapellen spielten. Sonderzüge aus dem Rhein-Ruhr-Gebiet, Fahrten von Touristikunternehmen aus den Niederlanden und Norddeutschland brachten zahlreiche Gäste nach Winningen, dazu kamen die Besucher aus dem unmittelbaren Umland. Die entsprechenden Betriebe erfreuten sich guter Umsätze, wogegen die jeweiligen Nachbarn sich eher gestört fühlten. Nachdem in den Nachbargemeinden Güls und Kobern große, die Winninger Kapazitäten weit überschreitende Gastronomie- und Vergnügungsbetriebe eröffnet worden waren, verlagerte sich das Aufkommen dieser Gästekreise nach dort. In Winningen eröffneten Winzer erste Straußwirtschaften als Ergänzung zum vorhandenen gastronomischen Angebot. Dieses hat sich im Laufe der Jahrzehnte gewandelt; heute bietet Winningen ein breites Spektrum von Beherbergungs- und Gastronomiebetrieben, die sich ebenso wie die Gemeinde und die im Tourismus tätigen Vereine auf die sich ständig wandelnden Bedürfnisse der Gäste einstellen müssen.

---

32 Das Moselfest Winningen ist die größte Veranstaltung in Winningen. Es wird an zehn Tagen vom letzten Wochenende im August (Freitag) bis zum ersten Wochenende im September (Sonntag) gefeiert. Das Weinfest blickt auf eine annähernd 600 Jahre alte Geschichte zurück und gilt als das älteste Weinfest Deutschlands. (Vgl. dazu Ekkehard Krumme, Das ‚alte' Winninger Winzerfest und seine ‚Compagnie', in: Winninger Hefte 7 (1998). Seit 1949 wird es alljährlich vom Fremdenverkehrsverein Winningen e. V. organisiert und durchgeführt. Hunderte ehrenamtliche Helfer sowie vertraglich gebundene Vereine sorgen für den reibungslosen Ablauf aller Veranstaltungen, die einen großen Bogen schlagen von kulturellen Einschüben (Historische Zinntafel, Galerie im Rathaus, Moselfest-Spiele, Krönung der Weinkönigin, Inthronisation der Weinhex) über Veranstaltungen um den Wein (Winzerzug, Weinmarkt) bis hin zu Unterhaltungsmusik und fröhlichem Treiben im Weinhof rund um den Weinhexbrunnen. Tanz in allen Sälen und weinfrohe Stimmung in Gaststätten und Winzerwirtschaften runden das Programm ab. Den Schlusspunkt setzt das Riesenfeuerwerk „Die Mosel im Feuerzauber" am letzten Sonntag des Festes.

Der Förderung des Tourismus dienten 1953 der Bau des Weinhexbrunnens[33] als Zentrum sowie des so genannten Moselhauses als räumliche Begrenzung des Weinhofes. Beide Gebäude wurden ebenso wie der 1968 errichtete Nachbau des Horntors in die Obhut der Gemeinde übergeben.

Der wieder auflebende Tourismus führte 1953 zur Gründung der Mosel-Boots-GmbH, die bei der Schottel-Werft in Spay ein Ausflugsschiff in Auftrag gab, das bis Mitte der 1960er Jahre im Einsatz war.

In Anerkennung der Tatsache, dass viele Aufgaben des Fremdenverkehrsvereins originäre Aufgaben der Gemeinde (z. B. Wirtschaftsförderung, Weinmarketing) sind, erfolgt dessen Geschäftsführung in Personalunion durch den Verkehrsamtsleiter der Ortsgemeinde.[34]

Wasserversorgung

Privathaushalte mussten zunächst nur eine pauschale Gebühr für den Wasserverbrauch entrichten, bis 1952 die Gebührenerhebung nach tatsächlichem Verbrauch beschlossen wurde, so dass in jedem Haus ein Wasserzähler angebracht werden musste. Trotz Problemen mit der Ausstoßmenge der gemeindlichen Quellen sowie mit der Qualität des Wassers lehnte der Gemeinderat im Januar 1969 den Anschluss an die Fernwasserversorgung aus dem Neuwieder Becken durch den Wasserzweckverband „Rheinhöhen" ab, da die Gemeinde autark bleiben wollte. Zunehmende Probleme bis hin zum polizeilichen Verbot der Wasserentnahme aus den gemeindlichen Quellen führten jedoch dazu, dass der Gemeinderat im Dezember 1971 den Anschluss an den Wasserversorgungszweckverband, heute „RheinHunsrück-Wasser", beschloss.

Zertifizierung

Ziel aller gemeindlichen Gremien war und ist es, die Entwicklung Winningens voranzutreiben und die Wohn- und Lebensqualität für die Bewohner zu steigern. Dazu werden mannigfache Anstrengungen unternommen. Nicht zuletzt im Sinne einer Qualitätskontrolle des bisher Erreichten stellt sich die Gemeinde seit vielen Jahrzehnten dem Wettbewerb „Unser Dorf hat Zukunft".[35] Als bundesweit erfolgreichste Teilnehmergemeinde konnte Winningen, neben zahlreichen Auszeichnungen in Kreis- und Bezirkswettbewerben, im rheinland-pfälzischen Landeswettbewerb in den Jahren 1970 und 1977 Silber, in den Jahren 1976, 1985, 1995, 1998 und 2001 Gold sowie 1995 einen Sonderpreis für vorbildliche ökologische Leistungen (Schutz

---

33 Vgl. Frank Hoffbauer, Der Weinhexbrunnen in Winningen und seine Vorgänger, in: Moselfest-Programmheft Winningen, 2003.
34 Gemeinde und Fremdenverkehrsverein übernehmen die Personalkosten im Verhältnis 2:1.
35 In den Anfangsjahren hieß der Wettbewerb „Unser Dorf soll schöner werden". Zwischenzeitlich wurde der Titel geändert, da schon lange nicht mehr die vordergründige ‚Schönheit' eines Dorfes im Blickpunkt steht, sondern vielmehr die Zukunftsfähigkeit der Gemeinden, also deren Fähigkeit, Herausforderungen der Gegenwart und Zukunft anzunehmen und zu meistern.

des Apollofalters) und im Bundeswettbewerb neben einer Silbermedaille 1995 in den Jahren 1985 und 2001 eine Goldmedaille erreichen.

Eine Qualitätskontrolle stellt auch die alljährliche Wein- und Sektprämiierung der Landwirtschaftskammer Rheinland-Pfalz dar. Hierbei haben Winninger Winzer zahlreiche Bronzene, Silberne und Goldene Kammerpreismünzen errungen. Darüber hinaus erhielten sie von 1975 bis 2005 70 Staatsehrenpreise für besondere betriebliche Gesamtleistungen und zwölf weitere Ehrenpreise öffentlicher Institutionen.

Anhang:
Die Zusammensetzung des Gemeinderates und die Ortsbürgermeister von 1945 bis 2007

Jahr	CDU	SPD	FDP	BHE[36]	Freie Wähler	Bürgermeister
März 1945	-	-	-	-	-	Richard Weyh, CDU (mit der Geschäftsführung betraut)
1946	5	3			2	Richard Weyh (gewählt)
1948	4	3	3		5	Richard Weyh
1952	4	1	2	1	7	Richard Löwenstein, Freie Wähler (gewählt am 28.11.1952, Amtsantritt: 16.12.1952)
1956	4	3	3		4 + 1[37]	Richard Löwenstein am 29.12.1958 verstorben
-	-	-	-	-	-	Hermann Brost, Freie Wähler (gewählt am 02.02.1959, Amtsantritt: 20.02.1959)[38]
1960	2	4	2	-	7	Hermann Brost
1964	2	6	2	-	5	Hermann Brost
1969	2	6	1	-	6	Hermann Brost keine erneute Kandidatur
1974	9	5	2	-	3	Karl-Ferdinand Knaudt, CDU (gewählt/Amtsantritt: 08.04.1974)
1979	8	7	2	-	2	Ferd Knaudt
1984	11	6	2	-	-	Ferd Knaudt
	CDU	SPD	FDP	FBL Freie Bürgerliste		
1989	8	4	2	5		Ferd Knaudt keine erneute Kandidatur
1994	9	3	2	6		Gerhard Knaudt, CDU (erstmals von den Einwohnern in Urwahl gewählt am 12.06.1994; in der Stichwahl am 26.06.1994 bestätigt); Amtsantritt: 15.08.1994
1999	10	1	3	6		Gerhard Knaudt
2004	8		4	8		Hans-Joachim Schu-Knapp, FBL (von den Einwohnern in Urwahl gewählt am 13.06.2004; in der Stichwahl am 27.06.2004 bestätigt); Amtsantritt: 29.07.2004

---

36 Gesamtdeutscher Block – Bund der Heimatvertriebenen und Entrechteten.
37 Wählergruppe Otto und Wählergruppe Traus.
38 Der Stellvertreter des Landrates stellte die Einführung von Bürgermeister Brost unter den Leitsatz: „Das höchste Gesetz bei aller Regierung ist das öffentliche Wohl". Brost hat diesen Leitsatz während seiner gesamten Amtszeit vorgelebt.

„Ein feine wolgezogene gemain [...] mitten under den papisten gelegen [...]."¹
Die Einführung der Reformation in Winningen und der Wandel der Frömmigkeitskultur

Von Anja Ostrowitzki

Mit der Publikation der 95 Thesen Martin Luthers zum Ablasshandel wurde 1517 eine öffentliche Debatte über die Erneuerung von Glauben und Kirche angestoßen, die große Teile der Bevölkerung erreichte.² Luthers Botschaft, dass allein die göttliche Gnade und der Glaube daran heilsentscheidend für die Menschen seien, und allein das Medium des Evangeliums zum Glauben führe, löste im Deutschen Reich und in Teilen Europas umstürzende religiöse, soziale und politische Veränderungen aus. Am Anfang stand die „evangelische Bewegung",³ die Kirche und Gesellschaft nach biblischen Maßstäben erneuern wollte, und mit dem blutigen Bauernkrieg von 1524/25 endete. In dieser ersten großen Massenerhebung in Deutschland beriefen sich die Bauern, die gegen adelige Herrschaft und kirchliche Ausbeutung revoltierten, auf die Heilige Schrift als Legitimation. Luther zog aus dieser Erfahrung die Konsequenz, dass die evangelischen Anliegen im Einklang mit der Obrigkeit durchgesetzt werden müssten. Die Fürsten wiederum erkannten, dass sie zwischen der Unterdrückung des neuen Glaubens oder der Möglichkeit, selbst an die Spitze der Bewegung zu treten, zu wählen hatten. So wurde aus der anfänglichen evangelischen Massenbewegung die Reformation als obrigkeitlich gelenkte Maßnahme. Die Weichen für ein Selbstbestimmungsrecht der Reichsfürsten und -städte bei der Konfessionswahl stellte der Reichstag von Speyer 1526. Der Augsburger Religionsfrieden von 1555 erhob den Grundsatz, wonach der Landesherr für seine Untertanen die Religion bzw. Konfession bestimmte („cuius regio, eius religio") sogar zum Reichsgesetz.

Im Fall der Hinteren Grafschaft Sponheim mussten, da dieses Territorium als Gemeinherrschaft (Kondominium) zweier Landesherren regiert wurde, beide Fürsten einer Religionsveränderung zustimmen.⁴ Zu Beginn des 16. Jahrhunderts teilten sich die Markgrafen von Baden und Johann II. von Pfalz-Simmern die Herrschaft in der Grafschaft.⁵ Letzterer hing der römischen Kirche an, während sich die Markgrafen Bernhard III. († 1536) und Philibert († 1569) von Baden-Baden im Reformationsgeschehen vorsichtig taktierend verhielten: dem Neuen

---
1   LHA Ko Best. 33, Nr. 4950, S. 133. – Das Zitat stammt aus dem Bericht über die Visitation der Hinteren Grafschaft Sponheim 1575. Im Zusammenhang mit der Beurteilung des Winninger Diakons und Schulmeisters Lubentius Kobern, der damals den Pfarrer vertrat, charakterisierten die Visitatoren die Gemeinde als musterhaft evangelisch.
2   Einen einführenden Überblick bieten: Wolfgang Reinhard, Reichsreform und Reformation 1495-1555 (=Gebhardt Handbuch der deutschen Geschichte 9), 10. völlig neu bearbeitete Aufl., 2001. – Olaf Mörke, Die Reformation. Voraussetzungen und Durchsetzung (=Enzyklopädie deutscher Geschichte 74), 2005.
3   Zum Begriff vgl. Reinhard, Reichsreform, S. 277 f. (wie Anm. 2).
4   Vgl. dazu den Beitrag von Michael Hollmann in diesem Band.
5   Johannes Mötsch, Regesten des Archivs der Grafen von Sponheim 1065-1437, Teil 1 (=Veröffentlichungen der Landesarchivverwaltung Rheinland-Pfalz 41), 1987, S. 6-10. – Hansmartin Schwarzmaier, Baden, in: Meinrad Schaab; Hansmartin Schwarzmaier; Dieter Mertens; Volker Press (Hg.), Handbuch der Baden-Württembergischen Geschichte 2. Die Territorien im Alten Reich, 1995, S. 164-246, hier: S. 216-222.

gegenüber aufgeschlossen, ohne endgültig mit der alten Kirche zu brechen und das Luthertum in Baden-Baden offiziell anzuerkennen. Mit dem Tode des altgläubigen Pfalzgrafen Johann II. im Jahre 1557 eröffnete sich eine neue Konstellation, denn Johanns Sohn und Nachfolger Friedrich III. war zum Protestantismus übergetreten. Nachdem er die Zustimmung Philiberts von Baden-Baden zur Einführung der neuen Lehre im Kondominat Sponheim eingeholt hatte, erging am 16. Juli 1557 ein entsprechendes Reformationsedikt. Alle Kirchen in der Hinteren Grafschaft wurden daraufhin visitiert, also von weltlichen und geistlichen Abgeordneten der Landesherrschaft besucht und überprüft, und bereits Weihnachten 1557 soll das Abendmahl in evangelischer Weise gefeiert worden sein.

Da Friedrich III. nur zwei Jahre später (1559) die pfälzische Kurlinie beerbte, fiel sein Anteil an der Hinteren Grafschaft Sponheim an den Pfalzgrafen Wolfgang, Stammvater der Linien Pfalz-Zweibrücken und Pfalz-Birkenfeld. Pfalzgraf Wolfgang ließ 1560 erneut eine Visitation halten und führte die zweibrückische Kirchenordnung ein.[6] Die Obrigkeiten der evangelisch gewordenen Territorien gaben den entstehenden Landeskirchen eigene Ordnungen, die deren Aufbau und das kirchliche Leben regelten. Die Vorschriften betrafen u. a. den Gottesdienst, die Sakramentsverwaltung, die Ausbildung und Anstellung der Prediger, das Schulwesen, die Verwaltung der Kirchengüter und die Armenfürsorge. Mit der Einführung der pfalz-zweibrückischen Kirchenordnung hatte die religiöse Neuordnung auch in der Hinteren Grafschaft Sponheim eine verbindliche Form gefunden. Für Winningen hatte all dies zur Folge, dass der Ort hinfort nicht allein in politischer Hinsicht eine Insel inmitten des kurtrierischen Territoriums bildete, sondern auch eine konfessionelle. Oder, wie es einer der Visitatoren 1608 ausdrückte: „mitt dem bapsthumb im cirkel umbfangen".[7]

Gerade diese exponierte politische und konfessionelle Lage brachte es mit sich, dass die Gemeinde bzw. Vogtei Winningen in den nächsten Jahrhunderten für die Landesherrschaft die Rolle einer lutherischen Vorzeigegemeinde übernehmen musste, mit Auswirkungen, die vermutlich bis in das 20. Jahrhundert reichten. Bis aber die neuen religiösen Auffassungen das Denken und alltägliche Handeln der Gläubigen ganz selbstverständlich bestimmten, bedurfte es indes vielfältiger Anstrengungen sowohl von Seiten der Obrigkeit als auch der Gläubigen. Hatten die Visitatoren den Ort schon 1575 als „feine wolgezogene gemain"[8] tituliert, wusste der Winninger Pfarrer 1608 bei einer weiteren Visitation „niemanden" anzugeben, „der der papistischen oder einer anderen opinion anhengig" sei.[9] Diese Zeugnisse sind gewiss nicht schon Beweis für das Erreichen des Zieles, aber doch symptomatisch für die im Gang befindliche

---

6 Emil Sehling, Die evangelischen Kirchenordnungen des XVI. Jahrhunderts, Band XVIII: Rheinland-Pfalz, I. Herzogtum Pfalz-Zweibrücken, die Grafschaften Pfalz-Veldenz, Sponheim, Sickingen, Manderscheid, Oberstein, Falkenstein und Hohenfels-Reipoltskirchen, bearb. von Thomas Bergholz, 2006, hier: S. 621-684.
7 LHA Ko Best. 33, Nr. 4961, S. 256. – Zur Ortsgeschichte vgl. Hans Bellinghausen, Winningen, Ein deutsches Heimatbuch, Teil 1, 1923, S. 51-64.
8 Vgl. Anm. 1.
9 LHA Ko Best. 33, Nr. 4961, S. 231. – Vgl. Walter Rummel, Die „Ausrottung des abscheulichen Hexerey Lasters". Zur Bedeutung populärer Religiosität in einer dörflichen Hexenverfolgung des 17. Jahrhunderts, in: Wolfgang Schieder (Hg.), Volksreligiosität in der modernen Sozialgeschichte (=Geschichte und Gesellschaft, Sonderheft 11), 1986, S. 50-72, hier: S. 63. – Zum Hintergrund allgemein: Heinrich Richard Schmidt, Konfessionalisierung im 16. Jahrhundert (=Enzyklopädie deutscher Geschichte 12), 1992.

Entwicklung. Ab wann sie soviel Eigengewicht hatte, dass sie sich auch ohne obrigkeitlichen Druck selbst weiter vorantrieb, ist kaum exakt zu datieren. Eine gewisse äußere Zäsur bilden zunächst erfolglose Rekatholisierungsbestrebungen 1629: Die Trierer Erzbischöfe waren politisch daran interessiert, die lutherischen Gebiete für die Trierer Kirche zurückzugewinnen. Als im Dreißigjährigen Krieg spanische Truppen im Zusammenhang mit dem Feldzug gegen die Kurpfalz auch die sponheimischen Gebiete besetzten, schien diese Möglichkeit greifbar nahe, zumal die Markgrafen von Baden-Baden seit 1577 strikt katholisch waren. Mit kaiserlichem Rückhalt versuchte Kurfürst Philipp Christoph von Sötern, in Winningen wieder die alte katholische Religion einzuführen.[10] Dazu erschien im August 1629 eine von einem Koblenzer Jesuiten angeführte Delegation im Dorf. Der Gemeinde sollte der katholische Pastor des rechtsrheinischen Ortes Hammerstein als neuer Geistlicher präsentiert werden. Unterstützt von bewaffneten Männern konnten der evangelische Vogt und der Pfarrer die Eindringlinge zum Abzug zwingen. Die angedrohte militärische Exekution blieb jedoch aus. Die kriegerischen Erfolge der Schweden und das wechselnde Kriegsglück beider Seiten in den folgenden Jahren vereitelten alle weiteren möglichen Vorstöße der katholischen Seite, und die Friedensschlüsse von 1648 besiegelten den konfessionellen Besitzstand endgültig.

Im folgenden wird versucht, die Anfänge der Umformung des Ortes zur „wohlerzogenen" lutherischen Gemeinde nachzuzeichnen. Insbesondere geht es dabei um das Entstehen einer protestantischen Frömmigkeit. Mit Frömmigkeit meint der moderne Sprachgebrauch eine spezifisch religiöse Eigenschaft, d. h. alle Haltungen und Verhaltensweisen der Gläubigen, die im Zusammenhang mit der Verehrung Gottes stehen. So steht die religiöse Erziehung der Laien im Sinne ihrer neuen Konfession, also auch ihre im Alltagsleben verankerte Ausübung von Religion, im Mittelpunkt der Darstellung.[11] Glaube und Frömmigkeit lassen sich zwar nur schlecht messen, zumal die Glaubenswelt der einfachen Leute viel von mündlicher Tradition lebte, aber die Protokolle der regelmäßigen Inspektionen der Gemeinden („Visitation") gewähren doch einen gewissen Einblick, desgleichen die Verhandlungen vor dem gemeindlichen Kirchengericht („Zensur"). Bei der Auswertung dieser Quellen ist zu berücksichtigen, dass die religiösen Gewohnheiten der Laien natürlich in erster Linie aus der spezifischen Perspektive der Geistlichkeit und der kirchlichen Obrigkeit beschrieben werden. Selbstaussagen der Betroffenen finden sich darin so gut wie nicht.

---

10 Heinrich Rodewald, Pfalzgraf Georg Wilhelm v. Birkenfeld und seine Kämpfe um das Luthertum in der hinteren Grafschaft Sponheim in den Jahren 1629-1630, 1925, S. 4, S. 9 f., S. 47-62. – Walter Rummel, Hexenprozesse als Karrieremöglichkeit, Ein Beispiel aus der Epoche des konfessionellen Konfliktes am Mittelrhein, 1629-1631, in: Kurtrierisches Jahrbuch 25 (1985), S. 181-190, hier: S. 184 f.

11 In der Vormoderne bezeichnete man die Ausübung von Religion nicht als Frömmigkeit, sondern sprach von Gottesfurcht, Gottseligkeit und Andacht. Dagegen hieß „fromm" damals so viel wie „brav, ehrlich, tüchtig, tapfer, nützlich, gut", folglich war Frömmigkeit eine bürgerliche Tugend, die alle Lebensbereiche einschließlich der Religion umfasste. Vgl. zur unterschiedlichen Begrifflichkeit in der Vormoderne und der Moderne: Lucian Hölscher, Geschichte der protestantischen Frömmigkeit in Deutschland, 2005, S. 23-29.

I. Die neuen Pfarrer

Das Reformationsedikt von 1557 sah vor, in den Kirchen der Hinteren Grafschaft Sponheim „gelerte, gotsfürchtige und fromme lerer und predicanten" aufzustellen, die den Gottesdienst „christlicher leer und dem wort Gottes gemeß" auszurichten hatten.[12] Anders als in der Frühphase der Reformation standen ja inzwischen Prediger bereit, die protestantische Universitäten besucht hatten. Die gute Ausbildung der Pfarrerschaft ist ein wesentliches Merkmal des Protestantismus. Während nur maximal 40 % der vorreformatorischen Kleriker einmal an einer Universität immatrikuliert gewesen waren, hatten Ende des 16. Jahrhunderts 90 % der evangelischen Pfarrer im Rheinland studiert. Allerdings lag im Territorium Sponheim der Anteil von Klerikern mit Studium damals deutlich niedriger bei 58 %.[13] Nichtsdestoweniger hatten die Bildung, die Gesinnung und der Lebenswandel der Pfarrer einen zentralen Stellenwert im Fragenkatalog der hier tätigen Visitatoren. Die Bibliotheken der Pfarrer sollten genauestens in Augenschein genommen werden und dabei sogar die einzelnen Bücher auf Nutzungsspuren durchgesehen werden: „auch in den Büchern selbs darnach sehen, was jedes tägliche privata studia seien, in welchen buochen er lese und sich ube und darauf ein jeden mit ernst zu fleißiger lesung gottliches wortts wie solches in der bibell begriffen, erinnern und anhalten."[14]

Der Kirchenpatronat in Winningen, mit dem das Recht verbunden war, den Kandidaten für die Pfarrstelle vorzuschlagen, gehörte bekanntlich dem Aachener Marienstift.[15] Nach der Einführung der Reformation blieb die Kanonikergemeinschaft zwar Patronatsherr, machte als Glied der römischen Kirche aber keinen Gebrauch mehr von ihrem Präsentationsrecht. 1565 regelten die Aachener Stiftsherren die neuen Verhältnisse mit der Gemeinde in einem Vertrag, der bis 1795 in Kraft blieb: Das Marienstift behielt den Wein- und Kornzehnten, im Gegenzug lieferte es dem lutherischen Pfarrer jährlich zwei Fuder Wein zum Unterhalt, hielt das Pfarrhaus baulich in Ordnung und zahlte dem Pfarrer alle sieben Jahre, statt des bis dahin schuldigen Messgewands, zehn Taler zur Beschaffung eines Talars.[16] Der letzte Winninger Messpriester Thomas Kröll blieb bis zu seinem Tod am Ort.[17] Danach verwaltete sein Vikar Peter Münster für kurze Zeit die Pfarrei. Vermutlich predigten beide ab 1557 im evangelischen Sinne, denn wer von den amtierenden Priestern in der Hinteren Grafschaft Sponheim den Wechsel zur neuen Lehre nicht mitvollzog, musste seine Stelle verlassen. Als erster evangelischer Pfarrer von Winningen gilt Georg Müller alias Molitor oder Mylius, der am 18. August 1559 eingeführt wurde, und das Pfarramt bis zu seinem Tod am 14. Dezember 1574 versah.[18] Bevor er an die Mosel kam, hatte er in Livland gewirkt. Ein exzellenter Ruf eilte ihm voraus. Daher verzich-

---

12 LHA Ko Best. 33, Nr. 6086, Bl. 2 f.
13 Schmidt, Konfessionalisierung, S. 60 (wie Anm. 9).
14 LHA Ko Best. 33, Nr. 4952, S. 31. – Das Zitat stammt aus der Instruktion für die Visitation 1580.
15 Vgl. den Beitrag von Michael Hollmann in diesem Band.
16 LHA Ko Best. 655,110, Nr. 11.
17 Adolf Müller, Geschichte der evangelischen Gemeinde Winningen, in: Monatshefte für rheinische Kirchengeschichte 3 (1909), S. 225-286, hier: S. 232 – Vgl. zur Pfarrerliste ebd., S. 233-239.
18 Albert Rosenkranz (Hg.), Das evangelische Rheinland, ein rheinisches Gemeinde- und Pfarrerbuch, 2. Band: Die Pfarrer, 1958, S. 347. Künftig zitiert mit Kurztitel: Rheinisches Pfarrerbuch.

teten die Visitatoren 1560 auf das Examen, mit dem sie die Visitation für gewöhnlich beschlossen. Es bestünde „des pfarrers erudition halb kein zweifel".[19]

Es bestätigt die These von der Funktion der Gemeinde als lutherischer Vorzeigegemeinde, dass sie von Anfang an nur Kirchendiener erhielt, die ausgezeichnet gebildet und beruflich erfahren waren. Im 16. Jahrhundert war es für die lutherischen Pfarrer auf dem Land keineswegs selbstverständlich, über eine so gründliche theologische Bildung zu verfügen wie die Winninger Prediger. Vielmehr fanden die Visitatoren in der Hinteren Grafschaft Sponheim, nachdem sie 1562 die Geistlichen zur christlichen Lehre befragt und von jedem eine Probepredigt gehört hatten, es gäbe darunter auch „etliche ongelernte und ungeschickte [...], die keinen volkhomenden verstandt christlicher lehre gehapt, zum theill daher, daß sie vorhern im papstthum gelebt und wenig studirt und gelesen, zum theil auch, daß sie die bibel und andere gute bücher gelerter leuth, darin corpus doctrinae gefaßet und erkleret, nicht gelesen haben."[20] Fehlende Bibelkenntnisse und Wissenslücken in der evangelischen Glaubenslehre stellten nicht nur in der Übergangszeit nach der Einführung der Reformation ein Problem dar. Noch 1608 hielten die Visitatoren der sponheimischen Kirchen viele Pfarrer für unzureichend gebildet und mahnten an, künftig nur gelehrte Bewerber zuzulassen.[21] So ist es wohl auf die exponierte Lage Winningens zurückzuführen, dass man auf das intellektuelle Niveau der dortigen Prediger besonderen Wert legte. Sie sollten den Laien die rechte Lehre vermitteln, um die protestantische Religion gegen Einflüsse aus der altgläubigen Nachbarschaft zu festigen.

Die Ernennung von Georg Wolfgang Schütz zum zweiten lutherischen Pfarrer am 28. Juli 1575 durch Herzog Johannes bestätigt diesen Eindruck.[22] Schütz hatte Schulen in Amberg, Zweibrücken und Hornbach und anschließend die Universität Wittenberg besucht. Er galt im Ort als „gelerter man" und zeigte im Examen, „daß er die bibel fleissig gelesen und wol studirt hat".[23] Ihm folgte 1581 Bartholomäus Hexamer, der an der Universität Heidelberg Theologie gehört hatte. Nach dem Abschied aus Winningen 1586 stieg er zum Professor in Hornbach und Superintendenten in Zweibrücken auf.[24] Von 1586 bis 1597 amtierte Konrad Andreä, der nicht nur einen Magistergrad der Wittenberger Universität mitbrachte, sondern selbst an der Marburger Universität gelehrt hatte.[25] Sein Nachfolger Johannes Porta hatte in Straßburg studiert, er blieb bis 1606.[26] Petrus Mercator, 1607 bis 1611, hatte seine theologische Ausbildung

---

19 Heinrich Engelbert; Günter Engelbert (Bearb.), Die Visitation in der hinteren Grafschaft Sponheim von 1560, mit Inventaren einzelner Kirchengemeinden (=Schriftenreihe des Vereins für Rheinische Kirchengeschichte 33), 1969, S. 38.
20 LHA Ko Best. 33, Nr. 4944, S. 60 f. – Vgl. Sehling, Kirchenordnungen 18 (wie Anm. 6), S. 624 Anm. 22: 1560 wurde in den 27 besuchten Gemeinden der theologische Wissensstand von 18 Pfarrern als so gering eingestuft, dass die Visitatoren ein weiteres Examen nach sechs Monaten verlangten.
21 AEKgW, Akten Nr. 00,4, S. 636.
22 LHA Ko Best. 33, Nr. 4953, S. 90 f. – Rheinisches Pfarrerbuch (wie Anm. 18), S. 471. – Georg Biundo (Hg.), Die evangelischen Geistlichen der Pfalz seit der Reformation. Pfälzisches Pfarrerbuch (=Bibliothek familiengeschichtlicher Quellen 20), 1968, S. 425. Künftig zitiert mit Kurztitel: Pfälzisches Pfarrerbuch. – Die sog. Diakone, die den Pfarrer bei Predigt und Katechese unterstützten, waren vergleichbar gebildet, vgl. z. B. Pfälzisches Pfarrerbuch, S. 203: Sixtus Hosemann.
23 LHA Ko Best. 33, Nr. 4953, S. 85 und S. 94.
24 Rheinisches Pfarrerbuch (wie Anm. 18), S. 213, und Pfälzisches Pfarrerbuch (wie Anm. 22), S. 189.
25 Rheinisches Pfarrerbuch (wie Anm. 18), S. 8.
26 Ebd., S. 392.

in Braunschweig, Brandenburg, Cölln an der Spree, Frankfurt/Oder und Marburg erhalten.[27] Konrad Greulach, 1613 bis 1623, führte einen Magister der Universität Heidelberg.[28] An seine Stelle trat von 1623 bis 1632 Stephan Hofbauer, über dessen Studium nichts bekannt ist.[29] Sein Nachfolger wurde nach einem Studium in Straßburg Jonas Hiller alias Hilarius, der die Pfarrei Winningen bis 1653 verwaltete.[30]

II. Der neue Gottesdienst

An die Stelle der römischen Messe setzte die Reformation reine Predigtgottesdienste und Abendmahlsfeiern der Gemeinde. Bereits 1562 fanden in Winningen – anders als in anderen Orten der Grafschaft – nachweislich keine „papistischen zeremonien" mehr statt.[31] Man bezeichnete die Anhänger der Papstkirche als „Altgläubige", „Römer" oder eben abwertend als „Papisten". „Katholiken" hätten die Reformatoren sie damals noch nicht genannt, denn sie waren davon überzeugt, selbst in Kontinuität der Alten Kirche zu stehen. Leichthin mochten die Winninger auf die althergebrachten Gottesdienste und die Sakramente wohl nicht verzichten, denn bei der Befragung des lutherischen Diakons stellte sich 1586 heraus, dass die Feiertagspredigten schlecht besucht würden und die Leute statt dessen „an päpstliche örter" auswichen.[32] Über einen gewissen Theis Fischer ist überliefert, dass er hartnäckig daran festhielt, zum „papistischen nachtmahl" zu gehen, bis er 1576 schließlich im Turm bei Wasser und Brot in Beugehaft genommen wurde.[33] Unter den religiösen Pflichten setzte die Kirchenordnung den Besuch der Predigt an erste Stelle. Die Visitatoren prüften einerseits, ob die Pfarrer ihrer Aufgabe nachkamen, Predigt, Katechismusunterricht und Abendmahl regelmäßig zu halten. Andererseits standen die Einhaltung der kirchlichen Feiertage durch die Gläubigen und der damit verbundene Kirchgang unter Beobachtung. Predigtgottesdienste hielten die Pfarrer und deren Gehilfen nicht nur jeden Sonntagvormittag und -nachmittag, sondern auch mittwochs und freitags. Am Sonntag zwischen Predigt und Abendmahl lehrten sie Luthers Katechismus. Werktags pflegte der Pfarrer über Fragen des Katechismus zu predigen. Die Abendmahlsfeiern fanden kurz nach dem Wechsel zum Luthertum deutlich häufiger statt als in späteren Jahren. 1560 und 1575 hielt die Gemeinde fast jeden Sonntag Abendmahl.[34] 1605 wurde es alle zwei bis drei Wochen, 1607 monatlich und 1608 nur noch alle sieben Wochen gefeiert.[35] Wenn viele fremde Kommunikanten kamen, Handwerksgesellen aus Koblenz „und anderen orten des bapsthums", dann versammelte sich die Gemeinde häufiger zum Abendmahl.[36] Über die Teilnahme führte der Pfarrer ein Kommunikantenregister.

---

27 LHA Ko Best. 33, Nr. 4961, S. 227 ff. – Rheinisches Pfarrerbuch (wie Anm. 18), S. 329.
28 Rheinisches Pfarrerbuch (wie Anm. 18), S. 170.
29 Ebd., S. 221.
30 Ebd., S. 215.
31 LHA Ko Best. 33, Nr. 6087, S. 42.
32 AEKgW, Akten Nr. 00,4, S. 147 f. (1586).
33 LHA Ko Best. 33, Nr. 8870: Vogtabschiede für 28.9.1574 und 14.10.1576.
34 Engelbert, Visitation (wie Anm. 19), S. 38. – LHA Ko Best. 33, Nr. 4949, S. 73.
35 AEKgW, Akten Nr. 00,1, S. 381. – LHA Ko Best. 33, Nr. 4961, S. 230 und S. 237.
36 LHA Ko Best. 33, Nr. 4961, S. 248.

Der Kirchgang entsprach schon wenige Jahre nach Einrichtung einer straffen Kirchenzucht den Vorgaben der Obrigkeit. Hatten die Visitatoren 1560 noch beanstandet, dass „ettliche farlessige und gottlose leut" sonntags unregelmäßig oder gar nicht zur Kirche gingen, ja dass die jungen Leute statt dessen lieber kegelten und die Älteren sich schon vor dem Ende des Gottesdienstes entfernten,[37] stellten sie bereits 1567 lobend fest, die Winninger Bürgerschaft erscheine sonn- und feiertags „fleissig" in der Kirche.[38] Die Teilnahme am Gottesdienst reflektiert jedoch kaum deren vertiefte Religiosität, sondern war eher auf die Überwachung durch die „Zensoren", also die Mitglieder des örtlichen Kirchengerichts, zurückzuführen: „Sie zwingens auch darzu", lautete die entsprechende Einschätzung der Visitatoren.[39] Das Gremium gemeindlicher Aufseher sollte neben den periodischen Visitationen den Erfolg der Reformation sicherstellen. Ein 1596 angelegtes Verzeichnis der vor der „Zensur" verhandelten Angelegenheiten trägt den Titel: „verzeichnus der sendtlich vorgeloffenen sachen".[40] Das ist bemerkenswert, weil hier ein Begriff überdauerte, der die entsprechende ältere Institution des Sendgerichts der römischen Kirche bezeichnete. Das Sendgericht ahndete als ein bischöfliches Sittengericht das Vergehen gegen kirchliche Gebote. Nicht anders war im Grunde der Auftrag der „Zensur". 1608 gaben die Winninger Zensoren zu Protokoll: „Die pfarrkinder besuchen die predigen vleißig, wenn yemandts säumig erscheine, werde er darumb zu redt gestehlt und gestrafft."[41]

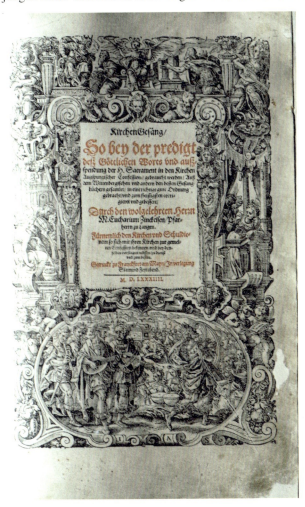

Abb. 1: Winninger Gesangbuch von 1584 (AEKgW).

---

37 Engelbert, Visitation (wie Anm. 19), S. 72 f.
38 LHA Ko Best. 33, Nr. 4948, S. 101 und S. 104.
39 LHA Ko Best. 33, Nr. 4948, S. 104.
40 AEKgW, Akten Nr. 00,2, S. 465.
41 LHA Ko Best. 33, Nr. 4961, S. 248. – In den Protokollen des Kirchengerichts finden sich die Namen säumiger Gottesdienstbesucher, vgl. z. B. AEKgW, Akten Nr. 00,2, S. 60: „1614 Januar: Ludwig Pott zeigt an, dass er im Kirchgang zu langsam befunden Thomas Kellern Sohn Thomas, Balthasar Wirschin, Enders

Ein dauerndes Problem blieb die Arbeitsruhe an Sonn- und Feiertagen, die auf dem Land nicht konsequent durchzusetzen war. Immer wieder rügten die Visitatoren Gottesdienstversäumnisse von Männern, die auf den Feldern oder in den Weinbergen arbeiteten.[42] Erschienen die allermeisten Gläubigen auch regelmäßig zum Gottesdienst, so erhoben die Visitatoren doch den Vorwurf einer gewissen Oberflächlichkeit. Längst nicht alle nahmen aktiv und aufmerksam am kultischen Geschehen teil. Viele kamen verspätet, „langsam nach gesungenem psalmen, allgelesenem text, und auch gethaner halber predigt in die Kirch". Der „großen unordnung" halber forderten die Visitatoren 1608, sich „bey den predigten so wol uff die sonn- und feyertag alß auch in der wochen zeittlich und mitt mehrerm eyffer [und] andacht einzustellen".[43] Klagen über eine mangelhafte Beteiligung am Gottesdienst und Versuche der Disziplinierung begegnen allenthalben in vergleichbaren Quellen aus anderen Landschaften. Etwas Spezifisches für Winningen kann daraus nicht abgeleitet werden, wohl aber für den Maßstab, nach dem die Aneignung des Luthertums durch die Gemeindemitglieder zu beurteilen ist. Danach stellt die Abweichung von Normen den Erfolg der lutherischen Konfessionalisierung nicht in Frage, Perfektion ist also nicht der Standard, an dem das religiöse Verhalten der Bevölkerung zu messen wäre.

In protestantischer Auffassung hingen Verbreitung und Vertiefung wahrer Frömmigkeit wesentlich von der religiösen Bildung der Laien ab. Das Rüstzeug der evangelischen Christen bildete Luthers „Kleiner Katechismus", den jeder „außwendig [zu] recitiren und erzelen" in der Lage sein sollte.[44] Das Lehrbüchlein behandelt in fünf Kapiteln die Zehn Gebote, das Glaubensbekenntnis, das Vaterunser sowie die beiden Sakramente Taufe und Abendmahl. Da nur eine Minderheit flüssig lesen konnte, erfolgte die Glaubensunterweisung vornehmlich durch Katechismuspredigten, Katechismuslehre und Kinderlehre. Dazu war jeder Hausvorstand für die religiöse Erziehung der Kinder und aller abhängigen Dienstboten verantwortlich. 1560 ergab die Visitation in Winningen, dass etliche Erwachsene keine Gebete kannten. Viele schickten ihre Kinder und ihr Gesinde nicht zum katechetischen Unterricht, die „also in einem gottlosen leben verwilden".[45] Als die Winninger Jugendlichen 1567 „im catechismo examiniert" wurden, zeigte sich, dass sie „den glauben nit beten köden".[46] Doch die Jugend erfasste die neue religiöse Lehre rasch, 1575 wusste sie „wol und recht" über die Glaubensartikel Bescheid.[47] Dass es gelang, der Gemeinde katechetische Bildung zu vermitteln, bezeugen alle folgenden Visitationen: 1580 konnten Kinder und Erwachsene „uff alle die christlichen lehre stück [...] richtige antwort geben."[48] Sogar Anhänger des Protestantismus, die aus „dem bapstumb", d. h. den altgläubigen Nachbarorten zum Gottesdienst nach Winningen kamen, „haben den catechis-

---

Knebel Frau Kattarina." Enders (oder Endres) Knebels Witwe Katharina (oder Catharina) Knebel wurde 1640/41 wegen Hexerei angeklagt und hingerichtet; vgl. Walter Rummel, Bauern, Herren und Hexen, Studien zur Sozialgeschichte sponheimischer und kurtrierischer Hexenprozesse 1574-1664 (=Kritische Studien zur Geschichtswissenschaft 94), 1991, S. 259-264.

42 Z. B. LHA Ko Best. 33, Nr. 4949, S. 74. – AEKgW, Akten Nr. 00,2, S. 52, S. 61. – Vgl. Michael Maurer, Der Sonntag in der frühen Neuzeit, in: Archiv für Kulturgeschichte 88 (2006), S. 75-100.
43 LHA Ko Best. 33, Nr. 4961, S. 254 f.
44 LHA Ko Best. 33, Nr. 4952, S. 46.
45 Engelbert, Visitation (wie Anm. 19), S. 38 und S. 73.
46 LHA Ko Best. 33, Nr. 4948, S. 106.
47 LHA Ko Best. 33, Nr. 4949, S. 75.
48 LHA Ko Best. 33, Nr. 4953, S. 94.

mum brav recitirt".[49] Bei der Examinierung 1599 fand die Kommission, dass „etliche bürger und bürgers weiber die hauptstück ihres catechisimi schlecht, etliche aber mit der außlegung zu erzehlen gewußt [haben]."[50] Sie konnten die Rechtfertigungslehre ebenso zutreffend erläutern wie die Zehn Gebote und das lutherische Abendmahlsverständnis.[51] 1608 rezitierten Winninger Schüler in der Kirche aus den Psalmen.[52]

III. Die Umgestaltung der Kirche

Die lutherische Gemeinde Winningen nutzte die mittelalterliche Pfarrkirche weiter, deren älteste Teile aus der Zeit um 1200 stammen.[53] In welcher Weise veränderte das neue religiöse Bekenntnis das Aussehen des Sakralbaus und seine Ausstattung? Einige Monate nach der Visitation von 1560 ordnete der Landesherr eine Bestandsaufnahme der liturgischen Gerätschaften der Kirchen in der Hinteren Grafschaft Sponheim an. Anschließend sollten alle Utensilien verkauft werden, die der spätmittelalterlichen, alle Sinne ansprechenden Schaufrömigkeit dienten, oder im evangelischen Gottesdienst einfach überflüssig waren. Dabei, so die Anweisung, sei zu beachten, dass die liturgischen Textilien, Geräte und Bücher „nit in das pabstumb zur abgotterei verkauft", sondern vorher für gottesdienstliche Zwecke unbrauchbar gemacht würden.[54] Welche Monstranzen, Reliquiare, Weihwasserkessel, Kelche und Leuchter die Gemeinde Winningen ablieferte, ist nicht überliefert. In ihrem Besitz verblieb ein spätgotischer vergoldeter Kelch mit Sechspassfuß, der beim Abendmahl weiter genutzt wurde.[55] In den gleichen Zusammenhang gehört die Abschaffung von Bildern, Nebenaltären, Sakramentshäusern und anderem Zierrat in den Kirchen. Die Amtleute erhielten die Anweisung, alles Kircheninventar, das im lutherischen Zeremonialgebrauch keine Funktion mehr hatte, aus den Gotteshäusern zu entfernen: Taufsteine und steinerne Weihwasserbecken, Sakramentshäuschen zur Aufbewahrung gewandelter Hostien, Nebenaltäre, Leuchter zum Gebrauch bei Prozessionen, metallene Weihwasserkessel für die Besprengung mit geweihtem Wasser und „dergleichen dings, deren man nit bedürftig".[56] Anstatt des Taufsteins sollten sie ein kupfernes Becken zum

---

49 LHA Ko Best. 33, Nr. 4952, S. 46.
50 LHA Ko Best. 33, Nr. 4947, S. 347 und AEKgW, Akten Nr. 00,4, S. 648.
51 LHA Ko Best. 33, Nr. 4947, S. 347 f.: „[...] und uff folgende fragen gute antwort geben. Erstlich wer ihr erlöser seye? Zum andern, wodurch sie ihr erlöser und seligmacher von sunden frey gemacht, oder was Christus für sie gethan hab? Zum dritten, wobei sie gewiß und versichert seyen das wahrhafftig Christus vor einen jeden menschen insonderheit gestorben seye? Zum vierten ob sie auch mit ihren guten wercken selbst Gott versonen und den hymel derdhienen konnen? Zum 5. ob sie auch die zehen gebott halten konnen? Zum 6. was sie im heiligen abendtmal empfangen und wozu ihnen dasselbige diene. Diese fragstück hat man fast einem jeden insonderheit vorgehalten, und durch vielfaltige wiederholung derselben fragen verstandt besser eingebildet."
52 LHA Ko Best. 33, Nr. 4961, S. 254.
53 Hans Erich Kubach; Fritz Michel; Hermann Schnitzler (Bearb.), Die Kunstdenkmäler des Landkreises Koblenz (=Die Kunstdenkmäler der Rheinprovinz 16, 3. Abt.), 1944, S. 390-408.
54 LHA Ko Best. 33, Nr. 4944, S. 77.
55 Engelbert (wie Anm. 19), Visitation, S. X f. – Die Kircheninventare befinden sich in: LHA Ko Best. 33, Nr. 6086. Die Akte enthält jedoch kein Ablieferungsverzeichnis aus Winningen. – Zum Kelch vgl. Kubach u.a., Kunstdenkmäler (wie Anm. 53), S. 396.
56 LHA Ko Best. 33, Nr. 7205, S. 6 f.: Schreiben an die Amtleute der Hinteren Grafschaft Sponheim, ohne Datum, wohl von 1567.

Taufen vorschreiben, die Sakramentshäuschen zumauern, die Leuchter und Kessel verkaufen und den Erlös zum Nutzen der Kirchen verwenden.

Es oblag den Visitatoren ferner, den Zustand der Kirchbauten zu überprüfen. Dem Protokoll von 1560 zufolge befand sich die Winninger Kirche „in guttem baw".[57] Die Kommission hatte das Gebäude damals nicht selbst in Augenschein genommen, weil „diese pfarr etwas weit entlegen und man in dieser winterszeit nit wol dahin faren könnden",[58] sondern den Vogt, den Pfarrer und die Kirchengeschworenen in Kastellaun befragt. Bei der Visitation von 1567 gab Pfarrer Georg Mylius an, „die kirch [sei] gantz und gar in grossem umbaw".[59] Welche Veränderungen anstanden, lassen die Quellen nicht mehr erkennen. Es ist aber gut möglich, dass damals die aus vorreformatorischer Zeit bezeugten überzähligen Altäre abgebrochen wurden. Dagegen blieb der romanische Taufstein aus Granit unangetastet.[60]

Abb. 2: Der Taufstein in der Winninger Kirche. (Foto: Klaus Brost).

Die Entfernung der Taufsteine ist eigentlich für Kirchenordnungen calvinistischer Prägung charakteristisch. In der Kurpfalz etwa ging der Wechsel zum reformierten Bekenntnis 1565 damit einher, dass, unter Verschärfung älterer Bestimmungen zur Kirchenausstattung, die Taufsteine beseitigt und durch gewöhnliche Taufbecken ersetzt wurden.[61] So sind mittelalterliche Taufsteine in lutherischen Kirchen zahlreich erhalten, während sie bei den Reformierten feh-

---

57 Engelbert, Visitation (wie Anm. 19), S. 38.
58 Ebd., S. 37.
59 LHA Ko Best. 33, Nr. 4948, S. 100.
60 Kubach u.a., Kunstdenkmäler (wie Anm. 53), S. 396.
61 Die evangelischen Kirchenordnungen des XVI. Jahrhunderts, hg. von Emil Sehling, fortgeführt vom Institut für evangelisches Kirchenrecht der Evangelischen Kirche in Deutschland zu Göttigen, 14. Band: Kurpfalz, 1969, S. 50. – Sehling, Kirchenordnungen 18 (wie Anm. 6), S. 630: Das Ausführungsprotokoll zur Reformation der Vorderen Grafschaft Sponheim 1566 fordert den Abbruch der „Tauffstein, darinn das verzaubert Tauffwasser gehalten worden". Die Wasserweihe galt als abergläubisch. – Susan C. Karant-Nunn, The Reformation of Ritual. An Interpretation of Early Modern Germany, 1997, S. 58 stellt fest, dass lutherische Territorien im deutschen Südwesten die calvinistische Sicht übernahmen, die Taufsteine müssten als abergläubische Objekte entfernt werden. – Im Unterschied zu den Reformierten hatte Luther im Taufritus die traditionelle Untertauchung des Täuflings im Taufstein statt der Begießung mit Wasser beibehalten, vgl. Paul Drews, „Taufe, III. Liturgischer Vollzug", in: Realencyklopädie für protestantische Theologie und Kirche 19, 3. Aufl., 1907, S. 438-442, hier: S. 439 f. – Eine andere Erklärung bietet Paul Graff, Geschichte der Auflösung der alten gottesdienstlichen Formen in der evangelischen Kirche Deutschlands bis zum Eintritt der Aufklärung und des Rationalismus, 1921, S. 102. Danach fehlten Taufsteine bei den Reformierten, da sie oft in der Ecke abseits standen, die Taufe aber Gemeindefeier sein sollte.

len.⁶² Es lässt sich nicht klären, ob die Kirchengemeinde Winningen ihr lutherisches Bekenntnis akzentuieren wollte, indem sie den Taufstein gegen die fürstliche Anordnung stehen ließ, oder schlicht ein Versäumnis vorliegt. Sie profitierte jedenfalls von der nachträglich geänderten Rechtslage, denn ab 1599 wurden die bis dahin noch vorhandenen Taufsteine in der Hinteren Grafschaft Sponheim ausdrücklich geduldet.⁶³ Da der Pfarrer beim Taufritus ein Becken⁶⁴ zu gebrauchen hatte, blieben die Taufsteine wohl ungenutzt. Sie sollten verschlossen und mit einem Tuch geschmückt sein. Näheres zum liturgischen Vollzug der Taufe in Winningen ist nicht überliefert. Die Zurückhaltung gegenüber der Zerstörung vorreformatorischen Kircheninventars ist vor dem Hintergrund der konfessionellen Rivalität innerhalb des Protestantismus zu verstehen. Die lutherische Obrigkeit distanzierte sich auf eine auch für die einfache Bevölkerung einprägsame Weise von den rigoroseren Reformierten, „damit es bey dem gemainen mann nicht das ansehen gewinne, alß were man diß orths mit den calvinisten ainer mainung. Welche darfür hallten, das man dergleichen sachen inn den kirchen gewissenshalben nicht gedulden khönne."⁶⁵

1560 ordneten die Visitatoren an, den bildlichen Kirchenschmuck zu entfernen, „im Fall noch ergerliche abgöttische Bilder inn der Kirchen weren."⁶⁶ Als „abgöttisch" oder „heidnisch" galten Bilder ohne biblischen Bezug, besonders also Heiligen- und Madonnenbilder, die zur Anbetung verleiten konnten. Diese Objekte sollten ohne Aufsehen aus den Kirchen entfernt werden. Denn Luther und die Wittenberger Theologen wandten sich nicht grundsätzlich gegen Kunst in den Kirchen, sondern nur gegen die sakrale Deutung der Bilder. Sie nahmen den Bildern jede kultische Bedeutung und stellten sie in den Dienst der Verkündigung.⁶⁷ Über die spätmittelalterliche bildliche Ausstattung der Winninger Kirche ist fast nichts bekannt. Sie besaß zusätzlich zum Hauptaltar vier, gewiss mit Retabeln ausgestattete Altäre, die der Gottesmutter und den Heiligen Katharina, Nikolaus und Michael geweiht waren.⁶⁸ Nebenaltäre und deren Stiftungen dienten in der römischen Kirche dazu, die Anzahl der Messen zu steigern. Sie wurden im Zuge der Reformation entfernt, ohne dass Einzelheiten aus Winningen überliefert sind. Bis 1599 fehlen Nachrichten zur Innenausstattung der Kirche. In jenem Jahr notierte Pfarrer Johannes Porta, bei der Visitation sei am Innenraum der Kirche nichts bemängelt

---

62 Frank Schmidt, Die Fülle der erhaltenen Denkmäler – Ein kurzer Überblick, in: Johann Michael Fritz (Hg.), Die bewahrende Kraft des Luthertums. Mittelalterliche Kunstwerke in evangelischen Kirchen, 1997, S.71-78, hier: S. 74.
63 LHA Ko Best. 33, Nr. 4947, S. 391 f.: „[...] auß allerhandt bedencklichen ursachen, wann anderst sollicher abschaffung nit alberaith geschehen, darfür, es möchte das crucifix zue gedechtnus deß creuzes Christi, die corröck [...] biß uff weitern beschaidt zugelassen und geduldet werden. Wie auch die tauffstain, sonderlich wann sollicher mit tuch gezieret, wie in disem fürstenthumb gebreuchig und verschlossen, darzue nichts desto weniger ein peckhen gebraucht [...]." Wo aber Kruzifixe und Taufsteine bereits abgeschafft seien, dort sollten keine neuen mehr aufgestellt werden.
64 AEKgW, Akten Nr. 00,2, S. 102: 1640 schenkte Peter Sigbert der Kirche ein „Taufbecken". Es mag jedoch ein älteres vorhanden gewesen sein. Zur Person: Peter Siegbert war Mitglied im ersten Hexenanklageausschuss der Gemeinde Winningen 1631, später vermutlich Zensurschöffe; vgl. Rummel, Bauern (wie Anm. 41), S. 277 f.
65 LHA Ko Best. 33, Nr. 4947, S. 392.
66 LHA Ko Best. 33, Nr. 4944, S. 46.
67 Günther Wartenberg, Bilder in den Kirchen der Wittenberger Reformation, in: Fritz (Hg.), Kraft (wie Anm. 52), S. 19-33.
68 Kuhbach u.a., Kunstdenkmäler (wie Anm. 53), S. 396.

worden. Lediglich ein mittelalterlicher Altarretabel – eine „alte taffel" – und ein Kruzifix sollten vom Altar entfernt werden. Als Motiv für diese Anweisung nannte er keine theologische Vorgabe, sondern einen praktischen Grund: Das Kreuz hätte „viel lichtes verhindert".[69] Dagegen unterstellte Ludwig Pot, einer der Kirchengeschworenen, „man wolte sie zwinglisch machen". Die Kirchengemeinde erwirkte immerhin über eine Bittschrift an Herzog Karl die Erlaubnis, das Kruzifix behalten zu dürfen, während man den Altaraufsatz anscheinend widerspruchslos abnahm. Doch 1602 ergriff der Pfarrer eine Gelegenheit, das Kreuz „ohn ergernuß" abzuschaffen. Bei Renovierungsarbeiten im Chor hatte der Maler das Kreuz beiseite gestellt, um das Gerüst aufzubauen. Pfarrer Porta ließ das Kruzifix nach dem Abschluss der Malerarbeiten nicht wieder aufstellen, obwohl etliche Gemeindemitglieder protestierten. Seinem Nachfolger im Pfarramt erschien dieses Vorgehen als zu rigoros für einen Lutheraner, so bezeichnete er Johannes Porta in der Rückschau als „calvinista".[70]

In der Folge der Reformation, die der Predigt ein größeres Gewicht als die spätmittelalterliche Kirche zumaß, wurden die Kirchenräume mit einem festen Gestühl ausgestattet. Seitdem konnten die Gläubigen lange Predigten sitzend verfolgen. Wann die Winninger Kirche ihre erste Bestuhlung erhielt, ist nicht überliefert. Im Jahr 1602 waren jedenfalls Kirchenstühle vorhanden, allerdings nicht in ausreichender Anzahl. Die Kirchengeschworenen bemängelten damals, dass etliche Frauen ohne Stuhl blieben, während andere gleich über zwei oder drei Kirchenstühle verfügten, auf denen sie ihre Töchter und Mägde platzierten.[71] Der Kirchenraum war also auch ein Ort gesellschaftlicher Repräsentation: Die Gemeindemitglieder finanzierten ihre Kirchenstühle selbst. Wer nicht über entsprechende finanzielle Mittel verfügte, blieb ohne Sitzplatz. Dagegen neigten wohlhabende Gemeindemitglieder dazu, sich aufwendige Stühle zu leisten. Um solcher Ungleichheit Einhalt zu gebieten, erhielten die sponheimischen Amtleute und Kirchengerichte 1592 die Anweisung, ohne Erlaubnis der Pfarrer und Beamten dürfe in den Kirchen „kein stuhl gebawt werden" und „in der mitte kein stuhl höher als die anderer sindt".[72] Ein besonderes Gestühl sollte der Bürgermeister 1599 für die Chorknaben bauen lassen, die nicht alle im Chorraum Platz fanden.[73] Es stand bei der Kanzel, die 1587 im Zusammenhang mit dem streitbaren Pfarrer Andreä erstmals erwähnt ist und wohl auch zu den reformatorischen Neuerungen gehört.

IV. Alltägliche Religiosität und religiöses Brauchtum

Die Reform des Gottesdienstes umfasste nicht nur die Abschaffung der römischen Messe, sondern ging mit dem Verbot bestimmter Frömmigkeitsformen einher, die in der alten Kirche als orthodox galten, von den Reformatoren aber als abergläubische und gottlose Praktiken ver-

---

69 Auch für die folgenden Zitate: LHA Ko Best. 33, Nr. 7363, S. 167, und Best. 33, Nr. 4947, S. 355. – AEKgW, Akten Nr. 00,4, S. 638-640 – Müller, Geschichte (wie Anm. 17), S. 234.
70 LHA Ko Best. 33, Nr. 7188, S. 19.
71 AEKgW, Akten Nr. 00,2, S. 29.
72 LHA Ko Best. 33, Nr. 3723, S. 329.
73 LHA Ko Best. 33, Nr. 4947, S. 354: „Weil die knaben nicht alle uff dem chor stehen konnen, ist ein sonderer platz in der kirchen verordnet, dahin der bürgermeister gestuels machen lassen soll, welches nechst bey der cantzel ist."

dammt wurden. So wurden die Winninger nach der Visitation von 1560 aufgefordert, „sich allerlei abgöttereien, misprauche und falschen gottesdienste [zu] enthalten, als dä sein meßhören, walfart tun, die gotzen anraufen, segen prauchen, begengnus der abgestorbnen halten, eigen feiertage oder hegel feirtag helfen anrichten, gegen dem wetter leuten etc. Dann solches alles und dergleichen grewell vor Gott ist und in Gottes wort verpotten."[74] Man kann nur vermuten, dass den Gläubigen der Abschied von diesen vertrauten Riten, die das Leben bis dahin begleitet hatten, nicht leicht gefallen ist. Heiligenanrufungen und Reliquienverehrung waren ihnen nun ebenso untersagt wie Segnungen gegen alle möglichen Gefahren, Rituale des Totengedenkens, durch die die Lebenden das Schicksal der Verstorbenen zu beeinflussen suchten, sowie Zeremonien zur Abwendung von Naturgewalten. Den erwähnten Hagelfeiertag begingen katholische Landpfarreien im Frühsommer mit einem feierlichen Hochamt und anschließender Prozession durch die Flur. Auf diesem Bittgang zum Schutz der Felder vor Hagel führte die Gemeinde außer Kreuz und Reliquien auch eine Monstranz mit einer konsekrierten Hostie mit. Bei der Visitation 1560 zeigte der Winninger Pfarrer an, dass im Dorf der Brauch, „gegen dem wetter zu leiten",[75] noch geübt werde. Zog ein Unwetter auf, läutete man die Glocken, um Blitz, Donner und Sturm zu vertreiben und die Luft von der Gegenwart böser Geister zu reinigen. Die Religiosität des einfachen Volkes stand eben in unmittelbarem Bezug zur konkreten Lebenserfahrung. In einer Epoche, in der die Menschen ganz von der Natur abhängig waren, kamen die traditionellen kirchlich-religiösen Riten ihrem Bedürfnis nach einer Bewältigung alltäglicher Nöte konkreter und leichter entgegen als das von den Reformatoren geforderte reine Gottvertrauen.[76]

Der Pfarrer monierte 1560 ferner, die Winninger pflegten jeden Morgen „wie im babstum" zu läuten. Gegen den Willen des lutherischen Geistlichen hielt die Gemeinde also zunächst an traditionellen Glockensignalen fest. Die Visitatoren befahlen daher, das „metten leiten" abzuschaffen.[77] Da in der Winninger Pfarrkirche damals keine römische Messe mehr gelesen wurde, läutete die Glocke wohl zum morgendlichen „Angelus", um die Gläubigen bei Tagesanbruch an das geforderte tageszeitliche Begleitgebet zu erinnern. Es beginnt mit den Worten: „Der Engel [lateinisch: „Angelus"] des Herrn brachte Maria die Botschaft".[78] Den Schlüssel zum Glockenturm besaßen eigentlich nur der Pfarrer und der Küster. Irgendwelche Gemeindemitglieder mussten sich daher widerrechtlichen Zugang verschafft haben. Um nun die Kontrolle über die Glocke zu gewinnen, ordneten die Visitatoren an, einen Schulmeister einzustellen, der zugleich den Dienst des Glöckners wahrnehmen sollte.[79]

---

74 Engelbert, Visitation (wie Anm. 19), S. 73.
75 Engelbert, Visitation (wie Anm. 19), S. 39. – Vgl. zum Wetterläuten: Alain Corbin, Die Sprache der Glocken. Ländliche Gefühlskultur und symbolische Ordnung im Frankreich des 19. Jahrhunderts, 1995, S. 147-157.
76 Zu diesem Thema z. B. Richard von Dülmen, Volksfrömmigkeit und konfessionelles Christentum im 16. und 17. Jahrhundert, in: Wolfgang Schieder (Hg.), Volksreligiosität in der modernen Sozialgeschichte (=Geschichte und Gesellschaft, Sonderheft 11), 1986, S. 14-30.
77 Engelbert, Visitation (wie Anm. 19), S. 59.
78 Corbin, Sprache (wie Anm. 75), S. 183.
79 Engelbert, Visitation (wie Anm. 19), S. 38.

Spätere Verstöße gegen das Verbot vorreformatorischer religiöser Gebräuche sind aus der Gemeinde Winningen nur ganz vereinzelt überliefert. Das Segensprechen erscheint ein einziges Mal in den Quellen. In einem 1644 geführten Hexenprozess beschuldigte man Veit Geilen, er „habe das segenen gepraucht".[80] Der Bamberger Hofmann war möglicherweise katholischer Herkunft, lebte damals aber bereits über zwanzig Jahre in Winningen. In den Akten wird er nirgends als Katholik bezeichnet. Dass die Reformatoren an anderen Orten durchaus auf anhaltenden Widerstand der Gläubigen stießen, lässt sich aus einem Formular für die Visitation in der Grafschaft Sponheim schließen. Um 1600 sollten Pfarrer und Gemeindeaufseher gefragt werden, „ob noch walfarth oder andere abgötterey, hagel feyertäg und dergleichen im schwang gehen, item segensprechen etc."[81] Ebenso wie die Reformatoren die alten religiösen Formen verurteilten, gingen sie gegen magische Praktiken vor, die auch in der römischen Kirche im Prinzip als häretisch galten, für die breite Bevölkerung aber eine wichtige Funktion bei der Abwehr von Schaden besaßen. Den einfachen Leuten dürfte dabei weitgehend gleich gewesen sein, ob Vollzüge mit der offiziellen Lehre der Kirche übereinstimmten oder als abergläubisch eingestuft waren.

Seit Mitte des 16. Jahrhunderts waren die sich ausbildenden drei Konfessionen – die reformierte, die lutherische und die katholische – bestrebt, den Laien die christliche Glaubenslehre in der je eigenen Konfession strikt nahezubringen. Anders als die protestantischen Kirchen griff die katholische Kirche nach dem Konzil von Trient [1545 – 1563] dabei relativ zurückhaltend in die alte Volksreligion ein. Wie lange jedoch selbst unter dem Einfluss einer intensiven religiösen Erziehung, wie sie die Winninger nach der Reformation erfuhren, heidnisch-magische Praktiken mit dezidiert katholischen Anteilen auch hier weiterleben konnten, zeigt folgender Vorfall:[82] Im Verhör wegen Anklage auf Hexerei 1642 erklärte die Angeklagte Margarethe Schiffer nämlich, dass sie die Osterkerze als Schutzmittel gebraucht habe. Vor den Heimsuchungen des Satans hätte sie eine gewisse Sicherheit gefunden, nachdem sie sich bei dem Glöckner der Koblenzer Liebfrauenkirche „drey kleyner stückelgern von der oster kertzen" beschafft und „selbige eingenohmen" hätte.[83] Die Frau hielt damit an einer volkstümlichen Vorstellung fest, die in der katholischen Liturgie wurzelte. Aus kirchlicher Sicht versinnbildlicht das Licht der Osterkerze die Überwindung des Bösen durch Christus. Diese Symbolik übertrug der Volksglaube auf die Kerze selbst und schrieb dem Material als solchem Abwehrkräfte gegen den Teufel zu.[84] Das Verhalten der Margarethe Schiffer mag verbreiteter gewesen sein, als ein einzelnes Zeugnis belegt. Es wirft jedenfalls die Frage auf, ob sich trotz aller Erfolgsmeldungen der Pfarrer und Visitatoren die Mentalität der Dorfbevölkerung – als Frau des Gerichtsschöffen Bartel Schiffer und des ehemaligen Bürgermeisters Endres Knebel gehörte

---

80 LHA Ko Best. 33, Nr. 8862, Bl. 2. – Vgl. Rummel, Ausrottung (wie Anm. 9), S. 70, und zur Person ders., Bauern (wie Anm. 41), S. 263.
81 AEKgW, Akten Nr. 00,4, S. 650.
82 Vgl. dazu auch Robert W. Scribner, The Impact of Reformation on Daily Life, in: Mensch und Objekt im Mittelalter und in der frühen Neuzeit. Leben – Alltag – Kultur, 1990, S. 315-343, hier: S. 325.
83 LHA Ko Best. 33, Nr. 8856, Bl. 3 v. – Vgl. Rummel, Ausrottung (wie Anm. 9), S. 71.
84 Nikolaus Kyll, Osterfeuer und Osterkerze im Trierer Volksbrauch, in: Ldkdl. Vjbll. 21 (1975), S. 32-37, hier: S. 34 f.

Margarethe Schiffer darin sogar zur Oberschicht[85] – durch die konfessionelle Erziehung wirklich so tiefgreifend gewandelt hatte.

Zu den religiösen Gewohnheiten und Ritualen, gegen die sich die Reformation wandte, zählen auch populäre Bräuche, die in direktem Bezug zu einem Fest des Kirchenjahres standen. Vielfach gingen kirchliches und weltliches Brauchtum ineinander über. In den Verordnungen protestantischer Obrigkeiten gegen die Volksreligiosität äußert sich ein Impuls zur Disziplinierung der Untertanen, der auch im katholischen Raum zu beobachten ist. Denn in obrigkeitlicher Perspektive boten die Feiern und Wallfahrten den Teilnehmern vor allem Gelegenheit zur Geselligkeit, Verschwendung, Alkoholexzessen, Schlägereien und sexueller Freizügigkeit. So betrachtet störte das Brauchtum die öffentliche Ordnung und schadete dem Gemeinwohl. Aus den gleichen Gründen gingen die Landesherren gegen ausschweifende Festlichkeiten zu Hochzeiten, Kindtaufen und Begräbnissen vor.[86]

Für unser Thema ist jedoch weniger die Durchsetzung von Zucht und Ordnung in der Hinteren Grafschaft Sponheim von Interesse, als die Umformung der religiösen Vorstellungswelt und Praxis der Bevölkerung. 1567 informierten die Visitatoren die Amtleute, man habe „vast durchaus bey allen pfarrern alte heidnische und unchristliche gebrauch gefunden, als nemlich das die underthanen s[anct] Johansfeuer gemacht, reder geschoben, lehen außgeruffen, item faßnacht, das hamel oder fisch- und kirchweyhgefest etc. gehalten. Solch und dergleichen unnütze und verderbliche mißbrauch und uncosten, so wider Gottes wort und gemeinen nutz seindt und den christen übel ansteen, soll ein jeder ambtmann mit ernst abschaffen".[87] Mit dem Verdikt „heidnisch" und „unchristlich" pflegten konfessionelle Gegner in der Epoche jeweils den Glauben und die religiösen Ausdrucksformen der anderen Partei zu belegen.[88] Eine klare Trennlinie zwischen weltlichem und christlichem Brauchtum wird hier nicht gezogen. Während der Brauch des Lehenausrufens, eine Versteigerung der jungen Mädchen unter den Junggesellen mit öffentlicher Verkündung der Paare, profanen Charakter hatte, sind die meisten der abgelehnten Feste keineswegs heidnischen Ursprungs, sondern im christlichen Mittelalter entstandenes und in einem engen Sinnbezug zum Lauf des Kirchenjahres geformtes Brauchtum.[89] Beim Kirchweihfest, also der Kirmes, mag sich die Volksbelustigung am stärksten vom kirchlichen Anlass gelöst haben. Das bäuerliche Jahresfest ist aber nur vor religiösem Hintergrund verständlich. Die Pfarrgemeinden begingen das Jahresgedächtnis der Kirchweihe mit einer Festliturgie. Daran schloss sich das Volksfest an. Auch die Jahresfeuer folgten dem Jahresrhythmus des alten Glaubens. Zum Hochfest Johannes des Täufers am 24. Juni entzündete die Landbevölke-

---

85 Rummel, Bauern (wie Anm. 80), S. 262.
86 Vgl. z. B. LHA Ko Best. 33, Nr. 4944, S. 78 (zu 1560-62).
87 LHA Ko Best. 33, Nr. 7205, S. 5.
88 Hölscher, Geschichte (wie Anm. 11), S. 83 f.
89 Vgl. zu den verschiedenen Bräuchen: Herbert und Elke Schwedt, Bräuche zwischen Saar und Sieg. Zum Wandel der Festkultur in Rheinland-Pfalz und im Saarland (=Studien zur Volkskultur in Rheinland-Pfalz 5), 1989. – Gunther Hirschfelder, Mittsommer, Sonnenwende und Johannisfeuer im Rheinland, in: Rheinisch-westfälische Zeitschrift für Volkskunde 50 (2005), S. 101-140, hier: S. 127. – Beim „hamel-" oder „fischfest" könnte es sich um Kirmesbrauchtum handeln: „Item untzüchtige thentze ausserhalb den hochzeitten, die man nennet hemell däntze"; vgl. LHA Ko Best. 33, Nr. 4944, S. 78, und Schwedt, Bräuche, S. 36.

rung große Feuer, beim „reder schieben" ließ sie brennende Feuerräder die Abhänge hinabrollen. Dafür sind verschiedene Termine bekannt. In der Winninger Gegend war wohl der Sonntag Invocavit üblich, der erste Sonntag der vorösterlichen Fastenzeit der römischen Kirche.[90] Vom Abend, der der Fastenzeit vorausgeht, leitet sich der Begriff der Fastnacht ab. Daher ist das närrische Treiben vor dem Aschermittwoch untrennbar mit dem kirchlichen Fasten verknüpft. Aus der veränderten Buß- und Rechtfertigungslehre der Reformation resultierte die Ablehnung von Fastengeboten. Folglich untersagten protestantische Kirchenordnungen auch das fastnächtliche Brauchtum.

Eingespielte Bräuche und Vergnügungen ließen sich jedoch nicht per Dekret abschaffen. Da die Bevölkerung solche Vorschriften einfach unterlief, hielten sich in evangelischen Gemeinden lange über die Reformation hinaus volkstümliche Aktivitäten, die eigentlich ihren Sitz im katholischen Umfeld hatten. In Hornbach im Herzogtum Pfalz-Zweibrücken etwa kämpften die lutherischen und reformierten Pfarrer noch Mitte des 18. Jahrhunderts gegen die Kirchweihfeste.[91] Die Winninger Kirmes, die „eßkirben", verboten die Visitatoren gleich 1560, anschließend erscheint sie nicht mehr in den Quellen.[92] Ob sich die Obrigkeit damit definitiv durchgesetzt hatte, bleibt offen, zumal die Winninger Jugend gegenüber dem Fastnachtsverbot ihren Widerspruchsgeist zeigte. Bei der Visitation 1567 gab Pfarrer Mylius zu Protokoll, dass die Winninger zur Fastnacht und am Johannistag „ein dantz, pfeiffen und trumen ohn befrege volbracht" hatten.[93] Eine unerlaubte öffentliche Tanzerei veranstalteten die jungen Knechte und Mägde auch zur Fastnacht 1570, indem sie sich über Verbote des Vogts, des Pfarrers und der Sendschöffen in „muttwilliger weiß" hinwegsetzten.[94] Öffentliche Tanzveranstaltungen zum Karneval mussten den Visitationen 1592 und 1599 zufolge mit Rücksicht auf das Gesinde aus den katholischen Nachbardörfern gestattet werden. Andernfalls hätte man diese in den Weinbergen dringend benötigten Arbeitskräfte nicht halten können.[95] Für diese Lösung hatten die Kirchengeschworenen schon 1567 plädiert.[96] Ein anderer Brauch, an dem das Dorf noch eine Zeitlang festhielt, war der „pfingsteß", an dem die Visitatoren 1580 Anstoß nahmen.[97] Zu Pfingsten führte man – ganz ohne religiösen Bezug – eine in frisches Grün gekleidete Gestalt, die den Sommerbeginn darstellte, durch den Ort.

V. Das Verhältnis zur katholischen Umgebung

Die Gemeinde Winningen grenzte rundum an katholisches Gebiet. Wer also die römische Messe hören wollte, brauchte nur nach Güls, Lay oder Kobern zu gehen. Im Mitgliederver-

---

90 Schwedt, Bräuche (wie Anm. 89), S. 98 f.
91 Schwedt, Bräuche (wie Anm. 89), S.7 f. und S. 27 f.
92 Engelbert, Visitation (wie Anm. 19), S. 73.
93 LHA Ko Best. 33, Nr. 4948, S. 101.
94 LHA Ko Best. 33, Nr. 8870, Vogtabschied für 28.9.1570.
95 LHA Ko Best. 33, Nr. 3723, Bl. v 328, und AEKgW, Akten, Nr. 00,4, S. 642.
96 LHA Ko Best. 33, Nr. 4948, S. 106.
97 LHA Ko Best. 33, Nr. 4953, S. 93.

zeichnis der Sebastiansbruderschaft an der Koberner Pfarrkirche[98] finden sich einzelne Winninger eingeschrieben: um 1579 „Hans Häch", 1598 der Schiffer „Niklas Bormer", 1599 der Schiffer „Thomas Flick", „Kirst Schender", in jenem Jahr war „Thomas Sylß" sogar Vorsteher der religiösen Laienbruderschaft. Sie hatte sich einst zur Abwehr der Pest zusammengeschlossen. Ihre Mitglieder durften mit Fürsorge im Krankheitsfall rechnen. Wichtiger noch war ihr Auftrag, für das Begräbnis und das Totengedenken der Mitbrüder zu sorgen. Die altgläubige Vorstellung, Gebetsfürbitte und Seelenmessen könnten den Aufenthalt der Verstorbenen im Fegefeuer verkürzen, hatte die Reformation grundsätzlich verworfen. Dass einige Winninger der Bruderschaft dennoch beitraten, ist nicht untypisch für die Epoche. Studien zur lutherischen Konfessionalisierung der Laien erweisen, dass sich Reste katholischer Frömmigkeit in evangelischen Gemeinden hielten, und sich die Gläubigen zu Auffassungen bekannten, die einer „Mischreligion" gleichkamen.[99] Aus Winningen sind Klostereintritte von jungen Männern und Frauen aus lutherischen Familien bezeugt, die wohl nicht auf Konversionen zurückzuführen sind, sondern auf das Fehlen vergleichbarer evangelischer Institutionen in der Gegend. Überliefert ist dieser Umstand, weil er 1587 im Streit des Pfarrers Andreä mit dem Vogt zur Sprache kam. Der Vorwurf gegen den Pfarrer lautete, er hätte die Anhänger des Papstes von der Kanzel diffamiert und die Klöster verdammt. Dagegen rechtfertigte sich Andreä, lediglich gegen die „die mißbräuchlichen clöster" gepredigt zu haben, ohne jedoch ein bestimmtes Kloster anzugreifen. Allerdings hätte er Gemeindemitglieder gestraft, die sich zwar vom alten Glauben abgewandt und das Abendmahl in beiden Gestalten von ihm begehrt hätten, „und doch ihre kinder ins pabstum unter die gesetze der abgötterey stecken."[100] Als Simon Dunn 1604 seine Tochter in das Koblenzer Kloster Oberwerth geben wollte, griff das Kirchengericht ein. Unter Strafandrohung revidierte der Vater seinen Entschluss.[101] Auch dieser Vorfall zeigt, wie schwierig sich unter den besonderen lokalen Umständen die Einführung der neuen Frömmigkeit gestaltete. Aus diesem Grunde kam der Wahrung strenger Kirchenzucht hier in Winningen auch besondere Bedeutung zu.

Viele Winninger Familien unterhielten verwandtschaftliche oder freundschaftliche Beziehungen zu Personen, die im alten Glauben lebten. In den ersten Jahrzehnten nach der Reformation wirkten familiäre und gesellschaftliche Vernetzungen stärker als konfessionelle Vorbehalte. Häufig baten Eltern Verwandte, die in die Nachbarorte geheiratet hatten, die Patenschaft über ihre Kinder zu übernehmen. So taufte Pfarrer Konrad Andreä am Sonntag Septuagesima 1596 eine Tochter des Thomas Mölich, deren drei Paten alle nicht evangelisch waren. Im Kirchenbuch notierte er, dass altgläubige Paten in einer solchen Konstellation versprachen, die Täuflinge später im Sinne des evangelischen Bekenntnisses erziehen zu wollen: „Die nechsthievor gemeldete papistische personen oder untertanen haben verheißen, die kinder, wan sie ihre jar erreichen, zu unserm catechismo und neuen augsp[urgischen] confession anzuweisen".[102] Persönlich hielt Konrad Andreä konfessionsverschiedene Patenschaften für ein Ärgernis, das

---

98 Begründet 1523. – W. Simon, Mitgliederverzeichnis der alten Sebastianusbruderschaft in Kobern, in: Mittelrheinische Geschichtsblätter 7 (1927) Nr. 5, S. 1 f., Nr. 6, S. 3 f., Nr. 7, S. 2 f. – Vgl. auch den Hinweis bei Bellinghausen, Winningen (wie Anm. 7), S. 63.
99 Schmidt, Konfessionalisierung (wie Anm. 9), S. 62.
100 AEKgW, Akten, Nr. 00,4, S. 155.
101 AEKgW, Akten, Nr. 00,2 S. 38.
102 Zitiert nach Bellinghausen, Winningen (wie Anm. 7), S. 57.

sich nachteilig auf die religiöse Haltung der Gemeinde auswirke.[103] Trotzdem kam er den Wünschen der Eltern nach.

In der Bürgerschaft waren die konfessionsverschiedenen Patenschaften und das sog. „Ausheiraten" in die erzbischöflichen Orte der Umgebung umstritten. 1597 zeigten einige Bürger Pfarrer Andreä beim Landesherrn in Birkenfeld an, weil er Taufen und Trauungen vornahm, an denen Altgläubige aktiv beteiligt waren. Pfalzgraf Karl indes teilte die rigorose Haltung seiner empörten Untertanen nicht. Er mahnte die Winninger zu Frieden und Eintracht, nicht zuletzt, damit sie den Nachbarn in den kurtrierischen Orten ein Vorbild gäben. Der Pfarrer sollte gemischte Ehen hinnehmen, aber lutherische Verlobte, bevor sie in das altgläubige Territorium zogen, vor der „papistischen abgötterey" warnen und zur „bestendigen erkandtnüß der warheit" anhalten.[104] Weiter dürfte er in Ehesachen nicht eingreifen. Auch gegenüber den Patenschaften von „evangelischen" bei „papisten" oder umgekehrt, verfolgte Pfalzgraf Karl einen ausgleichenden Kurs der konfessionellen Koexistenz. Wenn Winninger Eltern Katholiken zur Patenschaft bäten, sollten diese „gantz freundlich angeredt und zugelassen werden, in Betrachtung, daß sie darnach bey unserer tauff lernen, und sehen, daß wir von sacramenten ehrerbietig lehren und halten, und nicht wie ihre pfaffen uns schuld geben, ein ünordentlich saubad in der kirchen angerichtet haben."[105] Der Pfalzgraf hegte demnach die Erwartung, altgläubigen Paten könnte durch eine persönliche Begegnung mit dem lutherischen Taufritus aufgehen, dass römische Priester die Lehre und den Kult der Protestanten böswillig verleumdeten. Für den Fall, dass evangelischen Gläubigen eine Patenschaft in der römischen Kirche angetragen würde, sollten sie zusagen, zuvor aber den eigenen Pfarrer aufsuchen. Dieser musste die Paten dann soweit vorbereiten, dass sie mit der reformatorischen Kritik am römischen Ritus vertraut waren und ihr eigenes Bekenntnis beredt verteidigen konnten. Im Wortlaut des pfalzgräflichen Schreibens klingt das so: Der Pfarrer sollte sein Gemeindemitglied „erinneren [...], wie es mit den papistischen aberglaubischen zusetzen und mißbräuchen etlicher ceremonien beschaffen stehe und der erfordert bey den papistischen seines erscheinens und glaubens rede und antwort geben könne". Erst seit 1608 durften keine „Papisten" mehr als Paten zugelassen werden. Dazu sollten die Eltern der Täuflinge entsprechend beeinflusst werden.[106] Bis dahin hatten sogar katholische Kleriker in Winningen Pate gestanden: 1597 der Abt von Rommersdorf, 1600 ein Kanoniker des Aachener Marienstiftes und einige Priester aus den Nachbarorten.[107]

---

103 AEKgW, Akten, Nr. 00,4, S. 163-165: Schreiben des Pfarrers Konrad Andreä an die Fürstin vom 24.8.1588.
104 LHA Ko Best. 33, Nr. 7363, S. 163. – Vgl. auch Bellinghausen, Winningen (wie Anm. 7), S. 59.
105 LHA Ko Best. 33, Nr. 7363, S. 163, auch für das folgende Zitat. – Die Polemik knüpft wohl an das Lutherwort an, wonach auch in einem „Saustall" ein rechtes Gebet gesprochen werden könne, vgl. Graff, Geschichte (wie Anm. 51), S. 86.
106 AEKgW, Akten, Nr. 00,4, S. 623.
107 Vgl. die Hinweise auf entsprechende Kirchenbucheinträge bei Bellinghausen, Winningen (wie Anm. 7), S. 63.

VI. Ausblick

Die konfessionelle Abschließung verfestigte sich und galt unangefochten über die folgenden Jahrhunderte. Das Verhältnis der Winninger zu ihren katholischen Nachbarn im 19. Jahrhundert war von mancher daraus resultierenden Schwierigkeit und Fehleinschätzung der jeweils anderen Seite bestimmt.[108] Erst durch den 2. Weltkrieg brach die konfessionell einheitliche Zusammensetzung der Einwohnerschaft auf, weil damals eine so große Anzahl von Katholiken im Dorf ansässig wurde, dass sie fast ein Viertel der Bevölkerung stellten. Nach einem Bericht des evangelischen Ortspfarrers Ecker aus den 1950er Jahren gestaltete sich das Zusammenleben der beiden Konfessionen harmonisch.[109] So war Winningen eine der wenigen Kommunen im Koblenzer Regierungsbezirk, in der die Jugend eine Simultanschule besuchte. Trotzdem entstanden nur verhältnismäßig wenig soziale Verbindungen zwischen Lutheranern und Katholiken. Dass beide Gruppen familiär unter sich blieben, muss auch als eine langfristige Auswirkung der Konfessionalisierung begriffen werden. So jedenfalls geht es aus einer Reflexion des damaligen Pfarrers Ecker hervor, der in diesem Verhalten der protestantischen Winninger die vorbildliche Frömmigkeit der Protestanten erkannte. Seine Beobachtung zeugt davon, welche Bindungskraft die Konfessionszugehörigkeit noch bis in die jüngere Vergangenheit besaß: „Daß dieses Miteinander ev. und kath. Christen nicht zur Lauheit führen muß, zeigt sich in Winningen darin, daß auch heute noch sehr selten von einem Winninger Jungen oder Mädchen eine glaubensverschiedene Ehe geschlossen wird. Wo es aber der Fall ist, weiß man sich seiner Gemeinde und seiner Familie gegenüber verpflichtet, eine evangelische Ehe zu fordern. Ausnahmen bestätigen auch hier nur die Regel [...]."[110]

---

108 Vgl. die Beiträge von Marli Beck – Ellen Junglas und Hedwig Herdes in diesem Band.
109 Walter Ecker, Die evangelische Gemeinde Winningen nach 1945 in: 400 Jahre Evangelische Kirchengemeinde Winningen, 1957, S. 12 ff.
110 Ebd.

Die Evangelische Kirchengemeinde Winningen vom 19. bis zum 21. Jahrhundert

Von Andreas Metzing

Mit dem 19. Jahrhundert begann nicht nur für die Kommunalgemeinde Winningen, sondern auch für die evangelische Kirchengemeinde hier ein neuer Abschnitt. Jahrhunderte lang war ihre Situation durch die Lage des Ortes als evangelische Exklave inmitten eines katholisch regierten Gebiets geprägt gewesen. Doch nach dem Wiener Kongress 1815 kam Winningen mit dem gesamten Rheinland an den von einem evangelischen Herrscherhaus regierten preußischen Staat, dessen damaliger Landesherr Friedrich Wilhelm III. sich die Förderung des evangelischen Bekenntnisses in seinen neu erworbenen Gebieten zu einem besonderen Anliegen gemacht hatte. Das neue Zeitalter begann für Winningen und damit auch für die evangelische Kirchengemeinde allerdings schon knapp zwei Jahrzehnte vor dem Übergang der Rheinlande an Preußen, nämlich mit dem Einmarsch der französischen Revolutionstruppen im Herbst 1794.

Unter französischer Herrschaft

Die ersten Jahre unter der französischen Besatzungsverwaltung trafen die evangelische Gemeinde Winningen hart, da auch von ihr zahlreiche Kontributionsleistungen zu entrichten waren. Erst ab etwa 1797, als die Franzosen von einer auf die finanzielle Ausbeutung der okkupierten Gebiete ausgerichteten, reinen militärischen Besatzungsverwaltung zu einer Politik der Integration in das französische Verwaltungssystem übergingen, stabilisierte sich die Lage.[1]

In die Zeit der französischen Herrschaft fiel der Tod des langjährigen Pfarrers Georg Ludwig Magnus Rodenberger, der nach über 46 Dienstjahren in Winningen am 15. April 1804 starb.[2] Sein Nachfolger als Inhaber der ersten Pfarrstelle wurde der bisherige, bereits seit 1794 als Diakon (d.h. 2. Pfarrer) in Winningen tätige Christian Ludwig Gottlieb. Die Ernennung des damals 34jährigen, der mit einer Nichte seines Amtsvorgängers verheiratet war, erfolgte zunächst nur provisorisch und wurde erst am 23. Februar 1806 durch ein von Napoleon unterzeichnetes kaiserliches Dekret offiziell bestätigt. Nach Inkrafttreten der vom napoleonischen Staat für den protestantischen Kultus erlassenen „Organischen Artikel" legte Gottlieb im April 1806 in der evangelischen Görgenkirche in Koblenz seinen Amtseid in die Hände des

---

1 Vgl. Andreas Metzing, Der linksrheinische Protestantismus und die französische Säkularisationspolitik, in: Georg Mölich; Joachim Oepen; Wolfgang Rosen (Hg.), Klosterkultur und Säkularisation im Rheinland, 2002, S. 197-204, hier: S. 197.
2 Zu Rodenberger vgl. Adolf Müller, Geschichte der evangelischen Gemeinde Winningen, in: Monatshefte für rheinische Kirchengeschichte 3 (1909), S. 225-286, hier: S. 246-249. Rodenberger verfasste u.a. ein Winninger Geschlechtsregister, in dem er die in seiner Amtszeit lebenden Winninger Familien soweit zurückverfolgte, wie es die ihm noch zugänglichen, heute teilweise verschollenen Dokumente ermöglichten. Das Register befindet sich heute in AEKR Boppard unter der Signatur KB 83/2.

zuständigen staatlichen Beamten ab.[3] Die zweite Pfarrstelle blieb bis ins Jahr 1820 unbesetzt. Gottlieb war deshalb zwölf Jahre lang, von 1804 bis zu seinem Tod im Jahr 1816, einziger Pfarrer der evangelischen Gemeinde Winningen.

In Gottliebs Amtszeit fiel die Neustrukturierung des Evangelischen Kirchenwesens auf dem linken Rheinufer durch die „Organischen Artikel für den protestantischen Kultus". Dieses für ganz Frankreich gültige Gesetz mit dem offiziellen Namen „Loi relative à l'organisation des cultes" vom 8. April 1802 (nach dem Revolutionskalender: 18. Germinal X) wurde für die rheinischen Departements erst im Jahr 1806 in Kraft gesetzt. Es legte fest, dass die bisherigen lutherischen und reformierten Gemeinden zu so genannten Konsistorialkirchen mit jeweils etwa 6.000 Gemeindegliedern und einem aus Pfarrern und Notabeln – Personen, denen der Staat aufgrund von Besitz und Bildung kommunale Ämter übertrug – bestehenden Lokalkonsistorium an der Spitze zusammengeschlossen werden sollten. Die Gemeinde Winningen war dabei gemeinsam mit den ehemals hintersponheimischen Gemeinden Kastellaun, Bell, Alterkülz und Gödenroth, den ehemals hessischen Pfarreien St. Goar, Biebernheim, Werlau und Pfalzfeld sowie der 1802/03 neu gebildeten Gemeinde Koblenz der Konsistorialkirche Kastellaun zugeordnet. Im Lokalkonsistorium war die Gemeinde zunächst durch Christian Ludwig Gottlieb als Pfarrer und Bürgermeister Carl August Reinhard als Notabel vertreten. Im Jahr 1808 wurde Bürgermeister Reinhard im Notabelnamt durch Carl Haut abgelöst.[4] Das Lokalkonsistorium war das für alle Angelegenheiten der Gemeinde Winningen zuständige Entscheidungsgremium. So musste sich Pfarrer Gottlieb im Sommer 1807 den geplanten Verkauf einiger entlegener und ertragsarmer Weinberge wie auch drei Jahre später die Verpachtung von ertragreichen Weinbergen[5] eigens vom Lokalkonsistorium in Kastellaun genehmigen lassen.[6]

Diese Verwaltungsstruktur hatte allerdings nur etwa ein Jahrzehnt Bestand. Nach dem Übergang der Rheinlande in die Besatzungsverwaltung im Jahr 1814 und der Inbesitznahme durch den preußischen Staat im Jahr 1815 bestanden die Lokalkonsistorien zunächst weiter fort. 1816 erfolgte dann aber die Einteilung der Rheinlande in Landkreise und 1817 eine an diesen neuen Landkreisen orientierte Neustrukturierung auch der kirchlichen Verwaltung. Die Gebiete der Landkreise Koblenz, St. Goar und Ahrweiler bildeten den neuen Kirchenkreis Koblenz. Damit war die seit der sponheimischen Zeit bestehende administrative Verbindung der Kirchengemeinde Winningen mit den Hunsrückgemeinden endgültig beendet.

---

3   Müller, Geschichte (wie Anm. 2), S. 225-286, hier: S. 49. Zeitgleich mit Gottlieb wurde auch der erste evangelische Pfarrer der neu gegründeten Gemeinde Koblenz, der spätere Konsistorialrat und Superintendent Johann Justus Cunz, vereidigt. Vgl. Rolf Volkening, „[...] voll Begierde, diese Wohltat des Gesetzes zu genießen". Die Gründung der evangelischen Gemeinde Koblenz in französischer Zeit, in: Markus Dröge; Thomas Martin Schneider; Rolf Stahl (Hg.), Pragmatisch, preußisch, protestantisch ... Die Evangelische Gemeinde Koblenz im Spannungsfeld von rheinischem Katholizismus und preußischer Kirchenpolitik (=Schriftenreihe des Vereins für Rheinische Kirchengeschichte 161), 2003, S. 13-28, hier: S. 26-27.
4   AEKR Boppard, Best. 3MB 013B (Synode Simmern-Vorgängerbehörden), Nr. 52, Protokoll des Lokalkonsistoriums Kastellaun vom 14.6.1808.
5   Wie Anm. 4 (Protokoll des Lokalkonsistoriums Kastellaun vom 15.5.1810, Nr. I).
6   Wie Anm. 4 (Protokoll des Lokalkonsistoriums Kastellaun vom 11.8.1807).

Vom Übergang an Preußen bis in die Reichsgründungszeit

Der Übergang Winningens an den preußischen Staat im Jahr 1815 war nach zwei von Krieg und Besatzung geprägten unruhigen Jahrzehnten der Ausgangspunkt für eine allmähliche Stabilisierung des gemeindlichen Lebens. Zwar war in Gestalt der anderthalbjährigen Vakanz zwischen dem Tod Pfarrer Gottliebs am 28. Dezember 1816 und dem Amtsantritt seines Nachfolgers Albrecht Ferdinand Schoeler im Jahr 1818 noch eine Durststrecke zu überwinden, während der Gottliebs Sohn die Winninger Pfarrstelle verwaltete. Dafür war mit Schoeler ein Pfarrer gewonnen worden, der die Gemeinde für fast ein halbes Jahrhundert prägen und während seiner 17-jährigen Amtszeit als Superintendent des Kirchenkreises Koblenz (1839-1856) eine auch über Winningen hinaus reichende Bedeutung erlangen sollte. Schoeler stammte aus einer bergischen Juristen- und Theologenfamilie. 1787 als Sohn eines reformierten Pfarrers im oberbergischen Drabenderhöhe bei Wiehl geboren, war er als junger Theologe nach dem Studium in Marburg und Heidelberg zunächst in Remagen tätig gewesen, bevor er im Alter von 31 Jahren nach Winningen kam.

Dass der Reformierte Schoeler überhaupt die Winninger Pfarrstelle übernehmen konnte, war nur möglich, weil die ursprünglich lutherische Gemeinde Winningen schon 1817 die Union, also den Zusammenschluss von Lutheranern und Reformierten, angenommen hatte. Sie behielt zwar den lutherischen Katechismus bei, doch konnten nun auch reformiert geprägte Theologen die Pfarrstelle versehen. Als Anerkennung für den Beitritt zur Union wurde der Gemeinde in einem feierlichen Akt am 9. April 1819 die von König Friedrich Wilhelm III. verliehene Unionsgedenkmedaille verliehen. Die Einführung der Union war in Winningen allerdings kaum mehr als eine Formsache, da es hier – anders als etwa in Bendorf, St. Goar oder Bacharach, wo bis 1817 lutherische und reformierte Gemeinden nebeneinander existierten hatten – fast ausschließlich Lutheraner gab.

Zwei Jahre nach Schoelers Amtsantritt kam 1820 mit Friedrich Marius Müller auch ein Vikar nach Winningen, der am Palmsonntag 1821 offiziell in die Stelle des damals noch als Caplan bezeichneten 2. Pfarrers eingeführt wurde.[7] In Schoelers langer Amtszeit bis zu seinem Tod im Jahr 1866 hatte er es mit insgesamt acht Amtskollegen auf der 2. Pfarrstelle zu tun, nämlich mit Friedrich Marius Müller (1820-1823), Karl Philipp Metz (1823/24-1826), Johann Friedrich Fischer (1826-1835), Friedrich Hegemann (1835-1837), Adolf Senstius (1837-1843), Karl Goebel (1843-1846), Karl Seelbach (1846-1856) und Ernst Theveny (1857-1866, dann Wechsel auf die 1. Pfarrstelle). Die beiden Pfarrstellen hatten unterschiedliche Aufgaben; erst im Jahr 1912 erfolgte die völlige Gleichstellung.[8] Zu Schoelers Zeit war der Sonntagvormittags-Gottesdienst noch dem 1. Pfarrer vorbehalten, während der 2. Pfarrer den Gottesdienst am Sonntagnachmittag zu halten hatte.[9] Bei den Samstagabend-Betstunden wechselten sich beide Pfarrer ab und wirkten auch beim sechsmal im Jahr gefeierten Abendmahl gemeinsam mit. Die Konfirmation und der vorbereitende Unterricht waren eigentlich ausschließlich

---

7   AEKR Boppard, Best. 3MB 009B (Kirchenkreis Koblenz), Nr. 89.
8   Wie Anm. 6 (Jahresbericht der Gemeinde Winningen 1912).
9   Zur Aufgabenverteilung der Pfarrer vgl. AEKgW, A 1,3. S. 213-218, Protokoll der Presbyteriumssitzung vom 13.9.1846.

dem 1. Pfarrer vorbehalten, doch ging Pfarrer Schoeler dazu über, sich mit seinem jeweiligen Amtsbruder jährlich abzuwechseln. Ebenfalls wechselweise führten die beiden Pfarrer die kirchlichen Amtshandlungen (Taufen, Heiraten und Beerdigungen) durch. In der alleinigen Zuständigkeit des 1. Pfarrers lagen hingegen der Vorsitz in Presbyterium und Schulvorstand, die Führung der Kirchenbücher und die Betreuung des Kirchengemeindearchivs. Der 2. Pfarrer musste in seiner Amtswohnung die sogenannte Diakonatsschule abhalten und die aus der Elementarschule entlassenen männlichen Schüler, deren Eltern dies wünschten, 18 bis 20 Stunden wöchentlich in deutscher Sprache, Erdkunde, Geschichte und Rechnen sowie auf Verlangen der Eltern auch in Latein und Französisch unterrichten. Bei dieser Diakonatschule handelte es sich somit um eine Art höhere Bürgerschule, aus der sich die soziale Elite des Ortes rekrutierte.[10] Da jedoch die Regierung in Koblenz seit 1835 bestrebt war, die Verpflichtungen des 2. Pfarrers zum Unterricht in der Diakonatsschule abzubauen, fürchtete man in Winningen um den Bestand dieser Lehranstalt. Anlässlich der Wiederbesetzung der 2. Pfarrstelle im Jahr 1846 ging daher eine von allen Bürgern des Ortes unterschriebene Eingabe an das Konsistorium, die den Erhalt der Diakonatsschule und die Beibehaltung der Unterrichtsverpflichtungen des 2. Pfarrers einforderte.[11]

Im Jahr 1820 wurde das erste Presbyterium der Gemeinde gewählt. Ihm gehörten außer den beiden Pfarrern Schöler und Müller folgende, zunächst noch als Kirchenvorsteher bezeichnete Personen an: Friedrich Wilhelm Wagner, Johannes Knaudt, Johann Carl Hautt, Johann Carl Mölich, Johannes Hoffbauer (Peters Sohn), Johann Georg Hautt und Johannes Hoffbauer (Davids Sohn). Die Kirchenvorsteher galten zunächst als auf Lebenszeit gewählt. Erst mit der Einführung der rheinisch-westfälischen Kirchenordnung im Jahr 1835 änderte sich dieser Modus. Ein von den Gemeindegliedern gewähltes 24-köpfiges Gremium, die Gemeinderepräsentation, wählte fortan die sieben Presbyter. Die Amtszeit der Presbyter war zwar auf vier Jahre begrenzt, doch wurden in der Regel die amtierenden Presbyter nach Ablauf der vierjährigen Amtszeit erneut gewählt, häufig sogar ohne Gegenkandidaten. So schieden von den sieben Kirchenvorstehern des Jahres 1820 zwei, nämlich Johann Carl Mölich und Johannes Hoffbauer (Davids Sohn) erst 1846 aus dem Presbyterium aus, Johann Carl Hautt sogar erst 1849.

Doch bevor die rheinisch-westfälische Kirchenordnung mit ihren das presbyteriale Element stärkenden Bestimmungen 1835 in Kraft treten konnte, musste noch eine heftige Auseinandersetzung zwischen den rheinischen evangelischen Gemeinden und dem preußischen König ausgetragen werden, die auch in Winningen für große Unruhe sorgte.[12] Friedrich Wilhelm III. hatte die Einführung der Kirchenordnung nämlich davon abhängig gemacht, dass die Gemeinden ihrerseits der in ihrer Urfassung vom König selbst entworfenen neuen Agende, also der Regelung der Gottesdienstliturgie, zustimmten. Diese neue Agende lehnte aber die überwiegende Mehrheit der rheinischen Gemeinden strikt ab, weil sie darin eine Annäherung an die in der katholischen Kirche üblichen Formen sahen.

---

10 Vgl. auch den Beitrag von Rainer Garbe zum Schulwesen in diesem Band.
11 Wie Anm. 4 (Schreiben an das Konsistorium vom 28.3.1846).
12 Zum Folgenden vgl. Andreas Metzing, Die Auseinandersetzungen um Union, Agende und Kirchenordnung im Kirchenkreis Koblenz, in: MEKGR 54 (2005), S. 285-302, hier: S. 294-298.

Traditionell hatte sich die Liturgie der Winninger Gottesdienste – wie in den meisten Gemeinden der südlichen Rheinprovinz – nach der Agende für lutherische Gemeinden der Kurpfalz gerichtet. Diese betont nüchterne Form der Gottesdienste war in der Zeit der Gegenreformation in bewusster Abgrenzung zur katholischen Messe entstanden und gerade im als konfessionelle Insel komplett von katholischen Gebieten umgebenen Winningen zum wichtigen Unterscheidungs- und Abgrenzungsmerkmal geworden. Als daher wenige Jahre nach dem Übergang an Preußen König Friedrich Wilhelm III. im Jahr 1822 den Versuch machte, eine neue, sich an das in den preußischen Kerngebieten noch sehr lebendige Modell der lutherischen Messe anlehnende Agende auch im Rheinland zur Norm zu erheben, war der Widerstand vorprogrammiert. Die in Mitteldeutschland durchaus bekannten liturgischen Elemente wie das Kreuzschlagen, das Aufstellen von Kruzifixen in den Kirchen, das Niederknien bei den Einsegnungsworten vor dem Abendmahl sowie die Vielzahl von Wechselgesängen zwischen Gemeinde und Pfarrer während des Gottesdienstes waren den evangelischen Rheinländern dermaßen fremd, dass man einen Rückfall in die durch die Reformation überwunden geglaubten Formen des Katholizismus befürchtete.

Das Winninger Presbyterium beschäftigte sich erstmals in der Sitzung vom 9. September 1822 mit diesem Thema und sprach sich einstimmig gegen die Annahme der neuen Agende aus.[13] In einem einige Tage später abgefassten Brief an das Konsistorium begründete das Presbyterium dieses Votum damit, dass „unsere Gottesverehrung rein evangelisch christlich, feierlich genug und daher auch wahrhaft erbaulich seye."[14] Damit wies es die Argumentation der Agendenbefürworter zurück, die die bisherige Liturgie für zu wenig feierlich und damit einer echten Erbauung hinderlich hielten. Da von staatlicher Seite jedoch immer wieder neue Versuche gemacht wurden, den Gemeinden die Agende schmackhaft zu machen, mussten sich das Winninger Presbyterium und insbesondere Pfarrer Schoeler in den nächsten Jahren noch mehrfach mit dieser Angelegenheit befassen. Im Frühjahr 1823 beschloss das Presbyterium erneut, „die vorgeschlagene Liturgie und Agende in hiesiger Kirche nicht einzuführen."[15] In einem wenige Tage später abgefassten längerem Schreiben an den Superintendenten des Kirchenkreises Koblenz, Johann Justus Cunz, begründete Schoeler die Ablehnung ausführlich.[16] Er befürchtete, dass die neue Agende mit ihren prächtigen äußeren Formen „doch meistens nur zum bloßen Sinnen-Genusse, ohne Herz und Geist zu rühren, zu belehren u.s.w." führen werde. Zudem gab er zu bedenken, dass bei einer in jedem Gottesdienst gleichförmigen Liturgie der Blick auf das nach evangelischem Verständnis Wesentliche des christlichen Glaubens durch Äußerlichkeiten verdeckt werde und eine zu große Nähe zu katholischen Formen entstünde: „Darf der evangelisch Geistliche mit gutem Gewissen die tröstlichen Wahrheiten des Christenthums seiner Gemeinde verhüllen, was bei der Agende doch ohnfehlbar geschieht [...]? Was lehrt uns warnend hievon die römisch katholische Kirche?"

---

13 AEKgW, A 1,3. S. 23 (Protokoll der Sitzung vom 9.9.1822).
14 Wie Anm. 13, S. 24 (Protokoll der Sitzung vom 22.9.1822).
15 Wie Anm. 13, S. 26 (Protokoll der Sitzung vom 8.4.1823).
16 AEKR Boppard, Best. 3MB 009B (Kirchenkreis Koblenz), Nr. 22-1 (Special-Acten die Einführung der Hof- und Dom-Agende betreffend, Urschriftliche Antwort Schoelers vom 12.4.1823 auf das Rundschreiben von Superintendent Cunz vom 4.2.1823).

Offenbar konnte sich Schoeler bei seiner Ablehnung der Agende der vollen Unterstützung seiner Gemeinde gewiss sein, denn am 10. Juni 1824 begründete er seine Ablehnung auch einer leicht überarbeiteten Fassung der Agende damit, dass „nach der Erklärung des hiesigen Presbyteriums die Gemeinde bei Einführung der Agende die Kirche nicht mehr besuchen würde."[17] Nicht zuletzt fürchtete Schöler durch die Agende eine Gefährdung der erst wenige Jahre zuvor vollzogenen Vereinigung von Reformierten und Lutheranern. Denn hatte schon diese Union auf beiden Seiten eine gewisse Kompromissbereitschaft gefordert, so waren vor allem die ehemals Reformierten – zu denen Schoeler ja gehörte – nicht bereit, eine noch weitere Zurückdrängung ihrer gottesdienstlichen Traditionen zu akzeptieren. Dass deshalb die Agende, von der der evangelische Theologe Friedrich Schleiermacher sagte, sie sei katholischer als Luther und gehe nicht seinen Weg weiter, sondern hinter ihn zurück,[18] bei den Reformierten auf eine besonders starke Ablehnung stieß, lag auf der Hand.

Je stärker aber in den Gemeinden der Widerstand gegen die Agende wurde, umso mehr übten die preußischen Staatsbehörden Druck auf die Pfarrer aus und umso mehr wuchs auch bei Schoeler die Spannung zwischen Obrigkeitstreue einerseits und Gewissens- und Glaubensüberzeugung andererseits. Nachdem das Berliner Ministerium für geistliche Angelegenheiten und das Rheinische Konsistorium in Koblenz im Sommer 1825 alle Pfarrer, die die Agende noch nicht angenommen hatten, zu einer schriftlichen Erklärung aufgefordert hatte, äußerte sich Schoeler am 8. Dezember 1825 noch einmal ausführlich zur Agendenfrage.[19] Neben den bereits genannten Argumenten – der zu großen Nähe zu den katholischen Formen und der Gefährdung der Union – wies er auch auf die Gefahr hin, die neue Agende könnte die Abspaltung einzelner kirchlicher Gruppen von der Landeskirche provozieren und so „das heilige Band zwischen König und Volk zerissen" werden. Dies alles, so Schoeler, zwinge ihn, „im Namen der evangelischen Christenheit, meiner Gemeinde und meiner selbst die Annahme der fraglichen Agende in aller Unterthänigkeit und von Herzen wohlmeinend abzulehnen." Explizit verwies er abschließend darauf, dass für ihn in dieser theologischen Angelegenheit der bei seiner Ordination abgelegte Amtseid höher stehe als der dem König geleistete Treueid.

Der Agendenstreit wurde schließlich durch die Gewährung provinzialkirchlicher liturgischer Sonderformen beigelegt. Damit waren auch die Voraussetzungen für das Inkrafttreten der Rheinisch-Westfälischen Kirchenordnung von 1835 geschaffen. Die äußerlich sehr bewegten ersten beiden Jahrzehnte des rheinischen Protestantismus unter preußischer Herrschaft kamen somit um die Mitte der 1830er Jahre zu einem gewissen Abschluss. Ein guten Einblick in den Zustand der evangelischen Gemeinde Winningen in dieser Zeit ist erlaubt die Gemeindevisitation vom 20. Juni 1837.[20] Durchgeführt wurde sie von Pfarrer Johann Friedrich Fischer, der von 1826 bis 1835 Inhaber der 2. Winninger Pfarrstelle gewesen und ein Jahr nach seinem Wechsel nach Bacharach zum Superintendenten der Kreissynode Koblenz gewählt worden war. Die Gemeinde Winningen zählte 1837 1509 Seelen und hatte ein siebenköpfiges Presby-

---

17 Wie Anm. 16, S. 21.
18 J. F. Gerhard Goeters; Rudolf Mau (Hg.), Die Geschichte der Evangelischen Kirche der Union, Bd. 1, 1992, S. 157.
19 Wie Anm. 16, Nr. 30, Akte 22,1.
20 Wie Anm. 16, Nr. 4, Akte 01-9,1.

terium, das gemäß der 1835 in Kraft getretenen Kirchenordnung von einer 24-köpfigen Gemeinderepräsentation gewählt worden war. Lebenswandel und Amtsführung beider Pfarrer wie auch der Presbyter wurden als gut bezeichnet; gleiches galt auch für die beiden Lehrer Friedrich Otto und Wilhelm Bungeroth. Gemeindegottesdienste fanden Sonn- und Feiertags jeweils zweimal statt, am Karfreitag aufgrund einer Stiftung sogar dreimal. Außerdem gab es an jedem Samstagabend eine Betstunde. Besonders lobend stellte Superintendent Fischer den als „ganz vorzüglich" eingestuften Kirchenbesuch und die „beispiellose Stille und Andacht in der Kirche" während der Gottesdienste heraus. Das Abendmahl empfing die Gemeinde sechsmal im Jahr, wobei jeweils zwischen 700 und 800 Kommunikanten in der Kirche waren. Ein besonderes Augenmerk richtete Superintendent Fischer auf den Jugendunterricht, an dem er ebenfalls nichts auszusetzen fand. Die Konfirmation fand am Sonntag vor Pfingsten (Exaudi) mit in der Regel 20 bis 40 Jugendlichen statt. Ein Großteil der konfirmierten Jugend besuchte von Ostern bis Ende September im Anschluss an den Sonntagnachmittagsgottesdienst die Katechismuslehre. Durchschnittlich zehn bis zwölf Paare heirateten jährlich in der Winninger Kirche. Den etwa 50 Taufen im Jahr standen 30 bis 40 Beerdigungen gegenüber, was ein Indiz für das Bevölkerungswachstum in diesen Jahrzehnten ist. Hausbesuche durch die Pfarrer waren in Winningen – außer in Krankheitsfällen – nicht üblich. Bei der Frage nach den in der Gemeinde vorkommenden Lastern wurden zwar Einzelfälle wie „Schwelgerei, unordentliches Leben, Straßenlärm der Jugend zum Abend" genannt, der Gemeinde aber dennoch ein unterm Strich korrekter Lebenswandel bescheinigt. Wer sich freilich des vorehelichen Geschlechtsverkehrs schuldig machte, musste mit Kirchenzuchtmaßnahmen rechnen („gegen diejenigen, welche sich fleischlich vergangen haben"), die aber lediglich in einer Vorladung vor das Presbyterium und einer ernstlichen Ermahnung bestanden. Der äußere Zustand von Kirche und Pfarrhäusern war zwar zufriedenstellend, doch mahnte der Superintendent eine baldige Ausweißung der Kirche und die Stimmung der Orgel an; beides ist in den Jahren 1839 und 1840 auch tatsächlich erfolgt. Das Schulhaus mit der Küsterwohnung und den Friedhof stufte er als vorzüglich ein. Ausgezeichnet ging es der Kirchengemeinde auch in finanzieller Hinsicht. Sie war schuldenfrei und verfügte über ausreichend Kapitalvermögen, um die notwendigen Baumaßnahmen an der Kirche, aber auch ihre diakonischen Aufgaben zu erfüllen. Zudem hatte sie an viele Winninger Bürger Kapitalien verliehen, was ihr regelmäßige Zinseinnahmen bescherte.

So war die Gemeinde gut gerüstet, ihre ab den 1840er Jahren immer stärker in den Vordergrund rückenden sozialen und diakonischen Aufgaben zu erfüllen. Schon in den frühen 1830er Jahren hatte sich das Presbyterium gelegentlich mit Angelegenheiten der Armenfürsorge befasst.[21] In den 1840er Jahren stand zunächst das Projekt des Baus eines Armenhauses in Winningen im Vordergrund.[22] Der Presbyter Johann Anton Knaudt und seine Frau ließen das Haus in den Jahren 1844 und 1845 auf eigene Kosten bauen und sechs kleine Wohnungen darin einrichten; anschließend schenkten sie das Haus der Kirchengemeinde. In den Wohnungen sollten „hausarme" Familien – also solche, die kein Haus besaßen oder mitbewohnen

---

21 AEKgW, A 1,3. S. 52/53 und S. 54 (Protokoll der Presbyteriumssitzungen vom 8.2. und 27.4.1830).
22 Vgl. hierzu Gerhard Löwenstein, Das Winninger Armenhaus, in: Ders., Beiträge zur Ortsgeschichte. Das Winninger Armenhaus. Die Geschichte des Winninger Friedhofs (=Veröffentlichungen des Heimat- und Museumsvereins Winningen e.V. Nr. 4), 2003, S. 3-17.

konnten und die auch zu arm für Mietzahlungen waren – kostenfrei wohnen dürfen. Allerdings musste das Familienoberhaupt mindestens fünfzig Jahre alt oder aufgrund körperlicher Gebrechen zur Erwerbsarbeit unfähig sein – es sollte verhindert werden, dass arbeitsfähige, aber unwillige Leute den tatsächlich Bedürftigen die Plätze wegnahmen. Über die Belegung der Wohnungen durfte das Presbyterium entscheiden, doch hatte sich Knaudt für seine Lebzeiten ein Mitspracherecht vorbehalten. Innerhalb des Presbyteriums fungierten immer die beiden jüngsten Mitglieder als Gemeindediakone und übten deshalb eine besondere Aufsichtsfunktion auch über das Armenhaus aus. In den Jahrzehnten vor der erst in den 1880er Jahren einsetzenden staatlichen Sozialgesetzgebung erfüllte das am 27. Juni 1845 feierlich eingeweihte Winninger Armenhaus eine wichtige sozialdiakonische Funktion. Johann Anton Knaudt hatte sich in den 27 Jahren, in denen er dem Presbyterium angehörte (1833-1860, danach Ehrenpresbyter) stets für die Armen Winningens eingesetzt. Die Stiftung des Armenhauses war sicher seine bedeutsamste Tat, doch es soll an dieser Stelle auch an seine weniger spektakulären karitativen Aktivitäten erinnert werden. So hatte er bei der Einführung des rheinischen Provinzialgesangbuchs im Jahr 1844 50 Freiexemplare für die Winninger Armen zur Verfügung gestellt.[23] Auch Pfarrer Schoeler und andere Presbyter hatten sich an dieser Spendenaktion beteiligt, wenn auch nicht in derselben Höhe wie Knaudt.

Wie dringend notwendig die Einrichtung des Armenhauses war, sollte sich bald zeigen. Zwischen 1847 und 1856 verschärfte sich die soziale Lage in Winningen durch mehrere extrem schlechte Weinernten hintereinander so sehr, dass immer mehr Familien auf öffentliche Unterstützung angewiesen waren.[24] In diesen Jahren gab die evangelische Gemeinde ihrem Armenwesen eine deutlich straffere Organisation. Dies ist wohl auch vor dem Hintergrund der Tatsache zu sehen, dass in dieser Zeit die rheinische Provinzialkirche insgesamt das Diakoniewesen auf eine neue organisatorische Grundlage stellte. Das Ansinnen der Synodalkommission für Innere Mission, in Winningen einen speziellen Hilfsdiakon einzusetzen,[25] wies das Presbyterium jedoch unter Hinweis auf seine regen Aktivitäten im diakonischen Bereich zurück. Dieses selbstbewusste Auftreten machte es jedoch erforderlich, die Versorgung der örtlichen Armen nun tatsächlich in einer den Anforderungen der Zeit entsprechenden Weise zu organisieren. Insbesondere war man bemüht, das Betteln an den Haustüren durch eine organisierte öffentliche Armenhilfe zu unterbinden. 1854 setzte das Presbyterium deshalb eine spezielle Kommission ein, die vor allem die Speisung der armen Winninger Kinder organisieren und für die Einziehung entsprechender Natural- oder Geldabgaben von den begüterteren Winninger Bürgern sorgen sollte.

Außer auf die diakonischen Aktivitäten verwendete das Presbyterium auch einen großen Teil seiner Energie und seiner finanziellen Mittel auf den Unterhalt der Gebäude der Kirchengemeinde und insbesondere auf die Kirche selbst. Eine größere Renovierung der Kirche fand in den Jahren 1839 und 1840 statt, unmittelbar danach musste das Wohnhaus des 2. Pfarrers instand gesetzt werden. Bei fast allen das Kirchengebäude betreffenden Angelegenheiten war eine

---

23 AEKgW, A 1,3. S. 167/168 und S. 171 (Protokoll der Presbyteriumssitzungen vom 20.12.1843 und 31.1.1844).
24 Müller, Geschichte (wie Anm. 2), S. 253-254.
25 AEKgW, A 1,4, S. 20 (Protokoll der Presbyteriumssitzung vom 12.7.1850).

enge Abstimmung zwischen dem Presbyterium und dem Gemeinderat der Kommunalgemeinde erforderlich. Dies hatte zunächst damit zu tun, dass Turm und Turmuhr Eigentum der Kommunalgemeinde waren, während der Rest des Gebäudes der Kirchengemeinde gehörte. Aus diesem Grund musste sich die Kommunalgemeinde vielfach an den die Kirche betreffenden Sach-, aber auch an Personalkosten beteiligen. Der Glöcknerdienst etwa war ein teils kirchliches, teils kommunales Amt. Als kommunaler Bediensteter hatte der Glöckner für das Morgen-, Mittags- und Abendläuten zu sorgen und unterstand in dieser Hinsicht der bürgerlichen Ortsbehörde, die auch für seine Besoldung zuständig war. Er ehielt für diesen Dienst von jedem Winninger Bürger – unabhängig von der Konfession – ein Viertel Weinmaß jährlich. Als kirchlicher Bediensteter war der Glöckner hingegen für das Läuten zu den Gottesdiensten sowie bei Hochzeiten und Sterbefällen verantwortlich und ließ diese Arbeiten in der Regel durch ältere Schüler verrichten. Um diesen Schülerdienst kam es im Jahr 1848 zu Streitigkeiten zwischen dem Presbyterium und dem katholischen Bürgermeister Liedel.[26] Da sich die Glocken im zum kommunalen Eigentum gehörenden Kirchturm befanden und er die Beschädigung des Turms durch die Schüler befürchtete, bemühte sich der Bürgermeister um Durchsetzung einer Regierungsverordnung von 1834, die das Mitwirken von Schülern beim Putzen und Läuten verboten hatte. Das Presbyterium berief sich jedoch auf das Winninger Kompetenzbuch von 1755, in dem der Einsatz der Chorknaben beim Läuten festgelegt war, und setzte sich mit dieser Argumentation gegenüber dem Bürgermeister auch durch.

Am Glöckneramt wird exemplarisch sichtbar, in welchem Maße die Winninger Kirchengemeinde im 19. Jahrhundert noch gleichsam öffentliche Funktionen wahrnahm, wie unscharf in vielerlei Hinsicht noch die Abgrenzung zwischen den Aufgaben der Kirchengemeinde und denen der Kommunalgemeinde war. Deutlich wird dies etwa auch daran, dass Bürgermeister Liedel im Sommer 1849 anfragte, ob die Kirche bei den anstehenden Wahlen zum Preußischen Abgeordnetenhaus als Wahllokal genutzt werden könne, was das Presbyterium jedoch ablehnte und stattdessen die Schule vorschlug.[27] Auch sprang die Kommunalgemeinde im 19. Jahrhundert stets bereitwillig ein, wenn die Kirchengemeinde bestimmte mit dem Kirchengebäude im Zusammenhang stehende Kosten nicht alleine tragen konnte, etwa bei der Reparatur der Orgel im Jahr 1862[28] oder bei der Ausweißung der Kirche im Jahr 1864.[29]

Ab den 1840er Jahren war ein leichtes Ansteigen der evangelischen Bevölkerung in den Winningen umgebenden katholischen Ortschaften spürbar. Für die Gemeinde Winningen hatte dies die Folge, dass die Pfarrer in zunehmendem Maße auch die Einwohner dieser Dörfer betreuen mussten. Im Jahr 1845 wurden daher die Orte Burgen, Brodenbach, Alken, Oberfell und Niederfell nach Winningen eingepfarrt, doch lehnte es das Presbyterium ab, die evangelischen Einwohner dieser Orte den Winninger Gemeindegliedern in rechtlicher Hinsicht völlig gleichzustellen.[30] Die Zuständigkeit für die Diasporaorte brachte es mit sich, dass sich das

---

26 Wie Anm. 23, S. 7-8 (Protokolle der Presbyteriumssitzungen vom 27.8. und 24.9.1848).
27 Wie Anm. 23, S. 12 (Protokoll der Presbyteriumssitzung vom 27.7.1849).
28 Wie Anm. 23, S. 254-261 (Protokolle der Presbyteriumssitzungen vom 31.3., 29.5., 22.6. und 20.12.1862).
29 Wie Anm. 23, S. 297-298 (Protokolle der Presbyteriumssitzungen vom 18.4. und 1.5.1864).
30 Wie Anm. 23, A 1,3. S. 184 (Protokoll der Presbyteriumssitzungen vom 7.3.1845).

Presbyterium verstärkt mit Fragen des Miteinanders der beiden großen christlichen Konfessionen befassen musste, insbesondere wenn es um die Beerdigung evangelischer Christen in den mehrheitlich katholischen Orten ging.[31]

Aber auch in Winningen selbst wurde das Verhältnis zwischen evangelischen und katholischen Christen mehr und mehr zum Thema, insbesondere in der Zeit des Kulturkampfs nach 1870. Häufig kann man in solchen Fällen eine eher harte Haltung des jeweiligen Pfarrers und eine kompromissbereitere des Presbyteriums konstatieren. Hatte es das Presbyterium 1852 auf Initiative von Pfarrer Schoeler noch abgelehnt, anlässlich der Grundsteinlegung der katholischen Kapelle auch die Glocken der evangelischen Kirche läuten zu lassen,[32] so legte es nach 1870 eine auffallend pragmatische Herangehensweise an die Frage des Glockenläutens an den Tag. Als im Juni 1870 ein Winninger Katholik beim 2. Pfarrer Heinrich Kratz anfragte, ob bei der Überführung der Leiche seiner verstorbenen Ehefrau von Winningen auf den katholischen Friedhof von Lay die Winninger Kirchenglocken geläutet werden könnten, lehnte Kratz dieses Ansuchen aus prinzipiellen Erwägungen ab. Die anwesenden Presbyter setzten sich jedoch mit der Ansicht durch, dass man der Verstorbenen aufgrund ihres ausgeprägten sozialen Engagements in Winningen das Geläute nicht versagen dürfe.[33] Auch in den nächsten Jahren gewährte das Presbyterium in vergleichbaren Fällen das Glockenläuten bei Beerdigungen von Katholiken, wenn im Gegenzug Spenden für die Winninger Armen getätigt wurden. Diese Einstellung zeigt den hohen Stellenwert des sozialen Engagements in der Arbeit der Kirchengemeinde. Sie lässt zugleich darauf zurückschließen, dass in der zweiten Hälfte des 19. Jahrhunderts im Winninger Alltagsleben der konfessionellen Frage kein allzu großes Konfliktpotenzial innewohnte.

Auf dem Weg in die Moderne – Die evangelische Gemeinde Winningen 1870-1914

In den viereinhalb Jahrzehnten vor Ausbruch des Ersten Weltkriegs erfuhr die evangelische Gemeinde Winningen vielfache äußere und innere Neuerungen und Veränderungen. Man kann diese Entwicklungen als eine allmähliche Anpassung der Gemeinde an die neuen kirchlichen und gesellschaftlichen Rahmenbedingungen des aufziehenden 20. Jahrhunderts interpretieren. Personell wurde dieser Wandel durch den Tod Pfarrer Schoelers im Jahr 1866 markiert. Während Schoeler, der seine theologischen und sozialen Prägungen in der napoleonischen Zeit erhalten hatte, noch ganz ein Mann der ersten Hälfte des 19. Jahrhunderts gewesen war, waren seine Nachfolger bemüht, die Gemeinde durch gezielte Veränderungen auf die neuen Bedingungen des späten 19. und frühen 20. Jahrhunderts einzustellen. Als Inhaber der ersten Winninger Pfarrstelle folgte auf Schoeler – nach Ablauf des Gnadenjahres, in dem Schoelers Erben die Einkünfte der 1. Pfarrstelle bezogen – im Jahr 1867 zunächst Ernst Theveny, der

---

31 Wie Anm. 23, A 1,4. S. 171 (Presbyteriumssitzung vom 10.10.1858: Beerdigungen der Brodenbacher Evangelischen auf dem Alkener Friedhof, 1858), S. 227 (Presbyteriumssitzung vom 1.3.1861: Anlegung eines evangelischen Friedhofs für Rübenach und Bubenheim, 1861), A 1,5 (Presbyteriumssitzung vom 3.9.1876: Friedhof zu Bassenheim).
32 Wie Anm. 23, A 1,3. S. 36 (Protokoll der Presbyteriumssitzung vom 16.5.1852). Zum Verhältnis der Winninger zu den katholischen Einwohnern des Ortes wie auch zum benachbarten Ort Lay vgl. den Beitrag von Hedwig Herdes in diesem Band.
33 Wie Anm. 23, A 1,4. S. 423-424 (Protokoll der Presbyteriumssitzung vom 10.6.1870).

seit 1857 bereits 2. Pfarrer gewesen war. In die 2. Pfarrstelle rückte Heinrich Kratz nach, der sich in seiner kurzen, nur bis 1870 dauernden Amtszeit in Winningen vor allem um die jetzt Rektoratsschule genannte frühere Diakonatsschule verdient machte.[34] Auch sein Nachfolger, Pfarrer Wilhelm Spieß, blieb nur für drei Jahre in Winningen. 1873 trat Pfarrer Adolf Müller an seine Stelle, der der Gemeinde bis zu seinem Tod im Jahr 1912 für fast vierzig Jahre die Treue hielt, zunächst auf der 2., ab 1901 dann auf der 1. Pfarrstelle. Er war auch – anlässlich des 350. Reformationsjubiläums im Jahr 1907 – der Verfasser einer ausführlichen Geschichte der evangelischen Kirchengemeinde Winningen.

Abb. 1: Pfarrer Adolf Müller, Pfarrer in Winningen 1873-1902. (Aus: Winninger Bildchronik, Bd. 2, S. 45).

Die Zeit nach 1870 war für Winningen zunächst durch den Bau der Moselbahn ab 1875 geprägt. Die evangelische Kirchengemeinde musste hierfür ein großes Stück Gemeindeland zur Verfügung stellen, dessen Verkaufserlös sie im Jahr 1879 zu Sanierung und Ausbau des Kirchturms verwendete. Wenig später erlangte sie aufgrund des Kirchengesetzes vom 14. März 1880 auch das volle Eigentumsrecht an dem Kirchturm, der bis dahin der Kommunalgemeinde gehört hatte. Eine weitere bedeutende Baumaßnahme war in den folgenden Jahren der Neubau des 2. Pfarrhauses 1887/88.[35]

Ab 1890 erhielt die Gemeinde viele neue Impulse vor allem dadurch, dass sich landes- und provinzialkirchliche Neuerungen in Winningen niederschlugen. So war die Gestaltung der Gottesdienste im Jahr 1895 durch eine neue landeskirchliche Agende einer Modifikation unterzogen worden. Etwa zeitgleich hatte die rheinische Provinzialkirche ein neues Gesangbuch eingeführt. Während das Presbyterium der Gemeinde Winningen die Einführung der neuen Agende noch im Jahr 1895 beschloss und seit dem 1. Advent diesen Jahres die Gottesdienste nach der neuen Ordnung gefeiert wurden, war man mit der Einführung des neuen Gesangbuchs sehr viel zurückhaltender.[36] Die Gemeinde war mit dem bisherigen Gesangbuch nicht unzufrieden und wollte daher zunächst die Erfahrungen abwarten, die andere Gemeinden mit dem neuen machten. Erst im Frühjahr 1897 kam es auch in Winningen in Gebrauch.[37]

Auswirkungen hatte der Modernisierungsschub des späten 19. und frühen 20. Jahrhunderts auch auf die Struktur des Pfarreinkommens. Bis in die späten 1890er Jahre beruhte die Finan-

---

34 Müller, Geschichte (wie Anm. 2), S. 269.
35 Ebd., S. 256.
36 AEKR Boppard, Best. 3MB 009B (Kirchenkreis Koblenz) Jahresbericht der Gemeinde Winningen 1895.
37 Wie Anm. 36 (Jahresbericht der Gemeinde Winningen 1897).

zierung der Pfarrstellen auf einem komplexen Mischsystem von Natural- und Geldeinnahmen, das mit seiner traditionellen Struktur, insbesondere mit der Bestimmung, dass der Pfarrer das Pfarrstellenvermögen selbst verwalten und bewirtschaften musste, immer weniger in die moderne Zeit hineinpasste. Nachdem ein landeskirchliches Gesetz von 1892 hierfür die Grundlage geschaffen hatte, wurden in Winningen als erstes die Stolgebühren abgeschafft, also die von den Gemeindegliedern für kirchliche Amtshandlungen an den Pfarrer zu zahlenden Abgaben. Vom 1. Oktober 1892 an mussten die Winninger für Taufen, Aufgebote und Trauungen, seit März 1899 auch für Beerdigungen keine Gebühren mehr bezahlen. Die den Pfarrern hierdurch entstehenden finanziellen Einbußen wurden durch Pauschalzahlungen aus der Gemeindekasse ausgeglichen.[38] Einen weiteren wichtigen Schritt im Hinblick auf eine moderne Einkommensstruktur der Pfarrstellen stellte die durch ein kirchliches Gesetz vom 2. Juli 1898 eingeleitete Übertragung der Verwaltung und Bewirtschaftung des Pfarrstellenvermögens vom Pfarrer auf das Presbyterium dar. Die bisher aus der Bewirtschaftung des Pfarrstellenvermögens resultierenden, in der Regel in Naturalien bestehenden Einkommensanteile der Pfarrer wurden nun in eine feste, vom Presbyterium an den Pfarrer zu zahlende Besoldung umgewandelt. Es lag in der Konsequenz dieser Veränderungen, dass die der 1. Winninger Pfarrstelle zugehörigen Weinberge, die traditionell einen wichtigen Bestandteil des Pfarreinkommens gewährleistet hatten, in den ersten anderthalb Jahrzehnten des 20. Jahrhunderts verkauft wurden und die Gemeinde den Erlös in Staatsanleihen investierte.[39]

Das 20. Jahrhundert kündigte sich in Winningen aber auch durch einen zwar nicht abrupten und daher den Zeitgenossen wohl kaum unmittelbar bewussten, im historischen Rückblick aber durchaus feststellbaren allmählichen Rückgang des kirchlichen Einflusses auf den Alltag der Menschen jenseits der sonntäglichen Gottesdienste an. 1898 wurden von kirchlicher Seite erstmals Klagen laut, dass die wachsende Zahl von Festen und Tanzvergnügungen an den Wochenenden in krassem Widerspruch zur Heiligung des Sonntags stünden.[40] Auch mit Blick auf die Gottesdienstermine musste die Gemeinde mehr und mehr Konzessionen an die veränderten Alltags- und Freizeitgewohnheiten der Menschen machen und der Tatsache Rechnung tragen, dass die Kirche bei weitem nicht mehr den Einfluss auf die Lebensgestaltung im Ort hatte, wie das noch eine Generation zuvor der Fall gewesen war. Traditionell hatte es in Winningen drei Wochenendgottesdienste gegeben, nämlich die Betstunde am Samstagabend, den Hauptgottesdienst am Sonntagmorgen und den Sonntagnachmittagsgottesdienst, so dass praktisch das gesamte Wochenende durch kirchliche Feiern strukturiert war. Im ersten Jahrzehnt des 20. Jahrhunderts erfolgte eine allmähliche Konzentration der Gottesdienste auf den Sonntagvormittag. Im Jahr 1903 wurden – wohl als Konzession an das veränderte Freizeitverhalten der Winninger – zunächst die Betstunden am Samstagabend gestrichen. Die an ihrer Stelle eingeführten Gottesdienste an den Donnerstagabenden in der Advents- und Passionszeit waren wenig geeignet, den Bedeutungsverlust, den die Kirche durch Verzicht auf die Samstagsgottesdienste eingestehen musste, zu überdecken.[41] 1906 schließlich verlegte das Presbyterium die sonntäglichen Nachmittagsgottesdienste in den Monaten Juni, Juli und August probeweise auf

---

38 Wie Anm. 36 (Jahresbericht der Gemeinde Winningen 1892 und 1899).
39 Wie Anm. 36 (Jahresbericht der Gemeinde Winningen 1906, 1913).
40 Wie Anm. 36 (Jahresbericht der Gemeinde Winningen 1898).
41 Wie Anm. 36 (Jahresbericht der Gemeinde Winningen 1903).

8 Uhr morgens, eine Bestimmung, die zwei Jahre später definitiv wurde.[42] Im gleichen Jahr 1908 verschwand auch der alte Brauch, dass die Schuljugend zum Läuten der Glocken herangezogen wurde. Ein neues Glockenaufhängungssystem machte es möglich, dass fortan ein von der Gemeinde angestellter Glöckner mit einem Gehilfen diese Arbeit übernahm.

Die Neuerungen des späten 19. und frühen 20. Jahrhunderts lassen sich auch an Personen festmachen. Im September 1901 ging der Inhaber der 1. Pfarrstelle, Ernst Theveny, nach 44 Dienstjahren in Winningen – von 1857 bis 1866 als Inhaber der 2., seit 1866 als Inhaber der ersten Pfarrstelle – in den Ruhestand. Der bereits seit 1873 auf der 2. Pfarrstelle amtierende Adolf Müller trat seine Nachfolge an, während auf der 2. Pfarrstelle im März 1902 Karl Harräus nachfolgte. Müller und Harräus – der zwischen 1906 und 1924 zugleich Leiter des provinzialkirchlichen Archivs in Koblenz war – setzten nicht nur die bereits erwähnten neuen Akzente im gottesdienstlichen Leben, sondern initiierten auch rege Baumaßnahmen. Zwischen 1902 und 1904 wurde die Kirche umgebaut, so dass während eines Dreivierteljahres die Gottesdienste in der Turnhalle stattfinden mussten. Zwar konnte die Kirche bereits zur Konfirmation am Palmsonntag, dem 5. April 1903, wieder in Gebrauch genommen werden und der Pfarrer ab Pfingsten desselben Jahres wieder die Kanzel benutzen, aber die Arbeiten an der neuen Orgel, der Kirchentür und der Sakristei zogen sich noch bis ins Jahr 1904 hin. Ebenfalls in den Jahren 1902 und 1903 erhielt das Winninger Armenhaus einen Anbau.

Weitere Änderungen in den Jahren nach 1902 betrafen den Konfirmationstermin, der vom Sonntag vor Pfingsten (Exaudi) auf den Sonntag vor Ostern (Palmsonntag) vorverlegt wurde. Gleichzeitig wurde der Konfirmandenunterricht neu organisiert. Anlässlich der Pfarrstellenneubesetzung im Jahr 1912, als nach Pfarrer Müllers Tod Pfarrer Harräus in die 1. Pfarrstelle nachrückte und die 2. Pfarrstelle mit Pfarrer Karl Eduard Schröder wiederbesetzt wurde, erfolgte schließlich die formelle Gleichstellung der beiden Winninger Pfarrstellen. Damit war die seit Jahrhunderten bestehende rechtliche Abstufung zwischen der 1. und der 2. Winninger Pfarrstelle am Vorabend des Ersten Weltkriegs aufgehoben.

Erster Weltkrieg, Weimarer Republik und Nationalsozialismus

Die Zeit des Ersten Weltkriegs war für die Evangelische Kirchengemeinde Winningen mit zahlreichen Einschränkungen verbunden. Vor allem das kirchliche Vereinsleben ging völlig ein und wurde erst Mitte der 1920er Jahre wieder neu begründet[43]. Immerhin konnte wenigstens das gottesdienstliche Leben – trotz auswärtiger Tätigkeit des 2. Pfarrers Schröder während fast des gesamten Jahres 1916 – aufrecht erhalten werden. Es gelang der Gemeinde sogar, im Jahr 1917 die Winninger Kirche mit einer elektrischen Beleuchtung auszustatten, was freilich nur möglich war, weil die Kosten von 1700 Mark komplett durch Spenden bestritten wurden. Der bekannte aus Winningen stammende, inzwischen in Zwickau tätige Autoingenieur August Horch trug dabei mit 1.000 Mark den größten Anteil.

---

42 Wie Anm. 36 (Jahresbericht der Gemeinde Winningen 1906, 1908).
43 Wie Anm. 36 (Jahresbericht 1924). Die folgende Darstellung der Entwicklung im Ersten Weltkrieg und der Weimarer Republik beruht, wenn nicht anders angegeben, auf den Jahresberichten der entsprechenden Jahre.

Nach Kriegsende sah sich die Kirchengemeinde mit der wichtigen Aufgabe konfrontiert, der Bevölkerung bei der Verarbeitung der kollektiven Depression, die angesichts der noch bis in den Sommer 1918 von der Obersten Heeresleitung geschürten Siegeshoffnungen besonders stark ausgeprägt war, und der Trauer über die ums Leben gekommenen Soldaten beizustehen. Knapp drei Wochen nach Kriegsende, am 1. Dezember 1918, hatte eine kirchliche Begrüßungsfeier für die zurückgekehrten Kriegsteilnehmer stattgefunden. In den Folgejahren sammelte die Gemeinde für eine Gedenktafel mit den Namen der im Weltkrieg gefallenen Soldaten, die am 5. Februar 1922 in der Winninger Kirche eingeweiht werden konnte. Ein Vierteljahr später weihte Pfarrer Harräus eine Kriegerehrensäule auf dem Friedhof ein.

An ein normales Gemeindeleben war jedoch in den von Inflation und Besatzung geprägten frühen 1920er Jahren noch nicht zu denken. Erst nach dem Krisenjahr 1923 kamen die über die Gottesdienste hinausgehenden Aktivitäten der Gemeinde allmählich wieder in Schwung. 1924 wurden der Frauenverein und der Jungfrauenverein, die in den Kriegsjahren ihre Tätigkeit hatten einstellen müssen, wiederbegründet. Eine echte Neugründung war hingegen der Winninger Kirchenchor, der am 6. September 1924 mit 190 Mitgliedern seine Arbeit aufnahm.

Eine Momentaufnahme des kirchlichen Lebens der Winninger Gemeinde um die Mitte der 1920er Jahre gibt der Gemeindebericht für das Jahr 1927. Er zeigt, dass es zwar wieder einige Aktivitäten gab, dass aber auch mancherlei Anlass zur Sorge bestand. Neben dem Kirchenchor und dem Jungmädchen- und Frauenverein waren keine weiteren kirchlichen Vereine entstanden. Klage geführt wurde vor allem über den ungenügenden Gottesdienstbesuch. Interessant ist in diesem Zusammenhang, dass gemäß diesem Bericht ein Rückgang der kirchlichen Bindung vor allem im Bereich der Gebildeten zu konstatieren ist. Das kirchliche Leben wurde offenbar mehr und mehr zu einer Angelegenheit der „kleinen Leute". Ein Indiz für den Stand der Volksfrömmigkeit im Winningen der 1920er Jahre ist schließlich die Bemerkung, dass Tischgebete zwar in den meisten Häusern noch üblich seien, nicht jedoch Hausandachten. Der Bericht gibt auch Auskunft über die in Winningen gelesenen evangelischen Presseerzeugnisse. Im Jahr 1927 gab es 71 Abonnenten des Koblenzer Evangelischen Sonntagsblatts, 65 Abonnenten des „Wächter", einem Organ des Evangelischen Bundes, 44 Abonnenten des rheinisch-westfälischen Gustav-Adolph-Blattes sowie 10 Abonnenten des Berichts der rheinischen Missionsgesellschaft.

Das Jahr 1927 stellt in der Winninger Kirchengeschichte einen bedeutsamen Einschnitt dar, weil hier der Kern für die bald darauf einsetzenden gemeindeinternen Konflikte zu suchen ist, die schließlich in den Kirchenkampf während der nationalsozialistischen Zeit mündeten. Es ist eine Winninger Besonderheit, dass diese Auseinandersetzungen schon seit Ende der 1920er Jahre die Gemeinde spalteten.[44] Bei der durch die Emeritierung von Pfarrer Harräus im Jahr 1927 erforderlich gewordenen Pfarrerwahl bewarb sich neben anderen Kandidaten der Pfarrer und Arzt Dr. Walter Minor, der schon damals als engagierter Nationalsozialist bekannt war. So

---

44 Zu den nachfolgenden Ausführungen vgl. Gerhard Löwenstein, Die evangelische Kirchengemeinde Winningen während der Zeit des Nationalsozialismus, in: Moselkiesel, hg. von der Volkshochschule Untermosel, Band 1: Erinnerungen von Zeitzeugen und Berichte zur Regionalgeschichte 1918-1948, 1998, S. 119-160. – Vgl. auch den Beitrag von Joachim Hennig in diesem Band.

konnte es nicht erstaunen, dass die bekenntnistreuen Mitglieder der Größeren Gemeindevertretung, der das Wahlrecht oblag, ihm ihre Stimme versagten. Minor wurde zwar dennoch mit zwanzig gegen elf Stimmen gewählt, doch war es bezeichnend, dass zu seinen Gegnern sowohl der Inhaber der 2. Pfarrstelle, Karl Eduard Schröder, gehörte wie auch die Mehrheit der sieben Presbyter. Die nun folgenden dreieinhalb Jahre vom Amtsantritt des damals 38-jährigen Minor im Frühjahr 1928 bis zur Pensionierung Schröders im Herbst 1931 waren von ständigen Querelen zwischen den beiden Pfarrern und ihren Anhängerschaften geprägt. Dabei ging es keineswegs nur um politische Streitfragen; die beiden Pfarrer blieben sich auch aufgrund ihrer persönlichen Stile, ihrer unterschiedlichen theologischen Standpunkte und nicht zuletzt wegen des Altersunterschieds von 24 Jahren fremd. Minor, der als mitreißender Prediger galt und durch mancherlei Neuerungen dem Gemeindeleben neue Impulse zu geben suchte, wusste vor allem die jüngere Generation und die Winninger Lehrerschaft hinter sich. Sein rhetorisches Talent setzte er allerdings nicht nur im gottesdienstlichen Rahmen ein, sondern auch als Parteiredner der NSDAP. Eine ähnliche Verbindung von kirchlichem und parteipolitischen Engagement findet sich bei Minors Frau, die einen Jungmädchenkreis der Kirchengemeinde ins Leben rief und zugleich Führerin der Winninger NS-Frauenschaft war.

Mit dem Jahresbeginn 1933 und der nationalsozialistischen Machtübernahme traten die Spannungen innerhalb der Winninger Gemeinde in eine neue Phase. Einerseits brach die große kirchenpolitische Auseinandersetzung zwischen den der NS-Ideologie nahestehenden Glaubensbewegung „Deutsche Christen" und der Bekennenden Kirche auch hier auf und vertiefte die seit Ende der zwanziger Jahre bestehenden Gräben. Andererseits legte Pfarrer Minor bereits Mitte Februar sein Winninger Pfarramt nieder, verzichtete auf sämtliche in seiner Ordination begründeten Rechte und widmete sich in Wiesbaden Volksbildungsaufgaben. Damit hatten die dem neuen Regime freundlich gesinnten Kräfte der Kirchengemeinde Winningen ihren Hauptprotagonisten verloren. Zu seinem Nachfolger wurde – nach einem mehrmonatigem Interim unter dem Vakanzverwalter Walter Rentrop – im Herbst 1933 Friedrich Schauß gewählt. Im Unterschied zu Minor stellten sich Presbyterium und Gemeinderepräsentation einstimmig hinter seine Ernennung – ein Indiz dafür, dass die gemeindeinternen Spannungen offenbar abgenommen hatten. Dies dürfte in erster Linie auf das Wirken Rentrops in dem guten halben Jahr seiner Winninger Tätigkeit zurückzuführen sein. Noch bei den Kirchenwahlen vom Herbst und Winter 1932/33 – am 13. November 1932 war die Gemeinderepräsentation, am 29. Januar 1933 das Presbyterium neu gewählt worden – hatte es permanente Spannungen, Verdächtigungen und Wahlanfechtungen gegeben, so dass die eigentlich für den 12. März 1933 vorgesehene Einführung der neuen Presbyter um 14 Tage verschoben werden musste. Als dann aber im Juni 1933 auf obrigkeitlichen Druck die gewählten Gemeindegremien aufgelöst werden mussten und für den 23. Juli erneut Wahlen angesetzt waren, gab es nur eine einzige Wahlvorschlagsliste, die deshalb automatisch als angenommen galt. Ein eigener Wahlakt erübrigte sich, weil es Pastor Rentrop offenbar gelungen war, eine Liste zusammenzustellen, mit der sich alle einverstanden erklären konnten. Am 30. Juli 1933 wurden die bereits Anfang des Jahres gewählten Presbyter ohne Ausnahme wiedergewählt.

Hatte Rentrop also eine gewisse innere Konsolidierung der evangelischen Gemeinde herstellen können, so nahmen nun die Spannungen zwischen der Gemeinde und Staats- und Parteieinrichtungen zu. Insbesondere nach Inkrafttreten der „Nürnberger Rassegesetze" im Jahr 1935 übten die örtlichen Parteifunktionäre massiven Druck auf die Kirchengemeinde aus mit dem Ziel, sie zur Umsetzung des sogenannten Arier-Paragraphen auch im kirchlichen Leben zu bewegen. Im Sommer 1935 agitierte die NSDAP-Ortsgruppe erfolgreich gegen den von Pfarrer Schauß als Urlaubsvertretung vorgesehenen Ruhestandspfarrer Wilhelm Katz, der jüdischer Abstammung war. Der Druck war so groß, dass das Presbyterium am Sonntag, dem 11. August 1935, in einer noch vor dem Gottesdienst kurzfristig einberufenen Sondersitzung beschloss, den Gottesdienst nicht von Katz, sondern durch den sich auf Urlaub in Winningen befindlichen Pfarrer Wilhelm Krumme abhalten zu lassen. Krumme war zuvor vom Ortsgruppenleiter ultimativ aufgefordert worden, dies zu tun, war aber nur unter der Bedingung eines vorherigen Presbyteriumsbeschlusses zu diesem ihm innerlich widerstrebenden Schritt bereit.

Neben der Auseinandersetzung um den Arierparagraphen war der Kampf um die Jugend eine weitere Front in den Auseinandersetzungen zwischen Kirchengemeinde und NSDAP in Winningen. Dies betraf einerseits die erst in den späten zwanziger Jahren von Pfarrer Minor gegründeten kirchlichen Jugendorganisationen „Treuschar" (Jungen) und „Treubund" (Mädchen), die in ihrer Eigenständigkeit immer mehr eingeschränkt und schließlich in HJ bzw. BDM zwangsintegriert wurden. Daneben waren Staat und Partei bemüht, den kirchlichen Einfluss auf die Schule auszuschalten. Obwohl die Lehrer qua Amt einen Anspruch auf Mitgliedschaft im Schulbeirat hatten, wurde Pfarrer Schauß aus diesem Gremium ohne Angabe von Gründen ausgeschlossen.

Dass mit dem Hauptlehrer Wilhelm Kircher von Ende 1934 bis 1941 einer der profiliertesten Reformpädagogen Deutschlands in Winningen amtierte, der seit 1939 auch Reichsreferent für Landschulfragen im NS-Lehrerbund war, gab dem ideologischen Kampf um die Winninger Schule einen besonderen Akzent.[45] In Kirchers Amtszeit kam es zu einer immer weiteren Verdrängung des kirchlichen Einflusses auf die Winninger Schule, die nun nicht mehr als „Evangelische" Volksschule bezeichnet wurde und auch nicht mehr zur Abhaltung von kirchlichen Veranstaltungen wie Chorproben oder Konfirmandenunterricht zur Verfügung stand. Pikanterweise war Hauptlehrer Kircher jedoch zugleich Mitglied der Gemeinderepräsentation und gehörte zu denjenigen Vertretern dieses Gremiums, die kirchenpolitisch zu den radikaleren Deutschen Christen neigten. Nach der von Pastor Rentrop im Jahr 1933 eingeleiteten Phase einer relativen Einmütigkeit in den Gemeindegremien traten deshalb in der zweiten Hälfte der dreißiger Jahre wieder zunehmend Spannungen in Gemeinderepräsentation und Presbyterium auf. Kristallisationspunkt dieser Spannungen war Pfarrer Schauß, der in seinen Predigten offen gegen die zunehmend antikirchliche Stimmung in Winningen Position bezog und dafür Beeinträchtigungen bis hin zur Verhaftung mutig in Kauf nahm. Während ein Teil der Presbyter auch in dieser schwierigen Zeit zu ihrem Pfarrer stand, gingen andere zunehmend auf Distanz. Ein wachsender Teil der normalen Gemeindeglieder sympathisierte mit den Deutschen Christen und boykottierte die Gottesdienste des bekenntnistreuen Pfarrers Schauß in Winningen. Sie besuchten in Koblenz die Gottesdienste des Pfarrers Rudolf Wolfrum, der der

---

45 Zu Kircher vgl. Jörg-Werner Link, Reformpädagogik zwischen Weimar, Weltkrieg und Wirtschaftswunder. Pädagogische Ambivalenzen des Landschulreformers Wilhelm Kircher (1898-1968), 1999.

radikalen Thüringer Richtung der Deutschen Christen angehörte.[46] Im Februar 1940 wurde aus diesen Kreisen der Vorstoß gemacht, auch in Winningen „nationalkirchliche Gottesfeiern" abzuhalten, was aber vom Presbyterium einstimmig abgelehnt wurde. Ein knappes Jahr später, im Januar 1941, hatte sich das Presbyterium erneut zu einem derartigen Antrag zu äußern, nach dem die Winninger Deutschen Christen über das Düsseldorfer Konsistorium versucht hatten, ihrem Ziel der Abhaltung eigener Gottesfeiern näher zu kommen. Wie im Vorjahr äußerte sich das Presbyterium ablehnend.

Zu diesem Zeitpunkt hatte Pfarrer Schauß Winningen bereits unter äußerst unwürdigen Bedingungen verlassen müssen. Aufgrund von in den Augen der Gestapo-Spitzel unbotmäßigen Äußerungen bei der Trauerfeier für zwei im Krieg ums Leben gekommene Winninger Bürger im Juli 1940 war er verhaftet worden und musste elf Wochen im Koblenzer Gefängnis verbringen. Nach seiner Entlassung Mitte November wurde ihm der Aufenthalt in den westlichen Regionen Deutschlands verboten und zugleich ein Redeverbot für ganz Deutschland erteilt, was für den fünffachen Familienvater praktisch einem Berufsverbot gleichkam.

Nachdem nach der Verhaftung Schauß' vorübergehend der Koblenzer Pfarrer Wilhelm Winterberg[47] – wie Schauß Mitglied der Bekennenden Kirche – die Winninger Pfarrstelle mitverwaltet hatte, betraute das Konsistorium zum 1. Januar 1941 den bisherigen Koblenzer Vikar Walter Ecker mit der Verwaltung der Winninger Pfarrstelle. Formal galt freilich immer noch Schauß als Stelleninhaber. Am 30. Januar 1941 schließlich stimmte das Presbyterium gemäß dem Vorschlag des Konsistoriums einer Versetzung Schauß' zu. Der vorläufige Amtsverwalter Walter Ecker, den man in Winningen gerne als offiziellen Nachfolger Schauß' gesehen hätte, musste bereits Anfang Juni 1941, nach nur einem knappen halben Jahr Tätigkeit in Winningen, zum Kriegsdienst einrücken. In den Jahren bis 1945 wurde die Verwaltung der Winninger Pfarrstelle nun in kurzen Abständen verschiedenen Pfarrern übertragen, deren mehr oder weniger lange Amtszeiten jeweils mit der Einberufung zum Militär endeten. Von Juli 1941 bis Februar 1942 versah der zu den Deutschen Christen gehörende Cochemer Pfarrer Karl Koch die Gemeinde Winningen, von Juni bis September 1942 der Remscheider Pfarrer Dr. Erich Doerr, anschließend bis in den September 1943 der ebenfalls aus Remscheid kommende Pfarrer Dr. Ewald Pertz. Ihm folgte als Vakanzverwalter für ein Jahr der Koblenzer Pfarrer Karl Wilhelm Gladischefski, unter dessen Vorsitz das Presbyterium beim Düsseldorfer Konsistorium den Antrag stellte, die Pfarrstelle zur Wiederbesetzung freizugeben und mit dem immer noch im Kriegseinsatz befindlichen Pfarrer Ecker zu besetzen. Hierzu kam es aber vor Kriegsende nicht mehr. Pfarrer Gladischewski hatte im Oktober 1944 das Rheinland vorübergehend verlassen,[48] so dass die Verwaltung der Winninger Pfarrstelle nun wieder dem Koblenzer Pfarrer Wilhelm Winterberg oblag. In diesen unruhigen Jahren wäre ein geregeltes gemeindliches Leben nicht aufrecht zu erhalten gewesen, wenn nicht im Bedarfsfall die pfarr-

---

46 Zu Wolfrum vgl. Thomas Martin Schneider, „Unsere Gemeinde bedarf heute eines Pfarrers, der durch seine Bewährung in der NSDAP Zugang hat zu den Herzen der SA..." Die Evangelische Gemeinde Koblenz im „Dritten Reich", in: Dröge; Schneider; Stahl, Pragmatisch (wie Anm. 3), S. 95-122, hier: S. 105-108.
47 Zu Winterberg vgl. Schneider, „Unsere Gemeinde..." (wie Anm. 43), S. 111-120.
48 Vgl. Bernd Schoppmann: Ein Neuanfang? Die Evangelische Gemeinde Koblenz am Ende des Zweiten Weltkriegs; in Dröge; Schneider; Stahl, Pragmatisch (wie Anm. 3), S. 134.

amtlichen Aufgaben auch von anderen Gemeindemitarbeitern übernommen worden wären. Dies galt vor allem für die Durchführung von Beerdigungen, die vor allem in den Sommermonaten keinen längeren zeitlichen Aufschub duldeten. Häufig sprang in den Kriegsjahren für diese Tätigkeit die Leiterin des Kindergartens, die Diakonisse Schwester Sofie, ein. Für die Gottesdienste musste sich die Gemeinde noch bis Ende 1948 mit Hilfspedigern begnügen – von Januar 1946 bis Mai 1947 Hermann Kelm, anschließend Otto Kirchner –, bis am 1. Advent 1948 der endlich aus der Kriegsgefangenschaft entlassene Walter Ecker offiziell in das Winninger Pfarramt eingeführt werden konnte.

Die Zeit seit Ende des Zweiten Weltkriegs

Die Zeit nach dem Zweiten Weltkrieg war zunächst vom Bemühen geprägt, wieder ein einigermaßen kontinuierliches kirchliches Gemeindeleben herzustellen. Es war für die Kirchengemeinde Winningen, in der zwischen 1941 und 1945 zehn verschiedene evangelische Geistliche den Dienst versehen hatten, ein Glücksfall, dass der aus der Kriegsgefangenschaft zurückgekehrte Walter Ecker im Jahr 1948 zum Winninger Pfarrer berufen wurde und in den nächsten acht Jahren eine systematische Aufbauarbeit leisten konnte. Die Wiederbesetzung der seit der Pensionierung Pfarrer Schröders 1931 vakanten 2. Winninger Pfarrstelle konnte zunächst nicht erreicht werden. Die Stelle wurde schließlich auf die im Jahr 1950 aus Teilen der Gemeinden Winningen, Andernach und Koblenz neu errichteten und pfarramtlich miteinander verbundenen Gemeinden Urmitz-Mülheim und Plaidt übertragen.

Da die kirchlichen Gebäude in Winningen während des Krieges kaum Beeinträchtigungen erlitten hatten – zwei der drei im Jahr 1942 abgegebenen Glocken konnten im Winter 1947/48 aus dem Hamburger Glockensammellager unversehrt zurück kehren[49] –, konnte Ecker seine ganze Energie auf den inneren Gemeindeaufbau konzentrieren. Von immer größer werdender Wichtigkeit war es in den späten 1940er und den 1950er Jahren, gute Beziehungen zwischen den alteingesessenen Winningern und den Diaspora-Evangelischen der nach Winningen eingemeindeten Dörfern herzustellen. Durch Flucht und Vetreibung aus den Ostgebieten hatten sich in den katholischen Moselorten vermehrt Menschen evangelischen Bekenntnisses angesiedelt. Sie in das auf Jahrhunderte alten Traditionen fußende Winninger Gemeindeleben zu integrieren war die große Aufgabe des ersten Nachkriegsjahrzehnts. Als besonders dringlich erwies sich die Notwendigkeit, einen Raum zu schaffen, in dem sich die Evangelischen aus Winningen und den umliegenden Ortschaften zwischen Lay, Kobern-Gondorf, Löf und Brodenbach über den Gottesdienstbesuch hinaus beggenen und kennenlernen konnten. Diesem Ziel dienten zunächst die seit 1951 ein bis zweimal jährlich abgehaltenen Gemeindetage. Evangelische Familien aus der Umgebung kamen in den Ort, waren bei Winninger Familien zu Gast und nahmen gemeinsam an den gemeindlichen Veranstaltungen teil.[50]

---

49 Walter Ecker, Die evangelische Gemeinde Winningen nach 1945, in: 400 Jahre evangelische Kirchengemeinde Winningen, 1957, S. 12-20, hier: S. 13.
50 Ebd., S. 17.

Auch die Initiative des Presbyters Gottfried Löwenstein, in Winningen ein Jugend- und Gemeindezentrum zu bauen, war letztlich auf das Ziel ausgerichtet, mehr Kontakte zwischen den Winningern und den Diasporaevangelischen zu ermöglichen. Nach der Grundsteinlegung am 12. Juli 1953 ging der Bau zügig voran, so dass man am 23. Mai 1954 zur Einweihung schreiten konnte. Ermöglicht hatten dies nicht zuletzt die Winninger Gemeindeglieder selbst, die mit Spendengeldern von insgesamt ca. 37.000,- DM zu dem Gelingen des Projekts beitrugen. Das neue Haus war nicht nur ein Gemeindezentrum, sondern zugleich auch ein Freizeitheim für ca. 40 Jugendliche. Winningen entwickelte sich deshalb in den folgenden Jahren zu einem attraktiven Besuchsziel für kirchliche Jugendgruppen aus dem gesamten Rheinland.[51]

Neben der Einweihung des Jugend- und Gemeindezentrums waren die 1957 begangenen Feierlichkeiten zum 400jährigen Jubiläum der Reformationseinführung das für die Gemeinde bedeutsamste Ereignis der 1950er Jahre. Zwischen dem 23. und dem 30. Juni 1957 wurde in Winningen unter Leitung des neuen Pfarres Fritz Mybes – Pfarrer Ecker hatte 1956 eine Pfarrstelle in Koblenz übernommen – eine „Evangelische Woche" gefeiert, deren wichtigstes Ziel weniger die historische Erinnerung als vielmehr die Sichtbarmachung der Bedeutung des Evangeliums in der Gegenwart war.[52] Programmatisch für diesen Ansatz war bereits der Titel des Eröffnungsvortrags von Heinrich Held, Präses der Evangelischen Kirche im Rheinland, den er nach dem Sonntagsgottesdienst am 23. Juni hielt und unter den provozierenden Titel „Sind wir schon evangelisch?" gestellt hatte. Jeder der folgenden sechs Tage von Montag bis Samstag stand dann unter einem speziellen Motto. Der Montag wurde als „Tag der evangelischen Jugend" vom Winninger CVJM mitgestaltet. Zum „Tag der evangelischen Schüler" am Dienstag veranstalteten die evangelischen Schulen von Koblenz und Umgebung einen Sternmarsch nach Winningen und konnten dort einen historischen Vortrag des Koblenzer Rektors Heinz Schüler zur Reformationsgeschichte hören, während am Mittwoch, dem „Tag der evangelischen Erzieher", in Winningen eine religionspädagogische Tagung für Lehrer an Mittelrhein und Untermosel durchgeführt wurde. Der „Tag der evangelischen Frauen" am Donnerstag stand ganz im Zeichen des hundertjährigen Bestehens der Evangelischen Frauenhilfe Winningen. Am Freitag schließlich begann der „Tag der evangelischen Kinder" mit einem Vorschulgottesdienst und anschließendem Kinderfest, und zum „Tag der evangelischen Männer" am Samstag fand ein Männertreff der Kreissynode Koblenz in Winningen statt. Am Sonntag, dem 30. Juni 1957, feierte die Gemeinde das Ende der Jubiläumswoche mit einer großen Abschlusskundgebung auf dem Winninger Marktplatz, wo Pfarrer Dr. Heinz Kremers vom Katechetischen Amt der Evangelischen Kirche im Rheinland einen Vortrag zum Thema „Die Bedeutung des Evangeliums für unsere Zeit" hielt. Der Titel dieses Abschlussvortrags war programmatisch für die Gesamtausrichtung der Evangelischen Woche. Im Winningen der 1950er Jahre waren die altüberlieferten evangelischen Traditionen noch vergleichsweise lebendig, doch es war offensichtlich, dass man sich den seit Kriegsende rasant einsetzenden neuen gesellschaftlichen Entwicklungen würde öffnen müssen, um als Kirche noch wahrgenommen zu werden. Diesem Ziel diente die Festwoche des Jahres 1957.

---

51 Ebd., S. 17-19.
52 Zum Gemeindejubiläum 1957 vgl. AEKgW, Neues Archiv, Nr. 31.

Dass die neue Zeit vor Winningen nicht halt machen würde, bekam die Gemeinde dann vor allem ab den 1960er Jahren zu spüren. Die zunehmende Mobilität der bundesrepublikanischen Gesellschaft brachte es in Verbindung mit einem wirtschaftlichen Strukturwandel mit sich, dass sich viele Winninger zunehmend nach Koblenz orientierten und mit dem städtischen Leben in Berührung kamen. Für die evangelische Kirchengemeinde stellte sich mehr und mehr die Aufgabe, auch die Menschen zu erreichen, die nicht mehr in den alten traditionellen Bindungen lebten, und Antworten auf die Fragen zu suchen, die sich aus dem städtischen Leben ergaben. Daneben blieb das Problem der geistlichen Versorgung der evangelischen Diaspora auch weiterhin bestehen – 1963 lebten etwa 800 Evangelische in den der Gemeinde zugeordneten Dörfern gegenüber 2000 in Winningen selbst.

Die Öffnung der Gemeinde für die neue Zeit wurde vor allem in der im Sommer 1962 beginnenden Amtszeit von Pfarrer Klaus Siefer sichtbar. Ein deutliches Signal in diese Richtung war die Kirchenrestaurierung im Jahr 1963, durch die das Gotteshaus ein modernes Gestühl und eine neue Kanzel erhielt. Zugleich wurden in der Kirche Fresken aus dem 13. Jahrhundert freigelegt. Dem damaligen Presbyterium war es allerdings ein Bedürfnis, die Wiederherstellung eines gediegenen Inneren und Äußeren der Kirche nicht auf Kosten der diakonischen Pflichten der Gemeinde durchzuführen. Es war daher der ausdrückliche Wunsch, sich zeitnah zur Kirchenrestaurierung auch um die Erneuerung des Armenhauses und insbesondere die Verbesserung der hygienischen Verhältnisse zu bemühen.[53] Bislang hatte es für alle Hausbewohner gemeinsam nur einen einzigen Wasserhahn und ein WC gegeben. Im Zuge der 1964 durchgeführten Modernisierung erhielt nun jede Wohnung einen Wasseranschluss mit Spülbecken und Abfluss sowie eine eigene Toilette.[54] Ein Jahr später begann die Gemeinde mit dem Neubau eines Kindergartens, der am 2. Oktober 1966 eingeweiht werden konnte.[55]

Aber nicht nur äußerlich schien sich die Gemeinde in der ersten Hälfte der 1960er Jahre in einer Aufschwungphase zu befinden; auch das innere Gemeindeleben wirkte frisch und lebendig und war von einem sehr aktiven ehrenamtlichen Engagement geprägt. So wurden am 1. Advent 1966 vier als Gottesdiensthelfer bezeichnete Lektoren in ihr Amt eingeführt, die bei Abwesenheit des Pfarrers Lesepredigten halten konnten.[56] Das Freizeitheim der Gemeinde war in diesen Jahren immer gut belegt, so dass man bereits an eine bauliche Erweiterung dachte. Ein aufstrebendes Gemeindeleben schien auch die 1966 beschlossene Vergrößerung des Presbyteriums von zehn auf zwölf Personen zu belegen. Dies geschah dadurch, dass die bisher zum Wahlbezirk Winningen gehörenden Orte Waldesch und Lay nun zu eigenen Wahlbezirken erklärt wurden und je einen eigenen Vertreter ins Presbyterium entsenden durften. Nach diesem Wahlmodus wurde erstmals bei der Presbyterwahl des Jahres 1968 verfahren.[57] 1968 war aber zugleich das Jahr, in dem die gesellschaftliche Unruhe, die seit einiger Zeit die gesamte Bundesrepublik erfasst hatte, auch die Kirchengemeinde Winningen erreichte. In seiner Sitzung

---

53 Wie Anm. 52, Nr. 36 (Kurzbericht für die Kreissynode 1963: „Eine schöne Kirche und ein verheerender Zustand des Armenhauses schienen uns unglaubwürdig zu machen.")
54 Löwenstein, Armenhaus (wie Anm. 20), S. 14.
55 AEKgW, (wie Anm. 52) (Protokoll der Presbyteriumssitzung vom 26.9.1966, S. 29).
56 Ebd. (Protokoll der Presbyteriumssitzungen vom 21.11. und 19.12.1966, S. 33 und 36).
57 Ebd. (Protokoll der Presbyteriumssitzung vom 3.1.1966, S. 10).

vom 10. Juni 1968 befasste sich das Presbyterium erstmals mit dem Problem des zurückgehenden Gemeindelebens. Die wachsenden gesellschaftlichen Auseinandersetzungen machten vor der Kirche nicht halt. 1969 konstatierte Pfarrer Siefer eine unter den Winninger Gemeindegliedern spürbare Spannung zwischen einer konservativen und einer revolutionären Theologie, die vor allem von der für die neuen Ideen sehr offen Oberschuljugend ausgehe.[58]

Der Umbruch der späten 1960er und frühen 1970er Jahre wurde in Winningen auch durch einen Pfarrerwechsel markiert. Im Zuge der Abtretung der Orte Waldesch und Lay an die 1966 neu entstandene evangelische Kirchengemeinde Koblenz-Karthause im Jahr 1970 verließ auch Pfarrer Siefer nach achtjähriger Tätigkeit in Winningen die Gemeinde. Mit seinem Wechsel auf die Karthause gingen auch die erst wenige Jahre zuvor eingerichteten zwei Presbyteriumssitze für Waldesch und Lay an diese Gemeinde über. Die Neubesetzung der Winninger Pfarrstelle erwies sich angesichts des damals akuten Pfarrermangels als zunächst nicht einfach. Das Presbyterium schrieb 50 Pfarrer an, von denen überhaupt nur 30 antworteten, die meisten davon ablehnend.[59] Schließlich trat im März 1971 Pfarrer Dr. Wolfgang Engels die Winninger Pfarrstelle an, die er bis Ende April 1980 inne haben sollte. In seiner neunjährigen Amtszeit hielt der schwungvolle Geist der siebziger Jahre Einzug in die Gemeinde; Intensivierung der Jugendarbeit, eine neue Vielfalt bei der Gottesdienstgestaltung und ein aktives ökumenisches Engagement waren die Akzente des Gemeindelebens in diesen Jahren.[60] Ab 1972 fanden etwa einmal im Quartal Gottesdienste in besonderer Gestalt statt, oft in Zusammenarbeit mit dem neu gegründeten Jugendclub, den Konfirmanden oder als Familiengottesdienste. Neben dem Jugendclub entstanden 1975 als weitere Treffpunkte für junge Gemeindeglieder der „Treffpunkt Jugend" und die „Aktion Schalom"; das Gemeindehaus erhielt speziell für die Bedürfnisse der Jugendlichen einen kleinen Erweiterungsanbau, das so genannte „Luggem". Die Jugendarbeit dieser Jahre wurde maßgeblich durch die Gemeindehelferin und Katechetin Leni Knebel geprägt, die von 1959 bis zu ihrem Tode 1983 in dieser Funktion in Winningen wirkte. Die ökumenische Zusammenarbeit begann Anfang der 1970er Jahre zunächst auf dem Gebiet der Erwachsenenbildung. Anfang August 1974 fand dann der erste ökumenische Gottesdienst in Winningen auf dem neugestalteten Kirchenvorplatz statt, eine Praxis, die auch in den nachfolgenden Jahren weitergeführt wurde.

Die 1980er Jahren waren in der Gemeinde Winningen von dem aktiven Engagement des neuen, seit Oktober 1980 amtierenden, aus Minden kommenden Pfarrers Peter Meffert in der Friedensbewegung gekennzeichnet.[61] In der seit 1981 in der gesamten Bundesrepublik lautstark und kontrovers geführten Debatte um die Stationierung amerikanischer Mittelstreckenraketen in Deutschland bezog Meffert eine klare Position gegen diese Raketenstationierungen und machte dies auch in öffentlichen Stellungnahmen deutlich. Teile der Gemeinde und des Presbyteriums konnten diesen Weg nicht mitgehen und befürchteten eine unzulässige Politisierung der kirchlichen Arbeit, wohingegen Pfarrer Meffert immer wieder betonte, dass seinem

---

58 AEKgW, (wie Anm. 52), Nr. 36.
59 Ebd. (Protokoll der Presbyteriumssitzung vom 12.1.1970, S. 95).
60 Vgl. die entsprechenden Gemeindeberichte ebd., Nr. 36.
61 Zum Folgenden vgl. die Materialsammlung „Ent-Rüstet Euch" im AEKgW.

Glaubensverständnis nach die Nachfolge Christi auch öffentliche Kritik an aus theologischer Sicht fragwürdigen politischen Entwicklungen verlange.

Massive Auseinandersetzungen gab es um eine Aktion Mefferts anlässlich eines öffentlichen Gelöbnisses junger Rekruten auf dem Winninger Marktplatz am 6. Mai 1983. Gemeinsam mit anderen Mitgliedern der Friedensbewegung entrollte er ein Spruchband mit der Aufschrift „Ent-Rüstet euch". Diese Demonstration löste nicht nur in der Winninger Öffentlichkeit teilweise heftige Reaktionen aus – bis hin zu Kirchenaustritten –, sondern fand auch die Missbilligung mehrerer Presbyter. Die öffentliche Kritik an der Protestaktion Mefferts war im Sommer 1983 und insbesondere auf einer Gemeindeversammlung am 23. August 1983 so groß, dass er sich im September zu der Erklärung veranlasst sah, fortan nicht mehr an den öffentlichen Aktionen der Winninger „Aktionsgruppe für den Frieden" teilzunehmen.[62] Da Pfarrer Meffert jedoch seine Mitarbeit in dieser Gruppe nicht grundsätzlich einstellte, hörten die Auseinandersetzungen im Presbyterium um seine friedenspolitischen Aktivitäten – etwa um den Hinweis auf sein Amt als Synodalbauftragter für die Seelsorge und Beratung Wehrpflichtiger im Heft 7 der Zeitung der Winninger Friedensinitiative „Taubenschlag" (Oktober 1985) – keineswegs auf. Erst mit dem Ende des West-Ost-Konflikts 1989/90 und dem Weggang Pfarrer Mefferts von Winningen im Jahr 1991 ging dieses bewegte Kapitel der jüngeren Geschichte der evangelischen Gemeinde Winningen zu Ende.

Mefferts Nachfolger als Inhaber der Winninger Pfarrstelle war von 1991 bis 1994 Matthias Morgenroth, dem 1995 bis Ende 1999 Helmut Siebert folgte. In seine Amtszeit fallen u. a. die Einstellung eines hauptberuflichen Jugendleiters sowie die Übergabe der Trägerschaft des Kindergartens an die Ortsgemeinde unter Beibehaltung der Betriebsführerschaft. Auch die Innenrenovierung der Kirche, an die sich die Sanierung des Kirchturmes unmittelbar anschloss, wurde in Sieberts Amtszeit begonnen. Weiter wurden neue liturgische Gesänge eingeführt und der Gottesdienst am letzten Sonntag im Monat auf 18 Uhr gelegt. Der Vorsitz im Presbyterium wird seit 1995 von Nichttheologen, zunächst vom langjährigen Presbyter Gerhard Löwenstein, sodann von Frank Hoffbauer und aktuell von Cornelia Löwenstein geführt. Nach dem Weggang Sieberts und der Ausschreibung der Pfarrstelle wurde die bisherige Pfarrerin zur Anstellung Iris Ney im Mai 2000 vom Presbyterium einstimmig auf die Winninger Pfarrstelle gewählt. Aufgrund der Elternzeit von Pfarrerin Ney ist seit 2006 Pfarrer Jürgen Waskönig zur Gemeinde Winningen abgeordnet. Im Jahr 2006 beschloss das Presbyterium die Kündigung der Betriebsvereinbarung zur Führung des Kindergartens zum Ende des Jahres 2009 sowie nach langen, intensiven Beratungen mit der ganzen Gemeinde den Verkauf des Gemeindehauses. Durch einen Um- und Erweiterungsbau des 2. Pfarrhauses soll ein neues Gemeindezentrum in unmittelbarer Nähe der Kirche entstehen, das den aktuellen Erfordernissen des Gemeindelebens gerecht wird.

---

62 AEKgW, Protokoll der Presbyteriumssitzung vom 5.9.1983, S. 369.

Die kleine Gemeinschaft der Winninger Katholiken

Von Hedwig Herdes

Bis zur Reformation besuchten die Winninger gemeinsam ihre alte romanische St. Martins-Kirche, die im 13. Jh. erbaut worden ist. 1557 müssen sie sich (außer der Familie des Freiherrn von Heddesdorff) auf Weisung der sponheimischen Obrigkeit zum protestantischen Glauben bekennen.[1] Doch auch danach sammelt sich mit der Zeit wieder eine kleine Gemeinschaft katholischer Christen in Winningen. Ohne eigenes Gotteshaus und eigenen Geistlichen ist katholisches Leben naturgemäß schwierig und umständlich. Das gleiche gilt für den Schulbesuch. Man denke auch an Taufen, Beerdigungen oder Versehgänge (Krankenbesuche, Erteilung der letzten Ölung) oder nur den sonntäglichen Besuch der Messe. Oft genug erschweren winterliches Wetter und Hochwasser den Winninger Katholiken die Ausübung ihrer Religion. Zusätzliche Erschwernisse ergeben sich aus kirchenrechtlichen Auseinandersetzungen und herrschaftlichen Machtansprüchen. Über lange Zeiträume gibt es wohl auch keine fest geregelten Zuordnungen, welche Pfarrgemeinde für die Winninger Katholiken zuständig ist.

Die Akten weisen einzelne Vorgänge auf, die einen Einblick in die Problematik des Miteinander im sog. Konfessionellen Zeitalter geben: Im letzten Drittel des 18. Jh. steht der in Winningen ansässigen Verwaltung der Amtsverwalter Siegel vor, der entsprechend seiner Bestellung durch den badischen Gemeinsherrn in der hintersponheimischen Regierung Katholik ist.[2] Als der evangelische Pfarrer von Winningen der Ansicht ist, Pfarrfunktionen auch über die Winninger Katholiken und somit über den Amtsverwalter Siegel und seine Familie mit ausüben zu müssen, kommt es zum Konflikt. Es bedarf einer hochoffiziellen Verfügung der gemeinschaftlichen Regierung der Hinteren Grafschaft Sponheim in Traben-Trarbach vom 8. Mai 1760, die dem Winninger Pfarrer „den Unfug und die ungebührliche Anmaßung" untersagt, seine Pfarrfunktionen „auch über die dortigen Katholischen und besonderlich den Herrn Amtsverwalter Siegel auszudehnen [...]." Solche Pfarrfunktionen über die Winninger Katholiken seien „dem katholischen Herrn Pfarrer zu Leyen [Lay] zu überlassen". Gleichzeitig wird dem Winninger Pfarrer bei Zuwiderhandlung eine herrschaftliche Strafe von 200 Reichstalern „unnachsichtlich" angedroht.[3] Es beleuchtet die Verworrenheit der Zustände, dass gleichzeitig von Seiten des protestantischen Gemeinsherrn, des Pfalzgrafen von Zweibrücken, dem Amtsverwalter Siegel auferlegt wird, seine Kinder vom evangelischen Pfarrer von Winningen taufen zu lassen. Andernfalls habe er eine Strafe von 100 Reichstaler zu zahlen.[4]

Nehmen wir als weiteres Beispiel das 1760 totgeborene Kind der katholischen Eheleute Heintz vom Distelberger Hof. Das Kind wird in Lay beerdigt. Der Winninger Pfarrer sieht sich veranlasst, in das Kirchenbuch einzutragen: „Wäre aber das Kind leben geblieben, so hättens die Eltern von dem Evangelischen Pastor dahier tauffen lassen müssen, bei Vermeidung 400

---

1 Vgl. dazu den Beitrag von Anja Ostrowitzki in diesem Band.
2 Vgl. LHA Ko Best. 33, Nr. 3989 und Nr. 12336.
3 Pfarrer Wilhelm Simon, Pfarrchronik Lay, S. 57 (StA Koblenz, Best. Depositum Pfarrarchiv Lay).
4 Simon, Pfarrchronik Lay (wie Anm. 3), S. 57.

R[eichs]th[a]l[e]r Frevel, nach der höchsten Verordnung S[erenissi]mi Palatini, und wenn ichs getaufft hätte [...], so wär ich in einen Badischen Frevel von 200 R[eichs]th[a]l[e]r verfallen nach dem Drohverbot der Badischen Herrschaftlichen Räthen nomine S[erenissi]mi Badensis."[5] Aus den Zeilen des Winninger Pfarrers sprechen Verwunderung und Ratlosigkeit über die ihm von beiden Landesherrn angedrohten Strafen.

Feste, verlässliche Regelung für die Winninger Katholiken gibt es offensichtlich erst, als auch Winningen unter französischer Herrschaft steht. So ist seit dem Jahre 1806[6] die Pfarrei Güls zuständig für die katholischen Nachbarn. Es lässt sich vermuten, dass dies „vielleicht [...] in Berücksichtigung der Verwaltungsbezirke-Eintheilung" geschehen sei, „nach welcher Lay zu einer anderen Mairie gehörte [...]."[7] Jedenfalls bedeutet diese Regelung für die katholischen Schulkinder einen täglichen Fußmarsch zur Schule in Güls.

Im Jahre 1848 bekommt das Amt Winningen einen neuen Bürgermeister. Es ist der erst 25jährige Johann Liedel aus Cochem.[8] Der neue, jugendliche Bürgermeister ist katholisch wie sein Vorgänger Weckbecker. Für die Winninger Katholiken sind die Zuständigkeiten zwar offiziell geregelt, aber der neue Bürgermeister stellt mit Sicherheit bald fest, dass für die Winninger Katholiken die Ausübung ihres Glaubens immer noch mit erheblichen Schwierigkeiten verbunden ist und dass die Verhältnisse nur durch den Bau einer katholischen Kapelle in Winningen grundlegend zu verbessern sind.

Unermüdlicher Einsatz für eine katholische Kapelle

Es ist noch kein Jahr seit seinem Diensteintritt vergangen, da setzt sich Bürgermeister Liedel energisch für den Bau einer katholischen Kapelle in Winningen ein. Mit einem wohlbegründeten Gesuch wendet er sich an den Landrat. „Die hier vorhandenen Katholiken (51 Kirchengänger) haben wegen der Beschwerlichkeit der benachbarten Pfarr-Ortschaften schon längst das Bedürfnis gefühlt, den Gottesdienst hier in loco abhalten zu können [...]."[9] Gleichzeitig

---

[5] Hans Bellinghausen, Winningen. Ein deutsches Heimatbuch, 1925, Teil 2, S. 26-27. Vgl. Simon, Pfarrchronik Lay (wie Anm. 3), S. 57, der die Höhe der Strafe allerdings von 400 auf 100 Reichstaler berichtet.
[6] Georg Reitz, Die katholische Kapelle zu Winningen, in: Mittelrheinische Geschichtsblätter 1929, Nr. 1, S. 1, gibt das Jahr 1804 an. Nach Mitteilung des Pfarramtes Güls v. 6.8.1984 gehört Winningen seit 1806 zur Pfarrgemeinde Güls. Vgl. die entsprechende Berichtigung durch Wilhelm Simon, Geschichte der Pfarrei Lay, 1930, S. 22.
[7] BA Trier Abt. 70, Nr. 3338a Lay II, S. 152-153 (Antrag des Bürgermeister Liedel an das Generalvikariat Trier mit der Bitte um Einverleibung in die Pfarrei Lay, Winningen 18.4.1855). Herrn Oehms, Trier, sei an dieser Stelle herzlich für seine Recherchen im BA Trier gedankt!
[8] Vgl. den Beitrag von Marli Beck und Ellen Junglas in dieser Festschrift sowie Rainer Garbe, „... Gewährung meines sehnlichsten Wunsches ...". Bewerbung des Bürgermeisters von Weyerbusch Friedrich Wilhelm Raiffeisen um das Bürgermeisteramt in Winningen, in: Winninger Hefte 8 (2004), S. 204-213. Siehe auch LHA Ko Best. 441, Nr. 11783.
[9] LHA Ko Best. 441, Nr. 29730 (Gesuch Liedels vom 22.11.1848).

beginnt er mit der Sammlung freiwilliger Beiträge.[10] Die Kassenprüfung durch Herrn Langmann wird von der Königlich Preußischen Regierung zu Koblenz genehmigt.

Unermüdlich versucht Liedel immer neue Geldquellen zu erschließen. Im Juli 1849 bittet er um ein königliches Gnadengeschenk und die Erlaubnis zur Durchführung einer Hauskollekte in der Rheinprovinz, um sein Vorhaben realisieren zu können. Aus seinem an den Landrat gerichteten Gesuch erfahren wir folgende Begründung: „Die hier wohnenden Katholiken bestehen, mit Ausnahme der Familie v. Heddesdorff, deren Ahnen schon vor der Reformation hier ansässig gewesen, aus Eingewanderten seit den 1820er Jahren. Man erzählt sich, dass zur Zeit des Uebertritts der Gemeinde (ca. 1559) infolge eines Edictes der sponheimischen Regierung, welcher damals der Ort untergeben war, katholischen Christen die Ansiedlung und der Wohnsitz hierselbst nicht gestattet gewesen sey. Später unter badischer Hoheit wurden wieder Katholiken hier geduldet und diese gehörten nach Lay, einem am jenseitigen Moselufer, ½ Std. von hier gelegenen Ort, in die Pfarrei. Bei der neuen Circonscription [=Neueinteilung der Pfarreien] wurden dieselben der Pfarrkirche Guels zugewiesen, die eine Stunde weit entfernt, aber am diesseitigen Mosel-Ufer gelegen ist. Wenn die Ueberfahrt über die Mosel ungefährlich und nicht allzu beschwerlich ist, wird aber auch jetzt noch, der Nähe wegen, mehrentheils die Pfarrkirche zu Lay besetzt. Häufig ist man indessen auf die Kirche in Guels angewiesen und auch dann [...] wenn der Uferweg überschwemmt ist, klettern [...] sie durch Weinberge, bei großem Wasserstande müssen sie einen weiten Umweg auf einem über den Berg führenden Fußpfade machen [...]". Liedel verweist besonders auf den Zeitverlust, auf die Belastung der Hausfrauen, die Kinder, Kranke und Gebrechliche vernachlässigen müssten. Letzteren sei der Kirchgang besonders bei schlechter Witterung fast unmöglich gemacht. Er fügt hinzu, dass die „59 Seelen" durch Frondienste den Bau der Kirche unterstützen wollen, nur zwei Katholiken seien wohlhabend zu nennen, von Fünfen nur dürften Geldbeiträge erwartet werden. Sie hätten bereits 400 Taler gespendet.

In seiner Eingabe an den Landrat unterstreicht Liedel nicht nur, dass seine Bemühungen schon etliche Erfolge erzielt hätten, sondern dass er auch von evangelischer Seite Unterstützung erfahre: „Bis jetzt sind bereits 630 Thaler [...] eingegangen, auch von auswärtigen Evangelischen. Besondere Freude macht es mir, bemerken zu dürfen, dass die evangelischen Mitbürger – dank ihrer toleranten Gesinnung und der ungestörten friedlichen Verhältnisse zu ihren katholischen Mitchristen – ihre Hülfe im Beifuhr der Baumaterialien in Aussicht gestellt haben [...]." Weil sich Liedel offenbar schon jetzt Sorgen darüber macht, dass dem Gülser Pfarrer der zusätzliche Dienst in der zukünftigen Winninger Kapelle nicht zuzumuten sei, schlägt er vor, dass ein Pfarrer aus Koblenz, die bequeme Dampfschifffahrt nutzend, die Gottesdienste übernehmen könne.[11]

Bürgermeister Liedel kann mit seiner Argumentation den Landrat offensichtlich überzeugen. Doch muß der Landrat das Gesuch dem Oberpräsidenten der Rheinprovinz vorlegen, der in

---

10 Simon, Pfarrchronik Lay (wie Anm. 3), S. 81, Eintrag v. 18.11.1848: „Amts-Bgm. Liedel legt ein Collekten-Journal an zum Bau einer Katholischen Kirche daselbst, das bis 1872 die Summe von 5066 Th[a]l[e]r 1 S[ilber]gr[oschen] 2 Pf[ennig] nachweist."
11 LHA Ko Best. 441, Nr. 29730 (Gesuch Liedels vom 18. 7.1849).

allen konfessionellen Dingen der Provinz die entscheidende Instanz ist. In seinem Begleitschreiben zu Liedels Gesuch verweist der Landrat darauf, „dass alles wahrheitsgemäß sei […] und hiernach die katholische Bevölkerung zu Winningen alles mögliche geleistet hat, so bleibt nichts übrig, als die fehlenden Fonds auf ungewöhnlichem Wege flüssig zu machen […] und die angesprochene Bitte um Bewilligung eines Gnadengeschenks und einer Hauscollekte erscheint demnach nicht unbillig […]."[12]

Sicherlich ist die Enttäuschung des Bürgermeisters groß, als er von der Ablehnung durch den Oberpräsidenten erfährt,[13] doch lässt er sich nicht entmutigen. 1851 stellt der Landrat erneut einen Antrag, da die gespendete Summe bereits auf 1500 Taler gestiegen sei Auch dieser Antrag wird umgehend abgelehnt.[14]

Mit erstaunlicher Hartnäckigkeit verfolgt Bürgermeister Liedel sein Ziel auf anderen Wegen. Nun sendet er Rundschreiben an alle katholischen Geistlichen in der Rheinprovinz und kann viele Geldgeber gewinnen. Auch Gemeinden, die Liedel um Geld- oder Baumaterialienspenden bittet, spenden: Nachbargemeinden, Liedels Heimatgemeinde Cochem, viele Moseleorte sowie zahlreiche Geschäftsleute aus Koblenz. Der Pastor von Valwig spendet 200 Taler, wenn im gleichen Jahr mit dem Bau der Kirche begonnen werde.[15] Auf dem Weg zur Verwirklichung des großen Zieles stellen sich bedeutende Erfolge ein: Im Mai 1852 wird ein Bauplatz für „über 500 Thaler erworben".[16]

Feierliche Grundsteinlegung am Pfingstmontag, 22. Mai 1852

Über die feierliche Grundsteinlegung berichtet Bürgermeister Liedel dem Landrat: „War dies erhabene seltene Fest an sich schon eine genügende Einladung, so zog es eine um so größere Menschenmenge herbei, als […] der Umstand, dass seit 293 Jahren wieder der 1. katholische Gottesdienst hier war […]."[17]

Verfolgen wir dieses Ereignis mit den Augen des evangelischen Winninger Bürgers Friedrich Kraemer, der uns teilweise amüsiert-ironisch, teilweise verärgert das Verhalten der katholische Seite schildert: „Um dieser Grundsteinlegung nun die gehörige, in die Augen fallende Weihe zu geben, wurde der Weihbischoff Dr. Braun von Trier hierhin citirt, welcher gegen 9 Uhr auf dem jenseitigen Ufer, von Dieblich kommend, erschien. Eine große Prozession von Güls harrte an der hiesigen Fähre aufgepflanzt und eine kleinere Schaar, worunter die Herren Geistlichen, fuhr demselben auf der anderen Seite entgegen. Der hohe Herr mit seinem Gefol-

---

12 LHA Ko Best. 441, Nr. 29730 (Schreiben des Landrat an den Oberpräsidenten vom 21.7.1849).
13 LHA Ko Best. 441, Nr. 29730 (Gnadengeschenk und Hauskollekte werden mit Schreiben vom 10.10.1850 abgelehnt).
14 LHA Ko Best. 441, Nr. 29730 (Bitte vom 11.11.1851 bei Glaubensgenossen Kollekten durchführen zu dürfen – Ablehnung mit Schreiben vom 26.11.1851).
15 PA Güls, Akten Filialkirche Winningen, darin Subskriptionsliste ab 1848, und Akten betr. den Bau der kath. Filialkirche 1854 ff.
16 LHA Ko Abt. 655,47, Nr. 12 (Verwaltungsberichte an den Landrat, Bericht v. 22.5.1852).
17 Wie Anm. 16.

ge machte in einer gewissen Entfernung drüben Halt und gebrauchte einige Zeit, um sich mit den Seinen in das priesterliche Ornat zu werfen. Als dies geschehen, ging er steifen festen Schrittes der Deputation entgegen, welche sich ohngeachtet des dreckigen Weges [vor ihm] auf die Knie legten und dann in die Ponte hinter ihm drein marschierten. Auf der Fahrt wurde gesungen und Böller-Salven gegeben. Auf dem Ufer angekommen setzte sich alles, die Prozession voran, in Bewegung und marschierte unter immerwährendem Gesange der Baustelle zu [...]. Wie die Grundsteinlegung vorbei war, hielt der Bischof eine längere Rede, in welcher er, wie man gewohnt ist an demselben, ihre allein seeligmachende [Religion] zu oft – zum Ärger der hiesigen Bewohner – hervorhob, und das christlich fromme Gemüth des Gründers der [neuen Winninger] Kirche besonders warm erwähnte. Die ganze Geschichte lief ruhig ab und es schien, als ob die dieses Firlefanzes und Ceremonien-Dienstes ungewohnte Naturumgebung mit stiller Bewunderung einen stummen Zeugen abgab."[18] Ein von dem Arzt Dr. Kraemer verfasstes, gedrucktes Festgedicht in 14 Strophen unterstreicht die feierliche Grundsteinlegung.[19]

Trotz aller bisheriger Erfolge ergibt sich im November 1853 eine schier ausweglose Situation. Wegen mangelnden Geldes fehlen noch die Fenster, Gewölbe, Verputz und Anstrich, der Fußboden und die innere Einrichtung. Selbst der ideenreiche Liedel weiß zunächst nicht, wie er weitere Mittel erhalten soll, da ihm von Seiten des Oberpräsidenten nach wie vor das „Collectieren förmlich verboten" ist.[20] So wendet er sich mit seinem Bau-Komitee ein zweites Mal an die bisherigen Geldgeber. Sie helfen wieder und spenden eifrig. Außerdem entscheidet sich Liedel für einen außergewöhnlichen Schritt. Er „verfasst ein sehr ansprechendes Bittschreiben an Seine Päpstliche Heiligkeit, in dem er um einen Ornat für die fertiggestellte Kirche in Winningen anhält."[21] Im „Coblenzer Anzeiger" wirbt 1854 ein 50zeiliges Gedicht um Spenden für den Kirchenneubau:

„Der Schutzpatron der katholischen Kirche in Winningen
[...] Nicht hab ich weiß´ Gemäuer, nur rauh und grob Gestein,
durch Fenster, Thür und Lücken zieht Sturm und Wind herein [...]."[22]

So gehen die Bauarbeiten langsam ihrer Vollendung entgegen. Im Juli 1855 genehmigt die Bischöfliche Behörde in Trier dem Layer Pastor Montz, den Gottesdienst an Sonn- und Feiertagen sowie an Markttagen in der Kapelle Winningen halten zu können.[23]

Um die Bevölkerung zu weiteren Spenden anzuregen, hätte Liedel gerne noch ein Gedicht über die Kapelle verbreitet. Deshalb wendet er sich ausgerechnet an einen Verwaltungsbeamten,

---

18 Ekkehard Krumme, Das „Manual" des Friedrich Ludwig Kraemer in: Winninger Hefte 4 (1991), S. 91-92.
19 Katholische Filialgemeinde Winningen, in: Winninger Bildchronik, hg. von der VHS Kobern-Gondorf, 1991, Band 2, S. 51. Das Festgedicht ist ohne Angabe des Verfassers abgedruckt: „Dr. Kr.". Vgl. PA Güls, Akten betr. den Bau der kath. Filialkirche Winningen, 1854 ff., darin ist von unbekannter Hand die Ergänzung „Dr. Kraemer, Arzt" vorgenommen worden.
20 LHA Ko Abt. 655,47, Nr. 121, darin: Bericht des Bürgermeisters an den Landrat v. 26.11.1853.
21 Simon, Pfarrchronik Lay (wie Anm. 3), S. 83 (15.10.1854; eine Antwort ist nicht erhalten).
22 Coblenzer Zeitung - Coblenzer Anzeiger, Nr. 58 vom 3.3.1854.
23 BA Trier Abt. 70 Nr. 3338, S. 149 (Schreiben Pfarrer Montz an GV v. 8.7.1855).

und zwar an Clemens Joseph Lenné, Landratsamtsverwalter und Steuerrat in Mayen, wohnhaft in Saffig.[24] Clemens Joseph ist ein Bruder des berühmten königlichen Gartenbaudirektors Peter-Joseph Lenné.[25] Das von Lenné verfasste „Heische-Lied" wird im Juli 1856, einige Monate vor der Einweihung der Kirche, in 500 Exemplaren gedruckt. Das Lied umfasst 43 Strophen, unverkennbar eine Anlehnung an das 43strophige „Mosel-Eisgangs-Lied" von Clemens Brentano, mit dem dieser 1830 erfolgreich den Layer Eisgeschädigten half.[26] Der Anfang lautet:

„So helft denn! Die ein heil´ges Band,
Für hier und jenseits bindet;
Das kleinste Scherflein eingesandt
Schon stilles Glück begründet."[27]

Feierliche Einsegnung der St. Martin-Kapelle am 30.10.1856

Erst 1856 kann die Kapelle durch Dechant Krementz von St. Kastor in Koblenz, den späteren Kardinal, feierlich eingesegnet werden. Belege beweisen, dass die Gülser Chorsänger das Ereignis kräftig feierten, sie „verzehrten 18 Quart Wein".[28] „Der Bau war", wie Pastor Simon in der Pfarrchronik Lay festhält, „auf 2.900 Thaler veranschlagt gewesen, kostet aber wesentlich mehr [...]." Die Baukosten erhöhen sich auf 4.516 Taler, einen Silbergroschen und zwei Pfennig.[29] 1866 sind noch nicht alle Abschläge an die Handwerker für die Kirche gezahlt. So freut sich Liedel, dass der Königliche Steuerrath Clemens Lenné noch eine zweite Spende von Königin Augusta in Höhe von 20 Taler für die Kapelle der Katholiken zu Winningen erwirkt.[30]

Auch die bauliche Ausführung und Gestaltung des Gebäudes verdient gewürdigt zu werden.
- Die rund 18 x 10 m große Kapelle plante der bekannte Koblenzer Architekt Nebel. Er entwarf auch das umgebende Gitter mit Tor.[31]
- Aus der Erbauungszeit stammt der steinerne Hochaltar. Er ist ein Geschenk der Eheleute Bauunternehmer Philippus und Walburgis van der Bergh in Koblenz. Die ebenfalls gestif-

---

24 LHA Ko Best. 441, Nr. 19256; und PA Güls, Akten betr. den Bau der kath. Filialkirche Winingen 1854, darin Schreiben von Lenné v. 17.7.1856. Hier bezieht sich Lenné auf den Wunsch Liedels, „ein 2. Gedicht zu schreiben".
25 Schreiben des StA Bonn vom 7.7.06 an die Verfasserin und LHA Ko Best. 661,23 Nr. 126 (Stammbaum). Peter-Joseph Lenné, General-Gartendirektor Preußens, Ehrenmitglied der Königl. Akademie der Künste, Berlin, schuf Hunderte von Gartenanlagen, z.B. im Park Sanssouci, in Charlottenburg, Berlin und Koblenz (hier, bes. Vollendung der Rheinanlagen).
26 Vgl. Hedwig Herdes, Das Moseleisgangslied von Clemens Brentano und die Eiskatastrophe von 1830, in: dies.; Rolf Mohrbach; Richard Theisen (Red.), Aus der Geschichte des Ortes Lay an der Mosel. Ortsgeschichtliche Beiträge aus Anlass der 1200-Jahrfeier im Jahre 2003, S. 168-183.
27 Gedicht „Auf nach Winningen" (s. Anhang), in: PA Güls, Akten betr. den Bau der kath. Filialkirche Winningen ab 1854.
28 PA Güls, Akte Kirche Winningen, Einnahmen und Ausgaben, Belege für den Kirchenbau S. 1. 18 Quart entsprechen ungefähr 32 Liter.
29 Simon, Pfarrchronik Lay (wie Anm. 3), S. 81.
30 PA Güls, Akten „Kirche Winningen", darin: Schreiben v. 25.1.1867 (siehe auch Anm. 24).
31 PA Güls, Akten Kirche Winningen, Belege für den kath. Kirchenbau, S. 322f.

teten Statuen Philippus und Walburgis, rechts und links vom Altargemälde, erinnern an die Spender.[32] Zur Stiftung des Altares lädt Bürgermeister Liedel im Jahre 1854 ein.[33] Im Juli 1856 wird dem Maurermeister van den Bergh das Marienbild übergeben, um es in den Altar einbauen zu können.

- Ein Ölgemälde schmückt den Altar – Maria, die Unbefleckt Empfangene – darstellend. Der Düsseldorfer Historienmalers Prof. Sohn malt es 1855 für einen Preis von 150 Taler. 100 Taler spendet dafür der Kunstverein für Rheinland und Westfalen, den Rest bringt Liedel auf.[34]
- 1858 umrahmt ein Harmonium musikalisch die Vermählung der Hiacyntha v. Heddesdorff mit dem Gutsbesitzer Peters vom Emmingerhof bei Ochtendung. Das Ehepaar spendet das Musikinstrument anlässlich ihrer Trauung in der Winninger Kirche.
- Die am Kirchenbau beteiligte Steinmetzfirma Osterhaus aus Koblenz schenkt einen Taufstein. Da er überflüssig ist (Taufen finden bis 1860 in der Pfarrkirche Güls, anschließend in der Pfarrkirche Lay statt), wird er als Fuß der Kanzel benutzt.
- Kommunionbank, Beichtstuhl und die Kanzel finanziert der Junggeselle Martin Henrich aus Lay.[35]
- 1854 überbringt die Gemeinde Waldorf per Dampfschiff eine Glocke (sie wiegt 46 Pfund), die zweite Glocke erhält die Kirche von Pfarrer Simons, Bassenheim.[36]
- Die Kirchenbänke können aus dem von Gemeinden geschenkten Holz hergestellt werden.

Noch viele einzelne Geschenke erreichen die Kirche, z.B. Messgewänder von Pastor Bethel aus Oberemmel und Gottfried Menn aus Lay. Für sechs Kerzenleuchter sorgt Pastor Montz aus Lay.

Renovierungen und Neugestaltungen

Im Laufe der Zeit wird die Kirche mehrmals renoviert.
- 1897 schafft die Kirchengemeinde eine neue Orgel an. Orgelbaumeister Gerhardt in Boppard erhält außer dem Harmonium noch 1.200 Mark. Amtsbürgermeister Hoffmann (Nachfolger Liedels) will die Orgel unentgeltlich spielen.[37]
- 1912 Ausmalung durch Kirchenmaler Vath, Niederlahnstein.
- 1920 in der Inflationszeit fertigt die Fa. Helwegen aus Moselweiß einen steinernen Tabernakel mit Holzornamenten, die "Armen Schwestern vom hl. Franziskus" sticken die Tabernakel-Vorhänge.[38]

---

32 LHA Ko Best. 655,47, Nr. 58; Inventar 1877: Titel VII
33 PA Güls, Einladungen Bgm Liedels 1854 an die Pfarrer Klein, Dieblich, und Gschwind, Ehrenbreitstein, „zur Stiftung des Altars". Der Text unter dem Altarbild ergibt im Chronogramm die Jahreszahl 1854!
34 PA Güls, Akten betr. den Bau der kath. Filialkirche Winningen, ab 1854, darin Schreiben des Kunst-Vereins v. 21.11.1855.
35 LHA Ko Best. 655,47, Nr. 58 (Inventar 1877).
36 LHA Ko Best. 655,47, Nr. 58 (Inventar 1877) u. PA Güls, Akten betr. Bau der kath. Kirche Winningen darin Schreiben vom 30.11.1854.
36 Eintrag von Pfarrer Simon im Familienbuch der Pfarrei Lay (STA Koblenz, Depositum Pfarrarchiv Lay). Martin Henrich war Gutsverwalter bei Weckbecker in Lehmen.
37 BA Trier Abt. 70 Nr. 3338a Lay II, S. 401; PA Güls, Akten Belege der kath. Kirche Winningen, 1897/98.
38 PA Güls, Belege der katholischen Kirche Winningen, 1920, Nr. 14 und 15

- Am 2. November 1930 begehen die Winninger Katholiken eine feierliche Glockenweihe. Nachdem eine alte Glocke gesprungen ist, liefert die Glockengießerei Mabilon, Saarburg, zwei zierliche Glocken mit den Tönen fis und as. Die Inschriften lauten: „Maria, voll der Gnaden, schirm uns und schirm das Land" und „Hl. Theresia vom Kinde Jesu, sende Rosen uns herab"."[39]
- 1933/34 Sakristeianbau, das Dach verdeckt leider einen Teil des wertvollen Chorfensters.[40]
- 1940 und 1946 muss das im Krieg stark beschädigte Kirchendach zum Teil neu gedeckt werden.
- 1965/66 entsteht unmittelbar neben der Kirche ein Pfarrheim für 150.000 DM.
- 1989/90 Neugestaltung des Altarraumes, u.a. erhält die Kirche einen neuen Zelebrationsaltar.
- 1996 werden alle Kirchenfenster von der Fa. Binsfeld, Trier, restauriert. Zu den beiden Chorfenstern, Größe 90 x 300 cm, vermerkt Bistumskonservator Dr. Busse, Trier: „Die qualitätsvollen Glasgemälde stellen die Szenen ‚Der hl. Dominikus erhält den Rosenkranz von der Muttergottes' und ‚Die hl. Margareta Maria Alacoque erblickt das Herz Jesu' in nazarenisch- historistischem Stil dar. Signiert: Th. Mayr."[41]
- 2000 wird die kleine Kirche nach dem Entwurf des Architekten Hermann Heyer aus Koblenz-Rübenach farblich neu gestaltet mit dezenten modernen Ornamenten.[42]

Hochherzeige Spendenfreudigkeit

Auch nach Fertigstellung der Kapelle erfährt die kleine Gemeinde Winninger Katholiken große Hilfe durch bedeutende Spenden. Das Testament des Winninger Gutsbesitzers Wilhelm Nuernberger weist in einer Stiftung 5.000 Taler aus. Die Zinsen sollen nach dem Tode des Stifters zuerst für eine Besetzung der Kaplanei, dann für einen Kirchenfonds, später für einen Schul- und zuletzt für einen Armenfonds für die katholischen Einwohner von Winningen verwandt werden.[43] Angelica von Heddesdorff stiftet 1884 zum Andenken an ihren Onkel, Landgerichtsrat Maximilian Freiherrn von Heddesdorff, eine Kapitalsumme von ca. 6.000 Mark zur Errichtung einer Kaplanei in Winningen mit der Bitte, jährlich 20 Messen für ihren Onkel zu

---

39 PA Güls, Akte Kassenbelege zur Jahresrechnung für 1930/31 der Filialgemeinde Winningen; Koblenzer Volks-Zeitung Nr. 256 vom 4.11.1930: „Glockenweihe in Winningen".
40 PA Güls, Rechnung Filialkirche Winningen, darin die Belege für 1933/34. Ich danke Hern Pfarrer Bongartz für seine freundliche Unterstützung.
41 Filialkirche Winningen, Schreiben an Kirchengemeinde Güls v. 9.10.1996 vor Restaurierung der Schiff- und Chorfenster. - Zum Glasmaler Theodor Mayr siehe Petra Weiß, Metternicher Künstler, in: Dies. (Hg.), Metternich im Spiegel der Jahrhunderte. Beiträge zur Ortsgeschichte, 2002, S. 441.
42 Paulinus Nr. 38 v. 17.9.2000: Filialkirche St. Martin in Winningen. Ich danke Herrn Architekten Hermann Heyer, Koblenz-Rübenach, für Auskünfte und überlassene Unterlagen.
43 BA Trier Abt. 70 Nr. 3339 (Lay 1871-1932), S. 251 f. u. a. Testament Nuernberger. Nuernberger (gest. 5.2.1871) war ein großer Wohltäter für Winningen, siehe RZ Koblenz 30./31.7.1960: „Steuereinnehmer hinterließ ein Vermögen von 100.500 M für mildtätige Zwecke". Die von Nuernberger nach seiner Ehefrau benannte „Josephine-Stiftung" sollte Schüler des Koblenzer Jesuiten-Gymnasiums in Schul- und Studienzeit materiell unterstützen. Sie richtete sich an Jugendliche aus den Gemeinden Bisholder, Kobern, Dieblich, Güls, Lay und Winningen (vgl. LHA Best. 708 Nr. 60, LB).

lesen. Außerdem möchte sie eine Gedenktafel für den Verstorbenen in der Kapelle anbringen. Ihre Mutter spendet außerdem noch 3.000 Mark dazu.[44] Viele Stiftungen ergeben Ende 1893 einen Kapitalstock in Höhe von 30.000 Mark für die katholische Kapelle in Winningen.[45] Nach ihrem Tode vermacht Angelica von Heddesdorff noch einmal 10.000 Mark zum Fonds für eine Kaplanei und eine katholische Schule in Winningen.[46]

Katholische Kirche 2007

Abb. 1 a und 1 b: Altarraum und Seitenfenster (Foto: Klaus Brost).

Umpfarrung der Winninger Katholiken von Güls nach Lay

Neben dem langjährigen Bemühen zur Erlangung eines eigenen Gotteshauses (1849-1856) zielt ein weiteres Vorhaben der Winninger Katholiken auf die Änderung der damals gültigen Zugehörigkeit zur Pfarrei Güls mittels Umpfarrung nach Lay. Angestoßen wird dies durch einen offiziellen Antrag an das Bischöfliche General-Vikariat in Trier vom 18.4.1855. Der Winninger Antrag legt dar, dass die Winninger Katholiken erst bei der Neueinteilung der

---

44 LHA Ko 655,47, Nr. 58 Rechnung der katholischen Kapelle Winningen, 5.3.1884; BA Trier Best. 70 Nr. 3339 Lay, S. 399 (Schreiben vom 10.6.1897: Lesemessen werden von Frl. v. Heddesdorff von 20 auf jährlich 12 beschränkt); PA Güls, „Akte Stiftungen" v. 24.5.1884 und 9.6.1884. Die Spende in Höhe von ca. 9.000 Mark erfolgte in Obligationen. Bei Reitz, Kapelle (wie Anm. 5) ist eine Spende von 90.000 Mark der Fam. Heddesdorff genannt, aber ohne Beleg.
45 BA Trier Best. 70 Nr. 3339, S. 389: Kapitalstock der Filialgemeinde Winningen, Ende 1893
46 PA Güls, Protokollbuch der Beschlüsse des Kirchen-Vorstandes Güls, S. 59 vom 7.4.1903

Pfarreien unter französischer Herrschaft der Pfarrei Güls einverleibt wurden. Man strebe den alten Zustand wieder an, das heißt man wolle wieder zur Pfarrei Lay gehören. Dieser Wunsch wird ausführlich begründet. Eine besondere Rolle spielt dabei die Entfernung nach Güls und der große Umweg bei Hochwasser und Eisgang. Darüber hinaus verweist man darauf, dass die Pfarrei Güls mit ca. 1.600 Seelen wesentlich größer sei als die näher liegende Pfarrei Lay mit ca. 670 Katholiken. Die Pfarrer von Güls und Lay begrüßten die Umpfarrung. Mit der geplanten Umpfarrung und dem Besuch der Schule in Lay wolle man auch den katholischen Schulkindern den längeren Schulweg nach Güls ersparen.

Der Kern des Antrages an das General-Vikariat lautet folgendermaßen: „[…] so wagen wir es, Euer Hochwürdiges bischöfliches General-Vicariat ehrfurchtsvoll zu bitten, durch Erfüllung dieses allerseitigen Wunsches den status quo ante [= vorheriger Status] geneigtest wieder herstellen zu wollen, was dann auch die Folge haben wird, dass unsere Kinder künftig, zu unserer großen Erleichterung, die Pfarrschule zu Lay werden besuchen können."

Der rührige Liedel unterschreibt den Antrag gemeinsam mit einigen Winninger Bürgern, u.a. Gutsbesitzer Weckbecker, von Heddesdorff und Bamberger.[47]

1854 hat Lay mit Gottfried Ignatz Montz einen neuen Seelsorger erhalten, dem ein außergewöhnlicher Ruf vorauseilt. Pfarrer Montz war zuvor Beichtvater und Hausgeistlicher der schwedischen Königin Desirée, die in der protestantischen Umgebung ihren katholischen Glauben beibehalten durfte. Montz gelang es sogar, nach 300 Jahren eine erste katholische Gemeinde in der Hauptstadt Christiana (Oslo) zu gründen. Es waren u.a. gesundheitliche Gründe, die ihn in die Heimat und das mildere Moseltal zurückkehren ließen. Der Geistliche mit einem so interessanten Lebenslauf erweist sich auch in seiner Layer Pfarrei als besonders streitbar, anpackend und ideenreich.[48] Es ist mit der Hand zu greifen, dass „auf Wunsch des Pfarrers Montz"[49] und mit seiner Hilfe die Umpfarrung nach Lay durch Liedel betrieben wird.

Mit Freude und Erleichterung nimmt man die rasche Antwort des General-Vikariats vom 1. Mai 1855 zur Kenntnis. Die betroffenen Kirchenräte und der Samt-Gemeinderat (aus Winningen, Güls und Lay) werden ermächtigt, über den Antrag zur Umpfarrung zu beraten und zu beschließen.[50] Trotz Bedenken sowohl im Winninger als auch im Layer Gemeinderat wird letztlich dem Antrag in überraschend kurzer Zeit zugestimmt. Die Winninger Bedenken beziehen sich hauptsächlich auf die schulische Situation. Man führt an, dass „die [Schul-] Kinder in Güls ausreichend Raum fänden, aber in der überfüllten Schulstube in Lay kein Platz sei."[51]

---

47 BA Trier Abt. 70 Nr. 3338a Lay II, S. 152-153 (Einpfarrung der Filiale Winningen mit Distelberg Hof, Pfarrei Güls in den Pfarrverband Lay); LHA Ko Best. 655,47, Nr. 8.
48 Hedwig Herdes, Pfarrer Gottfried Ignatz Montz – Beichtvater der schwedischen Königin Desirée und Pfarrer der kleinen Moselgemeinde Lay; in: Rund um Lay; Heft 2 (2000), S. 28-44; dies., Cholera-Epidemie in Lay im Jahr 1866, in: Geschichte des Ortes Lay (wie Anm. 26), S. 190-192.
49 BA Trier Abt. 70 Nr. 3339 S. 373-374 (Schreiben Liedels an den Trierer Bischof v. 22.6.1885).
50 LHA Ko Best. 655,47, Nr. 296 (Protokollbuch des Bürgermeisterbeirates v. Winningen, Beschluss 21.7.1855).
51 LHA Ko Best. 655,47, Nr. 80 (Protokollbuch Gemeinderat Winningen, 12.9.1855).

Den Layern wiederum geht es darum, dass die Winninger „wie die Einwohner von Lay Steuerumlagen für kirchliche Bedürfnisse nach dem Gesetz beitragen müssen."[52]

Wiederum ist der Layer Pastor Montz die treibende Kraft, welche die Winninger Bedenken ausräumt, denn nach kurzer Zeit wird auf dessen Betreiben und durch seine maßgebliche Unterstützung in Lay eine neue Schule gebaut. Pfarrer Montz schenkt dafür aus eigenen Privatmitteln der Gemeinde Lay das benötigte Baugrundstück.[53]

Die Laufzeit des Verfahrens ist erstaunlich lange. Erst 1860 erfolgt die offizielle Umpfarrung der Winninger Katholiken von Güls nach Lay durch eine Urkunde des Bischöflichen Generalvikariates vom 25. Mai 1860.[54] In Zeiten von Hochwasser und Eisgang ist allerdings der Gülser Pastor weiterhin für die Winninger Katholiken zuständig.[55] 1868 übernimmt der Kirchenvorstand Lay die Verwaltung des Vermögens der Filialkirche Winningen.[56]

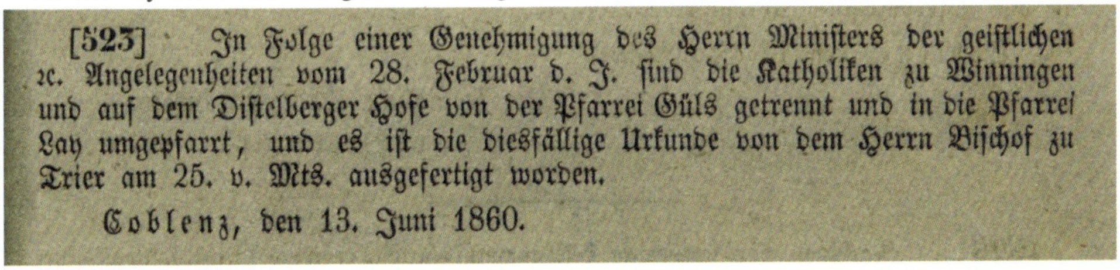

> [523] In Folge einer Genehmigung des Herrn Ministers der geistlichen 2c. Angelegenheiten vom 28. Februar d. J. sind die Katholiken zu Winningen und auf dem Distelberger Hofe von der Pfarrei Güls getrennt und in die Pfarrei Lay umgepfarrt, und es ist die diesfällige Urkunde von dem Herrn Bischof zu Trier am 25. v. Mts. ausgefertigt worden.
>
> Coblenz, den 13. Juni 1860.

Abb. 2: Ankündigung der Umpfarrung im Amtsblatt der königlichen Regierung Koblenz.

Schwierigkeiten im täglichen Vollzug bleiben nicht aus

Nun ist die Zuständigkeit der Pfarrei Lay für die Winninger Katholiken offiziell geregelt. Dennoch bleiben in den nachfolgenden Jahren Schwierigkeiten und Querelen nicht aus. Ursache und Anlass ist meistens die Beschulung der Winninger Kinder. Im Hintergrund dürfte jeweils der Mangel an Geld in der armen Gemeinde Lay stehen. Um die Zustände ein wenig zu beleuchten seien im folgenden einige Vorkommnisse beispielhaft angeführt.

- 1869 hält das Protokoll des Layer Gemeinderates fest, dass die Winninger Kinder nur dann und so lange in Lay beschult werden können, als Platz für sie da sei und es der Gemeinderat für richtig erachte. Gleichzeitig wird von Winningen u.a. ein Kostenbeitrag zu den Schulkosten gefordert.[57] 1870 erfolgt im übrigen die offizielle Einschulung der Winninger

---

52 LHA Ko Best. 655,47, Nr. 293 S. 28 (7.5.1855).
53 Hedwig Herdes, Schulische Entwicklung in Lay, in: Herdes; Morhbach; Theisen, Geschichte (wie Anm. 26), S. 414-427, hier S. 418.
54 BA Trier Abt. 70 Nr. 3338a Lay II, S. 157-163 (Einpfarrung der Filiale Winningen mit Distelberg Hof, Pfarrei Güls in den Pfarrverband Lay 1855-60).
55 Simon, Pfarrchronik Lay (wie Anm. 3), S. 83: 1877 ist die Kapelle im Grundbuch eingetragen auf den Namen „Winninger katholische Filialkirche von Lay, Flur 2 Nr. 2651/165". Die Grundstücksgröße beträgt nach Abzug für die Moselstraße in Höhe von 1 ar 28 m^2 noch 8 ar 34 m^2.
56 Simon, Pfarrchronik Lay (wie Anm. 3), S. 89a vom 13.9.1868
57 LHA Ko Best. 655,47, Nr. 293 (Protokollbuch der Gemeinde Lay), S. 62, 22.4.1869.

Schüler nach Lay durch die königliche Regierung.[58] Warum Bürgermeister Liedel eine seiner Töchter in der Winninger Elementar-Schule unterrichten lässt, entzieht sich unserer Kenntnis (Bescheinigung von Lehrer Laux für 1871/72 an den Layer Pastor und örtlichen Schulinspektor).

- Dem Layer Lehrer Moskopp geht es 1872 ums Geld. Offensichtlich hat er das Schulgeld, das ihm von den Winninger Schülern zusteht, noch nicht erhalten. Er wendet sich deshalb an den Layer Pfarrer Roth (Schulaufsicht). Dieser hält die Angelegenheit für so bedeutend und entscheidend, dass er den Sachverhalt offiziell dem Generalvikariat in Trier zur Klärung vorlegt.[59]
- Die sich im täglichen Vollzug ständig ergebenden Schwierigkeiten werden dadurch gemildert, dass ab Oktober 1891 die Winninger katholischen Schüler offiziell in Winningen unterrichtet werden. Mit dem katholischen Religionsunterricht wird der Layer Lehrer Bappert beauftragt.[60] Ausschlaggebend dafür mag vielleicht die Absicht von katholischer Seite gewesen sein, den Bau einer eigenen katholische Schule in Winningen zu betreiben.[61]
- Schon ein Jahr später zeigt sich Lehrer Bappert mit seiner Bezahlung für die in Winningen erteilten Religionsstunden nicht zufrieden. Ein entsprechender Antrag an Liedels Nachfolger Bürgermeister Hofmann wird abgelehnt. Man ist der Meinung, dass der Lehrer für den Religionsunterricht an 80 schulfreien Nachmittagen im Jahr ausreichend honoriert werde. Immerhin braucht er daraufhin kein Geld für die Überfahrten zu bezahlen.
- Kurz darauf entbrennt Streit um den Winninger Schulschlüssel. Lehrer Bappert hatte wohl dem Layer Pastor Clemens den Schulschlüssel ausgehändigt, weil dieser eine zusätzliche freiwillige Religionsstunde in Winningen abhält. Lehrer Bappert wird von Lehrer Schuh im Auftrag des Winninger Schulvorstandes bedeutet, dass er den Schlüssel zurückzugeben habe. Ansonsten werde ihm durch den Schulvorstand das Betreten des Schullokals untersagt. Im übrigen „habe der Pfarrer von Lay nicht das Recht, ohne Erlaubnis die Schule zu betreten." 1893 wird dem Layer Pastor offiziell diese 4. freiwillige Religionsstunde genehmigt. Er müsse aber dafür Tag und Zeitpunkt dieser Stunde vorher angeben.[62]

Erneute Umorientierung

Mittlerweile erschließt ein hochmodernes Verkehrsmittel das Moseltal. Seit 1879 verbindet die Eisenbahn auch die Orte Güls und Winningen. Diese bequeme Verbindung veranlasst Bürgermeister Liedel, 1885 das Generalvikariat Trier zu bitten, die Umpfarrung rückgängig zu machen. Es träfen jetzt ganz andere Verhältnisse zu, als vor 30 Jahren, als er „auf Wunsch des damaligen Herrn Pfarrer Montz" die Umpfarrung betrieben habe.[63] Doch erst der Antrag der katholischen Familien aus Winningen vom 1. Oktober 1899 hat Erfolg auf die erneute Um-

---

58 LHA Ko Best. 655,47, Nr. 245 (Spezial-Akten betr. Schule zu Winningen, 3.10.1870), S. 64.
59 BA Trier Abt. 70 Nr. 3338a Lay II S. 285-286.
60 LHA Ko Best. 655,47, Nr. 245 (Spezial-Akten betr. Schule zu Winningen; Schreiben Landrat Brühl v. 19.10.1891).
61 Schreiben Liedels vom 19.6.1891 (lose Einlage im Familienbuch Güls, „Gemeinde Winningen" in: PA Güls).
62 LHA Ko Best. 655,47, Nr. 245 (Spezial Akten betr. Schule zu Winningen, 19.10.1891).
63 BA Trier Abt. 70 Nr. 3339 S. 373-374 (Schreiben Liedel an Bischof v. 22.6.1885).

pfarrung zur Pfarrei Güls.[64] Dabei heben die Antragsteller besonders hervor, dass der an sich nähere Ort Lay manchmal monatelang wegen Eisgangs und Hochwassers unerreichbar sei. Nachdem alle beteiligten Gremien einverstanden sind, erteilt Bischof Korum von Trier die Genehmigungsurkunde zur Umpfarrung am 24. Januar 1901.[65]

Bekanntlich dürfen die katholischen Winninger Kinder bereits seit 1891 die Ortsschule Winningen besuchen. Layer Lehrer und Pfarrer unterweisen sie dort in katholischer Religion. Das übernehmen ab dem 2. Mai 1901 Geistliche aus Güls.[66] Seit 1945 bis heute unterrichten auch katholische Lehrkräfte an der Schule Winningen, sie erteilen u.a. katholischen Religionsunterricht. Im Jahre 2006 besuchen 53 evangelische und 20 katholische Schüler die Grundschule Winningen.[67]

Ausblick

Betrachtet man im Rückblick das Zusammenleben des evangelischen Winningen mit seiner katholischen Minderheit, so waren die 150 Jahre bis 1945 trotz aller noch tief ausgeprägten konfessionellen Gegensätze durch erstaunlich geringe Konfrontationen geprägt, und dies gerade in jener Zeit, als mit dem Bau einer eigenen katholischen Kirche in dieser Hinsicht dort die wohl deutlichste Veränderung seit Ende der Feudalzeit vorgenommen wurde. Es kann vermutet werden, dass gerade die Person des katholischen Bürgermeisters Liedel nicht wenig zu diesem relativ friedlichem Verlauf beigetragen hat. Dabei wurden gerade ihm in der großen Konfliktperiode des „Kulturkampfes" in den 1870er Jahren, als im Rheinland preußischer Staat und katholische Kirche sich unversöhnlich gegenüberstanden, von Seiten seines Vorgesetzten, des Koblenzer Landrates Raitz von Frentz, der Vorwurf gemacht, er habe durch sein Verhalten das ohnehin angespannte Verhältnis zwischen den Konfessionen noch weiter verschärft. So wirft ihm der Landrat 1874 vor, dass er eine schroffe konfessionelle Richtung vertrete und dadurch kein erträgliches Einvernehmen mit den mehrheitlich evangelischen Bürgern Winningens herstellen könne. Er beginge „die politische Unklugheit", für den Bau einer katholischen Kapelle in Winningen zu sorgen „und die Umpfarrung in das viel ärmere Lay zu betreiben. [...] Die betreffenden Verhandlungen hatten selbstredend Streitigkeiten aller Art im Gefolge und die alten Wunden sind jüngst wieder durch die Verhandlungen über die Beitragspflicht der Gemeinde Winningen zu den Schulkosten der Gemeinde Lay aufgerissen worden [...]." Selbst das Wahlverhalten des Bürgermeisters findet keine Gnade: dieser habe für das (katholische) „Centrum" gestimmt. Das Schreiben gipfelt in der Forderung, den Bürgermeister aus dem Amt zu entfernen, da sonst die Aufrechterhaltung der staatlichen Autorität nicht

---

64 BA Trier Abt. 70 Nr. 3338a Lay II – S. 412f. Amts-Bgm. BA Trier Abt. 70 Nr. 3339, S. 373
65 LHA Ko Amtsblatt der Königlich Preußischen Regierung Coblenz 1901, S. 42, Nr. 134; BA Trier Abt. 70 Nr. 3338a Lay, S. 412 f.
66 LHA Ko Best. 655,47, Nr. 630 (Spezial Akten betr. kirchliche Angelegenheiten).
67 Schulchronik Volks- / Grundschule Winningen, Beginn: 1958 (ab 1945 nachgetragen), Grundschule Winningen, Inventar Nr. I/265 (ich danke Herrn Schulleiter Rouette, Winningen).

mehr gewährleistet sei.⁶⁸ Liedel sieht sich noch vielen weiteren massiven Angriffen ausgesetzt, bleibt aber gleichwohl noch weitere 17 Jahre im Amt. Am 1. September 1884 wird ihm vom preußischen König sogar der Rote Adlerorden IV. Klasse verliehen.⁶⁹

Abb. 3: Amts-Bürgermeister Liedel, 1880, mit Orden (Verbandsgemeinde Kobern-Gondorf).

Wie wenig begründet die Vorwürfe waren, die der Landrat in der Hitze des „Kulturkampfes" gegen Liedel schleuderte, zeigt der Ärger, dem der Bürgermeister kurz vor seinem Abschied vom Winninger Amt am 30. September 1891 von einer Seite eingetragen wurde, die er jahrzehntelang wohlwollend unterstützt hatte. Gegen seinen Willen war damals von katholischer Seite ein Antrag auf Errichtung einer eigenen Schule für die katholischen Kinder in Winningen gestellt worden. Ein Schreiben Liedels vom 19. Juni 1891, möglicherweise an den Layer Pastor Clemens gerichtet, macht deutlich, wie sehr dem Bürgermeister gerade an dem konfessionellen Frieden gelegen war, den er nun durch eine törichte Aktion von katholischer Seite für durchaus gefährdet hielt:⁷⁰

„Euer Hochwürden haben sich durch meine dringenden Gegendarstellungen nicht abhalten lassen, bei der Regierung die Errichtung einer katholischen Schule in Winningen zu verlangen. Die Folgen werden, statt der Erreichung Ihres Zieles, diese sein:

1. Die Einwohner von Winningen werden, wozu sie scheinbar Grund haben, mich für den Anstifter, für feige und hinterlistig halten, daß ich bei meinem Abschiede noch diesen Zankapfel hinterließ.
2. Der confessionelle Frieden wird gestört sein.
3. Der katholische Pfarrer wird unschuldig darunter leiden, weil Sie allein den Antrag gestellt haben, daher Ihrer entfremdet werden.
4. Für die Frage um Ernennung eines Nachfolgers konnte nichts unglücklicher als Ihr Vorgehen erdacht werden.

---

68 LHA Ko Best. 441, Nr. 16759 (Personalia), darin: Schreiben vom 7.9.1874. Demnach wohnten in den Orten der Bürgermeisterei Winningen 7019 Einwohner, davon 5328 Katholiken und 1628 Evangelische, in Winningen selbst 1628 Evangelische und 50 Katholiken.
69 Achter Nachtrag zur Königlich Preußischen Orden-Liste 1877, Berlin 1885, S. 34 (Nr. 333). Leider konnte unter den im LHA Ko überlieferten Akten kein Antrag für die Verleihung nachgewiesen werden.
70 Schreiben Liedels vom 19.6.1891 (lose Einlage im Familienbuch Güls, „Gemeinde Winningen" in: PA Güls).

So wohl es mir that, nach manchen Kämpfen in einer über 43-jährigen Dienstzeit mir auch bei meinen evangelischen Mitbürgern die Anerkennung eines offenen, ehrlichen Charakters errungen zu haben, so schmerzlich ist mir, bei meinem Abschied ohne eine Schuld ein gegentheiliges Andenken zu hinterlassen und den zwischen Euer Hochwürden und mir bestandenen freundschaftlichen Verkehr durch Ihr Vorgehen abgebrochen zu sehen. Liedel".

Zum Schluss soll über das Zusammenleben von Evangelischen und Katholiken in Winningen nach dem 2. Weltkrieg ein anschauliches Zeugnis des evangelischen Pfarrers Walter Ecker angeführt werden:
„Nachdem nun nach Kriegsende die nach Thüringen und Mitteldeutschland Evakuierten nach Koblenz zurückströmten und die Stadt zu 80 Prozent zerstört fanden, gab es auch in Winningen kaum noch ein Haus, in dem nur noch Winninger gewohnt hätten, zumal viele Wohnungen von französischer Besatzung belegt waren. Diese Tatsache war für eine so in sich geschlossene Gemeinde wie Winningen von weittragender Bedeutung, denn unter denen, die nach und nach in Winningen eine Bleibe gefunden hatten, befanden sich nahezu 500 katholische Christen. Gewiß hatte es auch schon vor dem Kriege einen kleinen Prozentsatz katholischer Bürger gegeben. Aber mit der Tatsache, daß das evangelische Winningen nun zu ein Viertel katholische Bevölkerung hatte, mußte sich naturgemäß mancher alteingesessener Winninger Bürger erst einmal auseinandersetzen. Sehr schnell kam es jedoch auch hier zu einem friedlichen Miteinander. Schon in dem ‚alten' Winningen, als der katholische Bevölkerungsteil noch sehr klein war, hören wir immer wieder nur, daß das Verhältnis der beiden Konfessionen zueinander gut gewesen sei. Das zeigt sich dann auch in den letzten Kriegsmonaten, als die Kirche zu einem Lazarett wird. Die katholische Bevölkerung stellt den Evangelischen ihre Kapelle als Gottesdienstraum zur Verfügung. Ihren Dank erstatten sie hinwiederum dadurch, daß sie für die durch Bomben sehr heimgesuchte katholische Gemeinde in Güls eine Kollekte sammeln.
Wie sehr sich die evangelischen und katholischen Winninger bis auf den heutigen Tag miteinander verbunden wissen, erweist sich weiter darin, daß sich die katholische Elternschaft in den ersten Jahren nach dem Krieg dagegen wehrt, die katholische Bekenntnisschule zu fordern. Von seiten der Kirche und Schulbehörde ist ihr das wiederholt nahegelegt worden. Auf Grund der Kinderzahl hätte sie auch das Recht dazu gehabt. ‚Unsere Kinder sollen so miteinander groß werden, wie auch wir miteinander groß geworden sind', konnte man damals hin und her von der älteren Generation hören. So ist dann in Winningen eine der wenigen Simultanschulen im Koblenzer Bezirk geblieben, eine Tatsache, die von jedem der die dortigen Verhältnisse ein wenig kennt, nur zu begrüßen ist [...].
Was sich nämlich in Winningen nach der katholischen Seite hin vollzogen hatte, daß es einer großen Zahl katholischer Christen Heimat geworden war, das war umgekehrt in der bis dahin nahezu rein katholischen Umgebung von Winningen eingetreten. In den zwölf umliegenden Ortschaften von Lay bis Brodenbach rechts der Mosel und Kobern bis Loef links der Mosel, waren in den Nachkriegsjahren etwa 500 evangelische Christen in der Hauptsache aus den Ostgebieten unseres Vaterlandes eingeströmt. Ihre geistliche Versorgung lag bei Winningen. So wurden in Kobern-Gondorf, in Waldesch, Lay und zeitweise auch in Dieblich monatlich Gottesdienste gehalten. Das war sowohl für Winningen als auch für die genannten Ortschaften etwas völlig Neues [...]. Es blieb natürlich nicht aus, daß durch diese Arbeit in der Diaspora

auch die katholische Bevölkerung unser evangelisches Glaubensleben ganz neu sehen mußte. Abgesehen von wenigen Ausnahmen ist es ein gutes Verhältnis miteinander [...]."[71]

Eckers Sicht wird durch die ehemalige Landtagsabgeordnete Frau Susanne Hermans aus Koblenz-Güls in einer Rückschau auf die Zeit nach dem 2. Weltkrieg bestätigt:[72] „Die Winninger Bevölkerung möchte ich ganz besonders loben. Zwischen Winningen und den umliegenden Dörfern bestand ein gespanntes Verhältnis, denn Winningen war seit der Reformation mitten im katholischen Gebiet protestantisch geworden. Spontan gaben sie [die Winninger] nach den schweren Luftangriffen den hungernden und frierenden Gülsern Lebensmittel und andere notwendige Dinge [...]. Eines bleibt festzuhalten, seit dieser Zeit hat sich das Verhältnis zu Winningen total verändert. Sie halfen auch bei Aufräumarbeiten [...]."

Anhang

Auf! Nach Winningen!		
1. Nicht, wenn es ringsum grünt und blüht und duftet in die Weite, Und manches allerliebste Lied, Im Freien klingt, wie heute,	2. Wenn überall der Segen winkt, Die schweren Aehren schwanken, Die Hoffnung neue Kränze schlingt Und gute Menschen danken.	3. Wenn eine frische Lebensfluth Das frohe Herz empfindet, Für alles Edle Kraft und Muth, Sich leicht und bald entzündet;
4. Es war in strenger Winterszeit, Wo schlummernd ruht das Leben, Wo Eis und Schnee das feste Kleid Für Berg und Thäler weben,	5. Wo Duft und Nebel grau und kalt Vom Himmel niedersteigen, Kein Blatt mehr schmückt den stolzen Wald Und alle Lieder schweigen.	6. Nicht wiegte auf den Wellen sich Das Bild der grünen Reben, Die Wellen rauschten fürchterlich, Wenn sie die Fluthen heben:
7. Da tönte durch das Moselthal In stiller Abendstunde, Nach langer Zeit zum ersten Mal Das Ave in der Runde!	8. Zum ersten Mal beim Weihnachtsfest, Wo uns das Heil geboren, Das uns die Richtung finden läßt, Die in der Welt verloren.	9. Und wer es hörte nah´ und fern, Der war davon durchdrungen, Daß dieser Gruß im Haus des Herrn Bei Winningen erklungen!
10. Bei Winningen, wo Kraft und Fleiß, die edlen Reben pflegen, Wo Jeder aus Erfahrung weiß, Wer gibt und mehrt den Segen,	11. Daß alle Mühe, Sorg und Plag Der Menschenhand vergebens; - Verkündet nicht der Herzensschlag Den Aufschwung innern Lebens?	12. Ein Liedel war´s von gutem Klang, Das bald die Kunde brachte, Daß nach dem Schlummer, fest und lang, Das Ave hier erwachte.

---

71 Walter Ecker; Die evangelische Gemeinde Winningen nach 1945, in: 400 Jahre Evangelische Kirche, 1957.
72 Erinnerungsbericht von Susanne Hermans (MdL), in: Alois Pickel; Andreas Neisius, Güls im II. Weltkrieg, 2004, S. 162.

13. Ein Liedel, würdig, warm und rein, Vom ächten Geist getragen; Es drang in viele Herzen ein, Die noch für's Ew'ge schlagen.	14. Wo man des Glöckleins Ruf vernahm, Wo's Liedel angesprochen, Gar manche werthe Spende kam Nach Tagen und nach Wochen.	15. Und muthig wurde fortgebaut Mit diesen frommen Gaben, Die noch das alte "Gott vertraut" Als jung bestätigt haben.
16. Nicht heute Regen, Sturm und Wind Durch offne Fenster treiben, Es leuchtet, wenn der Tag beginnt, Die Sonne durch die Scheiben. -	17. Gott lohne reichlich dem Verein, Der den Altar errichtet, Der kunstgerecht den schönen Stein Gemeißelt und geschichtet.	18. Der Gnadenmutter Bildniß ziert Schon des Altares Mitte, Zu der aus frommen Herzen steigt Mit Zuversicht die Bitte.
19. Es leuchtet in den Raum hinein, Von Himmelsglanz umflossen! Es bleibt nicht leicht ein Herzensschrein Vor seinem Strahl verschlossen.	20. Die Rosen blühen schön und reich Um's Kirchlein am Gestade; Gehalten einem Garten gleich Ist dies Gebiet der Gnade.	21. Und Vieles, was zum Dienst des Herrn, Der Regel nach, verwendet, Es wurde wohlgesinnt und gern, Von Arm und Reich gespendet! -
22. Doch noch ist's Haus nicht ganz bestellt, Noch fehlt's an vielen Theilen; Noch kann in ihm der Herr der Welt Nach Würdigkeit nicht weilen.	23. Er wartet noch, bis tadelfrei Sich wird Sein Haus gestalten, Und wird dann, der Verheißung treu Auch seinen Einzug halten!	24. So helft denn! Die ein heil'ges Band, Für hier und jenseits bindet; Das kleinste Scherflein eingesandt Schon stilles Glück begründet.
25. Die g'ringste Gabe, dargebracht Mit kindlichem Gemüthe, Vergeltend liebreich überwacht Die ew'ge Vatergüte.	26. Wer Ihm in wahrer Demuth dient Mit dem, was ihm gegeben, Ist sicher, daß ihm Hoffnung grünt Zum einst'gen Freudenleben.	27. Der hängt von dieser Welt nicht ab Wird ihren Lohn nicht fordern; Der sammelt Schätze, die im Grab Nicht untergehn und modern! -
28. So seid denn guten Muths bereit, Das Haus des Herrn zu rüsten! Zu diesem Zweck paßt jede Zeit Für jeden wahren Christen!	29. Er weiß, er gibt nur einen Theil Von dem, was Gott verliehen; Er fühlt, ihm wird das ew'ge Heil Auf diesem Weg erblühen.	30. Wenn dieser Stimmung droht Gefahr, Wo hoch die Fluthen gehen: Der Dunst der Weltlust läßt nicht klar Des Zieles Richtung sehen,
31. Wenn auf dem sturmbewegten Meer Es wogt und schäumt und brandet, Und mancher trost- und hoffnungsleer Mit seiner Habe strandet,	32. Dann gleitet sanft der leichte Kahn, Wo nicht die Wogen steigen; Er wird dem sichern Hafen nah'n, Mit dem, was ihm zu eigen.	33. Das sind die Werke, Gott geweiht, Die nie an Werth verlieren, Die uns aus dieser Endlichkeit In's Reich des Friedens führen.

34. Und dazu werden früh und spät Die milden Gaben zählen, Um die so warm mein Liedel fleht, Um´s Ziel nicht zu verfehlen:	35. Um´s Haus des Herrn, wie´s ihm gefällt, Zum Dienste einzurichten; Um schwache Kinder dieser Welt Zu mahnen an die Pflichten,	36. Wovon sich Gottes Ebenbild In keiner Zeit darf trennen, Um klaren Blickes, unverhüllt, Was noth thut, zu erkennen.
37. An die Erkenntniß, rein und schön, Lehnt fest sich das Vertrauen, Es ließ das Gotteshaus entsteh´n, Und hilft auch ferner bauen.	38. Und wenn sich jene Sehnsucht regt, Die tief im Herzen waltet, Die, würdig durch´s Gebet gepflegt, Der Blüthen viel entfaltet;	39. Dann wird die Opferfreudigkeit Vor Allen sich erheben, Die hier den Himmelsglanz verleiht, Worin die Sterne schweben.
40. Und wenn dort alle freudig knie´n, Um Gott gerührt zu danken, Ist hier schon großer Lohn verlieh´n Den Spendern, die nicht wanken!	41. Dann flüstert einsam das Gebet; - Harmonisch klingen Lieder - Um manches Aug´ die Thräne steht Und gleitet glänzend nieder!	42. Wie mächtig aus der vollen Brust Wird das Te Deum hallen!! Und wer der Theilnahm´ sich bewußt, Dahin am liebsten wallen!
43. Wie lieb wird dem der Eindruck sein Und lohnend sich bewähren; Der willig brachte seinen Stein Um Werk, um Gott zu ehren!!!	[Verfasser; Clemens Joseph Lenné, Bruder des königl. Gartenbau- direktors Peter Josef Lenné] L... é.	Gedruckt bei L. Hipp in Mayen

Historische Wurzeln und Entwicklung der Winninger Einwohnerschaft

Von Rainer Garbe

Einleitung und Überblick

Nur wenige Informationen oder statistische Angaben sind uns für die Zeit des Mittelalters über die Winninger Einwohnerschaft überliefert, da sich nur einige Urkunden oder Weinlagenregister erhalten haben. Es handelt sich meist um die Beurkundung von Grundstücksverkäufen, an denen entsprechend begüterte und berechtigte Bewohner Winningens entweder unmittelbar beteiligt waren oder als Zeugen auftraten. Weinabgabenregister von 1384 und 1433 enthalten eine Vielzahl von Familiennamen, wobei sich die Familiennamen Kröber (1385 Thomas „dictus de Croyve" =Thomas genannt von Kröv) und Mölich (1409 „henne moylich" =Heinrich Mölich), Sturm (1433 „clays sturm" =Nikolaus Sturm), Brost (1433 „ein Jan proyst genannt") und Bormer (1433 „clays boyrmer" =Nikolaus Bormer) bis heute erhalten haben.

Besser informiert sind wir dagegen über das bereits im Mittelalter im Ort ansässige, Mitte des 17. Jahrhunderts im Mannesstamm ausgestorbene Geschlecht der „Hertwine" von Winningen[1] wie auch über die Familie von Heddesdorff,[2] deren Nachkommen noch heute ein Weingut in Winningen betreiben.

Von den im 16. Jahrhundert in der Gemeinde erstmals vorkommenden Familiennamen haben sich die Namen Knaudt, Knebel und Löwenstein bis auf den heutigen Tag erhalten.[3] Die konfessionelle Insellage des Ortes war wohl der Hauptgrund dafür, dass sich die Winninger weniger mit der Bevölkerung der katholischen Nachbarorte vermischten oder aus dem Ort auswanderten. Ein weiterer Grund mag in der am 29. September 1579 ausgestellten „Freiheitsurkunde" liegen, als man sich gegen Zahlung einer zwölfjährigen außerordentlichen „Landsteuer" an die Landesherrschaft u.a. verpflichtete, „an fremden oder neuen Bürgern nur taugliche und redliche Leute anzunehmen und nicht jeden Unbekannten" einziehen zu lassen.

Seit 1615 galt eine Verordnung, die vorschrieb, dass jeder neu Einziehende 10 Gulden zu zahlen und darüber hinaus 200 Gulden „Kaution" zu stellen hatte. Mit Zahlung dieses Einzugsgeldes – auch „Untertanenaufnahmgeld" genannt – erwarb der Einziehende nicht nur das Bürgerrecht, sondern auch das Recht zur kostenlosen Teilnahme an den Gemeindenutzungen, die von Gemeinde zu Gemeinde unterschiedlich waren, in Winningen sich meist auf Zuteilungen von Brandholz (Losholz), auf das Sammeln von Laub und Streu für das eigene Vieh oder auf das Stechen von Waldrasen zur Düngung der Weinberge erstreckten. Bis ins 19. Jahrhundert hinein wurde das „Bürgereinzugsgeld" den jeweiligen wirtschaftlichen Gegebenheiten immer

---

1 Zum Geschlecht der Hertwin von Winningen siehe auch, Rainer Garbe, Adelige und Ritter, Das Rittergeschlecht der Hertwin von Winningen, in: Moselfest-Programmheft Winningen, 1993.
2 Siehe hierzu in diesem Band meinen Beitrag: Klöster und Adel als Grundbesitzer.
3 Siehe hierzu Gerhard Löwenstein, Die alten Winninger Familiennamen, in: Veröffentlichungen des Heimat- und Museumsvereins Winningen, Nr. 2 (1995).

wieder angepasst. Im Jahre 1871 genehmigte die preußische Regierung zu Koblenz den von der Gemeinde gefassten Beschluss, die Entrichtung des Bürgereinkaufgeldes aufzuheben.

Trotzdem blieb man in Winningen auch in den nächsten Jahrzehnten weitgehend „unter sich". Dies änderte sich erst mit den Auswirkungen des 2. Weltkrieges, als nach 1945 rund 500 Neubürger aufgrund von Vertreibung und Evakuierung nach Winningen kamen.

Niederer Adel und andere Familien mit Besitz im Mittelalter

Die ersten namentlich bekannten Winninger sind die Gebrüder Adelbert und Godebert, die 1149 mit dem Besitzer des Fronhofes, dem Benediktinerkloster Groß St. Martin zu Köln, einen Vergleich schlossen. In dieser Urkunde wird auch der damalige sponheimische Vogt Arnoldus sowie der „Fronhofschultheiß" Conradus des Klosters St. Martin genannt. Die Urkunde ist darüber hinaus von Bedeutung, da die Beurkundung von der gesamten zum klösterlichen Hof gehörenden Gemeinschaft bezeugt wurde („et tota familia nostra in Winningen") und damit sicherlich eine größere Anzahl damaliger Winninger zumindest summarisch „genannt werden".[4]

Etwa um die gleiche Zeit (um 1150) schenkten Weßel („wescelo") von Winningen („de Winningin") und dessen Ehefrau Ruzela dem Kloster (Maria) Laach einen im Binstel („benstal") gelegenen Weinberg.[5]

Über 130 Jahre später, am 25. Januar 1284, erklärten die Eheleute Friedrich und Paulina zu Winningen („Winengen"), dass sie einen Weingarten, genannt „Ropzeche" (heute: In der Kypzech), den sie von der Abtei St. Martin zu Köln für eine Abgabe von einem Fuder Wein jährlich besessen haben, in die Hände von Engelbert, Bruder des Friedrich, und dessen Frau Elisabeth geben, weil sie die Abgabe nicht mehr entrichten konnten. Die Beurkundung erfolgte in Anwesenheit des damaligen Plebans Johannes und des „Fronhofschulteißen" Hertwicus sowie der Schöffen Winand und Henricus, genannt „Hane". Weiterhin wird Hunolt, der Fronbote, in dieser Urkunde genannt.[6] Um 1291 traten die Schöffen Wigemannus, Johannes de Kerlege, Henricus Hane, Theodericus Prasmere und Cunzo Pistor als Zeugen in einer Urkunde auf.[7]

Im Jahr 1300 verkaufte Paulina von Winningen, Witwe des Ritters Heinrich von Lahnstein, der „Hunschewin" genannt wurde, an die Abtei Rommersdorf eine im „Horsorf" gelegene Hofstatt, die Gobelinus, genannt „Horschebeur", bewohnte, sowie vier Teile von Weingärten, genannt „minor" und „maior Reupreche" (heute: In der Kypzech), „de Helde" und „am Herwege". Mit der Benennung der Anlieger der Weingärten erfahren wir weitere Namen von Einwohnern Winningens in dieser frühen Zeit. Es handelt sich um: Petrus, Ritter de Ethe junior, Friedrich, Sohn der Schedula, Engelbertus de Clupe, Richwinus de Lach, Arnold, Ritter, genannt „Unte", Albert de Guntravia (=von Gondorf) und Bela, Tochter von Pletune. Dies bezeugen die Ge-

---

4 Nach Mittelrheinisches Urkundenbuch (MRUB) 2 Regest Nr. 607. Druck: MRUB 2 Nr. 43.
5 Nach MRUB (wie Anm. 4), 1 Nr. 555.
6 HASt Köln Best. Groß Sankt Martin, U 1/22.
7 HASt Köln Best. Groß Sankt Martin, U 1/26A.

richtsgeschworenen Theodericus, genannt „de Sach", Theodericus de Wise (=von Weiß), Johann de Buole und Heilingerus sowie die Schöffen Conrado, genannt „Remeler", und Sibellino.[8] Zehn Jahre später veräußerten ein Henricus genannt „de Broyle" (=von Brohl) und dessen Ehefrau Cristina ihre neben dem Fronhof gelegene Hofstatt an das Kloster St. Martin zu Köln.[9]

Mit Datum vom 9. Dezember 1385 ist uns zum ersten Mal der heute in Winningen noch zahlreich vertretene Name Kröber überliefert: „Thomas dictus de Croyve" (=genannt von Kröv) zu Winningen, dessen Sohn Johannes und dessen Ehefrau Gela, eine Tochter des Knappen Theoderich von Plaidt („de Bleyde, armigeri"), verkauften eine Erbrente an eine Bürgerin von Koblenz und setzten dafür ein Grundstück in der Nähe des Zehnthofes sowie ein Haus in der „Airsdorfergasse" (heute Schulstraße bzw. Zehnthofstraße) als Unterpfand.[10]

In dieser Weise erfahren wir noch weitere alte Winninger Familiennamen. Beispielhaft seien aufgeführt: 1339 Müller Johann Clovelauch und dessen Ehefrau Nese, 1384 Henrich Buseman, Arnolt Neuweler, Engel Noix, Herman Schender, Clays Pote (=Nikolaus Poth), Heintze Roder oder auch „sybel der ferebere" (=der Färber),[11] 1409 der Gerichtsschöffe „henne moylich" (=Heinrich Mölich) sowie „Trell hennen, son von Coveren und Enolff herbrantz son."

Diese Familiennamen sind auch in einem Weinabgabenregister aus dem Jahr 1433 verzeichnet.[12] Darüber hinaus finden wir hier: „clays sturm" (=Nikolaus Sturm), „Jan proyst" (=Johann Brost?), Jan Moscop, „clays boyrmer" (Nikolaus Bormer), „Jan langnase", Thys „molich" (Matthias Mölich), Junker „Jan meffarts erben", Peter „boyrmer", Junker Hertwyn, „Jan molich", „pet" Haller, „Pfirn molich", „Coen der Snider" (=Konrad der Schneider), „jan und pet bone" (=Johann und Peter Bones), „Ebelen fuylfysch" (=Faulfisch), „Fruke der Kannengysser", Amelung von Andernach, Peter Sasmut und Henrich Sassmont.

Insgesamt sind in diesem Register ca. 145 verschiedene Namen aufgeführt. Daraus darf geschlossen werden, dass die Anzahl der Einwohner im Jahre 1433 höher lag als Mitte des 16. Jahrhunderts. 1550 sind in einem Steuerverzeichnis („Schatzungsregister") nur 103 Einwohner (in der Regel die steuerpflichtigen Familienvorstände) sowie sieben Dienstboten aufgelistet, darunter Johann Sturm, Johain Lebenstein, Thonges Mailligs, Endres Lebenstein (=Andreas Löwenstein), Frederig Knyrbell (=Friedrich Knebel), Kroeuers (lies: Kroevers) Hannen (=Johann Kröber), Moeligs Hans, Sirwer Moiskoip, Sorbell Moelligh, Johann Langnaß, Hirmann von Aindernach, Jacob Hoirchemmer, Bormans Gret, michell von Croue (lies: Crove) sowie zwei Juden namens „Heyen Juedt" und „Isaac Judt".[13]

---

8   LHA Ko Best. 162, Nr. 142.
9   HASt Köln Best. Groß Sankt Martin, U 1/35A.
10 LHA Ko Best. 33, Nr. 15557. Rückvermerk auf der Urkunde: „Thomas von Croev et Consorten zu Winningen, Johann von Cachelen 1335".
11 HASt Köln Best. Groß Sankt Martin, Akten Nr. 22,2. Insgesamt sind in diesem Register annähernd 60 verschiedene Personen genannt.
12 LHA Ko Best. 1 C, Nr. 2640.
13 LHA Ko Best. 33, Nr. 8796. Zu weiteren zu einem frühen Zeitpunkt erwähnten Hofpächtern siehe Garbe, Klöster (wie Anm. 2).

Im 17. Jahrhundert sind dagegen keine jüdischen Einwohner mehr feststellbar, was um 1780 bestätigt wird. In einem Bericht der Kanzlei Pfalz-Zweibrücken an den damaligen Pfarrer Rodenberger heißt es: „Vor ganzen alten Zeiten haben in Winningen Juden gewohnt. Nachdem aber in der Wolfgangischen Kirchenordnung die Juden vor Feinde des Christentums erklärt worden, und diese Kirchenordnung auch in der Grafschaft Sponheim Platz gefunden, so sind die Juden der Orten ganz abgegangen."[14]

Für die Zeit des Spätmittelalters wissen wir, dass Juden in Winningen gewohnt haben, denn im Dezember 1442 bekennen sowohl Nikolaus von Brohl („Clais von Brulle", sonst „Ritter Clais" genannt) wie auch Dietrich von Mertloch, dass sie bei der „Judenplünderung zu Winningen" teilgenommen haben. Beide werden wegen dieses Überfalls zu einer Geldstrafe von jeweils 12 Gulden verurteilt.[15]

Von den oben genannten Namen haben sich bis heute in der Gemeinde die Familiennamen Bormer, Brost, Knebel, Kröber, Löwenstein, Mölich und Sturm erhalten. Von den erst am Ende des 16. oder zu Beginn des 17. Jahrhunderts erscheinenden Familiennamen sind heute noch vertreten: Knaudt, Hoffbauer, Pitsch, Sünner, Frölich und Jerchen.

Das Geschlecht der Hertwin von Winningen

Zu Ende des 13. und im 14. Jahrhundert sind in alten Urkunden mehrere Ritter und „Wepelinge" (Edelleute) genannt, die sich nach ihrem Stammwohnsitz „von Winningen" nannten. Wenn auch kaum konkretes über ihren sozialen Stand zu erfahren ist, so dürften sie doch im Gemeindeleben eine nicht unbedeutende Rolle gespielt haben. So waren es im Mittelalter in erster Linie diese Niederadeligen, welche als „iurati" (Geschworene) neben dem ebenfalls niederadeligen „advocatus" (Vogt) im Dorf zu Gericht saßen.

In den Jahren 1384 und 1392 werden Junker Johann von Winningen und Junker Mathys von Winningen, 1395 Junker Johann von Kobern als Geschworene des Winninger Gerichts genannt. Von anderen Niederadeligen der Gemeinde erfahren wir lediglich deren Namen. 1335 treten die Ritter Hermann von Winningen und Petrus von Eich, beide im Dorf wohnhaft, 1346 Bartholomäus von Winningen, 1367 der Edelmann Heylingis als Zeugen in Urkunden auf.[16]

Auch außerhalb des Orts waren die Ritter von Winningen vertreten. 1315 ist ein Ritter Hartwich Schultheiß in Koblenz. 1330 wird Heyderich von Winningen als ein Genosse der Gräfin Loretta von Sponheim bezeichnet. 1345 verkauft Thyle Kachel von Winningen an den Trierer

---

14 Rainer Garbe (Bearb.), Inventar der Quellen zur Geschichte der Gemeinde Winningen/Mosel, 2003, Kapitel V, Dokument 15.
15 Nach Bay HstA München Kasten blau 388/4, Nr. 122 und Nr. 123. Freundliche Mitteilung von Johannes Mötsch, siehe auch: Inventar der Quellen (wie Anm. 15) Kapitel 15.2. Auch 1785 wird bestätigt, dass es „keine Juden in Winningen" gebe (LHA Ko Best. 33, Nr. 1333).
16 Im Jahre 1373 belehnt Cuno, Erzbischof von Trier, Bartholomäus von Winningen mit sechs Weingärten, die durch den Tod des Roelf von Waldeck heimgefallen sind. Die Weingärten liegen in „Winninger Marken" und weisen eine Gesamtfläche von drei Morgen auf (LHA Ko Best. 54 W, Nr. 637).

Erzbischof Balduin von Luxemburg seine Lehngüter zu Wolken und „Fulenborne" (Faulenborn) für 50 Mark Brabanter Münze.[17] Im September 1399 wurde Mathys von Winningen, Geschworener des Winninger Gerichts, vom Trierer Erzbischof Wernher von Falkenstein zum Amtmann des Schlosses Heintzenberg bestellt. Der Ritter versprach, auf der Burg zu wohnen sowie fünf Schergen und vier Wachen zu stellen, wofür er alle Renten und und Einkünfte („Gefälle") erhalten sollte.[18]

Thys von Winningen diente im Jahre 1385 unter Graf Johann von Sponheim („der Blinde", aber auch „der Edle" genannt) als Burgmann zu Starkenburg. In diesem Jahr erhielt er von dem Grafen ein Fuder Wein zu Lehen, wofür er Dienst in allen sponheimischen Schlössern geloben musste. Dieses Lehen besserte ihm Graf Johann IV. im Jahre 1400 mit einem Viertel Weinberg zu Winningen auf. 1401 bekam Thys noch einen Morgen Weinberg und ein halbes Fuder Wein, gleichfalls zu Winningen, als starkenburgisches Lehen hinzu.[19] Thys von Winningen starb wohl kinderlos, denn noch im gleichen Jahrhundert sind diese Lehen an die Grafen von Sponheim zurückgefallen.[20]

Die genannten Beispiele zeigen, dass die Winninger Ritter es wie ihre andernorts lebenden Standesgenossen verstanden haben, für ihren Lebensunterhalt zu sorgen, indem sie bei den Fürsten und Grafen der näheren Heimat in Lehnsdienste traten oder den Lehnsdienst ihrer Väter fortsetzten. Gleichzeitig war es in den Familien des Adels üblich, dass diese, insbesondere dann, wenn in einem Haus mehrere Söhne vorkamen, in Stiftskirchen oder Klöstern ihr Unterkommen suchten. So erscheint auch ein Hartwich von Winningen im Jahre 1367 als Vikar an der Stiftskirche zu Karden.[21] Ein Bruder des bereits erwähnten Bartholomäus („Bartilmeys") ist 1389 Mönch im schon erwähnten Benediktinerkloster Groß St. Martin zu Köln.[22]

Auch wenn wir über die bisher genannten Vertreter des niederen Adels nur sporadisch informiert sind, so erlauben es die Quellen doch, die Geschichte des Rittergeschlechts der Hertwin von Winningen über einen längeren Zeitraum zu verfolgen. Ein Ritter Hertwin von Winningen wird erstmals im Jahre 1242 als Zeuge in einer Urkunde genannt.[23] Er dürfte derselbe Hertwin gewesen sein, der zusammen mit seiner Ehefrau Benedikta sowohl in Winningen als auch bei der Himmeroder Klosterfiliale am Rohrer Berg bei „Lützelkoblenz" reichen Grundbesitz

---

17 LHA Ko Best. 1 A, Nr. 5262. 1331 und 1335 ist ein Johann, genannt Caggele oder auch Cachele (Kachelburg in Dieblich), Vogt in Winningen (LHA Ko Best. 162, Nr. 206 und Best. 33, Nr. 15557). Dessen Tochter Elisabeth wird 1339 als Gemahlin Thilmanns genannt (LHA Ko Best. 112, Nr. 138).
18 LHA Ko Best. 54 W (Findbuch S. 158).
19 Johann Georg Lehmann, Die Grafen von Sponheim, 1869, Teil 2, S. 225. Vgl. Hans Bellinghausen, Winningen. Ein Deutsches Heimatbuch, Teil 1, 1923, S. 37 f.
20 LHA Ko Best. 33, Nr. 7132.
21 LHA Ko Best. 144 (Register des Findbuchs).
22 HASt Köln Best. Groß Sankt Martin, U 1/95 A.
23 Ebd.

hatte.²⁴ Das älteste bekannte Siegel eines Ritters Hertwin von Winningen gehört zu einer Urkunde aus dem Jahre 1266.²⁵

In der Folgezeit begegnen uns diese Ritter als „Gemeiner" (Mitbesitzer) der Burg Waldeck auf dem Hunsrück und als Lehnsmänner der Erzbischöfe von Köln und Trier sowie der Grafen von Sponheim. Gemeiner der Burg Waldeck auf dem Hunsrück war das Geschlecht zwischen 1331 und 1436. Oberster Lehnsherr der Burg war seit 1224 der Erzbischof von Köln; seit 1345 wird auch der Trierer Erzbischof Balduin als Lehnsherr bezeichnet.²⁶

Neben weiteren Einnahmen bezogen die Hertwein von Winningen als Lehnsleute der Grafen von Sponheim zwei Fuder Wein aus der Weinbede des Ortes, womit von 1400 bis 1482 Mathias Hertwin und Johann belehnt worden waren.²⁷ Als Dietrich Hertwein im Jahre 1550 – die Sponheimer Grafen waren 1437 ausgestorben – Pfalzgraf Johann darum bat, ein Fuder dieses „Mannweins" verpfänden zu dürfen, wurde ihm dies gestattet. Den Gepflogenheiten der Zeit entsprechend, gab er die in seinem Besitz befindlichen Weinberge zu Winningen als Unterpfand. Gleichzeitig erhielt er diese Güter als Lehen zurück.²⁸

Durchmesser 3 cm. Im Siegelfeld Wappenschild (unter mit 3 Spitzen abgeteiltem Schildhaupt 10 Schindeln 4.3.2.1) mit Helm.
Umschrift: S- DIET-ERICH HERTGE V(ON) WI-N(N)ING(EN) (LHA Ko Best. 33, Nr. 17928. Gleiches Siegel auch in LHA Ko Best. 54 W, Nr. 640).

Abb. 1: Siegel des Dietrich Hertwein von Winningen aus dem Jahre 1550

Dietrich Hertwein, von 1560 bis 1568 Vogt zu Winningen, verheiratet mit Maria Wölffin von Sponheim, starb im Jahre 1581.²⁹ Von ihren Kindern wissen wir näheres nur über den Sohn Johann, der noch ein paar Jahre in Winningen verblieb, bis er von einem Obristen Reiffenberg

---

24 Vgl. Bellinghausen, Winningen (wie Anm. 19), S. 35.
25 Wilhelm Günther (Hg.), Codex diplomaticus Rhenus Mosellanus. Urkundensammlung zur Geschichte der Rhein- und Mosellande, der Nahe- und Ahrgegend, und des Hunsrückens, des Meinfeldes und der Eifel, 5 Bände, 1822-1826, hier: Bd. 2, Nr. 222; Abbildung des Siegels: ebd. Siegel Nr. XLIV.
26 Siehe dazu ausführlicher Garbe, Adlige (wie Anm. 1).
27 Günther, Codex (wie Anm. 25), Bd. 4, S. 65.
28 LHA Ko Best. 54 W, Nr. 640. Die Weingärten liegen „in der großen Hellen" (1 Morgen), „in dem Hamme" (1 Morgen), „in dem Destelthal" (½ Morgen), „in dem Munchstückh" (1 Viertel) und „in der cleinen Hellen" (1 Viertel). Weitere Unterpfänder sind ein Garten hinter dem Pfarrhof sowie ein Garten „zu orsdorff".
29 LHA Ko Best. 33, Nr. 8870.

bei dem „Junker Georg uff Harzfeld" untergebracht wurde. Von hier aus soll er im Alter von acht Jahren zu „Frauenzimmern" nach Marburg gekommen sein, wo sich seine Spur zunächst verlor.[30] Im Jahre 1603 vergab Pfalzgraf Karl die zwei Fuder Mannwein aus der Winninger Weinbede an den Trarbacher Oberamtmann Albrecht Senft von Sulburg.[31] Die Hertweinschen Eigengüter zu Winningen waren bereits drei Jahre zuvor an die nächsten Verwandten der inzwischen ebenfalls verstorbenen Ehefrau Dietrich Hertweins Maria Wölffin von Sponheim gekommen.[32] Doch auch der Kurfürst von Trier beanspruchte die Herausgabe „der heimgefallenen Lehen". Ein entsprechendes Schreiben von Kurfürst Lothar von Metternich an den Markgrafen von Baden ist auf den 23. September 1607 datiert.[33] Das Lehen, so der Kurfürst, beinhalte nicht allein das Haus zu Winningen und etliche Weingärten, sondern auch ein „Hofgeding" (=Hofgericht), welches in dem Haus von alters her gehalten worden sei. Dem hielten die Erben entgegen, dass von „Veldtguetern" in den kurtrierischen Lehnbriefen nichts zu finden sei. Auch das Haus wäre nur zum Teil „trierisches" Lehen.[34] Tatsächlich hatten die „Hertwine" bereits 1435 von „Elichen von Eltz", der Witwe „Conen von Kesselstadts", für 41 rheinische Gulden einen Garten gekauft, der an dem kurtrierischen Lehnhaus lag.[35] Auch besaßen sie ein an das Lehnhaus (nach einem Brief Damians von Heddesdorff aus dem Jahre 1656 ein „vester Tourn") angebautes eigenes Haus, welches 1541 einmal versetzt, später jedoch wieder eingelöst worden war.[36]

Um die Angelegenheit zu entscheiden, erschien am 23. Juni 1607 eine sponheimische Kommission in Winningen, die in Begleitung des kurtrierischen Kanzlers eine Besichtigung des Hertweinschen Hofs vornahm.[37] Dieser Lokaltermin bestätigte die von den Erben gemachten Angaben.[38] Noch ehe in der Sache endgültig entschieden worden war – Kurtrier hatte sich bereit erklärt, den Urteilsspruch des Markgrafen Georg Friedrich von Baden zu akzeptieren[39] – erschien am 3. April des Jahres 1610 der tot geglaubte Sohn Dietrichs, Johann Hertwein, der 25 Jahre in Holstein und Mecklenburg gedient hatte.[40] In einem Schreiben an die sponheimischen Räte zu Birkenfeld vom 23. April 1610 schilderte Johann Hertwin sein Schicksal genauer. Demnach hatte sich zunächst der Obrist von Reiffenberg zu Sayn seiner angenommen und ihn von Schart Claus zu Georg von Hatzfeld gebracht. Von dort kam er nach Marburg zur Gemahlin des Landgrafen Ludwig „ins Frauenzimmer", wo er fast ein Jahr blieb. Anschließend ver-

---

30 LHA Ko Best. 54 W, Nr. 648.
31 LHA Ko Best. 33, Nr. 10027 und Nr. 8846.
32 LHA Ko Best. 33, Nr. 8784.
33 LHA Ko Best. 54 W, Nr. 643.
34 LHA Ko Best. 54 W, Nr. 644.
35 LHA Ko Best. 54 W, Nr. 639.
36 LHA Ko Best. 54 W, Nr. 644 und Nr. 649.
37 LHA Ko Best. 33, Nr. 3996a und Nr. 8808.
38 Die zu dem Hof vorhandenen Informationen reichen nicht aus, um das ehemalige Anwesen der „Hertwine" innerhalb des heutigen Ortsbildes genau lokalisieren zu können. Die wenigen Angaben („einwendig am Obersten Theil zum Flecken" oder „am obersten Teil zum Flecken zu [...] da der Brunnen steht" lassen jedoch den Schluss zu, dass es sich (innerhalb des alten Fleckens) oberhalb der heutigen Hahnenstraße befand. Fest steht jedoch, dass der von Damian von Heddesdorff im Jahre 1656 beschriebene „feste Turm", der 1551 schon als alt bezeichnet wurde, das Haus war, welches Hertwin von Winningen 1346 Erzbischof Balduin von Trier für 100 kleine Florenzer Gulden zu Lehen auftrug.
39 LHA Ko Best. 54 W, Nr. 645.
40 LHA Ko Best. 54 W, Nr. 648.

schickte man ihn zu Markgraf Joachim Friedrich von Brandenburg, Administrator des Erzstiftes Magdeburg, dessen Gemahlin er ein viertel Jahr „vor einen Jungen" diente. Von hier ging es, wieder ein viertel Jahr, zu Fürst Hans Georg zu Anhalt, ehe er über des Fürsten Schwester, Witwe des Kurfürsten von Sachsen, nach Holstein zu Herzog Hans von Sonderburg kam, dem er zwölf Jahre als Edelknabe diente. Danach diente er acht Jahre bei „zweyen vom Adel" im Lande Mecklenburg. Letzte Station war der Hof des Herzogs Karl von Mecklenburg, wo er zwei Jahre als Edeljunge „in der Cammer" und zwei Jahre als Hofjunker Dienst tat.[41]

Vor dem sponheimischen Amtmann von Kastellaun bat Johann Hertwein nun um Rückgabe seiner Güter.[42] Um seiner Forderung Nachdruck zu verleihen, schrieb er noch im gleichen Monat auch an den Kurfürsten von Trier, da man ihm fälschlicherweise berichtet hatte, das zur Grafschaft Sponheim gehörige Winningen liege „in trierischem Gebiet".

Im Verlauf der nächsten Jahre gelang es Johann tatsächlich, die alten Lehen zurückzuerhalten. Die zwei Fuder Mannwein wurden zum „Wittum" der Ehefrau Johanns, Maria von Stockheim, bestimmt, die dieses Lehen auch jahrelang bezog.[43] Mit dem kurtrierischen Lehnhaus zu Winningen wurde Johann 1624 vom Trierer Kurfürst Philipp Christoph von Sötern belehnt.[44]

Zur Einlösung seiner Eigengüter und Finanzierung einer Reise nach „Gutrow" (=Güstrow) in Mecklenburg hatte Johann sich bereits im Oktober 1610 von dem Winninger Bürger Reinhard Siegbert von der Schleiden und dessen Ehefrau Gertrud Haansbruch die beträchtliche Summe von 850 Gulden geliehen.[45] Dafür sollte er ihnen jedes Jahr zu St. Martin 51 Gulden aus seinen Eigengütern und Lehngefällen zu Winningen zahlen. Als Unterpfand setzte Johann Hertwein das neben dem kurtrierischen Lehnhaus unten anstoßende eigene Haus, ferner Weingärten „in der großen Höllen, kleinen Höllen, im Desteldhaal, im Monchsstuck [und] im Hamme" (mit einer Gesamtfläche von drei Morgen und zwei Viertel) und einen Garten „nächst an der Pforten hinter Weinand Schenders Haus".

Johann Hertwein wurde wohl auch in den darauffolgenden Jahren von Geldsorgen geplagt. 1615 verpfändete er wiederum seine Weingärten, diesmal an Amalie von Kesselstadt, die Witwe des Johann Philipp von Heddesdorff,[46] die ihm für 500 Gulden eine Jahresrente von 25 Gulden verkaufte.[47] Diese 500 Gulden gab er sogleich weiter an die Eheleute Siegbert, um wenigstens einen Teil seiner Altschulden abtragen zu können.

Als Johann um 1655 starb, waren die Unterpfänder noch nicht eingelöst. Der Trierer Erzbischof und Kurfürst Karl Kaspar von der Leyen verlangte zwar die Herausgabe des Mannlehens, aber auch Ludwig Damian von Heddesdorff beanspruchte die ihm durch die Pfandverschreibung

---

41 LHA Ko Best. 33, Nr. 10027.
42 LHA Ko Best. 54 W, Nr. 646.
43 LHA Ko Best. 33, Nr. 10027.
44 Günther, Codex (wie Anm. 25) Bd. 5, Nr. 22.
45 LHA Ko Best. 54 W, Nr. 649. Reinhard Siegbert hatte bereits einige Jahre mit seiner Familie in dem Hertwein'schen Haus gewohnt bzw. wohnte noch darin (LHA Ko Best. 33, Nr. 8846).
46 Siehe Garbe, Klöster (wie Anm. 2).
47 LHA Ko Best. 54 H, Nr. 218.

von 1615 zugefallenen Güter und bat den damaligen Winninger Vogt Daniel Fritzer um „obrigkeitliche Assistenz"[48], da die kurtrierischen Ansprüche „weiter nicht alß auf das halbe Hauß, darin der touren [=Turm] stehet, extendieren können." In einem weiteren Schreiben klärte er den Vogt darüber auf, dass ihm selbst nur zwei Drittel der Weinberge und des „allodialen" Hauses (d.h. das eigene unten an den Turm anstoßende Haus) gehörten, ein Drittel aber den Siegbertschen Erben zuständen. Im Januar 1657 ist die Angelegenheit noch nicht endgültig entschieden. Die Hertweinschen Eigengüter hatte Damian Ludwig von Heddesdorff in Besitz genommen. Ob die Siegbertschen Erben ihr Drittel erhielten, geht aus den Akten nicht hervor. Auch gibt es keine sichere Nachricht darüber, ob Kurtrier das alte Lehnhaus zurückerhalten hat. Wahrscheinlich ist dies nicht, denn 1689 bezog die sponheimische Landesherrschaft einen jährlichen Zins von einem Gulden von einem „Platz, worauf ein Vogteihaus stand".[49] Da die sponheimische Landesherrschaft vor 1725 kein eigenes Vogthaus (Amtshaus) im Ort besessen hat, muss man annehmen, dass es sich bei diesem „Vogteihaus" um das Wohnhaus Dietrich Hertweins (1560-1568 Vogt in Winningen) handelte – und zwar um den an Kurtrier verlehnten Teil des Hauses, den alten Turm. Diesen Teil hat die Landesherrschaft wohl nach dem Tod Johann Hertweins eingezogen und bald darauf abreißen lassen. Damit wurden die letzten sichtbaren Spuren des mit Johann Hertwein ausgestorbenen Winninger Rittergeschlechts beseitigt.

Bürger zu werden kostet Geld[50]

Die Freizügigkeit, heute ein jedem Bürger grundgesetzlich garantiertes Recht, gründet auf die Weiterentwicklung mittelalterlicher und frühneuzeitlicher Bürgerrechte, die sich damals jeder ‚Interessierte' erkaufen oder durch Flucht in eine Stadt („Stadtluft macht frei") auf riskante Weise verschaffen musste. In der frühen Neuzeit und selbst noch im 19. Jahrhundert war daher der Umzug in eine andere Gemeinde mit großen Hindernissen versehen. Dies galt für den Einzug nach Winningen ebenso wie für den Zuzug in die Städte und Gemeinden des Kurfürstentums Trier, dessen Territorium den Ort in alter Zeit umschloss.[51]

Mit Ausstellung der sogenannten „Freiheitsurkunde" vom 29. November 1579 wurden die Einwohner Winningens und deren Nachkommen von den Landesherren Johann I., Pfalzgraf und Herzog zu Zweibrücken, und Phillip II., Markgraf von Baden, gegen Zahlung einer zwölfjährigen außerordentlichen Landsteuer aus der Leibeigenschaft entlassen, „darmit sie Unsern Voreltern und Uns bis dahero verwandt und zugetan gewesen." Zukünftig war den Einwohnern damit freier Abzug gewährt, d.h. sie brauchen sich nicht mehr loszukaufen, auch

---

48 LHA Ko Best. 33, Nr. 3996a und Nr. 3996c.
49 LHA Ko Best. 33, Nr. 7134 und Nr. 8880.
50 Zu Einzug und Einkaufsgeld siehe auch Rainer Garbe, ...Bürger werden kostet Geld. Aus der Geschichte des Weinortes Winningen, in: Moselfest-Programmheft Winningen, 1987.
51 Winningen wird in den Quellen immer wieder als „Flecken" bezeichnet. Der Flecken oder Marktflecken ist eine schwer bestimmbare Form des Gemeinwesen, die zwischen Dorf und Stadt liegt und deren Tendenz meist nach einer Stadtentwicklung geht. Nicht die Größe der Siedlung und die Zahl der Einwohner, die verkehrsgünstige Lage, das Ausmaß von Handel und Gewerbe oder der Sitz einer Verwaltung machten ein Dorf zur Stadt, sondern allein der Rechtsakt der Stadtrechtsverleihung und die Auswertung und Nutzung dieser Rechte durch die Bürgerschaft.

konnten sie nicht mehr mit anderen Orten vertauscht werden, eine damals durchaus übliche Praxis der jeweils Herrschenden. Beim Auszug aus der Gemeinde waren die Bewohner jedoch weiterhin verpflichtet, den „zehnten Pfennig", d.h. den zehnten Teil ihres Vermögens, an die Landesherrschaft zu zahlen. Darüber hinaus verpflichteten sie sich, „niemanden aufzunehmen, der noch leibeigen ist, es sei denn, man habe sich vorher mit den sponheimischen Amtsleuten verglichen".[52]

Diese „Befreiung von der Leibeigenschaft" wirft allerdings Fragen auf, denn bereits für das Jahr 1560 gibt es Hinweise darauf, dass es in Winningen keine Leibeigenschaft geben würde, „sonder sind frey zugig des orts". Weiter heißt es: „Da Sie [die Winninger] freizügig sind, sind auch keine [Winninger] Leibeigenen hinter anderen Herrschaften gesessen".[53] 1562 heißt es dagegen in einem Bericht sponheimischer Räte, dass die Winninger dem Fürsten und Grafen zu Sponheim, „mit Eidpflichten und der Leibeigenschaft zugetan sind."[54] Wenn auch die Ausfertigung der „Freiheitsurkunde" von 1579 in den nachfolgenden Jahrhunderten als „Befreiung von der Leibeigenschaft" empfunden wurde,[55] so muss man eher von einer Bestätigung eines früheren Zustandes sprechen, denn bis auf eine Ausnahme ist vorher von in Winningen ansässigen Leibeigenen der Grafen von Sponheim nie die Rede.[56] Auch die bei „Entlassung" aus der Leibeigenschaft übliche Zahlung der Expeditionstaxe wie auch der „Manumissionstaxe" ist von Winninger Bürgern nie gezahlt worden. Gleiches gilt für das sogenannte „Landschaftsgeld", das bei Umzügen von Leibeigenen zwei Prozent betrug.

Wie bereits erwähnt, verpflichteten sich Rat und Bürgerschaft in der Urkunde von 1579, „an fremden oder neuen Bürgern nur taugliche und redliche Leute anzunehmen und nicht jeden Unbekannten"[57] einziehen zu lassen. Gerade dieser Passus der „Freiheitsurkunde" fand dadurch seine Berechtigung, dass Winningen nach Einführung der Reformation in der Hinteren Grafschaft Sponheim ein Zufluchtsort zahlreicher aus dem Umland stammender Protestanten wurde. Zu nennen sind hier u.a. der evangelische Pfarrer und Schulmeister Daniel Frölich aus Breisig, der 1595 nach Winningen kam, oder auch der schon erwähnte Reinhard Siegbert „Sleidani" (=von Schleiden), der um 1600 zweimal Vogteiverwalter war.[58] Auch Nikolaus

---

52 AEKgW, Urkunde Nr. 2.
53 LHA Ko Best. 33, Nr. 3707c.
54 LHA Ko Best. 33, Nr. 6857.
55 1744 heißt es: „Soviel nun die Untertanen selbst betrifft, sind solche allzumalen ganz frei und keiner Leibeigenschaft unterworfen, wie dann von Pfalzgraf Johannes und Markgraf Philipp von Baden ein auf Pergament beschriebener mit beiden hochfürstlichen Siegeln bekräftigter Brief vom Jahre 1579 vorhanden, inhalts dessen die Bürger insgesamt nicht nur der Leibeigenschaft entlassen, sondern auch bei ihren wohl hergebrachten Privilegien und Gerechtigkeiten konfirmieret worden." Noch 1783 schreibt man an den Markgrafen von Baden, die jungen Männer aus dem Kriegsdienst „wegen abgekaufter Leibeigenschaft" zu entlassen. Vgl. Garbe, Inventar (wie Anm. 14), Kapitel V, Dokument 17.
56 Am 26. Januar 1343 verkaufen die Brüder Heinrich, Ritter, und Friedrich, Herren von Schöneck („Schonekke") an Graf Johann von Sponheim ihre Leute zu Winningen im Dorf, die man „neweler" (Neuweler) nennt, mit allen Rechten, die sie daran gehabt haben (LHA Ko Best. 33, Nr. 15082).
57 AEKgW, Urkunde Nr. 2.
58 Heinz Schüler, Winningens Bedeutung für die evangelische Diaspora am Mittelrhein im 17. Jahrhundert, in: Koblenzer Heimatkalender 1967, S. 63-68.

Jeirg zog 1599 aus dem „Sehnischen Land" [=Grafschaft Sayn] „der Augsburgischen Konfession halber" in die Gemeinde ein.[59]

Ebenso wie sich die Landesherrschaft nicht nur aus religiösen, sondern auch aus materiellen Gründen gegen den Zuzug fremder Personen wandte, sprachen sich die Ortsvorsteher gegen die Aufnahme solcher Personen in die Gemeinde, deren Interessen sie zu vertreten hatten, aus.

Bereits 1615 war verordnet worden, dass jeder neu Einziehende zehn Gulden zu zahlen (wahrscheinlich schon damals je zehn Gulden an Landesherrschaft und Gemeinde) und darüber hinaus 200 Gulden „Kaution" zu stellen hatte. Für diesen Betrag verbürgte sich am 5. März 1620 der Bürger Hans Reuter für den aus Polch einziehenden Veit Gail, der 1648 wegen Hexerei hingerichtet wurde.[60]

Einige der Einzugswilligen mussten zunächst eine Probezeit absolvieren und nachweisen, ob sie sich ehrlich verhielten und bereit waren, die Gemeindelasten mitzutragen. So erging es Thomas Geier, ein Hatzfeldischer Untertan aus Friesenhagen bei Siegburg, der sich mit „einer Person aus Dieblich ehrlich verheiratet" hatte. Im Jahre 1632 wurde ihm von Vogt und Gericht „für ein Jahr" in Winningen zu wohnen gestattet. Er sollte, wie die anderen Bürger auch, Wacht und Fron tun und würde, falls er sich ehrlich verhielte und Kaution stellte, später als Bürger aufgenommen werden.[61]

Ebenfalls auf Probe angenommen wurde 1636 Niklas Sturm, der Sohn des Kurtrierischen Fronhofschultheißen. Im gleichen Jahr zahlte Peter Hart aus Mehring, der ehemalige „Boosische Hofmann", drei Florin „Einzugs- oder Untertanen-Aufnahmegeld". 1648 zahlte Matheis, Hofmann auf dem Distelberg, der aus dem kurtrierischen Amt Münster(maifeld) kam und die Stieftochter des alten Hofmannes heiratete, den gleichen Betrag.[62]

Möglicherweise war das Einzugsgeld während der Wirren des Dreißigjährigen Krieges auf drei Florin herabgesetzt worden, denn im Jahr 1692 verlangte die Gemeinde von Heinrich Bachmann, der aus Langenburg kam, wiederum den alten Betrag von 10 Gulden.

Heftigen Widerstand hat die Gemeinde 1674 geleistet, als Hans Jakob Andernach den alten Sauhirten Lorenz mit Weib und Kind „ohne Befehl" in sein Haus aufnahm, obwohl doch immer verboten gewesen sei, ohne Zustimmung von Gericht und Obrigkeit einen Fremden anzunehmen. Es seien ohnedies „arme Leute genug" in Winningen.[63]

Neben den Genannten zog schon vor und während des Dreißigjährigen Krieges, insbesondere aber in den Jahrzehnten danach, eine Anzahl Neubürger in die Gemeinde ein, wenn sich auch

---

59 LHA Ko Best. 33, Nr. 8811.
60 LHA Ko Best. 33, Nr. 12326; Walter Rummel, Bauern, Herren und Hexen. Studien zur Sozialgeschichte sponheimischer und kurtrierischer Hexenprozesse 1574-1664, 1991, S. 106 und S. 419 („Geilen").
61 LHA Ko Best. 33, Nr. 12304.
62 LHA Ko Best. 33, Nr. 3996.
63 LHA Ko Best. 33, Nr. 12304.

kein Nachweis dafür finden lässt, dass ihnen ein Einzugsgeld abverlangt worden ist. In einer Bürgerliste von 1627 finden sich u.a. Namen wie Becker, Leiendecker, Meurer, Müller, Schmidt und Zymmermann. Aber auch Träger noch heute bekannter Namen wie Schiffer, Pitsch, Sünner, Frölich, Müden und Jerchen sind um diese Zeit bereits in Winningen ansässig. Weiterhin ist hier zu nennen Hans Thönges Friedrich, der Ehemann von Katharina Friedrich, die am 19. Oktober 1652 wegen Hexerei hingerichtet und verbrannt wurde.[64]

Ein Verzeichnis der im Flecken Winningen befindlichen Bürger und Untertanen aus dem Jahre 1670 weist auch eine Anzahl Hintersassen (Einwohner ohne Bürgerrechte) aus, die um diese Zeit in den Ort eingewandert sind, darunter Johannes Traus, „der Welsch", der Maurer Hugo Claas aus Klotten oder der Schmied Caspar Horch aus Enkirch, der Winninger Urahn des bekannten Autokonstrukteurs August Horch.[65]

Nicht vergessen darf man die jeweiligen Pfarrer, Diakone, Vögte und ab 1685 auch Lehrer, die in den Ort einzogen. Erwähnt seien hier der aus Augsburg stammende Stephan Hoffbauer, von 1623 bis 1632 Pfarrer der Gemeinde, sowie Nikolaus Hauth aus Trarbach, 1701 bis 1749 Diakon (2. Pfarrer) in Winningen, die beide eine große Nachkommenschaft hinterließen.

Für das 18. Jahrhundert haben wir genauere Kenntnis über Zuzug und Einkauf in die Gemeinde. Zwischen 1717 und 1736 zogen zehn Fremde, „die allhier Bürger worden", nach Winningen. Diese zahlten nach einer neuen Verordnung – „es sei Manns- oder Weibsbild" – 40 Gulden Einzugsgeld, „die aus der Grafschaft [Sponheim] sind", mussten dagegen nur 30 Gulden bezahlen. Es zogen demnach in Winningen ein: „1718 Johannes Jung, 1720 Christian Kohl, 1723 Peter Ehwalt, 1724 Matthes Heinz, der Distelberger [=Hofmann des Grafen von Eltz-Kempenich, der seit 1714 den Distelberger Hof oberhalb Winningens besaß], 1726 Gottfried Knebel, 1727 Friedrich Schmitt, 1730 Peter Knebels Frau, 1730 David Straßmüller, 1731 Matthes Meiß und Johannes Lang seine Frau, 1736 Matthes Schäfer, der Distelberger".[66]

Eine Aufstellung aus dem Jahr 1764 von Zuziehenden aus der Grafschaft Sponheim nennt sieben Personen, meist Frauen, die Winninger Bürger heirateten. Eine Liste von Aus- und Eingezogenen der Jahre 1774 und 1775 enthält nur zwei Namen von auswärts zuziehenden Frauen, die sich ebenfalls mit Bürgern aus der Gemeinde verheirateten.[67]

Frauen zahlten gemäß Verordnung der gemeinschaftlichen Regierung in Trarbach vom 26. April 1749 20 Taler (oder 30 Gulden), ein Mann hingegen hatte seit diesem Zeitpunkt 40 Taler (oder 60 Gulden) zu entrichten. Dieses Einzugsgeld floss je zur Hälfte in die Kassen von Landesherrschaft und Gemeinde. Um Erhöhung des Einzugsgeldes hatte die Gemeinde selbst gebeten, da in den vergangenen Jahren sehr viele in die Bürgerschaft gekommen seien, wäh-

---

64 Rummel, Bauern (wie Anm. 60), S. 419 („Friedrich").
65 LHA Ko Best. 33, Nr. 8788. Zusammen mit den Einheimischen sorgten die Zugezogenen dafür, dass die während des Dreißigjährigen Krieges auf 60 Haushaltungen zusammengeschrumpfte Bürgerschaft bis zum Jahre 1690 wieder auf 110 Haushaltungen anstieg.
66 LHA Ko Best. 33, Nr. 12304.
67 Ebd. Es handelt sich um Justine Cathrine Busch aus Neuwied, die Peter Trauß heiratete und Maria Dorothea Weigel, die sich mit Christian Kröber verehelichte.

rend „ein burgers Kindt eine heurath außwerthig" nur selten finden könne, sondern fast alle im Ort verbleiben müssten, wo sie selbst kaum ihren Unterhalt finden und durch den häufigen Einkauf der Fremden noch mehr eingeschränkt würden.[68]

Aufgrund dieser Erhöhung betrug die Summe der daraus resultierenden Einnahmen 1780 30 Gulden[69], 1781 60 Gulden, 1783 210 Gulden und 1784 330 Gulden.[70] Zwischen 1785 und 1790 sind keine Einnahmen verzeichnet, also wird in diesem Zeitraum auch niemand zugezogen sein. Erst 1791 ist mit „Philipp Jungen Ehefrau aus Gantelsheim", die 15 Florin oder 10 Reichstaler an die Gemeinde zahlte, wieder ein Zuzug zu verzeichnen.[71] 1801 zahlte „Johannes Gail, weiland Johann Davids Sohn, der sich mit einer ausländischen Weibsperson allhier häuslich niedergelassen hat […]10 Reichstaler."[72]

Dass es mit dem Einzugsgeld noch nicht getan war, zeigt ein Herkunftsattest aus Butzbach (Hessen) aus dem Jahre 1751. Der dort zuständige Beamte hatte es ausgestellt; es lautet sinngemäß: „Nachdem Maria Margareta, die jüngste ledige Tochter des hiesigen Bürgers und Bäckers, bei mir angezeigt hat, dass sie den Schumachergesellen Johann Philipp Jung zu Winningen heiraten und sich in Winningen niederlassen möchte, dieses aber ohne einen beglaubigten Schein nicht geschehen und sie dort nicht aufgenommen werden könnte, bat sie mich, ihr einen solchen Schein auszustellen. Da nichts dagegen spricht, wird attestiert, dass Maria Margareta Pauli nicht nur von ehrlichen Eltern geboren, sich auch jederzeit eines christlichen und redlichen Lebenswandels beflissen, sondern auch für ihre Person keiner Leibeigenschaft unterworfen ist".[73] Solche Zeugnisse wurden beim Einzug in einen Ort überall verlangt. Man nahm es damit sehr genau, weil man darin eine Handhabe sah, unerwünschte Personen fernzuhalten.

Doch dies gelang nicht immer: 1783 zog, von Halberstadt kommend, der begüterte Weinhändler Johannes Adolf Schmitzhaus, von dem damaligen Amtsverwalter Georg Wilhelm Kröber dazu bewogen, in seinen Geburtsort Winningen ein, wo er Bürger und sogar Gerichtsschöffe wurde. Kröber hatte geglaubt, wie sein Amtsnachfolger Karl August Reinhardt bemerkte, in dem Mann eine „große Entdeckung" gemacht zu haben, aber es stellte sich heraus, dass er nicht der angenehmste und ruhigste Bürger war. Noch im Jahre 1791 hatte er das Einzugsgeld für sich und seine Frau in Höhe von „45 Gulden nebst drei Gulden Unkosten" nicht bezahlt und bat darum, ihm dieses zu erlassen. Amtsverwalter Reinhardt befürwortete die Bitte jedoch nicht, indem er darauf hinwies, der betreffende Weinhändler trage, da er von seinen Zinsen und dem Weinhandel lebe, zu den öffentlichen Lasten, die auf dem Weinwuchs lagen, wenig oder nichts bei. Ferner habe er im Verein mit Pfarrer Georg Ludwig Rodenberger, dem Gerichtschöffen Peter Knaudt und mehreren anderen Personen Unruhen gegen einen fürstlichen Beamten (gemeint ist Amtsverwalter Georg Wilhelm Kröber) erregt, die dadurch

---

68 Ebd.
69 Hierbei könnte es sich um die Zahlung von Schreinermeister Christoph Richter aus Usingen handeln, der sich 1780 in Winningen niederließ.
70 LHA Ko Best. 33, Nr. 4368.
71 LHA Ko Best. 655,110, Nr. 6.
72 LHA Ko Best. 655,110, Nr. 8.
73 LHA Ko Best. 33, Nr. 12304.

notwendige Untersuchung durch eine Kommission habe 1.664 Gulden 56 Kreuzer gekostet, wovon die Unruhestifter nur 436 Gulden 42 ½ Kreuzer bezahlt hätten, die restlichen 1.228 Gulden 13 ½ Kreuzer aber der Fürst selbst auf sich genommen habe.

Auch ein Chirurg zog nach Winningen. In dem Bericht von 1764 heißt es, Johann Balthasar Jungk habe die Tochter des Gerichtsschreibers Johannes Hautt geheiratet, sei ein vortrefflicher Operateur und könne den „älter werdenden" Chirurgen Arnoldi ersetzen. Es wurden Freiheit von Fron und Wacht für ihn erbeten.

1767 wurde Johanetta Wilhelmina Kirberger von Bendorf, die Philipp Christian Schmitzhausen heiratete, die Einzugserlaubnis erteilt. 1777 wurde verfügt, dass Konrad Müller aus dem Ort „Clever Heyd", dessen alter Vater noch in Winningen wohnte, bleiben durfte, obwohl seine Frau nichts an Vermögen mitbrachte. Der damalige Amtsverwalter Johannes Henning begründete seine Entscheidung u.a. damit, dass eine Ausweisung diese Personen zu Bettlern machen würde, indem der Sohn wieder nach „Clever Heyd" ziehen, sich dort wiederum „bürgerlich einlassen" (d.h. einkaufen), die väterlichen Güter zu Winningen nach dem Tod des Vaters für ein Spottgeld verkaufen müsse und sein Lebtag ein armer Mann wäre. Im gleichen Jahr stimmte die Gemeinde zu, dass Henriette Katharina Friedgen aus Braubach, die Johann Kröber, den Sohn des verstorbenen Kirchenverwalters Johann Peter Kröber, heiratete, aufgenommen wurde. Diese Zustimmung fiel leicht, da Henriette Friedgen 90 Reichstaler „vor gnädigste Herrschaft und ebensoviel zur Gemeind an Einzugsgeld oder Bürgerannahmstax zu erlegen verbunden" war. Sechs Jahre später forderte Amtsverwalter Georg Wilhelm Kröber die Gemeindevorsteher auf, alle Bürger, Mann für Mann, zu befragen, ob die Gemeinde mit dem Einzug der Maria Margareta Süsterhenn von Münster(maifeld) einverstanden sei. Gegen deren Einzug hatte man nichts einzuwenden. Dagegen sprachen sich die Winninger Bürger im Jahre 1790 mit 106 zu 34 Stimmen gegen die Aufnahme der Christina Schmitt aus Gantelsheim aus, da sie glaubten, dass in der Gemeinde

Abb. 2: Die Bürgschaft entscheidet am 2. November 1790 mit 106 : 34 Stimmen, dass die Christina Schmittin aus Gantelsheim nicht in die Bürgerschaft aufgenommen wird (LHA Ko Best. 33, Nr. 12304).

„ohnehin unvermögende Leute genug wären".[74] Das gleiche Schicksal blieb der Maria Dorothea Weigel erspart, da Dehna Hautt, die Ehefrau des Gerichtsschreibers, sich im Jahre 1775 bereit erklärte, die Kaution für ihre schwangere Base zu zahlen, damit sie in die Bürgerschaft aufgenommen werde und Christian Kröber heiraten könne.[75]

Es ist bemerkenswert, dass die Franzosen, von 1794 bis 1813/14 auch die Herren über Winningen, die Entrichtung des Einzugsgeldes zunächst nicht aufgehoben haben. Zwar erließ die Zentralverwaltung des neu eingerichteten Rhein-Mosel-Departements zu Koblenz am 27. Floréal des Jahres VI (=16. Mai 1798) eine Verfügung, die es allen Bürgern gestattete, sich in jeder beliebigen Gemeinde niederzulassen, aber eine weitere Verordnung vom 29. Prairial des Jahres IX (=18. Juni 1801) erklärte, dass die Bürgereinzugsgelder nicht zu den aufgehobenen Feudallasten gehören, weil sie eine gerechte und billige Leistung für den Mitgenuss an den Gemeindegütern seien. So musste auch Bartholomäus Löwenstein, der im Jahre 1794 als „garcon de métier" nach Holland gegangen war und mit seiner Ehefrau aus der Grafschaft Lippe 1806 nach Winningen zurückkehrte, 47 Francs 25 Centimes Einzugsgeld für seine „ausländische" Gemahlin bezahlen.[76] 1798 ließ sich der Bäcker Johannes Reick aus Wangen in Württemberg in Winningen nieder, 1803 Balthasar Harmant aus Paris, ein Leutnant der „Großen Armee" Napoleons.[77] Durch ein Dekret von 27. Juni 1807 wurde jedoch die Erhebung des Bürgereinzugsgeldes allgemein untersagt.[78]

1815 fielen die Rheinlande an Preußen und es dauerte nicht lange, bis die Gemeinde, „alten Herkommen gemäß", das Bürgereinzugsgeld wieder erhob. Die verantwortlichen Gemeindevorsteher sahen sich durch eine Beschwerde der vor 1807 Eingezogenen und der Alteingesessenen dazu genötigt, da diese sich alleine zu den Nutzungen der Gemeinde berechtigt fühlten und mit „Unwillen und Neid" auf die „Nichteingekauften" sahen, die zum Teil schon 20 Jahre in Winningen wohnten. 1827 erklärten sich auch acht Einwohner (darunter Georg Wilhelm Blum, David Christ und der Gärtner Johann Piltner aus Siebenbürgen) durch ihre Unterschrift bereit, das Bürgerrecht mit 20 Talern nachträglich zu erkaufen. Dabei stand es ihnen frei, den gesamten Betrag auf einmal oder in fünf Jahresraten zu vier Talern zu bezahlen. 1830 bekundeten diese nochmals, zusammen mit weiteren 14 Personen, ihren Obolus entrichten zu wollen. Der Betrag war nun auf 10 Taler herabgesetzt worden, „da die Einwohner durch die Kriegsdrangsale bereits genug gelitten hatten". 1831 wurden die Betroffenen wegen ihrer Zahlungsverpflichtungen gemahnt. Da niemand dieser Aufforderung folgte, aber auch niemand zwangsweise zur Zahlung herangezogen werden konnte, schloss man sie von der im gleichen Jahr stattfindenden Holzverteilung im Winninger Hinterwald aus. Die preußische Regierung ließ die Gemeinde gewähren, ja führte durch Kabinettsorder vom 18. August 1836 die freiwillige Zahlung eines Bürgergeldes unter gewissen Bedingungen wieder ein. Allerdings durfte nun nur noch der Haushaltungsvorstand und nicht mehr jede Person belangt werden. Es dauerte

---

74 LHA Ko Best. 33, Nr. 12304.
75 LHA Ko Best. 33, Nr. 12341.
76 LHA Ko Best. 256, Nr. 5967.
77 Löwenstein, Familiennamen (wie Anm. 3), S. 4.
78 LHA Ko Best. 655,47, Nr. 106.

jedoch noch über drei Jahre, bis die Gemeindevertreter offiziell die Höhe des freiwilligen Einkaufsgeldes auf 10 Taler festsetzten.

Zwischenzeitlich machten die Neubürger eine Eingabe bei der Regierung zu Koblenz. Sie verlangten, die Ortsvorsteher anzuweisen, sie an den Nutzungsrechten zu beteiligen und für die Vergangenheit zu entschädigen. Auf Kommunal- und Regierungsseite wurde nochmals recherchiert und geprüft, zeitweise auch die zwangsweise Eintreibung der Gelder erwogen, dieser Gedanke jedoch bald wieder fallengelassen, da nach 30 Jahren das „observanzmäßige" Recht zur Einziehung des Bürgereinzugsgeldes erloschen sei. Auch verzichtete man auf eine gerichtliche Prüfung des Sachverhaltes, da der Aufwand in keinem Verhältnis zum Ergebnis stehen würde, weil die meisten der Neubürger zu den ärmeren Schichten der Bevölkerung gehörten.[79] Auch wenn kein offizielles Dokument Mitteilung davon macht, ob die von 1807-1840 Eingezogenen letztlich ihren Obolus entrichteten, so kann man doch davon ausgehen, dass sie dies nicht getan haben, dafür aber auch nicht von der Gemeinde für entgangene Nutzungen entschädigt worden sind.

1837 hatte Bürgermeister Johann Peter Weckbecker noch berichtet, dass „die 10 Taler, welche zur Zeit erhoben wurden, in Zukunft wohl ausreichen, da bei der alljährlich stattfindenden Holzverteilung aus dem 882 Morgen großen Gemeindewald auf einen Bürger nicht mehr als 40 Wellen fielen". Neben dem Recht des Laubsammelns und Wasenholens „zu Weinpflanzungen" seien diese Nutzungen auf jährlich 2 Taler 15 Silbergroschen bis 3 Taler zu veranschlagen.[80]

Im Jahre 1852 jedoch wurde eine Erhöhung des Einkaufsgeldes von 10 auf 25 Taler beantragt. Nach Lage der Verhältnisse hielt der Landrat dies nicht für angemessen, dagegen war er „geneigt [...], unter dem fraglichen Einkaufsgeld ein Eintrittsgeld, dem jeder unterworfen sein wird, zu genehmigen [...]". Daraufhin wurde am 5. Juni 1852 das Bürgereintrittsgeld vom Gemeinderat in folgender Weise festgesetzt: „Von jedem von auswärts in die Gemeinde Winningen einziehenden selbständigen Familienhaupt oder Einzelnen ist vor einer Niederlassung ein Eintrittsgeld von 20 Talern zur Gemeindekasse zu entrichten. Geistliche, Schullehrer, aktive Militärpersonen, Beamte, denen die Gemeinde Winningen als Wohnsitz zugewiesen wird, sind vom Eintrittsgeld befreit. Wer auf die direkten Gemeindenutzungen (Losholz, Streulaub etc.) Anspruch machen will, erwirbt diesen nur, wenn er neben dem Eintrittsgeld noch das zufolge Schöffenortsbeschluß vom 8. Februar 1840 auf 10 Taler festgesetzte Einkaufsgeld erlegt. Außer dem Eintrittsgeld haben die neu Einziehenden die herkömmliche Taxe zur Unterhaltung der Feuerlöschgeräte mit 2 Talern zu erlegen. Diese Abgabe haben auch die Einheimischen, sobald sie zur ersten Ehe schreiten oder sonst einen selbständigen Haushalt begründen, zu entrichten. Der Gemeinderat behält sich das Recht vor, in einzelnen besonderen Fällen das Eintritts- und Einkaufsgeld zu ermäßigen oder Terminzahlungen zu bewilligen."[81]

---

79 Ebd.
80 Ebd.
81 LHA Ko Best. 655,47, Nr. 297.

Doch auch hierzu scheint man die Genehmigung des Landrats nicht erhalten zu haben, denn bereits am 6. November 1852 modifizierte der Gemeinderat die Erhebung des Bürgereintrittsgeldes in folgender Art: „Von einem Einheimischen, sobald er eine Einheimische heiratet oder sonst einen eigenen Haushalt gründet, soll ein Eintrittgeld von 2 Talern erhoben werden, heiratet ein solcher aber eine Auswärtige, so soll er 8 Taler zahlen. Eine Familie, welche aus einer anderen Gemeinde nach Winningen zieht, um sich dort niederzulassen", ebenso „eine einzelne selbständige Person, selbst wenn es eine Frauensperson wäre, hat 17 Taler zu zahlen."

Die Streitereien und Klagen um das Bürgereinkaufsgeld nahmen jedoch kein Ende. Im Fall der Familie des Lehrers Friedrich Leopold Otto entstand ein reger Schriftverkehr zwischen dem Bürgermeisteramt und der Regierung zu Koblenz.[82] Heftig wurde darüber gestritten, ob der erwachsene Sohn des Lehrers, der wieder nach Winningen zurückkehrte, sich erneut einkaufen müsse. In einem Protokoll des Gemeinderates von 1851 heißt es: „Wer aus der Gemeinde auszieht, verliert die Nutzungsrechte. Wer in die Gemeinde zurückkehrt, kann diese nur durch erneuten Einkauf wiedererlangen". Demnach hätte der Sohn Ottos, Wilhelm Theodor, zahlen müssen. Doch endlich wurde festgestellt, dass dieser niemals seinen Wohnsitz in Winningen aufgegeben habe und keinesfalls als ein Neubürger betrachtet werden könne. Er musste sich nicht erneut einkaufen und war für die bisherige Ausschließung von den Nutzungsrechten zu entschädigen.

Es war einer der letzten Streitfälle um das Bürgereinkaufs- bzw. Bürgereintrittsgeld. Am 1. November 1867 wurde das Eintrittgeld durch Gesetz abgeschafft.[83] Im Jahre 1871 genehmigte die Königliche Regierung zu Koblenz den von der Gemeinde Winningen gefassten Beschluss, die Entrichtung des „Bürgernutzungs-Einkaufsgeldes" aufzuheben.[84]

*

Trotz der endgültigen Aufhebung des Einzugsgeldes blieb die Einwohnerschaft noch viele Jahrzehnte mehr oder weniger unter sich. Auch der Bau der Moseleisenbahn und die Auswirkungen des Ersten Weltkrieges hatten kaum Einfluss auf die Bevölkerungsentwicklung im Ort. Eine „Bürgerliste" von 1921 führt in überwiegender Anzahl die bekannten alteingesessenen Winninger Familiennamen auf. Dies änderte sich erst mit den zahlreichen Evakuierten und Vertriebenen, die vor und nach 1945 in den Westen strömten. Im Ort gab es damals kaum ein Haus, in dem nur Winninger gewohnt hätten. „Diese Tatsache", so berichtet Pfarrer Walter Ecker 1957, „war für eine so in sich abgeschlossene Gemeinde wie Winningen von weittragender Bedeutung, denn unter denen, die nach und nach in Winningen eine Bleibe gefunden hatten, befanden sich nahezu 500 katholische Christen", damals ein Viertel der gesamten Einwohnerschaft. Für die Alteingesessenen war es zunächst nicht leicht, sich mit den „Fremden"

---

82 LHA Ko Best. 655,47, Nr. 106.
83 Karoline Henkel u.a., Polch im Maifeld. Geschichte und Gegenwart, hg. von Franz-Josef Heyen, 1986, S. 179.
84 LHA Ko Best. 655,47, Nr. 106 und Nr. 297.

zu Recht zu finden. Damit „musste sich naturgemäß mancher [...] erst einmal auseinandersetzen." Doch schon bald „kam es auch hier zu einem friedlichen Miteinander."[85]

---

[85] Fritz Mybes (Hg.), 400 Jahre Evangelische Kirchengemeinde Winningen, 1957, S. 13. In den Jahren 1939 bis 1950 stieg die Anzahl der Einwohner von 1990 auf 2684, obwohl auch Winningen 137 Opfer des 2. Weltkrieges zu beklagen hatte. Siehe auch den Beitrag von Andrea Grosche-Bulla zur Bevölkerungsentwicklung in diesem Band.

Zur Bevölkerungsentwicklung Winningens
(17.- 21. Jahrhundert)

Von Andrea Grosche-Bulla

Ab Mitte des 17. Jahrhunderts lässt sich die Bevölkerungsentwicklung in Winningen fast lückenlos verfolgen.[1] Für das 16. Jahrhundert gibt uns das „Schatzungsregister" von 1550, in dem die zur direkten Steuer (Grundsteuer) veranlagten Personen aufgeführt sind, lediglich Aufschluss über die Zahl der Bürger; genannt werden 103 Bürger und 7 Dienstboten; die Gesamteinwohnerzahl dürfte – legt man die Zahl der Steuerpflichtigen zugrunde – ungefähr 470 Personen betragen haben.[2]

Wie sich die Bevölkerung in Winningen in den letzten fast 500 Jahren entwickelt hat, veranschaulicht das untenstehende Diagramm (Anhang). Im Folgenden soll versucht werden, mit Hilfe der vorhandenen Quellen den Kurvenlauf darzustellen und insbesondere dort, wo deutliche Schwankungen erkennbar sind, die möglichen Gründe näher zu beleuchten. Wenn auch, wie aufgrund der allgemeinen Bevölkerungsentwicklung zu erwarten, insgesamt ein Anstieg festzustellen ist, gibt es zwischendurch immer wieder abfallende Tendenzen, die es näher zu betrachten gilt.

Der Dreißigjährige Krieg (1618-1648) wirkte sich in Winningen erst seit ca. 1630 durch Einquartierungen, Plünderungen, Kontributionen und Misshandlungen aus. Um den Kriegswirren zu entgehen, flüchtete 1635 und 1639 ein großer Teil der Winninger Bürger in das Heckendickicht, das die Dörfer jener Zeit umgab; viele starben an Hunger.[3] Gleichzeitig herrschten Missernten und die „Pestilenzia", die ebenfalls ihre Opfer forderte. Diese Seuche, nicht mit der eigentlichen Lungenpest zu verwechseln, hatte den Ort schon in früheren Jahren heimgesucht, wie folgendes Zitat zeigt:

„Besonders schlimm hauste diese seuchenartige Krankheit, gegen die es kein Heilmittel gab, während der Jahre 1575-1577 und 1597-1598 im unteren Moseltal. Winningen war derart stark verseucht, daß ein großer Teil seiner Einwohner aus dem Ort flüchtete und sich [...] monatelang in in Güls, Lay, Kobern und Koblenz aufhielt. [...] In den schlimmen Pestjahren 1597 und 1598 erlagen in der Zeit von Jubilate [=3. Sonntag nach Ostern] bis Weihnachten allein 206 Personen dieser Seuche [...]. Der kleine Nachbarort Bisholder starb 1602 vollständig aus. [...] Nachdem die Pest in den ersten Jahren des 17. Jh. Winningen fast vollständig verschont gelassen hatte, lebte sie im Jahre 1610 wieder auf. [...] Wie stark diese Seuche damals in Winningen wütete, ist daraus ersichtlich, daß sie in der Zeit vom 19. September bis Ende 1612

---

1 LHA Ko Best. 655,47, Nr. 207; Hans Bellinghausen, Winningen. Ein deutsches Heimatbuch, Teil 1 und 2, Koblenz 1923 und 1925, hier: Teil 2, S. 48.
2 LHA Ko Best. 33, Nr. 8796; vgl. den Beitrag von Rainer Garbe zur Entwicklung der Einwohnerschaft in diesem Band.
3 Richard Holzapfel (Bearb.), Winningen im Wandel der Zeiten. Heimatgeschichtliche Betrachtungen, 1965.

einhundertdreißig Opfer forderte." Kaum eine Familie blieb verschont, „denn der ganze Ort zählte damals kaum mehr als 250 Einwohner."[4] 1623 allein verstarben 143 Personen.

Dass während und insbesondere in den Jahrzehnten nach dem Krieg eine Reihe von Neubürgern in Winningen einzog, belegt eine Bürgerliste von 1627 mit bis dahin unbekannten Familiennamen.[5] Ab 1615 war ein Einzugsgeld für jeden neu Einziehenden verordnet worden, was diesem das Bürgerrecht und Recht zur Teilnahme an den Gemeindenutzungen verlieh.[6]

Winningen hatte in diesem Jahr (1627) 311 Einwohner,[7] im Jahr 1644 waren es 289, 1648 nur noch 285 Einwohner. In den folgenden Jahren wuchs die Bevölkerung wieder langsam an: 1650 lassen sich 308, 1654 333 Einwohner nachweisen. Dies belegen zwei Statistikakten aus dem Bestand Bürgermeisterei Winningen im Landeshauptarchiv Koblenz, die uns für die Zeit ab 1644 bis in die zweite Hälfte des 19. Jahrhunderts gut über die weitere Bevölkerungsentwicklung unterrichten.[8] Von den 1618 nachgewiesenen Bürgern lebten im Jahr 1655 nur noch drei; die Bürgerzahl insgesamt wird mit 61 angegeben; die Einwohnerzahl betrug 275. Im Jahre 1700 lassen sich 612 Einwohner nachweisen; 1750 bereits 931.

Nach der „Summarischen Tabelle" von 1770, die zum ersten Mal differenzierte Angaben zu den Personengruppen macht, gab es in Winningen 174 Bürger, 24 Witwen, 95 Söhne über 15 Jahre, 134 Töchter über zehn Jahre, einen weltlichen und drei geistliche „Bediente", 38 Handwerker und zwei katholische Einwohner[9] (Einwohner insgesamt: 857). Auf den Anteil der Katholiken an der Bevölkerung von 1770 bis heute wird noch einmal gesondert einzugehen sein.

Angesichts der guten Aktenlage wollen wir den Bevölkerungsstand in Winningen zum Ende des 18. Jahrhunderts noch einmal genauer betrachten. Winningen gehörte seit 1776, nach der Aufteilung der Hinteren Grafschaft Sponheim, endgültig zur Markgrafschaft Baden, und das Amt Winningen erhielt seine Weisungen seitdem direkt aus Karlsruhe, nachdem es 1437 durch Erbfolge der sponheimischen Herrschaft gleichermaßen an die Markgrafschaft Baden und Pfalzgrafschaft Zweibrücken und Simmern gefallen war.[10]

Erhalten sind für diese Zeit statistische Betrachtungen des Pfarrers Rodenberger von 1785 und 1789-1793 über Bevölkerungsstand und -bewegung, in denen jeweils die Geburten den Sterbefällen gegenübergestellt werden und, mit Rücksicht auf die kirchlichen Verhältnisse,

---

4 Quelle: Holzapfel, Winningen (wie Anm. 3).
5 LHA Ko Best. 33, Nr. 8788.
6 Vgl. den Beitrag von Garbe (wie Anm. 2).
7 LHA Ko Best. 33, Nr. 8788 und vgl. den Beitrag von Garbe (wie Anm. 2).
8 LHA Ko Best. 655,47, Nr. 205: „Verzeichnis der dasigen Volks-Menge von 1644 bis 1769 („Haushaltungen und Seelen") [mit Lücken]; LHA Ko Best. 655,47, Nr. 207: Einwohnerzahl der Gemeinde Winningen 1644-1867 [mit Lücken].
9 LHA Ko Best. 33, Nr. 8788.
10 Vgl. den Beitrag von Michael Hollmann in diesem Band.

auch die Zahl der Heiraten, Konfirmationen und „Comunionen" und Angaben zu den Schülerzahlen nicht fehlen.[11]

Besonders aufschlussreich sind die Anmerkungen Rodenbergers, der u. a. Berechnungen anstellt, ob die Geburten in einem gewissen Zeitraum in einem ausgeglichenen Verhältnis zu den Sterbefällen in ebendiesem Zeitraum stehen. (Das war damals im Vergleich zu heute der Fall.)

Bemerkenswert ist, dass 1785 das Faulfieber „grassierte", ohne dass das Amt Winningen der Herrschaft davon Meldung gemacht hätte. Für die Zukunft wurde daher seitens der Herrschaft „ernstlich befohlen bey entstehenden Epidemien gleichbaldigen Bericht zu erstatten, damit möglichste Vorkehrungen zu Zeiten getroffen werden können [...]." Mit 49 Geburten in diesem Jahr wurden jedoch 21 mehr Kinder geboren, als Leute starben, unter den 28 Toten waren allerdings auch neun Kinder.

1789 wurden 34 Kinder geboren, darunter eines von „katholischen Eltern", was als einer der wenigen Hinweise aus dieser Zeit auf Katholiken in Winningen nicht unerwähnt bleiben soll.[12]

Im Jahr 1791 verstarben 55 Personen, und damit sieben mehr, als Geburten gezählt wurden (48), die Kindersterblichkeit war mit 46 besonders hoch, 18 Kinder verstarben an den Pocken. Die in diesem Jahr verbreiteten Kinderkrankheiten wie Röteln und Pocken hatten sogar eine „Verminderung der Schule" zur Folge. „Niemals seit den traurigen Pestzeiten 1631-1633", so Rodenberger, seien so viele Tote gezählt worden, lediglich 1751, 1781 und 1783 soll es annähernd viele Todesfälle gegeben haben.

Demgegenüber ist 1791 aber auch eine große Zahl an Heiraten zu konstatieren, die laut Rodenberger mit 26 noch „niemals" so groß war: „in d[en] J[ahren] 1763 und 1772 warens 17 Paar, und i[m] J[ahr] 1784 sinds 18 Paar gewesen". Die Gesamtbevölkerungszahl liegt zu dieser Zeit bei ca. 1.000.

1793 ist schließlich mit 54 Geburten das geburtenstärkste Jahr seit langem, Auswertung Rodenbergers: „Der Ueberschuss geborener Töchter gegen Söhne in diesem Jahr ist auffallend" (36:18): „Wenn man aber die 10 vorangegangene Jahre hiergegen berechnet, so wird die Anzahl beider Geschlechter wieder vollkommen gleich: denn da wurden 219 Kinder vom männlichen – und grade eben so viel vom weiblichen Geschlecht geboren [...]".

Geschichtlich befinden wir uns gerade in der Zeit der französischen Revolutionskriege. Im Oktober 1794 marschieren die Franzosen in Winningen ein. Der Ort wird mit dem gesamten linken Rheinufer Frankreich faktisch eingegliedert und erhält später die französische Verwaltungsorganisation mit einem Maire (Bürgermeister) an der Spitze der kommunalen Verwaltung. Das ehemals badische Amt Winningen wird Sitz einer Mairie (Bürgermeisterei), in der

---

11 Alles Folgende in: LHA Ko Best. 33, Nr. 4823.
12 Vgl. den Beitrag von Hedwig Herdes in diesem Band.

die Orte Winningen, Kobern, Güls, Bisholder und Wolken zu einem Verwaltungsverbund zusammengefasst sind.[13]

Aus dem Frühjahr 1795 stammt diese Quelle,[14] die auch ein wenig die Lebensumstände in Winningen während der Französischen Zeit widerspiegelt. Es schreibt der noch aus badischer Zeit amtierende Amtmann (und spätere Maire) Reinhardt (vermutlich an die Kantonsverwaltung in Mayen):
„Freiheit Gleichheit, Winningen den 27. Ventôse Im 3. Jahr der Republik [=17. März 1795]. Das Amts alda sendet die am 21ten Ventôse abgeforderte Tabelle über die SeelenZahl, das Vieh u.s.w. ein. Die rubricierte [=im Betreff genannte] Tabelle über den dahiesigen Seelen-, Vieh- u.s.w. Zustand folgt hierbei auf die vorgeschriebene Art in der Anlage. Gruß und Verbrüderung. Amt alda".

Es folgt die Tabelle mit den Eintragungen: 1.074 „Menschen", acht Ochsen, 196 Kühe, acht Rinder (keine Pferde, Schafe, Schweine); 11 Malter Korn, zwei Simmer [Hohlmaß] Gerste, zweieinhalb Simmer Bohnen, drei Simmer Erbsen. Dass keine Angaben zu „Michelfrucht", „Weizenspelz", „Haber", Heu und Stroh gemacht werden, erklärt sich durch die Anmerkung: „Auch die andere Früchte Gattungen wo für nichts ausgeworfen, sind daselbst nicht vorhanden, weil der Haupt-Nahrungs-Stand im Weinbau besteht, das wenige diesfalsige Erzeigniß aber bereits alle durch schon gehabte Einquartierungen, die da noch wirklich fortdauern, verzehret worden ist."[15]

Eine weitere Tabelle vom 19. Februar 1795 gibt 993 Seelen für den „Markt-Flecken" Winningen an, dazu 208 Kühe und Rinder, wobei bemerkt wird, „dass bereits 12 Stück zum Behuf der fränckischen Truppen nach Koblenz abgeliefert worden [...]."[16] 1801 sind in Winningen 946, 1808 schon 1.213 Einwohner nachweisbar.[17]

*

Mit der Niederlage Frankreichs und der Neuordnung der linksrheinischen Gebiete auf dem Wiener Kongress (1815) wird Winningen preußisch. Die Verwaltungsorganisation Winningens bleibt als preußische Bürgermeisterei, allerdings erweitert um die Ortschaften Lay und Dieblich, innerhalb des Landkreises Koblenz-Land in der preußischen Rheinprovinz bestehen.

„Die Statistischen Tabellen des Bürgermeisteramts Winningen"[18] mit Einträgen zur Anzahl der Gebäude, Einwohner, Militärpflichtigen, zu Religionszugehörigkeit und Viehstand weisen – aufgeschlüsselt nach den einzelnen Gemeinden – für 1816 4.596 Personen für die gesamte Bürgermeisterei nach. 1819 waren es 4.869, davon 3.557 Katholiken (davon lebten in Winningen

---

13 Vgl. den Beitrag von Marli Beck und Ellen Junglas in diesem Band.
14 LHA Ko Best. 655,47, Nr. 205.
15 LHA Ko Best. 655,47, Nr. 205.
16 LHA Ko Best. 655,47, Nr. 205.
17 LHA Ko Best. 655,47, Nr. 207.
18 Vgl. LHA Ko Best. 655,47, Nr. 205.

ca. 20), 1822 5.044 Einwohner in der gesamten Bürgermeisterei; auf die größte Ortschaft Winningen entfielen 1.355 Einwohner (davon 22 Katholiken). Die Bevölkerungszahl stieg bis 1861 stetig auf 1.708 Einwohner an. Durch die Aufschlüsselung der Einwohnerzahlen nach Altersstufen (jeweils nach dem Geschlecht getrennt) erhalten wir Aufschluss über die Zusammensetzung der örtlichen Bevölkerung. Sehen wir uns exemplarisch die Winninger „Bevölkerungspyramide" für das Jahr 1855 einmal an:

Kinder bis 5 Jahre:	123 Jungen, 128 Mädchen
6-7 Jahre:	26 Jungen, 30 Mädchen
8-14 Jahre:	118 Jungen, 123 Mädchen
15-16 Jahre:	28 Jungen, 32 Mädchen
17-45 Jahre:	332 männlich, 368 weiblich
46-60 Jahre:	143 männlich, 131 weiblich
über 60 Jahre:	58 männlich, 52 weiblich

Die Gesamtbevölkerung von 1682 Einwohnern setzt sich 1855 folglich zusammen aus 608 Personen bis zu 16 Jahren, 974 Personen von 17-60 Jahren und 110 Personen über 60 Jahre. „In der Ehe leben" 1855 337 Männer und 337 Frauen, die Anzahl der Familien beträgt 449.

Das Verhältnis von „Jung" und „Alt" zeigt eindeutig einen starken Überhang bei der Jugend. Demgegenüber kommt die Erhebung von 2005, also 150 Jahre später, zu einem völlig anderen Ergebnis: Es werden ein „Jugendquotient" von 37,3 % und ein „Altenquotient" von 57,4 % – jeweils bezogen auf 100 Personen im Alter zwischen 20-60 Jahren – ermittelt.[19] Dabei gibt der Jugendquotient die Zahl der unter 20-jährigen und der Altenquotient die Zahl der 60-jährigen und älteren Personen an. Hätte man diese statistischen Kenngrößen zur Charakterisierung der Altersstruktur schon 1855 errechnet, ergäben sich ein Jugendquotient von 62,4 % (und darin sind noch nicht einmal die 17- bis 20-Jährigen erfasst) und Altenquotient von 11,2 % und somit ein gänzlich umgekehrtes Verhältnis zu damals.

Doch nicht erst in der heutigen Zeit, sondern auch schon zu Beginn des 20. Jahrhunderts kam die bis dahin steigende Bevölkerungsentwicklung immerhin soweit ins Stocken, dass man den Geburtenrückgang als ein gesellschaftliches Problem erkannte. Wir können dies aus einer Verfügung des preußischen Innenministers in Berlin vom April 1912 schließen, die über die Regierungspräsidenten an die preußischen Landräte ging und die Untersuchung der Gründe für den Rückgang der Geburten anordnete. Dabei sollte besonderes Augenmerk darauf gerichtet werden, ob die Ursachen eher biologischer oder sozialer Natur – die Beschränkung der Kinderzahl also ungewollt oder gewollt war – und welche Bevölkerungsschichten betroffen waren. Neben den Berichten der kommunalen Behörden waren hierbei auch die Erfahrungen der örtlichen Mediziner mit einzubeziehen.

Offensichtlich hatte auch die Gemeinde Winningen einen Rückgang der Geburten zu verzeichnen – der Kurvenverlauf bestätigt dies –, denn im Juli 1912 gibt der örtliche Arzt Dr.

---

19 Amtliches Gemeindeverzeichnis 2006. Hg.: Statistisches Landesamt Rheinland-Pfalz, Bad Ems, 2006.

Arnoldi auf die Anfrage des Bürgermeisters Meyer folgende Erklärung ab, die unbedingt einer Kommentierung bedarf:

„Nach meiner Ansicht ist der Geburten-Rückgang zurückzuführen auf einen Nachlass der Fruchtbarkeit der Frauen – und dieser hat folgende Gründe:
I. Die seit Jahrhunderten einwirkende Inzucht:
   1. Wegen Mangels an Connubium [=Verbindung] mit der andersgläubigen Umgegend und
   2. weil der Winzer als Frau eine gelernte Winzerin brauchen kann.
II. Blutarmut und Nervenschwäche in Folge der mangelhaften Ernährung:
   1. Wegen Nachlass der Milchvieh-Haltung fehlen schmerzlich die altgewohnten nahrhaften ‚ViehSuppen' (aus Süss- Sauer- Buttermilch, Rahm und Abgeschöpftem) oder
   2. die wenige Milch wird (auri sacra fames!) noch verkauft und der Kaffee z.B. schwarz getrunken.
III. Alkoholismus nicht selten bis zum Delirium tremens – nicht vom Wein, der alle verkauft wird – sondern vom Träberwein oder Bubbes, welcher durch Vergährung von viel Zucker und häufigem Zusatz von Sprit unverhältnismäßig alkoholreich ausfällt.
IV. Heiraten völlig unfertiger weiblicher Wesen mit geradezu infantilem Habitus, welche entweder überhaupt nicht empfangen können – oder nach schon nach einem Kinde an Leib und Seele gebrochen sind."[20]

Aus diesem Versuch der Angabe von Gründen für den leichten Rückgang der Bevölkerungsentwicklung spricht vor allem eines: dass Arnoldi offenbar keine allzu gute Meinung von den Lebensgewohnheiten der Winninger Bevölkerung gehabt zu haben scheint, die er als hauptursächlich für einen Geburtenrückgang ansieht; eine gewollte Beschränkung der Geburten scheint er dagegen grundsätzlich auszuschließen. Dabei beruhen seine Äußerungen in hohem Maße auf der zu jener Zeit herrschenden Auffassung von Sitten und Moral – dies kommt insbesondere bei seiner Kritik an der angeblichen Trunksucht der Winninger zum Ausdruck, weshalb wir sie kritisch hinterfragen müssen. Dass in Winningen häufig Ehen innerhalb von (Winzer-) Familien eingegangen wurden und das schon seit geraumer Zeit, ist zweifellos richtig, dass dieser Umstand aber, nach einem stetigem Anstieg der Bevölkerung im 18. und 19. Jahrhundert gerade zu Beginn des 20. Jahrhunderts zu einem Geburtenrückgang geführt haben soll, ist mehr als fraglich. Unzureichende Ernährung mag zweifelsohne Einfluss auf die Fruchtbarkeit der Frauen gehabt haben, doch war dies wiederum kein speziell Winningen betreffendes Phänomen, sondern ein zeittypisches, allenfalls eines von Weinbaugemeinden, die nach und nach die Viehwirtschaft abgebaut hatten, um sich ausschließlich dem Weinbau zu widmen. Das Argument von der mangelnden seelischen Reife schließlich geht gänzlich an der Frage nach den Ursachen für ein biologisches Phänomen vorbei, und die Behauptung, die jungen Frauen seien so jung, dass sie auch biologisch noch nicht gebärfähig wären, widerspricht wiederum der gesamten Bevölkerungsentwicklung, die der Ort seit dem 18. Jahrhundert erlebt hatte. Es ist nicht einzusehen, warum gerade zu Beginn des 20. Jahrhunderts in einem Ort mit ausgesprochen bürgerlicher Charakteristik plötzlich ein völlig archaisches Sozialverhalten praktiziert worden sein soll.

---

20 LHA Ko Best. 655,47, Nr. 230.

*

Bei Betrachtung unserer Kurve hatten wir uns zuletzt die Bevölkerungszahlen von 1855 angesehen. Die zweite Hälfte des 19. Jahrhunderts ist auch die Zeit, in der zahlreiche Personen aus den preußischen Rheinlanden insbesondere nach Amerika auswanderten, um den in ihrer Heimat wirtschaftlich und beengten Verhältnissen zu entgehen. Auch für Winningen sind einige Auswanderungsfälle nachweisbar.[21]

Bis 1900 wuchs die Bevölkerung Winningens auf 1.873 Personen, 930 männliche und 943 weibliche, an. So das amtliche Ergebnis der Volkszählung von 1900.[22]

Im Deutschen Reich wurden 1871 und von 1875 bis 1910 alle fünf Jahre, danach nur noch unregelmäßig, Volkszählungen durchgeführt. Die Volkszählung von 1900 ermittelte 56.345.014 Einwohner reichsweit.[23] Nach den Erhebungsbögen (Orts- und Kontrolllisten) der Volkszählungen von 1895 und 1900 in der Bürgermeisterei Winningen gliederte sich der Ort Winningen in 12 Zählbezirke. Aufgabe der Zähler war es, die Namen der Haushaltsvorstände bzw. die Zahl der ortsanwesenden Bevölkerung in den einzelnen Wohnstätten (aufgeführt nach Straße und Hausnummer) zu ermitteln. 1900 lebten demnach die 1.873 Personen in 499 Haushaltungen, davon 59 Einzelhaushalten (Wohnstätten: 407).

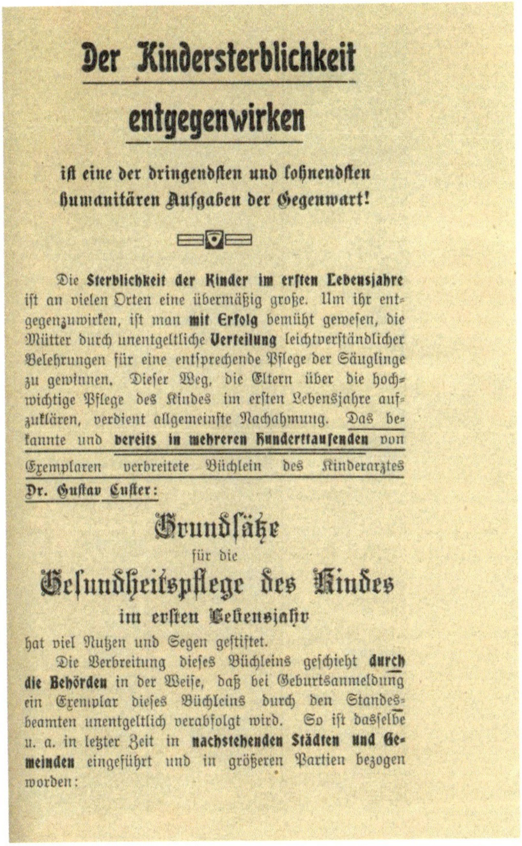
Der Kindersterblichkeit entgegenwirken

ist eine der dringendsten und lohnendsten humanitären Aufgaben der Gegenwart!

Die **Sterblichkeit der Kinder im ersten Lebensjahre** ist an vielen Orten eine übermäßig große. Um ihr entgegenzuwirken, ist man **mit Erfolg** bemüht gewesen, die Mütter durch unentgeltliche **Verteilung** leichtverständlicher Belehrungen für eine entsprechende Pflege der Säuglinge zu gewinnen. Dieser Weg, die Eltern über die hochwichtige Pflege des Kindes im ersten Lebensjahre aufzuklären, verdient allgemeinste Nachahmung. Das bekannte und **bereits in mehreren Hunderttausenden** von Exemplaren verbreitete Büchlein des Kinderarztes **Dr. Gustav Custer:**

Grundsätze

für die

Gesundheitspflege des Kindes

im ersten Lebensjahr

hat viel Nutzen und Segen gestiftet.

Die Verbreitung dieses Büchleins geschieht **durch die Behörden** in der Weise, daß bei Geburtsanmeldung ein Exemplar dieses Büchleins durch den Standesbeamten unentgeltlich verabfolgt wird. So ist dasselbe u. a. in letzter Zeit in **nachstehenden Städten und Gemeinden** eingeführt und in größeren Partien bezogen worden:

Abb. 1: LHA Ko Best. 655,47, Nr. 322

1906 zählte die Bürgermeisterei Winningen insgesamt 8.288 Einwohner; der Ort Winningen selbst hatte 1.890 Einwohner.[24] Geboren wurden hier 41 Kinder, Todesfälle gab es 31, darunter 3 Kinder unter einem Jahr. In der gesamten Bürgermeisterei starben in diesem Jahr bei insgesamt 147 Sterbefällen sogar 45 Kinder unter einem Jahr. Dies war allerdings keine Winninger Besonderheit: Angesichts der allgemein hohen Kinder-

21 Vgl. den Beitrag von Garbe (wie Anm. 2).
22 LHA Ko Best. 655, 47, Nr. 230-231.
23 Wikipedia, Art. „Volkszählung".
24 LHA Ko Best. 655,47, Nr. 322.

sterblichkeit erschien 1908 die 14. Auflage einer Broschüre von Dr. med. Gustav Custer: „Grundsätze für die Gesundheitspflege des Kindes im ersten Lebensjahr (Säuglingsalter) zur Verbreitung in Familien", die durch „Standesämter, Gesundheitsbehörden, Frauenvereine etc." verteilt werden sollte und für 25 Pfennig erhältlich war. So geschehen auch in Winningen.

In den „Statistischen Nachweisungen über Geburten und Sterbefälle in der Bürgermeisterei", die der Bürgermeister dem Kreisarzt vorzulegen hatte, waren auch die Todesursachen anzugeben. Demnach waren zu Beginn des 20. Jahrhunderts „Schwindsucht, Diphteritis, Scharlach, Masern, Typhus, Kindbettfieber, Influenza, Keuchhusten, Krebs, Lungen-Entzündung" verbreitete Krankheiten.

Der Kreisarzt war als preußischer Beamter des Stadt- oder Landkreises für die öffentliche Gesundheitspflege und gesundheitspolizeiliche Tätigkeiten zuständig. Unterstützt wurde er von den örtlichen Gesundheitskommissionen, die seit 1899 vom jeweiligen Gemeinderat gewählt wurden. In der Sitzung vom 6. August 1907 wurden in Winningen in „die nach dem Gesetze vom 16. September 1899 zu bildende Gesundheitskommission [...] für die hiesige Gemeinde neben dem Bürgermeister Meyer als Vorsitzenden und dem Gemeindevorsteher Hoffbauer als Beisitzer auf die Dauer von 6 Jahren einstimmig wiedergewählt: Der praktische Arzt Dr. Lavreysen in Winningen, der Winzer Andreas Karbach in Lay und der Gastwirt Anton Hähn in Güls. Ferner wird als Mitglied der Gesundheitskommission auf die gleiche Zeitdauer der Apothekenbesitzer Richard Schlickum hierselbst neugewählt."[25]

Für seine jährlichen Berichte an das Medizinalkollegium beim Oberpräsidenten holte der Kreisarzt bei den Bürgermeistern auch Informationen darüber ein, wie gesundheitspolizeiliche Maßnahmen (Straßenreinigung und -beleuchtung, Wohlfahrtseinrichtungen, Nahrungsuntersuchungen, Abfall- und Abwasserentsorgung etc.) umgesetzt wurden. Der Gesundheitspflege der Kinder diente die regelmäßige Belehrung der Schulkinder über die Zahnpflege, an der in Winningen der Hauptlehrer Kohl mitwirkte und auch noch andere Bedürfnisse zur Sprache brachte, indem er 1913 an den Bürgermeister schrieb: „Seitdem alljährlich einmal die Schulkinder über Pflege ihrer Zähne unterrichtet werden, ist ein großer Prozentsatz der Schüler auf Zahnpflege bedacht und auch darin tätig.[..]. Da ein verhältnismäßig hoher Prozentsatz der Schulkinder mit verschiedenen Gebrechen, wie Sprachgebrechen, Stottern, Gesichtsschwäche, Nervenzucken etc. behaftet ist, so wäre eine zeitweise ärztliche Besichtigung in unserer Schule überhaupt vonnöten."[26]

*

Im Jahre 1908 hatte Winningen 1.901 Einwohner, die Bürgermeisterei insgesamt 8375, bis 1912 ging die Zahl zurück auf 1.824, 1915 waren es 1.832 Einwohner.[27] Hier tritt also der oben erwähnte, erstmalige Rückgang der Bevölkerung aus der Statistik hervor. Die Volkszäh-

---

25 LHA Ko Best. 655,47, Nr. 322.
26 LHA Ko Best. 655,47, Nr. 322.
27 LHA Ko Best. 655,47, Nr. 322.

lung von 1939 erfasste dagegen eine ständige Bevölkerung von 1990 (905 männlichen und 1.085 weiblichen) Einwohnern, die von 1946 sogar eine ständige Bevölkerung von 2.647 (1.103 männlichen und 1.544 weiblichen) Einwohnern, die in 101 Haushalten lebten.[28] Dieser beträchtliche Zuwachs ist natürlich darauf zurückzuführen, dass nach 1945 ca. 500 „Neubürger" aufgrund von kriegsbedingter Evakuierung oder Vertreibung nach Winningen gekommen waren. Dabei hatte die Bevölkerung Winningens und der anderen Gemeinden der Amtsbürgermeisterei auch durch den Verlauf des Zweiten Weltkriegs Opfer bringen müssen, wie folgende Meldung zeigt: „Meldung der Amtsbürgermeisterei Winningen an den Landrat; Kriegsopferfürsorge: Nach dem Stand vom 29. Dezember 1950 sind aus dem Amtsbezirk Winningen gefallen: 327, vermisst: 221, gestorben: 7, durch Luftangriff gefallen: 87, durch A[rtille]ri[e]-Beschuß gefallen: 6, insgesamt: 64. Davon sind gefallen bzw. vermißt: im Osten: 455, im Westen: 57, im Norden: 3, in Italien: 20, in Afrika: 5, auf der Insel Kreta: 2 durch A[rtille]r[ie]-Beschuß gefallen: 6."[29]

Auf die Gemeinde Winningen entfielen davon 67 Gefallene, 55 Vermisste, vier Verstorbene, drei Zivilisten.

Die erste nach dem Krieg durchgeführte Volkszählung von 1950 ergab für Winningen folgendes Bild: 2.684 (1.182 männliche und 1.502 weibliche) Einwohner in 998 Haushaltungen. 1960 waren es 2.418 (1.081 männliche und 1.337 weibliche) Einwohner, 1970: 2.458, 1980: 2.372, 1990: 2.560, 1995: 2.609, 2.005 schließlich 2.477 Einwohner.[30]

*

Aufgrund der konfessionellen Besonderheit Winningens, als einem durch die Zugehörigkeit zur Grafschaft Sponheim evangelischen Ort inmitten der ansonsten katholischen Untermosel, soll abschließend die Entwicklung der konfessionellen Minderheiten, insbesondere der katholischen, in den Blick genommen werden. Nachdem die Reformation in Winningen im Jahre 1557 eingesetzt hatte, soll es, wie Bellinghausen schreibt, noch zwei Generationen danach eine „stattliche Anzahl Katholiken" gegeben haben.[31] Danach setzte wohl auch in Winningen der Verfassungsgrundsatz des „Cuius regio eius religio" dem konfessionellen Miteinander Grenzen, denn bis zum Ende des späten 18. Jahrhunderts lassen sich nur noch einzelne Katholiken nachweisen. Wenn auch die Religionszugehörigkeit bis in das späte 19. Jahrhundert eine große Rolle spielte, indem die Einwohnerschaft Winningens bis dahin noch weitestgehend „unter sich" blieb, wie aus der Tabelle im Anhang hervorgeht, so macht der katholische Bevölkerungs-

---

28 Die Bevölkerung der Gemeinden in Rheinland-Pfalz 1815-1980. Hg. Statistisches Landesamt, Bad Ems, 1982.
29 LHA Ko Best. 655,47, Nr. 894: Kriegshinterbliebenenfürsorge 1941-1950.
30 Zahlen aus: Amtliches Gemeindeverzeichnis für die Bundesrepublik Deutschland. Hg.: Statistisches Bundesamt. Ausg. 1953 und 1971. – Die Bevölkerung der Gemeinden in Rheinland-Pfalz 1815-1980. Hg.: Statistisches Landesamt, Bad Ems, 1982. – Amtliches Gemeindeverzeichnis 2006. Hg.: Statistisches Landesamt RLP, 2006. Zur Bevölkerungsentwicklung 1963-2006 wird außerdem auf die statistischen Angaben unter: www.winningen.de verwiesen.
31 Bellinghausen, Winningen (wie Anm. 1), Teil 1, S. 56.

teil seit der zweiten Hälfte des 20. Jahrhunderts bis heute immerhin wieder rund ein Drittel der Gesamtbevölkerung aus.

Jüdische Mitbürger lassen sich in Winningen für die Zeit des Spätmittelalters (um 1442) und im „Schatzungsregister" von 1550 nachweisen, ab dem 17. Jahrhundert dann aber nicht mehr,[32] wohingegen Mitte des 19. Jahrhunderts in den Moselgemeinden Dieblich und Kobern zahlreiche jüdische Bewohner anzutreffen sind.[33]

*

Im Ergebnis zeigt sich, dass die Bevölkerungsentwicklung Winningens keine Sonderform darstellt. Vielmehr wird sie beeinflusst von allgemeinen, zeittypischen Faktoren wie Krankheiten, Kriegen und gesellschaftlichem Wandel. Mit dem medizinischen Fortschritt ist ein stetiges Anwachsen der Bevölkerung zu beobachten, deren Struktur sich der allgemeinen Entwicklung entsprechend mit der Erhöhung der Lebenserwartung und dem Rückgang der Geburtenzahlen im 20. Jahrhundert gewandelt hat.

Anhang:

1. Bevölkerungsentwicklung 1550 bis heute

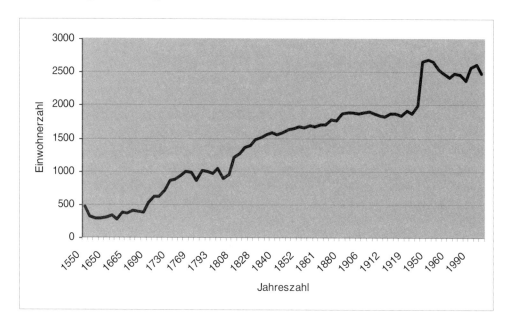

---

32 Ausführlicher hierzu der Beitrag von Garbe (wie Anm. 2).
33 Siehe LHA Ko 655,47, Nr. 205.

2. Anteil der Katholiken an der Gesamtbevölkerung[34]

Jahr	Anzahl der Katholiken	Gesamtbevölkerung
1770	2	875
1776 (1775)	1	1.017
1822	22	1.355
1825	50	1393
1828	60	1.470
1831	48	1.501
1832	34	
1834	50	1.547
1840	60	1.551
1843	61	1.583
1849	54	1.660
1852	53	1.668
1855	49	1.682
1861	60	1.708
1894	80	1.881
1912	125	1.824
1938 (1939)	180	1.990
1950	618	2.684
1952	550	2.652
1955	519	2.526
1957	493	2.468
1970	557	2.458
1987	750	
1991 (1990)	ca. 800	2.560
2006		2.477

---

34 Zahlen aus der Winninger Schulchronik und LHA Ko Best. 655,47, Nr. 205.

Ortsbild und Infrastruktur*
Ortsentwicklung, Ortsbefestigung, öffentliche Gebäude

Von Rainer Garbe

Einleitung und Überblick

Die erste Besiedlung der Winninger Gemarkung bestand schon während der jüngeren Steinzeit (bis 1800 v. Chr.).[1] Vermutet wird sie in der so genannten „Leimkaul" (Bereich zwischen der oberen Bach- und Fährstraße). Spuren auf den Moselhöhen führen auch in die Bronzezeit (bis 800 v. Chr.) und in die Hallstattzeit (bis 400 v. Chr.) zurück. Grabungsfunde und Reste eines römischen Landguts „Auf dem Bingstel" lassen den sicheren Schluss zu, dass Winningen auch in der Römerzeit besiedelt war. Nach der „fränkischen Landnahme" gegen Ende des 5. Jahrhundert dürften die ersten Häuser und Höfe um den heutigen Fronhof und im Bereich der Kirche errichtet worden sein. Merowingische Gräberfelder rund um die spätromanische Kirche (bekannt geworden anhand einiger seit 1897 dokumentierter Ausgrabungen) deuten auf eine fränkische Siedlung im frühen Mittelalter hin.

Die weiteren Ansiedlungen in den kommenden Jahrhunderten blieben ebenfalls moselorientiert, so dass sich der Ort bis Ende des 13., vielleicht noch bis Mitte des 14. Jahrhunderts in ostwestlicher Richtung vom heutigen Spitalseck bis zum heutigen Zehnthof und in süd-nördlicher Richtung von der Mosel vielleicht nur bis in der Bereich der heutigen Türmchenstraße – Kirchstraße – Schulstraße erstreckte. In diesen Bereich fallen zumindest alle vor 1300 genannten Höfe von Klöstern und Adeligen.

Die Ausdehnung und weitere Bebauung nach Norden erfolgte in erster Linie entlang des Bachlaufes (heutige Bachstraße), so dass angenommen werden kann, dass sich das Gemeindeleben ab Mitte des 14. Jahrhunderts, sicherlich ab 1384, als der Ort bereits mit einem Palisadenzaun umgeben war (entspricht dem Verlauf der 1585 fertiggestellten Ringmauer) bis um das Jahr 1800 überwiegend in diesem Bereich abspielte. Außerhalb dieses Berings blieben der Hof des Klosters Maria Roth „in der Niederkünde", der Petershof, der Aachener Zehnthof sowie der Distelberger Hof auf dem Berg. Ebenfalls außerhalb des befestigten Ortes baute Mitte des 16. Jahrhunderts die Familie Kratz von Scharfenstein ein Haus, den so genannten Kratzenhof.

Nach 1800 erfolgten der Ausbau bestehender Straßen (Bach-, Fähr-, Friedrich-, Hahnen-Schulstraße) sowie die Anlegung neuer Straßen (Markt-, Neu-, Wilhelm-, Kaiserstraße, Bahnhofstraße). Der Erschließung weiterer Baugebiete „Am Heideberg" und „Unterkünde" in den 1960er Jahren schloss sich Ende der 1980er Jahre die Bebauung in der östlichen Gemarkung an. Ein weiteres Baugebiet wurde seit Ende 2004 im Bereich Winningen-West und Uhlenweg erschlossen, die ersten Wohnhäuser wurden bereits 2005 errichtet.

---

*   Vgl. hierzu auch den Beitrag von Peter Lammert in diesem Band.
1   Siehe hierzu den Beitrag von Lutz Grunwald in diesem Band.

Ortsbefestigung, Ringmauer, Tore und Türme

Aus einem alten Weinregister ist uns bekannt, dass der Ort bereits im Jahre 1384 durch einen Palisadenzaun umgeben und durch einen Graben befestigt war.[2] Im Jahre 1402 waren wohl aufwendige Reparaturarbeiten des Palisadenzaunes notwendig, als die Einwohner damit begannen, „blancken zu machen umb ihr dorff, datz sie menten, datz inen zu der zyt not wer".[3]

Mit der Sicherung des Dorfes durch einen Zaun war dieses auch als Friedens- und Rechtsbereich abgegrenzt.[4] Hauptzweck der Umzäunung war jedoch das Bedürfnis und die Notwendigkeit, sich gegen äußere Feinde – Menschen oder wilde Tiere – zu schützen, diesen den Zugang in den Ort zu versperren und zugleich das Auslaufen des eigenen Viehes in die Flur zu verhindern, es „im Zaun zu halten".[5]

Die Umzäunung war 1433 durch einen „gemeinen grave"[6] verstärkt. Das „Valdor"[7] (Falltor) gewährte den Bewohnern weiterhin einen Ausgang in Richtung „Arstorp" (Oberdorf), wo der Aachener Zehnthof lag. Unter einem Falltor ist ein Zauntor über Fahrwege oder ein Grenztor zwischen Dorfbezirk und Feldgemarkung zu verstehen, das so aufgehängt war, dass es von selbst zufiel, und das nur vom Innenraum her aufgedrückt werden konnte. Nachts wurde es mit Querbalken verriegelt.[8] 1433 wird die „wolverportz"[9] (Wolferpforte) erstmals erwähnt, aus dem Jahre 1570 ist uns die „Greinges Pfortten"[10] – das frühere Falltor – als Tor des Palisadenzaunes bekannt.

Der Mangel an Holz zur Instandhaltung des Palisadenzaunes veranlasste die Bürgerschaft im Jahre 1568 zu einer Eingabe an die Landesherrschaft. Da zur „Befriedung des Fleckens zuviel Holz verbraucht würde und die Gemeinde nur über wenig Wald verfüge", bat man darum, „daß Ihnen eine Ringmauer um den Flecken zu führen gestattet werden möge".[11] Dieses Gesuch wur-

---

2 HASt Köln Groß Sankt Martin, Akten Nr. 22,2. In diesem Register werden auch eine Gemeindepforte („gemeinde portze") und ein Falltor („valdor") als Tore dieser Ortsbefestigung genannt.
3 LHA Ko Best. 33,, Nr. 8816. Die Originalurkunde im Archiv der evangelischen Kirchengemeinde Winningen. Bellinghausen u. a. datieren irrtümlich 1398. Vgl. Hans Bellinghausen, Winningen. Ein Deutsches Heimatbuch, Bd. 1, Coblenz 1923, S. 39 und S. 42.
4 Siehe auch: Rainer Garbe, Die Winninger Ortsbefestigung – Versuch einer Rekonstruktion, in: Ldkdl. Vjbll., 32 (1986), H. 4, S. 135-141. Leicht veränderter Nachdruck in: Moselfest-Programmheft, 1994.
5 Aloys Schmidt, Stadt- und Dorfbefestigung im Landkreis Koblenz, in: Koblenzer Heimatkalender 1962, S. 68-74.
6 LHA Ko Best. 1 C, Nr. 2640.
7 Ebd.
8 Schmidt, Stadt- und Dorfbefestigung (wie Anm. 5), S.70.
9 LHA Ko Best. 1 C, Nr. 2640.
10 LHA Ko Best. 54 H, Nr. 196, nach dem Bau der Mauer das „Kreynische Tor" bzw. Neupforte genannt. Siehe auch: Die Kunstdenkmäler des Kreises Koblenz, bearb. von Hans Erich Kubach, Fritz Michel und Hermann Schnitzler. Mit Beiträgen von Adam Günther, 1944, S. 402 f. In einem Güterverzeichnis des Jahres 1564 wird auch die Flurpforte erwähnt (LHA Ko Best. 56, Nr. 1870). Der Verlauf des Palisadenzauns dürfte somit dem Verlauf der später errichteten Ringmauer und somit der abgegrenzte Dorfbereich des Jahres 1384 dem des Marktfleckens Winningen im Jahre 1800 entsprochen haben.
11 LHA Ko Best. 33, Nr. 8870.

de im Jahre 1570 nochmals wiederholt, da Herzog Wolfgang[12] dieser Bitte 1568 nicht entsprochen hatte. Am 21. August 1571 erklärten sich dann die beiden nachfolgenden Landesherren (Johann I. Herzog zu Zweibrücken und Markgraf Philipp II. von Baden) einverstanden und „sollen sie solche (Ring-) Mauer dermaßen uffuhren, daß sie bestendig sei, wie ihnen dann darüber wie dick, breid und hoch sie sein soll, wann sie zum bawen gefast sonderlich Anweisung geschehen soll."[13]

Bis 1573 hatte man wegen der jetzt „teuere[n] Jahre" mit dem Bau noch nicht begonnen, doch sollte man die Mauer „zu ehesten Gelegenheit ins werckh ziehen".[14] Das Geld war auch in den nächsten Jahren knapp, denn 1575 wurde verordnet, dass der Bürgermeister in Zukunft die Einnahmen „aus Ungeld und Acceis [...] zu keiner anderen Ausgabe, denn zum Pforten und anderes des Fleckens nothwendig bawen"[15] verwenden soll. Nach einem Befehl von 1577 sollte die Mauer 13 Schuh hoch und 3 Schuh breit sein (entspricht einer Höhe von 3,78 m und einer Breite von 87 cm). Der Vogt sollte darauf achten, dass es „ohne Zögern ins werck gesetzt werde".[16] 1579 war ein Teil hergestellt, doch ungleichmäßig, was den Winningern eine Rüge seitens der Herrschaft eintrug. 1581 wurde auf den Abschluss der Arbeiten gedrängt, es fehlte noch die Mauer an der Moselseite, die „gleich wie sonst durch die erben, denen es zu thun gepurrt, aufgefuiret werden" sollte. 1583 wird angeordnet, dass die nunmehr bestehende Mauer überall gleich hoch gemacht und „mit Kalck fleißig beworffen werde."[17] Auch die Pforte beim Haus des Schiffers Jakob war noch zu errichten und die „Ruhel" (=schmaler Gang) „an der bach underm Fronhoff" zu verschließen. 1585 wurde dieser Befehl unter Androhung von Strafe wiederholt.[18]

Da dies die letzte Nachricht über den Mauerbau ist, kann man mit Recht annehmen, dass die Ringmauer im Jahre 1585 fertiggestellt war. Allerdings ist zu bezweifeln, dass die „ruhel" am Fronhof jemals zugemauert wurde, da sich an dieser Stelle die 1634 und 1646 erwähnte Bachpforte[19] befand, eine schmale Pforte, die zumindest Fußgängern einen Zugang zur Mosel ermöglichte.

Die Ringmauer war durch einen Graben verstärkt. Der Winninger Heimatforscher Dr. Richard Arnoldi hat festgestellt, dass der Weilsborn „den nassen Graben der Ostfront der Ringmauer"[20]

---

12 Im Jahre 1568 regierten gemeinschaftlich Herzog Wolfgang zu Zweibrücken und Neuerburg (Pfälzische Linie) und Markgraf Philibert von Baden (Badener Linie) über die Hintere Grafschaft Sponheim. Beide starben 1569. Zu den Herrschaftsverhältnissen vgl. den Beitrag von Michael Hollmann in diesem Band.
13 LHA Ko Best. 33, Nr. 8870.
14 Ebd.
15 LHA Ko Best. 33, Nr. 8870. Ungeld und Akzise, eine Art Verbrauchssteuer, die vor allem auf Güter des täglichen Verbrauchs (Salz, Fleisch, Getreide) gelegt wurde. In Winningen wurde diese Steuer in erster Linie auf den Wein („Ungeld" = „Ohmgeld") gelegt. Die Verwendung des Ungeldes zur Unterhaltung der Gemeindegebäude war – ähnlich wie in den zur Stadt erhobenen Ortschaften – ein altes Winninger Privileg. Siehe hierzu: LHA Ko Best. 33, Nr. 3707 c S. 551-553.
16 LHA Ko Best. 33, Nr. 8870.
17 Ebd.
18 Ebd.
19 LHA Ko Best. 33, Nr. 8900 und 655,47, Nr. 162.
20 Richard Arnoldi, Winninger Flurnamen, in: Koblenzer Zeitung vom 27.1.1913.

gebildet hat. Ein weiterer Beweis ist das heute noch auf der Westseite des alten Fleckens verlaufende Pfädchen (heute Graben- bzw. Burpfädchen genannt). Neben der bereits erwähnten Bachpforte gab es noch weitere neun größere oder kleinere Tore:[21] die „Oberwasserpforte" (1634), später „Hornpforte" (1779) genannt; die 1634 erwähnte sogenannte „andere Pforte", 1732 „Mauspforte" genannt; das „Kreynische Tor" (1612), 1634 „Neupforte" (Mitte des 19. Jahrhunderts irrtümlich auch „Mauspforte" genannt), die „Flurpforte" (1626); die „Wolferpforte" (1587); „Schmitts Pforten" (1634), später „Hahnenpforte" (1779) genannt; die „Fronpforte" (1634); die „Lenningspforte" (1634) und ein Türchen beim Kratzenhof (vgl. Karte).

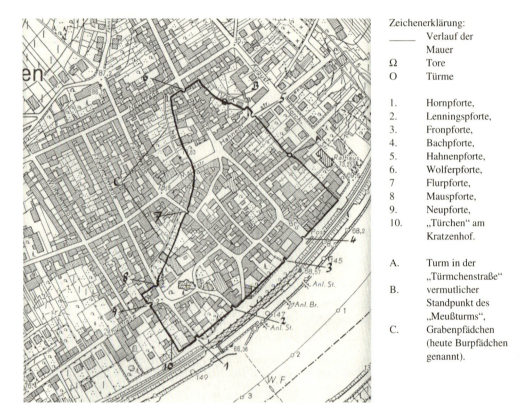

Zeichenerklärung:
_____ Verlauf der Mauer
Ω Tore
O Türme

1. Hornpforte,
2. Lenningspforte,
3. Fronpforte,
4. Bachpforte,
5. Hahnenpforte,
6. Wolferpforte,
7 Flurpforte,
8 Mauspforte,
9. Neupforte,
10. „Türchen" am Kratzenhof.

A. Turm in der „Türmchenstraße"
B. vermutlicher Standpunkt des „Meußturms",
C. Grabenpfädchen (heute Burpfädchen genannt).

Abb. 1: Verlauf der Ringmauer innerhalb des heutigen Ortsbildes. Eingezeichnet in die Deutsche Grundkarte, hg. vom Landesvermessungsamt Rheinland-Pfalz 1964, Ausgabe 1975.

---

[21] LHA Ko Best. 33, Nr. 8900, Nr. 4906 und Best. 655,47, Nr. 123. Die in Klammern gesetzten Jahreszahlen geben die schriftliche Ersterwähnung der Tore an. Im 19. Jahrhundert wurde die Neupforte irrtümlich mit Mauspforte bezeichnet (vgl. LHA Ko Best. 733, Nr. 375, Bd. 18). Dies ist nur dadurch zu erklären, dass beide Tore an der Mausgasse (heute ein Teil der Schul- und Friedrichstraße) lagen, die eigentliche Mauspforte aber schon damals nicht mehr bestand.

Ortsbild und Infrastruktur

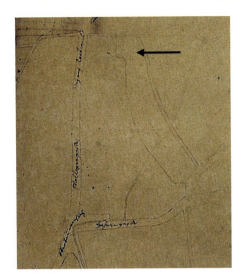

Abb. 2: Plan aus dem Jahr 1859. Der Pfeil bezeichnet die Lage des Meußturms. (LHA Ko, Best. 716, Nr. 97).

Nach dem nebenstehend abgebildeten Ausschnitt eines Planes aus dem Jahr 1859 stellt es sich so dar, dass der „Meußturm" wohl ein wenig weiter oben in dem „vorspringenden" Teil der Ortsringmauer gelegen hat.

Spätestens 1779 war die Wolferpforte mit einem Aufbau, dem Gemeindehirtenhaus, versehen; eine zweistöckige Wohnung „ohne Stall und Kelter".[22] Gemeindehirtenhaus und Wolferpforte brannten am 1. November 1811 mit drei anderen benachbarten Häusern ab.

Zwischen Wolferpforte und Schmitts Pforten (Hahnenpforte) befand sich der „Meußthurm",[23] ein weiteres „Thürmgen"[24] zwischen Hahnenpforte und Bachpforte. Als man 1925 das sogenannte „Eck" (damals eine Sackgasse) bis zur heutigen August-Horch-Straße (damals Kaiserstraße) verlängerte, nannte man diese Straße „Türmchenstraße", da ein alter Wachturm in der Nähe gelegen haben soll.

Der Kratzenhof in der Nähe des Horntores war zwar kein integrierter Bestandteil der Ortsbefestigung, konnte aber in Krisenzeiten „als nicht verächtlicher Stützpunkt" zur Verteidigung mit herangezogen werden.[25] Der Winninger Vogt Georg Gustav Zeiß berichtet am 3. August 1629, dass der Kratzenhof außerhalb des Fleckens liege. Allerdings sei „in selbigem Hoff ein Loch oder Thürlein, so durch die Ringmauer in Flecken gehet, welches man in der noth wan die Mussel (Mosel) groß ist, gebraucht".[26]

Das einzige heute noch erhaltene Tor ist das Horntor mit einem Schlussstein von 1750 (wohl damals renoviert). 1966/67 wurde dieses Tor aufwändig restauriert und mit einem Turmaufsatz versehen. Einen recht ansehnlichen Eindruck macht auch das Südtor (Neupforte) auf einem Stich von Charles Dupuis aus dem Jahre 1789.

Neben dem Horntor dürften auch die zur Moselfront gelegenen Mauern sowie die Straßenfront des Fronhofes Teile der Ringmauer gewesen sein. Dies gilt mit Sicherheit für die innere Mauer des 1732 neu angelegten Friedhofs, welcher „entlang der Ringmauer angelegt wurde".

---

22 LHA Ko Best. 655, 110, Nr. 46.
23 LHA Ko Best. 33, Nr. 8900.
24 Ebd.
25 „Der Neubau des Kratzenhofes vor ein paar Jahren", so Arnoldi, „lehrte übrigens, daß dieser ein nicht verächtlicher Stützpunkt der Westfront war, indem er als starker viereckiger Turm in den nassen Graben vorspringend mit seinen Schießscharten in 2 Stockwerken die ganze eingebogene Westfront unter wirksames Feuer nehmen konnte".
26 LHA Ko Best. 33, Nr. 4906, S. 443.

Die obere Hälfte der Mauer hatte man damals abgetragen, um mit diesen Steinen die äußere Mauer des Friedhofs zu errichten.[27]

Gut erhaltene Teile der Mauer sind in den Höfen der Häuser Bachstraße 51 und 55, hier sogar mit Schießscharten, im Hof des Hauses Bachstraße 76 sowie ober- und unterhalb der Hahnenstraße vorhanden.

Für Bewachung und Instandhaltung der Mauern und Tore waren die Bürger und Bürgerinnen verantwortlich. Bestimmte in der Nähe der Tore wohnende Einwohner hatten die Schlüsselgewalt. Sie hatten die Tore morgens aufzuschließen und abends mit einem „Klauster" (Schloss) zu versehen. In Friedenszeiten gingen zwei Nachtwächter durch den Flecken und wachten über den Schlaf der Bewohner.

Abb. 3: Reste der alten Ringmauer (hier Nord-Westecke, heute im Bereich der Häuser Bachstraße 51 bzw. 55). (Foto: Rainer Garbe, 1985).

Zu Beginn des 18. Jahrhunderts mussten nach einer Verordnung des Amtsverwalters zwei Bürger „sowohl tags als nachts, die Wache mitbesorgen."[28] In Kriegszeiten wurden die Wachen verstärkt. 1634 war die Bürgerschaft in Rotten eingeteilt worden, welche unter Führung eines „Rottmeisters" die Tore und bestimmte Abschnitte der Mauer zu bewachen hatten.[29] Wachvergehen wurden streng bestraft. 1639 traf es den boosischen Hofmann Thomas Geyer[30], 1645 wurde Hans Horchemer vom Vogt mit 2 Reichstalern Strafe belegt, weil er während der Wache bei seiner todkranken Frau geblieben war, desgleichen Peter Maden, der Mist gefahren und sich nur gelegentlich an den Toren hatte sehen lassen.[31]

Auch Instandhaltung und Reparatur der Mauer lagen in den Händen der Einwohnerschaft. Auf dem herrschaftlichen Baugeding des Jahres 1655 beklagte sich die Gemeinde über den Junker Boos, der die Ortsringmauer an seinem Garten machen lassen sollte „wie andere Bürger schuldig seien".[32] Nicht zuletzt aus diesem Grund hatte die Landesherrschaft 1725 auf den Bau eines Amtshauses „in der Ringmauer" verzichtet und stattdessen das Haus des Jeremias Hoffbauer in der Lenniggasse (heute Amtsstraße) erworben.[33]

---

[27] LHA Ko Best. 655,47, Nr. 123.
[28] LHA Ko Best. 33, Nr. 12281.
[29] LHA Ko Best. 33, Nr. 8900.
[30] LHA Ko Best. 33, Nr. 3996a.
[31] LHA Ko Best. 33, Nr. 8817.

Dass die zum Schutz der Bürgerschaft errichtete Ringmauer in späterer Zeit deren Bewegungsfreiheit auch einschränken konnte, beweist eine Episode, die sich zu Beginn des 19. Jahrhunderts abspielte. Schon des öfteren hatten die Bewohner der sogenannten „Spitalsecke" versucht, die Genehmigung für einen Durchbruch durch die Ringmauer zu erhalten, um leichter aufs Feld und in die Weinberge gelangen zu können. Diese war ihnen wohl verwehrt worden, denn sie griffen zur Selbstinitiative. In der Nacht vom 15. auf den 16. Pluviose des Jahres 9 der Französischen Republik (=5. Februar 1801) wurde ein Loch in der Mauer entdeckt. Aus den darauf folgenden Vernehmungen geht jedoch nicht hervor, ob Schulbuben den Durchbruch zu verantworten hatten oder ob Peter Gail ihnen den Auftrag dazu erteilt hatte. Der „Maire" (=Bürgermeister) Reinhardt ordnete damals an, das Loch auf der Stelle wieder zuzumauern. Da sich aber „die Weiber, die allda wohnten" in die Lücke stellten und den Maurer fortjagten, musste Reinhardt sogar militärische Hilfe anfordern, ehe unter deren Schutz das Loch wieder zugemauert werden konnte.[34]

Im Jahre 1804 „ließen sich die Weiber in dem Spitals Eck [...] bey gehen, die Mauer neuerdings einzureisen". Über diesen Vorfall informierte Reinhardt die beiden Winninger „Municipalen" Johann Peter Knebel und Johann Hofbaur, bat sie, ins Spitalseck zu gehen und die Bewohner aufzufordern, das Loch auf der Stelle wieder zu zumauern. „Allein sie wurden nicht gehört", das Loch blieb nach wie vor offen. Dies alles berichtete Reinhardt dem Präfekten des Rhein-Mosel-Departements Lameth, der am 1. Brumaire des Jahres 14 (=23. Oktober 1805) entschied, dass das Loch in der Ringmauer wieder zugemauert werden müsse.[35] Dies ist dann wohl auch geschehen. Diese Episode konnte jedoch die Entwicklung der Gemeinde nicht aufhalten; heute stehen auf der Ostseite des Ortes von der Ringmauer nur noch spärliche Reste.

Ehemalige öffentliche Gebäude
Vogthäuser, Amtshaus, Rathaus

Die Vögte (seit dem 18. Jahrhundert Amtmänner oder Amtsverwalter genannt) wohnten und residierten in eigenen Wohnhäusern, weniger bemittelten blieb nichts anderes übrig, als sich einzumieten. Erst im Jahre 1724 erwarb man ein eigenes Amtshaus. Der letzte Amtmann, Karl August Reinhardt, gleichzeitig erster (und einziger) „Maire" und erster Bürgermeister, erwarb das Gebäude bei der Versteigerung durch die französische Präfekturverwaltung. Danach kauften es die nachfolgenden Bürgermeister Johann Peter Weckbecker bzw. Johannes Liedel. Von diesem erwarb es die Gemeinde im Jahre 1888 für die Kaufsumme von 13.500 Mark. Bürgermeisterei und Gemeinde besaßen nun wieder ein eigenes Rathaus. Doch schon bald wurde der Neubau eines größeren Rathauses notwendig. Nach Plänen des Winninger Architekten Ferdinand Bernhard wurde im Jahre 1901 ein stattlicher Bau in der heutigen August-

---

32 LHA Ko Best. 33, Nr. 3996a.
33 LHA Ko Best. 33, Nr. 7137.
34 LHA Ko Best. 655,47, Nr. 187 und Best. 256 Nr. 952.
35 LHA Ko Best. 256 Nr. 952.

Horch-Straße errichtet und bis 1977 als Rathaus der Amtsverwaltung Winningen genutzt. Heute noch dient das Gebäude als Rathaus der Ortsgemeinde Winningen.[36]

Die älteste bekannte Dienstwohnung der Vögte ist das noch heute in der Fährstraße 7 erhaltene Haus, welches wohl Vogt Ruprecht Boos von Waldeck (1568 bis 1596 Vogt in Winningen) im Jahre 1569 errichten ließ. Neben der Jahreszahl sind im Schlussstein über der Eingangstür der Renaissancewappenschild der Markgrafen von Baden und die Buchstaben M. B. (Markgrafschaft Baden) eingemeißelt. Auch Vogt Johannes Kröber (1601-1611) diente dieses Haus als Amtssitz.[37]

Der Versuch des Vogtes Georg Gustav Weiß (1632-1642), im Jahre 1634 die Landesherrschaft für den alten Bamberger Hof zu interessieren, verhallte ungehört, obwohl Weiß berichtete, dass man den Hof womöglich „vor eigen geschenkt bekäme".[38] So musste auch er sich auf eigene

Abb. 4: Ehemalige Dienstwohnung der Winninger Vögte, Fährstraße 7, erbaut 1559 (Foto: Klara Prämassing, 1986).

Kosten nach einem Haus umsehen. Als seine beiden Söhne Hans Adam und Otto Philipp 1655 die Güter des verstorbenen Vaters für 1.600 Reichstaler an den Koblenzer Handelsmann Johann Friedrich Champagnier verkauften, ging auch ein Wohnhaus mit Hof und Kelterhaus in der Backhausgasse, „oben Konrad Bones Haus unten Jonas Jergen", in dessen Besitz über.[39]

Vogt Ludwig Casimir Storck (1661-1669) wohnte zunächst im alten Heddesdorffischen Haus (heute Kirchstraße 8) zur Miete. Seinem Sohn und Nachfolger im Amt, Karl Ludwig Storck (1669-1711), wurde noch 1692 von Herzog Christian untersagt, die „Heddesdorffische Behausung" zu kaufen, da man in diesen unsicheren Zeiten keinen Tag vor Brand geschützt sei. Er gestattete jedoch, ein kleineres Haus zu erwerben.[40] Davon hielt Storck wohl recht wenig und erwarb das Haus am 11. November 1692 von Johann Lothar von Heddesdorff für die Kaufsumme von 1.350 Reichstaler.[41]

---

36 Siehe hierzu: Rainer Garbe, Amtssitz Winningen, Alte Vogthäuser, Amtshaus und Rathaus, in: Moselfest-Programmheft, 1989.
37 LHA Ko Best. 33, Nr. 4961.
38 LHA Ko Best 33 Nr. 8784 Der Bamberger Hof, später auch Hatzfelder Hof genannt, ist 1696 neu aufgebaut worden. Am 4. August 1894 brannte dieses Gebäude mit einigen Nachbarhäusern ab. Heute ist das Anwesen im Besitz von Winzer Kurt Kröber, Schulstraße 1.
39 LHA Ko Best. 56 Nr. 456.
40 LHA Ko Best. 33, Nr. 7137.
41 LHA Ko Best. 700,204 Nr. 55.

Als mit Johann Ruprecht Duncker ein neuer Vogt (ab nun Amtsverwalter oder Amtmann genannt) nach Winningen kam, mietete er sich zunächst im Haus des Jeremias Hoffbauer ein, da bei seinem Amtsantritt kein geeignetes Objekt zum Verkauf anstand. Auf den Vorschlag der Gemeinde, das Haus des verstorbenen Vogtes Storck zu erwerben, jedoch in seiner Mietwohnung so lange wohnen bleiben zu müssen, bis auch die Witwe Storcks gestorben sei, wollte sich Duncker keinesfalls einlassen. Man hatte auch einen Neubau erwogen, aber die Gemeinde riet im Jahre 1719 von dem Ankauf eines Bauplatzes, „den Johann Philpp Puhlen jetzt besitzt", ab, da der Platz zu weit von den anderen Häusern abgelegen sei und an der Ringmauer liege (gemeint war der ehemalige von Eltzische Garten unterhalb des Spitals, heute „Zum Postillion", „Pfeifenhannes Keller" u.a.). 1723 schlug Duncker vor, das Haus seines Vermieters Hoffbauer zu erwerben, der das Gebäude für 1.400 Reichstaler zum Verkauf anbot. Der Landesherrschaft erschien der Preis zu hoch, ansonsten aber war sie mit dem Ankauf einverstanden. Am 6. Februar 1725 war man mit Hoffbauer handelseinig geworden und erwarb das Haus für 1.200 Reichstaler. 300 Reichstaler hatte die Gemeinde beizusteuern, da sie „einiges an frohnen und Bauholz" sparen würde.[42]

Die Lage des Amtshauses wurde schon bald durch die Umbenennung der daran vorbeiführenden Gasse gewürdigt. Aus der alten Lenniggasse wurde die Amtshausgasse (heute Amtsstraße). Unter Amtmann Ferdinand Siegel (1757-1772) ging man daran, die notwendigen Umbaumaßnahmen vorzunehmen.[43]

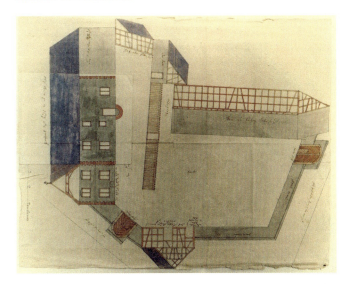

Abb. 5: Umbauplan des ehemaligen Winninger Amtshauses (um 1760) in der heutigen Amtsstraße. Das linke Gebäude ist das in den 1970er Jahren abgerissene alte Amtshaus (Wohnhaus); das „auf dem Kopf stehende" kleinere Gebäude das dazugehörige Kelterhaus, im 19. Jahrhundert auch als Bürogebäude des Bürgermeisters genutzt; das am rechten oberen Rand gelegene Gebäude ist das ehemalige eltz'sche Kelterhaus. Links die heutige Amts-, rechts die heutige Fährstraße (LHA Ko Best. 702, Nr. 12626).

Nachdem man bereits 1760 das Kelterhaus unterkellert hatte, wurde man 1779 mit den „Schmitzhausischen Erben" über den Ankauf des neben dem Amtshause gelegenen Kellers handelseinig, der 270 Reichstaler kosten sollte. Der Kaufvertrag war jedoch bis 1782 noch nicht unterzeichnet, da ein Miterbe sich auf Jamaika aufhielt. Amtsverwalter Georg Wilhelm Kröber

---

42 LHA Ko Best. 33, Nr. 6855.
43 Vgl. die im LHA Ko Best. 702, Nr. 12226-12228 aufbewahrten Umbaupläne.

hatte den Keller daher zunächst angemietet.[44] Durch eine neu gebrochene Tür war er mit dem Amtshof verbunden. In diesem Keller wurde der sogenannte „Bedewein" gelagert.

Das Anwesen – bis 1794 Sitz der Winninger Amtsverwalter – wurde von der französischen Präfekturverwaltung am 6. Oktober 1803 meistbietend versteigert. Der damalige Maire (=Bürgermeister) Karl August Reinhardt erwarb es für 2.125 Francs.[45] Da das Büro der neu gegründeten Mairie Winningen darin untergebracht war und auch die Sitzungen des Rats dort stattfanden, zahlten die Gemeinden dem Maire eine jährliche Entschädigung von 50 Francs.[46]

Nach dem Tod Reinhardts überschrieb dessen Bruder Karl Friedrich 1823 sein gesamtes Vermögen einschließlich des Hauses in der Amtsstraße der Anna Kröber, Ehefrau des Messerschmieds Peter Kröber, die lange als Magd bei ihm gedient hatte. 15 Jahre später bot dieser das Haus im Namen seiner minderjährigen Tochter Sophia zum Verkauf an. Der damalige Bürgermeister Johann Peter Weckbecker (1823-1848) ersteigerte es für 1.175 Taler, nachdem er schon viele Jahre in dem Haus zur Miete gewohnt und dort auch das Bürgermeisterbüro untergebracht hatte. Von Weckbecker kam das Haus 1863 für 2.300 Taler an den Nachfolger im Amt, Johannes Liedel (1848-1891).[47] Das alte Amtshaus blieb also auch in französischer und preußischer Zeit „Sitz" des Bürgermeisters. Da ein Rathaus nicht vorhanden war, blieb den Bürgermeistern (wie den Vögten im 16. und 17. Jahrhundert) nichts anderes übrig, als sich selbst einen angemessenen Amtssitz zu verschaffen. Vorausgegangen waren Provisorien sowie vergebliche Versuche – insbesondere Bürgermeisters Liedels – die Gemeinde zum Bau eines neuen Rathauses zu überreden. Nach 1823 musste Bürgermeister Weckbecker zunächst ein angemietetes Bürolokal zur Aufnahme der Akten dienen. 1827 wurde ein großer Gemeindesaal im Haus des Peter Saas angemietet, der Mietvertrag aber vom Landrat als nicht statthaft zurückgewiesen.[48] Bürgermeister Johannes Liedel hatte bereits 1857 versucht, den Gemeinderat von Winningen zum Neubau eines Rathauses zu bewegen. In seiner Begründung führte Liedel aus, dass die Bürgerversammlungen bisher unter freiem Himmel und öffentliche Versteigerungen in Wirtssälen abgehalten würden. Seine jetzige Wohnung sei nur angemietet und so klein, dass er noch nicht einmal ein Bett für sein ältestes Kind aufstellen könne. Auch das Büro sei so klein, dass er einen Anteil der Akten auf dem Speicher in einem Lattenverschluss unterbringen müsse. Als Sprechzimmer diene eine Scheune. „Ein Gebäude", so Liedel, „das äußerlich einem Pferdestall gleiche, sei wohl kaum geeignet, einer so bedeutenden Bürgermeisterei als Rathaus zu dienen". Noch im Januar 1863 beschloss der Winninger Gemeinderat, ein geeignetes Gebäude anzukaufen, „welches große und lichte Räume für das Büro sowie eine Wohnung für eine zahlreiche Familie bietet".[49] Aus unerfindlichen Gründen kam dieser Beschluss jedoch nicht zur Ausführung. Wie bereits erwähnt, kaufte Liedel auf eigene Kosten das Haus seines Vorgängers Weckbecker. Erst kurz vor der Pensionierung Liedels erwarb die Gemeinde das

---

44 LHA Ko Best. 33, Nr. 4370.
45 LHA Ko Best. 256 Nr. 10137.
46 LHA Ko Best. 256 Nr. 5979.
47 LHA Ko Best. 700,204 Nr. 55.
48 LHA Ko Best. 655,47, Nr. 92. Peter Saas bewohnte damals das Wohnhaus des ehemaligen kurtrierischen Fronhofs.
49 LHA Ko Best. 655,47, Nr. 201.

Haus für 13.500 Mark[50] und stellte es den nachfolgenden Bürgermeistern als Rathaus und Dienstwohnung zur Verfügung.

Doch schon bald wurde der Neubau eines größeren Rathauses notwendig. Nach Plänen des Winninger Architekten Ferdinand Bernhard (1873-1968) wurde im Jahre 1901 ein stattlicher Bau in der heutigen August-Horch-Straße errichtet und 1917 durch Ankauf des Postgebäudes[51] (heute August-Horch-Straße 5) beträchtlich erweitert.[52]

Abb. 6: Ehemaliges Amtshaus in der heutigen Amtsstraße, abgerissen in den 1970er Jahren. (Abb. aus: Kunstdenkmäler der Rheinprovinz, Bd. 16, 1944).

Der Gesamtkomplex wurde bis 1977 als Rathaus der Amtsverwaltung Winningen bzw. seit 1970 der Verbandgemeinde Untermosel genutzt. Seit dem Umzug der Verwaltung nach Kobern-Gondorf dient das Gebäude – ausgenommen das verkaufte alte Postgebäude, welches sich in Privatbesitz befindet – als Rathaus der Gemeinde Winningen.

Das alte Rathaus in der Amtsstraße wurde zur Finanzierung des Neubaus für 10.000 Mark verkauft. Das alte Kelterhaus, welches den Bürgermeistern als Büro gedient hatte, wurde zum Gasthaus „Krone" gezogen. 1927 ließ der damalige Besitzer Fritz Zenner das alte Dienstgebäude umbauen, „unten zu einer Mietwohnung, oben zur Bühne an seinen Saal anschließend".[53] Im gleichen Jahr eröffnete der Lithograf Heinrich Bastian, „der bisher im alten Bürgermeistereigebäude (d.h. im Wohnhaus) sein Geschäft betrieb", in der Türmchenstraße/Ecke Kaiserstraße (heute August-Horch-Straße) eine große lithografische Druckanstalt. In den folgenden Jahrzehnten diente das Gebäude in der Amtsstraße als Wohnhaus, bis es in den 1970er Jahren leider abgerissen wurde. Bis vor wenigen Jahren befand sich auf dem Grundstück in der Amtsstraße 2 das Hotel-Restaurant „Le Clou", heute ist der Gebäudekomplex zu Wohneinheiten umgebaut.

---

50 Ebd.
51 Dieses Gebäude war im Jahre 1903 ebenfalls durch den Architekten Ferdinand Bernhard errichtet und an die Reichspost vermietet worden. Als Bevollmächtigte verkaufte es dessen Ehefrau Mathilde Bernhard am 5. November 1917 für 20.000 Mark.
52 LHA Ko Best. 655,47, Nr. 278.
53 LHA Ko, Schulchronik Winningen Band 2, S. 197.

Gemeinderathaus

Ein Rathaus der Gemeinde, im Mittelalter meist Spielhaus genannt, wird erstmals 1333 erwähnt.[54] Es wird wohl schon damals in der Spielhausgasse gelegen haben, dort, wo heute Kirch- und Fährstraße aufeinanderstoßen. Nach einer Beschreibung aus dem Jahre 1779 war das Gemeinderathaus „eine große, über der Kirch-, Spielhaus- und Pütz Gasse, wo diese zusammenstoßen, zwischen die andere[n] Häuser ein Stockwerk hoch angebrachte Stube, worunter der untere Brunnen springt".[55]

Bei einem am 26. Juni 1800 ausgebrochenen Brand wurde das Gemeinderathaus „so übel zugerichtet, [...], daß man sich genoethiget gesehen solches niederzureissen."[56] Das Gebäude wurde nicht wieder aufgebaut. Erhalten hat sich dagegen in Form einer Hofeinfahrt der „Zugang" der Treppe, die zum eigentlichen Gemeindesaal führte, in Winningen allgemein „In der Kool" genannt.[57]

In der guten Stube der Gemeinde ging es bei den Zusammenkünften nicht immer friedlich zu. Daher wurde am 1. Januar 1658 „auß Ihren Fürstlichen Gnaden von Birkenfelt und Baden befelch" eine „Gemeine Tafel durch Herrn Vogt, Scheffen und Bürgermeister zu Winningen uff gericht", auf welcher verzeichnet war, dass alle Bürger, die sich bei einer Gemeindeversammlung mit Worten und Taten ungebührlich aufführten, „nebst der herrschaftlichen auch in eine besondere Gemeindestrafe" genommen werden sollten.[58]

Nach dem Abriss des abgebrannten Saales tagte die Gemeindevertretung in den folgenden Jahrzehnten in unterschiedlichen Gebäuden (in Gastwirtschaften, aber auch im „Stündchen" in der Kirchstraße, im Gemeindebackhaus in der oberen Fronstraße und zuletzt in der ehemaligen Schule am Marktplatz), bis man 1977 in das bis dahin von der Verbandsgemeinde genutzte Rathaus in der August-Horch-Straße 3 einzog.

Gemeindebackhaus

Bereits in einer alten Verpfändungsurkunde aus dem Jahr 1387 wird ein Backhaus genannt.[59] Bei dem am 29. Juni 1424 abgehaltenen Vogtgeding wurde angeordnet, dass jedermann ver-

---

54 LHA Ko Best. 168 Nr. 19.
55 LHA Ko Best. 655,110, Nr. 46.
56 LHA Ko Best. 655,47, Nr. 163. Hier auch eine genauere Beschreibung der Mauern und „Durchzüge".
57 Die Bezeichnung „In der Kool" könnte von einer der damaligen Schulen, frz. école, hergeleitet sein, die in der Nähe (Fährstraße 17) lag; aus dem 19. Jahrhundert ist die Bezeichnung „In der Kohl" überliefert.
58 LHA Ko Best. 33, Nr. 8873, Umschrift bei Hans Bellinghausen, Winningen, ein deutsches Heimatbuch, Teil 1, 1923, S. 103.
59 Am 7. Dezember 1387 „verkauft" Graf Johann von Sponheim der Jüngere „unser Dorff zu Wynningen" mit Schöffen, Leuten, Rechten, Gericht, Weingülten, Weinbede, Wildbannen, Wäldern, Wasser, Weide, Zinsen, Renten, Backhaus etc. dem Ritter Philipp, Herr von Ulmen, und dessen Ehefrau Meckelen um 2000 schwere Mainzer Gulden (LHA Ko Best. 655,110, Nr. 37).

pflichtet sei, in dem für die Allgemeinheit errichteten Backhaus zu backen.[60] Um 1560 wird auch der Gefängnisturm (damals „Stock", welcher sich bis dahin im Fronhof befand) auf dem Backhausgelände neu errichtet.

Neben dem Gemeinderathaus dürfte das Gemeindebackhaus über viele Jahrhunderte der zentrale Ort im Flecken Winningen gewesen sein. Dies spiegelt sich unter anderem wider in einem Bericht aus dem Jahr 1562, als beim Verkauf des Fronhofes an den Kurfürsten und Erzbischof von Trier den „Untertanen", insbesondere den sieben Schöffen, von den sponheimischen Räte „Ungehorsam" vorgeworfen wurde, da sie nicht gemäß dem sponheimischen Weistum handelten. Die Räte führten darauf „einen Schöffen nach dem anderen bei ihren Händen zu dem Gefängnis [-turm auf dem Backhausgelände]." Da nun das Gefängnis in der Mitte des Dorfes „ganz Platz und frei stehet, die Bauern [=Mitbewohner] ihr Geschwätz stets mit ihnen [den Gefangenen] hätten haben mögen, auch bei der Nacht bei dem Gefängnis heimlich Praktiken machten, so haben die Räte Schutz von Kastellaun angefordert, daß der Turm bewacht würde."[61]

Seit 1568 ist bekannt, dass die Backwaren durch einen angestellten Bäcker gefertigt wurden, der eine Art Monopolstellung besaß, da die Einkünfte in die Kassen der Landesherren flossen. Aus dem Jahr 1571 ist uns „Gemeindebäcker Philip" bekannt. Erst als sich die Gemeinde im Jahre 1663 zur Instandhaltung des Backhauses verpflichtete, fiel ihr die Hälfte der Einnahmen zu.[62]

Aus einem Bericht des damaligen Vogtes Storck an den Amtmann von Kastellaun, Georg Friedrich von Wolframbsdorf aus dem Jahr 1681 erfahren wir näheres zur Instandhaltung des Gemeinde-Backhauses und den „Verpflichtungen" des Gemeindebäckers. Im Flecken Winningen gäbe es seit unerdenklichen Jahren ein gemeines Bannbackhaus. Dieses werde von der Gemeinde im Bau erhalten, zuweilen werde aber von der Herrschaft zu den Baukosten etwas zugeschossen. Dagegen erhalte die Herrschaft jährlich 7 Rädergulden Backhauszins. In späteren Jahren sei dieser Zins zu 9 Gulden 8 Albus kurrenter Moselwährung reduziert worden. Der Bäcker habe von jedem Malter Mehl, das er zu Brot verbacke, „ein genanntes von dem in das Backhaus gebrachten Teig abgewogen", davon bekomme er für seine Mühe zwei Drittel und ein herrschaftlicher Vogt wöchentlich ein Drittel an Brot. Dagegen ziehe der Vogt die genannten 7 Rädergulden für die Herrschaft ein (die Geldbesoldung für einen Vogt betrug ebenfalls nicht mehr als jährlich 7 Rädergulden). Darüber hinaus gebe der Bäcker dem Vogt für einen Albus Wecke. Ihm selbst sei erlaubt, neben dem Roggenbrot auch Wecke oder Weißbrot, „und zwar so viel wie er will", zu backen. Auch sei er von allen herrschaftlichen und bürgerlichen

---

60 LHA Ko Best. 33, Nr. 15598. Druck: Wilhelm Günther (Hg.), Codex diplomaticus Rhenus Mosellanus. Urkundensammlung zur Geschichte der Rhein- und Mosellande, der Nahe- und Ahrgegend, und des Hundsrückens, des Meinfeldes und der Eifel, 5 Bände, 1822-1826, hier: Bd. 4, Nr. 116; Jacob Grimm, Weisthümer, 1840-1878, Bd. 2, S. 501 f. Siehe auch Rainer Garbe (Bearb.), Inventar der Quellen zur Geschichte der Gemeinde Winningen/Mosel, 2003, Kapitel 2.
61 LHA Ko, Best. 33, Nr. 6857 (Der beabsichtigte Ankauf des der Abtei Sankt Martin in Köln gehörigen Fronhofs zu Winningen, Verkauf an Kurtrier und spätere Differenzen mit Kurtrier. 1561-1567, 1567-1568). Siehe auch Garbe, Invenatar (wie Anm. 61), Kapitel 8.2.1. und Kapitel V.
62 LHA Ko Best. 655,110, Nr. 23

Fronden befreit. Im Jahre 1663 habe sich die Herrschaft mit der Gemeinde in einem Vertrag verglichen, wonach die Gemeinde in Zukunft das Backhaus alleine instand zu halten habe, dafür aber auch die sieben Rädergulden oder neun Gulden 8 Albus kurrenter Moselwährung Backhauszins erhalte. Vor fünf oder sechs Jahren habe nun der Winninger Bürger Johann David Hoffbauer einen eigenen Backofen errichtet und nicht nur sein Roggenbrot darin gebacken, sondern auch dem damals „ledigen Gesellen und eines Winninger Bürgerskind" namens Martin Müden erlaubt, sein Brot darin zu backen. Dagegen habe sich der damalige „Bannbäcker" beschwert. Daraufhin sei dem Martin Müden lediglich erlaubt worden, Weißbrote zu backen.[63]

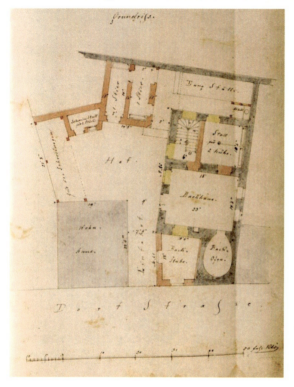

Abb. 7: 1861 Grundriss des neu zu errichtenden (Gemeinde-)Backhauses. An der Straße lagen die Backstube und der Backofen, dahinter das Backhaus. Dahinter ein Stall für zwei Kühe, links neben der „Dungstätte" die Ställe für zwei Stiere und zwei Schweine. Oberhalb des Wohnhauses eine „Remise" für den „Schröterwagen". (LHA Ko, Best. 655, 47, Nr. 156).

Nachdem das Backhaus schon einmal abgebrannt und wieder aufgebaut worden war, befindet sich 1752 die zum Backhaus gehörende Wohnung in einem so schlechten Zustand, dass „man das Haus nur noch unter Lebensgefahr betreten kann." Der Neubau eines „Wohnhauses von zwei Stockwerken excl. Dach und Speicher" wird vertraglich beschlossen. Auch der (Gemeinde-)Bäcker Johann Philipp Mölich unterzeichnet den Vertrag.[64] Seitdem verlangte die Gemeinde von diesem einen jährlichen „Hauszins" von fünf Reichstalern. 1751 und 1766 ist Johann Philipp Mölich Gemeindebäcker, 1770 Peter Kröber, der „wegen des Backhauses" zehn Reichstaler an die Gemeinde zahlt.

Nach einer Beschreibung aus dem Jahre 1779 handelt es sich bei dem Gebäudekomplex in der Backhausgasse (heute Fronstraße 28) um ein zweistöckiges Wohnhaus, zu dem das eigentliche Backhaus und ein Viehstall nebst Turm (Gefängnis) gehörten.[65]

Im 19. Jahrhundert wurde die Nutzung des Gemeindebackhauses an den Meistbietenden versteigert. Seitdem gehörte es zu den Pflichten des Gemeindebäckers, einen oder zwei Stiere (als

---

63 LHA Ko Best. 33, Nr. 8786
64 LHA Ko Best. 655,110, Nr. 23
65 LHA Ko Best. 655,47, Nr. 46

Zuchttiere) gegen eine entsprechende Entschädigung seitens der Gemeinde zu halten.[66] 1811, als auch Winningen zur Frankreich gehörte, wurde die „Boulangerie Communale de Winningen" (=Gemeindebäckerei) an Johann Georg Brost für 80 Francs jährlich verpachtet, auch 1817 hieß der Gemeindebäcker Johann Georg Brost. Zum 1. Januar 1828 erhielt Johann Reick den Zuschlag, der bei der Versteigerung am meisten geboten und eine jährliche Pachtgebühr von 37 Talern zu entrichten hatte.[67] 1863 wird das neu errichtete Backhaus dem August Christ am 18. Juli für 57 Reichstaler jährlich verpachtet. 1851 trägt das Haus die Hausnummer 149 in der Backhausgasse. Pächter ist jetzt Johann Peter Kröbers Witwe. 1881 wird dem Bäcker Konrad Haensel das Gemeindebackhaus auf 3, 6, 9 Jahre für 225 Mark jährlich verpachtet. Der Ankauf einer Schrotmühle für das Gemeindebackhaus wird am 9. Oktober 1886 beschlossen. Dem Bäcker Konrad Haensel wird das Gemeindebackhaus 1891 unter der Bedingung, ein Stück Rindvieh (Zuchtstier) zu halten, weiterhin verpachtet. Für die Haltung eines Stieres erhält er jährlich 125 Mark, bei Haltung von „2 Stück Rindvieh" 185 Mark. 1895 ist August Gail Gemeindebäcker in der Frohnstaße 28, 1907 und 1914 dessen Sohn Eduard August Gail. Nach Eduard Gail führten Hermann Kröber bzw. Otto Steinhauer bis in die 1920er Jahre die Bäckerei weiter. Danach befand sich die „Stierhaltung" noch bis Anfang der 1930er Jahre in der Neustraße „neben dem heutigen „Knaudthaus".[68]

Anlässlich des Neubaus des Backhauses im Jahre 1861 wurde der (Gefängnis-)Turm am 1. Mai abgebrochen. Auch wurde am Backhaus „eine 50 Fuß (16,6 m) tiefe Wasserzisterne mit Pumpe angebracht. Am 22. August 1861 wurde die Pumpe zum ersten Mal in Betrieb gesetzt. Am 25. August – an einem Sonntag – wurde das Ganze begrünt und geschmückt. Alle Bewohner der Backhausstraße kamen zu einem gemeinsamen Kaffee zusammen. Jeder der männlichen Teilnehmer hatte ein Maß Wein gegeben.[69]

Bereits 1862 wurde im Gemeindebackhaus „ein großes Zimmer zum Gemeindesaal bestimmt" und am 15. Dezember 1862 eröffnet. 1891 nutzte man das Zimmer zur Aufbewahrung von Gemeindesachen. Nachdem am 27. September 1879 Feuer im Heuspeicher über dem Stierstall ausgebrochen war, wodurch Stallung, das neue Backhaus, Gemeindesaal und einige Nachbarhäuser abbrannten, erfolgte ein Neubau des Wohnhauses am Backhaus. Der Gebäudekomplex wurde bis in die 1920er Jahre noch als Gemeindebäckerei genutzt, danach diente das Haus noch viele Jahre als Gemeindebüro. Um 1965 erfolgte der Verkauf an die „Goldene Traube". Das gesamte Anwesen wurde abgerissen. In den folgenden Jahren wurden eine Kegelbahn und im hinteren Bereich, dort wo der alte Gefängnisturm lag, ein Wohnhaus errichtet (heute Fronstraße 28).

---

66 Bis zur Auflösung des alten Reiches durch die Franzosen im war der Hofmann des Aachener Zehnthofes dazu verpflichtet gewesen.
67 LHA Ko Best. 655,47, Nr. 169
68 Vgl. Rainer Garbe, Gebäudegeschichte der Gemeinde Winningen/Mosel, 2005 (liegt als Textausdruck bei der Gemeindeverwaltung Winningen sowie mit zahlreichen Abbildungen auf CD bzw. DVD vor).
69 LHA Ko, Schulchronik Winningen Band 1.

Turm, Gefängnis

Im Mittelalter befand sich der „Stock" (Gefängnis) im Fronhof. Um 1560 ließen die sponheimischen Landesherren ein neues Gefängnis auf dem Backhausgelände bauen, nicht zuletzt, um damit ihre Territorialhoheit über Winningen zu unterstreichen und zu festigen. Dieses Gefängnis, in den folgenden Jahrhunderten auch als „Turm", „Bürgergehorsam" und einmal als „Drillhaus" bezeichnet, wurde am 1. Mai 1861 beim Neubau des Backhauses abgerissen. Eine neue Arreststube mit Wachlokal, welches auch als Bürgersaal genutzt wurde, wurde im 1. Stock des Backhauses untergebracht.

Vom Aussehen des ehemaligen Gefängnisturmes gibt uns der im Jahre 1790 amtierende Amtsverweser Scheuermann in einem Schreiben an den Markgrafen von Baden ein anschauliches Bild: „Das hiesige Gefängnis besteht in einem runden blos von Steinen aufgeführten und oben zugewölbten Turm. Gleich am Eingang geht ein Loch unten in den Boden, welches durch eine Falltür verschlossen wird. Über dem Boden ist ein weiterer Behälter für Sträflinge. Das Loch unterm Boden, worein weder Tageslicht noch Sonnenstrahlen dringen können, ist so kalt, feucht und ungesund, dass selbst die größten Verbrecher darein zu sperren, das Gefühl der Menschlichkeit empören würde. Die Etage über dem Boden hingegen empfängt zwar durch ein mit einem eisernen Gitter versehenes Loch einiges Licht, es ist aber weder Fenster noch Ofen, noch eine Pritsche, auf welcher ein Sträfling sitzen oder liegen könnte, darin angebracht, und daher kann wegen der Kälte und Feuchte beynahe mitten im Sommer, viel weniger im Winter, Frühjahr und Herbst niemand ohne Nachteil seiner Gesundheit zu leiden, darin aufbewahrt werden." Aus diesem Grund sollen ein Ofen aufgestellt, Fenster und „eine Pritsche zum Liegen darin angebracht [...] werden".[70]

Seit den 1940er Jahren befand sich ein Gefängnis im neuen Rathaus in der Kaiserstraße. Die älteren Mitbürger nannten sowohl die „Arreststube" im Backhaus wie auch das Gefängnis im Rathaus „Bullesje" (in Anlehnung an den Zuchtbullen, der bis zu Beginn der 1930er Jahre gleichfalls auf dem Backhausgelände untergebracht war).

Spital

Bei Einführung der Reformation im Jahre 1557 gab es in der ganzen Hinteren Grafschaft Sponheim nur drei Hospitäler. Es waren dies die Klause zu Trarbach, das Heilig-Geist-Hospital zu Enkirch und das Hospital zu Winningen. Von letzterem heißt es: „Winningen hat ein Hospital, der Kuhhirt bewohnt dasselbige. Doch wenn fremde arme Leuth kommen, haben dieselben Unterschlupf darin. Es hat nie über 20 Florin [=Gulden] Einkommens, dieselben werden uf gewisse Tage im Jahr an Brod den Hausarmen und sonst auch Fremden, die dazu kommen, ausgetheilt, und geschieht darüber vom Pfarrherrn oder Bürgermeister Rechnung".[71]

---

70 LHA Ko Best. 33, Nr. 4371.
71 Richard Holzapfel (Hg.), Winningen im Wandel der Zeiten, 1965, S. 67. Bei der Jahresangabe handelt es sich wohl um einen Zahlendreher, da 1557 keine Kirchenvisitation stattfand, aber im Jahre 1575. Siehe

Das Spital, erstmals 1543 in einem alten Güterregister des Klosters Groß St. Martin zu Köln erwähnt, war kein Aussätzigenhaus, sondern eine Art Armenhaus für ortsansässige Arme und Kranke. Auch diente es als Herberge für die Durchreisenden, die „um Christi willen" verpflegt wurden.[72]

Am 1. Januar 1733 wird Schreinermeister Christian Kohl vertraglich verpflichtet, das verfallene Spital mit einem Anbau zu erweitern und zu reparieren und „folglich zu einer bequemen Wohnung" zu machen. Gegen Verrechnung seiner Kosten und späteren Zahlung eines Mietzinses darf er darin wohnen. 1743 wird dem Meister Peter Lang der „obere Theil im Spitals Haus" vermietet. 1755 kaufen Heinrich Löwenstein und Christian Kohl das Spitalshaus und schulden der Gemeinde jeweils 65 Reichstaler. Im gleichen Jahr erwirbt Johannes David Straßmüller die obere Spitalswohnung, so dass zur „Logis" der Armen lediglich noch „in der Mitte eine Küche, [eine] kleine und große Stube auf dem Boden" zur Verfügung standen. Noch 1809 gehörte ein kleiner Bereich des Hauses der Gemeinde.[73]

Ortsbild und Infrastruktur

Bereits 1831 schreibt Professor Johann August Klein in seinem „Moselthal": „Von Koblenz kommend bedeckt üppiger Graswuchs das Ufer, längs welchem unter alten Walnussbäumen ein beschatteter Fußweg nach dem wohlhabenden Marktflecken Winningen führt. Von Reben-, Obst- und Gemüßpflanzungen eingeschlossen, liegt es anmuthig auf dem etwas erhöhten Gestade. Gut aussehende Häuser, regelmäßig gereiht, reinliche, gepflasterte, wenn auch schmale Straßen, geordnete Tätigkeit im Innern geben ihm etwas Städtisches."[74] Auch im Jahre 1892 fielen einem damaligen Zeitgenossen die regelmäßig gereihten und gut gebauten Häuser sowie die reinlichen und gut gepflasterten Straßen auf, die dem Ort „das Ansehen einer kleinen Stadt" gaben.

Den Eindrücken dieses Zeitgenossen weiter folgend erfahren wir, dass sich hinter Winningen ein abgeschlossenes Tal eröffnet, „von einem Bach bewässert, welcher durch den Flecken der Mosel zufließt. Durch dieses Tal führt ein wohl gehaltener, bequem gegen die Höhe ansteigender Weg geradeaus nach der trierischen Landstraße. Bald vor dem Flecken trennt sich links ein schöner Vorweg nach dem Distelberg; auf der Höhe des Weges nach der trierischen Landstraße geht rechts ein Weg ab nach Bisholder. Auf dieser Höhe, unmittelbar vor dem Ort Bisholder, hat man eine überraschende Aussicht nach dem Tal, in dessen Mitte Koblenz am Ausfluß der Mosel in den Rhein fließt, während der Blick weit über diese Tiefe hinweg bis an die entfernte

---

dazu auch: Wilhelm Rotscheidt (Hg.), Die Visitationsprotokolle der Hinteren Grafschaft Sponheim. Nach D. F. Backs Kollektaneen, in: Monatshefte für Rheinische Kirchengeschichte 27 (1933), S. 271-285.
72 Georg Reitz, Die Hospitäler zu Kobern, Lay und Winningen, in: Mittelrheinische Geschichtsblätter, Nr. 8 (1928), S. 1 f.
73 In alter Zeit umfasste das Spital die 1779 zugewiesenen Hausnummern 104, 105 und 106. Bereits 1755 beschränkte sich das Spital auf die (spätere) Hausnummer 106. Daraus ist zu schließen: das alte Spital umfasste ursprünglich die heutigen Häuser Weinhof 3 und das kleine Haus Spitalseck 2, ab 1755 nur noch einen kleinen Teil des Hauses Spitalseck 2.
74 Johann August Klein, Das Moselthal zwischen Coblenz und Zell, 1831, S. 66 ff.

Gebirgshöhe des Westerwaldes reicht. Links vom Distelberg führt ein Weg zu dem im Jahre 1892 hergestellten Aufenthaltshäuschen auf der Blumslay [=Blaufüßerlay], von wo aus man eine herrliche Aussicht auf den Moselstrom, die Dieblicher Höhe, Dieblich und Kobern hat; sogar sieht man den Kirchturm zu Münstermaifeld".[75]

Zentrale Plätze

Winningen besitzt heute mit dem Platz „Weinhof" und dem „Marktplatz" zwei größere Plätze, die insbesondere beim alljährlich stattfindenden Moselfest in den Mittelpunkt des Geschehens rücken. Beide Plätze sind jedoch keine historisch gewachsenen Ortsmittelpunkte. Der heutige Weinhof besteht seit 1877, als die Gemeinde die Häuser von Friedrich Brost und Friedrich Knebel in der Bachstraße aufkaufte und abbrechen ließ. Der Marktplatz erhielt seine jetzige Form erst im 20. Jahrhundert. Nachdem man 1860 ein Haus hatte abreißen lassen, um die Marktstraße mit der Bachstraße zu verbinden, erwarb die Gemeinde 1937 weitere Gebäude mit den dazugehörenden Gärten und legte nach deren Abbruch den Marktplatz an. Bis dahin richtete die Gemeinde ihre Märkte entlang der Moseluferwiesen, nach dem Bau der Moseleisenbahn und deren Eröffnung am 15. Mai 1879 unter Einbeziehung des Viaduktes – wie auch heute noch bei einigen Anlässen – im Bereich des „Moselufers" aus. 1951 wurde die Festspielbühne auf dem Marktplatz errichtet. In den 1980er Jahren wurde der Marktplatz umgestaltet.

Brunnen und Wasserleitung

Bereits während des Baus der Ringmauer zwischen 1573 und 1585 wurde wiederholt angeordnet „den Bron in den Flecken zu führen". Zur Verbesserung der Infrastruktur begann man bereits 1826 damit, neben den vorhandenen Laufbrunnen am Oberbrunnenplatz (heute Ecke Bachstraße 58/Hahnenstraße 1) und in der Unterbrunnenstraße (heute Einmündung der Kirch- in die Fährstraße) drei weitere Brunnen (den „Flurgassbrunnen", später auch „Markebrunnen" genannt, den „Kirchgassbrunnen", den „Bachgassbrunnen", später auch „Eckbrunnen" genannt) anzulegen, die alle durch eine Röhrenleitung miteinander verbunden waren.[76]

Abb. 8: Lageplan des Fleckens (um 1863) mit Einzeichnung der Brunnen (Br), die untereinander durch eine Röhrenleitung verbunden und der Wasserzisternen (P), die mit eigenständigen Pumpen ausgerüstet waren. (LHA Ko Best. 655, 47, Nr. 154).

Nach 1850 kamen weitere Brunnen hinzu, die entweder an das bestehende Röhrensystem angeschlossen (Brunnen in der Neustraße in der Nähe der heutigen Häuser 9 und 11) oder als eigen-

---

75 LHA Ko Best. 716, Nr. 97, S. 91 f.
76 LHA Ko Best. 655,47, Nr. 154.

ständige, mit Pumpen versehene Wasserzisternen angelegt waren (1861 am Backhaus; 1863 an der Ecke der heutigen Fähr- und Osterstraße, sowie auf dem Zehnhof; 1870 in der Wilhelmstraße).

Mit dem Bau eines Hochreservoirbehälters und der Verlegung einer neuen Wasserleitung mit Hausanschlüssen zwischen 1886 und 1890 wurde die Wasserversorgung weiter verbessert. Die alten Brunnen wurden nach und nach stillgelegt. Ein im Jahre 1893 in Betrieb gesetzter Benzinmotor sorgte für eine gleichmäßigere Wasserförderung, so dass auch in den trockenen Monaten kaum noch Wassermangel auftrat. Heute wird die Bevölkerung durch die Rhein-Hunsrück-Wasserversorgung versorgt und das Abwasser durch die Ortskanalisation und eine zentrale Kläranlage entsorgt.[77]

Elektrizitätsversorgung

1878 ging man daran, den Ort mit Petroleumlaternen auszustatten, um „im Winter des Abends den Weg zu erleichtern." Am 6. Juli 1878 war die erste Beleuchtungsprobe am Haus des Hermann Knaudt, Fährstraße 7; am 1. Oktober brannten 23 Laternen.[78]

Zur Deckung des steigenden Energiebedarfs entschloss man sich gegen Ende des 19. Jahrhunderts zum Bau eines Elektrizitätswerkes, das zunächst mit einem feststehenden Dampfkessel betrieben wurde. Die Übergabe an die Gemeinde erfolgte am 25. Februar 1902.[79] Das Gebäude – vom Winninger Architekten Ferdinand Bernhard entworfen – ist in Teilen noch heute erhalten (Marktstraße 4). Es dauerte nicht lange, bis ab Mitte 1914 die Stromversorgung über eine Überlandleitung der Koblenzer Straßenbahngesellschaft erfolgte. Heute ist die Gemeinde an das zentrale Stromversorgungsnetz der KEVAG und an das Erdgasversorgungsnetz der Energieversorgung Mittelrhein angeschlossen.

---

77 Noch bis in die 1960er Jahren versorgten sich viele Winninger mit „Sauerwasser" aus der Quelle des Sauerbrunnens im Kondertal. Der Brunnen liegt am Rand des Koblenzer Stadtwaldes am Ufer des Konderbaches, wurde aber überwiegend durch die Winninger Einwohnerschaft genutzt. Bereits 1565 beschreibt Dr. Johannes Guinther, ein Andernacher Arzt, in seinem „Commentarius de Balneis" (Straßburg 1565) den Sauerbrunnen „in valle Conderthal vocatur". Über die Nutzungsrechte einigte sich die Gemeinde mit der Stadt Koblenz im Jahre 1725. 1731 war der Konderbrunnen „durch Regenwasser verdorben". Der Koblenzer Stadtrat beschloss seine Wiederherstellung nach Rücksprache mit Brunnenmeister Philippart. Die Gemeinde Winningen erklärte sich bereit, sich an den Kosten zu beteiligen. 1756 bat die Gemeinde Winningen den Koblenzer Stadtrat, den Brunnen für ihren Gebrauch fassen zu dürfen. Dies wurde gestattet, der Rat erklärte aber, einen Stein mit Stadtwappen und Jahreszahl daran anbringen lassen zu wollen. Auch musste der Brunnen mit einer Mauer umfriedet werden. Im 19. Jahrhundert lag der Brunnen auf dem Grundeigentum der Gewerkschaft Koblenz. Als die Gemeinde den „starken Verunreinigungen" ausgesetzten Brunnen im Jahre 1884 abdecken und das Wasser durch Röhren ableiten wollte, genehmigte die Gewerkschaft den Umbau nur unter der Bedingung, dass seitens der Gemeinde Winningen daraus keine „Präjudiz" abgeleitet würde. Eine letzte Fassung des Brunnens ist wohl in den 1960er Jahren erfolgt.
78 LHA Ko, Best. 716, Nr. 97 (Schulchronik Winningen).
79 LHA Ko Best. 655,47, Nr. 216

Eisenbahnanbindung, Viadukt, Bahnhof

Mit dem Bau der Moseleisenbahn und deren Eröffnung am 15. Mai 1879 wurde Winningen an das europäische Schienennetz angeschlossen. Allerdings wurde durch den Bahnbau der ungestörte Blick auf das romantische Panorama des Ortes versperrt. Im Gegensatz zu vielen anderen Moselgemeinden, die durch einen aufgeschütteten Damm fast völlig von der Mosel abgeschnitten wurden, beantragte die Gemeinde Winningen die Errichtung eines Viadukts, da durch die Anlage eines Dammes zuviel Gelände geopfert würde und die Durchführung der zahlreichen Kram- und Viehmärkte an dieser Stelle nicht mehr möglich gewesen wäre. Diesem Antrag wurde von der Eisenbahndirektion entsprochen und das als Marktplatz dienende Gelände an der Mosel durch einen 190 Meter langen Viadukt mit zwölf Öffnungen von je zehn Metern Breite überbrückt. 1879 wurde auch der erste Bahnhof errichtet und nach der Errichtung des neuen Empfangsgebäudes im Jahr 1907 weiter als Güterbahnhof genutzt.

Fährverbindungen

Eine Schiffsverbindung zwischen Winningen und dem gegenüberliegenden Moselufer hat wohl bestanden, seit es den Ort selbst gibt. Schon die Römer dürften am Winninger Moselufer eine ständige Schiffsverbindung eingerichtet haben, um ihre Truppen übersetzen zu können, wenn sie den alten Heerweg (heute Fährstraße) herunterkamen und ihren Weg durchs Kondertal fortsetzten.

Die erste sichere Kunde über die Existenz einer Winninger Fähre liefert ein Register aus dem Jahre 1433 über Weinabgaben an die Grafen von Sponheim. Die Lage der Weingärten, von welchen die Weinbede zu entrichten war, ist darin genau beschrieben. U.a. heißt es, dass ein „Coen Herhoultz" Abgaben zu leisten hatte von einem Weinberg, gelegen „aen dem vayr". Im Jahre 1654 heißt es in einer anderen Quelle einmal „am Winninger Fahr".

1805 gab es „zwei Nachen für Menschen", die Heinrich Horch und Peter Kröber gehörten und im wöchentlichen Wechsel betrieben wurden.[80] Zur Entlohnung erhielten sie von jedem Winninger Bürger jährlich 3 Mass Weinmost (zirka 5,35 Liter). Der Fährmann Anton Kröber betrieb im Jahre 1831 bereits eine Ponte und einen Nachen, die sich beide in gutem Zustand befanden. Da es die Einwohnerschaft als sehr unvorteilhaft ansah, sich „weit oberhalb des Fleckens" übersetzen zu lassen, stellte der Fährpächter Karl Kröber im Jahre 1836 bei der Regierung zu Koblenz den Antrag, das „Zwergfahr" vom Kondertal vor den Ort zu verlegen und ein „fliegendes Fahrwerk" einrichten zu dürfen, das ein Fährmann alleine regieren kann." Im Jahre 1837 erhielt man die Genehmigung und Winningen bekam seine erste Gierponte, welche als „fliegendes Fahr" oder auch „fliegende Brücke" an einer Reihe von durch Ketten verbundenen Buchtnachen und einem in der Flussmitte verankerten Gierpfahl befestigt war. Vom Fährmann mit

---

80 Garbe, Inventar (wie Anm. 60), Kapitel 10.8.

einem Ruder in die erforderliche Richtung gesteuert, wurde sie durch die Strömungskraft der Mosel auf die gegenübererliegende Seite des Flusses gebracht („of de annere Seit geschofft").

1862 wurde auf Vorschlag des damaligen Fährpächters Johann Christian Pitsch eine Seilfähre eingerichtet. Diese neue Fähre lag nach Art der fliegenden Brücken auf zwei Pontons, die je 40 Fuß lang waren. Einer der Pontons war zum Schutz der Fährleute mit einer kleinen Kajüte versehen. Die Länge des ganzen Fahrzeugs betrug 42 Fuß, die Breite 18 Fuß, wodurch eine Tragfähigkeit von 200 Zentnern erreicht wurde.

Das Übersetzen wurde mit Hilfe eines 50 Fuß hoch über der Mosel gespannten Drahtseiles „von acht Linien Stärke" erreicht. Dieses war an einem am Horntor stehenden Tannenmast und auf der rechten Moselseite an einem „in paralleler Höhe im Berge" stehenden Mast befestigt. Mit einem zweiten Seil und einer doppelten über das Drahtseil laufenden Rolle wurde die Fähre mit diesem verbunden. Gesteuert wurde sie wie die an den Buchtnachen befestigte alte Gierponte.

1879 wurde eine neue Fähre angeschafft, die über 40 Jahre ihren Dienst tat, bis sie am 7. Juni 1921 verkauft wurde. Die neue Fähre kostete damals 100.000 Mark. Nach der Kanalisierung der Mosel ab 1951 erfolgte eine Umstellung des Fährbetriebes auf maschinellen Antrieb mit Dieselmotor. Eine 1970 neu erworbene Fähre wurde um 1978 nach Lay verkauft und somit der Winninger Fährbetrieb stillgelegt.

Weitere Ausdehnung des Ortes seit 1800: Ausbau bestehender Straßen

Bachstraße: Die Bebauung der Bachstraße über den alten Ortskern hinaus beginnt bereits Ende des 18. Jahrhunderts (Bachstraße 80 und 82 bzw. Bachstraße 55 um 1800). Im Jahre 1807/08 wird die sogenannte Kühbachmühle von Adolph Wagner errichtet (heute Bachstraße 122). Bis zum Jahre 1921 ist die Bebauung bis zu den noch heutigen Hausnummern 106 und 79 fortgeschritten. 1927 wurden Teilstrecken gepflastert, Mitte der 1950er Jahre der Bachlauf kanalisiert.

Fährstraße: Gleiches gilt für die Fährstraße. Erste Häuser entstanden oberhalb der Flurpforte noch um 1800 (Hausnummern 94 und 96 von 1851). Schon in der ersten Hälfte des 19. Jahrhunderts ist die Fährstraße bis zum „Knaudthaus" (Hausnummer 53) bebaut. Bis zum Jahre 1921 erstreckt sich die Bebauung bis zu den Hausnummern 58 und 55. 1927 wurde die Fährstraße gepflastert.

Friedrichstraße: Im unteren Teil bis 1893 Horngasse (um 1335 „in den vegassin", gleich Viehgasse, 1617 „Heugasse", 1629 „Horngass"). Die Bebauung über die ehemalige Ringmauer hinaus bis hin zur heutigen Marktstraße setzte bereits Anfang des 19. Jahrhunderts ein. 1851 tragen diese Häuser die Nummern 26 bis 36. Der Bereich ab Marktstraße bis zur heutigen Neustraße wurde 1885 angelegt und bis 1893 „Dohmstraße" genannt. Die obere Friedrichstraße war 1921 bereits vollständig bebaut.

Hahnenstraße: Nach Beschluss des Gemeinderats vom 19. Oktober 1892 soll die Hahnenstraße bis zur Einmündung in die Kaiserstraße (heutige August-Horch-Straße) verlängert werden.
Schulstraße: Neben den vor 1800 bereits vorhandenen Häusern (Schulstraße 1 und 8 und Friedrichstraße 13) wurden neben der 1833 errichteten alten Schule ab Mitte des 19 Jahrhunderts weitere Häuser errichtet. 1895 ist die Schulstraße bis Hausnummer 9 und 20 (nur Nr. 8, 16, 18, 20) bebaut, im Jahre 1907 stehen auch die Häuser Nr. 22 und 24.

Türmchenstraße: Mitte der 1920er Jahre wurde die Türmchenstraße (im 19. Jahrhundert „Im Eck" genannt) bis zur damaligen Kaiserstraße verlängert und weiter bebaut. Einige bestehende Häuser der heutigen Türmchenstraße, die bis dahin der Bachstraße „zugewiesen" waren (bis dahin Bachstraße 22-40), wurden nunmehr auch unter Türmchenstraße geführt und erhielten neue Hausnummern.

Anlegung neuer Straßen bis 1945

Mark(t)straße: Erste Häuser an der heutigen Marktstraße wurden bereits zwischen 1800 und 1805 errichtet (Ecke Friedrich-/Marktstraße und Ecke Fähr-/Marktstraße bzw. im Bereich der heutigen Raiffeisenbank). Bis zum Jahre 1860 sind insbesondere in westlicher Richtung eine ganze Anzahl von Häusern errichtet worden (heutige Hausnummern 15 bis 21 und 16 bis 32). Nach der Schuleinweihung der „Mädchenschule" (heute Marktstraße 12) im Jahre 1860 erwarb die Gemeinde ein Haus in der Bachstraße und ließ es abreißen, um eine Verbindung zur Bachstraße zu erreichen. Bis zum Jahre 1921 ist die Bebauung bis zu den Hausnummern 39 bzw. 48 fortgeschritten.

Neustraße: Ein erster Teil der Neustraße wurde 1842 als eine Art Verbindungsstraße zwischen „Wolwergasse" (Bachstraße) und „Herrwegstraße" (Fährstraße) angelegt. 1864 und 1865 wurde die Neustraße vom „Armenhaus" (Fährstraße 53) bis ans Ende der heutigen Friedrichstraße, früher „Dohmstraße", fortgeführt. Auf Beschluss des Gemeinderates vom 19. Oktober 1892 wurde die Neustraße bis zur Einmündung in die „Kaiserstraße" (heute August-Horch-Straße) verlängert und damit das vorletzte „Teilstück" der Neustraße angelegt. 1921 reicht die Bebauung bis zu den Hausnummern 33 und 52, also schon über die Friedrichstraße hinaus. Mit der Ausweisung als Baugebiet bis zur heutigen Jahnstraße Anfang der 1970er Jahre war die Anlage der Neustraße nach fast 120 Jahren abgeschlossen.

Wilhelmstraße: Nach dem Schulbau in der „Schulstraße" im Jahre 1833 dürfte bald darauf, spätestens um 1870, die untere Wilhelmstraße (bis zur Markstraße) angelegt und bebaut worden sein. Haus 1 stand schon im 18. Jahrhundert. Der obere Teil der Wilhelmstraße wurde nach 1900 angelegt. Zunächst aber musste das Haus Mark(t)straße 38 (Haus Fries) angekauft und abgerissen werden. „Reste" des Hauses tragen heute die Hausnummer 21 in der Wilhelmstraße. 1914 ist der obere Teil der Straße auf 89 Metern, d.h. fast vollständig mit Gebäuden besetzt, 1927 wurden Teilstrecken gepflastert. Die vollständige Bebauung der oberen Wilhelmstraße war um 1928 abgeschlossen.

Bahnhofstraße: Mit dem Bau der Eisenbahn und des Bahnhofs um 1879 wurden der Weg entlang der Geleise ausgebaut und bald die ersten Häuser errichtet. 1853/54 hatte man an dem dort bereits bestehenden Weg die katholische Kapelle errichtet (geweiht 1856). Auch einige bereits bestehende Häuser in der Nähe des Weinhofs wurden der Bahnhofstraße zugewiesen (heute u.a. Am Moselufer 1-4). In diesem Bereich bis hin zur heutigen Friedrichstraße wurde mit dem Bau eines Viaduktes statt eines projektierten Dammes Platz geschaffen, um in diesem Bereich weiterhin die Kram- und Viehmärkte abhalten zu können. „Die Gemeinde erhielt dadurch einen schönen Marktplatz".

Kaiserstraße (heute August-Horch-Straße): Mit dem Bau des neuen Rathauses 1901 wird auch ein erstes Teilstück der Kaiserstraße angelegt und im Laufe der nächsten Jahrzehnte immer wieder verlängert. 1927 wurde die Kaiserstraße nach Fertigstellung einiger Neubauten kanalisiert, um 1950 in August-Horch-Straße umbenannt.

Haus- und Straßennummerierung

Eine erste durchgehende Hausnummerierung (Hausnummer 1-180) in Winningen erfolgte im Jahre 1779 durch den damaligen Lehrer Müller und fand ihren Niederschlag in dem sogenannten „Winninger Brandversicherungs- und Anschlagsbuch" von 1779 (mit Nachtragungen bis 1794).[81] Eine genaue Katasteraufnahme erfolgte in französischer Zeit (Plan von 1809). Die durchgehende Hausnummerierung ist zwischen 1814 und 1850 mindestens einmal geändert worden (Nr. 1-224). Eine weitere Änderung der Hausnummern erfolgte zwischen 1852 und 1893. Danach (1893) wurden einige Straßen zusammengelegt, die Straßennamen geändert und es kam erstmals zur Einführung der Hausnummerierung nach Straßen.

Die Schulchronik berichtet dazu: „Ende September 1893 fand eine Hausnummerierung und eine neue Straßenbezeichnung statt. Die vorhergehende geschah im Jahre 1852/1853."[82] Genaueres erfahren wir durch einen Beschluss des Gemeinderates vom 13. März 1893. Hier heißt es: „Durch die vielen Neubauten wurden folgende Änderungen in den Straßenbenennungen vorgenommen:
a. die Friedrichstraße umfaßt die bisherigen Friedrichstraße, Hornstraße und Domstraße [heutige Friedrichstraße oberhalb der Marktstraße. Dieses Teilstück wurde erst 1885 angelegt],
b. die Neustraße beginnt an der neu anzulegenden Kaiserstraße [heute August-Horch-Straße] und führt bis zu der neu anzulegenden Bismarckstraße [entspricht der oberen Wilhelmstraße; Bismarckstraße war angedacht, wurde aber nicht umgesetzt, was möglicherweise mit der Entlassung Bismarcks durch Kaiser Wilhelm II. im Jahre 1890 zu tun hat],
c. Fährstraße heißen fortan die Landungsstraße, Unterbrunnenstraße und Herrwegstraße,
d. als Bachstraße ist künftig die Bachstraße und Wolferstraße zu bezeichnen,
e. die Fronstraße begreift die bisherige Fronstraße und Backhausgasse in sich,

---
81 LHA Ko Best. 655,110, Nr. 46
82 LHA Ko Best. 716, Nr. 97.

f. der Name Osterstraße bezeichnet fernerhin die bisherige Ostergasse und Plaudergasse,
g. Bahnhofstraße heißt der Weg vom Viehmarkt bis zum Bahnhof [heute Am Moselufer, Bahnhofstraße und Röttgenweg]."

Amtstraße, Kirchstraße, Schulstraße, Zehnthof, Spitalseck, Herrenstraße, Hahnenstraße und Markstraße wurden nicht zu größeren „Straßeneinheiten" zusammengefasst, erhielten aber gleichfalls erstmals eine Nummerierung der Häuser nach Straßen.

Die Hausnummerierung aus jener Zeit hat sich bis heute größtenteils erhalten. Größere Änderungen gab es nur nach dem Brand an der Ecke Bachstraße/Türmchenstraße, als einige Häuser der Bachstraße der Türmchenstraße zugeschlagen wurden. Ähnlich verlief es um 1975 im Bereich Bahnhofstraße durch Abspaltung des Röttgenweges und Ende der 1990er Jahre, als ein Teil der Bahnhofstraße in „Am Moselufer" umbenannt wurde und einige Häuser neue Hausnummern erhielten.

Menschen im Krieg.
Materialien und Reflexionen zur Geschichte Winningens (1618-1945)

Von Peter Többicke

Was der Krieg ist, wissen wir.

Pierre Bertaux

Für die Neuzeit Europas kennen wir kein Jahrhundert ohne Krieg – und dadurch auch keines für die deutsche Geschichte. Der Tatbestand ist nicht ohne weiteres verständlich, zumal der aktuelle Geschichtsdiskurs wenig Erhellendes liefert,[1] um Einsichten in die Ambivalenz unserer conditio humana[2] zu liefern. Im Kontext der folgenden Erörterung ist deswegen an die universale Deutung der organisierten Gewalt im frühen 19. Jahrhundert zu erinnern, die Analyse des Krieges durch Clausewitz.[3] Zwar wurde der Bevölkerung kriegsführender Staaten damals eine besondere Stellung eingeräumt, gerade sie hatte von jeher ihre Erfahrungen mit dem Krieg gemacht, der euphemistisch als „ein Glied in Gottes Weltordnung" gedeutet wurde (Moltke).[4] Für die Bevölkerung kam dies jedoch seit alters her einem schutzlosen Ausgeliefert-Sein gleich, nicht nur wenn sie in die Kampfhandlungen geriet, sondern auch schon am Rande des Kriegsgeschehens, bei Auf- und Durchmärschen, Einquartierungen und ähnlichem mehr. Denn diese Weltordnungs-Deutung umfasste ja nicht nur die Kampfhandlungen, sondern auch die Notwendigkeit einer Sicherung der Ressourcen kriegsführender Parteien, wodurch ein besonderes Gewaltverhältnis aller am Kriege Beteiligten, aktiv und passiv, fortwährend entstand. Jedoch lässt sich heutzutage keineswegs eindeutig davon jene Gewalttätigkeit unterscheiden, die von der bürokratisch geordneten Handlungsweise einer Militär- oder Amtsverwaltung (Kontribution, Requisition) und der Plünderung bis zum brutalen körperlichen Zwang zu reichen pflegte.[5] Im gegenwärtigen Geschichtsdiskurs werden nun derartige Phäno-

---

1   Zitat: Pierre Bertaux, Mutationen der Menschheit. Zukunft und Lebenssinn. Mit einem Nachw. zur Taschenbuchausgabe 1979, S. 120. – Zum Diskussionsstand vgl. Klaus Naumann, Agenda 1945 – Das Jahr des Kriegsendes im aktuellen Geschichtsdiskurs, in: Bernd A. Rusinek (Hg.), Kriegsende 1945. Verbrechen. Katastrophen, Befreiungen in nationaler und internationaler Perspektive, 2004, S. 239-253.
2   Sigmund Freud, Das Unbehagen in der Kultur (1930), S. 197-270, in: Ders., Studienausgabe, hg. von Alexander Mitscherlich, Angela Richards, James Strachey, Bd. IX, 1974, S. 270.
3   Carl von Clausewitz, Vom Kriege, 1832 – Zur „Natur des Krieges" bei Clausewitz vgl. Raymond Aron, Clausewitz. Den Krieg denken, 1980; zur Biographie von Clausewitz (1780-1831) vgl. Deutsche Biographische Enzyklopädie (DBE), hg. von Walther Killy, Bd. 2, S. 335.
4   Für Clausewitz hat die Bevölkerung eine aktiv-kämpferische Rolle im Krieg einzunehmen (Volksbewaffnung, Volkskrieg, -bewegung/Guerilakrieg usw.), sie ist nicht passiv-leidend. – Das Zitat stammt aus einem Brief Moltkes (11. Dezember 1880). Vgl. Reinhard Stumpf (Hg.), Kriegstheorie und Kriegsgeschichte. Carl von Clausewitz, Helmuth von Moltke, 1993, S. 487; Biographie Helmut von Moltkes (1800-1891) in: DBE (wie Anm. 3), Bd. 7, S. 194.
5   Angedeutet (die zivile Bevölkerung sei „immer auch […] mit betroffen") von Rainer M. Lepsius, Militärwesen und zivile Gesellschaft, in: Ute Frevert (Hg.), Militär und Gesellschaft im 19. und 20. Jahrhundert, 1997, S. 359-370, hier: S. 366. Das „Requisitionssystem" wird 1841 folgendermaßen erklärt: Es „besteht in der unentgeltlichen und meist gewaltsamen Wegnahme der Lebensmittel […]. Die Lieferungen werden […] gefordert, und von einer Entschädigung ist nicht die Rede." In: Hans Eggert Willibald von der Lühe (Hg.), Militair-Conversations-Lexikon, bearbeitet von mehreren deutschen Offizieren, Bd. VIII, 1841, S. 390. Ähnlich die Feststellung: „Natürlich können Soldaten der Zivilbevölkerung nehmen, was sie zum Leben brau-

mene hauptsächlich mit dem Zweiten Weltkrieg in Verbindung gebracht,[6] was zur Erhellung unseres Themas allein keineswegs genügen kann. Vielmehr sind die Ereignisse der Ortsgeschichte freizulegen, die das Gewaltverhältnis in den Kriegen bis in das 19. Jahrhundert kennzeichnen (I), um in einem weiteren Schritt dessen Struktur- und Funktionswandel zum totalen Krieg im 20. Jahrhundert zu vergegenwärtigen (II, III). Es mag an dieser Stelle noch der Hinweis genügen, dass im Folgenden die jeweiligen Aspekte zum Geschehen nur skizziert werden können, wobei der Anmerkungsapparat eine vertiefende, wenn auch nicht endgültige Betrachtung des Themas ermöglicht.

I.

Nach schriftlicher Überlieferung gehörte der Krieg im 17. Jahrhundert zum Alltag der Winninger, vermutlich war das auch schon früher der Fall. Überliefert sind nämlich Berichte von Befestigungen mit Palisaden (1402), die zusätzlich mit einem Graben umgeben wurden (1433); schließlich ersetzte man die Anlage durch eine Mauer (1585).[7] Reste davon haben sich bis heute erhalten.[8] Doch nützte dies alles wenig, wie sich beim Überfall der 50 Bewaffneten zeigte, die 1595 unter Führung des Ritters Georg Kettig von Bassenheim in den Ort eindrangen und ihn ausplünderten.[9] Das Ereignis kommt einem ‚Modellfall' gleich, weil es sich in vielfältigen Varianten bis in das späte 18. Jahrhundert wiederholen sollte.

Im 17. Jahrhundert verlagerten sich seit 1620 die Kriegsschauplätze aus dem Herrschaftsbereich der Habsburger am Niederrhein nach Süden - in die Pfalz, nach Luxemburg, an die Saar, den Main und das Neckargebiet. Verwüstungen und Entvölkerungen waren die Folge.[10] Am 18. August 1620 versammelte sich ein spanisches Söldnerheer bei Koblenz, um von hier aus rheinaufwärts bis nach Trier vorzustoßen; das Hauptquartier wurde in Kreuznach eingerichtet.[11] Dabei erscheint das Verhältnis von Militär und Bevölkerung als ein wirres Durch-

---

chen. Deshalb versteckten bis in die jüngste Zeit hinein bei Annäherung noch so disziplinierter Heere die Menschen häufig alles Eßbare" (zitiert bei John Keegan, Die Kultur des Krieges, 1995, S. 431).

6 Jörg Echternkamp (Hg.), Die deutsche Kriegsgesellschaft 1939 bis 1945, 2004/05 (=Das Deutsche Reich und der Zweite Weltkrieg, Bd. 9.1; 9.2); Benjamin Ziemann, „Vergesellschaftung der Gewalt" als Thema der Kriegsgeschichte seit 1914. Perspektiven und Desiderate eines Konzeptes, in: Bruno Thoß und Hans-Erich Volkmann (Hg), Erster Weltkrieg – Zweiter Weltkrieg. Ein Vergleich. Krieg, Kriegserlebnis, Kriegserfahrung in Deutschland, 2002, S. 734-758.

7 Rainer Garbe, Die Winninger Ortsbefestigung – Versuch einer Rekonstruktion, in: Ldkdl.Vjbll. 32 (1986), S. 135-141.

8 Garbe (ebd.) weist 10 Zugänge in der Umwehrung nach, wovon einer – das Horntor am Moselufer – erhalten ist.

9 Hans Bellinghausen, Winningen – Ein deutsches Heimatbuch, 1. Teil, 1923, S. 46 f., 2. Teil, 1925. Eine Übersicht der Veröffentlichungen zum Überfall von 1595 gibt das Inventar der Quellen zur Geschichte der Gemeinde Winningen/Mosel, bearb. von Rainer Garbe, 2003.

10 Franz Petri und Georg Droege (Hg.), Rheinische Geschichte in drei Bänden, hier: Bd. 2, 3. Aufl. 1980, S. 144 ff.; Zeugnisse rheinischer Geschichte. Urkunden, Akten und Bilder aus der Geschichte der Rheinlande. Eine Festschrift zum 150. Jahrestag der Einrichtung der staatlichen Archive in Düsseldorf und Koblenz bearb. von Mitarbeitern der beiden Archive. Redaktion: Franz-Josef Heyen und Wilhelm Janssen, 1982, S. 59 ff. – Vgl. Ludwig Häusser, Geschichte der rheinischen Pfalz nach ihren politischen, kirchlichen und literarischen Verhältnissen, 2. Bd., 1845, S. 396 ff., S. 495 ff., S. 539, S. 584.

11 Petri; Droege, Rheinische Geschichte (wie Anm. 10), S. 134 f.

einander bei der Beschaffung von Versorgungsgütern für die Kriegsführung. Dafür mussten Truppen angeworben und finanziert werden, Söldner (von italienisch: soldato, woher sich das Lehnwort Soldat im Deutschen erhalten hat). Der Truppenführer (Feldherr, Kommandeur) war der Finanzier des auf diese Weise eingekauften Heeres. Dass ein solches Verfahren zum einträglichen Geschäft ausartete, ist nachgewiesen am Beispiel von Wallenstein und Turenne.[12] Die Finanzierung der Söldnerarmee wurde mit der Kriegssteuer (Kontribution) gesichert, die so schnell als irgend möglich in den eroberten Gebieten erhoben wurde, um die Verbindlichkeiten abzulösen. Für die Heeresversorgung (Nahrungsmittel, Pferdefutter, Quartiere) hatte die Bevölkerung aufzukommen (Requisitionen). Konnte diese jedoch nicht die Forderungen erfüllen, dann drohte das Niederbrennen ihrer Ortschaften nach vorhergehender Plünderung (Brandschatzung).[13] Denn einer rigoros praktizierten Truppendisziplin nach den herrschenden Kriegsartikeln[14] stand die Erlaubnis zur Plünderung oder die Brandschatzung prinzipiell nicht entgegen, was für das 17. Jahrhundert im biographischen Roman Grimmelshausens[15] und mit dem graphischen Werk des Lothringers Callot[16] eindrucksvoll überliefert ist.

Die Truppen wurden in Privatquartieren (Servis) untergebracht. Sogenannte Winterquartiere waren besonders gefürchtet wegen der Zeitdauer; denn vom Herbst bis zum folgenden Frühjahr herrschte im allgemeinen Waffenruhe.[17] Da mochte eine „Salvagardia" (Schutzbrief) gelegentlich hilfreich sein, wenn es dem Landesherrn oder seinen örtlichen Repräsentanten gelang, für eine bestimmte Geldsumme, die man zu zahlen bereit war, den Verzicht auf Kriegssteuer und Plünderungen beim jeweiligen Militärbefehlshaber zu erwirken.[18] Auch für Winningen galten solche Regelungen. So bat die im sponheimischen Amtsort Kastellaun residierende, markgräfliche Witwe Maria von Baden[19] um Verschonung der Vogtei Winningen, was ihr mit einem Schutzbrief zugesichert wurde.[20] Der Amtmann zu Kastellaun schrieb in dieser

---

12   Albrecht Wenzel Eusebius von Wallenstein (1583-1634), Hz. von Friedland – Biographie in: DBE (wie Anm. 3), Bd. 10, S. 311 f.; zur Kriegsführung Wallensteins vgl. Deutsche Militärgeschichte in sechs Bänden 1648-1939, hg. vom Militärgeschichtlichen Forschungsamt, Bd. 1, 1983, S. 138 ff. – Henri de Latour d'Auvergne, Vicomte de Turenne (1611-1675), Marschall von Frankreich.
13   Die Kriege wurden „unbekümmert auf dem Rücken der Bevölkerung ausgetragen", so Ernst Walter Zeeden, Hegemonialkriege und Glaubenskämpfe 1556-1648 (=Propyläen Geschichte Europas) Bd. 2, 1977, S. 315 ff. Vgl. dazu auch Bernhard R. Kroener, Ralf Pröve (Hg.), Krieg und Frieden. Militär und Gesellschaft in der Frühen Neuzeit, 1996.
14   Kriegsartikel (Artikelbriefe): Verzeichnisse mit Anweisungen für Unteroffiziere und Mannschaften, dazu auch Strafandrohungen bei Verstößen gegen die militärische Ordnung (hauptsächlich 17. Jh.).
15   Hans Jakob Christoffel von Grimmelshausen (Pseud., 1620-1676), Abenteuerlicher Simplicius Simplicissimus (1669) (Werkverzeichnis in: Gero von Wilpert (Hg.), dtv-Lexikon der Weltliteratur in vier Bänden, Bd. 2, 1971, S. 522).
16   Jacques Callot (1592 ?-1635), Zeichner und Radierer, schuf u. a. den Bildzyklus „Misères de la guerre" (2 Folgen, 1632 u. 1633).
17   Im Winter wurden militärische Operationen gemieden (Erholung, Versorgung), vgl. Deutsche Militärgeschichte Bd. 6 (wie Anm. 12), S. 120 f. Die Einquartierung belastete noch am Ende des 19. Jahrhunderts das Verhältnis von Verwaltung und Militär: Peter Brommer, Die großen Herbstübungen des 8. Armeekorps im Jahr 1898. Generalmajor von Hindenburg und die Frage der Einquartierung, in: JbwestdtLG 11 (1985), S. 185-209.
18   Zeugnisse (wie Anm. 10), S. 59 ff.
19   Maria van Eicken (1571-1636), spätere Markgräfin Maria von Baden (Europäische Stammtafeln ... Neue Folge, hg. von Detlev Schwennicke. Bd. I. 2, 1999, Tafel 268).
20   Winningen war Teil ihres Witwensitzes und hatte eine jährliche Weinabgabe zu leisten (1628) (vgl. LHA Ko Best. 33, Nr. 8835).

Sache dem verantwortlichen Militärbefehlshaber, die Einquartierung ruiniere den Ort.[21] Doch machte das keinen Eindruck. Stattdessen berief der sich auf den Befehl, keinerlei Truppen abzuziehen, bestand auf Kontribution und drohte mit einer zusätzlichen Einquartierung.[22]

Vom Kriegsalltag in Winningen gewinnen wir folgendes Bild:[23] Einquartierungen und Kontributionen waren an der Tagesordnung;[24] die Bitten um Verschonungen häuften sich (1622),[25] blieben jedoch wirkungslos,[26] man erwog, den Ort zu verlassen.[27] Der Winninger Vogt berichtet, die Bürger seien in großer Gefahr, sie könnten es nicht länger ertragen („alle miteinander außen müssen").[28] Und konnten Wein und Fleisch nicht gereicht werden,[29] so flüchtete man besser.[30] Häufig drohte die Truppe den Abriss des Hauses an.[31] In dieser Notlage wurde der Landesherr vom Gemeindevorstand angerufen, er möge beim spanischen Befehlshaber dafür sorgen, den Flecken in Zukunft zu „übersehen und in den Rollen" ausstreichen zu lassen (26. Juli 1622).[32] Das Versprechen, weitere Einquartierungen abzuwenden, wurde zwar gegeben,[33] doch ohne Erfolg: ein Jahr später wurde erneut um Hilfe gebeten wegen des nahenden Winters, mit dem die Einquartierung drohte.[34] Gewiss, man versuchte das Leiden zu mindern, nur ließen sich diese nicht abwenden, da es an praktischen Möglichkeiten fehlte: Der Befehlshaber des „Eifelische[n] Creyß" in Mayen[35] versuchte, Winningen für seine Zwecke zu nutzen; der Vogt Zeiß verstand es jedoch, das Ansinnen abzuwehren;[36] später sollte sich der Vorgang wiederholen, so dass der Pfalzgraf schriftlich intervenieren ließ.[37]

---

21 Schreiben von 10. Mai 1628 (ebd.).
22 Antwortschreiben von 28. Mai 1628 (ebd.)
23 Durchmarsch (23. Januar 1620) von 2.900 Mann, denen Wein angeboten wurde, als sie moselabwärts zogen; am 20. August 1620 Übergang von 6.500 Mann über die Mosel („lagen uber Nacht hir, thaten großen schaden"); vgl. Bellinghausen, Winningen 1 (wie Anm. 9), S. 68.
24 Ebd., S. 68 ff., S. 71.
25 LHA Ko Best. 33, Nr. 8834.
26 Ebd.
27 Ebd.
28 Ebd.
29 Ebd. Wein und Fleisch waren die üblichen Tagesrationen für eine Truppe; vgl. Deutsche Militärgeschichte (wie Anm. 12) S. 140.
30 LHA Ko Best. 33, Nr. 8834.
31 Ebd. Besonders betroffen waren die Ortsarmen. Wegen ungleicher Verteilung der Kriegslasten richteten sie eine Beschwerde an den Pfalzgrafen (1651); vgl Garbe, Inventar (wie Anm. 9), S. 273 bzgl. LHA Ko Best. 655,110,, Nr. 53.
32 LHA Ko Best. 33, Nr. 8834. Befehlshaber der spanischen Truppen war General Don Gonzalo Fernandez de Cordova; zu den Ereignissen Bellinghausen, Winningen 1 (wie Anm. 9) S. 68 f. – Rollen: die Einquartierungslisten, in denen auch die Versorgungsleistungen verzeichnet waren. Zur politisch-militärischen Lage der Rheinlande: Petri; Droege, Rheinische Geschichte (wie Anm. 10), S. 134 ff.
33 LHA Ko Best. 33, Nr. 8834.
34 Ebd. 300 Mann sollen einquartiert werden, 8. November 1623. Nach der Einwohnerstatistik des Ortes lebten 285 Personen (1644) in Winningen, 1650 waren es 308 Personen, was etwa dem Verhältnis von 1:1 entsprochen hätte; vgl. dazu Richard Holzapfel (Bearb.), Winningen im Wandel der Zeiten. Heimatgeschichtliche Betrachtungen,1965, S. 97.
35 LHA Ko Best. 33, Nr. 8834 (Schreiben von 15. November 1629).
36 Ebd.: „daß wir schützen alhir haben, und dem Kay:[serlichen] Obristen Ossa contribuiren müssen" - Oberst Rudolph von Ossa, aus Sachsen stammend. In kaiserlichen Diensten, zeichnete sich im Dreißigjährigen Krieg aus (Auskunft: Deutsches Adelsarchiv, Marburg).
37 Zum Schreiben des Pfalzgrafen Georg Wilhelm (1591-1669), betr. die Zugehörigkeit Winningens zur Grafschaft Sponheim (1640) vgl. LHA Ko Best. 33, Nr. 8834. Der Begriff „Creyß" bezieht sich auf die

Die Belastungen wuchsen mit dem Eingreifen der schwedischen Großmacht in den konfessionellen Konflikt. Nach der Schlacht bei Breitenfeld (bei Leipzig 1631) beherrschte Gustaf II. Adolph die deutschen Territorien bis ins Rhein-Main-Gebiet.[38] Währenddessen gerieten die Festungen Ehrenbreitstein und Philippsburg (Kurtrier) in die französische Einflusssphäre, die sich ostwärts vorzuschieben begann (Rhein-Mosel-Maas-Raum).[39] Die Vogtei lag jetzt im Zentrum von Konfliktzonen der kriegsführenden Mächte.[40]

Die überlieferten Schriftsätze (Klagen, Bitten um Verschonungen, Eingaben und Beschwerden) wegen der Drangsalierungen, Schäden und Kosten geben ein Bild von der Not der Menschen.[41] In einer Bittschrift vom 16. März 1636 heißt es lapidar, es könne nichts mehr verpfändet oder verkauft werden, es fehle an Vieh, Wein und Gemüse – „nichts als zerschlagene häusser, unndt wüstung, unndt armuth [...]".[42] Die Kosten des „Schwedischen Kriegswesens" hatten den Ort ruiniert.[43] Und wie sollte nun dieser Teufelskreis immerwährender Verelendung und Verschuldung enden? Möglicherweise durch Abwanderungen. Denn die Gemeinde rief den Landesherrn an, es müssten noch mehr Winninger in die Fremde („elendt") gehen, zwei Familien waren bereits „armuths halber ins Niederlandt" gezogen.[44] Auch die auf markgräflichen Befehl hin nach Winningen verlegte Schutztruppe, „eine lebendige Salvaguard",[45] dürfte wenig genutzt haben. Was sollte sie auch gegen die willkürlichen Einquartierungen unternehmen, wenn schon den fürstlichen Anordnungen nicht gefolgt wurde.[46] Das Kriegsende (1648) brachte keineswegs Ruhe und Frieden. Man schob vielmehr den Abzug der Truppen hinaus: kaiserliche, schwedisch-hessische, spanische, französische und lothringische Kontingente blieben, wo sie waren und fielen der Bevölkerung weiterhin zur Last.[47] So grassierte die „Lothringer Plage"[48] – und die traf die Winninger wiederum hart. Was über die Geschehnisse in der Pfalz berichtet worden ist, über die „Soldatentyrannei" in den Jahren 1635 und 1636,[49]

Reichskreisverfassung, in der es einen ‚Eifel-Kreis' allerdings nicht gab. Die Hintere Grafschaft Sponheim gehörte dem Oberrheinischen Kreis an, während die Eifelterritorien zum Kurrheinischen Kreis gehörten. Es ist daher zu vermuten, dass dieser mit „Eifel-Creyß" gemeint ist. Vgl. Winfried Dotzauer, Die deutschen Reichskreise (1383-1806). Geschichte und Aktenedition, 1998, S. 206, S, 224, S. 230, S. 258-260.

38 Petri; Droege, Rheinische Geschichte (wie Anm. 10), S. 140 f. – Gustav II. Adolph (1594-1632), Kg. von Schweden, landete am 4. Juli 1630 mit einem Kontingent von 13.000 Mann auf der Insel Usedom und führte einen erfolgreichen Eroberungskrieg im Reichsgebiet gegen die kaiserlich-katholische Liga; Biographie: Karl Bosl, Günther Franz, Hanns Hubert Hofmann (Bearb.), Biographisches Wörterbuch zur deutschen Geschichte, 1. Bd., 2., völlig neubearb. Aufl. 1995, Sp. 971 ff.
39 Petri; Droege, Rheinische Geschichte (wie Anm. 10), S.140 f.
40 Ebd.
41 Dokumentiert von Garbe, Inventar (wie Anm. 9), S. 486 ff. Eine zusätzliche Belastung dürfte sich aus der Amtsführung einiger Vögte ergeben haben, wogegen für die Jahre 1627-1639 Beschwerdeschreiben überliefert sind, vgl. Garbe, ebd., S. 342 ff.
42 LHA Ko Best. 33, Nr. 8834 (Bittschrift der Gemeinde).
43 LHA Ko Best. 33, Nr. 8835: Die Kosten betrugen 11.780 Reichstaler (auf der 2. Seite unten steht am Rande: „Winningen total ruin so nicht zu beschreiben"). – Bellinghausen, Winningen 1 (wie Anm. 9), S. 76 ff., enthält die vollständige Wiedergabe des Schreibens.
44 LHA Ko Best. 33, Nr. 8835 (Schreiben von 6. Juni 1639).
45 Ebd. (Befehl des Markgrafen Wilhelm von Baden von 20. Juni 1636).
46 Ebd. (Schreiben des Vogts Georg Gustav Weiß von 7. Februar 1639).
47 Zur Lage der rheinischen Territorien nach dem Dreißigjährigen Krieg vgl. Petri; Droege, Rheinische Geschichte (wie Anm. 10), S. 227.
48 Ebd., S. 228.
49 Zitat: Häusser, Geschichte (wie Anm. 10), S. 538 ff.

galt hier auch, wo man sich nur recht und schlecht, sieben Jahre nach Kriegsende (!), vor der lothringischen Soldateska (Oberst von Traxdorf) zu sichern suchte.[50]

Abb. 1: 1636 wurde eine badische Truppe zum Schutz des Ortes nach Winningen verlegt (LHA Ko Best. 33, Nr. 8835).

Mit Ausbruch der Pfälzischen Kriege (1688–1697) kam die Bevölkerung wieder nicht zur Ruhe. Inzwischen nahm Winningen eine Vorpostenstellung im strategischen Kalkül der französischen Reunionsstrategie bis zum Friedensschluss von Rijkswijk ein (1697).[51] In den Jahren 1702 bis 1707 verzeichnet die Vogtei Winningen an Kriegskosten 12.387 Reichstaler; für diese Zeit sind 5.510 Einquartierungen nachweisbar, etwa 990 Einquartierungen pro Kopf jährlich.[52] Dazu kamen hohe Forderungen an Pferdefutter (Fourage).[53] Im Herbst 1735 mussten erneut Einquartierungen hingenommen werden.[54] In den Jahren 1759 und 1760 hatte die Gemeinde das „zugeteilte Quantum" (2000 Rationen Heu, Hafer) bereit zu halten;[55] dann wurden 10.000 Kavallerie-Rationen (Hafer) verlangt, die bei Androhung des militärischen Zwangs nach Kastellaun (Magazin) abzuliefern waren,[56] wobei die „Hochfürstliche Sponhei-

---

50 LHA Ko Best. 33, Nr. 8838 (Exekutionen und Plünderungen, 1655); zu den politisch-diplomatischen Vorgängen vgl. Petri; Droege, Rheinische Geschichte (wie Anm. 10), S. 228.
51 Ebd., S. 251 ff. – Zur strategischen Position Winningens siehe Geschichtlicher Handatlas der deutschen Länder am Rhein. Mittel- und Niederrhein, bearb. von Josef Niessen, 1950, S. 37.
52 Garbe, Inventar (wie Anm. 9), S. 673 f. (hier: Dok. 13).
53 Vgl. LHA Ko Best. 655,110, Nr. 14 (Kriegssachen 1707-1737).
54 Mehr als 600 Mann; vgl. Bellinghausen, Winningen 1 (wie Anm. 9), S. 118.
55 Vermutlich im Zusammenhang mit den französischen Operationen während des 3. Schlesischen Krieges (Siebenjähriger Krieg) vgl. Abbildung 1 – (Anhang).
56 LHA Ko Best. 655,110,, Nr. 16 (Kriegssachen 1759-1779: Schreiben von 4. Dezember 1759, 1. März 1760).

mische Gemeinschaftliche Regierung" das rechtzeitige Auffüllen dort verlangte.[57] Schließlich forderte das französische Kriegskommissariat (Koblenz 1760) von den Winningern das Winterquartier für ein Bataillon „Fußvolcks von den Trouppen des Königs".[58]

Nicht minder drückend empfunden wurde auch der Militärdienst, der seit der Realteilung der Hinteren Grafschaft Sponheim (1776), als die Vogtei an die Markgrafschaft Baden (Durlach) fiel,[59] für sechs Jahre in den badischen Stammlanden abgeleistet werden musste. Im Frühjahr 1781 richtete die Gemeinde deshalb ein Bittgesuch an den badischen Landesherrn, die Dienstzeit „gnädigst" um drei Jahre zu verkürzen und diese „gleichsam als ihre Wanderjahre" anzuerkennen.[60]

Der Ausbruch der Französischen Revolution (1789) sorgte erneut für Unruhe und Belastungen, zumal die Kriegserklärung Frankreichs (1792) eine Entwicklung einleitete, die für die „rheinischen Nachbarn" nicht folgenlos blieb.[61] Wieder machte man im Ort mit dem Krieg seine Erfahrungen. Zunächst kamen die Truppen der Koalitionsarmee (Preußen-Österreich), dann die Soldaten der Französischen Republik.[62] Im Verlauf des gescheiterten Feldzugs der Koalitionsarmee gegen die französischen Revolutionsheere stießen diese in den mittelrheinischen Raum vor.[63] Zahlreiche Begebenheiten enthält eine Kriegschronik (Oktober 1794 bis Oktober 1796), die in Winningen verfasst wurde:[64] Darin ist vom Durchmarsch französischer Infanterie die Rede, dann von zwölf Dragonern, die am 23. Oktober 1794, begleitet von sechs Koblenzer Metzgern, gewaltsam zwölf Ochsen wegführten – „für die Armen", wie es hieß.[65]

---

57 Ebd. (Trarbach, 4. Dezember 1759).
58 LHA Ko Best. 655,110„ Nr. 16 – „Fußvolck": Bezeichnung für die zu Fuß kämpfenden Truppen (Infanterie); siehe Walter Transfeldt, Wort und Brauch in Heer und Flotte, hg. von Hans-Peter Stein, 9., überarb. und erw. Aufl. 1986, S. 91.
59 Bellinghausen, Winningen, 2 (wie Anm. 9), S. 21 ff. – Zur Realteilung vgl. Gerhard Köbler, Historisches Lexikon der deutschen Länder. Die deutschen Territorien und reichsunmittelbaren Geschlechter vom Mittelalter bis zur Gegenwart, 6., vollst. überarb. Aufl. 1999, S. 621 f.
60 Die Vogtei Winningen gehörte 1776-1794 zur Markgrafschaft Baden (vgl. Garbe, Inventar, wie Anm. 9, S. 615). – Zum Bittgesuch vgl. Bellinghausen, Winningen, 2 (wie Anm. 9), S. 23 f. Eine weitere Bittschrift (1783) „wegen abgekaufter Leibeigenschaft" zitiert Garbe, Inventar (wie Anm. 9), S. 680 f. (Dok. 17).
61 Petri/Dreoge, Rheinische Geschichte (wie Anm. 10), S. 324 ff.
62 Zitat in ebd., S. 322 – Die Koalitionsarmee (preußische, österreichische und hessische Truppen) kampierte bei Rübenach (60.000 Mann): „das lager stand 3 wochen hier und unsser ort wahr so voll volck das kaum lebens mittel genug herbey zu schaffen wahren", anschließend wurde ein Lager bei Ochtendung bezogen, in: Johannes Fröhlich, Johann Friedrich Hoffbauer, Manualbuch [Aufzeichnungen 1784-1812, 1839-1874], S. 28 f. (Privatbesitz E. Harmant, Winningen), vgl. auch LHA Ko Best. 33, Nr. 12325 über die Lieferforderungen (1792 ff.).
63 Zu den Ereignissen vgl. Rüdiger Wischemann, Letzte Belagerung der Festung Ehrenbreitstein. Die kurtrierischen Truppen in den Revolutionskriegen und die Belagerung der kurtrierischen, kaiserlichen und Reichsfestung Ehrenbreitstein durch die französischen Revolutionstruppen 1795 bis 1799, [Diss.] 2003.
64 Vgl. AEKgW, Archiv I, A 12: „Verzeichniß der französischen Durchmärsche und Einquartierungen dahier, seit der Einnahme von Koblenz durch dieselbe den 23. [Oktober] 1794"; die Urheberschaft der chronikalischen Aufzeichnungen ist nicht gesichert. – Auszugsweise hat Pfarrer Adolf Müller die Aufzeichnungen erstmals veröffentlicht unter dem Titel: Was der Flecken Winningen erlebt hat bei der Besitzergreifung durch die Franzosen in den Jahren 1794-1796, 1894 (Hinweise zum Autor im Handexemplar von Siglinde Krumme, Winningen).
65 Wohl das übliche Requisitionsverfahren; vgl. „Verzeichniß" (wie Anm. 64), S. 3 – Dragoner: Bezeichnung für die berittene Infanterie nach ihrer Waffe, dem Dragon (franz.), einem pistolenartigen Gewehr; siehe Transfeldt, Wort (wie Anm. 58), S. 104.

Von November 1794 an reißt die Kette der Einquartierungen nicht mehr ab.[66] Im August 1795 hatte man zudem unter marodierenden Freischärlern zu leiden („Carmagnole"),[67] und die holten sich, was sie vorfanden. Gegen sie war man machtlos, die französische Schutztruppe war unterlegen und verhielt sich zurückhaltend.[68] Immerhin versuchte der französische Befehlshaber Marceau in seinem Befehlsbereich mildernd einzugreifen.[69] Zu einer allgemeinen Beruhigung sollte jedoch erst der Friedenschluss von Campo Formio (1797) führen, wodurch die Rheinlande unter französische Verwaltung kamen.[70] Wiederum wurde die männliche Bevölkerung militärdienstpflichtig. Für 1805 sind aus den Geburtsjahrgängen (1774 ff.) die Bürger Knebel, Traus, Zindler, Fischbach und Kroeber genannt und zum Dienst in der französischen Nationalgarde bestimmt.[71] Doch herrschte in der Winninger Bürgermeisterei eine „große Verlegenheit", denn man weigerte sich, ihrer Einberufung zu folgen. Es heißt nämlich: „Die Klagen der jungen Leute scheinen mir nicht ganz unbegründet; sie behaupten alle, daß es äußerst ungerecht sey, weil in [sic!] vorigen Jahre einige BrauseKöpfe nicht haben zeichnen wollen, und mithin zur Bezeichnung geschritten werden musste, [...] die Gülser vorzüglich beklagen sich, daß reiche Eltern, die 2-3 bis 4 Söhne [haben, der] ungerechten Bezeichnung entwischt sind. Ich erwarte ihre gütige Antwort samt Entscheidung des H[errn] Prefecten".[72] Worum ging es? Die listenmäßige Erfassung eines Geburtsjahrganges (Konskription) gehörte zu den Neuerungen der Zeit, der späteren „Wehrpflicht". Mit diesem Verfahren wurde die herkömmliche Rekrutierung, die Einschreibung (Zeichnung) für den meist sechsjährigen Milizdienst, abgelöst.[73] Wer aber eine Wehrsteuer zahlen konnte (taille), brauchte nicht zu dienen.[74] Das

---

66 Vgl. Müller, Flecken (wie Anm. 64), S. 8 f., wonach 3.850 Einquartierungen (November 1794 - Oktober 1795) stattfanden. – Die drückenden Einquartierungen und Zwangsarbeitsdienste („das Frönen"), deswegen Verluste im Gemüse-/Weinanbau sowie Teuerungen (Kosten für 1 Sack Mehl: 12 Rtl) sind von Johann David Knebel, Manualbuch (1806/33) überliefert; vgl. AEKgW, Archiv I, A 9.
67 „Verzeichniß" (wie Anm. 64), S. 9 – Mit „Carmagnole" bezeichnete man ein Volkslied (zum Tanz), das in Paris seit 1789 verbreitet war und nach den aus der Stadt Carmagnola (Piemont) stammenden Einwanderern benannt wurde. – Freischärler: abwertend gemeinte Bezeichnung für Angehörige sog. Freischaren, Freiwilligenverbände, ‚Guerilla-Verbände', die an der Seite regulärer Truppen kämpf(t)en.
68 Zu den Plünderungen vgl. „Verzeichniß" (wie Anm. 64), S. 9 ff., S. 21, S. 39 f. – Eine zeitgenössische Schilderung der Revolutionstruppen ist in der Festschrift des Cusanus-Gymnasiums Koblenz enthalten: Walter Degen, Koblenz und die Franzosen. Schicksalshafte Begegnungen von 842 bis heute, 2001, S. 90 ff.
69 François Séverin Marceau-Desgraviers (1769-1796), französischer General, eroberte Koblenz am 23. Oktober 1794; biographische Hinweise und Einzelheiten bei Christian von Stramberg, Denkwürdiger und nützlicher Rheinischer Antiquarius, Abt. I, Bd. 1, 1851, S. 205-316, sowie LHA Ko Best.1C, Nr. 9395 mit dem Bericht des kurtrierischen Oberstleutnants Frhr. von Kolb zur tödlichen Verwundung Marceaus bei Altenkirchen (Grabmal in Koblenz-Lützel).
70 Jürgen Müller, Die französische Herrschaft, in: Geschichte der Stadt Koblenz. Von der französischen Stadt bis zur Gegenwart (Gesamtredaktion: Ingrid Bátori in Verb. mit Dieter Kerber und Hans Josef Schmidt), zwei Bände, 1993, Bd. 2, S. 19-48, hier: S. 31 ff.
71 LHA Ko Best. 655, 47, Nr. 182 (Nationalgarde 1805).
72 Ebd., Anschreiben an Weiskirch, 10. Oktober (o. J., vermutlich 1805).
73 Der skizzierte Sachverhalt (Militärverfassung) kann hier nur angedeutet werden: Dienstpflichtige eines Geburtsjahrganges wurden per Los bestimmt. Zu den Rekrutierungsproblemen vgl. Gilbert Bodinier, Die Wandlungen in den französischen Streitkräften während der Revolution, in: Die Französische Revolution und der Beginn des Zweiten Weltkrieges aus deutscher und französischer Sicht, hg. vom Militärgeschichtlichen Forschungsamt, 1989, S. 13-43. – Betr. die zum Milizdienst herangezogenen Winninger (1768-1794) vgl. LHA Ko Best. 33, Nr. 12338; zum Milizwesen allgemein: Handbuch für Heer und Flotte. Enzyklopädie der Kriegswissenschaften und verwandter Gebiet, hg. von Georg von Alten; fortgeführt von Hans von Albert, Bd. 6, 1914, S. 484-488; speziell zur Miliz im Kurfürstentum Trier vgl. die Studie von

zitierte Schreiben spricht für sich – ein Beleg für die Ungerechtigkeit in der Sozialgeschichte des Militärs.[75]

Als Napoleons Herrschaft im Oktober 1813 gebrochen war,[76] erreichten nach wenigen Wochen seine Verfolger den Rhein: Am 5. November rückten russische Truppen in Ehrenbreitstein ein, sie hatten Blüchers[77] Rheinübergang gedeckt.[78] Am 1. Januar 1814 wurde Koblenz von russischen Truppen besetzt, in den Abendstunden nahmen 450 Russen ihr Quartier in Winningen; zwei Wochen später folgten preußische Truppen.[79]

II.

Winningens Geschichte sollte im 19. Jahrhundert „eine ruhige Zeit der Arbeit und eines langsamen Aufstiegs" sein,[80] die dann erheblich von der Industrialisierung beeinflusst wurde. Ihre Vorboten kamen im Jahr 1841, als die ersten Dampfer den Ort passierten („Der Austrasier", „Mosella"). Das Ortsbild veränderte sich jedoch nach den großen kriegerischen Ereignissen (1864-1871)[81] mit dem Eisenbahnbau der Linie Koblenz-Trier-Metz (1873-1875), dann mit Einführung der Straßenbeleuchtung (1878).[82] – Gewiss, das 19. Jahrhundert war nicht nur eine Epoche der Industrialisierung, es war auch ein politisches Jahrhundert – anfangs mit

---

Georg Tessin, Zur Geschichte des kurtrierischen Militärs, in: Ldkdl. Vjbll, 25 (1979), S. 143-149 und Literaturübersicht in StAK, Datei 17.1.

74 Zur Praxis der Stellvertretung bzw. des Loskaufes vgl. Militär-Handlexikon (...), hg. von August Niemann, II. Ausg. m. Suppl., 1881, S. 989.

75 Zur Sozialgeschichte: Jutta Nowosadtko, Krieg, Gewalt und Ordnung. Einführung in die Militärgeschichte, 2002, S. 154 ff. – In der deutschen Verfassungsgeschichte wurde nur einmal versucht, den Unrechtstatbestand juristisch (vgl. Anm. 74) in der sog. Paulskirchenverfassung von 28. März 1849 (RGBL. S. 101) mit folgender Bestimmung zu lösen: „Die Wehrpflicht ist für alle gleich; Stellvertretung bei derselben findet nicht statt." (Art. II, § 137).

76 Napoleon I. Bonaparte (1769-1821), Ks. d. Franzosen (1804); die Freiheitskriege 1813/14 führten zu seinem Sturz in Folge der Völkerschlacht bei Leipzig (16.-19. Oktober 1813); nach der Schlacht von Waterloo (18. Juni 1815) wurde er nach St. Helena verbannt.

77 Gebhard Leberecht Blücher von Wahlstatt (1742-1819), Fürst, preußischer Feldmarschall (1. Schlesische Armee) siegte mit Wellington bei Waterloo über Napoleon I.; vgl. DBE (wie Anm. 3), Bd. 1, S. 580.

78 Bruno Dreier, Mit Blücher bei Kaub über den Rhein 2. berichtigte u. ergänzte Aufl., 1993. Der Rheinübergang Blüchers bei Kaub (1.-11. Januar 1814) ist in der Historienmalerei Wilhelm Camphausens (1859) überliefert (dazu kritisch Bestandskatalog Bd. VI, hg. von Klaus Weschenfelder, 1999, S. 24; zum Bild siehe Mittelrhein-Museum Koblenz).

79 Vgl. dazu die Abbildung: „Russischer Kommandant vor dem Kastorbrunnen" (1814) in: Müller, Herrschaft (wie Anm. 70), S. 47. In Winningen blieben die russischen Truppen zwei Tage, die preußischen Truppen folgten ihnen am 18. Januar 1814; siehe Garbe, Inventar (wie Anm. 9), S. 569.

80 Bellinghausen, Winningen 2 (wie Anm. 9), S. 45.

81 Vgl. Ekkehard Krumme (Bearb.), Der „Post-Kraemer". Das „Manual" des Friedrich Ludwig Kraemer aus Winningen an der Mosel. Moselländisches Leben im 19. Jahrhundert (1827-1885), in: Winninger Hefte 4 (1991), S. 9-193, hier: bes. S. 137-147 zu den Kriegsjahren 1864, 1866 und 1870/71. Ders., Feldpostbriefe als Dokumente evangelischer Glaubenshaltung im Kriegsjahr 1866, in: Winninger Hefte 5 (1995), S. 180-191; Briefe des Garde-Landwehr-Grenadiers Adolf Müden (1840-1925) aus Winningen aus dem deutsch-französischen Krieg 1870/71 (unveröff. Transkr. von Frank Hoffbauer, Winningen).

82 Bellinghausen, Winningen, 2 (wie Anm. 9), S. 47 f.; Garbe, Inventar (wie Anm. 9), S. 321 f., 326 ff., 537 f.

Metternich[83], dann mit Bismarck[84] – denn beide gaben unter den europäischen Mächten den Ton an. Doch zeigte sich nach Bismarcks Abgang, dass kein Politiker seine außenpolitische Strategie fortzuführen verstand, so dass der Weg in die „Urkatastrophe" des 20. Jahrhunderts, der Kriegsausbruch von 1914, vorgezeichnet war.[85] In der Ortschronik heißt es: „Bei Ausbruch der Mobilmachung am 1. August 1914 wurde auch die Gemeinde stark in Mitleidenschaft gezogen." Gemeint war die Einberufung von 270 Winningern, die militärpflichtig waren, sodann die Abgabe von Pferden und Wagen für die Militärverwaltung.[86] Hedwig Krall schreibt, „dass mitten im Vormittag alle Glocken zu läuten begannen. Schwager Richard kam atemlos den Weinberg herauf und rief: ‚Kommt alle nach Hause. Es ist Mobilmachung und wir werden eingezogen', also sein Jahrgang. Ganz Winningen stand in den Straßen und am 5. August [...] mußte Richard auf die Karthause [...]".[87] Von Kriegsbegeisterung, die damals allenthalben unter den Deutschen geherrscht haben soll, liest man hier nichts.[88] Das Zeitalter des Maschinen-Krieges war angebrochen[89] mit seiner industriemäßig funktionierenden Zerstörungsgewalt, deren Spuren heute noch sichtbar sind.[90]

Drei Monate nach Kriegsbeginn kamen die deutschen Operationen ins Stocken, zu Lande wie auf See, wo die britische Blockade nicht gebrochen werden konnte.[91] Den Krieg bekamen auch die Winninger zu spüren. Die Fronten waren zwar fern, doch konnte man von Westen her den Kanonendonner von Verdun hören.[92] Die Nachrichten waren spärlich, und ob man vom Frontalltag[93] nach Hause berichtete, ist kaum bekannt; nur einige Feldpostkarten sind

---

83 Clemens Graf von Metternich (1773-1859), Fürst von Metternich-Winneburg, aus Koblenz gebürtig. In österreichischen Diensten, leitete die Neuordnung Europas auf dem Wiener Kongress ein (1815) und festigte die österreichische Vorherrschaft in Deutschland und Italien. Trotz überragender Diplomatie gilt er als eigentlicher Repräsentant der Restauration; vgl. DBE (wie Anm. 3), Bd. 7, S. 88 f.
84 Otto Fürst von Bismarck (1815-1898), Reichskanzler, schuf seit 1866 die diplomatisch-politischen Voraussetzungen für die deutsche Reichsgründung (19. Januar 1871). Als führender Staatsmann in der europäischen Diplomatie (2. Hälfte 19. Jh.) hinterließ Bismarck „tiefe Spuren" (Rudolf Vierhaus) in der deutschen und europäischen Politik vgl. DBE (wie Anm. 3), Bd. 1, S. 545 ff.
85 Michael Salewski, Deutschland: eine politische Geschichte. Von den Anfängen bis zur Gegenwart, Bd. 2: 1815-1990, 1993, S. 7 ff., S. 113 ff. – Zum „Machstaatsgedanken" („Weltberuf") Deutschlands seit 1890 vgl. Manfred Messerschmidt, Militärgeschichtliche Aspekte der Entwicklung des deutschen Nationalstaates, 1988, S. 114. – Zur „Urkatastrophe" (G. Frank Kennan) vgl. Wolfgang J. Mommsen, Die Urkatastrophe Deutschlands. Der Erste Weltkrieg 1914-1918 (= Gebhardt, Handbuch der deutschen Geschichte, Bd. 17), 2002, S. 14, S. 150.
86 Gemeindeverwaltung Winningen, Gemeinde-Chronik 1863-1974, Eintrag 1914.
87 Hedwig Krall (geb. Pitsch), Jugenderinnerungen, S. 99-129, in: Winninger Hefte 5 (1995), hier: S. 118. – Karthause (Koblenz): gemeint sind die damals noch existierenden Kasernenanlagen des Festungswerks Kaiser „Alexander" (StAK - Fach 108). Zur Stimmungslage auf dem Lande vgl. den autobiographischen Roman von Stefan Andres, Der Knabe im Brunnen, 1961, S. 130 ff. Jedenfalls soll die Öffentlichkeit „mit schweigendem Ernst" die Verkündung der Mobilmachung aufgenommen haben; vgl. Mommsen, Urkatastrophe (wie Anm. 85), S. 36.
88 Ebd., S. 113 ff., S. 123.
89 Vgl. Bernd Ulrich und Benjamin Ziemann, Frontalltag im Ersten Weltkrieg. Wahn und Wirklichkeit. Quellen und Dokumente, 1994, S. 85 (aus Briefen über den Einsatz als MG-Schütze).
90 Mommsen, Urkatastrophe (wie Anm. 85), S. 66 ff., S. 123.
91 Ebd., S. 40 ff. zum Scheitern des deutschen Operationsplans.
92 Krall, Jugenderinnerungen (wie Anm. 87), S. 122.
93 Dazu die Foto-Dokumentation von Ernst Friedrich, Krieg dem Kriege. (Nachdruck der Ausgabe 1924), 20. Aufl., 1989; SPIEGEL - Special. Das Magazin zum Thema: Die Ur-Katastrophe des 20. Jahrhunderts, Nr.1, 2004, S. 58 ff.

überliefert. Doch manifestierte sich der Krieg in Ängsten und Leiden der Familien, wenn die Todesnachrichten eintrafen. Man liest in den Aufzeichnungen von Hedwig Krall: „Bei all diesen Arbeiten begleitete uns immer die Sorge um Luisens Mann, der lange nicht geschrieben hatte. 1916 waren Frieda, [...] Anna und ich [...] am Schneiden und die Sorge um Schwager Richard ließ uns nicht froh sein. Wir wußten, daß er bei Verdun stand und in der Zeitung war von den Kämpfen oft die Rede. Von Westen her hörten wir unaufhörlich Kanonendonner. Eines Abends [...] kam Ernst, Onkel Richards Bruder, unvermutet zu uns. An seiner Miene sahen wir, was uns bevorstand. Endlich kam es aus ihm heraus, daß Richard ganz schwer verwundet sei. Luise sagte: ‚Dann ist ja noch Hoffnung!' Aber Onkel Ernst schüttelte den Kopf. Er wußte, daß Richard bei Verdun gefallen war. Luise war gerade 23 Jahre alt und schon eine Kriegerwitwe. Sie fuhr zwar immer mit in die Arbeit, aber sie saß meist beim Wagen und starrte vor sich hin [...]. Als Schwager Richard gefallen war, hat Lehrer Herrmann mich getröstet, er sei ja fürs Vaterland gefallen. Lehrer Herrmann ist dann später auch gefallen."[94] An anderer Stelle schreibt Hedwig Krall: „Im April 1917 war die große Somme-Schlacht. Wir waren in großer Sorge um Erhard, mit uns viele Familien um ihre Söhne. Es waren schon viele Todesmeldungen gekommen und wir warteten täglich auf eine Nachricht von Erhard. Jeden Tag vergeblich! Ich ging heimlich in alle Häuser, die mit Erhard in Verbindung stehen konnten, aber niemand hatte einen Brief oder Karte bekommen. Wenn ich aus der Schule kam, dann wartete ich an der Ecke Bach-Neustraße auf den Briefträger, und einmal gab er mir einen Brief, den ich selber geschrieben hatte, darauf stand: ‚Gefallen auf dem Felde der Ehre'. Lange blieb ich auf der Straße. Ich wagte die Nachricht nicht nach Hause zu tragen. Einmal mußte es aber doch sein!"[95]. Dann trifft die Todesbotschaft ein:[96] „Friedas Verlobter stand mit seinem Regiment in Rumänien und eines Tages bekam auch sie die Nachricht von seinem Heldentod. Frieda floh mit ihrer Trauer zu seiner Mutter [...]. Als ich danach mit Frieda über den ‚Schaubert' ging – wir hatten schwarze Kleider an – begegnete uns eine Witwe, deren einziger Sohn auch gefallen war und die sagte wahrhaftig: ‚Jetzt hast du ja auch dein Fett!' Die Menschen waren alle so verbittert. Aber wir konnten keine Antwort geben." Neben diesen Erinnerungen[97] wirken die Eintragungen in der Gemeindechronik eher karg. Nichts spricht für dramatische Veränderungen im Winninger Kriegsalltag, weist auf die hier wirkende „innere Revolutionierung der Wilhelminischen Gesellschaft" hin.[98] So konnten die Arbeiten in der Landwirtschaft und im Weinbau (1914) „noch gut ausgeführt werden"[99]; im März 1915

---

94 Krall, Jugenderinnerungen (wie Anm. 87) S. 122 f. – Die Kämpfe um Verdun dauerten vom 21. Februar bis 18. Dezember 1916, die deutschen Verluste (Tote, Verwundete, Vermisste, Gefangene) betrugen 337000 Soldaten, die französischen Verluste (Tote, Verwundete, Vermisste, Gefangene) 377000 Soldaten; vgl.: Wörterbuch zur deutschen Militärgeschichte (=Schriften des Militärgeschichtlichen Instituts des Deutschen Demokratischen Republik), 1985, S. 1019 ff.
95 Krall, Jugenderinnerungen (wie Anm. 87), S. 125. Die von der Autorin erwähnte „große Somme-Schlacht" fand vom 24. Juni bis 18. November 1916 statt (nicht im April 1917). Die alliierten Verluste (Tote, Verwundete, Vermisste, Gefangene) betrugen 200.000 französische und 556.000 britische Soldaten, auf deutscher Seite (Tote, Verwundete, Vermisste, Gefangene) 500.000 Soldaten, vgl. Wörterbuch (wie Anm. 94), S. 921 ff. Der Bruder der Autorin, Erhard Pitsch, fiel am 23. April 1917 an der Somme-Front bei Arras, vgl. dazu Bellinghausen, Winningen 2 (wie Anm. 9), S. 50.
96 Krall, Jugenderinnerungen (wie Anm. 87), S. 125.
97 Ebd., S. 99; vgl. dazu die Einführung von Ekkehard Krumme.
98 Volker Ullrich, Kriegsalltag. Zur inneren Revolutionierung der Wilhelminischen Gesellschaft, in: Wolfgang Michalka (Hg.), Der Erste Weltkrieg, Wirkung, Wahrnehmung, Analyse, 1994, S. 603-621.
99 Gemeinde-Chronik (wie Anm. 86), Eintrag 1914.

wurde vorübergehend eine Garnison geschaffen (II. Ersatz-Bataillon/Infanterie-Regiment Nr. 68).[100] Je länger der Krieg aber dauerte, um so mehr fehlten nun die Männer im Weinbau. Am 19. Juli 1915 verzeichnet die Ortschronik, dass „schon 340 Leute aus Winningen eingezogen" waren.[101] Wie überall, so mussten Kriegsgefangene aushelfen. Im Juni 1917 waren 58 Kriegsgefangene im Ort untergebracht, hauptsächlich russische, in geringerer Zahl auch französische Soldaten.[102] An das Zusammenleben mit ihnen hat sich Hedwig Krall erinnert und die Fremdheit und Eigenart dieser Menschen beschrieben.[103]

Abb. 2: Lebensmittelkarten für Mehl, 1916. (Gemeindechronik Winningen).

Eine andere düstere Begleiterscheinung des Krieges war die Hungersnot. Seit Februar 1915 wurden Lebensmittel rationiert, d.h. die Zeit der Zuteilungen war angebrochen. Der Hunger begann zu wüten, Hunderttausende starben an den Folgen von Unterernährung.[104] Es ist bekannt, dass die Versorgungslage zu Konflikten führte; es bestand untereinander Feindschaft, in zahlreichen Städten, auch in Koblenz, kam es zu „Hungerkrawallen" (23. Mai 1916).[105] Hat man in Winningen gehungert? Die in der Gemeindechronik eingeklebten Zuteilungskarten lassen erkennen, dass man mit 250 Gramm Brot oder 175 Gramm Mehl am Tag im Oktober 1916 auszukommen hatte, von den geringen Mengen anderer zugeteilter Lebensmittel ganz zu schweigen.[106] Die allgemeine Zwangsbewirtschaftung[107] hatte auch

---

100 Ebd. Erwähnt werden: Übungsgelände, Schießstand, Wachtlokal und die Auflösung des Bataillons (Oktober 1916); Angaben zur Stationierung dieses Truppenteils in Koblenz vgl. StAK - Fach 108 u. Nachlass Nr. 98 (Johann Dötsch).
101 Vgl. Gemeinde-Chronik (wie Anm. 86), Eintrag 1915. Vermutlich war etwa ein Viertel der männlichen Bevölkerung Winningens in dieser Zeit militärdienstpflichtig.
102 Vgl. Gemeinde-Chronik (wie Anm. 86), Eintrag 1917 zum Arbeitskräftebedarf an Gefangenen (mit fehlerhafter Berechnung).
103 Krall, Jugenderinnerungen (wie Anm. 87), S. 121.
104 Zur Rationierungpolitik (für Koblenz) vgl. Anton Golecki, Vom Ersten Weltkrieg bis zum Ende der Weimarer Republik, in: Geschichte der Stadt Koblenz (wie Anm. 70), S. 119-169; zur Versorgungskrise: Mommsen, Urkatastrophe (wie Anm. 85), S. 91 ff. (bes. S. 95); Rüdiger vom Bruch, Björn Hofmeister (Hg.), Kaiserreich und Erster Weltkrieg 1871-1918 (=Deutsche Geschichte in Quellen und Darstellung; 8), 2000, S. 413 ff. Zum „Hungerkrawall" in Koblenz vgl. den Bericht des Oberbürgermeisters (23. Mai 1916) bei: Bertram Resmini, Franz-Josef Schmillen, Die Revolution 1918 im Mittelrhein-Moselgebiet, in: Texte zur Landesgeschichte, Nr. 6 (1979), hier: S. 10 ff., sowie vom Bruch/Hofmeister, Kaiserreich (wie vor), S. 415. Die Angabe von 700.000 Toten (bedingt durch Unterernährung) im Reichsgebiet hat das Bundesarchiv dokumentiert: vgl. Eberhard Demm, Tilman Koops, Karikaturen aus dem Ersten Weltkrieg, 1990, S. 39.
105 Mommsen, Urkatastrophe (wie Anm. 85), S. 95.
106 Vgl. Gemeinde-Chronik (wie Anm. 86) zu den Rationierungsbescheinigungen: „Zur Überlieferung der Nachwelt [...] wie es in dieser Kriegszeit zuging." (Eintrag 1915).
107 Zahlreiche Reichsbehörden wurden gegründet: Kriegsgetreidegesellschaft, Reichsfuttermittelstelle, Reichskartoffelstelle, Kriegsausschuss für pflanzliche und tierische Fette, Reichsstelle für Gemüse und

in Winningen Folgen. So heißt es: „Ich bin an Arbeit gewöhnt, aber doch manchesmal wurde man nervös gemacht durch die Verordnungen. Die Bekanntmachungen waren dergestalt, daß die Bürger, zumal die Frauen, nicht mehr imstande waren, sie alle zu behalten, und so mußte ich mit Rath und That den Kriegerfrauen zur Seite stehen." Dann: „Ich hatte doch manchmal Mitleid mit meinen Bürgern, daß man so vorgehen mußte, aber an der Sache war eben nichts zu ändern."[108] Worin aber mochte diese „Sache" bestehen? Nun – auf die Kriegsführung war man militärisch vorbereitet, aber nicht auf ihre lange Dauer. Als die Notlage kam, musste improvisiert werden; die Güterverteilung regelten und kontrollierten die Militärverwaltungen.[109] So wird der Eintrag in der Gemeindechronik verständlich, dass man eine „Beklemmung" wegen hoher Strafen gegen diejenigen, die sich nicht den Verordnungen fügten, nicht verhindern konnte![110] Im Zeichen des totalen Krieges gehörte die Zivilbevölkerung zur „Heimatfront", bildlich gesprochen war Deutschland in einen Kasernenhof verwandelt worden[111] – und Winningen gehörte auch dazu.

Im letzten Kriegsjahr wurde man hier noch Zeuge eines Luftangriffs. Ein französischer Flieger warf auf dem Rückflug von Koblenz drei Bomben ab. Der Schaden war gering.[112] Im Westen scheiterte zu dieser Zeit die Frühjahrsoffensive Ludendorffs.[113] Ein halbes Jahr später, am 11. November 1918, kam es zum Waffenstillstand.[114] In Berlin und München brach die Revolution aus, Wilhelm II. floh ins Exil[115] und die Monarchiegeschichte der Deutschen war zu Ende, zumindest äußerlich – mit ungeahnten Folgen. Die deutschen Armeen räumten Frankreich und marschierten in die Garnisonen zurück, wo sie aufgelöst wurden. Kriegsneurosen, Hass,

---

Obst, Kriegsernährungsamt vgl. Karl Dietrich Erdmann, Der Erste Weltkrieg (3. Aufl.) 1982, S. 188 (=Gebhardt. Tb-Ausg. Bd. 18 nach der 9., neu bearb. Aufl. von Herbert Grundmann, 1973). Zur Ernährungslage (Koblenz) vgl. „Kriegs-Notverordnungen der Residenzstadt Coblenz", 8. Juni 1916 (Nachtrag: 6. Juli 1916) mit den Rationierungsanweisungen für Brot, Mehl, Kartoffeln, Milch, Zucker, Fleisch, Fette usw. (StAK). Vom täglichen Hunger in der Heimat und an der Front vgl. Ernst Johann (Hg.), Innenansicht eines Krieges. Deutsche Dokumente 1914-1918, 1973, S. 249-252.

108 Vgl. Gemeinde-Chronik (wie Anm. 86), der Eintrag stammt vermutlich von dem Gemeindevorsteher Eduard Otto (vgl. Garbe (wie Anm. 9), S. 627).
109 Zur wirtschaftlichen Organisation des Krieges: Mommsen, Urkatastrophe (wie Anm. 85), S. 78 ff.
110 Vgl. Gemeinde-Chronik (wie Anm. 86), Eintrag 1915.
111 Vgl. dazu Hans Mommsen, Militär und zivile Militarisierung in Deutschland 1914 bis 1938, in: Frevert, Militär (wie Anm. 5), S. 265-276; der preußische Innenminister von Loebell verstieg sich im Kriegsjahr 1915 zu der Forderung, „jeden Haushalt in Kriegszustand zu versetzen." (Mommsen, Urkatastrophe, wie Anm. 85, S. 131).
112 Wahrscheinlich in der Nacht von 20. Mai 1918. Der Gemeindevorsteher Heinrich Saas (siehe Garbe (wie Anm. 9), S. 627) notierte den Angriff auf Koblenz mit den Worten: „[…] in Winningen konnte man dem schaurig-schönen Angriff […] zuschauen." Das Gewölbe der Jauchegrube Haus Ewald Broos (Ecke Fährstraße-Marktstraße) wurde von einer Bombe durchschlagen (Gemeinde-Chronik (wie Anm. 86), Nachtrag 1921).
113 Erich Ludendorff (1865-1937) preußischer General, stellv. Generalstabschef (seit 1916), beeinflußte nachhaltig die politische Führung (1918 abgelöst), sorgte maßgeblich für die Entstehung der „Dolchstoßlegende" und beteiligte sich anfänglich an der Hitler-Bewegung; DBE (wie Anm. 3), Bd. 6, S. 494. Zum Kriegsverlauf 1918 siehe Mommsen, Urkatastrophe (wie Anm. 85), S. 143 ff., bes. S. 146 (der „schwarze Tag" von 8. August 1918).
114 Aus einem Brief: „Die Hauptsache, daß der Schwindel und das Morden ein Ende hat...", zit. nach: Ulrich/Ziemann, Frontalltag (wie Anm. 89), S. 200.
115 Wilhelm II. (1859-1941), Deutscher Kaiser, König von Preußen; DBE (wie Anm. 3), Bd. 10, S. 502.

Gewaltphantasien und Legenden von der Unbesiegbarkeit blieben zurück,[116] Hekatomben von Opfern unter den kriegsführenden Mächten waren zu beklagen (7,94 Millionen Tote, 19,78 Millionen Verwundete), und unübersehbar geworden sind seither die Massengräber in Europa.[117]

Von der Westfront kommend, zogen deutsche Truppen auch durch Winningen.[118] Der Krieg war verloren, die Stimmung gedrückt.[119] Die Ortschronik verzeichnet vom 11. November an täglich Einquartierungen („Regelung u. Unterbringung [verbunden mit] sehr viel Arbeit").[120] Die Gemeinde organisierte die Versorgung der Soldaten und kam damit befürchteten Requirierungen zuvor.[121] Auf die deutschen Truppen folgten am 16. Dezember 1918 „die ersten Feinde [...] und zwar Amerikaner" – so der Eintrag der Gemeindechronik. Noch glaubte man an die Einquartierung einer kleinen Besatzungstruppe (56 US-Soldaten), aber am 22. Dezember kamen 450 US-Soldaten an, die untergebracht werden mussten. Im Ort lagen bis zum 30. Juni 1919 US-Truppen – ein Novum seiner Geschichte: die Dunggruben waren jetzt auf Anordnung der Militärverwaltung zweimal wöchentlich zu reinigen, und wer nach 22 Uhr auf der Straße angetroffen wurde, hatte zur Strafe die Straße zu fegen![122]

Auf deutscher Seite wurde indessen der politische Totenkult erneuert: Zum Kriegerdenkmal am Moselufer (1870/71)[123] kam ein weiteres auf dem Friedhof hinzu.[124] Und in der evangeli-

---

116 Hans-Ulrich Wehler erkennt in dem Ersten Weltkrieg den „Auftakt" und das „Vorbild für den Zweiten Weltkrieg"; vgl. SPIEGEL – Special (s. Anm. 98), S. 138 ff.
117 Statistik der Gesamtverluste in: Der Große Ploetz (34., neu bearb. Aufl.) 2005, S. 730; Mommsen, Urkatastrophe (wie Anm. 85), 132 f. (Kriegstote, Opfertod, Gefallenenmythos). Über Krieger-Mythen vgl. die Studie von George L. Mosse, Gefallen für das Vaterland. Nationales Heldentum und namenloses Sterben, 1993, sowie Reinhart Koselleck, Der Einfluß der beiden Weltkriege auf das soziale Bewußtsein, in: Wolfgang Wette (Hg.), Der Krieg des kleinen Mannes. Eine Militärgeschichte von unten, 1992, S. 324-343, hier: S. 334.
118 Zum Rückmarsch der deutschen Truppen vgl.: Der Weltkrieg 1914 bis 1918. Im Auftrag d. Oberkommandos des Heeres bearb. und hg. von d. Kriegsgeschichtlichen Forschungsanstalt des Heeres, neu hg. vom Bundesarchiv, 14. Bd.: 1944, 1956, S. 751 ff.
119 Über den Zusammenbruch der Mittelmächte 1918 vgl.: Herbert Michaelis, Ernst Schraepler (Hg. unter Mitw. von Günther Scheel), Ursachen und Folgen. Vom deutschen Zusammenbruch 1918 und 1945 bis zur staatlichen Neuordnung Deutschlands in der Gegenwart. Eine Urkunden- und Dokumentensammlung zur Zeitgeschichte, Bd. 2, 1958; Mommsen, Urkatastrophe (wie Anm. 85), S. 146 ff.
120 Gemeinde-Chronik (wie Anm. 86), Eintrag 1918.
121 Ebd.
122 Ebd.
123 Garbe, Inventar (wie Anm. 9), S. 570; eine Fotografie in: Winninger Hefte 3 (1989), S. 95; das Kriegerdenkmal wurde am 2. Dezember 1940 abgebrochen (ebd., S. 99), über die Gründe und den Verbleib ist wenig bekannt. Vgl. Helmut Reick, Kindheit und Jugend eines Winninger Jungen in den vierziger Jahren, in: Moselkiesel Bd. 1, Erinnerungen von Zeitzeugen und Berichte zur Regionalgeschichte 1918-1948, hg. von der Volkshochschule Kobern-Gondorf, 1998, S. 64-74, hier: S. 65.
124 Nach Garbe, Inventar (wie Anm. 9), S. 579; zu weiteren Einzelheiten zum „Ehrenmal für die Kriegstoten" („Kriegerdenkmal") vgl. Gerhard Löwenstein, Die Geschichte des Winninger Friedhofs, in: Veröffentlichungen des Heimat- und Museumsvereins Winningen e.V. Nr. 4 (2003), S. 19-28, hier: S. 27 f.; zur Restaurierung (1959) vgl. Gemeindeverwaltung Winningen, Sitzungsprotokolle des Gemeinderates Bd. 2 (1951-1960), S. 229, S. 231, S. 237, S. 242.

schen Kirche wurden Namenstafeln der Gefallenen angebracht (1922)[125] – man erinnerte so an das Massensterben.[126]

III.

Nachdem das Rheinland von deutschen Truppen geräumt war, folgten ihnen die Alliierten, wie es die Waffenstillstandsbestimmungen vorgesehen hatten.[127] Es begann die Besatzungszeit mit amerikanischen, dann französischen Truppen, mit separatistischen Tendenzen und der allgemeinen Not infolge der Geldentwertung[128]. Die Separatisten proklamierten die Rheinische Republik (1923) und versuchten diese militärisch zu sichern.[129] Die Bevölkerung hatte dafür kein Verständnis, sie konnte sich nur mühsam der Plünderungen und kriminellen Handlungen des „Rheinlandschutzes" („Rheinarmee" der Separatisten) erwehren.[130] In Winningen gab es deshalb einen „Selbstschutz" (Bürgerwehr);[131] in Lay kam es jedoch zu schweren Überfällen.[132]

Die innere Entwicklung der ersten deutschen Republik steuerte seit 1930 der Auflösung entgegen.[133] Die Wahlen von 1932 zeigten eindeutig, wo die Wählerschaft Winningens überwiegend stand - man favorisierte Hitler und seine NSDAP.[134] Dieser ließ keinen Zweifel an einer Politik aufkommen, die er am 3. Februar 1933, drei Tage nach seiner Ernennung zum Reichs-

---

125 Vgl. Koselleck, Einfluß (wie Anm. 117), S. 334.
126 Ebd. Fotografie in: Winninger Hefte 5 (1995), S. 125. – Die Verlustquote (Gefallene 1914-1918) dürfte bei 24,1 von H. gelegen haben, wenn man von den Angaben für 1915 ausgeht (340 militärdienstpflichtige Bürger); siehe Gemeinde-Chronik (wie Anm. 86), Eintrag 1915.
127 Die Garnison Koblenz wurde von den deutschen Truppen am 12. Dezember 1918 geräumt.
128 Zur politischen Entwicklung in den Rheinprovinzen vgl. Petri; Droege, Rheinische Geschichte (wie Anm. 10), S. 684 ff., und dazu die Bild-Text-Dokumentation (Rheinischer Separatismus, Separatistenputsch in Koblenz, Ruhrkampf 1923) in: Zeugnisse (wie Anm. 10), S. 94 ff.
129 Zeugnisse (wie Anm. 10), S. 94 ff. (zu Koblenz, 23. Oktober 1923).
130 Der „Rheinlandschutz" trat meistens bewaffnet auf, seine Mitglieder trugen eine grüne Mütze und eine Armbinde in den grün-weiß-roten Farben. Vgl. Peter Többicke, Der Separatismus (Rheinstaatsbewegung) in Koblenz, VHS, WS 2003: Referat/Arbeitspapier (STAK/Koblenz); siehe dazu auch das Foto in: Große Leute-Kleine Leute. 2000 Jahre Koblenzer Geschichte. Katalog zur Ausstellung im Haus Metternich 1992, hg. vom Mittelrhein-Museum Koblenz i. Verb. m. d. StAK, 1992, S. 169, sowie Foto vom Abschreiten der Front des „Rheinlandschutzes", 1923, in: Peter Brommer, Peter Kleber und Achim Krümmel, Koblenz in der Rückblende. Fotografischer Streifzug durch die Jahre 1862 bis 1945, 2004, S. 206). – Den Überfall der Separatisten in Lay schildert Hedwig Herdes, Separatistenunruhen beenden den Aufenthalt der Familie Mostert in Lay, in: Dies.; Rolf Mohrbach; Richard Theisen (Hg.), Aus der Geschichte des Ortes Lay an der Mosel. Ortsgeschichtliche Beiträge aus Anlass der 1200-Jahrfeier im Jahre 2003, 2003, S. 208-212.
131 Winningen zwischen 1923 und 1948. Tagebuchaufzeichnungen von Heinrich Saas, bearb. von Ekkehard Krumme, in: Winninger Hefte 3 (1989), S. 19-180, hier: S. 25 (Eintrag vom 6. 10. 1923). Zur biographischen Einführung vgl. ebd., S. 11. Hinweise zum Winninger „Selbstschutz" bei Garbe, Inventar (wie Anm. 9), S. 173, S. 580.
132 Zu den Vorkommnissen vgl. Saas (wie Anm. 131), S. 27.
133 Karl Dietrich Bracher, Die Auflösung der Weimarer Republik. Eine Studie zum Problem des Machtverfalls in der Demokratie, 1984; Theodor Eschenburg, Die Republik von Weimar. Beiträge zur Geschichte einer improvisierten Demokratie (Neuausgabe) 1984; Kurt Sontheimer, Antidemokratisches Denken in der Weimarer Republik. Die politischen Ideen des deutschen Nationalismus zwischen 1918 und 1933 (3. Aufl.) 1992,
134 Vgl. den Beitrag von Joachim Hennig in diesem Band.

kanzler, der Reichswehrführung erläuterte (Liebmann-Aufzeichnung):[135] ein politisch-weltanschauliches Programm,[136] wonach Armee und Wirtschaft („Denkschrift über den Vierjahresplan") in vier Jahren „einsatzfähig und kriegsfähig" zu sein hatten.[137] Nur kurze Zeit noch blieb dies im Verborgenen: Im März 1935 wurde die „allgemeine Wehrpflicht" eingeführt, am 7. März 1936 besetzten deutsche Truppen das seit 1919 entmilitarisierte Rheinland – beides offene Verletzungen des Versailler Vertrages, die zeigten, wohin die Reise ging.[138] Die Bevölkerung sah es anders. Der Winninger Gasthausbesitzer Heinrich Saas[139] schrieb in sein Tagebuch: „Besetzung der [...] Rheinlandzone. Um Mittag kamen schon die Truppen in die früheren Garnisonstädte. Großer Jubel überall".[140] Umstritten ist heute, wie verbreitet der Jubel tatsächlich war,[141] jedenfalls war vielen Menschen die Sorge vor einem möglichen Krieg genommen. Und auf diplomatischer Bühne herrschte Zurückhaltung, man schaute Hitler buchstäblich zu.[142] Nicht zufällig brüstete sich dieser später mit diesem Erfolg – der „Remilitarisierung des Rheinlands."[143] Koblenz war wiederum zur Garnison geworden,[144] kurze Zeit darauf werden in Winningen Wehrmachtsangehörige einquartiert.[145]

Aber zum Jahresende 1937 schreibt Heinrich Saas: „Man schaut mit Sorge auf die Weiterentwicklung im europäischen Festland [...]. Ob das Jahr 1938 wieder ein Jahr des Friedens bleibt?"[146] Man weiß, es war nur eine trügerische Ruhe. „Es kriselt in Europa", heißt es im Tagebuch am 12. April 1939;[147] es folgt der Vermerk, Hitler besichtige die „Westbefestigungen", was „nichts Gutes" bedeute.[148] Am 24. August liest man von der polnischen Mobilma-

---

135 Die Niederschrift (1954 veröffentlicht) ist abgedruckt in: Heinz Hürten (Hg.), Weimarer Republik und Drittes Reich 1918-1945 (=Deutsche Geschichte in Quellen und Darstellung, Bd. 9), 1995, S. 149 f. – Curt Liebmann (1881-1960), Generalleutnant, 1931-1934 Befehlshaber im Wehrkreis V (Stuttgart), notierte allerdings nur die ihm wichtig erscheinenden Gedanken Hitlers. Auf ein weiteres „Datum von entscheidender Wichtigkeit" (5. November 1937), als Hitler seine Pläne vertraulich äußerte (sog. „Hoßbach-Protokoll"), macht Ernst Nolte aufmerksam: Ders., Der Faschismus in seiner Epoche. Die Action française – Der italienische Faschismus – Der Nationalsozialismus, 2. Aufl. 1965, S. 427 ff., S. 506.
136 Vgl. Nolte, Faschismus (wie Anm. 135), S. 533.
137 Hürten, Weimarer Republik (wie Anm. 135), S. 275 (Dok. Nr. 88).
138 Vorgeschichte und Durchführung der Rheinland-Besetzung: Deutsche Militärgeschichte, Bd. 4 (wie Anm. 12), S. 157-166; vgl. die Dokumentation StAK-Datei (19.2.1 Rheinland-Besetzung 7. März 1936 - Remilitarisierung).
139 Dazu die Einführung in Winninger Hefte 3 (1989), S. 7-16, hier: S. 11 – Die für die Jahre zwischen 1933 und 1945 klaffende Lücke in der Gemeinde-Chronik (wie Anm. 86) wird m. E. durch die Tagebuchaufzeichnungen von Saas (wie Anm. 131) kompensiert; erst im März 1947 erfolgte wieder ein Eintrag in der Gemeindechronik („Der IIte Weltkrieg liegt nun 2 Jahre hinter uns [...]".
140 Saas (wie Anm. 131), S. 78.
141 Petri; Droege, Rheinische Geschichte (wie Anm. 10), S. 761 ff.
142 Zur Passivität der europäischen Regierungen urteilt Manfred Messerschmidt (Außenpolitik und Kriegsvorbereitung, in: Wilhelm Deist, Manfred Messerschmidt, Hans-Erich Volkmann, Wolfram Wette, Ursachen und Voraussetzungen des Zweiten Weltkrieges, 1989, S. 641-850, hier: S. 726) bündig: „Europa sah zu. Niemand handelte."
143 Hans-Adolf Jacobsen, 1939-1945. Der Zweite Weltkrieg in Gemeinde-Chronik und Dokumenten, 1959, S. 115 (Dok. Nr. 14).
144 Vgl. Hinweis StAk-Datei (wie Anm. 143).
145 Saas (wie Anm. 131), S. 78.
146 Ebd., S. 86.
147 Ebd., S. 94.
148 Ebd., S. 94, schreibt Saas „der Führer".

chung (die „politische Lage ist sehr ernst").[149] Abends und nachts werden Winninger eingezogen („Gestellungsbefehle"),[150] auch der Sohn Hans gehört dazu, Truppentransporte rollen an Winningen vorbei nach Westen. Noch klammert sich Tagebuchschreiber Saas an die „Hoffnung auf eine friedliche Lösung", doch dann folgt am 1. September 1939 der Eintrag vom „Ausbruch des Krieges mit Polen":[151] am Tag zuvor hatte die Wehrmachtführung (12.40 Uhr) den „Fall Weiß" ausgelöst.[152] Die Rheinlandbesetzung von 1936 („Rheinische Ouvertüre")[153] hatte die Revisionismuspolitik eingeleitet, mit der Hitler der Welt vormachte, wozu er fähig war: die noch unfertige Wehrmacht zum raschen, überfallartigen Angriff, selbst mit nur geringen Kräften einzusetzen.[154] Im Januar 1939 ließ er die Maske gänzlich fallen.[155]

Im Winninger Tagebuch sind die Kriegserklärungen Englands und Frankreichs (3. September 1939) vermerkt, ebenfalls der Abwurf von Flugblättern der Kriegsgegner in der Nacht vom 5. September. Man liest von Flüchtlingen, die mit ihren Pferdegespannen vorbeiziehen und ein trauriges Bild bieten, zwei Sanitäts-Kompagnien werden einquartiert.[156] In die Notizen von der Alltäglichkeit des Weinbaus und der Witterung dringen allmählich auch Nachrichten ein vom Fortgang des Unheils: „Rußland-Krieg Anfang" (22. Juni 1941), gefolgt von den nicht mehr enden wollenden Gefallenenmeldungen.[157] Im Sommer 1942 vermerkt Heinrich Saas, „daß der Krieg auf dem Höhepunkt ist".[158] Tatsächlich hatte sich das Blatt gewendet, die britische Luftwaffen-Führung warnte die deutsche Bevölkerung mit Flugblättern („Ihr habt keine Chance [...]") und erinnerte an die Zerstörungen, die sie bereits angerichtet hatte.[159]

Die Wende des Krieges kam mit der Niederlage von Stalingrad (1943). Heinrich Saas notiert: „Wir gehen zurück [...]"; Hinweise auf die Totalisierung des Krieges, den Arbeitseinsatz in der „Wehrwirtschaft" folgen, darauf die Parole: „Durchhalten bis zum Sieg". Zum Stalingrad-Drama heißt es: „Betroffen sind unsere rheinischen Regimenter. [...] Unsagbare Trauer

---

149 Ebd.
150 Ebd.; zum Eintrag von 25. August 1939 vgl. hier die Anmerkung von Ekkehard Krumme (Nr. 54).
151 Ebd., nebst Eintragungen vom 26. August bis 31. August 1939.
152 Jacobsen, Weltkrieg (wie Anm. 143), S. 15. Die Angriffsweisung „Fall Weiß" ist vollständig abgedruckt in: Walter Hubatsch, Hitlers Weisungen für die Kriegsführung 1939-1945. Dokumente des Oberkommandos der Wehrmacht (2., durchges. und erg. Aufl.) 1983, S. 17 ff. (Dok. Nr. 1a, 1b).
153 Rudolf Fiedler (Zitat); vgl. Michael Müller, Frankreich und die Rheinlandbesetzung 1936. Die Reaktion von Diplomaten, Politikern und Militärs, in: Geschichte im Westen (1986), S. 15-30, hier: S. 1.
154 Man beachte den Aspekt der unterlassenen Kriegsverhinderung („Der unnötige Krieg") in: Winston S. Churchill, Der Zweite Weltkrieg. Mit einem Epilog über die Nachkriegsjahre (1954), 1960, S. 12.
155 In der Reichstagsrede von 30. Januar 1939 (vgl. Hürten, Weimarer Republik (wie Anm. 135), S. 316 ff.), dann die Ansprache vor den Wehrmachtbefehlshabern (23. November 1939), in: Jacobsen, Weltkrieg (wie Anm. 143), S. 114 ff.
156 Vgl. die Eintragungen (3.-29. September 1939) bei Saas (wie Anm. 131), S. 97.
157 Saas (wie Anm. 131), S. 102.
158 Ebd. (Eintrag 18. August 1942), S. 107.
159 Es handelt sich um das britische Flugblatt (Code G. 41), das von August bis Oktober 1942 in mehr als 4 Millionen Exemplaren abgeworfen wurde („Eine Botschaft des Oberbefehlshabers der britischen Kampfflugzeuge an das deutsche Volk"). Der vollständige Text ist als Dokument Nr. 117 wiedergegeben bei Hürten, Weimarer Republik (wie Anm. 135), S. 381 ff.; verkleinerte Abbildung in: Heinz-Günther Borck; Beate Dorfey; Mario Kramp; Hans Josef Schmidt (Hg.), Vor 60 Jahren. Krieg und Frieden an Rhein und Mosel 1944-1946, Katalog zur gleichnamigen Ausstellung, 2005, S. 35.

kommt jetzt über unsere Gegend".[160] Aber Trauer durfte nicht öffentlich sein, sie wurde geregelt,[161] indem in die Trauerarbeit[162] des Einzelnen die Phrasen des NS-Jargons eingeführt wurden.[163] Und so wünscht sich auch Heinrich Saas eigentlich ein Ende der Leiden herbei, wenn er von „Vergeltung" schreibt,[164] eine von vielen Vokabeln aus dem Wörterbuch des Nationalsozialismus.[165]

Inzwischen kam der Krieg näher: Seit längerem griffen alliierte Bombergeschwader auch die rheinischen Städte an.[166] Im Tagebuch werden die Angriffe registriert und kommentiert.[167] Die Zielpunkte in Koblenz lagen hauptsächlich um das Löhrrondel mit den Gleisanlagen zwischen Moselweiß, dem Stadtkern und den Mosel- und Rhein-Brücken.[168] Lange blieb die Stadt verschont, ja man glaubte gar sicher zu sein.[169] Doch seit dem Frühjahr 1944 gehörte auch Koblenz in die alliierte Zielliste: Mit dem britischen Luftangriff vom 6. November 1944 wurde Koblenz in der kurzen Zeit von 19.28-19.50 Uhr in einen Schutthaufen verwandelt.[170] Zu einem Luftangriff am 25. September[171] schreibt Heinrich Saas („eine Signalbombe in das Haus Mölich Karl, Bachstraße, abgeworfen"): „Kein besonderer Schaden. In Lay sollen ebenfalls Bomben niedergegangen sein. 4 Tote, 6 Häuser zerstört [...]. Zugverkehr unterbrochen, keine Post kommt, ein toller Zustand."[172] Anfang Oktober folgen weitere Angriffe („Man ist

---

160 Saas (wie Anm. 131): Eintragungen 24. Dezember 1942 – 3. Februar 1943, S. 109 f.
161 Runderlass des Reichsministerium d. Innern von 7. März 1942 in: Ursachen (wie Anm. 119), Bd. 19, S. 163 f.; vgl. außerdem den informativen Artikel „Totenkult" in: Wolfgang Benz, Hermann Graml, Hermann Weiß (Hg.), Enzyklopädie des Nationalsozialismus, 1997, S. 763 f.
162 Begriff in Freuds Terminologie, z. B. in der Abhandlung „Trauer und Melancholie" (vgl. Anm. 2), Bd. III, S. 198 f. und „Totem und Tabu", Bd. IX, 1974, S. 356.
163 Mitteilungen des Amtsbürgermeisters Winningen (Abt. Familienunterhalt, 6. Oktober 1941), wenn „ein Einberufener auf dem Felde der Ehre gefallen ist [...]" (vgl. LHA Ko Best. 655,47, Nr. 894).
164 „Alles sehnt die so oft angekündigte Vergeltung herbei [...]" schreibt Saas (wie Anm. 131), Eintrag von 31. Dezember 1943, S. 112.
165 Zum NS-Jargon: Es war der Romanist Victor Klemperer (1881-1960), der nach Kriegsende auf die pathologische Wirkung der NS-Sprachformen aufmerksam machte (LTI. Notizbuch eines Philologen, 1946), ebenso der Publizist Dolf Sternberger (1907-1989) mit seiner Phrasensammlung: Aus dem Wörterbuch des Unmenschen (1945, 1957 ff.) in: Ders., Schriften Bd. XI, 1991, S. 324 ff. - Zum Kontext vgl. ebenfalls Erich Schairer (1887-1956), Herausgeber der Stuttgarter Zeitung: Fünf Minuten Deutsch, 1951: „Es könnte sein, daß es auch wieder einmal aufwärts geht, wenn die Trümmerhaufen weggeräumt sind, die uns Hitler und seine Gesellen auch auf sprachlichem Gebiet hinterlassen haben." Solche „Trümmerhaufen" des NS-Jargons findet man z. B. in einer Winninger Akte (Kriegshinterbliebenenfürsorge), wo sich die Goebbelsschen „Terrorangriffe" bis zum 12. April 1947 erhalten haben, bis sie mit der Formel ersetzt wurden: „durch Luftangriff gefallen" (LHA Ko Best. 655,47, Nr. 894).
166 Vgl. Helmut Schnatz, Der Luftkrieg im Raum Koblenz 1944/45. Eine Darstellung seines Verlaufs, seiner Auswirkungen und Hintergründe (=Veröffentlichungen d. Kommission d. Landtages für die Geschichte des Landes Rheinland-Pfalz; 4), 1981.
167 Saas (wie Anm. 131), S. 105, S. 112 ff., S. 183 ff.
168 Einzelheiten bei Helmut Schnatz, Zielpunkte und Schadensgebiete. Neue Erkenntnisse zur Luftkriegsgeschichte von Koblenz, in: Koblenzer Beiträge zur Geschichte u. Kultur NF 6, 1996, S. 37-61.
169 Schnatz, Luftkrieg (wie Anm. 166), S. 74 f.
170 Ebd., S. 278 ff., und Saas (wie Anm. 131), S. 113 ff. Dem Ereignis waren die Gedächtnisausstellungen der Stadt Koblenz 1994/95 (vgl. Begleitheft zur Ausstellung: „Im übrigen ist ganz K. ein Trümmerhaufen." Koblenz in der Zerstörung 1944/45, Red.: Helmut Schnatz, Helmut Noack und Hans Josef Schmidt, 1994) und 2005 gewidmet (vgl. dazu Anm. 159, hier: Katalog zur Ausstellung: Vor 60 Jahren, 2005); der Luftangriff ist außerdem durch eine reichhaltige Materialsammlung (StAK) dokumentiert.
171 Zum US-Luftangriff (12.48-12.59 Uhr) vgl. Schnatz, Luftkrieg (wie Anm. 166), S. 562 f.
172 Saas (wie Anm. 131), S. 115.

nirgends sicher"). Sechs Tage später trifft auch es Winningen, als 361 US-Kampfflugzeuge Koblenz angreifen (15.04-15.21 Uhr). Im Tagebuch heißt es: „Um 15 Uhr meldet [das] Radio: ‚Der über Franken gemeldete Kampfverband im Abflug nach Westen'. Kurz darauf dröhnten schwere Bomber heran und warfen über Koblenz viele Brandbomben, so daß sich bald riesige Qualmwolken erhoben und allmählich alles verdunkelten; um 16 Uhr herrschte Dämmerung. Zu gleicher Zeit krachten [hier] schwere Sprengbomben, am Bahnhof beide Geleise zerschmettert, Haus Hübner vom Erdboden verschwunden. Sämtliche Fensterscheiben bis Rathaus [...] zertrümmert. Mehrere Bomben im Aache Weg [...] direkt vor Behelfsheime. [...] Die Sprengtrichter 5 m tief, 10-20 m breit. Eine schwere Bombe bei Gosse Mühle. Eine [Bombe] Eingang Distelbergerhofsweg [...]. Überall furchtbare Verwüstungen. Haus Brost an Kühtränke unbewohnbar. Kein Licht, kein Wasser. Frau Rudolf Pitsch, die mit ihrem Mann im Garten [...] arbeitete, tot. Er selbst [...] arg mitgenommen. Ob er es übersteht? [...] Am 16.10. kam wieder Licht, am 18.10. immer noch kein Wasser."[173]

Abb. 3: Winningen nach dem Luftangriff im Oktober 1944. Luftbild mit Ansicht der Bombentreffer im Privatbesitz (G. Löwenstein, Winningen).

Vom 2. Dezember 1944 an gehörte Winningen zum Kampfgebiet der Alliierten. Spät hatte man hier begonnen für die eigene Sicherheit zu sorgen und Luftschutz-Stollen zu graben.[174]

---

173 Ebd. – Luftbild mit Ansicht der Bombentreffer im Privatbesitz (G. Löwenstein, Winningen); zu Einzelheiten des Angriffs vgl. Schnatz, Luftkrieg (wie Anm. 166), S. 564 f.
174 Saas (wie Anm. 131) schreibt: „Endlich Bau von Stollen in Winningen [...]" (S. 116). Zum Lageplan der Stollen vgl. Reick, Kindheit (wie Anm. 123), S. 69. Zwei „Luftschutz"-Aufschriften sind an den Außenwänden immer noch erkennbar: Hofeingang Haus Nr. 9 (Kirchgasse, mit Hinweis auf einen Schutzraum

Die Front im Westen kam näher, die Luftangriffe wurden intensiver,[175] stundenlang gab es Alarm, vor allem nachts, begleitet von Todesangst.[176] Geschlafen wurde im Keller oder im Stollen, „um endlich einmal Ruhe zu haben".[177] Schließlich: „Traurige Weihnachten. Kein Licht, kein Wasser, keine Kerzen, kein Petroleum, keine Ruhe! Keine Zeitung. Dauernd Alarme. Man lauscht nur auf das Brummen aus der Luft. Essen immer hastig eingenommen. Man weiß nicht woran man ist, da keine Nachrichten [...]. Eine furchtbare Depression auf allen Menschen." Zu dieser Zeit war der letzte Versuch Hitlers (Ardennen-Offensive), die strategische Wende im Westen zu gewinnen, gescheitert.[178] Im Ort wird wegen „der dauernden Aufregungen [...] viel Wein getrunken, man entspannt sich damit".[179] Dann: „Ein Jahr des Schreckens geht zu Ende. Viele Deutsche stehen ‚am Grabe ihrer Habe'. Der Luftterror hat alle Aussicht auf ein glückliches Kriegsende zerstört. Deutschland blutet sich aus. Die Stimmung links des Rheins ist katastrophal [...]".[180] Zur selben Zeit harren im „alten Steinbruch" Hunderte aus, zusammen mit denen aus Bisholder und Güls; zeitweise gibt es etwas Ruhe, doch es finden auch Nachtangriffe auf die Gülser Eisenbahnbrücke statt, wozu Saas schreibt: „Die Bevölkerung wünscht den Einsturz derselben herbei, um endlich Ruhe zu bekommen".[181] Neujahr 1945 – mittags mehrere Luftangriffe: Güls, Moselweiß, Metternich, die Koblenzer Altstadt und Lützel werden getroffen[182]. Die Winninger warten, hören „das Brummen der Motoren und das Rauschen der Bomben. Furchtbare Minuten oder gar Stunden."[183] Die Gülser Eisenbahnbrücke ist inzwischen schwer beschädigt.[184] Am 4. Januar hört man schon das Geschützfeuer von der Westfront her.[185] Flüchtlinge suchen Schutz, ziehen mit ihren Habseligkeiten heran („auf Wägelchen und Schlitten") – Elendsbilder, die an die Zeiten des Dreißigjährigen Krieges erinnern, und doch erlebt die deutsche Zivilbevölkerung damit nichts anderes als das, was die deutsche Kriegsmaschinerie seit 1939 in fast allen von ihr angegriffenen Gebieten ebenfalls ausgelöst hat.[186]

---

für 35 Personen) und Treppenaufgang der alten Volksschule (Marktstr. 22, dort abgekürzt: W.L.S.R., was mit hoher Wahrscheinlichkeit „Werkluftschutzraum" bedeutet (Auskunft: StAK).
175 Zu den Angriffen auf das Rheinland: Peter Többicke, Hürtgenwald, 2. überarb. Aufl. 2001, hier: S. 52 f.
176 Zu Aufzeichnungen über Fliegeralarme und Luftangriffe im Raum Koblenz 1939-1945 vgl. StAK Best. 623, Nr. 7051 (Deboeser).
177 Eintrag Saas (wie Anm. 131) zum 22. Dezember 1944, S. 116.
178 Hermann Jung, Die Ardennen-Offensive 1944/45. Ein Beispiel für die Kriegsführung Hitlers, 2., unveränd. Aufl. 1992.
179 Saas (wie Anm. 131), S. 117
180 Ebd. (Eintrag von 31. Dezember 1944). – Den „Luftterror" kommentierte der Andernacher Chronist Karl Wind seinerzeit als Antwort auf Hitlers Drohung, britische Städte „ausradieren" zu lassen (Kriegstagebuch der Stadt Andernach 1939-1945), nach Schnatz, Luftkrieg (wie Anm. 166), S. 307.
181 Vgl. Saas (wie Anm. 131), S. 117.
182 Schnatz, Luftkrieg (wie Anm. 166), S. 568.
183 Saas (wie Anm. 131), S. 118.
184 Ebd. (Eintrag von 2. Januar 1945). – Ich verdanke Dr. Helmut Schnatz (Koblenz) folgenden Hinweis zum Hergang der Zerstörung: Am 10. Dezember 1944 wurde die Brücke durch Luftangriff beschädigt, konnte jedoch kurze Zeit später wieder verwendet werden; am 1. Januar 1945 war die Brücke mehrmals getroffen worden und deswegen unpassierbar; Reparaturen scheinen nicht mehr stattgefunden zu haben. Die Eisenbahnbrücke wurde (vermutlich von einem deutschen Sprengkommando; P. T.) am 7. März oder 8. März 1945 zerstört. Allerdings ist von Brückensprengungen („über die Mosel") erst am 11. März ein Hinweis enthalten in: Percy E. Schramm (Hg.), Kriegstagebuch des Oberkommandos der Wehrmacht (Wehrmachtführungsstab) 1940-1945, Bd. IV, 2, 1961, S. 1166.
185 Saas zum 4. Januar 1945 (wie Anm. 131), S. 118.
186 Ebd.

Wir erfahren weiterhin von Saas, dass die evangelische Kirche im Ort in ein Lazarett verwandelt worden ist, die Gottesdienste werden in der katholischen Kapelle gefeiert.[187] Im März 1945 notiert der Chronist die Niederlage an der Westfront und die sich ausbreitende Hoffnungslosigkeit Mutlosigkeit („aussichtslose Gesamtlage").[188] Inzwischen hatte Pattons 3. Panzerarmee nach der Einnahme von Trier (1. März 1945) damit begonnen, die deutsche Front aufzubrechen:[189] Am 8. März stieß ein CCA-Verband über Mayen hinweg bis nach Andernach vor[190], acht Tage später überquerten zwei US-Regimenter die Mosel zwischen Winningen und Kobern.[191] Am 19. März war der linksrheinisch gelegene Teil von Koblenz besetzt und das Gebiet der preußischen Rheinprovinz – westlich des Rheins und nördlich der Mosel – von den Alliierten eingenommen.

Was geschah in Winningen? Hier gab es seit wenigen Monaten einen Kompaniestandort der Wehrmacht: die „Genesendenkompanie 698" (ca. 110 Verwundete), die in Privatquartieren untergebracht war.[192] Für diese Einheit gab es neben einer medizinischen Betreuung und dem militärischen Dienstbetrieb auch einen Arbeitseinsatz nach Bedarf der Winzer.[193] Am 6. März 1945 waren angeblich schon „Amerikaner in Bullay und Cochem",[194] daraufhin wurde „Großalarm" für den „Volkssturm" ausgelöst.[195] Die „Genesendenkompanie 698" mußte nun eine „Kampfgruppe" bilden, „Panzersperren und Hindernisse" anlegen, um diese zu verteidigen[196] mit 45 einsatzfähigen Soldaten, die von einem Leutnant geführt wurden; ihre Bewaffnung

---

187 Ebd.; vgl. dazu auch die Korrespondenz von H. Saas mit A. Horch, bearb. von Ekkehard Krumme (ebd., S. 181-213, hier: S. 197 ff.).
188 Saas (wie Anm. 131), S. 119.
189 George S(mith) Patton, jr. (1885-1945), General. Zum Vorstoß im März 1945 vgl. seine Memoiren (War as I knew it, 1947, S. 259-264); Kurt von Tippelskirch, Geschichte des Zweiten Weltkriegs (2., neu bearb. Aufl.) 1956, S. 559 f.
190 Mary H. Williams, Chronology 1941-1945 (United States Army in World War II, Special Studies), 1960, S. 431 – CCA (Abk., Combat Command A): eine gepanzerte US-Kampfgruppe (Panzerbrigade).
191 Vgl. dazu unten Anm. 212; die US-Kriegsberichterstattung erwähnt Winningen erstmals am 16. März 1945, am 17. März wurden die Schwimm-Brücken bei Winningen und Kobern montiert; vgl. Williams, Chronology (wie Anm. 190), S. 440 f.
192 Ich danke Walter Thurn (Koblenz) für die Zitiererlaubnis aus seinen Kriegserinnerungen (in: StAK): Gott kennt keine Stunde Null. Das Kriegsende eines Kompanieführers in seiner Heimatstadt Koblenz 1945 (unveröffentl. Manuskript 1996, 36 Seiten m. Anh., hier: S. 6 ff. - Am 4. Januar 1945 wurde die evangelische Kirche als Lazarett eingerichtet (Saas, wie Anm. 131, S. 118). Vermutlich wurde noch im Dezember 1944 während der „Ardennenoffensive" dieser Sanitätsstützpunkt eingerichtet. Gerhard Löwenstein macht ebenfalls auf die Einheit und das „Notlazarett" (evangelische Kirche) aufmerksam: Ders., Die evangelische Kirchengemeinde Winningen während der Zeit des Nationalsozialismus, Sonderdruck aus: Moselkiesel Bd.1, wie Anm. 123), S. 119-160, hier: S. 156.
193 Einzelheiten bei Thurn (wie Anm. 192), S. 8 f., der auch über die Ausbildung von Kompanie und Winninger „Volkssturm" berichtet; diese „Genesendenkompanie 698" gehörte zum Infanterie-Ersatzregiment 80 (Koblenz-Horchheim).
194 Fiktives Datum (!), vgl. dazu Williams, Chronology (wie Anm. 190), S. 427 f.
195 Die Aufstellung der „Volkssturm"-Verbände wurde von Hitler am 25. September 1944 für alle „waffenfähigen Männer von 16 bis 60 Jahren" befohlen, Befehlshaber war der „Reichsführer SS" (Himmler), dem auch das Ersatzheer (Wehrmacht) seit dem 20. Juli 1944 unterstellt war; siehe Ursachen Bd. 21 (wie Anm. 119), S. 566 ff. (Dok. Nr. 3532-3533); über den Winninger „Volkssturm" (35-40 Mann im Alter von 14-60 Jahren) berichtet Thurn (wie Anm. 192), S. 8.
196 Thurn (wie Anm. 192), S. 13.

war mangelhaft.[197] Diese „Kampfgruppe" zog sich im Schutze der folgenden Nacht über die Mosel zurück,[198] obschon nach der Flucht der Winninger NS-Prominenz die Fähre nicht mehr benutzbar war[199] und repariert werden mußte.[200] Der Kompanieführer hatte sich vor dem Rückzug mit einer Vertrauensperson[201] beraten und dafür gesorgt, dass das Vorratslager der NS-Kreisleitung (Koblenz) geöffnet wurde: Spirituosen, Wein und Fleisch-Konserven kamen zum Vorschein und wurden verteilt.[202] Auch soll am 7. März 1945 eine weiße Fahne wieder eingeholt worden sein,[203] weil standgerichtliche Exekutionen zu befürchten waren[204] und den Plan, Winningen niederbrennen zu lassen, will man im letzten Moment ebenfalls verhindert haben.[205]

In der Nacht vom 9. März beschoss US-Artillerie den Ort, zwei Häuser wurden getroffen.[206] Um „Widerstand zu vermeiden, wurden die Panzersperren geöffnet; da [US-]Panzer bis Koblenz vorgedrungen waren". Man rechnete „auch hier ständig mit ihrem Erscheinen".[207] Gegen 14 Uhr besetzte ein Waffen SS-Trupp den Hang am Distelberger Weg, um doch noch Widerstand zu leisten.[208] Um 16 Uhr tauchten dann die ersten US-Panzer auf, die bis zur „Kuhtränke" vordrangen, von dem SS-Trupp beschossen wurden und sich nach einem etwa halbstündigen

---

197 Ebd., S. 15. – Die Alliierten kämpften seit dem Kriegseintritt der USA auf einem technischen Höchststand (vgl. zu Einzelheiten: Thurn, wie vor, S. 25). Zum Aspekt der deutschen Unterlegenheit im Westen vgl. meine Darstellung (Anm. 175) S. 26 f., 28 ff.
198 Eintrag Saas zum 6. März 1945 (wie Anm. 131): „Militär zieht ab, Kirche von Verwundeten geräumt." (S. 119); bei Thurn (wie Anm. 192), weichen die angegebenen Daten ab (S. 13 f., 16).
199 Ebd.
200 Ebd., S. 13, S.16 f.
201 Ebd.; die von Thurn erwähnte Vertrauensperson war Rudolf Kohl (Haupt)Lehrer in Winningen 1896-1945. Auf die Persönlichkeit Kohls, der zeitweilig auch als Organist an der evangelischen Kirche wirkte, machte mich Gerhard Löwenstein aufmerksam; vgl. auch Garbe, Inventar, wie Anm. 9, S. 575.
202 Vgl. Thurn (wie Anm. 192), S. 13, S. 17. Ähnliche Hinweise bei: Gottfried Löwenstein (1894-1956), Gemeinde-Chronik der Familie Gottfr[ied] Löwenstein und der Gemeinde Winningen, Kopie: Auszug, unveröffentlichtes Ms. in Privatbesitz (G. Löwenstein, Winningen), S. 248-254, hier: S. 248.
203 Saas (wie Anm. 131), S. 120. Im Ort sollen weiße Fahnen (Betttücher) gehangen haben (Fährstraße 55, Haus Gustav Saas), am Horntor und am Kratzehof (Befragung von Zeitzeugen durch Frank Hoffbauer am 22. Februar 2006).
204 Der „Aufruf an die Bevölkerung" von Koblenz („Kampfkommandant Koblenz", 13. März 1945) enthält den Hinweis auf die standrechtliche Erschießung beim Versuch, Soldaten zur kampflosen Übergabe aufzufordern, was m. E. auch für das darin nicht ausdrücklich genannte Hissen von weißen Fahnen gegolten haben dürfte; siehe StAK HK 4 Nas (Anhang).
205 Nach Löwenstein, Gemeinde-Chronik (wie Anm. 202), S. 249. Zur Problematik von Erinnerungen vgl. in diesem Kontext Koselleck, Einfluß (Anm. 117), S. 326 ff.
206 Saas (wie Anm. 131), S. 120 (Eintrag: Nacht 9.-10. März 1945) und Löwenstein, Gemeinde-Chronik (wie Anm. 202), S. 248 f.
207 Löwenstein, Gemeinde-Chronik (wie Anm. 202), S. 248.
208 Ebd.; am 9. März 1945 wurden in der Bachstraße 10 (Waffen SS-)Soldaten gesehen, die sich mit Spirituosen („Schießwasser") versorgten (ebd., S. 249); abweichende Version bei Saas (wie Anm. 131, S. 120). – Eine dritte Erinnerungsvariante lautet (Befragung von Zeitzeugen durch Frank Hoffbauer am 22. Februar 2006): Der Waffen SS-Trupp sollte das Vordringen des Gegners beobachten, versorgte sich mit Spirituosen und stieß in der Raiffeisenstraße auf US-Infanterie; es kam zum Feuergefecht mit Verlusten auf deutscher Seite (3 Tote). – Dieser Waffen SS-Trupp gehörte zum Befehlsbereich der 6. SS-Gebirgsdivision „Nord" (mit dem Einsatzraum Mosel, Hunsrück); vgl. Georg Tessin, Verbände und Truppen der deutschen Wehrmacht und Waffen SS im Zweiten Weltkrieg 1939-1945, Bd. 3 (2. Aufl. mit Berichtigungen usw.) 1974, S. 45. Über die Kampfhandlungen von Waffen SS-Verbänden im Raum Koblenz siehe Hans-Joachim Mack, Das Kriegsende in Rheinland-Pfalz. Kämpfe und Besetzung 1945, 2001, S. 134.

Gefecht wieder zurückzogen. Die Waffen SS-Einheit zog sich ebenfalls auf das jenseitige Ufer zurück; zwei Mann waren gefallen, sie wurden im Kondertal begraben.[209] In den folgenden Tagen lag Winningen zwischen den Fronten, man schlief nachts im Keller, die Stromversorgung war ausgefallen.[210] Nach Schießereien in der Nacht vom 13. März wurde der Fährmast gesprengt - eine vergebliche Maßnahme,[211] denn im Laufe des 15. März stieß US-Infanterie ins Moseltal nach Winningen und Kobern vor.

In Winningen überquerte das I. Bataillon des 347. Infanterie-Regiments mit Schlauchbooten die Mosel. Im Schutze der Dunkelheit erreichte es in aller Stille das jenseitige Ufer, konnte die Steilhänge unterhalb des Kondertales gewinnen und in Richtung Hunsrückhöhenstraße – Waldesch – Rhens vordringen. Die beiden anderen Bataillone scheinen noch in Abwehrkämpfe bei Kobern verwickelt worden zu sein und gingen dann ebenfalls in Richtung Hunsrück vor.[212] Weitere US-Truppen rücken schnell nach und patrouillieren durch den Ort, geben Anweisungen und verhängen eine Ausgangssperre (18 Uhr bis 7 Uhr). Tags darauf werden alle Häuser im unteren Ortsteil beschlagnahmt in der Linie: Zehnthof - Schulstraße bis Friedrichstraße – Kirchstraße bis Fährstraße Nr. 8 – Osterstraße bis Bachstraße – Türmchenstraße bis zum Bahnhof. Die Häuser müssen in 15 Minuten verlassen sein, doch wird auch Zeit gewährt, das Nötigste mitzunehmen (Lebensmittel, Betten). Derweil kommen deutsche Kriegsgefangene, halten die Hände über dem Kopf, sie werden verhört.[213] Am 15. März ereignet sich ein Unglück: Winningen liegt unter deutschem Beschuss und spielende Kinder werden von Granatsplittern getroffen (Neustraße/Bachstraße) - ein Kind ist tot, fünf werden verletzt, eines verliert sein linkes Auge.[214] Dann wird es ruhiger, die Front ist kaum noch zu hören. Unaufhörlich rollen amerikanische Transportfahrzeuge durch den Ort in Richtung einer inzwischen errichteten Schwimm-Brücke. Die Winninger dürfen nur in kleinen Gruppen, nicht mehr als vier Personen, zusammenstehen. Schließlich hört man nichts mehr vom Krieg. So vergeht auch der 30. März 1945 ohne Gottesdienst (Karfreitag), denn in der Gemeinde gibt es keinen Pfarrer mehr.[215]

Heinrich Saas zieht Bilanz: „Im Ganzen gesehen hatte Winningen Glück. Zwar verschwand viel Wein aus den Kellern durch die Fronttruppen, Krieg! Aber das heilt aus."[216] In der Nacht zum 5. April fliegen erneut alliierte Bombergeschwader über den Ort. Die Fenster zittern, das

---

209 Löwenstein, Gemeinde-Chronik (wie Anm. 202), S. 250.
210 Saas (wie Anm. 131), S. 120 zum 10.-11. März 1945.
211 Ebd., S. 121 (Dienstag, 13. März 1945).
212 Dieses Regiment gehörte zur 87. US-Infanterie-Division; vgl. Gene Garrison (with Patrick Gilbert), Until Victory comes. Combat with a Machine Gunner in Patton's Third Army, 2004, S. 144 ff., S. 151, und Williams, Chronology (wie Anm. 190), S. 440 f.; vgl. zum Datum ebenfalls Mack, Kriegsende (wie Anm. 208), S. 376 (zu den Kampfhandlungen siehe S. 134).
213 Saas (wie Anm. 131), S. 121 f. (Donnerstag, 15. März 1945).
214 Zwischen 11 bis 12 Uhr; nach Löwenstein, Gemeinde-Chronik (wie Anm. 202); Heinrich Saas berichtet von einem Unglück am Marktplatz (Beschuß), wo eine Frau sofort wegen ihrer schweren Verletzung operiert werden mußte (Eintrag 11.-12. März 1945, wie Anm. 134, S. 121); diese Unglücke wurden bei dem erwähnten Zeitzeugengespräch am 22.1.2006 durchweg bestätigt.
215 Saas (wie Anm. 131), S. 122 ff. (Eintragungen: 18. März – 30. März 1945); Löwenstein, Kirchengemeinde (vgl. Anm. 192), S. 38 f.
216 Saas. (wie Anm. 131), S. 126 (Eintrag Ostersonntag, 1. April 1945)

Dröhnen ist so laut, daß an Schlaf nicht zu denken ist. Saas schreibt: „Wo möchten sie abgeladen haben?! Wie oft mußten wir vordem in den Keller oder Stollen [...] Oft stundenlang dort gesessen oder geschlafen. [...] Dagegen ist es heute friedlich im Moseltal und alles geht seiner Arbeit nach [...]".[217] Am 6. April müssen sich alle Winninger auf dem Rathaus melden.[218] Heinrich Saas vertraut seinem Tagebuch jetzt die Frage nach Hitlers Gewissen an, weil doch der Kampf „aussichtslos" geworden sei.[219] Derweil wehte längst die amerikanische Flagge wieder auf dem Ehrenbreitstein, dieselbe, die General Allen hatte einholen lassen, als er 1923 mit seinen Truppen Koblenz räumte.[220]

* * *

Vorangehend sind verschiedene Varianten kollektiver Destruktivität und menschlichen Leidens skizziert worden; am Beispiel der Moselgemeinde Winningen zeigten wir das Schicksal der Zivilbevölkerung im besonderen Gewaltverhältnis von Kriegen auf.[221] Die Winninger waren vom 17. Jahrhundert an „Menschen im Krieg", wobei ihnen zunächst eine Position am Rande der Kriegsgeschehnisse zukam.[222] Obschon vom Kampfgeschehen ausgenommen, waren sie dennoch „Betroffene". Ihre „Opfer"-Rolle – um einen Ausdruck der aktuellen Diskussion zu gebrauchen[223] – wurde von den militärischen Zwängen bestimmt, materielle Ressourcen zur Verfügung zu stellen, den Heeresbedarf mit Gütern und Dienstleistungen zu decken (Teil I). Vermutlich gab es dabei auch Regeln der Unantastbarkeit von Eigentumsverhältnissen und Lieferungsverpflichtungen für den ansässigen exklusiven Personenkreis. Ob denn tatsächlich jeder Haushalt in der Gemeinde belastet wurde, bleibt eine offene Frage. Im Verlauf des Ersten Weltkriegs (1914-1918) veränderte sich diese „Opfer"-Rolle: Die Gewaltverhältnisse wurden mit dem „totalen Krieg" andere (Teil II, III).[224] Das Ziel der Kriegsführung war nicht allein der Sieg über den Gegner, sondern auch dessen physische Vernichtung: die Mittelmächte (Deutschland, Österreich) strebten sie ebenso an wie die Entente (vornehmlich England und Frank-

---

217 Ebd., S. 127 (Eintragungen 3.-5. April 1945)
218 Ebd.
219 Ebd. (Eintrag von 23. April, S. 129).
220 Die US-Flagge wehte dort erstmals 1918-1923, siehe Henry T. Allen, Mein Rheinland-Tagebuch. Autorisierte dt. Ausg., 2., durchgesehene Aufl. [1923], S. 352 – Der Tagebucheintrag von Saas (S. 127) zum Besuch Eisenhowers ist irrig. Tatsächlich war General Bradley (1893-1981) anwesend, Oberbefehlshaber 12. (US-)Heeresgruppe, der die Ehrungen in der Festung Ehrenbreitstein vornahm; im Einzelnen dazu: Hans Peter Mensing, Das Tagebuch John J. McCloys zu seiner Europa- und Deutschlandreise vom April 1945 (in: Geschichte im Westen, 1997, H. 12, S. 215-237; 1998, H. 13, S. 84-110) sowie Katharina Mathilde Maria Gfn. von Looz-Corswarem in ihrem Festungs-Tagebuch (hier die Aufz. von 3. - 6. April 1945), StAK – Kopie: Best. N 97 (bearb. von Peter Kleber). Zur Zeremonie vgl. den Beitrag von Petra Weiß, Die Festung Ehrenbreitstein in den 1940er Jahren, S. 149-225, in: Neue Forschungen zur Festung Koblenz und Ehrenbreitstein, Bd. 2, 2006 (hier die Abbildungen S. 157 f.)
221 Vgl. dazu die Heidelberger Vorlesung von Karl Jaspers (1883-1969) über Kriegsschuld und Natur des Menschen, wenn er sagt: „Es ist eine Oberflächlichkeit des Gewissens, das sich selbst für schuldfrei erklärt." (In: Ders., Die Schuldfrage, 1946, S. 49).
222 Siehe Anhang, Abb. 1.
223 Klaus Naumann, Das nervöse Jahrzehnt. Krieg, Medien und Erinnerung am Beginn der Berliner Republik, S. 25-44, in: Mittelweg 36, 2001, Nr. 3; SPIEGEL-Gespräch: „Vergleichen – nicht moralisieren". Der Historiker Hans-Ulrich Wehler über die Bombenkriegsdebatte, in: DER SPIEGEL 2003, Nr. 2, S. 51 f.
224 Zum Begriff „Totaler Krieg" vgl. Rolf-Dieter Müller, Der Zweite Weltkrieg 1939-1945, 2002 (=Gebhardt, Handbuch der deutschen Geschichte, Bd. 21), S. 298 ff.

reich).²²⁵ Winningen war Teil der „deutschen Kriegsgesellschaft"²²⁶ und dadurch der totalen Gewalt unterworfen. Man wurde hier unausweichlich zum Opfer, weil es kein Entrinnen vor dieser Vernichtungsstrategie - in ihrer Wechselwirkung nämlich - geben konnte. Wäre das nicht ein Anlass, nach neuen Gestaltungsformen in der kollektiven Erinnerung zu suchen („Erinnerungskultur")? Denn die Rezeption deutscher Kriegsverbrechen,²²⁷ die Diskussion des alliierten Bombenkriegs²²⁸ und des europäischen Flüchtlingsdramas²²⁹ legt dies ja nahe. Wer Verwundungen, Sterben, Gefangenschaften, Zerstörungen – die eigenen und die der anderen! – thematisiert,²³⁰ könnte das Wissen um unsere conditio humana erweitern helfen. Dies ins Blickfeld zu rücken - mit den Mitteln interdisziplinärer Geschichtsbetrachtung im Mikrokosmos einer Ortsgeschichte - war das Ziel unseres Beitrags.

---

[225] Vgl. Hans-Ulrich Wehler zum „ersten totalen Krieg" in: DIE ZEIT (1998) Nr. 35, S. 66.
[226] Gebhardt, Handbuch (wie Anm. 224), S. 269 ff.
[227] So das Thema der Ausstellung „Vernichtungskrieg. Verbrechen der Wehrmacht 1941 bis 1944" des Instituts für Sozialforschung (Hamburg 1995 ff.); vgl. dazu ZEIT-Punkte (Magazin) 1995, Nr. 3, S. 98 - die Ausstellung wurde auch im Haus Metternich (Koblenz) gezeigt.
[228] Thomas W. Neumann, Der Bombenkrieg. Zur ungeschriebenen Geschichte einer kollektiven Verletzung, in: Klaus Naumann (Hg.), Nachkrieg in Deutschland, 2001, S. 319-342.
[229] Flucht, Vertreibung. Integration. Begleitbuch zur Ausstellung im Haus der Geschichte der Bundesrepublik Deutschland (2. Aufl.) 2006.
[230] Vgl. Ekkehard Krumme, Aus einem Kriegstagebuch des Unteroffiziers Hans Saas (1942) S. 149-159, in: Winninger Hefte 5 (1995); Aufzeichnungen von Walter Kröber, Meine Militärzeit [1940-1948], 1954 (94 S., Ms., Privatsammlung Frank Hoffbauer); Doris von Vangerow, Gespräch mit einem Toten [Karl-Heinz Schwebel] 1919-1943, 1990.

Am Ende meiner Ausführungen danke ich besonders Gerhard Löwenstein (Winningen) für Einblicke in seine heimatgeschichtlichen Forschungen, Dr. Walter Rummel (Landeshauptarchiv Koblenz) für wichtige Hinweise zur Lesart einiger Akten und zur US-Militärgeschichte sowie Petra Weiß, M.A. (Stadtarchiv Koblenz) und ihren Kollegen für zahlreiche Auskünfte.

Anhang

Belastungen, Schäden und Opfer der evangelischen Kirchengemeinde Winningen durch Kriegsereignisse (17. bis 20. Jahrhundert).

Zusammengestellt nach: LHA Ko Best. 33; Best. 655,47; Best. 655,110 – AEKgW Best. Archiv I, Nr. 11 und 12 – Bellinghausen, Winningen (wie Anm. 8) – Fröhlich; Hoffbauer, Manualbuch (wie Anm. 62) – Garbe, Inventar (wie Anm. 9) – Garrison, Victory (wie Anm. 212) – Gemeindeverwaltung Winningen, Gemeinde Chronik; Sitzungsprotokolle Bd. 2 – Schnatz, Luftkrieg (wie Anm. 166) – StAK, Ms. Thurn, Gott (wie Anm. 192) – Winninger Hefte, Nr. 3 und 5.

Jahr	Monat	Tag	Ereignis	Kommentar
			Dreißigjähriger Krieg 1618-1648	
1620	Januar	23	Spanische Truppen	Durchmarsch
1622				Einquartierungen
1628	Mai	10	Hebronnisch Volk	Einquartierungen
	Mai	26	Bittbrief (Maria von Baden)	Einquartierungen
	Mai	26	Salvaguardia	Einquartierungen
	Mai	28	Drohungen (Oberst Hebron)	Einquartierungen
1629	Nov.	15	Oberst von Ossa	Einquartierungen, Kontribution
1630	Juli	7	30 Reiter im Ort für ½ Jahr	Einquartierungen
1631	März	31	Adelhof'sches Regiment	Verelendung
1633	Mai	16	Kriegslasten	Verarmungen
	Mai	29	Französische Truppen	Einquartierungen, Plünderung
	August	9	Geiselnahme in Hachenburg	Bittschrift (Maria von Baden)
1634	April	2	Bitten um Verschonung	Einquartierungen
	Mai	12	Kriegslasten	
	Dez.	26	Französische Truppen (50 Mann)	Einquartierungen, Kontribition
1636	März	16	Geldforderungen	Einquartierungen
	Juni	20	Salvaguardia	
1637	Mai	2	Geldforderungen (1000 Rtl.)	(Servis ?)
1639	März	27	Adelhofsches Regiment	Gewalttätigkeiten
	Mai	7	Flucht und Geiselnahme (3 Bürger)	
	Juni	6	Auswanderung (1 Familie)	
1641	Dez.		Bitte um Befreiung	Winterquartier
1645	März	22	Kriegskosten	Winterquartier

Jahr	Monat	Tag	Ereignis	Kommentar
1652	April	19	Bittbrief um Verschonung	Kontribution
1653			Lothringische Truppen	Überfall
1655	April	6	Schutzwehr (50 Mann),	Plünderungen (lothr. Truppen.)
	Juli	24	Hilfegesuch	Plünderungen (lothr. Truppen.)
1700	April	9	Durchmarsch (700 Mann mit Troß)	Relation (5. - 7. April)
	Okt.		Kosten	Winterquartier, Troß
1702			Kriegskosten (bis 1779)	(LHA Ko Best. 33)
			Verpflegungskosten (Hessische Truppen)	Kontribution
			Spanischer Erbfolgekrieg 1701 - 1714	
	Juli		Schanzarbeiten (Traben-Trarbach)	(Festgung Mont Royal ?)
1702	Okt.		Kriegskosten (4440 Rtl) bis März 1703	
1707			Zahlungsaufforderungen (bis 1734)	Einquartierungen, Kontribution
1707	März	25	Schanzarbeiten (Traben-Trarbach)	Festung Mont Royal
	März	26	Quartalsweise Zahlungen an das Amt in Kastellaun	Kontributionen
	Juni	1	Schanzarbeiten (Strafandrohungen)	Frauen-, Kinderarbeit
1708			Schanzarbeiten	Homburg, Traben-Trarbach
1711			Schuldenverzeichnis (bis 1714)	
1714			Verzeichnis der Bürgerhäuser	Einquartierungen
1727	Mai	6	Kaiserliche Dragonerkompanie (Kosten)	Einquartierungen
			Polnischer Thronfolgekrieg 1733- 1735	
1734			Fouragelieferungen (Französische Kavallerie)	Irmenach/Hunsr. (Lager)
1735			Fouragelieferungen (Französische Kavallerie)	Irmenach/Hunsr. (Lager)
1735			Kaiserliches Husarenregiment	Einquartierungen
1736			Kaiserliches Husarenregiment	Einquartierungen
			Siebenjähriger Krieg (3. Schles. Krieg) 1756 - 1763	
1759	Dez.	4	Fouragelieferungen	Magazin (Kastellaun)
1760	März	1	Fouragelieferungen (verzögerte)	Strafandrohungen

Jahr	Monat	Tag	Ereignis	Kommentar
	Okt.	16	Französischer Kriegskommissar	Einquartierungen
1776			Militärdienstpflicht (6jährig, Miliz)	Markgrafschaft Baden
1781			Bittschrift (Verringerung d. Dienstzeit)	Markgrafschaft Baden
1783	Juli	28	Bittschrift (Befreiung von Kriegsdienst)	Markgrafschaft Baden
			(1.) Koalitionskrieg 1792 - 1797	
1792	Juli (?)		Preußische Truppen	Einquartierungen
1792			Heereslieferungen, Frondienste	Französische Armee
1794			Heereslieferungen, Frondienste	Französische Armee
1795			Heeres(Vieh)lieferungen, Frondienste	Französische Armee
1796			Heeres(Vieh)lieferungen, Frondienste	Französische Armee
1797			Heeres(Vieh)lieferungen, Frondienste	Französische Armee
			(2.) Koalitionskrieg 1797 – 1802	
1800	Nov.	16	Zahlungsforderungen	Festung Mainz
1801	März	1	Frondienste	Festung Ehrenbreitstein
1805	Okt.	10	Militärdienstpflicht	Französische Nationalgarde
			Freiheitskriege 1813-1815	
1813			Rückvergütung französischer Forderungen	Festung Mainz
1814	Jan.	1	450 Russische Kosacken	Einquartierungen
	Jan.		Preußische Truppen	Einquartierungen
	Febr.	25	Magazinlieferungen	Koblenz
	Febr.	28	Kriegskosten (Rechnung)	
1816			Preußische Truppen (Inf.-Bataillon)	Einquartierungen
1817			Preußische Truppen (Inf.-Bataillon)	Einquartierungen
			Preußisch-Österreichischer Krieg Juni-Okt. 1866	
1866			Kriegsdienst	
1870			Kriegsdienst	

Jahr	Monat	Tag	Ereignis	Kommentar
			Kriegsopfer 1870-1871	Kriegerdenkmal
			Erster Weltkrieg 1914-1918	
1914	August	1	Kriegsdienst	
1915	März		2. Ersatz-Bataillon (Inf.-Reg. Nr. 68)	Garnison (Einquartierung)
1918	Mai	20	Französischer Luftangriff	
1918	Nov.	11	Truppenversorgung (3. Deutsche Armee)	Durchmarsch
1918	Dez.	16	US-Truppen	Einquartierungen
1919	Juni	30	US-Truppen (Abzug)	Einquartierungen
1922	April		Kriegsopfer 1914-1918	Friedhof (Kriegerdenkmal)
1936	März		Wehrmacht	Einquartierungen
			Zweiter Weltkrieg 1939-1945	
1939	Sept.		Wehrmacht	Einquartierungen
	Nov.	24	Wehrmacht	Einquartierungen
1940	März	7	Wehrmacht (Abzug)	Einquartierungen
1942	Juni	8	Abgabe der Kirchenglocken	
1944	Okt.	9	US-Luftangriff	Tote, schwere Schäden
	Nov.	13	Luftschutz-Maßnahmen (Stollenbau)	
	Okt.	18	Aufruf zum Volkssturm	
	Okt.	20	Luftangriff (bei Winningen)	Schäden
	Dez.	2	Luftschutz-Maßnahmen (Stollenbau)	Fortsetzung
	Dez.		Sanitätsstützpunkt (Lazarett: evangelische Kirche)	
	Dez.		Sanitätsstützpunkt (Genesendenkompagnie)	
1945	März	9	Front (Feuergefechte, Beschuss)	Gefallene (deutsche)
	März	9	US-Patrouille (Panzer)	
	März	12	Beschuss	Schwerverletzte
	März	15	Beschuss durch Wehrmacht – US-Vorstoß	Ziviltote, Verletzte
	März	15	Einnahme durch US-Truppen	
1959	Nov.		Kriegsopfer 1939-1945	Friedhof (Kriegerdenkmal)

Klöster und Adel als Grundbesitzer
Historische Weinhöfe und ihre Pächter

Von Rainer Garbe

Einleitung und Überblick

Ein Großteil des Grundbesitzes war in alter Zeit im Besitz von Klöstern und Adeligen, die zur Verwaltung ihrer Ländereien wie auch zur Kelterung und Lagerung der Weine meist auch ein Anwesen im Ort besaßen. Schon im Mittelalter wurden Höfe und Grundbesitz verpachtet, zunächst gegen eine festgesetzte Rente (Geldzinsen), seit dem 15. und 16. Jahrhundert gegen Abgabe eines Drittels oder der Hälfte des Ertrages (Naturalabgaben). Über die erbrachte Arbeit im Weinberg und andere den Hof betreffende Angelegenheiten wurden einmal im Jahr zu einem festgelegten Termin so genannte Hofgedinge abgehalten, öffentliche Verhandlungen, zu denen alle Pächter (Höfer) erscheinen und unter Vorsitz eines Hofschultheißen Rechenschaft ablegen mussten.

Der gesamte geistliche Besitz wurde in den Jahren 1803-1806 durch die französische Präfekturverwaltung versteigert, während sich die Adligen in ihrem Besitz behaupteten. Bis auf die Familie der Freiherren von Heddesdorff, deren Nachkommen noch heute ein Weingut in Winningen betreiben, verkauften die übrigen Adeligen ihren Besitz in der ersten Hälfte des 19. Jahrhunderts. Oft waren Winninger Bürger die Käufer, die dadurch erstmals Eigentum erwarben oder ihren eigenen Weinbergsbesitz vergrößerten.

Nach einer Aufstellung aus dem Jahre 1795 hatten die auswärtigen Grundeigentümer insgesamt 386.263 Weinstöcke in Besitz. Im einzelnen werden genannt: Kaiserliches Krönungsstift (Marienstift) Aachen (Zehnthof) 8.006, Domstift Sankt Peter Köln (Petershof) 32.298, Grafen von Hatzfeld 28.000, Herr von Bürresheim zu Koblenz 18.515, Herr von Heddesdorf(f) „allda" 37.950, Jesuitengüterverwaltung 13.850, Grafen von Elz-Kempenich zu Koblenz 22.246, Kloster Maria Roth 23.980, Kloster Marienstädt 2.300, Abtei Siegburg 1.500, Stift Sankt Florin zu Koblenz 22.490, Kloster Maria Laach 20.250, Dechant Remmelt zu Koblenz bzw. dessen Erben 7.000, Kloster Rommersdorf 21.830, Kurtrier (Fronhof) 12.1048, Kartaus zu Trier 1.000, Kloster Wallersheim 4.000 Weinstöcke.[1]

---

1 LHA Ko Best. 655,47, Nr. 205. Die Pfarrei ist mit 40.250 und die Kaplanei mit 9.173 Weinstöcken aufgelistet. Siehe hierzu den Beitrag von Gerhard Löwenstein in diesem Band.

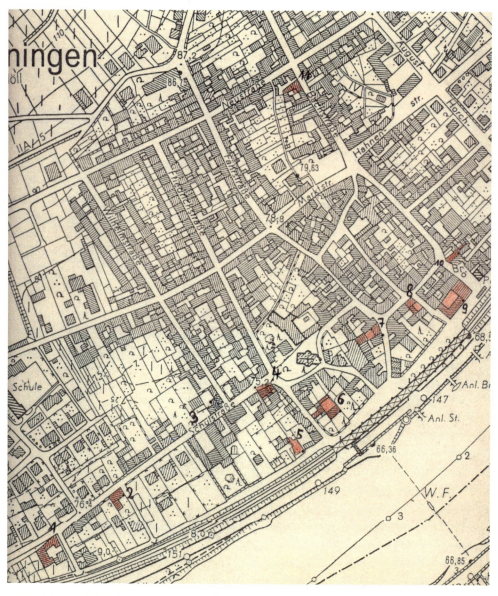

Abb. 1: Historische Weinhöfe, eingezeichnet in die deutsche Grundkarte
1 Zehnthof, 2 Petershof, 3 Hof des Klosters Maria Roth, 4 Bamberger Hof, 5 Kratzen- oder Bürresheimer Hof, 6 Hof der Freiherren von Heddesdorff, 7 „Kellerei", ab 1714 im Besitz der Grafen von Eltz, 8 Florinshof, 9 Fronhof, 10 Rommersdorfer Hof, 11 Laacher Hof (Einzeichnungen: Rainer Garbe).

Zehnthof des Aachener Marienstift

1174 wird anlässlich der Übertragung des Einsetzungsrechtes der Hofschultheißen auf den Stiftshöfen Traben und Kesselheim erstmals Besitz des Marienstifts Aachen in Winningen genannt („pactum vero de Keszelheim et eius appenditio Winningen"). Die Winninger Besitztümer sind wohl damals von Kesselheim aus verwaltet worden.[2] Doch schon 1180 können die „fratres Aquanes" (Brüder des Marienstiftes Aachen) ihren Besitz erweitern, als sie nach einem Güterstreit mit den Augustinerchorherren zu Lonnig durch Vermittlung des Trierer Erzbischofes Arnoldus I. (1169-1183) einen Hof mit einem Weingarten erhalten. Es ist anzunehmen, dass dieser Hof gleichbedeutend mit dem Zehnhof ist.[3]

Neben dem Eigenbesitz von Hof und zwei Morgen Weingärten stand dem Marienstift der sogenannte Zehnte zu, d.h. der zehnte Teil der gelesenen Trauben bzw. Feldfrüchte. Diese waren auf dem Zehnthof abzuliefern. Möglicherweise geht der Besitz und das Recht, den Zehnten einzuziehen, auf eine Schenkung König Zwentibolds (895-900) zurück. So ist es zumindest einer Bestätigungsurkunde aus dem Jahre 1226 zu entnehmen. Ein Großteil des Ertrages wendete das Stift als Patronatsherr der Kirche zur Unterhaltung der Gebäude wie auch zur Bezahlung der Pfarrer auf. Diese Pflichten hatte man als Zehntherr auch nach Einführung der Reformation im Jahre 1557 weiterhin zu tragen.

Der im „Orsdorff" gelegene Hof war, wie allgemein üblich, an so genannte Hofpächter oder Hofmänner verpachtet, die gegenseitigen Rechte und Verpflichtungen in Verträgen genau festgelegt. So wissen wir von Peter „Uoeff" (oder „Vorff"), der 1475 auf 12 Jahre mit dem Hofgut belehnt wurde, dass er jedes Jahr im Herbst den Herren „ziemliche Bettung und Hausrat" geben soll, darüber hinaus das Haus instandhalten und zwar „soviel ein Mann in 2 Tagen machen kann". Die den Herren eigenen Weingärten soll er auf eigene Kosten bebauen und ihnen jährlich 5 Ohm von den besten Weinen liefern. Auch soll er von dem „auf dem Berg fallenden Früchtezehnten", der dem Stift zur Hälfte zusteht, 4 Malter Korn und 3 Malter Hafer „zu Sankt Remeygnisse" liefern. Hält der Hofmann alles „getreulich" ein, erhält er vom Stift jährlich „5 Ellen Tuch zu einem Rock".[4]

In ähnlicher Form sind 1546 Thiel Reuter, 1549 Johann Mulner, 1672 Hans David Hofbauer, 1688 Jeremias Hofbauer und 1758 Philipp Anton Gail mit dem Hofgut belehnt worden.

Die Belehnungsurkunden weisen eine Besonderheit auf. Als Zehntherr hatte man gegenüber der gesamten Gemeinde die Verpflichtung, einen Stier zu halten. Diese Verpflichtung war dem Hofpächter übertragen worden. Bereits seit 1549 findet sich in den Belehnungsurkunden der Passus, dass der Pächter auch einen Stier „wie von alters" her gebräuchlich zu stellen, „unnd denselben auff Seine Kosten halten" solle. Im Herbst hatte er den Stier zu schlachten und die Zehntträger damit zu verköstigen. Sollte er von der Gemeinde gezwungen werden, noch einen zweiten „Ochsen zu behoeft dess Viehes zu heuren [hier im Sinne von: unterstellen], so solle er beständig solchen Ochsenheur verrechnen, unnd ein Mltr. [Malter] haber [Hafer] jährlichs zu Unterhaltung des Ochsens geniessen".

---

2 Reiner Nolden, Besitzungen und Einkünfte des Aachener Marienstifts, in: Zeitschrift des Aachener Geschichtsvereins, 86/87 (1981), S. 251.
3 Übersicht über den Inhalt der kleinen Archive der Rheinprovinz, bearbeitet von Armin Tille und Johannes Krudewik, 2. Bd., 1904, S. 74 f. Vgl. Nolden, Besitzungen (wie Anm. 2), S. 251. Ausführung, Perg., lat., mit an roter Seidenschnur hängendem Siegel des Marienstifts in Aachen in LHA Ko Best. 560,94, Nr. 2.
4 Rainer Garbe (Bearb.), Inventar der Quellen zur Geschichte der Gemeinde Winningen/Mosel, 2003, Kapitel 8.2.3.

Dass die Zehntträger und alle sonst Beteiligten nach der Weinlese nicht nur anständig gegessen, sondern auch getrunken haben, ersieht man aus einer Notiz des Jahres 1787, als 9 Zehntträger in gut 10 Tagen 9 Ohm Wein (1.440 Liter) vertranken. Bei dieser Menge sind sie wohl von vielen Winningern „unterstützt" worden.

Der „Aachener Zehnthof" wird im Jahre 1779 als ein zweistöckiges Wohnhaus mit Kelterhaus und Stallung beschrieben. Um 1796 ist Christian Müden Pächter. Im Zuge der Versteigerung durch die französische Domänenverwaltung im Jahre 1805 kommt der Hof in Besitz von Winninger Bürgern. Anfang der 1960er Jahre drohte der Abriss des ruinösen Anwesens. Durch eine grundlegende Renovierung konnte dies abgewendet werden, so dass der „Zehnthof" auch heute noch als das älteste Wohngebäude Winningens gilt.

Abb. 2: Zehnthof 1983 (Foto: Klara Prämassing).

Petershof

Im März 1250 verkauft Werner, Sohn des Schultheißen von Soest, dem Domkapitel zu Köln seine Besitzungen zu Winningen.[5] Dies wird in einer weiteren Urkunde von Graf Adolf von Berg und seiner Gemahlin Margarethe bestätigt, indem sie ein Besitztum des Ritters Werner von Soest zu Winningen aus dem Lehnsverbande entlassen, um es frei an das Domstift zu übertragen.

---

[5] Garbe, Inventar (wie Anm. 4), Kapitel 8.2.8.

1570 heißt es: Ein Hof, außerhalb des Fleckens Winningen, genannt „Orßberch", liegt auf der Gassen und wird Sankt Peter Hof von Köln genannt. Zum Hof gehören ein Kelterhaus mit zwei großen Keltern mit ihren Schiffen und „büdden" und ein Weinhaus. Haus und Hof sind noch in gutem baulichen Zustand, jedoch muss das Dach des Kelterhauses der „Weinschop mit seinen anhengen und Stellen" bald repariert werden. Der Hofschultheiß achtet auf die zum Hof gehörenden Weingärten und Gerechtigkeiten, keltert die Trauben und bringt den Wein in die Fässer. Dafür hat er freie Wohnung und jährlich „ein Kleidung". Das Domstift muss den Hof im Bau halten und die Unkosten im Herbst tragen. Das Hofschultheißenamt haben 1570 die Witwe Peter Polchers und deren Sohn Peter inne (wohl vom verstorbenen Hofschultheißen Peter Polcher übernommen). Alle diejenigen, die Weingärten samt den Pachtweingärten innehaben, sind „Huever" (Höfer) des Hofs und verpflichtet, auf Sankt Peter und Paul zusammen mit dem Hofschultheißen das Hofgeding abzuhalten. Schlecht bebaute Weingärten können dem Lehnsmann von der Höferschaft entzogen werden. Wer vor „Johannis Baptiste" [=24. Juni] seinen Weingarten mistet, darf für dieses Jahr das [sonst] abzugebende Drittel der Ernte behalten.[6]

1645 und 1660 ist Peter Maden Hofpächter, 1664 Anton Gail („Geyll"). Es folgen: Georg David Gail, Davids Sohn, dann dessen Sohn Georg David. Georg David Gails Tochter Maria Anna heiratete Johann Jacob Sünner, der nach 1782 Hofmann auf dem Sankt Petershof wurde. 1776 stehen dem Hofschultheißen Georg David Gail vier Hofschöffen zur Seite.

Auf dem Hofgeding des Jahres 1664 beschwerte sich der Vertreter des Domstifts, Peter Holt, dass die Höfer ohne Wissen des Domstifts die Weingärten „verhandeln und verkaufen" oder an andere übertragen. Er versuchte aufgrund eines alten Registers des Jahres 1564 den Nachweis zu führen, dass die Weingärten Pachtgut seien. Die Höfer dagegen glaubten, dass es eine Erblehnung wäre und begehrten, dass es dabei bleibe.[7] Im Jahre 1766 sind neben dem Hofschultheißen 46 „Bauleute" genannt, die Weingärten gegen Abgabe des dritten Teils der Ernte bebauen. Zusätzlich sind von 42 Zinsleuten Abgaben auf den Hof zu liefern.

Des öfteren kam es zwischen dem Domkapitel zu Köln und der Gemeinde zu Streitigkeiten. So verkaufte die Gemeinde 1739 den Weg, der entlang des Kölnischen Hofes führte, an Zacharias Kröber und versperrte dem Hof somit den Zufahrtsweg.

Der Kölnische Domhof (Domstift Sankt Peter in Köln), damals auch Petershof oder der unterste Zehnthof genannt, wird 1779 als ein zweistöckiges Wohnhaus mit eingebauter Scheuer und zwei Keltern beschrieben. Auch ein Viehstall ist vorhanden. Dazu gehörten ein kleiner Garten sowie „7.500 Stöcken Weinberg". Das sind noch keine 2 Morgen. 1656 hatte der Besitz „Dhumbsherren" zu Köln neben 4 Ohm Wein ständigen Zins noch 9 ½ Morgen Weingärten betragen.

---

6   LHA Ko Best. 256, Nr. 9797.
7   Ebd.

1802 stellte Jean Jacques Sünner ein Gesuch an den Präfekten des Rhein-Mosel-Departements, den Hof nicht zu versteigern, da er seit unerdenklichen Zeiten im Besitz der Familie seiner Frau als Erbpächter gewesen sei. Das Gesuch wurde abgelehnt. Im Jahre 1805 war es dennoch Johann Jakob Sünner, der den Hof für 1.900 Francs ersteigern konnte. Mitte des 19. Jahrhunderts kam Friedrich Ludwig Horch durch seine Frau Regina, eine Tochter Sünners, in den Besitz des Hofes.

Hof des Nonnenklosters Maria Roth

Das Nonnenkloster Maria Roth bei Waldesch, ursprünglich eine Gründung der Herrn von Schöneck, unterstellte der Trierer Erzbischof Albero von Montreuil 1131 dem neu entstandenen Orden der Prämonstratenserinnen. In diesem Kloster fanden bis zum Ende des 18. Jahrhunderts insbesondere die Töchter rheinischer Adelsgeschlechter bereitwillige Aufnahme.[8]

Bereits im 14. Jahrhundert erwarb das Kloster Weinbergsanteile in der Winninger Gemarkung. Im Jahre 1333 verschrieben Peter, genannt „Wesele", Sohn des Gerlacus und dessen Ehefrau Elisabeth, dem Nonnenkloster zwei Weingülten, welche auf Weingärten „in der Helden" und „im Heerwege" lagen; der erstere war begrenzt durch Besitz eines gewissen Troyst und des Knappen Helinger, der letztere durch Besitz des Wirtes Herman und des „Henricus lusens". Ein Jahr darauf wurden zwei weitere Weingülten erworben. Die eine lag auf einem Wingert, den Henricus, genannt „Vrauwim man", bebaute und der zwischen dem Besitz des Grafen von Virneburg und dem des Johannes, genannt „Haggele" lag; die andere lag auf einem Weingarten, der „die cleyne helde" genannt wurde. Oberhalb dieses Weingartens lagen Besitzungen des „Bule Johann", unterhalb ein Wingert des Winninger Pleban (Prister) Sibelo.[9]

Im Lauf der nächsten Jahrhunderte hat das Kloster weiteren Grundbesitz, ja sogar einen Hof in Winningen erworben. So erhielten die Nonnen einen jährlichen Zins von 18 Weißpfennigen (Albus) von einem Haus, welches neben dem Fronhof lag. Die Winninger Eheleute Johann Thomas und Sophia lösten diesen Zins im Jahre 1523 gegen eine Zahlung von 16 Gulden aus. 1529 erwarben die Eheleute Thomas drei weitere Weingärten des Klosters, „in den awen" und „im Hame" gelegen, für 24 Gulden.[10]

Den Hof des Klosters „zu Arsdorff [...] in der Niederkünden" gelegen – dieser dürfte schon 1433 im Besitz der Nonnen gewesen sein – übergaben im Jahre 1530 Priorin Margarethe von Düngen und Konvent den Winningern Johann und Sophia Schender, Hermann und Apolonia Dünnen sowie Johann Dünnen mit allen dazugehörenden Gütern gegen eine jährliche Abgabe von 20 Viertel Wein als ein erbliches Lehen. Von den fünf Morgen umfassenden Ländereien

---

8 Karl Heinz Reif, Kloster Maria Roth, 1982, S. 5. Zur Geschichte des Klosters siehe auch: Georg Reitz, Altes und Neues über das ehemalige Kloster Marienroth (Mariarod) bei Waldesch, in: Mittelrheinische Geschichtsblätter 1929, Nr. 11-12, und 1939, Nr. 1-2. Zuletzt: Bernhard Gondorf, Mariaroth, in: Heimat-Jahrbuch Kreis Mayen-Koblenz 1985, S. 152-155.
9 LHA Ko Best. 33, Nr. 3998.
10 Garbe, Inventar (wie Anm. 4), Kapitel 8.2.7.

hatten die Pächter die Bede (Weinsteuer), einen Sümmer Vogthafer und 5 Viertel Wein für die (Gemeinde-) Schützen „wie [es] Dorfrecht" ist zu bezahlen. Darüber hinaus waren die Lehnsleute verpflichtet, für „das Haus, [den] Garten mit dem Mannwerck vergain undt verstain [=überschrieben und verpfändet] auf den Sankt Petershof" zu Winningen einen gewissen Zins zu bezahlen.

Der „Leihebrief" wurde 1605 erneuert. Der Hof war 1684 noch bewohnt, befand sich aber bereits 1698 nicht mehr im Besitz des Klosters. Möglicherweise haben die Pächter ihn gekauft, vielleicht ist er auch aufgegeben worden. Im 18. Jahrhundert gab es „im Arsdorf" neben dem Aachener Zehnthof und drei weiteren kleineren Gebäuden, die diesem gegenüberlagen, dem Sankt Petershof des Domstiftes Köln (heute Zehnthof 1), nur noch zwei nebeneinanderliegende Häuser gegenüber dem heutigen Heimatmuseum (Lassaulx-Schule). Es könnte sich bei diesem Gebäudekomplex durchaus um den ehemaligen Hof des Klosters Maria Roth handeln. Nach 1737 kelterte und lagerte das Kloster seine Winninger Weine im Rommersdorfer Hofhaus (heute Bachstraße 6).[11]

Im 17. Jahrhundert werden folgende Erbpächter oder Bestände des Hofgutes genannt: 1601 und 1618 Veltin Liebenstein, 1612 Oster Bones und Georg Laux,[12] 1632 Peter Maden, Peter Horchemer und Hans Wilhelm Mölich, 1634 und 1648 Heinrich Horchemer, 1652 Johann Wilhelm Mölich, 1654 Peter Horchemer und J. Wilhelm Mölichs Witwe, 1657 Dietrich Horchemer, 1684 Johann Mölich, 1698 Johann Mölich und Andreas Knebel.[13]

1675 bis 1694 verschrieben bzw. verkauften Hans Christian Supp, Peter Mölich, Gerhard Zenner, Johann Kröber und Friedrich Müden dem Kloster Weingärten in den Flurdistrikten „im Heerweg, in der Grambach, in der Künde, in der Hellen, in der Niederkünde gleich neben dem Hof des Klosters [und] im Daubesberg".

Einen Teil der Winninger Weingärten verpachtete die Meisterin und Priorin des Klosters, Maria Ursula von Holdinghausen, auf Empfehlung des Priors Johann Wirtz, Prälat zu Rommersdorf, dem Johann Jakob Mölich im Jahre 1725 für die Dauer von zehn Jahren. Es waren die Weingärten, die bereits dessen Vater Anton zu Lehen getragen hatte. Als Pachtzins hatte Mölich die Hälfte der Trauben oder des Mostes in das Kelterhaus bzw. den Keller des Klosters abzuliefern und den Windelboten an einem Tag zu beköstigen.[14]

---

11 LHA Ko Best. 162, Nr. 1346.
12 LHA Ko Best. 33, Nr. 8788. Wörtlich heißt es dort: „Der Nonnenhof zu Roth hat Oster bohn und Georg Laux in Handen." Der Grundbesitz des Klosters belief sich 1612 auf 8 Morgen 1 Viertel 3 Pint. Georg Laux' Witwe Emmerenzia wurde 1643 wegen Hexerei hingerichtet. Vgl. Walter Rummel, Bauern Herren und Hexen. Studien zur Sozialgeschichte sponheimischer und kurtrierischer Hexenprozesse, 1991, S. 421.
13 Der hier erwähnte Hans Wilhelm Mölich ist vermutlich identisch mit „Johann Wilhelm Mölich". Dieser Hofmann wurde 1653 infolge des umfangreichsten und damit auch teuersten Winninger Hexenprozesses hingerichtet; bei der hier erwähnten Witwe Mölich dürfte es sich daher um seine Frau handeln; Rummel, Bauern (wie Anm. 12), S. 422.
14 LHA Ko Best. 136, Nr. 25. Die Höhe der Abgaben im 16. und 17. Jahrhundert war nicht zu ermitteln. Vermutlich hatten die Pächter ebenfalls die Hälfte, zumindest aber ein Drittel des Ertrages abzuliefern.

Diese Art der Erbbelehnung wurde im 18. Jahrhundert durchgehend beibehalten. Im Jahre 1776 werden Philipp Schiffer, Friedrich Knaudt, Johann David Gail und Johannes Mölich als Güterbeständer (Bauleute) des Klosters genannt. In einem Schreiben an die gemeinschaftliche sponheimische Regierung in Trarbach aus dem Jahre 1774 prangerte der damalige Winninger Amtsverwalter Philipp Friedrich Gerstlacher die Praktiken des Klosters an, da es nicht nur „den halben Trauben", sondern auch noch eine jährliche Abgabe von einer Ohm Wein von diesen Bauleuten verlange, wodurch die Bürger sehr „belästigt" würden und es unmöglich sei, „daß sie auf einen grünen Zweig kommen können".[15] Sein Plan, die Güter des Klosters einzulösen, scheiterte jedoch, obwohl auch die Nonnen im Juni 1788 erwogen, ihre Winninger Weingüter zu veräußern, um dem wirtschaftlichen Niedergang und der erdrückenden Schuldenlast des Klosters Einhalt zu gebieten.[16] So blieben sie bis zur Aufhebung bzw. Zerstörung des Klosters im Jahre 1794 in deren Besitz.

Die Versteigerung der Güter durch die französische Präfekturverwaltung zu Koblenz war auf den 13. März 1806 angesetzt. Der mit 2,7784 Hektar angegebene Besitz fiel für 4.825 Francs (Schätzpreis 4.800 Francs) an den bisherigen Pächter Friedrich Wilhelm Mölich und den Winzer Georg Daniel Traus.[17]

Bamberger Hof (zuletzt Hatzfelder Hof genannt)

Die seit 1042 im Besitz der Bamberger Dompröpste befindlichen Weinberge und Güter zu Winningen haben ihren Ursprung in einer 888 ausgestellten Urkunde, mit welcher König Arnulf auf Bitten des Grafen Megingoz das Dorf Rübenach im Gau Maifeld („Meinifeld") in dessen Grafschaft namentlich mit der Fischerei („venna") in Winninger („Windiga") Gemarkung und dem Wald am Kondbach an die Abtei Sankt Maximin bei Trier verschenkt.[18] 1035 vertauscht Abt Johann von Sankt Maximin bei Trier Besitzungen an den Abt Poppo von Malmedy-Stablo, u.a. auch Besitz zu „Wendenges und Rinmago" (Winningen und Remagen), bis diese um 1042 an den Bamberger Domprobst fallen. Dessen Nachfolger belehnen damit ab 1425 die Burggrafen von Rheineck. So heißt es 1428, dass Heinrich von Rheineck den Hof zu Winningen behalten soll. 1538 kam das Lehen durch Kauf an Graf Johann von Sayn. Diese belehnen im Jahre 1554 ihren Schultheißen zu Hachenburg Jakob Brender mit dem Hof zu Winningen samt den dazugehörenden Gütern und Hofgerechtigkeiten, welchen sie selbst vom Dompropst zu Bamberg zu Lehen empfangen haben (Hofgut zu Winningen, welches er „in Grund und Boden gangen" vorgefunden und mit vielen Unkosten wieder hochgebracht hat). 1598 und 1606 werden die Kinder Heinrich Brenders (Jakob und Johann Brender sowie die „Tochtermänner" Valentin Diltri und Nikolaus Imich von Mayen) mit dem Hof zu Winningen belehnt. Zu Streitigkeiten zwischen den Familien Brender und Kratz von Scharfenstein kam es

---

15 LHA Ko Best. 33, Nr. 7141.
16 LHA Ko Best. 53B, Nr. 1569.
17 LHA Ko Best. 256, Nr. 10253. Auf dem Ankündigungsplakat sind die Güter folgendermaßen beschrieben: „Ein Gut, besteht in 24.383 Stöcken Weinberg, 21 Aren 62 Centiaren oder 100 Ruthen Ackerland, 45 Aren 40 Centiaren oder 1 Morgen 50 Ruthen Hecken, vom Kloster Mariaroth herrührend, an Wilhelm Mölich für die Hälfte der Trauben verpachtet, abgeschätzt zu 5.500 Francs". Vgl. hierzu LHA Ko Best. 256. Nr. 9986.
18 Garbe, Inventar (wie Anm. 4), Kapitel 8.2.2.

in den ersten Jahrzehnten des 17. Jahrhunderts. Während 1604 Wolfgang Albrecht von Würzburg, Dompropst zu Bamberg, Anton Kratz von Scharfenstein, Kurfürstlich-Trierischen Rat und Amtmann zu Koblenz, mit dem Bamberger Hof zu Winningen belehnt, erhält 1611 Johann Brender, Bürger zu Koblenz, Sohn des Heinrich Brender, wiederum das Winninger Hofgut. Dies gipfelte im Jahre 1627 damit, dass Johann Philipp Kratz von Scharfenstein mit Hilfe seines Hauptmanns Hans Georg von Breitbach sowie etlicher Soldaten den Winninger Hof mit Gewalt „einnahm". 1629 berichtet der Winninger Vogt, dass Johann Brender von Koblenz in den Bambergischen Hof eingedrungen sei, den „unlängst" der Obrist Kratz in Besitz habe nehmen lassen. Der Hofmann hatte dem Vogt berichtet, dass Brender zunächst sein Wappen an die Haustür schlagen wollte, es dann aber bleiben ließ. Der Hofmann solle aber alles für den Herbst herrichten. Nach dem Tod des Johann Brender (1636) zog der Probst das Lehen ein und belehnte die Grafen Melchior und Hermann von Hatzfeld. Um 1660 erhob auch die Witwe Anna Maria von der Leyen-Saffig Ansprüche auf den Hof, doch behaupteten sich die Grafen von Hatzfeld in ihrem Besitz.

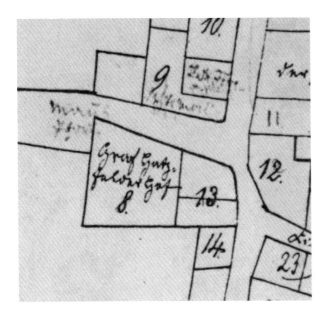

Abb. 3: Lage des „Hatzfelder Hofs" im Gebäudeplan von 1779, erstellt von Bürgermeister Liedel um 1851 (Beilage zur Schulchronik, LHA Ko Best. 716, Nr. 97).

Das Hofgut und die dazugehörigen Weingärten bebauten die Lehnsträger auch hier nicht selbst, sondern vergaben sie an Hofschultheiße und „Bauleute", auch „Höfer" genannt. 1627 ist Peter Pfeiffer Hofmann (in einem Notariatsinstrument einmal „Vopf" genannt), in den folgenden Jahrzehnten Veit Gail (1638-1646),[19] Hans Jakob Bormer (1646-1657),[20] Andreas Mor (Oktober 1657-1667) und Wilhelm Hill (18. Juni 1667-1693). Seit 1693 ist Anton Wilhelm Mölich Hofschultheiß. Dessen Nachkommen bekleiden auch im 18. Jahrhundert das Amt des Hofschultheißen.

Neben dem Hofschultheißen gab es auch hier sieben Hofschöffen, die sich um die Verwaltung des Hofes kümmerten und an Johannis Abend das Hofgeding abhielten. Wer von den Höfern nicht erschien, hatte fünf Heller, ein Hofschöffe gar zehn Heller Strafe zu zahlen. Die Hofgüter selbst waren überwiegend in Erbpacht vergebene „Drittelweingüter", also Weinberge, die gegen

---

19 Gail (auch „Geil" oder „Geilen") wurde 1648 wegen Hexerei hingerichtet; vgl. Rummel, Bauern (wie Anm. 12), S. 419.
20 Bormer wurde 1656 ebenfalls wegen Hexerei angeklagt, konnte aber aus der Haft fliehen. Nach Winningen kehrte er wohl nicht mehr zurück; vgl. Rummel, Bauern (wie Anm. 12), S. 86 und S. 419.

die Abgabe des dritten Teils der Trauben verpachtet waren. Um 1740 sind hier 40 Höfer genannt, die eine Gesamtfläche von über 6 Morgen zu bewirtschaften hatten. Die Erbpächter waren berechtigt, von ihnen gepachtete Weingärten frei zu verkaufen, falls der Hofschultheiß und nach ihm die Hofschöffen das Gut nicht übernehmen wollten. Vor der Weinlese mussten die Höfer dem Hofschultheißen anzeigen, welchen Weinberg sie lesen wollten, damit dieser den dritten Teil der Trauben selbst einsammelte oder diesen Anteil von den Höfern in den Hof „auf die Kelter oder in die büdt" tragen ließ.[21]

Von dem an „Greinges Pforten" (1612 „Kreynisches Tor", die spätere Neupforte) gelegenen Hof ist 1659 ist nur noch der Bauplatz und der „gewölbte" Keller vorhanden. 1695 erlaubt Graf Sebastian zu Gleichen und Hatzfeld seinem Hofschultheißen Anton Mölich auf dem Bauplatz des im Kriege „verwüsteten" Bamberger Hofs ein Kelter- und Wohnhaus zu errichten. Dies wird 1696 fertiggestellt. Nach der „Baubeschreibung" aus dem Jahre 1779 handelte es sich um „ein 2-stöckiges Wohnhaus nebst Kelter, Scheuer und Stallung, alles zusammenhängend".

Abb. 4: Türstein von 1696 aus dem 1894 abgebrannten Haus Schulstraße 1, heute eingebaut in Haus Türmchenstraße 13 (Foto: Rainer Garbe).

Zu Beginn des 19. Jahrhunderts verkauften die Grafen von Hatzfeld das Hofgut an den bisherigen Pächter Mölich, während die sogenannten „Drittelweingärten" erst 1833 an verschiedene Winninger Bürger für die Summe von 1.300 Taler Preußisch Courant verkauft wurden. Der 1695 erbaute Hof brannte neben anderen Nachbargebäuden im Jahre 1894 ab. Das „Gemeindebuch" (1863-1974) berichtet dazu: „Am 15. Mai 1894 (Pfingstdienstag) des Abends um 7 Uhr brach in dem Hause des Winzers Hermann Gail, Friedrichstraße, Feuer aus u. zerstörte genanntes Haus, das danebenliegende der Wttw. Joh. Anton Frölich gehörige u. das des Bäckers Georg Peiter u. das des Winzers Ludwig Traus alles total nieder [sic!] u. die Gemeindevertretung sah sich genöthigt die ohnehin sehr engen Straßen jetzt zu erbreitern u. wir kauften zu diesem Zwecke von Ludw. Traus das auf die Fluchtlinie von Friedr. Brost auf Peiter vorspringende Land ab, mit dem unter demselben sich befindlichen Keller für 750 Mark." Umgehend wurde von Winzermeister Ludwig Traus, der auch weiterhin dort Weinbau und Landwirtschaft betrieb, ein Neubau errichtet. Noch heute wird der ehemalige Bamberger Hof (Hatzfeldische Hof) in der Schulstraße 1 als Weingut betrieben.

---

[21] LHA Ko Best. 33, Nr. 16783.

Der Kratzenhof (auch Bürresheimer Hof genannt)

Im Jahre 1551 berichten die Koblenzer Ratsprotokolle, dass der damalige Koblenzer Amtmann Philipp Kratz von Scharfenstein in Winningen ein Haus baue.[22] Nach der Winninger Güteraufnahme des Jahres 1612 besaß Anton Kratz von Scharfenstein, ebenfalls Amtmann zu Koblenz, einen an der Mosel gelegenen Hof mit einem Haus, Hof und einem „steinernen Gebäuw". Die Gesamtfläche der Güter wurde mit 4 Morgen (um 15,750 Quadratmeter) angegeben, wovon 3 Morgen auf Weingärten und 1 Morgen auf Heckenland entfielen. Bei einer gerichtlichen Abschätzung im Jahre 1626 wurde der Wert der Güter mit 3.846 Gulden bzw. 1.708 Reichstalern angegeben.[23] Sechs Jahres später erwarb der Mayener Amtmann Wilhelm von Metternich den Besitz und vergrößerte ihn durch Ankauf der Güter Heinrich Sünders, die er für 1.150 Gulden erwarb. Da die beiden Söhne Wilhelms bei Maria Elisabeth von Eltz, der Witwe des trierischen Erbmarschalks Johann Jakob von Eltz, hoch verschuldet waren, übernahm diese u.a. auch deren Hof zu Winningen, vermachte ihn jedoch testamentarisch ihrer Schwester Anna Magdalena von Breitbach-Bürresheim und deren beiden Söhnen. Am 12. April des Jahres 1657 nahm Anselm Franz von Breitbach-Bürresheim im Namen seiner Mutter und seines Bruders den Hof offiziell in Besitz.

Die adelige Familie der von Breitbach-Bürresheim besaß bereits im 15. und 16. Jahrhundert einige Weingärten in der Winninger Gemarkung.[24] Es waren sogenannte Zinsweingärten, die an „Bestander" oder „Bauleute" gegen einen Weinzins verlehnt (verpachtet) waren. Im Jahre 1605 erbrachten sie eine Einnahme von 21 Viertel (heute ungefähr 170 Liter) Wein. Nach einer Neuaufnahme der Weingärten im Jahre 1774 bestanden die Weinzinsen noch in 17 Viertel 3 Maß und 3 Schoppen. Nachdem diese seit 1797 nicht mehr geliefert wurden, da seit 1794 die Franzosen herrschten, hatte man zwei der 25 Zinsleute beim zuständigen Friedensgericht in Metternich verklagt, um ein Urteil zur Eintreibung der rückständigen Weinzinsen zu erwirken. Es läßt sich jedoch nicht ermitteln, ob diese Klage Erfolg hatte. Der Kratzenhof verblieb seit 1651 im Besitz der Familie. Noch im Jahre 1823 zahlte Graf Renesse-Breitbach zu Koblenz 4 Reichstaler 12 Silbergroschen und 6 Pfennige an Grundsteuer.[25]

Keiner der zuvor genannten Besitzer hat jemals den Hof selbst bewirtschaftet. Der freiadelige Hof mit Stallung, Kelterhaus und Baumgarten („Bongart") sowie den dazugehörenden Weingärten und Hecken wurde teils an einen Hofmann oder Hofschultheiß, teils an einen Bestander gegen Abgabe der Hälfte der Trauben verpachtet. Bei der Belehnung des Andreas Möhr, der aus dem ursprünglich kurtrierischen Amt Blieskastell stammte, wurde vereinbart, dass der Hofmann den ganzen Ertrag eines Weingartens behalten durfte, falls er diesen in dem betreffenden Jahr gedüngt hatte. „Für ein leben und zu steuire der Stecken", d.h. zur Verbesserung seines Lebensunterhalts und da er die Weinbergspfähle stellte, gab ihm die damalige Lehnsherrin Maria

---

22 Die Kunstdenkmäler des Landkreises Koblenz, bearb. von Hans Erich Kubach, Fritz Michel und Hermann Schnitzler. Mit Beiträgen von Adam Günther, 1944, S. 405.
23 Garbe, Inventar (wie Anm. 4), Kapitel 8.3.4
24 LHA Ko Best. 33, Nr. 7132.
25 LHA Ko Best. 655,47, Nr. 27. Wie die übrigen drei Adelshöfe (von Heddesdorff, von Eltz, von Hatzfeld), die es 1794 in Winningen gab, ist der Bürresheimer Hof von den Franzosen nicht versteigert worden.

Elisabeth von Eltz 2 Malter Korn, 2 Reichtaler und 1 Sümmer Erbsen.[26] Bei der Abrechnung im Herbst hatte er den Windelboten[27] zu beköstigen, den „Tranck" dagegen gab die Lehnsherrin. Da der Hofmann im Hofhaus wohnte, hatte dieser für die Instandhaltung des „halben Baus", die Lehnsherrin für den „Hauptbau" zu sorgen.

1661 erhielt der Hofmann Johannes Schiffer zusätzlich 50 „Büschen" (Stroh) vom Bürresheimer Hofmann zu Dreckenach. 1699 wird die Geldzuweisung mit fünf Kopfstück angegeben. Als der Hofmann Jeremias Gail 1774 eine Anzahl neue Weinstöcke gesetzt hatte, machte er seinen Lehnsherrn darauf aufmerksam, dass es in Winningen üblich sei, einen Lehnsmann mit zwei Sümmer Korn für 100 neu gesetzte Weinstöcke zu entlohnen. Diesem Gesuch wurde entsprochen. Gleichzeitig war jedoch aufgefallen, dass Jeremias Gail bereits eine gewisse Zeit den Hof bewirtschaftete, obwohl er nicht offiziell damit belehnt war und damit auch nicht für das anvertraute Gut haftete. Dies wurde noch im gleichen Jahr nachgeholt. Mitglieder der Familie Gail waren – von einer kurzen Unterbrechung abgesehen – über einen Zeitraum von mehr als 200 Jahren Pächter des Hofs. In der ersten Hälfte des 19. Jahrhunderts dürfte das Gebäude in ihren Besitz übergegangen sein. 1851 wird Philipp Anton Gail als Besitzer genannt. Zu Anfang des 20. Jahrhunderts war das Gemäuer so zerfallen, dass ein Neubau an gleicher Stelle errichtet wurde.

Pächter (Hofmänner oder Hofschultheiße) waren: 1612 Michel „Mysemer" (Misemer), 1624-1644 Tönges (=Anton) Zenz, 1647 dessen Witwe Lucia,[28] 1651 Hans Jakob Bormer, metternicher und hatzfeldischer Hofmann,[29] 1654-1659 Andreas Möhr aus Blieskastell, 1661 Johannes Schiffer und dessen Sohn Bartholomäus auf zwölf Jahre, 1698-1728 Matthias Geyll auf zwölf Jahre, dann bis 1747 Friedrich Schiffer bzw. dessen Witwe, Bartholomäus Knebel (Beständer) und 1748 Friedrich Schiffers Witwe (Beständer), 1747-1774 Bartholomäus Gail, Sohn des Matthias Gail, Christian Knebel (Beständer, 1777 abgesetzt), 1775-1786 Jeremias Gail, Philipp Bormer (ab 1777), ab 1810 Christian Gail (als Hofmann) und Jeremias Hofbaur (als Beständer oder Baumann einiger Weingärten) auf zwölf Jahre.

Als freiadeliges Gut war der Hof von den sonst zu entrichtenden Abgaben an die Gemeinde oder die Landesherrschaft befreit. 1612 entrichtete Anton Kratz von Scharfenstein lediglich ein Viertel Wein „wegen seiner freiadelichen Bürgerschaft". Zur Abtragung der enormen Kriegsschulden war der Gemeinde nach dem Dreißigjährigen Krieg (1618-1648) erlaubt worden, auch den Wein der freiadeligen Güter zu besteuern. So forderte sie 1676 und 1677 vom Freiherren von Breitbach-Bürresheim einen Beitrag von drei Reichstalern pro Fuder Wein. Das war gerade die Hälfte dessen, was ein Bürger zu zahlen hatte. Als der Freiherr sich weigerte, seinen Obolus zu leisten, „arrestierte", d.h. beschlagnahmte man einen Teil seiner Weingefälle. Eine solche „Arrestierung" nahm die Gemeinde auch 1706 vor. Diesmal wurde ihr jedoch von der

---

26 LHA Ko Best. 54 B, Nr. 4225. 1 Malter sind 8 Sümmer, 1 Sümmer sind 4 Sester; 1 Malter Korn entsprechen ungefähr 3 Zentner.
27 Windelbote: Beauftragter der Hofbesitzer, der für die korrekte Einhaltung der Pachtbedingungen verantwortlich war; meist erschien der Windelbote kurz vor der Weinlese.
28 Lucia Zenz bzw. Zens wurde 1647 wegen Hexerei hingerichtet; Rummel, Bauern (wie Anm. 12), S. 94 und S. 262-264.
29 Vgl. oben Anm. 20.

sponheimischen gemeinschaftlichen Regierung zu Trarbach unter Androhung einer Strafe von 30 Goldgulden befohlen, den beschlagnahmten Wein herauszugeben. Da das Geld auch in den darauffolgenden Jahren knapp war, versuchten die Gemeindevertreter die Besteuerung der adeligen Güter zu einer ständigen Einrichtung werden zu lassen. Für die Jahre 1710 bis 1712 forderten sie von dem Hofbesitzer, dem Freiherren von Breitbach-Bürresheim, 19 Reichstaler 27 Albus. Dieser war so erbost, dass er den Erzbischof von Kurtrier bat, den beschlagnahmten Wein mit Hilfe einiger Soldaten aus Winningen herausholen zu lassen. Auf die Dauer konnte dies natürlich keine Lösung sein. Wegen der adeligen Güter zu Winningen und zu Enkirch reichte die Niederrheinische Reichsritterschaft als Vertreter der meisten Adeligen der Region eine Klage beim Reichskammergericht ein.[30] Am 6. November 1727 kam ein Vergleich zustande, wonach die in der Gemeinde ansässigen bzw. begüterten Adeligen zukünftig von der Schatzung, dem Lagergeld und allen übrigen Gemeindeauflagen mit Ausnahme der Weinbede (Weinsteuer) befreit blieben.[31]

Doch auch über diesen Vergleich setzte man sich bald hinweg und die Streitigkeiten begannen von neuem. Ein weiterer Prozess vor dem Reichskammergericht sollte endgültige Klärung bringen. Diesmal klagte der Markgraf von Baden, der seine Souveränität in Winningen gefährdet sah, gegen die Niederrheinische Reichsritterschaft.[32] Der Prozess lief nur schleppend an, ein Urteil wurde nie gefällt, da mit der Eroberung des Landes durch die Franzosen im Jahre 1794 nach neuen Gesetzen Recht gesprochen wurde, auf lange Sicht sicherlich nicht zum Nachteil der Gemeinde und deren Einwohner.

Nach einer zehnjährigen Ertragsrechnung der Jahre 1800-1809 erbrachten die Güter des Hofs einen Ertrag von 15 Fuder 5 Ohm 21 Viertel. Nach Abzug der Kosten verblieb ein jährlicher Gewinn von 77 Reichstalern. Da das Weingut auf 4.320 Rcichstaler eingeschätzt wurde, waren dies nicht einmal 1½ Prozent des Gesamtertrages. Eine Verzinsung des Kapitals zu dem damaligen Zinsfuss von fünf Prozent hätte dagegen 216 Reichstaler jährlich ertragen.[33] Dazu hätte man aber das Gut verkaufen und das Geld anlegen müssen, was in der Zeit der Franzosenherrschaft keine sichere Kapitalanlage war.

Hofgut der Freiherren von Heddesdorff

Die adelige Familie von Heddesdorff mit den drei Muscheln übereinander im Querband des Wappenschildes ist bereits seit dem frühen 15. Jahrhundert in Winningen ansässig und hat seitdem die Geschichte des Ortes mitgeprägt. Nach den überkommenen Ahnentafeln[34] dürften bereits Gerlach von Heddesdorff (kommt vor 1370-1400) wie auch dessen Bruder „Yffard"

---

30 LHA Ko Best. 54 B, Nr. 4287, und Best. 53 B, Nr. 1205.
31 Schatzung: im 17. und 18. Jahrhundert eine Steuer, die auf die liegenden Güter der Einwohner erhoben wurde; Lagergeld: eine Art Weinausfuhrzoll in Höhe von 1 Reichstaler pro verkauftem Fuder Wein, in Winningen erstmals im Jahre 1643 erhoben.
32 LHA Ko Best. 53 B, Nr. 1216.
33 LHA Ko Best. 54 B, Nr. 4225.
34 Johann August Klein, Das Moselthal zwischen Koblenz und Zell mit Städten, Ortschaften, Ritterburgen, 1831, S. 286; Findbuch zu LHA Ko Best. 700,204 (bearb. von Johannes Mötsch, 1988).

(Eberhard 1371 der Junge, 1401 der Alte genannt) Güter in Winningen besessen haben. 1433 sind in einem Weinabgabenregister „Junker Jan Meffartz Erben" als Weinbergsbesitzer genannt.[35]

Am 6. Dezember 1480 verkauften drei Geschwister der Familie von Limbach ihren gegenüber dem Backhaus gelegenen Hof zu Winningen mit zugehörigem Grundbesitz den Eheleuten Johann Meffart von Heddesdorff (ein Urenkel Yffards, kommt vor 1458-1503, †1509) und Margarethe Breder von Hohenstein (kommt vor 1480-1496) für 200 rheinische Gulden. Bevor sich die Familie der Freiherrn von Heddesdorff im Bereich des heutigen Anwesens ansiedelte, besaß sie neben dem 1480 erwähnten Hof im Laufe der kommenden Jahrhunderte folgende Gebäude: Bereits 1491 erwerben „Johann Meffert von Heddesdorff und Margret von Johann von Schwalbach Haus, Hof, Kelterhaus, Stall und Garten mit allem Zubehör zu Winningen gelegen, das dem verstorbenen Johan Arsbach gewesen ist und sie als ein Erbteil von dem Bruder bekommen haben, für 145 Gulden und 20 Weißpfennige. Unten stößt das Anwesen an die Kirchgasse „unten dran Diechert Breder und an der anderen Seite Johannes Moskopf." Am 16. April 1563 verkaufen Arnold Gram, Michel von Ley und dessen Ehefrau Grete den Eheleuten Wilhelm von Heddesdorff und Margrete, geborene von Eltz, ihr Haus, Hof, Kelterhaus, Ställe und Garten zu Winningen, oben an den Pfarr- und Kirchhof, unten an den Gemeindeweg anstoßend, für 90 Gulden. Am 12. Dezember 1563 wird innerhalb der Familie ein Haus verkauft. Wilhelm von Heddesdorff und Margret, Tochter zu Eltz, Eheleute, verkaufen ihr Haus zu Winningen, oben zu Seite Gobell Moelichs Erben, unten zu den Stiftsherren von Sankt Florin zu Koblenz („und stößt oberhalb an den gemeinen Weg unten zu auf die Mosel'), an die Eheleute Henrich von Heddesdorff und Maria von Reifenberg für 310 Gulden. Das Haus ist „Anno 1602 verkauft worden an Hans von Moden [Müden], Bürger zu Winningen für 313 Gulden." Mit dem Erlös wurde Land in der Dieblicher Mark gekauft. Möglicherweise ist es das 1491 gekaufte Haus, das 1570 gegen ein Nachbarhaus getauscht wird. Johann und Getraudt Moskopf zu Winningen und deren Sohn Thomas Moses tauschen ihr Haus „undig des" Wilhelm von Heddesdorfs Haus gelegen, gegen das Haus des Junkers und seiner Ehefrau Margret, welches vor ihrem Haus zwischen dem Kirch- und Pfarrhof und „Greinges Pfortten" gelegen ist. Da Moskopfs Haus „besser" ist als des Junkern „Behausung", zahlt Wilhelm ihm noch 100 Gulden, gibt auch noch einen Garten dazu, der „an der bach" zwischen „Moskopfs und Kröbers Erben" liegt. Bei den 1491 und 1570 erwähnten Häusern könnte es sich um die in den 1970er Jahren abgerissenen Häuser Friedrichstraße 8 und 10 handeln.

Um 1618 besitzt die Familie von Heddesdorff die heutigen Häuser Amtstraße 6 und Kirchstraße 8 (nach dem Allianzwappen über dem Toreingang). Möglicherweise handelt es sich dabei um folgende ins „Gerichtsprotokoll" eingetragene Ankäufe der Jahre 1616 bis 1638: Am 10. Januar 1616 „erkaufte Amalia von Heddesdorf von Peter Mertzen Erben einen Bauplatz und ließ den Kauf ins Gerichtsprotokoll eintragen." Am 21. September 1633 „erkaufte Junker Damian Ludwig von Heddesdorf ein Haus und Bauplatz von Peter Merzen Erben und ließ den Kaufbrief vom Gerichtsschreiber fertigen." Am 19./29. (alter bzw. neuer Zeitrechnung) März 1638 berichten Vogt und Gericht zu Winningen an das Amt Kastellaun, „die von Heddesdorf

---

35 LHA Ko Best. 1 C, Nr. 2640.

hätten bisher mehrere bürgerliche Häuser an sich gebracht und wollten noch eins von Georg Laux erkaufen, welches demnach mit Vorbehalt der Schatzung bewilligt werden mögte. Auf der Stelle dieses Hauses steht das jetzige von heddesdorfische Haus, das also bürgerlich ist." Ab 1661 wohnten die Winninger Vögte Ludwig Casimir Storck und sein Sohn und Nachfolger im Amt, Karl Otto Storck, im Haus zur Miete, bis Karl Otto Storck im Jahre 1692 das Haus von Johann Lothar von Heddesdorff für 1.350 Reichstaler erwarb. Ein letzter bekannter Hauskauf erfolgte 1690. Adolf Schmidthausen und Marie Margrethe, geborene Hoffbaur, Eheleute und Bürger zu Winningen, ‚verkauften Johann Lothar von Heddesdorff (†1716) ihr durch Teilung des väterlichen Erbes zugefallenes Wohnhaus zu Winningen unter der Kirche und zwei daran liegende Gärten mit der Ringmauer zum Wasser umgeben für 312 Taler, oben Peter Sigbert mit seinem Haus und Garten, unten Johan Peter Kröber der jüngere, wie solches der Vater Johann David Hoffbaur von dem Obristen Reifenberg erhandelt' hat.[36]

1655 besitzen Junker Karl Anton und Junker Ludwig von Heddesdorff 14 ½ Morgen Weingärten.[37] Nach dem Tod von Johann Lothar im Jahre 1716 kam der Besitz an Johann Philipp Georg (*1687 †1733), einen Sohn des Bruders Philipp Jacob (†1687) bzw. an dessen Sohn Johann Lothar (*1702 †1776) und ist im Jahre 1779 im Besitz des Freiherrn Emmerich von Heddesdorff (†1792). Nach dessen Tod verwaltete Franz von Heddesdorff (*1767 †1825) den Hof.

Zeitweise dürften auch die Heddesdorffischen Güter an Hofmänner und „Beständer" verpachtet gewesen sein. In der ersten Hälfte des 17. Jahrhunderts war es lange Jahre Hans Jakob Bormer, 1776 Johannes Schiffer. Als „Güterbeständer" sind Peter Fischbach, Konrad Traus und Adolf Mölich sowie die Witwe Philipp Fischbachs genannt.

Über Rechte und Pflichten der Pächter gibt ein Vertrag von 1733 Auskunft. Winninger Bürger, u.a. Jonas Fischbach, Michel Friedrich und Christian Traus, verpflichten sich darin gegenüber Lothar von Heddesdorff, die „Weinberge zu gehöriger Zeit mit schneiden, stücken, gurten, graben, röhren, wintergräben, roden und einlegen, wohl [zu] unterhalten", auch darauf zu achten, dass die Weinberge mit dem „Rübsaamen" nicht überhäuft und auch durch Einpflanzung zu vieler Bohnen oder Kürbisse nicht geschädigt werden. Auch sollen sie in schlechten Jahren wenigstens 200, in guten Jahren aber 300 „guthe röselstöck" (Rieslingstöcke) setzen. Für jedes Hundert gesetzte Stöcke erhalten sie zwei Sümmer Korn. 500 Weinstöcke sind im Jahr zu misten und zwar in den Bergen zu Winterzeit, in den Marken (Ebene) aber im Sommer 14 Tage vor oder nach Johannis Baptiste Tag. Dafür dürfen sie die „schaar" (Ernte) in dem Jahr behalten. Verfallene Mauern werden auf Kosten des Lehnsherrn repariert. Zur Herbstzeit müssen die Bauleute die Fässer herbeischaffen, diese beizen, die Bütten wässern, die Kelter zurichten, auch diese auf eigene Kosten reparieren, den Most in die Fässer bringen; auch haben sie den „zum Empfang des halben Trauben abgesandten Windelboten" zu beköstigen. Wird das Lehen nicht in der oben beschriebenen Form bebaut, fällt es – nach zweimaliger Ermahnung – an den Lehnsherrn zurück.[38]

---

[36] LHA Ko Best. 54 H, Nr. 235. Siehe auch Garbe, Inventar (wie Anm. 4), Kapitel 8.3.2.
[37] LHA Ko Best. 33, Nr. 8788.
[38] LHA Ko Best. 54 B, Nr. 4225.

Möglicherweise um alte Schulden einzutreiben, sollte 1802 der Besitz der Erben des Emmerich von Heddesdorff versteigert werden. Neben Landbesitz (insbesondere Weinberge) werden genannt: ein Haus, begrenzt durch Jerome Traus und Antoine Kröber. Das Haus hat 12 Fenster, ist 15 m 384 mm lang und 10 m 120 mm tief. Weiter soll verkauft werden: ein altes Haus mit einer Küche und einem Zimmer. Das Haus hat eine Länge von 8 m 769 mm und eine Tiefe von 11 m 688 mm. Hinzu kommen ein Hof und ein Stall (wo vier Kühe untergebracht werden können), ein Gemüsegarten und ein Obstgarten. Zur Versteigerung kam es jedoch damals nicht. Aber 1823 wurden neben Weingärten, Wiesen und Hecken auch „das Haus, Garten hinter dem Haus und der Hof zur Hälfte" für 833 Taler 10 Silbergroschen (=1.000 Reichstaler) versteigert. Hinzu kam noch ein kleines Gebäude und der „neue Bau", der den Ein- und Ausgang nach der Horngasse hat, sowie der Garten am „Jungker Gäßchen", alles zusammen für 17.104 Taler 25 Silbergroschen. Ansteigerer der Gebäude war Carl von Heddesdorff (*1800 †1875), Sohn des Franz von Heddesdorff.

Abb. 5.: Weingut Freiherr von Heddesdorff (Foto: Rainer Garbe).

Über Carl von Heddesdorff und seine Tochter Angelika von Heddesdorff (*1829 †1903), Karl Peters (*1833 †1920), der 1858 Hyazinthe (*1832 †1916), eine Schwester von Angelika heiratete, und sich seit 1902 von Heddesdorff nannte (durch Adoption der Angelika von Heddesdorff) sowie über dessen Tochter Maria Albertina Hyazinthe (*1893 †1983), die sich 1916 mit Erich Gilbert Anton von Canal verehelichte, ist der Hof bis heute in Familienbesitz. Derzeitige Besitzer des Weingutes Freiherr von Heddesdorff sind Andreas und Irmgard von Canal.

Eltz-Kempenicher Hof

Der Weinhof in der heutigen Fährstraße 7 war ursprünglich im Besitz der Familie Boos von Waldeck[39] und kam wie der Distelberger Hof im Jahre 1688 über Verkauf an Gilles Dumée, im Jahre 1714 an die Grafen von Eltz-Kempenich. Bereits beim Verkauf 1688 wird in einer Aufstellung der Boosischen Güter dieses Haus „die Kellerei" genannt.[40] 1779 wird der Eltz-Kempenicher Hof in der „Oberlandungsgasse" als ein steinernes Gebäude „nebst hölzernen

---

39 Siehe meinen Beitrag zur Ortsentwicklung in diesem Band.
40 Garbe, Inventar (wie Anm. 4), Kapitel 8.2.9.

Neben- und respektive Übergebäude" beschrieben. 1805 verkaufte Graf Hugo Philipp von Eltz den Hof an Johann Mölich. Seit Mitte des 19. Jahrhunderts war das Weingut in Besitz der Familie Knaudt (ehemals Weingut Richard Knaudt).

Schon Junker Boos von Waldeck hat die Güter nicht selbst bewirtschaftet, sondern wie allgemein üblich an „Bauleute" verpachtet. Um 1630 wird die Gesamtfläche der Weingärten mit gut zwölf Morgen angegeben, die gegen Abgabe der Hälfte der Trauben verlehnt sind.[41] Nach der Übernahme durch die Grafen von Eltz-Kempenich ist auch ein Hofschultheiß eingesetzt, 1776 ist es Christian Sünner. Die Weinberge bebauen u.a. die „Güterbeständer" Mathes Zenner, Anton Ignaz Hofbauer, Philipp Peter Fischbach, Ludwig Zenner, Christian Knebel, Philipp Heinz und Peter Frölich. 1795 wird die Anzahl der Weinstöcke mit 22.246 angegeben (entspricht einer Fläche 4 ½ Morgen). Der durchschnittliche Ertrag davon belief sich damals auf drei Fuder.

Hof des Stifts Sankt Florin zu Koblenz

Die erste Nachricht über Güterankäufe des Stifts Sankt Florin zu Koblenz geht zurück auf das Jahr 1320. Am 12. April 1320 verkauften der „Wepeling" (=niederadlige Knappe, Edelmann) Everkard von Lahnstein und dessen Ehefrau Heylewig, beide in Winningen wohnhaft, dem Kapitel des Stifts drei Weingärten für den Kaufpreis von 18 Mark. Gleichzeitig erhielten sie diese gegen Zahlung einer jährlichen Pachtsumme von 18 Solidi als erbliches Lehen zurück.[42]

Drei Jahre später erwarb das Kapitel von den Winninger Eheleuten Sibert und Grete einen auf einer Wohnung und zwei Gärten liegenden Zins von jährlich 27 Solidi für 22 Mark und 6 Solidi. Im Jahre 1332 wurde vom Winninger Schöffengericht bestätigt, dass ein dem Johann von Trier, einem „Wepeling" von Dieblich, verkaufter Wingert in der Winninger Gemarkung (wohl einer der beiden oben erwähnten Weingärten) dem Kapitel mit einem Jahreszins von 18 Solidi verpflichtet sei. Diese Urkunde ist darüber hinaus von Interesse, da sie „ante portam curtis", d. h. vor dem Tor des Hofs, bezeugt worden ist. Daraus darf man schließen, dass Sankt Florin bereits 1332 einen Hof in Winningen besaß.

In der Folgezeit wurde weiterer Grundbesitz erworben. 1487 nannte das Stift 13 Weingärten sein eigen, die in den Distrikten „in der Leyen, im Bruchstück, im Syffen, uff dem hohen Reyne, an deme Aulberck, im Bertzsch, in der Helden [und] in den breiden Wege" lagen. Weinzinsen wurden dem Stift aus einem Weinberg im Seifen geliefert, Geldzinsen erhielt es von 13 Winninger Bürgern, die auch die dem Stift gehörenden Weingärten bebauten.

Eine Aufstellung aus dem Jahre 1527 über die Einkünfte aus dem Grundbesitz des zum Stift gehörenden und von ihm verwalteten Winninger Kelterhauses bestätigt den Ertrag von 13

---

41 LHA Ko Best. 54 B, Nr. 4228.
42 LHA Ko Best. 112, Nr. 90. Siehe auch: Garbe, Inventar (wie Anm. 4), Kapitel 8.2.9.

Weingärten sowie Weinzinsen von einem Weinberg. Geldzinsen erhielt das Stift nun lediglich von vier Weingärten und einem Obstgarten.[43]

St. Florin hat auch in den nächsten Jahrhunderten weiteren Grundbesitz erworben, der zum Teil mit dem Hofgut, zum Teil auch an verschiedene Bauleute verlehnt wurde. Um das Jahr 1790 werden neben dem Hofpächter, in diesem Fall die „Haus- und Hoffrau", die sechs Weingärten bebaut, noch weitere 18 Bauleute genannt, die zusammen 21 Wingerte in Händen haben. Diese lieferten dem Stift den dritten Teil der Trauben, von einigen Weingärten hatten sie auch den Zehnten an das Stift abzuliefern.

Der Gesamtgrundbesitz des Stiftes St. Florin in Winningen belief sich 1612 wie auch 1800 auf 5 Morgen 3 Viertel Weingärten. 1734 wurde er vom Winninger Amtsverwalter mit 4 Morgen angegeben. Nach einer Aufstellung[44] der Stiftsgüter zu Winningen vom Ende des 18. Jahrhunderts gehörten zum Besitz neben Haus, Hof und Garten 27 Wingerte mit 12.115 Weinstöcken, darunter zwei von zusammen 2 Morgen Fläche ohne Angabe der Stockzahl. Wenn man pro Morgen 4.000 Stöcke rechnet, hat die Gesamtstockzahl 20.115 betragen. Im Jahre 1795 wird diese mit 22.490 und im Jahre 1802 mit 24.900 angegeben. Der Reinertrag des Stiftes aus diesem Besitz belief sich im Jahre 1590, einem guten Weinjahr, auf ein Fuder Weißwein, im 18. Jahrhundert „in guten Jahren" auf 2,5 Fuder. 1733 betrug der Reinertrag 1,5 Fuder.

Von der Verpachtung des Hofs zusammen mit fünf Weingärten erfahren wir das erste Mal genaueres im Jahre 1546.[45] „Uff montagh nach dem heiligen Palmtag" verlehnten Dechant und Kapitel des Stifts St. Florin „den ehrbaren Leuten Johan Crovern und Trinen seiner ehelichen Hausfrawen, ihren Erben und Nachkommen Haus, Hof, Kelterhaus, Scheuer und Garten daran zu dem Dorf Winningen, darzu etliche Wingarten in dem Bezwanck und Marken". Die Eheleute verpflichteten sich, das Anwesen „an Dachen Fachen und Gemathen" in Ordnung zu halten und dem Stift „alle und iegliches Jars" den dritten Teil des „Gewächses" abzuliefern. Auch versprachen sie, die Lesezeit rechtzeitig anzuzeigen, damit das Stift auf eigene Kosten einen Windelboten bestellen und durch diesen „Weinmann" die Ernte vor der Kelter oder gleich in den Weingärten aufgeteilt werden konnte. Auch behielt sich das Stift zur Herbstzeit ein Wohn- und Nutzungsrecht im Hof vor, woraus den Lehnsleuten jedoch kein finanzieller Schaden entstehen sollte. Die Weingärten waren „in gutem Bau" zu halten, „als mit roden, setzen, proffen und ander gewonlicher arbeit". Alle zwölf Jahre war einer der Wingerte mit Wissen des Stifts zu misten. Falls dies vor dem St. Johannistag geschah, sollte die gesamte Ernte des betreffenden Weingartens den Eheleuten verbleiben. 1546 wurden auch die übrigen elf Weingärten des

---

43 Anton Diedrich, Das Stift St. Florin zu Koblenz, Göttingen 1967, S. 194.
44 Nach diesem Register „hat" die Haus- und Hoffrau das Wohnhaus mit dem Garten, 1 ½ Morgen Weingärten im „Laienberg", ½ Morgen „im Brückstück" und 2.500 Weinstöcke „im Seifen, im Seifen der kleine genand, in der Hunnel [und] in der Grambach". Die übrigen 12.115 Weinstöcke sind auf 21 Weingärten verteilt, die von 18 verschiedenen „Bauleuten" bewirtschaftet werden. Diese Weingärten lagen in den Distrikten „im breiten weeg, auf dem Münnigstück, in der Grambachs hell, im bertsch, im Herrweeg, im Huhenrein, im Maergen [und] im Seiffen". Die Anzahl der Weinstöcke in diesen Weingärten schwankte zwischen 250 und 650 Stöcken.
45 Bibliothek des Priesterseminars Trier, Hs. 168 fol. 222 f.

Stifts an die Winninger Eheleute Thoniges und Trine Sael sowie Friederich und Gutgen von „Wiriges" verlehnt.

In der beschriebenen Art und Weise ist das Hofgut auch in den nächsten Jahrhunderten verpachtet worden. Bei der Belehnung der Eheleute Anton und Anna Catharina Kröber im Jahre 1679 kam man überein, dass die beiden Beständer die Weingärten im Brückstück und an der Winninger Lay, die „noch gutestheils unerbawet und driesch seiendt", innerhalb von vier Jahren auf ihre Kosten und gegen Abgabe des „dritten Trauben" einschließlich des Zehnten, anlegen und bebauen sollten. Das Stift aber verpflichtete sich zur Errichtung der dafür notwendigen Mauern, den Lohn für die Maurer zu bezahlen und darüber hinaus noch drei Malter Korn zu liefern.

Im Mai 1680 erboten sich die Eheleute Kröber, alles auf ihre eigenen Kosten zu übernehmen, falls ihnen und ihren Erben diese Weingärten als ein erbliches Lehen überlassen würden. Da das Stift damals „ohne dem mittelloß" war und durch das Angebot keine Nachteile befürchtete, erklärten sich Dechant und Kapitel mit dieser Erbbelehnung einverstanden.[46]

Anton und Anna Catharina Kröber waren die letzten in einer Reihe von „Kröbers", die über Generationen die Pächter des Florinshofs stellten. Vor ihnen waren mit dem Hofgut belehnt: Johann Crovern und dessen Ehefrau Trine im Jahre 1546 auf 30 Jahre, Thonges († vor 1597) und Anna (†5. Juli 1607) Croeffer 1564 auf 24 Jahre. 1612 ist Peter Kröber (†25. Juni 1641) als Hofmann erwähnt. 1679 erhalten Anton und Anna Gröber den Hof auf 24 Jahre. Anton wird im Jahre 1698 noch Florinshofmann genannt. Im 18. Jahrhundert stellten die Familien Hoffbauer und Hauth die Hofleute. Da ohne schwerwiegende Gründe das Lehen der Familie Kröber nicht entzogen werden konnte, ist es mehr als wahrscheinlich, dass eine Tochter von Anton und Anna Kröber in die Familie Hoffbauer eingeheiratet hatte.

Im Jahre 1712 ist erstmals ein Hofmann namens „Hofbauer" feststellbar. Es dürfte sich hierbei um den „Chirurgus" Johann Philipp Hoffbauer (*1675, †1756) handeln, der nachweislich von 1736 bis zu seinem Tod Pächter des Hofs war.[47] Dessen Tochter Anna Appollonia heiratete am 22. Februar 1729 Karl Hauth, einen Sohn des Diakons Nikolaus Hauth, der jedoch 1751 45jährig verstarb. Somit hat nach 1756 wohl Anna Appollonia den Hof allein verwaltet, bis deren Sohn Johann Anton (*1748, †1785) 1774 die Nachfolge antrat. Nach dessen Tod standen dessen Witwe („die Hoffrau") bzw. der Sohn Philipp Karl Hauth (†1777) dem Hof in den letzten Jahren des „Ancien Regime" und auch in der „Franzosenzeit" vor.

Man sollte annehmen, dass auch der Florinshof – wie alle anderen geistlichen Güter – von den französischen Verwaltungsbehörden eingezogen und öffentlich an den Meistbietenden versteigert worden ist. Die Verkaufsprotokolle geben darüber jedoch keine Auskunft. Auch in einer

---

46 Original Pergamenturkunde im Besitz von Gerhard Löwenstein, Winningen, Löwensteinhof; vgl. LHA Ko Best. 112, Nr. 1711.
47 LHA Ko Best. 112, Nr. 1841.

von Bürgermeistereiverwalter Hürter am 5. Januar 1821 angefertigten Aufstellung über die versteigerten Forensengüter fehlt jeder Anhaltspunkt über eine Versteigerung des Florinshofs.[48]

Wenn der Hof tatsächlich nicht versteigert worden ist, so müssen die Pächter der französischen Regierung zu Koblenz ein Eigentumsrecht an dem Hof bewiesen oder doch zumindest überzeugend dargestellt haben. Ausgangspunkt könnte die Erbbelehnung vom 10. Mai 1680 gewesen sein, die vielleicht in späterer Zeit auf das gesamt Hofgut übertragen worden ist.

Abb. 6: Haus Osterstraße 6 um 1900 (Pribatbesitz).

Auf jeden Fall blieb der Hof im Besitz der Familie, denn 1817 sind Philipp Karl Hauths Witwe Caroline (geb. Mölich) und Christian Hauth (*1785), ein lediger Bruder Philipp Karls, als Eigentümer nachgewiesen. Die beiden Töchter Maria Sophie Hauth und Cornelia Justina teilten 1834 das Anwesen untereinander auf. Maria Sophie heiratete den Schmied Johann Anton Horch, der im oberen Hausteil (dem alten Hofgebäude, heute Osterstraße 6) eine Schmiede betrieb. Deren Tochter Caroline, verheiratet mit dem Winninger Lehrer Philipp Adam, verkaufte das Haus an Peter Brost. Cornelia Justina heiratete um 1834 den Winzer Johann Anton Löwenstein, der auf dem zur Mosel hin gelegenen Grundstücksteil, das neben dem Garten auch Kelterhaus und Scheune enthielt, zur Fronstraße hin ein Wohnhaus baute (heute Fronstraße 3). Das Haus befindet sich noch heute im Familienbesitz der Löwensteins. Von den alten Gebäuden sind noch Teile des ursprünglichen Mauerwerks und des Dachstuhls vorhanden.

1679 war der Hof „in ziemblich bauw". 1779 wird er als ein zweistöckiges Wohnhaus „nebst daran und darunter gebautem Kelterhaus und Stallung" beschrieben. Nach der damaligen Schätzung des Gebäudekomplexes auf 800 Florin muss es ein recht ansehnliches Anwesen gewesen sein. Das alte Hofgebäude ließ Bäcker Ernst Friedrich Brost Anfang der 1920er Jahre größtenteils abreißen und durch einen Neubau ersetzen. Das Haus wurde 2005 von den derzeitigen Eigentümern grundlegend umgebaut und dient nun als Atelier für Metall- und Schmuckdesign.

---

48 LHA Ko Best. 655,47, Nr. 206.

Fronhof

Als 989 der so genannte Fronhof mit Äckern und Weinbergen vom Kölner Erzbischof Everger an die Abtei Groß Sankt Martin zu Köln verschenkt wurde, bestand er sicherlich schon einige hundert Jahre. Ursprünglich war er im Besitz des Viktorklosters zu Xanten.[49] Die Besitzer des Fronhofes waren nicht nur die größten Grundbesitzer in der Gemarkung, sondern besaßen auch „grundherrliche Rechte" über die Gesamtgemeinde, was sich in Auseinandersetzungen der Abtei Sankt Martin bzw. (seit ihrem Verkauf 1562) des Erzbischofs von Trier mit den Grafen von Sponheim widerspiegelt. Bis Ende des 18. Jahrhunderts versuchte Kurtier immer wieder, landesherrliche Rechte aus dem Besitz des Hofes abzuleiten, was jedoch von den Landesherren erfolgreich abgewehrt wurde.

Als zentraler Ort in alter Zeit wurden auf dem Hof nicht nur das einmal im Jahr auf „Dienstag nach Johannis Baptiste" stattfindende Hof- oder Baugeding unter Vorsitz des Hofschultheißen abgehalten, sondern auch das ebenfalls einmal im Jahr abgehaltene „herrschaftliche" Baugeding unter Vorsitz des Winninger Vogtes bzw. der Amtmänner und Oberamtmänner zu Kastellaun und Trarbach.[50] Diese besondere Stellung des Hofes schlägt sich auch in den Hofweistümern nieder, in denen die allgemeinen Rechte und Privilegien wie auch die Pflichten der „Höfer" festgehalten waren. Von den alten Rechten, die Kurtrier nach dem Ankauf von 1562 in die Neuzeit retten konnte, ist das sogenannte „ius asyli" zu nennen. Jeder Verfolgte konnte sich aufgrund dieses Rechtes in den Hof begeben und war damit der landesherrlichen Jurisdiktion zunächst entzogen. Damit dies auch bei geschlossenem Tor erfolgen konnte, war unten am Tor eine Klappe angebracht, durch welche man auf dem Bauch kriechend hinein gelangen konnte.

Abb. 7: Fronhof um 1860, rechts das um 1895 abgerissene Kelterhaus (Privatbesitz).

Ein kurtrierischer Beamter berichtet dazu im Jahre 1765: „Der Hof zu Winningen ist ein Freihof. Dies beweist das auf dem äußeren Tor angeschlagene Wappen und darunter verzeichnete „SA[L]VAE garde" [und] das an diesem Tor stets aufbleibende kleine Türchen, wo einer durchschlüpfen kann. [...]. Wenn der eine oder andere Bürger zu Winningen das Leben verwirkt und sich bei Tag oder Nacht in den Hof flüchtet, so ist solcher frei und darf von dem Vogt nicht mit Gewalt hinausgeführt werden, es sei denn, daß er ausgeliefert würde. Dieser Fall hat

---

49 Garbe, Inventar (wie Anm. 4), Kapitel 8.2.1.
50 Nach 1562 wurde das „herrschaftliche Baugeding" nicht mehr auf dem Fronhof, sondern im Gemeinderathaus abgehalten.

sich aber bis dato, soviel ich mich errinnern kann, nicht zugetragen."[51] Was der Winninger Amtmann davon hielt, zeigt eine Episode aus dem Jahre 1756. Er entfernte kurzerhand das unter dem kurtrierischen Wappen an der Fronhofpforte angebrachte Blech mit der Aufschrift „Salve guarde" und hatte stattdessen ein Blech mit der Aufschrift „Zoll- und Wegegeld" angebracht, wie es an Zollstellen üblich war. Nach kurtrierischem Protest musste das alte Blech jedoch wieder angeschlagen werden. Als um 1780 ein neues Tor angefertigt wurde, nutzte Amtsverwalter Kröber die Gelegenheit. Auf seine Veranlassung musste die Klappe an dem neuen Tor „weggelassen" werden.[52]

Neben diesen Besonderheiten war der Fronhof ein Wirtschaftshof wie die anderen Weinhöfe auch. Die zum Hof gehörenden Ländereien und Weingärten wurden verpachtet. An der Spitze der Pächter stand der Fronhofschultheiß, der im Hof wohnte und als oberster Verwaltungsbeamter für den Gesamtablauf verantwortlich war. Beginnend mit einem „Conradus" aus dem Jahr 1149 über Hermann Daun im Jahre 1562 sind seit Beginn des 17. Jahrhundert Cornelius Sturm bzw. dessen Nachfahren mit dem Amt betraut. Im 18. Jahrhundert sind es Mitglieder der Familie Saas.

Bei Einberufung eines Hofgedings waren neben einem kurtrierischen Beamten (oft Kellner genannt) der Hofschultheiß und die Hofschöffen geladen, welche dann die Weinberge besichtigten. Danach kehrte man in den Hof zurück, wo alle Höfer erscheinen mussten. Es wurden alle namentlich aufgerufen; wer fehlte, wurde bestraft. Auch „diejenigen, die ihre Weinberge nicht in gutem Bau halten, werden dreimal ermahnt, ist dann der Mißstand nicht abgeschafft, so wird demjenigen der Weinberg abgenommen und einem anderen übertragen."

1657 wird die Gesamtfläche an Weingärten mit 58 Morgen angegeben, daneben fallen auf den Fronhof 5 Fuder 5 Ohm an ständigen Weingefällen sowie Teile des Zehnten (Fronhofszehnt). 1776 sind die Weingärten an 155 Pächter (Höfer) verlehnt, die überwiegend ein Drittel der gelesenen Trauben an den Hof abliefern mussten. Die Verwaltung und das Hofgericht wird neben dem Hofschultheißen Georg Peter Saas von sieben Hofschöffen übernommen.

Die Familie Saas übernahm den Hof beim Verkauf bzw. der Versteigerung durch die französische Domänenverwaltung im Jahre 1803: Bei der Versteigerung „des kurtrierischen Fronhofs mit Hof und Zubehör, einem Kelterhaus und einem Garten von 2 Ar 16 Centiar Größe" erhielt der bisherige Pächter und Winzer Johann Peter Saas für 6.100 Francs den Zuschlag. Das direkt neben dem Wohnhaus gelegene riesige Kelterhaus wurde um 1895 abgerissen und an dessen Stelle eine Weinkellerei eingerichtet. 1965 heißt es: „Der Fronhof befindet sich im Besitz der Familien Eduard Hautt und Gottfried Kröber. Im Fronhof wurde eine historische Weinstube eingerichtet unter der Firmierung ‚Hexenkeller'. Zum Moselfest ist es die gute Stube des Verkehrs- und Verschönerungsvereins, Spitzenweine werden kredenzt. Gemeindekörperschaften halten turnusmäßig ihre Sitzungen im Fronhof Hexenkeller ab."[53] Das Gesamtanwesen wird auch heute noch in ähnlicher Weise genutzt. Im Wohngebäude befinden

---

51 LHA Ko Best. 1 C, Nr. 2642.
52 LHA Ko Best. 33, Nr. 3986.
53 Richard Holzapfel (Bearb.), Winningen im Wandel der Zeiten, 1965, S. 74.

sich u.a. die „Fronhofstuben", daneben der „Winninger Weinkeller". Der „Hexenkeller", direkt am Weinbrunnen gelegen, öffnet auch heute noch seine Pforten anlässlich des alljährlich stattfindenden Winninger Moselfestes.

Rommersdorfer Hof

Die Abtei Rommersdorf wurde von ihren mutmaßlichen Stiftern, den Herrn von Isenburg, die als Untervögte der Pfalzgrafen und auch als Vögte des Erzstiftes Trier in fast allen linksrheinischen Orten um Koblenz erscheinen, mit reichem Landbesitz ausgestattet.[54] Für das Jahr 1204 ist solcher auch in Winningen erstmals bezeugt.[55] Bereits im Jahre 1221 befreite Graf Heinrich von Sayn die in der Gemarkung Winningens liegenden Güter der Abtei von den Abgaben (Weinbede), welche die Einwohner sonst zu bezahlen hatten. Im Jahre 1257 bestätigte Papst Clemens IV. der Abtei die Besitzungen und Rechte in der Gemeinde.

Einen im „Horsdorph" gelegenen Hof, auf den die Abtei bei dem Kardener Scholaster Ludwig von Schubach (1251-1272) eine Hypothek von 100 Denaren aufgenommen hatte, überließen die Prämonstratenser im Jahre 1282 dem Stift Karden, weil sie eine jährliche Rente von 10 Mark wegen wirtschaftlicher Schwierigkeiten nicht aufbringen konnten. Das Stift leistete bei der Übernahme des Hofes eine Zahlung von 20 Mark.[56]

18 Jahre später scheinen diese wirtschaftlichen Schwierigkeiten nicht mehr bestanden zu haben, denn im Jahre 1300 erwarb die Abtei für die Kaufsumme von 40 Mark, die jedoch in einen Zins von 4 Mark (jährlich?) umgewandelt wurden, von Paulina von Winningen, der Witwe des Ritters Heinrich, genannt „Hunschewin" von Lahnstein, deren ebenfalls „zu Horsdorf" gelegene Hofstatt, die Gobelinus, genannt „Horschebeur" bewohnte. Zu dem Hof gehörten ein Garten, von dem ein jährlicher Zins von 12 Solidi und 3 Gänsen zu zahlen war, ferner 4 Weingärten in den Distrikten „maior Reupzeche, minor Reupzeche, Helde [und] am Herweche".[57] Der Hof mit dem Garten und den vier Weingärten sowie einem weiteren „anme camero" (Kammert) gelegen, wurde im Jahre 1331 dem Werner, genannt „Wenze", einem Knappen von Steverin, für den genannten Zins erblich verpachtet.[58] Danach wird dieser Hof in den vorhandenen

---

54 Vgl. Helmut Gensicke, Landesgeschichte des Westerwaldkreises, 1958, S. 171-174.
55 Garbe, Inventar (wie Anm. 4), Kapitel 8.2.4.
56 Siehe hierzu: Ferdinand Pauly, Das Stift St. Kastor in Karden an der Mosel, 1986, S. 277 f. Der Hof wurde 1321 dem Ritter Hermann von Winningen und dessen Ehefrau Mechthild und an Johann Kempe und dessen Ehefrau Hebela sowie den jüngsten Söhnen der beiden Ehepaare gegen jährlich 20 Mark, je zur Hälfte zahlbar an Weihnachten und Ostern, unter der Bedingung erblich verpachtet, dass die Weitergabe des Hofes ohne Zersplitterung des Gesamtgutes an einen Sohn erfolgt.
57 LHA Ko Best. 655,110, Nr. 28. Ausführung der Urkunde in Best. 162, Nr. 142. Vgl. auch Hans Bellinghausen, Winningen. Ein Deutsches Heimatbuch, erster Band, 1923, S. 36. Aus dem Flurnamen „Reupzech" wurde später (Anfang des 19. Jahrhunderts) der Flurname „in der Kippseig" (unterhalb des Disteltalweges gelegen). In einem Auszug des Kaufbriefes (17. Jahrhundert) lese ich „Keupzeche" (vgl. LHA Ko Best. 33, Nr. 12332). In einem Weinbederegister aus dem Jahre 1433 (LHA Ko Best. 1 C, Nr. 2640) kommt der Flurname „in der Kyptzech" vor.
58 LHA Ko Best. 162, Nr. 206. Diese Urkunde hielt Julius Wegeler darüber hinaus für interessant, „weil man fast glauben sollte, Winningen sei eine Soldaten-Colonie gewesen". Bellinghausen (Bd. 1 S. 37) u. a. übernahmen diese Interpretation, die aber nicht haltbar ist. Die übliche Besiegelung einer Urkunde durch Ade-

Urkunden nicht mehr erwähnt. Möglicherweise handelte es sich dabei um eine 1384 erwähnte Hofreite, die neben den Herrn „von Aiche" (Aachen) zu „Airsdorf" lag. Diese Hofreite setzten Peter Meister, der Sohn des Zimmermanns Werner, und seine Ehefrau Styne zu Unterpfand, da sie von den Rommersdorfer Herrn mit den Weingärten belehnt wurden, die zuvor den Brüdern Heinrich und Johann gehörten.

In den Urkunden des 15. Jahrhunderts werden lediglich Weingärten verlehnt. So belehnten Abt und Konvent der Abtei im Jahre 1467 den Bürger Peter Wirich und dessen Ehefrau Crissaem mit Weingärten „im Kamerait, in den Awen, im Sand, in dem Muregen [Mäuerchen und] im Proffgin" mit einer Gesamtfläche von 1 Morgen sowie 3 Stücken Land. Dafür hatten die Eheleute jährlich auf Sankt Martin 3 Mark in Koblenzer Währung zu zahlen. In den nächsten Jahren konnte das Kloster seinen Winninger Grundbesitz durch Ankäufe und Überschreibungen erweitern, der größte Zuwachs fiel ihm jedoch auf dem Wege der Erbschaft zu. Der Winninger Bürger Thomas Johann von Dieblich – ein Bruder des Rommersdorfer Abtes Thomas von Dieblich[59] –, der zahlreiche Weingärten und zwei Häuser besaß, eines davon „uff der bache"[60] gelegen, war im Jahre 1538 gestorben. Der Abt zog darauf die Güter seines Bruders ein und schlug sie dem bereits vorhandenen Besitz der Abtei zu. Die Güter des Bruders hatte Abt Thomas 16 Jahre in ungestörtem Besitz. Nachdem der Abt im Jahre 1553 gestorben war, verlangten Liebmud von Atzbach, die als eine „Tochter" des Abtes bezeichnet wird, und deren Miterben die Herausgabe der Güter. Der neue Abt Adam von Mölenarck ließ darauf die Güter unter Sequesterverwaltung legen.[61] Während das Untergericht zu Winningen unter dem Vorsitz von Vogt Johann Breder von Hohenstein zugunsten des Abtes entschied, sprach das zu Kirchberg und Simmern tagende sponheimische Hofgericht die Güter den genannten Miterben zu. Darauf appellierte Abt Mölenarck beim Reichskammergericht. Ein Urteil dieses Gerichts ist nicht erhalten. Aus den späteren Verpachtungsurkunden der Winninger Güter geht jedoch hervor, dass der Abt und somit die Abtei zumindest im Besitz des Hofes in der Bachgasse und in dem dazugehörenden Grundeigentum bestätigt wurde.

Als ehemaliges freiadeliges Gut, ausgestattet mit den alten Privilegien der Abtei, sahen die Rommersdorfer den Winninger Besitz als „exemt" an – frei von jeglichen Abgaben. Die Gemeinde jedoch glaubte, auch dieses Gut zur Beteiligung an den Kriegskosten und zur Abtragung der Kriegsschulden mit heranziehen zu dürfen, da der alte Status des freien Gutes nicht mehr gegeben sei, nachdem die Abtei den größten Teil ihres Besitzes von Winninger Bürgern erkauft hätte. Daher war das Kloster mit Einverständnis der Landesherrn im Jahre 1667 „wegen des Winterquartiers" mit 14 Reichstalern belegt worden. Da die Zahlung verweigert wurde,

---

lige oder Ritter lässt die von Wegeler gezogene Schlussfolgerung nicht zu. Vgl. Julius Wegeler, Die Prämonstratenser-Abtei Rommersdorf, 1882, S. 27.
59 Thomas von Dieblich, um das Jahr 1489 geboren, trat im Jahre 1505 in das Kloster ein. Am 5. Juli 1524 wurde er zum Abt in Rommersdorf ernannt. Er starb am 27. November 1553. Siehe hierzu: Peter-August Winnen, Abt Thomas von Dieblich. Ein großer Sohn des Mosellandes in Rommersdorf, in: Heimat-Jahrbuch des Landkreises Neuwied, 1977, S. 72.
60 Thomas Johann von Dieblich hatte dieses Haus mit dem dazugehörenden Hof im Jahre 1517 für 37 Gulden gekauft. Siehe hierzu: LHA Ko Best. 162, Nr. 576.
61 Sequesterverwaltung: Behördliche einstweilige Verwahrung und Verwaltung von Sachen (insbesondere von Grundstücken) und Rechten.

hatte die Gemeinde sieben Ohm des Rommersdorfer Weines beschlagnahmt. Für 1668 und 1669 ließ es das Kloster nicht soweit kommen und trug 4 Gulden 21 Albus zu den Kriegskontributionen bei.

Wie bereits geschildert, hatte die Abtei ihre Güter im Mittelalter gegen einen festgesetzten Zins in Erbleihe verpachtet. Bereits im 16. Jahrhundert wurden die Winninger Güter nur noch auf Zeit verpachtet. Diese Art der Verpachtung hatte den Vorteil, dass die anzusetzende Abgabe der Pächter den wechselnden wirtschaftlichen Verhältnissen angepasst werden konnte. Die kürzeste Zeitpacht der Rommersdorfer Güter in Winningen wird mit 9, die längste mit 24 Jahren angegeben. Die Weingärten wurden gegen Entrichtung der Hälfte der Trauben zusammen mit dem Hofgut an einen Hofmann, seit dem 18. Jahrhundert auch an zwei (verwandte) Hofmänner verpachtet. Damit der Anbau der Weinreben und die Unterhaltung des Hofhauses „umso besser geschehen" konnte, erhielten die Pächter auch die zum Hof gehörenden Äcker, Wiesen, Gärten und Hecken. Als sich der Hofmann Töngeßen (Anton) Radermacher im Jahre 1632 über die zu hohen Abgaben beschwerte, wurde ihm gestattet, von näher bestimmten Weingärten in Zukunft nur ein Drittel der Trauben abzuliefern.[62] Weitere Einnahmen hatte das Kloster in Form von Geldzinsen, die auf einzelnen Weingärten, Wiesen oder Wohnhäusern lagen, deren jährlicher Ertrag sich jedoch nur auf 48 Albus 4 Denare belief.[63]

Ein sehr anschauliches Bild über den Rommersdorfer Besitz in Winningen, die Einnahmen und Ausgaben, die Rechte und Pflichten der Hofleute geben auch hier die zahlreichen Belehnungsurkunden des 16. bis 18. Jahrhunderts, die alle sehr ähnlich lauten. Bei der Verpachtung eines Teiles der Weingüter an Bartholomäus Brost im Jahre 1789 lautet der Vertrag folgendermaßen:[64]

„Wir Fr[ater] Franziscus Rech, Abt, Prior und Konvent des Gotteshauses Rommersdorf, Prämonstratenser Ordens im Trierischen Erzstift gelegen, tun kund und bekennen, daß wir dem ehrsamen Bürger Bartholomäus Brost in Winningen, und seiner jetzigen Ehefrau auf neun folgende Jahre verlehnen die Halbscheid unsere[r] und unseres Gotteshauses frei eigen zu gedachtem Winningen gelegenen Erbgüter, bestehend in Weingärten, Hecken, Weikarten oder Rahmhecken, Weiden, Wiesen und Ackerland, wie allhier selbige beschrieben folgen: Spezifikation der Weingüter […]. [Es folgt die Aufstellung von 21 Weingärten, oftmals mit Nennung der jeweiligen Nachbarn.]

Aus oben gemeldeten Weingarten sollen beide Beständer, alle Herbst dem Kloster den halben Teil treulich geben, aus denen dreien aber unter die obengesetzten Weingarten, welche mit einem Strich oder Linie unterzeichnet sind, geben sie allein den dritten Trauben, wegen den Beschwernissen, welche auf dem Gut liegen, welche Johann Nickol. Löwenstein und Bartholomäus Prost jedes zur Halbscheid abzutragen schuldig sind; wenn nun diese drei Drittelweingärten gebessert oder gemistet werden, soll der Hofmann das erste Jahr den Trauben allein

---

62 LHA Ko Best. 162, Nr. 1349.
63 LHA Ko Best. 162, Nr. 1348.
64 LHA Ko Best. 162, Nr. 1349. Die Umschrift des Vertrages ist bis auf die Personen- und Flurnamen der heutigen Schreibweise angepasst.

lesen, doch dieser Gestalt, daß die zur rechten Zeit geschehene Mistung von einem des Klosters Rommersdorf oder mit dessen Verwilligung von einem anderen unparteilich besichtiget werde und für gut soll erkannt werden, ehe sie untergegraben werde, falls aber hierin der Hofmann säumig oder nachlässig würde gefunden werden, soll ihm keine Mistung das Jahr gutgetan werden; es soll der Hofmann die Weingärten samt und sonders mit aller zeitlichen Arbeit, als Schneiden, Stücken, Gürten, Graben, Rühren, Heften, Lauben und in allem wie gute Erbrecht und gebräuchlich zu Winningen ist, versehen, die Weingärten nicht verfallen, noch wüst werden lassen. Die Weingärten und Güter mit allen und jeden Unlusten, Beschwerden, Zinsen, wie sie Namen haben, es sei an Geld, Wein oder andere Auflagen auf ihre eigene Kosten, ohne einiges des Klosters Zutun, für sein Halbteil selbst tragen, ausrichten und das Kloster derenthalben alle Weg unaussprechlich und schadlos halten.

Spezifikation deren Beschwernissen, welche auf unsere dasigen Gütern liegen und beide Hofleut abzutragen schuldig sind. [Es folgen sieben Positionen mit Zahlungsverpflichtungen.] Es sollen die Beständer auch auf aufgemeldeten Güter ferner keine Neuerung noch Beschwernis, als sie jetzt tragen, einführen, machen noch darauf kommen lassen, alle oben und unten genannten Güter und Zubattungen in ihren alten Rähmen, Steinen, Fuhren und Maulen halten und handhaben, nichts davon verteilen, veräußern, versetzen oder verpfänden, verkaufen, noch ihren Kindern zu Heiratssteuer ausgeben und in allem nichts daraus ohne unsere ausdrückliche Bewilligung verafter lehnen [=weiter- bzw. unterverlehnen], sondern in gutem Bau und Besserung beieinander behalten und selbst gebrauchen.

Spezifikation der Zubattungen, welche beide Hofleute an Ackerland, Wiesen, Hecken, Rahmhecken und Garten zum Genuß haben. [Es folgen elf Positionen unterschiedlicher Grundstücke (Wiesen, Äcker, Hecken).]

Soll einer der beiden Hofleute zu jeder Herbstzeit die Traubenlese ansagen und auf ihre eigenen Kosten selbige einsammeln und nach Hause bringen, dieselbigen oder den Wein vor dem Kelter gleichförmig teilen mit dem Herbstverwalter des Klosters, ohne dessen Erlaubnis sie nicht lesen sollen, ihm mit notwendiger Anweisung und dienstlichem Beistand zur Hand gehen, die Fässer von der Mosel an unser Haus [in der Bachgasse] schaffen, selbige, wenn nötig, beizen und in den Keller einlassen, dem Herbstverwalter eine von beiden Hoffrauen in des Christophs Löwensteins Wittib Behausung seine Speisen kochen, falls aber keine von beiden könnte oder wollte kochen, eine taugliche Person frühzeitig auf ihre Kosten bestellen, so ihm zu kochen imstande ist; wie auch den Ofen, wenn es die Kälte erfordert, der andere Hofmann mit seinem eigenen Holz einheizen lassen. Wäre nun Sach, daß mehrbesagte Beständer an einem oder mehr hierin verleibten Punkten und Artikeln säumig oder brüchig gefunden würde, oder aber die Lehnung ein Ende erreicht und aus wäre, so soll uns und unseren Nachkommen obgemeldete Weingärten und Zugehör mit aller seiner Besserung Jahr und Schaar ohne einig der Beständer oder mennigliches von ihrentwegen Einred oder Hindernis zu und heimgefallen sein und nichts destoweniger sich alles Mißbrauchs, so einiger wäre, auch Kosten und Schaden, so wir deshalben erlitten hätten oder künftig erleiden mögen, an andere ihren deren Beständern eigene geraidt oder ungeraidten Gütern nach allen Genügen zu ergreifen, hiermit guten Fug und Macht haben.

Letztlich, im Fall inwendig obberührter Lehnjahrzahl deren Beständer eins oder sie beide todt verfahren würden und sich aller Gebühr nach verhalten haben, soll alsdann das verbleibende Teil oder ihrer Leibeserben eins, welches wir hierzu dienlich erwählen werden, die Lehnung mit allen obgesetzten Punkten und Klauseln auszuhalten schuldig sein.

Zur Urkund der Wahrheit, Bekräftigung und steter Festhaltung haben wir Abt, Prior und Konvent unsere Abtei- und Konventsinsigillen hierunter beisetzen und denen Beständern so gestalten Lehnbrief zustellen lassen, wogegen dieselben auch einen gleichlautenden unter ihrer eigenen Hand und Unterschrift ausgehandreicht. So geschehen in dem Abteilichen Gotteshaus Rommersdorf. 1789, den 11. November. Bartholomäus Brost".

Aufgrund der vorhandenen Belehnungsurkunden sowie alter Register lassen sich folgende Beständer oder Hofmänner der Rommersdorfer Güter ermitteln: Joist (auch: Josten) Peter und Johann Löwenstein bewohnten 1552 die beiden Höfe des Abtes Thomas von Dieblich.[65] Johann und Walpurga Löwenstein wurden 1574 auf 24 Jahre mit dem Gut belehnt (Hof in der Bachgasse und die dazugehörenden Weingärten), Jonas Mölich und dessen Ehefrau Ottilie 1595 ebenfalls auf 24 Jahre, Johannes Kröber und dessen Ehefrau Anna 1623 auf 21 Jahre, Töngeßen Radermacher und dessen Ehefrau Christine 1628 auf 21 Jahre,[66] 1639 wird Zacharias Kröber als Hofmann genannt.[67] Jonas Brost und dessen Ehefrau Christine erhalten das Lehen 1653 auf 21 Jahre. Nach dem Tod des Ehemanns wird die Witwe im Jahre 1678 erneut mit dem Hofgut belehnt, danach Hans Jakob Brost und dessen Ehefrau Anna Helena, geborene Schiffer, im Jahre 1681 auf 24 Jahre. Jakob und Werner Brosts Witwe haben die Güter 1698 „in Händen". 1728-1739 sind Hans Georg Brost und Arnold Brost als Hofmänner erwähnt. 1738 und 1739 entrichtet auch Stephan Knebel eine Weinabgabe an die Abtei. 1744 liefern die Witwen von Hans Georg und Arnold Brost sowie Christophel Löwenstein die Weinabgaben. 1754 werden Christophel Löwenstein und dessen Ehefrau, eine Tochter des ehemaligen Hofmanns Hans Georg Brost, auf 12 Jahre mit dem Gut belehnt. 1767 wird der Pachtvertrag mit Christophel Löwensteins Witwe auf weitere 12 Jahre erneuert. Im gleichen Jahr erfolgte die Belehnung an Bartholomäus Brost „und seiner jetzigen Ehefrau", ebenfalls auf 12 Jahre. 1779 erfolgt die Belehnung an Johann Nikolaus Löwenstein und dessen Ehefrau auf 9 Jahre. Im gleichen Jahr wird auch der Pachtvertrag mit den Eheleuten Brost auf 9 Jahre erneuert. Auch 1789 werden die Eheleute Bartholomäus Brost für 9 Jahre mit dem Hofgut belehnt. Wenn auch für Nikolaus Löwenstein keine weitere Belehnungsurkunde erhalten ist, so blieb er wie Bartholomäus Brost über das Jahr 1789 hinaus Hofmann der Rommersdorfer Güter, denn beide werden im Jahre 1804 als Pächter genannt.[68]

---

65 LHA Ko Best. 162, Nr. 670. Diese beiden Höfe stammten aus dem Nachlass des verstorbenen Bruders Johann Thomas von Dieblich.
66 Christine (bzw. Christina) Radermacher war in zweiter Ehe mit Hans Heyden aus Oberfell verheiratet (eine Heiratsberedung fand 1636 statt). Sie war der Hexerei angeklagt worden, hatte jedoch nicht gestanden und war aufgrund von Foltern und Haftbedingungen noch während des Prozesses gestorben; vgl. Rummel, Bauern (wie Anm. 12), S. 107 und S. 420.
67 LHA Ko Best. 162. Nr. 1343. Margreth bzw. Margaretha Kröber, die Ehefrau des Zacharias Kröber, wurde am 15. November 1642 wegen Hexerei hingerichtet; vgl. Rummel, Bauern (wie Anm. 12), S. 421.
68 LHA Ko Best. 256, Nr. 10200.

Der Grundbesitz der Abtei, der sich durch die Erbschaft des Abtes Thomas von Dieblich von ehemals 5 Weingärten und „3 Stücken Land" erheblich vergrößert hatte, wird 1612 mit einer Gesamtgröße von 4 Morgen 2 Viertel Weingärten, 4 Morgen Hecken, Wiesen und „einem Stück Garten" angegeben.[69] 1677 sind es 6 Morgen ½ Pint Weingärten, 2 Morgen Ackerland, ½ Morgen Hecken und ½ Morgen Wiesen, dazu der Garten am Hofhaus. Der reine Ertrag, den die Hofleute der Abtei ablieferten, belief sich im Jahre 1689 auf 3 ½ Ohm Rot- und 8 ½ Ohm Weißwein. 1741 wird die „Crescentia" mit 3 Fuder Weiß- und 2 Ohm Rotwein angegeben.

Wie alles klösterliche Eigentum sollte der Grundbesitz zusammen mit dem Hof von der französischen Departementverwaltung versteigert werden. Zu einer Versteigerung des Grundbesitzes, der in den französischen Akten mit einer Gesamtgröße von 1,7438 Hektar, dabei 11.270 Weinstöcke, angegeben wird, kam es am 6. Oktober des Jahres 1804. Die bisherigen Pächter Bartholomäus Brost und Nikolaus Löwenstein ersteigerten die auf 3.500 Francs geschätzten Güter für 6.025 Francs.[70]

Das Rommersdorfer Hofhaus, das 1779 als „ein 2-stöckiges Keltergebäude mit darauf gesetzter Wohnung und einem Kelter" beschrieben wird, war nicht mitversteigert worden, da Bartholomäus Brost nachweisen konnte, dass der Abt von Rommersdorf seinem Großvater Johann Jakob Brost das Haus am 26. November 1680 für 300 Florin und 7 ½ Ohm Wein verkauft hatte.[71] Diese Vergünstigung war Brost jedoch zu Unrecht erteilt worden. Dessen Großvater hatte nicht das 1779 als „Rommersdorfer Hof" bezeichnete Gebäude erworben, sondern das alte – von Thomas Johann von Dieblich stammende – Hofhaus, welches neben dem eigentlichen Rommersdorfer Hof lag. Dieses Gebäude hatte die Abtei 1737 „durch sein eigenes gelt gantz und allein" bauen lassen.

Die genannten Gebäude, die zum Teil noch heute erhalten sind, tragen in einer ersten Häuseraufnahme aus dem Jahr 1779 die Hausnummern 114 (Rommersdorfer Hof) und 115 (Haus des Bartholomäus Brost) – in Nr. 116 wohnte im Jahre 1779 Christoph Löwensteins Witwe. Diese alten Hausnummern entsprechen den heutigen Hausnummern 6-8, 10-12 und 14 in der Bachstraße. Während die Häuser Nr. 115 und 116 bald in andere Hände kamen, verblieb das Haus Nr. 114 bis Mitte des 19. Jahrhunderts im Besitz der Familie Brost. Karl Anton Brost, ein Enkel des letzten Pächters Bartholomäus Brost, heiratete am 9. Januar 1846 Carolina Wilhelmine Traus, die nach dem Tod ihres Ehemanns 1856 eine zweite Ehe mit Johann Christian Pitsch einging. Nachdem das Haus einmal geteilt und mit den Hausnummern 6 und 8 versehen worden war, bildet es heute unter der Anschrift Bachgasse 6 wieder einen Komplex. Die Familie Pitsch betreibt seit 1963 in dem ehemaligen Kelterhaus der Abtei Rommersdorf das Speise- und Weinlokal „Brunnenklause".[72]

---

69 LHA Ko Best. 33, Nr. 8788.
70 LHA Ko Best. 256 Nr. 10200. Im Jahre 1795 wird die Anzahl der Weinstöcke mit 21.830 angegeben. Vgl. LHA Ko Best. 655,47, Nr. 205.
71 LHA Ko Best. 256 Nr. 10407.
72 Bis 1963 Winzer- und Straußwirtschaft, seitdem Restaurant „Brunnenklause".

Hof des Klosters Maria Laach

Den ersten konkreten Nachweis über Besitz der 1093 von Pfalzgraf Heinrich gegründeten Abtei Maria Laach überliefert uns eine Urkunde, die man in die Zeit zwischen 1127 und 1152 datieren muss. Mit Ausstellung dieses Dokumentes schenken „Wescelo" von Winningen und dessen Ehefrau Ruzela dem Kloster einen Weinbergsanteil am „Benstal" (Bingstel).[73]

Das Kloster besaß bereits im Jahre 1138 mehrere Weingärten auf Winninger Gemarkung, denn damals wurden dessen Besitzungen, darunter „vinea in Winningen", von Papst Innocenz II. bestätigt. Neun Jahre später erfolgte eine erneute Bestätigung durch Papst Eugen III. 1232 verzichtete Heinrich Graf zu Sayn zu Blankenberg auf alle Abgaben und Rechte, welche ihm aufgrund der Vogtei und der noch älteren Pfalzgrafenrechte an den Gütern des Klosters Laach zu Winningen zustanden. Gut zwei Jahrzehnte später genossen die Laacher Benediktinermönche noch den Winninger Wein, ehe sie ihren gesamten Winninger Besitz („einen Hof, Zinsen, Felder, Weingärten und alle übrigen Güter") 1256 an die Benediktinerabtei Groß Sankt Martin zu Köln für 107 „Kölner Mark" verkauften. Erst 445 Jahre später erwarb das Kloster erneut Grundeigentum in Winningen, obwohl es nun eigentlich verboten war, Güter an Auswärtige zu verkaufen.

Dennoch verkauften die Winninger Eheleute Hugo und Margaretha Claas dem „Gotteshaus zum Laach" 1701 ein neu erbautes Haus in der Wolfergasse, gleich neben „dem gemeinen Thor, die Wolferpforte genannt". Mit dem Kauf übernahm das Kloster auch einen jährlichen Hauszins von 27 ½ Albus, der an die Almosenkasse zu zahlen war. Die zum Besitz gehörenden Weingärten lagen in den Distrikten „im Taubesberg, im Rosenberg über dem Zweig, auf dem Destental und im Göttgenberg". Die dazugehörenden Felder lagen „aufm Acker, aufm Schangert [Schaubert] und in den Auen". Der Kaufpreis betrug 2.000 Reichstaler, hinzu kam der sogenannte Verzichtspfennig von 21 Reichstalern 18 Petermännern (Albus), den ebenfalls der Käufer zu zahlen hatte. Das Geld wurde von Hugo Claas in erster Linie zur Abtragung alter Schulden benötigt.[74]

In den nächsten Jahren kaufte das Kloster weitere Weingärten, so 1703 den vierten Teil eines Wingerts „in Hinterstalls Graben" und 1707 einen Wingert „im Geißen" mit 3.600 Stöcken für 450 Reichstaler. Diesen Weingarten erhielten die Verkäufer Georg und Anna Katharina Mölich gegen jährliche Abgabe der Hälfte der Trauben als Lehen zurück. Drei Winninger Bürger protestierten gegen diesen Verkauf und wollten notfalls gerichtlich gegen das Kloster vorgehen, um die Einlösung zu erzwingen. Dies ist wohl nicht geschehen, denn noch Ende des 18. Jahrhunderts gehörte der Wingert zum Laacher Besitz.

Großen Ärger bekam das Kloster jedoch mit dem damaligen Winninger Amtsverwalter Gerstlacher in den Jahren 1774/75. Gerstlacher hatte sich die alten Kaufbriefe genauer angesehen und war zu der Auffassung gelangt, dass diese keine Gültigkeit besäßen, da nach den landes-

---

73 Inventar der Quellen, wie Anm. 5, Kapitel 8.2.6.
74 LHA Ko Best. 128 Nr. 1104.

herrlichen Verordnungen Verkäufe an Auswärtige verboten seien. Darauf bot das Kloster an, die Güter der Landesherrschaft gegen Erstattung des Kaufpreises „und anderer Unkosten" zu überlassen. Die Laacher Güter wurden daher von zwei Winninger Schöffen eingeschätzt und beurteilt. Man bezifferte den Gesamtwert auf 2.051 Reichstaler. Darüber hinaus wären jedoch noch 1.700 Reichstaler zu investieren, um die Weinberge in einen guten Zustand zu bringen. Obwohl die Weingärten in guten Jahren einen Ertrag von über sieben Fuder Wein abwerfen sollten, konnte man sich nicht zum Kauf entschließen.[75]

30 Jahre später war es dann doch soweit. Mit der Auflösung der Klöster durch die französische Regierung wurde auch der Besitz des Klosters Maria Laach versteigert. Am 6. Oktober 1803 ersteigerte der bisherige Pächter Philipp Anton Schüler im Auftrag des Koblenzer Kaufmanns Jakob Kahn den Hof in der Wolfergasse, 21.750 Weinstöcke auf einer Fläche von 5 Morgen 3 Viertel, 2,16 Ar Wiesen, 2 Ar 16 Ar Buschholz („taillis") und 2,16 Ar Ackerland (Gesamtfläche: 1,9548 Hektar) für 4.125 Francs.[76]

Philipp Anton Schüler war der letzte in der Reihe der Hofpächter, die die Laacher Güter gegen eine jährliche Abgabe der Hälfte der Trauben bebauten. Vor ihm werden sein Vater Christian und sein Großvater Jakob als Pächter genannt. Der letztgenannte erschien den Laacher Mönchen untauglich und man wollte ihn 1760 absetzen lassen. Doch hatten weder der Winninger Amtmann noch die Regierung zu Trarbach auf die Eingaben des Abtes geantwortet. Auch auf die Intervention der badischen Regierung zu Rastatt, dem Abt „die gottgefällige Justiz" nicht weiter zu versagen, scheint nichts geschehen zu sein.

In der ersten Hälfte des 18. Jahrhunderts stellte die Familie Claas mit Hugo Claas, seinen Söhnen Johann Peter und Jakob – dieser trat 1726 als Pächter aus, nachdem er vom Kloster vier Malter Korn erhalten hatte – sowie Johann Heinrich, einem Sohn von Johann Peter Claas, die Hofpächter.

Jährlich erwirtschafteten sie für sich zwischen 5 ½ Ohm (1735) und 2 Fuder 3 ½ Ohm (1737) Wein.[77] Als Pächter hatten sie darüber hinaus unentgeldliches Wohnrecht im Hofhaus in der Wolfergasse (heute Bachstraße 51). Das alte Hofhaus wird im Jahre 1779 als ein Wohnhaus „mit daran und darunter gebauter Scheuer mit Kelter und Stallung" beschrieben. Im 19. Jahrhundert wohnten darin zeitweise zwei Familien, so im Jahre 1851 der Maurer Karl Philipp Schüler und Johann Karl Möhlich, der Sohn des „Rosswirts". Das heutige Wohnhaus in der Bachstraße 51 stammt aus neuerer Zeit; die mit ihrem Dach auf der (an dieser Stelle noch sehr gut erhaltenen) alten Ortsringmauer liegende alte Scheune dürfte jedoch zu dem um 1700 erbauten Anwesen gehören.

---

75 LHA Ko Best. 33, Nr. 6860.
76 LHA Ko Best. 256 Nr. 10137.
77 LHA Ko Best. 128 Nr. 1104 und Nr. 1159. Der Gesamtertrag muss verdoppelt werden, da es sich um die „Hälfte der Trauben" handelt.

Distelberger Hof

Auch der Distelberger Hof „auf dem Winninger Berg" war viele Jahrhunderte im Besitz adeliger Familien, die damit zugleich größter Ackerlandbesitzer der Gemeinde waren. 1446 gehört der Hof Heinrich von Arsburg, wohnhaft zu Boppard, möglicherweise zusammen mit Johann und Cunzen Hillen, Kirchmeister zu Monreal. Es folgen 1491 Johann und Margret von Schwalbach, 1550 Johann und Reinhard Breder von Hohenstein. Johann Breder war 1546-1560 Vogt in Winningen und hatte zusammen mit seinem Bruder eine Schäferei auf dem Hof eingerichtet. 1640 ist Ruprecht Boos von Waldeck (†1605, verheiratet mit Agnes Brederin) zusammen mit einem Bruder Besitzer des Distelberger Hofes, 1681 Ägidius Dumée, Ratsherr zu Koblenz (Anteil von Wilhelm Friedrich von Dormentz u.a.). 1688 verkaufen Franz Mühl von Ulmen und dessen Ehefrau Anna Margarethe, eine geborene Boos von Waldeck ihren Anteil an Martin de Potesta und Anna Maria de l' Eau sowie an Johann Matthias Bacques. Diesen Erwerb macht ihnen jedoch Freiherr Karl Anton Ernst zu Eltz-Kempenich in einem Prozess streitig und lässt sich 1714 die Rechtmäßigkeit seiner Besitzergreifung notariell bestätigen.[78] Von der Familie Eltz-Kempenich erwirbt 1805 der damalige Mithofpächter Conrad Dötsch das Anwesen für 7.950 Florin. Im 19. und 20. Jahrhundert wechseln die Besitzer mehrfach. Um 1900 ist auf dem Distelberg auch eine Gastwirtschaft eingerichtet, bis der Hof 1913 an August Horch versteigert wird. Vorausgegangen waren zwei Brände im Jahre 1910, wobei beim ersten Brand die Hintergebäude mit Scheunen eingeäschert wurden und beim zweiten am 28. Oktober das Wohnhaus bis auf das untere Stockwerk niederbrannte. Heute ist der Hof im Besitz der Familie Denkhaus.

Der Hof und das gesamte Ackerland waren wie bei den Weinhöfen in alter Zeit an Pächterfamilien verpachtet, die das Gut verwalteten und einen entsprechenden Pachtzinns an die jeweiligen Besitzer abzuliefern hatten. Um 1600 werden Mitglieder der Familie Zils mehrfach als Hofmänner genannt. 1666 ist Matthes Simonis, 1715 Jakob Simonis und 1754 Matthias Schiffer „Hofmann", 1781 Philipp Heinz, seit 1800 Conrad Dötsch zusammen mit Matthes Heinz, einem Sohn des Philipp Heinz.

Die Gesamtfläche des Ackerlandes wird 1795 mit 250 Morgen angegeben. Daraus waren in guten Jahren unter anderem um die 40 Malter Korn zu erwirtschaften. Näheres ist aus dem letzten Pachtbrief („Beständerbrief") zu erfahren, der bei Übergabe des Hofes am 20. September 1791 an Pächter Matthias Heinz ausgestellt wurde. Demnach ist der Hof in gutem Zustand zu halten und die Pacht von 24 Malter Korn jährlich einmal an Martini (11. November) nach Koblenz zu bringen. Auch ist Heinz verpflichtet, jährlich fünf Fuhren mit einem vierspännigen Wagen nach Plaidt, Kettig und Koblenz durchzuführen. Er hat den Hof gegen alle Ansinnen der Winninger zu verteidigen und – solange er noch unverheiratet ist – seine jüngeren Geschwister zu versorgen bis sie erwachsen sind.

---

78 Inventar der Quellen, wie Anm. 5, Kapitel 8.3.3.

Streitbare Gemeinde(n)
Auseinandersetzungen mit den Nachbargemeinden um Weinbergs- und Waldbesitz

Von Rainer Garbe

Einleitung und Überblick

Über Jahrhunderte gab es zwischen den Gemeinden Winningen und Lay Streitigkeiten wegen eines Weinbergs im Röttgen (Layer Kopf), den die Layer zu ihrer Gemarkung rechneten. Erst in französischer Zeit (1794-1813/14) wurden die Streitigkeiten beendet, als das umstrittene Gebiet teils der Winninger, teils der Gülser Gemarkung zugeschlagen wurde.[1]

Umstritten war auch die Grenze zwischen Winningen und Bisholder. Erst durch einen Prozess vor dem Reichskammergericht (1699-1706) konnte diese Grenzstreitigkeit beendet werden.[2]

Keine Differenzen gab es dagegen um die Grenze zu Güls (Abb. 1). Hier wurden alle sieben Jahre Grenzbegehungen, sogenannte Ganggeleite, mit den Gülsern abgehalten, wobei man die Grenzsteine genau überprüfte. Nach diesen Gangggeleiten traf man sich abwechselnd auf den jeweiligen Rathäusern zu einem fröhlichen Gelage, das in der Regel zwei, manchmal aber auch drei Tage dauerte. Der Weinkonsum dabei war enorm. So trank man 1666 in zwei Tagen sieben Ohm Wein „und seint gewesen 60 Gülser und 75 Winninger Bürger".[3]

Die Geschichte des auf der rechten Moselseite gelegenen ehemaligen Winninger Vorder- und Hinterwaldes ist gleichzeitig die Geschichte der Auseinandersetzungen mit den Mitmärkern sowie der Gemeinde Dieblich, die den Wald als ihr Eigentum ansah, und dem ehemaligen Nonnenkloster Maria Roth, welches ebenfalls Nutzungsrechte in diesem Wald geltend machte. Von 1231 an bis ins 19. Jahrhundert lassen sich diese Streitereien verfolgen. Letztendlich blieb die Gemeinde Winningen im Besitz des Waldes, da auch ein um 1800 geplanter Austausch des Vorder- und Hinterwaldes gegen den kurtrierischen Kameralwald Altenforst nicht zur Ausführung gelangte. 1970 verkauft die Gemeinde den Vorder- und Hinterwald zum Preis von 950.000 DM an das Land Rheinland-Pfalz.

Die Gesamtfläche des Gemeindewaldes beträgt derzeit noch 65 Hektar. Bis zum Verkauf des Vorder- und Hinterwaldes 1970 hatte die Fläche 213 Hektar betragen. In viel größerem Maße als heute hatte der Wald damals neben dem Weinbau eine wirtschaftliche Bedeutung, insbesondere im Hinblick auf Bau- und Brandholz, Vieheintrieb oder die Rasenentnahme zur Düngung der Weinberge.

---

1 Siehe auch Rainer Garbe, Grenzstreitigkeiten zwischen Winningen und Lay – 400 Jahre Streit um die Gemarkungsgrenze „Im Röttgen", in: Moselfest-Programmheft Winningen, 1988.
2 Rainer Garbe (Bearb.), Inventar der Quellen zur Geschichte der Gemeinde Winningen/Mosel, 2003, Kapitel 12, S. 367 ff.
3 Hans Bellinghausen, Winningen. Ein Deutsches Heimatbuch, Teil 1, 1923, S. 101 f.

I. Grenzstreitigkeiten mit Lay im Röttgen – Grenzbegehungen mit Güls

Die Gemeinde Winningen gehörte mit ihren Weinbergen von 1247 bis 1794 zum Territorium der Grafen von Sponheim bzw. deren Erbnachfolgern, den Markgrafen von Baden und den Pfalzgrafen bzw. Herzögen von Simmern-Zweibrücken-Birkenfeld.[4] Da der Weinanbau praktisch die einzige Erwerbsquelle der Einwohner war, zahlte man an die Landesherren ursprünglich lediglich eine Weinsteuer, die sog. Weinbede. Die Landesherrschaft setzte es im Laufe der Zeit durch, dass auch die Abgaben von jedem neu angelegten Weinberg – der sogenannte Noval- oder Neubruchzehnt – in ihre Kassen floss. Der eigentliche Zehntherr, also der Empfänger des der Kirche zustehenden zehnten Anteils an der Ernte, war in der Winninger Gemarkung das Marienstift zu Aachen als Patronatsherr der hiesigen Kirche.

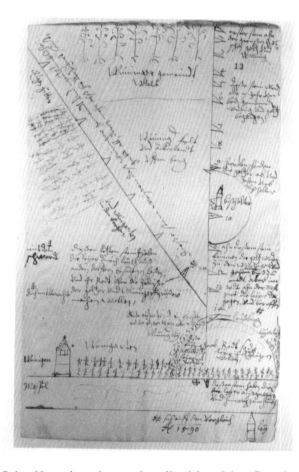

Abb. 1: Skizze der Gemarkungsgrenze zwischen Winningen und Güls. Alle sieben Jahre wurden die Grenzsteine Nr. 1 bis 24 von beiden Gemeinden abgegangen. Die Grenzsteine waren auf der einen Seite mit dem Winninger Wappen, dem Schwert, auf der anderen Seite mit dem Gülser Wappen, dem Schüssel, gekennzeichnet. Am Grenzstein 9 gingen die Gülser um Bisholder herum und trafen am Grenzstein 11 wieder auf die Winninger. Umstritten war das Gebiet „Im Rodt", da die Layer die „Führung" von Grenzstein 14 zu dem an der Mosel gesetzten Grenzstein „nit gestehen" wollten. (LHA Ko Best. 33 Nr. 3984).

Da alle Orte um Winningen herum zum Kurfürstentum Trier gehörten, stellte die Gemarkungsgrenze gleichzeitig die „Landesgrenze" dar. Zur Sicherung dieser Grenze waren an bestimmten Punkten Grenzsteine aufgestellt, versehen mit dem Winninger Wappen, einem aufrecht stehenden Schwert, auf der einen und dem Wappen der Nachbargemeinde auf der anderen Seite. Normalerweise wurden alle sieben Jahre Grenzbegehungen mit der Nachbargemeinde durchgeführt, um den Verlauf der Grenzen genau abzustimmen. Winningen und Güls hielten diese Ganggeleite seit uralten Zeiten ab.

---

4   Vgl. den Beitrag von Michael Hollmann in diesem Band.

Unklarheit herrschte jedoch über die Gemarkungsgrenze „im Rodt"[5], genauer über die Grenzziehung in der damals noch vorhandenen Felslay[6] gegenüber dem Ort Lay, der der Überlieferung nach seinen Namen dieser steilen Felspartie verdankt. Layer Bürger hatten „im Rodt" seit 1445 Weinbergsbesitz, was nichts Ungewöhnliches war, doch sahen die Layer dieses Gebiet als Teil ihrer Gemarkung an, was zu Streitigkeiten mit Güls führte. Immer wieder gab es Streit „wegen des Weidstrichs, der Schützenrügen und anderer Gerechtigkeiten".[7] Um die darüber entstandenen Kosten beider Gemeinden nicht noch weiter in die Höhe zu treiben, einigten sich Winningen und Lay am 13. Dezember 1590 in einem Zwischenvergleich. Das strittige Gebiet sollte dahingehend geteilt werden, „daß hinfüro an dem Stein, so unten an den Weingarten von ihnen gesetzt worden, die Unterthanen hinc inde[8] mit ihrem Viehtrifft, Schützenrügen und anderen ihren Gemeinrechten wenden sollen".[9] Für den Fall aber, dass die Gemeinde Güls in ihrer Grenzstreitigkeit mit Lay „ihre Gerechtigkeit mit Recht erhalten würde, als dann dieser zwischen den Gemeinden Winningen und Lay angegangene Vergleich aufgehoben sein und ihnen beiden Teilen freistellen solle des Streits halber in anderer Wege sich zu vergleichen".[10]

Dieser Vergleich wurde nach einem Bericht des Winninger Vogts Ludwig Kasimir Storck aus dem Jahr 1681 seitens der Winninger nicht anerkannt, weil der nach dem Vergleich gesetzte Stein von niemandem gesehen worden sei. Selbst die ältesten Einwohner, die man befragt habe, verneinten, einen solchen Stein gesehen zu haben. Auch hatte man sich wegen des Vergleichs an die Gülser gehalten. Beide Gemeinden setzten im Jahre 1605 einen „auf dem Berg gestandenen ziemlich großen Stein"[11] wieder ein, welchen die Layer ausgeworfen hatten. Auch bestätigten die Winninger in den folgenden Jahren die Gülser als ihre „Termgenossen", was durch gemeinsam durchgeführte Ganggeleite 1637 und 1645 bekräftigt wurde. Auch beim Ganggeleit 1653 wurde ein neuer Markstein „unnen an der Mosel ins Rodt gegen den uffn Berg gesetzt, aber die Layer selbigen alsbalden ausgerissen und nachher Layen geführt".[12]

1659 wurde die Grenzbegehung in Gegenwart des kurtrierischen Landhofmeisters Freiherr von Metternich, des Geheimen Rats Dr. Breton, des Winninger Vogts Daniel Fritzer und zweier Notare durchgeführt. An Ort und Stelle wurde eine Schnur von dem auf dem Berg stehenden Stein bis an das Wasser gezogen und dort ein neuer Stein „hingelegt". Den Layern befahl der Landhofmeister, diesen Stein nicht mehr zu entfernen. Ein endgültiger Schiedsspruch darüber, wer denn eigentlich berechtigt sei, den Grenzstein „im Roth" zu setzen, konnte wegen der schwebenden Grenzstreitigkeit zwischen Güls und Lay noch nicht gefällt werden.

---

5   Heutiger Flurname „Im Röttgen"; im folgenden ist die jeweils zeitgenössische Schreibweise wiedergegeben.
6   In der abgebildeten Skizze in der Höhe als „Läußberg", im abfallenden Hang gegen Güls als „Leyer Ley" bezeichnet.
7   LHA Ko Best. 33, Nr. 3984. „Weidstrich": Weidegebiet, Weidegrenze der Gemeinde; „Schützenrügen": Strafbescheide der Feld- und Flurschützen, deren Kompetenz an der Gemarkungsgrenze endete; andere „Gerechtigkeiten": z.B. das Recht, Grenzsteine zu setzen, das Recht des Zehntherren, den zehnten Teil der Ernte zu erheben, das Recht, den sogenannten Schützenwein zur Entlohnung der (Feld- und Flur-) Schützen zu erheben u.s.w.
8   „hinc inde": ‚von dort aus'.
9   LHA Ko Best. 33, Nr. 3984.
10 Ebd.
11 LHA Ko Best. 33, Nr. 6848.
12 LHA Ko Best 655, 110, Nr. 37.

Zwischen 1659 und 1660 versuchten die Layer weiter in das Winninger Territorium einzudringen, indem der Schultheiß von Lay dem Winninger Vogt zu erkennen gab, dass er in seinem Weingarten „einen Steinwurf gegen Winningen zu" einen (Grenz-) Stein gefunden hätte, und „nunmehr diesem Stein und nicht mehr dem Vergleich nachgehen wolle".[13] Wie Schreiben zwischen dem Vogt und dem Amtmann von Kastellaun anzeigen, hatte der Layer Schultheiß den 1659 gesetzten Stein ausgeworfen und den von ihm gefundenen Stein als Grenzstein angesehen.

Man suchte in diesem Streit durch eine gemeinschaftliche Zusammenkunft zu vermitteln, die jedoch nicht zustande kam. So blieb die Streitsache zunächst liegen. Dagegen wurde 1668 von einer kurtrierischen Kommission entschieden, dass die Weinberge „in den Rödern" zur Layer und nicht zur Gülser Gemarkung gehören sollten. Daher schlug der Layer Schultheiß Hausmann am 11. Januar 1671 dem Winninger Vogt vor, den Grenzstein zu setzen. Dieser informierte die Gülser, die zwar dagegen protestierten, sich im übrigen aber von diesem Zeitpunkt an aus der Streitsache heraushielten.

In einem der nächsten Jahre verkauften die Layer das „Streitobjekt" an den Koblenzer Handelsmann Nikolaus Hausmann, der bald daranging, den ganzen Hang als Weinberg zu nutzen. 1680 sollte dieser Weinberg zum ersten Mal gelesen werden. Die Layer ließen sich gar nicht erst auf einen Streit ein und lasen die roten Trauben, bevor sie reif waren. Dies war dem Winninger Vogt nicht entgangen und er meldete den Vorgang sogleich an die Landesherrschaft. Gleichzeitig fragte er an, ob man den Layern mit der Lese der weißen Trauben zuvorkommen solle. Darauf erhielt er die Antwort, dass er, sofern die Weinberge zur Winninger Gemarkung und Zehntgerechtigkeit gehörten den Neubruchzehnten vom Ganzen für „die Gemeinsherren einheimsen" solle, die Trauben aber je zur Hälfte den „Eigentumsherren"[14] bzw. „denjenigen, welche die Weinberge bebauten", zufallen sollten. Ehe jedoch diese Resolution einging, hatten die Layer begonnen, die weißen Trauben im „loco controverso" zu lesen. Doch dieses Mal reagierte die Winninger Bürgerschaft sofort. Schnell wurden einige bewährte Männer abgeschickt, um die Layer zur Rede zu stellen. Diesen blieb jedoch noch Gelegenheit, die Sturmglocke zu läuten. Die Winninger taten ein gleiches, liefen mit „Kübeln und Geschirr" hinzu und „haben nicht nur den Weinberg vollends gelesen", sondern auch die bereits in dem am Moselufer liegenden Layer Nachen befindlichen Trauben „hinweggenommen."[15]

Darauf gab der Layer Schultheiß, in einem Nachen herüberfahrend, aus seinem „Rohr" einen Schuss auf die Winninger ab, „daß die Kugel zwischen denselben durchgefahren". Noch auf dem Wasser lud er sein Gewehr erneut und hätte wohl, nachdem er an Land gesprungen war, einen Winninger Bürger „entleibt", wenn man ihn nicht abgehalten, ihm sein Gewehr zer-

---

13 LHA Ko Best 33, Nr. 6848.
14 Die Eigentümer bebauten ihre Güter meist nicht selbst, sondern verlehnten (d. h. verpachteten) sie an sogenannte Bauleute. Diese zahlten den Eigentümern dafür eine Zinsgebühr oder lieferten ihnen ein Drittel, oft auch die Hälfte, der gelesenen Trauben ab. Vgl. hierzu in diesem Band den Beitrag von Rainer Garbe zu Klöstern und Adligen als Güterbesitzern in Winningen.
15 LHA Ko Best. 33, Nr. 3984.

schlagen und er mit einem Streich über den Kopf zu Boden geschlagen worden" wäre (Abb.2).

Abb. 2: Federzeichnung zu einem „Charmützel" zwischen Winningen und Lay im Jahre 1680. Eingezeichnet ist der Grenzstein auf dem Berg und der von einem kurtrierischen Landhofmeister im Jahre 1659 gesetzte Grenzstein an der Mosel. Diesen hatten die Layer Bürger des öfteren ausgeworfen und auf die Positionen a bzw. b getragen. Eingezeichnet ist auch die ursprüngliche Anlegestelle des Nachens sowie dessen Position, nachdem die Winninger den Nachen mit den Trauben „weggenommen" hatten. Die Zeichnung zeigt den Schultheiß in dem Moment, als er einen Winninger beinahe „entleibt" hätte. Ein hinter dem Schultheiß stehender Winninger, bewaffnet mit einem Ruder, „sorgte jedoch dafür", dass er außer Gefecht gesetzt wurde. (LHA Ko Best. 33 Nr. 3984).

Dieses „Charmützel" sah Kurtrier als eine Verletzung des Territoriums an und wollte die betroffenen Winninger zur Bestrafung überwiesen haben, was jedoch von sponheimischer Seite abgeschlagen wurde. 1681 aber wurden wegen dieses Vorfalls zwei Winninger Bürger in Koblenz in Arrest genommen. Obwohl man bei Kurtrier deswegen vorstellig wurde, geschah darauf nichts, auch wurden die zwei Winninger nicht eher losgelassen, bis man dem Weinbergsbesitzer elf Reichstaler und dem Schultheiß zu Lay für seine erlittenen Schläge und sein „zerbrochenes Rohr" 26 Reichstaler sowie 50 Reichstaler Strafe „wegen ausgeübt habender Violation" bezahlt hatte.

Um der Streitsache ein Ende zu machen, sollte eine Konferenz zusammentreten, die jedoch vorerst nicht zustande kam. Dagegen wurde der Layer Schultheiß von der sponheimischen Obrigkeit wegen Verletzung ihres Territoriums zu einer Strafe von 50 Reichstalern verurteilt. Weiter wurde verfügt, dass die Trauben jedes Jahr geteilt und der Zehnte nach Winningen gebracht werden sollte. 1681 wurden diesem Befehl gemäß die Trauben in dem Weingarten von den Winningern gelesen. Die eine Hälfte wurde dem „Baumann" angeboten, der sie aber nicht abnahm, sondern auf dem freien Feld liegen ließ, bis sie von den Bettlern teils verzehrt, teils aber ganz verdorben waren. Wegen dieses Vorgangs wurden den Winningern ihre in Koblenz „stehen gehabten Weingelder, von den Koblenzern der im Jahre 1682 auf Winninger Gemarkung gehabte Weinertrag sowohl als auch dem Schultheißen von Lay sein Winninger Weinwuchs wegen des gehabten Frevels mit Arrest belegt",[16] d.h. bis zur Klärung des Sachverhaltes zunächst einmal beschlagnahmt. Währenddessen stand die Traubenlese 1682 bevor. Die Layer begannen zu lesen, die Winninger halfen ihnen und bekamen ein Drittel der Ernte; der Zehnte hingegen wurde dem Zehntträger von den Layern abgenommen. Den 1659 gesetzten Grenzstein trugen die Layer ein gutes Stück in Richtung Winningen, worauf dem Vogt befohlen wurde, diesen in den Flecken zu bringen und bis zur Austragung der Sache dort liegen zu lassen. 1684 wurde endlich eine Konferenz kurtrierischer und sponheimischer Räte abgehalten, die trotz des Aufwandes, der dabei getrieben wurde, zu keinem Ergebnis führte.

Nachdem der Koblenzer Brezelbäcker Hausmann sah, dass er den von den Layern gekauften Platz in Ruhe nicht benutzen konnte, kaufte er diesen im Jahr 1685 nun auch von den Winningern für 110 Reichstaler. Dieses Verkaufs ungeachtet blieb der Platz hinsichtlich des Territoriums mit der Gemeinde Lay umstritten. 1687 und 1689 wurde der von den Winningern gesetzte Markstein von den Layern ausgeworfen, aber jedes mal von den Winningern wieder eingesetzt. Im gleichen Jahr mischte sich auch das im Kurtrierischen gelegene Stift Münstermaifeld wegen des Zehnten in die Sache und bezog diesen 1689, 1690, 1691, 1692 und 1694, teils heimlich, teils gewaltsam. 1696 bis 1699 zogen die Winninger den Zehnten ein, 1700 aber wurde er wieder vom Stift heimlich weggenommen. 1701 waren die Winninger wieder schneller. 1704 wurde der Zehnte durch 10 Männer von Kurtrier eingezogen. 1727 sorgten gar 30 bewaffnete Soldaten dafür, dass das Stift den Zehnten abtransportieren konnte.

Ansätze, den Streit beizulegen, waren 1731/32 zu erkennen, aber der kurtrierische Amtsverwalter Flesch „raubte" 1733/34 nicht nur den Zehnten, sondern auch den Winninger Untertanen die ihnen zustehenden Trauben „armate manu"[17] hinweg. 1737 sollte eine unabhängige Schiedsrichterkommission den Streit schlichten. Flesch hintertrieb jedoch die Eröffnung des Schiedsspruchs und sorgte auch 1738 mit Hilfe von 25 Soldaten dafür, dass der zehnte Teil der Trauben in die Keltern des Stifts zu Münstermaifeld kam. Daher entstand den Winningern ein Schaden von 732 Reichstalern. 1740 verstarb Flesch. Doch als man sah, dass Kurtrier zu keinem Kompromiss bereit war, drang man 1746 auf Eröffnung des Schiedsrichtervergleichs von 1737. Aber auch dies war vergebens. Die von den Schiedsrichtern regulierte Grenze wurde von den Layern nicht anerkannt, der gesetzte Grenzstein des öfteren wieder herausgerissen. 1772 war der Stein gar nicht mehr auffindbar. Der Layer Schöffe Konrad Roos brüstete sich damit, den Stein weggebracht und auch „4 Bürten Kraut" aus der Winninger Gemarkung mitgenommen zu haben. Zwar hatten ihn die Winninger Schützen „auf frischer Tat ertappt", aber

---

16 LHA Ko Best. 33, Nr. 6848.
17 D. h. „mit bewaffneter Hand".

er, Roos, habe mit dem Karst dazwischen gehauen und nur einem glücklichen Umstand sei es zu verdanken, dass keiner erschlagen wurde.[18] Nach diesem Vorfall rollten die verschiedenen sponheimischen Kanzleien den Streitfall noch einmal auf, da die Landeshoheit und der Novalzehnt betroffen waren. Der Winninger Amtsverwalter Philipp Friedrich Gerstlacher berichtete 1776, dass man den Stein wiedergefunden und an die alte Stelle gesetzt habe, wo er anscheinend auch verblieben sei. Er habe auch in Erfahrung gebracht, dass der Landesherrschaft der Novalzehnt „in dem Berg" zustehe, „im Boden" aber das Stift Aachen der eigentliche Zehntherr sei. Während der Novalzehnt gezahlt würde, sei dem Stift Aachen schon vor 40 Jahren „bei den entstandenen Grenzstreitigkeiten" der Zehnt vom Stift Münstermaifeld mit Gewalt genommen worden.[19]

Mit dem Bericht Gerstlachers schweigen die noch vorhandenen Akten zunächst einmal für viele Jahre. Fest steht jedoch, dass es den alten Feudalherren nicht mehr gelungen ist, den Streitfall aus der Welt zu schaffen. Dies blieb den Franzosen vorbehalten, die von 1794 bis 1813/14 im Rheinland herrschten. Bereits am 5. Prairial 13. Jahr der Republik (25. Mai 1805) hatte Karl August Reinhardt, Maire der 1800 gegründeten Bürgermeisterei Winningen, die Layer wegen ihrer Streitsache mit den Winningern scharf verwarnt. Falls es in Lay noch Leute gebe, so Reinhardt, die sich unterstehen sollten, sich an dem „besagten Gränzstein zu vergreifen, so gebe ich ihnen zu bedenken, daß die Regierung Mittel in Händen hat, dergleichen Menschen zu züchtigen".[20] 1811 wurde die Grenzstreitigkeit endgültig beendet, als „das Röttgen" teils der Winninger, teils der Gülser Gemarkung zugeschlagen wurde, obwohl kein Gülser dort Weinberge besaß.[21]

Auch die preußische Regierung sah 1852 keine Veranlassung, daran etwas zu ändern.[22] So gehört das Gebiet „Im Röttgen" also seit dieser Zeit teils zur Winninger, teils zur Gülser, also heute Koblenzer Gemarkung. Von den seinerzeitigen Streitigkeiten ist heute nichts mehr zu spüren, vielmehr bebauen Winninger, Layer und Gülser Winzer ihre Weinberge im Röttgen einträchtig nebeneinander und erzeugen dort in den steilen Terrassenlagen hervorragende moseltypische Rieslingweine.

II. Der Winninger Wald, insbesondere Streitigkeiten und Differenzen mit Dieblich und dem ehemaligen Nonnenkloster Maria Roth um den Winninger Vorder- und Hinterwald

Der Gemeindewald

Der auf der linken Moselseite gelegene Winninger Gemeindewald – sein Umfang beträgt heute noch 65 Hektar – könnte aus dem alten Grundbesitz des Fronhofs hervorgegangen sein. Noch

---

18 LHA Ko Best. 33, Nr. 6848.
19 Ebd.
20 LHA Ko Best. 655,47, Nr. 165.
21 Ebd.
22 LHA Ko Best. 655,47, Nr. 203.

im 16. Jahrhundert zählten die Besitzer des Hofs, die Mönche des Benediktinerklosters Groß Sankt Martin zu Köln, „100 Morgen büsch" zu ihrem Besitz, in welchem sich jedoch schon damals die Gemeinde befand.[23] Dieser Wald, eingeschlossen der Vorder- und Hinterwald, war über viele Jahrhunderte für die in Winningen lebenden Menschen eine unentbehrliche Lebensgrundlage. Der Wald lieferte die notwendigen Weinbergspfähle, Holz für die Fässer und Keltern, Brennholz und Bauholz. Aus den jungen Eichenstämmen gewann man die Lohe zum Gerben der Felle, zur Düngung der Felder benutzte man die Pottasche, die man aus den zur Rodung freigegebenen und anschließend verbrannten Bäumen gewann. Zur Neuanlegung von Weingärten verwendete man den Waldrasen (Wasen).

Von großer Bedeutung war die „Rauweide" für die Pferde, Rinder, Schafe und Ziegen – Wiesen- und Weidewirtschaft sowie Stallfütterung gab es noch nicht – und die „Schmalzweide" für die Schweine. Besonders im Herbst trieb man die Schweine in die Eichen- und Buchenwälder, wo die Tiere den Boden nach Nahrung durchwühlten und sich von Eicheln und Bucheckern ernährten. Im Gemeindewald bewachte ein Kuhhirte die Herden, der im Jahre 1575 im Winninger Spital seine Wohnung hatte.[24] Später wurde für ihn das „Gemeindehirtenhaus", „eine über der Wolferpforte[25] angebrachte zweistöckige Wohnung" errichtet, die jedoch am 1. November 1811 abbrannte und nicht wieder aufgebaut wurde.

Genauere Angaben über die Waldgröße und die Waldbewirtschaftung liefern uns erst die Akten des 18. Jahrhunderts. Dagegen vermittelt eine vom Mainzer Kupferstecher Nikolaus Person im Jahre 1689 gefertigte Waldkarte des Rhein-Moselgebietes, welche auf eine ältere Vorlage des Arnold Mercator zurückgreift und auf der auch der Winninger Gemeindewald eingezeichnet ist, einen Eindruck über das Aussehen des Waldes im 17., womöglich schon im 16. Jahrhundert.[26]

Ähnlich wird das Waldgebiet im Jahre 1723 von dem damaligen Winninger Amtsverwalter Weiprecht Duncker beschrieben. Der nicht sehr große Wald, so Duncker, grenze an den Kurfürstlichen Altenforst[27] und bestehe nur „in Eichenholz". Wenn es „Eckericht" gebe, könne jeder Bürger ein Schwein, selten aber zwei Schweine eintreiben lassen.[28] Genauere Angaben bietet eine Beschreibung der vorhandenen Gemeindewaldungen aus dem Jahr 1775.[29] Hier wird zwischen „der Heide, dem Niederwald und dem oberen Wald" unterschieden. Die Heide war demnach ein leicht abfallender Eichenwald von 15 Morgen Größe, bestehend aus 90 Klaftern Eichenbrennholz bei mittlerer Bodenqualität. Der Niederwald war ein mit verkropften alten und einstämmigen Baueichen und Buchen bewachsener Distrikt von 66 Morgen Größe. Man zählte darin 990 Stämme „Baueichen", 264 Klafter Eichen und 20 Klafter Buchenbrennholz. Die Bodenqualität wird als „gut" bezeichnet. Der obere Wald war ebenfalls mit verkropften und

---

23 LHA Ko Best. 1 C, Nr. 698.
24 LHA Ko Best. 33, Nr. 4949.
25 Siehe hierzu den Beitrag von Rainer Garbe zur Ortsentwicklung in diesem Band.
26 LHA Ko Best. 702 Nr. 1.
27 Der Altenforst gehörte nicht der Gemeinde Kobern, sondern war bereits damals „Staatswald" des Kurfürstentums Trier.
28 LHA Ko Best. 33, Nr. 4196.
29 LHA Ko Best. 33, Nr. 6068.

einstämmigen Baueichen bepflanzt. Er umfasste 169 Morgen 1 Viertel. Darin befanden sich 1.028 Klafter Eichenstämme und 676 Klafter Brennholz. Die Bodenqualität wurde ebenfalls als „gut" bewertet.

Von der ständig wachsenden Einwohnerschaft war die relativ kleine Waldfläche immer ausgebeutet, aber selten gepflegt worden. Eine Oberaufsicht seitens der Landesherrschaft durch einen geschulten Förster hatte es bis dahin nicht gegeben. Über zu große Willkür der Einwohner wachten die Feldschützen der Gemeinde. Erst 1781 ordnete die Regierung zu Baden an, dass das zuständige Oberforstamt Kirchberg „in denen zur Holzkultur schicklichen Zeiten" einen Förster nach Winningen zu schicken habe. Den eingeleiteten Maßnahmen zur Verbesserung des Waldes widersetzten sich jedoch die Winninger, worauf der Kirchberger Oberförster sich empörte, dass jeder Bauer „alles, was seine Voreltern nicht getan und er es sozusagen von ihnen nicht ererbt, verachtet. Eben von einer solchen Art seien die Winninger Gemeinsleute."[30]

Wenn man sich auch gegen Neuerungen sträubte, so bedeutete dies nicht, dass die Gemeindevertreter der Waldvernichtung tatenlos zugesehen haben. Schon im 17. Jahrhundert war dem Bürgermeister aufgetragen worden, den Bürgern nur „zur äußersten Nothdurfft einiges Kälterholz gegen Zahlung" zu überlassen. Wenn „einer oder der andere Bürger nothwendig zu bauen hätte, sollen dem oder jenem, wenn einer gesonnen währe, ein Hauß zu bauen gegen Zahlung 2 Bäume, bey Bauung einer Scheuer oder Stall nur 1 Baum gegen Zahlung erlassen werden." Davon seien jedoch alle „nach übler bißherigen Gewohnheit" auszuschließen, „welche den Sommer in Besorgung des benötigten Brenholtz fruchtloß verstreichen laßen, da ohne dem die wenige hießige Waldung zu anders nicht, als äußerster Nothdurft des Kälterholz und Bauholtz nothwendig und mit aller beflissenter Aufsicht vor- und aufbehalten werden muß." Weiter wurde angeordnet, dass der jeweilige Bürgermeister und dessen Mitgeschworenen sowie die Gerichtsgeschworenen, den Wald „so viel [wie] möglich" zu schonen haben, „auf das in künfftiger nicht hoffender Einquartirung hießiger Orth und Gemeindte in äußerstem Mangel, alß dan noch einen Angriff im Waldt vorfinden möge."

Am 4. Februar 1755 wurde „zu möglichster Conservirung des [...] Waldts" darüber hinaus beschlossen, „daß fürohin kein Bürgermeister noch Geschworene sowohl Kälter-, alß Bauholtz keinem Bürger mehr zu überlaßen erlaubt seye, es seye dann, daß es von denselben besichtigt und [sie] die unumgängliche Nothdurfft eingesehen und anerkent hätten."[31]

Trotz dieser vorausschauenden Maßnahmen konnte der Wald nicht gedeihen. Wegen des Mangels „an Wiesen, Fütterung und benötigtem Dung" war man weiterhin gezwungen, „nicht nur in Waldungen zu weiden und Laub zu scharren, sondern auch sogar die Wasen abzuheben", um damit in den Weingärten zum Schutz von Neuanpflanzungen den Boden zu bedecken. Man sah ein, dass dies den Wald sehr belaste, wusste sich aber keinen besseren Rat. Die badische Regierung hatte 1779 vorgeschlagen, Klee und andere Futterkräuter anzupflanzen, doch mussten die Gemeindevertreter dem entgegnen, dass die meisten Einwohner gar nicht soviel

---

30 LHA Ko Best. 33, Nr. 4719.
31 LHA Ko Best. 655,110, Nr. 32.

Ackerland und Wiesen besäßen, der größte Teil des 260 Morgen umfassenden Ackerlandes dem Grafen von Eltz gehöre und deshalb jeder „nur für ein Stück Vieh die nötige Nahrung erzielen" könnte. Dadurch seien viele genötigt, das Vieh „zum Schaden seiner Haushaltung und seines Weinbaues abzuschaffen."[32]

Als nach fast 20jähriger Herrschaft der Franzosen, die durch starke Holzeinschläge die Waldvernichtung fortgeführt hatten, Preußen die Macht übernahm, fand dessen Forstverwaltung einen weitgehend heruntergewirtschafteten Waldbestand vor. Bestrebungen, den Wald zu rekultivieren, stießen auch jetzt auf hartnäckigen Widerstand der Gemeinde. „Wider ihren Willen" hatte man der Gemeinde auferlegt, „Nadel- und Buchenholz-Culturen, die ihren Bedürfnissen weniger entsprachen als die Anzucht von Eichen", anzupflanzen. Die Gründe für Widerspenstigkeit auf Seiten der Gemeinde waren einleuchtend. Die Bedürfnisse der Einwohner wurden nach wie vor durch den Weinanbau bestimmt. Der in dem lichten Laubwald reichlich vorhandene Waldrasen bot die einzige Möglichkeit, den neugepflanzten Steckreben den fehlenden Mutterboden auf den felsigen Steilhängen zu ersetzen.[33] Zur Zeiten der badischen Regierung war den Winzern das „Wasenhauen" erlaubt worden. Bei der französischen Forstverwaltung war man zunächst auf einige Widerstände gestoßen, hatte aber schließlich auch von den neuen Herren die Genehmigung erhalten, die notwendigen Rasenstücke aus den Gemeindewaldungen zu „stechen."[34] Doch gerade in diesem Punkt zeigt die preußische Forstverwaltung wenig Verständnis. Bereits am 1. Dezember 1815 wurde das Rasenstechen als „gemeinschädlich" verboten.[35]

Auf Grund wiederholter Vorstellungen gestattete die Regierung zu Koblenz der Gemeinde die Entnahme von Rasenstücken auf einer Fläche von 16 Morgen am Weilsborner Weg. 1819 wurde diese Genehmigung auf 100 Morgen erweitert, unter der Auflage, dass der übrige Wald „geschont und forstmännisch behandelt werden sollte". 1848 wurde fast die gesamte Waldfläche, welche man zur Rasenentnahme freigegeben hatte, zu Ackerland gerodet. Daraufhin wurde der Gemeinde erlaubt, „an den Rändern des Waldes, auf den Wegen und an solchen Orten [...], welche ohnehin für den Holzabbau nicht in Betracht kommen", die Rasenstücke abzutragen.

1860 wurden der Gemeinde seitens der Regierung Koblenz nochmals 30 Morgen zur „ständigen Rasennutzung" freigegeben. Die Gemeinde gab sich jedoch damit nicht zufrieden, machte immer neue Eingaben und verlangte, den gesamten Wald auf der linken Moselseite uneingeschränkt nutzen zu dürfen. Dabei gab sie die Nachteile des Rasenstechens nach wie vor zu, behauptete aber, dass der beste Ertrag des Waldes in keinem Verhältnis zu den Vorteilen der Rasennutzung stehe „und daß, wenn diese aufhöre, Winningen bald zu der ärmsten Gemeinde der Mosel herabsinken werde". Dagegen führte die Regierung zu Koblenz an, dass die Ge-

---

32 LHA Ko Best. 33, Nr. 4204.
33 Hierzu und zum folgenden: Ekkehard Krumme, Die Winninger „Local-Verhältnisse" 1867. Dargestellt im Zusammenhang mit dem Streit um die Nutzung des Gemeindewaldes, in: Winninger Hefte 1 (1985), S. 7-18, hier: S. 8. Vgl. auch den Beitrag von Marli Beck und Ellen Junglas in diesem Band.
34 LHA Ko Best. 256, Nr. 11381.
35 LHA Ko Best. 441, Nr. 2236. Daraus auch die folgenden Zitate, einschließlich der Ablehnung des Gesuchs durch das Landwirtschaftsministerium Berlin im Jahre 1867.

meinde 410 nutzungsberechtigte Bürger zähle und nur 832 Morgen Wald besitze, es demnach augenscheinlich sei, dass die Waldfläche im Verhältnis zur Bevölkerung zu klein wäre. Darüber hinaus besitze die Gemeinde neben 600 Morgen Weinbergen auch 1.200 Morgen Ackerland. Die Weinbergsbesitzer seien in der Regel auch Ackerlandsbesitzer, so dass sie Teile ihrer Felder vorübergehend zur „Rasenzucht" verwenden sollten. Dies wäre möglich, da einzelne Weinberge nur alle 30 bis 40 Jahre neu angelegt würden. Daraufhin wurde der Antrag der Gemeinde abgelehnt. Einen entsprechenden Bescheid erhielt Ortsvorsteher Christian Hofbauer am 17. Februar 1864.

Auf Winninger Seite ab man sich jedoch nicht so schnell geschlagen und setzte zwei Monate später ein neues Bittgesuch auf, das von fast allen Bürgern unterschrieben wurde. Dagegen bestritt ein von der Regierung erneut eingeholtes Gutachten die Notwendigkeit, das „Rasenhauen" auf das gesamte „linksseitige Waldgebiet" auszudehnen. Am 3. April 1866 lehnte auch der Oberpräsident der Rheinprovinz, Pommer-Esche, das Gesuch der Winninger ab.

Bald darauf startete man einen letzten Versuch und machte eine Eingabe an König Wilhelm I. von Preußen. Das zuständige Ministerium für Landwirtschaft in Berlin wandte sich zunächst an die Regierung in Koblenz, die nun verschiedene andere weinbautreibende Gemeinden zu Stellungnahmen aufforderte. Alle bekundeten, dass sie bei der Neuanlage von Weinbergen weder Rasen noch Kunstdünger verwendeten. Man lasse sie „kürzer oder länger" liegen oder bestelle sie mit Klee, der dann untergepflügt würde. Diese Argumente gaben wohl den Ausschlag. Am 6. Dezember 1867 lehnte auch das Landwirtschaftsministerium in Berlin das Gesuch der Gemeinde ab.

Schwere Zeiten brachen für die Winzer an, zumal auch die Streulaubentnahme aus dem Gemeindewald stark eingeschränkt worden war. Im Jahre 1870 musste sich der Gemeinderat gegen „eine, den guten Namen der Gemeinde unnötig schädigende Absendung" eines Militärkommandos verwahren, welches die Regierung Koblenz zum Schutz des linksseitigen Gemeindewaldes gegen die Zunahme der „Laubentwendungen" abzuschicken gedachte.[36]

In den 1880er und 1890er Jahren wurde die Streulaubentnahme durch die Gemeinde geregelt. Insbesondere nach schlechten Ernten stellte man bei der Regierung den Antrag, Streulaub in bestimmten Walddistrikten entnehmen zu dürfen. Das Laub wurde dann zum Nutzen der Gemeindekasse versteigert. Hinsichtlich des Waldrasens hatte man ebenfalls bald eine Lösung gefunden, indem auf Antrag bestimmte Distrikte des Gemeindewaldes zur „Wasenentnahme" freigegeben wurden. Auch der Waldrasen wurde dann zum Nutzen der Gemeindekasse versteigert. Nach 1890 scheint es üblich geworden zu sein, den Rasen an den Wegesrändern und Schneisen zu stechen, denn 1893 beantragten die Gemeindevertreter, diese „in beiderseitigen Waldungen soweit tunlich auf das Doppelte erbreitern zu wollen."[37] So fand der Waldrasen bis in das 20. Jahrhundert hinein seine Verwendung bei der Neuanlegung von Weinbergen.

---

36 LHA Ko Best. 655,47, Nr. 297.
37 Ebd.

Differenzen mit Dieblich wegen des Vorder- und Hinterwaldes

Bis zum Jahre 1970 besaß die Gemeinde Winningen den auf der rechten Moselseite gelegenen 180 Hektar großen Vorder- und Hinterwald. Dessen Geschichte ist über Jahrhunderte auch die Geschichte der Auseinandersetzungen mit der Gemeinde Dieblich, die den Wald als ihr Eigentum ansah und der Auseinandersetzungen mit dem Nonnenkloster Maria Roth bei Waldesch, welches ebenfalls Nutzungsrechte in diesem Wald geltend machte.

888 schenkte König Arnulf II. auf Bitten des Grafen Megingoz das in dessen Grafschaft gelegene Dorf Rivinacha (Rübenach) mit sämtlichem Zubehör, ferner Fischereirechte in der Gemarkung Windiga (Winningen) und den Wald am Kondbach gegenüber Winningen an die Trierer Abtei Sankt Maximin.[38] Diese Güter und Rechte fielen im Jahre 1023[39] teils an den Pfalzgrafen Ezzo und im Jahre 1042[40] teils an das Bamberger Domstift.

Sichere Kenntnis über Weiderechte der Gemeinde in den betreffenden Walddistrikten liefert uns eine Urkunde aus dem Jahre 1231.[41] Dort heißt es u.a., dass der Trierer Erzbischof Theoderich das Kloster Marienrode mit den Gemeinden Lehmen, Gondorf, Niederfell, Dieblich und Winningen wegen des Weiderechts verglichen habe. Diese Urkunde ist des öfteren von Theoderichs Nachfolgern, zuletzt von Erzbischof Balduin im Jahre 1348, bestätigt worden. Hieraus wird schon deutlich, dass mehreren Gemeinden Nutzungsrechte am Wald zustanden. Im 17. Jahrhundert wurde behauptet, dass die Gemeinde Winningen als Eigentümerin des Hinterwaldes in Vorzeiten mit den sogenannten Märkern („deren zu Lay 14, zu Waldesch 12, zu Moselweiß 2, zu Dieblich 2 und auf dem Dieblicher Berg 1 gewesen"), die Waldschützen eingesetzt und die „forsteilichen Gerechtsamen" ausgeübt habe.[42]

Bestätigt wird diese Aussage zum Teil durch einen im Jahre 1400 geschlossenen Vergleich, zwischen der „Gemeinerschaft" des Dorfes Winningen und den „geborenen" Märkern von Lay. In diesem Jahr war es zu einem Streit wegen des Waldes „den man nönnyt das Wailholtz", gekommen. Die Layer hatten sich beschwert, dass die Winninger die im Wald stehen gebliebenen Bohnen verkauft und das Korn ohne deren Einverständnis einbehalten hatten. Man einigte sich schließlich und legte fest, dass jeder der Gemeiner von Winningen und jeder der Märker von Lay nach dem Herkommen gleiche und gemeinsame Nutzungsrechte an dem Wald haben solle. Weiter wurde vereinbart, dass die Winninger die Waldschützen stellten, die den Wald zu hüten und zu forsten hatten. Dafür erhielt jeder Schütze jährlich zu Weihnachten von jedem

---

38 Heinrich Beyer; Leopold Eltester; Adam Goerz (Bearb.), Urkundenbuch zur Geschichte der jetzt die Preußischen Regierungsbezirke Coblenz und Trier bildenden mittelrheinischen Territorien, 3 Bde, 1860-1874 (im folgenden: MRUB), hier: Bd. 1, Nr. 125.
39 Ebd., 2, Nr. 35.
40 Adam Goerz (Bearb.), Mittelrheinische Regesten oder chronologische Zusammenstellung des Quellen-Materials für die Geschichte der Territorien der beiden Regierungsbezirke Coblenz und Trier in kurzen Auszügen, 4 Bde, 1876-1886, Ndr. 1974, hier: Bd. 1, Nr. 1280.
41 LHA Ko Best. 136, Nr. 1. Druck: MRUB (wie Anm. 39), 3, Nr. 427.
42 LHA Ko Best. 33, Nr. 5381.

Märker ein Brot. Wie bisher sollten alle Geldbußen bei den Winningern verbleiben, da sie die (Wald-) Wege in Ordnung hielten.[43]

Bereits zwei Jahre später musste der Ritter und Amtmann von Koblenz, Friedrich von Sassenhausen, erneut einen Streit der beiden Parteien schlichten. Ohne Wissen der Märker von Lay hatten die Winninger diesmal im „Wayholtz" Stämme zur Anfertigung von Planken für die Ortsbefestigung geschlagen. Die Layer hatten daraufhin mehrere Winninger Bürger in Haft genommen und eine Strafe von 50 Gulden erhoben. Schiedsmann Friedrich von Sassenhausen ordnete daraufhin an, dass die Winninger den Layern 10 Gulden zu geben und ein weiteres Hauen von Holz zu unterlassen hätten. Dafür sollten die Layer auf eine weitere „Arrestierung" und die von ihnen geforderte Strafe verzichten.[44]

1442 war ein weiterer Vergleich nötig geworden, denn die Winninger hatten Holz verkauft, wodurch sich die Märker geschädigt fühlten. Darauf verpflichtete man sich, den Layern ihren Anteil auszuzahlen und in Zukunft nie mehr etwas ohne deren Wissen aus dem Wald wegzugeben oder zu verkaufen.[45] Aus Winninger Sicht sind bald darauf alle Märker „ausgetreten" und Winningen in alleinigen Besitz der Waldrechte gekommen.[46] Da der Wald aber jenseits der Mosel liege, so sei es der Einwohnerschaft zu beschwerlich gewesen, die Weide in dem Walddistrikt selbst zu nutzen. Aus diesem Grunde sei dem Kloster Rode (Maria Roth) der Weidgang in diesem Wald gestattet und auch den Dieblichern erlaubt worden, ihr Vieh in den Wald zu treiben. Ganz anders sah dies die Gemeinde Dieblich, die behauptete, es sei den Winningern, da sie kein Brenn- oder Bauholz besäßen, auf ihr vielfältiges Ersuchen hin gestattet worden aus „unserem großen Wald und zwar aus dessen Mitte, einen nicht geringen Platz [...] dergestalt zu nutzen", dass es ihnen erlaubt war, das dort „gewachsene Holz zu genießen, der Weide- und Schweinegang aber nebst dem Eichelrecht, uns als rechtmäßigem Originaleigentümern [...] zu ewigen Zeiten verbleiben" sollte.[47] Die Ansprüche beider Parteien galt es zu beweisen.

Die Gemeinde Dieblich hatte im 1443 ein Notariatsinstrument erstellen lassen, in welchem behauptet wird, dass die Winninger auf Sankt Antonius Abend in die Dieblicher Gemarkung eingedrungen und ihre Schweine „mit Frevel und Unrecht genommen" hätten, um ihren „Bestand" (d.h. die Rechte der Dieblicher) an dem Wald zu enterben und zu entkräftigen. Die Winninger wollten solches „nyt lyden umb" 400 Gulden. Die Dieblicher hielten jedoch daran fest, dass dies in ihrem Wald geschehen sei und bezifferten den erlittenen Schaden auf 200 Gulden.[48] Da die Gemeinde Dieblich neben dem Weidgang auch das Eichelrecht beanspruchte, sich darüber hinaus von zwei Zeugen 1446 bestätigen ließ,[49] seit 30 Jahren in ungestörtem Besitz dieser Nutzungen in dem Wald, genannt der Winninger Wald, zu sein, kam es zum offenen Rechts-

---

43 Ausführung der Urkunde im AEKgW, Urkunde Nr. 1.
44 Ebd. Als Transfix an diese Urkunde angehängt. Philipp, Herr zu Ulmen, dem die Vogteirechte der Grafen von Sponheim seit 1387 verpfändet waren, hat diese Urkunde mitgesiegelt.
45 LHA Ko Best. 33, Nr. 8819.
46 LHA Ko Best. 33, Nr. 5381.
47 LHA Ko Best. 33, Nr. 4623.
48 LHA Ko Best. 33, Nr. 6843.
49 LHA Ko Best. 1 C, Nr. 657.

streit. Vom Kurfürsten zu Trier wurde den Dieblichern das Eichel- und Weiderecht aufgrund der 1446 ausgesprochenen Urteile bestätigt und die Winninger zur Abstellung „alles zugefügten Schadens" angewiesen.[50] Zur Anhörung und Eröffnung des Urteils wurden die Winninger vor die Layer Pfarrkirche zitiert. Den Dieblichern jedoch teilte man mit, dass „ihnen von der Herrschaft befohlen worden wäre, nicht zu erscheinen".

Auch in den folgenden Jahrzehnten pochten beide Gemeinden auf ihre Rechte im Hinterwald. In einem Schreiben des Pfalzgrafen Friedrich an die Gemeinde Dieblich aus dem Jahre 1454 forderte er diese auf, den Winningern ihren Wald und das Recht auf Eckerich ungehindert zu überlassen. Dagegen erinnerten 1462 die Dieblicher den sponheimischen Oberamtmann in Trarbach, Johann Heinrich von Soetern, dass der „hynder walt" in ihrer Gemarkung liege. Sie trieben ihr Vieh, so lange man denken könne, in den Wald. Falls man dieses Recht anerkenne, sollten die Winninger „das Holtz" wie ihre Vorfahren gebrauchen.[51] Doch der Streit ging weiter. Ähnliche Vorladungen wie im Jahre 1446 erhielten die Winninger auch 1496.[52] 1504 hatten einige Winninger Bürger in dem Wald Eicheln gesammelt und waren von den Dieblicher Waldschützen ertappt worden. Die Eicheln wurden ihnen abgenommen, nach Dieblich getragen und die Frevler zu einer Geldstrafe verurteilt. Nach Aussage der Dieblicher hatten sich die Winninger darüber beschwert, jedoch von der Klage bald Abstand genommen.[53]

1506 wurde von neuem verordnet, dass die Streitigkeiten durch Schiedsrichter geschlichtet werden sollten. Mitbetroffen war nun auch das Kloster Maria Roth. Weil die Knechte des Priors im Winninger Wald einen Wagen dürres Holz geholt hatten, beschlagnahmte der Winninger Bürgermeister dem Prior ein Fass Wein als Pfand für eine Geldbuße von einem Gulden. Der Prior brachte die Sache vor den Trarbacher Oberamtmann Paulus Boos von Waldeck. Dieser entschied auf Montag nach „Winninger Kirmes" im Jahre 1508, dass das Kloster im Vorderwald liegendes und unfruchtbares Holz entnehmen darf, aber kein Bauholz, dass es ferner im Hinterwald nur schlechtes Holz, aber kein Bauholz oder unfruchtbares Holz holen darf.[54]

1585 hatten die Winninger das Kloster wegen dieses „Behölzigungsrechtes" gerügt und vor dem kurtrierischen Amtmann zu Münstermaifeld Klage erhoben. Dieser bestätigte die Gerechtsame des Klosters, d.h. „die Viehtrifft und den Weidgang mit allerlei Vieh, Pferden und Schweinen [sowie] das Laubraffen [und] auch dürres und Brennholz sammeln."[55]

Währenddessen nahmen die Auseinandersetzungen mit Dieblich ihren Fortgang. 1533 strengten die Dieblicher einen Prozess bei dem kurtrierischen Gericht in Koblenz an, welches die Gemeinde Winningen auch anklagte, obwohl Koblenz nicht der zuständige Gerichtsstand war. Auch wollte Kurtrier eine Kommission ernennen, damit die Angelegenheit untersucht werden

---

50 LHA Ko Best. 1 C, Nr. 4623.
51 Ebd.
52 LHA Ko Best. 33, Nr. 6843.
53 LHA Ko Best. 1 C, Nr. 4623.
54 LHA Ko Best. 1 C, Nr. 657.
55 LHA Ko Best. 1 C, Nr. 4623.

könne. Während sich die Forderungen der Gemeinde Dieblich auch in diesem Prozess auf die Nutzungsrechte erstreckten, führte die Gemeinde Winningen nach wie vor ihr Eigentumsrecht an dem Wald an und berief sich auf den mit den Märkern von Lay im Jahre 1402 geschlossenen Vergleich.[56]

Abb. 3: Ausschnitt der vom Mainzer Kupferstecher Nikolaus Person im Jahre 1689 gefertigten Waldkarte des Rhein-Mosel-Gebietes, welche auf eine ältere Karte des Arnold Mercator (1537-1587) zurückgeht (LHA Ko Best. 702, Nr. 1).

Bis auf das kurze Zwischenspiel mit dem Kloster Maria Roth im Jahre 1585 blieb es dann fast 100 Jahre ruhig. Im Jahre 1626 setzten die Winninger einen Kohlenbrenner in den Wald und hatten auch „einen ziemlich großen Platz im Wald niederhauen lassen". Der Köhler hielt fünf Geißen, hatte auch einen Garten angelegt und eine Hütte gebaut. Die Dieblicher sahen dies als einen Verstoß gegen ihre und des Klosters Nutzungsrechte und pfändeten auf Befehl der Obrigkeit die Geißen, verurteilten den Kohlenbrenner zu einer Strafe von 15 Gulden und rissen seine Hütte nieder. Ein Jahr darauf baten die Winninger darum, dem Köhler die Strafe zu erlassen, was für die Dieblicher wiederum Beweis dafür war, dass sie die kurtrierische Landeshoheit über diesen Wald anerkannten. Dies war natürlich nicht der Fall, doch um ihren eigenen Anspruch auch auf den Weidgang zu untermauern, verpachteten die Winninger im Jahre 1663 diese und andere Waldnutzungen an die Gemeinde Waldesch.[57] Dagegen protestierten wiederum die Dieblicher, widersprachen der mit Waldesch getroffenen Belehnung und

---

56 LHA Ko Best. 33, Nr. 5381.
57 LHA Ko Best. 33, Nr. 8819.

zogen selbst die Pachtgelder ein, indem sie behaupteten, der Wald läge in ihrer Gemarkung, sei in ihrem Besitz, stünde unter kurtrierischer Oberhoheit und sie allein hätten alle Rechte darinnen, außer dem Behölzigungsrecht, welches sie den Winningern wegen ihrem Mangel an Holz und aus nachbarschaftlichem guten Willen bisher gestattet hätten.

Kurz zuvor hatten die Winninger Teile des Waldes gerodet und auf dem gerodeten Land Korn ausgesät. Nach dem oben genannten Grundsatz behaupteten die Trierer, das Zehntrecht in dem Wald zu besitzen. Daher ließ der Amtverwalter Seulen von Kobern im Juli des genannten Jahres das Winninger Korn im Wald messen, schneiden, binden und „gewaltsam wegführen". Damit begannen wiederum über Jahrzehnte andauernde Streitigkeiten zwischen den beiden Gemeinden, „welche von dem übermächtigen Kurtrier kräftigst unterstützt wurden". Dem hatten die Winninger nichts als Protestschreiben entgegenzusetzen. Da man die Absicht des Koberner Amtsverwalters durchschaut hatte, die Winninger zu Klägern zu machen und ihnen somit die Beweislast aufzuladen, schlug man Kurtrier eine Konferenz vor. Kurtrier stimmte dieser Konferenz zu, um Streitigkeiten gütlich beizulegen. Dessen ungeachtet belegten die Dieblicher die Winninger erneut mit einer Beschlagnahme. Der Koberner Amtsverwalter berief sich dabei auf zwei alte Urkunden aus den Jahren 1294 und 1508, die man von dem Kloster „Rod" bekommen hatte. Nach der letztgenannten hieße zwar der Wald der Winninger Wald, er liege aber auf Dieblicher Gemarkung und damit im Erzstift Trier. Ohne die Urkunden näher zu untersuchen, glaubte man, damit den Streit gewonnen zu haben.

Einige Bürger aus der Gemeinde aber hofften, durch die Untersuchung ihrer Waldgrenzsteine Beweise zu finden, durch welche sich „der Unfug der Trierischen" schnell aufklären würde. Man fand auch einen uralten Grenzstein und zwar „den 11. Stein", auf dessen dem kurtrierischen Territorium zugekehrter Seite das alte Winninger Schwert eingemeißelt war. Dies wäre wohl Beweis genug gewesen, wenn die Bürger ihre Nachforschungen nicht übertrieben und verschiedene der übrigen Grenzsteine, nachdem man sie von Moos befreit hatte, eigenmächtig mit dem Winninger Schwert gekennzeichnet hätten.

Durch diese Aktion einiger Übereifriger kam man sehr in Verruf – auf dem Koblenzer Markt nannte man die Winninger schon die „Steinhauer" – und der Gemeinde blieb nichts anderes übrig, als sich nach allen Seiten hin zu entschuldigen. Kurtrier sah diese Grenzsteinberichtigung als einen Angriff auf sein Territorium an, zitierte die vermeintlichen Verfälscher der Grenzsteine vor das trierische Amt Karden, beschlagnahmte zum dritten und vierten Male die auf trierischem Gebiet gewachsenen Winninger Feldfrüchte. Obwohl der angebliche „Steinverfälschungshergang" untersucht, auch alte Winninger Schützen befragt wurden, deren eidlicher Aussage nach sie immer von den ältesten Dieblicher Bürgern gehört hätten, dass sie mit ihren Rinderherden „aus Gnaden in solchen Wald fahren täten", und obwohl man Kurtrier gebeten hatte, einen Mitkommissar zur Aufklärung der Streitigkeiten zu ernennen, so schob Trier die Angelegenheit vor sich her, belegte auch die Mertlocher Kornernte des Winninger Gerichtsschreibers Siegbert mit Arrest und erklärte endlich, dass es Wiedergutmachung wegen der Steinfälschung fordere und einen Arrest auf die Winninger Güter gelegt habe, welche sich auf kurtrierischem Gebiet befänden.⁵⁸ Auch verurteilte es die angeblichen Steinfälscher zu einer Strafe von 100 Gulden, die jedoch bald um die Hälfte erlassen wurde.⁵⁹ Selbst dem Pfarrer von Winningen wurde die Auslieferung seines Mehls erschwert. Von sponheimischer Seite beauftragte man im Jahre 1665 den Anwalt Dr. Weidenkopf.⁶⁰ Man glaubte auch, in der Sache zu einem glücklichen Ende zu kommen, nachdem Pfalzgraf Georg Wilhelm von Birkenfeld, der eine der beiden sponheimischen Gemeinsherren, mit dem Amtsverwalter zu Karden verhandelt hatte. Doch nun erhob man auf kurtrierischer Seite auch Ansprüche auf den Winninger Vorderwald und belegte den Winninger Bürger Hans Philipp Mölich „wegen seines dortigen Rodzehendens"⁶¹ mit Straf und Execution". Bei einer in Kröv im 1666 stattgefundenen Konferenz wurde zwar über die Streitigkeiten verhandelt, aber es kam wenig dabei heraus. Vielmehr fielen die Trierischen ein Jahr darauf in den Winninger Hinterwald ein, warfen die Grenzsteine aus, brachten sie nach Dieblich und setzten neue mit kurtrierischem Wappen versehene Steine ein, angeblich ohne „Sponheim" darüber zu benachrichtigen.

In den folgenden Jahren blieb die Angelegenheit erst einmal liegen, da der mit dieser Streitigkeit beauftrage Anwalt Dr. Weidenkopf verstarb. Da sich die Winninger in dieser Zeit als gute Nachbarn erwiesen, hatten die Dieblicher ihnen 1682 erlaubt, einen bequemeren Weg durch das kurtrierische Territorium zu benutzen, damit sie schneller zu ihrem „Gehölz" kommen könnten, „wozu sie vorher nicht anders als durch den Bach gehen können."⁶²

1686 lebten die Streitigkeiten jedoch wieder auf. In diesem Jahr hatten die Winninger noch „einige Hecken", unter welchen man nicht weiden konnte, ausgehauen und das Land mit soviel Korn besät, dass die Ernte wohl 80 bis 100 Malter ertragen hätte.⁶³ Die Dieblicher verlangten wegen der ihnen dadurch eingeschränkten Weide eine Entschädigung, darüber hinaus den Zehnten des Ertrages. Im übrigen blieben sie bei ihrer Behauptung, dass den Winningern in ihrem Wald nicht mehr als das Holz zustehe. Sponheim verlangte nun von Kurtrier, dass die Dieblicher einen unumstößlichen Beweis dieser Behauptung erbringen sollten. Die Antwort wurde als nicht befriedigend angesehen, wie die Klageschrift der Gemeinde Dieblich und der Winninger Gegenbericht erkennen lassen. Mittlerweile aber ernteten die Dieblicher das Korn „und führten es mit bewaffneter Hand weg". Auch diesmal mussten sich die Winninger, „entblößt von anderen Hilfsmitteln", mit Protestschreiben begnügen.⁶⁴

Dies änderte sich jedoch um das Jahr 1690, als die Hintere Grafschaft Sponheim durch Réunion unter französische Hoheit gezogen wurde. Seitens Winningen kündigte man den Dieblichern das Weiderecht und pfändete einmal mehr eine Kuh. Gleichzeitig wandte man sich an die französische Regierung zu Homburg. Daraufhin schickte der französische Intendant einen königlichen Major von Trarbach nach Dieblich, der angeblich die in der dortigen Kirche versteckten

---

58 LHA Ko Best. 33, Nr. 5381.
59 LHA Ko Best. 1 C, Nr. 4623.
60 LHA Ko Best 33, Nr. 5239
61 Angeblich die 40 bis 50 Morgen, die von dem Köhler im Jahre 1626 gerodet worden und nun wieder mit Stauden und Hecken bewachsen waren.
62 LHA Ko Best. 1 C, Nr. 657.
63 LHA Ko Best. 33, Nr. 6845.
64 LHA Ko Best. 33, Nr. 5381.

1667 ausgeworfenen Grenzsteine fand. Auch soll einer ihrer Mitbürger dem Major einen noch im Wald stehenden Stein (den 11. Stein), den die „Steinfälscher" nicht berührt hatten, gezeigt haben.[65] Den Dieblichern kam dies alles „ganz unglaublich" vor, da außer ihrem Bürgermeister niemand mit in die Kirche gegangen sei und auch niemand dem Major etwas von den Steinen erzählt habe. Sie hielten es eher für möglich, dass „vier oder fünf mit hineingeschlichene Winninger" den Major beschwatzt hätten und dieser auf die falschen Erzählungen hereingefallen sei. Tatsache war, dass der Major den Winningern mehr glaubte als den Dieblichern. Ausschlaggebend war wohl, dass die Winninger die Grenzsteine, worauf insbesondere auf dem 11. Stein das Winninger Schwert zu erkennen war, von einem Koblenzer Maler hatten abzeichnen lassen. Daraufhin verlangte der französische König, die Winninger in ihrem Besitz ungestört zu lassen, auch bekamen sie ungefähr die Hälfte ihrer gepfändeten Feldfrüchte zurück.[66]

Aus einem Schreiben der Gemeinde ist jedoch zu entnehmen, dass die Streitereien damit nicht zu Ende waren. Der Pastor von Dieblich verlangte weiter seinen Zehnten und die Dieblicher begnügten sich nicht mit dem Weidgang, sondern begannen, Pfändungen gegen Fremde im Wald zu verhängen. Man äußerte daher 1693 erstmals die Hoffnung, durch einen Austausch des Winninger Hinterwaldes gegen den Altenforst den Streit beenden zu können.[67]

Doch auch im 18. Jahrhundert sind „Störfälle" zu verzeichnen. 1714 hatte der Dieblicher Schultheiß einigen Winninger Bürgern Pferde und Ochsen im Wald gepfändet.[68] 1718 kam es auf Veranlassung der Gemeinde Winningen zu einem öffentlichen Notartermin, bei dem Bürgermeister Peter Knebel und die Geschworenen Mathias Knebel und Anton Kröber weitere Klagen vortrugen. Man beschwere sich darüber, dass die Dieblicher Holz im Hinterwald fällten und Ziegen hineintrieben. Mit Recht hätten sie einige Dieblicher nach Winningen gebracht und Pfänder bis zur Zahlung der verhängten Strafen einbehalten. Nunmehr hätten es die Dieblicher gewagt, aus Rache einem ihrer Bürger den Nachen wegzunehmen. Sie würden sich diese Ungerechtigkeit nicht länger bieten lassen. Der Notar möge dies dem Dieblicher Schultheißen oder dem Bürgermeister vortragen.[69]

16 Jahre später meldete sich die Gegenseite. Durch ein Schreiben der kurtrierischen Regierung zu Koblenz, datiert auf den 14. Oktober 1734, wurde die Gemeinde Winningen aufgefordert, innerhalb von 14 Tagen eine Wiedergutmachung wegen Verletzung des kurtrierischen Territoriums zu leisten. Zuvor hatte man dem Heinrich Nörtersheuser aus Dieblich-Berg einen Ochsen ausgespannt und diesen durch kurtrierisches Gebiet und über die Mosel nach Winningen geführt. Die Gemeinde wurde aufgefordert, den Ochsen innerhalb von drei Tagen zurückzugeben, ansonsten würden einem Winninger zwei Zugpferde gepfändet werden.[70]

---

65 LHA Ko Best. 1 C, Nr. 657.
66 LHA Ko Best 33, Nr. 5381.
67 LHA Ko Best. 33, Nr. 6845.
68 LHA Ko Best. 33, Nr. 5519.
69 LHA Ko Best. 655,111, Nr. 1. Vgl. Chronik der Gemeinde Dieblich, hg. von der Gemeinde Dieblich, 1987, S. 245.
70 Ebd. und LHA Ko Best. 33, Nr. 6844.

Am 30. Mai 1750 kam es wegen verschiedener Delikte gar zu einer Verhandlung vor dem Gericht zu Münster(maifeld). Winningen war vertreten durch den Gerichtsschreiber Johann Hautt und den Bürgermeister Anton Sünner. Für die Gemeinde Dieblich waren Schultheiß Peter Schneider, Bürgermeister Josef Rauschen und der Geschworene Michael Krebs anwesend. Die Winninger Gemeindevertreter brachten u.a. vor, dass sie die Absicht hätten, den überwiegend abgeholzten Hinterwald aufzuforsten und die jungen Kulturen für die Viehweide zu sperren. Den Dieblichern warf man vor, über 2.000 Jungpflanzen ausgerissen zu haben. Es könne niemand anderes gewesen sein, da nur sie in den Hinterwald kämen. Beim Weidgang hätten sie auch Geißen aufgetrieben, die das Aufkommen der jungen Kulturen vollends verhinderten. Es waren dies schwerwiegende Argumente, denn die im gleichen Jahre neu erlassene kurfürstliche Forstordnung ließ ausdrücklich die Wiederaufforstung und die Sperrung der jungen Kulturen zu. Auch war der Auftrieb von Geißen in die Wälder verboten worden. Dem hielten die Dieblicher entgegen, dass sie die Weidegerechtigkeit seit uralten Zeiten besäßen. Sie bestritten, die jungen Pflanzen ausgerissen zu haben. Für diese Unterstellung müsse Winningen den Beweis antreten. Darüber hinaus habe die Gemeinde Winningen gar nicht genügend Jungpflanzen, und es sei zu befürchten, dass diese im Dieblicher Wald gestohlen würden. Einzelne Geißen habe man nur mit ausdrücklicher Erlaubnis des kurfürstlichen Jägers aufgetrieben. Die Verhandlung endete mit dem weisen Vergleich, dass die Winninger nur stückweise den Hinterwald aufforsten und auch nur diese Gebiete sperren sollten, wobei das Dieblicher Weiderecht im übrigen unangetastet blieb.[71]

Doch 1770 kam es erneut zu einem Kraftakt, als einige Winninger „bei einem Holzabtrieb mit gewaffneter [kurtrierischer] Mannschaft" überfallen wurden, da sie die kurtrierischen Forstanweisungen nicht befolgt hatten. Da man die angesetzte Strafe nicht bezahlte, tat sich Kurtrier an dem beschlagnahmten Holz gütlich, welches versteigert wurde.[72]

Nach diesem letzten Störfall schien Kurtrier den Winningern das Eigentumsrecht und den sponheimischen Landesherren die Landeshoheit an dem Wald zugestehen zu wollen. 1780 und 1782 fanden gemeinsame Grenzsteinsetzungen statt und 1784 nahmen kurtrierische Beamte von Kobern und der Winninger Amtmann Georg Wilhelm Kröber einen Augenschein vor, um abzuklären, ob ein „Waldfrevel" im Hinterwald oder in „Dievelicher Gewald" geschehen sei.[73] Auch behüteten und pflegten die Winninger Flurschützen ohne Störung den Wald, was von vielen Zeugen 1787 bestätigt wurde. Diese Zeugenaussagen waren Bestandteil einer Anklageschrift, welche die Gemeinde Winningen für einen geplanten Prozess vor dem Reichskammergericht zu Wetzlar zusammenstellen ließ. Es deutet jedoch nichts darauf hin, dass es tatsächlich zu diesem Prozess gekommen ist. Vorausgegangen waren neue Gewalttaten. Als im Jahre 1787 die Bürger Peter Kröber, Johannes Brost, Anton und Karl Fröhlich sowie Georg Christian Kröber im Wald Holz und „Reiser" sammelten, wurden sie von einem 20 bis 30 Mann starken Kommando eines kurtrierischen Jägerkorps verhaftet, mit Gewalt nach Koblenz geschleppt und dort in das Zuchthaus eingesperrt. In diesem „kalten Behälter ohne Stroh oder einige Bedeckung und ohne Abtrift" mussten sie auf der der Erde liegen, „wie Hunde im Unflath [...],

---

71 Ebd. S. 245.
72 LHA Ko Best. 33, Nr. 3987c.
73 LHA Ko Best. 33, Nr. 8884 und Nr. 3987.

eingesperrt und ohne Nahrung gelassen ..., so daß einige davon erkrankt sind."[74] Die Verhafteten wurden nicht eher freigelassen, bis sie die beträchtlichen Kosten bezahlt hatten.

Streitigkeiten um die Waldnutzung mit dem Nonnenkloster Maria Roth

Parallel zu den Auseinandersetzungen mit der Gemeinde Dieblich war es bereits zu Beginn des 18. Jahrhunderts zu erneuten Streitigkeiten mit dem Nonnenkloster Maria Roth gekommen. 1700 forderte der Winninger Vogt Karl Ludwig Storck den Prior auf, die Hirten ernstlich zu ermahnen, da sie jeden Tag im Winninger Hinterwald Holz sammelten und „mit dero Vieh die Weid bestreichen", obwohl ihnen dieses lediglich an zwei Tagen in der Woche gestattet sei.[75] Da diese Ermahnung wenig bewirkte, nahm man noch im gleichen Jahr und auch 1703 Pfändungen gegen das Kloster bzw. gegen dessen Knechte vor.

1725 wurde auf Ersuchen des Klosters ein Mandat gegen die Gemeinde erlassen und, da diese sich nicht danach richtete, ihr der Wald von kurtrierischer Seite verboten. Auf andere im trierischen Territorium „habende Forderungen" wurde ein „Arrest" gelegt sowie eine Strafe von 50 Goldgulden angesetzt.[76] Ohne die Hoheitsrechte über den Wald zu berühren, kam es 1727 zu einem Vergleich. Dem Kloster wurde gestattet, an jedem Donnerstag zwei Wagen Brennholz aus dem Vorder- und Hinterwald zu holen. Es verzichtete auf ein unbeschränktes Holzrecht und versprach die Rückgabe der beschlagnahmten 50 Gulden. Ferner widerrief das Kloster ein im Verlauf der Streitigkeiten früher ausgesprochenes Verbot, das den „Waldescher und Dieblicher Gemeinsleuten" Lieferung von Holz nach Winningen untersagt hatte. Den Winninger Schützen wurde wieder gestattet, am Sankt Georgstag die gewöhnliche Mahlzeit zur Anerkennung des Weide- und Holzrechtes im Kloster einzunehmen. (Vorher aber hatten sich die lutherischen Winninger eine „Kontroverspredigt" anhören müssen, die gewöhnlich ein Franziskanerpater vor dem Essen unter freiem Himmel hielt.) Beide Parteien erklärten sich bereit, den Wald in gutem Zustand zu halten, dafür könne das Kloster einige Bäume aus dem Wald erhalten. Mit diesem Vergleich[77] wurde auch die Beschlagnahme der dem Kloster in Winningen zustehenden Weine aufgehoben, bis es zu weiteren bösen Zwistigkeiten mit dem Kloster kam. Dieses hatte nicht nur ‚unschädliches' Holz, sondern auch Buchenholz sammeln lassen. Einer ersten Pfändung der Gemeinde widersetzte sich das Kloster. Das zweite Mal aber, es war am 17. Dezember 1789, erschienen 100 Winninger im Wald, nahmen den Knechten des Klosters – alles „Waldescher Leute" – Wagen und Geschirr ab und verletzten dabei vier Mann zum Teil schwer.[78] Bereits am 19. Dezember verklagte das Kloster die Winninger bei der kurtrierischen Regierung. Gleichzeitig gab das kurtrierische Amt Münster(maifeld) der Gemeinde Dieblich den Befehl, dem zuständigen Jäger Fuchs bei dem nächsten vorzunehmenden Holzeinschlag mit 10 bis 15 Mann beizustehen. Der Jäger sollte allerdings nicht eingreifen, falls die Winninger

---

74 LHA Ko Best. 33, Nr. 8884.
75 Ebd.
76 LHA Ko Best. 33, Nr. 3987a.
77 Ausführung der Urkunde im AEKgW, Urkunde Nr. 7.
78 Georg Reitz, Altes und Neues über das ehemalige Kloster Marienroth (Mariarod) bei Waldesch, in: Mittelrheinische Geschichtsblätter 1930, Nr. 1.

den Holzeinschlag verhinderten. Diese ließen es tatsächlich nicht geschehen und nahmen den Klosterknechten wiederum den Wagen weg.

Darauf erfolgte am 2. Januar 1790 das Urteil des Amtes Münster(maifeld). Das „Behölzigungsrecht" des Klosters wurde bestätigt, die Winninger, welche die Pfändung und die angeblichen Misshandlungen am 17. Dezember vorgenommen hatten, zu 100 Reichstalern Entschädigung verurteilt und für ebensoviel in Strafe genommen. Dieses Urteil setzte man mit bewaffneten Helfern in Vollzug.[79] Angeblich standen im Hinterwald 400 Winninger einem Kommando von 140 kurtrierischen Soldaten gegenüber. Es kam zu einer Rauferei, in welcher mehrere Bajonette verbogen und einige Flintenkolben „kaputtgehauen" wurden.[80] Viele Winninger sind dabei angeblich so mit Schlägen misshandelt worden, „dass man an dem Aufkommen des einen derselben" noch Ende März zweifelte.[81] Die Winninger ließen sich jedoch nicht einschüchtern, sondern nahmen dem Kloster am 7. Januar 1790 nochmals den Wagen und dem kurtrierischen Revierförster die Waldaxt ab. In einer Aufstellung bezifferte das Kloster die Kosten der Auseinandersetzungen auf die beträchtliche Summe von 413 Reichstalern.

Diese beiden schwerwiegenden Vorfälle fielen in einen Zeitraum, in welchem kurtrierische und badische Beamte in Verhandlungen über die beiderseitigen Rechte im Hinterwald standen. Insbesondere wurde über den Vorschlag des Winninger Amtsverwalters G. W. Kröber diskutiert, den Wald gegen den kurtrierischen Kameralwald Altenforst auszutauschen. Kurtrier stand diesem Vorschlag zeitweise nicht abgeneigt gegenüber, teilte aber 1789 mit, dass der ganze Altenforst auf keinen Fall abgegeben werde. Man könne jedoch darüber verhandeln, dass der Teil, der an den Winninger Gemeindewald anstoße, ausgetauscht würde, falls Winningen gegen einen Morgen Altenforst drei Morgen Hinterwald abtrete. Zuvor müsste dieser aber von den darauf lastenden „Dienstbarkeiten" (gemeint war der Weidgang der Gemeinde Dieblich und das Behölzigungsrecht des Nonnenklosters Maria Roth) befreit werden.

Tatsächlich gelang es der Gemeinde in langen Verhandlungen, zu einem Vergleich mit dem Kloster zu kommen. Ursprünglich war vorgesehen, den Nonnen 200 Morgen des 319 Morgen großen Hinterwaldes und 47 Morgen großen Vorderwaldes als Ausgleich für das Holzrecht und den Weidgang zu überlassen. Amtsverwalter G. W. Kröber konnte die Klosterdamen jedoch überreden, ihr Holzrecht zu verkaufen. Die Kaufsumme drückte er von den anfangs geforderten 18.000 auf 4.600 Reichstaler.[82] Bereits am 9. April 1790 wurde der Vertrag unterzeichnet. In der Kaufsumme eingeschlossen waren auch die während der Streitigkeiten entstandenen Kosten des Klosters. Die Rauh- und Schmalzweide sollte dagegen so lange in dessen Nutzung verbleiben, bis sich Winningen auch mit der Gemeinde Dieblich verglichen habe.[83] Doch mit Dieblich bzw. Kurtrier kam, obwohl die Verhandlungen weiterliefen, ein Ausgleich nicht mehr zustande.

---

79 LHA Ko Best. 33, Nr. 3987b.
80 Reitz, Altes (wie Anm. 79).
81 LHA Ko Best. 33, Nr. 3987c.
82 LHA Ko Best. 33, Nr. 3987c.
83 LHA Ko Best. 33, Nr. 8886.

Nachdem 1794 die Franzosen das Land besetzt hatten und nach 1800 eine gewisse Ordnung wieder eingekehrt war, zeigten sich die Winninger Gemeindevertreter weiterhin an einem Austausch gegen den Altenforst interessiert.[84] Anstoß einer entsprechenden Bittschrift an den zuständigen Präfekten des Rhein-Mosel-Departements könnte ein Beschwerdebrief des Maire der Mairie Niederfell an den Winninger Amtskollegen Karl August Rheinhard gewesen sein, der sich am 1. Fructidor des Jahres 10 der französischen Republik (1802) im Namen der Gemeinde Dieblich, die in französischer Zeit der Mairie Niederfell zugeordnet war, beschwerte, dass die Winninger bereits seit 14 Tagen die Halmweide aus den sogenannten Rödern (ein Teilstück des Hinterwaldes) herausnähmen, obwohl der Gemeinde Dieblich vertragsmäßig das Recht der Halm- und Schmalzweide zustehe.[85]

Die beiderseitigen Ansprüche auf den Winninger Hinterwald waren also auch in der französischen Zeit nicht vergessen worden. Acht Jahre nach dem Wiener Kongress (1815) und der Übernahme des Rhein- und Moselgebietes durch das Königtum Preußen machten die Dieblicher erneut ihr Recht auf den Weidgang geltend. Winningen verwahrte sich gegen den Eintrieb von Rindern in seinen Wald, da dieser nur aus Niederwald bestehe. Dennoch wurden die Winninger Gemeindevertreter zum 21. Juni 1823 aufgefordert, zusammen mit den Dieblichern und dem Förster einen Weidplatz im Distrikt Kesselgrund abzustecken. Wieder beschwerte man sich beim nun zuständigen Landrat des Landkreises Koblenz, „zumal das eigene Vieh nicht in den diesseitigen Hochwald" eingetrieben werden dürfe. Das Landratsamt holte darauf ein Gutachten des Oberförsters Keck ein, der seine Ausführungen mit deutlichen Worten schloss: „Unverkennbar ist es, dass nicht Liebe zum Wald, als vielmehr Neid [...] diese Beschwerde herbeigeführt hat, welche umso weniger befremdet, da es der Gemeinde Winningen zur [...] Natur geworden, sich über alle nur vorkommenden Gegenstände [...] zu beschweren". Darauf schloss der Landrat diesen Vorgang mit der Randnotiz, die Winninger „mit den Erläuterungen des Oberförsters" zu belehren.[86]

Ob die Dieblicher den Hinterwald dann tatsächlich zum Eintrieb des Viehs nutzten, ist nicht überliefert. Im Zuge der allgemeinen Überführung des Gemeindelandes („Allmende") in Kameralvermögen (d.h., die Nutzung des Gemeindewaldes durch die berechtigten Bürger war nicht mehr kostenlos, sondern wurde zugunsten der Gemeindekasse verwertet), hörten auch die Nutzungsrechte der Gemeinde Dieblich an dem Winninger Hinterwald auf. Nach 1846 ist von diesen Nutzungsrechten jedenfalls nichts mehr festzustellen.[87] So verblieb die Gemeinde Winningen bis zum Verkauf im Jahre 1970 an das Land Rheinland-Pfalz weiter in ungestörtem Besitz des Waldes.[88]

---

84 LHA Ko Best. 256. Nr. 10990 und Best. 655,47. Nr. 202.
85 LHA Ko Best. 655,47 Nr. 66.
86 Ebd.
87 LHA Ko Best. 655,47 Nr. 297.
88 Siehe hierzu auch die Erläuterungen von Gerhard Löwenstein in: Winninger Gedichte, Bd. 2. Mit Beiträgen von Walter Goß, Gerhard Löwenstein, Lothar Kröber und Jörg Kröber, 1981, S. 119.

Die Entwicklung und Bedeutung des Weinbaus für die Gemeinde Winningen

Von Gerhard Löwenstein

> *„Bey Winningen, einem an der Untermosel, mehrere Stunden von Coblenz gelegenen Orte, wächst ein sehr guter Wein, welcher der ersten Classe gleichkommt, und folglich der rühmlichsten Erwähnung verdient. Er besitzt von allen Moselweinen die blumigste Gähre[1]".*

Der Weinbau in der Feudalzeit
Die Eigentums- und Lehnsverhältnisse

Wir haben keinen genauen Nachweis vom Beginn des Weinbaus an der Mosel, aber die vielen einschlägigen Bodenfunde zeigen, dass schon vor der Zeit des römischen Kaisers Probus (um 280 n. Chr.), der als großer Förderer des Weinanbaus gilt, Reben an der Mosel wuchsen. Auch die eingehenden Beschreibungen des Dichters Ausonius (310-395) beweisen die Existenz einer damals schon alten Weinkultur. Die Forschung stellt fest, dass sich der Weinanbau in seiner Frühzeit nach den natürlichen Vorbedingungen richtete. Dies sind ein günstiges Klima, gute Sonnenlage und leichte Anbaufähigkeit, Voraussetzungen, die an mehreren Abschnitten des Mosellaufs in besonderer Weise, so z.B. auch bei Winningen gegeben waren.[2]

Einen ersten schriftlichen Nachweis vom Winninger Weinbau haben wir erst in einer Urkunde aus dem Jahre 871, in der es um eine Schenkung von Weinbergen an die Abtei Prüm geht. In diesem Schriftstück erscheint auch zum ersten Mal der Name unseres um diese Zeit mit großer Wahrscheinlichkeit bereits seit vielen hundert Jahren bestehenden Ortes. Der damals schon ertragreiche Winninger Weinbau wird wohl auch eine große Rolle gespielt haben bei der königlichen Belehnung des Liebfrauenstifts Aachen um das Jahr 895, durch die dieses Stift mit dem Patronat der Winninger Kirche sowie mit Liegenschaften und dem Weinzehnten bedacht wird.

Neben dem im Jahr 989 vom Kölner Erzbischof Everger der Abtei St. Martin geschenkten Fronhof zu Winningen sind aus den folgenden Jahrhunderten eine ganze Reihe von Höfen weiterer kirchlicher und adliger Grundherren bekannt, deren eigentümlicher Besitz ursprünglich aus königlichen Schenkungen, fürstlichen oder erzbischöflichen Belehnungen und Stiftungen herrührt.[3] Mit diesen Höfen wurden Winninger Winzerfamilien zu weithin immer gleich bleibenden Bedingungen langfristig belehnt. Ein solcher Hof bestand aus Wohn- und Wirtschaftsgebäuden, den mit Naturalabgaben behafteten Weinbergen und den abgabefreien

---

1 Karl Graff, Der Moselwein als Getränk und Heilmittel, 1821, S. 34.
2 Karl Lamprecht, Deutsches Wirtschaftsleben im Mittelalter, 1885/86, Bd.1, S. 565 ff.
3 Vgl. dazu auch die Beiträge von Michael Hollmann zu den mittelalterlichen Grundlagen der Winninger Geschichte sowie von Rainer Garbe zu Klöstern und Adel als Grundbesitzer in diesem Band.

„Zubattungen" wie Gärten, Wiesen, Ackerland, und den Niederwaldparzellen, die zur Holzgewinnung für die Herstellung von Weinbergspfählen wie auch zur Deckung des Bedarfs an Hausbrand dienten. Oft gingen diese Lehen auf die nächste Generation über, insbesondere, wenn der „Beständer" (der Besitzer bzw. Lehennehmer) im Laufe der 12- oder oft 24-jährigen Laufzeit des Vertrags verstarb.

Solche Lehnverträge, in zeitgemäß weitschweifiger und ausführlicher Art verfasst, sind eine Fundgrube für Einzelheiten aus der Lebens- und Arbeitswelt des Winzers, des örtlichen Sozialgefüges, der Winninger Eigentums- und Besitzverhältnisse, der Lagennamen, der Parzellengrößen und ihrer Nutzungsart sowie des feudalzeitlichen Abgabewesens. Als Beispiel sei hier ein Lehnbrief aus dem Jahre 1574 vorgestellt[4], der die Belehnung der Eheleute Johann und Walburga Löwenstein mit dem Winninger Hofgut des Prämonstratenser-Klosters Rommersdorf beinhaltet. Die Präambel lautet: „Wir, Servas Girhards, Gottlicher Versehung Abbt des Gottshauß Romersdorff Prämonstrater Ordens Im Ertzstift Trier gelegen, Thun kunth und bekennen offentlich an dießem Brieff, für uns und unsere Nachkommene, das wir im Namen unser, unsers Convents und Gottshaußes obgemeld verlawen haben und verleihen hiemit in crafft dieß briffs, dem Bescheyden Johan Lewensteyn und Walpurgen, Eheleuten zu Winningen, die auch umb uns volgender gestallt bestanden haben, Vier und Zwantzig die nehst nach dato folgende Jahr, Einen unserm und unßers Closters eygenen Hoff, So wir denselbig, in seinem begriff, An Wonung, Kellterhaus, Haus, Ställen und Garten zu Winningen uff der bach[5] gelegen, diße hernachgeschriebene unsers Closters gueter."

Es folgt nun die Aufzählung von 34 Weingärten unter Angabe der Lage, der Größe und der beiderseitigen Anlieger. Die Rebflächen sind in „pint", „fierthel" und „morgen" angegeben.[6] Bei der Größenangabe der beiden Weinberge „in den Ulen", die mit „ein morgen", bzw. „ein morgen und mehr" verzeichnet ist, wird zu berücksichtigen sein, dass diese Grundstücke mit großer Wahrscheinlichkeit noch nicht ganz bestockt waren, da sich dort die Parzellen bis in die hohe Felsregion hinauf erstrecken und erst in folgenden Zeiten – zumindest teilweise – noch weiter durch Mauerbau terrassiert und mit Reben bepflanzt wurden.

Weiter heißt es dann, dass diesen oben beschriebenen Hof, mit den Weingärten und den nachfolgend aufgeführten Grundstücken, die Beständer – die oben genannten Eheleute – für die genannte Anzahl der Jahre „inhaben, besitzen, bawen, nutzen, nießen, haben und handhaben sollen, wie zu Winningen gutes Erbrecht und gewonheit ist". Sie sollen jeden Herbst aus den genannten Weinbergen das „Halbtheil" (die Hälfte des Traubenertrags) „trewlich und unvervorteilt handreichen und geben", sie sollen den Beginn der Lese „zu guter Zeit [...] glaublich ansagen" und „unsern Winnendbotten oder Diener" (den Weinmann des Klosters), ohne wel-

---

4 LHA Ko. Best. 162, Nr. 1349.
5 In der heutigen unteren Bachstrasse.
6 Vgl. Emil Gottfried Zitzen, Scholle und Strom, 1948 ff., Bd. 2, S.193 sowie die einschlägigen Artikel im Rheinischen Wörterbuch, 1928-1971.
   Eine Pinte entspricht nach Zitzen etwa 2 Ar (1 a = 100 m^2), nach Müller etwa 2,5 a. 4 Pinten = 1 Viertel; 4 Viertel = 1 Morgen. Dieser Morgen war also um etwa eine Pinte größer als der im 19. Jh. eingeführte, in der Umgangssprache bis in die jüngste Vergangenheit noch gebräuchliche preußische Morgen, der knapp ¼ ha ausmacht.

chen „sie nit lesen sollen, [...] freundlich aufnehmen, ehrliche Beherbergung, Schlafung und Speisung mitteilen" und „freundlich gerhaten beholfen und beistendig sein", auch ihm „die Kost geben und den tranck aus gemeynen budden nehmen". Das gleiche gilt auch für „unsere Convents Herrn, Diener und Botten, so oft die [...] zu ihnen einkehren". Auch sollen die Beständer den Hof in gutem Zustand, „baw und Peßrung" halten, „was an Fenstern, Wenden, befriddung umb den Hoff [...] bresthaft [=schadhaft], [...] sovill ein Mann inn einem tag machen kann, selbst verbessern machen und uffrichten, [...] Kellter und Zugehoer, als budden, Inckebudchen (das Lesegeschirr) und anderes bewlich halten und verwahren, die Weingarten samht und stand, mit aller zeitigen arbeit, mit schneiden, sticken, guerten, rüren, heften, lauben und allem, wie gutes Erbrecht und gewonheit daselbst, versehen."[7]

Für jedes „fierthel" (Viertelmorgen) zu „rotten und setze" (zu roden und neu zu bepflanzen), bekommt der Hofmann „ein malter Korn"[8] mit der Verpflichtung, „nu hinfurter dieselben nit sollen verfallen und wust werden lassen". Sodann soll der Hofmann auch „inn jedem Weingarten zu gepurlicher Zeit misten, [...] dasselbig mit guter Kundschaft besehen lassen", (d. h. dem Kloster anzeigen und besichtigen lassen), „doch dieselbe Mistung nicht [...] für eigen lesen, sondern gleichwol das Halbteil geben",[9] Und: „Es sollen auch die Bestender den gedachten Hoff [...] mit allen Verlusten, Beschwerden, Dorffrechten, wie sie namen haben, selber tragen und ausrichten [...] ausvernommen den Zinnß uff der großen Benden, sampt der Schatzung,[10] die wir entrichten und bezahlen sollen [...] und damit die Bestender des Hoffs desto leichter tragen, auch die Weingarten in gutem baw erhalten und das Halbtheil unverdrossen geben mögen", erhalten die Hofleute folgende Grundstücke „zu furtheyl und battung zu geprauchen, [...] ein Garten, genant Harttwinsgarten, [...] den Ramengarten, [...] ein Gartgin [=Gärtchen] im Zintelspad, [...] die groß Bennd an der Moseln, [...] ein morgen lands uff der Steynkulen, [...] noch ein morgen daselbst, [...] ein Wickart [=Niederwald-Parzelle] im Langendal, [...] ein Drittheil Wickarts in Wolkener weg, [...] ein morgen am selbigen ende, [...] ein morgen am selbigen ort, [...] ein morgen in den Birken, [...] ein morgen Wickarts im Loch."[11]. „Über dieses wollen wir ihnen [...] jedes Jars, so lang diße Leihe weret, [...] ein malter Korns und hundert Peuschen stros, zu streuen geben, im fall aber wir die Peuschen nicht hätten, wollen wir ihnen vor dieselbige auch ein malter Korn geben [...]".[12]

---

7 Vor über 400 Jahren hat man also schon die heute noch gebräuchlichen Bezeichnungen für die einzelnen Arbeitsgänge verwendet. Auch der Ausdruck „rühren" für das leichte, oberflächliche Hacken der Weinbergsböden im Sommer ist zumindest der heute älteren Winzergeneration durchaus noch geläufig. Vgl. hierzu Gerhard Löwenstein, Der Weinbau in Winningen, 1991.
8 Korn = Roggen. Ein Malter = Getreidemaß: 215 Ltr.
9 Nach anderen ähnlichen Verträgen (vgl. LHA Ko, Best. 162 Nr. 1349) durfte der Hofmann wegen des besonderen Arbeitsaufwands die gesamte Ernte dieses Jahres aus der gemisteten Parzelle für sich behalten.
10 Gemeint sind hier der Pachtzins für die im Eigentum der Gemeinde stehende große Wiese an der Mosel und die Grundsteuer.
11 Auch hier sind bei jedem einzelnen Grundstück die beiderseitigen Anlieger benannt.
12 Diese hundert Gebunde Stroh wurden nach einer späteren Urkunde vom Pastor von Kaltenengers geliefert. Sie sollten zur reichlichen Einstreu und damit zu erhöhter Mistproduktion dienen. Der Stallmist wurde als wertvoller wirtschaftseigener Dünger zur Bodenverbesserung, Steigerung der Wuchsfreudigkeit und des Ertrags der Weinstöcke nach einem bestimmten Turnus in die Weinberge ausgebracht.

„Aber wen nu sach, dass vielgedachte Eheleut an einem oder mehr [...] Puncten und Articuln seumig und brüchig erfunden werden", hat das Kloster „gut fug und recht und macht", das Gut an sich zu ziehen, mit allem Zubehör, einschließlich der Erntevorräte und des Mistes. Im Falle, dass „der Bestender eines, oder beyde, tods halben abgehen würden, soll das ander, oder ihr Erben eins, welches wir erkiesen werden, diese Leihe [...] aushalten". Wenn aber die Lehnzeit abgelaufen ist, kann das Kloster über den Hof und alle seine Grundstücke ohne Erstattung etwa vorgenommener Verbesserungen wieder frei verfügen, behält sich auch vor, den Hof selbst zu bewirtschaften oder anders zu „nutzen, verwenden, oder aber zu verkaufen, wollten, müssten oder sollten [...] die Bestender oder ihre Erben [...] ohn einigen Verzug [...] weichen sollen, doch das solicher Abzug ihnen ein viertel Jars zuvor uffgekundet werde".

Es folgen die sehr wortreichen Schlussbestimmungen und die Nennung der Zeugen des Vertragsabschlusses, diese sind der Pfarrer von Heimbach, der Prior „der Frauen von Rhode",[13] sowie je ein Gerichtsschöffe von Winningen und von Heimbach. Der Lehnbrief schließt mit den Worten: „Geschehen unnd geben am tag Sanct Petry Cathedra Im funffzehnhundert und vier und siebenzigsten Jar unßers lieben Herrn und Seligmachers".

Neben den Höfen der auswärtigen klösterlichen, stiftischen und adligen Grundbesitzer – der sog. „Forensen" – gab es auch zwei im Ort ansässige begüterte Adelshäuser. Dies war zum einen das Rittergeschlecht derer Hertwein – auch Hertwin oder Hartwin – die sich „von Winningen" nannten. Die Hertweine, seit alters her Vasallen der Grafen von Sponheim, waren Mitherren der Burg Thurant, ebenso der Burg Waldeck, von der ihre Ahnen abstammten. Nachdem das Geschlecht im 17. Jh. erloschen war, ging dessen Winninger Allodialbesitz – angeblich auf Grund alter Verschreibungen – an das andere Adelshaus, die Freiherren v. Heddesdorff über, deren Nachfahren noch heute das Gut innehaben.

Ein weiterer größerer Besitzstand an Weinbergen stellte das Winninger Kirchengut dar, das ursprünglich vom Aachener Patronatslehen stammte. Es diente dem Einkommen des Plebans, des vom Propst des Aachener Liebfrauenstifts – dem eigentlichen Pfarrherrn – entsandten Winninger Geistlichen, der später aber als Pfarrer bezeichnet wird. Auch die in vorreformatorischer Zeit bestehenden Nebenaltäre der Kirche waren mit Weingärten und zusätzlich mit anderen Naturalgefällen dotiert. Sie stellten ursprünglich das Einkommen des Altaristen und Frühmessers dar und dienten nach Einführung der Reformation dem Kaplan, später dem Zweiten Pfarrer, zum Lebensunterhalt. Im Jahre 1576 wurden die Güter des St. Michaelsaltars von der Pfarrei an die Kaplanei abgetreten.[14] In der gleichen Akte heißt es auch: „Das Caplaney Weingut kann nach durchgängig angenommener Schätzung 3 Fuder Wein ertragen".

Nach einer Aufstellung vom Jahre 1753 umfasste das Pfarrgut insgesamt 46 ausschließlich in den ortsnahen Mark- und Hanglagen gelegene Weingärten.[15] Hieraus kann geschlossen werden, dass im 9. Jh., zur Zeit der Vergabe des Patronats der Winninger Kirche an das Lieb-

---

13 Das adlige Prämonstratenser-Frauenkloster Mariaroth unterstand dem Abt von Rommersdorf, besaß aber seinerseits ebenfalls einen Hof in Winningen.
14 AEKgW Akten 12, Nr. 15/1, S.2.
15 AEKgW Akten 12, Nr. 15/2 (1773) und LHA Ko Best. 33, Nr. 8831 (1628).

frauenstift Aachen, die Steilhänge weithin noch nicht weinbaulich genutzt wurden. Die Weingärten des Pfarrguts hatten insgesamt eine Fläche von 1½ Morgen, 19¾ Viertel, 18 Pinten, umgerechnet: 7½ Morgen und 2 Pinten.[16]

Eine Besonderheit bei der Verlehnung der Weinberge des Pfarrguts war, dass nicht ein einzelner Winzer das ganze Gut übernahm, sondern dass die Grundstücke durch den Hofschultheißen an mehrere Winzer aufgeteilt verlehnt wurden. Diese Lehenverträge wurden abgeschlossen auf zwölf Jahre, konnten dann aber verlängert werden. Eine Ausnahme bildeten einige in den Verträgen gesondert benannte Parzellen, die als Erblehen auf Dauer im Besitz der jeweiligen Winzerfamilien waren. Von diesen Weingärten brauchte nur ein Drittel des Ertrags abgegeben zu werden, hinzu kam allerdings der an den Aachener Hof zu liefernde Zehnte. Von den übrigen Parzellen stand „der halbe Trauben" dem Pfarrer zu. Nach der „Erneuten Belehnung" vom September 1753[17] wurden neben dem derzeitigen Hofschultheißen Christian Mölich, der selbst sechs Weingärten übernahm, weitere acht namentlich genannte Winzer mit jeweils drei bis sechs Parzellen belehnt.

In den Bedingungen des Vertrags heißt es, dass die Weingärten auch zu misten seien. Die Mistung muss spätestens „vor Joh. Baptisto Tag" (25. Juni) erfolgt sein und ist dem Hofschultheißen zur Besichtigung anzuzeigen. Dann darf dieser Weingarten „allein gelesen werden", d.h., es braucht in diesem Jahr nicht die Hälfte der Trauben abgegeben zu werden. Verboten ist es, „bey Verlust der Lehnung", zwischen den Weinstöcken „Rüben, Kohl, Bonen, Rommelen, Kürbis und dergleichen" anzubauen, weil dadurch „die Besserung" (die Düngung) „ausgesogen und der Stock verderbt wird". Weiter heißt es: „Zum Herbst sollen die Bestänker nach Gelegenheit des Pfarrers, dem sie es zuvor anzuzeigen haben, die Lesung vornehmen, damit jemand zum Empfang hingeschickt werden und das Keltern in Acht genommen werde. Die Trauben sollen – außer der Erblehnung – in zwei gleiche Teile geteilt ohne Betrug, und dem Pfarrer die Freiheit zu wählen gegeben, sofort das Gewählte in den Pfarrhof getragen werden." Die dem Pfarrer zustehenden Trauben wurden also im Pfarrhof gekeltert

„Jährlich wird ein Baugeding gehalten, eine öffentliche Verhandlung über den Zustand der verliehenen Güter. Alle Bestänker haben am angesetzten Tag um acht Uhr auf dem Pfarrhof zu erscheinen, um mit dem Hofschultheißen alle Weingärten zu besichtigen. Wer um acht Uhr nicht erschienen ist, muss als Strafe eine Maß Wein geben, „die insgemein zu vertrinken ist". Mängel oder „Missbau" (Nachlässigkeit in der Bearbeitung) werden bestraft. Dies kann im Extremfall zum Entzug des Lehens führen. Auch die Grenzsteine werden kontrolliert, fehlende oder eigenmächtig versetzte werden den „Steingeschworenen" gemeldet. Die sechs vereidigten Stein- oder Termgeschworenen sind zuständig für die Schlichtung von Grenzstreitigkeiten zwischen den „Termgenossen" (den Grundstücksnachbarn) und das ordnungsgemäße Absteinen der Parzellen. Am Schluss des Tages gibt es eine gemeinsame Mahlzeit.[18]

---

16 Wie Anm. 6.
17 AEKgW Akten 00/8, Bl. 651 ff.
18 AEKgW Akten 12 Nr. 15/2. Der Ablauf dieses Tages entsprach weitgehend dem des Baugedings, das jährlich am Dienstag nach Johanni auf dem größten und bedeutendsten der Winninger Herrenhöfe, dem

Abb. 1: Grenzstein des Winninger Pfarrweingutes (Foto: Gerhard Löwenstein).

Schon öfter im Laufe der Zeit kam es vor, dass der jeweilige Inhaber der Pfarrstelle selbst einige Weinberge bebaute. So heißt es auch im Vertrag des Jahres 1779[19] am Schluss der Aufstellung der Lehnsnehmer: „Jch, der Pfarrer selbst, habe in Bau: [...]", und es folgt die Bezeichnung von acht Weingärten, die er wohl mit seinen Familienangehörigen und mit Tagelöhnern bearbeitete.

Die „Caplaney-Weingärten" wurden vom jeweiligen Inhaber der Stelle selbst bewirtschaftet oder für „den dritten Trauben" mittels einer Versteigerung der einzelnen Parzellen an den Meistbietenden verlehnt. Wegen des häufigen Wechsels des Stelleninhabers kam es wiederholt zu einer mehr oder minder starken Verwahrlosung dieser Weingärten. Dies war offensichtlich auch im Jahr 1794 der Fall, als auf der Lehen-Versteigerung – es handelte sich um zehn Weingärten mit insgesamt 9.464 Stock – kein einziges Gebot auch auf nur eine der Parzellen abgegeben wurde. Der junge Kaplan Ludwig Gottlieb hat daraufhin darum gebeten, dass ihm jeder Bürger auf die Dauer von vier Jahren zur Herbstzeit eine Maß Most abgeben möge oder statt dessen zwei Tage ihm beim Neupflanzen der Weingärten helfen solle. Infolge der für die Bürger so schlimmen Zeit während der ersten Jahre der Besetzung durch die französischen Revolutionstruppen ist daraus offensichtlich nichts geworden. Die Weingärten verfielen immer mehr. Im Jahre 1797 erbot sich Gottlieb in einem dreiseitigen ausführlichen Schreiben an den Amtsverwalter Georg Wilhelm Kroeber, das Kaplaneigut selbst wieder aufzubauen und zu bewirtschaften. Er bittet, sich bei „des Herrn Markgrafen Hochfürstlicher Durchlaucht" für ihn einzusetzen, dass ihm hierfür ein fünfjähriger jährlicher Zuschuss von 50 Talern ausgezahlt würde und dass die bereits vor drei Jahren abgesprochene Mostabgabe von einer Maß pro Bürger nun realisiert werden möge. Die Bürgerschaft sei damit einverstanden: „Sowohl die Gerichtsschöffen und der besondere Gemeindeausschuß versicherten ihre Bereitwilligkeit mit ihrer Namen Unterschrift". Ohne diese erhoffte Unterstützung könne er bei seiner „ohnehin schwachen Besoldung" und bei den derzeitigen Kriegslasten und der dauernden Einquartierung die Instandsetzung und Wiederbepflanzung der Weingärten nicht übernehmen.[20]

Fronhof, stattfand. Hier wurden außerdem noch alle anstehenden persönlichen Streitigkeiten vor dem Schöffengericht abgehandelt. Vgl. Hans Bellinghausen, Winningen, Teil I, 1923, S. 100, und Richard Holzapfel (Bearb.), Winningen/Mosel. Winningen im Wandel der Zeiten, 1965, S. 69.
19 AEKgW Akten 00/8, Bl. 659.
20 AEKgW Akten 12 Nr. 15/1 und LHA Ko Best. 33, 4816 Bl. 203 ff.

Nach einer Güterbeschreibung von 1692 wurden von den Bürgern 118 Morgen eigene Weinberge bebaut, die Güter der Forensen machten insgesamt 106 Morgen aus. Für 1698 wird die Gesamtweinbaufläche mit 274 Morgen angegeben.[21] Hierin werden die Besitzstände des Heddesdorffschen Guts, des Kirchenguts und der verschiedentlich nachgewiesenen, im Eigentum auswärtiger, vorwiegend Koblenzer Bürger stehenden Weinberge enthalten sein, die diese ebenfalls von Winninger Winzern gegen den Drittelertrag bebauen ließen.

Dass neben den Grundstücken der Herrenhöfe schon immer ein größerer Teil der Weinberge in erblichem Besitz der Winninger Winzer war, geht daraus hervor, dass allein in dem oben beschriebenen Lehnbrief von 1574 schon 52 Bürger als die jeweiligen Anlieger der aufgeführten Parzellen genannt sind. Auch Urkunden über Kaufverträge beweisen den eigentümlichen Besitz von Weingärten in Winzerhand schon vor dem bedeutsamen Jahr 1579, in welchem sich die Winninger Bürger durch eine außerordentliche zwölfjährige Steuer von der Leibeigenschaft loskauften.[22] Diese ehemalige Leibeigenschaft kann also nicht verstanden werden als ein Status in Hörigkeit und besitzlosem Sklaventum. Die Befreiung bezog sich neben anderen Vergünstigungen auf den Wegfall der immer sehr aufwändigen Bewirtung des Landesherrn einschließlich seines ganzen Trosses, bei den Bereisungen seiner Länder und Ortschaften. Vor allem verfügte sie die Aufhebung der Beschränkung der Freizügigkeit. Jeder Bürger hatte jetzt die Möglichkeit, aus beruflichen oder familiären Gründen aus Winningen weg zu ziehen – auch an einen Ort außerhalb der Grafschaft, also in ein fremdes Territorium. Er hatte aber als Abzugsgeld 10% vom Erlös der aus diesem Anlass veräußerten Grundstücke abzuführen.

Die hohe Wertschätzung, die der Winninger Weinbau bei beiden sponheimischen Gemeinherrschaften genoss, geht aus zwei bemerkenswerten Stellungnahmen von Beamten der Herrscherhäuser hervor. So heißt es in einem Gutachten vom 24. März 1765 [23] des Geheimen Rates Johann Jacob Reinhardt[24], in welchem er nach einer Bereisung alle Ortschaften und deren Bewohner der Hinteren Grafschaft beschreibt: „Zwei Stunden vor Coblenz liegt der unvergleichliche Flecken Winningen [...]". Es folgt die Aufzählung der anderen Moselorte der Grafschaft und dazu der dort neben dem Wein angebauten Feldfrüchte und der Viehhaltung: „[...] die Rindviehzucht ist gering, als etwas besonderes kann nur angemerkt werden, daß man zu Winningen Ochsen mästet, so vorhero mit eichenem Laube ausgefüttert werden". Zum Wein und seinem Anbau schreibt er: „Gleich unter dem Thrierischen Dörflein Burg fanget die Unter-Mosel an, woran alle Weine schlecht sind, besonders die Senheimer. Nur allein scheidet sich der Flecken Winningen aus, woselbst ein recht guter so weis- als rother Wein wach-

---

21 LHA Ko Best. 33, Nr. 4368.
22 AEKgW Akten 00/2.
23 Wilfried Dotzauer, Ein Gutachten zur Hinteren Grafschaft Sponheim aus dem Jahre 1765, in: Ldkdl. Vjbll. 13 (1967), S. 133-153.
24 Es handelt sich hier um den Vater des 1791 in Winningen eingesetzten badischen Amtmanns Carl August Reinhardt, der während der Franzosenherrschaft als „Maire" und in der folgenden preußischen Zeit als Amtsbürgermeister fungierte.

set, der gleich dem Obermoseler[25] mehrentheils nach denen Niederlanden versendet wird und die Einwohner dieses Fleckens reich machet. Alle Weingebürge seind ungemein steil und von schwerem Baue, sie bestehen alle aus Schiefersteinen, und zwar in solcher Menge, dass man vor denen selben nur gar wenig Erde siehet. Die Weinstöcke werden an Pfählen gezogen. [...] Bei dem Weinbau ist auszusetzen, daß die Stöcke nirgends nach der Schnure gesetzt werden. Nun ist zwar dieses in vielen Gegenden nicht durchgehends, indem die Stöcke auf die Felsen hingekleibt werden, da wo es möglich ist, einen Stand vor sie in die Steine hinein zu schroten, und findet sich dasselbe bei Winningen wie auch bei anderen Orten so weit, daß man die Weingebürge nicht mit der Ruthe abmessen kann, um die Schatzung darauf zu verteilen, sondern, daß man sie nur nach der Anzahl derer Stöcke repartiret. [...] Die Menschen [der sponheimischen Hunsrück- und Moseldörfer] seind gesund, wegen der dünnen und reinen Luft. sie haben eine gute Farbe. Ihre Größe ist mittelmäßig. Die an der Mosel sind geringer, wegen der ungemein harten Arbeit, doch hat es zu Winningen schöne Leute; aber da isset und trinket man auch was rechtes. An Vernunft fehlt es ihnen keineswegs [...]."

Von einem Beamten des anderen Herrscherhauses, damals Pfalz-Zweibrücken, ist uns folgende Beschreibung überliefert[26]: „Winningen ist eine aus dem einzigen großen Flecken bestehende Vogtey, welche eigentlich zu dem Oberamt Castellaun gehörte, seit Anfang dieses Jahrhunderts aber vom eigenen, der Sponheimischen Ex-Regierung unmittelbar unterzogen gewesenen Amtskellern verwaltet worden ist. 1577 war Ruprecht Boos von Waldeck Vogt, und 1714 Weiprecht Duncker der erste Kellner unterm Nahmen eines Amtsverwalters[27]. Sie [=die Vogtei Winningen] liegt jenseits [=am linken Ufer] der Mosel, ist aber diesseits derselben, sonderlich mit einem schönen Walde auch begüthert [...].[28] Da aber die Winninger Bürger die fleißigsten, sowohl als die geschicktesten Wingertsleute an der ganzen Mosel sind, so haben sie die fast unübersteigliche Felsengebürge umgeschaffen und urbar gemacht. [...] Der Winninger Wein hat eine sehr angenehme Gähre,[29] welche ihme so zuträglich ist, daß er immer theurer verkauffet wird, als der Trabener Wein."

---

25 „Obermosel": Bezeichnung im Sprachgebrauch der sponheimischen Beamten für die Ortschaften, die zum Oberamt Trarbach gehörten. Auch in Winningen nannte man so bis ins 20. Jh. hinein den Abschnitt des Flusslaufs, der heute „Mittelmosel" heißt.

26 LHA Ko Best. 33, Nr. 9413 (Der Herzoglich-Pfalz-Zweybrückischen Kellerei Trarbach vollständiges Herbstbuch von Ludwig Wilhelm Stutz), S. 22 ff.

27 Seit 1714 wurde der Flecken also nicht wie bisher von einem Vogt, der dem Amtmann von Kastellaun untergeordnet war verwaltet, sondern von einem eigens eingesetzten Amtmann.

28 Gerhard Löwenstein, „De Holzverschdajerengk" (Die Holzversteigerung), In: Gemeinde Winningen (Hg.), Winninger Gedichte, Bd. 2, 1981, S. 50 ff., mit Beschreibung und Skizze des ehem. Winninger „Hinterwaldes", S.119. Die hier angesprochene über 150 ha große Waldfläche wurde 1975 zur Finanzierung wichtiger gemeindlicher Maßnahmen an den Staat verkauft.

29 Diesen damals verbreitet in der Weincharakterisierung gebrauchten Begriff könnte man mit „Güte" und „Wohlgeschmack" übersetzen. Er beruht auf der Tatsache, dass die den Charakter und die Blumigkeit des Weins bestimmenden, in der Traube angelegten Bukettstoffe sich während des Gärvorgangs ausbilden. Veraltend lebt dieser Ausdruck in der Winninger Mundart noch als „Güer".

Das Abgabenwesen

Die Winzer der Feudalzeit waren drückend belastet durch die verschiedenen auf dem Grundbesitz und dem Ernteertrag ruhenden Abgaben. Da war zunächst der an den Zehnthof des Aachener Liebfrauenstifts zu liefernde Trauben- und Korn-Zehnte[30], aus dessen Ertrag das Stift als kirchlicher Patronatsherr neben dem Eigenanteil die Bau- und Unterhaltungskosten der Winninger Kirche, des Pfarrhauses und aller anderen kirchlichen Gebäude und Einrichtungen, wie der Altarhäuser, der Kaplanei und des Kirchhofes zu bestreiten hatte. Hierzu stand nach alter Ordnung dem Pfarrer die Hälfte des Wein- und Korn-Zehnten bzw. des hieraus erzielten Verkaufserlöses zu, eine Einnahme, die allerdings je nach Ernteergebnis und Marktlage recht unterschiedlich ausfiel. Hinzu kam, dass der Fruchtzehnte laufend abnahm, da „der Grundbirn- und Klee-Bau auf hiesigem Berge zum Nachteil des Fruchtzehntens, den die Pfarrei in Gemeinschaft des Stifts Aachen zur Hälfte bezieht, von Jahr zu Jahr zu- und überhand nimmt". Wie soll es in Zukunft gehandhabt werden? Sollen nun Kartoffeln und Futterpflanzen auch verzehntet werden?[31]

Der Novalzehnt oder Neubruch-Wein stand dagegen der Herrschaft zu. Er wurde fällig aus der ersten Ernte eines in bisher unbebautem Gelände neu angelegten Weinbergs. Im Jahre 1613 hatten die Winninger Winzer größere Teile „wüstes Land" gerodet und gesetzt. Als nach vier Jahren diese Neuanlagen in Ertrag kamen, wurde von der Landesherrschaft verfügt, den Noval-Zehnt für diese Weinberge einzuziehen. Dagegen beschwerte sich das Stift Aachen als Hauptzehntherr und wandte sich nach vergeblichen Eingaben im Jahr 1621 an das Reichskammergericht. Da der dortige Prozess wegen des Dreißigjährigen Krieges nicht fortgeführt werden konnte, geriet er wohl in Vergessenheit und Sponheim behauptete sich im Besitz des Winninger Novalzehnten.

Die Bestänser der Höfe hatten – neben dem Kirchenzehnten – als vertraglich festgesetzte Abgabe an den Lehnsherrn die Hälfte des gesamten Traubenertrags zu leisten, womit die Nutzung der Gebäude, Gärten, Wiesen, Ackerland usw. abgegolten war.[32] Für einzelne Weingärten, die in der Form eines Erblehens bewirtschaftet wurden, wie auch solche, die kurz- oder mittelfristig vom Pfarrgut oder von wohlhabenden einheimischen oder auswärtigen Bürgern in Bebauung übernommen wurden, war ein Drittel der Ernte an diese abzuliefern. Diese Art einer Naturalpacht hatte sich in Teilen noch bis in die jüngere Vergangenheit erhalten, wobei aber die Regel galt, dass für die Neubepflanzung einschließlich der Bepfählung die ersten

---

30 Diese im christlichen Abendland seit alters her bestehende Abgabepflicht an die Kirche beruht auf dem alttestamentlichen Gesetz nach 3. Mose 27,30 ff. Der Kornzehnt spielte für die Winninger Winzerschaft wegen der um diese Zeit noch geringen landwirtschaftlich genutzten Fläche nur eine untergeordnete Rolle, war aber für den auf Winninger Gemeindegebiet liegenden Distelberger Hof der Grafen von Eltz, zu dem etwa die Hälfte der Winninger Feldflur gehörte, von Bedeutung.
31 AEKgW Akten 12 Nr. 15/1-2. Anzumerken ist hier, dass das Patronat des Aachener Liebfrauenstifts nicht etwa mit der Einführung der lutherischen Reformation in Winningen erlosch, sondern dass einerseits die Abgabepflicht des Zehnten und andererseits die Verpflichtungen des Stifts bis zur Säkularisation um 1800 Bestand hatten.
32 Wie Anm. 4, Lehnvertrag von 1574.

sechs Jahre, d.h. nach Anlage und vierjähriger Pflege des Jungwingerts auch die zwei ersten Ertragsjahre für den Winzer abgabenfrei waren.

Neben dieser „Halbscheid"- oder „Dritteltrauben"-Pacht war es seit alters her die von den Gemeinsherren geforderte Bede,[33] die auf den Weingärten lag. Sie wurde nach der Größe der Grundstücke bemessen und war insoweit der heutigen Grundsteuer vergleichbar. Sie war als Most, bei verspäteter Abgabe als Wein an die Amtskellerei zu liefern. Außer der „Ständigen Bede" gab es die „Unständige-" oder „Wandel-Bede", die jährlich vor der Lese nach Besichtigung der Weinberge und Abschätzung des zu erwartenden Ertrags durch eine Kommission des sponheimischen Oberamts Trarbach festgelegt wurde. Diese Aktion endete immer mit einem aufwändigen Essen für die Gutachter. Erstmals erwähnt wird die Bede in einer Urkunde von 1425, derzufolge sie 40 Fuder betrug.[34]

Die Wandelbede basierte also auf dem Ernteertrag. Doch im Falle einer totalen Missernte oder bei mehreren aufeinander folgenden mengenmäßig geringen Jahrgängen – was wegen ungünstigen Witterungsverlaufs oder aufgrund starken Schädlingsbefalls durchaus häufig zu verzeichnen war[35] – bedurfte es eines umfangreichen Schriftwechsels des Vogts – im 18. Jh. des Amtsverwalters – mit dem Oberamt Trarbach, der markgräflichen Regierung in Karlsruhe und den fürstlichen Kanzleien in Birkenfeld oder Zweibrücken, um mit dem Vorbringen stichhaltiger Argumente eine Befreiung oder einen Teilnachlass von dieser Auflage zu erwirken.

Als Vasallen der Grafen von Sponheim standen den Rittern Hertwein von Winningen seit alters her aus dem Aufkommen der Winninger Bede jährlich zwei Fuder als „Mannlehen" zu. Nachdem dieses Rittergeschlecht im 17. Jh. erloschen war, wurden diese zwei Fuder Wein von einem anderen Vasallen, dem Kaiserlich-Königlichen Rittmeister Franz Leopold von Brombach zu Dieffenau „zu Lehen getragen". Als auch dieser Vasall 1784 in Wien „ohne Zurücklassung männliche Leibeserben" verstarb, gab es einen jahrelangen Streit und umfangreichen Schriftwechsel zwischen seiner Witwe Maria Eva geb. Wodiezka von Ratenfeld und dem Winninger Amtsverwalter, wie auch dem Oberamt in Trarbach und der markgräflich-badischen Kanzlei.[36] Die Witwe, „arm und bedürftig", beschwert sich, dass sie nun keinen Wein mehr bekommen solle und dass die Amtskellerei sowieso noch im Rückstand mit der ihr zustehenden Weinlieferung sei. Der Amtsverwalter argumentierte, dass das Bede-Aufkommen in den letzten Jahren geringer gewesen sei, als ihre Forderung ausmache, und dass sie deshalb über das Erhaltene hinaus keinen Anspruch mehr hätte. Dies sei „seit Jahrhunderten" so üblich, „ohne daß fürs verflossene [Jahr] etwas nachgetragen wird". Auch sei ihre Erwartung von zwei Fudern zu sechs Ohm unrealistisch, da das Bedefuder nur 5½ Ohm ausmache, ihr Anspruch sich also nur auf 11 Ohm beziehen könne. In einer „Ertrags-Berechnung über [...].die wieder heimgefallene 2 Fuder Wein aus der Wein-Wandel-Beed zu Winningen für

---

[33] Dieser Begriff ist vermutlich ursprünglich von „Bitte" bzw. „erbeten" abgeleitet und kommt in den Schreibweisen „Beed", „Beeth", „Bethe", vor. Es handelt sich um eine seit dem Hochmittelalter bekannte Naturalabgabe an den Landesherrn.
[34] LHA Ko Best. 33, Nr. 15353. Es wird dies ein sehr gutes Weinjahr gewesen sein, denn der Ertrag der Bede lag auch oft deutlich darunter.
[35] LHA Ko Best. 33, Nr. 9992 (Consignation des Allgemeinen Wein Ertrags von 1644 bis 1777).
[36] Wie Anm. 35; AEKgW Akten 12, Nr 15.

1784" erklärt er die Minderung des Bedefuders um eine halbe Ohm durch den Ausbauverlust: „Bei der Gärung 2 Viertel; beim 1. Abstich 10 Viertel; beim 2. Abstich 4 Viertel; beim 3. Abstich 1 Viertel, 1 Maß; beim 4. Abstich 1 Viertel, und folgend der Füllwein 2 Schoppen pro Woche, ob man gleich damit nicht auslangt".[37]

Auch die „hochfürstliche Sponheimische Rentkammer" zu Trarbach mahnt unter dem 6. November 1773 den Rückstand der vorjährigen Bede und verlangt, diese „ohne Aufschub beytreiben zu lassen, ob und wieviel aber von dieses Jahr an der unständigen zu erheben seye, darüber wird bey den Durchlauchtigsten Fürsten unterthänigst angefragt werden und seiner Zeit Resolution nachfolgen."

Der neue Winninger Amtsverwalter Georg Wilhelm Kroeber erklärt in einem langen Schreiben[38] den Rückgang des Bede-Aufkommens. Er führt aus, daß die Bede vormals – nach einer Berechnungsgrundlage von 152 Morgen im Jahre 1601 – im Durchschnitt jährlich 15 Fuder betrug, heute aber, obwohl der Weinbau dauernd zugenommen habe, seit 1776 nur noch von 132 Morgen erhoben werde. Sie sei „jetzt soweit herabgekommen", dass von 1767 bis 1777 im Schnitt nur 1½ Fuder aufgekommen wären, was sich aus folgendem Umstand erkläre: Die Bürger übertragen das Bede-Soll von den alten Weingärten auf die Neuanlagen.[39] Die Bede-Bücher wurden seitens der Gemeinde nicht sorgfältig geführt, die neuen Weinberge wurden nicht in diese Listen aufgenommen. Auch wurde bei Grundstücksverkäufen versäumt, neben der Entlastung des Vorbesitzers die Forderung auf den Erwerber zu übertragen. Nicht selten hätten sich die neuen Besitzer gegen eine Geldzahlung an die Gemeindekasse aus der Liste streichen lassen. Sein Vorschlag wäre gewesen, die Bede auf die gesamte Winninger Weinbaufläche – einschließlich die der Forensen[40] – zu legen, um die entstandenen Ungerechtigkeiten zu beheben. Die Gemeindeversammlung hätte aber dagegen gestimmt. Nach zähen, einen ganzen Tag andauernden Verhandlungen einigten sich dann die Vertreter der Gemeinde mit dem Trarbacher „Keller"[41] auf die Lieferung von fünf Fudern für das Jahr 1780.

Der Bedewein war seit alters her aus der Winninger Amtskellerei nach Trarbach in die dortige Kellerei des Oberamts der Hinteren Grafschaft zu verbringen. Die Lieferung erfolgte inklusive Faß, weshalb das Bedfuder auch hier, wie bei dem Mannlehen, nicht zu 6, sondern zu 5 ½ Ohm gerechnet wurde. Weil aber offenbar inzwischen der Wert eines Fuderfasses den

---

37 Die Bezeichnung der Maßeinheiten ist zwar weitgehend einheitlich, doch differieren die darunter zu verstehenden Mengen fast von Ort zu Ort. Nach C. L. W. Aldefeld, Maße und Gewichte, 1835, S. 59 ff., fasst die Ohm z.B. in Koblenz 152,1723 l, in Trarbach 167,3892 l. Für andere Ortschaften werden andere Zahlen genannt. Diese unterschiedlichen Mengenangaben nach Aldefeld beziehen sich aber auch wahrscheinlich auf die jeweilige Ausbaustufe, d.h. auf Most, Jungwein oder Wein nach dem Hefeabstich. 6 Ohm = 1 Fuder, 1½ Ohm = 1 Oxhoft, ½ Ohm = 1 Eimer, 1/27 oder 1/24 oder 1/20 Ohm = Viertel oder Quart; 1 Viertel = 4 Maß, 1 Maß = 4 Schoppen. In Winningen gab es noch die Bezeichnung „Hälfje" für die halbe Maß. Die Kraus oder das Kräusje war dagegen keine Maßeinheit, sondern bezeichnete lediglich das Trinkgefäß.
38 LHA Ko Best. 33, Nr. 13281 (Schreiben vom 13. Okt. 1780).
39 Das kann so verstanden werden: Von den reich tragenden Markwingerten auf die weniger ertragreichen neuen Gebirgswingerte, die außerdem erst nach vier Jahren in Ertrag und damit in die Veranlagung kamen.
40 Aus einer Aufstellung des Amtsverwalters Duncker vom 28. Mai 1734 (LHA Ko Best. 33, Nr. 8814) geht der Weinbergsbesitz und die Erntemenge dieser Höfe hervor, wobei die besondere Größe des kurtrierischen Fronhofs deutlich wird.
41 „Keller" oder „Kellner" war die Dienstbezeichnung des Kellerverwalters.

Wert einer halben Ohm Weins überstieg, haben „die Winninger Vorsteher den Vorschlag gethan, daß von gnädigster Gemeinsherrschaft wegen die Fäßer zu den Bedtweinen mögten geliefert werden, dagegen die Beedt desto höher in Wein zu belegen [...] und zwar künftig [...] zu Fudern ad 6 Ohm [...]" Diesem Ansinnen wurde stattgegeben und in einem „Vergleich" von den „verordneten Cammerräthen und Landschreibern" am 10. Oktober 1731 unterschrieben und besiegelt.[42]

Weiter gab es die aus besonderem Anlass aufgelegte „Schatzung", auch „truckene Beeth" genannt, mit der die Bürger je nach Vermögen zu einer Geldzahlung veranlagt wurden. Hintergrund der Schatzung wird wohl immer ein gravierender Finanzbedarf des Fürstenhauses gewesen sein, weswegen ja auch im Laufe der Geschichte die Winninger Bede wiederholt an potente Geldgeber des Fürstenhauses auf Zeit verpfändet wurde. Aus dem Jahre 1540 ist uns eine solche Schatzungsliste überliefert. In dieser Liste sind 103 Bürger namentlich aufgeführt, die zur Zahlung von einem Gulden pro 100 Gulden Vermögen herangezogen wurden. Die Veranlagung reichte im Einzelnen von einem oder mehreren Batzen bis zu sechs Gulden,[43] wobei die Hälfte sofort, die zweite Hälfte nach zehn Jahren, also 1550, fällig wurde. Die beiden im Ort ansässigen Adelshäuser wie auch die auswärtigen Lehnsherren stehen nicht auf dieser Liste, wohl aber zwei Juden, bei denen es sich also um Winninger Bürger handelte. Einer der beiden – „Isaak, Judt" – offensichtlich ein wohlhabender Handelsmann, ist mit sechs Gulden der am höchsten Veranlagte. Die zweithöchste Forderung von vier Gulden ergeht an „Dhommes pharher", den letzten katholischen Pfarrer in Winningen, Thomas Kröll, als Inhaber des Pfarrguts.

Die Handwerker wurden mit einer „Nahrungs-Schatzung" belegt. Der ganze Ort lebte ausschließlich vom Weinbau, d.h. die gesamte Bürgerschaft war mehr oder weniger mit der Bewirtschaftung der Weinberge befasst und auf den Ernteertrag angewiesen. Neben dem Pfarrer, dem Kaplan und dem Schulmeister werden auch ein „Chirurgus" und ein „Wundarzt", die im 18. Jh. zu gleicher Zeit in Winningen praktizierten, als Weinbergsbesitzer aktenkundig. Und daneben bebauten selbstverständlich alle Handwerker eine kleine oder auch größere Anzahl von Weingärten. Dies war übrigens weithin noch bis in die zweiten Hälfte des 20. Jh. der Fall. In einem „Verzeichnis der Handwerksmeister zu Winningen für 1786 mit beygesetzter Nahrungs-Schatzung"[44] heißt es: „Weil sich der Ort nur vom Weinbau ernährt, so wird nur den Handwerkern Nahrungs-Schatzung angesetzt". Mit dieser Steuer werden die Handwerker belegt, die nur bis zu 3 Ohm (1/2 Fuder) Wein erzeugen. Wer mehr erntet – die meisten stehen mit einem bis zu drei, einer sogar mit fünf Fudern auf der Liste – werden schon mit der Bede und den übrigen Abgaben erfasst.

Aus dieser Aufstellung geht auch die Zusammensetzung des örtlichen Handwerks hervor. Neben vier Bäckern, zwei Metzgern, vier Schneidern, vier Schuhmachern, drei Maurern, zwei Dachdeckern, zwei Schreinern, zwei Schmieden und einem Zimmermann sind auch vier Lei-

---

42 LHA Ko Best. 33, Nr. 13281, Nom 14.
43 LHA Ko Best. 33, Nr. 8796. 15 Batzen = 1 Gulden. Die Gesamtsumme dieser Veranlagung beläuft sich auf 91 Gulden und 10 Batzen.
44 LHA Ko Best. 33, Nr. 4002a, S. 121 ff.

neweber, sieben Gerber, ein Glaser, zwei Schlosser, zwei Messerschmiede, zwei Krämer, ein Schiffer aufgeführt, wie auch ein „Lohn-Kiefer und Faßmacher", der allerdings hier nicht veranlagt wird, denn „dieser kann nicht als ein Handwerk alhier, sondern als ein unentbährliches Geschäft zum Weingarts-Bau angesehen werden".[45]

Der Bürger war also folgenden Abgaben unterworfen: Dem „Zehnten" als Kirchensteuer, dem „Noval- oder Neubruch-Zehnten" als eine Art Investitionssteuer (im Gegensatz zu den heute üblichen Investitionsbeihilfen!), der „Bede" als Grundsteuer, der „Wandelbede" als Ertragssteuer, der „Schatzung" als Vermögens-Steuer und der „Nahrungs-Schatzung" der Handwerker als Gewerbesteuer. Sodann war für die Bestänger der Höfe die „Halbscheid" (die Hälfte des Traubenertrags) als Hofpacht und die „Dritteltrauben"-Naturalpacht für einzelne in Bewirtschaftung übernommene Weingärten zu entrichten. Auf einzelnen Wingerten lagen noch besondere Abgaben, die als Weinlieferung an bestimmte Höfe zu leisten waren, wegen derer sie allerdings dann vom Zehnten befreit waren. So heißt es in einer Grundstücks-Auflistung von 1784[46] zweimal: „[...]gibt Kürmet[47] auf den Hatzfeldschen Hoff. Diese beiden sind daher Zehnten frey" oder „keinen Zehnten, aber 2½ Maß Schützenwein[48] vor den Florinshoff" oder „gibt 3½ Maß, 1½ Schoppen auf den Churfürstlichen Hoff". Auch der Warenverkehr wurde besteuert. So hatte der Kaufmann bei der Weinversteigerung neben den Aufspeicherungskosten, Fassgestellungs-, Küfer- und Schrotgebühren den „Steigschilling" zu zahlen.[49] Dazu kamen das „Ungeld" und die „Kauf"-, „Schank"- oder „Weinzinsen", die als eine Umsatzsteuer anzusehen sind. Die Zinsen für ausgeliehenes Kapital nannte man „Gülten" oder „Interessen".

2. Die Winninger Weinbergslagen

Das Weinbergsareal der Gemeinde wird von den Winzern unterschieden in „Mark" und „Gebirrisch". Die Mark, das sind die flacheren, nur mäßig geneigten tiefgründigen Lagen. Westlich des Ortes liegt die „Obermark" und östlich, also moselabwärts, die „Niedermark". „Et Gebirrisch" (das Gebirge) ist die althergebrachte Bezeichnung für den heute gebräuchlichen Begriff „Steil- und Terrassenlagen". Diese Weinberge mit den Schiefer-Verwitterungsböden machen den weitaus größten Anteil der Winninger Rebfläche aus. Sie begründen mit ihrer je eigenartigen mineralischen Ausprägung und den daraus resultierenden geschmacklichen Nuancen der dort wachsenden Weine den Ruf Winningens als Spitzen-Weinbauort. Neuere Veröffentlichungen zu diesem Themenbereich lassen Fachleute und Laien aufhorchen und sich der geologischen Besonderheit jeder einzelnen Lage bewusst werden, die auf der Beschaffen-

---

45 Im Jahre 1783 gab es hier auch einen Fein- und Silberschmied, den „Gürteler" A. Traus. Einige Jahrzehnte später, in der Preußenzeit, betrieben neben den anderen Handwerkern ein Nagelschmied sowie zwei Pfeifenbäcker, die aus Westerwälder Ton Tabakpfeifen herstellten, in Winningen ihr Gewerbe.
46 Manualbuch des Johannes Frölich, 1752-1841 (Familienbesitz Erwin Harmant, Winningen), S. 12-15.
47 Jacob und Wilhelm Grimm, Deutsches Wörterbuch. „Kurmede, auch kürmudt oder kürmund": „Abgabe, welche sich der Herr kürt".
48 Eine Abgabe zur Entlohnung der Flurschützen.
49 LHA Ko Best. 33, Nr. 9992, hier bei einer Versteigerung von Weinen der Amtskellerei. Pro Fuder eine Carolin bei einem Steigpreis von 20 Reichstalern pro Ohm.

heit der jeweils zutage tretenden verschiedenen Schieferschichten und der aus diesen durch Verwitterung entstandenen Böden beruht. Der Begriff des „Terroirs", der bei entsprechenden restriktiven Anbaumethoden und sorgsamer Kellerarbeit die je eigene Mineralität und Raffinesse der Lage hervortreten lässt, bestimmt heute zunehmend die Weinbeurteilung.[50]

Beide Bereiche, Mark und Gebirge, bestehen aus vielen einzelnen Lagen. Ihre altüberlieferten Bezeichnungen sind in die im Jahre 1809 unter französischer Verwaltung erstellten Flurkarten und dann in die hierauf fußenden, in preußischer Zeit zu steuerlichen Zwecken erstellten Katasterkarten übernommen worden. Der Ursprung dieser tradierten Namen ist nicht immer leicht zu klären. Sie leiten sich oft ab von der jeweiligen Bodenbeschaffenheit (Im Eisenberg, Auf´m Leim, Im Sand, Im Seifen), einer Felsformation (In der Ley, Unter der Blaufüßerley, Rothley), von einem Bachlauf (Im Floß, In der Grambach, Im Weilsbur, Im Seifengraben), einem Weg oder Fußpfad (Im Mühlenpfad, Im Breitenweg), einem in der hoch oben sich anschließenden unwegsamen und nicht kultivierbaren Fels- und Niederwaldregion vorkommenden Wildtier (Im Uhlen, Im Rabenberg, In der Wolfsstel) oder sie haben einen geschichtlichen Bezug (Auf´m Zehnthof, Im Dohm, Im Herrenweg, In der Pfarrheck, Im Brückstück, Im Röttgen). Nicht nur mündlich aus alter Zeit überliefert, sondern auch vielfach schriftlich dokumentiert durch mittelalterliche und frühneuzeitliche Akten, so z.B. in Legaten, Vermächtnissen, Kaufverträgen und vor allem in den feudalzeitlichen Lehnsbriefen, stellen diese alten Lagenbezeichnungen für uns heute einen echten Kulturschatz dar.

Viele der unmittelbar um den alten Ortskern gelegenen Flur- oder Gewannnamen sind durch Wohnbebauung im Zuge der jeweiligen Ortserweiterungen im Laufe des 19. Jh. und bis in die Gegenwart verschwunden. Hierzu gehören – von Südwesten her im Uhrzeigersinn um den Ort herum aufgezählt – die Bezeichnungen: Im Fahr, Im Kammert, Auf der Benn, Im Münichstück, Im Kotz, Im Floss, Auf der Anwend, In der Künde, Auf´m Acker, Im Dohm, In der Melsäsch, Im Börtz, Auf´m Kreutz, In der Krambach, In der Kepsäsch, Auf´m Gaul, Im Herrenweg, Auf´m Leim, Im Emmering, Auf´m Schaupert, In der Wähling, Im Binstel, Im Sand, Im Proffen, Am Mühlenpfad, In den Kachenmauern, Im Auen (auch: In der Aach).

Die Mark war bis zum durch die Beendigung der Feudalzeit möglich gewordenen Erwerb zusätzlicher Ackerflächen auf der Moselhöhe Anfang des 19. Jh. nur zum Teil weinbaulich genutzt. Die ortsnahen Gewanne Dohm, Melsäch, Börtz und Schaupert wurden überwiegend als Gartenland, die übrigen weithin landwirtschaftlich genutzt.[51] Dies gilt insbesondere, wie der Name schon sagt, für das Gewann „Auf´m Acker". Wegen der dort häufig auftretenden Spätfröste wurden hier bis zur Mitte des 20. Jh. keine Weingärten angelegt, sondern in z.T. sehr kleinen Parzellen Knollengemüse und Viehfutter gezogen. Einige der vorgenannten alten Gewannbezeichnungen finden sich heute in Straßennamen wieder. Die heute noch weinbaulich genutzten Gewanne in der Obermark sind: Im Strang, Im Breiteweg, In der Kepsäsch (teil-

---

50 Stuart Pigott, Uhlen - unwägbares Mysterium, in: Frankfurter Allgemeine Zeitung vom 28. Jan. 2002; Ralf Kröll und Reinhard Löwenstein, Erste Lage Uhlen, Edition Weingut Heymann-Löwenstein, 2003; Joachim Krieger, Terrassenkultur an der Untermosel, 2003.
51 Ekkehard Krumme, Die Winninger Lokal-Verhältnisse, in: Winninger Hefte I (1985), S. 7-18, hier S. 10 Abb. mit Ausschnitt aus der Tranchot-Karte von 1810.

weise) und Im Leychen, die in der Niedermark: Im Hohenrain, Im Mäuerchen, Im Rech, Im Fach, Im Engwell.

Auf die Benennung der Steillagen und ihrer Gewanne sei an dieser Stelle verzichtet. Sie werden großenteils im Zusammenhang mit dem Bau der Weinbergswege im 20. Jh. genannt, und sind zusammenfassend alle in der im Jahre 1912 beschlossenen, unten im Abschnitt über die Vermarktung zu behandelnden „Ortssatzung, betr. die Bezeichnung der Weinbergslagen in der Gemeinde Winningen" nach Qualitätskriterien gegliedert aufgeführt.

Dass sich der hiesige Weinbau von seinen Anfängen her vorwiegend aus der Mark und den mäßig geneigten Hanglagen im Laufe seiner langen Geschichte nach und nach bis zum Kamm der mittleren Berglagen und in die steilen Felsenberge ausgedehnt hat, ist allgemeine Erkenntnis der Forschung.[52] Dies ist auch aus der Gesamtheit der seit dem 9. Jh. zum Zehnthof und zum Pfarrgut gehörenden Weingärten, in deren urkundlichen Nachweisen[53] keine Parzellen in Terrassenlagen vorkommen, abzuleiten. So waren es seit dem Hochmittelalter immer wieder bestimmte Epochen, vorwiegend in längeren Friedenszeiten und Zeiten des Bevölkerungswachstums, in denen, da andere Erwerbsquellen kaum vorhanden waren, die extremen Steillagen durch Terrassenbau nutzbar gemacht wurden. Stück für Stück entstand durch die Rodung des Gestrüpps, durch das Brechen von vorspringenden Felsnasen und kleineren Bergrippen, unter Verwendung der hierbei gewonnenen Steine zum Bau der Mauern, die mit dem vorliegenden kargen Schiefer-Verwitterungsboden hinterfüllt und als neuer „Kuer"[54] mit Reben bepflanzt wurden, unsere heute so bewunderte Felsterrassen-Kulturlandschaft.[55]

Nicht zuletzt suchten auch die Lehnsherren ihre vor allem in den höheren Regionen teilweise noch brach liegenden Parzellen durch die Anlage von weiteren Terrassen in Ertrag zu bringen, um damit die Attraktivität ihrer Höfe zu erhöhen und ihr Einkommen zu steigern. Dies geht hervor aus einem Lehnsbrief von 1680.[56] Das Koblenzer Kollegiatstift St. Florin belehnte im November 1679 die „ehrsamen Anthon Gröber und Anna Catharina Eheleuten burgeren zu Winningen" mit ihrem „Hauß hoff und güter daselbst [...] uff 24 nacheinander folgende Jahr". Es war vereinbart worden, daß die Lehnleute „beyde Weingarten im Bruckhstuckh und ahn der Winninger Leyen, so noch gutestheils unerbaut und driesch seindt, innerhalb 4 Jahren auf ihre Kosten, und gegen den dritten Trauben sambt dem Zehenden zwar anbauen, das Stifft aber zu aufrichtung der darin nötiger mauern den Lohn der Maurer, neben noch 3 Malter Korn in allem gut machen und liefern sollen." Nachträglich hätten aber nun die Eheleute

---

52 Vgl. Berthold Hornetz und Frauke Schneider, Erhaltung der mitteleuropäischen Kulturlandschaft am Beispiel der Weinbauterrassenlandschaft der Untermosel (=Trierer Geographische Studien; 1), 1997; Barbara Weiter-Matysiak, Weinbau im Mittelalter, 1985; Lamprecht, Wirtschaftsleben (wie Anm. 2).
53 Wie Anm. 15
54 „Kuer", Mehrzahl: „Küer", mundartlicher Ausdruck zur Bezeichnng der Terrassen. Abgeleitet vermutlich vom Altarraum in der Kirche, dem erhöht liegenden Chor.
55 Gerhard Löwenstein, „E Wenderdach" (Ein Wintertag), In: Winninger Gedichte (wie Anm. 26), S. 13 ff.
56 Pergament-Urkunde des St. Florinstifts vom 10. Mai 1680 (Privatbesitz Gerhard Löwenstein, Winningen).

Kröber sich erboten, falls ihnen und ihren leiblichen Erben eine beständige Erblehnung[57] über die beiden Grundstücke zugesagt würde, „alßdan alles ohne des Stiffts Zuthun uff ihre Kosten zu verrichten." Und weil das Stift jetzt ohnedem mittellos sei, würde diesem Antrag zugestimmt. Falls aber die Weinberge in Zukunft nicht ordnungsgemäß bebaut werden sollten, würden die Bestände dieser Erblehnung und darüber hinaus der Hauptlehnung verlustig gehen.

Ein anderes Beispiel für die Anlage neuer Weinbergsterrassen zeigen die Akten über eine gerichtliche Auseinandersetzung zwischen dem Freiherrn Carl Anton v. Heddesdorff und dem Bürger Hugo Claas bzw. der Gemeinde Winningen.[58] Nachdem die Gemeinde im Jahr 1694 für die Summe von 52 Reichstaler und 27 Albus „zwey örhter [=Teilstücke] ungebrochene Leyen verkauft und abgesteint, hat selbiges Mahl Hugo Glaß, Bürger und Handelsmann alhier ein Orhtt wüste Leyen gekauft oben über Ihro gndl. großen Berg im Ham, so abgesteint ist [...] mit einer ungebrochenen Leyen, so ebenmäßig [=ebenfalls] damahlen verhöckht [=verkauft] worden, stoßen beyde örhter oben wider die Gemeinde [...] ist ungefähr zwey tausend stöckh groß". Der Freihërr beschuldigt nun die Gemeinde, einen Teil seiner „Kellen[59] im Ham", nachdem bereits Jacob Bormer ein Teilstück „in Lehnung und zu Weingartt machen soll", widerrechtlich verkauft zu haben. Dieses „Orhtt" sei nicht im Eigentum der Gemeinde, sondern gehöre ihm. Ein großer Rechtsstreit begann, der sich mit Hinzuziehung auswärtiger Juristen, des Vogts von Senheim und des Amtmanns von Kastellaun neben dem Winninger Vogt, den Gerichtsschöffen und Termgeschworenen und nicht zuletzt mit Besichtigungen, Gutachten und Bewirtung der Beteiligten bis 1702 hinzog. Zu einem endgültigen Urteil ist es aber offensichtlich nicht gekommen.

Die Urbarmachung des Kernstücks der Winninger Ley,[60] des gegenüber der Gemeinde Lay gelegenen Felsens, der auch „Rodt" genannt wurde, hat wieder ihre eigene Geschichte. Das ganze Areal, das bis dahin nur in seinem östlichen Teil zum Layer Kopf hin bis zur Höhe bestockt war, im Bereich der hohen Felsregion aber nur am Fuße des Berges weinbaulich genutzt werden konnte, gehört seit jeher größtenteils zum Layer Pfarrgut und wurde von Layer Bürgern bebaut. Die Grenze zwischen dem kurtrierischen Lay und dem sponheimischen Winningen war immer umstritten, was häufig zu heftigen Auseinandersetzungen führte, bis hin zum Auswerfen oder Versetzen der Grenzsteine, der Beschlagnahme des Lesegutes, ja bis zum Gebrauch einer Schusswaffe seitens des Layer Schultheißen.[61] Diese Streitigkeiten fanden ein Ende durch die Säkularisation und die Verwaltungsreform der französischen Admini-

---

57 Die Erblehnung brauchte bei ordnungsgemäßer Bewirtschaftung nach Ablauf des Lehens nicht zurückgegeben zu werden, sondern wurde wie Eigentum an die Nachkommen vererbt. Der besondere Status einer Erblehnung ist auch darin ersichtlich, dass sie nicht auf Papier wie die üblichen Lehnverträge, sondern auf Pergament abgefasst wurde.
58 LHA Ko Best. 6863, S. 61, S. 93, S. 135, S. 137, S:169.
59 Heute in der Winninger Winzersprache noch als „Kehl" gebräuchliche Bezeichnung für die zur Anlage von Weinbergsterrassen geeigneten steilen Hohlflächen zwischen zwei gegen den Berg, in der Regel bis zur Höhe anstehenden Felsrippen; analog der in der Bautechnik bekannten „Kehle" als der das Wasser abführenden Zone oder Rinne zwischen zwei im Winkel zueinander stehender Dachflächen.
60 Eine Bezeichnung, die in alten Grundstücksakten vorkommt. Vgl. Anm. Nr. 56.
61 LHA Ko Best. 33 Nr. 3984, Nr. 8822, Nr. 5242, Nr. 6847. Eine ausführliche Darstellung dieser Ereignisse bei Rainer Garbe, Grenzstreitigkeiten zwischen Winningen und Lay, in: Moselfest-Programmheft, 1988.

stration Anfang des 19. Jahrhunderts, in der unter Anerkennung der von der Gemeinde Winningen reklamierten Grenze das "Layer Rodt" der Gemeinde Güls zugeschlagen wurde. Winninger Winzer erwarben nunmehr die jetzt zu Güls gehörende, bisher noch unbebaute steile Felspartie zur Urbarmachung, Terrassierung und weinbaulichen Nutzung.

Ob beim Bau der Terrassen im Uhlen, Hamm und Brückstück schon in früheren Zeiten Schießpulver zum Wegsprengen einzelner Felsnasen eingesetzt wurde, ist nicht überliefert und eher unwahrscheinlich. Man ging dem Fels in mühsamer Arbeit mit der Spitzhacke und mit in die Spalten eingeschlagenen Holzkeilen zu Leibe, die durch dauernde Benetzung aufquollen und so die Schieferplatten lockerten und abdrückten.[62] Zur Ausführung der nun hier anstehenden Felsbruch- und Terrassierarbeiten verstand es die Winninger Gemeindeverwaltung nach 1815, eine Pioniereinheit der jungen preußischen Garnison zu Koblenz heranzuziehen, die zu Übungszwecken diese Rodung oder „Rott" durchführten. Von daher leitet sich der Name „Röttchen" ab, der nach damaliger Schreibweise auch heute noch „Röttgen" geschrieben und vielfach fälschlicherweise auch so ausgesprochen wird. Eine der dort errichteten Mauern zeigt die mittels eingemauerter großer heller Kieselsteine deutlich lesbare Jahreszahl 1827.

Dass sich in früheren Zeiten oberhalb der Weinberge bis zum Beginn der Feldflur auf der Höhe noch ein Streifen Niederwald befand, der übrigens einen günstigen Einfluss auf den Wasserhaushalt der Weinbergsböden hatte, geht z. B. aus der Gewannbezeichnung „In der Pfarrheck" hervor. Diese Teilstücke wurden aber im Laufe des 19. Jh. nach und nach noch weinbaulich nutzbar gemacht. Dabei hat man nicht nur an Ort und Stelle die zum Mauerbau benötigten Steine gebrochen, sondern auch „Kummer gemacht", d.h. eine große Menge der gebrochenen Felsbrocken, vor allem die von den weicheren Schichten, klein geschlagen, um damit den ganzen Weinberg von oben herab frisch zu „bekümmern". Diese Steinschotter-Abdeckung dient zur Beschattung des Bodens, der dadurch weniger der Austrocknung durch direkte Sonnenbestrahlung ausgesetzt ist. Damit geht einher eine enorme Wärmespeicherung der Steine, die diese Wärme nachts wieder abgeben, womit das Boden- und Stockklima günstig beeinflusst wird. Ein weiterer nicht zu unterschätzender Nebeneffekt ist die durch allmähliche Verwitterung sich ergebende Freisetzung von Gesteinsmineralien, aus der sich eine Anreicherung des Bodens und damit eine Düngewirkung für den Weinstock ergibt. In zeitgenössischen Aufzeichnungen lesen wir[63]: „Im Jenner 1834 ist der oberste Kuhr im Rosenberg gesetzt worden und sehr viel Lay gebrochen worden, wovon ich den gantzen Wingert bekümmert hab. [...] Im Jahr 1849 haben wir im Seiffenberg auf dem obersten Kuhr Eingebrochen und im Jahr 1850 im Berg auf dem obersten Kuhr Eingebrochen. [...] Im Jahr 1851 haben wir den Rosenberg von unten die drey Kühr [64] gesetzt, aber auf dem drieten haben wir Eingebrochen und fast den ganzen Weinberg bekümmert. [...] Im Jahr 1855 haben wir im Berg ein gebrochen und im Weklingsberg[65] die zweite Mauer machen lassen von den Steinen,

---

[62] Wie Anm. 55.
[63] Wie Anm. 46, S. 139 ff.
[64] Das Gewann „Im Rosenberg" liegt über dem Höllenberg. Die „drei untersten Kühr" sind also Terrassen oberhalb des mittleren Teils des Distelbergwegs.
[65] Die Lage „Im Werklingsberg" geht hoch bis zum Pfarrheckskopf.

die im Berg gebrochen wurden und auf die Mauer 150 Stöck gesetzt". Dass das „Bekümmern" – die Beschieferung der Steillagenweinberge – eine lange Tradition hat, geht aus dem Bericht des Johann Jacob Reinhardt[66] hervor: „Alle Weingebürge seind ungemein steil und von schwerem Baue, sie bestehen alle aus Schiefersteinen, und zwar in solcher Menge, daß man vor denselben nur gar wenige Erde siehet."

In einer letzten Urbarmachungs-Phase von Steillagen durch Winninger Winzer wurden im letzten Jahrzehnt des 19. Jh. – einer Zeit guter Weinpreise – die oberen Chöre im Layer Kützeberg, dem im höheren Bereich extrem steilen Berg gegenüber der Winninger Niedermark, erbaut.

3. Die Terrassenmauern

Die zum Bau der Weinbergsmauern benötigten Steine wurden an Ort und Stelle am Fels gebrochen.[67] Es wurde kein Mörtel verwendet. Die Kunst der Errichtung dieser Trockenmauern ist ein tausendjähriges, durch Erfahrung entstandenes, über ungezählte Generationen überliefertes und lebendig erhaltenes Wissen. Hierzu gehört zunächst die Anlage des Fundaments sowie die Überbrückung brüchiger oder ungünstig anstehender Felspartien durch Mauerbögen, wie auch der richtige „Anlauf", d.h. eine von der Senkrechten abweichende, gegen den Berg laufende Neigung der Mauerfront, sodann der rückwärtige Ausbau der Mauer, damit sie auf Dauer dem Druck des hinterfüllten Erdreiches standhält, in besonderen Fällen auch das Vorsetzen einer „Sprees", einem schräg angesetzten Stützwerk dort, wo ein besonderer Druck zu erwarten ist oder sich bei älterem Mauerwerk bereits abzeichnet. Den oberen Abschluss erhält die Mauer durch eine Lage ausgesuchter, möglichst großer Decksteine, die fest liegend eine ebene Fläche bilden und damit das Begehen erleichtern und ein etwaiges sich Verrücken kleinerer Endsteine verhindern. Eine besondere Art stellen die „geschmiechten" Mauern dar, die aus Anlass besonderer Verhältnisse des Untergrunds mit einer Rundung nach vorn oder einem Hohlbogen gegen den Berg aufgeführt werden. Eine weitere Variante sind die gegen den Berg laufenden Flügelmauern, die erstellt werden, um z.B. einer am Rande einer „Kehl" ohne eine solche Maßnahme stark seitlich geneigten Terrasse eine den Boden besser haltende und der Bearbeitung dienlichere Form zu geben. Der Abschluss der Flügelmauer wird nicht wie bei den Quermauern flächig, sondern stufenweise gestaltet, wodurch sie auch begangen werden kann.

Die Bruchsteine werden in der Regel nicht behauen. Große und kleine Steine werden zusammen vermauert. Die oft schräg auslaufenden Seitenkanten gleicht man durch die gegenläufige

---

66 Dotzauer, Gutachten (wie Anm. 23), S.136
67 Ende des 19. Jh. wurden aber auch Steine aus einem Bruch im vorderen Uhlen verwendet, wie aus dem Rechnungsbuch des Gottfried Gail hervorgeht, der diesen kleinen Steinbruch am Koberner Weg 1873 angelegt und dort mit Sprengpulver gearbeitet hat. (frdl. Hinweis von Frau Siglinde Krumme, Winningen, die mir dankenswerter Weise auch Einsicht in das Handbuch ihres Urgroßvaters ermöglichte). Es wird sich hierbei um die durch den Eisenbahnbau bedingte Begradigung des parallel zur Bahn verlaufenden Koberner Wegs und die dadurch teilweise erforderlich gewordene Neuerrichtung der bergseitigen Weinbergsmauern gehandelt haben.

Schrägkante des Nebensteins aus oder durch zwei etwas versetzt aufeinander gelegte schmalere Steine, die zusammen die gleiche Höhe ergeben. Stoßfugen dürfen nicht über mehr als zwei Steine gehen, erst durch deren Überdeckung wird der Verbund der Mauer sichergestellt. Nur Steine mit einer glatten Seitenfläche sind geeignet, in die Front gelegt zu werden. Steine „ohne Gesicht" werden rückwärts vermauert. Am Schluss werden die Fugen mit passenden flachen Steinen „ausgestochen". Dies dient neben dem besseren „Gesicht" auch dem guten Verbund der Mauer.

Besondere Sorgfalt wird auf den Bau der Treppen verwendet. Während der Unterbau der Stufen in der Mauerflucht bleibt, darf die Trittplatte, die in die Treppen-Rückmauer eingebunden ist, aus der Mauerflucht herausstehen. Oft ist dies, insbesondere bei nur kleinerem Versatz der Rückmauer, bewusst so gehandhabt, um eine ausreichende Trittfläche zu erhalten. Auch weil der Schiefer selten im rechten Winkel bricht, nimmt man bei exakter Verlegung der Stufe in Kauf, dass die nach außen frei überstehende Kante evtl. entsprechend schräg verläuft. Einige wenige Treppen gibt es auch, die nicht in der Mauerfront und dabei mit einer Rückmauer angelegt sind, sondern ohne eigenes Fundament lediglich aus frei aus dem Mauerverband heraustehenden Trittstufen bestehen.

4. Die Säkularisation und die Preußenzeit

Die im Zuge der französischen Revolution erfolgte Besetzung unseres Gebietes und seine Einverleibung in den französischen Staat brachte mit der Einführung des französischen Rechts und der neuen Verwaltungsstrukturen auch die Aufhebung des Feudalsystems. Der kirchliche und adlige Grundbesitz ging in Staatseigentum über. Die Grundstücke und die Höfe wurden versteigert und gelangten so ins Eigentum der Winzer – soweit diese die finanziellen Mittel aufbringen konnten – oder sie kamen in die Hand von städtischen Kaufleuten und Spekulanten. Offenbar gelang es aber einigen der Winzer, die einen Lehnhof oder einzelne Grundstücke schon über Generationen in der Familie in der Form eines Erblehens[68] bewirtschafteten, entsprechende Rechte geltend zu machen, so dass sie nun als Eigentümer anerkannt wurden. Höchst erstaunlich ist allerdings die Tatsache, dass auch das Gut der Freiherren von Heddesdorff die Mediatisierung[69] unbeschadet überstand. Dass heute die Winninger Winzer neben dem zum eigenen Gemeindegebiet gehörenden Teil des Uhlen auch den größten Anteil der Weinberge im Koberner Uhlen besitzen – wobei festzuhalten ist, dass auch schon vor der Säkularisation des sehr großen Koberner Kirchenguts einige der Winninger Herrenhöfe Weinbergsparzellen „in Koberner Gerechtigkeit"[70] hatten – mag daran liegen, dass sie möglicherweise eher finanziell zu solchen Ankäufen in der Lage waren und zudem vielleicht im Gegensatz zu den Koberner Winzern keine Skrupel hatten, deren kirchliche Güter zu ersteigern. Das gleiche gilt übrigens auch für die großen Ackerlandflächen des Koberner Kirchenguts. Auch hier haben die Winninger tüchtig zugegriffen. Bis zur Mitte des 20. Jh.

---

68 Wie Anm. 56.
69 Der Säkularisation der Stifte und Klöster entspricht die Mediatisierung der Adelsgüter als Verstaatlichung des Großgrundbesitzes.
70 Wie Anm. 4.

wurden die Felder im sog. „Poffeland" (Pfaffenland) – den weiten Anfahrtsweg in Kauf nehmend – zu einem beträchtlichen Teil von Winningern bebaut. Auch das Ackerland des Klosters Mariaroth auf dem „Saam", dem Dieblicher Berg, kam auf diesem Wege in Winninger Eigentum. Der Gräflich von Eltz´sche Distelbergerhof war zunächst komplett von einem kapitalstarken auswärtigen Geschäftsmann erworben worden, der dann aber die zum Hof gehörenden Ackerflächen, die mehr als die Hälfte der Winninger Feldflur auf der Moselhöhe ausmachten, nach und nach an die Winninger Winzer verkaufte. Diese konnten damit ihre Ackerfläche stark vergrößern und daraufhin Teile der Mark zusätzlich weinbaulich nutzen. Dabei ist anzumerken, dass die heutigen Ackerland-Gewanne „Im Domholz", „In den Lohhecken", „Im Birkenwäldchen", „Am gebrannten Baum", „Auf Mittlich Gewann" und „In der Beule-Lück" noch Wald bzw. Hecken waren, die aber durch Rodung in den kommenden Jahrzehnten ebenfalls landwirtschaftlich nutzbar gemacht wurden. Der nun möglich gewordene verstärkte Anbau von Getreide, Kartoffeln und auch Futterpflanzen – letztere als Voraussetzung für eine stärkere Viehhaltung – war neben dem oft schwankenden Erlös aus dem Weinbau für die Winzerfamilien eine wichtige Grundlage der Existenzsicherung. Das fast sprunghafte Anwachsen der Bevölkerung in jener Zeit – die Zahl der Ortseinwohner hatte sich in ca. 60 Jahren fast verdoppelt – ist vor diesem Hintergrund zu sehen.

Mit der Gründung der preußischen Rheinprovinz 1815 wurde auch hier die öffentliche Verwaltung nach „Berliner" Vorbild eingeführt. Nicht alle Neuerungen und Erlasse stießen bei den Winzern auf ungeteilte Zustimmung. Durch manche der neuen Vorschriften fühlte man sich in alten Rechten empfindlich beschnitten. So wurde z.B. die Entnahme von Streulaub im Wald[71] wie auch das „Wäsemhaue" verboten. Die vorwiegend auf Waldwiesen ausgeschlagenen Rasenstücke wurden verwendet bei der Weinbergs-Neupflanzung[72] als eine die Erdfeuchtigkeit haltende, der Wurzelbildung förderliche humose Pflanzerde. Dennoch überwog die positive Einstellung gegenüber der neuen Regierung, zumal der Moselweinbau ganz allgemein nach dem Durchstehen mehrerer witterungs- und schädlingsbedingter Missernten einen beträchtlichen Aufschwung nahm. Denn während unter französischer Herrschaft die Verkaufserlöse sehr unter Frankreichs eigener großer Weinproduktion litten, entwickelte sich nun ein erfreulicher Absatzmarkt in den preußischen Städten und Provinzen. Auch für Winningen brach damit eine gute Zeit an. Der Wohlstand wuchs und äußerte sich schon bald in einer ersten Welle der Bautätigkeit. Nach und nach wurden Teile der Ringmauer samt der Tore niedergelegt und der Flecken begann, aus dem alten, engen Ortskern heraus zu wachsen, eine Entwicklung, die sicher auch mit dem gestiegenen Bedarf an Scheunen und Ställen auf Grund des höheren Ackerlandbesitzes der Winzer im Zusammenhang zu sehen ist.

Doch bald erfuhr diese gute Zeit einen herben Rückschlag. Mit der Gründung des Zollvereins im Jahre 1834, der sich aus der Zollunion von 1828 zwischen Preußen und Hessen-Darmstadt

---

71 Gerhard Löwenstein „E Summerdach" (Ein Sommertag), in: Winninger Hefte 1 (1985), S. 77 - 93. Das „Schdröbblaaf -" und „Schdraaselmache" ist beschrieben dort S. 77 ff. Vgl. Ekkehard Krumme, Die Winninger „Local-Verhältnisse" 1867. Dargestellt im Zusammenhang mit dem Streit um die Nutzung des Gemeindewaldes, in: Winninger Hefte 1 (1985), S. 7-18, sowie den Beitrag von Marli Beck und Ellen Junglas in diesem Band.
72 Die Pflanzung erfolgte mit ausgesuchten, von gesunden, ertragreichen Stöcken geschnittenen einjährigen Reben. Siehe Gerhard Löwenstein „Et Gesetz" (Das Gesetz), in: Winninger Gedichte (wie Anm. 28), S. 37.

und den sich diesem Vertrag in den Folgejahren anschließenden Ländern Kurhessen, Thüringen, Sachsen und Bayern gebildet hatte, waren in Deutschland die innerstaatlichen Grenzen für den Warenverkehr weitgehend durchlässig geworden. Die Rheinweine aus Hessen und der Pfalz konkurrierten nun ungehindert mit dem Moselwein, dessen Absatz zunehmend erschwert wurde. Die Schwierigkeiten nahmen zu, die Armut wuchs. Sie erreichte aber wegen der Möglichkeit der Erzeugung eigener Grundnahrungsmittel selbst bei teilweise völlig stagnierendem Weinabsatz, der außerdem noch durch eine Reihe von sehr geringen Weinjahrgängen verursacht war, nicht solche katastrophalen Verhältnisse wie in vielen anderen Moseldörfern, die keine oder nur ganz wenig Landwirtschaft hatten. Dennoch muss die Not auch in Winningen groß gewesen sein. Der Amtsbürgermeister Weckbecker schreibt im Januar 1840[73] „Es ist bisher nur sehr wenig abgesetzt worden [...] aus den besten Lagen dürfte vielleicht noch etwas abgesetzt werden [...] vieles ging für ganz geringen Preis an die Branntweinbrenner [...]. Die Winzer hoffen darauf, daß nach dem ersten Abstich, welcher im Monat März vorgenommen wird, vielleicht mehr verkauft würde, wolle Gott!, daß sich die armen Leute nicht täuschen!" So ist es denn nicht verwunderlich, dass von der großen Auswanderungswelle dieser Jahre auch neun junge Winninger Männer erfasst wurden, die ihr Heil in der Neuen Welt suchten.[74] Erst mit dem hervorragenden Weinjahr 1857, dem weitere gute Jahrgänge folgten, besserte sich die Lage wieder. Selbst die um diese Zeit eingeschleppten und sich zunehmend ausbreitenden neuen Mehltau-Rebkrankheiten Oidium und Peronospora, denen man zunächst hilflos gegenüber stand und die nun neben dem schon lange bekannten, immer wieder auftretenden „Roten- und Schwarzen Brand" und der „Trockenen Fäule"[75] oft beträchtliche Schäden verursachten, konnten die allmählich sich vollziehende gute Entwicklung nicht aufhalten.

Ein wenn auch bescheidener, so doch stetig steigender Wohlstand der Bürger zeigt sich in den nun wieder üppiger gefeierten Hochzeiten[76] und anderen Familienereignissen, wie auch in den Zusammenkünften der Kameradschaften an den Marktagen, in dem wieder fröhlich begangenen örtlichen Feiertag „Dritte Pfingsten"[77], dem „Ostereierkibben"[78] und nicht zuletzt in der wieder aufgelebten „Compagnie",[79] dem großen Fest der Jungwinzerschaft. Vor allem aber war es auch die Zeit der Gründung der geselligen Vereine. Nach einem ersten Männerchor von 1838 entstanden noch zwei weitere Gesangvereine, 1879 die „Eintracht" und 1890

---

73 LHA Ko Best. 655,47, Nr. 177.
74 Siglinde Krumme, Winninger in der Neuen Welt., in: Moselkiesel, hg. von der Volkshochschule Untermosel, Bd. 4, S. 95 ff.
75 Manualbuch Frölich (wie Anm. 46), S. 78
76 Gerhard Löwenstein, Winninger Hochzeit, in: Moselkiesel, hg. von der Volkshochschule Untermosel, Bd. 2: Das Brauchtum gestern und heute in der Verbandsgemeinde Untermosel, 1999, S. 60 ff.
77 Ebd., S. 88, (dort Anm. Nr. 4), und Ekkehard Krumme (Bearb.), Der „Post-Kraemer". Das „Manual" des Friedrich Ludwig Kraemer aus Winningen an der Mosel. Mosselländisches Leben im 19. Jahrhundert (1827-1885), in: Winninger Hefte 4 (1991), S. 9-193, hier S.169 mit Anm. Nr. 23).
78 Frank Hoffbauer und Jörg Kröber, Das Ostereierkibben in Winningen, in: Moselkiesel, hg. von der Volkshochschule Untermosel, Bd. 2: Das Brauchtum gestern und heute in der Verbandsgemeinde Untermosel, 1999, S. 207 ff.
79 Vgl. Ekkehard Krumme, Das alte Winninger Winzerfest und seine Compagnie, in: Winninger Hefte 7 (1998).

die „Liedertafel", die alle drei nebeneinander existierten.[80] Sodann gründeten sich 1891 der Turnverein, 1901 die Freiwillige Feuerwehr und 1902 der erste Musikverein.

Auch das von Friedrich Wilhelm Raiffeisen angestoßene Genossenschaftswesen fand in Winningen, dem Ort, zu dem dieser bedeutende Sozialreformer enge persönliche Beziehungen pflegte,[81] schon bald Eingang durch die von einem Mitglied seines Freundeskreises, Dr. med. Karl Wilhelm Arnoldi, betriebene Gründung des „Landwirtschaftlichen Vereins", der u.a. im Jahre 1845 Setzreben an „bedürftige Winzer" ausgab.[82] Aus diesem Verein entstand 1874 das „Landwirtschaftliche Casino", die spätere „Bezugs- und Absatz-Genossenschaft" und heutige „Raiffeisen-Waren-Genossenschaft". Diese betrieb Einkauf und Lagerhaltung aller weinbaulichen und landwirtschaftlichen Bedarfsgüter sowie von Hausbrand. Nach der in Winningen in den letzten Jahrzehnten des 20. Jh. vollzogenen Aufgabe der Landwirtschaft und Viehhaltung und der Umstellung vieler Winzer auf eigenen Weinausbau und Flaschenvermarktung, ist anstelle des landwirtschaftlichen jetzt der kellerwirtschaftliche Zweig eine bedeutende Sparte geworden. Das seinerzeit im Namen der Genossenschaft verankerte Absatzgeschäft, das sich nach einigen Versuchen des kommissionsweisen Weinverkaufs lediglich auf Sammelladungen und waggonweisen Vertrieb von Kartoffeln beschränkte, spielte noch bis in die 60er Jahre des 20. Jh. eine allerdings auslaufende Rolle.

Eine „Dampf-Dresch-Gesellschaft", gegründet 1873, der in den 90er Jahren noch eine zweite „Dresch-Genossenschaft" als Ableger der Bezugs- und Absatzgenossenschaft folgte, ermöglichte durch Dampf- und später durch Diesellokomobile, dann durch mit Elektromotoren betriebene stationäre Dreschmaschinen den zügigen Drusch des Getreides vom Felde weg, das nun nicht mehr nach der Ernte zunächst einzufahren war, um im Winter von Hand mit dem Flegel ausgedroschen zu werden.

1910 wurde ein „Imprägnierverein" gegründet. Seine Aufgabe war die Haltbarmachung der Weinbergspfähle. Die Methode des Einkochens der Pfahlspitzen mit Kreosot, einem Teeröl, erlaubte die Verwendung von Fichtenholz zur Herstellung der Pfähle gegenüber der bisherigen ausschließlichen Verarbeitung von Eiche.[83]

Die „Spar- und Darlehnskasse" wurde 1895 gegründet. Diese von einem zunächst ehrenamtlichen „Rechner" geführte Genossenschaftskasse ersetzte die in den alten Manualbüchern vielfach belegten privaten Geldausleihungen von begüterten Bürgern an vorwiegend junge Leute,

---

80 Siglinde Krumme, Geschichte des Winninger Gesangvereins, in: Moselkiesel, hg. von der Volkshochschule Untermosel, Bd. 4, 2005, S. 24 ff.
81 Ekkehard Krumme, F.W. Raiffeisen und seine Beziehungen zu Winningen, in: Winninger Hefte 2 (1987) S. 10 ff.; ders.: Festschrift 100 Jahre Raiffeisenbank Winningen, 1995.
82 LHA Ko Best. 655,47 Nr. 178.
83 Heute werden die Pfähle fertig über die Genossenschaft bezogen. Auch die heute gebräuchlichen industriell gefertigten Bindematerialien mussten in früheren Zeiten vom Winzer selbst gezogen oder besorgt werden. Das „Schleißen" der Weiden, die zum Gürten – dem Binden der Bogreben – gebraucht wurden, wie auch die Beschaffung und Zubereitung des „Sauers", eines hohen, zähen Grases, das am Moselufer wächst, oder des Roggenstrohs – beides Materialien, die zum Aufbinden der Sommertriebe verwendet wurden – sind behandelt bei Löwenstein, Weinbau (wie Anm. 7), S. 11; ders., „E Fröhjoherschdach", in: Winninger Hefte 2 (1987), S. 74 ff.; ders., „E Summerdach", in: Winninger Hefte 1 (1985), S. 77 ff, Walter Goß, Winninger Gedichte, Bd. 1, „Weireschleiße" S. 56.

die zur Abfindung der Miterben des elterlichen Hauses, für eigene Baumaßnahmen oder den Erwerb von Weinbergsparzellen zum Existenzaufbau dringend Barmittel benötigten. Auch die von manchem Viehhändler oft schamlos ausgenutzte Geldnot einzelner Winzer, indem sie ihnen zum Frühjahr einen jungen Ochsen zum Anlernen und Fahren überließen, um ihn im Winter wohlgemästet zum Schlachten zurückzunehmen, war bis dahin ein durchaus gängiges Verfahren. Die „Spar- und Dahrlehnskasse" wurde später in „Raiffeisenkasse", dann nach Erweiterung des Dienstleistungsspektrums in „Raiffeisenbank" umbenannt. Heute ist sie eine Filiale der Volksbank Mülheim-Kärlich.

Ein weiteres Zeichen des allgemein steigenden Wohlstandes und technischen Fortschritts ist der Bau der Wasserleitung im Jahre 1886 mit einer Zapfstelle in jedem Haus, wodurch die öffentlichen Brunnen entbehrlich wurden. Auch die Anlage einer ersten Straßenbeleuchtung mit Petroleumlaternen bereits im Jahre 1878 ist hier zu erwähnen. Ihr folgte 1901 die gemeindeeigene, mittels einer Dampfmaschine betriebene Stromerzeugung. Alle Haushalte wurden nun nach und nach an die örtliche Lichtleitung angeschlossen. Auch die verstärkte Bautätigkeit, die sich bis ins erste Jahrzehnt des 20. Jh. fortsetzte und zur Anlage mehrerer neuer Straßenzüge führte, zeugt von dieser Zeit des Aufschwungs.

5. Die Rebsorten

Die weitaus wichtigste der in Winningen angebauten Traubensorten ist der Riesling. Diese Rebe ist seit dem 15. Jh. an der Mosel nachgewiesen. Folgende Schreibweisen des Namens sind überliefert: „Russeling", „Roizlynck", „Rißling", „Roeßling" oder „Rußling". In Winningen wurde er „Rösel" genannt. Eine frühe Beschreibung der Sorte Riesling finden wir aus dem Jahre 1669:[84] „Was den Saamen oder die Art der Trauben anbelangt, welche da herum hoch gehalten und den andern vorgezogen werden, so geben die Moselbewohner den Preiß ihren Rüßlingen, welche gar kleines Beergewächs haben, und wegen des lieblichen Geruchs und Geschmacks, der es oftmals den Muscatellern gleich oder zuvor thut, mit gutem Fug Rößling genennet werden mögen".

Vom Riesling kannte man drei Unterarten, den grünen, den gelben und den rotstieligen. Die heute unter der offiziellen Sortenbezeichnung „Weißer Riesling" angebaute Rebe ist der immer wieder in seinen einzelnen Klonenstämmen züchterisch bearbeitete alte Grüne Riesling. Der Gelbe soll zwar sehr gut, aber ertragsschwach gewesen sein. Der Rotstielige ist der alten Winzergeneration noch bekannt unter dem Namen „Rutschdilsches". Er war reichtragend, aber blüteempfindlich und weniger frostfest. In der ersten Hälfte des 20. Jh. konnte man in alten Beständen noch einzelne Stöcke dieser Sorte finden. Das gleiche gilt für einige der vielen anderen, bis ins beginnende 19. Jh. angebauten alten Rebsorten, die, soweit es sich um frühreifende Sorten handelte, in einzelnen Exemplaren noch bis in die jüngere Zeit, meist an bevorzugten Stellen, oft in einem Mauerwinkel stehend, zum Verzehr und als Mitbringsel für die Kinder dienten. So kennen wir in unserer Umgangssprache noch die Synonyme „Klamer"

---

84 Johann Hofmann, Trarbachische Ehrensäul, Stuttgart 1669, S. 419.

oder „Klama"[85] für Kleinberger, in anderen Gebieten auch Weißalben[86] genannt, eine Sorte, die heute offiziell Weißer Elbling heißt, sodann „Östreicher" für Silvaner, „Ramünner" für Traminer und „Lömmerschwänz" für eine sehr reich tragende Sorte mit langen, lockerbeerigen Trauben.

In dem Herbstbuch des Ludwig Wilhelm Stutz[87] heißt es: „Die Rebarten sind so mannigfaltig, daß man mit Beschreibung aller Gattungen ein Buch anfüllen würde [...]." und er wolle „nur jene Sorten anführen, welche an die Mosel taugen". Es werden nun eine ganze Reihe von Rebsorten aufgeführt, beschrieben und beurteilt, zunächst der Riesling: „Der Rißling ist unstreitig die edelste und beste Rebe. Er bringt zwar keine große Trauben. Seine Saamenbeeren sind auch nicht dicke, dagegen aber lieblich, geistreich und gewürzig schmeckend. Hauptsächlich ist der grüne Rißling die fürtreffliche Rebe, welcher nicht genugsam anempfolen werden kann [...]." Es folgt die Beschreibung des gelben und des rotstieligen Rieslings, gefolgt von vielen anderen Rebsorten. Dabei finden sich solche, die heute nicht einmal mehr dem Namen nach bekannt sind. Die meisten werden negativ beurteilt, manche sogar völlig abgelehnt. Der Kleinberger, hier auch Klemberger genannt, wird als Partner zum Riesling in gemischtem Satz (in gemischter Anpflanzung) empfohlen, um diesen in unreifen, sauren Jahrgängen zu einem milderen, trinkbaren Wein zu machen. Dies wurde wohl weitgehend auch so gehandhabt. Aufgrund heutiger Anbauprinzipien und der Möglichkeit von kellerwirtschaftlichen Maßnahmen zur Säureminderung gilt der Mischsatz seit langem als überholt.

Auch Rotwein wurde in Winningen angebaut, wie aus einer zusammenfassenden Aufstellung der Weinpreise aus den Jahren von 1636 bis 1679[88] hervorgeht, aber wohl nicht in dem Umfang wie in den Nachbarorten. Der oben erwähnte Stutz schreibt dazu: „Der rothe Trauben thut an der Mosel wenig Wunder [...]. In Kobern, ein trierisches Unteramt, mit ihren rothen Getränken [...] ist der rothe Moselwein von sehr geringem Calibre [...]". Zu einer gegenteiligen Einschätzung kommt Dr. Graff aus Trarbach.[89] Er schreibt – allerdings vier Jahrzehnte später, als sich der Rieslinganbau aufgrund des Wegfalls des Anreizes zur Massenproduktion während der feudalzeitlichen Abgabenwirtschaft schon weiter ausgedehnt hatte: „Der Anbau der rothen Weine an der Mosel ist im Ganzen sehr unbedeutend, ausgenommen in Kobern bey Winningen, wo beynahe blos rother Wein gezogen wird, der sehr gut ist". Am längsten hielt sich der Überlieferung nach der alte Rotweinanbau noch in den rechts der Mosel gelegenen Orten Dieblich und Lay. Dies bezeugt auch einer der alten Winninger Spottverse, wie sie früher von der Jugend auf beiden Seiten der Mosel herüber gerufen wurden: „[...] se trenggen all bluß rure Wein, der Deuwel mach ka Laayer sein!"

Früher war offensichtlich auch der Mischsatz zwischen weißen und roten Sorten üblich, wie aus den Lehn-Bedingungen der Pfarrguts-Weingärten vom Jahre 1779 hervorgeht: „Daß bey Setzung alter und verfallener Weingärten hierfür nicht, wie bisher geschehen, weiße und

---

85 So z.B. in einer Hochzeitszeitung von 1909 (Hochzeit Knebel/Goß)
86 Vgl. Dotzauer, Gutachten (wie Anm. 23), S.144.
87 Stutz, Herbstbuch (wie Anm. 26), S. 53.
88 LHA Ko Best. 33, Nr. 9992 (Consignation der dahiesigen Weinpreise von 1636 bis 1679, aufgestellt 1779).
89 Graff, Moselwein (wie Anm. 1), S. 34 ff.

rothe Stöcke durcheinander angepflanzt, sondern weiße oder rothe Reben allein gesetzt werden sollen, damit man nicht im Herbst genöthigt seyn möge, einen Wingert zweymal zu durchgehen, und da die rothen Weingärten weit weniger tragbar und ergiebig sind, als die weißen, so sollen jene so viel vermindert und ausgerottet werden als möglich ist, zumal da solches ohnehin schon im ganzen Ort geschiehet und vor jedermann nützlich und nöthig angesehen wird."[90]

Die Einsicht zu einer vernünftigen Sortenauswahl bei Aufgabe des Mischsatzes schien sich also allmählich durchzusetzen. Mit der Aufhebung der Naturalabgabenwirtschaft, bei der es auf Massenproduktion ankam, verschwanden zu Beginn des 19. Jh. allmählich die alten, oft reich tragenden, aber qualitativ minderwertigeren Sorten. Um dies zu beschleunigen und um die vielleicht noch letzten rückständigen Winzer zum Rieslinganbau zu bewegen, wurde 1826 eine „Geschworenen-Kommission" gebildet und vereidigt, „aus sechs der tüchtigsten Winzer, die der schädlichen Trauben keine bauen". Diese sollten eine „Classifikation" der Distrikte einschließlich der dort begütertern Winzer mit Namen und Vornamen samt der von ihnen angebauten Sorten in Bruchteilen der Gesamtstockzahl der Parzelle vornehmen. Diese Liste wurde „zu jedermanns Einsicht" auf dem Gemeindehaus ausgehängt.[91] Gedacht war dabei wohl neben der erzieherischen Wirkung auf die noch säumigen Winzer vor allem auch an die nach Orientierung suchenden Weinhändler. So verschwanden dann tatsächlich in Winningen die in dieser Liste genannten Sorten: „Kleinberger", „Batschert", „Lämmerschwänze", „Bocksaugen" und „Frankfurter Rot", so dass man schon bald – abgesehen von kleinen Relikten – von einem reinen Rieslinganbau in Winningen sprechen kann.

Große Fortschritte der in der Mitte des 19. Jh. einsetzenden wissenschaftlichen Rebforschung und -züchtung brachten 1882 die Müller-Thurgau-Rebe hervor, die in Winningen aber erst in den 30er Jahren des 20. Jh. versuchsweise angepflanzt wurde. Nach dem Zweiten Weltkrieg nahmen die Forschungsanstalten ihre Tätigkeit wieder auf, mit dem Ziel, durch Einkreuzung von entsprechenden fremden Reben bei den alten deutschen Standard-Sorten, z.B. dem Riesling, unter Beibehaltung ihrer bewährten Eigenschaften eine möglichst frühere Reife, eine höhere Zuckerleistung und – zunehmend wichtig – eine weitgehende Krankheits- und Schädlingsresistenz zu erreichen. So war die Winninger Winzerschaft beim Wiederaufbau der Weinberge nach der 1969 abgeschlossenen ersten Flurbereinigung durchaus interessiert, solche neuen Sorten versuchsweise anzupflanzen. Man nahm an entsprechenden Verkostungen teil und stützte sich bei der Auswahl auf die Empfehlungen der staatlichen Stellen. Und da einerseits das neue Deutsche Weingesetz von 1971 die Qualität eines Weines und seine Zuordnung in die präzise formulierten einzelnen Prädikatsstufen über das Mostgewicht definierte – ein Kriterium, das mit den Neuzuchten mit Leichtigkeit zu erreichen war – , andererseits die Weinkunden in dieser Zeit vorwiegend Weine mit hoher Restsüße und wohlklingenden Prädikaten nachfragten, auch wenn sie sich nach Art und Charakter vom Riesling mehr oder weniger unterschieden, schien der Anbau dieser Neuzuchten geboten. Dennoch blieb man diesen gegenüber kritisch eingestellt. Auf regionaler Ebene wurde unter maßgeblicher

---

90 Wie Anm. 15, Akten 12, Nr. 15 / 2.
91 LHA Ko Best. 655,47, Nr. 177.

Winninger Beteiligung ein Versuchsring gegründet, um die Eigenschaften der Neuzüchtungen zu testen. Den Posten des Zweiten, später des Ersten Vorsitzenden übernahm der Winninger Ortsvorsitzende des Bauern- und Winzerverbandes.[92] Sitz des Versuchsrings war die staatliche Weinbauschule Bullay, in deren Keller die Versuchsweine unter gleichen Bedingungen in kleinen Gebinden ausgebaut, in deren Labor die Resultate analysiert und von den Mitgliedern in Vergleichsproben immer wieder degustiert und bewertet wurden, um ihre Anbauwürdigkeit für unsere Lagen und Böden zu prüfen. In der folgenden Zeit trat zweierlei zutage: Zum einen wurden die in den höheren Prädikatsstufen sich als sehr vollmundig, oft mit einem starken, manchmal aufdringlichen Bukett zeigenden und dabei etwas plump wirkenden neuen Sorten, die zunächst bei manchen Weinliebhabern gut angekommen waren, nun immer weniger nachgefragt. Der Verbrauchergeschmack wandte sich wieder mehr den leichteren, lebendigeren und dabei vorwiegend trocken ausgebauten Rieslingweinen zu. Zum andern war festzustellen, dass mehrere dieser Neuzuchtanlagen schon nach einer Standzeit von etwa zwölf Jahren zunehmend Stockausfälle zeigten, also wieder neu zu pflanzen waren. So verschwanden diese Neuzuchten nach und nach wieder, bis auf einige wenige, wie z.B. die Sorte Kerner, die bei Erreichung eines hohen Reifegrads rassige, dem Riesling ähnliche Weine bringen kann, oder solche Sorten, die sich wegen ihrer sehr frühen Reife zur Bereitung und zeitigem Ausschank als Federweißer eignen. Auch einige Anlagen der Standardsorten Müller-Thurgau und Weißburgunder stehen noch.

Seit etwa Mitte der 1980er Jahre stieg auf dem deutschen Markt allgemein die Nachfrage nach Rotwein. So lag es nahe, dass auch die Winninger Winzer sich nun, fast 200 Jahre nach Aufgabe des alten Rotweinbaus, mit der Frage der erneuten Anpflanzung von roten Sorten befassten. Und nachdem amtlicherseits die restriktiv gehandhabte Einhaltung der für die Mosel zugelassenen, ausschließlich weiße Sorten enthaltenden Rebsorten-Liste durch einige rote Sorten ergänzt wurde, kam es in den 90er Jahren vermehrt zum Anbau von Blauem Spätburgunder, daneben auch von Dornfelder und in Einzelfällen zu einigen anderen neuen Rotweinsorten. Der Riesling aus den renommierten Terrassenlagen wird selbstverständlich die absolut dominierende Sorte bleiben, die den guten Ruf des Winninger Weins begründet. Die anderen Rebsorten können allenfalls daneben spezielle Marktlücken ausfüllen. Der Anteil der Sorte Riesling an der Gesamtrebfläche Winningens beträgt, nach einem Absinken in den 1970er/80er Jahren auf 70%, im Jahre 2005 wieder 85%.[93]

6. Die Herbstordnung

Während früher die Traubenlese nur mit Genehmigung durch die adligen und geistlichen Grundherren begonnen werden durfte, lag es nach der Säkularisation in der Zuständigkeit der Gemeindeverwaltung, deren Beginn festzusetzen. Der Bürgermeister berief eine „Herbstkom-

---

92 Als größter Weinbauort des Kreises stellt der Ortsverband Winningen in Person seines Vorsitzenden, eines Winzers, den 2. Kreisvorsitzenden, während zum 1. Kreisvorsitzenden immer ein Landwirt aus dem Mayener Raum gewählt wird. Daneben hat der Winninger Ortsvorsitzende oder sein Stellvertreter auch einen Sitz in der Delegiertenversammlung und im Vorstand des Weinbauverbands Mosel-Saar-Ruwer.
93 Nach Angabe des Statistischen Landesamts Rheinland-Pfalz, Bad Ems.

mission", die bei Eintritt der Traubenreife zusammentrat und die Schließung der Weinberge verfügte. Die Zufahrtswege und die Fußpfade durften nur noch eingeschränkt benutzt werden. Die Sperrung wurde mit einem an einen Pfahl gebundenen kleinen Strohbündel, dem „Wisch", kenntlich gemacht. Dienstags und Freitags waren „Wingertstage", an denen der Eigentümer seine Weinberge betreten durfte, um etwa noch nötige Arbeiten vorzunehmen. Hierzu gehörte das „Zaajene", das Kennzeichnen von abgängigen Stöcken, oder auch von sog. Faulenzern, die – oft bei gutem Wuchs – keine oder nur verrieselte Trauben zeigten, um sie im kommenden Frühjahr auszuwerfen und nachzupflanzen.[94] Als Zeichen machte man am oberen Ende des Pfahls einen kleinen Einschnitt. Auch galt es, den Reifeverlauf zu beobachten und den zu erwartenden Ertrag abzuschätzen. Die Einhaltung des Betretungsverbots der Weinbergsgemarkung wurde von sechs zu diesem Zweck berufenen „Herbstschützen" überwacht, die ehrenamtlich (mit einer kleinen Aufwandsentschädigung) diesen gemeindlichen Dienst versahen. Die Herbstkommission traf sich dann zu fortgeschrittener Zeit der Reife – evtl. auch mehrmals – zur Beratung, um schließlich den Beginn der Lese festzusetzen. Zur Lesezeit läutete morgens bei Tagesanbruch die Große Glocke.[95] Hinter den bereits geöffneten Toren warteten schon die Winzer mit ihren Herbstwagen und Lesehelfern – neben allen verfügbaren Familienangehörigen auch die alljährlich verdingten, meistens vom Hunsrück kommenden Bauernmädchen und -burschen – oder sie hatten sich bereits in der Dunkelheit mit ihren Fuhrwerken bereits in den Ausfallstraßen des Ortes aufgereiht, um sich bei den ersten Glockenschlägen in Bewegung zu setzen. Abends bei Einbruch der Dunkelheit oder bei anbrechendem Regen erklang wieder die Leseglocke zum Zeichen dafür, dass nun die Arbeit zu beenden sei.

Wenn alle Winzer, auch die größeren Betriebe, mit der Lese fertig waren, wurde durch das Läuten der Kleinen Glocke das „Klinnen"[96] freigegeben. Ursprünglich ein Privileg für arme, minderbemittelte Bürger wurde dieses Recht zunehmend und vorwiegend auch von Kindern wahrgenommen, denen es darum ging, sich auf diese Art ein paar Groschen für den bevorstehenden Martinsmarkt zu verdienen. Man streifte mit einem Eimer in der Hand Zeile für Zeile durch die Weinberge, um hier und da noch hängende Träubchen zu ergattern. Abends ging es mit der Ausbeute zum Aufkäufer der Klinntrauben, der dies durch die Ortsschelle hatte bekannt machen lassen. Oft waren dies Mitbürger ohne nennenswerten eigenen Weinbergsbesitz, die mit den Nachlesetrauben, die ja nun Spätlese-Qualität hatten, ihren persönlichen Weinbedarf sicherstellten.

Die alte Ordnung mit Herbstkommission, Herbstschützen und Schließung der Weinberge gibt es nicht mehr. Seit 1992 ist es aufgrund eines höchstrichterlichen Urteils, nach dem jeder Eigentümer uneingeschränkt über seinen Besitz verfügen kann, nicht mehr haltbar, einen für alle Winzer verbindlichen Lesebeginn zu bestimmen. Hierbei ist aber auch festzuhalten, dass eine solche Regelung im Grunde nicht mehr nötig ist, da die heutige Winzergeneration – im Gegensatz zu früher, als es dem Einen oder Anderen um möglichst hohe Erträge durch eine

---

94 Löwenstein, „Fröhjoherschdach" (wie Anm. 83), S. 79
95 Gerhard Löwenstein, Läuteordnung der Evangelischen Kirchengemeinde Winningen, 1996.
96 „gelinnen" oder „glinnen", auch „klinnen": Nachlese halten. Vgl. Rheinisches Wörterbuch (wie Anm. 6), Sp. 1274.

frühzeitige Lese ging – durchaus bestrebt ist, die Lese soweit wie möglich hinaus zu zögern, um unter Inkaufnahme von möglichen Mengeneinbußen die höchstmögliche Qualität zu erreichen.

7. Die Auswirkungen der Weltkriege und der Strukturwandel der Winzerbetriebe

Die erste Hälfte des 20. Jh. war geprägt von den beiden großen Kriegen. Alle wehrfähigen Männer waren zum Militärdienst eingezogen. Viele sind gefallen, viele kamen krank oder verkrüppelt zurück. Großes haben die Frauen geleistet, die mit den Alten, mit heranwachsenden Kindern und mit den ihnen zugeteilten Kriegsgefangenen die Weinberge und Felder so gut es ging weiter bebauten. Die Zeit nach dem Ersten Weltkrieg war im Besonderen bestimmt von der Inflation, in der auch die Winzerfamilien alle finanziellen Rücklagen verloren. Es folgte die Zeit wirrer politischer Verhältnisse und der großen Wirtschaftskrise, die die Weinpreise ins Bodenlose fallen ließ und manchen Winzer in Existenznot brachte. In der Mark wurden vielfach Kirschbäume gepflanzt, weil man sich von dem wie in den Nachbardörfern Dieblich, Lay und Güls noch einigermaßen einträglichen Kirschenmarkt eine Nebeneinnahme versprach. Erst in den dreißiger Jahren, nachdem die große Arbeitslosigkeit langsam überwunden wurde, stieg auch wieder die Nachfrage nach Wein. Ein staatlich festgesetzter Mindestpreis für Fassweine mit einem Aufschlag für gehobene Qualitäten garantierte die Existenz der Winzer auf niedrigem Niveau. Öffentlich geförderte Patenschaftsaktionen mit Städten in den Verbrauchergebieten und die „Kraft durch Freude"- Urlauberzüge aus den Industriegebieten belebten den Weinabsatz.[97]

Auch im Zweiten Weltkrieg und in der unmittelbar anschließenden Nachkriegszeit, als alle Produkte zwangsbewirtschaftet waren und der Wein behördlich zu festgesetzten Preisen einer wertlosen Währung „abverfügt" wurde, lebten die vielfach ihrer Männer und Söhne beraubten Winzerfamilien äußerst bescheiden. Allein durch die Tauschwirtschaft vermochte sich so mancher, der ein wenig „Schwarzwein" zum „Kompensieren" oder „Kotzele", wie man sagte, auf die Seite schaffen konnte, das Nötigste zu besorgen.

In der Zeit des allgemeinen wirtschaftlichen Aufschwungs nach der Währungsreform von 1948 vollzog sich in den Weinbaubetrieben zunächst die Umstellung von der tierischen Zugkraft auf Traktoren. Hier waren die Winzer im Vorteil, die zum Zeitpunkt der Geldumstellung noch einige Fuder Wein liegen hatten. Sie konnten sich mit dem „guten" Geld gleich einen Trecker kaufen. Aus dem Erlös der kommenden Weinjahre, insbesondere des mengenmäßig sehr guten Jahrgangs 1950, waren dann auch die anderen Betriebe in der Lage umzustellen. In den folgenden Jahren gaben immer mehr Winzer den Ackerbau und die Viehhaltung auf, weil eine Landwirtschaft als Nebenbetrieb in der bisher gewohnten Größenordnung nicht mehr wirtschaftlich sein konnte. Die Umstellung auf ausschließlichen Weinbau bedingte eine Vergrößerung der hauptberuflichen Winzerbetriebe, die durch Übernahme von Grundstücken

---

97 Siglinde Krumme, Die Förderung des Moselweinabsatzes nach 1933, in: Moselkiesel, hg. von der Volkshochschule Untermosel, Bd. 1: Regionalgeschichte 1918-1948, 1998, S. 75 ff. Vgl. den Beitrag von Joachim Hennig in diesem Band.

vieler aufgebender kleiner Nebenerwerbswinzer eine wirtschaftliche Betriebsgröße anstrebten. Während es im Jahr 1959 noch 211 Weinbaubetriebe, davon 164 im Haupterwerb gab, sind – bei fast gleich gebliebener Anbaufläche – für 2003 noch 24 Haupt- und 26 Nebenerwerbsbetriebe ausgewiesen.[98] Der Trend zur Aufgabe von Nebenerwerbs-, aber auch von Haupterwerbsbetrieben, die keinen Nachfolger haben, scheint noch nicht abgeschlossen zu sein.

8. Der Bau von Weinbergswegen und die Flurbereinigung

Das 20. Jh. war für die Winninger Winzerschaft vor allem von der Durchführung großer gemeindlicher Strukturmaßnahmen geprägt, ohne die heute ein rentabler Weinbau nicht denkbar wäre. Bereits in den zwanziger Jahren wurde unter Ortsbürgermeister Rudolf Otto mit staatlicher Förderung als Arbeitsbeschaffungsmaßnahme für Erwerbslose der „Desdentalsweg" gebaut. Er beginnt in der „Hell" und führt durch den „Helleberg", den „Grambachsberg", den „Desdentalsberg" und den „Wolfstelsberg" bis auf die Höhe zum „Kuhstiebel". Ein großes Weinbergsareal, in dem die einzelnen Parzellen bisher nur durch lange, meist beschwerlich zu begehende Fußpfade zu erreichen waren, wurde nun für Fuhrwerke erschlossen. Das bedeutete eine enorme Erleichterung für alle Transportarbeiten wie auch zur Durchführung der Schädlingsbekämpfung und vor allem beim Einbringen der Trauben im Herbst. Heute dient dieser Weg, mit entsprechenden Informationstafeln ausgestattet, auch als Weinlehrpfad für den Fremdenverkehr und als Wanderweg zur Blumslay.

Anfang der dreißiger Jahre wurde der damals so genannte „Heidebergsweg", der untere Teil des heutigen „Brückstückswegs", gebaut. Er führte von der Kreisstraße aus nur durch die Gewanne „In der Rübert" und „Im Daubesberg" bis auf die Stirnseite des „Heidebergs", wo er auf halber Höhe mit einer Wendestelle am alten Heidepfädchen endete. Ob man damals schon eine Weiterführung dieses Weges im Auge hatte, ist nicht bekannt. In den Jahren der Aufrüstung und der schrecklichen Kriegszeit war daran natürlich nicht zu denken.

Die seit jeher bei Erbfällen übliche Realteilung des Grundbesitzes, bei der oft sogar die einzelnen Grundstücke noch geteilt wurden, um alle Kinder gerecht abzufinden, führte im Laufe der Jahrhunderte zu einer enormen Zersplitterung des Weinberg-Areals in viele kleine Parzellen. Was in früheren Zeiten selbstverständlich war, wurde aber nun insbesondere durch die leidigen Fußpfade, die vielen Umrüstzeiten und ein dadurch verursachtes unrationelles Arbeiten zunehmend als sehr lästig empfunden. Nach Gründung der Bundesrepublik und unseres Landes Rheinland-Pfalz wurde der „Grüne Plan" zur Förderung von Strukturmaßnahmen in allen Zweigen der Landwirtschaft ins Leben gerufen. Die Möglichkeit einer mit hohen öffentlichen Mitteln geförderten „Flurbereinigung" wurde mit dem Ziele propagiert, die gesamte Flur durch weitere Zufahrts- und Gürtelwege zu erschließen und die vielen Kleinparzellen zu größeren Einheiten zusammen zu legen. Diese sollten dann alle – möglichst sogar unten und oben – einen Wegeanschluss haben.

---

98 Wie Anm. 93.

Jede Weinbaugemeinde hatte einen öffentlich bestellten Rebschutzwart als Vertrauensmann der Winzerschaft und Ansprechpartner der berufsständischen Organisationen und der öffentlichen Verwaltung. Dessen Aufgabe war es, den Beratungsstellen auftretenden Schädlingsbefall zu melden und die von dort erlassenen Empfehlungen zu dessen Bekämpfung bekannt zu machen. Darüber hinaus war er auch mit den Vertretern des Berufsverbandes gefordert, allgemeine standespolitische Probleme aufzugreifen. Im Jahr 1955 hatte der damalige Rebschutzwart, der junge Winzer Manfred Löwenstein, bei der Gemeindeverwaltung einen Antrag gestellt mit dem Ziel, eine Weinbergsflurbereinigung einzuleiten. Dieser Antrag war im Gemeinderat gescheitert. Aufgrund dieser Diskussion wurde dann aber auf Initiative und tatkräftigen Einsatz des Ratsmitglieds Robert Hautt der Bau des Brückstückswegs als Weiterführung des kurzen Heidebergwegs beschlossen, eine Maßnahme, die mit hohen öffentlichen Zuschüssen aus Mitteln des „Grünen Plans" in den Jahren 1957 bis 59 realisiert werden konnte. Dieser Weg erschloss nun, mit nur mäßiger Steigung verlaufend, die Gewanne „Schrottelberg", „Häuschesberg", „Göttcheberg", „Pfarrheck", „Dodtwinkel", „Hinterstall", „Kentchesberg", „Seifenberg", „Sternberg" und „Brückstück", um dann auf dem „Geisen" mit einem kurzen Steilstück den alten Fahrweg auf der Höhe zu erreichen. Auch dieser Weg wird heute als „Steillagen-Wanderweg" beworben und stark genutzt. Er wurde deshalb ebenfalls mit Informationstafeln über den Winninger Weinbau ausgestattet.

Der Gedanke einer umfassenden Flurbereinigung war aber dennoch nicht vom Tisch. Manfred Löwenstein, der sich auch als Begründer und Leiter der örtlichen CVJM-Gruppe engagierte und im Vorstand der „Evangelischen Jugend auf dem Lande" tätig war, organisierte und leitete 1958/59 ein Seminar, in dessen Programm das Thema „Flurbereinigung" noch einmal aufgegriffen wurde. Der dritte Abend des Seminars fand am 2.12.1958 statt. Er stand unter dem Thema: „Die Genossenschaft als Existenzsicherung./ Genossenschaft kritisch gesehen./ Flurbereinigung : Selbsthilfe oder Gemeinschaftsaufgabe?" Referent des Abends war ein Vertreter des Bauern- und Winzerverbandes Rheinland-Nassau. In der Protokollnotiz des Abends heißt es: „In der Aussprache zeigte sich ein lebhaftes Interesse an einer weiteren Information über eine Weinbergs-Flurbereinigung".

Löwenstein erinnert sich: „An diesem Abend war auch Herr Regierungs-Landwirtschafts-Rat Dr. Dammertz, Direktor der Landwirtschaftsschule und Beratungsstelle Koblenz-Metternich, anwesend. Er nahm aufgrund des positiven Echos der Seminarteilnehmer Verbindung mit dem Leiter des Kulturamtes, Oberregierungsrat Dr. Rumpf auf. Nach informeller Rücksprache mit den Herren führte ich mit den Seminarteilnehmern eine Unterschriften-Aktion bei den Winzern im Ort durch, um das allgemeine Interesse zu erkunden. Nicht zuletzt durch die engagierte persönliche Information durch die Befrager fand diese Umfrage eine starke mehrheitliche Zustimmung der Weinbergsbesitzer. Ich stellte den Antrag an die Gemeindeverwaltung, die Winzer zu einer Informationsversammlung durch das Kulturamt einzuladen."

Diese Versammlung fand nach immer wieder stattgefundenen Diskussionen am 15.12.1961 in der Turnhalle unter großer Beteiligung der Winzerschaft statt. Natürlich gab es hierbei auch heftigen und lautstarken Widerspruch einiger Teilnehmer, doch die überwiegende Mehrheit der anwesenden Winzer zeigte sich interessiert und zustimmend. Daraufhin beschloss der Gemeinderat gegen das Votum einer Minderheit das zuständige Kulturamt mit den Vorbereitungen für eine Weinbergsflurbereinigung in der Gemeinde Winningen zu beauftragen. Im November 1962 erfolgte der Einleitungsbeschluss. Doch die Gegner waren noch lange nicht verstummt. Löwenstein erinnert sich weiter: „Wohl fehlte es in der Folge nicht an Widerstand. Vor allem waren es ältere Leute ohne Nachkommen, die Angst vor jeder Veränderung des Gewohnten, vor persönlicher Benachteiligung, vor Unkosten und Arbeitsaufwand hatten. Es gab aber auch böswillige Verleumdungen mit handfesten Drohungen gegen meine Person und angerichteten Sachschaden in Form von abgeschnittenen Weinstöcken."

Doch der Anfang war gemacht. Nachdem der Einleitungsbeschluss im September 1963 Rechtskraft erlangt hatte, erfolgte im Januar 1964 die Gründung der Teilnehmergemeinschaft mit der Wahl von Robert Hautt zum Vorsitzenden, so dass im Juni mit den Vorarbeiten wie dem Festlegen des Umfangs der Maßnahme und dem Erfassen und Bewerten der Weinberge, der Feststellung des Wege- und Gewässernetzes usw. begonnen werden konnte. Es folgte die Gründung einer Aufbaugemeinschaft für die spätere planmäßige Rodung und Wiederbepflanzung der Weinberge unter dem Vorsitz von Herbert Knaudt, dem Leiter der bereits seit 1957 bestehenden Pfropfreben-Genossenschaft, die später von der Raiffeisen-Warengenossenschaft übernommen wurde. Deren Aufgabe war die Beschaffung des benötigten Pflanzgutes unter Berücksichtigung der Sorten und der für die verschiedenen Böden empfohlenen Klone und Unterlagen. Hierzu gehörten die Anlage eines Muttergartens zur Gewinnung der Unterlagsreben, die Beschaffung des Klonenmaterials, die Veredelung, also das manuelle Pfropfen, und die Aufzucht der Pfropfreben in der Rebschule.

Die Flurbereinigung mit dem Bau der Wege, der Mauern und Wasserführungen – letzteres eine wichtige Maßnahme, um die bei schweren Gewittern immer wieder auftretenden Abschwemmungen von Weinbergsboden zu verhindern – begann 1964 und zog sich über fünf Jahre hin, bis sie 1969 mit der Zuteilung der neuen Grundstücke abgeschlossen werden konnte. Nun begann der planmäßige Wiederaufbau, der abschnittsweise in sechs Jahren durchgeführt wurde. Für die Erdbewegungs- und Rodungsarbeiten wurden Raupenfahrzeuge und schwere Spezialgeräte eingesetzt. Auch eine Bodenentseuchung im Hinblick auf eine mögliche Infizierung durch Reblausbefall wurde durchgeführt. Die Pflanzarbeiten oblagen aber dem einzelnen Winzer.

Insgesamt wurden 110 ha Rebland flurbereinigt. Die extremen Terrassenlagen Röttgen, Hamm und Uhlen waren nicht in das Verfahren einbezogen. Hier hätten die Kosten jede vertretbare Höhe überschritten. Neue Wege in einer Gesamtlänge von 24,8 km, davon 15,9 km befestigt, wurden gebaut. 10 km laufendes Mauerwerk mit einem Volumen von insgesamt 29.000 m³ musste errichtet werden, wobei alle Mauern mit einer Höhe von über 2 m mit einem Geländer versehen wurden. Hinzu kamen die Wasserführungen, die sog. Flöße, mit einer Gesamtlänge von 3,7 km. Die Anzahl der eingebrachten Parzellen belief sich auf 4.805, die der neu zugeteilten auf 1.524. Die einzelnen Grundstücke waren also nun im Schnitt um gut das Dreifache größer als die alten Parzellen. Die Gesamtkosten der Maßnahme beliefen sich auf 5,7 Millionen DM. Die Belastung des einzelnen Winzers blieb aber aufgrund der beträchtlichen öffentlichen Zuschüsse in einem vertretbaren Rahmen. Der Kostenanteil von

25.000 DM /ha[99] war zwar nicht unerheblich, aber mit Blick auf die erkannten großen wirtschaftlichen Vorteile zu verkraften.

Gleich in der ersten Aufklärungsversammlung durch das für die Flurbereinigung zuständige Kulturamt wurde auf die Möglichkeit der Aussiedlung einzelner Betriebe hingewiesen. Winzern, die in der engen Ortslage keine Möglichkeit zu einer notwendigen Erweiterung ihrer Keller und Betriebsräume sahen, wurde vorgeschlagen, auf einer ihrer neu zugeteilten Weinbergsparzellen im ortsnahen Bereich ein neues Wirtschafts- und Wohngebäude zu errichten. Die Bauerschließungskosten würden staatlicherseits bezuschusst, die Baukosten durch Zinsverbilligung der langlaufenden Baukredite für zukunftsfähige Betriebe überschaubar bleiben. Drei Winzerfamilien haben diese Chance genutzt und genießen nun praktische, zeitgemäße Keller-, Wirtschafts- und Wohnräume.

9. Neue Weinbautechniken bei Transportarbeiten, Schädlingsbekämpfung und Stockerziehung

Um die mühsamen Transportarbeiten in den hohen Terrassenweinbergen, z. B. das Hochtragen von Pflanzmaterial, Dünger, Pfählen, Mauersteinen usw. und um das Hinuntertragen der Trauben im Herbst zu erleichtern, gab es schon in den dreißiger Jahren des vergangenen Jahrhunderts Versuche von zwei größeren Weingütern zum Einsatz einer Schienen- bzw. Seilbahn. Die Technik war aber offensichtlich nicht ausgereift, so dass diese beiden Anlagen nach dem Zweiten Weltkrieg nicht wieder in Betrieb kamen. Neue Systeme, von dem Winninger Schlossermeister Dieter de Leuw gebaut, kamen zum Einsatz. Zunächst waren dies vorwiegend recht kostengünstige Seilbahnen, bei denen das Zugseil nicht aufgehaspelt, sondern über eine Umlenkrolle am Schlepper, der auf dem Talweg hin und her fuhr, betrieben wurde. Obwohl keine nennenswerten Unfälle mit diesen Bahnen geschahen, wurde deren Betrieb wegen fehlender automatischer Stoppvorrichtung bei möglichen Zwischenfällen, z.B. bei einem befürchteten Reißen des Zugseils, nicht mehr gestattet. Nun setzten sich die Schienenbahnen durch, die ebenfalls mit Seilzug betrieben, dabei aber mit einer Not-Halteklaue ausgestattet wurden. Während diese nur als reine Materialbahnen zugelassen sind, kamen daneben aber auch vermehrt die Einschienenbahnen mit Direktantrieb durch Benzinmotor – die sog. Monorakbahnen, ein schweizer Patent – zum Einsatz. Diese haben den großen Vorteil, dass sie nicht nur in direkter Falllinie, sondern auch dem Gelände oder der Parzelle entsprechend kurvig angelegt werden können und außerdem auch zum Personentransport zugelassen sind.

Einem Schädlingsbefall an den Weinstöcken stand man in früheren Zeiten meist hilflos gegenüber. Fressende Insekten – es handelte sich nach zeitgenössischen Beschreibungen um den blauen oder grünen Glanzkäfer – hat man bei starkem Befall von den Stöcken abgelesen, um damit den Schaden zu begrenzen. Auch die zur Zeit des Austriebs zahlenmäßig oft stark auftretenden Schnecken wurden eingesammelt und an bestimmter Stelle, dem sog. „Schnägekerrewisch" (Schneckenfriedhof) in eine Grube geschüttet, mit Petroleum übergossen, ange-

---

99 Alle Angaben sind den Flurbereinigungsakten der Gemeindeverwaltung Winningen entnommen.

zündet und vergraben. Gegen den Heu- und Sauerwurm war man im Grunde machtlos. Das Absuchen der Borke der Schenkel und des Wurzelhalses der Rebstöcke nach den verpuppten Larven dieses Insekts, wie es 1825 aufgrund neuer Erkenntnisse und der „wichtigen Entdeckung der bisher unbekannten Entstehung des Heuwurms" dringend empfohlen wurde,[100] konnte unmöglich flächendeckend praktiziert werden. Die von diesem Schädling wiederholt verursachten Ernteausfälle mussten hingenommen werden, bis zu Anfang des 20. Jh. die Bekämpfung mittels zwar effektiver, aus heutiger Sicht aber durchaus fragwürdiger, weil für den Anwender z.T. stark gesundheitsschädigender Mittel gebräuchlich wurde. Heute werden nur noch unbedenkliche Präparate verwendet, z.B. Pheromone, Duftstoffe, die zur Verwirrung und damit zur Verhütung der Paarbildung dieser Insekten dienen und mit gutem Erfolg eingesetzt werden. Während die andernorts so gefürchtete Reblaus in unseren Gesteinsböden nicht auftritt, brachte in den 1950er Jahren der Dickmaulrüsselkäfer große Probleme. Seine Larven benagen in der Erde die feinen Saugwürzelchen und bringen dadurch den Rebstock zum Absterben. Besonders anfällig waren die damals noch überwiegend vorhandenen wurzelechten Rieslingbestände in den Schieferböden unserer Terrassenlagen.[101]

Neben den lange bekannten Pilzkrankheiten Schwarzer und Roter Brenner breiteten sich ab Mitte des 19. Jh. die von Amerika eingeschleppten neuen Schadpilze Oidium und Peronospora aus, die ebenfalls häufig Missernten verursachten. Man lernte, sie mit chemischen Mitteln zu bekämpfen. Mit zunächst kleinen Handbälgen, dann mit rückentragbaren Geräten wurde fein gemahlener Schwefel zerstäubt, der in der Sonne oxydiert und als SO_2 den Schimmelpilz abtötet. Zur Bekämpfung der Brenner- und Peronosporapilze kamen ebenfalls Rückengeräte in Gebrauch, mit denen die sog. „Bordelaiser-Brühe", in Wasser gelöstes, mit Löschkalk neutralisiertes Kupfervitriol, versprizt wurde. Ein technischer Fortschritt waren die in den 30er Jahren des 20. Jh. auf den Markt gekommenen „Batteriebotten", bei denen der zum Spritzen nötige, bisher durch ständiges, sehr lästiges Pumpen aufrecht zu erhaltende Druck durch Pressluft ersetzt wurde, die mittels Handpumpe oder eines kleinen Benzinmotors eingepumpt worden war. Gleichzeitig kamen aber auch, zunächst in den größeren Betrieben, die ersten Schlauch-Spritzleitungen in Gebrauch. Das Ausziehen des Schlauches, insbesondere in den steilen Terrassenlagen, war zwar mühsam, im Vergleich zur Arbeit mit dem Rückengerät aber doch sehr viel zeit- und kraftsparender. Einen großen technischen Fortschritt brachte dann die in den 1970er Jahren eingeführte genossenschaftliche Hubschrauber-Spritzung. Ein dreiköpfiger Ausschuss bestimmt in enger Zusammenarbeit mit den Fachleuten der öffentlichen Beratungsstellen die Spritztermine und die anzuwendenden Mittel. Der große Vorteil dieser Methode ist neben der Arbeitsentlastung des einzelnen Winzers, dass mit geringst möglichem Mittelaufwand eine gleichzeitige und gleichmäßige, bei allgemein steigendem Umweltbewusstsein ökologisch unbedenkliche, aber effektive Behandlung des gesamten Weinbergareals der Gemeinde möglich ist.

---

[100] J. Hörter, Vollständiger Weinbau-Katechismus für Schulen und Weinbauer, nach theoretisch-praktischen Grundsätzen für denkende Oekonomen, Dritter Teil, 1825, S. 168.
[101] Heute werden nur noch Pfropfreben auf kräftig wachsenden Unterlagen gepflanzt. Diese sind in der Lage, die abgenagten Würzelchen bald wieder durch neue zu ersetzen.

Seit jeher kannte man in Winningen ausschließlich die Pfahl-Erziehung, die auch heute noch in den Terrassen-Weinbergen dominiert. Im Zuge der Bestrebungen, die Laubarbeit im Sommer zu vermindern, wurden nach der Flurbereinigung die neu gepflanzten Parzellen, vor allem in den Flach- und Hanglagen, mit Drahtrahmen angelegt. Größere Zeilenabstände setzten sich durch, um die Bodenbearbeitung maschinell durchführen zu können. Diese Erziehungsart ist inzwischen weit verbreitet. Auch andere die Laubarbeit weithin überflüssig machende neue Formen der Stockerziehung werden praktiziert, wie z.B. das „Trierer Rad". Hierbei sitzt ein einem Rad ähnliches Werkstück mit ca. 50 cm Durchmesser waagerecht auf einem ca. 1,60 m hohen Pfahl, der den Stamm des Weinstocks hält. In Höhe des Rads werden 3-4 Strecker von ca. 8 Augen angeschnitten und am Radkranz verteilt befestigt. Die Triebe mit den Trauben können sich in lockerer, luftiger Form entwickeln und bedürfen keiner Heftung. Voraussetzung für diese Erziehungsart sind weite Stockabstände. Daneben gibt es die sog. Vertiko-Erziehung. Diese wird oft aus dem alten Bogrebenstock entwickelt, indem eine der zum Biegen vorgesehenen Reben senkrecht am Pfahl hochgebunden wird, aus der sich die künftige Ertragszone des Stocks ergibt. Die an den hier jährlich angeschnittenen kurzen Zapfen wachsenden fruchttragenden Triebe brauchen ebenfalls nicht gebunden zu werden, sie bedürfen aber einer wiederholten Einkürzung, um den Stock in der Belaubung nicht zu dicht und damit krankheitsanfällig werden zu lassen.

Eine Form, über die Extensivierung des Arbeitsaufwands unter Verzicht auf einen normalen Flächenertrag ein befriedigendes Betriebsergebnis zu erzielen, ist die moderne Querterrassierung in mauerfreien Steillagen. Hierzu bedarf es einer neuerlichen Zusammenlegung von benachbarten Parzellen, um eine sinnvolle Zeilenlänge mit jeweils beiderseitigen Einfahrtsmöglichkeiten zu erreichen. Das Gelände wird mittels einer Planierraupe zu schmalen Terrassen umgeformt, die jeweils nur eine Stockzeile tragen und mit einem Schmalspur-Traktor zu bearbeiten sind, wobei die jeweiligen Terrassenhänge mit Gras eingesät werden.

10. Die Vermarktung
10.1 Vom althergebrachten Fassweinverkauf zum Flaschenweinabsatz

Zu Zeiten der mittelalterlich-frühneuzeitlichen Abgabenwirtschaft wurden die Bed-, Zehnt-, Drittel- und Halbscheid-Weine, soweit sie zur Hofhaltung des Landesherrn wie auch als Mannlehen zur Besoldung von deren Vasallen zu liefern waren oder zum Einkommen und Eigenverbrauch der adligen Lehnsherren, der Stifte und Klöster dienten, von den jeweiligen Anspruchsberechtigten direkt bezogen. Die in der Amtskellerei eingelagerten Bedweine wurden, soweit sie über den Bedarf der Landesherrschaft hinausgingen, durch den Amtmann versteigert. Ansteigerer waren Weinhändler vorwiegend aus Koblenz und Köln, auch aus Bendorf und anderen Orten, die auch die Eigenweine der Winzer aufkauften und vermarkteten. Lieferungen nach Köln, den Niederlanden und nach Hamburg sind nachgewiesen.[102]

---

102 LHA Ko Best. 33, Nr. 9992.

Der Transport erfolgte in der Regel im Fuderfass, das am Bestimmungsort, sofern der Wein zum alsbaldigen Ausschank bestimmt war, „kleingelegt", d.h. in kleinere Gebinde umgefüllt wurde, die dann nach und nach verzapft werden konnten. Dies machte man, damit das ganze Fass nicht „im Bruch" oder „an der Luft" lag, was der Qualität des Weines abträglich gewesen wäre. Dieses Kleinlegen, wie überhaupt jedes Umlagern des Weines während seines Ausbau, beginnend beim Abtrennen der Hefe nach der Gärung und bei den weiteren Klärungs-Abstichen war damals eine recht mühsame Arbeit. Pumpen und Schläuche kannte man noch nicht. Der Wein wurde „geschdötzt", d.h. mit der „Schdötz", dem typischen Henkelgefäß, mittels eingeschlagenem Zapfhahn einerseits und aufgesetztem Trichter andererseits, von dem einen Fass ins andere umgefüllt.[103] Beim späteren Verkauf des fertig ausgebauten, blanken Weins ging man aber anders vor. Um eine weitere durch das Schdötzen verursachte Sauerstoffaufnahme und damit ein beschleunigtes Altern des Weins zu vermeiden, wurde das volle Fass aus dem Keller „geschrotet" und aufs Fuhrwerk oder Schiff verladen. Die Fässer kamen teilweise wieder zurück, in der Regel wurde aber der Wein inklusive Fass verkauft. Diese schwierige Arbeit des Heraufholens des Fasses aus dem Winzerkeller und sein Verbringen zum Keller des Händlers oder zur Verladestelle an der Mosel – der Transport über weite Strecken erfolgte mit dem Schiff – besorgten die Weinschröter. Hierbei handelte es sich um eine Gruppe von sieben junge Winzern, die sich jährlich durch Rekrutierung der jüngst verheirateten Männer neu zusammensetzte. Sie standen unter dem Kommando eines erfahrenen Schrötermeisters und wurden vom Bürgermeister zu diesem unentgeltlichen gemeindlichen Dienst verpflichtet. Der Verkäufer hatte neben einem Umtrunk für die Schröter eine feste Gebühr in die gemeindliche Schrotkasse zu leisten, aus der die Unterhaltskosten des Schrotgeräts wie Haspel, Seile, Schrotleitern und des speziellen niedrigen Handwagens bestritten wurden, die aber daneben auch noch nicht unbeträchtliche Summen für allgemeine gemeindliche Zwecke abwarf.[104] Das frühere Weinschroten ist mehrfach aufgearbeitet und literarisch behandelt worden.[105] Eine weitere Form des organisierten Arbeitseinsatzes für gemeindliche Belange war übrigens der „Hand- und Spanndienst", in der Umgangssprache kurz „de Frühn" genannt (von Frondienst = Herrendienst). Jeder Winzer war verpflichtet, sich unentgeltlich zu gemeinnützigen Arbeiten, zum Teil auch mit seinem Fuhrwerk, zur Verfügung zu stellen und einteilen zu lassen. Dabei ging es vorwiegend um die Unterhaltung und Ausbesserung ausgefahrener Wirtschaftswege.[106]

In Winningen gab es keine gemeindliche Kelter, wie sie aus manchen anderen, vor allem kleineren Weinbauorten – meist in Form einer mächtigen Baumkelter – bekannt sind, sondern hier stand in jedem Winzerhaus eine sog. „Dummelbaum"-Kelter. Diese schweren hölzernen Pressen wurden gegen Ende des 19. Jh. allgemein abgelöst von Keltern völlig neuer Bauart mit rundem, gußeisernem Presstisch, eiserner Spindel und mit untersetzendem mechanischem Schraub-Druckwerk. Eine wesentliche Verbesserung brachte das Anfang des 20. Jh. entwickelte

---

103 Gerhard Löwenstein, Der Weinbau in Winningen, 1991, S. 28 (Der Weinausbau).
104 LHA Ko Best. 655,47, Nr. 160 (Beitrag zu den Baukosten der neuen Schule 1833).
105 Wolfgang Stöhr, Die Weinschröter, ein ausgestorbener Beruf, in: Heimatjahrbuch Mayen-Koblenz 1986, S. 199 ff.; Rainer Garbe, Die Winninger Weinschröter, in: Moselfest-Programmheft, 1992; Albert Bones, Weinschrore med Hinnernisse (Weinschroten mit Hindernissen). Ein launiges, authentisch-zeitgenössisches Gedicht eines alten Schröters, in: Bellinghausen, Winningen. Ein deutsches Heimatbuch, Teil 2, 1925, S. 131 ff.
106 Wie Anm. 28, S. 52.

und patentierte hydraulische Drucksystem des Winninger Schlossermeisters Louis Saas[107] und die als Ersatz des Schraub-Druckwerks eingesetzte Hollmann-Hydraulik. Um 1960 kamen die heute gebräuchlichen Horizontalpressen mit Elektroantrieb auf den Markt, die immer weiter entwickelt wurden und inzwischen mit völlig neuer Presstechnik arbeiten, die durch steuernde Elektronik vollautomatisch betrieben wird.

Den Most hat man früher, falls entsprechende Nachfrage bestand und der Preis befriedigte, direkt von der Kelter weg abgegeben, oder er wurde eingelagert, vergoren und als Jungwein – teils mit der Hefe, teils nach dem Abstich –, oft aber auch später als fertiger blanker Wein verkauft, vorwiegend wohl an Koblenzer Weinhändler. Aber in alten Manualbüchern lesen wir in den Eintragungen über die jeweiligen Weinernten auch Sätze wie „Der Böcking hat den Kauf gemacht" oder „Hüsgen hat gekauft die Ohm für 18 Reichsthaler." Beides waren Trarbacher Kellereien. Es war damals nicht üblich, den Wein unter Angabe des Herkunftsortes oder gar der Weinlage in Verkehr zu bringen, sondern lediglich z.B. als Moselwein aus dem Hause Böcking. In den letzten Jahrzehnten des 19. Jh. etablierten sich aber auch in Winningen einige kleine bis mittlere Kellereien. Es war die Zeit, in welcher der in Trier wirkende Chemiker Ludwig Gall seine „Weinverbesserung" propagierte. Er ging dabei noch über den bereits in Frankreich nach J. Chaptal praktizierten Zuckerzusatz als Ergänzung von zu geringem eigenem Zuckergehalt der Traube zwecks Erhöhung des Alkoholgehalts bei der Vergärung hinaus, indem er bei sehr hohen Säurewerten in den Mosten unreifer Jahrgänge auch ein „Fehlen von Wasser" in der Traube konstatierte, was neben dem Zusatz von Zucker auch einen solchen von Wasser erforderlich mache. Gegen solche „Manipulationen" und „Weinverfälschungen" wandte sich mit Vehemenz der Winninger Arzt, Weinliebhaber, Weinanalytiker und Publizist Dr. Karl Wilhelm Arnoldi,[108] Schriftführer und später Vorsitzender der „Weinbausection des Landwirthschaftlichen Vereins zu Coblenz", der im „Chaptalisieren" wie im „Gallisieren" eine verwerfliche Nivellierung aller Weine und eine Konkurrenz, ja Herabsetzung der edlen Creszensen aus den renommierten Lagen sah. Die gegensätzlichen Meinungen prallten in unversöhnlichen, teils beleidigenden Stellungnahmen aufeinander, die in langen Artikeln in der „Trierer Zeitung" ausgetragen wurden.[109] Die von manchen Weinhändlern, vor allem solchen mit Sitz in den Verbrauchergebieten vorgenommenen „Weinverbesserungen", die man wohl treffender als Panschereien bezeichnen müsste, wurden in der Folgezeit in Bezug auf die Art und das Ausmaß der „Anreicherung" – so der offizielle Sprachgebrauch – wie auch des Bezeichnungsrechts gesetzlich geregelt.

Unter den Winninger Kellereien entwickelte sich schon bald die Fa. Schwebel zu einer bedeutenden Weingroßhandlung. Neben der Errichtung eines riesigen zweistöckigen Kellers, eines mächtigen Betriebs- und imposanten Wohngebäudes, wurde auch ein eigenes Weingut aufgebaut. Nach einer hohen Blütezeit vor dem Ersten Weltkrieg und – abgeschwächt – noch

---

107 Wie Anm. 103, S. 21 ff.: Die Kelterung (Bau und Arbeitsweise der alten Keltern).
108 Joachim Krieger, Dr. Karl Wilhelm Arnoldi, einer der größten Weinexperten des 19. Jh., in: ders., Terrassenkultur (wie Anm. 50), S. 82 ff.; siehe auch: Ekkehard Krumme, Albrecht Julius Schöler 1819-1863, in: Winninger Hefte 2 (1987), S. 10 ff.
109 Wie Anm. 91.

einmal in den 1920/30er Jahren, wurden nach dem Zweiten Weltkrieg Weingut und Großkellerei aus familiären Gründen aufgegeben und sind erloschen.

Die Vermittlung des Weingeschäfts lief über Kommissionäre. Neben einigen auswärtigen wie auch hiesigen hauptberuflichen Weinkommissionären waren es die Küfermeister, die neben der Ausübung ihres Handwerks, der Herstellung und Reparatur von Fässern, in neuerer Zeit auch mit ihrer kellertechnischen Ausrüstung wie Schläuchen, Pumpen, Filtern usw. die Abstich- und Abfüllarbeiten in den Winzerkellern vornahmen. Diese Küfer wussten am besten, welche Mengen, welche Lagen und Qualitäten bei diesem oder jenem Winzer lagerten. Der Kommissionär kam mit dem Weinhändler oder Wirt zum Winzer, um im Keller direkt am Fass den Wein zu probieren. Und wenn nun der Wein dem potentiellen Käufer zusagte, ging es im Austausch von Angebot und Forderung oft so wortreich und zeitraubend zu wie auf dem Viehmarkt. Auch der Kommissionär mischte sich ein, denn ihm war ja am Zustandekommen des Geschäfts wegen der ihm zustehenden Kommissionsgebühr – 3% vom Käufer plus 2% vom Winzer – sehr gelegen. Wenn man sich endlich einig war, wurde „gebatscht", der Kauf mit schallendem Handschlag beschlossen. Dann wurde das Fass „zugemacht", das heißt versiegelt. Dabei schlug der Kommissionär einen Nagel mit der Spitze quer in den Spund, so dass der Nagelkopf auf der oberen Daube lag. Dann träufelte er Siegelwachs auf den Nagelkopf, in das der Weinhändler sein Petschaft eindrückte. Nun wurde der Kaufpreis, der zuvor auf die imaginäre Größe von 1.000 l ausgehandelt worden war, auf den tatsächlichen Fassinhalt aufgrund der jedem Fass eingebrannten amtlichen Eiche errechnet. Hierbei war auch noch das Alter der letzten Eichung, das aus der neben der Nummer des Fasseichamts angegebenen Jahreszahl ersichtlich war, zu berücksichtigen, weil erfahrungsgemäß ein Fass mit zunehmender Alterung leicht schrumpft und auch durch Weinstein-Ablagerung etwas an Fassungsvermögen verliert. Für jedes Jahr, das die angegebene Eiche mehr als zehn Jahre überstieg, wurde ein Liter in Abzug gebracht. Als Zahlungsziel galt: Fälligkeit des Kaufpreises bei Bezug des Weins bzw. sechs Wochen nach Kaufdatum. Wenn der Wein bezogen wurde, kam der Kommissionär mit seinen Geräten – Pumpe und Schläuche – und pumpte den Wein in das auf dem Wagen des Händlers oder dessen Spediteurs liegende Fass. Nach dieser Arbeit gab es einen gemeinsamen Imbiss und Umtrunk.

Einige Winzer begannen bereits in den 1930er Jahren und dann vermehrt nach der Währungsreform mit der Selbstvermarktung – zunächst eines Teils ihrer Erzeugnisse – als Flaschenwein. Oft hatte der Winzer beim Verkauf eines Fuders die Hälfte davon „ausbehalten", die dann beim Bezug des Weins vom Händler oder von dem in dessen Auftrag die Abfüllung vornehmenden Kommissionär im gleichen Arbeitsgang auf Flaschen gefüllt wurde. So las man dann an manchem Haus ein oft recht einfach gehaltenes Schild: „Weinverkauf außer dem Hause". Der eine oder andere mag sich so einen kleinen Kundenstamm aufgebaut haben. Professioneller wurde aber dann die Selbstvermarktung in der folgenden Zeit nach der Umstrukturierung der Betriebe unter Aufgabe des landwirtschaftlichen Zweigs bei gleichzeitiger Vergrößerung der Rebfläche durch Übernahme der Weinberge von aufgebenden Kleinbetrieben. Die Weingüter sind inzwischen alle mit eigenem kellertechnischem Gerät ausgestattet, sie betreiben Kundenwerbung mit Hausetikett, Preislisten, Rundschreiben, Inseraten, Webseiten im

Internet und offerieren Weinproben mit Betriebsbesichtigung, Hofverkauf, Weinversand und Direktlieferung.

Diese Entwicklung wäre undenkbar ohne die durch die Weinbergsflurbereinigung ermöglichte Rationalisierung und teilweise Mechanisierung der Außenarbeiten. Die Selbstvermarktung macht darüber hinaus unabhängig vom oft unbefriedigenden Fassweinpreis und vermag das Betriebseinkommen beträchtlich zu erhöhen. Eine große Anzahl von Jungwinzern sah darin eine Chance, auch weiterhin erfolgreich Weinbau betreiben zu können. Sie besuchten die Fachschulen, um als Winzermeister, auch Kellermeister, Weinbautechniker oder Weinbauingenieur den elterlichen Betrieb zu übernehmen. Sie gründeten einen Verein, der neben der Geselligkeit auch der fachlichen Fortbildung durch Exkursionen, der Durchführung von Werbeveranstaltungen wie „Tag des offenen Weingutes", der „Großen Frühjahrsweinprobe" oder auch des „Altentags" und anderen allgemeinen gemeindlichen Anliegen dient und setzen damit die von der Vätergeneration in den 1960er Jahren begründeten, inzwischen aus Altersgründen eingestellten Aktivitäten der „Schröterzunft" fort, die selbstverständlich nicht mehr geschroten hat – mit Ausnahme einer Schauveranstaltung anlässlich eines Hoffestes –, sondern sich als Traditionsverein verstanden hatte.

Mit der Angabe der Weinbergslage neben der des Ortsnamens als Herkunftsbezeichnung des Weins – eine Entwicklung, die sich in den letzten Jahrzehnten des 19. Jh. durchsetzte – vollzog sich offensichtlich eine differenziertere Beurteilung der Gewächse und ihrer geschmacklichen Nuancen, die aufgrund der Exposition der Lage, ihres Kleinklimas und vor allem des Bodens und seiner Mineralität erkennbar sind. Schon bald konnten die Lagen Uhlen, Hamm, Brückstück und Röttgen ein hohes Renommee erringen, wie aus alten Preislisten, Weinversteigerungs-Protokollen usw. zu ersehen ist. Aber auch Sternberg, Heideberg, Rosenberg, Höllenberg usw. hatten – oft als Spezialität einzelner Weingüter – einen guten Ruf. Die Vielzahl der mittleren Lagen aber alle auch als Etiketten-Namen zu verwenden, erwies sich schon bald als wenig sinnvoll. So hat der Winninger Gemeinderat bereits im Jahre 1912 einen für die damalige Zeit durchaus weit blickenden Beschluss gefasst, als er eine Satzung erließ, welche die große Zahl der einzelnen Gewannbezeichnungen nach sinnvollen Kriterien zu 15 Lagennamen zusammenfasste.

Doch diese Regelung konnte sich nicht recht durchsetzen, weil sich die Zahl von 15 Etiketten-Namen noch als zu groß erwies. Um 1960 wurde deshalb die Fantasiebezeichnung „Weinhex", die in den 1930er Jahren bereits für den „Heideberg" – in Anlehnung an die auf diesem Berg im 17. Jh. stattgefundenen Hexenverbrennungen – vorgesehen worden war, als Name für alle mittleren Berglagen eingeführt. Die Weine sollten möglichst alle mit dem von der Gemeinde geschützten Originaletikett ausgestattet sein. Das Etikett wurde nach einer Probe des Weins durch eine Kommission des Verkehrsvereins in der beantragten Stückzahl ausgegeben. Der Preis enthielt einen Werbeaufschlag, mit dem für die „Winninger Weinhex" nach außen kräftig geworben wurde. Die Weine aus der Mark sollten möglichst nur als einfache Ausschankweine in Verkehr gebracht werden.

Entwicklung und Bedeutung des Weinbaus 447

Dann kam es im Jahre 1971 staatlicherseits zur Erstellung des Landes-Weinbaukatasters, bei der jede Weinbaugemeinde die Lagen benennen sollte, die künftig ausschließlich als offizielle Lagennamen zu gelten hätten. Daraufhin hat Winningen die Festlegung von 1912 wie auch die 1960er Regelung noch einmal rigoros geändert und sich aus vermarktungsstrategischen Gründen auf nunmehr nur noch fünf Einzellagen beschränkt. Hierbei wurde die Begrenzung der alten Lagen z.T. geändert. So wurde der obere Hamm dem Uhlen zugeschlagen und der Wolfstelsberg kam zum Hamm, der Brückstückskopf und der Geisenberg gehören nun zum Röttgen, der alte Sternberg mit Seifenberg heißt jetzt Brückstück. Alle übrigen Gewanne sind unter dem Namen „Domgarten" zusammengefasst und stellen so mit insgesamt über 70 ha die größte Einzellage dar.

Im Weingesetz von 1971 fand aber auch das Interesse des Weingroßhandels Berücksichtigung in Bezug auf die Möglichkeit, einen Verschnitt von Weinen aus benachbarten Einzellagen auch unter einem zugkräftigen Namen in Verkehr bringen zu können. So schuf man den Begriff der Großlage. Danach können nun in unserem Bereich alle Weine von Burgen bis zur Moselmündung – falls sie den amtlichen Kriterien eines Qualitätsweins entsprechen – wahlweise unter dem Namen der Lage, aus der sie tatsächlich stammen, oder aber unter „Weinhex" vermarktet werden.

10.2 Traubenablieferung an die Winzergenossenschaft unter Aufgabe eigener Kelterung

Mitte der 1960er Jahre wurde durch Fusion aller im Anbaugebiet Mosel-Saar-Ruwer bestehenden örtlichen Winzervereine eine Gebiets-Winzergenossenschaft mit Zentralkellerei in Bernkastel-Kues gegründet. Auch alle bisher Fasswein vermarktenden Winzer aus den Ortschaften, in denen es keine Vereinskellerei gab, so auch in Winningen, wurden animiert, Mitglied zu werden. Vor allem den Nebenerwerbswinzern schien es vorteilhaft, dieser Genossenschaft als Vollablieferer beizutreten, während manche Haupterwerbswinzer sich als Teilablieferer eintrugen, um weiterhin einen bestimmten Anteil ihrer Ernte so wie bisher selbst zu keltern und frei zu vermarkten. Insgesamt 50 bis 60 Winninger Winzer traten in diesen Jahren der Genossenschaft als Mitglied bei. Bis zum Herbst 1970 wurden die Trauben in der angemieteten ehemaligen Schwebelschen Kellerei angeliefert und gekeltert, 1971 begann man mit dem Bau einer eigenen großen Kelterstation, in der die Trauben angenommen und abgepresst werden konnten. Der anfallende Most wurde täglich abgefahren, um in der Zentralkellerei eingelagert zu werden. In der Zeit bis 1989 kelterte man hier jährlich 400 bis 500 Fuder Most, eine Menge, die dann nach der in Kraft getretenen gesetzlichen Hektar-Höchstertrags-Regelung[110] auf ca. 300.000 l zurückging,[111] da sich für den Winzer die Ablieferung von „land-

---

110 Anlass dieses Gesetzes war die Erkenntnis, dass sehr hohe Erträge, die aufgrund eines züchterisch entsprechend bearbeiteten Pflanzguts, eines hohen Anschnitts und durch Einsatz übermäßiger Düngergaben möglich wurden, sich ungünstig auf die Qualität des Ernteguts auswirken. So durften ab sofort vom Riesling nur maximal 12.000 l/ha und vom Müller-Thurgau 13.500 l/ha erzeugt werden, wenn der Wein als „Qualitätswein b. A." gelten sollte. Später wurde die Höchstmenge für alle Sorten auf 12.500 l/ha festgelegt. Erntemengen bis zu 14.000 l/ha durften ab sofort nur die Bezeichnung „Landwein" bzw. bei überregionalem Verschnitt „Tafelwein" tragen. Etwa darüber noch hinausgehende Mengen waren durch Destillation vom Markt zu nehmen, worin natürlich kein finanzieller Anreiz bestehen konnte.

wein-geeignetem" Lesegut oder gar „Übermengen" nicht lohnte. Die Bezahlung erfolgte nach einer die Qualität des Leseguts berücksichtigenden Mostgewichtsstaffel in vier Raten, wobei sich die letzte, als Abrechnung der drei Abschlagszahlungen, je nach Marktlage und Betriebsergebnis oft längere Zeit hinauszögerte. Mit dem zahlenmäßigen Rückgang der Nebenerwerbswinzer und der zunehmenden Flaschenwein-Vermarktung der Haupterwerbsbetriebe wie auch aufgrund von mit größeren Weingütern abgeschlossenen Kooperationsverträgen verminderte sich die Zahl der Genossenschaftsmitglieder um fast die Hälfte. Damit ging auch die Traubenanlieferung so stark zurück, dass sich der Betrieb einer Kelterstation nicht mehr lohnte. Im Jahre 2004 wurde sie aufgegeben und abgebaut. Die Trauben werden nunmehr im Herbst täglich zur Kelterstation Ernst bei Cochem gebracht.

10.3 Qualitätsstreben, Profilierungsmaßnahmen und Absatzstrategien der Selbstvermarkter.

Auf Initiative des damaligen Bürgermeisters der Verbandsgemeinde Franz Dötsch und mit Förderung durch die Kreisverwaltung Mayen-Koblenz wurde 1981 unter maßgeblicher Beteiligung von Winninger Winzern die „Erzeugergemeinschaft Deutsches Eck" gegründet. Ihr Ziel war es, durch Abgrenzung der Weine aus Gebirgslagen gegenüber denen aus der Mark und dabei durch satzungsgemäß festgelegte deutliche Verschärfung der gesetzlichen Ernte-, Qualitäts- und Prädikatskriterien, den heimischen Rieslingweinen aus dem Bereich der unteren Mosel und den zum Kreis Mayen-Koblenz gehörenden Weinbauorten des Mittelrheins einen neuen Ruf und bessere Marktchancen zu verschaffen. Dem diente ein vereinsinternes Kontrollsystem, die Verwendung einer einheitlichen Flaschenausstattung, Gemeinschaftswerbung sowie die Festlegung eines Mindest-Verkaufspreises. Das Bestreben galt einer Steigerung des Qualitätsniveaus, einer neuen Imagebildung und daraus erwachsend der Erzielung angemessener, die persönliche Lebenshaltung und betriebliche Zukunft sichernder Erlöse. Nach zunächst durchaus beachtlichen Erfolgen wurde die Erzeugergemeinschaft 2003 nach zunehmendem Rückgang der Mitgliederzahlen mit der Feststellung, dass die gesteckten Ziele erreicht seien, aufgelöst.

Als öffentliche Anerkennung des Strebens nach höchster Qualität galt und gilt ein gutes Ergebnis bei den Weinprämiierungen. Schon mit der Teilnahme an der ersten im Jahre 1949 durch die Landwirtschaftskammer Rheinland-Nassau (heute: Landwirtschaftskammer Rheinland-Pfalz) ausgeschriebenen Prämiierung haben einige Winninger Winzer diesen werbewirksamen Weg beschritten. In der Folgezeit beteiligten sich nach und nach nahezu alle Selbstvermarkter an dieser Konkurrenz, um seither Jahr für Jahr mit sehr guten Resultaten abzuschneiden. Dem Winzer sind die verliehenen Preise eine Bestätigung seiner Bemühungen und dem Kunden zeigen sie die anerkannt hohe Qualität der Weine „seines" Winzers.

Eine Auswertung der von 1975 bis 2005 jährlich herausgegebenen Preisträgerverzeichnisse dokumentiert das hervorragende Ergebnis der Winninger Winzer. Neben der großen Anzahl

---

111 Für alle Jahreszahlen- und Mengenangaben ist Herrn Robert Noll, dem früheren geschäftsführenden Vorstandsmitglied und Leiter der Zentralkellerei der Gebietswinzergenossenschaft „Moselland", sowie Herrn Günter Mölich, Winningen, herzlich zu danken.

der streng nach einem Punktsystem zur Beurteilung von Klarheit, Farbe, Geruch, Geschmack und Sortentypigkeit der Weine in ihrer jeweiligen Prädikatsstufe verliehenen Preismünzen in Bronze, Silber und Gold gab es außerdem zahlreiche für besondere betriebliche Gesamtleistungen verliehene Ehrenpreise. So wurden in dem angegebenen Zeitraum allein 70mal Winninger Weingüter mit Staatsehrenpreisen, darunter fünf Silberne, ein Goldener und ein Großer Staatsehrenpreis (Großer Rheinischer Weinpreis) ausgezeichnet. Dazu kommen noch 12 Ehrenpreise des Regierungspräsidenten bzw. des Landrats und anderer öffentlicher Institutionen.

Auch bei verschiedenen anderen Ausschreibungen, z.B. der Weinprämiierung der Deutschen Landwirtschafts-Gesellschaft, der Kreisweinprobe, der Raritäten-Trophy, der Wahl des „Kammerweins des Jahres" durch die IHK usw. haben sich Winninger Betriebe immer wieder mit großem Erfolg beteiligt. Ortsintern wird jährlich eine August-Horch-Edition[112] ausgelobt, und auch die Bestückung der Vinothek im Winninger Spital als gemeindliches Aushängeschild des Winninger Weins erfolgt nach strengsten Maßstäben.

Einzelne Betriebe beteiligen sich darüber hinaus mit ihren Kreszenzen an Spitzenwein-Versteigerungen. Ein Weingut ist z.B. Mitglied des renommierten Bernkasteler Rings. Vor allem aber die höchst erfolgreichen Beteiligungen an hochrangigen internationalen Vergleichsproben und Präsentationen lassen bestimmte Betriebe in der Öffentlichkeit zu hervorragenden Botschaftern des Winninger Weinbaus werden. Insbesondere die Aufnahme eines Winninger Weinguts in den elitären VDP (Verband Deutscher Prädikatsweingüter) und die schon bald erfolgte Wahl seines Besitzers zum Vizepräsidenten dieser hoch angesehenen Vereinigung ist beachtenswert. Als Protagonist der deutschen „Terroir"-Bewegung hat er sich in der Fachwelt einen Namen gemacht. Dieser Begriff ist inzwischen im allgemeinen Sprachgebrauch verankert. Er rückt bei der Beurteilung des Weines die feinen Geschmacksnuancen in den Vordergrund, die der hochreife Riesling von seinem Standort, dem Verwitterungsboden der jeweiligen unterschiedlichen Schieferformationen sublimiert und dem geübten Weinfreund erschließt. Die durch das geltende Weingesetz zur Vorbedingung für die Einstufung der Weine in die verschiedenen Prädikatsbezeichnungen festgelegten Mostgewichtsnormen – und die daraus sich häufig ergebende Hervorhebung, ja oft Überbewertung der Öchslegrade – wird damit relativiert.[113]

Auch die Rückbesinnung auf die alte Lagenklassifikation erzeugte in der Fachwelt große Aufmerksamkeit.[114] Weitere Veröffentlichungen, Abhandlungen in der Fachliteratur, Berichte in einschlägigen Magazinen und in Fernseh-Reportagen[115] lassen aufhorchen. Die Tatsache,

---

112 Benannt nach dem Winninger Ehrenbürger Dr. h.c. August Horch.
113 Reinhard Löwenstein, Von Öchsle zum Terroir, in: Frankfurter Allgemeine Zeitung vom 7. Okt. 2003, ders., Die Zukunft liegt im Terroir, in: ebd. vom 17. Dez. 2005.
114 Nachdruck der „Mosel-Weinbau-Karte" von 1897, die auf dem bereits unter französischer Herrschaft zu Beginn des 19. Jh. erstellten, dann in preußischer Zeit fortgeführten Weinbergskataster beruht, auf der alle Weinlagen dargestellt sind und ihre Zuordnung zu den festgelegten Güteklassen durch unterschiedliche Farbgebung gekennzeichnet ist. Mit einer Einführung des Hg. und Stellungnahmen von Politikern und Fachjournalisten. Edition Reinhard Löwenstein, Winningen, 1995.
115 Vgl. u. a. Reinhard Löwenstein, Vom Klang der Schiefer, 2000; ders., Nur wer die Wege verlässt, bleibt nicht auf der Strecke, in: Heimatbuch Mayen-Koblenz 1997, S. 52 ff; Die Riesling-Revolte, in: Manager-

dass die Winninger Lagen Uhlen und Röttgen von französischen Journalisten in die Liste der 100 besten Weinlagen der Welt aufgenommen wurden und dass Winninger Spitzenweine inzwischen weltweit in den besten Hotels geführt werden, ist Frucht dieser Aktivitäten. Auch die Bezeichnung „Terrassenmosel" für den durch seinen Terrassen-Weinbau geprägten Abschnitt des unteren Mosellaufs sowie die Gründung der anspruchsvollen und erfolgreichen Vereinigung „Köche und Winzer an der Terrassenmosel", sodann auch die Bepflanzung von Weinbergsbrachen mit dem alten Roten Weinbergspfirsich gehen auf Reinhard Löwensteins Initiative zurück.

So wie immer wieder Einzelne mit Pioniergeist weitschauend Neues in Bewegung setzen, so sind es immer wieder auch die vielen fleißigen, beharrlich ihrer schweren Arbeit nachgehenden Winzer und Winzerinnen mit ihren Familien, die den Winninger Weinbau weiterführen. Durch die Jahrhunderte, durch Höhen und Tiefen seiner Geschichte: der Winninger Weinbau lebt!

Magazin, I/2004, S. 152 ff.; GALORE, Das Interview, Juli/Aug. 2005, S. 111-114; Der Rebell, in: ALLES ÜBER WEIN, 4/2004; Bayrischer Rundfunk: Lebenslinien, 2002; Südwest-Rundfunk: Deutschlands beste Weine, 2005; Rasterfahndung unter der Erde, in: DER SPIEGEL 23/2006, S.174 ff.

Schulen in Winningen

Von Rainer Garbe

Einleitung und Überblick

Bereits kurz nach Einführung der Reformation 1557 in der Hinteren Grafschaft Sponheim wurde in Winningen mit der Einstellung eines Diakons eine „Gemeine Schule" eingerichtet.[1] Die Diakone betreuten die Schulkinder dieser Elementarschule bis 1685. Seitdem unterrichteten eigens angestellte Schulmeister. Im 19. Jahrhundert wurde deren Anzahl auf fünf Lehrerstellen erhöht. Nach 1945 kam eine sechste hinzu. Die 1963 neu errichtete Schule hatte sieben hauptberufliche Lehrkräfte, die rund 260 Kinder unterrichteten. 1979 wurde die Hauptschule ausgegliedert und nach Kobern verlegt. An der heutigen Astrid-Lindgren-Grundschule Winningen unterrichten derzeit sechs Lehrkräfte 82 Schülerinnen und Schüler.

Eine weitere Schule kam 1748 zustande. Damals stiftete die Gemeinde auf Anweisung von Herzog Christian IV. von Zweibrücken einen Betrag von 1.000 Reichstalern, der mit vier Prozent jährlich zu verzinsen war. Diese 40 Reichstaler sollten das geringe Einkommen des Diakons aufbessern, der als Gegenleistung die „erwachsenen Schüler" (älter als 12 Jahre) täglich vier Stunden in Latein, Rechnen, Schreiben und „Christenthum" „und andere einen guten Bürger ausmachenden Stücken" zu unterrichten hatte. Die Winninger Lateinschule, später auch Diakonats- oder Rektoratsschule genannt, bestand – von einer kurzen Unterbrechung zu Beginn des 19. Jahrhunderts abgesehen – bis 1913.

1783 war für alle Orte der Markgrafschaft Baden geplant, Spinn-, Näh- und Strickschulen einzuführen, „da die Einführung der Spinnschulen gleich einen doppelten Nutzen habe, auf der einen Seite bewahre sie die Jugend vor Müßiggang und gewöhne sie an die Arbeit, auf der anderen Seite diene sie der Verbesserung des Einkommens der Bürgerschaft." Der damalige Amtmann Georg Wilhelm Kröber berichtet im Februar 1783, dass „einer Einführung dieser Schulen in Winningen nichts Wesentliches im Wege stehen würde". Dennoch ist eine solche Schule nie ins Leben gerufen worden.[2]

Von 1872 bis 1919 gab es auch in Winningen eine freiwillige ländliche Fortbildungsschule, in welcher sich entlassene bzw. in einer Lehre befindliche ehemalige Volksschüler weiterbilden sollten. 1893 heißt es in einem Schreiben des zuständigen Vorsitzenden des Kreisausschusses: „Besonders die volksschulmäßigen Kenntnisse im Deutschen und im Rechnen können von einem geschickten Lehrer in Anlehnung an die Hauptbeschäftigung der Fortbildungsschüler im Gewerbe oder in der Landwirtschaft sehr fruchtbringend vertieft und ausgestattet werden."

---

1 Zur Geschichte der Diakonatsschule siehe auch: Rainer Garbe, Geschichte der Winninger Lateinschule, in: Monatshefte für Evangelische Kirchengeschichte des Rheinlandes 35 (1986), S. 64-74. Erweiterter Nachdruck in: Winninger Hefte 2 (1987), S. 108-118. Zu den im folgenden verwendeten Quellen siehe auch ders. (Bearb.), Inventar der Quellen zur Geschichte der Gemeinde Winningen, 2003, Kapitel 20.2.
2 LHA Ko Best 33, Nr. 4824.

In dem genannten Zeitraum unterrichteten immer drei Volksschullehrer und ein Pfarrer (Müller, Harräus), 1913 nur zwei Volksschullehrer und der Pfarrer. Der Unterricht wurde jeweils von Dezember bis März (14 Unterrichtswochen) an vier Wochentagen von 17.00-19.00 Uhr erteilt. Die Anzahl der Schüler betrug 16 bis 28. 1902 berichtete Pfarrer Adolf Müller, dass der Besuch zwar nicht obligatorisch, aber dennoch regelmäßig sei. Im Jahre 1910 übergab er die Leitung der Schule an Pfarrer Harräus.

Von 1920 ab „ließ die Gemeindevertretung der Kosten wegen diese Einrichtung fallen." Im Sommer des Jahres 1927 dagegen beschloss die Kreisverwaltung des Landkreises Koblenz ein Kreisstatut zur Errichtung der in der Reichsverfassung vorgesehenen ländlichen Pflichtfortbildungsschulen. In diesem Sinne beschloss die Gemeindevertretung die Eröffnung der ländlichen Pflichtfortbildungsschule für den Winter 1927/28. Die Unterrichtszeit erstreckte sich auf die Monate November bis Februar. Die Unterrichtsstunden wurden von abends fünf bis sieben bzw. von sechs bis acht Uhr erteilt. Es unterrichteten Hauptlehrer Kohl in Bürger- und Lebenskunde, Lehrer Bertges in „Natur" und Lehrer Hammer in Rechnen und Deutsch.[3]

Neben der Fortbildungsschule existierte um 1900 auch „ein Haushaltungspensionat" für Mädchen, geführt von der Ehefrau des Pfarrers Adolf Müller. Außer dem Pensionspreis und der besonderen Vergütung für Privatunterricht wurde kein regelmäßiges Schulgeld erhoben. 1895 gab es vier Schülerinnen. Neben Frau Müller erteilte eine weitere Lehrerin den Privatunterricht. Die „Pensionsmädchen" wurden in der Familie Müller in allen Zweigen des Haushalts angelernt. Nebenbei wurde auf Wunsch „von der als Lehrerin geprüften Tochter" Elisabeth Müller Unterricht in französischer und englischer Sprache sowie im Klavierspiel erteilt.[4] Eine eigentliche Schule oder Unterrichtsanstalt war das Pensionat nicht.

I. Von der „Gemeine[n]" Schule zur modernen Grund- und Hauptschule

Gemäß den Forderungen Martin Luthers, der bereits 1524 in einem offenen Brief die Bürgermeister und „Ratsherren aller Städte Deutschlands" aufgefordert hatte, „christliche Schulen einzurichten und zu unterhalten",[5] waren die sponheimischen Landesherren Pfalzgraf Friedrich von Simmern und Zweibrücken und Markgraf Philibert von Baden, die im Jahre 1557 die Reformation in der Hinteren Grafschaft Sponheim durchgeführt hatten, darauf bedacht, in ihrem Hoheitsgebiet Schulen einzurichten.[6]

---

3 LHA Ko, Best. 716, Nr. 98, Seite 198 f.
4 LHA Ko Best. 655,47, Nr. 274. Zum Schicksal von Elisabeth Müller in der NS-Zeit vgl. den Beitrag von Joachim Hennig in diesem Band.
5 Klaus Goebel (Hg.), Luther in der Schule. Beiträge zur Erziehungs- und Schulgeschichte, Pädagogik und Theologie. Dortmunder Arbeiten zur Schulgeschichte und zur historischen Didaktik, Bd. 6, 1985, S. 2 und S. 7 ff.
6 Zur Geschichte der Elementar- und Volksschule siehe auch: Rainer Garbe, Geschichte der Winninger Volksschule, in Moselfest-Programmheft Winningen, 1985. Unter dem Titel „Geschichte der Elementar- und Volksschule zu Winningen" überarbeiteter und erweiterter Nachdruck in: Winninger Hefte 2 (1987), S. 95-107. Ob bereits vor 1560 eine Schule in Winningen bestanden hat ist unbekannt. Wahrscheinlich ist es nicht. Back gibt zu der Frage, „Wer die Kinder des Landvolks die heilige Schrift lesen und das Vater Unser beten lehre?" die kurze Antwort, dass es Schulen für die Kinder des Landvolks nicht gegeben habe (Fried-

Als sich in Kaspar Kohlhaas von Köln, dem früheren Schaffner der Koblenzer Karthause, die geeignete Person für die „gemeine" Schule der Gemeinde fand, wurde er anlässlich der im Jahre 1560 zu Kastellaun stattgefundenen Kirchenvisitation zum Schulmeister in Winningen angenommen. Darüber hinaus war er verpflichtet, die Glocken zu läuten und dem Pfarrer „in der Kirche sowie sonst behilflich zu sein", womit die Reihe der Winninger Diakone beginnt. Kaspar, so sagte der damalige Pfarrer Georg Müller den Visitatoren, „sei erbötig, lieber in Winningen zu bleiben, denn an einem anderen Ort zu dienen, damit seine adversarii nicht sagen können, er sei entlaufen. Da Winningen jedoch ringsum von trierischen Orten umgeben sei, erfordere es die Notdurft, dass man seinethalben [seiner Sicherheit wegen] an den Bischof [von Trier] schreibe."[7]

Kaspar Kohlhaas, der bis 1564 in Winningen als Schulmeister und Kirchendiener tätig war, beschwerte sich 1562 bei dem Winninger Vogt Dietrich Hertwein, da ihm die Gemeinde nur die Hälfte der ihm 1560 versprochenen Wachs- und Ölzinsen auszahlen wolle, die ohnehin nur 10 Gulden 2 Albus ausmachten. Den Oberamtmann zu Trarbach forderte er sogar auf, Bürgermeister und Gemeinde zu pfänden, da er sonst niemals zu der ihm zustehenden Besoldung kommen würde.[8] Sein Nachfolger, der „Kaplan" Lubentius von Kovern, genannt Kober, erklärte bei der Visitation 1567, dass er ungefähr zehn Schüler habe, „so alle nur teutsch lernten" und er gehe in der Woche viermal zur Schule. Bei der Visitation 1575 lautete die Erklärung des Kaplans: Er habe keine weitere Besoldung von der Schule als von jedem Jungen jedes Vierteljahr vier bis sechs Albus und er habe jetzt nicht über drei oder vier Knaben, „denn sie mehrenteils gestorben".[9] 1580 wurde die Schule von etwa 20 Schülern besucht.

Die Höhe des Schulgeldes pro Kind (sechs Albus pro Quartal entsprachen 40 Kreuzer oder einem Moselgulden jährlich) ist auch während des 17. Jahrhunderts nicht verändert worden. Man hatte jedoch bereits 1575 dem Diakon dadurch ein besseres Einkommen verschafft, dass man ihm die Einkünfte des ehemaligen Michaelisaltars zuwies (fast drei Morgen Weingärten, zwei Gulden vier Albus an Geld sowie einen Sümmer Spelz). Dazu erhielt er schon damals für das Glöckneramt ein Viertel Weinmost von jeder Haushaltung, wobei insgesamt fünf Ohm (ca. 800 Liter) zusammenkamen.[10] Dennoch sind die Klagen über das unzulängliche Einkommen nie verstummt.

---

rich Back, Die Schulen im Lande zwischen Rhein, Mosel und Nahe. o. O., o. J.). Dennoch darf man annehmen, dass viele Winninger Kinder insbesondere durch die Pfarrer eine erste Schulausbildung erhalten haben. Bereits im Mittelalter sind eine Anzahl von Studenten aus Winningen auf Universitäten eingeschrieben. So finden sich an der Universität Köln 1469 ein Hermann Löwe, 1437 ein Johann von Winningen, 1452 ein zweiter Johann von Winningen, 1552 ein dritter Student aus Winningen. An der Erfurter Universität sind eingetragen: 1423 Hermann Noyx, 1424 Engelbert Noix, 1456 Johann Bysinger, 1475 ein Rulmann, 1506 ein Mulich (Mölich), 1506 ein Meffarth und 1459 ein sechster Student. An der Universität Trier studiert 1492 ein Anton Rybiß aus Winningen. Siehe auch: Georg Reitz, Die Filialen Bisholder und Winningen, Die Pfarrei Güls. Güls 1952, S. 66-89.

7 Wilhelm Rotscheidt (Hg.), Die Pfarrei Winningen 1560-1623. Aus dem Nachlass des †Superintendenten D. Friedrich Back, in: Monatshefte für Rheinische Kirchengeschichte 27 (1933), S. 271 ff. (hier: S. 278).
8 LHA Ko Best. 33, Nr. 7372.
9 Rotscheidt, Pfarrei (wie Anm. 7), S. 280.
10 LHA Ko Best. 33, Nr. 4969. Zum Gesamteinkommen des Diakons siehe Adolf Müller, Geschichte der evangelischen Gemeinde Winningen, in: Monatshefte für Rheinische Kirchengeschichte 3 (1909), S. 259 f.

Die Schule selbst war in der ehemaligen Kapelle untergebracht, „wo der St. Michaelis-Altar gestanden". Dieses Altarhaus, so heißt es 1567, sei von den Altargefällen im Bau erhalten worden und so solle es auch weiterhin geschehen. Die Gemeinde wurde angewiesen, für die Instandhaltung zu sorgen. 1608 wird festgestellt, dass das Schulhaus „in gutem Bau" ist und dazu bemerkt: „Die Baukosten würden von der Gemeinde getragen und erst kürzlich habe die Gemeinde 100 Gulden daran gewendet." 1599 war dem Bürgermeister befohlen worden, „die Schule der Gebühr und Notdurft nach zu bauen".[11] Im Jahre 1670 wurde das Gebäude durch einen Anbau erweitert.

Die jeweiligen Diakone betreuten die Schulkinder bis 1685. „Da die Schuljugend so stark angewachsen war, ist anno 1686 Johann Jost Rühfell [aus Alsfeld in Hessen stammend], als der erste Schulmeister hierher gesetzt worden." Es war Pfarrer Georg Karl Storck (1735 bis 1743), der diese Notiz hinterließ. Seine Datierung auf 1686 statt auf 1685 rührt daher, dass er sich auf den amtlichen Anstellungsvertrag Rühfells vom 21. Juli 1686 berief, aber nicht in Betracht zog, dass Rühfell bereits ein Jahr lang die Winninger Schulkinder unterrichtet hatte.[12]

Der Anstellungsvertrag[13] des ersten Winninger Schulmeisters, der neben dem Schulamt auch, wie damals überall üblich, das Amt des Organisten ausübte (1685 war eine Orgel angeschafft worden), gibt in anschaulicher Weise Auskunft über seine Tätigkeitsbereiche:
1. Er hat die Schuljugend zu förderst zur lieben Gottesfurcht und aller geistlichen Zucht und Tugend anzumahnen, hingegen von allem Mutwillen und Bosheit [...] abzuhalten.
2. Er soll die gewöhnliche Schulstunde ohne Not nicht versäumen, dieselbe jedesmal mit Gesang und Gebet anfangen und beschließen.
3. Jeden Mittwoch und Samstag den „Christlichen Catechismum Lutheri mit den Kindern fleißig tractiren" und selbige nach Unterschied des Alters und Fähigkeit „der Memorie", die Buß- und andere der lehr- und trostreichsten Psalmen nebst anderen schönen christlichen Gebeten „memoriter" lernen lassen.
4. Die übrigen Tage aber soll er die Jugend [...] im Lesen, Schreiben und Rechnen „per quinque species [in den 5 Arten; neben den uns bekannten galt auch das Zählen oder Nummerieren als eine Rechenart] [...] informieren."
5. Wenn einige Eltern ihre Kinder zur lateinischen Sprache wollten gerne angeführt haben, soll er selbige nebst der Grammatik die lateinischen Vokabeln lernen lassen und zum Deklinieren und Konjugieren anweisen.
6. Sonn- und Feiertags und wann sonst der Gottesdienst in der Kirche verrichtet wird, soll er die Kinder fleißig erinnern, in die Kirche zu kommen und mit Ernst darum bemüht sein, dass während des Gottesdienstes von denselben kein Mutwillen getrieben werde, welches er durch die „Custodes" (wohl die Kirchenzensoren) observieren lassen kann. Zu dem Ende wird nicht undienlich sein, wann er selbige Sonn- und Feiertags des Morgens nach dem zweiten Zeichen zur Schule kommen lässt, das Evangelium zu verlesen, und sie auch darauf

---
11 Rotscheidt, Pfarrei (wie Anm. 7), S. 285.
12 Rühfell soll „gegen Michaelis" (1685) nach Winningen gekommen sein. Die Schreibweise des Vornamens als „Jost" wurde von Müller (Müller, wie Anm. 10) übernommen. In den Quellen heißt es meist „Just" Rühfell.
13 LHA Ko, Best. 33, Nr. 7372.

ordentlich zur Kirche führt, auch nach der Predigt sie wiederum in der Schule daraufhin examiniert, was sie aus der Predigt behalten haben.
7. Er soll sich selbst so verhalten, dass er die Liebe und den Respekt der Jugend erhalten möge. Er wird in seinem Amt vor jedem, der ihm ungebührlich hineinreden wolle, von seinen Vorgesetzten geschützt werden [...].
8. Was das Organistenamt betrifft, so hat er jedes mal den Gesang am Pult oder an der Orgel so zu führen, „daß ein zierlich undt wohllautendes Gesänge, als welches nicht das geringste Stück des Gottesdienstes ist, in der Kirchen möge befördert und erhalten werden".

Für diese Dienste wurde ihm ein Jahresgehalt von 70 Reichstalern zugesagt. Sollte er jedoch willens sein, einen eigenen Hausstand zu gründen, so konnte er sich das Gehalt teilweise in Wein auszahlen lassen. An Geldzinsen würden ihm dann noch 15 Reichstaler verbleiben. Wahrscheinlich hatte Rühfell von Anfang an auch das Glöckneramt inne, denn im Jahre 1695 bat er das Konsistorium in Trarbach „um zwei Ohm Wein, welche [seit 1685] der Diakon einzieht, seinen Einkünften wieder zuzuführen, da sie vom Glöckneramt herrühren".[14] Daraus wurde jedoch nichts.

Rühfell blieb bis zu seinem Todestag am 10. Dezember 1735, also 50 Jahre, Lehrer in Winningen. Schon bald ließ er sich sein Gehalt zum größten Teil in Naturalien auszahlen, denn er gibt zu seiner Besoldung an, dass er von den Vermächtnissen gutherziger Leute für den Schul- und Orgeldienst acht Reichstaler fünf Albus zwei Pfennige erhalte, die Kirche zahle ihm einen Reichstaler wegen seiner außerordentlichen Verdienste sowie als Schullohn für die armen Kinder, die kein Schulgeld bezahlten. Das Glöckneramt bringe ihm jährlich vier Ohm Wein und sieben Kopfstück an Geld, auch etwas Schmalz und Baumöl zum Schmieren der Glocken, er gedenke das Glockenamt aber „schwachheitshalben" nicht mehr lange zu behalten. Alle Quartal bekomme er von jedem Schulkind sechs Petermänner und zur Herbstzeit von jedem Bürger vier Maß Wein für das Organistenamt. Ansonsten habe er bei dem Dienst weder Wohnung noch Garten, Wiesenplatz, Frucht oder Brot.[15]

Als Herzog Christian III. sich 1700 in Winningen aufhielt, ergriff Rühfell die Gelegenheit, ihn um eine Gehaltsaufbesserung zu bitten. Er erhielt daraufhin den Novalfruchtzehnten[16] zur pfälzischen Hälfte. Diesen Zehnten haben auch seine drei Nachfolger erhalten. 1717 verschaffte ihm der Herzog eine weitere Gehaltsaufbesserung, indem er ihm die vom herrschaftlichen Backhaus abfallenden zwei Gulden acht Albus sowie sechs Gulden aus der Almosenkasse der Kirche zubilligte. Das Gesamteinkommen änderte sich somit von Jahr zu Jahr, da die Zahl der Schulkinder sowie der Bürger ständig zu- oder abnahm. Möglichst viele Kinder in der Schule zu haben, zahlte sich aus. Jost Rühfell hatte im Jahre 1717 80 Schüler zu unterrichten, aber nur in der Winterzeit, im Sommer waren es weniger. 1726 waren es im Sommer 60 bis 70, im Winter bis zu 90 Schüler.

---

14 Ebd.
15 AEKgW, A ll.
16 Der Novalfruchtzehnte beinhaltete den zehnten Teil der auf Rodungsflächen angebauten Feldfrüchte.

1723, im 38. Jahr seines Lehreramtes, bat er um einen Gehilfen, der ihm auch im darauffolgenden Jahr mit seinem Schwiegersohn Johann Peter Kimnach gegeben wurde. Die Erfüllung dieses Gesuches war dem zuständigen Konsistorium zu Trarbach, aber auch den Gemeindevertretern nicht schwer gefallen, denn der Gehilfe musste von Jost Rühfell selbst bezahlt werden. So war es nicht verwunderlich, dass Kimnach zu seinem Schwiegervater zog, der sich selbst ein kleines Häuschen nahe der Kirche gekauft hatte. Nach einem Bericht Pfarrer Rodenbergers hatte diese Lehrerwohnung „das völlige Ansehen einer ehemaligen Kapelle [...], also mag in dem Schulhaus einer von den ehemaligen Altären gestanden haben".[17]

Nach dem Tode Jost Rühfells wurde Johann Peter Kimnach als dessen Nachfolger eingestellt. Den Novalfruchtzehnten ließ er sich von Herzogin Caroline bestätigen. 1752 kam er auch in den Genuss eines kleinen Gärtchens. Statt der vier Maß Wein[18] erhielt er nunmehr zwei Reichstaler von jedem Bürger, wovon die Kaplanei jedoch den Gegenwert von „zwei Ohmen [Wein] wegnehme", da der Diakon bis 1685 Schule gehalten und auch das Glockenamt versehen hatte.

Kimnach war der erste Lehrer, dem die Gemeinde ein Wohnhaus zur Verfügung stellte. 1736 kaufte sie von den Erben Rühfells dessen ehemaliges Haus Ecke Kirchgaße/Junkergäßchen für 310 Taler.[19] Es wurde die erste „der Gemeinde eigenthümliche" Lehrerwohnung.

Dass die Hinterbliebenen eines Lehrers von heute auf morgen zu einem Sozialfall werden konnten, zeigt die Geschichte der Witwe Kimnachs. Von der Gicht geplagt, von den Verwandten im Stich gelassen, brachte man sie in das Spitalstübchen, wo sie auf Gemeindekosten noch sieben Jahre wohnte, mit Essen und Trinken „von Haus zu Haus" reichlich versorgt.

Gegen die Berufung des Johann Peter Lorenz zum Schuldiener in Winningen am 8. September 1756 erhob sich in der Gemeinde heftigster Widerstand, teils, weil er sich wohl während seiner Lehrerzeit in Kastellaun übel aufgeführt hatte, teils, weil man die Gemeinde nicht um ihre Meinung gefragt hatte. Lorenz wurde jedoch von allen Beschuldigungen freigesprochen, der Gerichtsschreiber Haut dagegen, als Anstifter aller Unruhen, seines Zensoramtes enthoben. Sein Lehramt hat Lorenz in Winningen mit Fleiß und Geschicklichkeit geführt, niemand hatte mehr Anlass zu klagen. Er starb 1763 an einer Krankheit, die ihren Anfang genommen hatte, als er auf dem Friedensfest bei Absingung des Te Deum seine Stimme allzu stark beansprucht hatte.

Bei der Berufung des Johann Friedrich Müller (I.) wurden Pfarrer und Vorsteher der Gemeinde wieder befragt und alles lief ruhig ab.[20] Man hat ihm, wie seinen Vorgängern, zumuten wollen, dass er auch sonntags die Frühglocke um vier Uhr zu läuten habe. Bereits Kimnach hatte zu diesem Punkt bemerkt, dass man sonntags sogar dem Vieh seine Ruhe ließe und man möge auch ihm vergönnen, sonntags auszuschlafen. Kimnach ist diese Vergünstigung wohl zuteil geworden, denn Müller gibt in seinem Beschwerdebrief an das Konsistorium in Trarbach 1774 an,

---

17 AEKgW, A ll.
18 4 Maß entsprechen 1 Viertel oder 7,13 Liter.
19 LHA Ko Best. 655,110, Nr. 29, und Best. 33, Nr. 7372.
20 AEKgW, A ll.

dass das Vier-Uhr-Läuten seit 27 oder 28 Jahren nicht mehr geschehen sei. Neid und Missgunst seien die alleinige Triebfeder. Es ginge lediglich um das eine Viertel Most, welches der Lehrer für diese Tätigkeit von jedem Bürger erhalten hatte. Er verdiene sein Brot saurer als manch anderer. Auch halte er die Orgel unentgeltlich in Ordnung. Sein Gesundheitszustand erfordere, dass er wenigstens einmal die Woche ausschlafe. Er bat das Konsistorium, auch ihn vom „Sonntags Vier-Uhr-Läuten [...] einer dem Schlaf allein gewidmeten Stunde", zu befreien, was ihm auch am 11. Mai 1774 bewilligt wurde.[21]

Bei der Visitation des Jahres 1785 gab Müller an, dass er in fünf Klassen unterrichte. Bis zum Osterexamen habe er in der ersten Klasse folgende Lektionen durchgenommen: Gelesen wurde im Alten Testament, in Hübners biblischen Historien, im großen Katechismus, im Spruchbuch; darüber hinaus gehörten Kaufmannsbriefe und Lieder zum Lernstoff. Auswendig gelernt wurden Sprüche im großen Katechismus „von Forne [sic!] an bis von der Sünde" und Lieder. Darüber hinaus wurde verschiedenes wiederholt, das Schön- und Rechtschreiben geübt sowie einfache Rechenaufgaben erlernt. Ferien seien nicht üblich, „ausgenommen das Herbst- und Frühjahrs-Ferien".

Die Anzahl der Schulkinder in der ersten Klasse betrug 23 (11 Jungen, 12 Mädchen zwischen 11 und 14 ½ Jahren). In der zweiten Klasse befanden sich 33, in der dritten Klasse 38, in der vierten Klasse 29 und in der fünften Klasse 14 Schulkinder, zusammen also 137.[22]

Der fünfte Winninger Lehrer Johann Friedrich Müller (II.) war bereits 1772 seinem Vater als Gehilfe zugeteilt worden. Nach dessen Tod 1786 führte er den Schuldienst alleine weiter. Nach seinen Angaben wurden vormittags drei und nachmittags zwei Stunden Schule gehalten. Mittwochnachmittag und Samstagnachmittag blieben frei.[23] Nach einem Bericht von 1816/17 „erkalteten" seine Berufspflichten in jedem Jahr mehr, da „sein unglücklicher Gang zu erhitzenden Getränken sich seiner immer mehr" bemächtige. Doch hätten auch die Zeitumstände das ihre dazu beigetragen. „Krankheiten und häuslicher Verdruß unter den zuerst angeführten Umständen ließen diesen Mann in physischer und moralischer Hinsicht immer tiefer sinken [...]", so heißt es in dem Bericht weiter. Eine Änderung des Lebenswandels sei nicht mehr zu erwarten. Da beinahe 200 Kinder schulpflichtig seien, möge das preußische Konsistorium des Großherzogtums Niederrhein bald die nötigen Schritte in die Wege leiten.[24]

Um die vakante Lehrerstelle in Winningen hatte sich der Schullehrer Johann Peter Hasselbach beworben. Ihm war bekannt, dass er ungefähr 200 Kinder zu unterrichten und dazu den schwierigen Kirchendienst zu versehen hatte. Er war auch über die schlechten Schulverhältnisse zu Winningen unterrichtet und ersuchte das Konsistorium um Sicherung seiner Besoldung; darüber hinaus „sei ein neues Schulhaus mit angenehmer Lehrerwohnung nötig". Hasselbach trat die Lehrerstelle Anfang Juni 1817 an.

---

21 LHA Ko Best. 33, Nr. 7372.
22 LHA Ko Best. 33, Nr. 1336. Der Begriff „Klasse" bedeutet hier so viel wie „Klassenstufe", denn alle Kinder wurden gleichzeitig in einem Klassenraum unterrichtet.
23 LHA Ko Best. 33, Nr. 4814.
24 LHA Ko Best. 655,47, Nr. 173.

Die zahlreichen Schulkinder (nach dem Geburtsregister waren 290 schulpflichtig), teilte er in vier Klassen, um überhaupt unterrichten zu können. Er ersuchte Bürgermeister Reinhardt um Anfertigung von „Subsellien" und zweier Wandtafeln. Er führte also Neuerungen durch, die den Winningern damals wenig schmeckten. Bereits im September 1817 „scheint sich der Geist der Unruhe und Unzufriedenheit über den Lehrer Hasselbach zu erheben". Der Schulbesuch der Kinder war unregelmäßig, nur 85 Kinder kamen zur Schule. Immer wieder versuchten Einwohner, den neuen Lehrer zu kränken und ihn in seiner Arbeit zu behindern. Hasselbach brachte die Bürgerinnen und Bürger noch mehr gegen sich auf, da er immer wieder auf die volle Auszahlung von acht Maß Wein drängte, welche dem Küster und Organisten vor 1800 gegeben wurden, seither aber auf sechs Maß reduziert waren. Einem Vergleich mit der Gemeinde widersetzte sich Hasselbach und bat um seine Entlassung als Schullehrer, wollte aber das Amt des Küsters, Organisten und Glöckners behalten, was die Gemeinde noch mehr gegen ihn aufbrachte. Hauptursache dieser Auseinandersetzungen war die Weigerung Hasselbachs, einen Unterlehrer auf eigene Kosten einzustellen. Es ging noch einige Zeit hin und her, bis Hasselbach endlich am 20. Juni 1818 entlassen wurde. Hasselbach hatte die Einwohnerschaft so verärgert, dass man seine Ehe mit Carolina Dorothea Moelich aus Winningen verhindern wollte. Die Regierung zu Koblenz verbot jedoch Bürgermeister Reinhardt, sich einzumischen.[25] Hasselbach ging 1818 nach Jülich. Nach seiner Pensionierung kehrte er nach Winningen zurück und trat hier in verwandtschaftliche Beziehungen zu dem Arzt Dr. Karl Wilhelm Arnoldi, der seine Tochter heiratete. Hasselbach selbst ging mit einer Schwester seines Schwiegersohnes eine zweite Ehe ein.[26]

Nach dem Weggang Hasselbachs wurde Friedrich Leopold Otto zuerst mit der einstweiligen, dann mit der endgültigen Verwaltung der Schule betraut und behielt sie bis zu seiner Pensionierung 1858. Neben Otto stand bereits seit 1818 Wilhelm Leonhard als zweiter Lehrer (Unterlehrer) zur Verfügung, dem die Kinder bis zum neunten Lebensjahr anvertraut waren.[27] Er blieb bis 1824. Sein Nachfolger wurde der später als Naturwissenschaftler sehr bekannte Philipp Wirtgen. Ein Gesuch, die Schüler nach den Geschlechtern zu trennen und eine Lehrerin anzustellen, die auch den Mädchen Unterricht in Handarbeiten geben sollte, fand nicht die Zustimmung der Koblenzer Regierung, die ihre abschlägige Antwort folgendermaßen begründete: „Es sei für die Knaben zweckmäßig, an den teilweisen Vorzügen beider Lehrer zu gewinnen. Lehrerinnen aber seien nach der Erfahrung schwer zu finden und vereinigten selten in sich die nötigen Kenntnisse, Methode, disziplinarisches Geschick und Ansehen".

---

25 LHA Ko Best. 655,47, Nr. 159.
26 Müller, Geschichte (wie Anm. 10), S. 284.
27 Der Unterlehrer war vom ersten Lehrer zu bezahlen, der aber ein höheres Schulgeld (60 Kreuzer oder 1 Rheinischer Gulden statt 40 Kreuzer) und die alte Mostbesoldung von 8 Maß statt der reduzierten 6 Maß erhalten sollte, so dass im Jahre 1819 ungefähr 220 Gulden für den Unterlehrer verblieben. Seit September 1818 unterrichteten die beiden Lehrer in zwei getrennten Schulräumen bzw. Schulen; auch die Aufgaben eines Glöckners, Organisten, Uhraufziehers und Küsters waren nun auf beide Lehrer verteilt. Die „Mostbesoldung" für diese Dienste wurde 1874 durch eine „feste Geldentschädigung" abgelöst. Nachdem die beiden ersten Lehrer bereits seit 1894 vom Dienst des Glockenläutens befreit waren, wurde 1922 auch das Organistenamt vom Lehreramt getrennt.

Wirtgen blieb bis 1831. Seine Nachfolger waren: Johann Wilhelm Bungeroth, Wilhelm Winterhagen, Heinrich Anton Ruppe und Karl Weiß. Dieser erhielt nach der Pensionierung des Lehrers Otto die erste Knabenklasse, die er bis zum Jahre 1892 leitete.

Schon 1839 hatte sich die Notwendigkeit ergeben, eine dritte Lehrerstelle auszuschreiben, die zuerst von Johann Peter Rüdiger, dann von Phillip Adam verwaltet wurde. Als die Oberklasse 1858 nach den Geschlechtern getrennt wurde, behielt Adam die Mädchenklasse. Nachdem Lehrer Weiß im gleichen Jahr die bis dahin von Lehrer Otto geleitete 1. Knabenklasse erhalten hatte, übernahm Lehrer Adam dessen Knabenklasse. Seit 1893 führte Adam den Titel eines Hauptlehrers, 1896 trat er in den verdienten Ruhestand.[28] Sein Nachfolger wurde Anfang 1897 Hauptlehrer Karl Langenfeld, der bis 1908 in Winningen blieb.

Am 1. April 1908 trat Rudolph Kohl an dessen Stelle. Mit dem Ausbau der Schule am Marktplatz wurde 1882 noch eine vierte Lehrerstelle eingerichtet, eine fünfte dann nach Einrichtung einer fünften Klasse im Jahre 1886. Nach dem zweiten Weltkrieg kam eine sechste hinzu.[29] 1909 gab es in Winningen einen Aufbau in vier Klassen, von denen nur die Oberklasse (12- bis 15jährige) nach Geschlechtern getrennt war. „Die Mädchen-Oberklasse sowie die Unterklasse ruhte in den Händen von Lehrerinnen, die heute nicht mehr so schwer zu bekommen sind wie in den zwanziger Jahren des vorigen Jahrhunderts."[30]

Während des Regimes der Nationalsozialisten wurde die Volkschule („Große Schule" in der Schulstraße) auf Initiative des damaligen Hauptlehrers und „Parteigenossen" Wilhelm Kircher der „Ehrentitel" Werner-Beumelburg-Schule verliehen.[31]

In den Zeiten des Wiederaufbaus nach Ende des 2. Weltkrieges und des Zuzuges auch zahlreicher katholischer Einwohner mit ihren Kindern wurde der Einwohnerschaft von Seiten der Kirche und der Schulbehörde wiederholt nahegelegt, Bekenntnisschulen einzurichten. Insbesondere die katholische Einwohnerschaft wehrte sich dagegen, obwohl ihr aufgrund der Schülerzahlen dieses Recht zugestanden hätte. „Unsere Kinder sollen miteinander groß werden, wie auch wir miteinander groß geworden sind", so hieße es. In Winningen ist damit eine der wenigen Simultanschulen im Bereich der Schulbehörde Koblenz verblieben.

Auf dem Gebiet der Schulorganisation und Schulverwaltung wurden in den vergangenen Jahrzehnten dennoch zahlreiche Veränderungen vorgenommen. Nach zwei Kurzschuljahren 1966/67

---

28 Müller, Geschichte (wie Anm. 10), S. 285-286.
29 Rolf Dittmann, Die Volksschule in Winningen, in: Richard Holzapfel (Bearb.), Winningen im Wandel der Zeiten, 1965, S. 164.
30 Müller, Geschichte (wie Anm. 10), S. 286.
31 Werner Beumelburg *1899 in Traben-Trabach, †1963. Beumelburg ereichte als Schriftsteller ab 1933 hohe Auflagen, vor allem mit Kriegsromanen und Heldendarstellungen. Kircher hatte anlässlich eines Schulausfluges nach Trarbach im Jahre 1936 Beumelburg kennen gelernt und ihn gebeten, „unser Dichterpate zu sein." Beumelburg kam dann am noch 1936 selbst nach Winningen, um an der Benennung der Schule teilzunehmen. Siehe dazu: Winninger Bildchronik, hg. von der Volkshochschule Untermosel, 1991, Bd. 1, 344 S., hier S. 150. Zu Schulinhalten in der Nazizeit siehe dort insbesondere S. 146-152. Vgl. auch den Beitrag von Joachim Hennig in diesem Band.

beginnt das Schuljahr nun nach den Sommerferien. Nachdem aufgrund der Kommunalverwaltungsreformen die Verbandsgemeinde Untermosel die Nachfolge der Amtsbürgermeisterei Winningen angetreten hatte, wurde diese zum 1. Januar 1975 auch neuer Schulträger. Die einschneidendste Veränderung für die Gemeinde, insbesondere aber für die Lehrer und Schulkinder, war die Auflösung der Volksschule zum 1. Juli 1979. Seit diesem Zeitpunkt gibt es in Winningen nur noch eine Grundschule mit den Klassenstufen eins bis vier. Die älteren Schulkinder besuchen seitdem die Hauptschule in Kobern-Gondorf. 1986 wurde die Grundschule von 86 Kindern besucht, die in fünf Klassen von fünf Lehrerinnen und Lehrern unterrichtet werden. 1991 waren es 115 Grundschüler und sieben hauptamtlich eingestellte Lehrerinnen und Lehrer.[32] Im Jahr 2007 werden die 82 Schülerinnen und Schüler der Astrid-Lindgren-Schule von sechs Lehrkräften unterrichtet.

Aufgrund der ständig steigenden Schülerzahlen seit Beginn des 19. Jahrhunderts, verbunden mit der Erhöhung der Lehrerstellen, war die Gemeinde gezwungen, entsprechende Unterrichtsräume und Lehrerdienstwohnungen zu errichten. Schon 1776 hatte man die viel zu kleine Schule in der Kirchgasse erweitert, indem das Gewölbe der ehemaligen Kapelle oben und an beiden Seiten ganz weggebrochen wurde. Stattdessen wurden Balken gelegt und somit die alte mit der neu angebauten Schule verbunden.[33] Doch auch dieser Erweiterungsbau wurde bald zu klein. 1818 hatte man schon ein zweites Schulzimmer sowie eine Wohnstube für den zweiten Lehrer im zweiten Pfarrhaus eingerichtet. Nachdem die Schülerzahl von 220 auf 300 angewachsen war, kaufte man 1827 das Haus des Wilhelm Pitsch (heute Fährstraße 17) für 1.000 Taler und richtete das mittlere Stockwerk als Klassenraum ein, da für ein neues Schulhaus noch kein Geld vorhanden war. 160 Kinder musste dieses Haus fassen, so dass auf ein Kind kaum drei Quadratschuh, also weniger als ein Quadratmeter Fläche, fielen. In diesem Haus wohnte auch der zweite Lehrer. Seine Wohnung bestand lediglich aus einer Stube und einer feuchten Kammer.

Es war gar keine Frage – ein neues Schulhaus mit zwei Schulsälen und zwei Lehrerwohnungen musste gebaut werden. Nach dem Gutachten des Bauinspektors Ferdinand Lassaulx über die alten Schulhäuser und seiner Befürwortung, ein neues zu bauen, stimmte die Regierung zu Koblenz im Jahre 1830 zu. Nachdem die Grundstücke bereits angekauft, die Ausschreibung stattgefunden und die Arbeiten vergeben waren, sollte der Neubau 1831 noch nicht ausgeführt, dafür die notwendige Verlegung des Kirchhofs und die Errichtung eines neuen Wohnhauses für den zweiten Pfarrer erwirkt werden. Darüber hinaus kam es zu Streitigkeiten über den Bauplatz. Erst 1832 wurde mit dem Schulneubau begonnen, die Einweihung fand am 1. Dezember 1833 statt. Der nach Plänen von Ferdinand Lassaulx errichtete Bau kostete damals 7.413 Taler 19 Silbergroschen 2 Pfennige.[34]

---

32 Winninger Bildchronik (wie Anm. 31), S. 126-169. Zu den seit 1560 in Winningen amtierenden Lehrerinnen und Lehrern siehe Rainer Garbe, Geschichte der Winninger Volksschule, in Moselfest-Programmheft Winningen, 1985.
33 AEKgW, A ll.
34 Siehe zum Lassaulx'schen Schulgebäude ausführlich den Beitrag von Udo Liessem in diesem Band.

Es dauert gar nicht lange, bis man in der ehemaligen Schule in der Kirchgasse, welche von 1833 bis 1837 im ersten Stock ausschließlich als Gemeindesaal, im Untergeschoss als Spritzenhaus benutzt worden war, eine dritte Schulklasse einrichtete.[35]

Nach einem Bericht aus dem Jahre 1855 waren sowohl die neue Schule als auch die „dritte" Schule in der Kirchgasse baufällig. Ein Gutachten ergab aber, dass die neue Schule noch vollständig in Ordnung war. Die dritte Schule genügte jedoch nicht mehr den Ansprüchen und der Bau einer neuen Schule wurde beschlossen. Grundstücke wurden am Ende der damaligen Markstraße (heute Marktplatz) angekauft und darauf eine weitere Schule errichtet. Am 26. Januar 1860 wurde diese Schule eingeweiht. Sie enthielt zunächst nur einen Schulsaal und eine Lehrerwohnung und kostete 3.209 Taler 22 Silbergroschen; der Bauplatz 408 Taler. Doch schon 1881 waren die Räumlichkeiten wieder zu klein und man entschloss sich, einen zweiten Schulsaal sowie eine weitere Lehrerwohnung an dieses Gebäude anzubauen. Nach Fertigstellung des Anbaues wurde eine vierte Schulklasse eingerichtet, 1882 auch ein vierter Lehrer angestellt.[36]

Die in den Jahren 1833 und 1860 eröffneten Schulgebäude dienten bis 1962 Generationen von Schulkindern, die hier ihr geistiges Rüstzeug fürs Leben erhielten. Aber ihr ehrwürdiges Alter konnte auf die Dauer doch nicht über ihre zunehmende Unzulänglichkeit hinwegtäuschen. Das Gebäude in der Schulstraße zeigte im Jahre 1955 starke Risse und drohte einzustürzen. Mit Betonpfeilern wurde es gestützt und konnte so nochmals sieben Jahre weiter benutzt werden. Aber diese Tatsache wurde für die Verantwortlichen doch zu einem unüberhörbaren Signal, nunmehr durch einen modernen Schulbau für längere Zeit die Schulverhältnisse in Winningen zu verbessern. Obwohl die Finanzierung keineswegs als gesichert angesehen werde durfte, ging man unbeirrt an die Arbeit. Schon im Juni 1956 beschloss der Gemeinderat trotz aller finanziellen Bedenken einstimmig den Bau einer neuen Schule nach den Plänen des bekannten Architekten BDA Gärtner (Essen und Winningen). Leider musste dieser Beschluss schon Ende Juli 1956 wieder zurückgestellt werden, weil sich zeigte, dass die finanziellen Hindernisse noch nicht zu überwinden waren. Erst im Januar 1961 konnte erneut und diesmal endgültig der Neubau beschlossen werden. Am 5. Oktober 1961 fand die feierliche Grundsteinlegung, am 24. November 1961 das Richtfest statt. Das neue Schulhaus umfasste neben acht Schulsälen verschiedene Nebenräume, wie Werkraum, Kochlehrküche und Essraum, dazu neben Schulleiter-, Konferenz- und Elternsprechzimmer eine Hausmeisterwohnung. Es wurde am 5. Januar 1963 eingeweiht. Schule und Lehrerwohnhaus haben über eine Million DM gekostet.[37]

In der neuen Schule unterrichteten sieben hauptamtliche Lehrkräfte rund 260 Schülerinnen und Schüler. Die im Jahre 1965 geäußerten Wünsche des damaligen Schulleiters Rolf Dittmann, durch den Neubau einer Turnhalle und die Errichtung eines Schwimmbades die schulischen Voraussetzungen weiter zu verbessern, wurden inzwischen verwirklicht. Seit 1973 nutzten die Schulkinder das neuangelegte Schwimmbad in der Nähe der Mosel, am 28. Juni 1987 nahmen sie die neugebaute Turnhalle offiziell in ihren Besitz.

---

35 LHA Ko Best. 655,47, Nr. 160.
36 LHA Ko Best. 655,47, Nr. 161.
37 Dittmann, Volksschule (wie Anm. 29), S. 164 f.

II. Die Diakonatsschule („Stündchen")

Als zur Entlastung des Diakons 1685 erstmals ein weltlicher Schulmeister angestellt wurde, konnte ersterer sich nun intensiver seinen geistlichen Pflichten widmen. Die Abgabe der Schule an einen eigens dafür angestellten Schulmeister hatte natürlich zur Folge, dass der Diakon einen erheblichen Teil seiner Besoldung abtreten musste. So wurden die Klagen der Diakone über ihre schlechte Entlohnung in den nächsten Jahren immer lauter. 1730 stellte die Gemeinde dem Diakon Nikolaus Hautt 100 Rheinische Gulden zur Verfügung, damit er sich „dieses Geldes bey jetzt mahliger Nothdurft [...] bediene".[38] Damit war dem Geistlichen zunächst einmal geholfen. Als ihm jedoch aufgrund seines hohen Alters der Kandidat Friedrich Ludwig Schmidt im Jahre 1749 als Gehilfe an die Seite gestellt wurde, wirkte sich die schlechte Entlohnung doppelt aus, da der „Adjunct Schmidt" ebenfalls aus den Diakonatsgefällen bezahlt werden musste.

Der ehemalige Winninger Pfarrer Georg Karl Storck erkannte das Dilemma und schlug vor, dass der „Adjunct" die Schüler in Latein unterrichten und die älteren Schüler in Katechismus, Schreiben, Rechnen „und dergleichen" unterweisen solle. Auch an die entsprechende Bezahlung hatte er gedacht. Da die Gemeinde der Hoffnung war, von der Landesherrschaft eine alte Schuldforderung von 4.000 Reichstalern zurückzuerhalten, so sollten davon 1.000 Reichstaler „zur competenz eines Diacons" bestimmt werden. Storcks Vorschlag fiel auf fruchtbaren Boden. Im Jahre 1748 stiftete die Gemeinde auf Anweisung Herzog Christians IV. von Zweibrücken den genannten Betrag, der mit 4% jährlich zu verzinsen war.[39] Diese 40 Taler sollte der Diakon als Entlohnung bekommen. Jeder Schüler hatte darüber hinaus jährlich drei Gulden Schulgeld „pro honorario und vor Heizung der Schule" zu entrichten. Als Gegenleistung unterrichtete der Diakon die „erwachsenen Schüler" (älter als zwölf Jahre) täglich vier Stunden in Latein, Rechnen, Schreiben und Christenthum „und andere einen guten Bürger ausmachenden Stücken".

In der Winninger Lateinschule (später auch Diakonats- oder Rektoratsschule genannt), haben Generationen von Winningern ein weit über die Ausbildungsmöglichkeiten des „Massenbetriebs Gemeine Schule" hinausgehendes Wissen erworben. Vielleicht liegt darin die Erklärung dafür, dass – wie der Winninger Bürgermeister Reinhardt im Jahre 1802 an den französischen Präfekten schrieb – „der Winninger etwas Docterisches und Überstudiertes an sich" hat „und spricht wie ein Buch" und eben deswegen, weil er sich vernünftiger dünke als seine Nachbarn, nicht so gut zu belehren wäre.[40]

Anfangs betrug die Zahl der Schüler zwölf, 1752 existierte die Schule jedoch bereits mangels Schülern nicht mehr. Diakon Friedrich Ludwig Schmidt klagte, „die Leute sähen allzusehr auf die Arbeit und hätten selten einen wahren Eifer, ihre Kinder etwas Rechtes lernen zu lassen,

---

38 LHA Ko Best. 33, Nr. 7364.
39 Die offizielle Stiftungsurkunde (eine Abschrift) ist auf den 12. November 1749 datiert. Bereits am 22. Juni 1748 war verfügt worden, zur Verbesserung der Einkünfte die bewilligte Zahlung „der bewußten alten Schuldforderung von 1000 Reichstalern nach Anweisung des Inspektors zur Subsisdenz des Diakoni". einzurichten. Siehe hierzu: LHA Ko Best. 33, Nr. 7362.
40 LHA Ko Best. 655,47, Nr. 205.

oder ihnen die dazu nöthige Zeit zu gönnen". Hinzu kam, dass die Eltern sich über „die Verschwendung des Schulholzes" beschwerten. Auch war ihnen das „Lateinische" ein Dorn im Auge, der Diakon solle wieder „das Christenthum, Rechnen und Schreiben zu seinem Hauptgeschäfte" machen und nur die Schüler in Latein unterrichten, die es wünschten. Da auch die Kompetenzen zwischen Elementar- und Diakonatsschule nicht abgegrenzt waren, suchten sich Eltern und Schüler zuweilen den ihnen genehmen Lehrer aus.

Pfarrer Georg Ludwig Magnus Rodenberger fand bei seiner Ankunft in Winningen 1758 nur einen Schüler vor. Doch gelang es ihm, das Interesse an der Diakonatsschule wieder zu wecken, so dass er zeitweise 20 Schüler unterrichtete, worunter „zweien Katholiken und zweien Fremden gewesen".

Bei seinem Amtsnachfolger Johannes Andrea betrug die Schülerzahl anfangs 17, sank jedoch schnell auf fünf herab. Da man den Untergang der Schule befürchtete, wurden auf Anordnung des Spezialates Winterburg[41] bei Amtsantritt des neuen „Kaplans" Friedrich Wilhelm Graf im Jahre 1782 die Statuten geändert. Von nun an hatte der Diakon täglich zwei Stunden Latein zu unterrichten, wenn sich dazu jedoch keine Schüler finden würden, unentgeltlichen Unterricht im Rechnen, Brief- und Rechtschreiben zu erteilen. Waren bisher Alter und Fähigkeit der Schüler Voraussetzungen für die Aufnahme in die Diakonatsschule, so konnte nun jeder, der es wünschte, die Schule besuchen. Diese unsinnige Verfügung konnte nur aus Unkenntnis der schulischen Verhältnisse in Winningen entstanden sein.

Die Winninger Einwohnerschaft wandte gegen diese Verfügung ein, dass es einer Lateinischen Schule in ihrem Ort, welcher „fast aus lauter Bürgerskindern bestehe, wovon niemand studiere", nicht bedürfe. Außerdem würden durch das Unterrichtsfach Latein als „Hauptlection" die übrigen Fächer vernachlässigt. Hinzu käme, dass ihnen zwei Stunden täglicher Unterricht (in der Elementarschule waren es fünf Stunden täglich) viel zu wenig erschienen. Am bedenklichsten war ihnen jedoch, dass der Unterricht im Christentum der noch nicht konfirmierten Kinder nicht ausdrücklich in die neuen Statuten aufgenommen worden war.

Dass der Diakon, der nun die Kinder unentgeltlich unterrichten sollte, gleichfalls seine Bedenken hatte, bedarf keiner weiteren Erläuterung. Auch bei der badischen Landesherrschaft hatte man ein Einsehen. Am 28. Januar 1785 wurde verordnet, „daß, wenn Kinder, den Studiis gewidmet, das Lateinische lernen sollen, der Diaconus gehalten seye, ihnen des Tages zwei Stunden zum Unterricht zu widmen, in Ermanglung aber derselben, diese zwei Stunden im Rechnen, Schön- und Rechtschreiben sollen angewendet werden; doch nicht anders als wenn vermögliche oder angesehene Eltern ihre Kinder freiwillig dazu anhalten, mit der weiteren Erläuterung, daß Kinder aus der Teutschen Schule nicht anders anzunehmen sind, als wenn sie schon gut schreiben, und die Species rechnen können, damit sie eine weitere Uebung erlangen; oder daß schon confirmierte Kinder das, was sie erlernet, fortsetzen wollen". Für

---

41 Zwei Jahre nach der Teilung der Hinteren Grafschaft Sponheim im Jahre 1776 war die Pfarrei Winningen dem „Spezialat Winterburg" unterstellt worden. Der Pfarrer von Winterburg war seit diesem Zeitpunkt badischer Superintendent für die Ämter Winterburg, Koppenstein, Sprendlingen sowie für die Gemeinden Dill und Winningen.

beide Schülergruppen war täglich eine Stunde Unterricht angesetzt, wobei die schulpflichtigen Kinder natürlich weiter die Elementarschule besuchten.[42]

1789 besuchten wieder 18 Schüler die Lateinschule. Vor- und nachmittags wurde, mit Ausnahme des Mittwoch- und Samstagnachmittag, jeweils zwei Stunden Unterricht gehalten. Nach dem Tod von Pfarrer Rodenberger, wurde der bisherige Diakon Ludwig Christian Gottlieb zum 1. Pfarrer ernannt. An Gottliebs Stelle trat der junge Wilhelm Heinrich Theodor Ludovici,[43] der bis 1806 in Winningen blieb. Nach seinen eigenen Angaben hatte er 12 bis 15 „der fähigsten Knaben aus der oberen Klasse der Elementarschule [...] in Kalligraphie, Orthographie, Geographie und deutsche[r] und französische[r] Sprache mit Ausnahme des Sonnabends an jedem Vormittag drei Stunden" zu unterrichten. Den Unterricht hielt er „in der beschränkten Kaplanei-Wohnung" ab. Als er darauf drängte, dass die Gemeinde ein entsprechendes Schulzimmer anmiete und ihm dieses verweigert wurde – dafür hätte er selber zu sorgen – war seines „Bleibens nicht mehr in Winningen". Nach seinen eigenen Worten schied er nur ungern von einem Ort, in welchem er eine so freundliche Aufnahme gefunden und einige Jahre froh und glücklich verlebt habe. „Das Schulehalten war es allein", so berichtet Pfarrer Ludovici 1846 an den Winninger Arzt Dr. Arnoldi, „was mich aus Winningen vertrieben hat".

Einem Brief des Pfarrers Christian Ludwig Gottlieb an den Winninger Bürgermeister Karl August Reinhardt vom 11. März 1809 ist zu entnehmen, dass nach dem Weggang Ludovicis noch ein weiterer, bisher unbekannt gebliebener Geistlicher, den Dienst des 2. Pfarrers in Winningen versah.[44] Es heißt dort, dass sein „dermaliger Amtsgehülfe", Herr Kaplan Dörr, einen Teil der Schulkinder „und zwar die Knaben, die das 11. Jahr erreicht haben, in Unterricht genommen" habe. „Die Gegenstände des Unterrichts sind [...] Lesen, Calligraphie und Orthographie – Rechnen – natürliche Religion und Moral nach der Fassungskraft dieser Kinder – auch die für Bürger nothwendigst zu wissende Geographie und Geschichte und französische Sprache". Anlass des Briefes war die Bitte um eine Gehaltszulage für den 2. Pfarrer, der bereits einen Ruf zu einer anderen Stelle erhalten, aber noch nicht angenommen hatte. Kaplan Heinrich Karl Dörr versah seit 1808 die Stelle eines 2. Pfarrers in Winningen, blieb jedoch nur bis 1810.[45] Der Brief Pfarrer Gottliebs deutete es schon an: am 14. November 1810 übernahm er die Pfarrstelle in Ottenberg. Da die 2. Pfarrstelle in der „Franzosenzeit" (1794-1813/14) ab 1810 nicht wieder besetzt wurde, blieb auch die Diakonatsschule für die nächsten Jahre geschlossen.

Gegen Ende des Jahres 1816 waren „die Schulen vollkommen verwaist", da man den Elementarschullehrer wegen Trunksucht entlassen hatte. Darauf bat die Gemeinde das nun zuständige Preußische Konsistorium des Großherzogtums Niederrhein, die „schulischen Missstände" in ihrem Ort zu beseitigen.

---

42 LHA Ko Best. 33, Nr. 4825.
43 Wilhelm Heinrich Theodor Ludovici, geb. 12. August 1780 in Niedermeiligen, Studium an der Universität Marburg, 1804-1806 2. Pfarrer in Winningen (ohne schriftliche Ernennungsurkunde), 1806-1851 (emeritus) Pfarrer in Mülheim an der Mosel, 1836-1849 Superintendent, gest. 25. Juli 1852.
44 LHA Ko Best. 256 Nr. 7732.
45 Vgl. Georg Biundo, Die evangelischen Geistlichen der Pfalz seit der Reformation, 1968, S. 87, Nr. 984.

Am 25. Januar 1817 wurde der Gemeinde mitgeteilt, dass man gesonnen wäre, „die während der französischen Herrschaft untergegangene zweite Predigerstelle in der Art wiederherzustellen, dass dem zu ernennenden zweiten Prediger zugleich der öffentliche Unterricht der Jugend mit übertragen werde". Die Verwirklichung dieses Planes hätte die Entwicklung des Winninger Schulwesens um über 130 Jahre zurückgeworfen. Zum Glück wurde er nicht verwirklicht und Johann Peter Hasselbach Anfang Juni 1817 als Elementarschullehrer angestellt.

Ein entsprechender Erlass der Regierung zur Wiederbesetzung der 2. Pfarrstelle ließ jedoch noch über 2 Jahre auf sich warten. Erst am 14. Juli 1819 wurde Pfarrer Albrecht Ferdinand Schöler mitgeteilt, dass man den Kandidaten Friedrich Müller nach Winningen schicken wolle, „um den Unterricht der zahlreichen Jugend [...] nach Möglichkeit zu vervollkommenen". Seine Hauptbeschäftigung sollte „in dem Unterricht der erwachsenen Jugend bestehen".

Pfarrer Müller, der bis 1823 in Winningen blieb, unterrichtete wie Pfarrer Ludovici „der Observanz nach", drei Stunden täglich. Neben seinem Pfarrergehalt und den Stiftungszinsen von 33 Talern 10 Silbergroschen erhielt er von jedem Schüler zwei Trierische Taler. Für dieses Schulgeld hatte der 2. Pfarrer weiterhin das Holz für das Heizen der Schulstube zu stellen. Ob und in welcher Form die beiden Nachfolger Müllers, Karl Philipp Metz und Johann Friedrich Fischer, den Unterricht an der Diakonatsschule gehalten haben, ist nicht nachzuvollziehen.

Ein neuer, wenn euch trauriger Abschnitt in der Entwicklung der Schule trat ein, als auf Gesuch des 2. Pfarrers Johann Dietrich Friedrich Ludolf Hegemann die Aufgaben und Pflichten des 2. Pfarrers näher erläutert wurden. Schließlich wurde durch den Regierungserlass vom 29. Januar 1836 bezüglich der Diakonatsschule u. a. bestimmt, dass stets mindestens acht Schüler unterrichtet werden müssten.

Dieser Erlass hatte zur Folge, dass die Diakonatsschule von 1836-1846 geschlossen blieb, da die geforderte Mindestanzahl in diesem Zeitraum nie erreicht wurde. Bei Amtsantritt des 2. Pfarrers Karl Göbel im Jahre 1843 wurde das Thema Diakonatsschule neu aufgerollt. Pfarrer Göbel verkündete von der Kanzel, dass er bereit sei, die Schule zu halten, aber es meldete sich nur ein Schüler. Für diesen Fall war ein Zusammengehen mit der Elementarschule vorgesehen. Der 2. Pfarrer sollte die Elementarschüler „einstweilen" wöchentlich je zwei Stunden in biblischer Geschichte, vaterländischer Geschichte und Geographie unterrichten. Zu einer Verwirklichung dieser Pläne ist es jedoch nie gekommen.

Als sich im März 1846 abzeichnete, dass Pfarrer Göbel Winningen verlassen wollte, erging ein Gesuch der Gemeinde an das Konsistorium, die Diakonatsschule in alter Form wiedereinzurichten und bei der Wiederbesetzung der 2. Pfarrstelle „unter der Zahl der Competenten nur einen Solchen designieren zu wollen, der guten Willen und genügende Fähigkeiten zur gedeihlichen Fortsetzung unserer Diaconatsschule zu beweisen bereit ist".

Die Bittschrift der Gemeinde blieb nicht ungehört. Nachdem die Regierung schon am 9. Juni 1847 u. a. angeordnet hatte, dass es auf „die Zahl der Knaben, die sich zur Teilnahme stellen", nicht ankomme, wurden am 2. Dezember 1847 die folgenden neuen Statuten der Winninger Diakonatsschule genehmigt:

§ 1

Die höhere Schule der evangelischen Gemeinde zu Winnigen hat den Zweck, ihre Zöglinge sowohl für den Übergang zu den höheren bürgerlichen Gewerben, als für die Aufnahme in Gymnasien oder Realschulen vorzubereiten.

§ 2

Es wird zu dem Ende in derselben Unterricht erteilt in der lateinischen und deutschen, nach Befinden in der französischen Sprache, in der Religion, im Rechnen und in den Elementen der Mathematik, in Geschichte und Geografie, in Gesang und im Schönschreiben; wenn es sein kann, auch in der Naturgeschichte und im Zeichnen. Der Lehr- und Stundenplan unterliegt der Genehmigung der Regierung.

§ 3

Es können Schüler jedes Bekenntnisses in der Schule aufgenommen werden, ohne dass nicht-evangelische Schüler ein höheres Schulgeld als die evangelischen zahlen. Religionsunterricht wird jedoch nur für die evangelischen Schüler erteilt.

§ 4

Die Aufnahme der Schüler findet jährlich einmal gleich nach Pfingsten statt. Ausnahmsweise kann der Vorsteher der Anstalt die Aufnahme auch zu Beginn des Winterhalbjahres gestatten. Der Tag, an welchem die Aufzunehmenden bei dem Vorsteher der Schule anzumelden sind, wird 14 Tage vor dem Beginn des neuen Schuljahres von der Kanzel der Gemeinde bekannt gemacht.

§ 5

Die Aufzunehmenden müssen das 9. Lebensjahr zurückgelegt haben und nachweisen:
a) dass sie nicht allzu schwere deutsche Lesestücke geläufig lesen, und auch im Lesen lateinischer Schrift bereits geübt sind,
b) dass sie im Schreiben der deutschen und lateinischen Schrift Fertigkeit besitzen,
c) dass sie die Hauptwortarten der deutschen Sprache unterscheiden und Diktiertes ohne wesentliche Fehler gegen die Orthographie nachschreiben können,
d) dass sie in den vier einfachen Rechnungsarten Geläufigkeit und Sicherheit erlangt haben,
e) dass sie mit dem Leben Jesu und den vornehmsten Geschichten des alten Testamentes bekannt sind, und sofern sie der evangelischen Konfession angehören, sich außerdem die drei ersten Hauptstücke des kleinen lutherischen Katechismus sowie eine Anzahl biblischer Sprüche und Lernlieder eingeprägt haben.

§ 6

Der Unterricht in der deutschen, lateinischen und französischen Sprache, in der Mathematik und Geschichte, sowie in den sonst passenden Fächern erteilt der 2. evangelische Pfarrer in Winningen in 15 wöchentlichen Lehrstunden; in den übrigen Fächern werden die Schüler von dem Lehrer der obersten Knabenklasse daselbst gemeinschaftlich mit dieser Klasse wöchentlich in wenigstens 12 Stunden unterrichtet.

§ 7

Jeder Schüler muss an allen Unterrichtsgegenständen, mit Ausnahme des Religionsunterrichts bei nicht-evangelischen Schülern, teilnehmen, und kann nur mit Genehmigung des Kreisschulinspektors von der Teilnahme an einem oder dem anderen Unterrichtsgegenstande durch den 2. Pfarrer entbunden werden.

§ 8

Keine Lehrstunde darf, ohne Erlaubnis des 2. Pfarrers, außer in Krankheits- und anderen Notfällen, versäumt werden.

§ 9

Der 2. evangelische Pfarrer in Winningen ist Hauptlehrer und verantwortlicher Vorsteher der Schule.

§ 10

Derselbe überwacht mit den übrigen Lehrern das Betragen der Schüler auch außerhalb der Schule. Jahrmärkte, Tanzbelustigungen, Schauspiele und dergleichen dürfen die Schüler ohne Erlaubnis des Vorstehers der Schule nicht besuchen, es sei denn, in Begleitung ihrer Eltern.

§ 11

Die nächste Aufsichtsbehörde für die Schule ist der evangelische Kreisschulinspektor.

§ 12

Jeder Schüler zahlt für den Unterricht des 2. evangelischen Pfarrers an diesen ein Schulgeld von vier Reichstalern jährlich. Das evangelische Presbyterium ist jedoch befugt, dieses Schulgeld erweislich armen Knaben, welchen der 2. Pfarrer und ihre anderen Lehrer das Zeugnis des Wohlverhaltens und guter Fortschritte erteilen, zu erlassen oder zu ermäßigen.

§ 13

Für Schreibmaterialien sorgen die Schüler selbst; die Heizung des Schullokals und des Schulzimmers selbst stellt der 2. Pfarrer, für die Schulutensilien sorgt die zuständige Behörde.

§ 14

Am Ende des Schuljahres findet eine öffentliche Prüfung der Schüler statt. Gleichzeitig wird jedem Schüler ein Zeugnis über seinen Fleiß, seine Fortschritte und sein Betragen von dem 2. Pfarrer ausgefertigt, welches demnächst mit der Unterschrift des Vaters oder Vormundes versehen, dem 2. Pfarrer wieder vorzulegen ist.

§ 15

Jährlich am 1. Juni erstattet der 2. Pfarrer einen Bericht über den Zustand der Schule an die königliche Regierung durch den Kreisschulinspektor.

Die durch diese Statuten umrissene Organisationsform der Schule hat sich in den darauffolgenden Jahren als zweckmäßig erwiesen. Zwar kam die Schule bereits 1854 unter Pfarrer Karl Wilhelm Ludwig Seelbach (1846-1857) vorübergehend zum Erliegen, aber dies mag eher an der Person des Pfarrers und den Zeitumständen (geringe Weinjahre, Armut) gelegen haben, als an den neuen Bestimmungen. Sein Nachfolger war Ernst Theveny, der die Schule zehn Jahre leitete und durchschnittlich zwölf Schüler zu unterrichten hatte.

Abb. 1: Das ehemalige Gebäude der Diakonatsschule in der Kirchstraße, im Volksmund „Stündchen" genannt.
Rechts Haus Kirchstraße 19. In vorreformatorischer Zeit (bis 1557) diente es als Altarhaus des „Michaelisaltars". 1560 bis 1833 Elementarschule. 1833 bis 1837 Gemeinde-(Bürger) Saal und Spritzenhaus der Feuerwehr. 1837 bis 1860 „dritte Schule" und Spritzenhaus. 1860 bis 1904 Diakonatsschule. Das Gebäude wurde 1931 abgerissen. Kurz darauf wurde dort eine Linde gepflanzt, die noch heute dort steht (Foto: Privatbesitz).

Bereits 1858 waren die Räumlichkeiten im 2. Pfarrhaus zu klein geworden, um alle Schüler aufzunehmen. Als im Jahre 1860 die neue Volksschule am heutigen Marktplatz fertiggestellt war, entschloss man sich, die Diakonatsschule in der alten Elementarschule („Stündchen") einzurichten, die sich neben dem Pfarrhaus befand.

Eine Art Höhepunkt in der Entwicklung erlebte die Schule unter Pfarrer Heinrich Kratz, einem Pädagogen „mit Leib und Seele". Mit Nachdruck versuchte er, die Diakonatsschule zu einer wirklich höheren Schule zu machen. Er wusste nicht nur die Knaben zum Besuch der Schule zu veranlassen, sondern auch eine Anzahl Mädchen dafür zu gewinnen. 1868 bereits beantragte Pfarrer Kratz, das alte Elementarschullokal durch Einbau von Fenstern so instand zusetzen, dass die Schule auch in der Winterzeit benutzbar sei. Er wäre sonst genötigt, wie im letzten Winter geschehen, die Rektoratsschule – auch der Name hatte eine Aufbesserung erhalten – in einem Zimmer des 2. Pfarrhauses unterzubringen, was bei einer Schülerzahl von 27 unzumutbar sei. Im gleichen Jahr schlug der Gemeinderat vor, statt „der angeforderten 20 Reichstaler Gehaltserhöhung für den [Elementarschul]lehrer [Laux] die Kompetenz" der dritten Schule (Klasse der jüngeren Kinder) um 50 Reichstaler zu erhöhen. Dafür sollte der Lehrer wöchentlich 10 Stunden Unterricht in der Rektoratsschule erteilen. Da gleichzeitig an eine Verminderung der Unterrichtsstunden für die jüngsten Kinder gedacht war, würde durch diese „Vermehrung der Lehrkräfte [...] die Rektoratsschule, was zu ihrer Lebensfähigkeit und Gedeihen durchaus nötig erscheint, als selbständige Schule ganz von der Elementarschule abgetrennt werden können."

Diese Vorschläge wurden jedoch nicht verwirklicht, obwohl die Anzahl der Rektoratsschüler weiter anstieg. 1869 zählte die Schule bereits 37 Schüler und Schülerinnen. Dabei waren allerdings „Pensionäre" des Pfarrers Kratz von auswärts und Winninger Schülerinnen, die wohl oder übel Latein lernen mussten. „Herangezogen wurde alles, was sich nicht aufs äußerste wehrte", berichtete Pfarrer Theveny 1877. Die Anforderungen an Zeit und Kraft der Schüler, sowie auch an den Geldbeutel der Eltern für die Lehrmittel gingen über das durch die ländlichen Verhältnisse gesetzte gesunde Maß hinaus. Als Pfarrer Kratz 1870 seine Stelle verließ, um sich ausschließlich dem Schulfach zuzuwenden, trat eine Reaktion ein. Die Winninger waren durch das Übermaß an Bildung „scheu geworden" und da nach mehrmonatiger Vakanz der Stelle nur eine kommissarische Verwaltung durch Pfarrer Gottlieb Wilhelm Spies zustande kam, der Winningen bereits nach zwei Jahren wieder verließ, sank die Schülerzahl rapide. 1875 hatte der 2. Pfarrer und „Rektor" Adolf Müller lediglich vier Schüler zu unterrichten. 1877 versuchte man die Schule dadurch attraktiver zu machen, dass man Latein als obligatorisches Fach aus der Stundentafel herausnahm und es nur noch fakultativ anbot. Dies scheint trotz zunehmender Konkurrenz – die Elementarschule hatte ihr Angebot „besonders in den Realien" erweitert, eine ländliche Fortbildungsschule, an der der 1. Pfarrer und zwei Lehrer während der Wintermonate Unterricht erteilten, war 1872 eingerichtet worden – gelungen zu sein. Die Schülerzahlen der Diakonatsschule von 1862-1900 mögen als Beweis dienen:

1892	14 Schüler	1897	12 Schüler
1893	17 Schüler	1898	9 Schüler
1894	5 Schüler	1899	7 Schüler
1895	6 Schüler	1900	15 Schüler
1896	8 Schüler		

Dass innerhalb der Winninger Bürgerschaft ein fortdauerndes Interesse an einer höheren Schule bestand, ergibt sich aus der Tatsache, dass bereits 1872 drei Geldzuwendungen an die 2. Pfarr- und Schulstelle in Höhe von 700 Mark an die ausdrückliche Bedingung geknüpft waren, dass die höhere Schule von dem 2. Pfarrer gehalten werde. Doch mit der weiteren Entwicklung des Schulwesens konnte die Diakonatsschule nicht Schritt halten. 1903 gestanden die beiden amtierenden Pfarrer Rudolf Müller und Karl Philipp Harräus ein, „daß ein wesentlich höheres Ziel, als in der oberen Knabenklasse der Volksschule erreicht würde, ausgeschlossen ist". Darüber hinaus seien die weiterführenden Schulen in Koblenz mit der Bahn in 12 bis 15 Minuten zu erreichen. Beide Pfarrer waren davon überzeugt, dass niemand das Bedürfnis für die Einrichtung einer solchen Schule empfinden würde, falls sie nicht schon bestände. Sie bestand nun aber schon über 150 Jahre und war eine Einrichtung, die der Flecken den benachbarten Orten voraushatte. Schon aus diesem Grunde wird mancher Einwohner deren völlige Aufhebung nicht gerne gesehen haben. Der Umstand, dass der 2. Pfarrer durch seine Unterrichtstätigkeit fast 300 Mark zu dem Pfarrgrundgehalt von 1800 Mark aufbrachte, sprach besonders dagegen. So blieb die Diakonatsschule noch einige Jahre bestehen, wenn auch nicht mehr in der alten Form. Pfarrer Harräus unterrichtete noch bis Ostern 1904 „befähigte Volksschüler [...] wöchentlich 8 Stunden in Latein und Französisch". Danach hat sich kein Schüler mehr angemeldet. Doch ist Pfarrer Harräus von der Verpflichtung, den Unterricht zu erteilen, nicht befreit worden. Die formelle Aufhebung der Schule wurde zunächst bis zur Neubesetzung der 2. Pfarrstelle verschoben.

Nachdem der Gemeinderat sich in der Sitzung vom 10. Dezember 1912 einstimmig dahingehend aussprach, dass zum Weiterbestehen der Diakonatsschule kein Bedürfnis bestehe, auch der Landrat diesen Bescheid unterstütze, beendete die Regierung zu Koblenz ein 164 Jahre andauerndes Kapitel Winninger Schulgeschichte mit der lapidaren Feststellung: „Pfarrer Karl Eduard Schröder zu Winningen erteilt keinen höheren Unterricht an Knaben der Volksschulklasse. Koblenz, den 13. Juni 1913."

Eine formelle Aufhebung der Schule ist von der Regierung jedoch nicht ausgesprochen worden. Der Unterrichtsbetrieb ruhte lediglich. Noch Pfarrer Dr. Walter Friedrich Ludwig Minor musste sich vor seiner Berufung 1928 nach Winningen verpflichten, „unter Umständen den Unterricht in dieser Schule wieder aufzunehmen." Hinter dieser Verpflichtungserklärung verbargen sich nicht nur Reminiszenzen an die Vergangenheit.

1928 wurde der Vorschlag des Volksschulleiters Rudolph Kohl, das alte „Stündchen" in Form einer Förderklasse der Volksschule wieder aufleben zu lassen, allgemein begrüßt. 22 Eltern erklärten sich durch ihre Unterschriften bereit, ihre Kinder für den Besuch anzumelden und verpflichteten sich, für das erste Jahr ein monatliches Schulgeld von 5 Mark zu entrichten. Nachdem sich der Gemeinderat am 25. April 1928 mehrheitlich für eine Förderklasse ausgesprochen hatte, scheiterte das Vorhaben schließlich an der Bewilligung der Geldmittel von jährlich 1.000 Mark, die für deren Einrichtung zur Verfügung gestellt werden sollten. Als diese Mittel bei der Festsetzung des Haushaltsvoranschlages für 1928 endgültig gestrichen wurden, war der Versuch, die alte Lateinschule in neuer Form wieder zu eröffnen, endgültig gescheitert.

Der Abriss des „Stündchen" Anfang der 1930er Jahre bedeutete somit nicht nur das Ende eines historischen Gebäudes, sondern steht auch symbolhaft für das Ende der alten Winninger Lateinschule.

Die bildungsgeschichtlichen Auswirkungen der Reformation in Winningen

Von Siglinde Krumme

Zweifellos war die konfessionsgeschichtliche Situation Winningens von entscheidender Bedeutung für die Entwicklung des Bildungswesens seiner Bewohner. Seit Einführung der Reformation „in der Form des Luthertums" im Jahre 1557 befolgten die in der evangelischen Gemeinde dienenden Pfarrer und Diakone mit Überzeugung die pädagogischen Anschauungen Martin Luthers, der zum Wegbereiter für Erziehung und Bildung der Jugend in den evangelischen Landen wurde. In der Schrift „An den christlichen Adel deutscher Nation" (1520) lässt er deutlich erkennen, worauf es ihm ankam. Jedermann müsse imstande sein, das Evangelium zu lesen. „Vor allen Dingen solle in den hohen und niederen Schulen die vornehmste und allgemeinste Lektion die Heilige Schrift sein und den jungen Knaben das Evangelium. Und wollte Gott, eine jegliche Stadt hätte auch eine Mädchenschule, darinnen eines Tages die Mägdlein eine Stunde das Evangelium hörten, es sei zu deutsch oder lateinisch". 1524 wandte sich Luther unmittelbar „An die Bürgermeister und Ratsherren aller Städte deutschen Landes" mit der Aufforderung „christliche Schulen aufzurichten und zu halten" und stellte fest, dass geistige Entwicklung höhere Zukunftsbedeutung habe als „wohlgefüllte Schatzhäuser". Nach Luthers Auffassung haben Rat und Obrigkeit die Aufgabe, der Jugend „die allergrößte Sorge und Aufmerksamkeit zuzuwenden". Es genügten nicht allein in den Schulen die Bibel deutsch zu lesen, sondern auch Latein, Griechisch, Hebräisch und die Freien Künste müssten gelernt werden. „Wo die Kenntnis der Sprachen verfällt, muß zuletzt auch das Evangelium untergehen" heißt es in seinen Ausführungen.

Mit Nachdruck forderte Luther die Ratsherren auf, für Knaben wie für Mädchen bestmögliche Schulen einzurichten, damit später Land und Leute gut regiert und Haus und Hof sorgfältig gehalten würden. Die Fürsten und Herren versäumten dies, da sie Schlittenfahrten zu veranstalten, zu trinken und Maskenspiele zu treiben hätten und mit den Geschäften von Keller, Küche und Schlafkammer beladen seien. Es läge also bei den Ratsherren. In einem Brief Luthers vom 22. November 1526 an Kurfürst Johann von Sachsen, einen Bruder Friedrich des Weisen (1482-1556) heißt es: „Weil aber uns allen, sonderlich der Obrigkeit, geboten ist, vor allen Dingen doch die arme Jungend, so täglich geboren wird und daherwächst, zu ziehen und zu Gottes Furcht und Zucht zu halten, muß man Schulen und Prediger und Pfarrer haben. Wollen die Alten ja nicht, mögen sie immer zum Teufel hinfahren. Aber wo die Jugend versäumt und unerzogen bleibt, da ist die Schuld der Obrigkeit".[1] Das sind deutliche Worte. Kommen die Eltern der Erziehungspflicht nicht in rechter Weise nach, tritt die Obrigkeit an ihre Stelle. Voraussetzung von Glaubenslehre und Bibelunterweisung ist ein geordneter Unterricht.

---

1 Vgl. Klaus Goebel, Luther als Reformer der Schule, in: Dortmunder Arbeiten zur Schulgeschichte und zur historischen Didaktik 25 (1995), S. 10-23. Hieraus auch die Zitate der Schriften Luthers.

Bildung und Frömmigkeit

Luthers unmittelbar ins Unterrichtsgeschehen wirkende Schriften sind die deutsche Bibel, der Kleine und Große Katechismus, seine Lieder und seine Gebete. Das Frage- und Antwortschema des Kleinen Katechismus[2] entspricht einem klassischen pädagogischen Prinzip: der Schüler fragt und der Lehrer antwortet. Dieses pädagogische Prinzip wurde über Generationen auch im evangelischen Winningen befolgt und verinnerlicht.

Luther sah in der Erziehung den Satan dann besonders am Werk, wenn die Eltern die Kinder daran hinderten, zu lernen. Er hielt es für eine der größten Listen des Teufels, „daß er die einfachen Leute so betört und betrügt, daß sie ihre Kinder weder zur Schule schicken noch zum Studium erziehen wollen. Denn wenn die Schrift und Gelehrsamkeit untergeht, was soll da bleiben in deutschen Landen als ein wüster, wilder Haufen [...]." Luther forderte die Prediger auf, sie möchten die Eltern „anstoßen, mahnen, locken, treiben" die Kinder zu erziehen. „Weil aber das junge Volk [...] immer etwas zu tun haben muß, wozu es Lust hat und was ihm nicht verwehrt werden kann [...] warum soll man ihm also nicht Schulen einrichten?" Kinder könnten mit Lust spielend lernen „es seien Sprachen oder andere Wissenschaften oder auch Geschichte".

Konkret schlug der Reformator vor, Jungen täglich eine bis zwei Stunden in den Unterricht zu schicken und die übrige Zeit im Haus arbeiten, ein Handwerk oder wozu man sie sonst ausbilden wolle, lernen zu lassen. Beides könne nebeneinander hergehen, solange sie jung seien. Auch Mädchen sollten eine Stunde in die Schule gehen und weiter zu Hause tätig sein.

Nach Luthers Auffassung sollten nicht nur Schulen errichtet werden, sondern auch gute Bibliotheken. Sie sollten von denen gelesen und studiert werden, die demnächst das Gemeinwesen geistlich und weltlich zu leiten haben, aber auch dazu da sein, um die guten Bücher zu erhalten, eine Aufgabe, die bisher von den Klöstern wahrgenommen wurde. In die Schulbibliotheken gehörten die Heilige Schrift in allen vorliegenden Sprachen, die besten und ältesten Auslegungen, ferner Sprachlehrbücher und Werke aus allen anderen Wissenschaften. „Ganz oben an sollten die Chroniken und Geschichtsbücher stehen [...], denn sie sind von außerordentlichem Nutzen, um den Lauf der Welt zu erkennen". Leider seien viele Geschichten nicht aufgeschrieben worden, „weshalb man auch in anderen Ländern von uns Deutschen nichts weiß, und die Deutschen in aller Welt die Bestien heißen, die nichts können außer Krieg führen, fressen, saufen".[3] Luther hat hier in seiner drastischen Sprache ganz konkret Meinungen und Versäumnisse angesprochen, die jeden Deutschen damals wie heute erschrecken, aber auch zum Handeln auffordern.

Luthers Gedanken wurden bereits 1524 aufgegriffen. In größeren Städten wurden Schulen gegründet. Auch in den landesherrlichen Kirchenordnungen wurden seine Schulanweisungen berücksichtigt.

---

2 Der „Kleine Katechismus" wurde nächst der Bibelübersetzung zum verbreitetsten Buch des 16. Jahrhunderts.
3 Vgl. Goebel, Luther (wie Anm. 1), S. 15 f.

Seit Einführung der Reformation in der Hinteren Grafschaft Sponheim im Jahre 1557 wurden auch in Winningen Luthers Lehren von den sponheimischen Landesherren konsequent befolgt.[4] Der erste lutherische Pfarrer der Gemeinde, Georg Müller, erklärte bei der Kirchenvisitation von 1567 „daß er in keinem Stück abweiche von der evangelischen Lehre, wie sie in der Augsburgischen Confession (1530) enthalten und in der Wittenberger Confession von 1551 wiederholt worden sei".[5]

1557 wurde in Winningen die erste „Gemeine Schule" eingerichtet.[6] Der jeweilige Diakon (später auch Kaplan oder 2. Pfarrer genannt) betreute die Schulkinder bis 1685. Die erste geordnete Schulbildung der Winninger Jugend lag demnach mehr als 125 Jahre in der Obhut studierter Pfarrer und Diakone und hatte eine betont christliche Ausrichtung mit Gebet und Gesang zu Beginn des Unterrichts und intensiver Unterweisung im Lesen, Schreiben, Rechnen und in der lateinischen Sprache.

Halt und Zuversicht in Krisenzeiten

Die christliche Unterweisung der Jugend und der Erwachsenen war in den Krisenzeiten der letzten Jahrzehnte des 16. Jahrhunderts und auch im folgenden Jahrhundert von elementarer Bedeutung. Eine Seuche – von den Zeitgenossen als „Pest" bezeichnet – wütete damals in Winningen. Der erste Pfarrer der Gemeinde, Georg Müller starb 1574 daran. Nach dem Bericht des Vogtes Boos von Waldeck hat er „eine wohlerbaute Kirche"[7] – d.h. Kirchengemeinde – hinterlassen, der sich auch von Koblenz und von anderen Orten viele zugehörig fühlten. Auch Petrus Merkator, vormals Pfarrer in Gödenroth und seit 1607 Pfarrer in Winningen, starb 1611 an der ‚Pest'. Innerhalb eines Jahres (vom September 1611 bis Ende 1612) starben daran nicht weniger als 130 Personen in Winningen. Der Ort zählte damals kaum mehr als 250 Einwohner. Das war auch die Ursache, weshalb erst im Jahre 1613 die Pfarrstelle wieder besetzt wurde. Pfarrer Konrad Greulach starb 1623 an der ‚Pest' wie insgesamt 143 weitere Opfer im gleichen Jahr. Sein Nachfolger war Stephan Hoffbauer aus dem Augsburgischen. Von ihm wird berichtet, dass er unter allen Pfarrern der einzige war, der sein Geschlecht „im Orte versorget und fortgepflanzt hat". Alle Bürger dieses Namens in Winningen haben in ihm ihren Stammvater. Wie seine Vorgänger, starb auch er 1632 an der ‚Pest'. Auch er hatte die Schrecken des Dreißigjährigen Krieges (1618-1648) erlebt mit durchziehenden beutegierigen Kriegstruppen, mit Schikanen, Plünderungen und Brandschatzungen. Um 1620 waren die Spanier im Ort, plünderten und vertrieben die Bewohner aus ihren Häusern. Sie mussten monatelang den Ort verlassen, um ihr Leben zu retten. Die schlimmste Zeit begann erst unter Hoffbauers Nachfolger Jonas Hiller. Auch er kam aus Augsburg und war seit 1631 in Winningen Diakon. „Da Hiller die letzte und meiste Zeit des 30jährigen Krieges und auch die schreckliche Periode der Hexenverfolgungen erlebte, kann man leicht abnehmen, wie unruhig, be-

---

4 Vgl. den Beitrag von Anja Ostrowitzki in diesem Band.
5 Vgl. Hajo Knebel, Der Evangelische Kirchenkreis Koblenz, 1985, S. 38.
6 Vgl. den Beitrag von Rainer Garbe zu Schulen in Winningen in diesem Band.
7 Vgl. Adolf Müller, Geschichte der evangelischen Gemeinde Winningen an der Mosel, in: Monatshefte für rheinische Kirchengeschichte 3 (1909), S. 225-286, hier: S. 12.

denklich und betrübt seine Amtsführung hat sein müssen", schrieb später Pfarrer Georg Ludwig Magnus Rodenberger.[8]

Man kann deshalb wohl kaum von einem geordneten evangelischen Gemeindeleben sprechen. Und doch waren es gerade die Pfarrer, die den verstörten Gemeindegliedern in ihren Notzeiten Halt und Zuversicht geben konnten. Dass die Gemeinden in dieser Zeit nicht zerstört wurden, ist ein Wunder, ein Zeichen der Gnade, wie die Frommen sagten.[9]

Diakone und Schulmeister

Im Jahre 1685 war die Anzahl der Schuljugend so sehr angewachsen, dass ein Diakon Schule und Predigtamt zugleich nicht mehr mit der nötigen Sorgfalt versehen konnte. So stellte man mit Anstellungsvertrag vom 21. Juli 1686 den aus Alsfeld in Hessen stammenden Johann Jost Rühfell als ersten Winninger Schulmeister ein, der bis zu seinem Tode am 10. Dezember 1735 fast 50 Jahre Lehrer in Winningen war.[10] Dieser Anstellungsvertrag[11] liest sich wie eine von Luther inspirierte pädagogische Anleitung zur christlichen Unterweisung der Winninger Schuljugend: „Er hat die Schuljugend zu förderst zur lieben Gottesfurcht und aller geistlichen Zucht und Tugend anzumahnen" und soll jeden Mittwoch und Samstag den „Christlichen Catechismum Lutheri mit den Kindern fleißig tractiren und selbige [...] die Büß- und andere der lehr- und trostreichsten Psalmen [...] memoriter" lernen lassen.

Die übrigen Tage aber soll der Lehrer die Jugend im Lesen, Schreiben und Rechnen „informieren". Er solle sich selbst so verhalten, „dass er die Liebe und den Respekt der Jugend erhalten möge". Dies scheint dem Schulmeister Rühfell auch gelungen zu sein. Hätte er sonst 50 Jahre auf seiner Lehrerstelle, die ihn bei aller gutgemeinten Naturaliendotierung und seinen jährlich 70 Reichstalern, weiß Gott, nicht auf Rosen bettete, ausgehalten?[12]

Die Einstellung des Schulmeisters hatte zur Folge, dass sich der Diakon nunmehr intensiver seinen geistlichen Pflichten widmen konnte. Als Gegenleistung unterrichtete er die „erwachsenen Schüler" (älter als zwölf Jahre) täglich vier Stunden in Latein, Rechnen, Schreiben und Christentum „und andere einen guten Bürger ausmachenden Stücken".[13] Die Winninger Lateinschule war geboren. In ihr haben Generationen von begabten Winningern ein weit über

---

8 Ebd.
9 Vgl. Knebel, Kirchenkreis (wie Anm. 5).
10 Vgl. oben Anm. 6 sowie Rainer Garbe, Geschichte der Winninger Elementar und Volksschule, in: Winninger Hefte 2 (1987), S. 95-107.
11 Ebd.
12 Zum Thema Besoldung der Lehrer wird auf die interessanten Ausführungen von Rainer Garbe in diesem Band verwiesen. Siehe auch Cäcilie Bongers, Unsere Lehrer und Schulen früher und heute, in: Moselkiesel, hg. von der Volkshochschule Untermosel, Bd. 4, 2005, S. 43.
13 1748: „Es wurde eine neue Schule damit verbunden, welche mit erwachsenen Knaben, die weiter, als in der gemeinen Schule geschehen kann, geführt werden wollen, gehalten werden soll [...] so steht noch zu erwarten, ob es eine Freyschule sein soll oder nicht." (AEKgW 12 Nr. 15/1, S. 7). Frdl. Hinweis von Gerhard Löwenstein, Winningen.

die Ausbildungsmöglichkeit der „Gemeinen Schule" hinausgehendes Wissen erworben.[14] Die Winninger hatten sich damit praktisch eine ureigene höhere Schule eingerichtet.[15]

Dieses Streben nach Bildung fällt in eine Zeit, in der sich die Bewohner Winningens scheinbar moralisch und wirtschaftlich von den Widrigkeiten der vergangenen Jahrzehnte einigermaßen erholt und gefestigt hatten.

In einem Gutachten zur Hinteren Grafschaft Sponheim aus dem Jahre 1765 gibt der badische Geheime Rat Johann Jacob Reinhard, seine Eindrücke u.a. über die konfessionellen Gegebenheiten und Eigenschaften der Bewohner der sponheimischen Lande wieder: „Item liegt jenseits der Mosel, zwei Stunden vor Coblenz, der unvergleichliche Flecken Winningen. [....] zu Winningen [hat es] schöne Leute, aber da isset und trinket man auch was rechtes. An Vernunft fehlt es keineswegs. Sie werden bei dem Soldatenstande als ordentliche und brave Leute gerühmet, wan sie nur das erste halbe Jahr überstanden haben, als da ihne die Heimat noch zuviel im Kopfe stecket.[16] Der Fleiß und die Arbeitsamkeit ist den Moselbauern und Hunsrückern eigen. Bei einer nur mittelmäßigen Regierung würden sie die besten Unterthanen seyn".[17]

Die einige Jahrzehnte später in napoleonischer Zeit von Bürgermeister Carl August Reinhard[18] formulierten „Physischen und moralischen Bemerkungen über die Einwohner der Mairie Winningen" an den Präfekten des Rhein-Mosel Départements vom 6. Ventose (25. Februar) im 10. Jahr (1802) sind besonders charakteristisch und aufschlussreich: „Ihre Sitten sind überhaupt gut und christlich, sie haben das Gepräge einer unverdorbenen Seele, Offenherzigkeit, Stille, Sittsamkeit, Arbeitsamkeit, Genügsamkeit, Sparsamkeit sind meistens bei ihnen zu Hause. [...] ihre Religion lieben sie über alles. [...]." Reinhard fügte dem „noch eine besondere Bemerkung" über ‚den' Winninger hinzu: „Sein Betragen unterscheidet sich damit auch von seinen Nachbarn. An Sonn- und Feyertagen geht derselbe sehr wenig in die Wirtshäuser, er

---

14 Vgl. Rainer Garbe, Die Winninger Lateinschule, in: Winninger Hefte 2 (1987), S.108-118.
15 „In diesem Umfeld haben viele Winninger besser und früher schreiben und lesen gelernt als ihre katholischen Nachbarn", schreibt Joachim Krieger, Terrassenkultur an der Untermosel, 2003, S. 80.
16 Diese positive Beurteilung wird den jeweiligen Landesherren gefallen haben. Im Kriegsfalle waren solche „braven Unterthanen" Gold wert. Für die folgenden Jahrzehnte seien hierfür nur zwei Beispiele vermerkt. Ob es sich bei den folgenden Winningern um freiwillig dienende Soldaten, die sich aus Pflichtbewusstsein dem französischen Kaiserreich stellten, handelte, oder ob sie unter die Konskriptionen fielen, von denen zum Beispiel im Rhein-Mosel-Département bis 1813 rund 12.600 junge Männer erfasst wurden, sei dahingestellt:
Der spätere Schöffe und Gastwirt „Zum Goldenen Adler", Phillip Christian Frölich, geboren zu Winningen am 25. Juli 1784, hatte als französischer Soldat unter Napoleon I. in Spanien gekämpft und es bis zum Oberleutnant gebracht. Vgl. Ekkehard Krumme, Eine Winninger Weinlese, in: Winninger Hefte 2 (1987), S. 54-73, hier: S. 72, Anm. 13. Christian Kröber, geb. zu Winningen am 15. Sept. 1794, wurde französischer Soldat im 30. leichten Inf.-Regiment. Er wurde in Spanien eingesetzt im Krieg Napoleons gegen die Spanier, die von den Engländern unter dem Herzog von Wellington unterstützt wurden. Kröber wurde in Spanien Sergeant-Major der Voltigeur-Kompagnie. 1840 verlieh Frankreich allen Veteranen des Kaisers, auch den im Ausland lebenden, die St. Helena-Medaille, die auch Christian Kröber stolz getragen hat. Vgl. Karl Zimmermann, Christian Kröber aus Winningen, der letzte Veteran Napoleons in der Koblenzer Gegend, in: Koblenzer Heimatkalender 1956, S. 56-61.
17 Winfried Dotzauer, Ein Gutachten zur Hinteren Grafschaft Sponheim aus dem Jahre 1765, in: Ldkdl. Vjbll. 13 (1967), S. 133-154.
18 Im März 1791 hatte Reinhardt in Winningen sein Amt als Amtmann angetreten.

sitzt lieber zu Hause an der Bibel oder an deren Zeitungen, daher kommt es, daß derselbe sehr spruchreif und kannengießerisch ist, überhaupt hat der Winninger etwas Docterisches und überstudiertes an sich und spricht wie ein Buch und ist deswegen, weil er sich vernünftiger dünkt als seine Nachbarn, nicht so gut zu belehren."[19]

Diese Aussage mag bis heute gelten und wird manchen Winninger mit einer gewissen Selbsterkenntnis zum Nachdenken anregen, hat aber auch – wie bereits dargelegt – ihre geschichtliche Begründung in der protestantischen Außenseiterrolle. Mit einer Gründlichkeit, die sich Luther in seinen gesamten evangelischen Landen gewünscht hätte, befolgte man in Winningen seine pädagogischen Ratschläge. Getreu diesem Prinzip haben die Prediger lutherischen Glaubens der Jugend die größte Aufmerksamkeit zugewendet und besonders qualifizierte Lehrer aus entfernteren protestantischen Landesteilen eingestellt, die den Winninger Schülern – selbst in der sog. Elementarschule – eine umfassende Bildung gaben.[20]

Mag sein, daß Luthers Gedanken zu Schule und Erziehung teils verhallt sind, teils mit anderen Intentionen verschmolzen wurden.[21] Der lange Zeitraum von mehr als fünfzehn Generationen zwischen Martin Luthers Tod und der Gegenwart lässt die Bildungsgeschichte als ein Geflecht mannigfacher Ursachen erscheinen. Luthers Beitrag wird man selbst unter solchen Voraussetzungen nicht verkleinern können. Katechismus und Ratsherrenschrift allein reichen aus, ihm einen bedeutenden Platz in der Schulgeschichte zuzuweisen.[22]

Manual- und Tagebücher

Das lutherisch geprägte kirchliche Schulwesen hat sich unter der Obhut der Pfarrer, Diakone und Schulmeister im protestantischen Winningen als wahrer Segen erwiesen. Es bildeten sich unter den Winzersöhnen kluge und geistvolle Menschen heran, die ihr in der Latein- und Elementarschule erworbenes Wissen nicht nur im beruflichen Leben praktisch anwenden konnten. Sie entwickelten sich darüber hinaus zu interessierten und kritischen Menschen, die die Geschehnisse in der Welt verfolgten, auch wenn sie in der Abgeschlossenheit ihres Dorfes lebten. Das geht eindeutig aus den zahlreichen Tagebüchern hervor, die sie auf Anregung der Diakone und Lehrer in ihrer klaren, schönen Handschrift als sogenannte „Manuale" führten, in denen sie den Jahresverlauf mit allen persönlichen, aber auch unter Angabe von orts- und landespolitischen Ereignissen schilderten. So sind uns aus dem 18. und 19. Jahrhundert Manuale von Winninger Bürgern bekannt, die einen unschätzbaren kulturgeschichtlichen Wert besitzen, weil derartige Selbstzeugnisse generell selten sind und daher inzwischen in der Geschichtswissen-

---

19 LHA Ko Best. 655, 47 Nr. 205 (Statistische Tabellen). Vgl. Ekkehard Krumme (Bearb.), Physische und moralische Bemerkungen über die Einwohner der Mairie Winningen. Ein Bericht von Carl August Reinhardt, in: Winninger Hefte 1 (1985), S. 19-25, und Hans Bellinghausen, Winningen. Ein deutsches Heimatbuch, 2. Teil, Koblenz 1925, S. 42-45.
20 Vgl. Bongers, Lehrer (wie Anm. 12).
21 Erst 1763 führte das Königreich Preußen in seinen östlichen Provinzen die Schulpflicht ein. 1825 übertrug Preußen dieses Gesetz gegen den Willen vieler Eltern auch auf den Westen, d. h. auf die Rheinlande. Sie waren auf die Mitarbeit ihrer Kinder angewiesen, um zu überleben.
22 Vgl. Goebel, Luther (wie Anm. 1), S. 22.

schaft eine ausgesprochene Wertschätzung genießen. Zum Glück wurden zahlreiche Manuale in den letzten beiden Jahrzehnten übertragen, ausgewertet, kommentiert und publiziert.[23]

Erfahrene und vorzüglich gebildete[24] Pädagogen haben die von Geburt mitgegebenen geistigen Anlagen und Fähigkeiten der ländlich aufgewachsenen Winzerjugend maßgeblich geformt und gefördert. Ihnen verdanken sie nicht nur eine gründliche und umfassende allgemeine Bildung, sondern auch die Lust am Schreiben mit einer für einen schlichten Elementar- oder Diakonatsschüler erstaunlich gewandten sprachlichen Ausdrucksweise und Darstellungsart.[25] Hier seien besonders die Lehrer Friedrich Leopold Otto[26] und Philipp Wirtgen[27] erwähnt, die der Winninger Schuljugend die Grundlagen geistiger Bildung und das lebhafte Interesse an persönlicher Weiterbildung vermittelten. Mit größter Wahrscheinlichkeit werden es auch diese beiden an der damals nur zweiklassigen Winninger Elementarschule wirkenden Pädagogen gewesen sein, die in dem 1817 in Winningen geborenen Christian Kraemer das Interesse geweckt haben, fremde Länder und Menschen persönlich zu erleben. So begab sich Kraemer als Gerbergeselle 14 Jahre (1836-1850) auf Wanderschaft, die ihn aus dem beschaulichen Moseltal bis an die Meerenge des Bosporus führte. Seine von einer soliden Schulbildung geformte natürliche Intelligenz befähigte ihn, den Verlauf seiner Wanderschaft mit ihren vielfältigen Eindrücken, zahlreichen Begebenheiten und Erlebnissen in seinem „Manual" nicht nur anschaulich, sondern auch fesselnd darzustellen. Dabei gibt sein allem Neuen gegenüber aufgeschlossenes Bildungsinteresse seinen Schilderungen ganz andere Perspektiven und Dimensionen, als dies normalerweise von einem Handwerksgesellen zu erwarten ist. Bemerkenswert sind auch die Kunst- und Geschichtsinteressen Christian Kraemers, die besonders 1850 während seiner Aufenthalte in Wien, Prag, Dresden und Frankfurt durch den Besuch von Kirchen, Theatern, Schlössern, Gemäldegalerien und Kunstsammlungen offenkundig werden.[28] „Ich entschloß mich" – so schreibt er auf der Rückreise in Wien in sein „Manual"-Buch – „einige Monate zu bleiben, um das Leben richtig kennen zu lernen. Zunächst ist es das Bestreben des Handwerkers, sich in seiner Profession zu vervollkommnen. Jeder trachtet immer mehr zu lernen. Dazu ist das Wandern erforderlich, um den Unterschied in der Behandlung in den ver-

---

23 Vgl. die von Ekkehard Krumme edierten „Manuale" in den Winninger Heften 1 (1985), 2 (1987), 3 (1989), 4 (1991), 5 (1995) und 6 (1997), ferner Gerhard Löwenstein, Winninger Hochzeit, in: Moselkiesel, hg. von der Volkshochschule Untermosel, Bd. 2: Das Brauchtum Gestern und Heute in der Verbandsgemeinde Untermosel, 1999, S. 85-88, ferner Manfred Löwenstein, Dokumentation eines Hausbaus im 19. Jahrhundert, in: Heimatbuch des Kreises Mayen-Koblenz 2006, S. 108-110, sowie Frank Hoffbauer, Manualbücher als Quelle zur Ortsgeschichte, in: ebd., 2007, S. 127-129. Vgl. auch Krieger, Terrassenkultur (wie Anm. 15), S. 80.
24 Ekkehard Krumme, Die Schuleinweihung in Winningen am 1. Dezember 1833, in: Winninger Hefte 2 (1987), S. 119-125.
25 Siglinde und Ekkehard Krumme, Von der Mosel zum Bosporus, in: Winninger Hefte 6 (1997).
26 Friedrich Leopold Otto, der von 1818-1858 als Lehrer in Winningen wirkte, ist der Stammvater der Winninger Familie Otto. Vgl. Ekkehard Krumme, Albrecht Julius Schöler 1819-1863. Ein „Landsmann von der Mosel und Kind der Gemeinde" Winningen, in: Winninger Hefte 2 (1987), S. 7-53, hier: S. 15, Anm. 2.
27 Philipp Wirtgen, (1806-1870) Lehrer und Naturwissenschaftler, lehrte von 1824-1831 in Winningen und anschließend an der höheren Stadtschule in Koblenz. Vgl. Krumme, Albrecht Julius Schöler (wie Anm. 26), S. 23 und S. 25, Anm. 22. Er erhielt als Volksschullehrer die Ehrendoktorwürde der Universität Bonn. Vgl. Heinrich Denzer, Kulturleben, in: Ingrid Batori (Red.), Geschichte der Stadt Koblenz, Band 2, 1993, S. 487.
28 Siglinde und Ekkehard Krumme, Von der Mosel (wie Anm. 25), S. 14 f.

schiedenen Ländern zu sehen und das beste davon mit in seine Heimat zu bringen oder wo er sonsten sich niederlässt."[29]

Technik

Der Gerber und spätere Winzer Christian Kraemer hat sich in seinem Heimatort Winningen durch seine Wanderschaft einen ganz besonderen Namen gemacht. Über ihn schreibt der 1868 in Winningen geborene Autopionier August Horch (Horch/Audi), der auf seiner 1884 begonnenen Wanderschaft als Schmiedegeselle unbedingt in den Orient wollte, in seinen Lebenserinnerungen: „In meiner Kindheit ist nämlich in Winningen ein älterer Mann gewesen, der wurde ‚der Türke' genannt, weil er in seiner Jugend als Gerber in die Fremde gegangen und bis Konstantinopel gekommen war. Er übte, als er wieder heim nach Winningen kam, sein Handwerk nicht mehr aus, sondern war nur noch Winzer. Jedermann achtete den ‚Türken' hoch und sprach mit Bewunderung von ihm. Ich hatte mir damals schon geschworen, diesem Vorbild nachzueifern und ebenfalls bis nach Stambul zu kommen, um später einmal in Winningen auch ein Vorbild zu werden [...] wie man eben solche Kinderträume hat."[30]

Dies ist August Horch im besten Maße gelungen. Er wurde für nachfolgende Generationen von technisch begabten Winningern zum großen Vorbild, dem sie nachstrebten, indem sie selbst den Ehrgeiz entwickelten, es zu Höchstleistungen auf dem Gebiet der Technik zu bringen. So hat z.B. Wolfgang Kröber (1937-1981)[31] 1964 einen weltweit einzigartigen Drehzahlmesser mit elektronischer Zündung für Rennsport-Motorräder entwickelt, der noch heute unübertroffen ist. Ein weiterer Winninger (Jg. 1943) besitzt zahlreiche Patente für automobile Bremssysteme. August Horch wäre sicherlich stolz auf die beiden jungen Ingenieure gewesen, die ihm auf dem automobilen Sektor nacheiferten und es zu Erfolg brachten.

Technische Begabungen sind bei den Winningern, deren Väter und Großväter seit jeher den Winzerberuf ausübten, zweifellos vorherrschend. Der existenznotwendige technische Fortschritt, der Ersatz von Kühen, Ochsen und Pferden durch schnell bewegliche Zugmaschinen, der Einsatz neukonstruierter Kelteranlagen, die auf menschliche Kraft verzichten können, hat erfinderische Kräfte mobilisiert.[32] Fast gleichzeitig mit den Erfindungen August Horchs auf dem Automobilsektor entwickelte der Winninger Schlossermeister Louis Saas zu Anfang des Jahrhunderts als erster ein hydraulisches Drucksystem für die seinerzeit üblichen Vertikal-Keltern, das er 1910 als „Saas-Kelter" patentieren ließ. Das System wurde dann in Lizenz ge-

---

29 Ebd. S. 112.
30 August Horch, Ich baute Autos, in: Arno Buschmann (Hg.), Das Auto, mein Leben. Von August Horch bis heute, 1982, S. 42. Vgl. den Beitrag von Peter Kirchberg in diesem Band.
31 Wolfgang Kröber machte eine Lehre als Elektrotechniker und besuchte später die Ingenieurschule in Koblenz. 1964 machte er sich mit der Serienherstellung eines elektrischen Drehzahlmessers selbstständig. In der Fachpresse wurde der in seiner Art sehr zurückhaltende und bescheidene „Elektronen-Professor" besonders gewürdigt und als „Drehzahl-Kröber" oder „Little-Bosch" tituliert. Vgl. Wolfgang Kröber – Elektronen-Dompteur, in: Motorrad, Heft 3 (1969), S. 70 f.
32 Vgl. Krumme, Winninger Weinlese (wie Anm. 16), S. 55.

baut und weiterentwickelt und löste damit die herkömmliche, viel leistungsschwächere „Schwengeltechnik" ab.[33]

Technischer Erfindergeist ist auch in anderen Bereichen feststellbar. Die renommierte Schlosserei de Leuw entwickelte verschiedene Formen von Materialtransport-Seilbahnen für Weinberge in Steillagen bis hin zu einem Schienenbahnsystem.

Neben der technischen Begabung ist bei den Nachkommen der Winninger Winzerfamilien eine Fülle von weiteren Begabungen spürbar. Es gab und gibt Studenten der Geisteswissenschaften, darunter Sprachwissenschaftler, Theologen und Pädagogen, Juristen, Natur- und Wirtschaftswissenschaftler.

Aus einem ehemals renommierten Winninger Weinhandelsunternehmen stammte Universitätsprofessor Dr. Werner Kroeber-Riel (1934-1995). Er hat die verhaltenswissenschaftliche Konsumentenforschung in Deutschland begründet und ihre Entwicklung während eines Vierteljahrhunderts maßgeblich bestimmt und vorangetrieben. Sein Hauptwerk „Konsumentenverhalten" ist zum Standardwerk der Konsumentenforschung geworden.[34] In seinem Buch über Bildkommunikation werden die Mechanismen untersucht, derer sich die Werbung bedienen muss, um in der Informationsgesellschaft wirkungsvoll zu sein.[35] Seine Forschungsergebnisse gaben der jungen Winzergeneration wichtige Impulse, die sie mit ihrem weit gespannten geistigen Horizont, ihrer Phantasie, ihrer fachlichen Qualifikation, aber besonders in ihrer konsequenten Ausrichtung auf die Besonderheit unserer Steillagen, des Terroirs und der Sensibilisierung der Konsumenten für die einzigartigen Rieslingweine aus steilsten Terrassenlagen in hervorragender Weise umsetzen.[36]

„Es ist mir nicht bange um das weitere Gedeihen der Gemeinde", so schreibt der 1873 bis 1901 als evangelischer Pfarrer in der Gemeinde Winningen dienende Adolf Müller in seiner Festschrift zum 350-jährigen Reformationsjubiläum im Jahre 1907,[37] „ solange ihre Bürger ihren Stolz darin setzen, nichts anderes zu sein, als ihre Väter waren, tüchtige Winzer, deren Weinberge auch den rasch vorbeifahrenden Reisenden es erkennen lassen, welch ein fleißiges und vorwärtsstrebendes Geschlecht in Winningen wohnt, und deren Weine, mit dem Schweiß des Winzers gedüngt, eines guten Rufes in der Nähe und in der Ferne sich erfreuen".

---

33 Siehe hierzu Joachim Krieger, Geboren aus Winninger Weingeist, in: Ders., Terrassenkultur (wie Anm. 15), S. 89, sowie die Arbeit von Gerhard Löwenstein zur Entwicklung und Bedeutung des Weinbaus in Winningen in diesem Band.
34 Vgl. Siglinde und Ekkehard Krumme, In memoriam Werner Kroeber-Riel 1934-1995, in: Winninger Hefte 5 (1995), S. 7-16.
35 Ebd. sowie Klaus Peter Kaas, Er prägte die Konsumentenforschung, in: Campus, hg. von der Universität des Saarlandes, Bd. 25 (1995), S. 20.
36 Reinhard Löwenstein, Weingut Heymann-Löwenstein, hat hierfür eindeutig den Weg bereitet. Vgl. ders., Die Zukunft liegt im Terroir, in: FAZ v. 17.12.2005, sowie ders., Vom Klang der Schiefer, No. I, 2000.
37 Müller, Geschichte (wie Anm. 7).

Der Verfasser dieser Gedanken konnte damals noch nicht ermessen, welche Möglichkeiten der differenzierten Weiterbildung es in den nachfolgenden Generationen für alle jungen Menschen gab, wenn sie etwas anderes sein wollten, als ihre Väter waren.

Geistige und politische Veränderungen - Entfaltung des Bildungsbürgertums

Der Beginn des 19. Jahrhunderts war geprägt von den freiheitlichen Gedanken der französischen Revolution. Seit der Regierungszeit Napoleons konnten sich die Menschen – gleich welchen Standes – als freie Staatsbürger begreifen. Mit den fünf großen Gesetzesbüchern (1804: Code Civil; 1806: Code de Procédure Civile; 1807: Code de Commerce; 1808: Code de Procédure Criminelle; 1810: Code Pénal) wurde zunächst im linksrheinischen Rheinland ein modernes Rechtswesen eingeführt, das die individuelle Freiheit, die allgemeine Gleichheit vor dem Gesetz, die Einhaltung rechtsstaatlicher Grundsätze und den Schutz des Eigentums garantierte. Dies war die Grundlage für die Ausbildung und freie Entfaltung der bürgerlichen Gesellschaft.[38] Auch nach der Befreiung des Rheinlandes von der französischen Herrschaft[39] gab es keine ernsthaften Bestrebungen zur Wiederherstellung der vorrevolutionären Zustände. Im Gegenteil, die Bevölkerung hielt am sogenannten rheinischen Recht fest, das die Freiheit der Person, die Gleichheit vor dem Gesetz, die Rechtsstaatlichkeit und die liberale Wirtschaftsordnung garantierte.[40]

Auf dieser Grundlage entwickelte sich hier ein selbstbewusstes Bildungsbürgertum. Das galt nicht nur für die Bürger der Städte, wie im nahe gelegenen Koblenz, wo sich schon sehr bald kulturelle und gesellige Aktivitäten entwickelten und gesellschaftliche Vereine gegründet wurden,[41] auch in dem Marktflecken Winningen waren die Veränderungen im Denken und Handeln der nunmehr selbstbewussteren Bürger spürbar.

Die individuelle Leistung ermöglichte einen wirtschaftlichen Aufstieg und größere Bildungschancen. Es wurden auch in Winningen Vereine gegründet, die der Geselligkeit dienten, z.B. der Männergesangverein (1838).[42] Friedrich Ludwig Kraemer (1813-1885) gibt in seinem „Manual-Buch" „eine kurze Übersicht des Jahres 1838 [...], ferner finde ich mich veranlasst,

---

38 Jürgen Müller, Die napoleonische Ära (1800-1813), in: Batori, Koblenz (wie Anm. 27), S. 19-48.
39 Die fast 20jährige französische Herrschaft hatten russische Truppen bereits in der Nacht zum 1. Januar 1814 in Koblenz beendet. Aber erst auf dem Wiener Kongress waren Westfalen und die rechts- und linksrheinisch gelegenen Rheinlande der preußischen Monarchie verbindlich zugesprochen worden. Vgl. Jürgen Herres, Das preußische Koblenz, in: Batori, Geschichte der Stadt Koblenz (wie Anm. 27), S. 49-118.
40 Wie Anm. 38, S. 48. Vgl. auch Walter Rummel, „... dieser allgemeine und endliche Sieg der bürgerlichen Freiheit". Das Nachwirken der französischen Herrschaft im preußischen Rheinland, in: Elisabeth Dühr und Christl Lehnert-Leven (Hg.), Unter der Trikolore. Trier in Frankreich – Frankreich in Trier 1794-1814, Katalog-Handbuch der Ausstellung Städtisches Museum Simeonstift, 2004, Bd. 2, S. 895-913.
41 Schon 1801 existierte in Koblenz ein Lesekabinett mit eindeutig bürgerlichem Charakter. 1808 wurde die Casinogesellschaft gegründet. Sie bildete einen Ort der geselligen Begegnung, der vom Geist der „Freiheit, Urbanität und Eintracht" gekennzeichnet sein sollte.
42 Vgl. Ekkehard Krumme (Bearb.), Der „Post-Kraemer", in: Winninger Hefte 4 (1991), S. 48, sowie Siglinde Krumme, Ein Beitrag zur wechselvollen Geschichte des Winninger Männergesangvereins (1838), in: Moselkiesel, hg. von der Volkshochschule Untermosel, Band 4, 2005, S. 24-42.

eines Unternehmens zu gedenken, welches in diesem Jahre nun so weit gediehen ist, daß man es als erhalten ansehen kann, nehmlich des hiesigen Gesang-Vereins, wo ich die Ehre habe, auch ein Mitglied zu sein. Derselbe hat sein Entstehen dem früheren Lehrer Herrn Bungeroth[43] zu verdanken. Allein als derselbe späterhin, und zwar gegen Ostern, von hier abgerufen und als Lehrer nach Sobernheim versetzt wurde, wäre der Verein natürlicher Weise wiederum von selbst aufgelöst worden, wenn nicht einige rüstige junge Leute und zwar ein Bruder von oben erwähntem Bungeroth,[44] ein Sohn von Herrn Pfarrer Schoeler[45] und ein Sohn von Herrn Otto,[46] sich die große Mühe angethan hätten, den Verein zu leiten. Und wir können nun am Schluß dieses Jahres zur Ehre der Unternehmer sagen, daß es gelungen ist. Denn wir haben nun schon 4 öffentliche Conzerte auf dem hiesigen Schulsaale, und zwar zur vollkommenen Zufriedenheit des Publikums, gegeben."

Abb. 1: Albrecht Julius Schöler (1891-1863). (Privatbesitz).

Diese „rüstigen jungen Leute", Pfarrer- und Lehrersöhne, haben sich die „Pflege alles Guten und Schönen" zum Ziel gesetzt und ihren Heimatort Winningen zur Wiege eines vielschichtigen akademischen Kreises gemacht. Spontane Zusammenschlüsse junger Gleichgesinnter waren in jener Zeit keine Seltenheit. Sie waren oft literarisch oder philosophisch-theologisch motiviert, dienten als Forum für dichterische Aktivitäten, gegenseitige Anregung und Kritik, aber auch der reinen Geselligkeit.

---

43 Es handelt sich bei diesem Lehrer um Johann Wilhelm Bungeroth (*1811), Sohn des damals an der Höheren Stadtschule in Koblenz als 1. Lehrer tätigen Johann Adam Bungeroth. Von Winningen ging J. W. Bungeroth, der musikalisch hoch begabt und ein vorzüglicher Orgelspieler war, als Lehrer nach Sobernheim. Vgl. Ekkehard Krumme, Die Schuleinweihung in Winningen am 1. Dezember 1833, in: Winninger Hefte 2 (1987) S. 119-125, hier: S. 125, Anm. 8.

44 Es wird sich hier um den mit Winningen besonders eng verbundenen Theologen und späteren Bopparder Pfarrer Heinrich Bungeroth (1818-1871) handeln, vielleicht aber auch um dessen Bruder, den späteren Altenkirchener Pfarrer Karl Bungeroth (1815-1903), der 1844 die Winninger Arzttochter Lotte Arnoldi geheiratet hatte. Vgl. Krumme, „Post-Kraemer" (wie Anm. 42), S. 171, und ders., Albrecht Julius Schöler (wie Anm. 26), S. 10 ff.

45 Albrecht Julius Schöler (1819-1863) erlangte später als „Hunsrücker Chronist" große Popularität. 1854 wurde er der erste evangelische Pfarrer in Andernach. Vgl. Krumme, „Post-Kraemer" (wie Anm. 42), S. 22 mit Anm. 12 und S. 172, und ders., Albrecht Julius Schöler (wie Anm. 26).

46 Friedrich Julius Otto (1820-1892), später Pfarrer in Veldenz und Superintendent der Kreissynode Trier. Vgl. Krumme, Albrecht Julius Schöler (wie Anm. 26), S. 10 ff., sowie ders., „Post-Kraemer" (wie Anm. 42), S. 21 mit Anm. 11 und S. 172 mit Anm. 30.

Geselligkeit und Umgang - Der akademische Freundeskreis „Euterpia"[47]

Eine der interessantesten Persönlichkeiten, die aus Winningen in der ersten Hälfte des 19. Jahrhunderts hervorgegangen sind, ist der am 11. Februar 1819 in Winningen geborene Albrecht Julius Schöler. Das Leben dieses poetisch und literarisch hochbegabten und zu seinen Lebzeiten weit- und wohlbekannten Pfarrersohnes und Theologen vermittelt aufschlussreiche Einblicke in eine geistig sehr bewegte Zeit. In der Geborgenheit des Winninger Pfarrhauses verlebte er seine Kindheit. Seine schulische Ausbildung erhielt Albrecht Schöler bis 1833 in der Diakonatsschule zu Winningen und auf dem Gymnasium zu Koblenz. Während der Koblenzer Gymnasialzeit scheint Albrecht Schöler weniger von der Schule, sondern vielmehr von dem Freundeskreis geprägt worden zu sein, der sich zu jener Zeit unter den Koblenzer Gymnasiasten gebildet hatte. Unter dem Symbol der griechischen Muse Euterpia – also im Zeichen der Fröhlichkeit – hatte sich ein mit Albrecht Schöler im wesentlichen gleichaltriger Kreis junger geistreicher Menschen beiderlei Geschlechts zusammengefunden, der sich die Pflege alles Guten und Schönen zum Ziel gesetzt hatte, der aber auch das Vorrecht der Jugend für sich in Anspruch nahm, „den Becher der Freude bis zur Neige auszukosten". Zum männlichen Kern des Freundeskreises gehörten neben Albrecht Schöler der Winninger Arzt Dr. Carl Arnoldi (1809-1876),[48] die Gebrüder und Lehrersöhne Karl und Heinrich Bungeroth aus Koblenz, in deren elterlichem Haus Albrecht Schöler damals Aufnahme gefunden hatte, Julius Baedeker,[49] der jüngste Bruder des bekannten, in Koblenz ansässigen Reiseführer-Verlegers Karl Baedeker (1801-1859), Albrecht Schölers Winninger Jugendfreund Friedrich Otto, sowie ab 1838 der

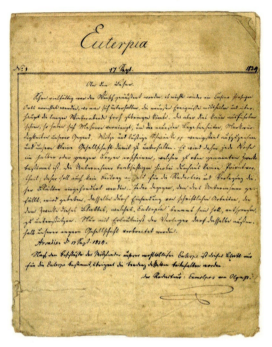

Abb. 2 : „An den Leser". (Stadtarchiv Bonn, SN 39, Depositum Bonner Wingolf Nr. 5).

---

47 Krumme, Albrecht Julius Schöler (wie Anm. 26), S. 10-16.
48 Carl Wilhelm Arnoldi hatte an den Universitäten Bonn, Halle und Berlin Medizin studiert und promoviert. Als Arzt repräsentierte er seine väterliche Familie in Winningen bereits in der vierten Generation. Seiner 1843 geschlossenen Ehe mit Amalie Adelheid Hasselbach (1822-1851), einer Tochter des ehemaligen Winninger Lehrers Johann Peter Hasselbach, entstammte der Natur- und Geschichtsforscher Dr. med. Richard Arnoldi (1849-1922), der insbesondere auch für seine archäologischen Grabungen im heimischen Raum bekannt ist. Vgl. Krumme, Albrecht Julius Schöler (wie Anm. 26), S. 15, sowie Krieger, Terrassenkultur (wie Anm. 15), S. 82-85.
49 Julius Baedeker (1821-1898)m jüngster Sohn des Essener Druckers, Buchhändlers und Verlegers Gottschalk Diederich Baedeker, leitete später die buchhändlerische Abteilung des väterlichen Unternehmens in Essen. Vgl. Krumme, Albrecht Julius Schöler (wie Anm. 26), S. 15.

damals in Koblenz in einer technischen Offiziersausbildung befindliche, mit der Familie Bungeroth seit frühester Jugend eng verbundene Friedrich Wilhelm Raiffeisen (1818-1888).[50]

Seinen Mittelpunkt hatte der euterpische Freundeskreis in Winningen und dort in dem gastlichen Hause des Arztes Dr. Carl Wilhelm Arnoldi (1809-1876), den Albrecht Schöler einmal als „das Salz und die Würze unserer Geselligkeit" bezeichnet hat. Die Arnoldi'sche „Doctorey" war „der liebe Magnet" der Euterpier. Hier saß man in geselliger Runde zusammen, führte heitere wie „gemeinnützige" Unterhaltungen oder las gemeinsam in zeitgenössischer Literatur „bei gefüllten Weinkrügen", denn der Winninger Wein war für die Euterpier stets „ein gar köstlicher Labetrank zur Erhöhung der geselligen Freude, welche oft in gemeinschaftlichen Liedern mit Klavier-Begleitung ihren Ausdruck fand".[51] Ein eigenes handgeschriebenes Wochenblatt[52] regte die euterpischen Freunde zu geistiger Produktion an, zu Aufsätzen ernsten und humoristischen Inhalts, die durch Gedichte und Zeichnungen ergänzt wurden. Beflügelt vom Geist des „arkadischen Freundesbundes" wurden auch bei Albrecht Schöler während seiner Koblenzer Gymnasiastenzeit die ersten Anzeichen einer poetischen Veranlagung sichtbar.

Die Studentenverbindung „Wingolf"

Zum Sommersemester 1841 immatrikulierte sich Albrecht Schöler als Student der evangelischen Theologie an der Universität zu Bonn. Dort kam er in Berührung mit einer losen Vereinigung von Theologiestudenten, die „sich von den Auswüchsen des Studentenlebens fernzuhalten suchten, ohne darum dem jugendlichen Frohsinne zu wehren"[53]. Als sich dann im Wintersemester 1841/42 die nur locker organisierte „Theologenkneipe" unter dem bereits von den Koblenzer Euterpiern gewählten Leitspruch „Fromm, Frisch, Fröhlich, Frei" nach der Art einer studentischen Verbindung organisierte, schloss sich auch Albrecht Schöler dieser Vereinigung an und wurde schon bald eines der aktivsten Mitglieder der jungen akademischen Gesellschaft. Aus Albrecht Schölers Feder stammt nicht nur das in das Vereinsbuch aufgenommene Bundeslied „Wir haben uns so schön gefunden", auf ihn ist es auch zurückzuführen, dass der anfänglich namenlose Bund nach einem Vortrag, in dem Schöler auf Klopstocks Ode „Wingolf" angespielt hatte, sich förmlich den Namen „Wingolf" (= Halle/Tempel der Freundschaft) zulegte. Auf diese Weise wurde der Winninger Pfarrerssohn Albrecht Schöler zum Schöpfer des Namens einer studentischen Verbindung, die bis auf den heutigen Tag an deutschen Universitäten und Hochschulen lebendig vertreten ist.[54]

---

50 Vgl. Ekkehard Krumme, Friedrich Wilhelm Raiffeisen und seine Beziehungen zu Winningen, in: 100 Jahre Raiffeisenbank Winningen, Jubiläumsschrift 1995, S. 12-14, und ders. (ergänzter Aufsatz), Friedrich Wilhelm Raiffeisen und Winningen, in: Winninger Hefte 5 (1995), S. 63-70.
51 Vgl. Brief des evangelischen Pfarrers Karl Bungeroth (1815-1903) an Raiffeisens Tochter Amalie aus dem Jahre 1894, in: Walter Koch, F. W. Raiffeisen. Dokumente und Briefe, 1988, S. 118.
52 Siehe Abbildung „Euterpia No. 1", vom 17. September 1839 „An den Leser".
53 Die Bildung dieses studentischen Zusammenschlusses war unter persönlicher Anteilnahme und Förderung der Bonner Professoren Ernst Moritz Arndt und Carl Immanuel Nitzsch erfolgt. Vgl. Krumme, Albrecht Julius Schöler (wie Anm. 26), S. 14 u. S. 16.
54 Von Bonn aus ist der Verbindungsname Wingolf nach Berlin und Halle/S. und von dort aus auf weitere deutsche Hochschulen übertragen worden. Vgl. ebd., S. 16 m. Anm. 15.

Der „Maikäfer" – „Zeitschrift für Nichtphilister"

Während seiner akademischen Ausbildung an der Universität Bonn, kam der Albrecht Schöler darüber hinaus in näheren Kontakt nicht nur zu Ernst Moritz Arndt (1769-1860), sondern auch zu einem der damals interessantesten, aber wohl auch schillerndsten Bonner akademischen Köpfe, dem Privatdozenten Gottfried Kinkel,[55] der über Kirchengeschichte und christliche Kunstgeschichte las und wegen seiner ausgeprägten literarischen Neigungen besonders auf poetische Studenten eine große Anziehungskraft ausübte.[56] 1842 erfolgte Albrecht Schölers Aufnahme in den von Kinkel und seiner Frau Johanna geleiteten „Maikäfer-Bund", einen poetischen Zirkel, dem in dieser Zeit durchaus der Rang eines literarischen Salons beigemessen werden kann. Mit 17 Beiträgen beteiligte sich Albrecht Schöler 1842/43 am „Maikäfer", einer „Zeitschrift für Nichtphilister", die innerhalb des „Maikäfer-Bundes" als Manuskript geführt wurde.[57] Als Schölers bedeutsamster Beitrag zum „Maikäfer" ist seine Novelle „Die Weinlese"[58] anzusehen. Den Rahmen dieser Erzählung bildet eine volkskundlich und kulturgeschichtlich interessante Darstellung einer Weinlese in Schölers Heimatort Winningen. Manches von dem, über das Albrecht Schöler in seiner „Weinlese" berichtet hat, gehört schon lange der Vergangenheit an, manche Begriffe und Bezeichnungen sind ungebräuchlich geworden und damit dem Bewußtsein entglitten. Vieles hat jedoch noch lange, bis in die Mitte des vergangenen Jahrhunderts hinein, Bestand gehabt. So die von Schöler geschilderten Vorbereitungen der Lese in den Höfen, Häusern und Kellern der Winzer oder deren morgendlicher Auszug mit den von Kühen, Ochsen oder Pferden gezogenen schweren Wagen, beladen mit Holzbütten, Botten und Büttchen, in die zur Lese vorgesehenen Wingerte. Im Zuge des technischen Fortschrittes hat sich das Bild der Weinlese gegenüber früheren Jahrzehnten grundlegend gewandelt. Kaum etwas geändert hat sich dagegen an den Mienen der Winzer, wenn sie – nunmehr auf PS-starken Traktoren sitzend – ihr Lesegut einbringen. Sie blicken häufig noch ebenso stolz und erhaben, wie Albrecht Schöler es für seine Zeit festgehalten hat: „[...] die Winzer sahen drein so siegestrunken, als hätten sie mit ihren schweren Geschützen eine große Schlacht gethan und kehrten nun wieder, in Triumph und Siegesgesang, wieder in ihre Festung zurück".[59]

Die „Junge akademische Gesellschaft" und das „Winninger Wochenblatt.

Die poetischen Beiträge zum „Maikäfer" stellten keineswegs die einzige literarische Betätigung Albrecht Schölers während seiner Bonner Studentenzeit dar. In den Semesterferien scharte er in seinem Heimatort Winningen einen Kreis geistig interessierter Persönlichkeiten um sich, der

---

55 Vgl. ebd., S. 17-25.
56 Vgl. Edith Ennen, Gottfried Kinkel (1815-1882), in: Rheinische Lebensbilder, hg. von der Gesellschaft für Rheinische Geschichtskunde, Bd. 1 (1961), S. 168-188.
57 Vgl. Ulrike Brandt-Schwarze, „Der Maikäfer". „Zeitschrift für Nichtphilister", Jahrgang I (1840) und Jahrgang II (1841 (=Veröffentlichungen des Stadtarchivs Bonn; 51), 1991.
58 Ulrike Brandt u. a. (Hg.), „Der Maikäfer", Band 2 (1842/1843,1. Halbjahr (=Veröffentlichungen des Stadtarchivs Bonn 31), 1983 (ab Seite 251 in Fortsetzungen) und Ulrike Brandt-Schwarze u. a. (Hg.), „Der Maikäfer", Band 3 (1843, 2. Halbjahr/1844) (=Veröffentlichungen des Stadtarchivs Bonn 32), 1984 (bis Seite 19 und 32).
59 Vgl. Krumme, Albrecht Julius Schöler (wie Anm. 26), S. 54-73.

sich den Namen „Junge akademische Gesellschaft"⁶⁰ zulegte, und der unter der Federführung Albrecht Schölers um 1842/43 ein mit Illustrationen versehenes „Winninger Wochenblatt"⁶¹ begründete. Als Mitglieder dieser „akademischen Gesellschaft, die in ihren Gepflogenheiten an die „alte" Euterpia und an den Bonner „Maikäfer"-Bund angeknüpft hat, werden in Albrecht Schölers persönlichen Aufzeichnungen die alten euterpischen Freunde, der Winninger Arzt Dr. Carl Wilhelm Arnoldi jun. (1809-1876),⁶² Friedrich Wilhelm Raiffeisen, die Theologen Karl und Heinrich Bungeroth, der Naturwissenschaftler Philipp Wirtgen,⁶³ der Winninger Lehrer und Botaniker Johann Peter Rüdiger und der seit 1834 in Winningen als Apotheker tätige Julius Schlickum (1804-1884)⁶⁴ namentlich genannt.

Hier wird deutlich, dass zu dieser akademischen Winninger Gesellschaft nicht nur Geisteswissenschaftler, sondern bedeutende Naturwissenschaftler gehörten, die sich in einem besonderen Arbeitskreis mit Fragen des Weinbaus, so z.B. der chemischen Weinbergsbehandlung (Bodenkunde, Düngung, Rebstockbehandlung), sowie der Gärtechnik und der Most- und Weinanalyse befassten. Die Chemie ging auch den Möglichkeiten nach, Abfall- und Nebenprodukte bei der Kelterung von Weintrauben und beim Roden von Weinstöcken zu verwerten, um einen Beitrag zur Hebung der Weinkultur und zur Linderung der sozialen Not unter den Winzern zu leisten.

Man sprach in Weinbaukreisen von dem sogenannten „Winninger Kreis".⁶⁵ Der Naturwissenschaftler und Botaniker Philipp Wirtgen fasste damals den Plan, die von wenigen Männern betriebene wissenschaftliche Arbeit auf eine größere Organisation zu übertragen. Wirtgen war deshalb an der späteren Gründung des „Naturwissenschaftlichen Vereins für Rheinland und Westfalen" namentlich beteiligt.⁶⁶

Noch vor Wirtgen, der 1824 bis 1831 in Winningen als Lehrer tätig war, lebte in Winningen der spätere Geheime Kommerzienrat Dr. Carl Leverkus (1804-1889), Begründer der Ultramarinfarbenherstellung. Im Jahre 1822 erhielt er eine Stelle als Apothekerlehrling in Winningen und wurde von dem damaligen Winninger Apotheker Joseph Krahe (1820-1829) auf seine Gehilfenprüfung vorbereitet. Er ging kurze Zeit nach Marburg und kehrte 1825 nach Winningen zurück. 1826 kam er als Apothekergehilfe nach Trier, trat aber noch im gleichen Jahr sein Chemiestudium in Paris an.

---

60 Bis 1848, dem Jahr des Weggangs Albrecht Schölers von Winningen, soll die „Junge akademische Winninger Gesellschaft" bestanden haben und das „Winninger Wochenblatt" geführt worden sein.
61 Im Stadtarchiv Bonn befindet sich im Depositum des Verbandes Alter Bonner Wingolfiten e.V., Zugang 1642/97 lfd. Nr. 1-21 ein Karton mit Nr. 1-3 „Winninger Wochenblatt", 1. Jg. (26. November 1842 bis 18. November 1843), 4. Jg. (November 1845 bis November 1846), beigebunden: „Adventsblätter" zum 5. Jg. (November/Dezember 1846), und „Winninger Wochenblatt", Nr. 3 bis 8, Januar/Februar 1848. Frdl. Hinweis von Dr. Lutz Neitzert, Neuwied.
62 Vgl. Anm. 45 und Joachim Krieger, Dr. Carl Wilhelm Arnoldi - einer der größten Weinexperten des 19. Jahrhunderts, in: ders., Terrassenkultur (wie Anm. 15), S. 82-85.
63 Vgl. Anm. 27.
64 Vgl. Ekkehard Krumme, 175 Jahre Winninger Apotheke/160 Jahre Schlickum Apotheke. Ein Beitrag zur deutschen Pharmaziegeschichte, in: Winninger Hefte 5 (1995), S. 13-47.
65 Vgl. Helmut Prößler, Das Weinbaugebiet Mittelrhein in Geschichte und Gegenwart, 1979, S. 78-80.
66 Ebd., S. 79.

Leverkus scheint in Winningen entscheidende Anregungen für sein Studium und seine spätere Lebensarbeit erhalten zu haben.[67] Am 10. Oktober 1829 bestand Leverkus in Berlin sein Apothekerexamen 1. Klasse. Da dieses auf den Tag genau mit dem Apothekerexamen von Julius Schlickum zusammenfiel, ist es mehr als wahrscheinlich, dass die beiden gleichaltrigen bergischen Apotheker sich persönlich näher gekannt haben.

Der Winninger Apotheker Julius Schlickum (1804-1884)

Julius Schlickum, der am 10. Oktober 1829 vor der Königlichen und Medizinischen Ober-Examinations-Commission in Berlin das Apothekerexamen mit dem Prädikat „vorzüglich gut" bestanden hatte, übernahm nach weiteren „Conditionsjahren" im schweizerischen Schaffhausen und Düsseldorf 1835 die Winninger Apotheke. Aufgrund seiner hohen fachlichen Qualifikation bot sich der Aufbau einer Ausbildungsstätte für junge Pharmazeuten an. Von ihm wurden zwischen 1835 und 1856 ständig ein, zeitweise sogar zwei Apothekerlehrlinge ausgebildet, denen in einer zwei- und dreijähriger Lehrzeit in der Winninger Apotheke von Julius Schlickum die wissenschaftlichen Grundlagen für den angestrebten Apothekerberuf vermittelt wurden. Bei der Prüfung seines ersten Lehrlings schrieb der leitende Kreisphysikus Dr. Settegast in seinem Bericht: „er zeige in allen Disziplinen als: der lateinischen Sprache, der Warenkunde, der Botanik und der Chemie sehr gute Kenntnisse [...]" und ergänzte: „Bey dieser Gelegenheit habe ich bey seinem Lehrherrn Schlickum einen großen Eifer für die Wissenschaft wahrgenommen und erlaube mir daher unmaßgeblich die Meinung auszusprechen, daß bei diesem Apotheker ein Lehrling leicht Tüchtiges erlernen kann".[68]

Als Inhaber der Winninger Apotheke hat Julius Schlickum sich nicht nur den üblichen Apothekengeschäften und der Ausbildung des pharmazeutischen Nachwuchses gewidmet. Seine persönlichen Neigungen lagen in ganz besonderem Maße auf dem Gebiet der Botanik. Mit zahlreichen Botanikern seiner Zeit, zu denen auch Philipp Wirtgen gehörte, stand er in lebhaftem Gedanken- und Materialienaustausch. Er besaß ein umfangreiches Herbarium. Mit großem Engagement beteiligte er sich an der Erschließung des „Bellthaler Mineralwassers", dessen gesundheitliche Nützlichkeit weitgehend mit den Ergebnissen seiner chemischen Untersuchungen untermauert werden konnte.[69] In einem Protokoll der Winninger Apothekenvisitation vom 16. Juli 1857 steht folgende aufschlussreiche Eintragung: „Außer der Apotheke betreibt Herr Schlickum ein Weingeschäft mit sehr günstigem Erfolge und hat sich um den Weinbau und die Bereitung des Weines anerkannte Verdienste erworben".[70] Im Hinblick auf Schlickums stark von der Chemie geprägte berufliche Tätigkeit wird man diesen Hinweis dahin auslegen dürfen, dass er sich mit der chemischen Gärtechnik und der Most- und Weinanalysierung beschäftigt und die dabei gewonnenen Erkenntnisse hilfreich an die Winzer weitergegeben hat. Insoweit hat er auch der „Jungen akademischen Gesellschaft" und dem naturwissenschaftlichen „Winninger Arbeitskreis" wesentliche Impulse gegeben.

---

67 Ebd., S. 80, und Krumme, 175 Jahre (wie Anm. 64), S. 29.
68 LHA Ko Best. 441, Nr. 25238, S. 195.
69 Krumme, „Post-Kraemer" (wie Anm. 42), S. 40 f., und ders., 175 Jahre (wie Anm. 64), S. 31 f.
70 LHA Ko Best. 441, Nr. 25239, S. 45.

1867 übertrug Julius Schlickum die Winninger Apotheke seinem am 5. April 1838 geborenen Sohn Carl Oskar. Er selbst widmete sich als Privatier in den folgenden Jahren nur noch seinen botanischen Interessen.

Carl Oskar Schlickum (1838-1889)

Bei seinem Vater hatte Carl Oskar Schlickum in Winningen mit einer Apothekerlehre begonnen und diese nach einer in Dierdorf verbrachten Ausbildungsphase in Winningen 1860 abgeschlossen. Nach seinem Gehilfenexamen, das er „mit einem Aufsehen machenden Erfolg" in Koblenz abgelegt hatte, verblieb Carl Oskar Schlickum noch ein Jahr bei seinem Vater, um sich dann in der Hofapotheke zu Neuwied weiterzubilden. Dort wirkte er – lediglich unterbrochen durch seine einjährige Militärzeit, die er als Pharmazeut in dem preußischen Garnisonslazarett der Bundesfestung Rastatt ableistete – bis zur Übernahme der Winninger Apotheke im Jahre 1867. Auch unter Carl Oskar Schlickum blieb die Winninger Apotheke ein begehrter Ausbildungsplatz für den pharmazeutischen Nachwuchs. Darüber hinaus erteilte er pharmazeutischen und naturwissenschaftlichen Privatunterricht an interessierte Anfänger und Fortgeschrittene. In ihm reifte die Idee, die bisherige Einzelausbildung durch einen schulmäßigen Unterricht zu ersetzen, was ihm leider trotz Befürwortung durch die Koblenzer Regierung vom Königlichen Ministerium der Medizinal-Angelegenheiten in Berlin nicht gestattet wurde. Das Scheitern seiner pharmazeutischen Schulpläne hat Carl Oskar Schlickum jedoch in seinem Engagement zur Heranbildung eines qualifizierten Apothekernachwuchses nicht beeinträchtigt.

Das berufliche Wirken von Carl Oskar Schlickum beeindruckt nicht nur durch sein unermüdliches Engagement für den pharmazeutischen Nachwuchs. Ein vielleicht noch höherer Respekt ist seiner wissenschaftlich-literarischen Betätigung entgegenzubringen, die eine ungewöhnliche geistige Schaffenskraft und Energie dieses Winninger Apothekers erkennen lässt. Den höchsten Bekanntheitsgrad erlangte sein 1878 erstmals im Druck erschienenes Kompendium über „Die wissenschaftliche Ausbildung des Apothekerlehrlings". Dieses Lehrbuch, das mit der ungewöhnlich hohen Erst-Auflage von 2000 Exemplaren erschienen ist und bereits 1880 eine zweite Auflage erfahren hat, entwickelte sich im Laufe der Zeit zu einem pharmazeutischen Standardwerk, das mindestens 14 Auflagen erlebte. Als „der Schlickum" ist er in Fachkreisen nicht nur ein fester Begriff, sondern bis weit in das 20. Jahrhundert auch in Gebrauch gewesen.

An beruflicher und persönlicher Anerkennung hat es Carl Oskar Schlickum nicht gefehlt. Der ehrenvollen Berufung zum Vorsitzenden der Pharmakopöe-Kommission folgte schon wenig später Schlickums Wahl zum Zweiten Präsidenten des „Deutschen Apotheker-Vereins". Der preußische König ehrte ihn 1888 mit dem „Rothen Adlerorden". Die ihm zuteil gewordenen äußeren Anerkennungen und Ehrungen haben Schlickum nicht verblendet. Nach zeitgenössischem Urteil „ist er allezeit ein bescheidener Mann geblieben, wie er auch ein frommer gläubiger Christ war".[71] Seinen 51. Geburtstag hat Carl Oskar Schlickum nicht mehr erleben dürfen. Nach nur einwöchigem Krankenlager erlag er am 4. April einer Lungen- und Rippenfellentzün-

---

71 Ebd., S. 828, sowie Krumme, 175 Jahre (wie Anm. 64), S. 39.

dung. Der Erste Präsident des Deutschen Apotheker-Vereins hielt einen bewegenden ehrenvollen Nachruf im „Archiv der Pharmazie" und betrauerte „den nimmermüden Freund, das stets besorgte Familienhaupt, den immer hilfsbereiten Mitbürger, die Zierde des deutschen Apothekerstandes [...]".[72]

Carl Oskar Schlickum hinterließ neben seiner Witwe noch fünf Kinder. Der 1866 geborene Sohn Ludwig Richard hatte bei seines Vaters Tod die Apothekerausbildung noch nicht gänzlich abgeschlossen. Er setzte seine Ausbildung an der Universität Marburg fort. Dort bestand er am 3. Mai 1891 sein Apothekerexamen mit der Note „sehr gut". Noch im gleichen Monat wurde ihm die Verwaltung der Winninger Apotheke übertragen.[73]

Die Winninger Apotheke hat Richard Schlickum 42 Jahre bis zum 26. Mai 1933 ohne Unterbrechung geführt. An diesem Tag starb er im Alter von fast 67 Jahren. Sein langjähriger Nachbar Heinrich Saas aus dem „Anker" notierte aus diesem Anlass in sein Tagebuch: „Ein Mann von Charakter, großem Wissen und ein angenehmer Gesellschafter ist mit ihm dahingegangen, ein Stück Winninger Geschichte hat seinen Abschluss gefunden".[74]

* * *

Mit der Darstellung einzelner gelehrter Winninger Bürger des 19. Jahrhunderts wurden in diesem Beitrag einige Facetten des Bildungsbürgertums beleuchtet, die ihre Auswirkungen auf die geistige Entwicklung nachfolgender Generationen hatten.

Das 19. Jahrhundert war bei allem bildungsbürgerlichen Aufbruch inmitten politischer Wirren, nationaler Einigungsbestrebungen und industrieller Revolution mit Frauen- und Kinderarbeit in den Fabriken ein Jahrhundert, das nur einigen elitären Schichten eine Chance zur geistigen Entwicklung bot. So war es beispielsweise noch außergewöhnlich, dass Frauen eine berufliche Ausbildung erhielten. Ihre Bildungssituation war vollkommen mangelhaft. Wie sahen die Bildungschancen für junge Mädchen aus? Wer setzte sich für sie ein? Die Eltern, die Lehrer? Wie oft hieß es: ‚Lesen und Schreiben, das reicht doch!'

Aus diesem Dilemma haben sich die Winninger Bürgertöchter selbst befreit. Je nach Begabung haben sie sich entweder dem kreativen Winzerberuf im eigenen Winzerbetrieb zugewandt, waren tüchtige Herrinnen in Haus und Hof mit einer großen Kinderschar, die später auch im Weinberg mithalf. Sie sangen in späteren Zeiten in ihrer Freizeit im Kirchenchor, spielten als begabte Laienschauspielerinnen in der Theaterspielgruppe des Männergesangver-

---

72 LHA Ko Best. 442, Nr. 25239, S. 617, und Krumme, 175 Jahre (wie Anm. 64), S. 40-41.
73 LHA Ko Best. 441 Nr. 25238, S. 359 und S. 357, sowie Krumme, 175 Jahre (wie Anm. 64), S. 42.
74 Vgl. Ekkehard Krumme (Bearb.), Winningen zwischen 1923 und 1948. Tagebuchaufzeichnungen von Heinrich Saas, in: Winninger Hefte 3 (1989), S. 19-180, hier: S. 55. Richard Schlickum war auch „ein eifriger Heimatfreund und Altertumssammler". Seine reichhaltige Münzsammlung enthielt u.a. wertvolle römische Silber- und Bronzemünzen aus dem 1. und 4. Jahrhundert n. Chr., die im Ortsgebiet von Winningen aufgefunden worden waren. Vgl. Bellinghausen, Winningen (wie Anm. 19), 2. Teil, S. 138 f. Auch an der Gründung und dem Aufbau des Winninger Spar- und Darlehenskassenvereins im Jahre 1895 war Richard Schlickum maßgeblich beteiligt. Vgl. Krumme, Jubiläumsschrift (wie Anm. 50), S. 3 und 16.

eins auf der dörflichen Bühne vor begeistertem Publikum[75] oder sie erkämpften sich sogar zielstrebig den Besuch der höheren Mädchenschule bzw. des Gymnasiums, was allerdings vor dem Ersten Weltkrieg in Winningen noch sehr selten war. Allerdings gab es schon in den frühen dreißiger Jahren des vergangenen Jahrhunderts einzelne Abiturientinnen, die trotz schwieriger wirtschaftlicher Verhältnisse studierten und später Lehrerinnen, zum Teil an Gymnasien, wurden. Das waren in Winningen zwar noch vereinzelte Beispiele, aber sie hatten Vorbildcharakter für spätere Generationen.[76]

Waren es in den Vierziger oder Fünfziger Jahren des vergangenen Jahrhunderts jeweils nur ein bis zwei Abiturienten/innen eines Winninger Schuljahrgangs, die anschließend an deutschen Universitäten studierten, so nahm die Zahl der Abiturienten und Abiturientinnen in späteren Jahrzehnten von Jahr zu Jahr zu. Viele von ihnen studieren nunmehr nicht nur an Universitäten und Hochschulen innerhalb Deutschlands, sondern rund um den Globus.

Die Bildungschancen sind so gut wie nie. Es gibt Schüler- und Studentenaustausch-Programme weltweit. Das erweitert den geistigen Horizont und es bleibt nicht aus, dass Söhne und Töchter alteingesessener Winzerfamilien ihre berufliche und familiäre Zukunft z. B. in China, Japan, England oder Amerika finden.

Die ältere Generation in Winningen betrachtet diese Entwicklung mit Wohlwollen und Stolz. Sie hat sich in der wechselvollen Geschichte ihres Lebens, die manchen Verzicht brachte, eigene Nischen geschaffen. Sie belebt im Ort zahlreiche Gesprächskreise mit ihren ortsgeschichtlich wertvollen Erfahrungen und Erlebnissen. Es gab zu allen Zeiten in Winningen Literaturkreise,[77] begabte Poeten, Schriftsteller[78] und Mundartdichter,[79] die den kostbaren Sprach-

---

75 Vgl. Krumme, Beitrag (wie Anm. 42), S. 32-34.
76 Ein maßgeblicher, nicht zu unterschätzender bildungspädagogischer Einfluss auf die Winninger Schuljugend ging auch von dem renommierten Landschulreformer Wilhelm Kircher (1898-1968) aus, der als Hauptlehrer in Winningen von 1934-1940 wirkte. Vgl. Jörg-W. Link, Reformpädagogik zwischen Weimar, Weltkrieg und Wirtschaftswunder, 1999, sowie den Beitrag von Joachim Hennig zum Nationalsozialismus in Winningen in diesem Band.
77 Im Haus Nr. 12 der Winninger Kirchstraße traf sich in den frühen zwanziger Jahren des vorigen Jahrhunderts im Haus des Oberstleutnants Emil von Pastau (1855-1935) ein kleiner Literatur- und Skatkreis, der sich in geselliger Runde neben dem Kartenspiel auch der Poesie widmete. Zu diesem Kreis, mit Gästen beiderlei Geschlechts, gehörte u.a. Karl Philipp Harraeus (1863-1928), Pfarrer in Winningen von 1902 bis 1927. Harraeus, ein begabter Poet, widmete am 16. Oktober 1921 Herrn und Frau Oberstleutnant von Pastau, in deren gastlichen Hause er so manche genussreiche Stunde verleben durfte, eine 93 Seiten umfassende „Dichtung" mit dem Titel „Der Skatabend. Ein komisches Skat-, Wein- und Mosel-Märchen". (Das maschinenschriftliche Opus befindet sich in der Privatsammlung der Autorin).
78 Hier sei an den Volksschullehrer Richard Wenz erinnert. Er wurde am 12. Dezember 1876 in St. Wendel geboren, kam aber schon in frühester Jugend nach Winningen, der Heimat seiner Mutter, wo er mit Vorliebe seine Dorf- und Winzergeschichten spielen lässt, so die Romane „Der Krüppel", „Der Kondbachmüller", „Der Fremde", „Tante Regina", „Auf dem Eulenhof"; „Landfahrerblut", „Irrgänge der Liebe", „Moselaner", „Der Schlosserfritz", „Der Hüttenmüller" etc. Er schrieb auch Dramen, die „an ersten Bühnen aufgeführt wurden", Vgl. Bellighausen, Winningen (wie Anm. 19), Teil 2, S. 126.
79 Als Mundartdichter sei hier an Albert Bones, Gustav Richter, Walter Goß, Gerhard Löwenstein, Löwensteinhof, Manfred Löwenstein, Lothar Kröber und Jörg Kröber erinnert.

schatz des Winninger Dialektes bewahren. Maler und Graphiker,[80] die Menschen und Landschaften skizzierten, lebten und wirkten in unserem Moselort. Auch heute leben und arbeiten in Winningen begabte Künstler,[81] Maler,[82] Bildhauer,[83] die in eigenen Ateliers oder örtlichen Galerien, insbesondere in der Galerie des Rathauses, ihre Kunstwerke ausstellen und den Betrachtern eine neue Welt der Kunst erschließen. Gesang[84] und Musik spielte bei den Winningern immer eine große Rolle. Musik beflügelt die Herzen, gibt Impulse und Lebensfreude.[85]

Ausblick

Bei allen kulturellen und bildungsgeschichtlichen Betrachtungen ist eines deutlich spürbar: Es weht ein frischer, belebender Wind durch Winningen, der den sich wandelnden Prozess von Bildung und Kultur umfasst. Kulturelle Profile verändern sich und nicht nur in wissenschaftlichen Bereichen werden neue Schwerpunkte gesetzt, die auch die Gefahr allzu großer Spezialisierungen mit sich bringen. Zweifellos liegen darin große Herausforderungen für die heranwachsenden Generationen.

Doch sei dieser Entwicklung ein Gedanke Wilhelm von Humboldts (1767-1835) entgegengesetzt, der als einer der charakteristischsten Vertreter des Humanitätsideals gilt, des Ideals des universalen Menschen, der, allen Seiten des Kulturlebens offen, die höchste Stufe umfassender Bildung repräsentiert – Bildung nicht im Sinne äußerlich erworbenen Wissens, sondern im Sinn voller harmonischer Persönlichkeitsgestaltung. Für Humboldt liegt der Wert des Menschen

---

80 Hier denkt man neben dem künstlerisch begabten Aquarellisten Oskar Hautt (1917-1941) in jüngerer Zeit an den Maler und Graphiker Walter Traus, geb. 1923 in Winningen, der an der Werkkunstschule Trier und der Kunstakademie Stuttgart studierte und sich als freier Maler und Graphiker an Einzel- und Gruppenausstellungen u.a. in Houston, Edinburgh, Paris, Venedig, Barcelona, Lüttich, Stuttgart, Karlsruhe, Bretten, Koblenz und Winningen beteiligte, sowie an Walter Goß, geb. 1924 in Winningen, der als Aquarellist und Zeichner weithin bekannt ist. Er hat für mehr als 45 Städte und Gemeinden im gesamten Bundesgebiet als Städtezeichner gearbeitet. Otto Schmitter, geb. 1927 in Köln, studierte sechs Semester freie Graphik in Köln bei Prof. Schröder und Prof. Hoff; er ist bekannt für seine zarten Blumen-Aquarelle.
81 Goldschmiedemeisterin Dana Nettlich, geb. 1968 in Reschitz/Rumänien, und Diplom-Metalldesigner Jens Nettlich, geb. 1972 in Göttingen, 1996-2000 Studium der Metallgestaltung an der FH Hildesheim für angewandte Wissenschaft und Kunst, Diplom bei den Prof. Bünck und Almstadt, haben ihr Atelier in Winningen etabliert. Sie erhielten 2001 den Förderpreis für das Kunsthandwerk Rheinland-Pfalz, 2003 den „International Knife Award", eine Anerkennung Produktdesign Rheinland-Pfalz und 2004 einen Staatspreis für das Kunsthandwerk Rheinland-Pfalz.
82 Sonja Bartussek-Op den Camp, geb. 1968 in Graz/Österreich, 1989-96 Studium der Malerei an der Johannes-Gutenberg-Universität Mainz, 1992-97 Stipendium der Friedrich-Ebert-Stiftung, 1996 Diplom im Fach Malerei, Meisterschülerin bei Prof. Friedmann Hahn, lebt und arbeitet in Winningen an der Mosel.
83 Bemerkenswert sind die Basalt-Skulpturen von Klaus Walter Stein, die er bisher in Winningen und auf Korsika schuf.
84 Vgl. Krumme, Beitrag (wie Anm. 42), S. 24-42. Unvergesslich ist bis heute die „Gäermusik", eine Interessengemeinschaft heimatlicher Folkloremusik.
85 Die 1924 gegründete Winzerkapelle Winningen, ein modernes Blasorchester und das Winninger Trommler- und Pfeifer-Corps sind unter bewährter und kreativer Leitung unverzichtbare Bestandteile der Winninger Festkultur. Auch die Etablierung einer privaten Musikschule mit zahlreichen Schülern ist in diesem Zusammenhang zu nennen.

im Charakter, aber der Weg zur Charakterbildung geht ihm über und durch die Schulung des Geistes.[86]

Das ist genau der Weg, den die Winninger Bürger seit Generationen gegangen sind und mit Sicherheit weiterhin gehen werden.

---

86 Vgl. Ernst von Aster, Geschichte der Philosophie. Die deutsche nach-kantianische Philosophie, 1968, S. 296.

Städtebauliche Entwicklung und architektonische Merkmale

Von Peter Lammert

*Es gibt die Redensart,
die Kleider seien die zweite Haut des Menschen.
Und ich behaupte: die Wohnung, das Haus, Haus und Hof,
das ist (wenn man nicht das Auto meint)
die dritte Haut des Menschen.
Ganz anders als die zweite, die man wechseln kann
von heute auf morgen,
viel beständiger als eine Mode.
So wie früher eine Tracht,
vielleicht eine Haut für Jahrzehnte, fürs ganze Leben.*

*Und die vierte Haut, das ist
die Stadt, das Dorf,
das städtebauliche, örtliche Umfeld.
Sie kann wie alle Kleidung passen oder nicht passen.
Sie ist der enge oder weite Rahmen, in dem wir uns bewegen.
Mal ist sie nur die städtebauliche Ordnung,
manchmal die Bühne für Häuser und Menschen.*

*Umgekehrt lassen die vierte und die dritte Haut,
die Struktur und das Gesicht des Ortes,
der Straßen und Plätze und der Häuser auf die Lebensform schließen,
auf das Leben und die Mentalität der Bewohner, der Bürger, der Gemeinde.
Das ist, in einer Art vorauseilender Archäologie,
das Ziel der folgenden Betrachtung.*

Die Herangehensweise dieses Beitrags ist vielleicht ungewöhnlich. Der Betrachtungsgegenstand ist das Winningen des 21. Jahrhunderts. Hinterfragt werden dabei die historischen Entwicklungslinien, die städtebaulichen und architektonischen Bausteine der Ortsentwicklung, die den heutigen Ort prägen. Es ist zugleich ein Versuch, in Ortsbild und Landschaft die Individualität des Ortes zu finden. Auch ein Dorf spiegelt im Ortsbild seine eigene Geschichte, seine augenblickliche gesellschaftliche Verfassung, freilich auch seine wirtschaftliche Lage wider.

Winningen gehört einerseits zu den Dörfern, die noch am nächsten an ihrer Originalstruktur sind. In vielen Vergleichsfällen betrifft dies aber nur die äußere Hülle, die bauliche Struktur. Ein bisschen Etikettenschwindel ist dann schon dabei: Denn die gebaute Dorfromantik hat überwiegend das normal verstädterte Leben zum Inhalt. In unserem Fall gibt es jedoch einige wesentliche Merkmale, die noch erkennbar sind: der eindeutig definierte Siedlungskörper, die Ablesbarkeit des Dorfbereichs, der intakte Ortsrand. Und noch sichtbar die ursprünglichen Originalfunktionen Weinbau, Handwerk und Kleingewerbe, nicht zuletzt die Kirche im Dorf, unverkennbar ländliche Gasthäuser und Räume für eine dörfliche Kommunikation.

Andererseits gehört Winningen zu den Gemeinden, die, durch die geographische Lage und die eigene geschichtliche Dynamik begünstigt, voll in der Gegenwart angekommen sind. Bei der geringen Entfernung zu der Gerade-noch-Großstadt Koblenz könnte man annehmen, dass sich hier längst die übliche suburbane Siedlungs- und Sozialstruktur entwickelt hätte. Die Individualität des Ortes spricht dagegen. Trotzdem: die heile Dorfwelt ist Geschichte, Lebensformen und Wohnkomfort haben sich längst dem „landläufigen Stadtleben" angepasst. Die Ansprüche an Infrastruktur, Verkehrsverbindung und Information werden hier genau so gut erfüllt wie in jeder Stadt. Und doch sind die Vergangenheit des Dorfes und sein ursprüngliches, unverwechselbares Gesicht auch in der Gegenwart präsent. Die historischen Werte des Ortes sind unübersehbar: in der Ortstruktur, den Bauten, der überlieferten besonderen Geschichte, den Traditionen, der bemerkenswerten Sozialstruktur – mit einem in die Moderne geretteten informellen Netz der Kommunikation, der sozialen Kontrolle und der gegenseitigen Hilfeleistung – und in der Sprache. Vor allem im 19. und 20. Jahrhundert ist die Gemeinde in Schüben gewachsen. Damit sind Veränderungen in der Bevölkerungsstruktur verbunden. Indessen hat die maßvolle Entwicklungsgeschwindigkeit eher die Integration der neuen Bürger begünstigt als die Überfremdung der tradierten Strukturen.

In ihrer heutigen Lage, Ausstattung und Bevölkerungsstruktur stellt die Gemeinde einen gut abgemischten Mikrokosmos vor. Dieses Merkmal ist bereits in der gesamten geschichtlichen Entwicklung durchgängig festzustellen. Schon immer war die vielfältige Infrastruktur des Ortes auffällig und wohl auch mit der besonderen Lage als evangelische Enklave zu erklären. So gab es noch in den 1980er Jahren drei Bäcker, drei Metzger, drei Lebensmittelläden, eine große Anzahl Gasthäuser und Handwerksbetriebe aller Sparten. Trotz der allgemeinen Trends und einiger Einbußen hat sich dieses differenzierte Angebot prinzipiell gehalten.

Das Bevölkerungswachstum der letzten Jahrzehnte hat sicher, zusammen mit dem Tourismus, zum Erhalt einer kompletten Infrastruktur-Ausstattung einschließlich der Ergänzung um viele Dienstleistungen beigetragen. Die traditionellen Dorf-Funktionen sind natürlich rein quantitativ zurückgegangen: Die klassische Landwirtschaft fast gänzlich, und auch die Anzahl der Weinbaubetriebe ist in den letzten Jahrzehnten deutlich weniger geworden.[1]

Das meiste Geld wird in ganz anderen Branchen und zumeist in der Stadt verdient. Entscheidend ist aber, dass der Weinbau, die Weinvermarktung und der damit verbundene Tourismus im Ortsbild erlebbar präsent sind und ihm einen hohen Identifikationswert verleihen.

Die Definition des Ortes

Man könnte sich die Frage stellen: Warum hier, warum an diesem Ort? Ist es die Landschaft, dieser markante Einschnitt zum Moseltal hin (die heutige Abfahrt vom Berg her), der Moselbogen, die Talweitung an der Mosel? Oder sind es ganz einfach ökonomische Gründe gewesen,

---

[1] In den Dorfentwicklungsplänen 1984 und 1999 sind die Betriebe dargestellt und lokalisiert – 1981: 54 Haupterwerbsbetriebe, über 80 Nebenerwerbsbetriebe; 1999: 32 Haupterwerbsbetriebe, 64 Nebenerwerbsbetriebe.

landwirtschaftliche, Verbindungswege, die politische Zuordnung oder die politische Nische. Oder einfach Zufall? Bis jetzt bleibt zwar alle Wissenschaft Spekulation, aber es erscheint doch auffällig, dass an diesem Ort eine solche Kontinuität der Entwicklung zu beobachten ist.

Im Rahmen dieses Beitrages muss nicht erneut auf die vorgeschichtlichen Funde (in der „Lehmkaul", dem Bereich zwischen oberer Bach- und oberer Fährstraße) hingewiesen werden, auch nicht auf die bestens bekannte Römervilla (aus dem 1. Jahrhundert n.Chr.) über den Nordsteilhängen – allenfalls auf die dazu gehörende Literatur.[2]

Dennoch: auch diese archäologischen Belege sind ein Beweis für die Anziehungskraft dieses bestimmten Ortes und für die Akzeptanz durch seine frühen Bewohner. Insofern sind sie städtebaulich und ortsgeschichtlich relevant. In Zeiten einer dünnen, sporadischen Besiedlung spielen die bevorzugten, spezifischen Orte eine wesentliche Rolle. Und einmal – und wiederholt – besiedelt, bilden sie den Grundstock für eine sukzessive städtebauliche Entwicklung. Mit der fränkischen Landnahme im 5. Jahrhundert dürften sich die ersten Häuser und Höfe um den späteren Fronhof und im Bereich der späteren, frühromanischen Kirche angesiedelt haben: Die Tallage an der Mosel wird damit erstmals definiert. In einer späteren Phase hat sich der Ort vom (heutigen) Spitalseck in Richtung Zehnthof und, in der anderen Richtung, von der Mosel bis in Höhe der (heutigen) Türmchenstraße, der Kirch- und der Schulstraße ausgedehnt. Dem folgte die weitere bauliche Entwicklung dem Bachlauf (Bachstraße) entlang nach Norden.

Die frühen Eckpunkte der mittelalterlichen Ortsentwicklung sind vielleicht die Höfe, die zum Teil externen Besitzern zuzuordnen sind.[3] An erster Stelle der Fronhof von 989, der zwischenzeitlich imposante Ausmaße angenommen hatte (s. z.B. Ansichten aus dem 19. Jahrhundert).

Er gehörte ursprünglich der Abtei St. Martin in Köln, ging aber 1562 in den Besitz des Erzstiftes Trier über. Der Zehnthof des Aachener Marienstifts (um 1180) ist mit den wenigen verbliebenen Doppelarkaden-Fenstern ein wertvolles Zeugnis der spätromanischen Architektur.

Der St. Petershof des Domstifts Köln (um 1250) wurde im Laufe der Jahrhunderte völlig umgebaut und ist nur noch archäologisch zu identifizieren. Ein Hofgut der Freiherrn von Heddesdorff, zwischen Moselufer und Kirche gelegen, gab es bereits im 15. Jahrhundert. Es wurde 1830/40 in der Architektursprache des frühen 19. Jahrhunderts zu seiner heutigen Gestalt umgebaut. Außerdem wurde 1618 in der Kirchstraße ein zweites Hofgut als Bruchsteinhaus erbaut. Ohne alle größeren Objekte aufzählen zu wollen, sei noch der Distelberger Hof, der ursprünglich von 1446 stammt, erwähnt. Außerhalb der Ortslage auf der Höhe liegend, wurde er kontinuierlich von wechselnden Besitzern genutzt, erweitert und umgebaut. Zu diesen Fixpunkten kommen im Laufe der Jahrhunderte die Vogts- und Amtshäuser, die seit dem 16. Jahrhundert an wechselnden Standorten anzutreffen sind.

---

2 Siehe dazu den Beitrag von Lutz Grunwald in diesem Band.
3 Siehe dazu und zur Ortsbefestigung den Beitrag von Rainer Garbe zur dörflichen Infrastruktur in diesem Band.

Obwohl sie in allen Kulturführern und wissenschaftlichen Arbeiten beschrieben sind, werden sie hier aus guten Gründen ausdrücklich erwähnt: Denn mit ihren Positionen bilden sie eine Primär- oder (wenn man das lieber so will) eine Sekundärstruktur der Besiedlungsordnung und bestimmen zusammen mit der Kirche und dem Haus-Hof-Gassen-System das städtebauliche Beziehungsmuster.

Das ganze Mittelalter hindurch wird der Ort Winningen in den engen Grenzen des 14. Jahrhunderts gezeigt. Dies bleibt so bis ins späte 18. Jahrhundert. Wesentliche Merkmale sind die zunehmende bauliche Dichte, vor allem aber die eindeutige Abgrenzung nach außen: letztere spätestens ab 1384 mit einem Palisadenzaun und einem Graben. Da die Unterhaltung dieses hölzernen Schutzzauns durch den Mangel an Wald und damit an Holz immer schwieriger wurde, bat die Bürgerschaft im Jahre 1568 ihre Landesherrschaft darum, eine steinerne Ringmauer bauen zu dürfen. 1571 wurde die Mauer von den beiden damaligen Landesherren (Johann I. Herzog zu Zweibrücken und Philipp II. Markgraf von Baden) genehmigt. Aus finanziellen Gründen dauerte es noch mehrere Jahre bis zum Baubeginn. Nach einer Anordnung von 1577 sollte die Mauer dreizehn Schuh (= 3,78 m) hoch und drei Schuh (= 87 cm) breit sein. Es wird angenommen, dass die Ringmauer, seit diesem Zeitpunkt in Abschnitten hergestellt, im Jahre 1585 fertiggestellt war; gleichwohl war ein schmaler Zugang zur Mosel, die Bachpforte, offen geblieben. Die Ringmauer wurde durch einen Graben ergänzt. Einzig das heutige „Burpädchen" vom Marktplatz zur Neustraße dokumentiert den Verlauf des ehemaligen Grabens, ein kleines Stück auch das nur noch privat genutzte, nur teilweise erhaltene Pfädchen entlang des ehemaligen Friedhofs zwischen Friedrich- und Fährstraße. Außer der Bachpforte gab es noch neun Tore, die überwiegend im 17. Jahrhundert erstmals erwähnt werden. Das letzte sichtbare ist das wieder hergestellte Horntor.

Vieles spricht dafür, dass der unzulängliche und schließlich hinfällige Zaun und die spätere Ringmauer einen Schutz, keinen ausdrücklich militärischen, aber schon einen gegen Feinde von außen, Menschen und Tiere, darstellten. Auch das eigene Vieh sollte am Auslaufen gehindert werden. Die eindeutige Grenzziehung zwischen innen und außen und das damit einhergehende enge Zusammenrücken im Dorf könnte einerseits auch viel mit der Flächenökonomie zugunsten von Landwirtschaft und Weinbau zu tun haben. Andererseits prägt sie ganz sicher das Innenleben eines Dorfes. Und auch wenn es heute keinen Zaun, keine Mauer und keinen Graben mehr gibt, so ist eine virtuelle Grenze zwischen innen (Winningen) und außen (die ganze übrige Welt) immer präsent.

Die Ortsstruktur – Häuser und Straßenräume

Die eher größere Dimension des Ortskerns entspricht dem historischen Marktflecken, der in der Rangordnung oberhalb eines normalen Dorfes einzuordnen ist. Die bauliche Ortsstruktur hat darüber hinaus Merkmale einer sogenannten „Stadtanlage": dichte Bebauung und ein enges, stringentes Gassennetz. Schon in den Grenzen, die seit dem Mittelalter nachweisbar und auch mit Zaun und Mauer definiert sind (s. o.), finden wir eine komplexe Gassenstruktur vor, die von geschlossenen Haus- und gekurvten Straßenraumkanten geprägt ist. Diese Gassen schmiegen sich den Gegebenheiten und der Topographie an. In der bisherigen Stadtbaugeschichte werden solche Ortsgrundrisse mit gekrümmten Straßen eindeutig dem Hochmittelalter zugeordnet. Die landläufige Meinung, solche Straßen- und Gassenführungen seien das eher zufällige Ergebnis gewachsener Stadtanlagen, ist bereits mit vielen Beispielen widerlegt. Der Widerspruch zwischen sogenannten „gewachsenen" und „geplanten" Städten und Dörfern stimmt nur dann, wenn man Planung mit „Planung auf dem Reißbrett" gleichsetzt. Andererseits entstehen geplante Strukturen auch durch vereinbarte Vorschriften, Absprache, Konsens und nicht zuletzt durch Vorbilder. Solche Ortsgrundrisse können nicht entstehen, wenn jeder baut wie er will.

So wie die Häuser einem Reglement unterworfen sind, gehört zu diesem Ortsgrundriss eine über Jahrhunderte durchgehaltene Organisation. Es ist naheliegend, dass die durchaus eigenartigen Wegeführungen und Grundstückszuschnitte mit der Beziehung zum Wasserlauf, zu den Brunnenstandorten und zum Markt zu tun haben, natürlich auch mit dem Bezirk um die nach Osten ausgerichteten Kirche. Für Winningen und andere Orte würde es sich lohnen, der Entstehung dieses Ortsgrundrisses nachzugehen; an dieser Stelle können nur Hinweise gegeben und Vermutungen angestellt werden.

Die Erweiterungen des 19. und des frühen 20. Jahrhunderts (obere Fährstraße, Neustraße, obere Friedrichstraße, Wilhelmstraße bis 1928) haben eine geradezu preußische Geradlinigkeit und Strenge. Gleichwohl ist der Haustyp im Wesentlichen geblieben. Eine Studienarbeit aus dem Jahre 1981 hat die charakteristischen Merkmale der beiden Bereiche durch Minimalisierung und Abstraktion gegenübergestellt (s. Abb.).[4] Charakteristisch für die Häuserreihen ist, mit wenigen Ausnahmen, die Traufstellung zur Straße hin. Und was vordergründig nach einem Gestaltungsmerkmal aussieht, hat ganz praktische Gründe: Die seitlich hochgezogenen steinernen Brandgiebel vermindern die Gefahr des Brandüberschlags.

Plätze, wie wir sie heute kennen, sind in den alten Grundrissen nicht zu finden. Einen architektonisch gefassten Marktplatz (s.u.) gab es bis ins späte 20. Jahrhundert nicht. Die Kram- und Viehmärkte fanden auf den „Bleichwiesen" zwischen Moselufer und Dorf statt.

Der Weinhof hat zwar eine längere Geschichte, aber er hat sich nicht aus dem historischen Ortsgrundriss entwickelt. 1877 hat die Gemeinde dort zwei Häuser zum Abriss aufgekauft. Damit war ein erster Platzraum geschaffen, der heute wie die Mündung der Bachstraße zu verstehen ist: ein gelungener Eingriff. Und, damit sich auch zum Kirchplatz keine falschen Vorstellungen verfestigen: Die Kirche stand nie so frei wie heute. Der ganze westlich gelegene, heute begrünte Platzbereich war bis in die 1970er Jahre eng bebaut. Erst ein äußerst mutiger Sanierungseingriff führte zur Freistellung der Kirchenfront: Die Gemeinde kaufte die Häuser und ließ sie abreißen. Der städtebaulich-ästhetische Effekt war dabei der Mehrwert einer ganz pragmatisch-wirtschaftlichen Massnahme; eine davon war die Aussiedlung eines Weinguts an den neuen Standort Domgartenhof.

---

4 Studienarbeit an der Fachhochschule Koblenz 1981: Ortsbild-Analyse Winningen. Verfasserinnen: Oranna Erb, Ruth Karich u. a.

Die Landschaft

Zusammen mit dem Ortsbild ist die Landschaft das wertvollste Kapital der Gemeinde. Die Mosel, der prägnante Talbogen, die steilen Weinbergshänge und die Hochfläche, die spektakuläre Zufahrt in den Taleinschnitt von Norden her und die Erlebbarkeit der Topographie sind die charakteristischen Elemente einer einprägsamen Situation. Der enge Bezug zum Fluss, auf den der ganze Ort orientiert ist, hat sicher durch die Eisenbahnlinie im 19. Jahrhundert, die Bundesstraße und die Kanalisierung der Mosel im 20. Jahrhundert an Intensität eingebüßt. Es muss aber nicht nur aus alten Karten und Texten herausgelesen werden, dass die Mosel das dominierende Thema ist. Nach wie vor ist sie präsent, von den Weinbergen aus, von den Wegeführungen her, bei Hochwasser regelmäßig: selbst wenn sie nicht immer einsehbar ist – im Kopf der Bewohner und Besucher ist sie allemal.

Eine Besonderheit stellt dabei die über einen Damm erreichbare Moselinsel Ziehfurt dar. Seit vielen Jahren ein äußerst beliebter, moderner Campingplatz und Yachthafen, hat sie schon zu früheren Zeiten eine Rolle gespielt. Zu hochwasserfreien Zeiten konnte man dort seine Ziegen weiden. Sie war aber auch der Platz für Veranstaltungen, sicher auch mal für heimliche Rendezvous. Die Insel war erst Ende des 17. Jahrhunderts durch Abspaltung vom Ufer entstanden.[5]

1701 wurde sie zwischen Dieblich (2/3) und Winningen (1/3) aufgeteilt. Im August 1933 kauft die Gemeinde Winningen den Dieblicher Anteil auf. Der Gemeinderat beschließt im November 1933 den Ausbau als Badeplatz und Freilichtbühne. Bei letzterer handelte es sich wohl um die Gelegenheit, im Zuge der Thingstätten-Bewegung [6] des NS-Regimes zu einer Bühne zu kommen. In einem Plan des Kreis-Hochbauamts Koblenz ist die zu dieser Zeit beabsichtigte Gesamtgestaltung der Insel dargestellt.[7]

Landschaft ist, seit es menschliche Siedlungen gibt, Kulturlandschaft, sie ist immer in Veränderung begriffen, wird immer wieder den ökonomischen Bedingungen der Gesellschaft angepasst. Auch die Winninger Landschaft sah natürlich nicht immer so aus wie heute. Vor der Flurbereinigung (Verfahren 1961-1974, Beginn im November 1965) waren die Weinbergs-

---

5   Vgl. Rainer Garbe, (Bearb.), Inventar der Quellen zur Geschichte der Gemeinde Winningen/ Mosel, 2003, S. 51.
6   1933-35 wurden in Deutschland zahlreiche „Thingstätten" geplant und realisiert (z.B. in Koblenz vor dem Schloss; auf der Loreley; in Heidelberg). Sie wurden anfänglich vom NS-Regime im Sinne eines eher rustikalen Germanentums propagiert. Der Begriff wurde jedoch bald wieder vom Propagandaministerium als „mystisch" und unpassend abgesetzt und musste den härteren Aufmarschplätzen und Feierstätten weichen. Viele Städte und Gemeinden haben sich dabei die Chance, eine Freilichtbühne zu bekommen, auch jenseits der oder zusätzlich zur herrschenden NS-Ideologie nicht entgehen zu lassen. Der nach Winningen versetzte „Parteigenosse", Hauptlehrer Kircher schreibt in „Der Wegweiser" Nr. 7, Juli 1936 unter anderem: „[...] wir helfen der NSV, wir helfen tätig bei der Vervollständigung der Thingstätte auf einer Moselinsel (demnächst wird jeder abgehende Jahrgang an einer neu anzulegenden Zufahrtstraße seinen Baum pflanzen: Hitler-Eiche, Horst-Wesel-Eiche)." Zitiert nach Winninger Bildchronik, hg. von der Volkshochschule Untermosel, Bd. 1, 1991, S. 146 f.
7   Insel Ziehfurt – Entwurf einer landschaftlichen Aufteilung. Planeinträge: „Freilichtbühne" auf der Nordwestseite, „Wahrzeichen" südöstlich an der Inselspitze, im Mittelfeld „Sportplatz" und größerer „Versammlungsplatz". Verfasser: Kreishochbauamt Koblenz, in: Planmappe F. Bernhard, Kat.-Nr. 102/2, derzeit in treuhänderischer Verwahrung des Verfassers.

parzellen wesentlich kleinteiliger, gegliedert durch zahlreiche Terrassen (Chüer), die heutigen Wirtschaftswege fehlten weitgehend. Abgesehen von der äußerst beschwerlichen Bewirtschaftung: ein ganz anderes Bild. Und wie überall an der Mosel waren zu früheren Zeiten die flachen Tallagen nicht für den Weinbau, sondern für Äcker und Gärten reserviert. Erst mit dem Rückgang der zusätzlichen kleinbäuerlichen Landwirtschaft zu Gunsten des Weinbaus bekamen auch diese Flächen ein neues Gesicht.

Die Erlebbarkeit der Landschaft ist für diejenigen, die bis heute ständig oder gelegentlich im Wingert arbeiten, eine Selbstverständlichkeit. Für die Anderen ist sie ein charakteristisches Merkmal, das von der Ortsstruktur nicht zu trennen ist. Winningen ist Ort und Landschaft in einem, beide prägnant, beide im Dialog miteinander. Auch die Flurbereinigung hat die Qualität der Landschaft im Auge behalten.

Und wenn die räumliche Einpassung des Ortes in die Landschaft angesprochen ist, muss auf das gegenüberliegende rechte Moselufer hingewiesen werden. „Drüben" heißt es in alten Beschreibungen: Die Weinberge am Fuß des Berghangs und vor allem der Wald, der ursprünglich der Gemeinde Winningen gehörte. Nicht zuletzt sind die bewaldeten Höhen beiderseits der Mosel die besten Aussichtspunkte (Pfarrheckskopf, Carolahöhe) auf den Ort, früher ausschließlich Schieferdächer, und die Landschaft.

Die Häuser

Die Hausform ist in die moselfränkische Entwicklung einzuordnen. (Der Verfasser hatte ein besonderes Erlebnis, als er in Siebenbürgen die fast identischen Hausformen und Straßenansichten antraf – schließlich waren die Siebenbürger Sachsen vor 800 (!) Jahren eingewandert und zu einem guten Teil aus dem Moselfränkischen gekommen.)

Das Prinzip hat sich über Jahrhunderte nicht geändert: zweigeschossiges Vorderhaus, mit Küche und Wohnstube im Erdgeschoss; die Schlafräume und dann auch die „Visite-Stub" im Obergeschoss; unter dem Haus natürlich der Weinkeller. Zur Gasse hin eine Port, dahinter die Hofzufahrt mit dem seitlichen Hauseingang. Ein kleines Hinterhaus mit Stall und Scheune.[8]

So langsam hat sich das Grundstück aufgefüllt: Die Hofeinfahrt wurde überbaut, die stattliche Port zur Straße mit Schlupftür ergab einen hermetischen Abschluss des Hofes. Vorder- und Hinterhaus wurden mit der Zeit baulich verbunden, es entstand das Zwischenhaus. Nach Aufgabe der Klein-Landwirtschaft und Konzentration auf den Weinbau wurde auch das Hinterhaus

---

8 „Winningen ist fast durchaus guth gebaut, doch die alte[n Häuser] seind meistens unregelmäßig, jedoch sind alle mit Schiefer gut gedeckt; ebenso verhält es sich mit den Kelterhäusern, Scheuren und Stallungen. Zu den meisten Häusern maß man durch ein Thor in einen Hof und über [den] oder am Dungplatz verbey; die Fenster stehen selten der Gasse zu. Zuerst kommt man durch die Küche ins Wohnzimmer. Jedoch im oberen Stock ist meistens für ein großes Zimmer gesorgt, das Raum genug hat, die größten Hochzeitsgesellschaften [...] zu fassen. Zitiert aus: Ekkehard Krumme (Bearb.), „Physische und moralische Bemerkungen über die Einwohner der Mairie" [Winningen] von Carl August Reinhardt [Maire in Winningen], [25. Februar 1802], in: Winninger Hefte 1 (1985), S. 19-25, hier: S. 22 f.

für Geräte, Maschinen und Lagerung genutzt, in einigen Fällen wurde noch der Hof unterkellert, um die Kapazität des Weinguts zu erhöhen.

Und auch dann, wenn wie heute zunehmend die Weinbaunutzung entfällt, werden Hinter- und Zwischenhaus zur Wohnnutzung für die nächste (oder die ältere) Generation oder für Ferienwohnungen herangezogen. Diese ganzen Entwicklungsstufen und die Nutzungsvariabilität des Haustyps sprechen für ein leistungsfähiges Grundrissprinzip.

Die älteren Häuser sind in der Regel Fachwerkkonstruktionen oder einfache Steinhäuser, bei denen statt Kalkmörtel Lehm verwendet wurde.[9] Bis auf wenige sind die meisten der älteren Häuser verputzt. Die sichtbaren Fachwerkhäuser (z.B. in der Herrengasse, der Fron-, Bach- oder der unteren Fährstraße) sind zwar auffallend im Ortsbild, bilden aber den geringsten Anteil aller Bauten. Bereits in der Marktstraße und der oberen Fährstraße dominiert die Steinbauweise, in den Erweiterungszonen des 19. und frühen 20. Jahrhunderts (Neustraße, obere Friedrichstraße, obere Wilhelmstraße) finden wir hingegen hochwertige Bruchsteinhäuser in Sichtmauerwerk, die dem Zeitgeschmack des 19. Jahrhunderts entsprechen.

Manche Besonderheiten sind sicher auch in anderen Orten und sogar anderen Regionen anzutreffen. Zum Beispiel die kleinen Dachgauben der Schieferdächer und auch die Zwerchhäuser zum Materialaufzug in den Dachspeicher. Oder die bemerkenswerte Methode, den gewölbten Weinkeller zu bauen: Der gewachsene Boden wurde, geformt, als Schalung benutzt; und erst nach Fertigstellung des Kellergewölbes wurde der Aushub in mühevoller Arbeit herausgeschafft. Zwischen den Häusern gibt es jeweils nur eine Trennwand, die zugleich Brandwand ist. Die kann natürlich nur einem der Hausnachbarn gehören: jeweils dem, auf dessen Seite im Keller eine Wandnische, die „Schorrb", ausgespart ist. Damit die Eigentumsverhältnisse für alle Zeiten klar sind.

Der wesentliche Konsens ist der sparsame Umgang mit dem Bauland zugunsten der bewirtschafteten Landwirtschafts- und Weinbergsflächen. Dass die äußerste Dichte auch Auswirkungen auf soziale Strukturen hat oder – anders herum - Ausdruck der sozialen Struktur ist, steht auf einem andern Blatt. Die so genannte „soziale Kontrolle" (hier ein wertfreier Begriff aus der Stadtsoziologie) in allen positiven (Anteilnahme, Hilfe) und negativen (Anteilnahme, Kritik) Auswirkungen ist über die Gassenbreite von gerade mal fünf oder fünfeinhalb Meter bis heute eine naheliegende Vermutung, die hin und wieder lebhaft bestätigt wird. Komplementär zu dieser Nähe kann die völlige Abgeschlossenheit der Höfe gesehen werden.

Die beiden Gegensätze „absolute Privatheit" und „Öffentlichkeit/Nachbarschaft" halten sich die Waage.[10] Der Mensch braucht den Bezug zu Öffentlichkeit und Gemeinschaft genau so wie die Privatheit: Je mehr Öffentlichkeitsbezug, desto rigoroser das Bedürfnis nach dem Pendant. Insoweit sind die moselfränkischen und damit die Winninger Hofhaus-Typen exemplarische

---

9   Ebd., S. 24: „Ehedem baute man meistens mit hölzernen Wänden oder mit Steinen, wozu aber statt des Kalks nur Lehm gebraucht wurde. Jetzt mauert man weit besser mit Kalk und Stein bis unter das Dach."
10 Vgl. Serge Chermayeff, Christopher Alexander, Community and Privacy, 1963. Dieser Buchtitel wurde in den 1960er Jahren zum Leitthema in Städtebau und Stadtsoziologie.

Beispiele für ein grundlegendes städtebauliches Prinzip, das in unterschiedlichsten Ausformungen bis heute gilt. Es sei schon an dieser Stelle erwähnt, dass der Plan für das Wohngebiet Winningen-Ost sich mit diesem Thema in moderner(er) Form auseinandergesetzt hat.

Der Marktplatz

Es führt kein Weg daran vorbei, die Platzierung des Marktplatzes im 20. Jahrhundert im Kontext des Zeitgeistes zu betrachten. Denn die historische Ortsstruktur hatte keine Platzbildung als Ortsmitte vorgesehen. Die Marktstraße, ursprünglich die „Markstraße", wurde erst 1860, nach Abriss eines Hauses, von dem damaligen Schulneubau bis zur Bachstraße weitergeführt. Der Markt wurde schließlich seit alters her zwischen damaligem Moselufer und südlicher Bebauung (Fronhof, Krone, Horntor), zu späteren Zeiten auch unter dem Bahnviadukt, abgehalten.

Der heutige Marktplatz ist eine Erfindung des 20. Jahrhunderts. Mitte der 30er Jahre wurden nicht nur in großen und kleinen Städten, sondern in kleinsten Dörfern und Siedlungen Plätze und Bauten geplant und teilweise auch realisiert, um der nationalsozialistischen Gesellschaft eine funktionale, organisatorische und städtebauliche Grundlage zu verschaffen: Versammlungsplätze, Feierstätten, „Bauten der Gemeinschaft" waren die liturgischen Räume.

Dieser Trend wurde übrigens auch von vielen Kommunen (und Planern) zum Anlass genommen, neue städtebauliche Strukturen zu schaffen. Der konkrete Anlass und die Motivation für das Winninger Marktplatz-Projekt ist eine eigene Recherche wert.

Vor diesem Hintergrund sind der 1937 erfolgte Ankauf und Abbruch mehrerer Häuser zwischen der „Kleinen Schule" und der Ecke Marktstraße/Bachstraße durch die Gemeinde zu verstehen. Rückwirkend gesehen, ein ungeheurer Eingriff, mutig und mutwillig zugleich, in die vorgegebene Ortsstruktur. Ein Glück, dass bis Kriegsende über die Freilegung hinaus keine Gestaltung erfolgte. 1951 legte die Gemeinde die Festspielbühne vor den stehen gebliebenen Seiten-/Hoffassaden der angrenzenden Häuser an. Außer einer Teerdecke gab es aber über Jahrzehnte keine Gestaltung. Der Platz musste bis in die 80er Jahre als Verkehrsfläche und Parkplatz für Autos und Busse herhalten.

Im Zuge der Dorfentwicklung hat die Gemeinde 1984 den Marktplatz umgestaltet (Planung 1982/83) Die Einweihung erfolgte am 26. November 1984. Weil das Wetter zu dieser Zeit so schlecht war, wurde sie Anfang Juni 1985 mit einem Bürgerfest wiederholt.

Das Projekt hat nicht unwesentlich zum Erfolg beim Bundeswettbewerb „Unser Dorf soll schöner werden" 1985 beigetragen. Die kombinierte Finanzierung des Projekts, das einschließlich Marktstraße und Raiffeisenvorplatz 1,2 Millionen DM kostete, war eine bemerkenswerte Erfindung des Bürgermeisters: Der primäre Förderanteil des Landes (Investitionsstock) betrug 150.000 DM. Neben den moderaten Anliegerbeiträgen der Marktstraßenanlieger und Beteiligung der Raiffeisenbank wurde der Marktplatz als Bestandteil der Flurbereinigung II veranlagt. Das bedeutete, dass 295.000 DM über die zu 90 % geförderte Flurbereinigung in die Maßnahme flossen, da sie zu einem guten Teil zur Optimierung der Funktion als Weinbaugemeinde beitragen sollten. Die Mitglieder der Teilnehmergemeinschaft mussten sich mit 10 % (29.500 DM) beteiligen. Also wurde jeder relevante Quadratmeter Grundstück in der Ortslage mit einem Groschen belastet. Das wurde weitgehend akzeptiert, zuweilen aber auch mit Aggressionen (gegen den Marktplatz, die Planer und den Bürgermeister) versehen. Der Eigenanteil der Gemeinde lag indessen immer noch bei stattlichen 600.000 DM.[11] Abgesehen von der sichtbaren Oberfläche war der Aufwand auch im Tiefbau ganz erheblich: Der Kanal wurde neu verlegt, vor allem aber mussten die Keller der 1937 abgebrochenen Häuser verfüllt und verdichtet werden.

Durch den neuen Platz wurde die ursprüngliche Dorfstruktur entscheidend umgepolt. Er wurde von den Architekten[12] aber so konzipiert, dass er (nachträglich) wie selbstverständlich als Ortsmittelpunkt empfunden werden sollte - so als sei er schon immer da gewesen. Der Gemeinderat hat sich in vielen Sitzungen mit dem Projekt befasst und sich für die solide Version des natürlich aufwändigeren Basaltpflasters entschieden. Die „Bühnenfassade", die in den 50er Jahren als aufgenageltes Scheinfachwerk dekoriert worden war, blieb (bis heute) unverändert. Für die Lampen war übrigens ein moderneres Design vorgesehen. Die Gemeindeverwaltung hat dann die Urlaubszeit der Architekten ausgenützt, um nostalgische, historisierende Lampen zu platzieren.

Die Evangelische Kirche[13]

Eine Winninger Kirche wird erstmals 1019 erwähnt. Es wird angenommen, dass bereits in dem Zeitraum zwischen der von Trier ausgehenden Christianisierung des Moselraumes im 4. Jahrhundert und der ersten Erwähnung einer Winninger Pfarrstelle im Jahre 895 die erste Winninger Kirche gebaut wurde, mit hoher Wahrscheinlichkeit im 6. Jahrhundert. Der heutige Kirchenbau stammt in seinen ältesten Teilen aus der Zeit des 12. Jahrhunderts; ursprünglich eine, natürlich geostete, romanische Basilika mit niedrigen Seitenschiffen, Basaltpfeilern, einer flachen Holzdecke über dem Mittelschiff und einem Turm über dem quadratischen Presbyterium.

Diese Kirche wird bereits 1233 urkundlich erwähnt.

Mit der vom Pfalzgrafen Friedrich verordneten Reformation vom 16. Juli 1557 wird die lutherische Lehre eingeführt. Damit wird aus einer römisch-katholischen ohne grundsätzliche bauliche Veränderungen eine evangelische Kirche; dabei blieb es trotz wiederholter Rekatholisierungsversuche. 1618, 1685, 1718 und 1879 wurden Renovierungen und gravierende Veränderungen vollzogen, sodass der ursprünglich romanische Kirchenbau, vor allem im Innern, barocke, historisierende und romantische Züge trägt. So stammt die gesamte barocke Holzaus-

---

[11] Dem damaligen Winninger Bürgermeister Ferd Knaudt danke ich für die entsprechenden Angaben.
[12] Entwurf Marktplatz: Eckart Hörmann / archiplan und Prof. Peter Lammert, Winningen; Ausführungsplanung: Werkgemeinschaft archiplan, Stuttgart.
[13] Die meisten Inhalte dieses Abschnitts durften dankenswerterweise einem (leider) noch unveröffentlichten Manuskript entnommen werden, das wesentlich mehr Informationen enthält: Gerhard Löwenstein, Die Winninger Kirche.

stattung der Emporen, der Treppen und der teils runden, teils gedrehten Säulen vom Ende des 17. Jahrhundert, ebenso die vermutlich erste Orgel, die wohl auf dem Querjoch über dem Hauptportal gestanden hat. Die sehr schönen, inzwischen vergoldeten Messing-Kronleuchter stammen ursprünglich aus dem 17. Jahrhundert. Der älteste, schon aus dem Jahre 1604, hing ursprünglich über dem Altar und danach über dem Mannhaus.

Die beiden barocken Querschiffarme, im Volksmund „Rondillchen" genannt, wurden 1718 angebaut. Das älteste, wohl wertvollste Stück stammt aus der Zeit um 1200: der sechseckige Taufstein, von sechs Säulchen mit Basis-Postamenten getragen und mit einem Bogenfries am Taufbecken.

Wie alle historischen Kirchen hatte auch diese ihre eigentümliche funktionale Ordnung. So war das Mittelschiff den Frauen vorbehalten, die ansteigende Westempore fungierte als „Mannhaus" und das nördliche der beiden „Rondillchen" war der Platz für die unverheirateten Frauen. Die Presbyter saßen links und rechts im Chorraum.

Eine wesentliche, zugleich einfühlsame Überarbeitung wurde 1902/03 durch den Winninger Architekten Ferdinand Bernhard (s. u.) vorgenommen. Dabei wurde das Dach abgenommen, und die Außenmauern wurden um 1,80 m erhöht. Das betraf auch die seitlichen Emporen, die statt der bisherigen „Ochsenaugen" große Fenster erhielten. Die alte, gewölbte Holzdecke des Mittelschiffs wurde durch eine höhere, in Leichtbauweise erstellte Rundtonne ersetzt. Im Scheitel des Gewölbes wurden die alten Entlüfterabdeckungen wieder angebracht: drei Ornament-Scheiben mit Sonne, Halbmond und Stern. Und darüber hinaus sind bis heute einige charakteristische Bernhard-Details zu identifizieren. Zu dieser Zeit befand sich die zweite Winninger Orgel, eine Stumm-Orgel, noch auf einer eigens (1761) konstruierten Balkenbrücke vor der Turmwand direkt über dem Triumphbogen, eine kuriose Platzierung. 1902/03 wurde an der gleichen Stelle, aber auf einer verbesserten massiven Konstruktion, eine neue Orgel eingebaut, erstmals mit elektrisch betriebener Pneumatik.

1963/64 erfolgte eine weitere Innenrenovierung unter Leitung des Kirchenarchitekten Fohrer aus Krefeld. Neben allen technischen Sanierungsmaßnahmen erbrachte sie vor allem die Restaurierung der romanischen Fresken – unter 18 Farb- und Putzschichten verborgen – in dem kleinen südlichen Seitenchörchen; sie sind vermutlich zu Beginn des 13. Jahrhunderts entstanden.

Die mit dieser Renovierungsphase verbundene Anordnung und Gestaltung der Bänke, der Kanzel und der Orgel im kargen Stil der 50er/60er Jahre hatte zwar genügend praktische Gründe, sie blieb jedoch Gegenstand vieler Diskussionen bis zur notwendigen folgenden Renovierung. Darüber hinaus wurde immer wieder der entfallene Mittelgang kontrovers diskutiert. Der Fußboden wurde mit einem Hirnholz-Pflaster belegt und bekam einen kräftigen Unterbau einschließlich der Luftschächte für die Warmluftheizung, die seit 1928 mit Koks und jetzt mit Öl befeuert wurde. Schon 1996 wurde die Heizung mit einer modernen, umweltgerechten Gasfeuerungsanlage ausgestattet.

Im Jahre 2000 erfolgte die letzte große Kirchenrenovierung: Der Trierer Architekt Peter van Stipelen hat dabei mit Materialien und Farbgebung den historischen und architektonischen Grundlinien nachgespürt. Die Baugeschichte der Kirche wird wieder deutlich ablesbar.

Der ganze Kirchenraum erhielt durch behutsame, zugleich wirksame Eingriffe (wieder) ein ausdrucksvolles Gesicht, das betrifft vor allem die Fußbodengliederung und die Farbgebung, die nicht wörtlich aber sinngemäß die Farbigkeit romanischer Kirchen widerspiegelt. Der Taufstein wurde im südlichen Rondillchen frei aufgestellt, eine neue Kanzel ersetzt die sperrige Vorgängerkanzel. Stilgerecht renovierte Gestaltungselemente und ebenso ganz neue wie die Leuchten tragen zu einem ganzheitlichen Raumerlebnis bei.

Der Kirchturm stammt in seiner Grundsubstanz aus dem 12. Jahrhundert. Dass er auf der Ostseite, direkt über dem Altarraum (dem „Chor") errichtet wurde, kann im Vergleich zu vielen anderen romanischen Kirchen als Besonderheit gelten. Seine heutige Größe und Form ist indessen auf mehrere Umbauphasen zurückzuführen. 1879 wurde er „gründlich repariert" und „stilgerecht ausgebaut". Anstelle des ursprünglichen Pyramiden- oder Zeltdachs erhielt er eine Rautenhaube. In die dadurch entstandenen vier Giebel wurden zusätzliche Schallarkaden und die Zifferblätter der Turmuhr eingebaut. Eine Zeichnung von 1878/79 zeigt die Entwurfsvarianten zur Erhöhung des Kirchturms.[14] Eine letzte Sanierung des Turms – Dachdeckung, Schallarkaden, Regenwasser-Rohre statt der bisherigen Wasserspeier, Anstrich und eine neue Nachbildung des Wetterhahns von 1891 – wurde im Anschluss an die Innenrenovierung des Jahres 2000 durchgeführt.

In der Kirche selbst sind nur noch wenige Grabdenkmäler zu finden. Die bekannteste Gedenkplatte, im alten, südöstlichen Seitenchörchen, stammt von 1597 und erinnert an Maria von Reiffenberg, die als Witwe des „Edlen und Vesten Henrich von Hedesdorf" mit 72 Jahren gestorben war. Sie ist auch ein Beleg für die kontinuierlichen Beziehungen der katholischen Adelsfamilie zu der inzwischen reformierten Kirche. Wie häufig anzutreffen, wurde der Bereich um die Kirche Jahrhunderte lang, bis ins 18. Jahrhundert, als Friedhof genutzt. 1732 wurde ein neuer Friedhof angelegt und 1784 erweitert: er erstreckte sich, oberhalb des Pfarrhauses, zwischen Fährstraße und Friedrichstraße. Die Eingangstore sind heute noch zu sehen.

1833 wurde der kommunale Friedhof „Im Sand", im heutigen Winningen-Ost, angelegt und zuletzt in den 1990er Jahren erweitert. Das Denkmal zu Ehren der Gefallenen der Gemeinde Winningen wurde 1921 vom Architekten Bernhard entworfen und nach dem 2. Weltkrieg auch um die Namen der 1939-1945 Gefallenen ergänzt.

---

14 Evangelische Kirche zu Winningen a. d. Mosel, Blatt 3, Querschnitt, 5. Mai 1902. Planmappe Bernhard (wie Anm. 7), Kat.-Nr. 3.

Die Pfarrhäuser

Es wird an anderer Stelle erläutert, weshalb Winningen zwei Pfarrhäuser besitzt, die wie Zwillingsbauten gegenüber der Kirche stehen. Hier soll nur die baugeschichtliche Einordnung vorgenommen werden. Das erste Pfarrhaus wurde 1751/52 erbaut, ein stattliches Barockhaus mit strenger, symmetrischer Eingangsfassade, schönen Fenstergewänden und Mansarddach, aber dennoch einfach gehalten; im Erdgeschoss die Amtsräume, oben die Pfarrwohnung. Von der Denkmalpflege wertvoll genug eingeschätzt, um die Erhaltung des Erscheinungsbildes, aber auch die der baulichen Ordnung im Grundriss zu verlangen und zu fördern. Letztere wurde allerdings, bedingt durch die allfälligen Pfarrerwechsel, immer wieder verändert.

Das zweite Pfarrhaus wurde über hundert Jahre später, 1887/88, anstelle eines wesentlich älteren Hauses erbaut. Volumen, Gesamtform und Front sind beim ersten Hinschauen identisch. Aber natürlich weichen die barocken Merkmale des ersten Pfarrhauses zurückhaltend klassizistischen Elementen, zum Beispiel bei den Fensterformaten und -gewänden. Dieses zweite Haus wird schon lange nicht mehr als klassisches Pfarrhaus genutzt. Im Obergeschoss wohnten schon Küsterin, Vikare, das Erdgeschoss wurde dem rückwärtig angebauten Kindergarten zugeschlagen. Erstmals wurde es bereits 1938 zur (Kinder-)„Verwahranstalt" umgenutzt, der Keller wurde damals zum Luftschutzraum umgebaut. Aktuell soll es, nach dem Verkauf des Gemeindehauses in der oberen Fährstraße, eine neue Funktion als Treffpunkt und Veranstaltungsort für die Kirchengemeinde erhalten und durch einen kleinen Gemeindesaal ergänzt werden – in der unmittelbaren Nachbarschaft zu Kirche und Pfarrhaus eine plausible Entwicklung.

Viel älter als die Pfarrhäuser war das – 1931 abgerissene – „Stündchen", das gegenüber dem nördlichen Seiteneingang der Kirche, neben dem späteren zweiten Pfarrhaus stand.

In vorreformatorischer Zeit „Altarhaus" mit der ehemaligen Michaelskapelle, wurde hier 1560, wenige Jahre nach der Reformation in Winningen, eine erste christliche Schule eingerichtet. Das blieb sie zunächst bis 1833, von 1833 bis 1837 wurde sie als Gemeindesaal und Spritzenhaus genutzt, ab 1837 wieder als Schulsaal und Spritzenhaus. 1860 bis 1904 wurde in diesem Haus die Latein- und Diakonatsschule geführt, eine Besonderheit der Winninger Bildungsgeschichte.[15] Dieses architektonisch nicht herausragende „Stündchen", das auch immer wieder umgebaut wurde, wird hier erwähnt, weil es über Jahrhunderte diesen bestimmten Ort mit zentralen Funktionen der kirchlichen und der bürgerlichen Gemeinde verbindet.

Das ehemalige Armenhaus (heute „Knaudt-Haus")

Im Zuge der Winninger Dorfentwicklung wurde ab 1981 auch der Bestand des „Armenhauses" diskutiert. Es war 1844/45 von den Winninger Eheleuten Johann Anton und Wilhelmina Elisa-

---

15 Vgl. dazu die Beiträge von Rainer Garbe zum Schulwesen und von Siglinde Krumme zur Bildungsgeschichte in diesem Band.

betha Knaudt erbaut und der evangelischen Gemeinde gestiftet worden. „Den 15. Juni (1845) wurde das Armenhaus eingewiehen", steht in einem zeitgenössischen Manual.[16]

Die Konzeption bestand aus sechs Kleinwohnungen, die jeweils aus einem Zimmer und einer vorgelagerten Küche bestanden, die zugleich Eingangsraum war. Die Wohnungen waren an einem Hofgang aufgereiht, auf der gegenüberliegenden Seite hatte jede Wohnung einen „rauhen Raum" als Abstellraum, vor allem zur Aufbewahrung des Brennholzes, zuweilen auch als Ziegenstall benutzt. Ein gemeinsamer Abort lag am Hofeingang.

Dies „Armenhaus" ist vielleicht das originellste Projekt in der Winninger Gemeindegeschichte. Der Nutzungszweck ist in der ausführlichen Stiftungsurkunde[17] vom 14. Juni 1845 formuliert:

"Da uns nun Gott nicht mit Kindern, aber doch mit zeitlichem Vermögen gesegnet hat, so haben wir uns entschlossen, eine Stiftung für hiesige evangelische Hausarmen[18] zu begründen" [...] „so schenken wir hiermit das von uns erbaute, am Herrenweg[19] gelegene," [...] „unter dem Namen Armenhaus dem Almosenfonds der hiesigen evangelischen Pfarrgemeinde zu bleibendem unveräußerlichem Eigentum, und haben gegenwärtige für alle Zeiten gültige Urkunde über diese unsere Stiftung ausgestellt und unterschrieben." Und weiter heißt es:

„Es sollen darin bedürftige evangelische Familien freie Wohnung erhalten, [...] Die Freiwohnungen sind zunächst für Familien bestimmt, sollten aber [...] noch Wohnungen leerstehen, so sind auch ledige Personen aufzunehmen, die sich aber gefallen lassen müssen, je zwei und zwei in einem Zimmer zu wohnen".[20] Bereits kurz nach der Einweihung am 15. Juni 1845 wurden sechs Wohnungen von sieben Mitbürgern bezogen.[21]

Zugleich war dies ein intelligentes, sich selbst tragendes Projekt: Eine Sandwich-Konzeption um das Erdgeschoß mit den sechs kleinen Wohnungen. Mit dem darunter liegenden Weinkeller, damals dem größten in Winningen, und dem darüber liegenden Speicher, als Strohlager für die Landwirte, wurden genügend Pachteinnahmen erwirtschaftet, um die Folgekosten und das mietfreie Wohnen des Sozialprojekts dauerhaft zu finanzieren. Johann Anton Knaudt war selbst Presbyter, er hat über der Kellertür neben seinen Initialen die Bibelstelle einmeißeln lassen, die für die Motivation des Stifterpaares steht: Jes. 58,7 („Brich dem Hungrigen dein Brot, und die im Elend sind, führe ins Haus").

---

16 Vgl. Krumme, „Bemerkungen" (wie Anm. 8), S. 39.
17 Die Schenkungs- und Stiftungsurkunde veröffentlicht in: Gerhard Löwenstein, Das Winninger Armenhaus / Die Geschichte des Winninger Friedhofs. Beiträge zur Ortsgeschichte, Veröffentlichungen des Heimat- und Museumsvereins Winningen e.V., Nr. 4 (2003), S. 3-16. Aus dieser Darstellung stammen auch die meisten Informationen zu diesem Beitrag.
18 Ebd., S. 6: „Als ‚hausarm' galten solche Leute, die weder ein Haus besaßen noch – aus welchen Gründen auch immer – im Familienverband mitwohnen konnten oder Wohnungsmiete hätten aufbringen können."
19 Bezug: die heutige obere Fährstraße.
20 Stiftungsurkunde, § 1, Vgl. Löwenstein, Winninger Armenhaus (wie Anm. 17).
21 „Bereits kurz nach der Einweihung am 15. Juni 1845 waren die 6 kleinen Wohnungen von 7 älteren Mitbürgern bezogen worden." (LHA Ko Best. 655,47, Nr. 121).

Die Architektursprache kann als äußerst sachliche Verwendung klassizistischer und historisierender Elemente verstanden werden. Sechs Rundbogenfenster mit Basaltgewände in ebenfalls rundbogigen, bis zum Sockel durchgehenden Mauernischen und entsprechende kleine rundbogige Kellerluken. Ein ganz rationaler Formenkanon mit hohem ästhetischem Anspruch, der zur Rationalität des Grundrisses passt, bildet die Hauptfassade zur heutigen Fährstraße hin. Auch wenn mangels Aktennachweis der Architekt nicht bekannt ist, kann nach Zeit(geist) und Gestaltungsdetails auf Einflüsse durch die Lassaulx'sche Architektur geschlossen werden.[22]

Die Nachfrage nach dem Kellerraum, der die höheren Mieteinnahmen erbrachte, muss groß gewesen sein. Er war ursprünglich von dem südlich gelegenen, offenen Hofraum erschlossen. 1890 wurde dieser Hofraum in das Gebäude mit einbezogen. Es entstand eine Kellervorhalle mit Tor zur heutigen Fährstraße, darüber wurde eine Werkstatt errichtet, die über den Hof des Armenhauses zugänglich war und deren Mietzins ebenfalls in den Fonds des Armenhauses floss. Das Dach wurde entsprechend verlängert und mit einem zweiten Zwerchhaus zur Bewirtschaftung des Speicherraums versehen.

Im Jahre 1929 entschloss man sich, anstelle der Schreinerwerkstatt einen größeren Gemeinderaum einzurichten. Dieses „Sälchen" entsprach einem dringenden Bedarf der Gemeinde, nachdem der Plan, neben dem ersten Pfarrhaus einen Saal zu platzieren, aus finanziellen Gründen aufgegeben worden war. Zur besseren Belichtung wurde zur Straße hin ein breites Rundbogenfenster und zum westlichen Nachbargrundstück hin ein Oberlicht eingebaut. Das Sälchen wurde Jahrzehnte lang von den verschiedenen Jugendgruppen, der Evangelischen Frauenhilfe, dem Kirchenchor und für den Katechumenen- und Konfirmandenunterricht genutzt.

Nachdem 1953 das große Gemeindehaus in der oberen Fährstraße gebaut war, wurde das Armenhaus-Sälchen nicht mehr gebraucht und (1964) zu einer zusätzlichen Wohnung gemacht.

Bei dieser Gelegenheit fand eine erste Renovierung des Armenhauses statt. Unter anderem bekam jede Wohnung einen eigenen Wasseranschluss mit Spülbecken und Abfluss.

Bis dahin gab es für alle Hausbewohner nur einen einzigen Wasserhahn neben der Pforte. Und in das Nebengebäude im Hof wurden separate Toiletten für jede Wohnung eingebaut.

Anfang der 1980er Jahre stand das Armenhaus nahezu leer, die Wohnverhältnisse waren hinter der Zeit zurückgeblieben. Zuschnitt, Größe und Ausstattung der Wohnungen waren nicht mehr akzeptabel. Erste Testentwürfe für einen Umbau zu zeitgemäßen Altenwohnungen entstanden im Wintersemester 1981/82. Studenten der Koblenzer Fachhochschule machten eine präzise Bauaufnahme und entwickelten erste Ideenkonzepte.[23] Die Kirchengemeinde beschloss daraufhin die Erhaltung und Modernisierung; nicht zuletzt, um dem eindeutigen Stiftungszweck weiterhin Rechnung zu tragen. Die Konzeption wurde 1983 von dem Architekten Friedrich Hinzmann konkretisiert, in liebevoller Weise umgesetzt und 1984 fertiggestellt.

---

22 Zum Bezug auf Lassaulx siehe auch Udo Liessem, Studien zum Werk von Johann Claudius von Lassaulx. 1989, S. 121.
23 Entwurfsseminar Prof. Peter Lammert an der Fachhochschule Koblenz, 1981/82.

Es entstanden zwei Einzimmer- und zwei Zweizimmer-Appartements mit kleinem Bad, Kochnische und „Klöntür" zum Hof. Das Sälchen ergab eine Zweizimmerwohnung. Das Höfchen wurde durch Wegnahme einiger Nebengebäude erweitert. Im Rahmen der Denkmalpflege wurde das Objekt streng am Original ausgerichtet und finanziell gefördert. Mit der Zeit wurde allerdings der Stiftungszweck, immer noch im sozialen Rahmen, weiter ausgelegt; dies ist auch im Zusammenhang mit dem neuen, 1998 fertiggestellten Alten- und Pflegeheim zu sehen.

Lassaulx-Schule

Dass die Bau- oder Gebäudegeschichte immer etwas von ihrer Zeit und dem gesellschaftlichen Umfeld preisgibt, mag an der „Lassaulx-Schule" festgemacht werden (1832-1833 von Johann Claudius von Lassaulx[24] erbaut; siehe auch den umfassenden Beitrag von Udo Liessem in diesem Band). Für den Bauhistoriker das prominenteste Objekt in Winningen, hatte es aber das Schicksal, mit zwei Schulsälen und zwei Lehrerwohnungen als Volksschule[25] zu fungieren. Und so verbindet sich offensichtlich Inhalt und Gebäude zu einem Begriff. Im zweiten Weltkrieg durch einen Treffer geschädigt und in den Folgejahren zunehmend gefährdet, ging es 1980 um Erhalt oder Abriss. Die vordergründigen Begründungen lauteten: „Wir können die Sanierung nicht finanzieren, wir brauchen dringend eine öffentliche Grünfläche im Dorf oder gleich einen Parkplatz." Der „düstere, alte Kasten" schien zunächst keine Mehrheit zu finden. Die Identifikation des Bauwerks mit der eigenen Schulzeit war ganz offensichtlich für manche ältere Mitbürger, zwischen Desinteresse und negativer Beziehung, das mentale Problem.

Zum Glück ließ der Bürgermeister darüber lange Zeit nicht abstimmen. Eine Initiative aus der Gemeinde plädierte für die Erhaltung und gründete den Heimat- und Museumsverein, der, kompetent vom Landesdenkmalamt sekundiert, sowohl den wissenschaftlichen als auch den örtlichen Wert thematisierte. Nicht zuletzt wurde die herausragende städtebauliche Position als palazzo-ähnlicher Abschluss der Wilhelmstraße angeführt. Diese Aktion hat dazu geführt, dass die Akzeptanz dieses Architekturobjekts stetig gewachsen ist und die Gemeinde ihm einen hohen Stellenwert und eine unverzichtbare Position in der Ortsstruktur zugemessen hat. Das Gebäude, das als Wein- und Heimatmuseum und August-Horch-Sammlung dient, wurde in den 80er Jahren erstmals saniert und 2006 einer zweiten Sanierung unterzogen.

Einzelbauten des 19. Jahrhunderts

Für die Zeit des 19. Jahrhunderts stehen außer dem Lassaulx-Bau, dem Armenhaus, dem zweiten Pfarrhaus und einer großen Zahl von neuen oder umgebauten Bürger- und Winzerhäusern mehrere ansehnliche Gebäude.

---

24 Zum Gesamtwerk Lassaulx': Udo Liessem, Lassaulx (wie Anm. 22). (Die Winninger Schule wird in dieser Arbeit allerdings nicht ausführlich dargestellt.)
25 Vgl. Ekkehard Krumme, Die Schuleinweihung in Winningen (am 1. Dez. 1833) in: Winninger Hefte 2 (1987), S. 119-125.

Die katholische Kapelle Sankt Martin wurde Mitte des 19. Jahrhunderts nach Plänen des Koblenzer Architekten Ferdinand Jacob Nebel (1782-1860) errichtet, zusammen mit den Winninger Maurermeistern Ludwig Kröber und Anton Mölich. Schlicht, in den bescheidenen Ausmaßen von 18x10 m, architektonisch bemerkenswert konsequent und stilsicher gebaut, steht sie für die zeitgenössische, edle Verbindung aus Neuromanik und Romantik: Denn so ohne weiteres darf man vom landläufig genannten „Rundbogenstil" nicht gleich auf historisierende Romanik schließen, wenn zugleich die Vorliebe der Zeit und der rheinischen Region für Steinsichtigkeit (Bruchsteine und Basaltgewände) dominiert. Der (katholische) Amtsbürgermeister Johann Liedel hatte bald nach seiner Ernennung (1843) damit begonnen, Geld für eine katholische Kirche in Winningen zu sammeln und die kirchliche Betreuung durch die Nachbarpfarreien (erst Lay, später Güls) zu erwirken. Er fand insgesamt 1538 Geldgeber.[26] Die Grundsteinlegung fand am 22. Mai 1852 statt[27], der Wetterhahn kam schon am 30. November aufs Dach. Trotzdem zogen sich Finanzierung und Ausbau länger hin, so dass die Einweihung erst am 30. Oktober 1856 erfolgte.[28]

Die in edlem Klassizismus erbaute Apotheke wurde im November 1820 von Joseph Krahe eröffnet.[29] Nach dessen Tod übernahm der Apotheker Berckling die Apotheke, er starb aber schon 1834. Daraufhin bewarb sich der Düsseldorfer Apotheker Julius Schlickum, ursprünglich aus Elberfeld kommend, um die Konzession; der Kauf der Apotheke und die Verlobung mit der Witwe Berckling fanden nahezu zeitgleich statt. Ende Januar 1835 erhielt er die Konzession und machte sie in der Folge über die Funktion einer Landapotheke hinaus zu einer Ausbildungsstätte für bedeutende Apotheker. Bis heute ist diese Apotheke ein authentischer Baustein der Winninger Geschichte, das betrifft ihre Funktion ebenso wie die architektonische Qualität.

Natürlich steht auch die „Kleine Schule" am Marktplatz für diese Zeit. Bei aller Bescheidenheit ein markantes Gebäude, das heute den Platzraum akzentuiert. Sie wurde 1858/59 erbaut und enthielt zunächst nur einen Schulsaal und eine Lehrerwohnung.[30] Zu Beginn der 1880er Jahre stand eine Erweiterung an. Die wurde zunächst als eingeschossiger Schulsaal-Anbau geplant, ein Bauantrag stammt vom August 1881. Danach gab es im Januar 1882 ein zweites Projekt für den zweigeschossigen Anbau, wie er sich heute zum Marktplatz hin präsentiert.[31]

---

26 Vgl. Winninger Bildchronik (wie Anm. 6), Nr. 2 (1991), S. 49 f.
27 Die Grundsteinlegung wird ausführlich beschrieben in Ekkehard Krumme (Bearb.). Der „Post-Kraemer". Das „Manual"-Buch des Friedrich Ludwig Kramer, in: Winninger Hefte 4 (1991), S. 7-188.
28 Siehe zur katholischen Gemeinde die Arbeit von Hedwig Herdes in diesem Band.
29 Vgl. Ekkehard Krumme, 175 Jahre Winninger Apotheke / 160 Jahre Schlickum-Apotheke, in: Winninger Hefte 5 (1995), S. 7-47. Die langwierige Auseinandersetzung um Notwendigkeit und Genehmigung einer Apotheke ging bis zum preußischen Ministerium der geistlichen, Unterrichts- und Medizinalangelegenheiten in Berlin. Die Initiative ging sowohl vom Bürgermeisteramt und den Pfarrern aus als auch von den Winninger Ärzten, die bis dahin „Hausapotheken" führten, die aber nur in begrenztem Umfang legal eingesetzt werden durften. Auffallend war, dass die hinhaltenden Gegenargumente des Königlichen. Medizinalkollegiums identisch waren mit denen der Koblenzer Apotheker.
30 Die Kleine Schule (Mädchenschule) wurde am 26. Januar 1860 eingeweiht. Vgl. Rainer Garbe, Geschichte der Winninger Elementar- und Volksschule, in: Winninger Hefte 2 (1987), S. 95-107.
31 LHA Ko Best. 655,47, Nr. 161: „Projekt zum Bau eines 2. Schulsaales", Zeichnung v. 15. August 1881 [eingeschossiger Anbau]; „Projekt zur [zweigeschossigen] Erweiterung des Schulgebäudes in Winningen", Zeichnung v. 15. Januar 1882.

Zusammen mit dem Lassaulx-Bau wurde sie für den Schulbetrieb genutzt, bis 1962 die neue, modernere Schule an der Jahnstraße bezogen werden konnte. Seitdem steht die „Kleine Schule" den Vereinen für Proben und Veranstaltungen zur Verfügung.

Ein imponierendes Ingenieurbauwerk des 19. Jahrhunderts ist der Eisenbahnviadukt, zugleich ein harter Eingriff in die örtliche Struktur. Architektonisch und städtebaulich definiert er seit 1879 die Zone zwischen Ortskern und Mosel, als Grenze und Verbindung gleichermaßen. Denn die Winninger haben beim Eisenbahnbau erreicht, dass statt eines durchgehenden Damms eine Strecke von 190 Metern aufgeständert wurde. Mit 14 offenen Jochen konnte die Transparenz und die Nutzfläche für Märkte und anderes erhalten werden.

Bauten der Jahrhundertwende (um 1900)

Zu den herausragenden Bauten der Jahrhundertwende gehört neben den Häusern des Winninger Architekten Ferdinand Bernhard, die im nachfolgenden Abschnitt besprochen werden, ganz sicher der (neue) Winninger Bahnhof von 1907. (Der erste Bahnhof war, in Fachwerk-Backsteinbauweise mit dem Eisenbahnbau (1879) errichtet worden und wurde später als Güterbahnhof genutzt.) Von dem Architekten Hüter entworfen, reiht sich der neue in die guten Beispiele zeitgemäßer Bahnhofsarchitektur ein; diese Gebäude weisen eine hohe Funktionalität auf und erfüllen zugleich ästhetische Ansprüche.

Das Weingut Schwebel in der Schulstraße, direkt neben der Lassaulx-Schule, ist indessen der wuchtigste Entwurf des ausgehenden 19. Jahrhunderts. Um 1891 fertig gestellt, ist das Anwesen ein Beleg für die Stimmung der Gründerzeit: im Kontext des Winninger Maßstabs ein Palazzo. Freilich historistisch im Sinne des Klassizismus, mit aufwändigen Giebeln der Seitenflügel an der Schulstraße, die sich noch nicht zwischen Neo-Renaissance und Neo-Barock entschieden haben. Ein kompakter, gut durchorganisierter Baukomplex mit seinem dreigeschossigen Haupthaus, den flankierenden, symmetrisch angeordneten Nebengebäuden und der inzwischen denkmalgerecht restaurierten Orangerie auf der Dachterrasse des zweigeschossigen Weinkellers; der größte im Ort, er reicht bis zum Kratzehofweg, von dort kann man ebenerdig einfahren. Nicht uninteressant ist der Bernhard'sche Entwurf für eine opulente Erweiterung der beiden Seitenflügel, um weitere Geschäftsräume der Weinhandlung unterzubringen. Im April 1924 gezeichnet, ist diese Version nie realisiert worden.[32]

Um die Jahrhundertwende wurde natürlich auch eine ganze Reihe von Bürgerhäusern gebaut, manchmal nur die bestehenden üppiger umgebaut – manches davon ist auch Entwurf geblieben. So ein stattliches Haus wie das Gasthaus Krone (Neubau von 1896) weist nicht nur eine exotische Gründerzeitarchitektur auf, es füllt auch eine wichtige städtebauliche Position aus: in der angemessenen Dimension und mit dem Gewicht einer öffentlichen Institution. Vergleich-

---

[32] Siehe Planmappe Bernhard (wie Anm. 7), Kat.-Nr. 67. Der Zeichnung liegt auch der Entwurf der Abrechnung bei: Danach hatte Bernhard die Kosten für die beiden Flügel-Anbauten auf 29.000 Mark, insgesamt 1.450 cbm à 20 Mark, geschätzt und das Honorar für „Aufnahme, Nachprüfungen an Ort und Stelle" und den „Vorentwurf" mit 290 Mark, 1 % der Bausumme, berechnet.

bar mit der „Hoffnung", der „Goldenen Traube" und anderen gehört die „Krone" mit ihrem theaterhaft gestalteten Saal zur Geschichte der Gemeinde im 20. Jahrhundert: wie viele grüne, silberne und goldene Hochzeiten, wie viele Krönungen der Weinkönigin und Winzerinnen-Versteigerungen hat es hier gegeben! Dass es nach fast einem Jahrhundert Überlegungen gab, nicht zuletzt von Architekten, das Gebäude abzureißen und durch ein banales Wohnungsbau-Investment zu ersetzen, ist nachträglich unglaublich. Zum Glück wurden hier, in letzter Minute, Städtebau und Denkmalschutz aktiv; das Gebäude wurde gerettet, für Nutzung und Umgestaltung wurde ein Kompromiss gefunden.

Ohne Anspruch auf Vollständigkeit werden auch noch zwei Projekte in der Bahnhofstraße genannt, weil sie einerseits den anderen Maßstab der Gründerzeit und zudem die Erweiterung des Ortes zum Bahnhof hin belegen: Dazu gehörte die Weinhandlung Julius Pitsch (später „Gesellschaft vereinigter Moselwinzer") in der Bahnhofstraße, die 1898 erbaut wurde[33] und, gleich daneben, das „Moselschlösschen", ein Hotel-Restaurant, das bis in die 1960er Jahre mit dem zunehmenden Tourismus Schritt gehalten hat. Es wurde 1902 von dem Architekten Ferdinand Bernhard gebaut. 1919 wurde es von Rudolf Bones übernommen. Vom März 1928 gibt es noch einen Ergänzungsentwurf für das Restaurant.[34] Bei aller architektonischen Phantasie und Qualität leiden die beiden Objekte unter dem ungünstigen Zuschnitt der Grundstücke. Eigentlich kann man ein solches Gebäude wie das erstere nicht mit einer fensterlosen Wand auf die Grundstücksgrenze setzen.

Der Architekt Ferdinand Bernhard (1873 – 1968)

Zwischen der durchaus ansehnlichen Alltagsarchitektur der Winninger Gassen und den älteren historischen Gebäuden vom Mittelalter bis ins 19. Jahrhundert fällt die Handschrift des Winninger Architekten Ferdinand Ludwig Bernhard an vielen Stellen ins Auge. Die Bernhard'sche Architektur steht für eine ganze Zeit, vielleicht gar für einen Stil, ganz sicher für eine grundsätzliche Auffassung von Architekturqualität. Außer an den bekannteren Häusern kann dies an vielen Details und Umbauten abgelesen werden. Es ist selten, dass ein Architekt in einem einzigen Ort so präsent ist – zumal mit Objekten auf hohem Niveau. Winningen ist geradezu eine Ausstellung Bernhardscher Architektur.

1873 als Sohn des Maurer- und Baumeisters Wilhelm Bernhard in St. Goar geboren, hat er 1901 in Winningen Mathilde Ilges geheiratet, die ebenfalls in St. Goar geboren war. Deren Eltern waren der Hotelier von „Rheinfels", Karl Julius Ilges und Elisabeth Schwebel aus Winningen/ Mosel. Ferdinand Bernhard besuchte die Schulen in St. Goar und St. Goarshausen bis zur Mittleren Reife, absolvierte eine Maurerlehre im väterlichen Geschäft und studierte am Technikum in Bingen und an der Hochschule in Stuttgart Architektur. Im väterlichen Betrieb war er mit Kirchenrenovierungen und -bau befasst. Mit seiner Heirat ist er auch beruflich nach Winningen gezogen und hat dort als freier Architekt BDA [35] bis 1945 ein eigenes Büro geführt.

---

33 Heute Weingut Heymann-Löwenstein.
34 Planmappe Bernhard (wie Anm. 7), Kat.-Nr. 83.
35 Abk. für „Bund Deutscher Architekten".

Schon sehr früh hatte er interessante Aufträge in Winningen und in der Region. Als Bau-Experte für Weinkeller war er auch zusammen mit seinem Bruder Gottlieb, Architekt und Bauunternehmer in St. Goar, für den königlich serbischen Hof in Belgrad tätig. Ferdinand Bernhard war aber nicht nur ein begnadeter Architekt, sondern – in dem von der Ehefrau eingebrachten Weingut[36] – auch ein anerkannter Weinbauer und -kaufmann, der mit eigenen Flaschenweinen Kunden in ganz Deutschland belieferte, dies bis zur Ernte 1961.

„Architekt und Weinbauer" stand auf seinem Winninger Grabstein. Am Gemeindeleben war er von vorn herein aktiv beteiligt, so als Gemeinderat bis zum ersten Weltkrieg; 1901 war er an der Gründung der Freiwilligen Feuerwehr Winningen beteiligt und leitete sie bis 1913.

Auch der damalige Verschönerungsverein, 1912 gegründet und als Vorgänger des heutigen Fremdenverkehrsvereins anzusehen, wurde von ihm initiiert und geleitet.[37]

Sein eigenes Haus, Architekten- und Winzerhaus zugleich, steht in der unteren Fährstraße. Jeder kennt es, denn es ist hinter der Gartenmauer am „Moselufer" nicht zu übersehen. Es ist heute das Haus von Birgitt Schaaf, mit der Galerie im ehemaligen Kelterhaus, mit der Gutsschänke im seitlichen Altbau. 1901 gebaut, gehört es zu seinen ersten Bauten in Winningen. Dafür ist es nicht nur üppig, sondern zugleich architektonisch anspruchsvoll, stilbestimmend für die nächste Dekade seiner Architektur. Voll im Trend, lässt es sich mit ähnlichen Häusern an Rhein und Mosel vergleichen: Sandstein, Putz, Fachwerk, Erker-Vorsprünge, Loggia-Balustraden und Dachformen werden zur Gestaltung herangezogen und zu einer Gesamtform verschmolzen. Und weil er ein leidenschaftlicher Architekt war, brauchte er die tragende Säule, die eine, auf der Westseite.

Von den zahlreichen Projekten des Architekten können hier nur wenige vorgestellt werden.

Die meisten Planunterlagen sind (bisher) abhanden gekommen, eine Mappe mit Zeichnungen und Skizzen fand sich auf dem Speicher des früheren Bernhardschen Hauses. Zumindest diese Sammlung wurde von Architekturstudenten identifiziert und katalogisiert.[38] Obwohl sie die prominenten Objekte nicht enthält, zeigt sie mit 142 kleineren und größeren Projekten zwischen 1900 und 1939 die Omnipräsenz des Architekten seit der Jahrhundertwende. Es bleibt einer künftigen Arbeit überlassen, das (Winninger) Gesamtwerk Bernhards vollständig zu dokumentieren und im Kontext der Zeit zu präsentieren. Man ist verwundert, welche Bauten dazugehören, zum Beispiel die eigentlich sehr schöne alte Turnhalle in der Neustraße, Baujahr 1901[39] (sie wurde nach dem Verkauf der ersten Turnhalle am Ausgang der Fährstraße ge-

---

[36] Bernhards Ehefrau Mathilde erbte später den Besitz ihrer kinderlos verstorbenen Tante, die mit dem langjährigen Schöffen Christian Bernhard Mölich verheiratet war – das Haus der heutigen Gutsschänke Schaaf.
[37] Nach einem Brief des Sohnes von Ferdinand Bernhard, des Juristen Dr. Walter Bernhard vom 11.2.1981, überlassen von Herrn Werner Keyl, Celle (früher Düsseldorf), Privatsammlung Frank Hoffbauer, Winningen.
[38] Identifizierung und Inventarisierung „Planmappe Bernhard": Studienarbeit von Silke Emmerich und Andreas Barbisch am Fachbereich Architektur und Stadtplanung der Fachhochschule Koblenz, 1997/98; Betreuung: Lehrbeauftragter Udo Liessem und Prof. Peter Lammert.
[39] Planmappe Bernhard (wie Anm. 7), Kat.-Nr. 129: Erweiterungsbau der Turnhalle zu Winningen, ohne Datum.

baut, 1910 um den zweigeschossigen Teil erweitert und dient bis heute als „Turnerheim"; 1902/03, während der Umbauarbeiten an der Kirche, wurde sie auch als Notkirche genutzt, 1918 bis 1920 als Ausweichquartier für den Kindergarten, 1940-1945 als Kriegsgefangenenlager), das Gasthaus „Rebstock" in der Marktstraße und viele andere. Eine ganze Reihe von gezeichneten Projekten sind nie oder nicht wie entworfen realisiert worden, dazu gehört auch die 1927 geplante Vergrößerung und Umgestaltung des Hotel-Restaurants „Schwan" an der Ecke Bahnhofstraße/Kaiserstraße.[40] Nicht zuletzt wird auf das Ehrenmal für die Gefallenen der Gemeinde Winningen hingewiesen, zu dem eine erste, mit Januar 1921 datierte Entwurfszeichnung vorliegt.[41] Es steht bis heute an zentraler Stelle auf dem Friedhof und wurde später um die Namen der Gefallenen des 2. Weltkriegs ergänzt.

Die umfassende Bernhardsche Kirchenrenovierung 1902/03 wird im Abschnitt zur Evangelischen Kirche besprochen. In seiner Honorarabrechnung vom 9. Februar 1903 an Pfarrer Müller hat er darauf hingewiesen, dass er nach der „Norm von 1888" abgerechnet habe: 2.042,50 Mark – und dass „nach der Norm von 1901 meine Ansprüche 2.700 Mark betragen würden"; das war also ein Nachlass von fast 25 %.[42] Im Folgenden werden stellvertretend nur zwei öffentliche und zwei private Projekte aus der Zeit der Jahrhundertwende vorgestellt.

Das neue Rathaus

Zweifellos sind seine frühen Bauten zugleich die stärksten. Sie spiegeln sowohl die Eigenständigkeit des Architekten wie die Eingebundenheit in die Strömungen der Zeit.

Bernhard war erst 28 Jahre alt, als er 1901 das neue Amtsrathaus, das heutige Rathaus der Gemeinde Winningen, bauen durfte.[43] Zum „Amt Winningen", das aus der „Mairie" der Zeit Napoleons entstanden war, gehörten die Gemeinden Dieblich, Güls und Bisholder, Kobern, Lay, Winningen und Wolken. Diese Verwaltungseinheit mit zuletzt 12.000 Einwohnern wurde 1970 in die neu geschaffene, größere „Verbandsgemeinde Untermosel" mit Sitz in Kobern-Gondorf integriert. Daraufhin, 1977, konnte die Gemeinde Winningen das Rathaus übernehmen. (Ein eigenes Gemeinderathaus hatte es schon lange nicht mehr gegeben. Nachdem das „Spielhaus", das auf der Ecke Fährstraße/Kirchstraße gestanden hatte, beim Brand von 1800 zerstört und danach nicht wieder aufgebaut wurde, hatte der Gemeinderat in unterschiedlichen Gebäuden – im „Stündchen" in der Kirchstraße oder im „Backhaus" in der Fronstraße – getagt.)[44]

---

40 Planmappe Bernhard (wie Anm. 7), Kat.-Nr. 57/11, Zeichnung v. 2.2.1927.
41 Planmappe Bernhard (wie Anm. 7), Kat.Nr. 58/1, Januar 1921; weitere Zeichnungen 58/2 bis 58/13, März – November 1921 und ohne Datum.
42 Kopie des Anschreibens in der Privatsammlung Hoffbauer (wie Anm. 37).
43 Die unvollständige Plansammlung Bernhard enthält leider nicht die ursprünglichen Entwurfszeichnungen, jedoch Bestandszeichnungen von 1936, als es um einen Dachausbau für eine zusätzliche Wohnung ging: Planmappe Bernhard (wie Anm. 7), Kat.-Nr. 103/5, November 1936.
44 Vgl. dazu die Arbeit Ortsbild und Infrastruktur von Rainer Garbe in diesem Band.

Dieses imponierende Gebäude lässt sich durchaus mit ähnlichen und zeitgenössischen Rathäusern aufstrebender Gemeinden vergleichen. Zeitgleich, 1902, hatte zum Beispiel die Gemeinde Todtmoos im Schwarzwald ihr Rathaus von einem Lörracher Architekten bauen lassen. Das war zuerst für Maulburg geplant worden. Dort nicht realisiert, wurde der Entwurf ohne viel Änderungen nach Todtmoos transferiert. Diese beiden und viele andere Amts- und Rathäuser dieser Epoche haben bis zum Detail viel Gemeinsames. Späthistorismus, Gründerzeit, Romantik sind die Stichworte, manchmal ist ein bisschen Jugendstil dabei, zumindest Anklänge an die kunsthandwerkliche Strömung. Oberflächlich betrachtet könnte man die Häuser genau so verwechseln wie die Architekten. Beim genaueren Hinschauen haben die Bauten aber ein hohes Maß an Individualität. Das Erdgeschoss enthielt die Amts- und Sitzungsräume, heute Büro des Winninger Ortsbürgermeisters und des Fremdenverkehrsamtes. Im Obergeschoss lag die repräsentative Wohnung des damaligen Amtsbürgermeisters; mit dem großzügigen Zuschnitt der ehemaligen Wohnräume und dem charakteristischen Erker ist sie auch für die heutige Nutzung bestens geeignet. Hier finden inzwischen Kunstausstellungen, Sitzungen und kleinere Veranstaltungen statt. Dass auch das Rathaus einen Weinkeller besitzt, versteht sich in Winningen eigentlich von selbst. Unmittelbar neben dem neuen Rathaus baute Bernhard dann ein weiteres Gebäude in eigener Regie, um es danach der Reichspost zu vermieten.

Elektrizitätswerk

Ein zweites öffentliches Projekt aus dieser Zeit ist das Elektrizitätswerk im rückwärtigen Bereich des (heutigen) Marktplatzes, das zwar längst ein- und umgebaut, aber in den Bauzeichnungen vom August 1901 dokumentiert ist.[45] In dem Gebäude befand sich ein „lokomobiler Dampfkessel" zur Stromerzeugung, also die gleiche Energietechnik wie bei einer Dampflokomotive. Eigentlich war das schon der Vorgänger heutiger, freilich modernerer Blockheizkraftwerke.

Das Gebäude ist ganz dem gefälligen, klassizistischen Industriebau des ausgehenden 19. Jahrhunderts zuzuordnen. Im Gegensatz zu vielen Beispielen aus der 2. Hälfte des 20. Jahrhunderts war auch der Industriebau vor dem 1. Weltkrieg ein nobles Architekturthema. Einerseits werden dieselben Stilelemente verwendet, die um diese Zeit bei Wohnhäusern, öffentlichen Gebäuden und Bahnhöfen anzutreffen sind. Andererseits wird schon ein klares Bekenntnis zum „Zweckbau" abgelegt. Der Stolz auf die industrielle Leistung kam mit der gängigen Auffassung zusammen, dass auch die Arbeitsstätten als würdig empfunden werden sollten – zum Renommee der Firmen ebenso wie zur Befried(ig)ung der Arbeiter. Darauf, dass man nur einen primitiven Schuppen bauen könnte, wäre man zu dieser Zeit nie gekommen. In diesem Fall spielte sicher auch das Selbstbewusstsein, eine eigenständige, damals moderne Energieversorgung vorweisen zu können, eine Rolle. Im Einklang mit vielen zeitgenössischen Beispielen ist dieses kleine Projekt ganz besonders wertvoll und sympathisch.

---

45 Zeichnung v. 15. August 1901 (LHA Ko Best. 655,47, Nr. 216).

Die kleine Villa am Röttgenweg

Im Winninger Kontext wirkt es eher groß, in Wirklichkeit ist es eine kleine Villa: Das Haus Röttgenweg 5 (ursprünglich Bahnhofstraße 16) gehört zu den Meisterstücken von Bernhard.

Es wurde von 1902 (Grundstein) bis 1903 (Wetterfahne) gebaut. Bauherr war der Weinhändler Wilhelm Laupus, der sie aber schon bald aufgeben musste. Nach dem zweiten Eigentümer erwarb die Familie Schilling 1931 das Haus, daher hieß es üblicherweise bis in die Gegenwart „Villa Schilling". Jacob Schilling und seine Frau Auguste Charlotte geb. Knaudt, die aus Winningen stammte, lebten mit ihrer Familie im Rheinland und bewohnten die Villa als Heimat- und Sommerhaus. Er muss für den Bernhardschen Landhausstil und das Haus in der Bahnhofstraße schon früh ein Faible gehabt haben, denn er beauftragte Bernhard 1922 mit einer kuriosen Umbauplanung des viel kleineren Hauses Bahnhofstraße 13 zur Villa (heute Röttgenweg 2). Es blieb bei den Plänen, sie zeigen viel Ähnlichkeit mit dem Haus Röttgenweg 5.[46] Dieses Haus wurde später von seinem Sohn Dr. Rudolf Schilling (1907-2004) übernommen und blieb bis zum Jahre 2000 im Besitz der Familie.[47] Dafür, dass es im Grunde ein traditionalistisches Haus ist, ist es jedoch reichlich funktionalistisch ausgerichtet. Funktional ist es viel moderner als die „Schlösschen-Miniaturen" der damaligen Zeit. Kein Haus kann besser nach den Himmelsrichtungen, nach Licht und Sonne orientiert sein; die Platzierung, Dimensionierung und Gliederung der Fenster und ihre Relation zu den Wänden ergeben nicht nur harmonische Fassaden, sondern schönes Licht und gute Räume im Innern.

Trotz einer gewissen repräsentativen Haltung findet sich keine aufgesetzte Symmetrie. Das obligatorische Türmchen durfte nicht fehlen, wurde aber für eine schöne Treppenhalle genutzt.

Großzügig zugeschnittene Räume, die im Erdgeschoss 3,60 m hoch sind, wurden praktisch einander zugeordnet („praktisch" stimmt, wenn man einkalkuliert, dass man dort ursprünglich mit Personal wohnen sollte). Die Küche, mit schönen Keramik-Wandfliesen ausgestattet, hat einen direkten Ausgang zum rückwärtigen Garten, und überall im Haus stehen liebevolle Bernhard-Details für eine qualitätvolle Gestaltung. Beides, Romantik und Funktion, drückt sich auch in den Dachformen, in der vorspringenden Terrasse und den Loggien vor der Küche und im Obergeschoss aus. Das später erweiterte Kelterhaus, eigentlich mehr eine Remise mit einer herrlich romantischen Rückfassade, schließt den Wohnhof ab und verbindet ihn zugleich mit der Weinbergslage. Aktuell ist das Haus, wie viele Bernhard-Bauten denkmalwürdig, wieder bewohnt und vorbildlich restauriert.

---

46 Planmappe Bernhard (wie Anm. 7), Kat.-Nr. 60/1 – 60/5: „Landhaus in Winningen a.d. Mosel des Prokuristen Herrn J. Schilling zu Hamborn. Zum Baugesuch vom heutigen Tage, 24. August 1922".

47 Informationen von Frau Dr. Hildegard Emmrich, geb. Schilling, Winningen.
Seit Ende der 50er Jahre war das Haus überwiegend vermietet, auch schon während der Zwangsbewirtschaftung nach Kriegsende; dass in dieser Zeit vorübergehend auch Intendanten und Sänger des Koblenzer Theaters dort wohnten, ist manchen Winningern in Erinnerung geblieben. Auch der Verfasser bewohnte 1979 bis 1999 mit seiner Frau die Villa. Die geschilderten Wohneindrücke mögen durchaus subjektiv sein, in jedem Fall sind sie sehr architekturbezogen.

Typenhäuser

Dass wir hier noch zwei Bernhardsche Typenhäuser zeigen, hat gleich mehrere Gründe. Es zeigt die pragmatisch orientierte Rationalität des Architekten ebenso wie die Grundtypen Winninger Häuser, die über Jahrhunderte und auch noch zu dieser Zeit konstant geblieben sind. Das eine Haus für die Neustraße hat Bernhard 1907 entworfen, das andere 1908 für die Wilhelmstraße.[48] Beide sind vollkommen identisch, nur spiegelverkehrt angeordnet: das erste hat die Port rechts, das zweite links. Beide sind für den Maurermeister Friedrich Mölich entworfen, der als Bauherr und Unternehmer aufgeführt ist. Also Häuser zum Weiterverkauf. Zumindest die Planung ist rationalisierte Vorfertigung. Der Typus hat sich bewährt. Alles, was zum Thema Winninger Haus gesagt wurde, stimmt auch 1907 noch. Die überbaute Einfahrt, Küche und Wohnstube im Erdgeschoss, Schlafräume im Obergeschoss. Die beiden straßenseitigen, reichlich belichteten Zimmer im Obergeschoss sind durch eine überbreite Türe verbunden – man kann sie zu einer großen Stube umnutzen. Waschküche, kleiner Schweinestall, Abort und Miste mit Dunggrube im Seitentrakt des Hofes, Kuhstall, Tenne und Speicherraum mit Räucherkammer im zweigeschossigen Hinterhaus. Vorder- und Hinterhaus haben Gewölbekeller. Fassade in Bruchstein mit Basaltgewänden, übers Dach hochgezogene Giebelwände, kleine Zwerchgauben, Schieferdeckung. Eigentlich nichts Neues, das Entwurfsprinzip war schon da. Trotzdem ein Klassiker, ganz diszipliniert, optimiert, schnörkellos, ästhetisch einwandfrei, passend. Auch das ein echter Bernhard.

Das evangelische Gemeindehaus

1953 wurde das evangelische Gemeindehaus gebaut, zugleich als Haus für kirchliche Freizeiten auswärtiger Gruppen. Die Idee war gemeinsame Nutzung von Tagungs- und Aufenthaltsräumen durch beide Einrichtungen. Das Gebäude trägt die charakteristischen Merkmale der 50er Jahre, der später angefügte Wohntrakt steht als „Split-Level-Typ" (halbgeschossig versetzte Wohnebenen) für die Modernität der 60er Jahre. Der Gemeindesaal wurde für viele Veranstaltungen der evangelischen, aber auch der bürgerlichen Gemeinde genutzt. Die Bühne wurde von der Winzertanzgruppe ebenso wie von manchen Solisten bespielt. So wurde hier auch bis zum Jahre 2004 die Historische Zinntafel gehalten. Viele Winninger Familien haben in diesem Haus die Beerdigungskaffees für ihre Verstorbenen veranstaltet. Konfirmandenunterricht, Jugendgruppen, Kirchenchor, Presbyteriumssitzungen hatten hier ihre Bleibe.

Nachdem bereits in den 70er Jahren immer weniger auswärtige Gruppen das Freizeitenheim in Anspruch genommen haben, ist die ursprüngliche Konzeption einer zweifachen Auslastung in sich zusammengefallen. Der Gemeindeteil ist seit langem nicht mehr ausgelastet. Für größere Veranstaltungen steht seit 1987 die August-Horch-Halle zur Verfügung. Obwohl das Gemeindehaus längst ein integrierter Bestandteil geworden war und nicht wenige dieses Stück Winningen vermissen werden, hat die Kirchengemeinde den schweren Entschluss gefasst, sich von dem Objekt zu trennen, die notwendigen Sitzungs- und Gemeinderäume im „zweiten Pfarr-

---

48 Planmappe Bernhard (wie Anm. 7), Kat.-Nr. 10/1 und 10/2.

haus" unterzubringen und dieses durch ein neues „Sälchen" zu ergänzen. Der Verkauf wurde im Februar 2007 besiegelt. Damit schließt sich ein Kreis: Die Gemeindearbeit zieht an den alten Ausgangsort, das „Stündchen", gegenüber der Kirche zurück.

Jüngere Bausteine der Ortsentwicklung

Städtebaulich und architektonisch ist in der neueren Zeit zweierlei festzustellen: Zum Einen wurde weitgehend die Struktur des historischen Ortskerns gehütet und gepflegt, nur an wenigen Stellen sind irreparable Eingriffe vorgekommen. Zum Andern wurde eine ganze Reihe großer Projekte realisiert; zugleich hat sich der Ort sukzessive, aber durchaus plan- und maßvoll ausgedehnt. Inzwischen prägen die neueren Projekte und Baugebiete zunehmend den Ort und sein Gesicht. Schon die neue Schule an der Jahnstraße war ein wichtiges Projekt.

1962 von dem Essener Architekten Gärtner geplant, weist sie alle positiven Merkmale des modernen Schulbaus der 50er und 60er Jahre auf. Licht, Luft und Sonne war die Devise. Gegenüber den historischen Schulbauten ein gewaltiger Fortschritt. Voll im Trend war auch der Bau des Winninger Freibades. Für den kleinen Ort eine große Nummer, eine weitreichende Maßnahme, die nicht zuletzt durch den Waldverkauf auf der anderen Moselseite ermöglicht wurde. Nicht nur verkehrlich günstig, vor allem landschaftlich wirksam an der Mosel gelegen, ist es bis heute eine überaus beliebte Freizeit-Adresse, im Kontext mit Yachthafen, Insel und Hotel.

Nach dem Marktplatz war das größte kommunale Projekt der 1980er Jahre zweifellos der Komplex August-Horch-Halle und Dorfgemeinschaftshaus. Die Kombination einer (entsprechend geförderten) Schulturnhalle mit dem Vereinssport und einem kulturellen Zentrum mit Bühne auf der einen Seite (die Halle), Veranstaltungsraum und Vereinsgaststätte auf der anderen Seite (das Dorfgemeinschaftshaus) zu einem zusammenhängenden Ganzen war die Entwurfsaufgabe im Jahr 1984/85. Die Gemeinde hatte die komplizierte Finanzierung und Organisation zu bewältigen, die Turnhallengröße und die Bühne waren dabei die schwersten Brocken. Der Architekt[49] machte aus dem Mehrzweck-Programm ein praktisch-funktionales, zugleich gefälliges und zeitloses Gemeinde-Haus. Die Halle wurde im April 1987 fertiggestellt. Der zweite Teil, das Dorfgemeinschaftshaus, wurde im Anschluss daran errichtet. Dies mit einem ganz hohen Anteil freiwilliger Eigenleistung von Bürgern und Vereinen; naturgemäß haben sich die Mitglieder des Winninger Turnvereins besonders engagiert. Das Richtfest wurde im November 1987 gefeiert, die Übergabe erfolgte im Oktober 1989.

„Haus am Rebenhang": Schon zu einem frühen Zeitpunkt gab es, vielleicht auch in Anknüpfung an das ehemalige „Armenhaus", vor allem aber in Anbetracht der spürbaren demographischen Entwicklung, Ideen und Diskussionen zu einem ortsbezogenen Alten- und Pflegeheim. Das passte zunächst nicht in die allgemeine Sozialpolitik, die aus wirtschaftlichen und prinzipiellen Gründen nur relativ große Heime fördern wollte. Die streitbare Schwester Erna,

---

49 Architekt Eckart Hörmann / Werkgemeinschaft archiplan, Stuttgart.

seit vielen Jahren Diakonisse in Winningen, warb jedoch unentwegt für das örtliche, kleine Altenheim. Schließlich änderten sich, nicht ohne Winninger Einwirkung, auch die Förderbedingungen des Landes, sodass 1996 ein Projekt für insgesamt 45 Wohn-, Pflege- und Kurzzeitpflegeplätze daraus wurde. Die Evangelische Gemeinde steuerte das Grundstück bei, die Stiftung Bethesda (Boppard) wurde als Träger gewonnen. Nach einem originellen Entwurf des Architekten Eckart Hörmann, der diesem bis dahin unüblichen Wohnheim-Typus ein neue Struktur und ein passendes Gesicht gab, wurde das neue Haus am Fuße der Weinberge gebaut und im Frühjahr 1998 übergeben.

Ein Großprojekt, das freilich regional zu sehen ist und durch eine Kooperation zwischen der Stadt Koblenz, der Gemeinde Winningen und dem Land Rheinland-Pfalz zustande kam, ist der Flugplatz. Hoch über Winningen gelegen, ist er inzwischen mit Tower, Flugplatzrestaurant, Clubheim des Aero-Clubs, Flugzeughallen und Rundhangars ein Bestandteil der Landschaft und der verkehrlichen Infrastruktur geworden. Die Chance bot sich, nachdem der Flugplatz auf der Koblenzer Karthause 1965 stillgelegt worden war. Im November 1971 wurde der neue Flugplatz seiner Bestimmung übergeben. Die zwischenzeitlich auf knapp 1200 Meter verlängerte Start- und Landebahn macht den Standort attraktiv für Sport- und Geschäftsflieger, mithin auch für kleine Passagierflugzeuge, ganz sicher für Zuschauer. Auch die rheinland-pfälzische Polizei-Hubschrauberstaffel ist hier angesiedelt.

Handwerk und Gewerbe im Ort – Gewerbegebiet

Von Anfang an waren Landwirtschaft, Weinbau, Handwerk, Handel und Gewerbe in das Dorf integriert. Die moselfränkische Haus-Hof-Bauweise ist der ideale bauliche Rahmen für alle diese Funktionen. So wie die Landwirtschaft fast gänzlich zum Weinbau überwechselte, haben sich auch die gewerblichen Betriebsformen verändert. Zu den klassischen Handwerksbetrieben kamen Dienstleistungsfirmen und Gewerbebetriebe mit größerem Flächenbedarf. Ein großer Teil der gewerblichen Infrastruktur ist bis heute im Dorf geblieben. Damit die Betriebe mit größerem Flächenbedarf sich weiterentwickeln können, aber auch zur Ansiedlung neuer Betriebe hat die Gemeinde das neue Gewerbegebiet „Am Bisholder Weg", direkt am Flugplatz, erschlossen. Der erste Rahmenplan dazu stammt aus dem Jahre 1989, zugleich wurden jahrelange Auseinandersetzungen um das neue Gewerbegebiet geführt. Die Bebauungsplanung für ein Gebiet von 10,8 ha wurde 2000 begonnen. 2003/2004 wurde die Erschließung durchgeführt. Straßenbau, Beleuchtung, Bepflanzung sind inzwischen abgeschlossen. Von 2004 bis 2006 haben sich bereits mehrere ansehnliche Betriebe angesiedelt, zum Teil aus der Ortslage, zum Teil aus der Region kommend. Die übliche Ausdünnung und Auslagerung der örtlichen Infrastruktur, die bei vielen anderen Gemeinden zu beobachten ist, hat nicht stattgefunden; auch deshalb, weil die Gemeinde die Nutzung des Gewerbegebietes genau definiert hat.

Neue Wohngebiete

Nach 1945 dehnte sich das bebaute Gemeindegebiet sukzessive, aber zunächst gemächlich nach Norden, Osten und Westen aus. So wurde die August-Horch-Straße schon früh mit dem „Schaubert", später in Verlängerung der Türmchenstraße und der Hahnenstraße, zuletzt mit der Bebauung „Am Heideberg" übersprungen. Die obere Bachstraße und die obere Fährstraße wurden mit der Bebauung Raiffeisenstraße erweitert. Als größere Maßnahme wurde die „Unterkünde" im Westen erschlossen und die Neustraße nach Westen verlängert und bebaut. Mit Ausnahme einiger Mehrfamilienhäuser in der „Unterkünde" sind alle Bebauungen dem anhaltenden Trend zum freistehenden Einfamilienhaus verpflichtet.

Das ist im Kontext der Wohnbauentwicklung im ländlichen und im suburbanen Raum verständlich. Möglicherweise ist dies auch als Antwort auf die engen Wohnverhältnisse, nicht selten mit drei Generationen, in den Winninger Gassen zu verstehen. Städtebaulich wurde aber damit das charakteristische Merkmal einer geschlossenen Baustruktur und gefasster Straßenräume verlassen.

Erst bei dem bisher größten Wohnbaugebiet „Winningen-Ost" wird dieses Thema Anfang der 1980er Jahre wieder aufgegriffen. Die Gemeinde hat bei diesem Projekt einen sehr modernen Weg beschritten. Es wurden drei Planungsbüros aus Trier, Stuttgart und Bingen eingeladen, um städtebauliche Entwürfe zu entwickeln.

Das Programm war bei aller Offenheit unmissverständlich: „In Anlehnung an die im Ortskern vorhandenen charakteristischen Raumbildungen und Gestaltungszusammenhänge" sollte „das neue Planungsgebiet ebenfalls entsprechend eindeutige Gestaltungs- und städtebauliche Ordnungsmerkmale" erhalten; es sollte „eine harmonische [...] Dachlandschaft" ausgewiesen werden, „da das Baugelände wegen der Tallage von oben stark einzusehen ist", und es sollte „keine vom eigentlichen Wohnort abgehängte gesichtslose Siedlung oder Satellitenanlage" entstehen. Schließlich gab es einen Entwurf, der versucht hat, die charakteristischen Merkmale der Winninger Struktur in eine moderne Form zu übersetzen.[50] Das hat die damalige Jury und den Gemeinderat überzeugt; vor allem aber die Bürger. „Das ist ja ein Stück Winningen" war die Reaktion, freilich nicht aller, auf das städtebauliche Modell. Gassen und Hofhäuser, bei denen die Nebengebäude heute zur Straße gelegen sind und die Wohnbereiche im rückwärtigen Teil. Und bei ziemlicher Grundstücksbreite überwiegend gereihte Häuser. Das wurde zwar nur teilweise so umgesetzt, das Ganze ergibt aber einen Zusammenhang, eine gute Atmosphäre und, vor allem, eine schöne Dachlandschaft, die tatsächlich mit dem alten Ortskern korrespondiert.

Wie in einer Wellenbewegung ist beim neuesten Wohngebiet, „Winningen-West", wieder der Trend zum freistehenden Einfamilienhaus festzustellen. Trotzdem ist auch dieses Gebiet

---

50 Planungsprogramm der Gemeinde Winningen vom 3. Juli 1981. Anschließend fand das Wettbewerbsverfahren statt, die Gutachterkommission (Jury) tagte am 28. Oktober und entschied sich für den Entwurf des Architekten und Stadtplaners Eckart Hörmann. Der Gemeinderat bestätigte diesen Vorschlag am 11. November. Die Pläne wurden am 8. Dezember 1981 in einer Bürgerversammlung vorgestellt.

kompakt und flächensparend konzipiert und durch einen weiterführenden Grünzug und ein sparsames Erschließungssystem strukturiert.[51]

Mit den beiden Wohngebieten Ost und West hat sich die Balance der alten Ortslage verändert. Das östliche Wohngebiet hat die größte Nähe zum Bahnhof, ist günstig an die August Horch-Straße angebunden, liegt auch optimal zum Ortskern, ist aber von Schule und Dorfgemeinschaftshaus am weitesten entfernt. Die westliche Erweiterung hat zum Bahnhof die größte Distanz, nicht so zur Schule und dem für diesen Standort diskutierten Kindergarten; die Erschließung geht allerdings immer durchs Dorf, über die Marktstraße oder über Kratzehofweg und Schulstraße.

Auch zum „Neuen Wohnen im alten Dorf" gibt es erste Erfahrungen. Welche Spielräume kompromisslos moderne Architektur und zeitgemäßer Lebensstil in einem alten Winzerhaus haben, kann dem Beispiel einer Penthouse-Wohnung in der Kirchstraße abgeschaut werden. Die Verträglichkeit von „Alt" und „Neu" ist ein sensibles Thema in diesem Ort. Hier ist in den 1990er Jahren ein gelungenes Beispiel realisiert worden, das die Aufmerksamkeit zumindest der Fachwelt auf sich gezogen hat.

Und mit dem Winninger Spital[52] am (heutigen) Weinhof hat die Gemeinde wirkungsvoll vorgeführt, wie moderne Denkmalpflege und Revitalisierung historischer Bausubstanz zusammen gehen. Das alte, mithin hinfällige Haus, das längst seiner ursprünglichen und wechselnden Funktionen beraubt war, wurde 2001-2003 gründlich saniert und für eine ganz neue Funktion aufbereitet: als Vinothek, aber zugleich als touristische Anlaufstelle und Ort für kleinere Feiern, Ausstellungen und Veranstaltungen. 2004 in Betrieb genommen, hat das „Spital" längst seinen hohen Gebrauchswert bewiesen. Für den beispielhaften Dialog zwischen modernem Design und sensibler Darstellung der historischen Werte ist es zu bewundern.

Dorfentwicklung - Perspektiven

Zur Analyse der bisherigen städtebaulichen Entwicklung gehört auch die Frage, wie weit die Zukunft des Ortes schon in Vergangenheit und Gegenwart angelegt ist. Die Gemeinde Winningen hat sich schon früh mit der längerfristigen Entwicklungsperspektive befasst.

Die ersten Dorfentwicklungsprogramme des Landes und die Planungen der Gemeinden haben Dörfer mit der Tendenz, ihnen den dörflichen Charakter zu lassen oder ihn wieder herzustellen, bevorzugt behandelt. Dabei sind sie landesweit immer in der Gefahr, posthum-Dörfer zu werden: Dörfer, die so aussehen wie Dörfer, obwohl sie gar keine mehr sind. Schon aus diesem

---

51 Städtebauliche Planung Winningen-West: Planungsgruppe Alexi, Koblenz.
52 Das historische Winninger Spital wird an anderer Stelle beschrieben, es beschränkt sich nicht auf das aktuell umgebaute Haus (siehe dazu den Beitrag von Rainer Garbe zu Ortsbild und Infrastruktur in diesem Band). Das Konzept der Vinothek wurde von Gemeinde und Fremdenverkehrsverein entwickelt, um es in der Regie der Winzerschaft umzusetzen, längerfristig als selbst tragendes Projekt. Vom Architekten Eckart Hörmann stammt das bauliche Konzept. Die Inneneinrichtung wurde von den Dipl.-Designerinnen Martina Weißenberger und Susanne Barth, Essen/Niederfell, konzipiert.

Grund wird inzwischen eine Dorfentwicklung bevorzugt, deren Hauptziele der Vitalisierung der Dörfer gelten: eine Strategie, die versucht, die Dörfer am Einschlafen zu hindern, mit passenden und zeitgemäßen Funktionen zu füllen und gleichzeitig in ihrer städtebaulichen, kulturellen und historischen Qualität zu erhalten.

Winningen ist schon früh zum Pilotprojekt für eine zukunftsorientierte Dorfentwicklung avanciert. Die Substanz und das Selbstbewusstsein war schon da, als die Gemeinde Anfang der 1980er Jahre in die erste Phase der Dorfentwicklung eingestiegen ist. Zweifellos hat dies einen Anschub in zwei Sparten verursacht, zum einen im äußerst sensiblen Umgang mit der historischen Struktur, zum andern in der konsequenten (Weiter-)Entwicklung einer vitalen Gemeinde. Zugleich aber wurde dieser Ort auch zum Modellprojekt für künftige Dorfentwicklung im Lande und zum Beispiel für viele Gemeinden über die Landesgrenzen hinaus. Dass die Gemeinde 1985 und 2001 aus dem bundesweiten Wettbewerb „Unser Dorf soll schöner werden – Unser Dorf hat Zukunft" als Sieger hervorging, hat sicher sehr viel mit dem positiven Eindruck des ganzen Dorfes, der Häuser und Gassen und der Vitalität des Dorflebens zu tun; nicht zuletzt aber hat die Gemeinde auch durch den planvollen Umgang mit der eigenen Zukunft überzeugt.

Das erste umfassende Dorfentwicklungskonzept war 1984 vom Winninger Gemeinderat beschlossen worden. Von den weit über fünfzig Maßnahmen, die sich die Gemeinde seinerzeit vorgenommen hatte, waren nach fünfzehn Jahren gut zwei Drittel abgearbeitet. 1999 wurde, als Fortschreibung, das „Dorfentwicklungskonzept 2009" aufgestellt und in diesem Rahmen vor allem ein „Leitbild" formuliert, gründlich diskutiert und beschlossen. Es ist als Ergebnis öffentlicher Diskussionen entstanden und enthält Ziele, Qualitätskriterien und Maßstäbe, an denen künftige Entscheidungen ausgerichtet werden sollten. Auch diese zweite Stufe war ein Vorreiter-Projekt für die Kommunalentwicklung in Rheinland-Pfalz.

Zum Zusammenhang zwischen historischer und moderner Identität, dem absehbaren Zukunftsthema in Winningen, heißt es in diesem „Leitbild" unter anderem: „Die Entwicklung soll sich [...] nicht auf das historische Profil beschränken. Wie in der bisherigen Ortsgeschichte sind auch künftig Entwicklungsschübe und zeitgemäße Modernität nötig, um die Vitalität des Dorfes zu erhalten. Das betrifft sowohl das bauliche Gesicht des Ortes wie auch das Dorfleben. Die Verträglichkeit von historischer Grundsubstanz und moderner Entwicklung ist hierfür das einzige Kriterium. Die bauliche und kulturelle Qualität der Moderne muss – ohne nachzuahmen – an der historischen Qualität gemessen werden."

Vielleicht ist die Unverwechselbarkeit des Ortes, seiner Geschichte und seiner baulichen (Selbst-)Darstellung das bleibende Merkmal, das Bewohner und Besucher – und die Leser dieses Beitrags gleichermaßen – in lebendiger Erinnerung behalten sollten.

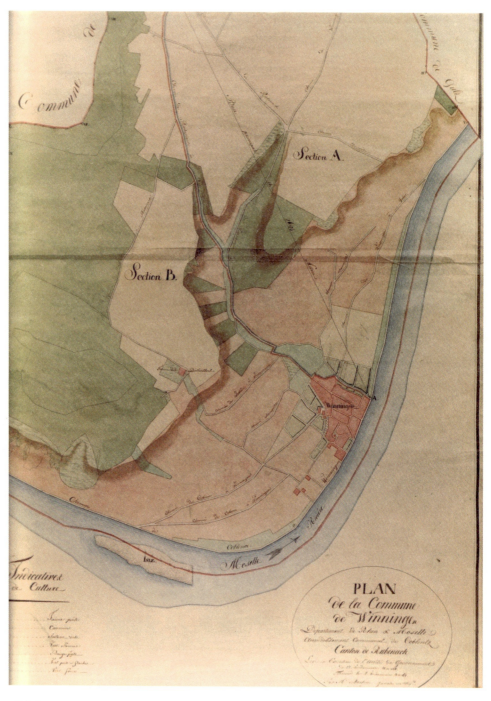

Abb. 1:
Plan de la Commune de Winningen, 1805
Lageplan der Gesamtgemarkung
(LHA Ko Best. 702 Nr. 7947).

Städtebauliche Entwicklung und architektonische Merkmale 523

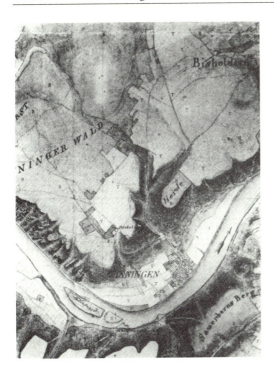

Abb. 2:
Ausschnitt aus der Tranchot-Karte von 1810
(nur Teilbereich Winningen)
Kartenaufnahme der Rheinlande durch Tranchot
und v. Müffling 1803-1820, Blatt 148
Gesellschaft für Rheinische Geschichtskunde
XII, 2. Abt. N.F. 1972.

Abb. 3:
„Prospect von Winningen" um 1771, Darstellung aus dem 18. Jh.
(LHA Ko Best. 702, Nr. 558).

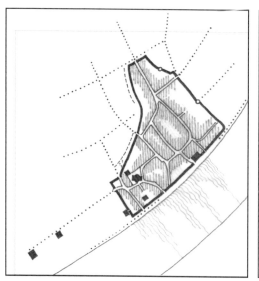
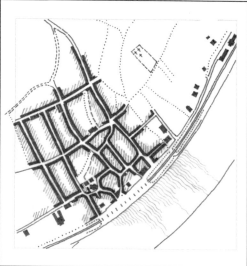

Abb. 4:
Entwicklungsbereiche, Entwicklungsstadien
oben links: bis 18. Jh., oben rechts: 1900 bis 1930, unten: 2000
(Skizzen: Anne-D. Alexi, Peter Lammert).

Städtebauliche Entwicklung und architektonische Merkmale 525

Abb. 5:
Ansicht von Südosten. Stahlstich aus dem Jahre 1838. Nach der Natur gezeichnet von A. Jahn, gestochen von W. Weber (Aus: Karl von Damnitz: Die Mosel mit ihren Ufern und Umgebungen von Coblenz bis Trier. In Stahlstichen. Mit begleitenden Texten. Hrsg. von Stahl- und Kupferstecherei Schumacher und Kompanie. Cöln 1838).

Winningen um 1860 von Süden. Im Vordergrund die 1837 eingerichtete Gierponte, die 1862 in eine Hochseilfähre umgebaut wurde (Aus: Winninger Hefte 4, 1991, S. 37).

Abb. 7:
Analyse der Gestaltungselemente in unterschiedlichen Strukturbereichen
(I) Alter Ortskern, (II) Bereich 19./20. Jh.
(Studienarbeit von Oranna Erb und Ruth Karick, 1981/82).

Abb. 8:
Obere Friedrichstraße
(Foto: Klara Prämassing)

Städtebauliche Entwicklung und architektonische Merkmale

Abb. 9 und 10:
Untere Fährstraße (oben links) und Herrenstraße (oben rechts).
(Fotos: Klara Prämassing).

Abb. 11:
Ehemaliges „Armenhaus", heute „Knaudt-Haus", Fährstraße/Neustraße.
(Fotos: Klara Prämassing).

Abb. 12:
Innenraum der Kirche nach der Renovierung von 1902/03 (Mittelgang; Orgel vor dem Triumphbogen) (Sammlung Sauerbrey).

Abb. 13:
Das erste Winninger Pfarrhaus.
Aufnahme um 1900
(Aus: Winninger Hefte 1, 1985, S. 55).

Städtebauliche Entwicklung und architektonische Merkmale 529

Abb. 14:
Winninger Kirche. Innenraum nach der Renovierung 2000
(Foto: Klara Prämassing).

Abb. 15:
Kirchplatz, Kirche und Pfarrhäuser
(Foto: Klara Prämassing).

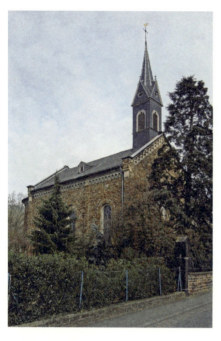 

Abb. 16 a und 16 b:
Katholische Kapelle, erbaut 1852/56
(Foto: Klaus Brost).

Abb. 17:
Schlickum-Apotheke, erbaut 1820
(Foto: Klara Prämassing).

Der erste Winninger Bahnhof

Abb. 18:
Alter Bahnhof von 1879
(Aus: Winninger Hefte 4, 1991, S. 153).

Abb. 19:
Neuer Bahnhof von 1907
(Foto: Peter Lammert).

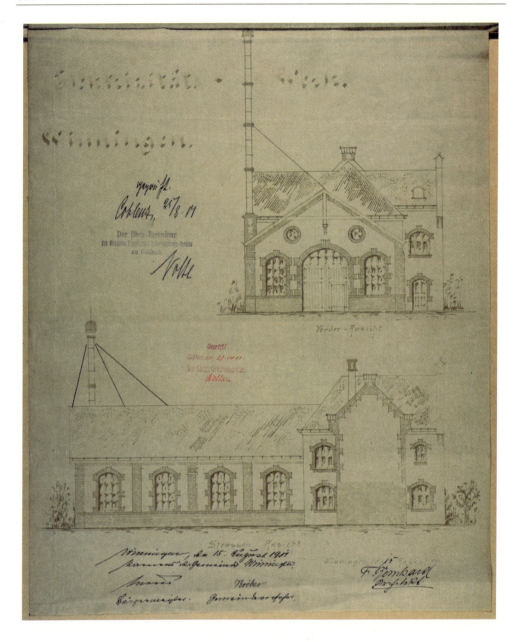

Abb. 20:
Elektrizitätswerk 1901. Entwurfszeichnung von Architekt Bernhard
(LHA Ko Best. 655, 47, Nr. 216).

Abb. 21:
Villa und Mosel. Blick auf Remise, Villa und Bahnhofstürmchen von Norden her, vor der Bebauung Winningen-Ost, mit gegenüberliegender Moselseite als Weinbergsfläche
(Foto: Peter Lammert).

Abb. 22:
Rathaus von 1901
(Foto: Klara Prämassing).

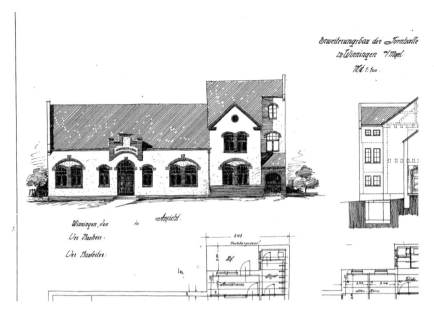

Abb. 23:
Turnhalle in der Neustraße 1901, Erweiterung 1910, Zeichnung Architekt Bernhard, 1910
(Aus: Planmappe Bernhard).

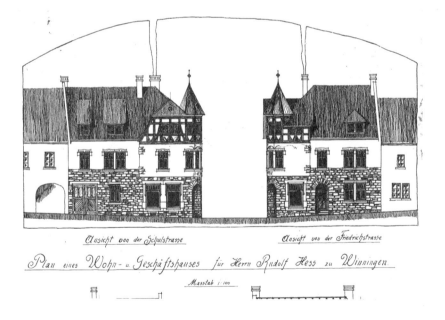

Abb. 24:
Plan für Haus Hess (Heß), Ecke Schulstraße/Friedrichstraße, Zeichnung Architekt Bernhard, 1908
(Aus: Planmappe Bernhard).

Städtebauliche Entwicklung und architektonische Merkmale 535

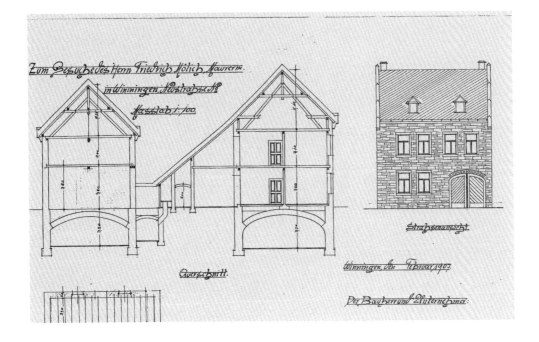

Abb. 25 (oben und unten):
Winninger Haustyp 1907/08, Entwurf Architekt Bernhard für die Neustraße, 1907
(Aus: Planmappe Bernhard).

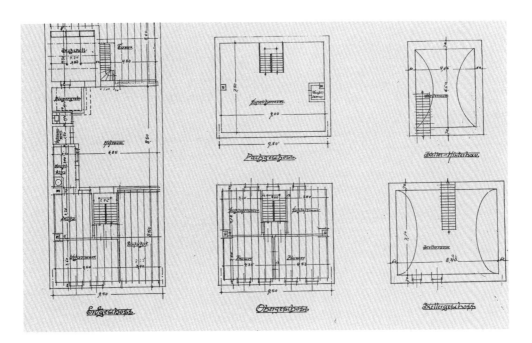

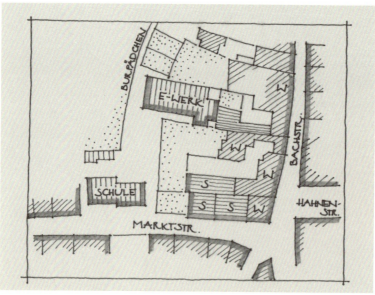

Abb. 26:
Bereich Marktplatz um 1902. Ergänzte Skizze nach Lageplänen von Architekt Bernhard, 1901/13
(Skizze: Peter Lammert).

Abb. 27:
Marktplatz 1985
(Foto: Klara Prämassing).

Städtebauliche Entwicklung und architektonische Merkmale 537

Abb. 28:
Am Moselufer 1934
(Aus: Winninger Bildchronik, Bd. 2, 1991, S. 362).

Abb. 29:
Gasthaus Krone um 1930
(Aus: Winninger Bildchronik, Bd. 1, 1991, S. 38).

Die Lassaulx-Schule in Winningen
und ihre Wirkung auf das Baugeschehen in der Gemeinde

Von Udo Liessem

Der Koblenzer Johann Claudius von Lassaulx (1781-1848), Königlich Preußischer Bauinspektor und Stadtbaumeister von Koblenz, gehört zu den bedeutendsten Architektenpersönlichkeiten des Rheinlandes in der ersten Hälfte des 19. Jahrhunderts.[1] Lassaulx ist auch als einer der ersten Denkmalpfleger zu werten. Er pflegte Umgang mit vielen wichtigen Kollegen seiner Zeit, auch mit solchen in Frankreich und England. Lassaulx hat zahlreiche Veröffentlichungen erarbeitet, die nicht nur in Deutschland erschienen sind, sondern auch in Österreich, Frankreich und England. Mit zahlreichen Persönlichkeiten pflegte er freundschaftliche Kontakte. Als herausragendes Beispiel mag der Hinweis auf Karl Friedrich Schinkel (1791-1841) genügen, Leiter der Oberbaudeputation in Berlin und somit auch Chef von Lassaulx.

Das Œuvre des Koblenzer Architekten ist enorm; allein 52 Schulen, eingeschlossen diesbezügliche Erweiterungsbauten, hat Lassaulx im Laufe seines Bruflebens geplant, wobei fast alle Pläne realisiert werden konnten. In unmittelbarer Nachbarschaft zu Winningen stehen die Schulen in (Koblenz-)Güls (um 1820-23) und Dieblich (1829/30) sowie Kobern-(Gondorf) (1845-47).[2]

Nachdem ab 1825 auch für die preußische Rheinprovinz die allgemeine Schulpflicht galt, mussten zahlreiche Schulgebäude, vor allem auf dem Land, errichtet werden. Dabei ist auffällig, dass sie in den Dörfern, in denen neue Schulgebäude gebaut wurden, neben der Kirche die größten Monumentalbauten darstellten. Fast ausschließlich waren es Massivbauten. Besonders großvolumig und das Ortsbild prägend sind die gerade angeführten Schulen oder der Schulbau in Treis(-Karden) (1830/31), ebenfalls von Lassaulx. Auffallend, dass die Schulbauten häufig in direkter Nachbarschaft zur jeweiligen Kirche errichtet wurden, so wiederum in Güls, Dieblich, Kobern und Treis. Schließlich ist auch die überlegte Platzierung der neuen Bauten hervorzuheben, die, wenn es das Gelände hergab, auf abfallendes Gelände gestellt wurden, zu nennen u.a. Welling (1825 oder 1826), katholische Schule Traben(-Trarbach) (1836/37), Kaisersesch (1838/39) oder – besonders eindrucksvoll – in Dieblich. Alle Bauten sind wiederum von Lassaulx.

---

1   Die Literatur zu Lassaulx ist sehr umfangreich, weshalb nur die grundlegenden Arbeiten angeführt werden. Hans Feldbusch, Johann Claudius von Lassaulx – Ein Beitrag zu seinem Werk, Phil. Diss, Köln 1939; nicht im Druck erschienen. Frank Schwieger, Johann Claudius von Lassaulx 1781-1848, Architekt und Denkmalpfleger in Koblenz (Rheinischer Verein für Denkmalpflege und Heimatschutz, Jahrbuch 1969), Neuß 1968. Willy Weyres, Johann Claudius von Lassaulx (1781-1848), in: Rheinische Lebensbilder 4, 2. Aufl. 1980, S. 141-157. Udo Liessem, Studien zum Werk von Johann Claudius von Lassaulx (1781-1848) (=Koblenzer Beiträge zur Geschichte und Kultur 5), 1989. Ders., Zum Kirchen- und Kapellenbau des Johann Claudius von Lassaulx, in: Koblenzer Beiträge zur Geschichte und Kultur, NF 8 (2000), S. 25-41.
2   Zu diesen und den anderen Schulbauten von Lassaulx siehe Udo Liessem, Die Schulbauten des Johann Claudius von Lassaulx (1781-1848), hg. vom Verein für Geschichte und Kunst am Mittelrhein, 2007 (im Druck).

Sämtliche aufgeführten Punkte treffen auf die Schule in Winningen zu. Bis zum Ende des 19. Jahrhunderts war sie neben der Kirche der bedeutendste Bau im Dorf, ein großvolumiger Massivbau, der zwar nicht unmittelbar, aber doch in der Nähe der Kirche stand.³ Lassaulx hatte das Gebäude auf die Terrassenkante gestellt, so dass die Schule zur Mosel hin ein zusätzliches Sockelgeschoss aufweist, dadurch noch mehr Volumen zeigt und das Ortsbild entscheidend prägt. Einen wichtigen Akzent setzt ein schlanker Dachreiter. Der Lassaulx'sche Schulbau war, da er völlig freistand, ursprünglich wesentlich dominierender als die Kirche, die erst in Folge der Erhöhung ihres Turmes sowie der Erweiterung, die u.a. eine Erhöhung des Mittelschiffs vorsah, ihre jetzige Größe und Höhe erhalten hatte (1878-80, 1902/03).⁴ Auch der wichtige Heddesdorfer Hof sowie die wenigen anderen Massivbauten reichen wirkungsmäßig nicht an den großbemessenen Schulneubau heran.⁵

Abb. 1: Die Lassaulx-Schule in Winningen (Foto: Klara Prämassing).

---

3 Auch das Hofhaus des Aachener Marienstifts (2. Hälfte 12. Jh.) war bzw. ist ein Massivbau, der allerdings weit außerhalb der Ortslage stand. Der Bau trug einen Außenputz; Veröffentlichung durch den Verfasser in Vorbereitung. Gleiches gilt für den benachbarten Peterhof des Kölner Domstiftes, im Kern ein hochmittelalterliches Gebäude. Schließlich sind auch noch der Heddesdorfer Hof, die beiden Pfarrhäuser sowie die Kirche verputzt.
4 Rainer Garbe (Bearb.), Inventar der Quellen zur Geschichte der Gemeinde Winningen/Mosel, 2003, S. 440 f. Vgl. auch LHA Ko Best. 655,47, Nr. 161.
5 Siehe im Wesentlichen die unter Anm. 3 aufgeführten Bauten.

Die Bedeutung des neuen Schulgebäudes, das ursprünglich frei außerhalb der eigentlichen Ortslage stand, wurde noch dadurch gesteigert, dass es sich als einziger Massivbau des Dorfes steinsichtig präsentierte. Denn bis weit ins 19. Jahrhundert wurde das Erscheinungsbild Winningens fast ausschließlich durch Fachwerkbauten bestimmt, wobei sich meist der Fachwerkteil sich über einem verputzten Sockelgeschoss aufbaute. Selbst die damals noch in größeren Teilen erhaltene Ortsbefestigung war nicht steinsichtig belassen.

Schon seit 1813 sind Bemühungen seitens der Gemeinde Winningen fassbar, die die Errichtung eines neuen Schulgebäudes zum Ziele hatten.[6] Knapp zwei Jahrzehnte später plädierte der zuständige Baubeamte – Johann Claudius von Lassaulx – für einen Schulneubau, den auch die Regierung in Koblenz am 10. März 1830 befürwortete. Schon Ende Mai desselben Jahres konnten die Ausschreibungen für den Schulneubau bekannt gegeben werden. In seiner Sitzung am 12. Oktober 1829 hatte der Schöffenrat bereits beschlossen: „Das neue Schulhaus soll nach dem Plan des in Dieblich bereits im Bau befindlichen errichtet werden",[7] den bekanntlich Lassaulx entworfen hatte. Die Planungen für die Schule in Winningen, Lassaulx hat mindestens zwei Varianten vorgelegt, müssen 1829/30 erfolgt sein.[8] Querelen wegen des Bauplatzes zögerten den Baubeginn bis Anfang 1832 heraus.

Die ältere Planung sah einen Bau von 22,28 x 10,05 m Grundfläche vor (Bruttofläche 223,91 m²). Die Kosten sollten 5705 Taler betragen. Das tatsächlich ausgeführte Gebäude misst aber 22,00 x 11,00 m, was einer Bruttofläche von 242 m² entspricht. Es ist demnach zwar nur um rund 18 m² größer, war aber mit 7413 Talern wesentlich teurer. Der ursprüngliche Kostenansatz wurde um fast 30% überschritten, nämlich um 1708 Taler. Geld scheint demnach nicht die entscheidende Rolle gespielt zu haben, wichtiger war, dass in Winningen ein herausragendes, repräsentatives Gebäude entstand, auf das das Dorf stolz sein konnte. Um zu erkennen, wie ungeheuer hoch die Summe von 7413 Talern gewesen war, mag angeführt werden, dass sogar einige von Lassaulx geplanten Kirchen wesentlich preisgünstiger waren als das Winninger Schulgebäude: Volkesfeld 1080 T., Oberlützingen 1381 T., (Koblenz-)Stolzenfels 2575 T., Waldesch 3627 T., (Koblenz-)Metternich 3708 T.,[9] Weißenthurm 3847 T. oder Kobern(-Gondorf) 5583 T. Die Zahlen verdeutlichen, welche finanzielle Bürde sich Winningen auferlegt hatte und welche Bedeutung der neuen Schule beigemessen wurde! Es war im Übrigen die teuerste der von Lassaulx geplanten und gebauten Schulen.

Zum Dorf hin zeigt das neue aus Bruchstein (devonische Grauwacke) errichtete Schulhaus zwei, zur Mosel hin - weithin sichtbar - drei Stockwerke. Die beiden Langseiten werden durch fünf der Fassade vorgesetzte, wandhohe Blendarkaden strukturiert. In den Bögen liegen die Fenster, oben rundbogige, unten hochrechteckige, letztere mit Fünfeckstürzen. Die Fenster sind jeweils zu zweit gekuppelt. Die des Obergeschosses, bei denen Anregungen von der Gülser

---

6   Garbe, Inventar (wie Anm. 3), S. 440 f.
7   Ebd., S. 476.
8   Zur Schule in Winningen siehe Schwieger, Lassaulx (wie Anm. 1), S. 70 f., Liessem, Schulbauten (wie Anm. 2); ders., Die Lassaulx-Schule in Winningen (Vortrag am 19.5.2006 im Museum, Winningen, Vortragsmanuskript im Archiv der Gemeinde).
9   Die Kirche in Metternich wurde nicht gebaut, es existieren lediglich die Pläne samt Kostenvoranschlag.

Schule (s.o.) verarbeitet wurden, werden zusätzlich von einer Rundbogenblende aus Tuff zusammengefasst. Sie stehen auf einem zwischen die Blendarkaden gespannten Sohlbankgesims aus Basaltlava. Die Sohlbänke der Erdgeschossfenster sind stark unterschnitten. Ein schlichter, kaum vorspringender Sockel schließt mit einem einfachen Basaltlavaprofil ab und wird, wie stets bei Lassaulx, um die Arkadenpfeiler verkröpft. Sechs Stufen geleiten zum Eingang, in dem noch die zweiflügelige Tür mit Kassettendekor und dem Oberlicht mit Wabenmuster erhalten ist. Das reich profilierte Gewände geht über in eine mittig gebrochene Türverdachung, unterlegt mit einem Schuppenfries, eine Zier, die letztlich aus der Antike stammt. Die Treppe wird seitlich abgefangen von Basaltlavawangen mit profiliertem Deckstein. Außer der Winninger Schule besitzt keine der zahlreichen von Lassaulx errichteten Schulgebäude eine von Wangen begleitete Treppe. – Die Treppe ist nach dem Krieg um eine Stufe abgesenkt worden; ursprünglich griff sie noch mit einer weiteren Stufe in den Raum hinaus, was eine großzügige Geste darstellte und den Eingang wesentlich dominanter erscheinen ließ. Leider ist diese letzte, so wichtige Stufe einem breiten Bürgersteig geopfert worden.

Der Sockelzone entsprich ein Plattenfries aus Tuff unterhalb eines weit vorspringenden, durch reiche Profilierung und eine große Kehle ausgezeichneten, mächtigen Traufgesims (Tuff). Jede zweite Platte zeigt eine kleine, stehende Vierpassöffnung. Die Bögen der Blendarkaden und die Entlastungsbögen über den Fenstern des Erdgeschosses sowie der Tür sind besonders sorgfältig und dekorativ gefügt. – Die fensterlosen Schmalseiten werden von Ecklisenen gefasst, die unterhalb des Plattenfrieses durch je drei große Blendbögen miteinander verbunden sind. Die drei Bögen ruhen auf Basaltlavakonsolen, die so geformt sind, dass sie die Krümmung des Bogens fortführen, so dass dieser sich einem Hufeisenbogen zu nähern scheint, eine Lösung, die Lassaulx mehrfach angewandt hat, vor allem beim Kirchenbau. Wie die fast gleichzeitig geplanten und gebauten Schulen in Dieblich, Treis und Bell (vor 1826) verfügt auch die Winninger Schule über ein machtvolles Walmdach, das mittig den bereits genannten, hölzernen Dachreiter trägt. Hier hing die Schulglocke (vgl. die Schulen in Niederspay [1819/20], Güls und Nickenich [um 1830]). Auf dem Dach stehen große Gauben, je zwei auf den Lang- und je eine auf den Schmalseiten. Das Fenster auf der linken Seite, das sich durch eine Rahmung mit Ziegelsteinen als später hinzugefügt zu erkennen gibt, könnte 1915 eingebrochen worden sein, als die leerstehende Lehrerwohnung zur Aufnahme des 2. Ersatz-Bataillons I.R. Nr. 68 benutzt wurde.[10] Es nimmt ungefähr die Stelle eines älteren, zugesetzten ein, dem auf der gegenüberliegenden Westseite ein weiteres entsprach.

Die der Mosel zugewandte Hofseite, auf dem Hof standen die Aborte, verfügt bekanntlich zusätzlich über ein drittes Geschoss: das Sockelgeschoss. Hier liegen hofseitig, getrennt durch einen quer zur Hauptrichtung verlaufenden breiten Gang, in den die vom Erdgeschoss kommende Treppe mündet, zweimal je zwei bescheidene, in Längsrichtung mit Tonne gewölbte, bescheidene Räume, die zum Hof je eine hochrechteckige Tür, flankiert von zwei sehr kleinen, rechteckigen Fenstern, aufweisen. Es handelt sich wohl um die ehemaligen Ställe. Da das Gehalt der Lehrer in der ersten Hälfte des 19. Jahrhunderts außerordentlich gering bemessen war, mussten sie nach Zusatzeinnahmen trachten, wozu auch die Kleinviehhaltung gehörte. Wenn

---

10 Garbe, Inventar (wie Anm. 4), S. 477.

die Ställe nicht im Haupthaus untergebracht werden konnten, mussten, wie noch in Kobern erhalten, eigene Stallgebäude errichtet werden. Hinter den Ställen liegt jeweils ein ungewöhnlich großer Kellerraum, auch er mit steinerner Tonne in Längsrichtung gewölbt. Diese beiden Keller mussten, verlangte der Schöffenrat, so groß sein, dass darin zwei Reihen Fuderfässer Platz finden konnten.[11] Der oben genannte, querverlaufende Gang öffnet sich zum Hof mit einer großen Tür. Türen und Fenster des Sockelgeschosses haben gekehlte Basaltlavagewände, die Stürze sind wiederum fünfeckig. – Flache Fünfeckstürze, so wie sie Lassaulx bei der Winninger Schule angewandt hat, stammen letztlich aus dem romanischen Sakralbau.

Betritt man die Schule von der Straße her, gelangt man in den breiten, mit Basaltlavaplatten belegten Flur, der quer durch das ganze Gebäude führt. Hier beginnt eine schlichte Holztreppe, die bis in den Dachstuhl führt und noch weitgehend original erhalten ist. Im Erdgeschoss lag zu beiden Seiten des Flurs je eine Lehrerwohnung, jeweils aus vier Räumen bestehend. Heute durch das Einziehen zusätzlicher Wände und das Versetzen anderer verbaut, lässt sich dennoch das ursprüngliche Raumgefüge leicht erkennen und wiederherstellen. Der Raumabschluss bildet eine hölzerne Balkendecke.

Im Obergeschoss finden sich beiderseits des Flurs zwei gleichgroße Schulräume. Sie waren ausgelegt auf mehr als 100 Kinder pro Raum. In den fensterlosen Seitenwänden der Klassenräume liegt jeweils eine rundbogige Blende. – Am Ende des Flurs ist im Obergeschoss zur Straße hin eine kleine Kammer abgetrennt, die ursprünglich wohl zur Aufnahme von Karten und anderen Unterrichtsmaterialien diente.

Die Bedeutung des prachtvollen Schulbaus, auf den Winningen noch heute stolz sein kann, liegt nicht nur in der singulären Architektur begründet, sondern auch darin, dass dieses Gebäude das einzige der von Lassaulx geplanten 52 Schulen ist, dessen innere Struktur kaum verändert wurde, demnach noch weithin den Originalzustand einer Schule der ersten Hälfte des 19. Jahrhunderts wiedergibt! Das Beispiel der Treiser Schule lehrt, dass bei einer sorgfältigen restauratorischen Untersuchung des Außenbaus und im Innern der Räume, auch in der Winninger Schule ein fein nuanciertes Farbkonzept freigelegt werden kann.

Es muss nochmals auf die Obergeschossfenster zurückgekommen werden, bei der Elemente der florentinischen Palazzoarchitektur der Frührenaissance festzustellen sind. Es war vor allem der Palazzo Medici Riccardi (1444-69), entworfen von Michelozzo, oder der Palazzo Strozzi (1489-1503), geplant von Benedetto da Maiano, die Anregungen vermittelt haben.[12] Zwar ist Lassaulx nie in Florenz gewesen, doch war er außerordentlich belesen, so dass ihm die Hauptbauten der florentinischen Frührenaissance nicht unbekannt waren. Wenn sich auch der Schulbau, der u.a. durch sein ausgewogenes Proportionsgefüge besticht, einem Palazzo des Cinquecento nähert, wird diese Wirkung irritierend beeinträchtigt durch eine nur nördlich der Alpen zu findende sehr hohe und zusätzlich von einem schlanken Glockentürmchen bekrönte

---

11 Ebd., S. 476. Erst durch eine Planänderung konnte die vom Schöffenrat gewünschte Kellergröße erreicht werden. Selbstverständlich waren die großen Kellerräume nicht für die Lehrer gedacht, sondern dienten der Gemeinde.
12 Zur schnellen Information Richard Goy, Florence, the City and its Architecture, 2002, S. 256-258. Francesco Gurrieri; Patrizia Fabbri, Die Paläste von Florenz, 2002, S. 106-115.

Dachkonstruktion, so dass der Schulbau in Winningen eine bemerkenswerte Synthese zwischen heimischer und transalpiner Architektur darstellt.

Das Außergewöhnliche dieses Baus wurde im fortgeschrittenen 19. Jahrhundert bewusst aufgenommen, indem bei der Erweiterung von Winningen nach Westen die neu angelegte Wilhelmstraße direkt auf die Schule ausgerichtet wurde und das großvolumige Gebäude als pointde-vue genutzt wurde.

Die Großartigkeit und die Sonderstellung der Schule, die mit ihren Proportionen am ehesten mit der Schule in Polch (1828/29), und zwar vor deren Erweiterung, und der in Treis zu vergleichen ist und die in der Gliederung wiederum mit der in Polch sowie der in Nickenich, alle von Lassaulx nahezu gleichzeitig geplant, war auch der Obrigkeit bewusst, was die feierliche Einweihung am 1. Dezember 1833 beweist. Als Ehrengast war natürlich auch ihr Architekt Johann Claudius von Lassaulx geladen. In seiner Rede dankte Pfarrer Albrecht Ferdinand Schöler (1787-1866, Pfarrer in Winningen ab 1818) den Behörden, den Winningern und besonders dem Architekten „für die herrliche Ausführung [des] Baues. Mag er auch des Geldes viel kosten, er ist ein herrliches Denkmal Ihrer, gemeint ist Lassaulx, vielseitigen Baukenntnisse."[13]

Am Winninger Schulbau hat Lassaulx drei in ihrer Wirkung sehr unterschiedliche Steinarten verwandt: Die Außenwände sind aus Bruchstein gefügt, die Fensterwände der Straßenseite und der Plattenfries unterhalb der Traufe sowie diese selbst aus hellem Tuff. Die Sohlbänke der Erdgeschossfenster und das Sohlbankgesims im Obergeschoss bilden dagegen einen Kontrast aus grau-schwarzer Basaltlava. Aus demselben Material sind auch die Fenster- und die Türgewände der Rückseite geschlagen, ebenfalls die Außentreppe, das Sockelprofil sowie die großen Konsolen der seitlichen Blendbögen.

Lassaulx betrachtete den heimischen Bruchstein als absolut geeignetes Material für seine sämtlichen Bauwerke. Er verstand es meisterlich, die verschiedenen Farbvarianten der aus dem Devon stammenden Grauwacke, die vom hellen Beige über das dunklere Gelb bis zu den unterschiedlichsten Nuancen von Braun-Rot reichen, gezielt einzusetzen. War ihm der Stein, der im Grunde bruchrau versetzt wurde, in der Oberflächenstruktur zu grob, ließ er ihn abscharrieren. Ferner war der Architekt bemüht, ein mehr oder weniger einheitliches Steinformat zu bekommen, das bisweilen sogar annähernd Hausteinqualität erreicht. Die Lebendigkeit des Bruchsteins, unterstützt durch den Farbwechsel der verwandten Steinarten, wäre ins Unruhige abgeglitten, wenn noch ein unruhiges Fugenbild hinzugetreten wäre. Um das zu verhindern, war Lassaulx darauf bedacht, das Steinmaterial so zu versetzen, dass ein System gleichmäßiger Lagerfugen entstand. Die so erreichten Horizontalen verleihen der Mauerfläche eine optische Stabilität. Damit die Fugen, vor allem die vertikalen, nicht zu sehr in den Vordergrund treten, ließ Lassaulx einen Mörtel verwenden, der in der Masse leicht rötlich durchgefärbt ist und als Zuschlagstoff Kies bis zu einer Korngröße von rund 3 cm, im Einzelfall sogar

---

13 Ekkehard Krumme, Die Schuleinweihung in Winningen am 1. Dezember 1833, in: Winninger Hefte 2 (1987), S. 119-125, hier: S. 123.

darüber hinaus enthält, um sich so der Farbe und der Struktur des Steinmaterials anzugleichen.[14] Die feinen Unebenheiten des Bruchsteins erzeugen eine Reliefstruktur, die ein interessantes Schattenspiel hervorruft, das seine Wirkung besonders in der Schrägansicht entfaltet. Diese natürliche, kaum zu steuernde Schattenbildung wird ins Kalkulierte gelenkt, indem Lassaulx die Fassaden durch Blendarkaden, Sohlbänke oder Gesimse bereichert und sie wie eine Großplastik auffasst. - Sich gegeneinander abhebend und dennoch nicht auseinanderfallend fügen sich die unterschiedlichsten Materialien zu einem harmonischen, „farbigen" Gesamtbild. Einen zusätzlichen Akzent setzt die dunkelbraune, zweiflügelige Holztür des Haupteingangs.[15]

Der neue großvolumige, rundum freistehende, weithin sichtbare und äußerst anspruchsvoll gestaltete, steinsichtige Schulbau von Lassaulx wurde beispielgebend für die ab etwa 1835 in Winningen errichteten Bauten. Sein Einfluss kann bis gegen 1900, in Details sogar bis in die 1920er Jahre verfolgt werden. Seit der Errichtung der Schule sind (nahezu) alle Profanbauten und auch die katholische Kirche (1852) in unverputztem Bruchstein gebaut worden. – Nachdem Winningen an das Eisenbahnnetz angeschlossen worden war, erlebte der Ort einen bedeutenden wirtschaftlichen Aufschwung, der sich u.a. in einer ausgedehnten Neubautätigkeit auswirkte. Moselaufwärts entstand ein neues Dorfviertel über rasterförmigem Grundriss (Neu-, Markt- und Schulstraße als Längszüge sowie Wilhelm- und Friedrichstraße als Querachsen). Die traufständigen Häuser trugen, wie angeführt, fast ausnahmslos keinen Außenputz. Das verlieh den Straßenzügen ein einheitliches, sehr ruhiges, ja nobles Erscheinungsbild. Aber auch in den älteren Gassen (Fähr- und Bachstraße) hat man Häuser errichtet, die Einflüsse von Lassaulx verarbeitet haben. Bedauerlicherweise sind nach 1950 viele dieser Bauten, wohl weil die Einheitlichkeit und die Ruhe dieser Straßenzeilen mit Langweile und Monotonie verwechselt worden sind, verputzt worden. Es entstanden so farblich sehr unruhige Straßenbilder und der meist glatte Putz verleiht den vormals lebendigen Bruchsteinfassaden ein recht einförmiges Erscheinungsbild. Vor allem sind solche Häuser abzulehnen, die zwar eine steinsichtige Traufseite zeigen, bei denen die Giebelseite jedoch weiß verputzt worden sind.

Der Einfluss Lassaulx' lässt sich weiterhin in verschiedenen Details nachweisen. Hervorzuheben sind vor allem die Basaltlavagewände der Fenster und Türen, die häufig den flachen Fünfecksturz der Schule übernommen haben und bisweilen zu zweit gekuppelt sind. Sohlbankgesimse aus Basaltlava sowie weit vorspringende Fensterbänke, häufig stark unterschnitten, charakterisieren manches Haus. – Lediglich zwei konkrete Beispiele mögen herausgegriffen werden. Das eine ist das jüngere der beiden Pfarrhäuser, dass mit seinem Eingang und der vorgelegten Freitreppe sehr direkte Anregungen vom Haupteingang der Schule aufgenommen und weiterverarbeitet hat.[16] Das andere ist das „Weingut Richter", Marktstraße/Ecke Friedrichstraße, dessen Eingangsverdachung, wohl aus den 1920er Jahren, so sehr Lassaulx gleichkommt, dass er es selber nicht hätte besser machen können.

---

14 An jüngeren Ausbesserungen, wo moderner Mörtel angewandt wurde, erkennt man, wie störend die hellgraue Farbe desselben ist.
15 Wie das Beispiel in Treis lehrt, kann, was nur eine restauratorische Untersuchung offenbaren kann, die Tür eine völlig andere Farbe getragen haben. In Treis ist das ein Dunkelgrün!
16 Die Tür wird 1834/35 eingefügt worden sein, demnach unmittelbar nach Errichtung der Schule; Garbe, Inventar (wie Anm. 4), S. 439.

Dasjenige Gebäude, dessen Erscheinungsbild aber am tiefsten von dem übermächtigen Schulneubau geprägt wurde und, obwohl es heute einen Außenputz trägt, sofort Assoziationen an Lassaulx'sches Bauen hervorruft, ist das ehemalige Armenhaus aus den Jahren 1844/45 (Fährstraße Ecke Neustraße).[17] Seine straßenseitige Langseite wird durch wandhohe Blendbögen strukturiert. Dieser feine Bau, steht zwar durchaus über dem allgemeinen Niveau der Profanbauten, weist aber nicht die Eleganz und das überzeugende Gefühl für Proportionen auf wie die neue Schule.

Dass ein einziges von Lassaulx geschaffenes Bauwerk das Baugeschehen eines ganzen Ortes beeinflusst, bleibt nicht auf Winningen beschränkt. So wurde z.B. im nahen (Koblenz-)Rübenach das dortige katholische Pfarrhaus 1838/39 nach Plänen von Lassaulx errichtet. Nachdem 1844 ein großer Brand viele Häuser vernichtet hatte, musste das Dorf in weiten Teilen wieder aufgebaut werden, wobei in zahlreichen Fällen auf das Vorbild des Pfarrhausbaus von Lassaulx zurückgegriffen wurde.[18]

Man muss es als einen Glücksfall betrachten, dass die Lassaulx-Schule heute als Orts- und Heimatmuseum dient und durch die Arbeit des rührigen Museumsvereins nicht nur vor dem Dahindämmern bzw. sogar dem drohenden Abriss (siehe den Beitrag von Peter Lammert) gerettet werden konnte, sondern wieder zugängig ist, besichtig werden kann und die Vergangenheit von Winningen mit vielen bemerkenswerten Exponaten vor Augen führt und dadurch wieder eine sinnerfüllte Zukunft hat.[19]

---

17 Gerhard Löwenstein, Das Winninger Armenhaus, in: Veröffentlichungen des Heimat- und Museumsvereins Winningen e.V Nr. 3 (2003), S. 3-16.
18 Udo Liessem, Drei bedeutenden Kunstdenkmäler in Rübenach, in: W. Reif u.a. (Hg.), Rübenach eine Heimatgeschichte, [Koblenz-]Rübenach 1975, S. 173-96, hier S. 181-86; ders., Ein Abriss der Geschichte von Rübenach, in: ebd., S. 47-106..
19 Verfasser dankt Frau Siglinde Krumme sowie Herrn Gerhard Löwenstein, beide Winningen, für wertvolle Hilfe.

Moselländischer Weinbauwortschatz am Beispiel Winningens

Von Rudolf Steffens

1. Einleitung

Am Mainzer Institut für Geschichtliche Landeskunde, Abteilung II: Landeskundliche Sprach- und Volksforschung,[1] ist in einem Zeitraum von ca. 15 Jahren der ‚Wortatlas der kontinentalgermanischen Winzerterminologie (WKW)'[2] erarbeitet worden. Die Hauptzielsetzung dieses internationalen Großprojektes war es, den dialektalen Fachwortschatz deutschsprachiger Winzer systematisch abzufragen und auf Sprachkarten zu dokumentieren. Das Unternehmen wurde ab dem Jahre 1980 von der Stiftung Volkswagenwerk, später von der Deutschen Forschungsgemeinschaft gefördert. Das Werk kam im Jahre 1996 zum Abschluss. Publiziert wurden ein Einleitungsband, 6 Lieferungen mit 134 Karten sowie ein Kommentarband (Loseblattsammlung im Ringordner).[3]

Aus insgesamt 14 Staaten – nach der damaligen politischen Ordnung – konnten seinerzeit deutschsprachige Winzer als Informanten gewonnen werden. Wortmaterial wurde auch für die zum Teil heute nicht mehr existenten Sprachinseln in Osteuropa erhoben. Insgesamt wurde die dialektale Weinbauterminologie in den Jahren 1980-1985 in 420 Orten aus folgenden Staaten abgefragt: Bundesrepublik Deutschland 142 Orte; Luxemburg 3; Frankreich 20; Schweiz 27; Liechtenstein 1; Italien 10; Österreich 40; Tschechoslowakei 14; Deutsche Demokratische Republik 11; Polen 1; Ungarn 30; Jugoslawien 17; Rumänien 54; Sowjetunion 50.[4] Für die rheinischen Weinbaugebiete ergeben sich folgende Zahlen: Ahr 3; Mosel/Saar/Ruwer 18; Mittelrhein 9; Nahe 7; Rheingau 5; Rheinhessen 15; Pfalz 13; Hessische Bergstraße 4. In den folgenden Moselgemeinden zwischen Koblenz und Trier wurden für den WKW Weinbauwörter erhoben: Winningen, Hatzenport, Karden, Cochem-Cond, Senheim, St. Aldegund, Pünderich, Lösnich, Graach, Brauneberg, Piesport, Thörnich, Mehring, Trier-Olewig. Mit dem WKW ist der deutschsprachig-dialekte Fachwortschatz des Weinbaus in europäischem Zusammenhang sprachkartographisch gut dokumentiert. Die historische

---

1   Internet: www.igl.uni-mainz.de.
2   Vgl. die Einleitung von Wolfgang Kleiber (Hg.), Wortatlas der kontinentalgermanischen Winzerterminologie (WKW), 1990, sowie ebd., Kartenlieferungen 1-6 und Kommentare, 1990-1996. Für das Werk wurde dem Herausgeber und den Bearbeiterinnen und Bearbeitern im Jahre 1992 der Winninger Weinpreis verliehen.
3   Das für den WKW (wie Anm. 2) erhobene Wortmaterial konnte nur zu etwa einem Viertel in Form von Sprachkarten dokumentiert werden. Die in Kaiserslautern ansässige Arbeitsstelle der Mainzer Akademie der Wissenschaften ‚Wörterbuch der deutschen Winzersprache (WDW)' hat aus Mainz die Originaltranskriptionen erhalten und wird eine lexikographische Komplettauswertung vornehmen. Teile des Wörterbuchs stehen online zur Verfügung: www.winzersprache.de.
4   WKW, Einleitung (wie Anm. 2), S. 20. Alphabetische Ortsliste S. 74 ff., Ortsliste nach Staaten und Verwaltungseinheiten S. 103 ff.

Dimension des Weinbauwortschatzes wird in einem jüngst erschienenen Wörterbuch des Verfassers greifbar.[5]

Das Fragebuch[6] enthielt aus 398 Fragen zum älteren Weinbau: Der Weinstock und seine Teile (Fragen 1-35), Die Traube (Fragen 36-58), Der Weinberg (Fragen 59-85), Der Mensch und seine Arbeit im Weinberg vor und nach der Lese (Fragen 86-203), Wein und Weinbehandlung/Weinküferarbeit (Fragen 297-378), Weingenuss (Fragen 379-393), Winzerbrauchtum/ Winzerregeln (Fragen 394-398).

Als Informant für die Gemeinde Winningen konnte Gerhard Löwenstein gewonnen werden. Die Sprachaufnahme fand am 26. April 1982 von 15.00 bis 18.00 Uhr und von 19.30 bis 22.45 Uhr statt. Abb. 1 zeigt einen kleinen Ausschnitt des Fragebuchs zum Thema Rebvermehrung (Fragen 133-137) mit den Antworten von Gerhard Löwenstein, die der Mainzer Explorator Helmut Seebach mit den Notationszeichen der IPA (International Phonetic Association)[7] verschriftet hat.

Nachfolgend sollen einige ausgewählte Fachwörter des Winninger Weinbaus[8] vorgestellt (meist mit Verbreitungskarten für das Westmitteldeutsche) und in großräumige geographische Zusammenhänge gestellt werden. Alle Ausführungen beruhen auf der Winninger Sprachaufnahme mit Gerhard Löwenstein. Auf lautliche und grammatische Besonderheiten des moselfränkischen Winninger Dialektes[9] kann hier nicht eingegangen werden.

2. Winninger Weinbauwortschatz

Vorbemerkungen: Folgende Abkürzungen werden verwendet: ahd. = Althochdeutsch, f. = Femininum, lat. = lateinisch, m. = Maskulinum, n. = Neutrum, pl. = Plural.
Phonetische Zeichen: [:] Länge des vorhergehenden Vokals; [y] wie schriftdeutsch *ü*; [ɛ] offener *e*-Laut wie in schriftdeutsch *Engel*; [ɔ] offener *o*-Laut wie in schriftdeutsch *offen*; [ɪ]

---

5   Rudolf Steffens, Wörterbuch des Weinbaus. Historischer Fachwortschatz des Weinbaus, der Kellerwirtschaft und des Weinhandels. Ahr, Mosel/Saar/Ruwer, Mittelrhein, Nahe, Rheingau, Rheinhessen, Pfalz, Hessische Bergstraße, 2006.
6   Abgedruckt in WKW, Einleitung (wie Anm. 2), S. 129 ff.
7   Internet: www.arts.gla.ac.uk/IPA.html.
8   Zur Weinbausprache an der Mosel vgl. Peter Schroeder, Moselfränkische Winzerausdrücke, in: Zeitschrift des Vereins für rheinisch-westfälische Volkskunde 8 (1911), S. 103-202; Isidor Comes, Sprachliches und Volkskundliches zur Winzersprache an der Luxemburger Mosel, in: Luxemburgische Sprachgesellschaft. Jahrbuch 1929, S. 78-93; Leo Senninger, Die Winzersprache der Luxemburger Mosel. Ein Nachtrag, in: Luxemburgische Sprachgesellschaft, Jahrbuch 1929, S. 63-77; Hubert Honold, Arbeit und Leben der Winzer an der Mittelmosel, 1941; Reinhold Schommers, Die Winzersprache an der Mosel im Jahreskreis der Arbeit, in: Deutsches Weinbau-Jahrbuch 1978, S. 229-238; Wolfgang Kleiber, Die Fachsprache der Winzer unter besonderer Berücksichtigung des Rhein-Mosel-Gebiets, in: Lothar Hoffmann; Hartwig Kalverkämper; Herbert Ernst Wiegand (Hg.), Fachsprachen. Ein internationales Handbuch zur Fachsprachenforschung und Terminologiewissenschaft. 1. Halbbd., 1998 (=Handbücher zur Sprach- und Kommunikationswissenschaft; 14.1), S. 1083-1092.
9   Vgl. aber Gerhard Löwenstein, Die Schreibweise unserer Mundart, in: Moselkiesel, hg. von der Volkshochschule Untermosel, Bd. 4: Menschen in ihrem Lebensraum, 2005, S. 214-220.

kurzer *i*-Laut wie in schriftdeitsch *in*; [ø] wie schriftdeutsch *ö*; [ɐ] *a*-Laut mit *o*-ähnlicher Aussprache; [ə] unbetontes *e* wie in schriftdeutsch *Wiese*; [kʰ/pʰ] Aussprache des [k/p] mit Aspiration (Behauchung); [ŋ] Velarnasal wie in schriftdeutsch *singen*; [v] wie schriftdeutsch *w*; [x] Rachenlaut wie in schriftdeutsch *Bach*; [ʃ] entspricht schriftdeutschem *sch*. Eckige Klammern: Zitate aus der Sprachaufnahme mit Gerhard Löwenstein, bei Substantiven außerhalb der rechten Klammer das Kürzel für das grammatische Geschlecht.

Zu danken ist Frau Siglinde Krumme, der Vorsitzenden des Heimat- und Museumsverein Winningen e. V., für die Erlaubnis, Exponate des Wein- und Heimatmuseums Winningen fotografieren und reproduzieren zu dürfen. Herzlichen Dank auch an die Herren Frank Hoffbauer und Gerhard Löwenstein, beide Winningen, für Ihre Unterstützung.

2.1. Reberziehung

Zum Winninger Weinbau, zur Weinlese und den damit zusammenhängenden Festen und Bräuchen sei pauschal auf einige Publikationen verwiesen.[10] Den Weinbau haben die Römer an die Mosel gebracht.[11] Die Erschließung der Steillagen durch Rodung[12] und spätere Terrassierung[13] dürfte im Hochmittelalter in Angriff genommen worden sein.[14] Die Steillagen der Mosel – und die in Winningen (Abb. 2, 3) besonders – haben im 19. Jahrhundert den aus dem badischen Neckargemünd stammenden Weinbaufachmann Johann Philipp Bronner (1792-

---

10 Hans Bellinghausen, Winningen. Ein deutsches Heimatbuch, Teil 1, 1923; Werner Hammerschlag, Vom Weinbau in Winningen, in: Richard Holzapfel (Bearb.), Winningen im Wandel der Zeiten. Heimatgeschichtliche Betrachtungen, 1965, S. 109-120, sowie weitere kleine Beiträge in diesem Sammelband; Ekkehard Krumme, Eine Winninger Weinlese, beschrieben von Albrecht Julius Schöler um 1842/43, in: Winninger Hefte 2 (1987), S. 54-73; Gerhard Löwenstein, Weinbau und Landwirtschaft: Weinbau, in: Winninger Bildchronik. Beiträge zur Heimatgeschichte, hg. von der Volkshochschule Untermosel, Bd. 2: Brauchtum gestern und heute, 1991, S. 172-197. Vgl. auch den Beitrag von Gerhard Löwenstein zum Weinbau in Winningen in diesem Band.
11 Karl Christoffel, Geschichte des Weinbaus der Abtei St. Maximin in Trier vom 7. bis 18. Jahrhundert, in: Trierer Heimatbuch. Festschrift zur rheinischen Jahrtausendfeier 1925, 1925, S. 61-128; Heinz Cüppers, Südlicher Weinbau und vor- und frührömischer Weinimport im Moselland, in: 2000 Jahre Weinkultur an Mosel-Saar-Ruwer. Denkmäler und Zeugnisse zur Geschichte von Weinanbau, Weinhandel, Weingenuß, 1987, S. 9-40; Karl-Josef Gilles, Römerzeitliche Kelteranlagen an der Mosel, in: Karl-Josef Gilles (Hg.), Neuere Forschungen zum römischen Weinbau an Mosel und Rhein, 1995 (=Schriftenreihe des Rheinischen Landesmuseums Trier; 11), S. 5-59; Karl-Josef Gilles, Der mosselländische Weinbau zur Römerzeit, in: Michael Matheus (Hg.), Weinbau zwischen Maas und Rhein in der Antike und im Mittelalter, 1997 (=Trierer Historische Forschungen; 23), S. 7-51; Karl-Josef Gilles, 2000 Jahre römische Weinkultur an Mosel und Rhein, 1999.
12 Der Name der Winninger Weinlage *Röttgen* dürfte auf solche Rodungstätigkeiten zurückzuführen sein, vgl. Karl Christoffel, Die Weinlagen der Mosel und ihre Namensherkunft, 1979, S. 12.
13 Die Anlage von Terrassen wird beschrieben von Hermann Goethe, Der Weingarten. Anleitung zur zweckmäßigen Cultur der Reben, 1873, S. 56 ff.
14 So jedenfalls im Rheinengtal, vgl. Otto Volk, Wirtschaft und Gesellschaft am Mittelrhein vom 12. bis zum 16. Jahrhundert, 1998 (=Veröffentlichung der Historischen Kommission für Nassau; 63), S. 57 ff.; Christoffel, Weinlagen (wie Anm. 12), S. 44 f.), hält aufgrund eines Moselgedichtes des Venantius Fortunatus (530-610) – hier ist von steil aufragenden Felsen die Rede, an denen Rebstöcke stehen – Terrassenbau schon für das 6. Jahrhundert für erwiesen. Zum mosselländischen Terrassenbau vgl. auch Joachim Krieger, Terrassenkultur an der Untermosel. Die Weinbauorte von Koblenz bis Hatzenport mit einer Charakterisierung und Klassifizierung aller Weinbergslagen, 2003.

1864) stark beeindruckt: „Die Abdachungen längs der ganzen Mosel sind durchgehends steil, so daß sie zwischen 20 – 40 Grad wechseln. Bey Pisport haben sie eine der geringsten, beym Brauneberg eine ziemliche Strecke von 30 und mehr, bey Winningen aber unter allen die stärkste Abdachung die wohl bis zu 45 Grad und darüber steigt. Letzterer Ort hat das Eigenthümliche, daß er die steilsten und schwächsten Abdachungen längs der Mosel hat."[15]

Die europäische Kulturrebe (Vitis vinifera L. sativa) kann ohne eine geeignete Stütze nicht in die Höhe wachsen, sie würde am Boden kriechen. Ihre Triebe müssen zur Ertragssicherung regelmäßig zurückgeschnitten werden. Durch Stützvorrichtung und Rebschnitt wird die Pflanze in die gewünschte äußere Gestalt gebracht.

In der römischen Antike kultivierte man Reben zum Teil ohne künstliche Unterstützungsvorrichtung (kriechende Reben; Busch- oder Heckenerziehung). Noch in der ersten Hälfte des 19. Jahrhunderts ist die Heckenerziehung für die Mosel bezeugt: „Es giebt sogar einige Gegenden von Cochheim Fluß abwärts, wo in den Weinbergen gar keine Pfähle sind, und dieselbe wie Hecken herum liegen. Solche Districter sind aber nicht groß und sie bekunden keinen ausgebreiteten Weinbau. Bei näherer Erkundigung erfuhr ich, daß in diesen Orten der Weinbau vernachlässigt und verarmt seye, und daß diese sehr geringe Weinberge seyen, die den Holzaufwand nicht lohnen."[16]

Dann ließ man in der Antike die Rebpflanze an Bäumen emporranken.[17] Dies kann heute noch in der Toskana beobachtet werden.[18] Römischen Ursprungs sind die verschiedenen Arten der Rahmen- und Laubenerziehung, auch der Kammertbau (Abb. 4)[19] (lat. vînea camerata 'Weinspalier'),[20] der heute noch resthaft in der Pfalz anzutreffen ist, z. B. im Herrenhof in Mußbach, Ortsteil von Neustadt an der Weinstraße. Rahmen- und Laubenerziehung sind bis heute in Südtirol verbreitet und auch im Kanton Wallis in der Schweiz anzutreffen.

Im Mittelrheintal und an der Mosel dürfte seit dem hohen Mittelalter die Reberziehung am Einzelpfahl (Abb. 5) der Normalfall gewesen sein.[21] Bis heute ist diese Erziehungsweise an

---

15 Johann Philipp Bronner, Der Weinbau in der Provinz Rheinhessen, im Nahetal und Moselthal, 1834, S. 156 f.
16 Bronner, Weinbau (wie Anm. 15), S. 164.
17 Abbildung z. B. bei Petrus de Crescentiis, Ruralia commoda, [um 1490/95], Bl. 33r. Stadtbibliothek Mainz Ink. 1008. Dauerleihgabe im Gutenberg-Museum Mainz. Vgl. auch Dieter Flach (Hg.), Marcus Terentius Varro, Über die Landwirtschaft, 2006 (=Texte zur Forschung; 87), S. 205 f.
18 Fritz Schumann, Historische Reberziehungsarten in der Pfalz, in: Maria Besse; Wolfgang Haubrichs; Roland Puhl (Hg.), Vom Wein zum Wörterbuch – Ein Fachwörterbuch in Arbeit. Beiträge des Internationalen Kolloquiums im Institut für pfälzische Geschichte und Volkskunde in Kaiserslautern, 8./9. März 2002, 2004 (=Akademie der Wissenschaften und der Literatur Mainz. Abhandlungen der Geistes- und sozialwissenschaftlichen Klasse, Einzelveröffentlichung Nr. 10), S. 203-220, hier S. 205 ff. mit Abb. 4.
19 Martin Scharff, Der Kammertbau. Zur Rekonstruktion einer historischen Reberziehungsweise in der Pfalz, 1995 (=Veröffentlichungen der Pfälzischen Gesellschaft zur Förderung der Wissenschaften in Speyer; 87).
20 Pfälzisches Wörterbuch, Bd. IV, bearbeitet von Julius Krämer und Rudolf Post, 1986, Sp. 39 und Abb. 64. Im Ahd. als camerata, chamara f. bezeugt, vgl. Rudolf Schützeichel (Hg.), Althochdeutscher und Altsächsischer Glossenwortschatz. Bde. I-XI, 2004, hier Bd. V, S. 138.
21 Volk, Wirtschaft (wie Anm. 14), S. 184 ff.; Karlheinz Ossendorf, Mönche als Weinbauern. Die Bedeutung der Heisterbacher Zisterzienser für den Weinbau am nördlichen Mittelrhein, 2000, S. 58.

der Mosel geländebedingt dominierend.[22] Vertikoerziehung am Einzelpfahl,[23] hierbei werden die Tragruten nicht am Pfahl befestigt sondern hängen frei (Abb. 6), Umkehrerziehung am Drahtrahmen,[24] auch hier werden die Tragruten nicht fixiert (Abb. 7), sind ebenso wie die Erziehung am Trierer Rad[25] (Abb. 8) nur in geringem Umfang anzutreffen. Drahtrahmenanlagen wie in Rheinhessen oder der Pfalz, wo die Rebzeilen mehrere hundert Meter lang sein können und die für die maschinelle Bearbeitung angelegt wurden (Abb. 9), sind an der Mosel selten.

Der hölzerne Stützpfahl der Rebe heißt in Winningen [pʰɔːl] m.[26] (WKW Fragebuch Nr. 113: Der Stützpfahl / die Unterstützungsvorrichtung), ein Lehnwort aus lat. *pâlus*.[27] Früher war er aus man Eichenholz, seit ca. 1900 verwendet man Nadelhölzer.[28] Nach dem Rebschnitt im Frühjahr werden eine (Abb. 10) oder zwei (Abb. 11) Bogreben [baːxə] m. pl.[29] an Pfahl und Weinstock befestigt [gyːərdə],[30] früher mit Weidenruten (Abb. 12), heute mit Bindedraht. Die Weiden wurden zu Bündeln gebunden, das einzelne Bündel hieß [ʃaːf] m.[31] Aus der/den Bogrebe(n) bilden sich im Frühjahr die fruchttragenden Sommertriebe, die *Loden*.[32] Das Wort *Pfahl* ist auf die Weinbaugebiete an Mosel, Nahe, Mittelrhein, Rheihessen, Main und Neckar beschränkt. Am Oberrhein, in der Schweiz sowie in Österreich sagt man *Stecken* m. An der Ahr konnte für den WKW noch in zwei Fällen (Altenahr und Marienthal, letzteres heute Stadtteil von Bad Neuenahr-Ahrweiler) das Wort *Ram* m. (lat. *râmus* 'Zweig')[33] erhoben werden. Es war früher sehr viel weiter verbreitet.[34] Die aus dem Rhein/Mosel-Gebiet im hohen Mittelalter ausgewanderten Siebenbürger Sachsen haben das Wort in ihrer neuen Heimat bis heute bewahrt.[35]

---

22 Edgar Müller; Gerd Schulze; Oswald Walg, Weinbau-Taschenbuch, 11. Aufl., 2000, S. 88.
23 Ernst Vogt; Günter Schruft, Weinbau, 8. Aufl., 2000, S. 143 f.; Müller; Schulze; Walg (wie Anm. 22), S. 112 ff.
24 Ebd., S. 108 ff.
25 Ebd., S. 116 f.
26 Gerhard Löwenstein, Der Weinbau in Winningen, 1991 (Veröffentlichungen des Heimat- und Museumsvereins Winningen 1), S. 11: *Pohl* m., *Pöhl* pl.
27 Friedrich Kluge, Etymologisches Wörterbuch der deutschen Sprache, 24. Aufl. bearb. von Elmar Seebold, 2002, S. 693.
28 Löwenstein, Weinbau (wie Anm. 26), S. 11.
29 Ebd., S. 14: *Baache* pl.; Rheinisches Wörterbuch, bearb. und hg. von Josef Müller, fertiggestellt von Heinrich Dittmaier. Bd. I, 1928, Bde. II-IX, 1931-1971, hier Bd. I, Sp. 549: *Baug* m.
30 Löwenstein, Weinbau (wie Anm. 26), S. 14: *güerde*; Rheinisches Wörterbuch (wie Anm. 29), Bd. II, Sp. 1502: *gurten*. Dies war früher meist Frauenarbeit, vgl. Gerhard Löwenstein, *E Fröhjoherschdach* (Ein Frühjahrstag), in: Winninger Hefte 2 (1987), S. 74-93, hier Abb. 38. S. 82 f. ein Gedicht von Gerhard Löwenstein *Vam Güerde*.
31 Löwenstein, Weinbau (wie Anm. 26), S. 12: *Schaaf* m., *Schääf* pl.; Rheinisches Wörterbuch (wie Anm. 29), Bd. VII, Sp. 952 ff.: *Schaub* m.
32 Rheinisches Wörterbuch (wie Anm. 29), Bd. V, Sp. 522 f.
33 Rudolf Post, Romanische Entlehnungen in den westmitteldeutschen Mundarten. Diatopische, diachrone und diastratische Untersuchungen zur sprachlichen Interferenz am Beispiel des landwirtschaftlichen Sachwortschatzes, 1982, S. 234 f. und Karte 50.
34 Rheinisches Wörterbuch (wie Anm. 29), Bd. VII, Sp. 42 f.
35 WKW (wie Anm. 2), Karte 49.

2.2. Der vernachlässigte Weinberg

Der Weinberg wird in Winningen und auch sonst im Westmitteldeutschen nahezu ausnahmslos als *Wingert* [vɪŋərd] m. bezeichnet (WKW Fragebuch Nr. 59: Das mit Reben bepflanzte Stück Land (Weinberg)). Das Wort *Weinberg* ist dialektal nur an Elbe sowie Saale und Unstrut vorhanden.[36] Um einen optimalen Ertrag aus einem Weinberg zu erzielen, sind über das ganze Jahr verteilt verschiedene Arbeiten durchzuführen. Im spätmittelalterlichen Rechtsquellen werden solche Arbeiten seitens der Herrschaft oft genauestens vorgeschrieben.[37] In einer Urkunde über Weingärten des Koblenzer St. Kastorstifts in Pfaffendorf, heute Stadtteil von Koblenz, heißt es: Der Bürger Johann Voischin hat vom Küster des Stifts Weingärten in Erbpacht erhalten, darunter einen *in dem vordersten Kamarde*.[38] Der Pächter soll *planczen, stocken, roden, senken, snyden, sticken, gurten, graben, rŭren und lauben*.[39] Tut er dies nicht, soll er die Weingärten samt Ertrag und allen Rechten verlieren.

Welche Arbeiten sind hier gemeint? *planczen*: wohl das Anpflanzen von Setzlingen;[40] *stocken*: nicht ganz klar, was hier gemeint sein könnte;[41] *roden*: alte Weinstöcke entfernen;[42] *senken*: Verjüngung des Weingartens durch Einleger (vergl. unten Abschnitt 2.3.);[43] *snyden*: die Weinstöcke im Winter bzw. Frühjahr beschneiden;[44] *sticken*: Einrammen der Pfähle im Wingert, auch das Neuausrichten der Pfähle und bei Beschädigung gegebenenfalls Erneuerung;[45] *gurten*: das Befestigen der Bogenschosse am Pfahl;[46] *graben*: allgemeine Bezeichnung für Bodenarbeiten;[47] *rŭren*: das ganz oberflächliche Auflockern des Bodens samt Unkrautentfernung;[48] *lauben*: das Entfernen von Laub- und von überflüssigen Trieben am Weinstock.[49]

Ein Weingarten, in dem solche Arbeiten aus welchen Gründen auch immer nicht mehr durchgeführt werden, fällt *driesch*, er wird zu einem *Driesch* m. und n. (WKW Fragebuch Nr. 64: Ein verwahrloster Weinberg) (Abb. 13). Dieses Wort wird im Bereich der Weinbauterminologie fast an der gesamten Mosel und am nördlichen Mittelrhein verwendet. Das ursprünglich niederländisch/niederdeutsche Wort ist darüber hinaus in den nordostfranzösischen Dialekten ver-

---

36 WKW (wie Anm. 2), Karte 29.
37 Volk, Wirtschaft (wie Anm. 14), S. 186 ff.
38 In diesem Flurnamen dürfte ein Hinweis auf früheren Kammert-Bau im Koblenzer Raum zu sehen sein, vgl. Volk, Wirtschaft (wie Anm. 14), S. 184 f.
39 Aloys Schmidt, Quellen zur Geschichte des St. Kastorstifts in Koblenz. Bd. I: Urkunden und Regesten (857-1400), 2. Teil (1335-1400), 1954 (=Publikationen der Gesellschaft für Rheinische Geschichtskunde; 53), S. 555. Solche herrschaftlichen Bestimmungen sind bei Steffens, Wörterbuch (wie Anm. 5) z.B. unter den Stichwörtern *binden, einlegen, graben, gurten/gürten, hacken, heften, lauben, pflanzen, pfroffen, rühren, schneiden, senken* und *setzen* angeführt.
40 Steffens, Wörterbuch (wie Anm. 5), S. 260.
41 Das Rheinische Wörterbuch (wie Anm. 29), Bd. VIII, Sp. 729 führt die Verben *stocken* und *stöcken* mit den Bedeutungen 'mit den Wurzeln ausroden' bzw. 'Baumwurzeln ausroden' an.
42 Steffens, Wörterbuch (wie Anm. 5), S. 290 f.
43 Ebd., S. 332.
44 Ebd., S. 311 ff.
45 Ebd., S. 346 f.
46 Ebd., S. 146
47 Ebd., S. 152 f.
48 Ebd., S. 294.
49 Ebd., S. 220 f.

breitet.⁵⁰ In Winningen sagt man auch, der Wingert *liegt brach* [laɪd brɐːx]. Am Mittelrhein südlich von Koblenz, an der Nahe, im Rheingau, in Rheinhessen bezeichnet man den verwahrlosten Weinberg als *Wust* f. und m., *Wustfeld* n., oder *Wüstenei* f. In der siebenbürgischen Weinbausprache ist *Driesch* nicht bekannt.⁵¹

2.3. Verjüngung des Weinbergs durch Einleger

Tierische Schädlinge, Krankheiten des Weinstocks und vor allem das Wetter (Frost) können und konnten die Rebstöcke schädigen oder vernichten. Das Ausbessern solcher Fehlstellen mit Setzlingen ist aber nicht unproblematisch, weil die erwachsenen Nachbarstöcke mit ihrem im Sommer dichten Blattbehang den Jungreben viel Licht und Nährstoffe wegnehmen können.

Bis heute ist daher vereinzelt ein Verfahren gebräuchlich, das schon von römischen Agrarschriftstellern beschrieben wurde:

„Propagationum genera tria sunt in usu maxime ... [Übersetzung:] Drei Arten der Fortpflanzung sind hauptsächlich im Gebrauch: eine, bei der ein aus dem Mutterstamm herausgewachsenes Reis in die Erde gesteckt wird; eine zweite, bei der der Mutterstamm selbst umgelegt und mit seinen Zweigen an mehrere Stützen gebunden wird; eine dritte, bei der die Rebe in zwei oder drei Teile gespalten wird, wenn sie in verschiedene Richtungen auseinander gezogen werden soll. [...] Wenn man ein Reis vom Mutterstock aus in die Erde stecken will, hebt man eine Grube von vier Fuß in jeder Richtung aus, und zwar so, daß der Absenker nicht von den Wurzeln einer anderen Rebe beschädigt wird. Dann läßt man am Absenker vier Augen, die auf den Boden der Grube kommen, sodaß aus ihnen Wurzeln kommen; den übrigen Teil, der mit dem Mutterstock verbunden ist, schabt man ab, damit er keine überflüssigen Triebe erzeugt. Dem entgegengesetzten Teil, der aus der Erde herausragen muß, läßt man nicht mehr als oder höchstens drei Augen. Alle übrigen, die unter die Erde kommen, außer den vier untersten, kratzt man ab, damit die (neue) Rebe keine Wurzeln an der Oberfläche austreiben kann. Eine derart fortgepflanzte Rebe wird schnell kräftig und kann im vierten Jahr vom Mutterstock abgetrennt werden."⁵²

---

50 Rheinisches Wörterbuch (wie Anm. 29), Bd. I, Sp. 1490 f. Beide Bezeichnungen auch für Ackerland, welches nicht mehr bearbeitet wird. Zur Etymologie: Kluge, Wörterbuch (wie Anm. 27), S. 215. Der älteste Beleg für das Wort in einer französischen Urkunde aus dem Jahr 1234/1235, vgl. Martin-Dietrich Gleßgen, Editorische und lexikographische Erschließung von Urkundentexten, in: Kürt Gärtner; Günter Holtus (Hg.), Überlieferungs- und Aneignungsprozesse im 13. und 14. Jahrhundert auf dem Gebiet der westmitteldeutschen und ostfranzösischen Urkunden- und Literatursprachen. Beiträge zum Kolloquium vom 20. bis 22. Juni 2001 in Trier, 2005 (=Trierer Historische Forschungen; 59), S. 89-107, hier S. 95 mit Anm. 3.
51 WKW (wie Anm. 2), Karte 30.
52 Will Richter (Hg.), Lucius Iunius Moderatus Columella, Zwölf Bücher über die Landwirtschaft, Bd. III, 1983 (=Sammlung Tusculum), S. 478 ff.

Der Winzer bedient sich der Triebe eines vorhandenen gesunden Weinstocks.[53] Ein Weinstock, der in unmittelbarer Nachbarschaft der durch eine ausgegangene Rebpflanze entstandene Fehlstelle steht, wird im Winter/im zeitigen Frühjahr nicht beschnitten. Genau auf der Fehlstelle wird eine ca. 30-50 cm tiefe Grube ausgehoben. Hier hinein muss nun ein langer Trieb des gesunden Weinstock eingeführt und wieder nach oben gezogen werden. Die Grube wird daraufhin so zugeschüttet, dass das Ende des eingelegten Triebes hinausragt. Der aus der Erde aufragende Teil des Einlegers kann an einem kleinen Pfahl befestigt werden. Durch die Feuchtigkeit und Wärmeentwicklung in der Grube wird der versenkte Trieb dazu angeregt, rasch unterirdische Wurzeln auszubilden. Die Ernährung geschieht aber vor allem durch den Mutterstock. Nach zwei oder drei Jahren wird im Winter, wenn die Pflanze keinen Saft führt, die Verbindung zum Mutterstock unterbrochen. Ein neuer kräftiger und selbständiger Weinstock ist entstanden (der allerdings nicht reblausresistent ist) (Abb. 14).

Für den WKW wurde gefragt: Der Weinstock, der durch Eingraben eines niedergebogenen Triebes gewonnen wurde (Frage 136) (Abb. 1). Genannt wurden Substantive (für das Produkt) aber auch Verben (für die Tätigkeit). Abb. 15 zeigt den Befund in vereinfachter Form: In der Trierer Gegend und im Raum Koblenz sind die Romanismen *Prof.* m. und *kanfen* belegt. Ansonsten gelten deutschsprachige Bezeichnungen wie *Einleger* m., *Einlage* f., *einlegen*, *Vergruber* m., *Sohn* m. In Siebenbürgen konnte nur noch für einen Ort das Wort *pfroffen* erhoben werden. Meist wurden die Bezeichnungen *senken* (Nordsiebenbürgen), *Einleger* und *Sohn* gebraucht.[54] Das Verfahren des Einlegens ist von Gerhard Löwenstein in einem Gedicht beschrieben worden. Es schließt mit den Zeilen:

„Dee Aat ze flegge es bekant, (Die Art zu flicken ist bekannt,
dee hät mer „kannewe" genannt." die hat man „kanfen" genannt.)[55]

Für Winningen (und für Leutesdorf und Leubsdorf am Rhein) wurde die Verb *einlegen* [ɪnlɛːjə] und *kanfen* [kʰanəvə] gemeldet. Der mit dem Verfahren des Einlegens erzeugte neue Stock ist ein *gekanfter Stock* [gəkʰanəfdər ʃdɔg].

In spätmittelalterlichen Quellen ist dieses Verfahren der Stockerneuerung gut fassbar und meist sicher vom Pflanzen von Setzlingen zu unterscheiden.[56] Das ‚Wörterbuch des Weinbaus'

---

53 Ob die folgenden Ausführungen (und auch Abb. 14) im Detail mit der Praxis der Winninger Winzer überstimmen, vermag der Verfasser nicht zu beurteilen. Hier geht es ja nur um das prinzipielle Vorgehen. Beschreibung des Verfahrens z.B. bei Franz Muth, Lehrbuch des Weinbaues und der Weinbehandlung für Volksschullehrer, 1928, S. 17 f. und S. 128 f.
54 WKW (wie Anm. 2), Karte 56. Abb. 15 (ebenso wie Abb. 18 und 20) verzichtet im Gegensatz zur WKW-Karte auf eine Legende. Die Bezeichnungen wurden hier in die Karte zu den Symbolen geschrieben. Senkrechter schwarzer Balken: hier wurde das Wort *Einleger* gebraucht. Schwarzes Quadrat. Hier sagte man *Schleifrebe*. Die Symbole für die Romanismen *Prof* und *kanfen* sind rot Eingefärbt worden. Auch auf den folgenden Karten ist das Symbol für Winningen jeweils unmittelbar östlich von Koblenz positioniert. Ebenso wird auf die Ortsnummern verzichtet, die auf den WKW-Karten die genaue Ortsidentifikation ermöglichen. Die in diesem Beitrag zur Winninger Winzersprache gebotenen Karten wollen – vor allem für ein breites Publikum – einen stark vereinfachten Überblick über den westmitteldeutschen Sprachraum geben.
55 *Vam Schdöckflegge*; zitiert nach Löwenstein, E Fröhjoherschdach (wie Anm. 30), S. 79-80, hier S. 80.

bietet für den westmitteldeutschen Sprachraum die Wortbelege und auf einer Karte die Verbreitung der Bezeichnungen für das Einlegermachen.[57] Die Karte ist in diesem Beitrag als Abb. 16 reproduziert. Das rezente Wort *Prof* ist gar nicht belegt, aber das Verb *pfroffen*[58] für den Vorgang, *Pfroffe* f. und *Pfroffling* m. für das Ergebnis (den neuen Weinstock), *Pfroffkaule* f. für die Grube, in die der Trieb des Mutterstocks eingesenkt wurde, und *Pfroff(er)wein* m. für den aus Einlegern gewonnenen Wein. Für *kanfen* konnten keine historischen Belege gefunden werden. Abb. 16 zeigt, dass die Romanismen *pfroffen*, *Pfroffe* usw. im späten Mittelalter auch am nördlichen Mittelrhein und am Niederrhein verbreitet waren, während *Prof* in der rezenten Weinbauterminologie nur noch reliktaft im Raum Trier nachweisbar ist.

Zur Etymologie: *pfroffen*, *Pfroffe* usw. sind zu lat. *propāgare* 'weiter pflanzen', 'durch Absenker fortpflanzen' und der Ableitung *propāgo* 'Absenker (besonders vom Weinstock, aber auch von Bäumen)', 'Senkrebe' zu stellen.[59] Der Erstbeleg im Westmitteldeutschen findet sich im Codex CVII der Erzbischöflichen Diözesan- und Dombibliothek Köln, einer Pergamenthandschrift der ersten Hälfte des 9. Jahrhunderts. Auf. Blatt 3r hat ein Schreiber rechts neben der Abschrift zweier Briefe an und von Alkuin auf einem etwa 6 cm breiten Rand lateinische Wörter aus der Genesis ahd. glossiert. Die Glossen stehen in keinerlei Zusammenhang mit den beiden Brieftexten. Der Schreiber verwendet Kürzel, darunter eines für *ro* in *p(ro)*. Lat. *P(ro)pagine* f.(f., Nominativ pl.) wird mit ahd. *p(ro)fun* (ebenfalls f., Nominativ pl.) glossiert[60] (Abb. 17). *kanfen*: die Etymologie ist nicht befriedigend geklärt, doch dürfte es sich um ein lat.-romanisch oder auch keltisches Wort handeln, das, in anderen Bedeutungen, auch in den Dialekten Nord- und Ostfrankreichs und Oberitaliens bezeugt ist.[61]

2.4. Das Nachlesen

Bei der manuellen Weinlese wurden die Trauben Stock für Stock vom Lesepersonal abgeerntet. Insbesondere bei starkem Laubbehang konnten Trauben übersehen werden. Sie blieben hängen. Diese wurden dann in einem zweiten Arbeitsgang, dem Nachlesen, von den Stöcken entfernt. Für den WKW wurde gefragt: Das Einsammeln der hängengebliebenen Trauben (nachlesen) (Frage 210).

---

56 Lukas Clemens, Trier, eine Weinstadt im Mittelalter, 1993 (=Trierer historische Forschungen; 22), S. 260 ff.; Rudolf Molter, Konz, Saar-Mosel und der Wein. Chronik und Festschrift, 1999, S. 112 f.; Ossendorf, Mönche (wie Anm. 21), S. 36 f.

57 Steffens, Wörterbuch (wie Anm. 5), S. 262, Abb. 52. Für Winningen konnten keine historischen Belege ermittelt werden.

58 Die Anlautschreibung *pf-*, die es ja nach dem Stand der Zweiten Lautverschiebung im Westmitteldeutschen nicht gibt, stellt eine künstliche Verhochdeutschung analog zu den Lemmatisierungskonventionen des Rheinischen Wörterbuchs (wie Anm. 29), dar, hier Bd. VI, Sp. 795 f.

59 Walther von Wartburg, Französisches Etymologisches Wörterbuch. Eine Darstellung des galloromanischen Sprachschatzes, Bde. I ff., 1922 ff., hier Bd. IX, S. 446 ff.

60 Näheres bei Rudolf Steffens, Arbeitsproben aus dem Wörterbuch zur historischen Weinbauterminologie des Westmitteldeutschen, in: Besse; Haubrichs; Puhl (Hg.), Wein (wie Anm. 18), S. 115-155. Vgl. auch Schützeichel, Glossenwortschatz (wie Anm. 20), Bd. VII, S. 289.

61 Näheres Post, Entlehnungen (wie Anm. 33), S. 179 ff. Vgl. auch Reiner Hildebrandt, Stopfen und Pfropfen, in: Zeitschrift für Dialektologie und Linguistik 56 (1989), S. 137-155.

In Winningen nennt man das Nachlesen [glɪnə], wie fast an der gesamten Mosel. Vereinzelt ist die Nebenform *linnen* bezeugt.[62] Am Rhein geht man *stoppeln*, am Neckar *stupfeln* (Abb. 18). Keine dieser Bezeichnungen ist bis nach Siebenbürgen gelangt.[63] Es handelt sich bei *glinnen* (lat. *glennâre* 'Ähren lesen')[64] und *stoppeln/stupfeln* (aus einer Nebenform von lat. *stipula* 'Stoppel')[65] um Lehnwörter aus dem Lateinischen. Das Nachlesen überließ man in Winningen ärmeren Familien, später auch Kindern.[66]

2.5. Das Rückentraggefäß bei der Lese

Bei der Weinlese wurden die Trauben abgeschnitten, früher mit dem [ʃɪməs] n.,[67] später mit der *Schere*. Die Trauben wurden in einem *Büttchen* [bydʃə] n. gesammelt, dieses dann in den *Bäschoff* [bɛʃɔf] m. entleert. Ein Träger trug den *Bäschoff* zu einem bereitstehenden Wagen und entleerte das Rückentraggefäß in die größe *Bütte* [byd] f., in der die Trauben dann zur *Kelter* gefahren wurden.[68] Für die WKW-Exploration in Winningen wurde gefragt: Das Rückentraggefäß, in dem früher die Trauben aus dem Weinberg zur Fahrbütte getragen wurden (Bezeichnung, Material, Beschaffenheit) (Frage 233). Heute benutzt man Rückentraggefäße aus Kunststoff.

Offensichtlich ist bei *Bäschoff* ein Wechsel des Genus (des grammatischen Geschlechtes) zu beobachten, vielleicht unter Einfluss des Wortes *Bischof*. Das ‚Rheinische Wörterbuch' nennt nur f.[69] Bei den WKW-Erhebungen wurde nur in Trier-Olewig, Mehring, Piesport, Brauneberg und Lösnich feminines Geschlecht genannt. In Siebenbürgen herrscht die Bezeichnung *Butte* f. vor.[70]

Bäschoff ist eine Bezeichnung für ein etwa ein Meter hohes aus Weiden geflochtenes Rückentraggefäß mit Holzboden für die gelesenen Trauben. Es war innen verpicht und hatte zwei Traggurte aus Leder (Abb. 19). *Bäschoff* ist ein Lehnwort aus gallisch *bascauda*.[71] Abb. 20

---

62 Rheinisches Wörterbuch (wie Anm. 29), Bd. II, Sp. 1274 und Bd. V, Sp. 485 f.: *glinnen* und *linnen*.
63 WKW (wie Anm. 2), Karte 87.
64 Wartburg, Französisches Etymologisches Wörterbuch (wie Anm. 59), Bd. IV, S. 152 f.; Post, Entlehnungen (wie Anm. 33), S. 201 ff.
65 Wartburg, Französisches Etymologisches Wörterbuch (wie Anm. 59), Bd. XII, S. 271 f.; Post, Entlehnungen (wie Anm. 33), S. 201.
66 Löwenstein, Weinbau (wie Anm. 26), S. 20.
67 Rheinisches Wörterbuch (wie Anm. 29), Bd. VII, Sp. 1344.
68 Fotos von der Weinlese und den benutzten Gefäßen (*Büttchen*, *Bäschoff*) aus der ersten Hälfte des 20. Jahrhunderts in Winninger Bildchronik (wie Anm. 10), S. 213-234. Fotos alter (aus Dauben gefertigter) und jüngerer (aus Blech, später Kunststoff) Rückentraggefäße bei Rudolf Steffens, Von der Weinlese an Rhein, Mosel und Nahe. Alte Gefäße und ihre Bezeichnungen geraten in Vergessenheit, in: Hunsrücker Heimatblätter 45 (2005), S. 336-348.
69 Wie Anm. 29, Bd. I, Sp. 487 f.
70 WKW (wie Anm.. 2), Karte und Kommentar 91.
71 Wartburg, Französisches Etymologisches Wörterbuch (wie Anm. 59), Bd. I, S. 267; Post, Entlehnungen (wie Anm. 33), S. 199 f. mit Details zur lautlichen Entwicklung. Zu weiteren Gefäßwörtern vgl. Johannes Hubschmid, Schläuche und Fässer. Wort- und sachgeschichtliche Untersuchungen mit besonderer Berücksichtigung des romanischen Sprachgutes [...], 1955 (=Romanica Helvetica; 54).

bietet die Bezeichnungen für das Rückentraggefäß im westmitteldeutschen Sprachraum: *Bäschoff* m.f. (Mosel), *Lägel(e)* n.f.m. (Mittelrhein, Nahe, Rheingau), *Lagel* f. (Pfalz) und *Butte* (Rheinhessen, Bergstraße, Neckar) bestimmen das Kartenbild. Bis auf den/die *Bäschoff* sind die Gefäße auch Holzdauben gefertigt.[72]

2.6. Gefäß in der Kellerwirtschaft

Beim Keltern der Trauben und in der Kellerwirtschaft wurden verschiedene Gefäße zur Aufnahme von Most und Wein gebraucht. Für die WKW-Exploration in Winningen wurde gefragt: Das Gefäß, das unter den tropfenden Fasshahn gestellt wird (Frage 346). Antworten: *Stütze* [ʃdyts] f. oder *Brenke* [brɛŋg] f.[73] *Stützen* sind ca. 10 Liter fassende Holz- oder Kupferkannen, die auch verwendet wurden, um Wein von einem Fass in ein anderes zu Füllen.[74] Die *Brenke*[75] wurde auch zur Hefeentnahme aus den Weinfässern nach Abschluss der Gärung gebraucht: „Einige Wochen nach der Gärung haben sich die Hefen am Faßboden abgesetzt. Jetzt ist die Zeit des ‚Abstichs' gekommen. Hierzu wird das Faß ‚angestochen', d.h. in einer rasch zu vollziehenden Aktion der Zapfen im Vorderboden durch einen Hahn (*Kranne*) ersetzt. Dann wird durch einen am Hahn angeschraubten Schlauch mittels einer zwischengeschalteten Pumpe der Jungwein in ein frisch gesäubertes Nachbarfaß umgelagert. Am Schluß wird das Faß am Hinterboden – sehr behutsam, damit die abgelagerte Hefe sich nicht wieder mit dem Wein vermischt – hochgewunden. Nach möglichst scharf getrenntem Ablauf des Restweines wird das Faß ‚gestürzt', d. h. fast senkrecht auf die kleine Sturzbütte (*de Brenk*) gestellt, um die Hefe – etwa 40 l pro Fuder – zu entnehmen."[76]

Es handelt sich bei der *Brenke* um ein aus Dauben gefertigtes ca. 30 cm hohes Gefäß. Die Dauben werden durch Metallreifen zusammengehalten (Abb. 21). Abb. 22 zeigt die Verbreitung des Wortes *Brenke* im Westmitteldeutschen, das aus rätoromanisch/oberitalienisch *brenta* entlehnt ist.[77] *Brente* konnte für den WKW für einige Orte im Bodensee-Raum erhoben werden. *Brenke* und *Brente* fehlen in Siebenbürgen.[78] In spätmittelalterlichen Quellen aus dem westmitteldeutschen Sprachraum finden sich sowohl *Brenke* als auch auch *Brente*.[79] Das Verhältnis *Brenke/Brente* und die damit zusammenhängenden Entlehnungsvorgänge sind nicht ausreichend geklärt.[80]

---

[72] Historische Belege für die Bezeichnungen bei Steffens, Wörterbuch (wie Anm. 5): *Bäschoff* S. 57 und Abb. 2, *Lagel/Lägel* S. 212 ff. und Abb. 38, *Butte* S. 93 ff. und Abb. 19, 20.
[73] Löwenstein, Weinbau (wie Anm. 26), S. 28: *Brenk* f.
[74] Ebd., S. 28.
[75] Rheinisches Wörterbuch (wie Anm. 29), Bd. I, Sp. 962.
[76] Löwenstein, Weinbau (wie Anm. 26), S. 28 mit Zeichnung.
[77] Wartburg, Französisches Etymologisches Wörterbuch (wie Anm. 59), Bd. I, S. 517.
[78] WKW (wie Anm. 2), Karte 119.
[79] Steffens, Wörterbuch (wie Anm. 5), S. 91 f.
[80] Post, Entlehnungen (wie Anm. 33), S. 248 f.

2.7. Die Kahmhaut

Bei alkoholarmen Weinen kann sich nach der Gärung auf der Oberfläche der Flüssigkeit eine gelblich-weiße und schaumig-filzige Decke bilden, die Kahmhaut. Sie kann den Geschmack des Weines negativ beinflussen und wird von Kahmhefen verursacht.[81]

Für den WKW wurde gefragt: Der weiße Belag auf der Oberfläche des Weines (Kahmhaut) (Frage 306). In den deutschen Weinbaugebieten war die Antwort mehrheitlich *Kahn* m., ganz selten *Kahm* m., in wenigen Fällen wurden Adjektive genannt: *kahnig*, *kahmig*, allesamt Lehnwörter aus romanisch *câna zu lat. *cânus* 'grau'.[82]

In Winningen, wie auch auch sonst an der Mosel und zum Teil am Mittelrhein, wird die Kahmhaut als [pʰand] m. bezeichnet. In Siebenbürgen gilt *Kahm* m.[83] Abb. 23 zeigt das Verbreitungsgebiet von *Pand*. Es handelt sich um ein moselländisches Reliktwort in arealer lexikalischer Opposition zu *Kahn*, das zu lat. *pannus* 'Stück Tuch' zu stellen ist.[84]

2.8. Das Spülen des Fasses

Kunststoff- oder Edelstahlbehälter, in welchen heute der Wein lagert, müssen vor dem Einfüllen von Weines gründlich gesäubert werden. Verschmutzte oder unzureichend gereinigte Behälter können schnell zu Brutstätten von Pilzen und Bakterien werden.[85] Aber auch Holzfässer waren zu reinigen und zu pflegen. Neue Fässer mussten zunächst *grün*[86] oder *weingrün* gemacht werden, in dem sie mit einer Wasserlauge gefüllt wurden, der Soda oder Alaun beigefügt war. Hierdurch sollten dem Holz Gerb- und Bitterstoffe entzogen werden, die den Geschmack des Weines beeinträchtigen würden. Nach dem Abstechen mussten gebrauchte Holzfässer gründlich gereinigt werden und es galt, die Weinsteinablagerungen zu entfernen. Für den WKW wurde gefragt: Fässer mit einer heißen Lösung spülen (Frage 335). Für Winningen wurde [ba:tsə] geantwortet. Das *Beizen*[87] mit kochendem Wasser wurde vor der Neubefüllung der Fässer durchgeführt.[88] Das Verb *beizen* ist ein Wort, das in obiger Semantik nur an Mosel und Ahr sowie am Mittelrhein (an einem Ort: Leubsdorf) verwendet wird (Abb. 24). An Rhein und Main sagt man *brühen*, *ausbrühen*. Da in Siebenbürgen (und als Relikt in Leutesdorf am

---

81 Näheres: Ludwig Jakob; Jochen Hamatschek; Gerd Scholten, Der Wein, 10. Aufl., 1997, S. 178 f.; WKW (wie Anm. 2), Kommentar S. 601 f.
82 Kluge, Wörterbuch (wie Anm. 27), S. 459; Post, Entlehnungen (wie Anm. 33), S. 210. Bei Steffens, Wörterbuch (wie Anm. 5), findet sich S. 181 nur ein Beleg *kanicht* aus einer Speyerer Verordnung des 18. Jahrhunderts.
83 WKW (wie Anm. 2), Karte 108; Rheinisches Wörterbuch (wie Anm. 29), Bd. VI, Sp. 481: *Pand* m.
84 Wartburg, Französisches etymologisches Wörterbuch (wie Anm. 59), Bd. VII, S. 555 ff.; Post, Entlehnungen (wie Anm. 33), S. 210 f. und Karte 45; Steffens, Wörterbuch (wie Anm. 5) führt keine Belege an.
85 WKW (wie Anm. 2), Kommentar S. 619 ff.
86 Einen Beleg für Oberlahnstein aus dem 15. Jahrhundert führt Steffens, Wörterbuch (wie Anm. 5), S. 155 an.
87 Rheinisches Wörterbuch (wie Anm. 29), Bd. II, Sp. 607 ff.
88 Löwenstein, Weinbau (wie Anm. 26), S. 24 ff. mit ausführlichen Erläuterungen.

Mittelrhein) *bähen*[89] bezeugt ist, dürfte *bähen* die ältere Bezeichnung für das Spülen sein, die in Siebenbürgen überdauert hat, an Mosel und Ahr aber durch neueres *beizen* verdrängt wurde.

3. Winningen und die Moselromania

In sprachhistorischer Perspektive gebührt dem Moselraum ein besonderer Stellenwert. Hier lässt sich ein zweimaliger Sprachwechsel beobachten. Das Keltisch-Treverische dürfte Ende des 4. Jahrhunderts vom Romanischen abgelöst worden sein. Das Romanische hat hier in einer Enklave die Landnahme der Germanen um mehrere Jahrhunderte überdauert, ehe es durch das Germanisch-Fränkische abgelöst wurde.[90] Die Spätphase des Ablösungsprozesses bis ins 10./12. Jahrhundert kann folgendermaßen beschrieben werden:

1. Fränkisch-romanischer Bilingualismus bei Dominanz des Fränkischen.
2. Reduktion des Romanischen auf die agrarische, besonders auf die Winzerfachsprache. Tendenz zur Haussprache.
3. Einschränkung des Romanischen als Kommunikationsmittel auf immer kleinere Sprachgemeinschaften. Aufspaltung in einzelne Inseln inmitten des Fränkischen. Romanisch verbleibt als Haussprache, dann völlige Aufgabe des Romanischen.[91]

Das Romanische ist im Moselraum als gesprochene Sprache verschwunden,[92] als Substrat ist es aber in den Orts- und Flurnamen[93] und vor allem in Bezeichnungen aus Landwirtschaft und Weinbau, den Reliktwörtern,[94] fassbar. Für die Karte E 7 des WKW[95] wurde die Anzahl winzersprachlicher Romanismen pro Erhebungsort ermittelt und kartographisch dargestellt. Dabei wurden Wörter, welche standardsprachliche Geltung haben, nicht mitgezählt. Nicht gezählt wurden also Bezeichnungen wie *Wein* < lat. *vînum*, *Keller* < lat. *cellârium*. Für Winningen wurden aufgrund der Sprachaufnahme mit Gerhard Löwenstein vom 26.04.1982 folgende Wörter

---

89 WKW (wie 2), Karte 113.
90 Wolfgang Kleiber, Sprachliche Kontinuität an Mosel und Mittelrhein, am Oberrhein und im Schwarzwald. Eine vergleichende Skizze, in: Ders.; Max Pfister, Aspekte und Probleme der römisch-germanischen Kontinuität. Sprachkontinuität an Mosel, Mittel- und Oberrhein sowie im Schwarzwald, 1992, S. 11-65, hier S. 18; Rudolf Post, Zur Geschichte der Erforschung des Moselromanischen, in: RhVjbll. 68 (2004), S. 1-35, hier S. 1 f.
91 Wolfgang Kleiber, Das moselromanische Substrat im Lichte von Toponymie und Dialektologie, in: Wolfgang Haubrichs; Hans Ramge (Hg.), Zwischen den Sprachen. Siedlungs- und Flurnamen in germanisch-romanischen Grenzgebieten. Beiträge des Saarbrücker Kolloquiums vom 9.-11. Okt. 1980, 1983 (=Beiträge zur Sprache im Saarland; 4), S. 153-192, hier S. 186.
92 Wolfgang Haubrichs, Die verlorene Romanität im deutschen Sprachraum, in: Gerhard Ernst; Martin-Dietrich Gleßgen; Christian Schmitt; Wolfgang Schweickard (Hg.), Romanische Sprachgeschichte. Ein internationales Handbuch zur Geschichte der romanischen Sprachen. 1. Teilbd., 2003 (=Handbücher zur Sprach- und Kommunikationswissenschaft; 23.2), S. 695-709.
93 Wolfgang Jungandreas, Historisches Lexikon der Siedlungs- und Flurnamen des Mosellandes, 1962 (=Schriftenreihe zur Trierischen Landesgeschichte und Volkskunde; 8); Wolfgang Kleiber, Waber/Feber – Naf/Nef. Zwei mosselländische Flurnamen gallischer Herkunft, in: Mosel, Eifel, Hunsrück. Der Landkreis Cochem-Zell. Landschaft – Kultur – Geschichte – Wirtschaft, 1979, S. 117-122.
94 Wolfgang Kleiber, Die romanische Sprachinsel an der Mosel im Spiegel der Reliktwörter, in: Kurtrierisches Jahrbuch 14 (1974), S. 16-32; Post, Entlehnungen (wie Anm. 33).
95 WKW (wie Anm. 2).

romanischer Herkunft gebucht:[96] *Bäschoff* m.f. 'Rückentraggefäß' (siehen oben 2.5.), *Brenke* f. 'Gefäß' (siehe oben 2.6.), *Gargel* f. [garıjəl] 'die am Fassboden überstehende Daubenkante',[97] *glinnen* 'nachlesen' (siehe oben 2.4.), *kanfen* 'Einleger machen' (siehe oben 2.3.), *Kelter* m. [kʰɛldər] 'Traubenpresse',[98] *Kor* m. [kʰuər] 'Abstufungen/Terrassen des Weinbergs',[99] *Krappen* m. [grɔbə] 'Stielgerüst der Weintraube',[100] *Küfer* m. [kʰyːfər] 'Fassbinder',[101] *Pand* m. 'Belag auf der Oberfläche des Weines' (siehe oben 2.7.), *Pfahl* m. 'Stützpfahl der Rebe' (siehe oben 2.1.), *Stäul* m. [ʃdøyl] 'ausgehauener Stumpf des Weinstocks'.[102] Das sind zwölf Wörter, welche als Romanismen anzusprechen sind. *Kelter* und *Pfahl*, die auch standardsprachlich sind, wurden hier einbezogen, da sie für die westmitteldeutsche Winzerlexik dialektkonstitutiv sind: *Kelter* hat die oberdeutschen Heteronyme *Trotte*, *Torkel*, *Trüel* und *Preil*,[103] westmitteldeutschem *Pfahl* steht alemannisch-bairisches *Stecken* gegenüber.[104] Drei Regionen mit besonders gut erhaltender Romanität fallen ins Auge: Südtirol mit durchschnittlich 18,2, das Wallis mit durchschnittlich 17,7 und die Mosel mit durchschnittlich 11,2 Belegwörtern romanischer Provenienz. Abb. 25[105] zeigt die Frequenz romanischer Winzerwörter für einzelne Regionen.[106] Winningen liegt an der östlichen Peripherie der Moselromania (Abb. 26) und tradiert in seinem Winzerwortschatz zweitausend Jahre altes romanisches Wortgut. Mit den Worten Rudolf Posts, der den romanischen Reliktwortschatz der Mosellande aufgearbeitet hat,[107] seien diese Ausführungen beschlossen:

„Man kann an der Mosel besonders eindringlich den langen Atem der Sprachgeschichte spüren. Ein Wort, das hier nur in wenigen Orten von Winzern gebraucht wird, kann ein sprachliches Relikt einer Bevölkerung sein, die vor annähernd 2000 Jahren gelebt hat. Wenn man es mit andern Hinterlassenschaften vergleicht, die in baulichen Resten, Steindenkmälern, Wegen, Gräberfeldern usw. vorliegen, so sind die hier besprochenen Wörter und Namen die einzigen lebendigen Zeugnisse einer früheren Kultur, jahrtausendelang von Mund zu Mund weitergegeben."[108]

---

96 Ebd., Kommentar E 7, S. 555 ff.
97 Rheinisches Wörterbuch (wie Anm. 29), Bd. II, Sp. 1029; Post, Entlehnungen (wie Anm. 33), S. 206 f.; Löwenstein, Weinbau (wie Anm. 26), S. 25; Steffens, Wörterbuch (wie Anm. 5), S. 143.
98 Rheinisches Wörterbuch (wie Anm. 29), Bd. IV, 407 ff.; Rudolf Post, Romanismen in der Winzerterminologie, in: Besse; Haubrichs; Puhl, Wein (wie Anm. 18), S. 157-176, hier S. 164 f.; Steffens, Wörterbuch (wie Anm. 5), S. 187 ff.
99 Rheinisches Wörterbuch (wie Anm. 29), Bd. IV, Sp. 1239 f.; Post, Entlehnungen (wie Anm. 33), S. 192 f.
100 Rheinisches Wörterbuch (wie Anm. 29), Bd. IV, Sp. 1388 f. Überblick über die rheinischen und siebenbürgischen Bezeichnungen für das Stielgerüst bei Wolfgang Kleiber, Deutsche Winzersprache und Wortgeographie. Siedlungsgeschichtliche Aspekte der Sprachparallelen zwischen Altland und Neusiedelgebieten (Sprachinseln) in Südost- und Osteuropa, in: Besse; Haubrichs; Puhl, Wein (wie Anm. 18), S. 65-114, hier Karte 8a, 8b.
101 Rheinisches Wörterbuch (wie Anm. 29), Bd. IV, Sp. 1657.
102 Rheinisches Wörterbuch (wie Anm. 29), Bd. VIII, Sp. 544; Post, Entlehnungen (wie Anm. 33), S. 193 f.).
103 WKW (wie Anm. 2), Karte 96.
104 Ebd., Karte 49.
105 Nach ebd., Karte E 7.
106 Details ebd., Kommentar S. 555 ff.
107 Post, Entlehnungen (wie Anm. 33).
108 Post, Geschichte (wie Anm. 90), S. 35.

Moselfränkischer Weinbauwortschatz

Anhang: Abbildungen

```
         IV. Rebvermehrung, Veredlung
             Setzrebengewinnung
(133)    1. Der unbewurzelte Steckling
                         ˈblɪndreːf f.

(134)    2. Abgeschnittene Stecklinge zu Wurzelreben treiben lassen
                         ˈɪŋgəʃloːh

(135)    3. Der bewurzelte Steckling
                         ˈvuɐtslreːf f.

(136)    4. Der Weinstock [Tätigkeit], der durch Eingraben eines niedergebogenen Triebes
            gewonnen wurde
            ɪn lɛːdə  und  ˈkhanɐɐ
            ɪŋgaˈlaixdə  od.  gəˈkhɐnɐfdɐr ʃdog

(137)    5. "Früher wurden Einleger gemacht" (bitte übersetzen)
            frøɐr hed mɛɐt ʃdog ɪŋgəlaixd
```

Abb. 1: Sprachaufnahme für den WKW (wie Anm. 2) in Winningen am 26. April 1982 mit dem Winninger Winzer Gerhard Löwenstein. Ausschnitt aus dem Fragebuch mit den Antworten Löwensteins. Mitschrift durch den Mainzer Explorator.

Abb. 2: Terrassierte Steillagen bei Winningen (*Uhlen*).
(Fotos: Steffens 2006).

Abb. 3 : Im Winningen Uhlen. Jeder Quadratmeter wird für den Weinbau genutzt. (Foto: Steffens 2006).

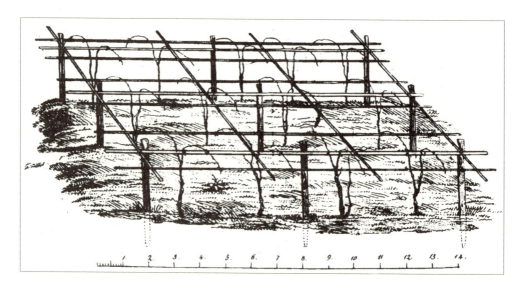

Abb. 4: Schema einer pfälzischen Kammertanlage zur Reberziehung. Nach dem Schnitt im Frühjahr sind die Reben an den Holzlatten befestigt. (Aus: Johann Philipp Bronner, Der Weinbau am Haardtgebirge von Landau bis Worms, 1833, Figur 6).

Abb. 5: Reberziehung an Einzelpfählen im Winninger *Domgarten*. Die Weinstöcke sind beschnitten, die Tragruten für das kommende Jahr als Bogreben befestigt. (Foto: Steffens 2006).

Abb. 6: Vertikoerziehung im Winninger *Domgarten*. (Foto: Steffens 2006).

Abb. 7: Umkehrerziehung im Winninger *Domgarten*. (Foto: Steffens 2006).

Abb. 8: Reberziehung mit dem Trierer Rad im Winninger Hamm. (Foto: Steffens 2006).

Abb. 9: Drahtrahmenanlage in Rheinhessen (Uelversheim, Kreis Mainz-Bingen). Lange und gerade Rebzeilen eignen sich zur maschinellen Bearbeitung. (Foto: Steffens 2006).

Abb. 10: Rebstock nach dem Schnitt im Frühjahr (Mitte April, Winninger *Hamm*). Eine Tragrute ist zu einer Bogrebe gegürtet worden. (Foto: Steffens 2006).

Abb. 11: Rebstock im Frühjahr (Mitte Mai, Winninger *Domgarten*). Zwei Tragruten sind zu Bogreben gegürtet worden. Sommertriebe und Blätter zeigen sich. (Foto: Steffens 2006).

Abb. 12: Bündel geschleißter Weidenruten zum Befestigen der Bogreben. Wein- und Heimatmuseum Winningen. (Foto: Steffens 2005).

Abb. 13: Verwahrloste Rebstöcke im modernen Drahtrahmenbau in Rheinhessen (Nierstein, Kreis Mainz-Bingen). Die Stöcke sind offenbar seit mehreren Jahren nicht mehr geschnitten worden, die Triebe wuchern in alle Richtungen. Die Pfähle (Stickel) stehen schief und sind zum Teil beschädigt. (Foto: Steffens 2006).

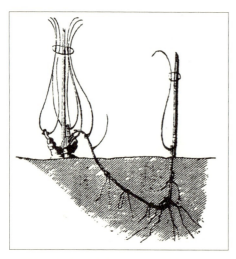

Abb. 14: Das Einlegen eines Triebes vom Mutterstock aus (schematisch). (Aus: Muth, Lehrbuch, wie Anm. 53, S. 32, Abb. 29).

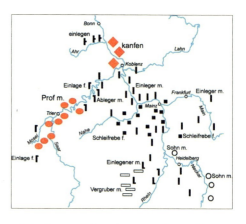

Abb. 15 (oben): Bezeichnungen für das Einlegen von Rebtrieben zur Stockerneuerung und das Produkt daraus. Vereinfachte Umzeichnung nach WKW (wie Anm. 2), Karte 56. Rot: Lehnwörter. Winningen: Symbol westlich Koblenz.

Abb. 16 (links): Historische Bezeichnungen für das Einlegen von Rebtrieben zur Stockerneuerung und das Produkt daraus. (Aus: Steffens, Wörterbuch, wie Anm. 5, S. 262, Abb. 52. Rot: Lehnwörter).

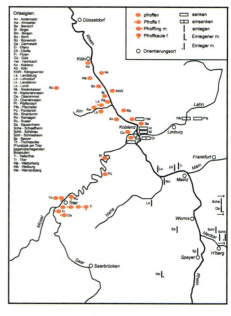

Abb. 17 (unten): Lat. *P(ro)pagine ʃ* wird mit ahd. *p(ro)fun* glossiert (Detail). (Erzbischöfliche Diözesan- und Dombibliothek Köln, Dom-Hs, fol. 3r).

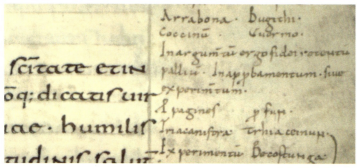

Moselfränkischer Weinbauwortschatz

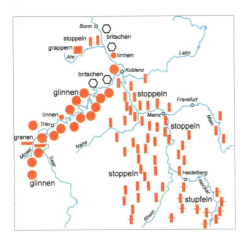

Abb. 18: Bezeichnungen für das Einsammeln der hängengebliebenen Trauben. Vereinfachte Umzeichnungen nach WKW (wie Anm. 2), Karte 87. Rot: Lehnwörter. Winningen: Symbol westlich Koblenz. (Steffens 2005).

Abb. 19: Rückentraggefäß für die gelesenen Trauben (*Bäschoff*). Früher innen verpicht. Bis um 1930 in Gebrauch. Wein- und Heimatmuseum Winningen. (Foto: Steffens 2005).

Abb. 20: Bezeichnungen für das Rückentraggefäß für die gelesenen Trauben. Vereinfachte Umzeichnungen nach WKW (wie Anm. 2), Karte 91. Rot: Lehnwörter. Winningen: Symbol westlich Koblenz.

Abb. 21: Gefäß in der Kellerwirtschaft (*Brenke*). Wein- und Heimatmuseum Winningen. (Foto: Steffens 2005).

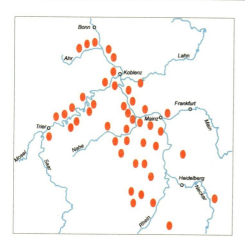

Abb. 22: Verbreitung der Bezeichnung *Brenke*. Vereinfachte Umzeichnung nach WKW (wie Anm. 2), Karte 119. Winningen: Symbol westlich Koblenz.

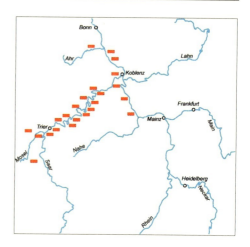

Abb. 23: Verbreitung der Bezeichnung *Pand*. Vereinfachte Umzeichnung nach WKW (wie Anm. 2), Karte 108. Winningen: Symbol westlich Koblenz.

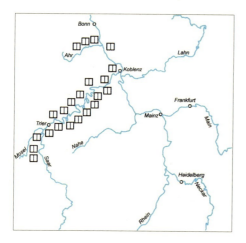

Abb. 24: Verbreitung der Bezeichnung *beizen*. Vereinfachte Umzeichnung nach WKW (wie Anm. 2), Karte 108. Winningen: Symbol westlich Koblenz.

Moselfränkischer Weinbauwortschatz

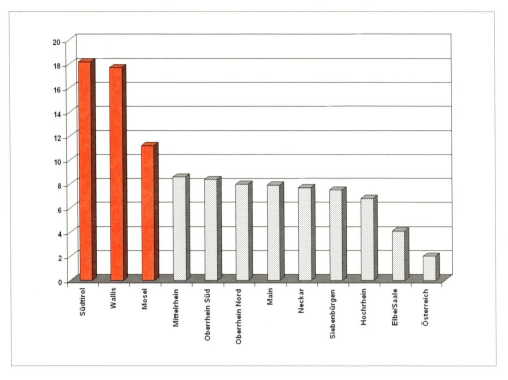

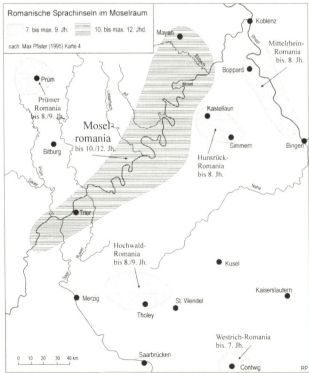

Abb. 25 (oben): Frequenz romanischer Lehnwörter in der Winzerlexik. Zahlen der y-Achse: durchschnittliche Zahl der Belege pro Ort. Nach WKW (wie Anm. 2), Karte E 7.

Abb. 26 (links): Romanische Sprachinseln im Westmitteldeutschen. (Aus: Post, Geschichte, wie Anm. 90, Abb. 1).

August Horch – das Leben eines deutschen Automobilpioniers

Von Peter Kirchberg

Technikgeschichte hat immer auch einen personalen Aspekt, der – befasst man sich tiefer mit ihm – meistens interessanter, vielgestaltiger, widersprüchlicher ist als die Technik selbst. Ein Maler hinterlässt sein Signum auf dem Bild, Architekten ihr Zeichen am fertigen Bau. Das Los des Technikers ist meist das der Anonymität, von wenigen Ausnahmen abgesehen.

Das Artefakt hat Bestand, das Leben des Menschen, der es ersann, nicht. Und er kann sich allenfalls in Gegenständen, aber fast nie in seinem Denken und Fühlen den Nachkommenden mitteilen. Biografien werden ja gerade dadurch besonders interessant, dass sie die Gefühls- und Gedankenwelt der Protagonisten erschließen, ihre Emotionen und Haltungen überliefern. Und natürlich registriert der Leser auch und mit Neugier die Vermittlung spontaner Reaktionen des handelnden Subjekts auf die jeweiligen Zeitereignisse ebenso wie er hieb- und stichfeste Wiedergaben von Sachverhalten erwartet. Oft sucht man danach aber vergebens. Eine der Ausnahmen war der in Winningen geborene Automobilpionier August Horch. Er hat seine Erinnerungen nicht nur aus dem Gedächtnis oder etwa in apologetischer Absicht formuliert, sondern an Hand von Tagebucheintragungen, Kalendernotizen und beides ergänzt durch sein ausgezeichnetes Gedächtnis.

Abb. 1: August Horch, 1938. (Pribatbesitz)

Die biografischen Daten und Abläufe seines Lebens sind als bekannt vorauszusetzen, so dass sie nur kurz resümiert werden sollen.[1]

August Horch kam am 12. Oktober 1868 im Moseldorf Winningen als Sohn des Dorfschmiedes zur Welt. Kindheit und Jugend verbrachte er in einfachsten Verhältnissen, was von großem Einfluss für die Ausprägung seiner Ansprüche an das Leben war. Gleichzeitig wuchs in ihm eine starke soziale Empfindsamkeit, die ihn zeit seines Lebens nie wieder verließ. Horch erlernte den Beruf des Vaters, obwohl er klein und schmächtig von Statur und daher von Anfang an darauf angewiesen war, Kraft durch Geschick und Intelligenz zu ersetzen. Nach Wanderjahren, die ihn bis zur bulgarischen-serbischen

---

[1] Der Verfasser hat mehrere bibliografische Publikationen zu August Horch vorgelegt. Vgl. besonders Peter Kirchberg, August Horch, in: Rheinische Lebensbilder, Band 16, hg. von Franz-Josef Heyen, 1997, S. 161-179; ders., August Horch – sein Leben, sein Wirken, sein Vermächtnis. Vorwort zur Wiederauflage der Autobiografie von August Horch „Ich baute Autos" (1949), herausgegeben vom August Horch Museum, 2003. Alle im Folgenden verwendeten Zitate von August Horch sind aus dem zuletzt genannten Werk entnommen.

Grenze führten, schrieb er sich am Technikum im sächsischen Mittweida zum Studium ein, das er als Betriebsingenieur beendete. Danach wandte sich Horch sofort dem Motorenbau zu und arbeitete in einschlägigen Konstruktionsbüros in Leipzig und Rostock. Sein besonderes Interesse galt dem mobilen Einsatz des Verbrennungsmotors und so bewarb er sich kurzerhand im Frühsommer 1896 bei Benz & Cie. in Mannheim. Nach einigen Assistentenmonaten vertraute ihm dort Carl Benz die Leitung des Motorwagenbaus an und Horch lernte auf diese Weise an der Wiege des Kraftfahrzeugbaus dessen Möglichkeiten und Probleme kennen.

Der Erfinder des Motorwagens war ein konservativer Neuerer. Benz wehrte sich mit Händen und Füßen gegen die meisten Änderungen an seinen Konstruktionen. Riemenantrieb und Zweizylinder-Kontramotor waren für ihn der Weisheit letzter Schluss, selbst dann noch, als er schließlich fast fünf Liter Hubraum pro Zylinder erreicht hatte! Benz weigerte sich konsequent, eine der zahlreichen Automobilausstellungen zu besuchen, um nicht in Verdacht zu geraten, dort etwas Neues von anderen „abgekupfert" zu haben. Dabei war es gerade der Sinn dieser Veranstaltungen, Neuerungen schnell bekannt und praktikabel zu machen. Horch beschwor seinen Chef vergebens, modernere Autos zu bauen. „Ich redete ihm wie einem kranken Kinde zu [...] es war vergeblich. Er wollte nicht.", erinnerte er sich später. Diese sehr unterschiedlichen Auffassungen haben Horch aber keineswegs daran gehindert, für Benz größte Wertschätzung und Hochachtung zu empfinden. Tief bewegt hat ihn ein Vierteljahrhundert später die Wiederbegegnung mit seinem nach wie vor verehrten Lehrmeister im Juli 1925. Er hat nie vergessen, was er dem Erfinder des Automobils zu danken hatte und so hat er es auch ausgedrückt, als er 1929 dazu auserkoren worden war, in der renommiertesten deutschen Fachzeitschrift, dem „Motorwagen" als Vorläufer der „Automobiltechnischen Zeitschrift" (ATZ), den Nachruf auf Carl Benz zu schreiben.[2]

Gleichwohl sah August Horch 1899 für sich bei Benz in Mannheim keine Zukunft. Und so entschloss er sich zur Selbständigkeit. Nachdem er im Tuchhändler Salli Herz einen Teilhaber gefunden hatte, entstand im November 1899 in Köln die Horch & Cie. mit einem Kapital von 30.000 Mark. Etwa ein halbes Dutzend Arbeiter waren vor allem damit beschäftigt, die von Bosch für stationäre Gasmotoren entwickelte und von Horch für Automobile gebrauchsfähig gemachte Abreißzündung in Kundenwagen einzubauen. Bald folgte auch der Bau eines kompletten Kraftwagens nach den Plänen des Firmeninhabers in etwa zehn Exemplaren – dann war das Kapital verbraucht.

Unverdrossen machte sich Horch auf die Suche nach neuem Geld – Zeichnungen seines Modells im Koffer und neue Pläne im Kopf. Kreuz und quer fuhr er durch Deutschland – ohne Erfolg, bis ihm ein mittelständisches Unternehmen im sächsischen Plauen weiterhalf. Die Hilfe hatte ihren Preis: Der Kapitaleigner wollte ihm das Geld nicht leihen, sondern damit die gesamte Firma kaufen. Und so geschah es auch. Damit war nach sehr kurzer Zeit Horchs Unternehmerdasein wieder beendet. Er blieb von nun an Manager, aber nicht mehr Eigentümer des Unternehmens, das aber nach wie vor vom guten Namen des Ingenieurs lebte. Horch selbst organisierte die Umsiedlung der Firma zunächst 1902 nach Reichenbach und 1904 nach Zwickau.

---

2   Der Motorwagen. Automobil- und Flugtechnische Zeitschrift Berlin 32 (1929) H. 11, Seite 1 f.

Die Herstellung der Automobile war denkbar einfach organisiert.³ Anfangs ein Dutzend, später knapp 90 und in Zwickau bald über 100 Arbeiter montierten zunächst 10, später über 50 Horch-Wagen im Jahr. In Reichenbach hatte der Vorarbeiter die Nockenwellen noch mit der Hand gefeilt – pro Woche eine, wenn es darauf ankam. Horch beherrschte sein Unternehmen als Patriarch. Er kannte die meisten seiner Leute und war täglich in den Abteilungen zu sehen. Besonders aber liebte er es, sich im Kreise der Mitarbeiter fotografieren zu lassen – gewissermaßen Eintracht als seiner Meinung nach wichtigstes Element der Leistungsstärke demonstrierend. Zumindest im Vorstand und im Aufsichtsrat lagen die Dinge aber anders, und Horch hat sich im Ergebnis erheblicher Querelen schließlich 1909 von seinem Unternehmen trennen müssen. Im gleichen Jahr gründete er eine neue Firma am gleichen Ort, deren Marke seit 1910 in der latinisierten Form seines Namens „Audi" hieß.

Ganz besonderen Wert maß Horch der Beteiligung seiner Automobile an Rennen und sportlichen Leistungsvergleichen bei. Von Anfang an sah er in sportlichen Wettbewerben einerseits eine mächtige Triebkraft zur technischen Verbesserung der Wagen und andererseits ein Marketinginstrument von unbezahlbarer Wirkung.

Besonderes Aufsehen erregten diese neuen Audi-Wagen mit ihren Seriensiegen bei der damals schwersten Langstreckenprüfung, den Internationalen Österreichischen Alpenfahrten 1912, 1913 und 1914 in Folge. Nach modernem Verständnis war dies die Rallyeweltmeisterschaft. In diesem Triumph spiegelten sich gleichzeitig Höhepunkt und Ende der konstruktiven Lebensphase von August Horch. Mit Kriegsbeginn übernahm er organisatorische Aufgaben und dabei blieb es. Nie wieder hat er am Zeichenbrett gestanden, obwohl er sich weiterhin mit zahlreichen technischen Problemen im Automobilbau sehr intensiv befasst hat.

1920 zog Horch nach Berlin, wo er nun für ein Vierteljahrhundert lebte. „Dort schlug das starke Herz des Reiches, dort war die Quelle, dort fielen alle Entscheidungen, ich wollte an der Quelle sein" motivierte er seinen Umzug. Von nun an wirkte Horch freiberuflich als Gutachter und Sachverständiger für Kraftfahrzeuge aller Art im Bereich der Industrie- und Handelskammer sowie des Kammer- und Landgerichtes Berlin. 1932 wurde er zum Präsidenten des Reichsverbandes der Automobilsachverständigen gewählt.

Es war nicht nur der Name Horch, sondern auch die besondere Wertschätzung für die organisatorischen Fähigkeiten des Automobiltechnikers, die ihn immer wieder für hohe Ämter mit besonderer Kompetenz und Ausstrahlung empfohlen. 1924 wurde er Leiter des Normenausschusses der Deutschen Industrie. Das war angesichts der genau zu dieser Zeit einsetzenden Rationalisierungswelle und der damit erforderlichen umfassenden Normung und Typisierung geradezu eine Schlüsselfunktion, übrigens auch und gerade für die angestrebte Massenfabrikation in der Automobilindustrie! Horch begleitete aktiv die Gründung des „Fachnormenausschuss der Kraftfahrzeugindustrie" (FAKRA) im Frühjahr 1925, der kurz darauf die Einführung

---

3   Ausführliche Darstellungen zu den Anfängen des Horch-Automobilbaus finden sich bei Peter Kirchberg, Horch – Prestige und Perfektion. 2. Aufl., 2002, sowie auch bei ders.; Jürgen Pönisch, Horch – Typen Technik Modelle. 2006.

verbindlicher Normen im gesamten Industriezweig beschloss. Dieser Typisierungsprozess war bereits Anfang der 30er Jahre mit der Einführung von 300 Verbandsnormen abgeschlossen.

August Horch war Automobilbauingenieur der ersten Stunde und hatte einen bemerkenswert scharfen Sinn für die Notwendigkeiten, die der praktische Betrieb des Automobils auf konstruktivem Weg verlangt. Gleichzeitig hat er auch eine glückliche Hand bei der Verwirklichung seiner Gedanken besessen. So ist es ihm gelungen, durch bemerkenswerte und entschlossen eingeführte technische Neuerungen dem Motorwagen auf dem Weg zum Automobil wesentliche Impulse zu vermitteln. Dies hatte sich schon in seiner Idee um die Verwendung der Bosch-Abreißzündung im Automobilmotor gezeigt und wurde auch in seiner ersten eigenen Konstruktion sichtbar, der sog. stoßfreie Motor. Damit wollte er vor allem die vom Motor ausgehenden kritischen Schwingungen dämpfen und dem Wagen zu besserem Gleichlauf verhelfen. Wenn sich diese Lösung auch bald als zu aufwendig und etwas abwegig erwies, so signalisierte sie doch den Einzug Horchs in die eigenständige Automobilkonstruktion.

Kurz hintereinander zeigten Horch-Wagen nun bedeutende Neuerungen, die sofort Schule machten. So gab es bei Horch bald keinen Riemenantrieb mehr, und er zählt zu den Ersten, die die Kardanwelle zur Kraftübertragung benutzten. Als einer der Ersten in Europa hat er Leichtmetallguss für Kurbel- und Getriebegehäuse sowie die Verwendung hochfester Stähle für die Getriebezahnräder verwirklicht. Er gehörte zu den Pionieren bei der Konstruktion von Motoren mit hängend angeordneten Ventilen. Schließlich war Horch maßgeblich an der Entscheidung der Audi-Werke beteiligt, als erster Hersteller in Deutschland ab 1921 alle neuen Typen grundsätzlich und serienmäßig mit Linkslenkung und Mittelschaltung auszustatten. Wie weit man damit der Konkurrenz voraus war erkennt man daran, dass noch 1922 über 90 % aller Neuzulassungen rechtsgelenkt waren; 1923 waren es noch 75 %.

Wahrhaft ein Pionieringenieur des Automobils! Es ging August Horch nie um neue Grundsatzerfindungen, sondern immer um die Nachfolgeverbesserung, um bessere Gebrauchseigenschaften, leichtere Bedienbarkeit und zunehmende Nutzerfreundlichkeit des Kraftwagens.

Horch zählte zu den ersten Unternehmer-Ingenieuren im Automobilbau, die begriffen hatten, dass dieser Zweig vom traditionell orientierten Techniker ein völlig neues Denken verlangte. Außerdem befand sich die Automobiltechnik bis etwa 1910 in fortdauernder Veränderung, die den erfahrenen Empiriker forderte. Das heißt: Nachdem die Grundsatzerfindung getan war, kam es darauf an, das Automobil über die Schwelle zum Gebrauchsfahrzeug zu heben. Diese Verbesserungs- und Nachfolgeerfindungen waren mindestens so bedeutend wie die Basisinnovation selbst.

Eine ganze Generation Techniker trat nun an, neben Rumpler, Schwenke, Henze, Vollmer, Porsche auch Horch. Wissenschaftliche Empiriker waren gefragt, die unendliche Geduld, unerschöpflichen Optimismus und immer wieder pfiffige Ideen brauchten und auch hatten. Sie haben in ihrem Wirken zugleich auch Vorbilder für die Folgegeneration geliefert und das Selbstverständnis des Automobilingenieurs der damaligen Zeit geprägt.

Bei aller Lebensfreude folgte Horch konsequent bestimmten Prinzipien, als deren grundlegendes sein Verhältnis zur Arbeit hervorzuheben ist. Arbeit, die durchaus bis zur Betriebsamkeit reichte, war sein Lebenselixier. Er vertrat immer den Standpunkt, dass man niemals eine Wohltat verschenken dürfe, solange der Bedürftige zu Gegenleistungen in der Lage war. Leistung und Gegenleistung als ausgewogenes Verhältnis hat sein Selbstverständnis auch sozial geprägt. Seine Barmherzigkeit und Mitleidensfähigkeit hat ihm oft zu schaffen gemacht. Aber wenn er Bedürftigen etwas zuteil werden ließ, dann mussten sie – wenn sie dazu in der Lage waren - etwas dafür tun.

Horch hatte in Berlin noch keine Existenzprobleme. Er lebte gut und hatte viel zu tun. Zahlreiche Ämter und Ehrenfunktionen sind ihm angeboten worden, und man fand ihn bei allen möglichen Anlässen in der ersten Reihe derer, die Repräsentationsaufgaben zu erfüllen hatten. Als Pionier-Ingenieur des Automobils war er überall geachtet und begehrt. Häufige Auftritte in der Öffentlichkeit förderten außerdem natürlich seinen Marktwert. Ehrungen wurden ihm reichlich zuteil. Die auf Antrag der Abteilung für Maschinenbau vorgenommene Verleihung der Ehrendoktorwürde durch die Technische Hochschule Carolo-Wilhelmina in Braunschweig am 26. Mai 1922 war zweifellos die bedeutendste. Die Verleihungsurkunde nahm vor allem Bezug auf „seine hervorragenden Verdienste um die Entwicklung der Konstruktion und Fabrikation des deutschen Kraftwagens." Zu den Befürwortern des Antrags zählten unter anderen Wilhelm von Opel und Friedrich Nallinger.

Aber als am Ende der 20er Jahre die bisher aufstrebende wirtschaftliche Entwicklung einen gegenteiligen Verlauf nahm, bekam dies auch Horch zu spüren und er hatte wirtschaftlich mit erheblichen Problemen zu kämpfen. Als es ihm gut gegangen war, hatte er von seinem kleinen Vermögen ein Haus in Berlin-Charlottenburg und in Winningen den Distelberger Hof gekauft. In letzterem wollte er eine Hühnerfarm einrichten. Auch hierbei meldete sich sofort der Techniker in ihm. Für die problemlose Beförderung der bruchempfindlichen Eier entwarf er eine Seilbahn, die vom Berg des Distelberger Hofes hinab nach Winningen führte. Noch bis vor kurzem stand die „Bergstation" jener Seilbahn. Das Projekt der Hühnerfarm zerschlug sich jedoch; Horch machte damit nur finanzielle Verluste, nicht zuletzt auch wegen seiner völligen Ahnungslosigkeit in der Kleinviehzucht!

In der Weltwirtschaftskrise blieb ihm schließlich nichts anderes übrig, als sein Haus in Berlin, Am Kaiserdamm 97, zu verkaufen: „Als der Verkauf hinter mir lag, stand ich arm wie ehedem wieder da, mit einer ziemlichen Schuldenlast, die wahrhaftig nicht durch ein luxuriöses Leben angewachsen war. Ich musste hart um meine Existenz kämpfen."

Nach diesen wirtschaftlich für Horch recht schwierigen Jahren zeigte sich für ihn ein Silberstreif am Horizont: die im Juni 1932 gegründete Auto Union – ein Zusammenschluss der Automobilhersteller Audi, DKW, Horch und Wanderer – bot ihm einen Sitz im Aufsichtsrat und vergütete Mitarbeit in technischen Grundsatzfragen an – ein Angebot, das Horch sehr dankbar annahm.

Der Aufsichtsratsposten bei der Auto Union war für Horch zunächst vor allem von moralischer Bedeutung, denn damals wurden derartige Ämter nur geringfügig vergütet. Aber bald wurde die Inanspruchnahme seiner Dienste von dem sächsischen Großunternehmen besser honoriert, so dass Horch auch finanziell wieder gesundete, obwohl insbesondere die Schulden aus dem misslungenen Eierfarm-Experiment und die Pflegekosten für seine Frau ihn sehr drückten.

Abb. 2: August Horch (Privatsammlung).

Horch hatte ein Einkommen von monatlich 500 Reichsmark und bemerkte 1938 in einem Brief an die Auto Union bitter: „Meine Frau ist allein seit 10 Jahren in ärztlicher Behandlung beim Augenarzt und seit 2 Jahren vollständig blind. Sie leidet an Hüftgelenkentzündung und kann fast nicht mehr gehen. Da sie in der Wohnung nicht mehr gepflegt werden konnte, weil sie ungemein deprimiert ist und infolgedessen man schwer mit ihr umgehen kann, habe ich sie vor 14 Tagen in ein Heim gebracht. Dort lebt sie in einem einfachen, kleinen Zimmer. Sie ist, so muss ich sagen, für meine Lebensleistung unwürdig untergebracht."[4]

Die Auto Union hat daraufhin sein Einkommen verdoppelt und ihn in verstärktem Maße vor allem als technischen Sachverständigen und Gutachter herangezogen. Dabei war Horch mit außerordentlich interessanten Projekten befasst, darunter auch an der Entwicklung von Wasserstoff als Antriebsmedium für Automobilmotoren.

---

4 Sächsisches Staatsarchiv Chemnitz, Bestand Auto Union, Personalakte Dr. Ing. August Horch (Schreiben an die Auto Union AG vom 08.06.1938).

Im Jahre 1938 erschienen die Lebenserinnerungen von August Horch unter dem Titel „Ich baute Autos". Sie erschienen in beträchtlich großer Auflage und brachten dem Autor eine Tantieme von 40 Pfennigen pro verkauftem Exemplar ein. Horch wohnte in einem der Auto Union gehörenden Haus in Berlin Schlachtensee. Dort beging er im Familienkreis hoch geehrt seinen 75. Geburtstag. Es ging ihm gut.

Horch war Exponent einer Industrie, die seit Beginn der nationalsozialistischen Herrschaft in Deutschland in besonderer Weise in die Aufrüstung eingebunden war. Darüber war er sich gewiss im Klaren. Auch wenn wir keine Aufzeichnungen davon haben, können wir davon ausgehen, dass er in Reden und öffentlichen Bemerkungen die „neue Zeit" begrüßt hat. Auch war August Horch ganz gewiss kein Widerstandskämpfer, sondern neigte eher zu unauffälliger Anpassung. Freilich folgte er auch hierbei seinen Grundsätzen. Bei aller Verbindlichkeit war er nicht bereit, technische Fachurteile politischen Sachzwängen unterzuordnen und dies erst recht nicht, wenn dabei Ziele der Diskriminierung und Verfolgung deutlich wurden. Sehr eindrucksvoll lässt sich diese Einstellung an Hand seiner Gutachten nachvollziehen. Beispielhaft sei verwiesen auf einen Prozess, den ein gewisser Ingenieur Henninger gegen die Karosserie-Firma Ambi Budd in Berlin angestrengt hatte. Das Verfahren lief schon seit 1929 und in den 30er Jahren war Horch als Gutachter angefordert worden. Henninger behauptete, Ambi Budd verletze seine Patente und Horch war aufgerufen zu prüfen, ob diese Henninger-Patente tatsächlich berührt worden seien. Henninger hatte seine Position nach der „Machtergreifung" auch den veränderten politischen Rahmenbedingungen angeglichen und in einem Schreiben an das Gericht deutlich gemacht:

„Unter anderem auch mit Rücksicht auf die kürzlichen Ausführungen des Herrn Reichsministers Dr. Frank, betreffend die Stellung der Juden im deutschen Rechtsleben, erlaube ich mir, auf folgendes hinzuweisen [...]: Es sind Volljuden: der Hauptgeschäftsführer Loeb der Ambi-Budd-Presswerke, der Patentanwalt Ludwig Schiff und dessen Söhne als Patentanwälte der Ambi-Budd-Presswerke, die Rechtsanwälte Seeligsohn, Vertreter in 1. Instanz, die Rechtsanwälte Isay, Vertreter in 2. Instanz. Angesichts der Warnung vor dem skrupellosen Verhalten der Juden, welche der Führer und seine engsten Mitarbeiter immer wieder den deutschen Volksgenossen haben zuteil werden lassen, bitte ich, mir gegen das rigorose Verhalten der Ambi-Budd-Presswerke Schutz zu gewähren [...]."[5]

August Horch war schon vorher dazu aufgefordert worden, als Fachgutachter tätig zu werden und dabei zwei Fragen zu beantworten: Wurden Henningers Patentansprüche durch Ambi Budd verletzt? Und: Inwieweit verbargen sich hinter diesen Ansprüchen schutzwürdige Ideen?

In seinem 43-seitigen Gutachten, das insgesamt auch eine höchst anspruchsvolle Studie zur Geschichte der Ganzstahlkarosserie darstellte, kam Horch zu für Henninger vernichtenden Schlussfolgerungen: In diesen Schutzrechtsansprüchen ließen sich keine erfinderischen Ge-

---

5   Gutachten von Dr. A. Horch im Rechtsstreit Ambi-Budd gegen Henninger, in: BArch, Bestand Reichsverkehrs-Ministerium R 5/8020, Streitsache Ing. A.B. Hinninger/Berlin-Tempelhof/-/Ambi Budd Presswerk GmbH/Berlin (Schreiben an den Reichs- und Preußischen Verkehrsminister vom 10.12.1936).

danken erkennen und man könne keineswegs behaupten, dass die darin fixierten Gedanken neu seien.[6] Damit hatte Horch nicht nur klar sein Credo als Techniker zum Ausdruck gebracht, der nicht bereit ist, technische Sachverhalte zu verfälschen, sondern auch den staatspolitischen Erwartungen einer antisemitischen Grundhaltung eine Abfuhr erteilt. Ohne den Hintergrund der Verhältnisse im Deutschland der 30er Jahre zu kennen wird man dazu neigen, im Schriftsatz ein völlig „unpolitisches" Gutachten zu sehen. In Wirklichkeit war es ganz anders …

Bei der Veröffentlichung seiner Memoiren geriet Horch in Konflikte mit dem nationalsozialistisch strukturierten, im Sprachjargon dieser Jahre als „gleichgeschaltet" bezeichneten Regelmechanismus im Kulturbereich.[7] Niemand durfte damals in Deutschland ein Buch veröffentlichen, der nicht Mitglied in der NS-Schrifttumskammer war. Selbst wenn er gewollt hätte, durfte Horch in diese „geschlossene" Gesellschaft nicht hinein: in seinem Haushalt lebte mit der Pflegerin seiner Frau eine „nichtarische" Person. Der Verlag, bei dem Horch sein Buch herausbringen wollte, half ihm und sich damit, dass er eine Ausnahmegenehmigung beim Reichspropagandaministerium beantragte, für Horch einen Journalisten ‚besorgte', der als Mitglied der Kammer schreiben durfte und für entsprechend politische Einspielungen im Buchmanuskript zu sorgen hatte. Schließlich hatte Horch die Zusicherung zu geben, dass er nie wieder ein Buch schreiben würde.

Es gibt aus diesen Jahren wenig dokumentierte oder verbindlich verbürgte Äußerungen August Horchs im kleinen Kreis. In Briefen an seinen Freund Heinrich Saas in Winningen drückte er noch 1944 die Hoffnung aus, dass der Führer bald den Endsieg erringen möge. Solche Brachialäußerungen hatte man all die Jahre nicht von ihm gehört. Im Gegenteil: Horch war bei aller Loyalität und trotz allen Drängens nie bereit gewesen, in die NSDAP einzutreten. Er hatte eine jüdische Haushälterin – eben jene Else Kolmar – und war schon daher in besonderer Weise sensibilisiert für die möglichst unauffällige Bewältigung des Alltags. Er war jedenfalls auch nicht so borniert, dass er die Realitäten kurz vor Toresschluss ignoriert hätte. Auch hier verbargen die Buchstaben die Wirklichkeit. Horch hatte schon zu fürchten, dass er möglicherweise gar nicht der erste war, der an ihn gerichtete Briefe las. Endsieg, das hieß im Klartext: Hoffentlich ist bald alles vorbei. Der Sohn von Else Kolmar, das wusste man, war in englischer Gefangenschaft; der Sohn von Heinrich Saas war vermisst. Er blieb es auch. Dieser unsägliche Druck sollte endlich vorbei sein. Und wenn man dies im Brief eben Endsieg nannte, dann wusste der Empfänger schon, wie er das zu verstehen hatte.

Im Jahre 1939 wurde August Horch die Ehrenbürgerwürde der Stadt Zwickau verliehen. Bei der Ehrungsveranstaltung begrüßte ihn der Oberbürgermeister und NSDAP-Kreisleiter von Zwickau, Dost, mit den Worten: „Heil Hitler, Herr Horch." Und der so Angesprochene erwiderte treuherzig: „Guten Tag, Herr Oberbürgermeister." Ein Augenzeuge berichtete später, dass den Umstehenden der Atem stockte.[8]

---

6   Ebd., Gutachten Horch, S. 42
7   Ausführlich dazu im Vorwort zur Wiederauflage der Horch-Autobiografie (wie oben Anm. 1), S. 14 f.
8   Brief von Jakob Heuvelink aus Zwickau an die Auto Union GmbH, Ingolstadt, vom 17. Oktober 1990 (Quelle : AUDI AG, Unternehmensarchiv, Handapparat/Biografisches Archiv).

Der 1897 mit Anneliese Schultz geschlossenen Ehe Horchs waren Kinder versagt geblieben, und so hatten sie 1917 zwei Waisenkinder adoptiert. Beide, August und Anneliese Horch, haben ihre Elternschaft zeit ihres Lebens sehr ernst genommen. Sie haben an den Kindern gehangen, als wären es ihre eigenen. Sohn Eberhard wurde Ingenieur und starb kurz nach Ende des Zweiten Weltkrieges, Tochter Lieselotte verheiratete sich mit dem Hotelier Henselder und lebte bis zu ihrem Tode in Winningen an der Mosel.

Kurz nach seinem 75. Geburtstag musste Horch gemeinsam mit Else Kolmar die von Bombenangriffen heimgesuchte Reichshauptstadt verlassen. Sie zogen nun in den Tagen der Agonie des Dritten Reiches wie Millionen anderer Flüchtlinge quer durch Deutschland. Allerdings konnten sie sich eines ganz besonderen Privilegs erfreuen: ihnen stand noch der Audi Front zur Verfügung, den ihm die Auto Union als „Dienstwagen" überlassen hatte. Die Spur der beiden führte zunächst nach Langenhessen in Sachsen, dann nach Schwarzenbach an der Saale, nach Helmbrechts in Oberfranken und endete schließlich in Münchberg, wo sie im Oktober 1945 in der Acht-Zimmer-Villa des Fabrikanten Schödel zusammen mit über 50 weiteren Flüchtlingen, die von den deutschen Behörden dort eingewiesen worden waren, eine Unterkunft fanden. Hier hat Horch bis zu seinem Tode gelebt.

Der größte Teil von Horchs Besitz war in Zwickau verblieben, das nun zur Sowjetischen Besatzungszone Deutschlands gehörte. Nach deren Auffassung war Horch ein Flüchtling, dessen Hab und Gut der Beschlagnahme verfallen war, da er sich nicht zurückgemeldet hatte. Else Kolmar versuchte im Dezember 1945, Geld und einige restliche Habseligkeiten aus der Wohnung zu bergen und mit nach Münchberg zu nehmen. Sie wurde am 17. Dezember unter dem Vorwand des Spionageverdachts verhaftet und ins Untersuchungsgefängnis Zwickau überführt. Dem Rechtsanwalt Stöss gelang schließlich ihre Befreiung und so konnte sie nach Münchberg zurückkehren. Wichtige persönliche Unterlagen von August Horch verblieben jedoch im Beschlagnahmegut, darunter mehrere Mappen mit Aufzeichnungen für seine Memoiren und Tagebuchnotizen. Sie sind seitdem verschollen.

August Horch konnte sich zunächst nur in der amerikanischen Besatzungszone bewegen, in der Münchberg lag. Es traf ihn besonders schmerzlich, als im März 1946 innerhalb von 48 Stunden sein Sohn Eberhard und seine Frau Anneliese in Ludwigslust bzw. Berlin ihre Augen für immer schlossen und es keine Möglichkeit für ihn gab, sie auf dem letzten Gang zu begleiten.

Horchs Lebensverhältnisse in Münchberg waren vor allem durch den Kampf um das tägliche Brot geprägt. Die in Liquidation befindliche Chemnitzer Auto Union konnte ihm keine finanziellen Zuwendungen mehr machen und die Neugründung in Ingolstadt war noch nicht bei Kräften. Horch nutzte die erfreulich große Nachfrage vor allem von Tageszeitungen und Zeitschriften, um sich durch kleinere schriftstellerische Arbeiten Geld zu verdienen. Else Kolmar bekam sogar wieder Engagements als Sängerin.

Bereits in den Kriegsjahren hatte Horch den Distelberger Hof verkauft, seine letzte Besitzung in Winningen. Nun stand er im 8. Lebensjahrzehnt erneut vor dem Nichts, was materielle Güter anbelangte.

Horch erlebte noch aus der Ferne, wie in Zwickau seine Ehrenbürgerschaft zum Vorwand der Auseinandersetzung mit einstigen Idolen diente, die den neuen Machthabern dort falsche Orientierungen als Unternehmerpersönlichkeiten boten. Wider besseres Wissen wurde Horch beschuldigt, Mitglied der NSDAP und Wehrwirtschaftsführer gewesen zu sein. Horch war weder das eine noch das andere. Dennoch wurden die Lügen in der lokalen Presse in übelster Weise verbreitet. Auf Betreiben der SED beschloss das Stadtparlament im Rahmen dieser Kampagne, die August Horch Straße in Crimmitschauer Straße umzubenennen. Gegen die Absicht der Aberkennung der Ehrenbürgerschaft leisteten die bürgerlichen Parteien darin so viel Widerstand, dass ein Beschluss nicht zustande kam. In der Folge war aber in Zwickau von dieser Würde ebenso wenig mehr die Rede wie von diesem Mann.

Es war wieder eine der scheinbaren Widersprüchlichkeiten im Leben von Horch, dass gerade auf dieser Sitzung der Stadtverordneten, wo seine Demontage politisch beschlossene Sache werde sollte, seine unvergängliche Bedeutung – und zwar keineswegs nur – für diese Stadt zu Protokoll gegeben worden ist:

„Es lässt sich nicht verheimlichen, dass der Name Horch mit der Stadt Zwickau in einer ganz bestimmten Verbindung steht. Horch ist neben Daimler und Benz einer derjenigen gewesen, die die Pioniere des deutschen Kraftfahrwesens genannt werden. Wenn heute der Name der Stadt Zwickau in der ganzen Welt bekannt ist, so liegt das in erster Linie mit daran, dass sie diesen Weltruf durch den Namen Horch, Horch Werke und Horch Wagen erhalten hat. Das festzustellen ist eine historische Pflicht und es zu leugnen wäre undankbar und ungerecht."[9]

Auch in seinem letzten Lebensabschnitt hat Horch zahlreiche Ehrungen erfahren. Der ADAC ernannte ihn 1948 zum Ehrenmitglied, und im Jahr darauf verlieh ihm seine Heimatstadt Winningen die Ehrenbürgerschaft. Am 25. Juli 1949 hat Horch vor der Festgemeinde noch einmal seine Sicht der Dinge aus dem Stegreif ausgebreitet.

83jährig ist er am 5. Februar 1951 in Münchberg gestorben. Sein Grab liegt im Geburtsort Winningen.

---

9 Stadtarchiv Zwickau, Protokoll der Stadtverordnetensitzung vom 19. April 1948, Blatt 22.

Winningen? Winningen!
- eine Schlussbetrachtung -

Von Frank Hoffbauer

Zum Schluss dieses Werkes sei noch ein kurzer Blick auf die Gemeinde Winningen gestattet, gewiss nicht objektiv, sondern geprägt durch die „Winninger Brille" des in diesem Zusammenhang in jedem Fall subjektiven Autors. Aber auch dieser Blick mag in einer ansonsten wissenschaftlichen Ansprüchen genügenden Ortschronik seine Berechtigung haben.

Was also macht Winningen aus?

Die Menschen

Vielleicht sind wir wirklich – wie manche es uns nachsagen – ein „eigenes Völkchen", wir Winninger, und das sowohl im positiven wie im negativen Sinne. Ein starkes Heimatgefühl, eine enge Verbundenheit mit der dörflichen Gemeinschaft und Heimatstolz sind allüberall spürbar, manchmal vielleicht etwas übersteigert, was Außenstehende mit Kopfschütteln zur Kenntnis nehmen. Gewiss gründet dieser Stolz in der in diesem Band ausführlich dargestellten besonderen Situation Winningens als Teil der Hinteren Grafschaft Sponheim, verstärkt durch die Einführung der Reformation 1557, aber auch in der Sonderstellung als Sitz der übergeordneten Verwaltungsbehörde seit der Zeit der französischen Herrschaft. Man war sponheimisch in kurtrierischer Nachbarschaft, evangelisch im katholischen Umland, musste sich als Minderheit behaupten, wollte immer ein wenig besser, fortschrittlicher als die Nachbarn sein und stand so in gewisser Weise allein, abseits der Nachbargemeinden. Das bedingte in Krisen- und Notzeiten ein enges Zusammenstehen, um Gefahren wie z. B. Feuersbrünste und Hochwasser, aber auch sonstige Bedrohungen von außen abwehren zu können. Dann mussten die Winninger „wie ein Mann" zusammenstehen. Abweichler, Nonkonformisten, durfte es nicht geben. Toleranz gegenüber Andersdenkenden war daher sicher kein Merkmal der Winninger in vergangenen Jahrhunderten. Das hat geprägt, manchmal gewiss auch überhebliche Züge angenommen, relativiert sich aber von Jahr zu Jahr, von Generation zu Generation.

Es ist schön, wenn auch heute, im 21. Jahrhundert, viele Winninger noch – es mag pathetisch klingen – Liebe zu ihrem Heimatort empfinden, wenn Neubürger sich wohl und integriert fühlen, wenn das Dorf zusammensteht, wie es zum Beispiel bei den vielen Bereisungen durch die Bewertungskommissionen im Wettbewerb „Unser Dorf hat Zukunft" oder während des Moselfestes, wenn an fast jedem Haus eine Winninger Fahne hängt, der Fall ist. Und es ist schön, dass bei aller Heimatverbundenheit heute eine Offenheit besteht, Offenheit für neue Entwicklungen in vielen Bereichen des Lebens und Offenheit für andere, neue Meinungen. Dies zeigt sich nicht zuletzt auch in der Arbeit der gemeindlichen Gremien, in der die Frontenbildung früherer Jahre von einem zielorientierten, sachlichen Miteinander abgelöst wurde.

Die Landschaft

Wie jede andere Gemeinde ist auch Winningen geprägt durch die das Dorf umgebende Landschaft. Die Mosel, die das Tal in Jahrmillionen geschaffen hat, die mit Eisgängen und Hochwasser für Schrecken gesorgt hat, die aber in zahlreichen Liedern auch als „herrliche Tochter des Rheins" besungen wird – sie prägt Winningen, das sich zur Abgrenzung von der gleichnamigen sachsen-anhaltinischen Gemeinde stets Winningen/Mosel nannte.

Das enge Tal, das auch die dichte Bebauung in der Ortslage vorgegeben hat, ist ein weiterer prägender Faktor. Haus wurde an Haus gebaut, oftmals räumlich stark eingeschränkt, denn es gab keine Möglichkeiten, großzügige Hofanlagen zu errichten. Und die Enge des Tales mag manchmal die Gedanken eingeschlossen haben, reduziert auf die schwere tägliche Arbeit in Wingert und Feld. Da wurden „Ausbrecher" aus dieser eng umgrenzten Welt wie der Automobilkonstrukteur August Horch kritisch betrachtet. Waren es in früheren Jahrhunderten Wanderungen in das als so laut empfundene Rheintal, Fahrten nach der Ehrenburg oder, nur von wenigen erlebt, Eindrücke auf der Wanderschaft als Handwerksgeselle, die den Blick weiteten, so haben die Winninger ihren Horizont heute längst geöffnet, blicken über die Höhen von Eifel und Hunsrück hinweg und verstehen sich und ihr Dorf als Teil der globalisierten Welt.

Die Landschaft gibt die Bauformen und die Baumaterialien vor: Bruchstein, Schiefer, Basalt, aus denen zweckmäßige Bauten ohne Schnörkel, dafür aber nicht weniger ausdrucksstark, erbaut worden sind. Die dunklen Bruchstein-Basalt-Fassaden und die stets geschlossenen Tore mögen einen abweisenden, ungastlichen Eindruck vermitteln – doch dieser Eindruck täuscht. Denn gastfreundlich sind die Winninger seit jeher gewesen. Und manche Bauherren öffnen heute ihre Häuser zumindest optisch ein wenig, so dass einst abgeschlossene Häuser und Straßenfronten aufgelockert werden, freundlicher wirken.

Der Weinbau

Nein, der Name Winningen lässt sich leider nicht auf das lateinische „vinum" zurückführen, aber dennoch: der Weinbau prägt Winningen seit vielen Jahrhunderten. Reben, die in mühevoller Arbeit kultiviert werden, auf steilen Weinbergsterrassen, die der Natur in harter Arbeit abgerungen worden sind, diese Reben bringen Trauben hervor, aus denen die Winzer, die heute wie früher aufgeschlossen sind für vinifikatorische Neuerungen, hervorragende Weine bereiten. Weine, die national und international hohe Anerkennung genießen.

Und natürlich prägt der Wein, in Maßen genossen, das gesellschaftliche Leben. Erinnert sei an die uralte Tradition der „Kompanie" als Erntedankfest der Winzerjugend, die sich heute in vielen Programmpunkten des Moselfestes fortsetzt, aber auch daran, dass Jugendliche in Winningen ab dem Alter von 14 Jahren bei besonderen Anlässen ein Glas Wein trinken dürfen, also dann, wenn sie bei der Konfirmation zum ersten Mal am Abendmahl, das selbstverständlich mit Weißwein gefeiert wird, teilnehmen und dabei auch Wein trinken.

Und schließlich prägt der Wein die vielen Feste, private wie öffentliche, bei denen er noch immer an erster Stelle steht und in deren Verlauf immer wieder Gesänge über die Mosel, Winningen und den Wein angestimmt werden. So stimmen die meisten Winninger gerne den Martin Luther zugeschriebenen Worten zu, der sagte: „Bier ist Menschenwerk, Wein aber ist von Gott."

Chronologischer Überblick zur Geschichte Winningens

Von Rainer Garbe

	Chronologischer Überblick
700 000 v.Chr.	2002 wurde der sog. Winninger Faustkeil aus der Zeit des älteren Acheuléen auf der Anhöhe oberhalb Winningens gefunden.
3500-1800 v. Chr.	Eine Wohngrube im Bereich Leimkaul (zw. oberer Bach- und Fährstraße) belegt die Besiedlung in der jüngeren Steinzeit.
1800-800 v. Chr.	Spuren menschlicher Besiedlung aus der Bronzezeit wurden auf dem „Bingstel" gefunden, dort, wo sich von 100 bis 450 n. Chr. ein römisches Landgut befand.
800- Chr. Geburt	Eisenzeit
800-400 v. Chr.	Auf die Besiedlung in der Hallsteinzeit weisen eine Wohngrube und Tonscherben, die 1938 beim Bau der Moseluferstraße oberhalb des Ortes gefunden wurden sowie eine 1955 auf dem Distelberg entdeckte ansehnliche Wohnsiedlung Eisenzeit hin.
ab 400 v. Chr.	Aus der Latènezeit stammen Grabfunde auf dem sog. Hexenhügel.
ab 4. Jh. v. Chr.	Die Germanen rücken von Osten vor.
Mitte 1. Jh. v. Chr.	Römische Heere rücken unter Cäsars Führung vor; unter Drusus werden Kastelle (z. B. Koblenz 9 v. Chr.) angelegt.
1. Jh. bis 4. Jh.	Auf dem Bingstel ist eine Villa rustica besiedelt; außerdem sind römische Gehöfte „Auf dem Flürchen" und „Auf der Auen", römische Wasserleitungen in der Fronstraße, im östlichen Hang des Hasborntales und in der Bachstraße sowie römische Gebäudereste in der Fährstraße nachgewiesen.
50 bis 350	Ein frührömisches Gräberfeld lag in der heutigen Wilhelm- und Schulstraße entlang der dort festgestellten Heerstraße.
476	Ende des weströmischen Reiches
497	Nach der Schlacht bei Zülpich nehmen die Franken das Gebiet in Besitz.
871	Erste Erwähnung Winningens in einer Urkunde Kaiser Ludwig II.
um 1000	Die Vogtei Winningen steht unter der Herrschaft der Pfalzgrafen am Rhein, welche die Vogteirechte an die Grafen von Sayn verlehnen.
1019	Eine Winninger Kirche wird erstmals urkundlich erwähnt. Kollator (der zur Verleihung eines geistlichen Amtes Berechtigte) der Kirche ist das Krönungsstift (Marienstift) zu Aachen.
1233	Kirche erstmals als Pfarrkirche erwähnt.
1242	Erstmals wird ein Ritter Hertwicus von Winningen in einer Urkunde genannt. Mit dem Tod von Johann Hertwein um 1655 stirbt das Geschlecht in Winningen aus.
1246	Die Linie der Grafen von Sayn stirbt aus. Die Vogtei Winningen kommt an die Söhne der Gräfin Adelheid von Sponheim.
1247	Teilung der Erbschaft. Graf Johann I. von Sponheim kommt in den Besitz der nachher sog. Hinteren Grafschaft Sponheim mit der Vogtei Winningen.
um 1330	Zum Bau der Balduinbrücke in Koblenz wird Basalt in der Winninger Gemarkung gebrochen. Daraus entwicnelt sich die Flurbezeichnung „Bruckstück" sowie später die Weinlagenbezeichnung „Brückstück":
1332	Das Stift Sankt Florin zu Koblenz besitzt einen Weinhof in Winningen.
1333	Das 1800 abgebrannte Gemeinderathaus wird als „Spielhaus" erstmals erwähnt.

	Chronologischer Überblick
1347	Das altere Winninger Gerichtssiegel zeigt einen stehenden Richter, der in der Rechten ein in der Scheide steckendes Schwert mit Schwertgehänge, in der Linken den Sponheimer Wappenschild hält.
1384	Der Ort ist mit einem Graben und einem Palisadenzaun umgeben.
1387	Graf Johann von Sponheim verpfändet Winningen an Ritter Philipp, Herr von Ulmen, für 2.000 schwere Mainzer Gulden.
6. Mai 1400	Die Gemeinerschaft des Dorfes Winningen und die geborenen Märker von Lay einigen sich in einem Vergleich über die gemeinsamen Nutzungsrechte in ihrem Wald, genannt Wailholz (wohl Hinterwald).
1409	Das jüngere Winninger Gerichtssiegel zeigt einen unter einem Baldachin sitzender Richter, der als Attribut ein Schwert und ein Buch trägt. Links neben dem Kopf des Richters eine Rose, vor ihm ein Schild mit dem Wappen der Hinteren Grafschaft Sponheim (Silber-Rot-geschacht).
29. Juni 1424	Ältestes bekanntes Schöffenweistum
22. Juli 1425	Winningen liefert 40 Fuder Wein als Weinbede an die Grafen von Sponheim.
um 1433	Die Familie von Heddesdorff ist bereits seit dem frühen 15. Jahrhundert in Winningen ansässig. 1433 sind in einem Weinregister „Junker Jan Meffartz Erben" als Weinbergsbesitzer genannt.
1437	Johann V., der letzte Sponheimer, stirbt kinderlos. Die Grafschaft kommt durch Erbfolge an Markgraf Jakob I. von Baden und Graf Friedrich von Veldenz (Beginn der Zweiherrschaft).
1442	Jüdische Einwohner Winningens werden überfallen und geplündert.
15. Juli 1463	Der Markgraf von Baden verpfändet Vogtei und Gerechtigkeiten zu Winningen an das Kloster Sankt Martin in Köln um 2000 Gulden.
1543	Das Winninger Spital wird erstmalig erwähnt.
1550	Winningen hat ca. 470 Einwohner (110 Haushaltungen).
Um 1551	Der Koblenzer Amtmann Philipp Kratz von Scharfenstein baut in Winningen den später so genannten „Kratzehof".
16. Juli 1557	In Winningen wird die Reformation eingeführt.
1557	Mit der Einstellung eines Diakons wird eine Schule in Winningen eingerichtet.
26. September 1560	75 Winninger Bürger huldigen in Kastellaun ihrem Fürsten und Herrn Herzog Wolfgang.
Um 1560	Die sponheimischen Landesherren lassen ein neues Gefängnis auf dem Backhausgelände bauen (abgerissen 1861). Vor 1560 befand sich der „Stock" im Fronhof.
26. Oktober 1565	Vertrag zwischen Dekan und Kapitel von Sankt Marien zu Aachen und Bürgermeister, Schöffen und Gemeinde Winningen. Das Stift verpflichtet sich, fortan alle sieben Jahre statt des bisher gelieferten Messgewandes 10 Taler zu zahlen, da in Winningen keine katholische Messe mehr gelesen werde.
1571-1585	Der Orts wird mit einer Ringmauer umgeben.
1574-1577 und 1597-1598	Auch Winningen ist von der Pest stark betroffen. 1597 sterben 206 Personen.
29. September 1579	Johann, Pfalzgraf bei Rhein und Philipp, Markgraf von Baden, sprechen als Grafen von Sponheim die Bürgerschaft des Fleckens Winningen von der Leibeigenschaft frei, nachdem sich die Bürgerschaft zur Zahlung einer zwölfjährigen außerordentlichen Steuer zur Tilgung der Schulden der Landesherren bereit erklärt hatte.
1584	Winningen wird für 2.000 Goldgulden an Walpott von Bassenheim verpfändet.
17. Oktober 1595	Georg Kettig von Bassenheim überfällt mit 50 Begleitern den Ort.

	Chronologischer Überblick
1610-1623	Einer erneuten Pestwelle fallen zahlreiche Einwohner zum Opfer.
1618, 1685, 1718, 1879 und 1901	Verschiedene Umbau- und Erweiterungsmaßnahmen der Kirche.
1618-1648	Im Dreißigjährigen Krieg kommt es immer wieder zu Einquartierungen, Überfällen und Plünderungen. Oft weichen die Einwohner in Wald und Hecken oder auch nach Koblenz aus.
1631 und 1641-1659	Hexenprozesse auch in Winningen. 24 Frauen und Männer werden angeklagt, 20 Personen fallen durch Hinrichtung dem Hexenwahn zum Opfer.
1. März 1642	Einrichtung einer Postanstalt mit angegliederter Posthalterei durch Gräfin Alexandrine von Taxis, Oberpostmeisterin der Kaiserl. Reichspost.
1685	Ein „eigens angestellter Schulmeister" wird eingestellt.
1685	Eine erste Orgel wird in der Kirche aufgestellt. Sie wird 1761, 1902 und 1965 durch neuere Modelle ersetzt.
um 1698	Die Insel Ziehfurt spaltet sich vom Moselufer ab. 1701 wird das „Werth" in einem Vertrag zwischen den Gemeinden Dieblich und Winningen aufgeteilt.
1700	Besuch des Landesherren Herzog Christian II., Pfalzgraf bei Rhein.
1708	Der Gemeinde werden zwei Jahrmärkte (Johannis- und Martinimarkt) genehmigt.
1724	Die Landesherrschaft erwirbt erstmals ein eigenes Amtshaus.
24. Januar 1725	Vertrag zwischen der Stadt Koblenz und der Gemeinde wegen der Nutzung des Sauerbrunnens im Kondertal.
29. Januar 1727	Nach jahrelangen Streitigkeiten um das Holzrecht des Klosters Maria Roth im Winninger Hinterwald wird ein Vergleich geschlossen.
1732	Ein neuer Friedhof außerhalb des Fleckens „entlang der Ringmauer" wird angelegt und 1784 erweitert.
1748	Die Gemeinde stiftet zur Einrichtung einer Lateinschule auf Anweisung Herzog Christian IV. von Zweibrücken einen Betrag von 1.000 Reichstalern.
1751/52	Das erste Pfarrhaus wird neu erbaut.
18. Februar 1756	Auch in Winningen ist ein heftiges Erdbeben spürbar.
1763	Ein erstes Amtssiegel wird angefertigt, es wird 1776 abgeändert.
25. September 1776	Die Vogtei Winningen kommt durch den Teilungsvertrag zwischen Herzog Karl von Pfalz-Zweibrücken und Markgraf Karl Friedrich von Baden zu Baden.
1784	Bei einem außergewöhnlichen Hochwasser stand das Wasser am 29. Februar in der Bachstraße bis zum heutigen Haus Bachstraße 7 und in der Fährstraße bis zu Hausnummer 5. Auch 1844 und am 4. Februar 1850 stand die Mosel ähnlich hoch.
9. April 1790	Erneut wird ein Vergleich zwischen Winningen und dem Kloster Maria Roth wegen dessen Holzrecht im Winninger Hinter- und Vorderwald geschlossen.
23. Oktober 1794	Französische Revolutionstruppen marschieren in Winningen ein. Die Gemeinde wird mit dem gesamten linksrheinischen Gebiet Frankreich eingegliedert und erhält eine französische Verwaltungsorganisation.
1795	Durch den Frieden von Basel bleibt Frankreich bleibt im Besitz des linken Rheinufers.
26. Juni 1800	Das Gemeinderathaus brennt ab und wird nicht wieder aufgebaut.
22. September 1800	Winningen wird Sitz einer Mairie (Bürgermeisterei).
1801	Im Frieden von Lunéville wird die Abtretung des linken Rheinufers an Frankreich bestätigt.

	Chronologischer Überblick
1803-1806	Einige geistliche und adelige Besitztümer werden durch die französische Domänenverwaltung versteigert.
1807	Bau der „Kühbachmühle" in der Bachstraße (heute Hausnummer 122).
1808	Es werden vier Jahrmärkte abgehalten: Montag nach Georgi (23.4.), Montag nach Maria-Heimsuchung (2.7., Johannismarkt), Montag nach Bartholomäus (24.8.), Montag nach Martini (11.11., Martinimarkt).
1810	Im Haus Zehnthof 14 wird erstmals eine Tonpfeifenfabrik eingerichtet.
1. November 1811	Das Gemeinde-Hirtenhaus auf der Wolferpforte brennt mit drei Nachbarhäusern ab.
1819	Die Apotheke in der Osterstraße 2 wird vom Apotheker Joseph Krahe errichtet. 1835 übernimmt sie Julius Schlickum.
1813/14	Befreiungskriege, Winningen kommt zu Preußen und bleibt Sitz einer preußischen Bürgermeisterei (1815).
16. Dezember 1822 bis 29. Januar 1823	Die Mosel ist komplett zugefroren.
1826	Neben zwei vorhandenen Brunnen (Oberbrunnen, Unterbrunnen) werden drei weitere Brunnen eingerichtet (Flurgassbrunnen, Kirchgassbrunnen, Bachgassbrunnen). 1863 kommt ein Brunnen in der Neustraße hinzu.
1827	Die Gemeinde kauft ein Haus (heute Fährstraße 17) für 1.000 Taler und richtet das mittlere Stockwerk als weiteren Kassenraum ein.
6. Januar 1829	Bei einem Brand in der sog. „Kool" wird ein Gebäude zerstört.
1832/33	Die sog. „Große Schule" wird nach Plänen Johann Claudius von Lassaulx' errichtet.
1833	Ein neuer Friedhof wird „Im Sand" angelegt. 1923 und in den 1990er Jahren wird dieser Friedhof erweitert.
1837	Die Fähre wird als „Gierponte" vom Zehnthof vor die Ortslage verlegt.
1838	Ein erster Männergesangvereins wird gegründet.
1840	Die Mosel wird vom ersten Dampfschiff befahren.
5. Mai 1845	Einrichtung einer ersten Kinderbewahranstalt in der sog. „Pitscherei" durch die Ev. Gemeinde, die bereits am 1. April 1846 wieder geschlossen wird.
1845	Bau des Armenhauses als Stiftung des Winninger Ehepaares Johann Anton und Wilhelmine Elisabeth Knaudt
Um 1845	Der letzte blaufüßige Milan (Gabelweihe) wird im Gebiet der Blaufüßerley (Blumsley) gesichtet.
29. Juli 1846	Starkes Erdbeben.
1847	Die Kirche erhält eine neue Turmuhr.
1848	Zur Verteidigung gegen befürchtete Übergriffe wird eine Bürgerwehr gegründet.
1. Januar 1849	In der heutigen Fährstraße 26 wird eine königlich-preußischen Postexpedition eingerichtet. Von 1880 bis 1903 ist die Poststelle der Reichspost in der Amtsstraße 6 untergebracht.
1852	Bau der Katholischen Kapelle in der heutigen Bahnhofstraße nach Plänen von Ferdinand Nebel.
1858/59	Bau eines weiteren Schulgebäudes auf dem heutigen Marktplatz. Da die Räumlichkeiten nicht ausreichen, wird das Gebäude 1882 erweitert.
1860	Durch den Abriss eines Hauses in der Bachstraße wird ein Durchbruch zur heutigen Marktstraße geschaffen.
Ab 1861	Im Hasborn wird Trass abgebaut.

	Chronologischer Überblick
1861	In der oberen Backhausgasse (heute Bereich Fronstraße 28) wird das Backhaus neu errichtet.
1863	Wasserpumpen werden auf dem Zehnthof und in der Osterstraße eingerichtet.
1866	Einrichtung einer Viehversicherung.
12. Oktober 1868	August Horch wird in Winningen geboren.
1870	Ein Kriegerverein wird gegründet.
1871	Gründung des Deutschen Reiches.
1872	Am Moselufer wird neben dem Haus Amtstraße 3 ein Eichhaus errichtet (abgerissen um 1966. Zuvor stand der Eichtrog am Haus Hahnenstraße 3.
Januar 1874	Ein „Landwirtschaftlichen Casino" (Vorgänger der Raiffeisen-Warengenossenschaft) wird gegründet.
1877	Durch Abriss zweier Häuser entsteht der kleine Platz am unteren Ende der Bachstraße, später Weinhof genannt.
2. September 1878	Am Beginn der Fährstraße wird ein Kriegerdenkmal (Germania) errichtet, das am 2. Dezember 1940 abgerissen wird.
1878	Einführung der Straßenbeleuchtung (Petroleumlampen).
15. Mai 1879	Eröffnung der Moseleisenbahn.
1879/80	Abriss und Neubau des Wohnhauses am Backhaus, nachdem am 27. September 1879 Feuer im Heuspeicher über dem Stierstall ausgebrochen war. Auch mehrere Nachbarhäuser brannten ab.
1886-1890	Bau einer neuen Wasserleitung.
1887	Mehrere Einwohner sterben an Typhus.
1887/88	Neubau des zweiten Pfarrhauses.
1890	Die Gesangvereine „Eintracht" und „Liederkranz" schließen sich zum MGV Liedertafel zusammen.
Um 1891	Vollendung des Baus des Weingutes Schwebel in der Schulstraße
4. Dezember 1891	Der Winninger Turnverein wird gegründet.
1892	Auf der Blumslay wird eine Schutzhütte errichtet.
1893	Die Straßen erhalten z. T. neue Namen, außerdem wird die Hausnummerierung nach Straßen eingeführt.
1894	Eine Dreschmaschine mit Selbstbinder wird beschafft.
15. Mai 1894	Bei einem Großfeuer Ecke Schul-/Friedrichstraße brennen vier Häuser ab, darunter der ehemalige Hatzfelder Hof (heute Schulstraße 1) sowie Haus Friedrichstraße 11 mit dem damals sogenannten „Winninger Männchen". Die Figur konnte gerettet werden und kam beim Neubau „eine Stiege höher zu stehen".
Um 1895	In der Fährstraße wird das Gasthaus Krone neu erbaut.
1898	Neubau der Weinhandlung Richard Julius Richter in der Marktstraße sowie der Weinhandlung Strengart & Co., Bahnhofstraße 10, heute Weingut Heymann-Löwenstein.
1. Oktober 1900	Winningen erhält den ersten Telefonanschluss.
26. Januar 1900	Der erste Musikvereins wird gegründet; 30. August 1924 Wiedergründung nach dem 1. Weltkrieg als „Musikverein 1924 Winningen", heute „Winninger Winzerkapelle 1924 e. V."
1900	Die alte Turnhalle in der Fährstraße (gebaut 1894) wird aufgegeben und das Turnerheim in der Neustraße 31 errichtet.

	Chronologischer Überblick
1901	In der heutigen August-Horch-Straße wird ein neues Rathaus der Bürgermeisterei Winningen errichtet.
1901	In der Marktstraße wird ein Elektrizitätswerks gebaut.
1901	Die Freiwillige Feuerwehr Winningen wird gegründet.
1902	Durch den Winninger Architekten Ferdinand Bernhard werden die Emporen und das Mittelschiff der Ev. Kirche um etwa 1,50 m erhöht, die Gewölbe und Fenster erneuert sowie das Äußere einheitlich verputzt.
1902/03	Am Bahnhofsweg wird die Gastwirtschaft „Zum Moselschlösschen" erbaut.
1903	Der Postbetrieb wird in die Kaiserstraße 5 verlegt (genutzt bis 1918, danach Umzug in die Hahnenstraße 1, Inhaber Postsekretär Lorenz).
1906	Im Jahresverlauf werden in Winningen folgende Märkte abgehalten: Rindvieh- und Schweinemarkt am 1. Dienstag im März (erstmals 1881 abgehalten); Rindvieh- und Schweinemarkt am letzten Donnerstag im März; Kram- und Viehmarkt am Dienstag vor Sankt Georg (20.4.); Kram- und Viehmarkt am Donnerstag nach Maria Heimsuchung (2.7., Johannismarkt); Kram- und Viehmarkt am Mittwoch nach Bartholomäus (24.8.); Rindvieh- und Schweinemarkt am letzten Donnerstag im September (erstmals 1883 abgehalten); Kram-, Flachs- und Schweinemarkt am letzten Montag und Dienstag im Kirchenjahr (Martinimarkt, in guten Weinjahren ist auch das Winzerfest, die sog. Compagnie, damit verbunden, u. a. „bestehend in einem öffentlichen Aufzuge … worin das Winzergewerbe in charakteristischen Gruppen zur bildlichen Darstellung gelangt."
6. Dezember 1906	Die Gastwirtschaft „Zum Deutschen Kaiser" (heute Bereich „Am Moselufer 2") brennt ab.
1907	Nach Plänen des Architekten Hüter wird ein neues Bahnhofsgebäude errichtet.
4. November 1909	Drei Häuser und vier Scheunen auf der rechten Seite der Hahnenstraße brennen ab.
19. November 1911	Ein Großfeuer Ecke Hahnenstraße/Bachstraße zerstört vier Gebäude weitgehend.
3. Oktober 1912	Durch eine Ortssatzung werden anstelle der bisher genutzten Weinlagenbezeichnungen 15 Lagennamen, darunter auch die heute noch gültigen Uhlen, Hamm, Brückstück und Röttgen festgelegt.
3. Dezember 1912	Der des Verkehrs- und Verschönerungsverein Winningen an der Mosel (heute Fremdenverkehrsverein Winningen e. V.) wird gegründet.
1912/13	Der Schulbetrieb der „Lateinschule" („Stündchen") wird eingestellt.
7. März 1913	Einem Großfeuer in der Bachstraße oberhalb des heutigen Marktplatzes fallen sieben Wohnhäuser mit Nebengebäuden zum Opfer.
1913	Die Weinanbaufläche beträgt 220 Hektar, davon sind 180 Hektar „in Ertrag".
5./6. April 1914	Bei einem Großfeuer Ecke Türmchenstraße/Bachstraße, brennen 15 Häuser bis auf die Grundmauern nieder, 20 Familien werden obdachlos.
1917	Einrichtung eines Kindergartens durch die Evangelische Gemeinde.
1914-1918	Erster Weltkrieg. 87 Männer fallen.
7. Juni 1921	Eine neue Moselfähre wird in Betrieb genommen.
1921	Ein Fußball-Sportverein Winningen wird gegründet, der sich 1932 dem Turnverein anschließt.
1923	Gründung der Winzer-, Tanz- und Trachtengruppe.
1923 und 1925	Band 1 und 2 der von Dr. Hans Bellinghausen erarbeiteten Ortsgeschichte „Winningen. Ein deutsches Heimatbuch" erscheinen.
31. Juli 1924	Benennung der Türmchenstraße (früher „Im Eck").
16. Dezember 1924	Lehrer Otto Bertges gründet den Ev. Kirchenchor.

	Chronologischer Überblick
1927	Der Sponheimische Wappenschild mit dem Winninger Schwert wird als Gemeindesiegel eingeführt.
1927	Die Bürgermeisterei erhält die Bezeichnung „Amt".
1929	Der Turnverein erwirbt den „Jahnplatz" am Ende der Marktstraße; Bau eines Umkleide- und Gerätehauses.
30. November 1929	Bei einem Großfeuer Ecke Herren-/Fährstraße werden vier Wohnhäuser mit Nebengebäuden zerstört.
November 1930	Das Winzerfest wird am 24./25.11. (Montag u. Dienstag) zum letzten Mal in der alten Form der „Compagnie" abgehalten (Winzer im Gehrock, Winzerinnen im weißen Kleid).
1931	Das „Stündchen" (in früherer Zeit Altarhaus, dann Nutzung als Schulhaus, Spritzenhaus und Bürgersaal) in der Kirchstraße wird abgerissen.
16. Mai 1932	Ein heftiges Unwetter richtet großen Schaden an; in Güls sterben mehrere Menschen.
1933	Die Nationalsozialisten übernehmen die Macht.
1933	Winningen kauft den bisher zu Dieblich gehörenden Teil der Insel Ziehfurt.
August 1933	Das erste „Moselfest" findet statt (Samstag 26.August bis Montag 28. August). Zu diesem Anlass wird erstmals ein Weinbrunnen im Weinhof aufgestellt.
16. Juni 1938	Die neu gebauten „Autostraße" Winningen-Koblenz wird eröffnet.
1938	Die Gemeinde kauft zur Anlage eines Marktplatzes einige Häuser in der Marktstraße.
1939-1945	Zweiter Weltkrieg. Winningen hat 137 Opfer zu beklagen.
9. März 1942	Die im Ort noch heute genutzte „Lautsprecheranlage" wird zum ersten Mal in Betrieb genommen.
9. Oktober 1944	Bomben fallen auch auf Winningen, insbesondere auf umliegende Felder und Weinberge; ein Mensch kommt dabei ums Leben.
Dezember 1944	Bau von Luftschutzstollen, insbesondere oberhalb der Neustraße sowie im Bereich Fronstraße
März 1945	Die Amerikaner marschieren in Winningen ein.
30. August 1946	Durch Verordnung Nr. 57 des Oberbefehlshabers der französischen Besatzungstruppen wird das Land Rheinland-Pfalz geschaffen (eigentlicher Gründungstag ist der 18. Mai 1947, Annahme der Verfassung).
20 Juni.1948	Währungsreform
1949	August Horch wird Ehrenbürger von Winningen.
1951	Auf dem Marktplatz wird die Festspielbühne errichtet.
1951	Das Trommler- und Pfeiffer-Corps wird gegründet.
12. Juli 1953	Grundsteinlegung des evangelischen Jugend- und Gemeindehauses in der Fährstraße 57.
1955	Ein Fußballplatz mit Leichtathletikanlagen wird gebaut.
1957	Feier des 400-jährigen Reformationsjubiläums.
1960er Jahre	Die Neubaugebiete „In der Unterkünde" und „Am Heideberg" werden erschlossen.
1961	Gründung der Winninger Schröterzunft.
1961-1974	Die erste Weinbergs-Flurbereinigung wird durchgeführt.
1962	Die neue Volksschule in der Jahnstraße wird gebaut und am 5. Januar 1963 eingeweiht. Sieben hauptberufliche Lehrkräfte unterrichten rund 260 Kinder.
1965	1100-Jahr-Feier. Herausgabe der Schrift „Winningen im Wandel der Zeiten".
1966/67	Ausbau des Horntores

	Chronologischer Überblick
28. Juli 1970	Das Amt Winningen wird aufgelöst, Rechtsnachfolger ist die Verbandsgemeinde Untermosel mit Sitz in Kobern-Gondorf.
20. Oktober 1970	Die Gemeinde beschließt den Verkauf des Vorder- und Hinterwaldes zum Preis von 950.000 Deutsche Mark an das Land Rheinland-Pfalz, in erster Linie zur Finanzierung des Schwimmbadbaus.
28. November 1971	Der Flugplatz Winningen wird seiner Bestimmung übergeben.
1972	Der Weinlehrpfad wird errichtet.
1972	Die Autobahnbrücke über die Mosel ist fertiggestellt.
Um 1972	Das Freibad Winningen wird eröffnet.
Um 1972	Das alte Amtshaus in der Amtsstraße 2 wird abgerissen.
Mai 1974	Gründung der Jungwinzer und Schröterzunft.
1974	Willi Hörter, Koblenzer OB, wird erster Ehrenwinzer Winningens. Seitdem wurden insgesamt 41 Personen in die Weingilde Winningen aufgenommen.
1979	Die Hauptschule wird nach Kobern-Gondorf ausgegliedert. Seitdem gibt es in Winningen nur noch eine Grundschule.
1979	Erstmalig wird der Winninger Weinpreises (23 Preisverleihungen bis einschließlich 2006).
1984	Im Rahmen der Dorferneuerung wird der Marktplatz umgestaltet.
1985	Winningen wird Bundessieger im Wettbewerb „Unser Dorf soll schöner werden".
1980er Jahre	Das Baugebiet Winningen-Ost wird erschlossen.
5. Mai 1987	Die neue Schulsporthalle wird eingeweiht.
1991	Das Dorfgemeinschaftshauses (August-Horch-Halle) wird eröffnet.
1997	Die Trägerschaft des Kindergartens wird durch die Ortsgemeinde übernommen.
1998	10. Internationales Trachtentreffen in Winningen.
Um 1998	Das Seniorenheim „Haus am Rebenhang" wird eröffnet.
1999	Erstmals wird ein ausgesuchter trockener Spitzenwein zur „August-Horch-Selection" gekürt.
2001	Winningen wird nach 1985 zum zweiten Mal Bundessieger im Wettbewerb „Unser Dorf soll schöner werden – Unser Dorf hat Zukunft"
2003	Das Inventar der Quellen zur Geschichte der Gemeinde Winningen wird veröffentlicht.
2003/2004	Das Gewerbegebiet im Bereich Flughafen/Bisholder Weg wird erschlossen.
1. August 2004	Die Vinothek im Winninger Spital wird eröffnet.
Ende 2004	Das Baugebiet Winningen-West wird erschlossen
Ende 2005	Im Neubaugebiet Winningen-West werden drei neu angelegte Straßen benannt: Ekkehard-Krumme-Straße, Schlickumstraße und Auf dem Acker.
2006/07	Die Lassaulx-Schule (Wein- und Heimatmuseum) wird saniert.
2007	Die Evangelische Gemeinde feiert ihr 450jähriges Bestehen.

Abkürzungsverzeichnis

Abt.	Abteilung
AEKgW	Archiv der Evangelischen Kirchengemeinde Winningen
AEKR	Archiv der evangelischen Kirche im Rheinland
Amts-Bgm.	Amtsbürgermeister
Anm.	Anmerkung
Aufl.	Auflage
BA	Bistumsarchiv
BArch	Bundesarchiv
Bay. HStA	Bayrisches Hauptstaatsarchiv
Bd./Bde	Band/Bände
BdM	Bund Deutscher Mädel
Bearb.	Bearbeiter
bearb.	bearbeitet
Best.	Bestand
Bl.	Blatt
CDP	Christlich-Demokratische Partei
CDU	Christlich-Demokratische Union Deutschlands
DBE	Deutsche Biographische Enzyklopädie
DC	Deutsche Christen
DDP	Deutsche Demokratische Partei
Dep.	Depositum
Ders./Dies.	Derselbe/Dieselbe
DVP	Deutsche Volkspartei
DNVP	Deutschnationale Volkspartei
Ebd.	Ebenda
FAZ	Frankfurter Allgemeine Zeitung
FDP	Freie Demokratische Partei
fol.	folio
GLA	Generallandesarchiv
Hg.	Herausgeber
hg.	herausgegeben
HAStA Köln	Historisches Archiv der Stadt Köln
JbwestdtLG	Jahrbuch für westdeutsche Landesgeschichte
KdF	Kraft durch Freude
KPD	Kommunistische Partei Deutschlands
Ldkdl. Vjbll.	Landeskundliche Vierteljahresblätter
LHA Ko	Landeshauptarchiv Koblenz
LKP	Landeskriminialpolizei
MEKGR	Monatshefte für evangelische Kirchengeschichte des Rheinlandes
MGH	Monumenta Germania Historica
MRUB	Mittelrheinisches Urkundenbuch
Ndr.	Nachdruck

NSDAP	Nationalsozialistische Deutsche Arbeiterpartei
O. M. / o. M.	Ohne Maßstab
PA	Pfarrarchiv
Red.	Redaktion
RGBl. I	Reichsgesetzblatt Teil I
Rhein. Vjbll.	Rheinische Vierteljahrsblätter
RLP	Rheinland-Pfalz
RZ	Rhein-Zeitung
Sp.	Spalte
SPD	Sozialdemokratische Partei Deutschlands
StA	Stadtarchiv
StAK	Stadtarchiv Koblenz
Verf.	Verfasser
WDW	Wörterbuch der deutschen Winzersprache
WKW	Wortatlas der kontinentalgermanischen Winzerterminologie
ZAA	Zeitschrift für Agrargeschichte und Agrarsoziologie
zit.	zitiert

Autoren und Herausgeber

Marli Beck, Koblenz
Jahrgang 1967, Archivarin am Landeshauptarchiv Koblenz

Rainer Garbe, Dierdorf
Jahrgang 1951, Realschullehrer, IT-Berater bei der IG Metall, Bearbeiter der Quellen zur Geschichte der Gemeinde Winningen
Zahlreiche Veröffentlichungen zur Winninger Ortsgeschichte

Andrea Grosche-Bulla, Winningen
Jahrgang 1968, Archivarin am Landeshauptarchiv Koblenz
Mitarbeit an orts-, landes- und zeitgeschichtlichen Publikationen

Dr. Lutz Grunwald, Wunstorf/Winningen
Jahrgang 1964, Archäologe
Veröffentlichungen zu römischer Kaiserzeit und Mittelalter im Moselmündungsgebiet und in Niedersachsen sowie zur Luftbildarchäologie

Joachim Hennig, Koblenz-Güls
Jahrgang 1948, Richter am Oberverwaltungsgericht
Zahlreiche Veröffentlichungen zur regionalen Justizgeschichte und zu „Verfolgung und Widerstand in Koblenz und Umgebung"

Hedwig Herdes, Koblenz-Lay
Jahrgang 1942, stellv. Ortsvorsteherin 1979-1994, Gründerin und Leiterin der VHS-Außenstelle Lay seit 1985
Zahlreiche Veröffentlichungen und Vorträge zur Ortsgeschichte von Lay und zur Heimatgeschichte, Aufbau eines heimatgeschichtlichen Archivs

Frank Hoffbauer, Winningen
Jahrgang 1959, Verkehrsamtsleiter in Winningen
Veröffentlichungen zur Ortsgeschichte und Volkskunde

Dr. Michael Hollmann, Koblenz
Jahrgang 1961, Archivar am Bundesarchiv Koblenz
Veröffentlichungen zur mittelalterlichen rheinischen Landesgeschichte und zur Zeitgeschichte

Ellen Junglas, Dünfus
Jahrgang 1975, Archivarin am Landeshauptarchiv Koblenz

Prof. Dr. Peter Kirchberg, Ingolstadt
Jahrgang 1934, Historiker, Ehrenwinzer Winningens
Veröffentlichungen zur Automobilgeschichte

Ferd Knaudt, Winningen
Jahrgang 1940, Regierungsdirektor a. D., Ortsbürgermeister a. D., Ehrenwinzer Winningens

Siglinde Krumme, Winningen
Jahrgang 1933, Verlegerin und Mitherausgeberin der Winninger Hefte

Prof. Peter Lammert, Herrischried
Jahrgang 1939, Architekt und Stadtplaner SRL, bis 2003 Professor am Fachbereich Städtebau und Kommunale Planung der Fachhochschule Koblenz, Ehrenwinzer Winningens

Udo Liessem, Bendorf
Jahrgang 1944, Lehrbeauftragter für Baugeschichte und Denkmalpflege an der Fachhochschule Koblenz
Zahlreiche Veröffentlichungen zur Bau- und Kunstgeschichte des hohes Mittelalters und des 19. Jahrhunderts.

Gerhard Löwenstein, Winningen
Jahrgang 1928, Winzer
Veröffentlichungen zur Ortsgeschichte und Volkskunde

Dr. Andreas Metzing, Koblenz
Jahrgang 1963, Archivar, Leiter der Archivstelle Boppard der Ev. Kirche im Rheinland
Veröffentlichungen zur rheinischen Kirchengeschichte

Dr. Anja Ostrowitzki, Koblenz/Bonn
Jahrgang 1963, Oberarchivrätin am Landeshauptarchiv Koblenz
Veröffentlichungen zur mittelalterlichen und frühneuzeitlichen Klostergeschichte, zur Adels- und zur Landesgeschichte

Dr. Walter Rummel, Kerben
Jahrgang 1958, Archivar am Landeshauptarchiv Koblenz
Veröffentlichungen zur rheinischen Landesgeschichte des 15. - 20. Jahrhunderts

Dr. Rudolf Steffens, Mainz
Jahrgang 1954, Wissenschaftlicher Angestellter
Veröffentlichungen zur Weinbausprache

Dr. Peter Többicke, Winningen
Jahrgang 1939, bis 2003 Dozent für Geschichte und Militärgeschichte am Zentrum Innere Führung (Koblenz)
Veröffentlichungen zur Militärgeschichte im Rheinland, zur Geschichte des Zweiten Weltkrieges und zur deutschen Wiederbewaffnung

Erläuterungen zur Einbandgestaltung

Zur Gestaltung des Einbandes wurden mittels einer Collage verschiedene historische Dokumente zur Winninger Ortsgeschichte teilweise übereinander gelagert. Verwendet wurde als zentrales Motiv eine Ortsansicht aus dem Jahr 1838, über der als Symbole für die die Entwicklung der Gemeinde prägenden staatlichen und kirchlichen Mächte eine gesiegelte Urkunde und eine Bauzeichnung des Winninger Kirchturms zu erkennen sind. Das einem Visitationsprotokoll des Jahres 1575 entnommene Zitat „ein feine wolgezogene gemain" überdeckt einen Kartenausschnitt aus der zweiten Hälfte des 18. Jahrhunderts.

Auf der Rückseite ist eine Skizze zu Grenzstreitigkeiten im Winninger Röttgen aus dem Jahr 1590 mit eingezeichneten Weinstöcken erkennbar, die von Bauplänen für die Kleine Schule aus dem Jahr 1882 überlagert wird.

(Motive aus: Karl von Damnitz, Die Mosel mit ihren Ufern und Umgebungen von Coblenz bis Trier. 1838, AEKgW Urkunde Nr. 1 sowie LHA Ko, Best. 655, 47 Nr. 124; Best. 33 Nr. 4950, S. 133; Best. 702 Nr. 558; Best. 33 Nr. 3984; Best. 655, 47 Nr. 161).

Der Entwurf zitiert durch die verwendeten Ausschnitte einige für die Entwicklung Winningens bedeutende Aspekte wie die Mosel und den Wein, Schule, Jugend und Gesellschaft, Kirche und Staat.

Als Schriften fanden eine von Nicolas Jenson geschnittene Renaissance-Antiqua sowie die Deutsche Uncialis Verwendung – Schriften, die in für Winningen bedeutenden Zeitabschnitten entstanden sind.

Der Einband wurde von Robert Stralka, Fa. Aperion, gestaltet.

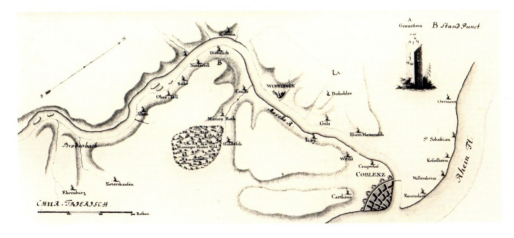

Für die Einbandgestaltung verwendete Karte mit Einzeichnung des Winninger Hinterwaldes.